井冈山经济技术开发区志

（2001—2020）

井冈山经济技术开发区志编纂委员会 编

方志出版社
Publishing House of Local Records

图书在版编目（CIP）数据

井冈山经济技术开发区志：2001—2020/井冈山经济技术开发区志编纂委员会编. —北京：方志出版社，2021.8

ISBN 978-7-5144-4811-5

Ⅰ.①井… Ⅱ.①井… Ⅲ.①经济开发区－概况－吉安－2001－2020 Ⅳ.①F127.564

中国版本图书馆CIP数据核字（2021）第210846号

井冈山经济技术开发区志（2001—2020）

编　　者：井冈山经济技术开发区志编纂委员会
责任编辑：徐　宏

出 版 者：方志出版社
地址　北京市朝阳区潘家园东里9号（国家方志馆4层）
邮编　100021
网址　www.fzph.org
发　　行：方志出版社图书经销中心
电话（010）67110500
经　　销：各地新华书店
印　　刷：吉安井冈山印刷有限责任公司

开　　本：889毫米×1194毫米　1/16
印　　张：43
字　　数：1295千字
印　　数：0001~3000册
版　　次：2021年8月第1版　2021年8月第1次印刷

ISBN 978-7-5144-4811-5　定　　价：398.00元

井冈山经济技术开发区志编纂委员会

顾　问：邓淑斌

第一主任：彭学凯

主　任：汤文仙（2020 年 4—11 月）　陈庆寿

常务副主任：张鹏华（2020 年 4—11 月）　甘益烽

副主任：罗忠华　刘荼香　吴　磊　张志福　孙英剑　卢　愉　龙井松　刘亚东
　　　　傅卫东　伍有君　戴志敏

委　员：彭仁才　詹军庆　刘小勇　王秋萍　毛建发　李　真　郭卫东　鲍国珍
　　　　肖章珞　赖世林　周志平　彭玮玮　刘继忠　罗剑钦　吴健河

井冈山经济技术开发区志编纂委员会办公室

主　任：赖世林

副主任：任润藩　刘庆华

编　辑：刘远春　王平发　钱期伟　黄何林

提供资料人员名单（以姓氏笔画为序）

王飞文　王太安　王行勤　王灵卿　王　萍　王　婕　王　琳　王　斌
王道荣　王　强　王　锴　邓晓晖　叶树强　叶朝政　田　英　乐宁华
邝文涛　匡　彪　吕　璐　朱俊华　朱剑师　庄声桃　刘正文　刘军花
刘　英　刘佳丽　刘怡倩　刘孟熊　刘　玲　刘　荣　刘映峰　刘　莹
刘　萍　刘　琳　刘　强　刘　颖　刘　韵　衣铭锐　汤世淦　孙誉尧

李小平	李文军	李　晖	李　勤	李新华	李　巍	杨玉珍	杨兰芳
杨安子	杨剑佩	杨祝兰	杨艳露	杨超艳	肖丹梅	肖文彬	肖国文
肖建莉	肖哲为	肖智柏	肖　霆	吴水清	吴　清	吴　晶	邱凤珍
邱勤煌	应明来	汪兆森	张晋瑞	张智容	陈寿平	陈岫烟	陈美芳
陈祖文	陈海群	陈　麟	林　琳	欧阳珍	欧阳聂	欧阳晓林	易樟医
罗　丹	金艳山	周　丹	周红珠	周　丽	周　璇	郑晓冰	屈水平
胡广初	胡广珍	胡妍璐	胡忠信	胡保秀	胡桂英	胡晓芳	胡海浪
胡继凤	柳　玉	钟　龙	钟辉林	饶林坚	贺传虎	贺　建	贺思颖
袁文瀚	袁　睿	聂　宏	徐　涛	高承祥	郭　华	郭丽涛	郭晋瑞
黄虎兴	黄　盾	黄维斌	曹　晶	康　军	康明丽	章　鸿	梁达霖
彭才群	彭小兰	彭为民	彭宏涛	彭忠华	彭　亮	彭　琳	喻金论
粮　波	傅少华	曾孝泉	曾建坤	曾昭江	曾倩倩	曾　涛	曾海波
曾　琴	曾德华	谢明华	谢爱锟	谢慧珍	蒲长江	赖　群	萧麟玲
廖　路	阚永乐	谭　俊	戴华臻	戴　宇	戴慧敏	戴毅群	

序

“十四五”开局之年，喜逢中国共产党成立100周年、井冈山经济技术开发区成立20周年。建区以来首部《井冈山经济技术开发区志》经一年多时间的编纂，即将付梓，这是井冈山经开区政治文化中的一件盛事，可喜可贺。

2001年，迎着新世纪的曙光，庐陵大地处处迸发出勃勃生机，吉安革命老区人民盼望发展、渴望发展的愿望和热情空前高涨。市委、市政府审时度势，科学决策，学习沿海发达地区先进经验，参照经济特区模式，设立吉安市高新技术产业开发区，承载吉安经济发展的希望和梦想。

时光荏苒，驻足回首，20年弹指一挥间。在井冈山精神的指引下，在吉安市委、市政府的领导下，井冈山经开区励精图治，勇于探索，积极实践，艰苦奋斗，当年的一片荒山坡，如今建成了以电子信息为首位产业，以生物医药、先进装备制造、新能源新材料为主导产业的“1+3”产业体系，建成集生产、生活、科研、孵化、金融、商贸、服务一体的现代产业新城，成为工业强市核心战略的主战场、体制机制创新的试验田、先行区，成为金光熠熠的“黄金地”。

20年来，井冈山经开区人以改革创新为灵魂，锐意进取，担当实干，取得了令人欣喜和振奋的成就。2019年，井冈山经开区在全国219家国家级经开区综合考评中跻身全国前50强，在全国排名第45位。作为这片热土的建设者和见证人，由衷地感到高兴和自豪。这些成就的取得，凝聚了各级组织的集体智慧和心血，凝聚了广大客商和企业家朋友们对吉安老区发展的信心和厚爱，凝聚了经开区奋斗者对改革开放事业的拼博和奉献。

2020年5月，区党工委、管委会正式启动《井冈山经济技术开发区志》的编纂工作，修志工程浩繁，工作艰辛。如今呈现一部完整的志书，得益于关心、关注井冈山经开区发展的老领导、老同志的支持和帮助，得益于全区各部门、各企业、各有关工作人员的通力配合、积极作为，得益于编辑部诸同志的辛勤编纂。在此，我代表区党工委、管委会向所有关心、支持、从事本志书编修工作的同志，致以崇高敬意和衷心感谢！

修志问道，以启未来，志书是记录发展成就、梳理发展轨迹、总结发展经验的重要载体。这本区志以史为线，以事聚类，内容翔实，语言简练，融史地风物为一体，汇图表传记于一册，既有宏观概述，又记述了微观变化，全面客观地记录了井冈山经开区20年经济社会的发展过程，为了解开发区艰苦创业、探索发展的历史留下了宝贵资料，对于记录史实、传承文化、以史鉴今、启迪后人具有重要意义。本书既是一部具有弥足珍贵的资政存史价值的地情资料，也是一部记录全体经开区奋斗者艰苦创业、改革创新、砥砺奋进的奋斗史。

展望未来，井冈山经开区的发展前景催人奋进。在开启全面建设社会主义现代化国家新征程的历史起点上，井冈山经开区将按照市委、市政府提出的“三个走在前列、两大战略任务、六个奋勇争先”要求，在前20年发展的基础之上，继续高举改革创新旗帜，把握新发展阶段，贯彻新发展理念，融入新发展格局，进一步加大科技创新力度，开拓进取，担当起时代赋予井冈山经开区人的责任和使命，勇立潮头，引领吉安向高质量跨越式可持续发展前进。

让我们从中探寻和总结经济发展规律，集中所有智慧和力量，进一步传承和弘扬伟大的井冈山精神，担当实干，砥砺奋进，全面开启打造革命老区开发区改革创新发展示范区新征程，奋力谱写井冈山经济技术开发区创新创业历史新篇章！

井冈山经开区党工委书记

2021年5月

凡 例

一、本志以马克思列宁主义、毛泽东思想、邓小平理论、“三个代表”重要思想、科学发展观、习近平新时代中国特色社会主义思想为指导，坚持辩证唯物主义与历史唯物主义的立场、观点和方法，全面、真实、准确、系统地记述断限内井冈山经济技术开发区经济社会发展的历史和现状，力求思想性、资料性、科学性的统一，体现时代特征和地方特色。

二、本志上限自2001年起，下限至2020年底。个别内容根据需要适当上溯或下延。

三、记述的地域范围：2020年井冈山经济技术开发区全境。

四、编纂体例：从井冈山经济技术开发区的实际出发，以现行的管理体制为基础，突出井冈山经济技术开发区特色，参照现代城市的社会分工、学科分类和志书篇目设置的传统进行分类。

五、全志采用述、记、志、图、表、录等体裁，以志为主。层次结构分篇、章、节、类目、条目。

六、本志的文字、标点符号、数字用法、计量单位等均遵循国家相关规定。

七、地域、机关、团体、企业或会议名称首次出现时使用全称，再次出现时则用简称。例如：井冈山经济技术开发区（以下简称“井冈山经开区”）；中共井冈山经济技术开发区工作委员会（以下简称“井冈山经开区党工委”）；中共吉安市高新技术产业开发区工作委员会（以下简称“吉安市高新区党工委”）；吉安市高新技术产业开发区管理委员会（以下简称“吉安市高新区管委会”）。

八、井冈山经济技术开发区在发展过程中多次更名和升级，2001年成立时为吉安市高新技术产业开发区，2009年更名为江西井冈山经济技术开发区，2010年升级为国家级井冈山经济技术开发区，属传承关系，志书名及内文表述为后名，不插注或另写前名。

九、全志涉及国内外企业较多，为便于阅读，统一为两种称谓。在以投资者的身份出现时称母公司的名称，在井冈山经开区开办的项目则使用分、子公司的名称。

十、全文叙述文件标题时，按照统一简称，将文件名称中的井冈山经济技术开发区简称为“井冈山经开区”。

十一、本志收录国内外领导及友人和井冈山经开区领导职务均以文件或时任职务为准。

十二、人物篇的记述坚持“生不立传”的原则，凡对井冈山经开区建设发展有重要影响的人物，设“人物简介”章进行记述。入志以本区党工委、管委会副职及以上领导为准，不唯行政级别论。设“人物表”，记述各部门、单位正、副负责人任职情况。

十三、本志资料来源均经井冈山经开区各涉志单位核实。定稿经过多次校改，并经涉志单位、部门负责人签字或盖章确认，入志时不再注明出处。

十四、本志图片来源除注明外，均由编委会办公室提供。

井冈山经济技术开发区国家级名片

☆国家级经济技术开发区

☆国家级综合保税区

☆国家新型工业化产业示范基地（电子信息）

☆国家科技兴贸创新基地

☆国家加工贸易梯度转移重点承接地

☆国家台资企业转移重点承接地

☆国家电子信息高新技术产业化基地

☆国家循环化改造示范试点园区

☆国家绿色园区

☆国家知识产权试验示范园区

☆国家能源互联网示范园区

☆吉安国家印刷包装产业基地

☆国家风电设备高新技术产业化基地

☆国家生物源农药高新技术产业化基地

区域地图

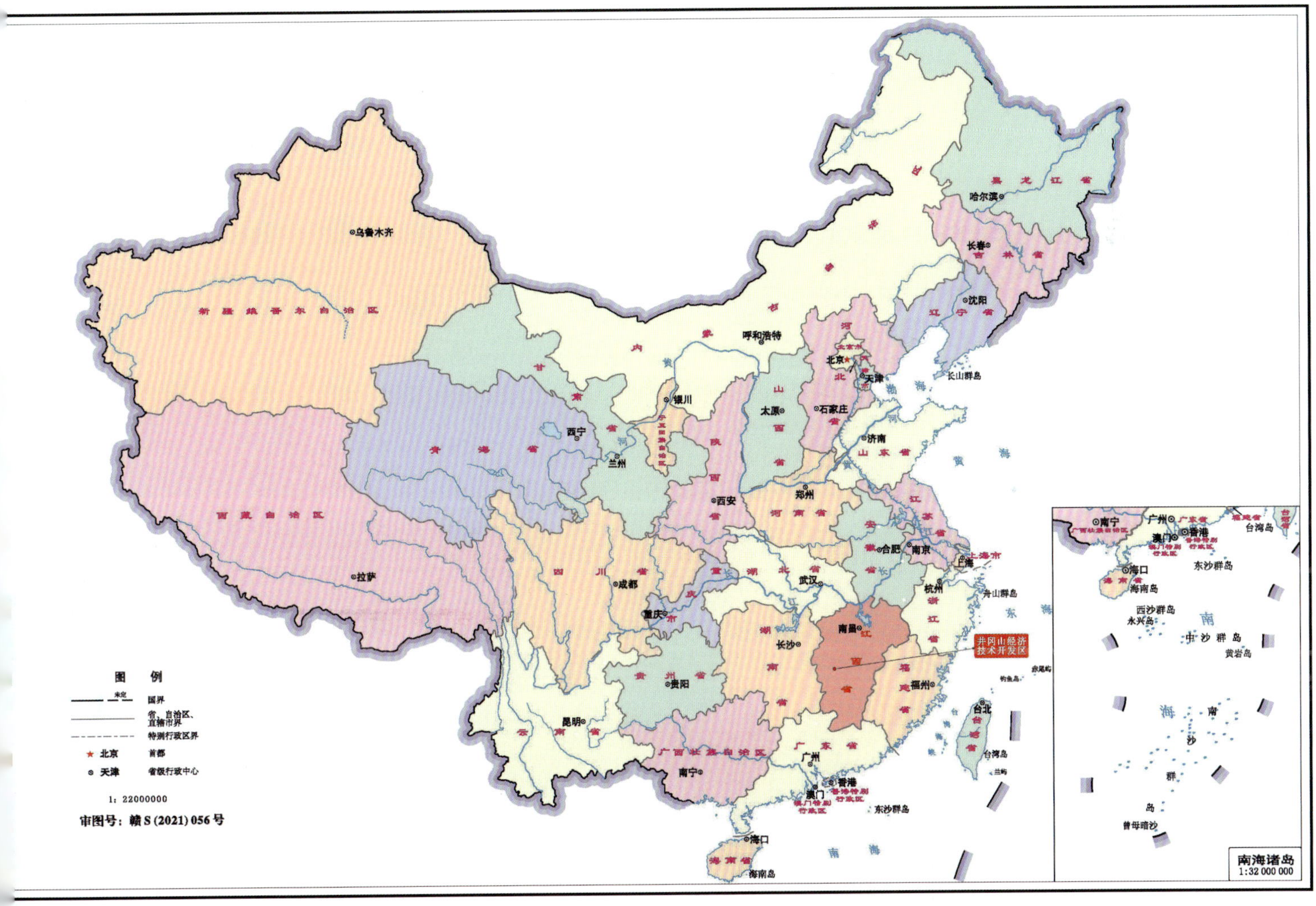

井冈山经开区在中国区位示意图

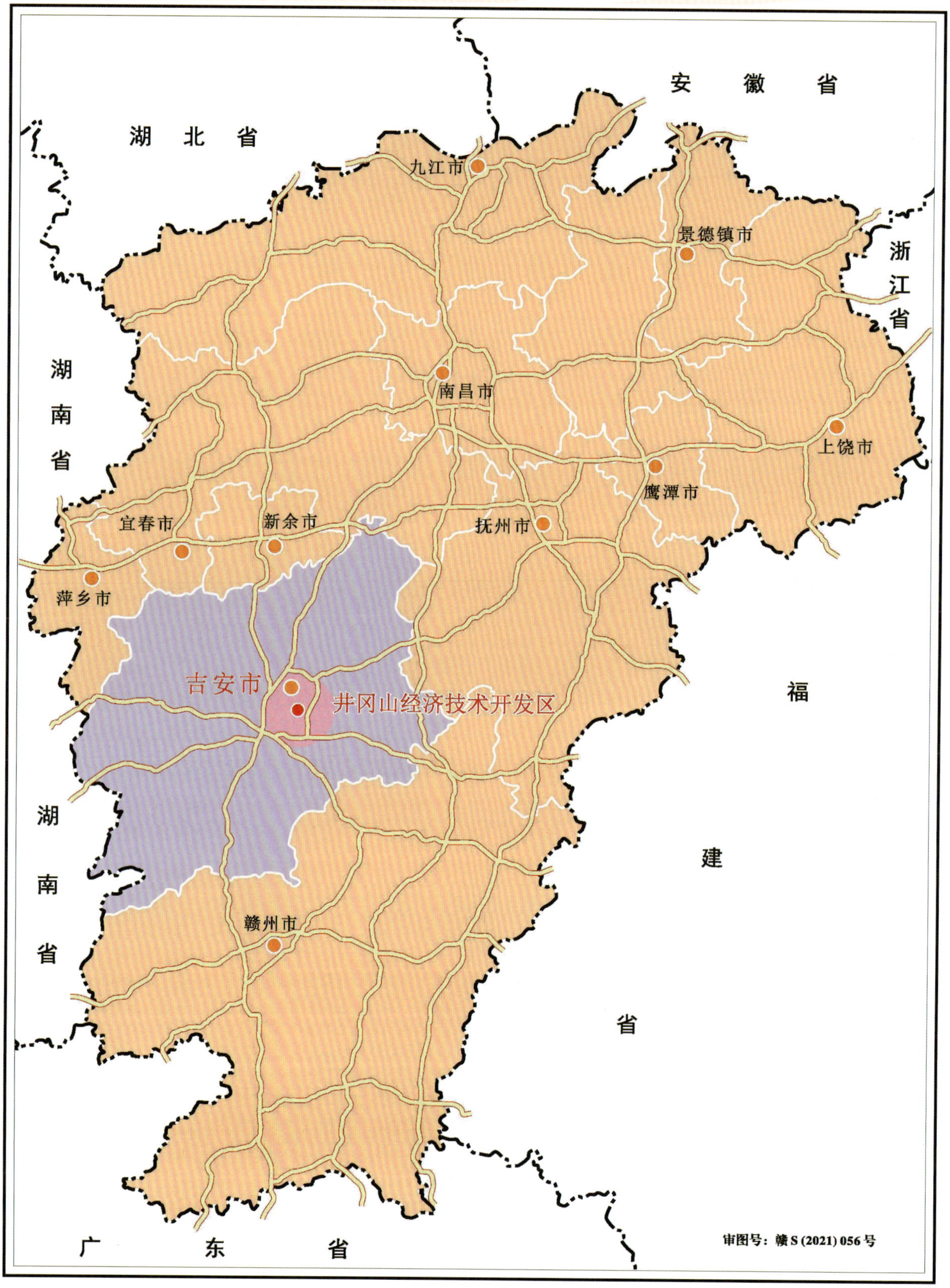

井冈山经开区在江西省区位示意图

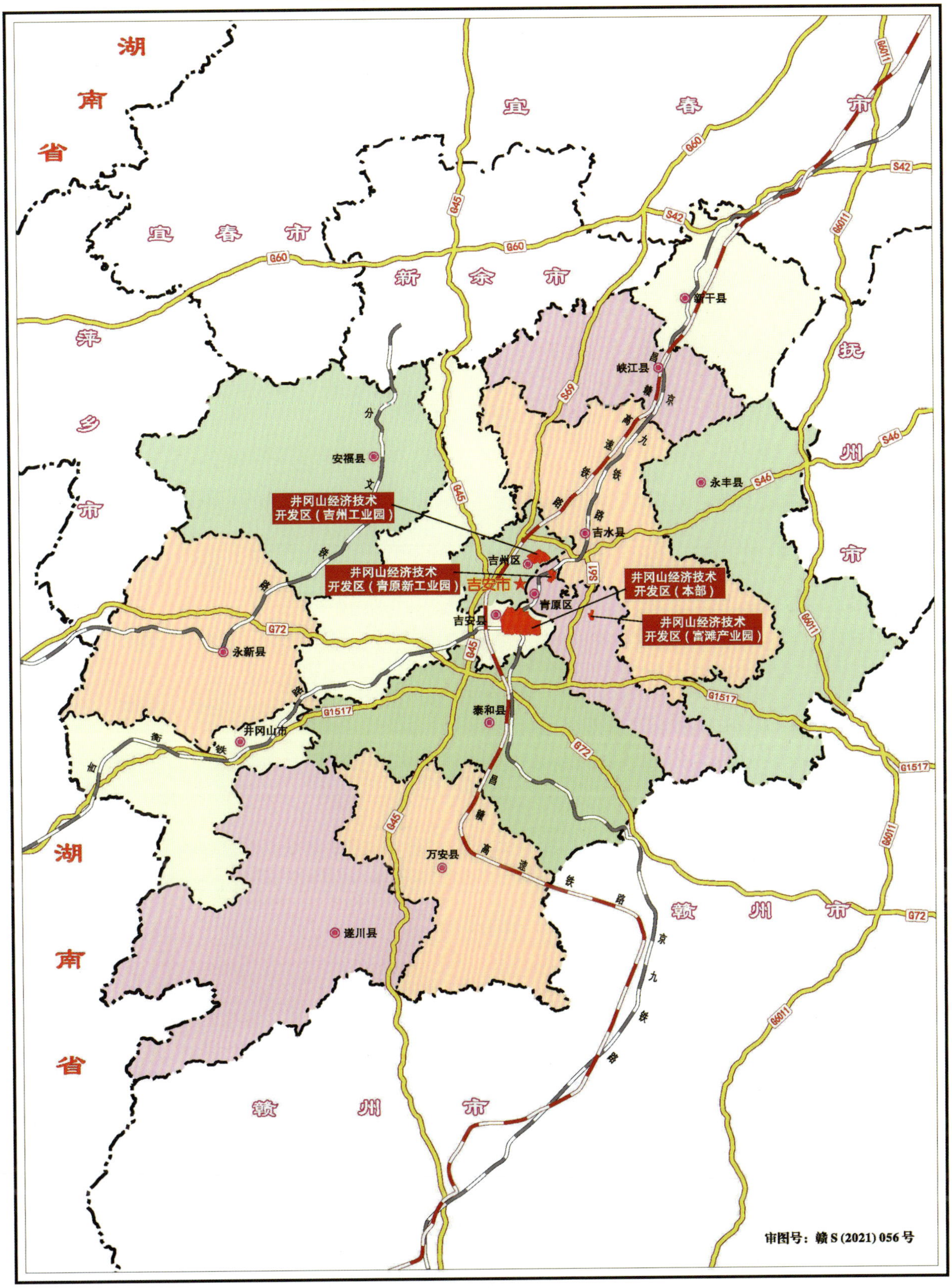

井冈山经开区在吉安市区位示意图

井冈山经开区发展历程示意图

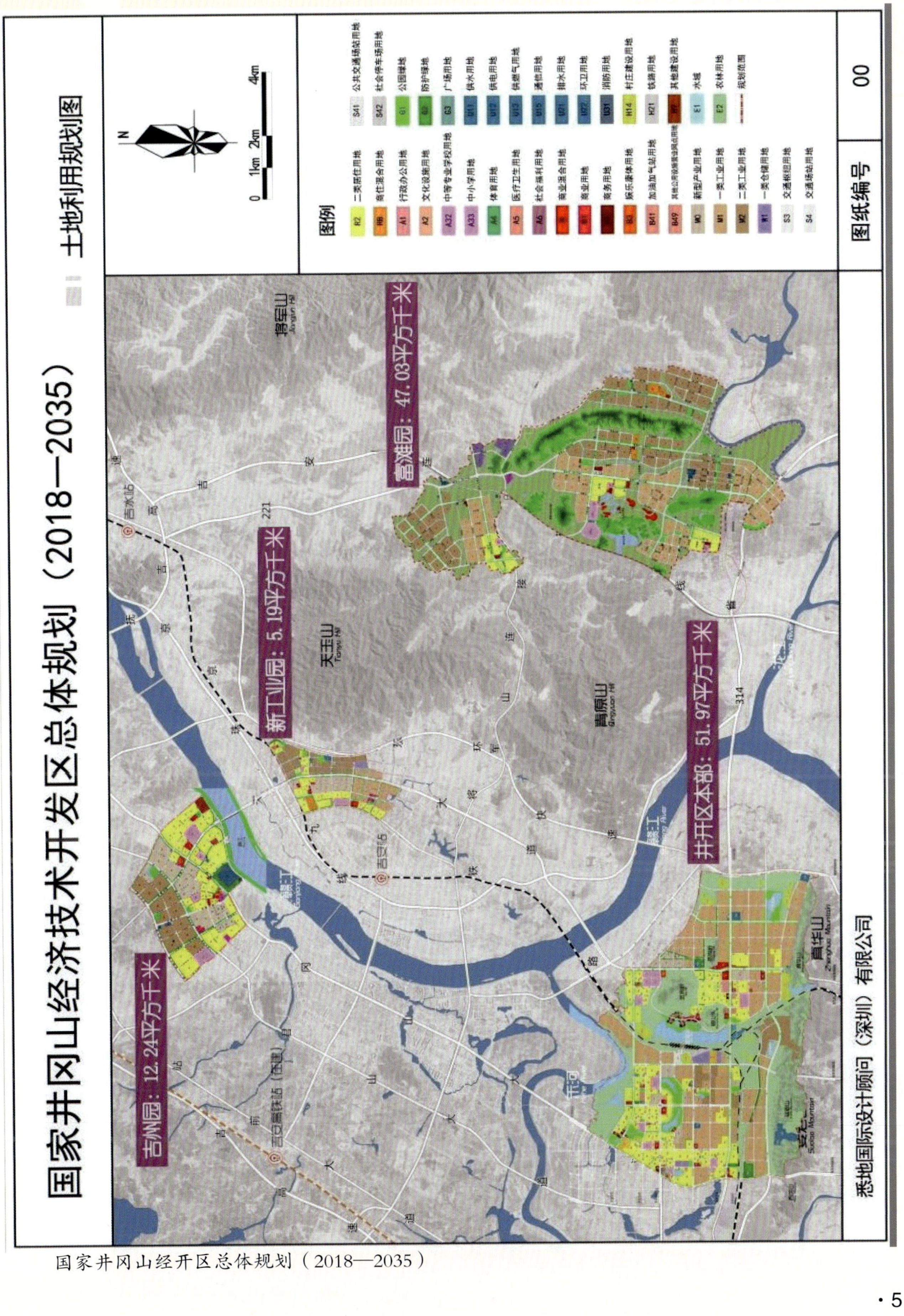

国家井冈山经开区总体规划（2018—2035）

机构成立

2002 年 5 月 13 日，成立初期的吉安市高新区（段富生提供）

2004 年 9 月 29 日，吉安市高新区管委会机关迁入君山大道 248 号企业孵化大楼办公

2018年1月29日，井冈山经开区管委会机关迁入深圳大道236号企业孵化中心大楼办公

2018年2月28日，井冈山经开区"一区四园"一体化发展授牌揭牌仪式举行，吉安市委书记胡世忠（右五），市长王少玄（右四），市委常委、常务副市长杨丹（左五），市人大常委会副主任李建国（右三），副市长邓淑斌（左一），市政协副主席程以金（左四），井冈山经开区党工委书记彭学凯（右二）、管委会主任汤文仙（左三），吉州区委书记朱谋俊（左二），青原区委书记李军（右一）参加

领导关怀

◆国家部委领导

2010 年 4 月 25 日，商务部部长陈德铭（前排右二）考察井冈山经开区

2015 年 4 月 11 日，全国总工会党组书记李玉赋（前排左二）考察井冈山经开区

2017年4月13日，全国政协常委、经济委员会副主任彭小枫（前排右二）考察井冈山经开区

2020年9月23日，第十三届全国人大外事委员会副主任委员、十三届全国人大常委会委员、海峡两岸关系协会会长张志军（前排右二）率组到井冈山经开区调研台资企业发展情况

2016年5月4日，国家质量监督检验检疫总局党组成员、国家标准化管理委员会主任田世宏（左一）考察井冈山经开区

◆江西省领导

2013年6月7日，江西省委书记强卫（前排右一）考察井冈山经开区

2017 年 4 月 5 日，江西省委书记、省人大常委会主任鹿心社（前排中）考察井冈山经开区

2018 年 11 月 7 日，江西省委书记刘奇（前排左二）考察井冈山经开区

2006年4月18日，江西省委副书记、省长吴新雄（前排右二）考察吉安市高新区

2019年11月20日，江西省委副书记、省长易炼红（前排左二）考察井冈山经开区

2006 年 5 月 25 日，江西省副省长凌成兴（前排左二）考察吉安市高新区

2015 年 4 月 13 日，江西省政协副主席郑晓燕（前排右二）考察井冈山经开区

2015 年 9 月 8 日，江西省委常委、常务副省长毛伟明（前排右一）考察井冈山经开区

2016 年 5 月 23 日，江西省委常委、政法委书记周萌（前排左二）考察井冈山经开区

2018 年 4 月 4 日，江西省委常委、省委宣传部长赵力平（右二）考察井冈山经开区

2018 年 6 月 13 日，江西省委常委、副省长刘强（前排左二）考察井冈山经开区

2018年7月2日，江西省委常委、省纪委书记、省监委主任孙新阳（前排中）考察井冈山经开区

2019年5月26日，江西省副省长吴晓军（前排中）考察井冈山经开区

2019年6月20日，江西省政协副主席汤建人（左三）到井冈山经开区调研

2019年7月4日，江西省政协副主席雷元江（前排左二）考察井冈山经开区

2019 年 7 月 4 日，江西省副省长孙菊生（前排右二）考察井冈山经开区

2020 年 2 月 20 日，江西省政协副主席刘卫平（前排左三）考察井冈山经开区

2020 年 4 月 1 日，江西省委常委、省纪委书记、省监委代理主任马森述（前排中）考察井冈山经开区

2020 年 5 月 7 日，江西省副省长吴忠琼（前排右四）考察井冈山经开区

2020 年 6 月 24 日，江西省副省长陈小平（前排右三）考察井冈山经开区

2020 年 8 月 27 日，江西省委常委、省委统战部部长陈兴超（前排左三）考察井冈山经开区

2020 年 12 月 3 日，江西省副省长罗小云（前排站立右三）考察井冈山经开区

◆吉安市四套班子主要领导

2005 年 12 月 22 日，吉安市委书记弘强（右三），市委副书记、市长胡长林（右一）考察吉安市高新区

2006年12月8日，吉安市委书记黄建盛（左二）考察吉安市高新区

2008年10月13日，吉安市委书记周萌（左四）考察吉安市高新区

2016 年 2 月 17 日，吉安市委书记王萍（前排中）考察井冈山经开区

2019 年 6 月 17 日，江西省人大常委会副主任、吉安市委书记胡世忠（前排左三）考察井冈山经开区

2015 年 7 月 15 日，吉安市委副书记、市长王少玄（中）考察井冈山经开区

吉安市人大常委会主任胡龙生（中）考察井冈山经开区

吉安市人大常委会主任吴敏（前排右三）考察井冈山经开区

2017年12月5日，吉安市人大常委会主任刘连根（左二）考察井冈山经开区

2011 年 4 月 7 日，吉安市政协主席陈志明（中）考察井冈山经开区

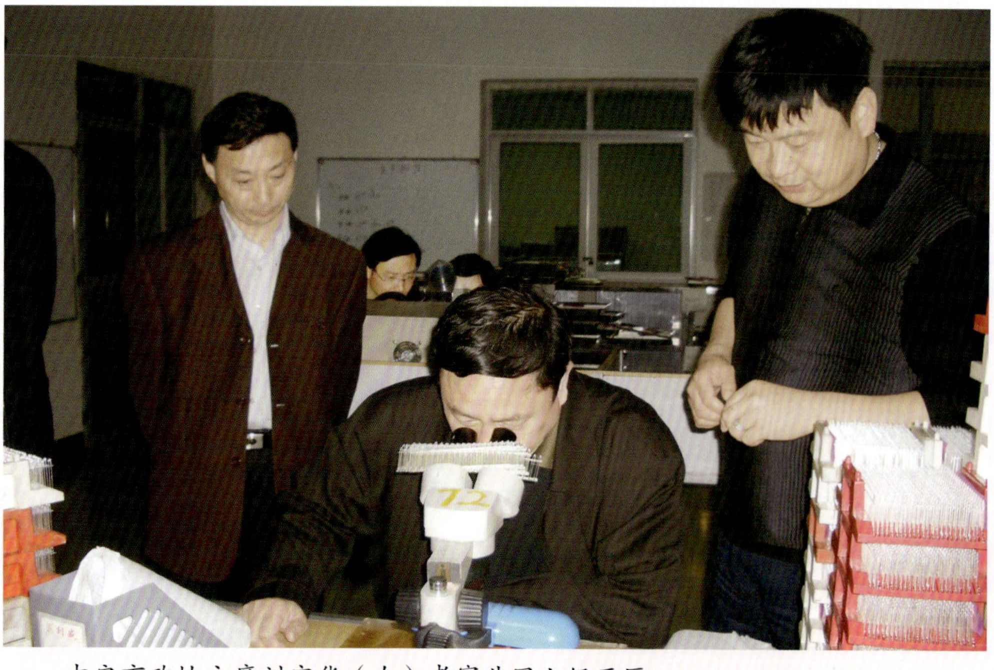

吉安市政协主席刘宗华（左）考察井冈山经开区

吉安市政协主席李庐琦（前排中）考察井冈山经开区

2017 年 6 月 21 日，吉安市政协主席龙波舟（前排左二）考察井冈山经开区

2020 年 7 月 15 日，吉安市政协主席刘贤清（前排右二）考察井冈山经开区

◆吉安市政府分管井冈山经开区领导

2006 年 12 月 19 日，吉安市委常委、市政府常务副市长贺宗鑫（左五）考察吉安市高新区

2006 年 12 月 19 日，吉安市政府副市长杨群宝（中）出席吉安市高新区企业开工仪式

2007 年 4 月 17 日，市政府副市长余阳春（左二）考察吉安市高新区

2019 年 10 月 16 日，市政府副市长、区党工委第一书记邓淑斌（前排右二）考察井冈山经开区

改革开放

2006年12月19日，吉安市高新区管委会主任刘志坚（左三）向客商颁发委托招商聘书

2019年11月26日，井冈山经开区党工委书记彭学凯（中）调研“一区四园”建设情况

2018年8月9日，井冈山经开区在深圳举行"一区四园"招商推介会，区管委会主任汤文仙(后排左四)参加

2020年11月5日，井冈山经开区管委会主任陈庆寿(左二)调研"一区四园"建设情况

2017年8月30日，井冈山经开区管委会机关第二轮竞聘上岗部门副职、一级主办任前集体谈话

井冈山综合保税区

2020 年 10 月 29 日，井冈山综合保税区通过验收

交流学习

2016年6月13日，市委副书记、市长王少玄（右）与深圳南山区委书记、人大常委会主任姜建军（左）共同为吉安（深圳）产业园南山示范园红米饭创新产业园揭牌

2017年3月17日，市委副书记、市长王少玄（右四）在井冈山经开区吉安新琪安科技有限公司会见可口可乐公司全球副总裁克丽斯·昆女士（右五）

2017年4月21日，井冈山经开区管委会组团到赣州市学习考察

2017年9月8日，中国井冈山干部学院中管金融企业和中央企业经营管理人员党性修养教育专题培训班在井冈山经开区开展现场教学

2020年8月9日，井冈山经开区与延安经开区签订合作共建协议

科技兴区

金鸡湖创新小镇

工业互联网产业园

井冈山大学科技园

2014 年 12 月 16 日，井冈山经开区举行普正药业院士工作站签约仪式

2019 年 8 月 24 日，2019 年江西省“天工杯”十大示范性技能大赛——首届电子行业职工职业技术竞赛启动

2020 年 8 月 14 日，井冈山经开区管委会与中国科学院高层次专家举行电子信息产业发展座谈会

园区建设

俯瞰井冈山经开区（欧阳旭东 摄）

俯瞰井冈山经开区

创新引领 改革攻坚 开放提升
绿色崛起 担当实干 兴皖富民

井冈山经开区西区

井冈山经开区东区

井冈山经开区吉州产业园

井冈山经开区青原产业园

井冈山经开区富滩产业园

君山大道

火炬大道

京九大道

深圳大道

深圳大桥

梨山公园

吉安深圳产业园南山示范园

重点企业

吉安市木林森实业有限公司（王琼玲、刁羽婷 摄）

红板（江西）有限公司

吉安市井开区合力泰科技有限公司（康丽萍 摄）

江西航盛电子科技有限公司

吉安生益电子有限公司

南亚新材料科技（江西）有限公司

江西瑞声电子有限公司

吉安市柏兆电子有限公司

江西戈弗雷科技有限公司

普正药业集团股份有限公司

新琪安科技股份有限公司

江西大自然制药有限公司

吉安米田科技有限公司

江西巴斯巴新能源技术有限公司

胜美达电机（吉安）有限公司

江西联创电缆科技股份有限公司

吉安中能易电科技有限公司

江西吉为科技有限公司

思立科（江西）新材料有限公司

江西省高精科技有限公司

江西中烟工业有限责任公司井冈山卷烟厂

吉安市永安交通设施有限公司

吉安市三江超纤无纺有限公司

井冈山北新建材有限公司

江西威尔高电子科技有限公司车间

吉安满坤科技股份有限公司车间

江西生物制品研究所股份有限公司车间

吉安市瑞鹏飞精密科技有限公司车间

江西冠德新材科技股份有限公司

吉安市砺芯半导体有限责任公司

2006 年 8 月 15 日，吉安市高新区在深圳举行客商投资说明会

2007 年 10 月 7 日，在吉安市高新区举行吉安市重大项目竣工投产开工建设暨签约仪式

2009 年 7 月 9 日，井冈山经开区在深圳举行江西省吉安深圳产业园客商恳谈会

2015 年 11 月 8 日，胜美达电机（吉安）有限公司新厂落成典礼

2018 年 10 月 26 日，生益电子高端印制电路板生产项目签约

2019 年，巴斯巴新能源汽车核心部件生产基地项目签约

2019 年 10 月 21 日，2019 年全市重大工业项目第三次集中开工竣工暨巴斯巴新能源汽车电子核心零部件项目开工活动

2020 年 3 月 10 日，2020 年省市县三级联动推进重大项目开工大会（吉安市分会场）在井冈山经开区米田科技项目现场举行

2020 年 8 月 25 日，木林森 LED 全产业链项目签约

配套服务

2019 年 11 月 18 日，井冈山经开区金融产业园开园

吉安人力资源服务产业园

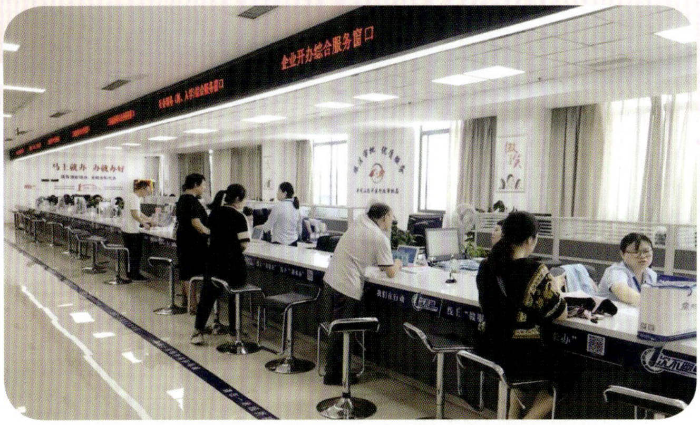

井冈山经开区行政审批服务中心

吉安陆地港

吉安物流中心

吉安火车南站（货运站）

井冈山经开区消防救援大队

井冈山经开区污水处理厂

井冈山经开区学校

吉安外国语实验学校

吉安高新医院

吉安仁安医院

2019 年 10 月 26 日，
红力邻里中心开业

东悦花园酒店

文海酒店

维也纳国际酒店井冈山经开区店

文化建设

2015 年 10 月 21 日，井冈山经开区举办 2015 年全区运动会

2017 年 9 月 12 日，江西合力泰科技有限公司井开分公司举行职工运动会拔河比赛

2018 年 11 月 17 日，井冈山经开区 2018 年全民健身运动会篮球比赛

2019 年 9 月 29 日，井冈山经开区庆祝中华人民共和国成立 70 周年文艺晚会

2020 年 1 月 17 日，井冈山经开区举行 2020 年新春联欢晚会

井冈山经开区党工委领导班子合影

2020 年 12 月在任的井冈山经济技术开发区党工委领导班子合影。左起：戴志敏 刘亚东 卢渝 张志福 刘茶香 罗忠华 彭学凯 陈庆寿 甘益烽 吴磊 孙英剑 龙井松 伍有君（2021 年 6 月摄）

目 录

第三篇　招商引资

第四篇　经济发展

第五篇 改革创新

第六篇 党政机构

第七篇　党的建设

第八篇　经济管理

第九篇　企业服务

第十篇　社会事务

第十一篇　企业选介

第十二篇　人　物

附　录

概　述

21世纪的曙光刚刚降临，神州大地春潮涌动，改革开放东风劲吹，在国家“火炬计划”的鼓舞下，各地“高新区”“开发区”如雨后春笋般强势崛起。面对百舸争流、千帆竞发的发展态势，撤地设市后的新一届吉安市委、市政府审时度势、抢抓机遇，及时作出了发展吉安高新技术产业的战略决策。经过20年的筚路蓝缕、负重奋进；经过一次次扩调转型、提质升级，一座现代化工业新城应运而生。

井冈山经开区位于革命摇篮井冈山之下，江南望郡吉安城以南，东邻国家历史文化名镇永和，南抵娑老山，西接吉安县城，北滨禾水与吉安市中心城区相望。经扩区，面积逐渐增至46.5平方千米；2018年“一区四园”（井冈山经开区本部、吉州产业园、青原产业园、富滩产业园）改革后，形成区属“一城三区（县）”（吉安市，吉州区、青原区、吉安县），地跨“两江三岸”（赣江、禾水）格局，总规划面积116.43平方千米。

20个春秋的砥砺前行，井冈山经开区已成长为引领吉安市新型工业化的排头兵、吉泰走廊的核心增长极，也是吉安大地首个国家级开发区。她的发展壮大，寄托了党中央、国务院对革命老区的深切关怀和殷切期望，承载着540万吉安人民工业崛起的希望与梦想。

应时而生，经济发展排头兵

2001年5月，吉安市政府印发《关于成立吉安市高新技术产业开发区的通知》，决定设立吉安市高新技术产业开发区，规划面积为12.70平方千米。同月，成立吉安市高新技术产业开发区管理委员会，为市政府正县级派出机构。8月，管委会机关进驻开发区。

2001年11月29日，吉安市高新技术产业开发区在驻地举行揭牌仪式，标志着吉安市高新技术产业开发区正式成立。2002年1月17日，中共吉安市高新技术产业开发区工作委员会成立。

吉安市高新区环境影响调查评估报告，得到江西省环保局的批准。属大吉安规划中的工业组团，规划分成电子信息工业园、生物制药工业园、生态工业园、新型材料工业园、仓储园、梨山生态公园、生态农业园等功能区进行建设。发展目标是：建设成为高新技术产业化、城市工业现代化的基地；建设成为沿海地区产业、技术、资金梯度转移的承接基地；建设成为科技成果孵化和辐射基地；建设成为科技实业家和创新人才的培养教育基地。

2006年3月8日，江西省人民政府正式批准吉安市高新区为省级开发区，并根据国家发展和改革委员会规范开发区名称的要求，更名为江西吉安高新技术产业园区。同时核定开发区的产业定位为电子信息、生物制药、食品。2008年11月开始参照公务员法管理。

为扩大开发区的影响力，发挥革命老区的优势，2009年2月，江西省政府批准江西吉安高新技术产业开发区更名为江西井冈山经济技术开发区。

2010年3月21日，国务院办公厅同意井冈山经济技术开发区由省级经济技术开发区升格为国家级经济技术开发区，定名为井冈山经济技术开发区。井冈山经济技术开发区党工委、管委会为中共吉安市委、吉安市人民政府派出机构，实行国家级经济技术开发区的政策。

2011年3月，经国务院批准，在井冈山经济技术开发区内设立江西井冈山出口加工区。

2012年，根据省编办《关于井冈山经济技术开发区管理委员会级别的批复》（赣编办文〔2012〕7号），井冈山经开区管委会级别升级为副厅级。

2018年3月，吉安市委、市政府决定推行“一区四园”改革，“以井冈山经济技术开发区为主体，整合吉州工业园区、吉安河东经济开发区（含富滩产业园），推进空间整合和体制融合，形成‘一个主体、一个班子、多块牌子、双重管理’的管理机制和‘统一规划布局、统一开发建设、统一政策招商、分级推进落实、实施利益共享’的运行机制，加快建设实体经济、科技创新、现代金融、人力资源协同发展的产业体系，以‘一区四园’的转型升级带动区域发展升级”，推进井冈山经开区和吉州、青原工业园区一体化发展。

2018年5月，吉安市城乡规划建设局会同井冈山经开区管委会全面启动井冈山经开区“一区四园”的总体规划和控制性详细规划编制工作。规划立足《吉安市城市总体规划修编（2017—2035）》，按照“综合发展、产城融合”的理念，把井冈山经开区（本部）作为城市新区来规划布局，统筹产业布局，重点提升西区建设品质，完善园区基础设施、服务配套等功能；河东开发区、吉州工业园以退二进三、退园进城为主；富滩工业园重点发展为新型产业生态园。根据《“一区四园”总体规划（2018—2035）》，总规划面积116.43平方千米。

2019年10月，中共吉安市委办公室、吉安市人民政府办公室印发通知，进一步明确：中共井冈山经济技术开发区（出口加工区）工作委员会、井冈山经济技术开发区（出口加工区）管理委员会是中共吉安市委、吉安市人民政府派出机关，代表市委、市政府对管辖区域内的党务、行政、经济和社会事务实行统一领导、统一管理，赋予井冈山经开区直接行政执法权力。

图概述－1　2001年8月，吉安市高新区管委会机关租用吉安县邮政局大楼办公

吉安市高新区管委会机关2001年8月开始租用地处君山大道的吉安县邮政大楼1楼大厅及4楼、5楼办公；2004年9月29日，迁入吉安市高新

区君山大道248号企业孵化大楼办公；2018年1月29日，井冈山经开区管委会机关迁至深圳大道236号企业孵化中心大楼办公。

井冈山经开区位于吉泰走廊中心，是大吉安“一城三片、两江三岸”的重要组成部分。区域交通路网发达，形成以“一个机场（井冈山机场）、三个火车站（吉安站、吉安西站、吉安南站）、一条水道（赣江航道）、一条国道（105国道）、四条铁路（昌赣客运专线、京九铁路、吉衡铁路、浩吉铁路）、五条高速公路（大广、樟吉、泉南、莆炎、抚吉高速）”为构架的现代综合交通运输体系。2020年进入高铁时代后，“连南接北，承东启西”的区位优势进一步凸显，深度融入全省“2小时交通圈”和辐射周边省市的“4小时生活圈”，全面接轨长三角、珠三角经济圈、深圳先行示范区、粤港澳大湾区、海峡西岸经济区的6~8小时经济圈。

井冈山经开区所在地域人文历史悠久，也是一块英雄的红土地。大革命和土地革命战争时期，革命先辈曾延生、曾山长期在境内开展革命活动；1929年，境内的梅岭下成立了儒林区革命委员会，1930年建立了苏维埃政权，是“九打吉安”的前沿阵地，是赣西南革命根据地的区域之一；1931年8月，中共湘赣临时省委成立，成为湘赣革命根据地斗争区域。2007年12月，吉安县将军园在紧邻吉安市高新区的县城东北建成开园，以缅怀和纪念吉安县籍开国将军、革命先烈，吉安市高新区捐款10万元，表达了敬仰之情。

吉安市高新区成立以后，属地的农村、农业、农民和有关社会事务由吉安县和吉安市相关部门管理。2008年、2015年，江西省民政厅分别批复同意吉安县设立高新街道和金鸡湖街道，同时，吉安县分别将两个街道委托井冈山经开区管理。2020年末，井冈山经开区总计人口6.8万人。

2020年末，井冈山经开区有内资企业3137户，外资企业170户，其中规模以上企业总数128户。全区（一区四园）共完成营业收入1107.8亿元，同比增长6.4%。2018年，在全国219个国家级开发区综合考评中，位列71位，较2017年前移11位；2019年位列45位，较2018年前移了26位，挺进全国50强，实现连续三年大进位。在江西省开发区经济指标考评中，井冈山经开区2018年位列全省开发区第8位，2019年、2020年位列全省开发区第7位。

竭诚服务，招商引资启宏图

招商引资是井冈山经开区的第一菜单。经济起步之初，井冈山经开区通过四处寻找信息，联系各方人员、参加各类展会，宣传井冈山经开区的招商优惠政策，介绍发展优势，开展招商引资工作。

2001年，吉安市政府印发吉安市高新区优惠政策规定的通知，从财税、收费、信贷、用地、用水用电、孵化企业、奖励等方面规定了企业可享受相应的优惠政策。

到2003年，吉安市高新区初步形成电子信息、生物制药、现代食品三大主导产业，招商引资重点围绕三大主导产业开展。

瞄准跨国企业、上市公司，特别是世界500强和国内500强企业招商。从2004年开始，逐步实现从数量型向质量型转变。利用“井冈山”“生态环境”“庐陵文化”三张牌，坚持重点招商、会展招商、网上招商和以商招商并举，注重引进投资规模大、竞争实力强、环境污染小、成长性好的项目。不断完善招商引资工作机制，成立招商引资工作中心，面向国内外招聘人员和招商代理人，实行专业队伍招商和代理招商。集中领导力量、集中精力招商引资，主要突出“招大引强”。

2009年，制定吉安（深圳）产业园的主要优惠政策。规定企业可享受大开发税收优惠，享受全国加工贸易梯度产业转移重点承接地政策优惠。

2011年是井冈山经开区招商引资的重要年份。这一年，井冈山经开区抓住沿海地区产业加速转移的有利时机，进一步转变招商理念，强化“产业招商、产业园招商、企业二次招商和以商招商”。紧盯世界500强、国内200强等重点企业、重点客商；经常开展各类推介会，突出借助外力及会展招商，招大引强；热情接待客商，由撒网式的招商引资慢慢转变为有针对性的招商选资，全力以赴招大商、招群商，更加注重项目的投资强度、经济效益和带动作用。全年引进5000万元以上项目28个（亿元以上项目25个），其中10亿美元外资项目1个，5亿元项目8个；实际引进内资45亿元，同比增长39.5%；新批外资项目12个，实际利用外资6208万美元，同比增长36.62%；总投资20亿元的江西吉安航盛工业园等一批大项目落户建设。井冈山经开区电子信息、生物医药、先进制造三大主导产业重点企业年产值、销售收入、上缴税金、出口创汇等主要经济指标已占园区总量的四分之三以上。

推进招商引资体制机制改革，建立市场化招商工作机制，面向社会招聘招商人员，实行企业化管理，将招商引资业绩与报酬挂钩，实行绩效考核。

突出“1+3”（电子信息+生物医药大健康、先进装备制造、新能源新材料）产业的发展，切实创新工作方法，以产业招商为抓手，积极拓宽招商渠道，加快构建招大引强新格局。

坚持“项目为王”，大干项目，在项目突破中构筑更强的经济增量。招商引资提出突出重大骨干项目、突出强链补链项目、突出可持续发展项目，强化专业招商、强化政策扶持理念。

井冈山经开区开展招商项目推介方式主要有网络推介、编印宣传册推介和招商推介会推介等。网络推介和宣传册推介主要是对外发布井冈山经开区的重点招商项目信息以及介绍井冈山经开区产业发展情况和投资环境。至2020年，井冈山经开区在各类网站上已发布50多个有市场前景的重点招商项目。

不同发展时期突出的招商模式不尽相同，总体上是各种招商模式结合开展，主要有全员招商、驻点招商、会展招商、产业招商、以商招商等。随着招商引资工作的不断推进，招商形势、招商市场的不断变化，采取的招商模式也在不断创新，专业招商、中介招商、资本招商等模式渐趋主流，推动老企业增资扩建，也成为重要的招商手段之一。2017年以来，共有木林森、红板、航盛、满坤、瑞鹏飞等20余家企业增资扩建新项目，累计增资扩产超200亿元。其中，2014年落户的木林森公司（二期）于2020年再投资100亿元建设LED全产业链项目；2006年落户的红板公司在连续投资三期项目的基础上，2020年再次追加投资50亿元建设四期5G高阶HDI和IC载板项目；南亚新材连续进行三期投资建设，累计投资38亿元；瑞声电子由返乡创业人士创办，经过不断发展壮大，2020年新投资10亿元建设三期WTS无线蓝牙耳机项目，在耳机行业全国排名第七。

为提高招商项目的质量和成熟度，加强了招商项目库建设和项目库动态管理工作。重点储备项目有LED外延片及芯片产业化项目、计算机显示设备生产基地项目、智能制造产业园项目。主要发展工业机器人、服务机器人、娱乐机器人、特种机器人及智能成套设备系列，同时大力发展智能制造产业发展研究中心，培养智能制造相关人才。重点发展汽车及零部件产业项目、锂电池隔膜材料项目、生鲜冷链物流基地项目、中药饮片生产项目。

2001—2020年，井冈山经开区共签约574个项目，其中内资项目535个，签约金额1884.04亿元；

外资项目 39 个，签约金额 35.27 亿美元。2020 年末，井冈山经开区内有重点企业 248 个，其中千万元以上项目 170 个。

科技创新，挺起脊梁弄潮头

井冈山经开区通过实施科技兴区战略，构筑科技创新平台，引进高新技术企业，加强技术创新和体制创新，加大知识产权保护力度，培育创新主体和新的经济增长点，实现产业集聚的突破和经济跨越式发展。

实施科技兴区战略。根据国家相关法律、法规及上级有关经济发展政策，结合实际，井冈山经开区制定了一系列鼓励企业创新，加大科研经费投入，加快科研创新发展的政策措施。

2006 年出台《关于加快高新区发展奖励暂行办法的通知》，鼓励区内企业创新创业，做大做强，加快高新区发展，努力实现高新区“一年一个新变化，三年迈上新台阶，五年实现新跨越”，设立企业自主创新奖等三类奖项。

为加强井冈山经开区知识产权工作，提高“1+3”产业的知识产权创造、管理、保护、运用能力，发挥知识产权在产业转型升级中的支撑作用，推进知识产权与产业发展紧密结合，增强企业自主创新能力和核心竞争力，依据国家知识产权局《关于知识产权试点示范工作的指导意见》和《国家知识产权试点示范园区评定管理办法》，2018 年制定《井冈山经开区知识产权试点园区工作方案》。

创建工业互联网产业园，集产业研究、工业设计、软件开发、检验检测、智慧管理、众创孵化、人才培训等多功能于一体。进驻了融合科技、联通工业互联网研究院及其二级节点项目、吉安电子学会、江西省通讯终端产业技术研究院、吉安砺芯半导体有限责任公司、移动 5G 实验室、智慧物管中心、众创孵化中心、苏州太谷能源大数据中心、电子电路协会、金黄光智慧照明公司、联云信息等科研实体。形成为创新创业、企业孵化、物业管理和后勤保障提供全方位、全天候、全流程的综合配套服务，为全省乃至全国范围内电子产品 ROHS 筛选、检验检测等方面提供服务支撑。

创建工业大数据平台，通过大数据中心综合管理监控园区的整体运行态势，了解园区、产业、企业的发展情况，做到对园区现状心中有数，为决策提供科学依据。有效供给企业智能制造、产业对接、产业金融、项目申报、智慧节能、智慧物流、专家在线等各类服务资源，挖掘、收集、整理工业企业的需求，着力发展新的服务制造业，实现企业服务资源对接的便捷化、智能化、精准化。

创建移动 5G 联合创新江西（吉安）开放实验室，联合产业链合作伙伴共同推进 5G 行业应用的研究与开发，打造合作共赢的产业生态。结合吉安产业特色，重点从红色旅游、工业互联网等方向进行拓展研究，主要有：5G+ 工业互联网、5G+VR 旅游、5G+ 智慧农业、5G+ 智慧医疗、5G+ 智慧城市、5G+ 智慧校园。

2020 年 12 月，全区有 114 家企业被认定为高新技术企业，拥有国家企业技术中心 2 个，省级工程技术研究中心 1 个，重点实验室 2 个，省级企业技术中心 2 个，市级重点实验室 10 个，市级工程技术研究中心 3 个，生产力促进中心 4 个，博士工作站 2 个，实施市级以上科技项目共计 1000 多项。

引进江西红米谷孵化企业发展有限公司以互联网 + 服务行业为主，在软件开发、新媒体运营与开发、广告设计制作、互联网流量输出、财税服务、产业孵化、天使投资致力于高技术服务、知识产权与成果转化服务，为创业者提供专业化全方位科技创业孵化服务。引进吉安融合科技有限责任公司，为园区工业管理和企业的创新提供互联网、物联网服务，主要解决企业工业管理手段、企业服务资源、产业运营抓手等问题。引进吉安砺芯半导体有限责任公司，专注于集成电路设计服务，实施芯片后端物理实现设计和芯片反向分析工程。

井冈山经开区鼓励企业研发专利，自主研发新技术、新工艺、新产品，运用最新科技手段，促进知识产权成果的转化，对获得省级以上专利予以奖励。全区企业专利申请量年增长率17%，年均科研经费近5亿元。共获得省部级以上科技奖励50余项，获得国内专利2786件。

2019年6月，井冈山经开区列入国家知识产权试点示范园区名单。

江西的第一部自主品牌手机“盛泰”、江西的第一台mini笔记本电脑“紫光贝贝”、江西唯一的真彩液晶显示屏均诞生在井冈山经开区。

打造电子信息首位产业。电子信息产业重点聚焦LED和智能硬件两大主攻方向。LED产业：初步形成衬底材料、外延片、晶圆制造（上游）—封装（中游）—应用及配套（下游）的产业集群，着力打造全球最大的LED封装及应用基地。智能硬件产业：初步形成原材料、显示面板、盖板和芯片（上游）— 触控显示、生物识别、摄像头等模组（中游）—手机、平板电脑、智能家居、智能穿戴、工控显示等终端（下游）的产业集群，打造全国有影响力的智能硬件产业基地。

2009年出台《江西井冈山经济技术开发区关于进一步加快电子信息产业发展的实施意见》，《意见》结合电子信息产业的发展方向和井冈山经开区实际，从财政扶持、融资、土地、人才引进、技术创新、出口补贴、招商引资和强化组织等方面，出台系列优惠政策措施，鼓励企业大胆创新，以期走在全国电子信息产业前列。

为贯彻落实市政府《关于推进首位产业龙头企业发展的若干意见》（吉办发〔2017〕4号）精神，深入实施工业强市核心战略，重点聚焦LED和智能硬件两大产业，推进电子信息首位产业加快发展，制定《经开区推进首位产业龙头企业发展工作方案》《推进LED和智能硬件产业发展实施意见》。

2010年，井冈山经开区以电子信息产业的良好业绩，被商务部、科技部认定为第三批国家科技兴贸（电子信息类）创新基地。

LED板块以上市公司木林森实业为龙头，汇集了上下游诸多照明应用、封装等企业，形成电子信息产业重要集群；智能硬件板块以合力泰科技有限公司为代表，汇聚了红板、平波等上中下游产业，木林森实业与合力泰科技还是全球同行业中前沿企业。2018年、2019年、2020年，井冈山经开区（本部）电子信息产业主营业务收入分别为286.4亿元、358.6亿元、463.7亿元。

培育战略性新兴产业。着力构建了“1+3”现代产业体系，即打造电子信息首位产业，培育生物医药大健康、先进装备制造、新能源新材料等四大新兴产业。

为大力培育和发展现代制造业、现代物流业、金融服务业，积极争取市内外有实力的企业在经开区设立总部机构、地区总部机构或职能型总部机构，着力争取世界500强、国内200强、港澳100大企业入驻，积极引导总部在外的企业在井冈山经开区新设独立法人资格的子公司，2013年出台《井冈山经开区关于加快总部经济发展的若干意见（试行）》，在落户奖励、用地、财税扶持、人才激励等方面出台具体政策给予支持。同年制定《井冈山经济技术开发区关于支持企业做大做强的实施意见》，推进工业强区战略，加快提升井冈山经开区产业聚集效应，实现“昂起龙头，决战千亿园区”目标，在工业企业上规模上台阶、鼓励企业固定资产投资和技术改造、专项奖励三个方面提出相应政策和办法给予企业支持。

推动园区“1+3”产业快速发展。2017年制定《井冈山经开区关于支持“1+3”产业发展的暂行办法》，从土地政策、厂房扶持、财政金融扶持、税收优惠、产业联动发展奖励和外资进资及外贸出口扶持等多个方面对产业进行扶持，并成立产业发展引导基金，出台《井冈山经开区“1+3”产业发展引导基金实施细则》。

党的十九大召开以后，井冈山经开区深入实施工业强市核心战略，根据市委、市政府《关于推进全市工业高质量发展的实施意见》（吉发〔2018〕7号）文件精神，推进全区经济高质量发展，推动经开区本部和吉州青原产业园区一体化发展，培育经济新动能，打造全省先进制造业示范区，构筑发展新引擎，2018年制定《井冈山经开区关于推进经济高质量发展的实施方案》。

井冈山经开区引进孵化企业，培育高新企业，形成了初具规模的新经济形式、新经济业态。在先进装备制造产业方面，井冈山经开区企业生产的半导体自动化设备、汽车模具、高端数控机床、高压电缆、导航设备、汽车零部件等多种产品，产业发展呈现出集聚趋势明显、技术创新能力强、企业裂变效应明显等特点。在新材料新能源产业方面，井冈山经开区新能源新材料主要涉及锂离子电池、生物质发电、光伏发电、离型膜、光解膜、节能门窗幕墙等方面领域，汇聚了优特利、冠德实业、思力科、嘉寓门窗、盛泰金属、三江超纤、三菱超纤等国内一流新能源新材料企业。

2020年，井冈山经开区“一区四园”营业收入1107.8亿元，本部工业增加值169.8亿元，固定资产投资78.4亿元，财政收入27.4亿元。

引进人才，高屋建瓴促发展

井冈山经开区大力引进人才，实施人才战略，让高素质人才引领产业发展。出台《井冈山经济技术开发区高层次人才奖励暂行办法》，对一类至六类人才，分别按照6个等级标准每月发放生活津贴。以柔性方式引进的高层次人才，每年在开发区工作时间在3个月以上，就能享受生活津贴。

出台《关于聚集“庐陵英才”的实施办法》，对市“庐陵英才”计划认定的属井冈山经开区“1+3”主导产业的人才和国家、省级人才工程、项目提高10%~20%予以奖补或配套资助。对柔性引进A、B、C类人才的企业按 “一事一议”的方式进行奖补。对为区内企业成功引进A、B、C类人才的机构，分别给予最高50万元、30万元、10万元奖励；对帮助园区重点企业成功输送技能型员工的机构给予最低500元/人的奖励。对聘为“引才大使”的，根据工作开展情况和引才成效，分别给予不超过5万元的工作经费和不超过50万元的引才奖励。

2020年7月，进一步细化举措，推动《井冈山经开区关于聚集“庐陵英才”的实施办法》有效实施，加快人才集聚，促进创新创业，出台《关于聚集“庐陵英才”的实施细则》，明确各级人才津贴申报认定程序、奖励标准，并且明确每年认定一批。明确柔性引才奖励实施范围、申报认定程序、奖励标准，提出按合作深度分类、分层次进行奖励的办法，对柔性人才奖励到D类；明确金鸡湖人才奖章实施范围、申报认定程序和奖励标准等，每两年评选一次，每次授奖人员原则上不超过10人，一次性奖励3万元/人；明确人才培养奖励实施范围、申报认定程序和奖励标准；对培养（含引进）较高层次人才的企业视总体成效给予工作经费补助。2020年12月，全区有国家级人才6人，省级人才31人，高级职称61人，博士98人，高技能人才7300多人；柔性引进院士6名、国家级人才14名、省级人才45名；有院士工作站4个，博士后工作站3个，国家级企业技术中心、创业孵化基地各2个，省级创新创业平台37个，省级人才工作示范点1个。井冈山经开区已经成为新世纪吉安市科技创新引领工业经济的投资亮点和新的增长点。

保护环境，绿水青山开画境

井冈山经开区始终践行“绿水青山就是金山银山”的理念，以“经济持续发展、资源高效利用、环境优美整洁、生态良性循环”为目标，始终把保护环境放在突出的重要位置上，融入生态文明先行示范区建设，开创经济转型升级相辅相成、相得益彰的新境界。

吉安高新区筹建时，筹建组就对开发区成立后将可能产生的环境影响进行全面评估，形成评估报告，上报江西省环境评估中心。江西省环境评估中心又对报告进行了全面评估，并将评估结果上报江西省环境保护厅。江西省环境保护厅经过全面考量，得出结论，同意成立吉安市高新技术产业开发区。

井冈山经开区在园区规划中，对入园企业有严格规定。严把园区环境准入条件，严控化工、有色金属冶炼、农药、制革、造纸、电镀等重污染行业入园。

井冈山经开区在建设过程中，无论是进行“七通一平”，还是进行厂区建设，都没有全部或者大规模进行填土推平，而是因势利导，尽量保护植被，尽量保持园区内生态原貌，按照“保住山、稳住水、留住鸟”的要求，高标准规划设计建设。保留园区内140多公顷水面，规划为4个公园；规划绿化用地面积144.95公顷，占规划区总用地的11.42%；道路绿化按城市道路标准建设。20年来，在充分挖掘原有水库和低洼地资源的基础上，规划建设了梨山公园、南山公园、金鸡湖驳岸等休闲公园，建成公园面积93.22公顷，建成区绿地面积636.23公顷，建成区绿地率达30.01%；科学布局建设了就业、教育、医疗、养老、文化、卫生、商业等生活配套项目123个，充分彰显宜工宜居特色。

井冈山经开区积极采取多种措施，保护园区生态环境，持续改善环境质量。

持续保护水环境质量。实行雨污分流排放体制，制定了园区《雨水、污水排放管理规定》，企业污水经处理达标后排入城市污水管道，与生活污水合流后最终送至污水处理厂，做到园区污水收集管网状况清晰、接纳有序、控制有序；对重点污水产排企业在排放口安装在线监控设施、电磁阀控制开关和流量计等管控系统；推进污水管网隐患排查及修复工程，提高污水收集率。全区雨水、污水管网总长达200千米，区内所有市政配套建筑实现污水管网收集全覆盖。全面推行“河长制”“湖长制”工作，深化责任体系建设。开展农村生活污水整治提升行动，全面取缔畜禽养殖。在全省率先利用中水进行环卫保洁。

持续保护大气环境质量。出台了“大气污染专项整治”“燃煤锅炉淘汰”“城乡环境综合整治”“洗城行动”“三禁”等工作方案。开展城乡环境综合整治专项行动，严格管控建设施工扬尘，道路扬尘，强化农村面源污染整治。加快华能电厂集中供热项目建设，推进节能减排和清洁生产。实施重点行业污染专项治理，推进印刷线路板、化工、医药等重点行业企业VOC专项整治。加强重点时段秸秆焚烧巡查治理，大力宣传户外禁烧秸秆。开展餐饮油烟专项整治，加装高效油烟净化器，禁止露天烧烤及餐饮。购买道路清扫保洁服务，强化清扫保洁考评考核，还原道路本来面貌。

持续保护土壤环境质量。夯实土壤污染防治企业履行主体责任，并按要求督促重点企业开展土壤自行监测及公开工作。严格执行企业拆除污染防控制度，在拆除涉及有毒有害物质的生产设施设备、构筑物和污染治理设施时，事先制定企业拆除活动污染防治方案，严格按照要求进行拆除。持续开展固废监管和重金属管控，每年开展危险废物专项检查，规范管理区内各产废和经营单位，加大固体废物污染防治力度。土壤与地下水污染防治联动稳步实施，在全省率先开展全区土壤调查评估及风险管控工作。区内建有垃圾中转站，所有垃圾集中运至垃圾处理厂进行无害化处理。对企业固体废弃物，逐步提高其综合利用率。

持续加强环境基础设施建设。2015 年，井冈山经开区污水处理厂一期（日处理污水 2 万吨 / 天）建成投入运营。2017 年，井冈山经开区投资 1 亿元通过 BOT 模式建设污水处理厂二期（日处理污水 4 万吨 / 天）。2020 年 3 月正式投入使用，两个污水处理厂均达到一级 A 排放标准，污水日处理量达 6 万吨 / 天。

建成生活垃圾焚烧发电厂 1 个，2019 年底投入使用。吉安市生活垃圾焚烧发电厂规划总面积 22.67 公顷，总投资约 6.37 亿元，日处理生活垃圾 1200 吨。焚烧系统采用当时国内技术最成熟、运行最稳定的机械炉排炉垃圾焚烧工艺。吉安市生活垃圾焚烧发电厂项目每年可处理吉泰走廊吉安县、泰和县、吉水县，吉州区、青原区、井冈山经开区、庐陵新区“三县四区”生活垃圾 43.8 万吨，减少二氧化碳排放近 20 万吨，垃圾处理达到无害化、资源化和减量化标准。

建成危废物处置中心 1 个，2019 年 10 月 24 日投入运营。吉安危险废物处置中心项目设计年处理工业危险废物 45000 吨 / 年；安全填埋建设规模为总库容 200 万立方米，服务区域企业 300 余家。

建成智慧环保平台。配备气相色谱仪、离子色谱仪、原子吸收分光光度计、大气综合采样器等 80 余台套仪器设备，具备基本的大气、水和土壤检测能力。2015 年 12 月，井冈山经开区环境监测站通过省市专家组验收，井冈山经开区成为全省第一个设立通过仪器标准化验收的环境监测站的工业园区。

井冈山经开区环境监管力度始终保持高压态势。依靠科技监管与日常监管，不断创新管理模式，改善生态环境质量，把经开区打造成“美丽环境国内一流”的宜居宜业、产城融合的城市新区。通过智慧环保平台，24 小时实时监控重点企业废气排放、重点区域 VOC、恶臭污染物排放、园区环境空气质量状况；布下扬尘监管天网，通过园区“天网”实时监管道路渣土车运输扬尘、道路洗撒、保洁情况。

创新管理模式。通过政府采购的方式，向社会购买监测服务，运营井冈山经开区环境监测站，并开展相关监督性监测任务。主要开展对金鸡湖、禾河井冈山经开区段 pH、COD、氨氮、铜和氟化物等监测；对全区 20 个交通道路噪声点、68 个区域环境噪声点开展监测；对有关企业废水开展 pH、COD、氨氮和企业有关特征污染因子监测；对重点锅炉废气产排企业开展 NO_x、烟尘和林格曼黑度监测；根据工作要求开展应急监测。购买监测服务填补全区环境监测能力空白，提高环境监测能力，为区管委会环境保护管理提供技术支撑及决策依据，确保园区在经济快速发展的同时保持环境安全和环境质量持续稳定。

2020 年 12 月，环境空气达到《环境空气质量标准》二级标准，纳污水体赣江和禾河达到《地表水环境质量标准》Ⅲ类标准，地下水符合《地下水质量标准》（GB/T14848–2017）中的Ⅲ类标准，声环境满足《声环境质量标准》相关标准；土壤环境质量现状符合《土壤环境质量 农用地土壤污染风险管控标准（试行）》和《土壤环境质量 建设用地土壤污染风险管控标准（试行）》相关要求，园区环境质量状况较好。

全面开发，崛起新城探新路

20年的发展，井冈山经开区不仅成为高新技术产业化基地，还是城市现代化的基地。在这里，一条条大道通达四方，一幢幢高楼鳞次栉比，一个个公园鸟语花香，一条条溪流碧水潺湲。这里宜工、宜商、宜居、宜人，一座产城融合的现代化新城矗立在赣中大地。

强大的工业力量的支撑，产生了崭新的社会模式：这里的农民，基本脱离了土地，进入广阔的市场，变成了城里人；这里的农村，改变了几千年聚族而居、自给自足的传统自然经济模式，变成了社区。

2018年5月，吉安市城乡规划建设局会同井冈山经开区管委会全面启动了井冈山经济开发区“一区四园”的总体规划和控制性详细规划编制工作，立足《吉安市城市总体规划修编（2017—2035）》，按照“综合发展、产城融合”的理念，把井冈山经开区本部作为城市新区来规划布局，统筹产业布局，重点提升西区建设品质，完善园区基础设施、服务配套等功能；河东开发区、吉州工业园以退二进三、退园进城为主；富滩工业园重点发展为新型产业生态园。

井冈山经开区正在按照产城融合、城乡一体的综合发展规划理念，完善城市服务、科技研发、高端制造、品质生活等多种功能，打造金鸡湖创新小镇，做大做强以首位产业为支撑的产业园、科技园、示范园、创新创业园、综合保税区，构建生态、创新与人文的智造山水新城。

至2020年12月，井冈山经开区经过20年的开发建设，在一片荒凉偏僻的丘陵岗地崛起一座高楼鳞次栉比、道路四通八达的现代化工业新城。建成厂区占地面积10.3平方千米、厂房建筑面积450.6万平方米；建成道路总长101.7千米、桥梁1.16千米；建成办公、居住、科教、文卫等建筑面积264.9万平方米；开发安置住房和保障性小区10个，建筑面积近53万平方米，开发商品房小区18个，建筑面积172万平方米；建成公园绿地14处，面积93.22公顷。

金鸡湖水质清澈，波光荡漾；金鸡岭葱茏一片，风光绮丽。西区已建成绿色生态、科技创新的城市核心；东区金鸡湖创新小镇建设已初具规模。井冈山经开区的灵魂内核已初塑成型。重点打造的商业街基本成型，全区有个体工商户2000多户，从业人员6000多人；生活、商务、办公设施布局合理。功能完善、多业并举的发展格局基本形成。教育、医疗卫生、文化娱乐、体育 、社区服务、邮政电信和商业金融服务等公共服务设施日趋完善。“五险一金”（养老保险、医疗保险、失业保险、工伤保险、生育保险和基本享有住房公积金）社会保障体系全面建立；最低生活保障政策得到落实；“脱贫攻坚”取得阶段性成果。现代产业、现代生活、现代服务已经融入人民生活。井冈山经开区的新型城镇化之路，为全市新型城镇化的发展，走出一条成功之路。

展望新时代，肩负新使命，践行新作为，奋斗新征程。井冈山经开区将坚持以习近平新时代中国特色社会主义思想为指导，深入贯彻落实新发展理念，大力弘扬伟大的井冈山精神，围绕打造全省战略性新兴产业集聚区、中部地区创新发展新高地和国家新型工业电子信息产业化示范基地，不忘初心，感恩奋进，努力探索一条吉安革命老区更高质量、更有效率、更加公平、更可持续的工业振兴发展之路。

大事记

2001 年

3 月 2 日　吉安市高新技术产业开发区筹委会成立，市人大常委会副主任邱卫东担任主任，副市长邓扬辉、贺宗鑫，市政协副主席符红涛，市长助理桂国庆担任副主任，市科委、经委、建设局、土管局等单位抽调人员组成。市政府安排开办经费 60 万元。

3 月 23 日　经筹委会多轮调研论证，在市委理论中心组学习会议上，市委、市政府决定吉安市高新区选址敦厚、梅林，采用“一区两园”方式运行。

3 月 26 日　市委书记王林森到吉安县敦厚、青原区梅林工业园调研吉安市高新区筹建工作。

5 月 8 日　吉安市政府印发《关于成立吉安市高新技术产业开发区的通知》（吉府字〔2001〕100 号），决定成立吉安市高新技术产业开发区。开发区四至为：东至京九铁路，西至 105 国道，南至南环路，北至禾河南山田、山水分界处。至 2010 年规划面积为 1270 公顷。

5 月 31 日　吉安市政府印发《关于设立吉安市高新技术产业开发区管理委员会的通知》（吉府字〔2001〕102 号），决定设立市高新技术产业开发区管理委员会，为市政府正县级派出机构。

是日　吉安市政府任命刘志坚为吉安市高新技术产业开发区管理委员会主任（正县级，试用期一年）。

8 月 8 日　吉安市高新区工作会议在市政府召开。高新区管委会主任刘志坚主持会议，会议听取了考察学习组考察长沙、湘潭、萍乡、合肥、芜湖、南京、南昌等高新区的情况汇报。谭钟亮、方兴、罗厥宏、龚淑华、罗琼、周卫华、彭仁才、朱剑师、刘虎、罗懿璐、曾昭江等 12 名选调人员参加了会议。

8 月 30 日　吉安市高新区管委会正式启用“吉安市高新技术产业开发区管理委员会”印章。

9 月 25 日　市政府印发《吉安市人民政府关于印发吉安市高新技术产业开发区管理暂行规定的通知》（吉府字〔2001〕40 号）、《吉安市人民政府关于印发吉安市高新技术产业开发区优惠政策规定的通知》（吉府字〔2001〕41 号）。

10 月 12 日　吉安市高新区第一期基础设施工程模拟邀请招投标评标，临川房屋建筑、吉水县公路路桥、金光道路桥、恒通工程、市建总、方大实业等五家公司共中九个标段。

11 月 18 日　吉安市高新区破土动工。由吉安市恒通工程公司负责土地平整项目施工，启动开发区建设第一铲。

11 月 27 日 江西天一科技创新公司投资 1.2 亿元的农业生态工程示范区项目签约。

11 月 29 日 吉安市高新技术产业开发区举行揭牌仪式。市领导王林森、吕滨、陆云龙、胡龙生、张松平、邱卫东、左继生、邓扬辉、贺宗鑫、陈日武、桂国庆出席仪式，王林森、吕滨为高新区揭牌，贺宗鑫主持仪式。

是日 在揭牌仪式上，高新区管委会分别和江西天一科技创新公司（中国科学院工程研究所生化重点实验室江西研究开发中心）、江西金顶药业公司签订了合作协议。

是月 在吉安县敦厚经开区的配合支持下，完成征地 229.3 公顷。

12 月 14 日 吉安市机构编制委员会办公室印发《关于同意市高新技术产业开发区管委会设立内部机构的通知》（吉编发〔2001〕58 号），吉安市高新技术产业开发区管委会内设办公室、经济发展处（招商处与经济发展处合署）、规划建设处、土地管理处、财务处 5 个职能部门。

2002 年

1 月 17 日 吉安市委印发《中共吉安市委关于成立中共吉安市高新技术产业开发区工作委员会的通知》（吉字〔2002〕4 号），决定成立中共吉安市高新技术产业开发区工作委员会。

2 月 21 日 吉安市政府代市长胡长林主持召开市高新区建设有关问题协调会议，市政府副市长贺宗鑫、市政协副主席符红涛参加会议。会议研究了土地管理和规划建设、项目核准登记、财政建设等方面事项。

3 月 7 日 吉安市委、市政府召开市直机关转变干部作风狠抓工作落实动员大会，宣读《市委、市政府关于举全市之力加快市高新技术产业开发区建设的通知》。市委书记吕滨、市长胡长林参加并讲话，吉安市高新区各项基础建设拉开帷幕。

3 月 8 日 吉安市高新区分区规划专家论证会召开，市政协副主席符红涛主持，市长助理桂国庆参加。

4 月 27 日 吉安市政府副市长杨群宝在吉安市天宝宾馆主持召开江西绿洲人造板有限公司兴建 16 万立方米中（高）密度纤维板项目认证及政策协调会议。

4 月 28 日 吉安市高新区用地预审现场办公会召开，江西省国土资源厅主持，吉安市国土局、吉安市地矿局、吉安县政府、吉安县国土局派员参加。

5 月 14 日 江西省国土资源厅办公室下发《关于吉安市高新区庐陵园开发建设项目用地预审的批复》（赣国土资办发〔2002〕48 号）。该《批复》认为庐陵园位于吉安市城区南侧、吉安县境内，2001—2010 年规划总面积约 12.7 平方千米，符合吉安县土地利用总体规划和吉安市城市总体规划，符合国家产业政策和供地政策，可以供地。

6 月 5 日 吉安市委、市政府在吉安市高新区召开现场办公会议，市委书记、市人大常委会主任吕滨，市委副书记、市长胡长林，市领导刘兴隆、谢华强、贺宗鑫，吉安县委书记李文彩、县长张和平等出席会议，吕滨就如何举全市之力加快市高新区建设作讲话。

6 月 11 日 吉安市政府批复吉安市高新技术产业开发区分区规划（吉府字〔2002〕112 号）。

6 月 21 日 吉安市机构编制委员会同意吉安市高新技术产业开发区管委会经济发展处（招商处）更名为经济发展局、招商局，合署办公（吉编发〔2002〕9 号）。

6 月 26 日 吉安市委任命刘志坚为中共吉安市高新技术产业开发区工作委员会书记。

7 月 28 日 上海绿洲实业有限公司投资 1.5 亿元兴建的江西绿洲人造板有限公司在吉安市高新区破土动工。上海市常务副市长蒋以任、江西省副省长凌成兴发来贺信。上海市经委副主任辜昌基，江西省经贸委副主任蒋国宾、省林业厅副厅长龙远飞、省森工局局长余小飞，市委书记吕滨等参加奠基仪式。

8 月 18 日 恒安（福建）投资有限公司投资 5000 万元的恒安丽人堂日化有限公司项目在吉安市高新区签约。

8 月 28 日 江西联创光电科技有限公司投资 2.6 亿元的光电线缆基地项目在吉安宾馆签约。市委副书记、市长胡长林，副市长贺宗鑫出席。

9 月 1 日 深圳日宝数码汽车音响有限公司投资 3000 万元创办日宝（江西）数码汽车音响有限公司项目签约。

9 月 5 日 上海印刷集团吉安印刷有限公司投资 603 万美元的彩印厂项目签约。

9 月 7 日 上海宇能化学品有限公司投资 3580 万元的精细化工生产项目签约。

9 月 9 日 吉安市高新区企业孵化大楼破土动工。

9 月 16 日 市委副书记、市长胡长林在吉安市高新区主持召开赣中大道（吉安大道）扩改工程协调会议。

9 月 23 日 市政府批复同意市高新区从 2004 年度起，正式按照一级财政运作机制，进行财政预决算，明确高新区财税管理体制并制定相应的实施办法。

9 月 26 日 副市长贺宗鑫主持召开吉安市高新区内 110 千伏变电站建设协调会议。

9 月 28 日 吉安市高新区管委会向建行吉安市分行首期贷款 1000 万元的合同签字仪式在高新区举行。

10 月 19 日 省委书记孟建柱、省长黄智权，中国民航总局局长杨元元在出席井冈山机场开工奠基典礼后，来到吉安市高新区参观考察。省领导彭宏松、卢秀珍、凌成兴、王林森，市领导吕滨、胡长林等陪同，市委书记吕滨、副市长贺宗鑫汇报了高新区建设情况。

11 月 6 日 江西生物制品研究所 GMP 异地技改工程在吉安市高新区举行奠基典礼，市长胡长林等与深圳市金瑞丰实业发展有限公司董事长敬伟出席奠基仪式。

11 月 29 日 吉安市万荣花艺有限公司奠基典礼在吉安市高新区举行。市委书记吕滨、市长胡长林等出席。

12 月 6 日 吉安市巨峰纸品厂投资 2500 万元创办吉安市巨峰纸品有限公司签约。

2003 年

1 月 21 日 吉安市高新区庐陵 110KV 变电站可研审查会召开。区管委会主任刘志坚主持，副市长贺宗鑫参加并讲话、吉安市供电局局长黎诗义参加。

2月26日　吉安市高新区建设项目现场办公会议召开，市长胡长林参加并讲话。

3月27日　吉安市总工会批复同意成立市高新区工会工作委员会。

5月28日　江西省公安厅批复同意设立吉安市公安局高新技术产业开发区分局，为市公安局的派出机构。

6月18日　江西吉安多元钟业有限公司奠基仪式在吉安市高新区举行。

7月5日　市长胡长林主持召开市长办公会，就君山大道商贸街的开发改造进行部署安排。

7月10—13日　吉安市工业园区流动现场会举行，市委书记吕滨、市长胡长林等到吉安市高新区察看。

8月8日　江西绿洲人造板有限公司一期项目竣工暨二期工程开工奠基仪式举行，市委书记吕滨、省经贸委副主任蒋国宾等参加庆典，上海市政府对外经济协作办副主任沈志存、上海绿洲实业有限公司董事长汪锦星等参加。

9月6日　吉安市高新区商务中心规划工作会召开，市领导邱卫东、贺宗鑫、符红涛等出席并讲话。

10月17日　2003江西吉安市（东莞）招商引资推介会在东莞市银城酒店举行，吉安市高新区与江西井冈山华禹科技股份有限公司在会上签约。

10月24日　江西省公安厅批复同意成立吉安市高新技术产业开发区公安消防大队，下设一个中队。

10月30日　湖南省株洲市委书记肖雅瑜率领的株洲市考察团到吉安市参观考察吉安市高新区江西金顶药业有限公司、吉安钢铁有限公司和江西绿洲人造板有限公司。

11月3日　吉安市高新区君山大道改造规划协调会召开，市长胡长林主持会议。

11月6—7日　根据市政府领导指示，市长助理、市发展计划委员会主任陈松远主持召开吉安市高新区供水管线工程协调会。

11月15日　上海印刷集团吉安印刷有限公司新厂投产仪式在吉安市高新区举行。

12月11日　市委常委、市政府常务副市长贺宗鑫在吉安市高新区主持召开江西汽车工程塑料厂有关问题协调会。

12月22日　2003吉安市招商引资（福州）推介会在福州市金源国际大饭店举行，吉安市高新区引进的外资企业雅绅服装（江西）有限公司项目在会上签约。

2004年

2月12日　市委常委、常务副市长贺宗鑫在吉安市高新区主持召开高新区有关问题协议会议。会议就进一步完善高新区基础设施及服务功能，营造亲商、安商、富商的良好环境等事项达成共识。

3月30日　吉安市公安局高新技术产业开发区分局正式挂牌成立，市委常委、市公安局长兰付生等揭牌。

5月9日　市长胡长林、常务副市长贺宗鑫在吉安市高新区主持召开现场办公会议。听取高新区管委会工作汇报，实地察看高新区基础设施建设、项目进区及投产企业生产经营情况，并就高新区建设过程中的有关事项进行研究协调。

5月16日　香港高龙国际投资有限公司投资9000万港元生产销售无公害植物保护剂等产品项目签约。

6月1日　全国政协原副主席毛致用在吉安市高新区参观了江西金顶药业有限公司、江西绿洲人造板有限公司等企业。省政协副主席韩京承、市委书记吕滨、市长胡长林等陪同。

8月3日　吉安市高新技术开发区司法所经吉安市机构编制委员会同意设立，为吉安市司法局副科级直属机构。

8月18日　吉安市供水公司增设吉安市高新区供水营业所。

9月　井冈山卷烟厂实现产品销售收入2.25亿元，实现利税1.1亿元，同比分别增长31.1%和114%，实现利税首次突破亿元大关。

10月5—6日　江苏省江阴市经济考察团到吉安市考察期间，考察了吉安市高新区。省委副书记、常务副省长吴新雄，省政府副秘书长谭晓林，市领导弘强、胡长林、吴敏、杨群宝陪同。

11月5日　省委副书记、常务副省长吴新雄在吉安宾馆会见国诺深圳（集团）公司总裁王汉青一行，市委书记弘强，市委副书记、市长胡长林等出席。

12月10日　深圳国诺实业有限公司在吉安市高新区举行吉安国诺实业有限公司奠基典礼，省委副书记、常务副省长吴新雄，市委书记弘强出席并讲话，市委副书记、市长胡长林主持典礼。国诺实业有限公司为深圳市行业10强企业，首期在吉安投资1.5亿元。

12月13日　市委副书记、市长胡长林在吉安市高新区现场办公，强调各有关部门要采取有力措施推动高新区做大做强。

12月26日　吉安市定安科技发展有限公司投资6.5亿元的只读类光盘复制生产基地项目签约。

2005年

1月1日　省委常委、宣传部长刘上洋出席吉安高新区安定科技发展有限公司只读光盘生产项目开工奠基仪式，市委副书记、市长胡长林主持仪式。

1月28日　吉安市高新区管委会机关事务服务中心成立。

1月30日　吉安新赣新数显设备有限公司投资2.5亿元的DLP大屏幕拼接墙系统等系统产品生产项目签约。

2月5日　吉安市高新区启动保持共产党员先进性教育活动，第一批先进性教育活动动员大会同时召开。

2月16日　新加坡食品医药科技园奠基典礼举行，省委副书记、常务副省长吴新雄，新加坡驻厦门领事馆总领事林明河出席并讲话，市委书记弘强致辞。项目总投资20亿元，首期投资5亿元。

3月　香港森泰集团红板（东莞）公司董事叶校然、叶德然到吉安市高新区考察。

4月2日　福建省三明市高新区金沙园管委会考察团到吉安市高新区考察。

4月18日　吉安市高新区列入2005年度江西省30个重点工业园区。

4月22日　江西金顶药业有限公司总经理尹归园获吉安市委、市政府2004年度“杰出人才奖”。

4月　副市长杨群宝，高新区管委会主任刘志坚等在广东省东莞市拜访森泰集团红板（东莞）公司董事长叶校然、董事叶德然。

7月8日　新丰食品医药科技园开工仪式举行，省长吴新雄参加并剪彩。

7 月 13 日 吉安市政府与森泰集团在吉安宾馆召开项目洽谈会，市委书记弘强、市长胡长林等参加洽谈会。次日森泰集团与吉安市高新区签订高端级多层线路板制造项目投资协议书。

7 月 市长胡长林、副市长杨群宝、高新区管委会主任刘志坚等，前往东莞红板公司拜访森泰董事局主席叶森然并洽谈投资事宜。

8 月 11 日 吉安市委任命杨群宝为吉安市高新技术产业开发区党工委书记（兼）；刘志坚为吉安市高新技术产业开发区党工委副书记，免去其吉安市高新技术产业开发区党工委书记职务。

9 月 23 日 在 2005 年中国"五会"（南昌）经贸恳谈会上，红板有限公司（香港）与吉安市高新区正式签约投资基板、高密度多层线路板生产项目，项目占地 26.7 公顷。

10 月 9 日 吉安市委、市政府在吉安市高新区召开高新区建设现场办公会，市委书记弘强，市委副书记、市长胡长林等出席会议，吉安县政府和部分市直单位主要负责人作表态发言。

12 月 8—14 日 市委书记弘强在新加坡会见新达科技集团董事局主席兰伟光博士，双方就新加坡新达科技集团在吉安市高新区投资食品医药科技园区建设问题进行会谈。

12 月 22 日 吉安市高新区 2005 年度重点项目建设调度会召开，副市长杨群宝主持，市委书记弘强、市长胡长林、常务副市长贺宗鑫参加并讲话。

2006 年

3 月 8 日 江西省政府批准吉安市高新技术产业开发区、吉州工业园区等 12 个开发区为省级开发区。

4 月 5 日 省经贸委主任涂勤华率江西省经贸委专题调研组到吉安市，就支持、服务吉安市加快工业发展进行专题调研和现场办公。调研组参观考察了吉安市高新区并在吉安宾馆召开专题座谈会。

4 月 18 日 2005 年度吉安市群众性经济技术创新竞赛中，吉安市高新区江西联创光电科技股份有限公司线缆分公司、江西生物制品研究所、江西天人生态工业有限责任公司获评经济技术创新竞赛优胜企业，江西金顶药业有限公司工程部获评经济技术创新竞赛创新示范岗，上海印刷集团吉安印刷有限公司岳清娥、江西威科油脂化学有限公司吴贵岚获评经济技术创新竞赛先进个人。

5 月 26 日 红板（江西）有限公司项目主体工程动工。

6 月 8 日 汇立国际（香港）有限公司投资的年产 2.5 万吨二醋酸纤维丝束工业项目签约。

7 月 3 日 江西威科油脂化学有限公司董事长兼总经理、高级工程师吴贵岚获评 2005 年吉安市"新世纪学科和技术带头人"。

8 月 15 日 吉安市新琪安科技有限公司落户吉安市高新区。

8 月 19 日 浙江余姚市龙翔水刺热轧无纺有限公司投资的纺粘双组份超细水刺热轧无纺项目签约。

8 月 25 日 江西瑞声电子投资的电讯器件及磁性材料生产项目签约。

10 月 27 日 江西金顶药业有限公司（生产洞渊阁牌钻山风糖浆产品）获评创江西名牌产品企业。

2007 年

1 月 4 日 市委书记黄建盛，市委副书记、市长周萌，市领导吴敏、兰付生、张和平、刘宗华、余阳春等来到吉安市高新区现场办公。

3 月 15 日 江西金顶药业有限公司产品钻山风糖浆成功复评江西名牌产品奖。

3 月 24 日 深圳市工业经济联合会主席团执行主席、深圳中航集团总裁吴光权率领深圳市工业投资考察团一行 40 余人考察吉安市高新区。

3 月 30 日 副市长余阳春在吉安市高新区分别主持召开森泰集团红板(江西)公司多层线路板项目、新加坡食品医药科技园二期工程项目、江西井冈山华禹通讯科技公司年产 400 万台移动电话项目推进领导小组会议。

4 月 10 日 江西省政协调研组到吉安市高新区企业调研并召开座谈会。全国政协常委、省政协副主席倪国熙任调研组组长。

5 月 19 日 吉安市机构编制委员会同意吉安市高新区管委会办公室增挂党工委办公室牌子，经济发展局和招商局分设。

8 月 10 日 浙江三江企业集团董事长赵孝龙一行到吉安市考察企业落户相关事宜，市委书记黄建盛等会见。三江企业集团与吉安市高新区签订“双组份中空桔瓣超细纤维纺粘水刺非织造布”项目，注册成立吉安市三江超纤维无纺有限公司。

8 月 10—11 日 省委副书记、省长吴新雄率省合作办、省外经贸厅、省中小企业局、省发改委、省水利厅、省旅游局等部门负责人到吉安市调研考察吉安市高新区深圳产业园、新丰生物科技（吉安）发展有限公司、红板（江西）有限公司、华禹通讯有限公司等。

10 月 7 日 吉安市重大项目竣工投产开工建设暨签约仪式在吉安市高新区新丰生物科技（吉安）发展有限公司厂区举行。省委副书记、省长吴新雄出席仪式并下达投产和开工令，副省长洪礼和、新加坡驻厦门总领事郑美乐等出席仪式。市委书记黄建盛致辞，市委副书记、市长周萌主持仪式。同日，吉安市三江超纤无纺有限公司举行开工典礼；红板（江西）有限公司（二期）、中国华兴集团 10 吨电解铜、江西绿洲人造板（二期）、欧凯科技、纵横科技、美国沃特财务集团生物农药等 6 个项目举行签约仪式。

11 月 3 日 市委书记黄建盛到高新区红板（江西）有限公司、三江实业、新丰科技等企业调研，并对高新区的工作提出要求。

12 月 12 日 吉安县将军公园举行开园仪式，吉安市高新区党工委派员参加并捐资 10 万元。

12 月 31 日 市委副书记、市长周萌到吉安市高新区调研。

2008 年

1 月 15—18 日 中央政策研究室副主任郑新立率中央政策研究室、中央财经领导小组办公室组成的中央调研组到吉安市，调研吉安市改革开放 30 年来的经济社会发展成就和典型经验。中央调研组考察了吉安市高新区及其企业新丰生物科技（吉安）发展有限公司、江西联创电缆科技有限公司。

1 月 20 日 深圳中诺电子工业有限公司投资的中诺通讯科技产业城项目签约。

1 月 28 日 深圳市满坤电子有限公司投资的电子数码工业项目签约。

是月 自 3 日起，特大冰冻灾害突袭，吉安市高新区许多厂房被压垮，生产受到影响，损失巨大。

2 月 4 日 江西麦德风能股份有限公司投资的麦德风能项目签约。

3 月 29 日 中泰电子和麦德风能项目在吉安市高新区奠基开工。

5 月 16 日 吉安市委书记周萌到吉安市高新区调研重点项目推进情况，先后调研红板（江西）有限公司、江西麦德风能股份有限公司、三江超纤无纺有限公司、江西中泰电子工业园。

5 月 26—27 日 全球著名运动鞋与休闲鞋制造企业台湾宝成国际集团董事长蔡其建、副总经理江清波、协理黄志泰、经理廖本立一行在吉安市考察期间，参观考察了吉安市高新区及红板（江西）有限公司、江西联创电缆科技有限公司等企业。

6 月 1 日 中信集团董事、中信地产股份有限公司总裁李康，中信地产股份有限公司副总裁、中信深圳（集团）有限公司董事长宋川等有关负责人在吉安市调研深圳产业园项目建设情况。

7 月 23 日 吉安市政府与深圳市南山区政府签订《关于合作建设吉安深圳产业园的协议》。

8 月 4 日 吉安深圳产业园揭牌仪式暨项目说明会在深圳市举行，首批签约进园项目 12 个，总投资 93.6 亿元。省委副书记、省长吴新雄讲话并为产业园揭牌，副省长洪礼和主持会议。

8 月 11 日 江西省吉安深圳产业园挂牌仪式举行。市委书记周萌等出席活动。吉安深圳产业园定位为全国加工贸易梯度转移重点承接地。

8 月 20 日 吉安市三江超纤无纺有限公司第一条生产线正式投产。

9 月 20—21 日 省委常委、省纪委书记尚勇在吉安市高新区考察江西天人生态工业有限公司、江西联创电缆科技有限公司、红板（江西）有限公司、三江超纤无纺有限公司等企业。

10 月 26 日 江西省重大工业项目流动现场会到吉安市高新区红板（江西）有限公司、江西联创电缆科技有限公司参观。

11 月 4 日 深圳产业园建设推进调度会召开，市委书记周萌等参加。

11 月 26 日 吉安市编制委员会下发《关于印发吉安市高新技术产业开发区党工委、管理委员会职能配置内设机构和人员编制规定的通知》。中共吉安市高新技术产业开发区工作委员会和吉安市高新技术产业开发区管理委员会分别为中共吉安市委、吉安市人民政府派出机构，正县级事业单位，参照公务员法管理。高新区党工委、管委会设 9 个内部机构，分别是党工委办公室（与管委会办公室合署办公）、政治处、财政局、经济发展局、招商局、规划建设局、国土资源局、社会事业局、综合执法局。人员编制 45 名。下属机构有街道办事处和 3 个直属事业单位，即招商引资服务中心、机关事务服务中心和土地征收储备交易服务中心。

12 月 23 日 市委副书记蒋斌率团在东莞市举行江西省吉安市（东莞）电子产业合作洽谈会，吉安市高新区微电子半导体、铜包铝线、电子水冷控制器 3 个项目签约。

2009 年

1 月 15 日 市委副书记、代市长王萍在吉安宾馆会见香港森泰集团董事局主席叶森然、行政总裁叶校然一行，双方就森泰集团在吉安投资创业以及吉安电子产业的发展前景进行交流。

1 月 17 日 市委副书记、代市长王萍到吉安市高新区调研，先后走访红板公司、联创光电、中泰电子工业园、三江无纺、新丰科技、麦德风能、绿洲公司、天人集团等企业。

1月19日 吉安至厦门港铁海联运开通仪式在吉安市高新区吉安南站举行。

1月22日 江西普正药业集团投资的药业项目签约落户吉安市高新区。

2月13日 江西省政府批复同意江西吉安高新技术产业开发区更名为江西井冈山经济技术开发区（赣府字〔2009〕18号）。

2月17日 吉安市举行“走两区看变化”活动，与会人员考察了吉安市高新区红板（江西）有限公司、江西中泰电子有限公司、深圳产业园基础设施建设现场。

3月30日 吉安市高新技术产业开发区管理委员会正式更名为江西井冈山经济技术开发区管理委员会，启用“江西井冈山经济技术开发区管理委员会”印章。

是日 井冈山经开区开通3G网络。

4月1日 吉安市优特利能源有限公司投资的动力锂离子电池生产项目签约落户井冈山经开区。

4月1—2日 萍乡市委书记刘和平，萍乡市委副书记、市长陈卫民率萍乡市党政代表团一行40余人到吉安市考察工业园区和城区发展情况，在井冈山经开区考察红板电子、联创电缆科技、天人集团等企业。

4月3日 受吉安市委常委、副市长燕爽委托，市政府办公室副调研员原力在市政府主持召开井冈山经开区申报省级、国家级高新技术开发区有关问题协调会。

4月11日 吉安市党政代表团考察西安高新区，井冈山经开区主要领导参加。

4月16—17日 中共中央政治局委员、全国政协副主席王刚率领的全国政协常委考察团到吉安市调研中央“保增长、扩内需、调结构”政策的贯彻落实情况，调研了井冈山经开区红板电子、天人生态等企业。全国政协常委考察团成员有杨崇汇、张黎、梁金泉、孙志强、李栋恒、王金祥、李德水、卢志强、杨超。省政协主席傅克诚陪同考察。

4月22日 市委副书记、市长王萍到井冈山卷烟厂考察。

4月30日 为井冈山经开区的跨越式发展而进一步深入改革座谈会在市政府召开，市委副书记、市长王萍出席会议并讲话。

5月5日 市委副书记、市长王萍率领各相关职能部门负责人到井冈山经开区调研体制机制改革方案并现场办公。

5月11日 市政府副市长杨群宝主持召开井冈山经开区规划调整和体制问题协调会，就调整规划后的井冈山经开区四至、高新街道办事处机构设置等问题进行协调。

5月13日 杰彼新能源有限公司年产2000兆瓦太阳能电池（组件）及跟踪发电系统生产基地在井冈山经开区签约，市委副书记、市长王萍出席签约仪式。

5月20日 2009江西（香港）招商引资活动周开幕仪式在香港会展中心举行。港商王继生在井冈山经开区投资动力锂离子电池项目现场签约。

6月3日 市长王萍在市政府主持召开推进井冈山经开区体制改革汇报会，研究了井冈山经开区体制机制改革工作。

6月5日 江西省委原副书记、省人大常委会原党组书记、副主任彭宏松一行到井冈山经开区参观红板（江西）有限公司、江西联创电缆科技有限公司、江西井冈山盛泰通讯科技有限公司、江西紫光佳越实业有限公司、江西天人生态工业有限公司等企业。

6月9—10日 省委常委、宣传部长刘上洋率部分专家学者，中央驻赣新闻媒体、省直新闻媒体有关负责人、新闻记者到吉安，调研吉安“静悄悄急行军”，推进经济社会发展情况。考察了井冈山经开区红板电子、联创科技、华文光电、麦德风能、盛泰通讯、紫光电子等电子信息企业。

6月11日 吉安县高新街道办事处成立。8月3日成建制移交井冈山经开区管理。

6月22日 市委书记周萌，市委副书记、市长王萍率市四套班子领导及部分市直部门单位主要负责人，督查井冈山经开区满坤科技、华文光电、中泰电子、深圳产业园路网工程等中心城区重点项目推进情况。

7月2日 市委副书记、市长王萍主持召开井冈山经开区第二次市长专题办公会，研究体制机制和人事制度改革事项。

是日 市委副书记、市长王萍主持召开井冈山经开区年产2000兆瓦太阳能电池/组件及太阳能跟踪发电系统项目推进领导小组会议。

7月9日 省政府与深圳市政府在深圳举行吉安深圳产业园项目推进座谈会。会上，深圳优特利公司的动力电池、深圳清华紫光公司的笔记本电脑及数码电子、香港碧亮化学有限公司的蓝光可录DVD等8个项目与井冈山经开区现场签约。江西省委副书记、省长吴新雄会见广东省委副书记、深圳市委书记刘玉浦，并与广东省委常委、深圳市委副书记、代市长王荣出席座谈会。副省长洪礼和主持座谈会，并与深圳市委常委、副市长陈应春共同签署了会谈纪要。市委书记周萌，市委副书记、市长王萍，江西省商务厅长伍再谦、中小企业局长谢碧联、发改委副主任陈一星，吉安市副市长余阳春，深圳市政府秘书长李平，深圳市政研室、发改局、贸工局、金融办、总商会的负责人参加会议。

7月11—12日 受广东省委副书记、深圳市委书记刘玉浦和广东省委常委、深圳市委副书记、代市长王荣的委托，深圳市南山区委常委、常务副区长王克力一行就深圳和吉安合作建设吉安深圳产业园在吉安进行洽谈磋商。市委副书记、市长王萍会见王克力一行。

7月22—23日 深圳市南山区委书记叶民辉率领的党政代表团一行到吉安市考察，省委副书记、省长吴新雄，副省长洪礼和会见代表团一行。在吉安期间，叶民辉一行深入井冈山经开区部分企业考察，现场察看了吉安深圳产业园南山示范区规划选址。井冈山经开区与南山区企业家代表进行了对接座谈。

7月28日 吉安至深圳铁海联运开通仪式在井冈山经开区吉安南站国际集装箱办理站举行。

8月7日 吉安市政府办公室印发《江西井冈山经济技术开发区党工委、管委会职能配置、内设机构和人员编制规定》。

8月8日 市委副书记、市长王萍在井冈山经开区主持召开井冈山经济技术开发区发展专题办公会，会议对规划调整、基础设施投入、项目建设、人事制度改革、决策机制、南山示范区建设等问题进行了研究。

8月18日 市委副书记、市长王萍率领相关职能部门负责人到井冈山经开区就其体制机制、园区规划调整、服务配套设施、深圳产业园和物流园区建设等改革方案进行现场办公。

9月8日 市委书记周萌，市委副书记、市长王萍率市党政代表团一行22人到深圳市南山区，开展为期三天的考察交流活动，以加快推进吉安深圳产业园南山示范区建设。在9月9日召开的吉安南山企业家座谈会上，首批落户井冈山经开区吉安深圳产业园南山示范园的5个项目现场签约。

9月22日 台湾新党主席郁慕明率台湾部分企业代表和农业学专家到井冈山经开区考察。市委书记周萌，市委副书记、市长王萍分别会见了郁慕明一行。

10 月 12 日 市委副书记、市长王萍在井冈山经开区主持召开市长专题办公会，研究了金庐陵公司体制机制调整、重点项目建设等事项。

10 月 19 日 副市长余阳春主持召开吉安县良种场移交井冈山经开区管理协调会。

11 月 1 日 经市政府同意，原吉安县良种场整体移交井冈山经开区管理，更名为井冈山经开区良种场。

11 月 18—19 日 青海省委副书记、省长宋秀岩，副省长吉狄马加率领的青海省政府考察团到吉安市考察。副省长熊盛文，市领导周萌、陈兴超、王晓峰、李庐琦等陪同。考察团考察了井冈山经开区红板电子、天人生态等企业。

11 月 20 日 江西省发改委、中小企业局、环境保护厅确定井冈山经开区为 2009 年度省级创建生态工业园区试点单位。

12 月 1 日 市委副书记、市长王萍在吉安宾馆会见日本客商 million 株式会社社长大川秀树，双方就 million 株式会社在井冈山经开区投资建企事宜进行了磋商。

12 月 2 日 吉安市人大常委会组织部分省、市人大代表考察吉泰工业走廊建设。考察了井冈山经开区部分企业。省人大代表、市人大常委会主任胡龙生等参加考察。

12 月 2—3 日 建滔积层板控股有限公司董事会主席张国华一行在井冈山经开区考察红板电子、满坤电子、中泰电子、华文光电、联创光电等企业。市委书记周萌会见考察团一行，市委副书记、市长王萍出席座谈会并致辞。

12 月 8 日 副市长余阳春主持召开江西天人生态股份有限公司上市工作协调会。

12 月 9 日 深圳市安芯集团公司董事长陈洪率团实地考察井冈山经开区红板电子、联创电缆、中泰电子等企业，市委副书记、市长王萍会见了考察团一行。

12 月 16—19 日 江西省人大常委会副主任魏小琴，省人民检察院检察长曾页九率部分全国、省人大代表在吉安市进行集中考察。考察组考察了井冈山经开区建设情况。

12 月 28 日 吉安市举行重大工业项目开工建设竣工投产暨签约仪式，主会场设在井冈山经开区。井冈山经开区杰彼新能源等项目在仪式上宣布开工；中泰电子一期等项目在仪式上宣布竣工投产；微波通讯电子等项目在仪式上对接签约。

12 月 31 日 江西省发改委批复井冈山经开区生态工业园建设规划。

是日 市委副书记、市长王萍到井冈山卷烟厂调研。

是年 井冈山经开区天人集团“松材线虫防治技术”获国家科技进步二等奖，为新中国成立以来吉安市获得的科技最高奖项。

2010 年

1 月 5 日 井冈山经开区吉安国家风电设备高新技术产业化基地被科技部认定为国家高新技术产业化基地。

1 月 12 日 科技部与商务部联合在北京召开第三批国家科技兴贸创新基地授牌大会暨科技兴贸创

新基地工作座谈会，商务部副部长蒋耀平和科技部副部长杜占元出席并讲话。井冈山经开区被正式认定为国家科技兴贸创新基地。

1月18日 市政协在吉安宾馆9号楼举行了特聘港澳委员颁证仪式。市政协主席陈志明出席仪式并为特聘港澳委员颁证。井冈山经开区红板（江西）有限公司总经理叶德然，吉安市钢铁有限公司总经理江美东，江西井冈山盛泰通讯技术有限公司董事长蔡镇滨被特聘为港澳委员。

1月29日 井冈山经开区招商局局长刘虎获评2009年度江西省招商引资十大先进人物。

1月30日 井冈山经开区获2009年度全省先进工业园区奖；江西井冈山盛泰通讯科技有限责任公司、红板（江西）有限公司获评2009年度全省外贸出口先进企业。

2月2—3日 胜美达集团株式会社考察团在吉安市考察期间，到井冈山经开区考察标准厂房，参观红板（江西）有限公司。市委副书记、市长王萍会见以胜美达集团（亚太区域）总经理何伟洪率领的考察团。

2月4日 市委副书记、市长王萍率领市直各相关职能部门负责人到井冈山经开区现场办公，强调要举全市之力支持井冈山经开区加快发展。市领导余阳春、符红涛出席。

2月21日 井冈山经开区盛泰通讯技术有限责任公司总经理吴伟銮、天人生态股份有限公司董事长梁小文、普正制药有限公司董事长肖军平获2009年度江西省优秀企业家称号。

3月16—17日 吉安市委、市政府“走两区看变化”流动现场会实地察看了井冈山经开区2009年新开工、投产且投资5000万元以上项目和园区基础设施建设情况。市委副书记、市长王萍率队。

3月21日 国务院办公厅正式批复同意井冈山经济技术开发区升级为国家级经济技术开发区。

3月29日 江西吉安（东莞）重大产业项目对接说明会在东莞市国际会展中心举行。市委副书记、市长王萍作市情推介，井冈山经开区铜线材加工生产等项目签约。

4月7日 乌鲁木齐市委原常委、副市长、市政协党组书记王忠孝和新疆华凌集团总裁米恩华一行到井冈山经开区考察。

是日 吉安市委、市政府在井冈山经开区召开现场办公会，就井冈山经开区升格为国家级经济技术开发区后，如何进一步加快发展进行专门研究部署。市委书记周萌，市委副书记、市长王萍出席会议并讲话。

4月12日 井冈山经开区新琪安科技有限公司与中科招商投资（基金）管理公司签约，就中科招商投资（基金）管理公司投资新琪安科技有限公司年产500吨新型甜味剂——三氯蔗糖项目4000万元事宜达成协议。

4月20日 中共中央政治局委员、广东省委书记汪洋，广东省委副书记、省长黄华华率广东省党政代表团到吉安考察。在吉安期间，到井冈山经开区考察。

4月23日 江西华文光电有限公司通过验收正式投产。时为国内生产蓝光DVD母盘唯一企业。

4月24日 商务部部长陈德铭到井冈山经开区考察。

5月7日 科技部副部长曹健林到井冈山经开区考察。

5月18日 省委副书记王宪魁到井冈山经开区调研。

6月3日 吉安市举行加快县域经济发展现场察看活动，察看了井冈山经开区项目推进、决战“两区”情况。市委书记周萌率队察看。

6 月 7 日 井冈山经开区红板（江西）有限公司、联创电缆科技有限公司、盛泰通讯有限公司、优特利新能源有限公司被认定为江西省科技兴贸创新基地企业。

6 月 11 日 市委副书记、市长王萍在井冈山经开区召开加快井冈山经开区发展现场办公会议，察看了重点工业项目、棚户区改造及标准厂房建设现场，研究产业布局、村庄规划等事项。

6 月 29 日 胜美达电机（香港）有限公司投资的电子线圈等产品生产项目签约落户井冈山经开区。

7 月 7 日 台湾正翰科技股份有限公司董事长陈炯勋到井冈山经开区考察，市委副书记、市长王萍会见陈炯勋一行。

7 月 8 日 市委常委、政法委书记、市公安局局长兰付生在吉安县庐陵宾馆主持召开井冈山经开区设立公安派出所和交警大队协调会。

8 月 3 日 市政府批复《江西井冈山经济技术开发区总体规划（2009—2020 年）》。

是日 井冈山经开区被列为国家风电设备产业化基地，进入全省一类园区。

8 月 6 日 吉安市委、市政府在井冈山经开区召开吉泰走廊推进调度暨现场办公会议，市委书记周萌，市委副书记、市长王萍等参会。

8 月 15 日 台湾立琦科技股份有限公司副总经理赖世芳一行到井冈山经开区考察，市委副书记、市长王萍会见了赖世芳一行。

8 月 20 日 中国井冈山干部学院第二期中青年干部党性教育专题培训班在吉安市现场教学期间，实地考察井冈山经开区天人集团、红板电子、航盛电子等企业。

8 月 28 日 市委书记周萌到井冈山经开区考察满坤电子、荣泰电讯、优特利电池等重点企业。

是月 井冈山经开区通讯终端产业城开工建设。

9 月 6 日 井冈山经开区工会工作委员会、共青团井冈山经开区工作委员会、井冈山经开区妇女工作委员会成立。

9 月 15 日 吉安市吉泰走廊重大产业项目竣工开工仪式在主会场井冈山经开区和吉泰走廊其他 5 个县区分会场同时举行。省委常委、省政府常务副省长凌成兴下达开工令。省政府副省长洪礼和讲话。中国电子学会副秘书长刘明亮，中国风能协会副秘书长陈雪松，省政府副秘书长胡世忠，省工信委主任谢碧联，市领导周萌、王萍、胡龙生、陈志明等出席仪式。

9 月 16 日 中国井冈山干部学院中青年干部党性教育专题培训班第三期学员一行 110 余人到吉安市进行现场教学，实地考察井冈山经开区天人集团、红板电子、航盛电子等企业。

9 月 25 日 在赣州出席 2010 赣台（赣州）经贸合作研讨会的 70 多名台商，在江西省台办主任阎刚军的陪同下到井冈山经开区考察。

11 月 11 日 市委副书记、市长王萍率吉安市代表团前往深圳，就加快推进吉安深圳产业园建设、发展等事宜与深圳市政府进行洽谈，副市长余阳春、井冈山经开区管委会主任刘志坚等随同洽谈。深圳市副市长袁宝成，深圳市科技工贸和信息化委员会副主任彭新叶，南山区副区长罗敏等参加会谈。

12 月 1 日 市委副书记、市长王萍在吉安宾馆会见深圳中诺电子工业有限公司董事长王清云一行。深圳中诺集团旗下分公司江西中泰电子有限公司落户井冈山经开区。

12 月 7—10 日 市委书记周萌率吉安市考察团在香港、澳门走访在井冈山经开区投资建设和拟到吉安考察投资的港澳重点企业及其董事长。

12 月 18 日 荣泰工业园落成暨荣泰电讯成立二周年庆典在井冈山经开区举行。市政协主席陈志明、市人大常委会副主任丁新民、副市长刘贤清出席。

12 月 27 日 胜美达集团董事长赵家骧到井冈山经开区考察，市委副书记、市长王萍会见赵家骧一行。胜美达集团副总监何伟洪、施美茹参加考察。

2011 年

1 月 9 日 海关总署副署长孙毅彪一行到井冈山经开区，调研红板（江西）有限公司、华文光电科技公司、满坤科技（吉安）有限公司、优特利科技有限公司 4 家企业。

1 月 27 日 吉安市政府现场办公会在井冈山经开区召开，副市长余阳春主持，市长王萍，市领导吴敏、杨群宝、左继生、李庐琦、刘贤清、王仁辉等出席。

2 月 井冈山经开区获得 2010 年度江西省先进工业园区奖；主营业务收入首次突破 100 亿元的工业园区奖。江西天人生态股份有限责任公司获 2009 年度江西省工业企业“四率”（在劳动生产率、人均创利率、资金利润率和资源能源利用率领先）先进企业。江西天人生态股份有限责任公司、吉安市优特利科技有限公司入选江西省创新型企业名单。

3 月 14 日 国务院批准设立井冈山出口加工区。

3 月 31 日 中国井冈山干部学院第五期中青年干部党性教育专题培训班在井冈山经开区举行现场教学。中国井冈山干部学院常务副院长李小三出席，吉安市委书记周萌、吉安市政府市长王萍、市政府副市长余阳春陪同。

4 月 25 日 商务部外资司副司长曹宏瑛到吉安调研开放型经济运行情况。

5 月 8 日 由中组部等多个部委组织的院士、专家咨询服务团，在井冈山经开区召开工业产业技术专题研讨会并现场指导。

5 月 10 日 由中国科学院 30 多位专家学者组成的国情考察团在井冈山经开区举行中科院—吉安市产业发展对接会。

5 月 11 日 香港钦达科技控股银行集团董事长林杰生和台湾 HCG 和成集团董事长邱士楷一行参观考察井冈山经开区。市委副书记、市长王萍在吉安宾馆会见考察团。

5 月 26 日 国家国资委监事会主席李志群到吉安考察，期间考察了井冈山经开区。市委书记周萌，市委副书记、市长王萍，区管委会主任刘志坚等陪同。

6 月 21—22 日 省人大常委会副主任朱秉发率调研组到吉安市就上半年经济运行情况进行调研，调研了井冈山经开区红板（江西）有限公司、江西天人集团等企业。

6 月 25 日 江西省商务厅厅长伍再谦到井冈山经开区，调研国家井冈山出口加工区情况。

6 月 26 日 井冈山经开区重大项目开工竣工暨六星通讯终端产业园奠基仪式举行。13 个项目集中开工、10 个项目竣工投产。省政协副主席刘晓庄，省商务厅厅长伍再谦，省发改委、省财政厅、省工信委、民盟江西省委等省直部门和单位负责人，市委书记周萌，市委副书记、市长王萍，区管委会主任刘志坚，区领导贺云生、孙伏生、周智等出席仪式。

7 月 井冈山经开区获评“江西省模范劳动关系和谐工业园区”；江西天人生态股份有限公司、

红板（江西）有限公司获评“江西省模范劳动关系和谐企业”。

8月3日 省委副书记、代省长鹿心社到井冈山经开区考察红板电子、优特利科技、三江无纺、天人生态等企业，了解企业生产工艺、技术水平和市场等情况。市委书记周萌，市委副书记、市长王萍，区管委会主任刘志坚，党工委副书记汤文仙等陪同考察。

是日 副省长谢茹到井冈山经开区考察三江无纺、华文光电、满坤电子以及优特利等高科技重点企业，了解企业运营及科技创新情况。市委书记周萌，市委副书记、市长王萍，区管委会主任刘志坚，党工委副书记汤文仙等陪同考察。

8月9日 以省人大财经委主任委员黄素英为组长的省人大调研组到井冈山经开区考察调研。市委副书记、市长王萍，区管委会主任刘志坚，副主任孙伏生等陪同考察。

8月23日 江西省人大常委会考察组到井冈山经开区就战略性新兴产业发展进行考察。省委常委、省人大常委会副主任陈达恒率团，省人大常委会副主任朱秉发，秘书长魏民参加考察。省工信委党组书记李春燕，主任谢碧联随同。市委书记周萌，市委副书记、市长王萍，区管委会主任刘志坚，区领导贺云生、孙伏生、丁克宁、胡红英等陪同考察。

10月9日 副省长洪礼和率队就进一步加快推动井冈山出口加工区建设至井冈山经开区考察。

10月14日 深圳市市长许勤率代表团到井冈山经开区考察，出席吉安（深圳）产业园投资合作座谈会暨项目签约仪式，市委书记王萍，市委副书记、市长胡世忠，区管委会主任刘志坚，区领导贺云生、汤文仙、孙伏生、胡红英、甘益烽等陪同。

10月24日 刘志坚任井冈山经开区党工委书记，邓淑斌任井冈山经开区管委会主任。

11月7—9日 景德镇市党政代表团到吉安市参观考察，市委书记王萍，市委副书记、市长胡世忠等陪同考察。考察团参观了井冈山经开区优特利、红板电子、三江无纺等企业。

11月10—11日 鹰潭市委书记陈兴超率鹰潭党政代表团到吉安市参观考察，考察团参观了井冈山经开区红板电子、优特利、三江无纺等企业。

11月16日 国家发改委授予江西天人生态股份有限公司“真菌源生物农药国家地方联合工程研究中心”。

11月18日 市委副书记、市长胡世忠到井冈山经开区调研出口加工区和深圳产业园建设情况。

12月14日 井冈山经开区与思立科（江西）新材料有限公司在吉安宾馆签署新增一条生产线生产高净化多功能膜系列产品的合作框架协议。

2012年

1月10日 井冈山经开区被评为2011年度江西省先进工业园区。

1月28日 市委副书记、市长胡世忠到井冈山经开区考察。区党工委书记刘志坚，管委会主任邓淑斌，副主任丁克宁、甘益烽等陪同。

2月19日 吉安市市长办公会以实地察看与召开座谈会相结合的方式在井冈山经开区召开，研究解决井冈山经开区加快东区建设等突出问题。副市长刘贤清主持，市委副书记、市长胡世忠，市委副书记刘义硚出席并讲话。

2 月 20 日 商务部副部长钟山率调研组到井冈山经开区调研，省商务厅厅长伍再谦，市委副书记、市长胡世忠，市委副书记、组织部长刘义研，井冈山经开区党工委书记刘志坚，管委会主任邓淑斌等陪同调研。

3 月 20 日 吉安市 2012 年度保障性住房项目开工仪式在井冈山经开区举行。省住建厅副厅长高浪出席并下达开工令，区党工委书记刘志坚、全省设区市房管局主要负责人出席仪式，区管委会主任邓淑斌代表井开区发言。

4 月 14 日 以工业信息化部规划司副巡视员唐和义为组长的国家部委联合调研产业发展组到井冈山经开区调研。国家质检总局质量管理司副司长惠博阳，科技部计划司副巡视员董丽娅，以及国家发改委、商务部、国资委、国家烟草专买局等相关部委的有关负责人参加调研。区党工委书记刘志坚，区领导孙伏生、周智、丁克宁、甘益烽、吴磊等陪同调研。

4 月 19—21 日 原中央警卫局参谋、习仲勋侍卫长陈长久，国资委中原公司总经理、国家主权外债负责人鲁杰，中逸海诚投资管理有限公司董事长唐文，中央财经大学教授肖丽娟等一行到吉安市考察。在吉安期间，考察了井冈山经开区红板（江西）有限公司。

4 月 21 日 市委副书记、市长胡世忠到井冈山经开区督查。

4 月 24 日 市委书记王萍在红板（江西）有限公司二楼会议室主持召开现场办公会，听取工作汇报，提出工作思路和东区建设要求。

4 月 25 日 省委副书记、省纪委书记尚勇到井冈山经开区检查工作，省委办公厅巡视员、副主任王全春等随同。市委书记王萍，市委副书记、市长胡世忠，区党工委书记刘志坚等陪同。

4 月 26 日 深圳市南山区委书记李小甘、区长余新国率党政代表团到井冈山经开区考察。吉安市委副书记、市长胡世忠，副市长刘贤清，区党工委书记刘志坚、管委会主任邓淑斌，副主任刘达绪等陪同。

4 月 27 日 吉安（深圳）产业园南山示范园暨南山大道景观改造工程正式启动。深圳市南山区委书记李小甘，市委书记王萍，南山区委副书记、区长余新国，市委副书记、市长胡世忠为工程启动推杆。南山区政协主席陈章联、区领导梁展鹏、廖澎华，吉安市人大常委会主任吴敏、市政协主席刘宗华等参加仪式，副市长刘贤清主持。余新国、胡世忠分别讲话。区领导刘志坚、邓淑斌等出席。南山区企业家代表作了发言。

5 月 5 日 全国政协副主席、台盟中央主席林文漪率台盟中央调研组，就深化赣台经贸文化交流，促进原中央苏区振兴等工作在井冈山经开区调研。全国人大常委会委员、台盟中央常务副主席汪毅夫，全国政协常委、副秘书长、台盟中央副主席黄志贤等参加。省政协副主席、民革省委会主委陈清华，区党工委书记刘志坚等陪同调研。

5 月 5—6 日 市委副书记、市长胡世忠率井冈山经开区有关领导走访六星集团（深圳）股份有限公司、威力能源电池科技（深圳）有限公司等企业。宣传推介吉安投资环境，洽谈产业对接项目推进事宜。

5 月 14 日 浙江省委常委、杭州市委书记、市人大常委会主任黄坤明率党政代表团到井冈山经开区考察。市委书记王萍，市委副书记、市长胡世忠，区党工委书记刘志坚，区管委会主任邓淑斌，副主任孙伏生、周智、丁克宁等陪同。

5 月 19 日 市委副书记、市长胡世忠到井冈山经开区检查指导工作。区党工委书记刘志坚等陪同考察。

5 月 30 日　井冈山经开区举行电子专业市场、综合物流信息中心工程、江西德逸建材市场商业区广场工程、江西德逸建材仓储区工程等4个项目开工奠基仪式。省体育局局长刘鹰，省发改委、省商务厅、省卫生厅、省环保厅、省工信委、省民政厅、省住建厅、省旅游局等省直部门有关负责人；王萍、胡世忠、刘义砾、吴敏、刘宗华等市四套班子领导；区领导刘志坚、邓淑斌、孙伏生、丁克宁、吴磊等出席开工奠基仪式。市政府副市长、区党工委第一书记刘贤清主持开工奠基仪式，区党工委书记刘志坚在开工奠基仪式上讲话。

6 月 5 日　井冈山经开区管委会主任邓淑斌和新琪安科技有限公司董事长王小强共同为新琪安科技有限公司新生产线设备启动试运转。

6 月 17 日　井冈山经开区举行战略性新兴产业重大项目开工竣工暨天际光电产业园奠基仪式。市领导王萍、胡世忠、刘义砾、吴敏、刘宗华、刘贤清，区领导刘志坚、邓淑斌、贺云生、汤文仙、孙伏生、周智、丁克宁、刘达绪、胡红英、罗厥宏、甘益烽、吴磊，天腾国际（香港）投资集团、勤上光电、广东汕头超声电子、中央电视台央视动画等公司负责人，各相关单位负责人、干部职工600多人参加仪式。

6 月 18 日　参加江西省政府主办的全省战略性新兴产业推进工作现场会的代表，参观了井冈山经开区吉安优特利科技有限公司、振宇达科技（吉安）有限公司、盛大国际（吉安）显示技术有限公司 3 家企业。

6 月 27 日　省发改委副主任吴晓军到井冈山经开区调研经济运行情况。

7 月 18 日　省发改委副主任曾文明率领由 17 个处室相关人员组成的省发改委调研组一行 22 人，至井冈山经开区就吉泰走廊建设情况实地调研。市委副书记、市长胡世忠，常务副市长刘连根，副市长余阳春，副市长、区党工委第一书记刘贤清，区党工委书记刘志坚，区管委会主任邓淑斌等陪同。

8 月 7 日　上海赣商集团董事长邓凯元一行到吉安市考察，参观井冈山经开区联创电缆公司、规划展示馆。市委书记王萍，市委副书记、市长胡世忠，副市长刘贤清，市政府副秘书长、井冈山经开区党工委书记刘志坚，管委会主任邓淑斌等陪同考察。

8 月 13 日　吉安市政府召开专题市长办公会，就井冈山经开区“东扩”实施进程中遇到的困难和问题进行重点调度。

8 月 15 日　中国银行江西省分行行长傅正辉率领调研组到吉安，就支持吉安苏区振兴发展进行专题调研。傅正辉一行考察了井冈山经开区企业振宇达科技、蓝田伟光。

8 月 24 日　江西吉安（台湾）新兴产业合作恳谈会在台湾台南市举行。市委副书记、市长胡世忠在恳谈会上致辞并作推介。井冈山经开区管委会主任邓淑斌出席。德昌营造股份有限公司围绕在井冈山经开区内建立台湾精密制造产业园，进行招商推介。

8 月 29 日　江西吉安陆地港项目在井冈山经开区举行开工仪式。

9 月 23 日　井冈山经开区召开强攻工业、园区基础设施和美丽乡村建设百日大会战动员大会。

10 月 10 日　省工信委副主任王亦斌到井冈山经开区调研。

10 月 13 日　井冈山经开区西区项目建设调度会在区管委会二楼大会议室召开。

10 月 23 日　2012 江西吉安（深圳）电子信息产业推介会在深圳市五洲宾馆举行，副省长洪礼和讲话。井冈山经开区党工委书记刘志坚等出席并作电子信息产业推介。井冈山经开区印刷产业基地项目签约。

11 月 1 日 AURORA 集团总裁安德鲁到井冈山经开区签约 LED 产业化生产基地项目。市委书记王萍，市委副书记、市长胡世忠会见了安德鲁一行，并出席签约仪式。

11 月 12 日 市委副书记、市长胡世忠在井冈山经开区召开加快井冈山经开区发展现场办公会。

11 月 15 日 中国银行·井冈山经开区战略合作座谈会在井冈山经开区举行，就中国银行授信井冈山经开区企业 10 亿元贷款达成战略合作协议。

11 月 21 日 台湾威力能源公司董事长柯承亨到井冈山经开区考察，市委书记王萍会见柯承亨一行。市委常委、常务副市长刘连根，区管委会主任邓淑斌，副主任甘益烽等陪同。

11 月 28—30 日 省委常委、宣传部长姚亚平在吉安考察期间，考察了井冈山经开区。

12 月 26 日 副省长洪礼和在井冈山经开区实地考察德昌台湾经济技术产业园、井冈山出口加工区、吉安航盛工业园、深圳大道跨铁路大桥、吉安市瑞鹏飞精密模具科技有限公司、六星通讯电子产业园等工业和开放型经济重大项目的建设情况。省政府副秘书长王水平，省商务厅厅长伍再谦，省台办主任欧阳泉华，南昌海关关长王炜，吉安市委书记王萍，市委副书记、市长胡世忠，井冈山经开区党工委书记刘志坚，管委会主任邓淑斌等陪同。

是日 井冈山经开区在东区举行重大项目集中签约开工暨德昌台湾经济技术产业园奠基仪式。省台办主任欧阳泉华，南昌海关关长王炜，省工信委副主任张小平，市委书记王萍，市长胡世忠，市政协主席刘宗华，市政府副市长刘贤清，井冈山经开区区党工委书记刘志坚、管委会主任邓淑斌，区领导贺云生、曾亮、汤文仙、周智、胡红英、舒海波、罗厥宏、甘益烽、吴磊出席仪式。共 10 个重大项目开工，11 个项目签约，总投资 135.6 亿元。

2013 年

1 月 9 日 省委常委、常务副省长凌成兴在井冈山经开区察看东区工程建设进展情况。省政府副秘书长涂琼理等随同。市委书记王萍，市委副书记、市长胡世忠，区管委会主任邓淑斌，纪工委书记刘达绪，副主任罗厥宏等陪同。

1 月 10 日 全国国家级经经济技术开发区工作会议就 2011 年国家级开发区综合发展水平进行评价，井冈山经开区排第 36 位，在中部地区排第 10 位，比 2010 年前移 5 位。科技创新指标前移幅度大。

2 月 2 日 市委书记王萍，市委副书记、市长胡世忠在井冈山经开区调研。区党工委书记刘志坚，管委会主任邓淑斌等陪同。

3 月 23 日 工业和信息化部党组成员、总工程师朱宏任率调研组至井冈山经开区，就有关消费品生产情况进行调研。市政府副市长、区党工委第一书记刘贤清，区党工委书记刘志坚，市工信委主任彭学凯等陪同。

4 月 10—11 日 江西省工信委、省商务厅等省直部门负责人到井冈山经开区东区调研工业及开放型经济发展情况。市委书记王萍，市委副书记、市长胡世忠，区党工委书记刘志坚，管委会主任邓淑斌等陪同。

4 月 10—12 日 首届中国电子信息博览会在深圳会展中心举办，井冈山经开区航盛电子有限公司和江西蓝微电子科技有限公司的产品首次登上全国性展台。

4 月 19 日 井冈山出口加工区顺利通过以海关总署加贸司副司长李志辉为组长的国家部委联合验收组的验收。省政府副秘书长王水平，南昌海关党组书记、关长王炜，市委副书记、市长胡世忠，区党工委书记刘志坚，管委会主任邓淑斌等参加颁发证书会议。

5 月 15—17 日 井冈山卷烟厂易地技术改造项目顺利通过国家烟草专卖局和中国烟草总公司组成的专家组的实地考察论证。国家烟草专卖局计划司处长王庆，中国烟草总公司合肥设计院院长朱小平，江西中烟公司党组书记、总经理郑伟，江西中烟公司副总经理王迪汗出席专家论证会。市委书记王萍致辞，市委副书记、市长胡世忠，区党工委书记刘志坚、管委会主任邓淑斌等陪同考察，出席专家论证会。

5 月 22 日 省政协副主席孙菊生率领省政协“加快发展现代服务业、促进经济持续发展较快发展”调研组至井冈山经开区井冈山出口加工区、物流园区调研。区管委会主任邓淑斌，副主任周智等陪同。

6 月 7 日 省委书记强卫到井冈山经开区考察，调研优特利科技有限公司和红板（江西）有限公司。省委副秘书长、办公厅主任杨宪萍，省委副秘书长、政研室主任钟金根，省移民和扶贫办主任章康华等随同考察。市委书记王萍，区党工委书记刘志坚、管委会主任邓淑斌等陪同。

6 月 16 日 广东丰年精密科技集团投资的高科技精密集成制造项目举行签约仪式，落户井冈山经开区。

6 月 20 日 吉安市政协吉泰走廊调研组到井冈山经开区调研。市政协巡视员陈志明率队，区党工委书记刘志坚等陪同。

6 月 28 日 江西航盛汽车电子科技产业园、金佳谷物（吉安）粮油食品产业园等 21 个重大项目举行集中开工竣工仪式。市委书记王萍下达开工令，市委副书记、市长胡世忠致辞，区党工委书记刘志坚、管委会主任邓淑斌等出席仪式。

7 月 3 日 科技部高新司调研员李志农率专家组对井冈山经开区申报的“吉安国家电子信息高新技术产业化基地”进行现场考察论证。经质询和讨论，一致通过论证。市委副书记、市长胡世忠，省科技厅副厅长赵金城，区党工委书记刘志坚，管委会主任邓淑斌等陪同。

7 月 4 日 国家林业局在江西天人生态股份有限公司举行授牌仪式，授予其“全国林业有害生物防治创新型无公害产品示范基地”匾牌。国家林业局造林绿化管理司司长王祝雄，市委副书记、市长胡世忠，区党工委书记刘志坚、管委会主任邓淑斌等参加。

7 月 12 日 广东省汕头市考察团到井冈山经开区考察。汕头市委副书记、市长郑人豪率队，吉安市委副书记、市长胡世忠，区管委会主任邓淑斌等陪同。

7 月 14 日 受 2013 年第 7 号台风“苏力”影响，井冈山经开区发生局地大暴雨，达 361.8 毫米。造成企业车间、居民区大量进水，损失较大。

8 月 5 日 省人大常委会办公厅副主任李元生率省人大常委会调研组到井冈山经开区开展优化发展环境专题调研。区党工委书记刘志坚、管委会主任邓淑斌等陪同

8 月 13 日 全国台企联会长、台升国际集团董事长郭山辉率领 20 余位台商到井冈山经开区考察洽谈台湾食品产业园项目投资，并与井冈山经开区签订合作协议。市政府市长胡世忠、市政府副市长、区党工委第一书记刘贤清，区管委会主任邓淑斌，区领导舒海波、刘达绪、罗厥宏、甘益烽等陪同考察。

8 月 15 日 市委书记王萍率市直有关部门主要领导参加井冈山经开区党政联席会。市委副书记、

市长胡世忠，副市长刘贤清等参加会议。

8月26日 市委副书记、市长胡世忠就“如何加快吉泰走廊发展，促进发展升级”专题在井冈山经开区调研。

9月11日 农业部副部长、中国农业科学院院长李家洋到井冈山经开区考察。江西省科学院党组书记池红、院长王晓鸿，市委副书记、市长胡世忠，市政府副市长肖玉兰，区管委会主任邓淑斌等陪同考察。

9月12日 中国井冈山干部学院2013年省部级干部党性教育专题培训班学员到井冈山经开区考察。学院常务副院长梅黎明率队。

9月23日 井冈山出口加工区内企业北极光（江西）科技照明有限公司向海关申报进口设备入区，在吉安海关与井冈山出口加工区管理局共同监管下，第一单自日本进口的两台总价值16.7万美元设备顺利完成相关申报手续，经南昌港转关进入出口加工区监管仓库。

10月11日 江西中烟井冈山卷烟厂年产30万大箱卷烟项目与井冈山经开区正式签约。

是月 经人力资源和社会保障部、全国博士后管理委员会批准，井冈山经开区江西天人生态股份有限公司获准设立博士后科研工作站，这是吉安市设立的首个博士后科研工作站。

是月 吉安市以井冈山经开区为依托、适当辐射周边县区申报的吉安国家电子信息高新技术产业化基地获得科技部正式认定。

11月20日 市委书记王萍在井冈山经开区调研。

是日 江西中烟井冈山卷烟厂年产30万大箱卷烟易地技改项目在井冈山经开区开工奠基。工业和信息化部党组成员、国家烟草专卖局局长凌成兴出席开工奠基仪式。

11月29日 吉安（国家）印刷包装产业基地奠基仪式在井冈山经开区东区举行，标志着吉安市首个、全国第三个国家级印刷包装产业基地动工。市委常委、市委宣传部长李庐琦宣布基地开工，区党工委书记刘志坚，管委会主任邓淑斌等出席仪式。

是月 江西华文光电股份有限公司引进的印度籍专家帕万·拉索尔先生获得江西省政府颁发的2013年度“庐山友谊奖”，成为吉安市首位获此殊荣的外国专家。

12月18日 在江西（深圳）现代服务业招商会上，广新集团旗下的广新信息技术产业发展有限公司与井冈山经开区签订了正式投资合同，标志着吉安市第一家“物联网、电商服务应用基地项目”正式落户井冈山经开区。

12月30日 井冈山出口加工区首票出境货物通关。

2014年

1月6日 井冈山经开区总工会成立并举行揭牌仪式。市委常委、市总工会主席彭涉晗、区管委会主任邓淑斌出席仪式。

1月7日 《关于深化井冈山经开区体制机制改革创新的实施意见》新闻发布会在市政府举行。

1月28日 市委书记王萍、市长胡世忠在井冈山经开区召开书记市长现场办公会，副市长刘贤清主持会议。

2月7日 市委书记王萍、市长胡世忠率领市四套班子领导，吉安军分区主要领导、市法院院长和检察长实地察看井冈山经开区东区建设和105国道改道工程井冈山经开区段进展情况。区党工委书记刘志坚介绍情况。

2月9日 市委副书记、市长胡世忠到井冈山经开区走访江西合力泰科技股份有限公司。

2月11日 市政协主席刘宗华到井冈山经开区重点企业红板（江西）有限公司走访。区党工委书记刘志坚、管委会主任邓淑斌等陪同。

2月20日 福州市党政代表团到井冈山经开区考察园区社会经济发展和招商等情况。市委书记王萍，市委副书记、市长胡世忠，市委副书记刘义研，市委常委、市委宣传部长李庐琦和井冈山经开区党工委书记刘志坚、管委会主任邓淑斌陪同考察。

3月1日 省政协副主席肖光明率领“推动城镇化创新发展”专题调研组到井冈山经开区调研，市委书记王萍、市政协主席刘宗华，区党工委书记刘志坚等陪同。

3月25日 国家(吉安)印刷包装产业基地揭牌。国家新闻出版广电总局印刷发行司巡视员曹宏遂，市委副书记、市长胡世忠，省新闻出版广电局副局长刘玉东、白文松共同为基地揭牌。

3月31日 江西省委省政府表彰井冈山经开区为先进国家级开发区。

4月14日 井冈山经开区、吉安县召开联席会议，商议解决征地拆迁安置工作问题。

4月16日 中国井冈山干部学院、国家行政学院国有重要骨干企业中高级管理人员培训班学员到井冈山经开区进行社会实践教学。考察了红板（江西）有限公司、柏兆（吉安）电子科技有限公司。市委副书记、市长胡世忠为学员作市情报告。

4月18日 井冈山经开区举办江西行·吉安触控产业高峰论坛。

是日 井冈山经开区物流园零担物流配送服务平台正式启动，这是江西省第一个工业园区零担物流平台。省中小企业局局长、省园区办主任吴治云在启动仪式上讲话，市委副书记、市长胡世忠致辞，区管委会主任邓淑斌，副主任周智等参加仪式。

5月6日 威力新能源（吉安）有限公司二期项目开工，市委副书记、市长胡世忠出席开工仪式并致辞，副市长刘贤清主持，区管委会主任邓淑斌，台玻集团总裁、实联长宜中国控股有限公司董事长林伯实，实联长宜中国控股有限公司副董事长兼执行长陈正忠出席开工活动。

5月12日 中国井冈山干部学院第6期省部级干部党性教育专题培训班学员来到井冈山经开区考察指导，市委书记王萍，区管委会主任邓淑斌等陪同考察。

5月23日 在国家“两化融合”（信息化和工业化深度融合）创新推进大会暨江西省“两化融合”经验交流大会上，井冈山经开区获评全省首批、吉安市唯一的“两化融合”示范园区。

6月26日 台湾海基会原董事长、台湾三三会会长江丙坤，海协会原会长、海协会顾问陈云林等一行来到井冈山经开区参观考察。

6月30日 广东木林森股份有限公司与井冈山经开区签订投资兴建木林森高科技产业园协议。市委书记王萍，副书记、市长胡世忠在吉安市行政中心会见木林森股份有限公司董事长孙清焕一行，副市长刘贤清，区管委会主任邓淑斌参加会见。

7月2日 井冈山经开区管委会主任邓淑斌出席2014年吉安（宁波）重点产业招商推介会。推介会在浙江宁波华侨豪生大酒店举行，市委书记王萍讲话，市委副书记、市长胡世忠作重点项目推介。

7月8日 深圳工业总会执行主席、常务副会长、广东省政府参事王肇文率深圳工业总会代表团到井冈山经开区考察，参观了东区规划展示馆、航盛电子产业园等，市委书记王萍出席有关座谈会并讲话，市委副书记、市长胡世忠致辞。

7月10日 江西省国土资源厅厅长刘定明率队到井冈山经开区考察调研节约集约用地情况，并召开座谈会。区管委会主任邓淑斌等参加座谈。

7月11日 井冈山经开区红板（江西）有限公司和江西合力泰科技股份有限公司在吉安召开的“2014年全国电子信息行业座谈会暨第28届中国电子信息百强企业发布会”上，入选第28届中国电子信息百强企业，并授牌。

8月4日 工业和信息化部将井冈山经开区定为“国家新型工业化产业示范基地”。

8月11日 省长鹿心社在井冈山经开区综合物流中心和航盛电子、合力泰科技、瑞鹏飞、柏兆电子科技等公司考察调研。省政府秘书长谭晓林、省工信委主任吴晓军、省农业厅党委书记陈日武、省商务厅副厅长刘文华、省政府办公厅副主任犹瑆等随同调研，市委书记王萍，市长胡世忠，区管委会主任邓淑斌，党工委副书记汤文仙，纪工委书记刘达绪等陪同调研。

8月19日 上海股权托管交易中心吉安企业挂牌孵化基地揭牌仪式在井冈山经开区举行。市委副书记、市长胡世忠，上海股权托管交易中心总经理张云峰共同为孵化基地揭牌，区管委会主任邓淑斌等出席仪式。

8月23日 中共中央办公厅调研室原副主任张锡杰到井冈山经开区考察，省委副秘书长沈谦芳随同，区管委会主任邓淑斌、市委秘书长焦学军陪同。

8月25日 井冈山经济技术开发区人民武装部正式授牌成立。

8月27日 江西蓝微电子科技有限公司在井冈山经开区管委会一楼会议室与中信证券股份有限公司举行合作签约仪式，就该公司新三版挂牌上市事宜达成协议。这是吉安市首家企业与证券公司合作，在股市进行股权融资。

9月1日 深圳市南山区区长余新国率组到井冈山经开区考察吉安（深圳）产业园南山示范园建设，市委书记王萍会见，市委副书记、市长胡世忠，区党工委书记刘志坚等陪同考察。

9月13日 井冈山干部学院中央联系专家国情班学员到井冈山经开区参观考察，市委副书记、市长胡世忠，区党工委书记刘志坚等陪同。

9月14日 省委常委、南昌市委书记王文涛一行到井冈山经开区就对台招商工作进行调研考察，并与台商座谈，市委副书记、市长胡世忠，区党工委书记刘志坚，副书记汤文仙等陪同。

10月10日 吉安市工业、城建和服务业重大项目集中竣工开工暨木林森高科技产业园开工活动在井冈山经开区举行。王萍、胡世忠、肖洪波、吴敏、刘宗华、刘连根、李庐琦、余阳春、喻志勇、杨丹、龙波舟、雷音、杨晓东、王清剑、廖宏等市四套班子领导参加，区党工委第一书记、副市长刘贤清主持仪式。

10月22日 副省长朱虹到井冈山经开区梨塘小学调研，市委书记王萍，区管委会主任邓淑斌，副书记陈敏，副主任杨锋等陪同考察。

11月8日 由井冈山经开区主办，吉安市科技局、吉安市科协协办，江西仪能新能源微电网协同创新有限公司承办的“协同创新——2014分布式新能源规模化利用技术及标准论坛”在吉安宾馆举行。

区管委会主任邓淑斌主持开幕式。

11 月 13 日　深圳市南山区政府在南山区主办吉安（深圳）产业园南山示范园招商推介会。南山区本土企业天益光纤通信技术有限公司与示范园招商主体科汇通公司现场签订合同，成为该示范园首家入园企业。

11 月 20 日　省委常委、省纪委书记周泽民，省纪委委员何刚到井冈山经开区调研，重点考察党风廉政建设和经济社会发展情况，并就“两个责任”落实情况进行督查。区管委会主任邓淑斌，区领导汤文仙、陈敏、刘达绪、肖小武陪同。

11 月 28 日　副省长胡幼桃到井冈山经开区柏兆（吉安）电子有限公司、吉安威力能源公司看望台商并了解企业生产经营情况，市委书记王萍，区党工委副书记汤文仙，纪工委书记刘达绪陪同。

12 月 16 日　普正药业院士工作站签约仪式举行，中国工程院院士、中国科学院上海药物研究所原所长丁健，中国科学院上海药物研究所副所长叶阳等出席。

12 月 27 日　井冈山经开区首次公共租赁住房公开摇号仪式在御美丽公司四楼会议室举行，201 名首批申请者代表参加了此次活动，有 160 户家庭确定了选房顺序并将于下月初选房。

2015 年

1 月 10 日　市委副书记、代市长王少玄在井冈山经开区调研。区管委会主任邓淑斌，区领导汤文仙、杨峰、刘达绪、罗厥宏、肖小武等陪同。

1 月 14 日　吉安市委副书记、代市长王少玄到井冈山经开区红板（江西）有限公司、江西华文光电科技有限公司、江西航盛电子科技有限公司、柏兆电子（吉安）科技有限公司调研。

是月　江西仪能科思科技发展有限公司承担的“建筑和工业能效管理核心技术及关键设备研究”项目获批科技部中欧国际合作项目，实现吉安市此类项目零的突破。

是月　井冈山经开区首座垃圾压缩站投入使用。

2 月 25 日　省政协副主席李华栋到井冈山经开区调研企业发展和开发区建设情况。区党工委书记刘志坚、管委会主任邓淑斌等陪同。

2 月 26 日　吉安市“看特色 看变化”流动现场会上到井冈山经开区察看吉安国际电子城、平波电子等企业，市委书记王萍、市长王少玄参加，区党工委书记刘志坚、管委会主任邓淑斌等陪同。

3 月 7 日　井冈山经开区妇女工作委员会正式升格为井冈山经开区妇女联合会，是吉安市在新型功能区和新经济组织中设立的首家妇联，同时召开首届井冈山经开区妇女代表大会。

3 月 19 日　经江西省民政厅批准（赣民字〔2015〕7 号），金鸡湖街道正式成立。

4 月 8 日　省长鹿心社在井冈山经开区检查江西中烟井冈山卷烟厂易地技术改造重大项目建设情况，市委书记王萍、市长王少玄，区党工委书记刘志坚、管委会主任邓淑斌等陪同。

4 月 11 日　全国总工会党组书记李玉赋考察井冈山经开区，市委书记王萍等陪同。

4 月 13 日　省政协副主席郑小燕到井冈山经开区就“构建社会诚信体系，推进法治江西建设”进行调研。

4 月 28 日　井冈山经开区总工会第一次代表大会召开。

4 月 29 日 2015 江西吉安（台湾）产业合作对接会在台湾台北市举行。台湾国民党荣誉副主席蒋孝严，台升集团董事长郭山辉，台玻集团董事长林伯实，前台湾农委主任、浩林顾问有限公司董事长林享能等 130 多人出席。井冈山经开区在会上作了推介。

4 月 江西联创电缆科技有限公司高级技师丁敏慧享受 2014 年国务院特殊津贴，成为吉安市首个获此殊荣的高技能人才。

5 月 12 日 井冈山经开区举行重大工业项目集中开工暨浚图科技奠基活动，市委书记王萍下达开工令，市委副书记、市长王少玄致辞，副市长、区党工委第一书记刘贤清主持，区党工委书记刘志坚、管委会主任邓淑斌、浚图科技有限公司总经理叶校然等出席开工活动。

5 月 15 日 江西省一季度工业生产数据联审会在井冈山经开区召开。

5 月 16 日 井冈山经开区综合治税网络平台正式上线。

5 月 20 日 驻沪全国政协委员考察团一行 23 人至井冈山经开区考察。上海市政协主席吴志明率团，江西省政协主席黄跃金、吉安市委书记王萍、吉安市政协主席刘宗华等陪同。

6 月 24 日 万吉物流被确定为国家电子商务示范企业。

6 月 25 日 国家发改委、财政部联合公布了第四批国家园区循环化改造示范试点备选园区名单，井冈山经开区成功入选。

6 月 28 日 井冈山经开区企业家协会成立。

7 月 15 日 市委副书记、市长王少玄到井冈山经开区优特利科技有限公司、红板（江西）有限公司、吉安陆地港调研。区党工委书记刘志坚、管委会主任邓淑斌等陪同。

8 月 27 日 中共中央政治局委员、广东省委书记胡春华率广东省党政代表团到井冈山经开区考察，省委书记强卫、省长鹿心社，市委书记王萍、市长王少玄，区党工委书记刘志坚、管委会主任邓淑斌等陪同考察。

9 月 8 日 省委常委、省政府党组副书记毛伟民在井冈山经开区调研，市委书记王萍等陪同。

9 月 17 日 市委书记王萍到井冈山经开区调研。

9 月 21 日 吉安市委、市政府在井冈山经开区东元环境科技有限公司开工现场设立主会场，举行全市重大项目集中开工竣工暨吉泰走廊项目建设现场推进会。市委书记王萍下达开工竣工令，市长王少玄主持活动，区党工委书记刘志坚、管委会主任邓淑斌等参加。

9 月 24 日 井冈山经开区微信公众号正式开通。

9 月 29 日 中国上市公司协会考察团到吉安市，考察了井冈山经开区部分企业。协会党委书记、执行副会长姚峰率团，成员由近 30 家中国上市公司负责人组成。

是月 井冈山经开区御美丽健康产业股份有限公司在天津股权交易所 A 板挂牌，股权代码 936331，成为吉安市第一家走进天交所的企业。

是月 井冈山经开区开展纪念中国人民抗日战争暨世界反法西斯战争胜利 70 周年活动。

10 月 9 日 市委副书记、市长王少玄在井冈山经开区就企业上市工作开展专题调研。

10 月 20 日 市委书记王萍率团赴台湾，进行为期 5 天的经贸考察。井冈山经开区管委会主任邓淑斌参加。

10 月 29 日 国务院质量考核工作组到井冈山经开区实地核查企业质量建设发展情况，吉安市委副书记、市长王少玄等陪同核查。

11 月 12 日 金鸡湖新区开发建设指挥部成立并召开第一次全体干部会议暨动员大会。

11 月 27 日 副省长刘昌林到井冈山经开区台资企业调研，指导开放型经济、对台招商工作情况。省台办主任欧阳泉华随同调研，市委书记王萍，市长王少玄，区管委会主任邓淑斌等陪同。

12 月 3 日 省工业和信息化委员会主任胡世忠到井冈山经开区调研电子信息产业发展情况，区党工委书记刘志坚、管委会主任邓淑斌等陪同。

12 月 15 日 威力新能源吉安二厂投产，市委书记王萍、市长王少玄等参加投产仪式。

2016 年

1 月 13 日 井冈山经开区党工委班子“三严三实”专题民主生活会召开，市长王少玄等到会督导。

1 月 19 日 井冈山经开区进口商品直销中心开业。

2 月 15 日 市委副书记、市长王少玄到井冈山经开区调研企业生产和开工情况。区党工委书记刘志坚、管委会主任邓淑斌等陪同。

2 月 18 日 经统计，井冈山经开区 2015 年工业主营业务收入 520 亿元，首次突破 500 亿大关。2015 年引进内资 90 亿元，位居省内国家级开发区之首。

3 月 23 日 省委副书记刘奇到井冈山经开区调研，市委书记王萍等陪同。

4 月 1 日 吉安市 73 个重大工业项目集中开工暨辉烨通讯项目奠基仪式在井冈山经开区主会场隆重举行。市委书记王萍出席仪式并下达开工令。

是日 井冈山经开区与兴业银行南昌分行签订电子信息产业引导基金合作框架协议，约定发行建立电子信息产业引导基金 50 亿元，首期发行 10 亿元。

4 月 24 日 中国探月工程首席科学家、中科院院士欧阳自远在井冈山经开区参观考察，参加科技创新和经济发展座谈会。

5 月 23 日 省委常委、政法委书记周萌在其挂点的井冈山经开区出席“降低企业成本，优化发展环境”专项行动宣讲会，市委书记王萍、市长王少玄等参加。

5 月 29 日 南昌海关关长肖军来井冈山出口加工区调研，市委副书记、市长王少玄，副市长刘贤清，区党工委书记刘志坚等陪同。

5 月 31 日 井冈山经开区举行微公交启动仪式。

6 月 29 日 井冈山经开区与井冈山大学签订合作协议，共同建设井冈山大学科技园。区党工委书记刘志坚，区管委会主任邓淑斌，区领导舒海波、刘达绪、吴磊等出席仪式。

7 月 19 日 井冈山经开区党工委第一书记刘贤清在区江西省木林森照明有限公司现场办公，帮助解决开工生产水、电、用工、拆迁等问题。

7 月 21 日 江西省工会干部“进园区”行动（吉安）宣讲会暨座谈会在井冈山经开区举行，省总工会党组书记、常务副主席傅卓成等出席。

7 月 31 日 中国井冈山干部学院省部级教育培训班到井冈山经开区考察，市委副书记、市长王少玄，区党工委书记刘志坚陪同。

8 月 4 日 井冈山经开区入选 2016 年江西省级知识产权试点园区，试点工作期限为 2016 年 7 月到 2017 年 6 月。

是日 中国乐凯集团党委书记、副总经理，乐凯新材董事长张新明率领考察组到井冈山经开区考察股权投资事宜。区管委会主任邓淑斌，区领导汤文仙、刘达绪、甘益烽等陪同。

8 月 12 日 江西绿丰新材料股份有限公司获全国中小企业股份转让系统（简称“新三板”）审批同意挂牌，成为井冈山经开区首家“新三板”挂牌上市企业。

8 月 17 日 市长王少玄到井冈山经开区就促进民间投资进行专题调研。区管委会主任邓淑斌，市发改委主任彭学凯，区领导汤文仙、舒海波、甘益烽、吴磊等陪同。

8 月 26 日 江西航盛电子科技有限公司和红板（江西）有限公司入选“质量中国”首批中国质量诚信企业推荐公示名单，位列江西省 28 家企业之一。

9 月 8 日 井冈山经开区吉安国际电子城正式开业，填补了吉安和周边城市 IT 专业市场的空白，成为电子产品和原材料批发零售交易的重要平台、赣中地区一站式的龙头电子批发采购中心。

9 月 30 日 江西省电子显示触控行业协会第一次会员大会在井冈山经开区召开，吉安市首家省级电子显示触控行业协会同时成立。

是日 华能井冈山电厂供热改造及西线一期供热管网工程开工仪式举行，管线长 20 千米，供热流量 80 吨 / 小时，最大供热能力达 300 吨 / 小时。

10 月 21 日 经省人民政府研究决定，免去邓淑斌的井冈山经济技术开发区管委会主任职务，另有任用。

10 月 24 日 井冈山经开区召开全区领导干部大会，宣布省委、市委对区党工委主要领导调整的决定。经省委、市委研究决定，彭学凯任井冈山经开区党工委书记，刘志坚不再担任井冈山经开区党工委书记职务，另有任用。

是日 井冈山经开区获评全省首批生态文明示范基地称号。

11 月 4 日 井冈山经开区管委会主任邓淑斌当选为吉安市政府副市长。

11 月 7 日 吉安锦源 220 千伏变电站投入运营，这是江西省第一批支持赣南等原中央苏区振兴发展的省重点项目，总投资 6402 万元。

11 月 10 日 经江西省人民政府研究决定，任命汤文仙为井冈山经济技术开发区管委会主任。

11 月 24 日 市委书记胡世忠在井冈山经开区调研座谈，首次提出井冈山经开区要围绕国家新型工业化示范基地、中部地区创新发展新高地、全省战略性新兴产业集聚区这三个高标准定位。市政府副市长、区党工委第一书记邓淑斌主持调研座谈会。区党工委书记彭学凯，区管委会主任汤文仙分别发言。

11 月 28 日 井冈山经开区新业态招商推介会在广州市举行，区管委会主任汤文仙致辞，区管委会副主任龙小明主持。

11 月 29 日 市委书记胡世忠率队，前往广东省中山市，会见了木林森股份有限公司董事长孙清焕、鹏飞集团董事长赖泽锋，区党工委书记彭学凯、区管委会主任汤文仙陪同。

12 月 1 日 江西合力泰科技有限公司井冈山经开区分公司的“离散制造项目”、江西省平波电子有限公司的“离散试点示范项目”、江西省木林森照明有限公司的“LED 智能化制造试点示范项目”

入选 2016 年江西省智能制造试点示范项目。

12 月 19 日 北京江西企业商会考察团到井冈山经开区考察，市政府副市长、区党工委第一书记邓淑斌，区党工委书记彭学凯，区管委会主任汤文仙，副主任甘益烽等陪同。

12 月 22 日 工业和信息化部党组成员、国家烟草专卖局长凌成兴考察井冈山卷烟厂易地技改项目，市委书记胡世忠，市长王少玄，市委常委、常务副市长杨丹，市政府副市长、区党工委第一书记邓淑斌，区党工委书记彭学凯，副书记刘达绪等陪同。

是月 国家下拨江西省 2016 年第三批专项建设基金和技术改造专项资金 7.3 亿元，增强制造业核心竞争力，其中，井冈山经开区智能硬件产业园项目获得 6 亿元资金支持，占全省的 82%。

是年 江西省工业和信息化委员会授予井冈山经开区“智能制造基地”称号，并一次性安排省级基金股权投入 1000 万元。认定江西合力泰科技有限公司经开区分公司和江西平波电子有限公司为离散智能制造试点示范项目企业，江西省木林森照明有限公司为 LED 智能制造试点示范项目企业。

2017 年

1 月 1 日 井冈山经开区至吉安火车站 91 路公交开通。

1 月 10 日 井冈山经开区在吉安宾馆会议中心举办 LED 产业招商推介会。

1 月 12 日 国务院办公厅督查室副巡视员吴圣光率国家钢铁行业淘汰落后产能督查组到井冈山经开区督查。

1 月 15 日 井冈山大学和井冈山经开区为井冈山大学科技园入园企业举行入驻仪式，井冈山大学校长曾建平，副校长桂国庆，井冈山经开区党工委书记彭学凯到场祝贺。

2 月 22 日 吉安市“三看（看城区、看园区、看美丽乡村）流动现场会在井冈山经开区察看，市委书记胡世忠率队。

是月 江西省发改委、国土资源厅、住房城乡建设厅公布了 2016 年度江西省省级示范物流园区名单，井冈山经开区综合物流中心名列其中。

是月 井冈山经开区电子信息产业集聚区列为首批“江西省战略性新兴产业电子信息集聚区”。

3 月 2 日 2017 吉安·京津冀新经济发展招商推介会在首都北京举行，市委书记胡世忠致辞，市委副书记、市长王少玄作推介，井冈山经开区党工委书记彭学凯参加会议并作了推介发言。

3 月 9 日 市委副书记、市长王少玄在井冈山经开区吉安新琪安科技有限公司会见可口可乐公司全球副总裁克丽斯·昆女士，可口可乐公司全球采购总监布兰特·皮克里先生、副市长邓淑斌、区党工委书记彭学凯、区管委会主任汤文仙、市政府副秘书长孙英剑、新琪安公司董事长王小强等参加会见。

是日 井冈山经开区召开创建国家生态工业示范园区动员会。

3 月 21 日 国家发改委产业协调司产业战略处副处长魏仕杰，省发改委产业协调处处长谌兵、副处长王舜到井冈山经开区就 2016 年省基建投资项目和国家专项建设基金智能硬件产业园项目建设进行调研。

4 月 5 日 江西省委书记、省人大常委会主任鹿心社考察井冈山经开区，市委书记胡世忠，副市长、区党工委第一书记邓淑斌等陪同。

是日 市委副书记、市长王少玄在井冈山经开区开展调研。副市长、区党工委第一书记邓淑斌，区党工委书记彭学凯，区管委会主任汤文仙等陪同。

4 月 13 日 全国政协常委、经济委员会副主任彭小枫率全国政协调研组到井冈山经开区调研指导，全国政协经济委员会副主任项宗西、侯建民，全国政协经济委员会委员杨凯生、周桐宇、赵林、赵海英、谢渡扬和全国政协委员李勇库以及全国政协经济委员会办公室副主任彭丽文等随同，省政协副主席陈俊卿，市政协主席龙波舟，副主席陈军民，区管委会常务副主任龙小明、党工委委员刘小勇等陪同。

4 月 14 日 中国井冈山干部学院 2017 年中央联系专家国情研修班学员一行 62 人在井冈山经开区现场教学、考察指导。

4 月 19 日 市委书记胡世忠在吉安宾馆会见木林森股份有限公司董事长孙清焕。副市长、区党工委第一书记邓淑斌，区党工委书记彭学凯，区管委会主任汤文仙等陪同。

4 月 20 日 吉安市重大工业项目集中开工竣工活动暨木林森覆铜板项目奠基仪式在井冈山经开区举行。

是日 井冈山经开区与北京依露得力医疗器械有限公司签订投资建设医疗器械生产项目协议。

4 月 26 日 国家国防科技工业局副局长、党组成员徐占斌率国家国防科技工业系统代表参观考察了井冈山经开区木林森公司、合力泰公司。江西省国防科工办、中国核工业集团公司、中国航天科技集团公司等 10 余家国防科技工业企业有关负责人参加考察。

4 月 28 日 市委书记胡世忠到井冈山经开区新琪安公司调研安全生产工作。

5 月 11 日 省人大常委会党组副书记、副主任周萌率调研组一行到井冈山经开区开展“降成本、优环境”专题调研。省人大常委会副秘书长、办公厅主任张振球，省环保厅厅长陈小平，省人大常委会办公厅副主任巫欣春，省环保厅副厅长石晶等随同。市委副书记、市长王少玄主持座谈会。市人大常委会主任刘连根，副市长、区党工委第一书记邓淑斌，市政协副主席、工商联主席徐年春，区党工委书记彭学凯，区管委会主任汤文仙等陪同。

5 月 12 日 省环保厅厅长陈小平到井冈山经开区生态环保综合管理中心调研环保能力建设工作。

5 月 17 日 市委副书记、市长王少玄在吉安宾馆会见日本胜美达集团总裁栖关智晴。副市长邓淑斌，井冈山经开区管委会主任汤文仙等参加会见。

5 月 28 日 山东大学校长张荣，中国科学院院士、清华大学副校长薛其坤，中国科学院院士刘明等院士专家来到井冈山经开区座谈交流，传经送宝。副市长徐开萍，区党工委书记彭学凯等陪同。

是月 江西木林森股份有限公司参与收购全球 LED 巨头德国欧司朗旗下通用照明业务朗德万斯（LEDVANCE）整体股权项目，并顺利完成交割。

6 月 6 日 市委书记胡世忠到井冈山经开区企业调研考察，区党工委书记彭学凯陪同。

6 月 21 日 市政协主席龙波舟率组就“降成本优环境促发展”和发展壮大电子信息首位产业到井冈山经开区开展专题调研。

6 月 22 日 金砖国家开发银行行长助理姚建实率专家组到井冈山经开区考察金庐陵经济发展有限公司的金鸡湖新区供热项目。

是日 浙江省湖州市代表团到井冈山经开区考察指导，湖州市委书记陈伟俊率团，湖州市委常委、常务副市长高屹等随同，吉安市委书记胡世忠，市长王少玄，副市长、区党工委第一书记邓淑斌，区党工委书记彭学凯，区管委会主任汤文仙等陪同。

6月26日 国家烟草专卖局副局长徐瑾在井冈山卷烟厂新厂调研，国家烟草专卖局计划司司长王志江，江西中烟工业公司总经理姚庆艳，江西省烟草专卖局（公司）局长（总经理）周恩海等随同，副市长邓淑斌陪同。

6月27日 江西检验检疫局赴吉安“原产地证助推‘一带一路’行”宣贯会在井冈山经开区召开。

7月3日 市委书记胡世忠前往上海，走访考察南亚覆铜箔板有限公司，井冈山经开区党工委书记彭学凯、管委会主任汤文仙陪同考察洽谈。

是日 井冈山经开区企业吉安螃蟹王国科技有限公司成功入选江西省创业孵化基地。

7月26日 市委副书记、市长王少玄在井冈山经开区会见了到吉安考察的华坚集团董事长张华荣一行。市委常委、副市长张言苍，区党工委书记彭学凯，区管委会主任汤文仙等陪同。

7月26—27日 马来西亚沙巴州发展研究所执行董事洪清隆，中信国安北京电子有限公司总监杨虎，臻太能源执行董事林猷量和北京汇鑫顺泰投资管理有限公司总经理罗芳等到井冈山经开区考察。区党工委书记彭学凯会见考察团一行。

是月 省工信委专家组到井冈山经开区，审查了冠德公司、思立科公司、瑞声电子公司、红板公司、航盛公司、瑞鹏飞公司6个智能制造试点示范申报项目。在红板（江西）公司，专家组经过考察后，认为该公司多层高密度板技改项目智能制造化水平高度融合，拟推荐为吉安市智能制造试点示范项目第一名，并支持其申报国家级智能制造试点示范项目。

8月4日 中国工程院院士、西安电子科技大学原校长段宝岩率电子信息专家组一行10人在井冈山经开区考察。市委常委、副市长张言苍，副市长、区党工委第一书记邓淑斌，区党工委书记彭学凯，副书记舒海波等陪同。

8月9日 吉安市委“两新”组织（新经济组织和新社会组织）工委组织全市 “两新”组织工作负责人共50余人现场观摩井冈山经开区非公企业党建工作。

是日 江西润井康生物科技有限公司开工奠基仪式举行。

8月18日 江西联创电缆科技股份有限公司在北京全国中小企业股份转让系统挂牌，股票代码为“871701”，股票简称为“联创电缆”。

8月21日 省人大常委会副主任、省总工会主席谢亦森到井冈山经开区考察调研工会工作。市委常委、市总工会主席肖玉兰，区党工委书记彭学凯等陪同。

9月12日 省证监局局长何庆文到井冈山经开区调研资本市场发展工作，市政府党组成员刘志坚，区党工委书记彭学凯等陪同。

是日 江西天人生态股份有限公司参与完成的“几种真菌生物农药系列新产品的创制、生产工艺与应用技术”获2016年江西省科技进步奖。

是日 中国井冈山干部学院第13期省部级干部党性教育专题培训班学员以实地调研企业的形式在井冈山经开区开展现场教学。市长王少玄，区党工委书记彭学凯，副书记刘达绪等陪同。

9月14日 江西省总工会“建家、强家、暖家”专项行动新闻媒体采风活动到井冈山经开区采访。

是日 吉安（深圳）产业园南山示范园一期II标段工程开工仪式在南山示范园举行，深圳南山区委书记、区长王强，吉安市委副书记、市长王少玄，副市长、区党工委第一书记邓淑斌，区党工委书记彭学凯等出席开工仪式。

9月16日 2017年全国重点网络媒体吉安行“弘扬跨越时空的井冈山精神——砥砺奋进的吉安”主题采访团记者一行在井冈山经开区进行采访。区党工委书记彭学凯接受采访。

9月25日 吉安市重大工业项目集中开工竣工暨南亚新材料覆铜板项目开工奠基仪式在井冈山经开区金鸡湖新区举行。

9月27日 江西井冈山精神、陕西延安精神、山东沂蒙精神、河北西柏坡精神“四种精神”联合采访团记者走进井冈山经开区采风。区党工委书记彭学凯接受联合采访团记者采访。

9月30日 吉安外国语实验学校举行揭牌仪式。

10月9日 井冈山经开区被纳入长江经济带承接电子信息产业的主要载体，优先承接方向是印制电路板、新型触控显示、LED及应用产品。

10月24日 中国工程院院士、上海医药工业研究院研究员、药物制剂国家工程研究中心主任侯惠民，中国工程院院士、中国中医科学院常务副院长、中国中医科学院中医资源中心主任黄璐琦一行到井冈山经开区考察。市委副书记、市长王少玄，区党工委书记彭学凯，区管委会主任汤文仙陪同。

10月31日 井冈山经开区举办“吉商回归”招商对接会，东莞吉安商会会长刘旭率领东莞吉安商会会员和在深圳的吉安籍企业家60余人参加对接会。

11月6日 市委副书记、市长王少玄深入井冈山经开区企业生产一线，向企业党组织和干部职工宣讲十九大精神。区党工委书记彭学凯参加。

11月23日 在2017吉安（广州）生物医药大健康产业招商推介会上，井冈山经开区共签约5个项目，合同引资额6.1亿元。

11月24日 江西益佰年药业股份有限公司的药饮片蜂蜜生产线建成投产，这是国内建成的第二条、江西省内建成的首条中药饮片（直接口服）蜂蜜生产线。

11月25日 木林森股份有限公司董事长兼总经理孙清焕率木林森总部董事会高管、有关客商一行抵达井冈山经开区，考察了江西省木林森照明有限公司生产经营情况。区党工委书记彭学凯等陪同。

11月29日 参加“红色基因井冈行”及“赣商赣才故里行”活动的有关人士参观考察了井冈山经开区企业红板（江西）有限公司、江西合力泰科技有限公司、江西省木林森照明有限公司。区管委会副主任甘益烽陪同。

11月30日 江西绿洲环保新材料股份有限公司申报“江西省省级企业技术中心”，通过省工信委、省财政厅、省国税局、省地税局会同相关专家评审组进行的资格审核，这是江西省第一家通过省级技术中心评审的林产加工企业。

是日 负责井冈山经开区深圳大桥建设的中铁二十四局新余公司仅用4个小时，采用顶推技术施工，完成左幅两片跨度130米的波形钢腹板箱梁的架设工作，成功完成左幅跨越铁路的桥梁架设。

12月11日 江西威尔高电子科技有限公司线路板生产项目在金鸡湖新区开工奠基，市委副书记、市长王少玄出席仪式。副市长、区党工委第一书记邓淑斌宣布开工，区党工委书记彭学凯主持，区管委会主任汤文仙致辞。

12月14日 省台办主任邓保生深入井冈山经开区台资企业宣讲十九大精神，并率调研组就精准帮扶台资企业进行调研。市政府党组成员刘志坚，区管委会主任汤文仙，党工委副书记刘达绪等陪同。

12 月 21 日 由井冈山经开区和中国照明学会半导体照明技术与应用专业委员会联合主办的“创新 2018 第五届智能制造与智能照明峰会暨吉安 LED 产业发展研讨会”在吉安宾馆会议中心召开，区管委会主任汤文仙、副主任甘益烽出席，中国照明学会半导体照明技术与应用专业委员会主任唐国庆主持会议。

12 月 28 日 吉安—深圳盐田港铁海联运开通仪式在吉安火车南站举行，副市长邓淑斌宣布海铁联运开通。

12 月 29 日 吉安市电子信息研究院揭牌暨合力泰院士工作站授牌仪式举行。吉安市电子信息研究院是江西省首个电子信息研究院。市委副书记、市长王少玄，中科院院士、西北工业大学党委常委、常务副校长黄维一同为吉安电子信息研究院揭牌。

是月 国家知识产权局确定了全国 27 个园区为国家知识产权试点园区，井冈山经开区位列其中，试点工作周期为 2018 年 1 月至 2020 年 12 月。

2018 年

1 月 3 日 国土资源部发布 2017 年度国家级开发区土地集约利用评价情况通报，井冈山经开区土地集约利用综合排名列全省国家级开发区第四位，在全国 392 个工业主导型开发区中综合排名第 193 位。

1 月 18 日 井冈山经开区、合力泰科技股份有限公司和江西益丰泰光电技术有限公司共同承办的江西智能光电产业论坛在吉安宾馆会议中心举行。市委副书记、市长王少玄出席会议，市委常委、副市长张言苍出席论坛互动问答环节，副市长、区党工委第一书记邓淑斌出席并致辞，区党工委书记彭学凯就电子信息产业进行推介。

2 月 1 日 英国 AURORA 国际照明集团总裁安德鲁一行到井冈山经开区展示馆参观。

2 月 7 日 市委书记胡世忠率全市“三看”与会人员到井冈山经开区考察。

2 月 24 日 受国家发改委委托，中国国际工程咨询有限公司调研组一行到井冈山经开区，就《国务院关于支持赣南等原中央苏区振兴发展的若干意见》实施情况进行调研。

2 月 28 日 井冈山经开区一体化发展授牌揭牌仪式在吉安河东经济开发区管委会举行，市领导胡世忠、王少玄、杨丹、李建国、程以金，区党工委书记彭学凯、区管委会主任汤文仙，吉州区领导朱谋俊，青原区领导李军出席仪式，副市长、区党工委第一书记邓淑斌主持。

3 月 1 日 吉安市、平安银行、益丰泰光电三方合作洽谈会在井冈山经开区举行。市人大常委会主任刘连根，副市长、井冈山经开区第一书记邓淑斌，井冈山经开区党工委书记彭学凯，管委会主任汤文仙，平安银行总行投行部风险总监胡晓平，益丰泰光电总经理向传义等出席。

3 月 2 日 市委书记胡世忠到井冈山经开区，调研“一区四园”改革工作。

3 月 7 日 江西省科协党组书记、常务副主席罗莹一行就企业争创高新技术企业到井冈山经开区进行专题调研。市政协副主席罗燕萍，区党工委书记彭学凯等陪同。

3 月 8 日 副市长、井冈山经开区党工委第一书记邓淑斌，区党工委书记彭学凯到扶贫挂点村——万安县顺峰乡高坪村调研指导脱贫攻坚工作。

是日 江西省政府安全生产综合督查组到井冈山经开区进行安全生产综合督查。

3月12日　吉安市政协主席龙波舟到挂点企业江西省木林森照明有限公司调研。

3月13日　由井冈山经开区与上海芯谋研究共同起草的《吉安市集成电路产业发展规划（2018—2022年）》在上海举行专家评审会。

3月14日　省委组织部副部长徐忠到井冈山经开区专题调研生物医药产业人才队伍建设情况。

是日　新华社江西分社社长、党组书记刘健率新华社江西分社调研组到井冈山经开区调研采访。

是日　市委书记胡世忠在井冈山经开区主持召开规划建设座谈会。

3月26日　全国人大外事委员会副主任委员赵白鸽到井冈山经开区考察调研，商务部外事司原司长、联合国工发组织（UNIDO）执行干事隋晖参加调研，市委书记胡世忠，区党工委书记彭学凯，区管委会主任汤文仙等陪同。

4月2日　市委书记胡世忠会见深圳航盛股份公司董事长杨洪一行。区党工委书记彭学凯、管委会副主任甘益烽等陪同。

4月3—4日　省社会科学院院长梁勇率省社科院调研组在井冈山经开区就“推进全省经济开发区高质量发展研究”展开调研。

4月4日　省委常委、宣传部长赵力平到井冈山经开区考察调研。市委常委、宣传部长刘兰芳，区党工委书记彭学凯、副书记刘达绪等陪同。

是日　井冈山经开区省级出口电子信息产品质量安全示范区授牌暨国家级质量安全示范区创建启动仪式举行。省出入境检验检疫局局长温珍才出席。

4月6日　省环保厅厅长陈小平在吉安创成环保科技有限责任公司调研吉安市危险废物处置中心项目。

4月9日　吉安举行2018年重大工业项目第一次集中开工竣工活动。井冈山经开区吉安金匠铸造有限公司年产5万吨模具和机床精密铸件及智能数控机床项目、蓝沛科技无线充电材料项目等12个工业项目集中开工竣工。

4月16日　吉安市生活垃圾焚烧发电项目在井冈山经开区开工建设。

4月18日　副省长胡强到井冈山经开区企业调研十九大精神、省政府工作报告贯彻落实情况，市委副书记、市长王少玄陪同调研。

4月20日　市委书记胡世忠到井冈山经开区调研。

4月27日　市委书记胡世忠到井冈山经开区调研金鸡湖新区创新特色小镇建设。区党工委书记彭学凯，区管委会主任汤文仙等陪同。

是日　江西省科协、省电子学会专家一行到井冈山经开区开展助力创新驱动发展活动。

4月28日　普正药业股份有限公司提取车间获全国“工人先锋号”称号，江西合力泰科技有限公司井开分公司CTP3事业部副总经理康海滨获全国“五一劳动奖章”。

5月4日　市委副书记、市长王少玄带领市发改委、市城建局、市工信委、市国土资源局等市直单位负责人到井冈山经开区调研。

5月9日　国家发改委地区司发展处处长潘玛莉率调研组到井冈山经开区调研电子信息产业发展现状和存在的困难，省发改委副主任、省鄱湖办（省苏区办）常务副主任周光华，市委常委、常务副市长杨丹，区党工委书记彭学凯等陪同。

5 月 14 日　2017 年度国家级经济技术开发区综合发展水平考核评价排名发布，井冈山经开区位居全国第 82 位，进位 60 位。

5 月 15 日　中国井冈山干部学院“文化名家暨四个一批人才”国情研修班学员在井冈山经开区开展实践教学。

5 月 16 日　副省长吴晓军带领省安监局、省工信委等省直单位的相关负责人到井冈山经开区就电子信息产业发展和安全生产工作调研。

5 月 18 日　市委书记胡世忠，副市长、井冈山经开区党工委第一书记邓淑斌，井冈山经开区管委会主任汤文仙等出席赣深港经贸活动周系列活动。井冈山经开区在活动周期间签约项目 7 个，走访了光大国际，与行政总裁王天义等就推动生活垃圾焚烧发电项目进行洽谈。

5 月 25 日　省政协副主席汤建人到井冈山经开区专题调研“江西高新技术企业与产业发展”。

5 月 28 日　国务院国资委规划发展局副局长陈鸿到井冈山经开区参观城市展示馆。

5 月 29 日　木林森半导体项目开工暨益丰泰 TFT 项目主体工程竣工活动在井冈山经开区举行，市委书记胡世忠下达开工、竣工令，市长王少玄讲话。市四套班子领导，井冈山经开区全体领导参加活动。

5 月 30 日　中国井冈山干部学院第六期年轻干部班学员在井冈山经开区开展现场教学。

6 月 9 日　中科院微电子所副所长陈大鹏、党委副书记赵志刚、研究员李功燕等到井冈山经开区考察。区管委会常务副主任龙小明陪同。

6月22日　中共中央台湾工作办公室发函同意在井冈山经开区设立海峡两岸青年就业创业基地。

6 月 25 日　井冈山经济技术开发区获评 2017 年度全省“两率一度”先进工业园区。

7月2日　省委常委、纪委书记、监委主任孙新阳到井冈山经开区考察，市委书记胡世忠，市委常委、纪委书记、监委主任廖宏，区党工委书记彭学凯，区党工委委员、纪工委书记刘荼香等陪同。

7月3日　省委常委、常务副省长毛伟明到井冈山经开区，调研经济运行和重大项目建设、企业上市、开发区改革创新等情况。市委副书记、市长王少玄，副市长王大胜，区党工委书记彭学凯，区领导舒海波、刘达绪等陪同。

7 月 4 日　第三届“中国创翼”创业创新大赛暨江西吉安首届“创领美好”创业大赛揭晓，井冈山经开区企业吉安螃蟹王国科技有限公司曾珣团队获一等奖。

7 月 11 日　中国井冈山干部学院第 15 期中管金融企业和中央企业经营管理人员专题培训班一行 45 人到井冈山经开区进行现场教学。

7 月 13 日　省人大常委会党组书记、副主任周萌就“降成本、优环境”在井冈山经开区专题调研并召开座谈会。市委书记胡世忠、市长王少玄，市人大常委会主任刘连根，副市长、区党工委第一书记邓淑斌，市政协副主席、工商联主席徐年春，区党工委书记彭学凯，区管委会主任汤文仙等陪同。

7 月 18 日　江西省安委会第五巡查组组长胡新生率巡查组到井冈山经开区巡查督导安全生产工作。区党工委书记彭学凯、管委会主任汤文仙汇报安全生产工作，区领导舒海波、刘达绪、刘荼香、罗厥宏、龙井松、傅卫东出席会议。

7 月 19 日　井冈山经开区与中山蓝晶光学有限公司签订光学镜头研发项目。

7 月 20 日　国家税务总局井冈山经济技术开发区税务局挂牌仪式举行。

7 月 27 日　深圳市高层次人才研修班学员一行 30 余人到井冈山经开区企业参观考察。

8月4日 国家井冈山经开区总体规划（2018—2035）专家咨询会在苏州召开。

8月9日 2018井冈山经开区·深圳“一区四园”首次产业招商推介会在深圳举行，现场签约项目12个。

8月16日 江西省商务厅组织的粤港澳企业家江西行活动到井冈山经开区作商务考察。

8月21日 副省长孙菊生到井冈山经开区调研疫苗生产和药品监管工作，市委副书记、市长王少玄等陪同。

8月23日 市委书记胡世忠到井冈山经开区调研。

9月4日 深圳市南山区委副书记、区长曾湃到吉安考察，并在井冈山经开区启动了南山示范园二期建设项目。

9月6日 中央单位挂职干部调研组一行22人到井冈山经开区调研。

9月8日 新华社江西分社副社长刘菁到井冈山经开区专题采访全面落实省委十四届六次全会精神、推进高质量跨越式发展情况。区党工委书记彭学凯等接受采访。

是日 吉安（厦门）经贸投资洽谈会在厦门市香格里拉大酒店召开，井冈山经开区管委会主任汤文仙、副主任甘益烽与会，签约项目2个。

是日 井冈山经开区与香港泰伟集团签约总部经济项目。

9月13日 市委书记胡世忠到井冈山经开区江西润井康生物科技有限公司、江西东方名竹竹业有限公司两家企业调研农业产业化工作。

是日 中国井冈山干部学院学员越南党政干部考察团到井冈山经开区进行现场教学，参观了江西合力泰科技有限公司井开区分公司、吉安市木林森光电有限公司。市委组织部副部长、老干部局局长张清兰，区党工委副书记刘达绪陪同。

9月26日 深圳证券交易所上市推广部经理李杰，招商证券投资银行部副总裁钟凌飞等到井冈山经开区调研企业上市工作。

9月27日 省农业厅厅长胡汉平到井冈山经开区江西润井康生物科技有限公司调研。

9月30日 省委副书记、代省长易炼红到井冈山经开区木林森光电有限公司调研，市委书记胡世忠、市长王少玄陪同。

是日 副市长邓淑斌、井冈山经开区党工委书记彭学凯与深圳德威集团董事长罗少彬洽谈精密制造产业园项目。

10月10日 副省长吴忠琼到井冈山经开区木林森产业园、螃蟹王国科技有限公司调研。

10月12日 河北省衡水高新区管委会主任姚幸福、中国医学科学院药用植物研究所病理毒理研究中心主任胡克平等到井冈山经开区普正药业股份有限公司考察中医药产业开发情况。

10月14日 市委书记胡世忠率队在深圳走访德威精密有限公司、联懋集团、深圳潮人海外投资促进会和生益电子等企业。副市长、井冈山经开区党工委第一书记邓淑斌、区党工委书记彭学凯、管委会副主任甘益烽等陪同。

10月17日 深圳市计算机协会会长杜和平，深圳市连接器行业协会秘书长唐中率深圳市君曼科技公司、得润电子公司、畅想视界公司、泛联科技公司等10多家会员企业负责人到井冈山经开区考察电子信息产业。

10 月 18 日 井冈山经开区 11 个重大项目集中开工竣工，蓝晶光学产业园项目开工。

10 月 23 日 井冈山经开区莞深产业对接招商推介会在东莞召开。

10 月 26 日 井冈山经开区与生益电子股份有限公司在吉安宾馆签约新建高端印制电路板生产项目。

10 月 28 日 满坤科技有限公司二期项目举行竣工投产仪式。副市长、区党工委第一书记邓淑斌，市政府党组成员刘志坚，区党工委书记彭学凯，区管委会主任汤文仙等参加。

10 月 29 日 市委副书记、市长王少玄到井冈山经开区江西润井康生物科技有限公司调研。

是日 根据《工业和信息化部办公厅关于公布第三批绿色制造名单的通知》（工信厅节函〔2018〕341 号），井冈山经开区入选国家绿色园区名单，木林森光电有限公司入选国家绿色工厂名单。

10 月 31 日 市委书记胡世忠到井冈山经开区西区调研升级改造转型发展工作。并就贯彻落实《江西省促进开发区改革和创新发展三年攻坚行动计划（2018—2020 年）》精神召开座谈会。

11 月 1 日 北京大学马克思主义学院毛泽东管理思想高级研究班学员到井冈山经开区企业考察。区党工委书记彭学凯、副书记刘达绪等陪同。

11 月 7 日 省委书记刘奇到井冈山经开区吉安螃蟹王国科技有限公司、吉安市木林森光电有限公司调研。省委常委、省委秘书长赵力平，省政协副主席、省工商联主席雷元江一同调研，市委书记胡世忠，市委副书记、市长王少玄，副市长、区党工委第一书记邓淑斌，区党工委书记彭学凯，区管委会主任汤文仙等陪同。

是日 省政协副主席刘卫平到井冈山经开区江西东方名竹竹业有限公司调研。区纪工委书记刘茶香陪同。

11 月 20 日 井冈山经开区扫黑除恶专项斗争推进会召开。

11 月 21 日 市委副书记、市长王少玄在市行政中心会见了到井冈山经开区考察的深圳战略新兴产业考察团，考察团成员有深圳巴斯巴集团董事长林国军、浙江星星科技股份有限公司投资总经理林玉敬等，副市长、区党工委第一书记邓淑斌，区党工委书记彭学凯，区管委会主任汤文仙等参加会见。

12 月 9—11 日 市委副书记、市长王少玄在深圳走访了科研院所和重点企业，副市长、区党工委第一书记邓淑斌、区党工委书记彭学凯参加。

12 月 13 日 中央企业专职外部董事第七调研组到井冈山经开区座谈。

12 月 14 日 市委书记胡世忠到井冈山经开区调研环保项目。区党工委书记彭学凯，区管委会主任汤文仙等陪同。

12 月 15 日 市委副书记、市长王少玄调研江西合力泰科技有限公司井冈山经开区分公司（西区）和益丰泰 TFT 项目。

是日 厦门大学党委书记张彦到井冈山经开区木林森光电有限公司考察。区党工委书记彭学凯、党工委委员龙井松等陪同

12 月 16 日 “海外人才江西行”考察团一行到井冈山经开区考察并座谈。

12 月 17 日 市委书记胡世忠调研创成环保危险废物处置中心项目、污水处理厂二期项目、新琪安科技股份有限公司、江西绿洲环保新材料有限公司等井冈山经开区环保督查项目。

12 月 19 日 省委常委、副省长刘强一行到井冈山经开区调研水生态文明建设，林下经济产业发

展情况。

12月26日 吉安市在吉安火车站南站举行“井冈山号”中欧班列（吉安—莫斯科）首发仪式。

12月28日 吉安创成环保项目举行点火仪式。

12月29日 井冈山经开区消防救援大队举行授衔和换装仪式。

是月 福建省国资委党委书记、主任邵玉龙，福建省电子信息集团党委书记、董事长宿利南到井冈山经开区考察电子信息产业。吉安市委书记胡世忠，副市长、区党工委第一书记邓淑斌，区党工委书记彭学凯等陪同。

是月 商务部对全国219家国家级经济技术开发区2018年综合发展水平进行考评，井冈山经开区考评排名全国第71位，在2017年前进60位的基础上，再前进11位。

是月 吉安市木林森光电有限公司获批国家级企业技术中心。

2019年

1月14日 井冈山经开区的江西蓝微电子科技有限公司、吉安市木林森光电有限公司和江西威科油脂化学有限公司3家企业，被江西省科技厅认定为2018年江西省专业化小巨人企业。

是月 从中国质量协会获悉，江西中烟工业有限责任公司井冈山卷烟厂动力车间丙班荣获2018年度全国“质量信得过班组”称号。

2月13日 吉安市“三看”流动现场会在井冈山经开区考察，省人大常委会副主任、市委书记胡世忠等领队。区党工委书记彭学凯，区管委会主任汤文仙等陪同。

2月28日 深圳市电子商会考察团到井冈山经开区考察投资环境。

3月1日 中国银行江西省分行党委书记、行长蔡兴华到井冈山经开区调研，并进行融资对接交流。市政府党组成员刘志坚，区党工委书记彭学凯，区领导龙小明、刘力峰等参加交流。

3月8日 井冈山经开区与江西永安交通设施集团举行年产20万吨热镀锌项目落户青原产业园签约仪式。

3月9日 中国井冈山干部学院第16期省部级干部党性修养专题培训班学员到井冈山经开区开展现场教学，省人大常委会副主任、市委书记胡世忠，副市长、区党工委第一书记邓淑斌，区党工委书记彭学凯等陪同。

3月13日 山西省政协副主席、吕梁市委书记李正印率山西省吕梁市党政代表团到井冈山经开区考察，区党工委书记彭学凯等陪同。

3月29日 工信部巡视员辛仁周带队到井冈山经开区参观考察。

4月15日 江西省委意识形态专项巡视座谈会在井冈山经开区召开，省委意识形态专项巡视组组长叶宝凌出席并讲话，区党工委书记彭学凯作了汇报。

4月26日 深圳市南山区委书记王强到井冈山经开区南山示范园考察，副市长、区党工委第一书记邓淑斌，区党工委书记彭学凯，区管委会主任汤文仙等陪同。

5月7日 省人大常委会副主任、市委书记胡世忠到井冈山经开区调研，副市长、区党工委第一书记邓淑斌，区党工委书记彭学凯，区管委会主任汤文仙等陪同。

5月10日 市委副书记、市长王少玄到井冈山经开区实地察看污水处理厂二期和火乐科技激光电视产业园项目进展情况，区党工委书记彭学凯，区管委会主任汤文仙，副主任吴磊等陪同。

5月13日 吉安市人大常委会水污染防治法执法检查组到井冈山经开区检查，省人大常委会副主任、市委书记、执法检查组组长胡世忠率队。区党工委书记彭学凯陪同。

5月18日 井冈山经开区的江西瑞声电子有限公司总经理刘仁芳、吉安市瑞鹏飞精密科技有限公司董事长赖泽锋获第二届世界赣商大会"江西省回乡投资优秀赣商"荣誉称号。

5月26日 副省长吴晓军到井冈山经开区调研吉安市生活垃圾焚烧发电等项目。副市长王大胜，副市长、区党工委第一书记邓淑斌，区管委会主任汤文仙，副主任甘益烽等陪同。

6月5日 副市长、区党工委第一书记邓淑斌，区党工委书记彭学凯，区管委会主任汤文仙，副主任张志福共同会见广东雪莱特光电科技股份有限公司总裁柴华等，洽谈LED照明光源及灯具应用制造项目。

是日 云南省怒江傈僳族自治州委书记纳云德率怒江州党政代表团到吉安市考察脱贫攻坚工作，并在井冈山经开区召开座谈会，省人大常委会副主任、市委书记胡世忠主持座谈会。

6月17日 省人大常委会副主任、市委书记胡世忠到井冈山经开区调研工业经济稳增长工作并主持召开座谈会。

6月19日 厦门港务发展股份有限公司总经理吴岩松一行到井冈山经开区考察。

6月20日 省政协副主席汤建人率调研组到井冈山经开区，考察装备制造业高质量发展工作。市政协副主席谢氏乐，区党工委书记彭学凯等陪同。

6月26日 井冈山经开区党工委书记彭学凯会见全国精密结构件龙头企业——米田电子董事长邱声富一行，洽谈精密产业园项目并签约。

是月 井冈山经开区管委会机关、井冈山经开区税务局获评第十五届江西省文明单位。

7月1日 省人大常委会副主任、市委书记胡世忠到井冈山经开区调研。

7月4日 副省长孙菊生到井冈山经开区调研非公企业维权服务情况。副市长、区党工委第一书记邓淑斌，区党工委书记彭学凯，区领导张志福、龙井松等陪同。

7月5日 省委网信办主任、省委宣传部副部长梅毅率调研组到井冈山经开区吉安螃蟹王国科技有限公司调研。市委常委、宣传部长刘兰芳，区党工委书记彭学凯等陪同。

7月9日 中国井冈山干部学院第16期中管金融企业和中央企业领导人员党性修养专题培训班学员到井冈山经开区现场教学并进行座谈。

7月25日 中国工程院二局局长高中琪一行到井冈山经开区调研企业院士工作站建站情况。

7月26日 井冈山经开区获得吉安市市直单位"五好"领导班子称号。

7月29日 吉安市在井冈山经开区设立主会场，举行76个重大工业项目集中开工竣工活动。省人大常委会副主任、市委书记胡世忠下达开工竣工令。

7月31日 市委副书记、市长王少玄在井冈山出口加工区调研并主持召开座谈会，区党工委书记彭学凯，区管委会主任汤文仙，党工委委员、井冈山出口加工区管理局局长吴磊等参加座谈。

8月22日 粤港澳大湾区赣商联盟投资考察团到井冈山经开区参观考察。吉安市委副书记、市长王少玄，副市长、区党工委第一书记邓淑斌等陪同考察。

8 月 24 日 “2019 年江西省‘天工杯’十大示范性技能大赛——全省首届电子行业职工职业技能竞赛”在井冈山经开区举办。

8 月 26 日 江苏省半导体行业协会考察团到井冈山经开区考察。

9 月 3 日 井冈山经开区与吉安县联合召开重点项目涉及插花地征收等有关事项协调会议，井冈山经开区党工委第一书记、副市长邓淑斌主持，井冈山经开区党工委书记彭学凯、吉安县委书记李克坚等出席。

10 月 8 日 江西天人生态股份有限公司“防治农林生物灾害的大型直升机智能飞防关键技术创新与应用”项目、江西普正制药有限公司与江西省药品检验检测研究院等单位合作的“裸花紫珠胶囊、颗粒创制及质量创新关键技术与应用”项目，在江西省科学技术奖励大会获科技进步奖二等奖。

10 月 21 日 2019 年吉安市重大工业项目第三次集中开工竣工活动在井冈山经开区巴斯巴新能源汽车电子核心零部件项目现场举行。

10 月 26 日 井冈山经开区邻里中心第一期开业。

11 月 12 日 省人大常委会副主任、市委书记胡世忠到井冈山经开区调研，主持召开学习贯彻党的十九届四中全会精神和习近平总书记视察江西重要讲话精神，开展“不忘初心、牢记使命”主题教育座谈会，副市长、区党工委第一书记邓淑斌，区党工委书记彭学凯等陪同调研。

11 月 18 日 井冈山经开区金融产业园开园典礼暨江西兴庐资产管理有限公司开业庆典举行，副市长、区党工委第一书记邓淑斌，副市长刘志斌，区党工委书记彭学凯，区管委会主任汤文仙等参加庆典。

是日 市委副书记、市长王少玄到井冈山经开区调研工业和开放型经济工作情况，副市长、区党工委第一书记邓淑斌，区党工委书记彭学凯，区管委会主任汤文仙等陪同。

11 月 19 日 中国井冈山干部学院第 19 期省部级干部党性修养专题培训班到井冈山经开区开展现场教学，市委副书记、市长王少玄，区党工委书记彭学凯，副书记张鹏华等陪同。

11 月 20 日 江西省开发区改革和创新发展现场推进大会在吉安市召开之际，省委副书记、省长易炼红率队到井冈山经开区观摩木林森 LED 产业园和 IC 封装产业园、工业互联网产业园、井冈山出口加工区并进行现场点评，省领导毛伟明、吴晓军、胡世忠、吴忠琼出席，市委副书记、市长王少玄，副市长、区党工委第一书记邓淑斌，区党工委书记彭学凯，区管委会主任汤文仙，区领导张鹏华、吴磊等分别陪同。

11 月 26 日 市委副书记杨丹到井冈山经开区走访调研台资企业。

11 月 28 日 国台办经济局副局长袁野及商务部台港澳司、工业和信息化部电子司、国家发改委港澳台办（外资司）有关负责人到井冈山经开区走访调研台资企业。副市长、区党工委第一书记邓淑斌，区党工委书记彭学凯等陪同。

12 月 9 日 省人大常委会副主任、市委书记胡世忠在井冈山经开区会见木林森董事长孙清焕一行。副市长、区党工委第一书记邓淑斌，区党工委书记彭学凯，区管委会主任汤文仙，副主任张志福等陪同。

12 月 11 日 市委副书记杨丹到井冈山经开区考察吉安市生活垃圾焚烧发电项目试运行和青原产业园一体化改革进展情况。

12 月 16 日 省人大常委会副主任、市委书记胡世忠到井冈山经开区调研金鸡湖创新小镇建设。区党工委书记彭学凯，党工委委员吴磊参加调研。

12月23日 2019年吉安市重大工业项目第四次集中开工竣工暨江西威尔高电子科技有限公司高精密双面多层线路板项目竣工仪式在井冈山经开区举行。

2020年

1月10日 哈萨克斯坦共产主义人民党干部考察团一行参观航盛电子和木林森实业两家企业，区党工委书记彭学凯等陪同。

1月21日 正值春节前夕，湖北省武汉市爆发新冠肺炎疫情，24日武汉封城，疫情在全国蔓延。井冈山经开区采取紧急应对措施。

2月7日 井冈山经开区召开疫情防控和企业复工复产调度会。

2月15日 井冈山经开区举行企业返厂复工人员接送启动仪式。

2月17日 省人大常委会副主任、市委书记胡世忠调研新冠肺炎疫情防控、企业复产、项目复工工作。市政府一级巡视员、副市长邓淑斌，区党工委书记彭学凯等陪同。

2月20日 井冈山经开区出台《关于应对疫情影响支持企业复工复产和项目开工建设的若干政策措施》，实业企业复工复产补贴等“八条”措施，全力支持企业复工复产和项目开工建设。

2月24日 市委副书记、市长、市委应对新冠肺炎疫情工作领导小组组长王少玄到井冈山经开区调研企业疫情防控和复工复产工作。区党工委书记彭学凯参加调研。

2月25日 井冈山经开区召开统筹推进疫情防控和经济社会发展工作视频会，贯彻落实中央和省、市有关会议精神。

2月27日 省政协副主席、党组成员刘卫平到井冈山经开区调研企业复工复产情况。吉安市政协副主席程以金，区管委会主任汤文仙陪同调研。

2月 国务院台办、发改委、工信部、商务部正式批复同意江西设立“海峡两岸产业合作区”。井冈山经开区为其中的“一区三园”（南昌产业园、赣州产业园、吉安产业园）之一。

3月4日 市委副书记、市长王少玄到井冈山经开区吉安人力资源服务产业园调研招工工作。

3月5日 吉安市“三看”流动现场会在井冈山经开区察看上海南亚新材料科技股份有限公司覆铜板、江西威尔高电子有限公司电子高精密线路板两个工业项目和金鸡湖创新小镇城建项目，省人大常委会副主任、市委书记胡世忠，市委副书记、市长王少玄等参加，区党工委书记彭学凯，管委会主任汤文仙等陪同。

3月10日 江西省2020年省市县三级联动推进重大项目开工大会吉安市分会场在井冈山经开区米田电子精密结构件智能制造产业园项目现场举行。随后，在现场接着召开2020年吉安市重大项目第一次集中开工竣工大会。省人大常委会副主任、市委书记胡世忠下达重大项目开工竣工令。市委副书记、市长王少玄讲话。活动结束后，王少玄到瑞鹏飞精密科技有限公司调研生产经营情况，到金匠铸造有限公司调研项目建设情况。市政府一级巡视员、副市长邓淑斌，区党工委书记彭学凯，管委会主任汤文仙等陪同。

3月25日 省人大常委会副主任、市委书记胡世忠到井冈山经开区调研，市政府一级巡视员、副市长邓淑斌，副市长刘志斌，区党工委书记彭学凯，管委会主任汤文仙等陪同。

3月26日 江西省政府正式批复吉安市河东经济开发区扩区调区方案，开发区总体规划面积由316.77公顷扩大至603.01公顷。

4月1日 省委常委、纪委书记、监委主任马森述至井冈山经开区木林森实业考察调研企业复工复产情况。市委书记胡世忠，市委常委、市纪委书记廖宏，井冈山经开区党工委书记彭学凯，区党工委委员、纪检监察工委书记刘茶香陪同。

4月7日 中组部、团中央第20批赴赣博士团及省科学院专家一行到井冈山经开区调研。

4月14日 吉安市2020年义务植树活动在井冈山经开区金鸡湖创新小镇举行，省人大常委会副主任、市委书记胡世忠，市委副书记、市长王少玄等四套班子领导，井冈山经开区全体领导参加植树活动。

4月18日 经江西省政府研究决定，免去汤文仙的井冈山经济技术开发区管委会主任职务。

4月27日 国务院批复同意井冈山出口加工区整合优化为井冈山综合保税区，面积为0.48平方千米。

5月7日 副省长吴忠琼率组到井冈山经开区调研电子信息产业发展情况，省工信厅厅长杨贵平，省科技厅一级巡视员刘青，副市长刘志斌，区党工委书记彭学凯等陪同。

5月13日 省副省长孙菊生率调研组到井冈山经开区调研生物医药产业发展情况，市政府一级巡视员邓淑斌，区党工委书记彭学凯等陪同。

5月22日 浙江大学江西校友会会长王明善率浙江大学江西校友会考察团到井冈山经开区考察调研。副市长徐开萍，区党工委副书记罗忠华陪同考察。

5月26日 省人大常委会副主任、市委书记胡世忠到井冈山经开区调研，副市长刘志斌，市政府一级巡视员邓淑斌，区党工委书记彭学凯，区领导罗忠华、吴磊等陪同调研。

是日 新疆克孜勒苏柯尔克孜自治州党委副书记、江西援疆前方指挥部党委书记、总指挥叶华林率克州考察组到井冈山经开区参观考察，区党工委书记彭学凯陪同考察。

5月27日 吉安市木林森实业有限公司与吉安职业技术学院在木林森光电产业园报告厅举行共建“木林森学院”合作签约仪式。

是月 井冈山经开区与易事特集团股份有限公司签署5G科创园项目投资协议，是江西省首个5G科创园项目。

6月2日 井冈山经开区召开《井冈山经济技术开发区志》编纂工作动员大会，区党工委书记彭学凯出席并讲话，副书记张鹏华主持。

6月3日 南昌海关副关长周维颖到井冈山出口加工区开展综合保税区验收前期工作调研。

6月8日 市委副书记、市长王少玄在井冈山综合保税区开展专题调研。副市长刘志斌，区党工委书记彭学凯等陪同调研。

6月9日 井冈山经开区举行重大工业项目第二次集中开工竣工暨金匠公司年产5万吨绿色装备及智能数控机床项目竣工活动。

6月24日 副省长陈小平在井冈山经开区调研木林森实业有限公司企业技术中心、吉安钢铁厂二期项目、瑞鹏飞精密科技有限公司企业生产经营和环境保护工作。市长王少玄，副市长刘志斌，区党工委书记彭学凯，副书记张鹏华等陪同。

是月 井冈山经开区获评2017—2019年全省开放平台先进单位。

7月8日 井冈山经开区普降大暴雨。据吉安气象台发布，井冈山经开区金鸡岭地区24小时降雨量为480.9毫米，创历史极值，大量泥沙裹挟树木冲入105国道，填塞200多米，交通中断。

7月13日 井冈山经开区新联会成立大会暨一届一次理事大会召开。

8月6日 广西壮族自治区政协副主席陈刚率队到井冈山经开区参观考察。

8月9日 吉安市党政代表团到陕西省延安市学习考察，井冈山经开区党工委书记彭学凯参加学习考察，并代表井冈山经开区与延安高新区签订了合作共建协议。

8月13日 江西省民政厅调研组到井冈山经开区调研降成本优环境工作。

8月14日 井冈山经开区获评2017—2019年度全省开放平台先进单位。

是日 中科院高层次专家团到井冈山经开区开展技术指导和项目合作，并就推进电子信息产业发展进行座谈。区党工委书记彭学凯主持座谈会并讲话。井冈山经开区聘请8位专家为电子信息产业发展顾问。

8月15日 深圳市半导体行业协会到井冈山经开区考察。市政府一级巡视员邓淑斌出席并讲话，区党工委书记彭学凯主持，副主任张志福出席。

8月18日 井冈山经开区南亚新材料科技（江西）有限公司母公司南亚新材料科技股份有限公司在上交所科创板上市，市政府一级巡视员邓淑斌、区党工委书记彭学凯参加上市挂牌相关活动，并会见重点企业嘉宾。

8月21日 省委常委、组织部长刘强到井冈山经开区调研人才工作。省委组织部副部长、省人大选任联主任徐忠，省委组织部研究室主任饶荣诚，市委常委、组织部长郭素芳，区党工委书记彭学凯，区党工委委员龙井松等陪同调研。

8月24日 省人大常委会副主任、市委书记胡世忠到井冈山经开区江西戈弗雷科技有限公司、江西芯乐光光电科技有限公司和星慧科创园项目调研，并主持召开座谈会，副市长刘志斌，市政府一级巡视员邓淑斌，区党工委书记彭学凯等陪同调研。

是日 省人大常委会副主任、市委书记胡世忠在吉安宾馆会见木林森股份有限公司董事长孙清焕一行，副市长刘志斌，区党工委书记彭学凯，副主任张志福等参加会见。

8月25日 木林森LED mini背光等项目签约仪式举行，区管委会副主任张志福与木林森股份有限公司董事长孙清焕分别代表井冈山经开区与木林森股份有限公司签订了木林森LEDmini背光等项目投资合同书。副市长刘志斌，区领导彭学凯、汤文仙出席签约仪式。木林森股份有限公司拟在原有LED封装项目基础上加大投资，在井冈山经开区形成LED全产业链项目，包括材料生产、LED封装、LED mini背光，深紫外杀菌（UVC）、研发中心、木林森教育学院等内容。项目总投资100亿元，是井冈山经开区首个签约的百亿项目。

8月27日 江西省统战部门“强作风、抓落实、助发展”工作暨统战品牌建设现场推进会走进井冈山经开区。省委常委、统战部长陈兴超率团。省委统战部副部长、省民宗局局长曹国庆，省委统战部副部长、省工商联党组书记李青华，省委统战部副部长、省社会主义学院党组书记胡志平，省委统战部副部长高鹰群，市委常委、统战部长、市总工会主席肖玉兰，区领导彭学凯、张鹏华陪同。

8月29日 由中国中药协会、中国医药保健品进出口商会、中国医疗保健国际交流促进会中药学分会主办，吉安市人民政府、江西省中医药管理局承办，井冈山经开区管委会、市委人才办、市工信局、市卫健委、普正药业股份有限公司协办的中国井冈山杜仲研究与应用大会在吉安开幕。江西省人大常委会副主任、吉安市委书记胡世忠致辞，市委副书记、市长王少玄主持开幕式。

8 月 31 日 中国医药保健品进出口商会到井冈山经开区考察、合作对接座谈。中国医药保健品进出口商会会长周慧率队，区党工委书记彭学凯出席座谈会。

是月 江西省自然资源厅自然资源所有者权益处二级巡视员龙初光率队到井冈山经开区调研工业“标准地”试点工作。

是月 江西省发改委公布了先进制造业和现代服务业融合发展试点名单（第一批），井冈山经开区成为全省 9 个试点区域之一。

9 月 7 日 江西省信用担保股份有限公司与金庐陵公司投资合作意向协议签约仪式在井冈山经开区举行。

9 月 8 日 省人大常委会副主任、市委书记胡世忠到井冈山经开区调研金鸡湖创新小镇建设情况。区党工委书记彭学凯，区管委会副主任吴磊等陪同。

9 月 10 日 省政协副主席刘卫平到井冈山经开区调研非公企业党建工作。市政协主席刘贤清，区党工委书记彭学凯，区党工委委员龙井松陪同并作汇报。

9 月 11 日 香港特区政府驻武汉经济贸易办事处主任冯浩贤到井冈山经开区调研。

9 月 17—19 日 吉安市党政代表团赴深圳市学习考察，井冈山经开区党工委书记彭学凯参加。19 日，举行“2020 江西吉安、粤港澳大湾区电子信息产业招商推介会”，彭学凯作专题发言。

9 月 19 日 易事特（吉安）5G 科创园项目投产剪彩仪式举行。

9 月 23 日 海峡两岸关系协会会长、原国台办主任张志军率组到井冈山经开区调研台资企业发展情况。

是日 国家发改委外资司副司长郑持平率组到井冈山经开区调研外资外贸企业运行情况。省发改委副主任李庆红，市发改委主任刘晓彬，区党工委书记彭学凯等陪同。

是日 全国总工会宣教部副部长阳万雄率青干班（新任局处级干部）全体学员到井冈山经开区开展现场教学。

9 月 24 日 第十七届赣台经贸文化合作交流大会在吉安开幕。井冈山经开区领导彭学凯参加开幕式。

是日 第十七届“赣台会”专题活动海峡两岸产业合作区暨青年发展论坛举行。论坛从海峡两岸产业合作区（江西）“一区三园”出发，分别对产业合作区、南昌产业园（南昌高新技术产业开发区）、赣州产业园（赣州经济技术开发区和定南工业园区）、吉安产业园（井冈山经济技术开发区）作了专题推介。井冈山经开区党工委书记彭学凯作吉安产业园发展推介。

9 月 25 日 全国台湾同胞投资企业联谊会会长李政宏率参加第十七届赣台经贸文化合作交流大会的近 20 位台湾企业家代表到井冈山经开区参观考察。

是日 由中科院软件所研究员、发展规划与重大任务办公室主任滕东兴，中科院软件所软件发展研究部副主任、高级工程师杨立，中科院软件所科技处副处长李莹烛等 21 名专家组成的“国家级大院大所产业技术进江西”专家团到井冈山经开区考察。

9 月 30 日 吉安市重大工业项目第三次集中开工竣工井冈山经开区分会场暨中络电子多层高精密

度线路板项目竣工活动举行。

是月 吉安市木林森实业有限公司成功入选 2020 年江西省博士后创新实践基地名单。

10 月 21 日 全国总工会党组成员、经审会主任李晓钟到井冈山经开区调研工会工作。市委常委、统战部长、市总工会主席肖玉兰，区党工委书记彭学凯等陪同。

是日 红板 5G 高阶 HDI 和 IC 载板项目和井冈山经开区职业技术教育项目签约。

是日 吉安市副厅级及以上老领导到井冈山经开区光大国际吉安生活垃圾焚烧发电项目、吉安市木林森实业有限公司、井冈山卷烟厂等地考察。区党工委书记彭学凯等陪同。

10 月 29 日 井冈山综合保税区顺利通过验收。省政府副秘书长熊科平，联合验收组组长、南昌海关一级巡视员周维颖及联合验收组成员参与验收活动。副市长刘志斌，市政府一级巡视员邓淑斌，区管委会副主任、井冈山综合保税区管理局局长张志福等参加相关活动。

是月 工业和信息化部公布了第五批绿色制造名单公示，红板（江西）有限公司成为吉安市 2020 年唯一成功获批国家级绿色工厂的企业。

是月 井冈山经开区成功入围全省深化开发区体制机制改革第一批省级试点示范项目综合改革类试点开发区名单，成为全省 5 个综合改革类试点开发区之一。

11 月 3 日 井冈山经开区领导干部大会召开，市委常委、组织部长郭素芳出席并宣布井冈山经开区管委会主任任职决定，陈庆寿任井冈山经开区管委会主任。市政府一级巡视员邓淑斌出席，区党工委书记彭学凯主持并发言，区管委会主任陈庆寿出席并发言。

11 月 4 日 粤港澳大湾区吉安赣商联盟考察团到井冈山经开区考察。副市长刘志斌，区党工委书记彭学凯，区党工委副书记、管委会主任陈庆寿陪同考察并参加座谈会。

是日 井冈山经开区举行瑞声电子 TWS 蓝牙耳机生产基地项目和井冈山综合保税区 OLED 平板电视项目签约仪式。区党工委书记彭学凯，区党工委副书记、管委会主任陈庆寿等参加签约仪式。

11 月 12 日 井冈山经开区导入 ISO 9001 质量管理体系动员大会召开。

11 月 16 日 市委副书记、市长王少玄到井冈山经开区调研企业上市工作。

11 月 17 日 井冈山经开区富滩园区海洲药业发生爆炸事故，造成 2 人死亡、6 人受伤。

11 月 18 日 江西省工信厅印发《江西省工业和信息化厅关于新增调整省级重点工业产业集群的通知》，井冈山经开区通信终端产业集群在全省 100 个重点工业产业集群 2019 年度综合评价中排第 9 名。

是日 井冈山经开区安全生产警示教育暨专项整治工作会议召开。

11 月 20 日 省人大常委会副主任、市委书记胡世忠到井冈山经开区调研，副市长刘志斌，市政府一级巡视员邓淑斌，区党工委书记彭学凯，区党工委副书记、管委会主任陈庆寿，区领导罗忠华、甘益烽、刘茶香、吴磊、张志福、孙英剑、龙井松、伍有君、戴志敏等先后就重点工作推进情况汇报。

是日 全国精神文明建设表彰大会在京举行，井冈山经开区管委会机关和吉安市木林森实业有限公司获第六届全国文明单位称号。

11 月 23 日 北京江苏商会企业家一行到井冈山经开区参观考察并座谈。

11 月 26 日 深圳高新投集团等企业考察团到井冈山经开区参观考察，副市长刘志斌，区党工委书记彭学凯，区党工委副书记、管委会主任陈庆寿，区党工委副书记罗忠华等陪同考察。

11 月 27 日 区党工委副书记、管委会主任陈庆寿带队深入园区危化企业、危化品运输企业和建筑工地检查安全生产工作。

是月 井冈山经开区龚王忠无芯研磨技能大师工作室和胡吉忠中药固体剂型制剂技能大师工作室入选2019年吉安市技能大师工作室建设项目名单。

12月1日 吉安市工业和开放型经济调度会在井冈山经开区召开，副市长刘志斌主持，市政府一级巡视员邓淑斌讲话，区党工委书记彭学凯，区管委会主任陈庆寿，区领导罗忠华、吴磊、张志福、孙英剑、卢愉等参加会议。

12月3日 副省长罗小云一行到井冈山经开区考察工业互联网产业园运营情况，市政府一级巡视员邓淑斌，区党工委副书记罗忠华，管委会副主任卢愉陪同考察。

12月12日 中国科协"2020年青年科技领军人才国情研修班"学员到井冈山经开区参观考察并召开座谈会，副市长刘志斌，市政府一级巡视员邓淑斌，区党工委书记彭学凯，管委会副主任张志福等陪同考察并出席座谈会。

12月14日 "海外侨团·《海外江西人》编委会吉安行"考察团团长、《海外江西人》编委会主任、阿联酋乐勇集团董事长王乐勇率团到井冈山经开区参观考察。副市长刘志斌，市政府一级巡视员邓淑斌，区党工委书记彭学凯等陪同考察并出席座谈会。

12月15日 鲜逛逛智慧餐厅在井冈山经开区工业互联网产业园开业，是全省开发区首家按需自取、无感支付并对用餐数据进行大数据分析的智慧餐厅。

12月16日 吉安创成环保科技有限责任公司焚烧车间发生一起中毒和窒息事故，造成3人死亡。

12月21日 省人大常委会副主任、市委书记胡世忠采取"四不两直"（不发通知、不打招呼、不听汇报、不用陪同接待、直奔基层、直插现场）方式，到井冈山经开区督导检查安全生产工作，先后察看了吉安创成环保科技有限责任公司和新琪安科技股份有限公司。

12月24日 区党工委书记彭学凯以"四不两直"（不发通知、不打招呼、不听汇报、不用陪同接待、直奔基层、直插现场）方式，到帮包企业江西绿丰新材料股份有限公司督导检查安全生产工作。

12月28日 2020年吉安市重大工业项目第四次集中开工竣工（井冈山经开区分会场）暨江西航盛电子科技全球制造总部项目竣工活动在井冈山经开区举行，区党工委副书记、管委会主任陈庆寿下达项目开工竣工令，区领导罗忠华、甘益烽、刘茶香、吴磊、张志福、孙英剑、龙井松、伍有君参加。

是日 国家发改委官网发布了《2020年（第27批）新认定及全部国家企业技术中心名单的通知》，红板（江西）有限公司技术中心被认定为第27批国家企业技术中心。

12月30日 是日晚，区管委会主任陈庆寿带领区应急管理局和消防救援大队负责人对危险化学品生产企业开展安全生产夜查工作。

12月31日 井冈山综合保税区首辆满载保税备货商品柜车完成海关通关手续，缓缓驶入井冈山综合保税区，标志着井冈山综合保税区跨境电商进口零售"1210业务模式"首单成功落地，吉安跨境电商业务实现零的突破。

第一篇　建区扩区

2001年5月8日，吉安市政府决定在吉安市中心城区南部、吉安县城东部成立吉安市高新技术产业开发区；11月29日，吉安市高新区揭牌仪式举行。2006年3月8日，经江西省人民政府批准，吉安市高新区晋升为省级开发区。2009年2月，江西省人民政府批准江西吉安高新技术产业开发区更名为江西井冈山经济技术开发区。2010年3月21日，国务院批准井冈山经济技术开发区由省级升格为国家级经济技术开发区。2018年3月，市委、市政府决定“以井冈山经开区为主体，整合吉州工业园区、吉安河东经济开发区（含富滩工业园），推进空间整合和体制融合”，以“一区四园”的转型升级带动区域发展升级，推动井冈山经开区和吉州、青原工业园区一体化发展。

第一章　决策论证

吉安撤地设市的同时，吉安市委、市政府作出设立吉安市高新技术产业开发区的决策。2001年3月成立筹备委员会，筹委会进行选址考察和可行性研究，确定位于吉安县敦厚经济开发区和河东经济开发区的“一区两园”的规划选址。2001年4月，进行发展规划研究和环境影响评估。经过充分论证，认为“一区两园”符合设立高新区的条件，评估获得通过。

第一节　决策背景

2000年5月11日，国务院批准吉安撤地设市，并对行政区划进行调整，为推进全市工业化、城市化和产业化进程提供新的历史机遇。

2000年，“九五”计划时期结束。吉安市在“九五”计划期间实现国民经济的快速健康发展和社会事业的全面进步，国民经济持续增长，综合实力显著增强。2000年，全市地区生产总值155.6亿元，按可比价格计算，比“八五”计划末年均增长10.29%。但经济和社会生活中还存在不少困难和问题，如经济结构仍不合理，工业化、城镇化和产业化水平仍然较低；科技人员偏少、科技创新能力较差、企业的整体素质和市场竞争力不高，发展后劲不足；社会就业压力加大，农民和城镇部分居民收入增长缓慢；体制性矛盾仍较突出，微观经济主体的内在活力不强；非公有制经济发展不够快、财政收入平衡困难。

2000年，市委书记王林森在《关于制定吉安市国民经济和社会发展“十五”计划建议的说明》中指出：“随着全球经济一体化的到来，全面推进工业化、城镇化、产业化，将是未来经济、社会发展的三大趋势。”“要促进科技与经济的紧密结合，以创办高新技术工业园为牵引，放手发展民营科技型企业，形成全社会共同推进技术创新的合力。”

从国家和省高新区发展情况看，1988 年 8 月，《中国国家高新技术产业化发展计划 · 火炬计划》出台。该计划的两项核心内容就是“创办高新技术产业开发区”和“创办高新技术创业服务中心”。在火炬计划推动下，各地纷纷结合当地特点和条件，积极创办高新技术产业开发区。在此之前的 1988 年 5 月，我国第一个国家级高新技术产业开发区——北京市新技术产业开发试验区正式成立。在省内，南昌高新技术产业开发区于 1991 年 3 月创建，1992 年 11 月被国务院批准为国家级高新区。省内其他地市，已经或正在启动高新技术开发区的建设，呈现出开发区建设百舸争流、竞相发展的态势。

第二节　建区论证

可行性研究

筹备　2001 年 3 月 2 日，吉安市成立吉安市高新技术产业开发区筹备委员会。筹备委员会主任由市人大常委会副主任邱卫东兼任，副主任由副市长邓扬辉、贺宗鑫，市政协副主席符红涛，市长助理桂国庆担任，成员由市科委、经委、建设局、土管局等单位抽调人员组成。市政府安排开办经费 60 万元。

选址　在吉安市高新区筹备过程中，筹备委员会到吉安县敦厚、青原区梅林和桥南、吉州区兴桥镇、白塘乡、长塘镇等备选地点考察比较，从区位、交通、基础条件、用地条件、开发费用、现状及可利用的周边条件、对投资者的吸引力、符合规划条件、实施难度系数大小等方面进行全面科学的研究，最终决定采用庐陵园和梅林园“一区两园”的形式进行建设。

庐陵产业园属大吉安规划中的工业组团，区域内有吉安县敦厚经济开发区。

吉安县敦厚经济开发区于 1992 年经吉安地区行署批准成立，地处吉安县城东南方，东至梨山水库，南至县良种场，西至君山小区、君山田垅，北至古泽洲，面积为 10 平方千米。敦厚经济开发区内有大量的丘陵山地可供利用，可不用或少占农田。土地权属涉及永和镇下村、行山村、南安村和敦厚镇马甫村、连山村、瑶池村、敦厚村、厚丰村、梨塘村和敦厚镇蔬菜队及县良种场。土地征用实行一次性签字征收。1992 年一次性征地 300 公顷。

吉安县敦厚经济开发区基础设施实现“三通一平”（通水、通电、通路，平整土地）。供水、供电、通信等基础设施建设采取谁投资谁受益的办法，主要由各职能部门自行投资建设，开发区少量投资。县自来水公司已经形成地下水和地表水供应能力，并网供水管道深入开发区的各个角落。开发区内有市变电站及县城关变电站，线路四通八达，电力充足。移动、联通建设了多个基站，网络全面覆盖开发区；程控电话可直拨全国各地及世界各国主要城市；县邮政局位于 105 国道与君山大道交会处东南角；

有线电视接入每个企业、每家住户；排水、排污管网齐全、畅通，环卫设施齐全。

2001 年，吉安市高新技术产业开发区成立，吉安县敦厚经济开发区 105 国道以东部分划为其规划区域，2002 年 10 月因吉安市高新技术产业开发区整体规划的需要，企业厂房、土地划拨给市高新区。

梅林园位于青原区，为原河东经济开发区的梅林工业园，规划面积 2.5 平方千米，交通极为便利。

发展定位

吉安市高新技术产业开发区最初格局为“一区两园”，分庐陵园和梅林园，总体规划面积 14.5 平方千米。其中，庐陵园位于吉安县城东，规划面积 12.7 平方千米，分成电子信息工业园、生物制药工业园、生态工业园、新型材料工业园、仓储园、梨山生态公园、生态农业园等功能区进行建设，基础设施按通路、通电、通水、通气、通电话、通有线电视、通下水管道，平整土地标准进行规划。

庐陵园建设首先启动，规划分三期完成：一期为 2001—2005 年，开发建设用地面积 3.3 平方千米，入园企业 100 家，企业总投资 5 亿元，实现技工贸收入 12 亿元，出口创汇 800 万美元，财政收入 1.2 亿元，基本形成生物制药、电子信息、新型材料、现代食品、生态工程五大产业格局；二期为 2006—2010 年，开发建设用地 6 平方千米，企业总投资 30 亿元，实现技工贸收入 70 亿元，出口创汇 3000 万美元，财政收入 5 亿元；三期为 2010—2015 年，开发建设用地 12 平方千米，入园企业 600 家，企业总投资 80 亿元，实现技工贸收入 180 亿元，财政收入 12 亿元。

图 1-1　开发前的吉安市高新区庐陵产业园

梅林园“三通一平”已到园区中心，供电、供水、交通、通讯、排水排污条件基本具备，基础设施状况良好，且有一定的工业基础，有利于充分利用现有资源，发挥规模效益，节约投资。2002 年 2 月 21 日，吉安市政府召开关于加快市高新技术产业开发区建设有关问题的协调会议并形成会议纪要。会议明确“为把市高新区办实办好，市高新区要按照“一区二园”的总体建设规划，采取统一名称、统一规划、统一政策、分别管理、分开运作的三统二分模式进行运作。其中庐陵产业园由市高新区管委会组织实施，梅林工业园委托青原区政府组织实施”。

环境评估

2001 年，吉安市高新技术产业开发区筹备组对开发区建设的环境影响进行评估，并委托江西省环境保护局环境工程评估中心进行检测评估，形成《吉安市高新技术产业开发区环境影响报告书》及《吉安市高新技术产业开发区环境影响报告书评估意见》，一同上报江西省环境保护局。

2004年4月20日，江西省环境保护局印发《关于〈吉安市高新技术产业开发区环境影响报告书〉审批意见的函》（赣环督函字〔2004〕53号）。审批意见指出，“吉安市高新区（庐陵产业园）建设地点位于吉安市中南部，距离城区约12千米，西临吉安县敦厚镇，北靠禾水，南以105国道为界，东接京九铁路，项目规划总用地面积约为12.7平方千米”。根据《吉安市高新技术产业开发区环境影响报告书》和江西省环保局环境工程评估中心《吉安市高新技术产业开发区环境影响报告书评估意见》（赣环评估书〔2004〕18号），江西省环保局“原则同意吉安市高新区的建设”。

第二章　区域环境

井冈山经开区本部地处吉泰盆地中心，地势较平坦，地貌类型以丘陵、平原为主，气候温和，日照充足，四季分明，交通十分便利，基本形成一个机场、一条水道、一条国道、五条高速、四条铁路为构架的现代综合交通运输体系，素有“金庐陵”和“文章节义之邦”的美誉，孕育了灿烂的庐陵文化，创造出伟大的井冈山精神。全区由本部园区、吉州产业园、河东产业园、富滩产业园四部分组成，其中本部园区位于吉安市中心城区以南，吉州产业园位于吉安市中心城区以北，河东产业园位于吉安市青原区北部、富滩产业园位于青原区富滩镇境内，赣江穿流其间。本部园区、吉州产业园分别与河东产业园、富滩产业园隔江相望。总规划面积116.43平方千米。2020年底，井冈山经开区总人口6.8万人。

第一节　区位　面积　人口

区位

井冈山经开区本部位于江西省中部，地处江西省吉安市中心城区南部。井冈山经开区本部东至规划中的市中心城区外环高速路与吉安县永和镇交界；南至娑老山、真华山山脊与吉安县凤凰镇交界；西至吉安大道与吉安县敦厚镇交界；北至庐陵大道以北345米的禾水，与吉安县敦厚镇交界。地理位置介于北纬27° 1′ 10″～27° 1′ 16″ 和东经114° 55′ 2″～114° 59′ 40″ 之间。吉州产业园位于吉安市吉州区城区北部，河东产业园位于吉安市青原区城区东北部，富滩产业园位于吉安市青原区富滩镇东北部。“一区四园”总规划面积116.43平方千米。

井冈山经开区“连南接北，承东启西”，融入江西省2小时交通圈和辐射周边省市4小时生活圈，接轨长江三角洲、珠江三角洲经济圈、深圳先行示范区、粤港澳大湾区、海峡西岸经济区的6~8小时经济圈。

面积

井冈山经开区2001年规划面积为12.7平方千米。2008年，根据吉安市委、市政府对井冈山经开区发展的要求和建设江西省吉安深圳产业园的需要，将吉安市高新区范围调整为东至规划绕城高速公路，西起吉安大道，南至规划的南环路，北起庐陵大道以北345米，规划面积约为42.99平方千米，即井冈山经开区 12.7 平方千米、江西省吉安深圳产业园约 19.4 平方千米、庐陵大道以北 345 米范围内面积约 1.39 平方千米，井冈山经开区一期以南至规划南环路约 4.16 平方千米，京九铁路、吉衡铁路隔离绿化带约占 2.78 平方千米及吉安深圳产业园南延至规划南环路约 2.56 平方千米。2018 年 3 月，整合吉州产业园、青原产业园、富滩产业园，形成“一区四园”发展格局，总面积 116.43 平方千米。其中本部 51.97 平方千米，吉州产业园 12.24 平方千米，青原产业园 5.19 平方千米，富滩产业园 47.03 平方千米。

人口

2020 年 12 月，井冈山经开区总人口 6.8 万人。

第二节　区划沿革

沿革

井冈山经开区本部地处吉安市中心城区南部，吉安县城东部。夏、商时代地域属扬州西域，周朝属吴、越、楚地。秦始皇二十六年（前 221）设庐陵县后，属庐陵县。东汉建安四年（199），孙策定江南，下庐陵，孙辅莅境施治，庐陵郡正式成立，辖由原庐陵县析置的高昌、阳平、西昌、兴平、遂兴五县和原隶豫章郡的南野、于都、赣、平都、石阳五县，共十县，境内属西昌县。吴末（277—280），析西昌地置东昌县，境内属东昌县。隋开皇十年（590），置吉州，撤西昌县，境内属安丰县。隋开皇十一年（591），吉州辖庐陵（吉阳、阳丰、兴平、庐陵四县合并）、安成、新淦、泰和（由安丰县改）四县，境内属泰和县。唐武德五年（622），复置东昌县，属南平州，境内属东昌县。唐武德八年（625），设太和县，由原泰和县改，永新、广兴、东昌三县并入，境内属太和县。南唐时，境内割属庐陵县，为文霜乡永一都、永二都、四都一部分和庐陵县永福乡十六都。因文霜乡第四都安德里履顺坊欧阳仪考中进士，官府就把文霜乡第四都安德里履顺坊改名为儒林乡第四都具庆坊欧桂里，境内为庐陵县儒林乡永一都、永二都、四都一部分及庐陵县永福乡十六都。1914 年，庐陵县改名吉安县。1949 年，属吉安县永和乡和敦厚乡；1958 年，属吉安县永和人民公社和敦厚人民公社；1984 年，属吉安县永和镇和敦厚镇。

2000 年吉安“撤地设市”前，吉州产业园、河东产业园所处地域隶属原县级吉安市管辖，富滩产业园所处地域隶属吉水县管辖。“撤地设市”后，吉安市设立吉州区和青原区，吉州产业园所处地域隶属吉安市吉州区管辖，河东产业园、富滩产业园所处地域隶属吉安市青原区管辖。

区划

2009 年 8 月，经吉安市委、市政府研究决定，吉安县将高新街道委托给井冈山经开区管理。2015 年 1 月 15 日，江西省民政厅批准成立吉安县金鸡湖街道；同年，吉安县将金鸡湖街道委托给井冈山经开区管理。2020 年末，井冈山经开区管理高新街道和金鸡湖街道 2 个街道，14 个社区。

高新街道

吉安市高新区成立以后，属地的农村、农业、农民和有关社会事务仍然由吉安县和吉安市相关部门管理。为加强属地管理，2008 年 12 月，由吉安县永和镇划出吉安市高新区境内的下村、行山、西坑、南安、岭上、彭家、龙山7个村，吉安县敦厚镇划出吉安市高新区境内的梨塘村及马甫村的一部分设立高新街道。2009年6月经江西省民政厅批复同意，正式成立。2009年8月经市委、市政府研究决定，吉安县将高新街道委托给井冈山经开区管理。2018年，高新街道长岭社区增设金庐社区，2020年7月，高新街道金庐社区增设君山社区，长岭社区增设京九社区。

高新街道地处井冈山经开区本部西边，东邻金鸡湖街道，南接吉安县凤凰镇，西以吉安大道为界与吉安县敦厚镇相邻，北与禾河相接。总面积25平方千米。

2020年12月，高新街道辖8个社区，其中梨塘、马甫、行山、下村是4个农村社区，有33个居民小组；长岭、金庐、京九、君山是4个城市社区，有41个居民小区。全街道常住总人口14257户，49900人，失地农民3100人。街道办事处驻井冈山经开区京九大道268号，有干部职工43人，其中行政编制10人、事业编制13人、综合执法聘用人员4人，其他聘用人员16人。

马甫社区　位于井冈山经开区高新街道西北部，东邻下村社区、南邻梨塘社区、西接吉安大道、北邻禾水河。2014年由村改为社区，下辖马甫、周家、田心、圩上、木里江5个自然村。2020年12月，有常住人口325户，978人。2019年7月，成立吉安市马甫建设工程有限公司。社区集体经济收入来源主要是梨山水库租金和马甫建设工程有限公司管理费。

梨塘社区　位于井冈山经开区高新街道西南部，东与南安社区相连，南以娑老山脊与吉安县凤凰镇为界，西以吉安大道与吉安县敦厚镇易家村相接，北与行山社区相邻。2018年5月由村改为社区，下辖舍湖、梨塘、甫下、横坛、山塘边、塘弦上、下谢、上谢、坑尾、下芫、娑山11个自然村。2020年12月，有常住人口1473户，6546人。

下村社区　位于井冈山经开区高新街道东北面，2014年由村改为社区，东面与岭上社区接壤，西面与马甫社区相依，南面紧靠长流水库，北靠禾河。京九铁路南北贯穿下村社区，全长1654米。有周家社、太湖、洲家坊、下村4个自然村。2020年12月，有常住人口519户，2047人。

行山社区　位于井冈山经开区高新街道东面，东靠金鸡湖（长流水库），南接南安社区，西与梨塘社区为邻，北与下村社区接壤。2004年因征地拆迁部分农户被安置到陈家新居，辖老陈家、新陈家、陈家新居3个自然村。2014年由村改为社区，2020年12月，有常住人口643户，2700人。有行山园林公司和梨山湖专业合作社2个集体经济组织，2017年11月4日成立全市首家农村村级志愿者协会，2020年兴建行山社区居家养老服务中心。

长岭社区　位于井冈山经开区高新街道中部，东起学园西路、西至吉安大道、南起吉衡铁路、北至嘉华大道。2011年元月成立，有8个居民小区，2020年12月，有常住人口4542户，18168人，全部为城镇居民。获评2018—2019年度全省绿色社区美丽家园创建活动示范社区。

京九社区　位于井冈山经开区高新街道东面吉安大道63号智慧城小区，东起火炬大道，西至吉安大道，南起嘉华大道，北至建设大道。2020年12月，有8个小区，有常住人口2364户，9097人，全部为城镇居民。

金庐社区　位于井冈山经开区高新街道西北，东至火炬大道，南至君山大道，西至吉安大道，北至庐陵大道。2020年12月，有17个小区，常住人口4502户，18008人。

君山社区　位于井冈山经开区高新街道西部，东临环岛南路，西临吉安大道，北临君山大道，南临建设大道。2020年12月，有8个小区，常住人口3486户，13904人。

金鸡湖街道

图 1-2　2016 年 10 月 8 日，金鸡湖街道党工委、办事处挂牌仪式举行

地处井冈山经开区东区，东邻吉安县永和镇，南接吉安县凤凰镇，西隔京九铁路与高新街道为邻，北连禾河南岸。因辖区腹地有金鸡岭和金鸡湖，故取名为金鸡湖街道。

为顺应发展要求，2014 年 6 月，井冈山经开区将高新街道的西坑、龙山、南安、岭上、彭家等 5 个村整体划出，筹建金鸡湖街道。2015 年 1 月 15 日，省民政厅批准成立吉安县金鸡湖街道，同年，吉安县委托井冈山经开区管理。随着井冈山经开区的不断发展，金鸡湖街道地处井冈山经开区的核心区位优势愈加凸显，已建成里塘山商贸街、邻里中心、外国语实验学校、仁安医院等产城融合配套区。金鸡湖街道成立以来，共征收土地 773.093 公顷，征收各类房屋 10.95 万平方米，樟树保护性移植 7816 株。

2020 年 12 月，金鸡湖街道辖 6 个社区（村），其中城市社区 1 个即金鸡湖社区，1103 户，3535 人；农村社区 2 个即龙山社区、南安社区，有 753 户，2323 人；农村村委会有 3 个，即西坑、岭上、彭家，有 1305 户，4602 人；合计常住人口 3161 户，10460 人。街道干部职工 42 人，其中行政编制 9 人，事业编制 13 人，综合执法聘用人员 6 人，其他聘用人员 14 人。

龙山社区　位于井冈山经开区金鸡湖街道的中心区，东至创业大道，南至娑老山，西至南安社区，北至金鸡岭。2014 年 6 月完成村改居。下辖 7 个自然村，即赤岗岭、壅高坪、田玄上、大路边、梅岭下、官山头、住仁山。截至 2020 年 12 月底，有常住人口 463 户，1493 人。龙山社区集体经济收入来源主要是闲置资金入股金庐陵公司分红、村级保洁公司承接业务等，2020 年，实现村经济经营性收入达 10 万元以上。2019 年，住仁山老村、大路边自然村被列为整村拆迁村，房屋征收面积 1.3 万平方米；2020 年田玄上自然村列入整村拆迁，房屋征收面积约 3 万平方米。

金鸡湖社区　位于井冈山经开区金鸡湖街道的西北部，东至创业大道，南至罗家塘路，西至湖滨路，北至庐陵大道。2020 年 7 月设立，有金安花苑（天河棚改小区）、东区公租房、金鸡湖机关小区、田玄上公租房、天腾国际、紫金凤凰城、官山头安置小区等住宅小区，截至 2020 年 12 月底，有常住人口 1103 户，3535 人。

南安社区　位于井冈山经开区金鸡湖街道的西南部，东至龙山村，南至 105 国道，西至梨塘，北至深圳大道。2018 年完成村改居。下辖 6 个自然村，即桃花企、普祥企、枫树塘、桐木岗、南安、东芫。2018 年完成村改居，截至 2020 年 12 月底，有常住人口 290 户，830 人。社区设有颐养之家场所 1 处。

西坑村　位于井冈山经开区金鸡湖街道东南部，东至吉安县永和镇曾家村，南至吉安县凤凰镇马闹坑村，西至 105 国道，北至彭家村，敦锦公路和锦源大道穿越而过。下辖 9 个自然村，即里塘山、樟树塘、龙家、西坑、太山、桥头、罗家塘、南塘、棚下。截至2020年12月底，有常住人口576户，1949人。樟树塘自然村2020年被列为整村拆迁村，房屋征收面积1.74万平方米。

岭上村　位于井冈山经开区金鸡湖街道北部，东靠吉安县永和镇永和村，南邻龙山社区，西以京九铁路为界，北接吉安县永和镇小湖村。下辖7个自然村即晏家、田西、熊家岭、肖家坊、彭家坊、上潭泉、下潭泉。截至2020年12月底，有常住人口375户，人口1299人。田西自然村被列为2020年整村拆迁村，房屋征收面积1.56万平方米。

彭家村　位于井冈山经开区金鸡湖街道东部，东与吉安县永和镇锦源村为界，南至西坑村棚下自然村，北至永和镇吉州窑景区，西与岭上村为界。下辖6个自然村即阮家山、彭家塘、杨家湖、新庄、新屋、砂窟。截至2020年12月底，有常住人口354户，1354人。

第三节　自然环境

地质地貌

地质　境内地质属吉安东部层序地域，地层层序残缺不全。出露地层只有石炭系下统梓山组、侏罗纪中统罗凹组、白垩系上统南雄群和第四系。

石炭系下统梓山组境域4个产业园均有出露，其岩性为灰白、灰紫色中薄层石英砂岩、粉砂岩夹炭质页岩和数层不稳定的薄煤层或煤线，形成低山地貌。

侏罗纪中统罗凹组在富滩产业园一带有少量分布，由中、酸性火山岩，火山碎屑岩—沉积岩组成，另有杂色砾岩、砂岩、粉砂岩及页岩。

白垩系上统南雄群在4个产业园境内出露分布面积最广，南雄群下部岩性为紫红色砾岩、砂砾岩夹砂岩，中部为紫红色长石石英砂岩及砂砾岩，上部为紫红色砾岩，砂砾岩夹砂岩，形成低丘和岗阜台地地貌。

第四系出露分布区域靠赣江、禾河一带，岩层沿境内河谷溪流和古河道出露分布，为河流相沉积，形成河谷平原地貌。

地貌　全区地貌以丘陵为主，本部南部为山地，中部金鸡岭一带为丘陵，其他区域为较为平坦的水田旱地。吉州产业园和河东产业园为赣江河谷平原，富滩产业园以侵蚀—剥蚀丘陵地河谷平原为主。

境内大部分区域属流水地貌，以其形成过程和海拔高度来划分，可分为高丘、低丘、岗阜台地、河谷平原5种类型。高丘位于娑老山、真华山、赤岗岭一带，海拔高度200~300米；低丘位于高丘的外缘的山间河谷和河漫滩，主要分布于官山头、金鸡岭和梅岭下一带，其海拔高度在110~200米之间；岗埠台地主要分布在境内低丘向赣江、禾河以及河谷溪流延伸部分，分岗地和河谷阶地形成的台地两大部分，是境内分布较广的一种地貌类型，海拔高度50~100米；河谷平原成带状沿赣江及禾河两岸分布，包括干流谷地和溪流谷地，海拔高度镇50米以下。这类地带组成物质为亚细土、亚沙土，有些低洼地段富集黏土。

本部平均海拔高约为75米。本部最高点为娑老山，海拔305.8米；本部境内最低点为庐陵大道以北退耕还林地，海拔48米。随着井冈山经开区的发展，以京九铁路为分界线，以东称东区，以西称西区。西区地貌较为平整，随着土地开发利用东区也较为平坦。本部境内主要的山峰有官山头、金鸡岭、赤岗岭、娑老山、真华山等，山体长年封山育林，堆积物较深厚，土壤肥沃，气温较低，雨量充沛，空气湿度较大，郁闭度高，植被茂密。树种主要以马尾松、湿地松、杉木、阔叶杂木林为主。吉州产业园、河东产业园、富滩产业园除没有明显的山峰外，地形地貌与本部基本一样。

山林

2019 年江西省第七次森林资源二类调查结果显示，井冈山经开区国土面积为 5397.74 公顷，非林地面积约 3709.6 公顷，林地面积约 1688.14 公顷（其中，本部林业部门管理的林业约 1313.47 公顷，非林业部门管理的林地约 374.67 公顷）；森林覆盖率约 30%。2020 年 12 月，井冈山经开区本部有林地面积 1232 公顷、活立木蓄积量 105926 立方米。其中森林面积 1313 公顷，蓄积量 81235 立方米；片林林网面积 379 公顷，蓄积量 24153 立方米，四旁蓄积树 492 立方米，散生木蓄积 46 立方米。天然林主要为飞播马尾松与阔叶树混交林，人工林主要为湿地松与阔叶树混交林，主要山场为官山头、金鸡岭、赤岗岭、娑老山、真华山等。井冈山经开区内地形起伏、群山抱水，树木郁郁葱葱，由于地处丘陵，规划地为稻田或水面，植被、水体及自然的山体都保存的较好。

娑老山　位于井冈山经开区本部境内 105 国道以南，介于北纬 26° 59′ 30"~26° 59′ 50"，东经 114° 55′ 30"~114° 56′ 50" 之间。东临真华山，西邻 105 国道凤凰路段，北接新 105 国道路基。长约 2300 米，宽约 900 米，主峰海拔 305.8 米。山体雄浑壮丽，面积约为 206.67 公顷。

金鸡岭　位于井冈山经开区本部境内 105 国道以西，介于北纬 27° 1′ 15"~27° 1′ 50"，东经 114° 58′ 10"~114° 59′ 10” 之间。东临 105 国道创业大道段，南接区管委会办公大楼，西邻长流水库，北接岭上村肖家坊、彭家坊村庄。长约 1900 米，宽约 1500 米，主峰海拔 162 米。山体似锥形，面积约为 285 公顷。

官山头　位于井冈山经开区本部境内深圳大道以北，介于北纬 27° 0′ 15"~27° 1′ 0"，东经 114° 57′ 55"~114° 58′ 30” 之间。东临田玄路，南靠深圳大道，西邻长流水库，北与金鸡岭相接。长约 800 米，宽约 900 米，主峰海拔 121 米。山体雄浑壮丽，面积约为 72 公顷。

赤岗岭　位于井冈山经开区本部境内 105 国道创业大道段东侧，介于北纬 27° 0′ 45"~27° 1′ 15"，东经 114° 59′ 10"~115° 0′ 0” 之间。东接彭家杨家湖等村庄，南靠深圳大道，西邻新 105 国道，北接永和镇养老院。长约 1350 米，宽约 950 米，主峰海拔 114.8 米。山体逶迤美观，面积约为 120 公顷。

真华山　位于井冈山经开区本部境内罗家塘以南，介于北纬 26° 59′ 15"~26° 59′ 35"，东经 114° 58′ 50"~115° 0′ 0” 之间。东临西坑村，南至真华山山脊，西接八叶水库，北至标准厂房能源一体化项目建设地块。长约 2400 米，宽约 600 米，主峰海拔 305.8 米。面积约为 140 公顷。

水体

井冈山经开区湿地水资源主要有河流湿地和人工湿地 2 种。河流湿地有禾水；人工湿地有库塘湿地类型，全区范围内水面面积 8 公顷以上水库 4 座，即长流水库（金鸡湖）、西坑水库、八叶水库、上坑水库，公园 1 座，即梨山公园。井冈山经开区各类湿地面积 170.72 公顷（不包括水稻田），湿地率 3.1%，其中天然湿地（河流湿地）30.04 公顷，天然湿地率 0.6%。赣江紧邻井冈山经开区；禾水发源于湘赣边境武功山南麓，主源出自莲花县高洲乡东北部的塘坳里，境内长 2500 米。

赣江　紧邻井冈山经开区，为重要水源地。江西省最大河流，源出赣闽边界武夷山西麓，自南向北纵贯全省。长 766 千米，流域面积 83500 平方千米，多年平均流量 2130 立方米每秒。从河源至赣州为上游，称贡水，长 255 千米；赣州至新干为中游，长 303 千米；新干至吴城为下游，长 208 千米。

禾水　亦称禾河。赣江一级支流，发源于武功山南麓莲花县高洲乡塘坳里高天岩，因永新县龙田镇禾山而得名，至吉州区曲濑乡江口泸水汇入，又俗称禾泸水，于吉安市神冈山注入赣江。全长 241 千米，流域面积 9075 平方千米，多年平均流量 240 立方米每秒，流经井冈山经开区北沿 2500 米。

水文气候

气候　井冈山经开区属亚热带季风湿润气候，主要气候特点是气候温和，雨量充沛，日照丰富，四季分明，冬夏季长，春秋季短，无霜期较长。因受季风影响，造成降水和温差变化大，容易形成干旱、洪涝、酷热、雨雪冰冻等灾害。

参照吉安县气象站观测数据，井冈山经开区多年平均气温 18.4℃，1 月平均气温 6.5℃，极端最低气温零下 8.0℃（1972 年 12 月 29 日）；7 月平均气温 29.5℃，极端最高气温 40.9℃（2003 年 7 月 16 日）。最低月均气温 5.8℃（1973 年 1 月），最高月均气温 29.9℃（2003 年 7 月）。平均气温年较差 2.3℃，最大日较差 48.9℃。生长期年平均 272 天，无霜期年平均 261 天，最长达 327 天，最短为 247 天。全年可照时数为 4423.7 小时，年均日照时数 1591.2 小时，占全年可照时数的 36%。年总辐射 112.872 千卡 / 平方厘米。0℃以上持续期 301 天（一般为当年 2 月 19 日至当年 12 月 19 日）。年均降水量 1518.8 毫米，年均降雨日数为 179 天，最多达 193 天（2010 年），最少为 132 天（2003 年）。极端年最大雨量 2208.7 毫米（2010 年），极端年最少雨量 935.9 毫米（2003 年）。降水集中在春季和夏季，占年降水量的 67%，特别是每年 4 月至 6 月，其中以 6 月最多；冬季降水较少，仅占年总降雨量的 11%。四季平均风速变化不大，在 2~3 米 / 秒之间。受北方冷空气影响，年最多风向为北风和偏北风；受副热带高压影响，每年 6—8 月盛行偏南风。

水文　井冈山经开区境内河道属长江流域鄱阳湖水系，本部北边边界处有一段濒临禾河，库塘主要有长流水库（金鸡湖）、西坑水库、八叶水库、上坑水库等。

图 1-3　长流水库（金鸡湖）

自然灾害

井冈山经开区主要自然灾害有旱灾、洪涝、风及雹灾、虫灾、雷电等。

矿产

井冈山经开区境内矿产主要以高岭土、耐火黏土、水泥灰岩、砂石等非金属及建材原料为主。

第四节　人文环境

井冈山经开区位处吉安市地理中心，千百年来，深受庐陵文化的浸染，忠孝节义、耕读相传的传统深入人心。土地革命战争时期，井冈山革命根据地的斗争深刻影响着这块山下的土地，是轰轰烈烈的井冈山革命斗争的组成部分，传承着跨越时空的井冈山精神。

跨越时空的井冈山精神

井冈山经济技术开发区的名称，来源于坐落在吉安市西南的一座名山。1927 年 10 月，毛泽东在此领导创建了中国第一个农村革命根据地，是中国革命的摇篮。2016 年，习近平总书记深刻指出：井冈山时期留给我们最为宝贵的财富，就是跨越时空的井冈山精神。

井冈山革命根据地　井冈山位于吉安市西南的罗霄山脉中段。1927 年 10 月，毛泽东率领秋收起义部队在永新进行了著名的“三湾改编”后到达井冈山，在宁冈、永新、茶陵、遂川等县恢复和建立了党组织，发展武装力量，开展游击战争，领导农民打土豪分田地，建立红色政权，实行工农武装割据，开始了创建井冈山革命根据地的历程。

1928 年 4 月底，朱德、陈毅率领南昌起义保存下来的部队和湘南农军到达井冈山，和毛泽东领导的工农革命军会师。会师后，成立了中国工农红军第四军，毛泽东任党代表，朱德任军长。1928 年 5 月 20 日，毛泽东在宁冈茅坪主持召开了中国共产党湘赣边界第一次代表大会，成立了以毛泽东为书记的湘赣边界特委，随后，成立湘赣边界工农民主政府。10 月，毛泽东在宁冈茅坪主持召开湘赣边界党的第二次代表大会，通过毛泽东起草的决议，《中国的红色政权为什么能够存在》就是其中的第一部分，它分析了中国红色政权发生和存在的原因，指出实行这种“工农武装割据”的意义和经验，回答了党内和红军内部有人提出的“红旗到底打得多久”的疑问。此后，红军粉碎了敌人的多次“进剿”，根据地不断扩大，全盛时期，地域范围包括江西的宁冈、永新、莲花、遂川四个县，吉安、安福两县一部分，湖南的酃县、茶陵县等地，面积 7200 多平方千米，人口 50 多万。

井冈山开辟了农村包围城市、武装夺取政权的中国革命胜利道路；井冈山诞生、发展、壮大了中国共产党领导下的新型人民军队——红军；井冈山完成了马克思主义中国化的伟大开篇。

跨越时空的井冈山精神　艰苦卓绝的井冈山斗争，孕育了跨越时空的井冈山精神。1993 年 4 月，胡锦涛同志上井冈山时，指出：“井冈山精神有丰富的内涵。在新的历史条件下，发扬井冈山精神尤其要弘扬以下三个方面：第一，实事求是、敢闯新路的精神；第二，矢志不移、百折不挠的精神；第三，艰苦奋斗、勇于奉献的精神”。

2001 年 5 月，江泽民同志视察江西时，对井冈山精神作了“24 字”概括：“井冈山精神，最重要的方面就是坚定信念、艰苦奋斗、实事求是、敢闯新路、依靠群众、勇于胜利”。

2016 年 2 月，习近平总书记视察江西时说：“我们要结合新的时代条件，坚持坚定执着追理想、实事求是闯新路、艰苦奋斗攻难关、依靠群众求胜利，让井冈山精神放射出新的时代光芒”。

井冈山精神是中国共产党人和无数革命前辈在革命战争年代血与火的拼搏中用生命和鲜血构筑、孕育而成的一种无产阶级革命精神，是具有原创意义的民族精神。它是中华民族优秀人文道德精神在革命战争年代的积淀与凝聚，是毛泽东等老一辈革命家亲自培育和倡导的中国共产党优良革命传统的光辉体现，也是井冈山经开区人砥砺奋进的宝贵精神财富。

传承和弘扬井冈山精神　井冈山精神是中国共产党革命传统精神之源。从近代中国革命的历史长河中，人们不难发现：在革命战争年代，从井冈山到延安，从延安到北京，一直滚动、流淌着一股革命精神与革命传统的洪流。这股洪流源远流长，其源头无疑是井冈山精神。井冈山精神是“源”，继之出现的苏区精神、长征精神、延安精神、西柏坡精神等，则是“流”，本质上是井冈山精神在新的战争环境下的传承、深化和发展。在社会主义建设时期和改革开放的新时期，井冈山精神同样得到继承和发展，人们熟知的以艰苦创业而闻名的大庆精神，以无私奉献为核心的雷锋精神，以开拓创新为本体的航天精神等，都是与井冈山精神一脉相承的。

不忘峥嵘岁月，铭记先烈功勋，弘扬伟大精神。中国共产党历来高度重视无数革命先烈用鲜血和生命构筑孕育的井冈山精神，始终强调任何时候都要弘扬跨越时空的井冈山精神，都要让这笔宝贵财富传承下去。

毛泽东在 1965 年 5 月重上井冈山时说：“井冈山的革命精神不要丢了。”

邓小平在 1972 年 11 月参观井冈山时说：“井冈山精神是宝贵的，应当发扬。”

江泽民在 1989 年 10 月视察井冈山时说：“中国革命的胜利离不开井冈山精神，实行改革开放、建设有中国特色社会主义，同样需要发扬井冈山精神。”

胡锦涛在 2003 年 8 月视察江西时强调：“伟大的井冈山精神集中反映了我们党的优良传统和作风。我们要结合时代的发展，结合党的历史方位和历史任务的变化，结合改革开放和发展社会主义市场经济的新实践，让井冈山精神大力发扬起来，使之在新的时代条件下放射出新的光芒。”

习近平在 2008 年 10 月视察井冈山时指出：“要把井冈山精神发扬光大，与时俱进。”

在改革开放和社会主义现代化建设新时期，井冈山精神仍然是中国共产党极为重要而宝贵的精神财富，是建设中国特色社会主义所必须具备的精神支柱，是反腐倡廉的传家之宝，也是中华民族精神的重要内核。

在我们沿着中国特色社会主义道路，努力实现“两个一百年”奋斗目标和伟大复兴中国梦而奋力前行的时刻，重温井冈山精神，从中汲取智慧和力量，表明了当代中国共产党人在以习近平同志为核心的党中央坚强领导下，不忘初心、继续前进的决心和信心。传承和弘扬跨越时空的井冈山精神必将引导人们进一步强化精神之钙、激活红色基因、振奋前进力量。

当好井冈山精神的红色传人　2009 年 2 月 13 日，经江西省人民政府批准，位于井冈山脚下的吉安市高新技术产业开发区正式更名为“井冈山经济技术开发区”。从此，有了一个响亮的名字，增添一份神圣的使命。

2010 年，中共中央设立的中国井冈山干部学院，将井冈山经开区列入教学实践基地。

2016 年 2 月，习近平总书记对井冈山精神的最新阐释赋予井冈山精神以新的时代内容，他并希望江西“在弘扬井冈山精神上努力走在前列，不断创造新的经验"。

传承红色基因，书写英雄篇章。贯彻落实习近平总书记的重要讲话精神，就是要坚定信念、不忘初心，用井冈山精神打造一支具有铁一般信仰、铁一般信念、铁一般纪律的井冈山经开区队伍，加快高质量跨越式可持续发展步伐，着力打造全国内陆地区现代化生态型工业新城、中部地区开放型经济新高地、全省开发区体制改革和创新发展样板区，让井冈山精神放射出新的时代光芒。

光耀千秋的庐陵文化

井冈山经开区本部位处古庐陵县的儒林乡，是庐陵文化的发源地和核心区之一。

庐陵文化是区域性地方文化，即以古庐陵县为核心，涵盖古庐陵县、郡，今吉安市管辖区域及其周边人民创造出来的独具一格、影响深远的区域性文化。

庐陵自古人杰地灵，文化昌盛，民风淳厚，素有“江南望郡”“金庐陵”之称，更有“文章节义之邦”美誉。庐陵文化主要表现为忠孝节义、书院科举、文献著述、仕宦名人、宗教民俗等方面。“文章节义”是其显著特征。由于持续时间长，文化成就高，社会影响大，地域特色浓而被广泛传播，在江右文化中占有支柱性地位，在中华文化史上具有重要影响。

忠孝节义文化　“人生自古谁无死，留取丹心照汗青”，庐陵先贤文天祥的一句诗，在中国几乎家喻户晓、妇孺皆知。它影响了南宋以后世世代代的中国人，在民族危亡、国难当头的危机面前，挺身而出，不惜抛头颅、洒热血，救国救民于水深火热之中。以文天祥为代表的“忠节”文化，是中华民族生生不息的精神脊梁。

《左传·昭公元年》：“临患不忘国，忠也。”《忠经》又云：“昔在至理，莫大乎忠”。在古代，忠诚表现为忠于君王、社稷、民族等，刚正不阿，谨守气节；在当代，表现为忠于党，忠于国家，忠于人民，爱岗敬业，廉洁奉公，是为人最重要的品格、道德、修养。

庐陵人的这种文化品格，源于千年来，一代代仁人志士的坚守与传承。唐代的颜真卿担任吉州司马，播下忠节文化种子，文天祥在《过平原》一诗中说“崎岖坎坷不得去，出入四朝老忠节”，表达了对这位庐陵官员的敬仰。北宋时期二位庐陵先贤的事迹就名满天下：一为文坛领袖、政治家欧阳修，历仕三朝，谥号文忠；一为抗金英雄欧阳珣，庐陵儒林人（今吉安县永和镇），崇宁五年（1106）进士，朝议时，力主抗金，却反被朝廷任命为将作监丞，出使北方边关，将绛州、磁州、深州三地割让给金国议和，欧阳珣深以为耻，到深州后，不仅拒绝割让土地，还号召三州人民誓死抵抗，由此激怒金国，遭金人焚死，谥文毅。

南宋时期，庐陵为时之盛区，多难之秋，危机存亡之际，庐陵忠臣义士辈出，勇赴国难，光耀千秋。杨邦乂、胡铨、周必大、杨万里、文天祥是他们中的典型代表。杨邦乂担任建康通判的建炎三年（1129），金兵攻陷建康府（今南京），杨邦乂宁死不降，并血书“宁作赵氏鬼，不为他邦臣”，遭完颜宗弼酷刑，壮烈殉难，年仅44岁，谥忠襄。胡铨强烈反对与金人议和，绍兴八年（1138）上《戊午上高宗封事》，决然表示“不与桧等共戴天”“愿斩三人头竿之藁街”，并主张“羁留虏使，责以无礼，徐兴问罪之师”“不然，臣有赴东海而死耳，宁能处小朝廷求活耶？”文章一出，群臣振奋，奸佞失色，胡铨虽累遭贬谪，不改其志，谥忠简。清康熙年间（1662—1722），康熙皇帝委托江西布政使施闰章给庐陵芗城（今青原区值夏）胡氏送来牌匾“与日月争光”；2000年江西省评选“千年人物”，胡铨被评为“脖子最硬的人”。周必大官历四朝，宋孝宗称赞他：“道德文章、万世师表”，谥文忠。杨万里是著名政治家、诗人，力主抗金，其政见不受重视，毅然辞官归乡，谥文节。南宋末年的民族英雄文天祥，更是国人心目中的“忠节”典范。

有明一代，仕宦成群的庐陵，风骨犹存。在边关生死攸关的当口，在出使变幻莫测的时刻，在廷杖残忍恐怖的关头，他们个个经受住了考验，一长串带“忠”“节”“毅”的谥号，永垂在中国的史册里。刘球，谥忠愍；李时勉，谥文毅，又改谥忠文；邹元标，谥忠介；李帮华，谥文忠；郭维经，追谥忠烈；刘同升，谥文忠；王艮，谥文节；练子宁，谥文贞；刘应秋，谥文节……

庐陵的忠节祠、乡贤祠记录着他们的名字和画像，是庐陵忠节文化的世代相传的载体。庐陵忠节祠始建于南宋，祀“四忠一节”，文天祥入祠参拜，发出“殁不俎豆其间，非夫也”的誓言，29 年后，誓言成真，忠节祠增加一“忠烈”而成为“五忠一节”。明朝，刘球、李时勉、刘子辅、钟同等入祀。忠节祠历代累有修葺，庐陵忠节之风永久长存。

正由于这种“忠节”传承，庐陵自古不出大奸大恶之人，也罕见奸佞无德之臣。在二十五史中入列传人物的，庐陵多达 287 人，占江西人物的 35%。在 2000 年所建的北京中华世纪坛中，在长 262 米用于记载中华文明发展重大事件和人物的青铜通道上，与庐陵名人有关的就有 17 项。

科举与书院文化　“一门三进士，隔河两宰相，五里三状元，九里十知州”，这些流传甚广的俗语形象地概括了庐陵科举成就的辉煌。“隔河两宰相”，说的是隔了一条恩江河，相继产生了欧阳修、文天祥两任宰相。自南唐以来，曾担任宰相和相当于宰相副职的庐陵籍人士有 24 人。“五里三状元”，是指明代庐陵吉水县文昌乡中了三个状元，王艮、刘俨、彭教，他们所在的村庄相隔约五里左右，历史上庐陵共出过 17 位状元。而科举考试中独揽“团体数连冠”也是庐陵地区独有的科举奇迹。其中，明建文二年（1400）庚辰科，庐陵人包揽了状元、榜眼、探花，且前十名有七名庐陵人。永乐二年（1404）甲申科，包揽鼎甲前三名；永乐十六年（1418）戊戌科，前八名有四名；正统元年（1436）丙辰科，前六名中有四名；天顺八年（1464）甲申科，前十名有三名；成化十四年（1478）戊戌科，前十名有四名来自庐陵。据相关学者统计，自唐至清，庐陵有进士 2749 人，占全国进士总数的 2.86%，占全省 26.75%。

庐陵人在科举历史上大放异彩，和庐陵地区书院的兴建有关。唐代中期，江西兴建有书院 13 所，而庐陵就有 4 所。唐至清，全国有书院近 8000 所，江西有 1071 所，庐陵占有 276 所。如庐陵吉水皇寮书院，唐贞观年间（627—649）兴建，是中国私人创办最早的书院之一。宋代是庐陵地区书院发展的黄金时代，吉州有书院 37 所。庐陵白鹭洲书院是江西四大书院之一，南宋吉州知军江万里创建于淳祐元年（1241），一直延续至今。开创者江万里后为南宋宰相，首任山长欧阳守道为著名学者。文天祥曾就读于白鹭洲书院。另有阳明书院，王阳明任庐陵知县时在青原山讲学，后人为了学习传播其思想，在青原山设立讲会，清道光十九年（1839）改建为阳明书院，心学思想在这里广为传播。书院的兴起，推动了教育的普及，出现“家有诗书，塾序相望”（邓元锡《方域志》）、文风盛于江右（周必大《咏归亭记》）的景象。每年应举的学子，据文天祥的《家保状序》，就多达两万多人。

文献著述文化　庐陵自古被誉为“文献之邦”。

著述如山。古代庐陵乡邦文献几乎涵盖文化科学的所有领域，在某些领域还处于当时的前沿，取得了很高的成就，出现了在全国有相当影响的大家和名著。《四库全书总目》实际著录庐陵人著述 381 种 6168 卷，其中收录 133 种 3399 卷，存目 248 种 2769 卷。《江西省通志稿》所载庐陵书目在旧志中为数最多，截至清末，计编撰者 1742 人，著述 3286 种。经查考，补充编撰者 832 人，著述 2405 种。《庐陵古文献考略》总计收入编撰者 2574 人，著述 5691 种。

作家成群。唐宋八大家之一、庐陵文化的先驱欧阳修，南宋中兴四大诗人之一、诚斋体创始人杨万里，南宋民族英雄、杰出诗人、文学家文天祥，台阁体诗派创始人之一杨士奇，明朝大学士、江南才子、《永乐大典》总纂修解缙等，都是庐陵人。《全宋词》作者 1397 人，其中江西 174 人，占 12.5%，居全国第二；庐陵有 52 人，占全国的 3.7%，占江西的 29.9%。《哲学大词典》收江西宋明时哲学家 50 人，其中庐陵 10 余人，他们有的是全国一流的哲学家。庐陵还培育了许多史学家、地理学家、农学家、教育家等。他们为中华民族的文明、进步做出了贡献。

陶瓷与工商文化　庐陵地处赣江中游，“黄金水道”赣江穿流而过，是古代沟通南北以及海外贸易的必经之地。优越的地理位置、适宜的雨水气候及肥沃的土壤，造就了庐陵兴盛的农业及工商业，陶瓷、造船、造纸、纺织印染尤为突出。创烧于唐五代的永和镇吉州窑，历经千年，驰名中外，是中国古代规模盛大的民间综合窑场。创建于晚唐，发展于北宋，鼎盛于南宋，宋时与定、磁、耀、均、建、龙泉等名窑齐名，有“南窑瑰宝”“名窑领袖”“先有吉州窑、后有景德镇”之说。它的产品种类繁多，风格多样，纹样丰富，装饰独特，具有浓厚的地方风格和民族艺术特色。尤其是“木叶天目”“剪纸贴花”“釉下彩绘”“窑变结晶”等品种更是名满江南、驰名中外，不少国家均有收藏，甚至奉为国宝。其烧造技术和装饰工艺对中国陶瓷生产影响深远，《景德镇陶瓷录》记载：景德镇自元朝以来所创的青花瓷，便是从吉州窑“釉下彩绘”中演变而来，堪称“瓷中瑰宝”。为推动中国古代瓷业发展和与世界各国的贸易和文化交流做出了杰出的贡献。除了陶瓷，庐陵的农业、造纸、纺织业和造船业在历史上也极为兴盛。

发达的商贸业和手工业带来庐陵地区经济发展蓬勃生机，走遍天下的庐陵商人塑造了浓厚的商业文化。自古“庐陵老表一把伞，走出家门当老板”。明代开始，吉安府更是以其经商人数之众而名声大噪，甚至出现了‘商贾负贩遍天下’的状况。”湖广、云贵川通都大邑，都设有庐陵同乡会和会馆。庐陵商帮主要经营绸缎布匹，南北杂货，也开典当钱庄。庐陵人周扶九是上海的大富商。清初，吉安商人刘尔凯在武汉、长沙拥有数百的商号和工厂，乾隆皇帝封他为大夫。

宗教文化　庐陵文化在传承和发展过程中，南北交融，中西互鉴，形成了以禅宗文化、道教文化为代表的独特文化。

佛教东汉时传入江西，三国吴乌赤年间（238—251），江西兴建佛寺 5 所，庐陵郡即占 4 所：庐陵郡城南端的南塔寺、西端的崇恩寺、永新的松林寺、泰和的崇福寺。汉末以后，北方连年战乱，处于江西腹地的庐陵成了佛教僧侣的避乱地，南北朝时，庐陵郡所辖县，几乎都建了寺庙。唐宋时期，传入庐陵地区而流行的主要是净土宗和禅宗。净土宗亦称莲宗，在庐陵有一定的影响。庐陵的青原山则成为禅宗圣地。出生于安福严田的行思在广东曹溪拜六祖慧能为师，苦修 15 年，成为慧能的首席弟子。他受六祖之命，回到庐陵在青原山建寺弘法，继承六祖的顿悟禅法，认为佛性是人皆有之的本性，主张“明心见性，顿悟成佛”，把佛教从少数人的学问修行引向更多人的道德修行，推动了佛教的中国化。顿悟禅法，对王阳明心学有所影响，儒士们“援禅入儒”，使庐陵成为禅宗圣地和阳明心学的大本营。源于青原禅宗派系的曹洞宗，进一步把禅学和儒学糅合在一起，甚至在禅宗教义中直言忠孝之道，庐陵人深受熏陶，忠孝观念在禅宗的普及中得到强化。

道教在三国时就传入庐陵。吴赤乌年间（238—251），庐陵郡河东已建道坛，陆续建了永丰的梅溪观、冲虚观，泰和的崇道观，永新的五云观等道教宫观。到了唐代，庐陵的山岭间遍布道士的足迹，峡江的玉笥山成为江西三大道教中心之一。唐宋时，不少达官贵人和文士信道修炼，并成为一种时尚。

唐贞观年间，吉州刺史吴云偕弃官在玉笥山修道，唐玄宗还颁旨为他修寺，宋真宗为该寺赐匾额；唐德宗时，吉州刺史阎采辞官，入洞岩观学道，其好友、诗人戎昱作诗《送阎使君入道青原》送之，唐德宗赐道号“遗荣”，后传说其全家在天玉山飞升。流行于庐陵的道教有不同的派别，其中从天师道中分化出来的“净明忠孝道”，特别强调忠孝，提倡忠孝是人的良知良能，人人具此天理，只有除去各种欲望，净心守一，才能做到忠孝。这种与儒学伦理道德融为一体的宗教观点，对庐陵人忠义思想的形成起到一定的作用，对庐陵习俗风情和人们观念行为产生深远影响。从外地流入的佛、道教观念，成为庐陵文化的重要内容。

庐陵文化作为中华传统文化的一个重要组成部分，为中华文明书写着辉煌。它深厚的爱国主义精神和浩然正气一直影响到今天。

第三章　新区成立与提升晋级

2001 年 5 月 8 日，吉安市政府印发《关于成立吉安市高新技术产业开发区的通知》，决定成立吉安市高新技术产业开发区，并抽调一批干部筹建。2001 年 11 月 29 日，吉安市高新区在其驻地吉安县邮政大楼外举行揭牌仪式，吉安市高新区正式成立。2006 年 2 月 7 日，吉安市高新区通过初步审核为省级开发区；2006 年 3 月 8 日，江西省人民政府正式批准吉安市高新区为省级开发区，并定名为江西吉安高新技术产业园区。2009 年 2 月 13 日，江西省政府批准江西吉安高新技术产业开发区更名为江西井冈山经济技术开发区。2010 年 3 月 21 日，国务院批复同意井冈山经济技术开发区由省级升格为国家级经济技术开发区。2018 年 3 月，市委、市政府决定以井冈山经开区为主体，整合吉州工业园区、吉安河东经济开发区（含富滩工业园），推进空间整合和体制融合，以“一区四园”的转型升级带动区域发展升级，推动井冈山经开区和吉州、青原工业园区一体化发展，并启动了井冈山经济开发区“一区四园”的总体规划和控制性详细规划编制工作，总规划面积 116.43 平方千米。

第一节　高新区成立

建区批复

2001 年 5 月 8 日，吉安市政府印发《关于成立吉安市高新技术产业开发区的通知》（吉府字〔2001〕100 号），决定成立吉安市高新技术产业开发区，四至范围为：东至京九铁路，西至吉安大道，南至南环路，北至禾河南岸田山水分界处，至 2010 年规划面积为 12.7 平方千米。

机构设置及人员选调

2001 年 5 月 31 日，吉安市政府印发《关于设立吉安市高新技术产业开发区管理委员会的通知》（吉府字〔2001〕102 号），决定设立市高新技术产业开发区管理委员会，为市政府正县级派出机构。

吉安市政府于 2001 年 5 月 31 日任命刘志坚为吉安市高新技术产业开发区管理委员会主任；同时，

吉安市委、市政府在全市范围内组织选调了一批干部到高新区工作。高新区成立揭牌时，高新区管委会有正式干部 16 人。

2001 年 8 月 30 日，吉安市高新技术产业开发区管理委员会印章正式启用。

2001 年 12 月 14 日，吉安市编制委员会下发《关于同意市高新技术产业开发区管委会设立内部机构的通知》。同意市高新技术产业开发区管委会内部设立办公室、经济发展处（招商处与经济发展处合署）、规划建设处、土地管理处、财务处等 5 个职能部门，均为正科级建制。科级职数 7 名，其中正科级 5 名。

各内设机构主要职能：办公室负责机关事务、文秘、劳动人事和社区管理、社会中介组织等行政及社会事务管理工作。经济发展处负责产业发展和招商引资规划、计划的制订与实施；企业和项目的审批；内外贸易、高新企业申报管理工作和涉外事务。规划建设处负责建设和环保的规划、报批、实施；对区内建筑市场、建筑质量、市政工程、公用事业管理及城管的监察；负责房地产开发和房地产市场管理。土地管理局负责土地征用、划拨，土地使用权出让、转让、租赁、抵押管理；土地登记发证和地政地籍管理，土地违法案件查处工作。财政处负责财政预决算，国有资产管理和与金融、税务等部门的协调与监督工作。

高新区成立

2001 年 11 月 29 日，吉安市高新技术产业开发区揭牌仪式在其驻地吉安县邮政大楼外举行。市委书记王林森、市长吕滨和市四套班子成员陆云龙、胡龙生、张松平、邱卫东、左继生、邓扬辉、贺宗鑫、陈日武、桂国庆等出席仪式，市委书记王林森、市长吕滨为高新区揭牌，副市长贺宗鑫主持仪式。

吕滨在仪式上讲话中指出，吉安市高新技术产业开发区的成立，是市委、市政府贯彻落实省委、省政府提出的把江西建设成为“承接东部产业转移的基地、优质农副产品供应的基地、劳动力输出的基地和旅游观光的后花园”的战略，加快推进吉安市工业化、城市化、产业化进程，全面提升吉安市经济发展总量和质量的重大举措。他要求市高新区管委会要按照“以整体提高国民经济的增长质量和素质为目标，把引进高新技术企业和用高新技术提升传统产业放在首位，加强技术创新和体制创新，培育创新主体，培育新的经济增长点，实现产业和经济局部突破和跨越式发展”的指导思想，努力建设和发展一批以电子信息、新材料、新能源和生物医药为重点的科技先导型企业及实力雄厚的企业集团。各地、各有关部门要大力支持并密切配合，使市高新技术产业开发区的建设能在短期内有明显的看得见的变化，使之成为新世纪吉安市工业经济的投资亮点和新的增长点。

揭牌仪式上，吉安市高新区管委会分别和江西天一科技创新公司（中国科学院工程研究所生化重点实验室江西研究开发中心）、江西金顶药业公司签订合作协议。

吉安市高新区的发展目标是：建设成为高新技术产业化、城市工业现代化的基地；沿海地区产业、技术、资金梯度转移的承接基地；科技成果孵化和辐射基地；科技实业家和创新人才的培养教育基地。

根据《中共吉安市委关于成立中共吉安市高新技术产业开发区工作委员会的通知》（吉字〔2002〕4 号），2002 年 1 月 17 日，市委决定成立中共吉安市高新技术产业开发区工作委员会。2002 年 6 月 26 日，市委决定刘志坚任中共吉安市高新技术产业开发区工作委员会书记。

吉安市高新区（井冈山经济技术开发区）管理委员会机关从 2001 年 8 月筹备开始至开发区管理委员会成立后一段时间，租用地处君山大道的吉安县邮政大楼 1 楼大厅及 4 楼、5 楼办公；2004 年 9 月 29 日，机关迁入君山大道 248 号企业孵化大楼办公；2018 年 1 月 29 日，机关迁至深圳大道 236 号企业孵化中心大楼办公。

第二节　批复省级高新技术产业开发区

2006 年 2 月 7 日，吉安市发展和改革委员会办公室印发《关于组织省级以下开发区补办省级开发区审批手续的通知》，根据国家发改委部署的对全国开发区设立审核工作已近尾声的有关审批工作，由国家授权省人民政府对经审核通过的开发区补办省级人民政府批准设立手续，吉安市高新技术产业开发区通过初步审核为省级开发区。

2006 年 3 月 8 日，江西省人民政府下发《关于设立江西吉州产业园区等 12 个省级开发区的批复》（赣府字〔2006〕19 号），正式批准吉安市高新技术产业开发区为省级开发区，并根据国家发展和改革委规范开发区名称的要求，将吉安市高新技术产业开发区名称更改为江西吉安市高新技术产业园区。同时核定开发区的产业定位为：电子信息、生物制药、食品；面积 1066.67 公顷；四至范围：东至京九铁路、西至吉安大道、南至南环路、北至禾河南岸山田山水分界处。

第三节　晋升国家级经济技术开发区

2009 年，经过近 8 年的发展，吉安市高新技术产业开发区招商引资引进项目资金、主营业务和财税收入、外贸出口迅速增长，已经成为吉安新型工业的聚集区、科学发展的示范区和财政增长的共享区。开发区面积由创建初期的 12.7 平方千米，调整为 46.5 平方千米。

吉安市高新技术产业开发区先后被商务部确定为全国“加工贸易梯度转移重点承接地”，被国台办和省政府确定为台资企业转移承接基地，被省政府确定为江西电子信息产业基地。2008 年江西省政府和深圳市政府加强经济和社会领域合作项目吉安（深圳）产业园正式揭牌。至 2009 年，园区累计完成基础设施投入 6.8 亿元，开发面积约 500 公顷；引进项目 216 个，签约资金 165 亿元，实际到位资金 86.7 亿元；已开工项目 138 个，其中竣工投产项目 113 个。园区绿化率达到 38%。

吉安地处赣中，作为承接沿海发达地区产业转移的“桥头堡”，没有国家级开发区，缺少吸引投资大、科技含量高、产业带动能力强的大型高新技术企业的平台；同时，吉安市高新技术产业开发区的发展成效证明它有升级为国家级开发区的基础和实力。因此，升格为国家级经济技术开发区成为井冈山经开区加快发展的迫切需要，对于井冈山经开区在更高层次实现更快发展具有十分重要的意义，符合国家促进中部地区崛起的战略，符合党中央国务院加快井冈山革命老区经济发展的现实需要。

为扩大开发区的影响力，发挥革命老区的优势，2009 年 2 月江西省政府下发《关于江西吉安市高新技术产业开发区更名为江西井冈山经济技术开发区的批复》，批准江西吉安市高新技术产业开发区更名为江西井冈山经济技术开发区。

可行性研究论证

在晋升国家级经济技术开发区之前，江西井冈山经济技术开发区进行了可行性研究论证。认为井冈山经开区晋升为国家级经济技术开发区，具备以下成熟条件：

人文地理条件优越　吉安市位于江西省中西部，赣江中游。下辖吉州区、青原区、井冈山市、吉安县、吉水县、安福县、峡江县、新干县、永丰县、泰和县、万安县、遂川县、永新县，面积2.53万平方千米，人口480万。

吉安是"'红、绿、古'三色辉映"的旅游胜地，旅游资源十分丰富。井冈山被誉为"天下第一山"，属首批国家级风景名胜区，以井冈山、东固为代表的革命遗址遍布全市，拥有保存完好的革命旧址、遗址425处，其中国家级红色文保单位2处，省级17处。全市森林覆盖率达66%，山青水秀，生态优美，有武功山、青原山、玉笥山、白水仙等4个省级自然风景名胜区。庐陵文化久负盛名，文天祥纪念馆、欧阳修纪念馆、西阳宫等一批具有深厚文化底蕴的名胜古迹，吸引了国内外人士前来投资考察。

经济基础良好　2008年，全市生产总值达到505亿元，同比增长15.2%；财政总收入达到53.5亿元，同比增长31.1%；财政收入占GDP比重提高0.5个百分点，达到10.6%；固定资产投资410亿元，社会消费品零售总额143.7亿元，分别增长106%和23.6%；外贸出口总值2.68亿美元，引进市外资金115亿元，实际利用外资2.95亿美元，分别增长66.7%、38%和15.7%；城镇居民人均可支配收入12870元，增长15.8%，农民人均纯收入4638元，增长15.1%。2008年全市电子信息、医药化工、新能源、食品、先进制造、电力六大支柱产业完成工业增加值142.5亿元，主营业务收入493.2亿元，利税额47.9亿元，相当于当年全市规模以上工业的86.4%、90.5%和92.1%，其产业地位十分突出。

吉安市拥有天人生态、新丰科技、红板电子、联创光电、优利特科技、杰克机床、唯冠油压、麦德风能等一大批很有发展潜力的龙头企业。全市有中小企业7763家，部分中小企业通过信息化建设，技术水准、生产质量与配套能力迅速提高，不仅能为龙头企业配套加工，而且逐步拥有自己的"专、精、特、新"产品，形成以六大产业为核心的制造企业集群，产品集中度和专业化水平大幅提高，工业产业链已经形成。

科技优势明显　通过实施科技大开放战略，吉安市科技创新能力不断增强，以企业为主体的技术创新体系日臻完善，拥有中科院生态技术研究中心、江西生物制品研究所、联创光电应用软件开发公司等大型科研机构3家，省级工程技术研究中心5个，省级重点实验室2个，市级生产力促进中心1个，市级工程技术研究中心6个，市级重点实验室8个，博士后流动站1个。截至2008年底，全市共获得并实施国家级科技项目23项，省级科技项目61项，申请专利65项；引进人才3989人，其中博士135人，硕士390人，有高级职称350人，中级职称565人。

地理区位和生态环境优越　吉安交通区位优势明显，投资环境优越。京九铁路横贯南北，赣粤高速傍市而过，基础设施完备，交通发达便捷。京九铁路、105国道、赣粤高速公路承东启西、沟通南北、通往全国，园区距南昌昌北国际机场240千米，距井冈山机场40千米，已构成通往全国的全方位十字立体交通格局。多条公路和铁路正在开工建设，未来交通极其方便、快捷，构建了吉安与"长珠闽"对接的6小时经济圈。吉安率先在全市实现村村通水泥公路，形成2小时交通经济圈。吉安属亚热带季风气候，雨量充沛，日照充足，四季分明。城区神冈山、天华山、真君山、螺子山三面环抱，千里赣江傍城北流，自然风光和人文景观融为一体，成为一座宜商宜居的山水园林生态城市。

设立国家级经济技术开发区，大力推进以电子信息、生物医药、先进制造、新能源为特色的高新技术产业发展，把江西井冈山经济技术开发区建设成为重要的技术创新、科技孵化和科技成果转化基地；成为创新型人才、研发机构和高新技术企业的集聚基地；使之成为吉安促进技术进步、增强自主创新能力的一个重要载体，对于吉安市大力发展高新技术产业，推动社会经济全面、协调、可持续发展具有十分重要的战略意义。

建设国家级经济技术开发区符合国家高新技术产业发展要求　“十一五”期间，高新技术向传统产业的渗透速度加快，用高新技术改造传统产业成为重要的发展趋势。在市场竞争逐渐加剧、资源环境压力逐渐增加的背景下，中国经济发展面临由资源主导型向技术创新主导型转变的重大转型，迫切需要发展对经济增长有突破性重大带动作用的高新技术产业，以突破经济发展中的资源瓶颈约束，这就为中国高新技术产业发展提供了广阔的市场空间。国家将加大力度推进电子信息、生物医药、先进制造、新能源等产业的发展，江西井冈山经济技术开发区将电子信息、生物医药、先进制造、新能源四大产业作为园区支柱产业发展，顺应了国家高新技术产业发展的要求。

建设国家级经济技术开发区是革命老区的振兴发展之路　井冈山是毛泽东、朱德、陈毅等老一辈无产阶级革命家开创的中国第一个农村革命根据地，是中国革命的摇篮。井冈儿女为新中国的成立抛头颅、洒热血，立下了不可磨灭的功勋。在血与火的斗争岁月里，吉安人民前仆后继、不屈不挠，为中国革命做出了巨大贡献和牺牲，仅记录在册的革命烈士就有 5 万余人，从吉安走出去的共和国将军达 147 名。

2009 年春节，胡锦涛总书记视察井冈山老区时指出：要继续加大对老区发展的扶持力度，尽最大努力帮助老区发展，让老区人民过上更加美好的生活。

建设国家级井冈山经济技术开发区，有利于促进吉安高新技术产业的发展，推动吉安工业在电子信息、生物医药、先进制造、新能源等领域形成研发、创新中心，形成产业聚集效应，带动吉安产业结构升级，推进区域经济发展，实现保增长、保稳定、保民生，进一步加快老区脱贫致富、全面建设小康社会。

建设国家级经济技术开发区是实施中部地区崛起的战略尝试　继长三角、珠三角及环渤海三大经济圈后，中部正在成为中国经济发展的风水宝地，中部崛起对中国经济起着承前启后的作用，一方面为东部地区产业升级提供后备支持，另一方面，通过自身的发展带动西部落后地区的发展。通过整合和集聚江西省优势科技创新资源，发挥科技的引领和支撑作用，明确江西在中部地区崛起中的角色定位，带动中部地区的高新技术产业集聚。努力使江西成为中部地区开放程度最高，投资环境最好，人流、物流、信息流、资金流最旺盛，经济发展最有活力的省份。

江西井冈山经开区升格为国家级经济技术开发区符合国家促进中部地区崛起的战略部署。

建设国家级经济技术开发区有利于建设创新型城市　吉安要加快实现人口小市向经济强市跨越，就必须走创新型发展道路，使创新成为经济社会发展的内在动力和全社会的普遍行为。

建设国家级高新技术产业开发区，目的就是要更好更快地形成一个创新、人才和资本等各种生产要素的聚集地，扩大吉安对中部地区高新技术的辐射范围。有利于吉安更好地吸引世界 500 强等大型企业的研发机构和省内外科研院所的入驻，更好地吸引国内外高新技术企业的进入，更好地吸引、留住、培养高端人才，使吉安市成为中部地区科技创新的核心区、江西创新型企业的集聚地、江西吸纳创新技术人才的高地。

建设国家级经济技术开发区有利于吉泰工业走廊的发展　吉泰工业走廊核心区地处吉安市中部，以105国道为轴线，北起吉水县醪桥火车站，南到泰和县城一线，东以吉安县永和镇为分界点，西至赣粤高速公路，总面积约900平方千米。走廊核心区有六大工业园区，依次为吉水县工业园、河东经济开发区、吉州区工业园、江西井冈山经济技术开发区、吉安县工业园和泰和县工业园。2007年，走廊核心区实现地区生产总值127.9亿元，占全市的31.5%，第二产业生产总值为85.9亿元，占全市的49.7%，在吉安经济中具有重要地位。江西井冈山经济技术开发区位于吉泰工业走廊核心地带，加快井冈山经济技术开发区建设成为充分发挥各地区位优势、产业优势和资源优势，更好地统筹吉泰工业产业带布局与发展的迫切需要。升级建设国家级井冈山经济技术开发区，大力发展高新技术产业和现代服务业，重点打造电子信息、生物医药、先进制造、新能源、食品加工、建材、冶金机械等产业，带动吉泰工业走廊产业结构升级，促进当地经济发展，是实现吉安新跨越的必然选择。

申报批复

2009年1月，吉安市人民政府行文《关于要求将江西吉安高新技术产业开发区（江西井冈山经济技术开发区）升格为国家级经济技术开发区的请示》，向江西省人民政府请示，将江西吉安高新技术产业开发区（江西井冈山经济技术开发区）升格为国家级经济技术开发区。在文中阐述了吉安高新技术产业开发区升格为国家级开发区的必要性，同时在以下方面作了详细汇报：

园区规划建设　按照“高起点规划、高标准建设”的要求，聘请资质等级为甲级的江西省城乡规划研究院进行分区规划。总规划面积42.99平方千米，起步区规划面积为12.7平方千米，属大吉安规划中的工业组团，符合“大吉安市”城市总体规划（1996—2020年）。坚持高起点规划，保障了园区建设的科学合理性。编制完成了分区规划、控制性详规以及产业发展规划，确立了电子信息、生物制药两大主导产业。园区建设规划分近、中、远三期，近期为2001—2005年，中期为2006—2010年，远期为2011—2015年。规划布局为“四带六区”，即高新技术产业发展带、居住公建发展带、普通工业发展带、仓储货运发展带，形成生物工程与医药产业区、光机电一体化产业区、电子信息与通讯产业区、新材料产业区、环保与新能源产业区、教育科研知识产业区。同时，聘请北京大思潮顾问有限公司进行产业规划。

园区基础设施建设　区内道路硬化、绿化、亮化按城市景观道路标准建设，排水、排污实现雨污水分流，供电、供水、弱电管网统一规划、统一标准、统一建设，一次性到位。通行、宽带、有线电视、消防、公交、车站等配套设施同步建设，基本实现“七通一平”。吉安南火车站的“无水港”正在加紧建设。

园区产业发展　依托吉安的工业基础，确定了电子信息、生物食品医药两大主导产业，在发展过程中，紧紧围绕两大主导产业做文章，产业聚集效应初显。“江西电子信息产业基地”建设初具规模，以红板电子、中泰电子为龙头，已聚集盛泰通讯、瑞声电子、满坤科技等38家电子类企业，初步形成以高端线路板制造为龙头，以生产移动电话、无绳电话、通讯电缆等终端产品的产业链条。园区还聚集了生物食品医药企业21家。2008年两大主导产业年销售收入、税金、安置就业人数等主要经济指标占据园区总量的“半壁江山”。吉安（深圳）产业园建设顺利推进，主要道路已开工建设，征地拆迁、

招商引资、项目建设等工作同步推进，首批签约进园项目12个，签约资金90.6亿元。中泰电子通讯产业城等5个项目已开工建设，总投资61亿元，东昇影视音像制品等7个项目正在进行前期准备工作，总投资29.6亿元。

园区环境保护　坚持以科学发展观统领园区建设。2002年8月，编制完成了江西吉安高新技术产业开发区地质灾害危险性评估报告，并通过了省国土资源厅的审查认定。2003年8月，聘请了省环境评估研究所编制了园区环境评估报告。在分区规划中，尽量保持园区内生态原貌，保留园区内约133公顷水面，规划为4个公园。规划绿化用地面积144.95公顷，占规划区总用地的11.42%，道路绿化按城市道路标准建设。对入园企业规划也有严格规定，绿化率达37%。区内建有垃圾中转站，所有垃圾集中运至规划区外的城市垃圾处理厂进行无害化处理，无化处理率达90%。对于污水处理，要求企业水体污染物排放浓度不得超过国家规定的排放浓度。实行雨污分流排放体制，企业污水需经处理达标后排入城市污水管道，与生活污水合流最终送至污水处理厂。对企业固体废弃物，逐步提高其综合利用率。

升格为国家级开发区功能定位　以"吉安工业经济的增长极，体制和机制创新的示范区，中心城市的新组团，中国井冈山干部学院的社会实践基地"为定位，创新发展理念，强化发展举措，以电子信息、生物医药等现代制造业为主体，配套发展关联制造业和服务业，使之成为以工为主、工商贸协调发展的"新型工业的聚集区、科学发展的示范区、财政增收的共享区"，成为市本级经济的增长极和全市园区经济的龙头。

升格为国家级开发区发展目标　按照"三年连续翻番，五年上新台阶"的要求，到2011年，市高新区工业增加值要达到100亿元，主营业务收入超400亿元，实现税收15亿元。主营业务收入亿元以上的工业企业要达到60户以上，其中1亿~5亿元的企业32户、5亿~10亿元的企业20户、超10亿元的企业4户，超30亿元的企业3户，超50亿元的企业1户。以招商引资为抓手，以项目建设为中心，促进开发区的跨越发展。要进一步创新招商思路，围绕招大引强，重点引进一批投资规模大、关联度高、带动配套能力强的产业龙头项目，每年引进投资超5亿元（5000万美元）的项目不少于3家、超10亿元（1亿美元）的不少于2家。要紧紧围绕园区业已形成的电子信息、生物医药两大主导产业，大力实施产业招商，引进一批行业"旗舰型"企业，延长产业链条，形成企业集群，力争通过四年的努力，两大主导产业年主营业务收入超300亿元。

2010年2月10日，井冈山经开区管委会向商务部、国土资源部、建设部作了关于江西井冈山经济技术开发区升格为国家级经济技术开发区的报告，详细报告了开发区的基本情况、综合经济实力和产业发展情况、园区规划建设情况、土地集约利用情况、园区科技创新情况、园区管理体制情况、园区环境保护情况、履行社会责任情况。

2010年2月13日，省政府向国务院上交《关于申报江西井冈山经济技术开发区为国家级经济技术开发区的请示》，概述江西井冈山经济技术开发区申报为国家级经济技术开发区已具备较好的基础和条件。将其升级为国家级经济技术开发区，对壮大吉安革命老区经济总量、优化产业结构、促进财政增收、扩大就业，带动辐射周边地区经济发展具有十分重要的意义，恳请国务院批准江西井冈山经济技术开发区为国家级经济技术开发区。

2010年3月21日，国务院办公厅发函《国务院办公厅关于井冈山经济技术开发区升级为国家级经济技术开发区的复函》（国办函〔2010〕59 号）同意井冈山经济技术开发区由省级升格为国家级经济技术开发区，定名为井冈山经济技术开发区，实行国家级经济技术开发区的政策。

第四节　扩容提质

2018 年 3 月，吉安市委、市政府决定“以井冈山经开区为主体，整合吉州工业园区、吉安河东经济开发区（含富滩工业园），推进空间整合和体制融合，形成‘一个主体、一个班子、多块牌子、双重管理’的管理机制”和“统一规划布局、统一开发建设、统一政策招商、分级推进落实、实施利益共享”的运行机制，加快建设实体经济、科技创新、现代金融、人力资源协同发展的产业体系，以“一区四园”的转型升级带动区域发展升级，推动井冈山经开区和吉州、青原工业园区一体化发展。2018 年 5 月，吉安市城乡规划建设局会同井冈山经开区管委会全面启动了井冈山经济开发区“一区四园”的总体规划和控制性详细规划编制工作。规划立足《吉安市城市总体规划修编（2017—2035）》，按照“综合发展、产城融合”的理念，把井冈山经开区（本部）作为城市新区来规划布局，统筹产业布局，重点提升西区建设品质，完善园区基础设施、服务配套等功能；吉州产业园、青原产业园以退二进三、退园进城为主；富滩产业园重点发展为新型产业生态园。

扩容提质原因

新形势下，为全面贯彻落实党的十九大精神，坚持以习近平新时代中国特色社会主义思想为指引，牢固树立创新、协调、绿色、开放、共享发展理念。落实国家与江西省提出的促进开发区转型升级的相关政策；响应中国制造 2025 承接转移，优化产业结构；顺应吉安工业化诉求，夯实基础、突破发展瓶颈。新的发展环境对吉安工业化发展以及产业园区的建设提出了更新更高的要求。

原井冈山经开区总规划面积 46.5 平方千米，远小于省内其他国家级开发区，现仅剩余可开发面积约 10 平方千米，发展空间严重不足，土地资源稀缺，难以满足产业快速发展的空间需求。吉州工业园与河东经济开发区经过多年发展，可用空间也已严重不足。

开发区（本部）前期开发不集约，用地粗放，总体容积率低于 0.5，低于一般工业园区容积率；内部配套设施不足，居民休闲、文化活动较缺乏，不利于人才的吸引。

扩容规模

《“一区四园”总体规划（2018—2035）》总规划面积 116.43 平方千米，其中预留了富滩产业园远期规划的 25.94 平方千米城市建设用地范围。

规划布局与功能

井冈山经开区本部规划形成“一核三轴三心多点”为主的空间结构。“一核”：结合金鸡湖与金鸡岭、官山头等打造城市级的山水内核。“三轴”：东西向城市发展轴，沿君山大道和深圳大道两条主要交通走廊发展；沿创业大道形成南北向城市发展轴。“三心”：金鸡湖片区的商务科技中心、东区管委会区域的行政文化中心、梨山公园区域的生活服务中心。“多点”：在社区、工业邻里区等地通过商业、服务配套等形成多处商业配套。规划 5 大产业片区，包括 1 个综合产业片区，重点发展 LED 照明、新型显示、生物医药等产业；2 个新兴产业片区，重点发展智能装备制造、集成电路和半导体等产业；1 个电子信息产业片区，重点发展新型显示、智能可穿戴设备、智能家居、VR 设备等产业；1 个 2.5 产业片区，重点发展研发孵化、创新创业、人才培训、技术检测等产业。

吉州产业园规划形成“四轴、一带、三组团”的空间布局结构。“四轴”是指沿君华大道、井冈山北大道、金螺大道和发展大道形成的发展轴。“一带”是指沿赣江形成的滨河景观绿带。“三组团”是以井冈山北大道、发展大道为界形成的东、中、西三个组团。规划六大产业片区，包括 2 个电子信息产业区、2 个先进装备产业区、1 个绿色食品产业区以及 1 个文化创意产业区。

青原产业园规划。青原产业园形成五大功能片区：综合服务区、电子信息产业区、创新示范区、新型建材产业区、生物医药产业区。规划四大产业片区，包括 1 个电子信息产业区、1 个创新示范区、1 个新型建材产业区以及 1 个生物医药产业区。

富滩产业园规划对富滩园远景发展做出展望，未来形成“一主两副、一轴一带、四区联动”的空间结构。一主两副：一个主中心，集中布置居住、公共管理与公共服务、商业、商务等园区配套功能，形成未来新城的综合服务中心。两个副中心，南部依托富滩老镇区，形成南部综合服务副中心，北部工业组团布置邻里中心、邻里公园、停车场、学校等服务设施，形成园区副中心。一轴一带：沿规划的振兴大道（近期为 221 省道）形成的综合发展轴，串联各个功能组团，联动发展。保留区域范围内的现状山体，形成生态景观廊带，作为各功能组团划分的自然屏障，为打造绿色生态现代综合新城提供支撑。四区联动：规划四个工业片区与综合服务中心以及富滩镇联动发展。

图 1-4　鸟瞰井冈山经开区

审批

2018 年 3 月，根据《中共吉安市 吉安市人民政府关于支持井冈山经开区和吉州青原工业园区一体化发展的实施意见》（吉发〔2018〕8 号），市委、市政府决定“以井冈山经开区为主体，整合吉州工业园区、吉安河东经济开发区（含富滩工业园），推进空间整合和体制融合，形成‘一个主体、一个班子、多块牌子、双重管理’的管理机制和‘统一规划布局、统一开发建设、统一政策招商、分级推进落实、实施利益共享’的运行机制，加快建设实体经济、科技创新、现代金融、人力资源协同发展的产业体系，以‘一区四园’的转型升级带动区域发展升级”，推动井冈山经开区和吉州、青原工业园区一体化发展。

提质

高标准编制“一区四园”规划。以产城融合理念高标准建设西区，退二进三、退二优二，优化产业布局及城市功能，合理布局生活、商务、办公等用地，完善教育、医疗卫生、文化娱乐、体育、社会福利与保障、社区服务、邮政电信和商业金融服务等公共服务设施，进一步完善雨污分流、供热、燃气、给排水、电力等市政基础设施建设，重点打造商业街，形成功能完善、多业并举的发展格局，推动西区高质量转型升级发展。

践行规划新理念，促进园区健康有序发展。坚持新理念，不断提高规划建设标准，一是重点打造园区景观轴线。对园区主要道路两侧、重要景观节点和重要的商业、公共建筑，坚持“和谐有序，组合规范、主次协调、精益求精”理念，加大建筑退让、建设沿线绿化景观带、控制沿街立面、留出视线通廊，对建筑的形态、高度、体量、色彩、外墙材质以及建筑群体关系和天际轮廓线予以控制引导。二是工业项目以满足生产及服务配套功能为主，一般采用现代风格，整体规划清净整洁、和谐有序。同时为实现集约节约用地，要求新引入企业项目容积率一般不低于 1.5，厂房和办公楼原则上不低于四层，并要求设置地下停车场。三是新建住宅小区坚持“以人为本”理念，整体形态有序，色块和谐，一般以暖色为主，注重小区内健身、休闲、游戏场所等公共空间的打造，加强交通组织分析，实行人车分流设计，改封闭式围墙为生态绿篱，透绿透景。

2018 年 5 月 21 日，中共吉安市委、吉安市人民政府《关于促进全市开发区改革和创新发展的实施意见》（吉发〔2018〕12 号），明确要加快推进井冈山经开区改革创新，增强开发区发展动力，以习近平新时代中国特色社会主义思想为指引，牢固树立创新、协调、绿色、开放、共享发展理念，加快开发区转型升级，促进开发区体制机制创新，优化开发区规划布局，促进产业集聚、人才汇集、资源集约，努力把全市开发区建设成为开放型经济和体制创新的先行区，高水平营商环境的示范区，新型工业化、信息化、城镇化融合发展的引领区，区域经济发展的增长极，为实现“三个走在前列”“两大战略任务”做出积极贡献，促进开发区转型升级。

井冈山经开区积极打造全省战略性新兴产业集聚区、中部地区创新发展新高地、国家新型工业化电子信息产业示范基地。井冈山经开区产业规划为，统筹核心区与生活区、商务区、办公区等城市功能建设，其中产业核心区面积不低于 70%。井冈山经开区发展电子信息首位产业，先进装备制造、生物医药大健康、新能源新材料三大主攻产业；吉州工业园、青原产业园首位产业与井冈山经开区保持一致，同时错位发展生物医药大健康、新能源新材料等主攻产业。全市各级开发区管理机构作为所在地党委和政府的派出机关，井冈山经开区管理机构由市委、市政府派出，为副厅级管理级别。

井冈山经开区副县级及以下在编在岗人员、聘用制人员在岗位设置的范围内实行全员竞聘上岗，按照老人老办法、新人新办法的原则，经市委任命的副县级领导干部在竞聘中落岗的，由井冈山经开区另行安排工作，保留副县级非领导职务基本待遇，按新岗位享受绩效薪酬，或者交流到其他市直单位任同级非领导职务。新竞聘提任的副县级岗位干部不胜任本职工作或者在重新竞聘中落岗的，由井冈山经开区解除聘任职务，恢复聘任前职务或身份。井冈山经开区原聘用制人员按一定比例竞聘上岗。工作人员按照聘任岗位享受相应政治和经济待遇，其待遇在开发区内部有效。

根据经开区的经济总量、财政收入、社会发展水平等因素，建立以绩效工资为核心的企事业单位薪酬管理制度。按照不超过 2017 年度同级政府公务员年人均收入的 2 倍（国家级开发区可略高于省级开发区）的标准，确定经开区工作人员年人均收入标准，并经同级政府批准后执行。开发区在核定的绩效工资总额内，自主确定内部各岗位的基础性绩效和奖励性绩效的比例和标准；允许实施年薪制、项目工资包干制和协议工资制等新型分配制度。经开区工作人员年绩效工资总额实行两年一调整的动态管理，在开发区上两年度财政收入平均增幅略高于同级财政两年收入平均增幅的基础上，按开发区两年财政收入平均增长（下降）幅度的 50% 来确定开发区工作人员绩效工资总额增长（下降）比例。建立经开区与市直机关干部交流机制，推进经开区干部纵向横向交流。经开区财政实行独立核算，纳入本级预算管理，成立独立的财税管理机构，履行财政收支管理职责。按照有关规定实行一级财政预算管理，设立一级金库。

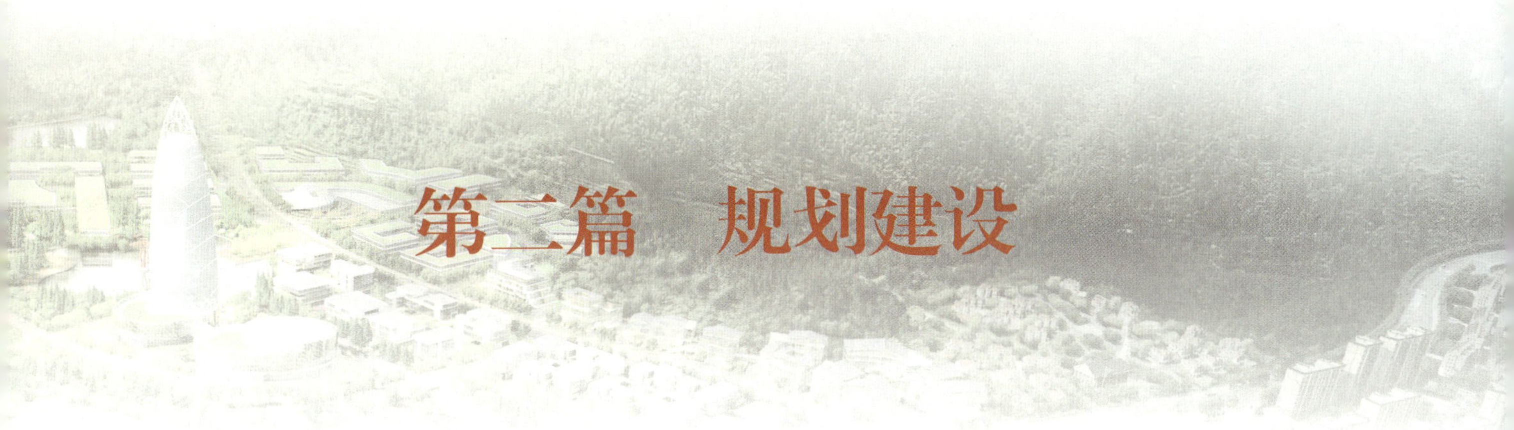

第二篇　规划建设

2001年，吉安市高新技术产业开发区成立，进行了第一轮总体规划，规划总面积12.7平方千米。升级为国家级井冈山经济技术开发区之初至2020年，进行了两轮总体规划的编制。2009年5月设立深圳产业园，启动东区开发建设，规划面积增至42.99平方千米，总用地面积46.5平方千米。2018年3月启动“一区四园”改革，总规划面积116.43平方千米。同时进行了各专项规划。规划的引领作用得到充分发挥。

从一处荒凉的丘陵岗地发展成一座高楼鳞次栉比、道路四通八达的现代化工业新城，井冈山经开区在20年的开发建设中包括厂房厂区、居住办公、道路交通、市政园林、文教卫生等基础建设，从无到有，从小到大，基本配套完善。至2020年末，共征用土地3653.13公顷，征收房屋36.74万平方米；建成厂区占地面积10.3平方千米、厂房建筑面积450.6万平方米；建成道路总长101.7千米、桥梁1.16千米；建成办公、居住、科教、文卫等建筑面积264.9万平方米；建成各类公园绿地14处，面积93.22公顷，建成区绿地面积636.23公顷，建成区绿地率30.01%。

第一章　园区规划

2001年11月，吉安市高新技术开发区设立规划建设局，履行规划职能，进行第一次分区规划编制，规划总面积12.7平方千米，于2002年6月由吉安市政府批准实施。2009年，进行总体规划编制，2010年8月3日经吉安市政府批准，规划面积增至42.99平方千米。2018年5月单设井冈山经开区规划分局，为吉安市城乡规划建设局直属，按照国务院关于“开发区要科学规划功能布局，突出生产功能，统筹生活区、商务区、办公区等城市功能建设，促进新型城镇化发展”要求，坚持“综合发展、产城融合”的理念，同时开展第三次总体规划的编制，扩区至包括吉州园、河东园、富滩园在内的总面积为116.43平方千米的“一区四园”。2020年3月，机构改革，规划分局更名为井冈山经开区空间规划服务中心，转隶井冈山经开区自然资源局。与此同时，根据不同时期的建设进程，开展控制性详细规划、城市设计和系列专项规划。

第一节　总体规划

吉安市高新区新技术产业开发区规划（2001—2020）

《吉安市高新区新技术产业开发区规划（2001—2020）》又称《吉安市高新技术产业开发区庐陵园规划（2001—2020）》，2001 年由吉安市建筑设计规划研究院编制。

规划范围　2001 年的表述为：“庐陵园位于吉安县城，规划面积 12 平方千米，范围为：东起京九铁路，西至 105 国道（赣中大道），南起县城城南大道（南环路），北至禾河南山田、山水分界处。”

规划建设期限　庐陵园规划分成高科技工业园、仓储产业园、劳动密集型工业园、梨山公园、生态农业园、生活娱乐园六大功能区进行建设，规划建设期限为：近期为 2001 年至 2005 年；中期为 2005 年至 2010 年；远期为 2010 至 2020 年。

规划建设目标　庐陵园建设发展的目标为：建设成为高新技术产业化，城市工业现代化的基地，沿海地区产业、技术、资金梯度转移的承接基地，科技成果孵化和辐射基地，科技实业家和创新人才的培养教育基地。园内应当开成电子信息、光机电一体化、新材料、生物医药、现代食品、现代农业六大支柱产业的格局。

到 2010 年，开发面积 6 平方千米以上，入园企业 300 家以上，企业总投资 30 亿元，工业生产总值 60 亿元，技工贸总收入 70 亿元，利税收入 10 亿元，出口创汇 3000 万美元以上。

到 2020 年，12 平方千米基本开发完，入园企业 6000 家以上，总投资 80 亿元，工业生产总值 150 亿元，技工贸总收入 180 亿元，财税收入 30 亿元，出口创汇 1 亿美元。

吉安市高新区新技术产业开发区分区规划

在《吉安市高新区新技术产业开发区规划（2001—2020）》的基础上深化，2002 年正式实施。规

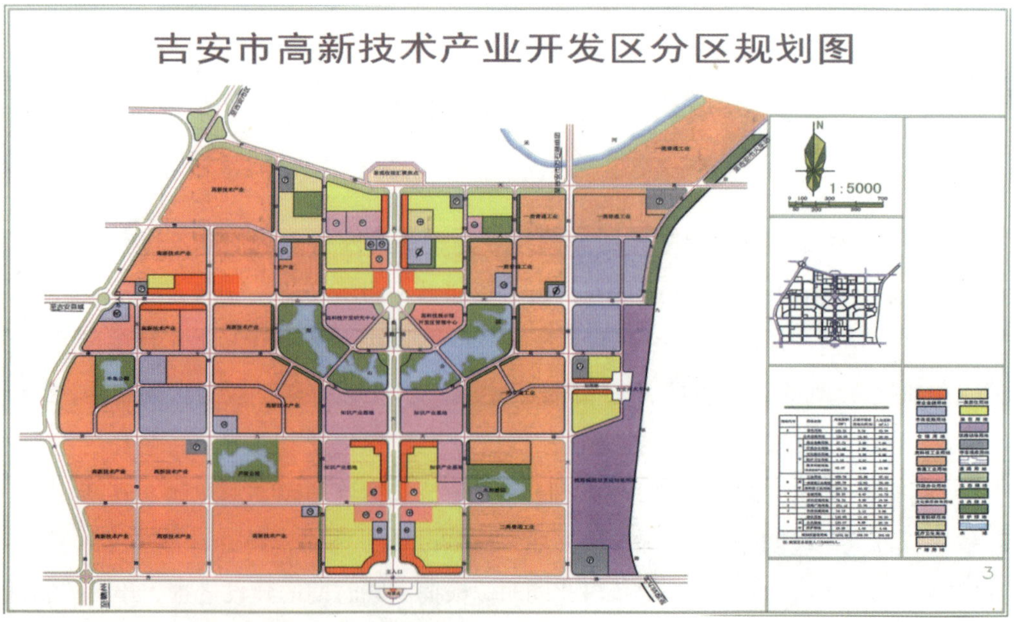

图 2-1　吉安市高新区分区规划图

划面积 12.7 平方千米。

井冈山经济技术开发区总体规划（2009—2020）

规划背景　为贯彻落实科学发展观，加强赣粤合作及承接深圳等沿海地区产业转移，2007 年 4 月，江西省政府与深圳市政府本着“优势互补、互惠互利、长期合作、共同发展”的原则，在江西南昌签署了《关于加强赣深社会经济领域合作与发展框架协议》。

2009 年 2 月经江西省人民政府批准，将吉安市高新技术产业开发区与深圳产业园进行整合，更名为江西井冈山经济技术开发区。

井冈山经开区先后被商务部确定为全国“加工贸易梯度转移重点承接地”，被国台办和省政府确定为“台资企业转移承接基地”，被省政府确定为“江西电子信息产业基地”，也是江西省政府和深圳市政府加强经济和社会领域合作项目“吉安（深圳）产业园”所在地。

为积极参与吉安市“吉泰工业走廊”的战略构想，充分发挥井冈山经开区的区域作用，利用地缘、人缘优势，开拓多元化，全方位的外向型格局，与地域的合理发展相结合。

规划范围　西起 105 国道，东至规划绕城高速公路，北起庐陵大道以北 200 米，吉州窑文化保护区南侧，南至南环路，规划面积约为 42.99 平方千米。

规划定位　吉泰工业走廊的核心，以高新技术产业、生产性服务业和装备制造业为主导的现代产业基地，宜居宜业的创新型生态产业新城。

规划目标　具有居住、商业、生产等多项功能的复合区；设施完善、生态环境优美、特色鲜明、富有活力的生态产业新城；支撑吉安城市经济发展的现代产业创新型基地。

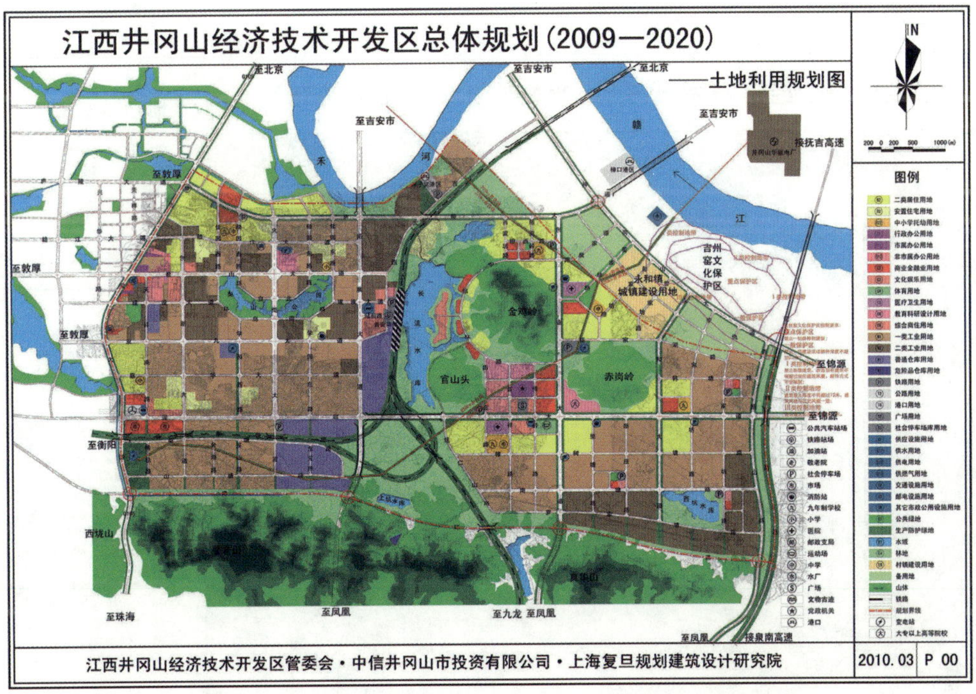

图 2-2　江西井冈山经济技术开发区总体规划（2009—2020）

井冈山经济技术开发区总体规划（2018—2035）

规划背景　国家级井冈山经开区面临的国际国内形势和肩负的历史使命都发生了深刻变化，迫切需要开发区转型升级，促进创新驱动发展，为稳增长、调结构、惠民生继续发挥生力军作用。

为全面贯彻落实党的十九大精神，坚持以习近平新时代中国特色社会主义思想为指引，牢固树立创新、协调、绿色、开放、共享发展理念；落实国家与江西省提出的促进开发区转型升级的相关政策；响应中国制造 2050，承接转移，优化产业结构；顺应吉安再工业化诉求，夯实基础、突破发展瓶颈；新的发展环境对吉安工业化发展以及产业园区的建设提出了更新更高的要求。

2017 年，为适应“一区四园”改革发展的需要，围绕“决战千亿园区、跻身全省十强、建设工业新城”目标，按照《国务院办公厅关于促进开发区改革和创新发展的若干意见》（国办发〔2017〕7 号）提出的“开发区要科学规划功能布局，突出生产功能，统筹生活区、商务区、办公区等城市功能建设，促进新型城镇化发展”要求，坚持“综合发展、产城融合”的理念，把园区作为城市新区来规划布局，不断完善园区整体功能，协调与周边自然环境的关系，进行第三次总体规划的编制。

2018 年 8 月 4 日，国家井冈山经开区总体规划（2018—2035）专家咨询会在苏州召开。专家组成员为杨新海、施旭、刘榆、刘锋、钱锋，井冈山经开区罗厥宏、詹军庆、王行勤、李新军和吉安市城乡规划建设局石义生、刘文胜、李厚生、万春波参加会议。

规划面积　总体规划面积为 116.43 平方千米（2018 年初次规划确定为 70.72 平方千米）。其中，井冈山经开区本部 51.97 平方千米，吉州产业园 12.24 平方千米，青原产业园 5.19 平方千米（2018 年初次规划确定为 4.34 平方千米），富滩产业园 47.03 平方千米（2018 年初次规划确定为 2.18 平方千米）。

规划定位　全国重要的电子信息产业基地、赣中城市群先进制造业示范区、吉泰城镇群产业综合服务平台、吉安宜居宜业开放发展引领区。

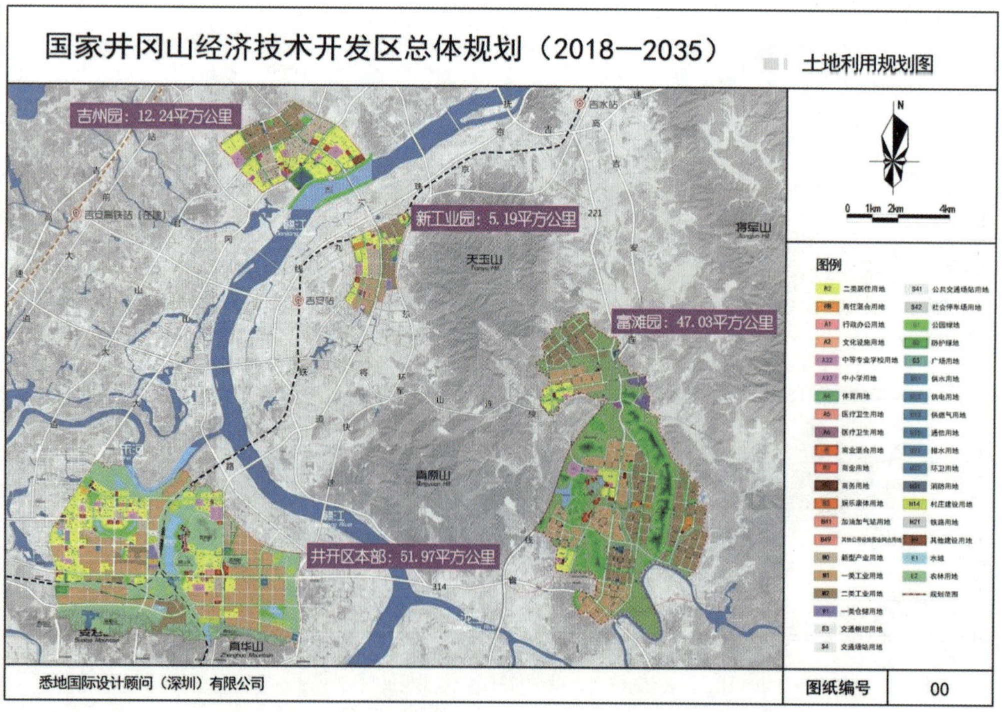

图 2-3　井冈山经济技术开发区总体规划（2018—2035）

规划目标　构建与“一区四园”产业发展相适应的集约、高效、便捷、安全的客货运交通运输系统，完善园区与重要枢纽间的集疏运通道，强化园区与中心城区的交通联系，满足“一区四园”对外客运、货运交通需求，促进和引导产城融合发展，推动交通一体化发展。

第二节　详细规划

《井冈山经济技术开发区控制性详细规划》(2012 年版)

规划范围：西起 105 国道，东至规划绕城高速公路，北起庐陵大道以北 200 米，吉州窑文化保护区南侧，南至南环路，辖区面积约为 46.5 平方千米。

规划定位：井冈山经开区是产业“双转移”的重要承接地，吉泰工业走廊的核心，是以高新技术产业、生产性服务业和装备制造业为主导的现代产业基地，是集生产、生活、生态、研发、旅游、文化六位一体的创新型生态新城和吉安市城市新区。

规划目标：促进井冈山经开区的开发建设，创造具有特色的居住、商业、生产、文化、生态旅游等多项功能的复合区，舒适宜人的城市新空间；形成设施完善、生态环境优美、特色鲜明、富有活力的生态产业新城；成为支撑吉安城市经济发展的现代创新型产业基地。

图 2-4　井冈山经济技术开发区控制性详细规划（2012 年版）

《井冈山经济技术开发区“一区四园”（本部）控制性详细规划》（2020—2035）

规划范围：西起吉安大道，东至规划东环快速路，北起禾河，南至娑老山、真华山，规划面积约为 51.97 平方千米，其中规划城市建设用地约为 30.56 平方千米。

规划定位：以智能制造为基础，产业服务为核心的综合产业新城。由传统工业区向综合产业新城转型升级，坚持新型工业化与现代服务业“双轮驱动”，生产性服务业与生活性服务业融合发展，涵盖行政办公、总部经济、教育科研、商业、居住等业态，融合生态、创新、人文等元素，坚持集金融、商贸、文化、服务等多功能于一体的吉安南部现代服务功能区。

规划目标：进一步开拓井冈山经开区南部产业空间，积极推动井冈山经开区西区的低效产业退出，满足规划区承接区域产业转移的发展空间扩展需求；建设高品质的产业服务平台，推动创新创业载体的建设，满足规划区产业升级、产业链延伸的提质发展需求；增加居住供给，完善城市服务配套功能，提升城市环境品质，满足规划区留住人才、技术进步的营城需求。

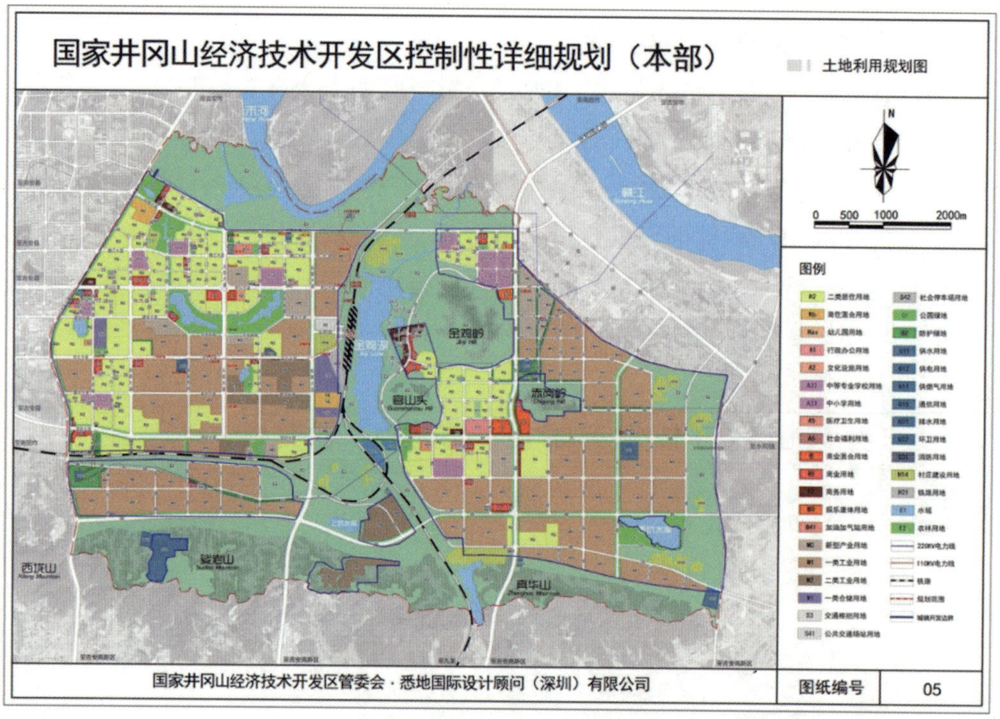

图 2-5　井冈山经济技术开发区“一区四园”（本部）控制性详细规划（2020—2035）

《井冈山经济技术开发区“一区四园”（青原产业园新工业园）控制性详细规划》（2020—2035）

规划范围：北起案山路，南至规划永昌大道、规划平安大道，西起梅林大道，东至规划博新路，规划面积 5.1874 平方千米。

规划定位：规划以“双创引领、城园一体”为总体定位，打造“青原智谷”为城市新 IP。双创引领：依托井冈山大学，打造创新创业示范基地，引领园区发展；城园一体：通过产业升级、公共服务完善，打造吉安市城园一体示范区。

规划目标：依托紧邻井冈山大学的地利优势，发展创新示范园、创业基地等，建设成为吉安重要的双创基地；精心塑造城市开放空间，构筑优美、舒适的绿化环境，并安排健康宜人的居民社区活动场所，强化规划区的文化气氛，满足人民对美好生活的追求；建立合理的交通组织与道路系统，保障区域内的交通便捷和安全，特别是步行系统、公共交通的组织安排。

《井冈山经济技术开发区“一区四园”（富滩园）控制性详细规划》（2020—2035）

规划范围：西起富滩镇石溪口自然村，东至 744 县道以西的富滩镇丹村、阮家村，北起富滩镇蜀源自然村，南至富滩工业园现状污水处理厂，规划面积约为 2.1643 平方千米。

规划定位：以生物医药、电子信息产业为核心的现代园区。

规划目标：以生物医药、电子信息产业为核心的现代园区。重点发展生物医药、电子信息、智能装备、新能源新材料等产业。

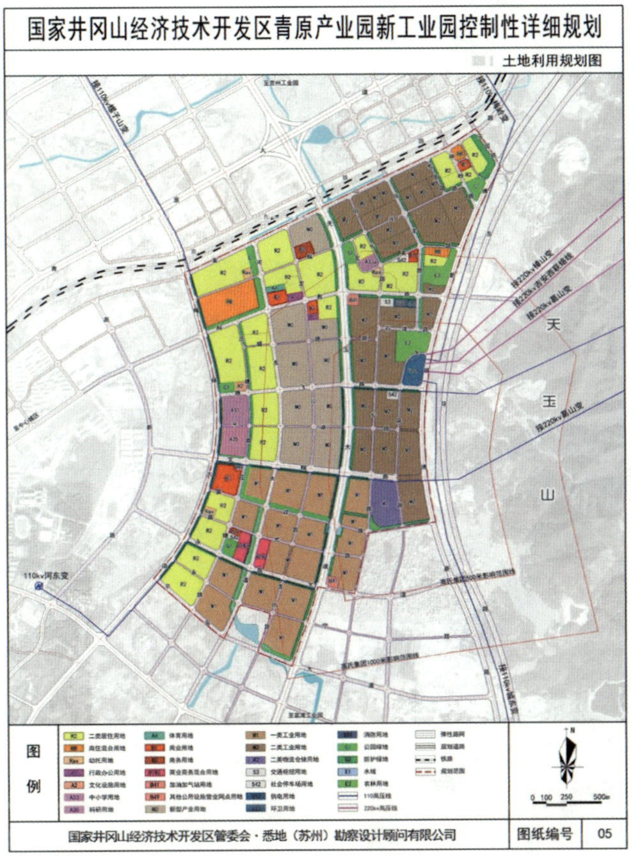

图 2-6　井冈山经济技术开发区“一区四园”（青原产业园新工业园）控制性详细规划（2020—2035）

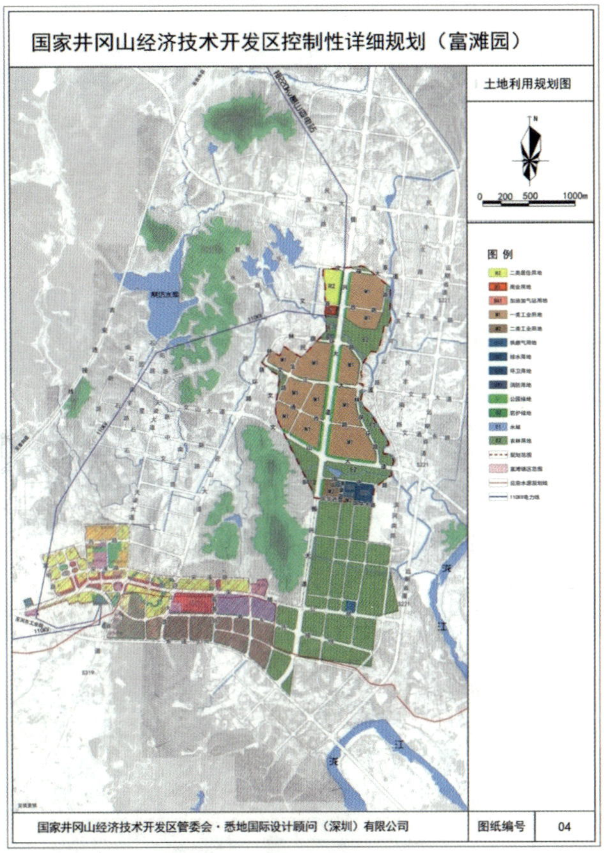

图 2-7　井冈山经济技术开发区“一区四园”（富滩产业园）控制性详细规划（2020—2035）

第三节　专项规划

国家井冈山经济技术开发区城中村改造近期规划（2018—2021 年）

为协调园区内村庄与园区的建设与发展，保证园区各项设施和用地的衔接、融合，编制了园区村庄改造规划，对区内的 57 个村庄进行分类改造：对园区功能、产业提升、项目用地有较大影响的村庄分三年进行整体搬迁；对处于园区城市建设用地内，但与园区发展、用地布局影响不大的 8 个村庄按照城市居住区标准进行整治提升；对处于城市生态绿地控制区和非城市建设用地区且现状无安全隐患、居住环境不受影响的 11 个村庄进行引导建设，完善各项设施，发展城郊型农业和休闲农业。

图 2-8　井冈山经开区城中村改造近期规划（2018—2021）村庄改造分类图

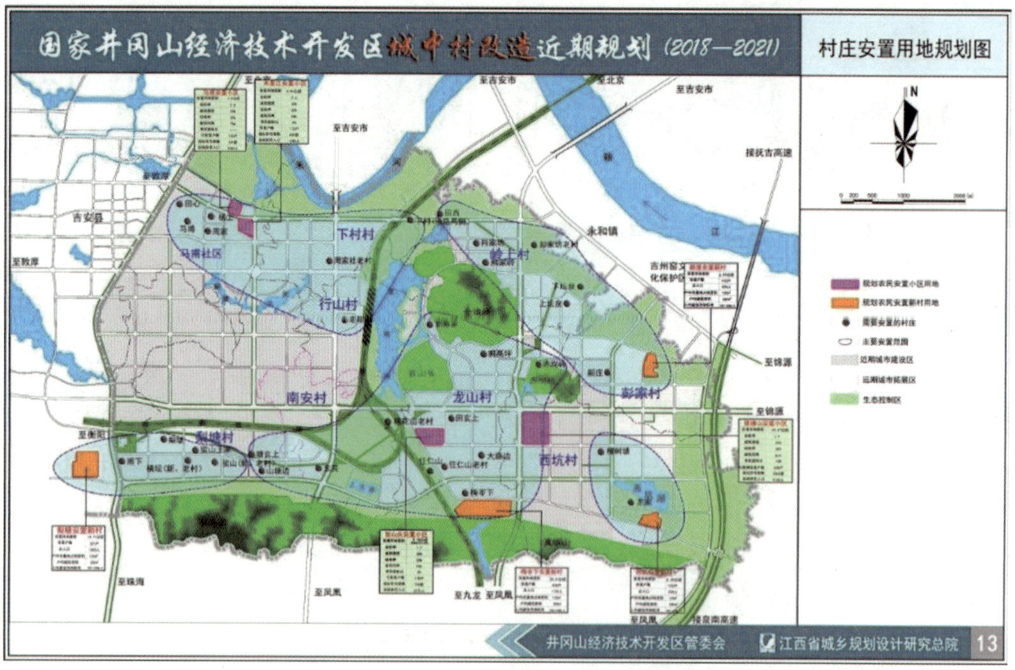

图 2-9　井冈山经开区城中村改造近期规划（2018—2021）村庄安置用地规划图

公共服务设施专项规划

2017—2020年末，结合井冈山经开区总体规划，配合吉安市规划部门，开展并完成停车场布点规划，公共自行车租赁系统布点规划，养老服务设施布局规划（2017—2030），保障性住房建设布点规划（2018—2020），教育、体育、消防设施布局规划，棚户区（危旧房）改造规划（2018—2020），菜市场建设改造布点规划，社区服务站布局专项规划（2017—2030）等。将 10 个社区增加到 18 个社区进行管理，集中配置企业集宿区，加强地下空间利用，全面改造园区电力架空线布置，深化竖向设计，优化给排水管网设计。

第四节　规划管理

机构设置

2001 年 11 月，吉安市高新技术开发区作为省级开发区成立时，设立高新技术开发区规划建设局；2010 年 3 月，吉安市高新技术开发区更名为井冈山经济技术开发区，升格为国家级经济技术开发区，高新技术开发区规划建设局更名为井冈山经济技术开发区规划建设局；2018 年 5 月，根据吉安市编委办《关于同意设立吉安市城乡规划建设局井冈山经济技术开发区规划分局的通知》（吉编办文〔2017〕53 号）文件要求，设立了吉安市城乡规划建设局井冈山经济技术开发区规划分局，为吉安市城乡规划建设局下属正科级全额拨款事业单位。2020 年 3 月，根据《关于调整井冈山经济技术开发区部分事业单位机构编制事项的批复》（吉编发〔2019〕23 号）文件要求，规划分局更名为井冈山经济技术开发区空间规划服务中心，划归井冈山经开区管委会管理，为区自然资源局下属单位。

管理机制

井冈山经开区规划部门始终严守“程序合法，设计合规，规划合理”的审批原则，坚持专家咨询会审查和区规划委员会审批制度相结合的原则，不断优化规划管理工作中各环节的办事流程，形成科学、流畅、简洁的运作程序，落实“放管服”改革，完善“容缺审批、承诺制”，优化营商环境，不断提升服务效率。

规划展示馆

井冈山经开区展示馆位于孵化中心大楼右栋圆形楼，两层，占地面积约 2000 平方米，建筑面积 3500 平方米。大楼与孵化中心同步建成。2018 年开始陈展设计，2020 年 2 月完成布展对外开放。由上海文创公司设计制作。采用多媒体技术与传统版面展示相结合的方式，全面展示井冈山经开区的发展历程、建设成就及美好未来。

展示馆总布展面积约为 2400m^2，分为上下两层：第一层是介绍井冈山经开区的发展历程、规划及建设成果；第二层介绍园区的产业布局、政策平台和创新建设。总体分为序厅、规划、招商成果、中央沙盘、产业、创新、未来、产品共 8 个部分。

序厅　三个主题：一是视频短片《井冈山经开区速览》，介绍井冈山经开区的区位、交通、基础建设等；二是园区名片展示墙；三是发展历程展示区。

规划篇　三个主题：一是总体规划，展示井冈山经开区“一核、两片、三心、四轴、十园”的总体结构；二是控规详规；三是修建性详细规划。

招商成果篇　主要展示在布展前的十多年时间里，井冈山经开区结合自身发展和客商需求，陆续打造的十大产业园等招商成果。

中央沙盘　是一个沉浸式灯光秀沙盘。沙盘面积约 200 平方米，层高约 7 米。观众在层台上从上往下观看。

产业篇　两个主题：一是首位产业（电子信息产业）；二是生物医药大健康、先进装备制造、新能源新材料产业 。

创新篇　两个主题：一是企业创新；二是园区创新。

未来篇　通过环幕影院展示井冈山经开区未来发展蓝图。

产品篇　介绍井冈山经开区龙头企业的简介与产品陈列。主要有思立科（江西）新材料有限公司、普正药业股份有限公司、江西生物制品研究所、江西省木林森照明有限公司等企业及产品。

第二章　土地征用

吉安市高新技术产业开发区成立时，设立土地管理处，负责土地征收等工作，其中土地出让由吉安市国土资源局负责。2008 年 11 月 26 日，设立吉安市高新技术产业开发区土地征收储备交易服务中心，开发区全面负责辖区内土地征用工作。经数易其名，职能基本不变，至 2020 年末，累计征收土地 3653.13 公顷，其中本部用地 2669.02 公顷。推行工业“标准地”出让制度。成立不动产登记局（中心），履行产权管理职能。

第一节　机构设置

2001 年 12 月，吉安市高新技术产业开发区成立，下设土地管理处。2008 年 11 月 26 日，吉安市机构编制委员会印发《关于印发吉安市高新技术产业开发区党工委、管理委员会职能配置内设机构和人员编制规定的通知》（吉编发〔2008〕84 号），设立吉安市高新技术产业开发区土地征收储备交易服务中心，自 2008 年 12 月开始全面负责土地征收、储备和出让工作。2009 年 8 月 7 日，吉安市高新技术产业开发区土地征收储备交易服务中心更名为江西井冈山经济技术开发区土地征收储备交易服务中心；2013 年 2 月 17 日，更名为井冈山经济技术开发区土地征收储备交易服务中心；2014 年 6 月 13 日，更名为井冈山经济技术开发区土地交易服务中心；2019 年 10 月 16 日，更名为井冈山经济技术开发区土地征收储备交易服务中心。

第二节　土地征收

井冈山经开区本部土地征收情况

开发区成立至 2020 年末，共征收土地面积 2669.02 公顷。

2001 年开发区成立至 2008 年 12 月吉安市人民政府办公室《关于印发吉安市高新区调整规划范围理顺管理体制实施意见的通知》（吉府办字〔2008〕205 号）下发期间，土地征收工作主要由吉安县敦厚镇、永和镇承担。8年间，两镇共征收用于吉安市高新区建设的土地707公顷，年均征收土地约87公顷。

吉府办字〔2008〕205号文下发后，成立高新街道办事处，下辖马甫、梨塘、下村、行山、南安、西坑、龙山、岭上、彭家等9个村委及一个国有良种场，为推动开发区转型升级，保障重点项目用地需求，将土地征收工作纳入街道的中心工作，精心组织，高位推动，至2020年末，共征收各村集体土地1872.37公顷，年均征地156.03公顷。

2014年6月，金鸡湖街道筹建办成立。2015年3月，经江西省民政厅批准，正式成立金鸡湖街道办事处，辖龙山居委会和西坑、岭上、彭家、南安四个村委会。当年，金鸡湖街道共完成征地25.7公顷，发放征地款约443万元，确保物流产业园、食品产业园、印刷包装产业园、木林森公司、科林环保公司、东莞科技公司、循环产业园、教育产业园、德昌产业园等项目的用地保障工作。自成立起，街道始终将重点项目建设作为第一要务，征地力度不减，土地征收面涉及5个行政村16个村民小组，满足人才公寓、环湖路网、创新小镇、木林森三期、物流园、陶瓷产业园、锦源水厂、天然气末站、标准厂房、人才公寓、八叶水库居民点、吉钢、物流园、庐陵大道、官山头安置房等重点项目的用地需求。至2020年，金鸡湖街道累计完成征地面积796.66公顷。

至2020年末，井冈山经开区本部共征收各村集体土地2669.02公顷，年均征地222.42公顷。同时做好与征地相关的青苗清点、土方平整、樟树保护性移植、坟墓迁移、猪场拆迁等工作以及砍伐林木报批、土地纠纷调处等事宜。

2009—2020年井冈山经开区本部土地征收情况表

表2-1　　　　单位：公顷

年　份	征收面积	其　中		备　注
		高新街道	金鸡湖街道	
2009	99.64	99.64	—	—
2010	50.38	50.38	—	—
2011	319.71	319.71	—	—
2012	723.26	723.26	—	—
2013	61.94	61.94	—	—
2014	99.99	50.39	46.89	—
2015	33.20	7.47	25.73	—
2016	1.93	0.78	1.15	—
2017	307.09	40.57	266.52	—
2018	386.76	329.59	57.17	—
2019	399.24	117.03	282.21	—
2020	185.90	68.91	116.99	—
合计	2669.04	1872.37	796.66	—

河东经济开发区土地征收情况

2005—2020 年青原区政府共为开发区征收集体土地约 447 公顷，年均征地 31 公顷，主要涉及青原区天玉镇平湖村、田心村、塘尾村，河东街道庄塘村、菱塘村、沙芫村、新生社区、梅林村。

富滩工业园土地征收情况

2001—2020 年青原区富滩镇共为开发区征收集体土地 400 多公顷，年均征地约 20 公顷，主要涉及青原区富滩镇富滩村、三友村、宋溪村、丹村等村。

第三节　土地出让

吉安市高新区设立至 2008 年 11 月，土地出让由吉安市国土资源局负责。2008 年 11 月 26 日，设立吉安市高新技术产业开发区土地征收储备交易服务中心，负责辖区内土地出让工作，执行《招标拍卖挂牌出让国有建设用地使用权规定》（部 39 号令）。

2019 年，井冈山经开区用标准规范土地的集约利用，进一步提高项目入园门槛。相继制订了《井冈山经开区招商引资项目入园管理办法（暂行）》（井开党工办字〔2019〕89 号）和《井冈山经开区环境准入负面清单》（井开字〔2019〕102 号）等文件，“资源节约、环境友好、结构升级”目标，禁止负面清单内的项目入园，负面清单外的项目从严控制供地规模。固定资产投资额低于 2 亿元的工业项目原则上不单独供地，引导其进入小微厂房，用地面积较大的项目，采取分期供地，实现由“引项目”向“选项目”转变。开展工业“标准地”试点，事先作评价、事前定标准、事中作承诺、事后强监管，实行“标准地”信用奖惩评价，从 5 个方面全面推行“标准地”出让先行先试。通过事前发布标准（容积率、亩均税收、固定资产投资强度、单位工业增加值排放、能耗、研发经费支出与主营业务收入之比），企业对标竞价。

2020 年 1 月 14 日，按照省市要求，制定出台了《井冈山经开区工业“标准地”试点实施方案》（井开字〔2019〕3 号），全面推行工业“标准地”出让制度。2020 年 5 月 14 日　吉安市钢铁有限责任公司通过江西省土地使用权和矿业权网上交易系统，以总价 1880.064 万元成功竞得位于井冈山经开区 105 国道以北、上坑水库以东地块国有建设用地使用权。该宗土地成为吉安市首宗工业“标准地”，出让面积 19.58 万平方米（293.76 亩），规划用途为工业用地，用于建设吉安市钢铁有限责任公司年产 100 万吨建筑结构用高强度抗震钢材项目。

2002 年至 2020 年 7 月，供应土地约 1800 公顷。

第四节　土地集约节约利用

井冈山经开区 2001 年设立时起步区规划面积为 12.70 平方千米；2009 年 5 月，设立深圳产业园，启动东区开发建设，规划面积增至 42.99 平方千米。随着井冈山经开区经济实现高速增长，土地的作用日益凸显。同时，城镇化和工业化的快速推进，导致土地供不应求与土地低效利用并存现象也日益严重。2010 年 4 月，井冈山经开区在全市率先制定出台《井冈山经济技术开发区建设项目用地全程管理暂行规定》，建立建设项目用地预审管理、供地管理、跟踪管理和建设项目用地验收的用地程管理制度。

2014 年 5 月，井冈山经开区全面总结建设项目用地管理出现的新情况、新问题，结合沿海发达地区的先进工作经验，修订出台《井冈山经济技术开发区项目用地建设管理暂行办法》，从入园标准、规划管理和供地监管等方面规范土地利用，特别在国家和法律层面对低效用地没有明确的认定标准和处置办法时，积极推进低效用地处置，盘活利用存量土地。

项目用地控制

积极实施“节地增效”行动，推行工业“标准地”出让，以此提高土地节约集约水平，改变土地粗放式利用。严把供地关。根据《井冈山经开区环境准入负面清单》（井开字〔2019〕102 号）文件精神，负面清单内的项目禁止入园，负面清单外的项目从严控制供地规模，对固定资产投资额低于 2 亿元的单个工业项目原则上不单独供地，引导其进入小微产业园标准厂房。严把标准关。结全产业定位、入园门槛、环境准入负面清单等方面要求，科学制订井冈山经开区新增工业项目“标准地”指导性指标（试行），构建了“标准地”“5+1”控制指标体系。

2020 年井冈山经开区项目用地控制具体指标情况表

表 2-2

代码	名称	固定资产投资强度（万元/亩）	亩均税收（万元/亩）	容积率	单位工业增加值能耗（吨标煤 / 万元）	单位工业增加值化学需氧量、氨氮、二氧化硫、氮氧化物排放（吨 / 万元）	R&D 经费支出与主营业务收入之比（%）
14	食品制造业	≥ 185	≥ 18	≥ 1.2	≤ 0.39	≤上年度行业排放均值的 70%	≥ 0.9
16	烟草制品业	≥ 340	≥ 203	≥ 1.0	≤ 0.01		/
17	纺织业	≥ 185	≥ 11	≥ 1.2	≤ 0.20		/
21	家具制造业	≥ 185	≥ 6	≥ 0.8	≤ 0.06		≥ 0.6
26	化学原料和化学制品制造业	≥ 275	≥ 13	≥ 0.8	≤ 0.41		≥ 1
27	医药制造业	≥ 350	≥ 27	≥ 1.0	≤ 0.17		≥ 1.1
28	化学纤维制造业	≥ 350	≥ 11	≥ 1.5	≤ 2.99		/
29	橡胶和塑料制品业 橡胶制品业	≥ 220	≥ 14	≥ 1.0	≤ 0.24		/
	塑料制品业	≥ 180		≥ 0.7	≤ 0.15		/
31	黑色金属冶炼和压延加工业	≥ 265	≥ 10	≥ 1.0	≤ 3.92		/
33	金属制品业	≥ 240	≥ 11	≥ 1.0	≤ 0.15		≥ 0.7
34	通用设备制造业	≥ 350	≥ 14	≥ 1.5	≤ 0.09		≥ 0.6
35	专用设备制造业	≥ 350	≥ 13	≥ 1.5	≤ 0.11		/
36	汽车制造业	≥ 350	≥ 21	≥ 1.5	≤ 0.10		/
37	铁路、船舶、航空航天和其他运输设备制造业	≥ 350	≥ 11	≥ 1.0	≤ 0.08		/

续表 2-2

<table>
<tr><th>代　码</th><th>名　称</th><th>固定资产投资强度（万元/亩）</th><th>亩均税收（万元/亩）</th><th>容积率</th><th>单位工业增加值能耗（吨标煤/万元）</th><th>单位工业增加值化学需氧量、氨氮、二氧化硫、氮氧化物排放（吨/万元）</th><th>R&D 经费支出与主营业务收入之比（%）</th></tr>
<tr><td>38</td><td>电气机械和器材制造业</td><td>≥ 350</td><td>≥ 22</td><td>≥ 1.1</td><td>≤ 0.12</td><td rowspan="3">≤上年度行业排放均值的 70%</td><td>≥ 0.6</td></tr>
<tr><td>39</td><td>计算机、通信和其他电子设备制造业</td><td>≥ 350</td><td>≥ 32</td><td>≥ 1.5</td><td>≤ 0.10</td><td>≥ 1.1</td></tr>
<tr><td>40</td><td>仪器仪表制造业</td><td>≥ 270</td><td>≥ 28</td><td>≥ 1.0</td><td>≤ 0.10</td><td>≥ 1</td></tr>
</table>

低效（闲置）土地处置

2017 年 10 月，辖区增量土地批而未用面积居高不下。井冈山经开区及时启动消化批而未用土地专项行动，制定出台《井冈山经济技术开发区批而未用土地消化处置专项行动实施方案》，建立“每周调度、每月通报、紧盯任务、动态管理”工作机制，探索提出“七个一批”消化模式。至 2020 年，共计消化批而未用土地 443.8 公顷，批而未用率从 54.01% 下降 22.36%。

2018 年 3 月，井冈山经开区启动“一区四园”改革，总规划面积达 116.43 平方千米。

同年 10 月，市委书记胡世忠率党政代表团在上海、浙江等沿海先进地区学习考察时，强调井冈山经开区要在城镇低效用地再开发上作表率，在西区调研城镇土地再开发工作时，提出推进西区提质改造。11 月，井冈山经开区制定出台《井冈山经济技术开发区西区升级改造转型发展实施方案》，深入实施西区升级改造转型发展，围绕“资源节约、环境友好、结构升级”工作目标，积极构建“优质企业再提升、小微企业再集聚、低效企业再转型、集体土地再开发”的土地节约集约利用新模式，提出每年处置 1000 亩低效土地。初步建立自然资源部门统筹调度、各相关部门协调配合、法律团队跟踪服务的低效用地处置长效工作机制，麦德风能、金佳谷物和吉安钢厂等一批低效用地重新盘活利用。

2019 年 11 月，土地利用政策出现新变化，在土地批后监管方面，井冈山经开区进一步修订出台《井冈山经济技术开发区项目用地建设管理暂行办法》，对项目用地从产业规划、入园门槛、供地标准、项目监管和低效用地处置 5 个方面进行规范，特别探索提出建立土地差别化供应、项目履约保证金和项目用地诚信管理制度，做到事前把关、事中监管、事后处置。

2020 年 1 月，井冈山经开区列为省、市工业“标准地”第一批试点单位，制定出台《井冈山经开区工业“标准地”试点实施方案（试行）》，按照“事先做评估、事前定标准、事中作承诺、事后强监管”的原则，积极构建“政府定标准、企业作承诺、过程强监管、失信有惩戒、提速优服务”的新型工业企业投资项目管理模式。5 月 14 日，率先完成全市第一宗“标准地”出让，初步建立工业“标准地”出让制度。截至 2020 年，出让“标准地”11 宗，面积 78.83 公顷，占全市“标准地”出让总量的 82%。

2018—2020 年，处置低效（闲置）土地 41 宗，面积约 326.67 公顷。至 2020 年，工业用地产出约 668.70 万元 / 亩，亩均税收约 15.30 万元。通过十来年的努力，井冈山经开区土地利用从粗放走向集约，建立了土地节约集约制度。

2010—2020 年井冈山经开区土地集约节约利用情况一览表

表 2-3　　单位：公顷

年　份	收储低效土地面积	新增建设用地面积
2010	59.62	179.74
2011	45.72	47.09
2012	91.72	132.89
2013	55.80	203.28
2014	170.01	237.24
2015	6.27	51.41
2016	127.35	53.05
2017	89.38	68.05
2018	66.22	59.72
2019	73.87	92.43
2020	69.97	67.16

第三章　房屋征收

2002 年至 2009 年 8 月，开发区的房屋征收（2001 年至 2016 年称为“拆迁”）工作，由吉安县组织开展。2009 年 8 月，高新街道转隶井冈山经开区后，由井冈山经开区组织开展，具体工作由高新街道办事处负责，区国土资源局指导。金鸡湖街道办事处设立后，由两个街道共同组织实施。2019 年 3 月，为加强重点项目建设的组织协调，确保项目有序推进，成立井冈山经开区重点项目推进指挥部，指挥部下设办公室，安排了专门的办公场所，负责重大项目的推进工作，同时协调两个街道办事处负责房屋征收工作。至 2020 年末，共征收房屋面积 36.74 万平方米。

第一节　政策措施

征收政策

吉安市高新区成立至 2008 年，房屋拆迁安置工作由吉安县敦厚镇、永和镇组织实施。井冈山经开区高新街道成立至 2018 年，征收安置工作由高新街道、金鸡湖街道组织实施。2019 年 ，井冈山经开区重点项目办成立后，由重点项目办牵头，协调两个街道办事处共同开展。

2001—2017 年，无系统拆迁安置政策措施，井冈山经开区的拆迁安置工作主要由拆迁主体单位与农户协商，签订协议的方式进行。2017 年 2 月，吉安市人民政府下发《关于印发吉安市国有土地上房屋征收与补偿实施办法及吉安市国有土地上房屋征收评估机构选定和评估技术细则等三个配套文件的通知》（吉府发〔2017〕1号）；同年4月，又下发《关于印发吉安市中心城区规划区内集体土地上房屋征收与补偿暂行办法及吉安市中心城区规划区内集体土地上房屋征收评估技术细则等三个配套文件的通知》（吉府发〔2017〕7号）。

征收工作规范化、程序化。为推动和规范井冈山经开区征收安置工作，根据吉安市政府以上两个文件精神，结合井冈山经开区工作实际，区管委会2017年7月制定《井冈山经开区集体土地上房屋征收与补偿暂行办法》，2019年5月制定《井冈山经开区庐陵大道综合开发项目城中村改造房屋征收与补偿实施方案》《关于井冈山经开区樟树塘村、大路边村及住仁山老村等城中村改造项目房屋征收与补偿实施方案》《井冈山经开区吉井线以南区域高新街道梨塘村委娑山村、横坛村、铺下村等城中村改造项目房屋征收与补偿实施方案》等系列房屋征收政策措施。

安置措施

2019年3月，重点项目推进指挥部根据《关于印发〈井冈山经济技术开发区集体土地上房屋征收与补偿暂行办法〉的通知》（井开字〔2017〕73号）文件规定，由被征收户自愿选择货币补偿、产权调换、宅基地安置等三种模式。

货币补偿　被征收人选择货币补偿安置的，由具有评估资质的机构对被征收人的正房及附属建筑按重置价格折旧进行评估，在给予评估补偿款基础上，按其被征收的合法正房面积给予被征收人2200元/平方米一次性货币补偿，由被征收人自行安置。

产权调换　产权调换安置实行“总量限制、差价结算”的原则。被征收人按其符合安置条件的合法正房征收面积进行安置，被征收人选择由征收人提供的安置房进行产权调换安置。

宅基地安置　2019年井冈山经开区管委会在规划区外规划了梨塘居民安置点和梅岭下居民安置点两个地块用于被征收户的宅基地安置。宅基地安置坚持“一户一宅”的原则，由被征收人在规定的安置点按规划自行进行建设，每户安置宅基地的面积不得超过120平方米（建筑总面积不超过350平方米，房屋层数不超过3层）。居民安置点由管委会统一规划、统一设计，规划以生态化、休闲性、文化性为主题，营造主题社区，布置一定的室外休闲活动场地，并建设社区活动中心、幼儿园等设施。

在东、西区规划区外分别规划的两个居民安置点是：西区高新街道梨塘居民安置点和东区金鸡湖街道梅岭下居民安置点。梨塘居民安置点规划在吉安大道以西，敦厚镇易家村委官田村以南，占地14.67公顷，可安置271户。2019年已安置182户建房，2020年安置了54户。梅岭下居民安置点规划在罗家塘路以南，八叶水库以北，占地28.93公顷，可安置586户。2019年已安置63户建房，2020年安置123户。

2019年井冈山经开区房屋征收产权调换、货币安置情况一览表

表2-4　　　　单位：户、套

序号	街道	自然村组	安置户	货币安置户	安置房
1	高新街道	东垦棚户区	193	87	212
2		娑山王家	30	4	120

续表 2-4

序　号	街　道	自然村组	安置户	货币安置户	安置房
3	高新街道	婺山 7、14 组	51	1	228
4		横坛	20	3	92
5		甫下	11	—	45
6		田心	28	—	119
7		下村（含太湖）	7	—	17
8		老陈家	39	—	141
—		小计	379	95	974
9	金鸡湖街道	大路边	8	—	32
10		住仁山老村	8	—	24
11		田西、壅高坪	8	—	26
—		小计	24	—	82
—	合计	—	403	95	1056

2019 年井冈山经开区房屋征收宅基地安置情况一览表

表 2-5　　　　单位：栋

序　号	街　道	居民安置点	村　组	安置建房
1	高新街道	梨塘居民安置点	婺山王家	38
2			婺山 7、14 组	64
3			横坛	23
4			甫下	16
5			田心	41
—			小计	182
6	金鸡湖街道	梅岭下居民安置点	住仁山 6 组	11
7			老陈家	14
8			田西	5
9			壅高坪	1
10			住仁山 7 组	12
11			大路边	20
—	—	—	小计	63
—	合计	—	—	245

2020年井冈山经开区房屋征收产权调换、货币安置情况一览表

表2-6　　单位：户、套

序号	街道	自然村组	安置户	货币安置户	安置房
1	高新街道	娑山7、14组	3	—	6
2		甫下	1	—	1
3		下村（含太湖、周家社、洲家坊）	46	1	154
4		老陈家	20	1	77
5		梨塘	38	2	167
6		塘玄上	10	1	34
7		下芫	1	—	2
8		马甫	1	—	4
—		小计	120	5	445
9	金鸡湖街道	住仁山老村	3	1	11
10		田西、壅高坪	21	4	93
11		樟树塘	17	10	65
—		小计	41	15	169
—	合计	—	161	20	614

2020年井冈山经开区房屋征收宅基地安置情况一览表

表2-7　　单位：栋

序号	街道	居民安置点	村组	安置建房
1	高新街道	梨塘居民安置点	娑山王家	1
3			横坛	1
6			下芫	1
7			梨塘村	34
8			塘玄上	16
9			下村	1
—			小计	54
10	金鸡湖街道	梅岭下居民安置点	住仁山	9
11			老陈家	8
12			田西	27
13			壅高坪	5
14			梅岭下	12
16			樟树塘	25

续表 2-7

序　号	街　道	居民安置点	村　组	安置建房
17	金鸡湖街道	梅岭下居民安置点	下村	37
—			小计	123
—	合计	—	—	177

安置房建设

2019 年建成幸福家园和田玄上安置房，启动马甫安置房、木里江安置房、宜家苑（东垦）安置房和官山头安置房等住宅小区建设，共提供 35 栋，2280 套安置房。2019 年共安置 403 户，安置房 1056 套。2020 年规划建设嘉豪华庭安置房、良种场安置房、下芫安置房、金鸡湖畔安置房、里塘山安置房等住宅小区建设，共提供 24 栋，1810 套安置房。2020 年共安置 161 户，安置房 614 套。

2019—2020 年井冈山经开区房屋征收安置房建设基本情况表

表 2-8　　单位：栋、套

年　度	安置小区名称	栋　数	套　数
2019	官山头小区	11	687
	田玄上小区	1	99
	幸福家园	7	312
	宜家园（东垦）小区	6	393
	马甫小区	7	542
	木里江小区	3	247
	小计	35	2280
2020	深圳大道口综合体小区	1	96
	下芫安置小区	6	374
	嘉豪华庭小区	7	413
	鹏程花苑小区	7	527
	金鸡湖畔安置小区	3	400
	小计	24	1810
	合计	59	4090

木里江安置小区

木里江安置小区位于井冈山经开区西区，北临庐陵大道，东临火炬大道，南临赣江大道，西临颐园西路。项目占地面积 1.29 万平方米，总建筑面积约 4.1 万平方米，一期规划建设 3 栋 247 套。由金庐陵公司代建，于 2019 年 5 月开工建设。

马甫安置房

井冈山经开区马甫安置房位于庐陵大道与颐园西路交叉口东北角，规划总用地面积 33333 平方米（50 亩），规划建筑物 9 栋，总建筑面积 92027.11 平方米（含地下室、商业用房、幼儿园用房），绿化率 30%，容积率 2.0，安置房住宅 542 套，车位 634 个，电梯 22 台。由井冈山经开区金庐陵公司代建，于 2019 年 12 月开工建设。

宜家苑安置房

宜家苑小区位于井冈山经开区吉安大道以东，智慧城小区以南，永宏佳苑以北，原址为东垦齿轮厂生活区。地理条件优越，交通便捷，适宜休闲居住。项目用地面积 24490.72 平方米（约 45.99 亩）。总建筑面积：62897.24 平方米，其中计容面积为 57922.64 平方米，地下室面积为 15782.46 平方米，地上架空层面积为 55.84 平方米，整个项目由 4 栋 14~19 层高层住宅，一栋 11 层小高层住宅，一栋 9 层多层住宅以及一栋 2 层沿街商业组成。采取开发商兴建，政府回购模式建设，于 2019 年 12 月开工建设。

幸福家园安置房

幸福家园安置小区用地位于井冈山经开区西区，西靠天祥南路，南临深圳大道，为公租房住宅小区，2015 年建成。2019 年，管委会为推动房屋征收工作，解决被征收户住房安置问题，在幸福家园小区拿出 22#、23#、24#、25#、26#、27#、28# 共 7 栋 268 套用于安置被征收户。

田玄上安置房

田玄上安置房位于井冈山经开区东区，北临深圳大道，东临区公安分局，南临田玄上村，西临区党群服务中心。已建成 1 栋 11 层 99 套安置房用于安置被征收户。

官山头安置房

官山头安置小区位于井冈山经开区东区住仁山路以东、樟树塘路以北、田玄路以西地块，规划建筑 15 栋，4 栋高层住宅，7 栋多层住宅，1 栋幼儿园，1 栋邻里中心，安置房共 687 套，总建筑面积 116185.04 平方米。由金庐陵公司代建，于 2019 年 11 月开工建设。

嘉豪华庭安置房

嘉豪华庭安置小区位于佳园东路以东，赣江大道以南，总用地面积为 23208 平方米。安置房共 7 栋 413 套，3 栋 10 层住宅，4 栋 18 层住宅和沿街配套，总建筑面积约 65893.07 平方米。采取开发商兴建，政府回购模式建设，于 2019 年 12 月开工建设。

下芫安置房

下芫安置小区位于井冈山经开区西区，东临创新大道，北临嘉华大道，西临规划路，南临深圳大道。项目用地面积 21914 平方米，总建筑面积 59206 平方米，包含一栋 4 层商业楼，安置房 6 栋 374 套，设一层地下室。采取开发商兴建，政府回购模式建设，于 2020 年底动工建设。

金鸡湖畔安置房

金鸡湖畔安置小区位于井冈山经开区创业大道与纬四路西北角，采取开发商兴建，政府回购模式建设，规划1#、2#、3#楼共3栋400套用于征收安置。2020年底动工建设。

鹏程花苑安置小区

鹏程花苑安置小区位于深圳大道以南，创业大道以东，樟树塘路以北，交通位置十分便利。总用地面积64954.85平方米，其中总建筑面积177151.04平方米，计容面积126744.19平方米，住宅建筑面积120352.84平方米，商业建筑面积1066.30平方米，地下建筑面积48182.19平方米。小区采取开发商兴建、政府回购的模式建设，安置房共7栋527套。

被征收村基本情况

田心村　位于井冈山经开区西区，属于高新街道马甫居委会所辖自然村，村内户籍人口44户，187人。2019年12月完成整村征收。被征收户房屋安置在庐陵大道马甫小区、木里江小区、幸福家园小区，宅基地安置在吉安大道西面梨塘居民安置点。

娑山王家　位于井冈山经开区西区，属于高新街道梨塘居委会所辖自然村，村内户籍人口51户，186人。2020年5月完成整村征收。被征收户房屋安置在庐陵大道马甫小区、木里江小区、幸福家园小区，宅基地安置在吉安大道西面梨塘居民安置点。

东垦棚户区　位于井冈山经开区西区，吉安大道东边，属于高新街道京九社区辖区，原为东固垦殖场齿轮厂生活区。2019年9月完成棚户区拆除，就地安置在宜家苑小区。

娑山村　位于井冈山经开区西区，属于高新街道梨塘居委会所辖自然村，村内户籍人口81户，300人。2020年6月完成整村征收。被征收户房屋安置在庐陵大道马甫小区、木里江小区、幸福家园小区，宅基地安置在吉安大道西面梨塘居民安置点。

横坛村　位于井冈山经开区西区，属于高新街道梨塘居委会所辖自然村，村内户籍人口39户，120人。2020年6月完成整村征收。被征收户房屋安置在庐陵大道马甫小区、木里江小区、幸福家园小区，宅基地安置在吉安大道西面梨塘居民安置点。

甫下村　位于井冈山经开区西区，属于高新街道梨塘居委会所辖自然村，村内户籍人口18户，63人。2020年6月基本完成整村征收。被征收户房屋安置在庐陵大道马甫小区、木里江小区、幸福家园小区，宅基地安置在吉安大道西面梨塘居民安置点。

老陈家村　位于井冈山经开区西区，属于高新街道行山居委会所辖自然村，村内户籍人口137户，298人。2019年12月份启动房屋征收。被征收户房屋安置在马甫小区、木里江小区、宜家苑小区、幸福家园小区和田玄上安置房，宅基地安置在东区罗家塘路以南梅岭下居民安置点。

老住仁山村　位于井冈山经开区东区，属于金鸡湖街道龙山居委会所辖自然村，村内户籍人口55户，162人。2020年6月完成整村征收。被征收户房屋安置在官山头安置小区、田玄上安置房，宅基地安置在东区罗家塘路以南梅岭下居民安置点。

大路边村　位于井冈山经开区东区，属于金鸡湖街道龙山居委会所辖自然村，村内户籍人口27户，80人。2020年1月完成整村征收。被征收户房屋安置在官山头安置小区、田玄上安置房，宅基地安置在东区罗家塘路以南梅岭下居民安置点。

梨塘村　位于井冈山经开区西区，属于井冈山经开区高新街道梨塘居委会所辖自然村，村内户籍人口 64 户，189 人。2020 年 12 月完成整村征收。被征收户房屋安置在庐陵大道马甫安置小区、木里江安置小区、宜家苑安置小区、下芫安置小区。宅基地安置在吉安大道西面梨塘居民安置点。

塘玄上村　位于井冈山经开区西区，属于井冈山经开区高新街道梨塘居委会所辖自然村，村内户籍人口 24 户，74 人。2020 年 12 月完成整村征收。被征收户房屋安置在庐陵大道马甫安置小区、木里江安置小区、宜家苑安置小区、下芫安置小区。宅基地安置在吉安大道西面梨塘居民安置点。

樟树塘村　位于井冈山经开区东区，属于井冈山经开区金鸡湖街道西坑村委会所辖自然村，村内户籍人口 42 户，125 人。2020 年 9 月启动整村征收，2020 年 12 月完成整村征收。被征收户房屋安置在官山头安置小区、田玄上安置房、金鸡湖畔安置小区、鹏程花苑安置小区，宅基地安置在东区罗家塘路以南梅岭下居民安置点。

田西村　位于井冈山经开区东区，属于井冈山经开区金鸡湖街道西坑村委会所辖自然村，村内户籍人口 45 户，201 人。2020 年 9 月启动整村征收，2020 年 12 月完成整村征收。被征收户房屋安置在官山头安置小区、田玄上安置房、金鸡湖畔安置小区、鹏程花苑安置小区，宅基地安置在东区罗家塘路以南梅岭下居民安置点。

老烟厂居民楼棚户区　位于井冈山经开区西区，吉安大道东边，属于井冈山经开区高新街道金庐社区辖区，原为井冈山卷烟厂生活区，共 186 户。2020 年 10 月启动房屋征收，规划就地安置。

第二节　征收面积

2013—2018 年，高新街道主要征收位于下村、南安、西坑、岭上、行山、梨塘、马甫等村居的房屋，征收面积约 11.68 万平方米。

2019 年、2020 年，在井冈山经开区重点项目推进指挥部的统筹协调下，两个街道办事处共征收房屋面积 22.97 万平方米。其中，2019 年全区共安排房屋征收任务 8 个整村搬迁、5 个村部分搬迁，一个棚户区改造（东垦棚户区），共完成房屋拆除 392 户约 6.23 万平方米，完成 550 户约 12 万平方米房屋签约。2020 年，金鸡湖街道主要完成樟树塘整村、田西整村、剩余住仁山老村、大路边、庐陵大道、普祥路及中信环路等约 4.0 万平方米的房屋征收工作；高新街道完成 9 个村约 13.18 万平方米的房屋征收工作。全年合计完成房屋征收面积 17.2 万平方米。至 2020 年末，井冈山经开区本部共完成房屋征收 45.98 万平方米。

2019 年井冈山经开区各村组房屋征收情况一览表

表 2-9

街　道	自然村组	征收户数（户）	征收面积（平方米）
高新街道	田心	33	11502.65
	娑山王家	14	4362.49

续表 2-9

街　道	自然村组	征收户数（户）	征收面积（平方米）
高新街道	东垦棚户区	271	20816.3
	下村村	1	584.41
	太湖	19	7160.63
	燕子窝搅拌站	1	178.97
小计	—	339	44605.45
金鸡湖街道	住仁山老村	26	6719.04
	大路边	21	8535.42
	田西	4	2371.83
	壅高坪	2	656.02
小计	—	53	18282.31
合计	—	392	62887.76

2020 年井冈山经开区各村组房屋征收情况一览表

表 2-10

街　道	自然村组	征收户数（户）	征收面积（平方米）
高新街道	梨塘娑山 6/7/14 组	132	47815.77
	横坛村	38	12310.29
	甫下村	18	7063.7
	下村村	48	16578.02
	太湖老村	9	1909.37
	老陈家村	63	18436.28
	梨塘村	63	21630.45
	塘玄上村	16	5244.04
	老洲家坊村	1	338.94
	周家社老村	1	563.56
小计	—	389	131890.42
金鸡湖街道	住仁山老村	14	4503.39
	大路边、壅高坪等零星征收	11	4008.98
	田西村	38	16866.86
	樟树塘村	38	14824.58
小计	—	101	40203.81
合计	—	490	172094.23

2009—2020 年井冈山经开区房屋征收情况一览表

表 2-11

年　份	户数（户）	征收面积（平方米）	其中（平方米）	
			高新街道	金鸡湖街道
2009	—	6777.43	6777.43	—
2010	—	8536.23	8536.23	—
2011	—	4879.35	4879.35	—
2012	—	27301.73	27301.73	—
2013	—	36533.83	36533.83	—
2014	—	26089.24	15089.24	11000
2015	—	28141.08	17841.08	10300
2016	—	15609.34	3609.34	12000
2017	—	54506.94	4306.94	50200
2018	—	16543.15	5543.15	11000
2019	392	62887.76	44605.45	18282.31
2020	490	171988.34	131890.42	40097.92
合计	—	459794.42	306914.19	152880.23

第四章　市政建管

井冈山经开区的建设肇始于吉安县的敦厚经济开发区，其 105 国道（原）以东部分区域实施了“三通一平”。2001 年，吉安市高新区成立，该区域调整为吉安市高新区的规划范围。2002 年，高新区基础建设启动，2003 年后各项重点工程建设的大幕徐徐拉开，2009 年升级为国家级开发区，进入新一轮开发建设高潮。

市政建设是以道路交通等基础设施建设起步的。如 2001 年开始了君山大道的规划建设，同时协调各企业的厂房建设。2010 年后，开始了园林、绿化、景观等设施的建设；供气、供热等综合管网的建设；安置房和商品房开发等建设；孵化中心、科技产业园等建设。经过近 20 年一浪高过一浪的持续建设，井冈山经开区基础设施进一步完善，园区环境更加优美，各类产业配套齐全，科技、商贸、进出口、物流、会展、办公等设施配套齐全，一座现代化工业新城在井冈山下快速崛起。

第一节　路网建设

主干道路建设

至 2020 年末，建成“五纵六横”主干道路网。“五纵”由西向东依次为创新大道、火炬大道、拓展大道、创业大道、永锦大道，“六横”由北到南依次是庐陵大道、赣江大道、君山大道、京九大道、深圳大道、105 国道南环路。主干道路网总里程达 49.08 千米。

创新大道 创新大道位于井冈山经开区西区，南北走向，起于赣江大道，终于深圳大道，长 3 千米。道路红线宽 52 米，采用沥青砼路面，2004 年开工，至 2020 年底已建成君山大道北 150 米至嘉华大道段约 1.7 千米。工程主要建设内容包括：道路工程（路基、路面、交通设施工程）、排水工程、管线综合、道路绿化、照明等。

火炬大道 火炬大道位于井冈山经开区西区，南北走向，南起于深圳大道，北连接庐陵大道。长 3.1 千米，宽 52 米， 双向 4 车道，采用沥青砼路面，项目总投资 8000 万元。2004 年开工，2006 年竣工。主要建设内容包括：道路工程（路基、路面、交通设施工程）、排水工程、管线综合、道路绿化、照明等。

拓展大道 拓展大道位于井冈山经开区西区的东部，南北走向，南起于深圳大道，北至庐陵大道。道路全长 3.1 千米，道路红线宽 60 米，采用沥青砼路面。2006 年开工，2010 年竣工。工程主要建设内容包括：道路工程（路基、路面、交通设施工程）、排水工程、管线综合、道路绿化、照明等。

创业大道 创业大道位于井冈山经开区东区，南北走向，贯通整个东区，是东区建设的第一条主干道。长 4.58 千米，宽 60 米，双向 6 车道。由吉安市金庐陵经济开发有限公司发包，太平洋建设集团有限公司以 BT 模式承包建设。于 2011 年 7 月 1 日开工建设，2013 年 12 月 20 日竣工，项目总投资 1.3 亿元。主要建设内容为：新建沥青砼路面工程，主要包含路基工程、雨污水管工程、路面工程、人行道工程、标志、标牌与标线、绿化、亮化工程。

永锦大道 永锦大道位于井冈山经开区东沿，南北走向，南连通锦源公路，北通吉州窑。长 6.7 千米，宽 28 米，双向 4 车道，采用建设局委托金庐陵公司代建发包模式承包建设，项目总投资 2.6 亿元。2018 年 11 月 20 日开工建设，至 2020 年末，已建成约 5 千米。主要建设内容为：新建沥青砼路面工程，主要包含路基工程、雨污水管工程、路面工程、人行道工程、标志、标牌与标线、绿化、亮化工程。

庐陵大道 庐陵大道位于井冈山经开区北沿，东西走向，西接吉安大道，东与永和镇永和大道相连，长 6.7 千米，宽 42 米，双向 4 车道。由吉安市金庐陵经济开发有限公司采取公开招标的方式确定施工单位，项目总投资 3.2 亿元。2014 年 4 月 20 日开工建设，西段 4 千米 2014 年建成通车；至 2020 年末，东段路基工程基本建成，由太平洋建设集团有限公司以 BT 模式承包建设。主要建设内容为：新建沥青砼路面工程，主要包含路基工程、雨污水管工程、路面工程、人行道工程、标志、标牌与标线、绿化、亮化工程。

赣江大道 赣江大道（火炬大道—佳园东路段）位于井冈山经开区西区，东西走向，道路起于火炬大道，终于拓展大道，道路全长约 3.8 千米，已建成约 1.3 千米，道路红线宽 42 米，采用沥青砼路面，投资约 2000 万元。2012 年开工，2015 年竣工。工程主要建设内容包括：道路工程（路基、路面、交通设施工程）、排水工程、管线综合、道路绿化、照明等。

君山大道 君山大道位于井冈山经开区西区，东西走向，贯穿整个西区，是西区建成最早的主干道。长 4 千米，宽 43 米，双向 6 车道，项目总投资 8000 万元。工程 2002 年开工，2006 年竣工。工程主要建设内容包括：道路工程（路基、路面、交通设施工程）、排水工程、管线综合、道路绿化、照明等。

深圳大道 深圳大道，原称城南大道，位于井冈山经开区中部，东西走向，西接吉安大道，东至永和镇，长 8.4 千米，宽 60 米，双向 6 车道。由建设局委托金庐陵公司代建，太平洋建设集团有限公司以 BT 模式承包建设，项目总投资 4.6 亿元。深圳大道西段 4 千米于 2008 年开始动工建设，2011 年

12月通车；东段2012年3月20日开工建设，东区核心区段4.5千米已建成使用，剩下往吉安县陶瓷产业园的几百米路段，由于工程建设用地大部分属于永和镇，用地问题尚未解决而搁置。主要建设内容为：新建沥青砼路面工程，主要包含路基工程、雨污水管工程、路面工程、人行道工程、标志、标牌与标线、绿化、亮化工程。

京九大道　京九大道位于井冈山经开区西区，东西走向，东接拓展大道，西通吉安大道。长3.8千米，宽30米，双向4车道，采用沥青砼路面，项目总投资8000万元。2003年开工，2005年竣工。工程主要建设内容包括：道路工程（路基、路面、交通设施工程）、排水工程、管线综合、道路绿化、照明等。

105国道南环路　105国道南环路位于井冈山经开区南端，东西走向，东起于创业大道，西连105国道。长6.8千米，宽31米，双向4车道，采用沥青砼路面，总投资约5000万。施工单位为金光道建设集团有限公司，项目于2012年5月开工，2013年10月竣工。工程主要建设内容包括：道路工程（路基、路面、交通设施工程）、排水工程、管线综合、道路绿化、照明等。

次干道路建设

至2020年末，共修建次干道23条，总里程52.76千米。

2020年井冈山经开区主要道路建设一览表

表2-12　　单位：米

序号	道路名称	道路等级	红线宽度	起讫点	长　度	修建时间
1	火炬大道	主干路	80	深圳大道—庐陵大道	3318	开工：2004 竣工：2006
2	拓展大道	主干路	60	规划南边界—庐陵大道	5240	开工：2006 竣工：2010
3	君山大道	主干路	60	吉安大道—吉太路	3898	开工：2002 竣工：2006
4	深圳大道	主干路	60	吉安大道—东环快速路	9598	开工：西段2008，东段2012.03 竣工：西段2011.12
5	创业大道	主干路	60	规划东北边界—规划南边界	5871	开工：2011.7 竣工：2013.12
6	南塘路西段	主干路	60	南塘路—铁路线	5264	—
7	京九大道	主干路	52	吉安大道—拓展大道	3872	开工：2003 竣工：2005
8	创新大道	主干路	52	赣江大道—深圳大道	2949	开工：2004
9	赣江大道	主干路	42	吉安大道—拓展大道	3173	开工：2012 竣工：2015（1.3千米）
10	庐陵大道	主干路	42	吉安大道—规划东北边界	5820	开工：2014.4 竣工：2014（西段）
11	永和大道	主干路	40	真华山路—罗家塘路南	3371	开工：2016.2 竣工：2018.12（约580米）
12	南塘路东段	主干路	36	铁路线—东环快速路	4423	—

续表 2-12

序号	道路名称	道路等级	红线宽度	起讫点	长　度	修建时间
13	建设大道	次干路	40	吉安大道—环岛南路 环岛南路—吉太路	2412	—
14	学园西路	次干路	32	深圳大道—环岛南路	1514	开工：2010.6 竣工：2011.12
15	南山大道	次干路	32	深圳大道—环岛南路	1514	开工：2010.6 竣工：2011.12
16	嘉华大道	次干路	30	吉安大道—拓展大道	3699	—
17	天祥南路	次干路	30	深圳大道—君山大道	2085	开工：2010.6 竣工：2014.12
18	住仁山路	次干路	30	深圳大道—普祥路	1667	开工：2017.5 竣工：2018.12
19	田玄路	次干路	30	中信环路—樟树塘路	1696	开工：2012.8 竣工：2015.12
20	普祥路	次干路	30	中信环路—罗家塘路	2665	开工：2012.8 竣工：2015.12
21	梅岭路	次干路	30	中信环路—南塘路东段	2149	开工：2012.8 竣工：2015.12
22	里塘路	次干路	30	深圳大道—南塘路东段	1128	—
23	新庄南路	次干路	30	深圳大道—真华山路	1940	开工：2016.5 竣工：2016.8
24	樟树塘路	次干路	30	住仁山路—仇家坊路	4053	开工：2012.8 竣工：2018.12
25	罗家塘路	次干路	30	南环快速路—东环快速路	4564	开工：2018.8 竣工：2019.12
26	中信环路	次干路	30	岭上路—杨家湖路	4314	开工：20168.8 竣工：2020.12
27	湖滨路	次干路	30	中信环路—深圳大道	1407	开工：2017.2 竣工：2020.6
28	环岛北路	次干路	24	颐园东路—颐园西路	1564	—
29	佳园东路	次干路	24	庐陵大道—君山大道	859	开工：2011.6 竣工：2013.12
30	环岛南路	次干路	24	佳园西路—佳园东路	2793	—
31	佳园西路南段	次干路	24	赣江大道—君山大道	475	开工：2007.8 竣工：2008.12
32	上坑湖路	次干路	24	拓展大道—南塘路西段	1652	建成约 800 米
33	吉太路	次干路	24	拓展大道—规划北边界	3397	—
34	官山岭路	支路	24	创业大道—田玄路	1031	—
35	经九路	支路	18	南塘路西段—纬二十三路	265	—
36	纬十五路	支路	14	中信环路—道路尽端	361	—
37	纬十六路	支路	14	中信环路—道路尽端	128	—
38	纬十七路	支路	14	中信环路—经十一路	221	—
39	经十一路	支路	14	中信环路—纬十五路	1090	—

桥梁建设

京九铁路南北纵贯井冈山经开区，以此为界，分隔为西区、东区。为沟通东西区之间的联系，使之成为一个整体，至2020年末，已建成三座跨京九铁路大桥，总长度1059米。

深圳大道跨铁路桥　井冈山经开区深圳大道跨铁路大桥是连通井冈山经开区东西的重要交通枢纽。深圳大道跨铁路桥沿前进方向分别上跨三条铁路线，分别为井吉线、京九线、吉安南疏解线，全长933米，桥面宽（双幅）36米，道路路面为沥青砼路面。项目于2011年底开始动工建设，2018年完工通车。由金庐陵公司承建，项目总投资3亿元，其中深圳市捐资1亿元。

图2-10　2011年12月25日，深圳大桥开工仪式举行

庐陵大道跨铁路桥　庐陵大道跨铁路桥位于井冈山经开区庐陵大道与京九铁路立体交叉处，全长130米，桥面宽26米，道路路面为沥青砼路面。项目总投资约3000万元，2012年底开始动工建设，2014年完工通车。

105国道跨铁路桥　105国道跨铁路桥井冈山经开区南沿，全长100米，红线宽30米，道路路面为沥青砼路面。项目总投资5000万元，2013年底开始动工建设，2014年完工通车。

第二节　园林绿化

园林绿化是一个城市的外在表现，是城市品质好坏的直接形态。园区成立以来，作为全市工业的主战场，始终提高建设标准，贯彻落实“把园区当作城区来建”的理念，把园林绿化列为生态建设的重要组成部分和关系园区可持续发展的大事来推进，形成以君山大道、火炬大道、深圳大道、拓展大道、庐陵大道、创业大道为骨架的城市道路绿化系统，将梨山公园、郊野公园、小南山公园等绿地系统有机地衔接起来，形成点、线、面相结合的网状绿化系统。截至2020年，园区现有绿化树种100余种，乔木多为香樟、杜英、桂花、垂柳、雪松、日本晚樱等，灌木多为红花檵木、金森女贞、毛杜鹃等。

道路绿化

井冈山经开区始终把道路绿化作为全区城市绿化的窗口，已完成君山大道、庐陵大道、建设大道、京九大道、深圳大道、拓展大道、南山大道、嘉华大道、创业大道等主路和支路的绿化建设，以行道树为主，在主要的干道打造高标准的隔离带绿化，在保证交通需求和安全的前提下，做到层次分明，高低错落、四季有景的道路景观。

2006年完成君山大道、创新大道、建设大道、天祥南路绿化施工。

2008年完成京九大道绿化施工。

2009年完成火炬大道、拓展大道绿化施工。

2010年完成深圳大道绿化施工。

2016 年完成创业大道绿化施工。

2017 年完成梅岭路、普祥路绿化施工。

2018 年完成罗家塘路绿化施工。

2019 年完成庐陵大道、南山大道绿化施工。

2020 年完成环湖路、中信环路绿化施工。

公园、景观

梨山公园　梨山公园依托原梨山水库建设，总占地面积约 64 公顷，分两期实施，一期于 2012 年竣工，二期于 2018 年组织实施，2020 年竣工。公园主要树种为香樟、垂柳、桂花、杜英等，公园内建设了游步道。

郊野公园　郊野公园位于吉安县天祥公园东面，总规划面积约 168 公顷，保留原有农田约 34 公顷，其中位于井冈山经开区的建成面积约 4.1 公顷，总投资约 3000 万元，2018 年竣工。

小南山公园　小南山公园依托原有山地建设，位于深圳大道南侧，南山示范园东侧，总占地面积约 10 公顷。2019 年竣工，在保留了原有树种的基础上进行提升，新增香樟、银杏等乔木树种，修建游山步道。

景观工程　火炬大道标志景观：扬帆出海，2016 建成，造价约 200 万元左右。金鸡湖街道标志景观：绽放的杜鹃。

亮化工程

井冈山经开区的城市道路照明建设，始于 2001 年建园初，与园区基础建设同步进行。在开发区第一条道路君山大道，高标准建成双杆双挑第三代光源的高压钠灯 80 套。陆续在天祥路、建设大道、创新大道、火炬大道、梨山公园、南山公园，建设功能性路灯、园林庭院景观灯。2009 年，园区发展进入新阶段，随着车辆通行数量快速增长，为保障行人安全，在君山大道与吉安大道建设高杆路灯 4 座。

按照省委城市建设三年品质提升要求，园区路灯建设，以提升道路装灯率，提高节能率，精准路灯运行，完善美丽灯光环境为目标，持续推进路灯建设。坚持绿色发展、可持续发展，以功能性为主，以景观性为辅，大量使用高节能、光色宜人的第四代光源 LED 路灯。为方便园区群众夜间出行安全、行车高效快捷，采用智能控制路灯启闭方式。至 2020 年末，建成各形路灯 4000 余杆，6000 余盏；敷设路灯电缆 180 千米，总功率达到 600 千瓦；道路路灯安装率 90% 以上，亮灯率 95% 以上，完好率 96%，运行正常率 98%。

截至 2020 年底，孵化大楼广场安装中环灯 34 盏，景观柱灯 12 盏，草坪灯 80 余盏，高杆灯 6 座，其他照明灯 30 余盏，既提升了整个广场的照明功能，又与周边环境相结合，做到景观和照明的协调统一。

第三节　市政管护

环卫设施建设

第一座垃圾压缩站　位于火炬大道南延，配套一座压缩站、一座中转站、一座公厕，日处理生活垃圾35吨，总投资约为550万元。2014年9月投入使用。

第二座垃圾压缩中转站 位于创业大道与规划路交叉口东北角地块。规划用地面积6692平方米；规划建设2层低层用房，建筑高度7.2米规划建筑面积1792平方米（其中压缩站建筑面积1757.52平方米，门卫室面积38.6平方米）。项目于2020年4月10日开工，总投资约400万元。

图2-11 井冈山经开区垃圾压缩中转站规划效果图

环境卫生管理

推进城乡环卫一体化 把中心城区的城市管理和环境卫生工作要求向村组延伸。实施了城乡同治同洁同美工程，开展了城乡“同治同洁同美”评比表彰活动。

2017年，共投入8吨洗扫车5台、8吨人行道清扫车3台、10吨洒水车2台、侧装式垃圾装运车2台、快速保洁电动三轮车60台、果壳箱1730个、侧装式垃圾桶700个，实现了园区环卫作业机械化。2018年，新购入雾炮车1台、吸尘车1台、垃圾转运箱90余个。

“厕所革命”三年攻坚 2018年，出台《井冈山经开区“厕所革命”三年攻坚行动方案》。成立领导小组，统筹推进符合标准的单位厕所免费对外开放，并按要求统一编号，设置公厕导向牌。完善现有公厕的水电设施，并交由保洁公司代为清扫，保障现有公厕的正常使用。同时编制“厕所革命”专项规划，加快城乡公厕新建、改建进程，确定选址后进行统一招投标。至2020年，全区共完成新建城区公厕12座，约600平方米，改建城区公厕5座。“厕所革命”总投资900万元。

道路保洁、垃圾清运 2017年以前，井冈山经开区道路保洁、垃圾清运处理工作由区管委会办公室招聘人员完成。2017年开始，通过公开招标，将道路清扫保洁、城市和农村生活垃圾清运委托第三方处理。长沙玉诚环境景观工程有限公司中标井冈山经开区街道清扫保洁工作和生活垃圾清运工作。该公司有工作人员201人，洗扫车4辆，洒水车6辆，压缩式垃圾车1辆，钩臂车2台，轻型自卸货车1台，快速保洁三轮车60辆。

2018年，清扫保洁总面积134.68万平方米，其中人行道面积为23.06万平方米；2019年道路保洁面积112.25万平方米。

农村生活垃圾治理覆盖全区2个街道共计约63.86万平方米。

2020年，园区生活垃圾每月转运量约为1200吨，均由垃圾清运第三方处理公司运至西区垃圾压缩站，经压缩后转运至垃圾焚烧发电厂集中处理。

城市综合执法

机构队伍 2002年1月，吉安市高新区城市管理监察执法大队成立，隶属区规划建设局。2009年7月，井冈山经开区综合执法局成立，为井冈山经开区管委会内设机构，参照公务员法管理。城市管理监察执法大队更名为井冈山经开区综合执法大队，隶属综合执法局，合署执法。2012 年环卫保洁职能划归综合执法局。2015 年 9 月 15 日，正式恢复综合执法大队，为综合执法局下属正科级事业单位，受市有关部门的委托，负责区内的城管、土地、劳动、食品、卫生、文化市场管理等执法监察工作，查处各类违法案件。2017 年 9 月，区综治信访办并入综合执法局；2020 年 1 月，综合执法局因机构改革被撤销，综治信访职能划归社会事业局，国土执法职能并入自然资源局，城市管理、环卫保洁职能并入城市建设管理局，下设城市综合管理大队进行管理。

执法人员以政法、军事类院校毕业生和复员专业军人为主，通过笔试、面试、政审等程序，择优录用；经过军训、业务培训和 3 个月的试用期，考核合格后，签订聘用合同。

建立考评档案，实行网格化管理，组织学习城市管理综合行政执法法律法规，提高队伍整体素质，促进文明执法。

综合执法　主要是对违章建筑进行查处；对户外广告、余土清运展开督察；对建筑物外立面、门店招牌、围墙、车辆停放、管线开挖等市容市貌工作进行整改、优化和提升；对网吧未成年人上网管控等。

每年开展城管法律法规知识宣传月活动。通过张贴宣传画、发放宣传资料、设立宣传站点等形式，让群众了解城市管理的相关法律法规，支持和参与城市管理工作。不定期进行文化场所安全隐患排查、整改。

2010 年，制定《井冈山经济技术开发区环境专项整治工作方案》《井冈山经济技术开发区余土废渣和散装材料运输管理暂行办法》等文件。2018 年，出台《禁牛公告》《井冈山经开区中心城区车辆限行通告》《禁止燃放烟花爆竹公告》《关于迅速拆除蓝色彩钢棚违章建（构）筑物的公告》《关于拆除蓝色彩钢棚违章建筑物的履行催告书》《关于强制拆除违章建筑物的公告》。

加大违章建筑巡查力度。充分发挥社会监督作用，做到发现一处、查处一处，杜绝新违法建筑的出现。2010 年，在街道办的协助下拆除了梨塘村委下芫村小组、永和镇岭上村委、马甫村委周家村小组等地 20 余户 3000 多平方米的违章建筑，遏制了群体性违法建房行为势头。同时，单独组织人员完成对浩伦科技对面等多处违章建筑拆除工作，全年累计查处违法搭建 27 起，拆除各类私搭乱建 5000 平方米。2018 年，累计拆除铁皮棚 608 座，拆除面积 86909 平方米，协助街道拆除违章搭建房屋、生猪养殖户非法搭建建筑物 21 起，拆除面积 21371.42 平方米，拆除新增“两违”17558 平方米。

整治占道经营、监管乱倒垃圾现象、规范门头牌匾和户外广告。整治占道经营以主干道、商业街为重点，按照“主干道严禁、次干道严控、背街小巷规范”的要求，加强对占道经营的整治和管理；建立乱倒垃圾监管片区责任制，对易发地段进行重点巡查，与建筑工地签订垃圾清运责任书，建立奖惩机制，组织交警与城管执法人员联合执法，加大处罚力度；坚持“有建必查、举报必管、违法必拆”的方针，组织土地、规划、公安等部门联合执法，拆除多处违法建筑；按照“整齐划一、上下平齐、色彩协调、两线一面、一点一牌”的要求和“严控、严查、严处”的工作方针，规范门头牌匾和户外广告，新设门头牌匾，要办理登记审批手续。2011 年，查处、制止违法私采白膏泥案件 4 起，封停采石场 2 处，对辖区范围内的砖窑进行了全面排查，对 5 户砖窑制发了整改通知。2015 年共清理各类牛皮癣、非法张贴 600 余条；整治各类出摊占道、越门经营以及夜间烧烤饮食 180 余处；处理各类群众投诉举报 8 件，检查各类施工工地 40 余次，发出整改通知书 8 份，查处违规运渣车 50 台次。2019 年，整治道路绿地违规种菜 400 平方米。

开展建筑工地及渣土车专项整治。对建筑工地以路面硬化、配备冲洗设备、减少扬尘作为监管重点，设置监控设施严密监控；对渣土车要求严加包裹，按指定路线行驶，减低污染，建立定点检查和夜查工作制度，对建筑工地及渣土车加强综合执法管理。

城市管理向城中村、城乡结合部延伸。对高新街道、金鸡湖街道进行城市管理综合整治。主要是拆除乱搭乱建棚亭，规范占用人行通道摆摊设点，清理人行道废弃电杆、水泥墩和乱堆乱放的砂石砖块，规范机动车辆停放秩序，清理整治门头牌匾、户外小灯箱和野广告。参照吉安市社区管理体制，把执法任务落实到片区中队，中队固定2名执法队员，指导高新街道、金鸡湖街道委员会做好城市容貌管理工作。加强与市容、市政部门的联系，督促做好城中村市容管理和雨污水排放工作。

规范网吧和电子游戏场所经营。2011 年，对电子游戏经营场所及部分以电子阅览室为名开设的网吧进行专项整治，收缴销毁了赌博机 17 台，查处网吧容留未成年人上网等违法行为 5 次。

2013 年，井冈山经开区综合执法大队被评为江西省首批青年雷锋岗；2016 年，被评为全省城管执法工作先进单位；2018 年，被评为全省城管执法队伍“强基础、转作风、树形象”专项行动先进单位；2019 年，被评为全省城管执法工作先进单位。

第五章　产业基础建设

井冈山经开区升级为国家级开发区后，为夯实产业基础，加强园区配套，实施了系列项目建设。项目建设的类型主要有公共建筑、商用建筑、标准厂房、重点产业园等。投资主体有管委会、企业、机构等；资金来源包括上级安排、企业自筹、机构投资、银行融资等。至 2020 年末，共实施各类项目 109 个。实现了招商引资和基础设施共建共享，产业发展和公共服务同步完善，井冈山经开区生产发展、居民生活更加便利，综合运转更加高效。

第一节　金鸡湖创新小镇

金鸡湖创新小镇位于井冈山经开区东区金鸡湖畔，东靠金鸡岭，南邻深圳大道，西傍金鸡湖，北接庐陵大道。井冈山经开区于 2019 年开始在金鸡湖街道打造以工业创新特色为基础，包含办公、休闲、商业、住宅、会展功能，按照“湖光山色、春意盎然、现代新颖”的定位，建设集研发基地、人才高地、交流中心“三位一体”的城市综合体，即金鸡湖创新小镇。

金鸡湖创新小镇核心区城市设计

规划范围：东至创业大道、北至庐陵大道、西至京九铁路、南至深圳大道，规划总面积 499.81 万平方米，小镇核心区规划范围 37.81 万平方米，其中近期规划用地面积 30.31 万平方米，远期规划用地面积 7.50 万平方米。

规划目标：利用金鸡湖、金鸡岭等优质生态资源，注入高端研发产业，打造区域生态创新智核，提升新区创新能级，助力新区转型发展。

设计理念：将小镇打造成为全国智能制造示范基地、江西智汇创新中心、吉安活力创业基地。

2020年12月已经建成或在建的项目主要有：创新小镇创新大厦项目、创新工业设计中心项目（一期）、创新工业设计中心CD地块及规划路网项目、数字经济体验服务中心、井冈山经开区人才公寓项目、金鸡湖驳岸绿地、路网项目。

图2-12　金鸡湖创新小镇总体规划效果图

创新小镇创新大厦

位于井冈山经开区金鸡湖腹地，背靠金鸡山。用地面积1.8万平方米，总建筑面积6.56万平方米，建筑高度约150米，建设集总部办公、高端商业、会议展示、休闲娱乐等于一体的创新综合服务中心。设计取意于雨后春笋“荒林春雨足，新笋迸龙雏”，通过一种向上积极生长的形态来诠释井冈山精神的历史与将来，引领井冈山经开区更好更快的发展。

图2-13　2020年1月7日，吉安市副市长、一级巡视员邓淑斌（前排左一）调度金鸡湖创新小镇建设情况

项目总投资4亿元。用地面积为20998平方米，其中建设用地面积17794平方米，建筑高度为118.95米，室外地面至屋顶机房屋面的高度为123.35米，室外地面至屋顶的构架高度为149.95米，属超高层综合类建筑。主要功能为酒店和办公，一栋两层的会展中心，两栋楼之间在二层通过连廊连接为一个整体。总建筑面积65614.08平方米，其中地上建筑面积为47781平方米，地下建筑面积为17833.08平方米，容积率2.58，建筑密度36.3%，2019年4月开工，至2020年末主体工程已经完工。

创新工业设计中心项目（一期）

位于中信环路与湖滨路交叉口西北角地块。项目总投资1.05亿元，项目占地面积19000平方米，总建筑面积36104.93平方米。其中A地块地下不计容面积4119.79平方米，地上计容面积9359.67平方米，室外架空平台面积912.34平方米；B地块地下不计容面积7000.22平方米，地上计容面积13135.00平方米，室外架空平台面积1577.91平方米。总建筑面积为36104.93平方米，地下室面积为11120.01

平方米，室外架空面积为2490.25平方米。2019年6月开工，2020年12月完工。

图2-14　井冈山经开区创新小镇体育健身中心规划效果图

创新工业设计中心CD地块及规划路网

位于井冈山经开区金鸡湖创新小镇中信环路与湖滨路西面。项目总投资2亿元，总建筑面积42922.77平方米，主要建设综合类创新设计办公商业建筑群，含配套设备采购安装；创新大厦周边规划道路5条，道路全长约2.5千米，桥梁4座，桥梁总长约111米；工业设计中心A、B、C、D四个地块的市政配套项目面积约2.4万平方米。总体规划要求“保留基底山水资源，构建海绵城市，打造生态宜居的山水城区”。2019年9月开工，至2020年末，尚在建设中。

图2-15　井冈山经开区创新小镇商业街规划效果图

数字经济体验服务中心

分为两个地块建设，总投资3.5亿元。地块一为体育健身中心项目，位于井冈山经开区湖滨路与规划二路西南角地块，总用地面积17494.00平方米，地上建筑面积10887.67平方米，地下建筑面积8224.83平方米；主要建设内容：体育馆、地下室及其他配套的商业建筑，配套建设道路、绿化、电气、给排水等基础设施。地块二为商业街区项目，位于中信环路东北角，用地面积为26559.79平方米，容积率1.3，绿地率30%，总建筑面积49723.59平方米，计容建筑面积为34336.21平方米，商业4层（局部商业为2层或3层）。项目计划开工时间2020年12月，至2020年末，尚在建设中。

图2-16　井冈山经开区创新小镇人才公寓规划效果图

井冈山经开区人才公寓

位于井冈山经开区中信环路与田玄路交叉口西北角地块，项目总投资5.12亿元，项目用地面积36720

平方米，总建筑面积 86146.08 平方米。项目规划以高层住宅和小高层住宅结合，由多栋 9~11 层住宅、15~17 层的高层住宅，并配置了一个 3 层 12 班的幼儿园，一个垃圾转运站及公园。其中地上总建筑面积 58551.59 平方米，地下建筑面积 27594.49 平方米。单体最大建筑面积 9487.88 平方米，单体最大高度 47.65 米。主要建设内容：主要建设人才公寓 446 套、幼儿园、配套公建用房、装修、配套工程等。项目开工时间 2020 年 4 月，计划完工时间 2021 年 12 月。

金鸡湖驳岸绿地

金鸡湖驳岸绿地是依托原金鸡湖创新小镇建设而建成的一个高标准环湖绿地，占地面积 6.8 公顷，成带状布置，南接深圳大道，沿金鸡湖驳岸设计了游步道，于 2020 年竣工。

图 2-17　金鸡湖驳岸绿地

金鸡湖创新小镇路网建设

湖滨路　道路设计起点为深圳大道与田玄路一期交叉口以北，连接至中信环路。全长 1.39 千米，道路红线宽为 30 米。项目总投资 7000 万元。项目开工时间 2017 年 7 月，完工时间 2020 年 6 月。

中信环路　中信环路道路工程设计起点为东接创业大道，围绕金鸡岭终点再接创业大道。道路全长 4.31 千米，规划红线宽 30 米，双向 2 车道。其中人行道左侧 4.5 米、右侧 4 米（含 2 米绿道），机动车道两侧各 6.25 米（含停车带两侧各 2.5 米），绿化带两侧各 4.5 米；主要建设内容包括道路范围内的清表、路基土方工程、道路结构层、路沿石安装、人行道铺装、道路绿化及亮化等工程。项目总投资 9000 万元。项目开工时间 2018 年 8 月，完工时间 2020 年 12 月。

创新小镇规划路网（含桥梁）项目　位于创新小镇内，项目规划道路 5 条，总长约 2.5 千米，桥梁总长约 111 米，总投资约 5500 万元。项目开工时间：2019 年 10 月，完工时间 2021 年 2 月。

第二节　公用建筑

井冈山经开区科技孵化大楼

位于普祥路以东、纬四路以南、梅岭路以西、深圳大道以北地块。项目总投资 3 亿元，规划总用地面积 84328 平方米，科技孵化大楼总建筑面积 56073.7 平方米，含主楼、配楼。主楼总建筑面积 42518.77 平方米（含地下室建筑面积 4151.76 平方米），地上部分为 15 层，建筑高度为 59.70 米。配楼 2 栋，总建筑面积 13554.99 平方米，建筑高度为 18.15 米。2013 年 1 月 10 日开工，2015 年 12 月 31 日竣工，

2018 年 1 月 29 日投入使用。

井冈山经开区实验小学（原梨塘小学）二期扩改工程

位于天祥南路与嘉华大道交叉口西南角。项目总投资 650 万元，总用地面积 3407.62 平方米，总建筑面积 3136.43 平方米，其中地上建筑面积 3000.59 平方米，地下建筑面积 135.84 平方米。建筑高度 15.75 米，4 层。2015 年 8 月开工，2016 年 8 月竣工。

井冈山经开区金鸡湖水利综合治理（驳岸景观）工程

位于创新小镇内，总投资 1.5 亿元，总占地面积 2.5 平方千米，主要建设内容包括沿湖驳岸改造提升、苗木种植等工程。2018 年 8 月 1 日开工，至 2020 年末已完成工程总量的 60%。

井冈山经开区学校二期扩建工程

位于君山大道与颐园东路交叉口东北角。项目总投资 1.5 亿元，项目规划总用地面积 51808 平方米，总建筑面积 46391.31 平方米。8# 食堂建筑面积 9300.67 平方米，占地面积 2808.69 平方米，4 层，建筑高度 28.7 米；9# 综合教学楼建筑面积 6437.11 平方米，占地面积 1593.35 平方米，4 层，建筑高度 17.85 米；10# 综合楼建筑面积 7934.31 平方米，占地面积 1915.46 平方米，5 层，建筑高度 23.4 米；11# 综合教学楼建筑面积 6431.64 平方米，占地面积 1582.4 平方米，4 层，建筑高度 17.85 米；12# 学生宿舍建筑面积 6413.54 平方米，占地面积 1470 平方米，5 层，建筑高度 21.4 米；13# 门卫建筑面积 61.54 平方米，占地面积 62.84 平方米，1 层，建筑高度 7.45 米；14# 看台建筑面积 362.5 平方米，占地面积 564.72 平方米，1 层，建筑高度 3.6 米。2018 年 12 月 20 日开工，2020 年 8 月 31 日竣工。

图 2–18　井冈山经开区学校效果图

第三节　商用建筑

井冈山经开区邻里中心

位于梅林路南塘路路口东北，项目总投资 7340 万元，总建筑面积 47773.21 平方米，用地面积 36200 平方米。其中商业共 3 层，层高 5.6 米，面积 25000 平方米；住宅层数共 6 层，层高 3.6 米，面积 12000 平方米；地下一层面积约 10600 平方米。绿化面积 30855 平方米，结构类型为市政绿化，前广场主要为铺贴绿化景观，面积约 24000 平方米，北面主要为篮球场及停车场。2016 年 9 月开工，

2018 年 7 月竣工。

井冈山经济技术开发区工业互联网产业园

位于金鸡湖住宅小区南侧，深圳大道与普祥路交汇处。项目占地面积 18520 平方米，红线范围内规划有 4 栋建筑，总建筑面积 36276.82 平方米，其中地下室总建筑面积 10052.06 平方米（含人防总建筑面积 6520 平方米）。1 号楼，地上 3 层，建筑总面积 2987.80 平方米；2 号楼，地上 3 层，建筑总面积 5463.78 平方米；3 号楼，地上 5 层，建筑总面积 9295.86 平方米；4 号楼，地上 4 层，建筑总面积 8477.32 平方米。设计的核心是"创客基地"，主要包括办公室、会议室、活动室等。项目总投资 1.2 亿元。2017 年 4 月开工，2019 年 8 月竣工。

井冈山经开区砂场—混凝土搅拌区一体化项目

位于吉泰路以北、燕子窝搅拌站地块，项目总投资 2.8 亿元，占地 84567 平方米，新建 4 个混凝土拌合站、4 个泊位、配套建设堆场、道路、管理用房、停车场、绿化和供水、供电等公共基础设施，购置安装相应的装卸、运输机械设备。2018 年选址、规划设计、平整土地，2019 年 6 月 20 日开工，2020 年 12 月完工。

图 2-19　井冈山经开区砂场—混凝土搅拌区一体化项目规划效果图

第四节　标准厂房

标准厂房的建设有利于推进土地、能源等各类资源的集约利用和有效配置，发挥最大的集约效应；通过"筑巢引凤"缩短企业入园项目的建设周期，减少企业的资金占用，提高招商引资成功率。同时完善了产业配套，有利于吸引中小企业和高新技术企业入园创业，推进全民创业；有利于促进同类行业和关联企业的快速集聚，推动产业集约化、规模化、专业化发展。

木林森标准厂房

木林森标准厂房位于樟树塘路与创业大道交叉口东南角地块。项目总投资 6 亿元，总用地面积 333333 平方米，总建筑面积 50 万平方米，规划 7 栋建筑，其中 4 栋厂房，2 栋宿舍楼，一栋办公楼。2014 年 10 月开工，2018 年 2 月竣工。

东区标准厂房

东区标准厂房位于罗家塘路与创业大道交叉口西南角地块。项目总投资 5 亿元，总用地面积 134600

平方米，其中A地块占地75190平方米，B地块占地59410平方米。总建筑面积2286889平方米，A地块建筑面积131080平方米，B地块96609平方米。地上建筑面积220705平方米，地下室面积7984平方米，总建筑占地面积53949平方米。宿舍食堂建筑面积19027平方米，办公宿舍建筑面积16036平方米。建筑密度40.08%，绿化率14.9%，容积率1.6，地上停车位274个，地下停车位198个，非机动停车位1023个。项目开工时间2014年10月，完工时间2018年2月。

图2-20　井冈山经开区东区标准厂房规划效果图

通讯终端产业城标准厂房

通讯终端产业城标准厂房位于井冈山经开区西区深圳大道与火炬大道交叉口。项目总投资1.7亿元，项目占地面积30000平方米，建筑总面积12.4万平方米。工程主要建设内容包括：标准厂房5栋、宿舍4栋，食堂1栋，综合办公楼1栋，道路配套工程、排水工程、管网设施、绿化照明等。2010年8月开工，2012年2月竣工。

井冈山大学科技园标准厂房

井冈山大学科技园标准厂房位于井冈山经开区君山大道与环岛南路东南角地块。项目总投资9500万元，总用地面积36000平方米，含3#厂房用地，建筑占地面积13947平方米，总建筑面积56803平方米（含3#厂房），其中：1#厂房（5F）建筑面积32441平方米，2#综合楼（6F含地下室）建筑面积10325平方米，西1层为接待大厅，2~6层为办公区，东1层为餐厅，2层为活动中心，整个楼层3~6层为6人宿舍，共计40套，可住240人；3#厂房（4F）建筑面积14037平方米。2017年9月8日开工，2018年12月4日竣工。

井大科技园标准厂房二期

井大科技园标准厂房二期位于井冈山经开区建设大道与拓展大道西北角地块。项目总投资1.5亿元，总用地面积26667平方米，总建筑面积58151平方米。主要建设内容：厂房、宿舍、食堂及配套建设道路、绿化、电气、给排水等基础设施。建筑占地面积11798平方米，容积率2.22，绿

图2-21　井大科技园标准厂房二期规划效果图

地率 7.63%，机动车位 96 个，非机动车位 288 个。项目计划开工时间 2020 年 9 月 30 日，计划完工时间 2021 年 10 月 1 日。

创新产业园标准厂房

创新产业园标准厂房位于井冈山综合保税区内学园西路与嘉华大道交叉口西北、东南地块。项目总投资 1.5 亿元，规划总用地面积 72667 平方米，总建筑面积 87353 平方米，其中仓库建筑面积 38099 平方米，标准厂房建筑面积 49254 平方米。建设内容包括 3 栋仓库、2 栋标准厂房及配套附属设施等。2019 年 9 月开工，2020 年 12 月完工。

图 2-22　创新产业园标准厂房规划效果图

西区产业配套服务中心（一期）

西区产业配套服务中心（一期）位于南山大道与嘉华大道交叉口西北角地块。项目总投资 1.5 亿元，总用地面积 28216 平方米，总建筑面积 36232 平方米。规划建设 3 栋 15 层高层住宅、一栋 11 层高层住宅，1# 楼 154 套，2# 楼 165 套，3# 楼 65 套，4# 楼 182 套，共 566 套。1# 楼建筑面积 6673 平方米，占地面积 456 平方米，15 层，建筑高度 49.6 米；2# 楼建筑面积 6883 平方米，占地面积 456 平方米，15 层，建筑高度 49.6 米；3# 楼建筑面积 4765 平方米，占地面积 399 平方米，11 层，建筑高度 34.2 米；4# 楼建筑面积 10240 平方米，占地面积 1179 平方米，15 层，建筑高度 49.65 米；地下室建筑面积 7671 平方米。2019 年 7 月开工，2020 年 10 月 21 日完工。

西区产业配套服务中心（二期）

西区产业配套服务中心（二期）位于南山大道与嘉华大道交叉口西北角地块。项目总投资 2 亿元，总用地面积 28667 平方米，总建筑面积 51475 平方米，地下室总建筑面积 15557 平方米；主要建设内容：1# 楼、2# 楼、3# 楼、4# 楼精装修：宿舍、公寓按照拎包入住精装修；配建活动共享空间装修，包含共享厨房餐厅、放映室、健身房、阅读室等；5# 楼、6# 楼、7# 楼商业土建工程：商业地

图 2-23　西区产业配套服务中心（二期）规划效果图

下一层，地上3层，总建筑面积6754平方米；5#楼地下一层地上11层，总建筑面积9965平方米，共60套，6#楼地下一层地上11层，总建筑面积6215平方米，共40套，7#楼地下一层地上二26层，总建筑面积12984平方米，共98套。2020年6月20日开工，计划完工时间2021年11月30日。

东区产业配套服务中心

东区产业配套服务中心位于经开区创业大道与南塘路交叉口东南角地块。项目总投资2.5亿元，总建筑面积72296平方米，1#宿舍楼总建筑面积7768平方米，建筑高度48.55米，层数16层。2#宿舍楼总建筑面积7768平方米，建筑高度48.55米，层数16层。3#宿舍楼总建筑面积8353平方米，建筑高度48.80米，层数15层。4#宿舍楼总建筑面积8353平方米，建筑高度48.80米，层数15层。5#总建筑面积5361平方米，其中食堂建筑面积5213平方米，商业建筑面积128平方米，垃圾搜集屋建筑面积20平方米，建筑地面高度14.5米，层数3层。6#宿舍楼总建筑面积8351平方米，建筑地面高度48.80米，层数15层。7#宿舍楼总建筑面积8351平方米，建筑地面高度48.80米，层数15层。2020年4月20日开工，计划完工时间2022年4月20日。

图2-24　东区产业配套服务中心规划效果图

第五节　重大产业园

吉安（深圳）产业园

位于江西井冈山经济技术开发区东南侧，属吉安市“两江三岸”城市总体格局中的河南片区，西邻京九铁路，东濒规划外环路，南靠西垅山一带（敦锦公路），北至吉州窑保护区。区域以山地丘陵为主，规划面积25平方千米（含文化旅游区、生态农业区），实际开发面积约15平方千米。其中：工业园区10平方千米（西区4平方千米，东区6平方千米）；商住、休闲、综合配套区约5平方千米。

2007年4月，江西省人民政府与深圳市人民政府共同签署《关于加强赣深经济社会领域合作与发展的框架协议》，双方决定共同推进在吉安建设深圳产业园，以加强两省市在工业园区产业聚集、人才、项目、管理、信息等方面的合作与交流。

2008年8月4日，江西吉安（深圳）产业园揭牌仪式暨项目说明会在深圳市举行。同时首批落户产业园，总投资96.3亿元的12个重大项目正式签约。同月，全国加工贸易梯度转移重点承接地江西省吉安深圳产业园挂牌仪式举行。

南山示范园

产业园企业落户与运营在第四篇第四章第三节记述。

2007年4月，深圳市委市政府与江西省委省政府共同签署了《关于加强赣深经济社会领域合作与发展的框架协议》。2009年7月，深圳市南山区被正式确定为吉安深圳产业园的对口合作单位。南山区政府为落实上级精神，推进中西部协作和区域之间发展，探索创新共建模式，确定由区属国有企业科汇通投资控股有限公司作为吉安（深圳）产业园南山示范园项目的投资建设牵头单位，负责该项目的开发建设和运营管理。2013年8月1日，南山示范园项目建设正式启动。

图2-25　2018年9月4日，井冈山经开区举行吉安（深圳）产业园南山示范园二期工程开工仪式

南山示范园项目位于井冈山经开区深圳大道和南山大道交汇处。红线规划用地14.3万平方米，规划总建设面积19.2万平方米。2012年4月，吉安（深圳）产业园南山示范园暨南山大道景观改造工程正式启动。2016年3月，由井冈山经开区主导引进红米谷创业园入驻项目一期Ⅰ标段，该项目集创客、创业和创新于一体，云集电商、咨询和医药等类型企业，创立了“互联网+”产业孵化基地。6月中旬，深圳市南山区党政考察团在吉安对口考察，并启动吉安（深圳）产业园南山示范园“红米饭”创新产业园项目。2017年8月，吉安（深圳）产业园南山示范园一期Ⅱ标段工程施工合同签约。2018年1月，吉安（深圳）产业园南山示范园一期1号厂房建成封顶。至2020年末，项目已投资约2.75亿元，已占用土地面积约7.2万平方米，已完成建筑面积约13.53万平方米，包括8栋厂房、5栋宿舍和1栋配套综合服务楼。

项目二期。工程包括配套的山顶公园和中心广场，占地约69602平方米，计划总投资约3000万元。

项目三期。建设高级人才公寓6栋和研发孵化大楼1栋，总建筑面积约6万平方米。

南亚新材料产业园

位于井冈山经开区深圳大道226号，由南亚新材料科技（江西）有限公司投资新建，浙江中乐建设有限公司承建。主要生产电子电路基材等电子专用材料覆铜板，产品广泛应用于通信设备、消费电子、汽车电子、物联网、智能家居、工业控制和航空航天等智能终端领域。项目占地约20万平方米，总投资约18亿元，分三期建设。一期投资约4亿元，新建厂房、宿舍、食堂及公共设施等总建筑面积约5万平方米，建设一条国际先进生产线。2017年9月开工，2019年10月开始试运行。

一期建设建筑面积52839平方米，包括1#厂房、5#调胶房、6#罐区、7#水泵房、8#食堂、9#宿舍楼、10#宿舍楼、14#门卫室、15#门卫室，共9个单位工程。于2018年3月1日开工，2018年7月完成桩基工程施工，2019年10月完成单位工程主体结构施工，2020年8月完成全部单位工程承包范围内的施工内容。1# 厂房为一期工程建设重点难点单位工程，1# 厂房局部单层高度 23.00 米，局部基坑开挖深度 6.75 米，属于超过一定规模危险较大分部分项工程。

二期项目为母公司 IPO 募投项目，总投资约 8 亿余元，主要用于新建厂房及三条国际先进生产线，该项目已于 2019 年 8 月开始筹建，2020 年处于部分产线安装中；三期投资约 6 亿余元，新增两条国际先进生产线。项目全部竣工投产后，可形成年产覆铜箔板 3000 万平方米的产能。

生益电子产业园

位于吉安生益电子有限公司内，由生益电子股份有限公司投资的全资子公司吉安生益电子有限公司投资建设，投资总额约 25 亿元，是生益电子有限公司集通信、5G 和汽车产品的高端印制电路板生产基地。吉安生益为客户提供一站式的印制电路板解决方案，产品以多层板为主导，广泛用于医疗、军工、高铁、通信网络、5G 、汽车及服务器等领域，产品行销北美、欧洲、亚太等国家及地区。项目分两期建设，全部建成投产后员工总人数约 2000 人，形成年产高端印制电路板 180 万平方米的能力。

项目占地面积 119333 平方米。一期工程建筑面积 113097 平方米，包含厂房、办公楼、宿舍楼等 7 个单位工程。一标段由吉安市第四建筑工程有限公司承建；二标段由广东华星建设集团有限公司承建。2019 年 7 月 29 日举行开工奠基典礼， 2020 年第四季度建成投产。

第六章　配套基础建设

井冈山经开区区域内有始建于 20 世纪 50~70 年代的 3 座小型水库，由于地势较高，没有修建重点防洪排涝设施和重要灌溉工程。井冈山经开区地理位置优越，交通便利，京九铁路、衡茶吉铁路在区内交汇，吉安铁路南站、吉安南疏解线坐落区内；新、老 105 国道围绕园区东、南、西三个方向，县道敦锦线过境；赣江航道傍区而过，通过禾河大桥、禾河神冈山大桥、赣江永和连心大桥与吉安市中心城区紧密相连，开通了多路公交线路，方便人员交流。

供电网络形成了以 220 千伏为主输电来源，以 110 千伏为主网架，建成有 220 千伏永和、锦源，110 千伏庐陵、火炬 4 座变电站，变电总容量 83.15 千伏安，2020 年用电量 10.78 亿千瓦时。通信网络基础建设配套完善，推出了“5G+ 工业互联网”，实现了 5G 网络全覆盖。供水、供热、供气系统工程基本建成，运行平稳。

第一节　水库　防洪

水库工程

水库的日常建设与管护职责由城市建设管理局承担。汛期的巡视检查、抗洪抢险、应急救援等工作，由管委会统一组织协调，落实责任。

长流水库　又名金鸡湖，位于井冈山经开区下村村，四至范围为京九铁路以东、下村居民点南侧、金鸡岭西侧、深圳大桥北侧，为赣江水系禾水支流长流水，地理坐标北纬 27° 01′ 50″，东经 114° 56′ 22″。影响下游井冈山经开区和永和镇 9 个村委会 1 万多人口。水库面积 86.59 公顷，正常蓄水位 65.44 米，总库容 603.5 万立方米，水库坝址以上控制流域面积 16.21 平方千米，设计灌溉面积 666.7 公顷，实际灌溉面积 333.3 公顷，为经开区和吉安县永和镇的重要农业灌溉水源，是一座以灌溉为主，兼顾防洪、养殖等综合利用的小（一）型水利工程。水库于 1958 年动工兴建，1959 年开始蓄水运行，坝高 15 米，设计洪水标准为 50 年一遇，校核洪水标准 500 年一遇。

西坑水库　位于井冈山经开区金鸡湖街道西坑村委会，属于赣江水系西坑支流，地理位置北纬 26° 59′ 30″，东经 115° 0′ 40″。西坑水库坝址以上控制流域面积 5 平方千米，水库正常蓄水位 66.26 米，相应库容 120 万立方米；20 年一遇设计洪水位 67.31 米，相应库容 170 万立方米；100 年一遇校核洪水位 67.75 米，相应库容 193 万立方米。设计灌溉面积 133.3 公顷，实际灌溉面积 53.3 公顷，是一座以灌溉为主，兼有防洪、养殖等综合效益的小（一）型水库。工程于 1968 年 10 月动工兴建，1969 年 12 月建成投入运行，1980 年加固维修达到现有规模。设计洪水标准为 20 年一遇，校核洪水标准为 50 年一遇。

上坑水库　位于井冈山经开区金鸡湖街道南安村委会，距永和镇约 10 千米，距吉安县城约 9 千米。地理位置北纬 27° 22′ 48″，东经 115° 34′ 25″。属于禾水支流水系，坝址以上控制流域面积 1.17 平方千米，水库总库容 30.25 万立方米，设计灌溉面积 13.3 公顷，是一座以灌溉为主，兼有防洪，养殖等效益的小（二）型水库。水库于 1971 年 9 月兴建，1972 年 12 月建成并投入运行。

2020 年井冈山经开区水库一览表

表 2-13

水库名称	建成时间	库容量（万立方米）	灌溉面积（公顷）
长流水库	1959	603.5	333.3
西坑水库	1969	193	53.3
上坑水库	1972	30	13.3

防洪救灾

2020 年 1 月，井冈山经开区机构改革之前，防洪救灾工作职能由社会事业局承担，机构改革后改由城市建设局承担。每年汛期，及时做好防汛安排，落实值班制度、零报告制度，加大隐患排查，备足防汛物资；把主要水库及 105 国道周边作为重点监测对象，督促街道、村（居）做好巡查报灾工作。

2008 年，吉安市高新区遭受特大冰冻灾害，全区紧急动员，投入抗冰救灾斗争。此后，每当有灾害天气预报，都及时召开应急动员会议，做好应对工作。

2015 年 5 月 21 日，降雨量骤增，井冈山经开区认真做好防汛预案，备足防汛物资，及时展开救援。

2017 年 5 月 10 日，吉安市国土资源局到井冈山经开区督查地质灾害防治工作。

2019 年 6 月，汛期洪涝灾害共造成井冈山经开区 432 人受灾，产生直接经济损失 396 万元，其中，房屋损坏 3 栋（含主动拆除一栋有安全隐患的已征房屋），有 11 户居民房屋进水，造成家具家电等财产损失约38万元；农田受淹近20公顷，造成农业损失约31万元；挡土墙、护栏、水沟等基础设施损坏及山体滑坡损失约7万元；有12家企业厂房进水、机器故障、原材料被淹等造成损失约320万元。灾害发生后，井冈山经开区迅速投入力量进行抢险救灾，出动救援人数246人，转移群众28人，投入挖机7台，皮划艇2艘，处理2处小型山体滑坡，疏通3处铁路桥涵洞渠道，保障了企业和群众的生命财产安全。根据省财政厅《关于下达2019年自然灾害救灾资金的通知》（赣财建指〔2019年98号〕）文件通知，中央下拨井冈山经开区10万元自然灾害救灾资金，当年已下拨高新街道自然灾害救助资金6万元，下拨金鸡湖街道自然灾害救助资金4万元，主要用于对受灾群众冬春期间口粮、衣被取暖等的补助资金。

2020年5月，区城市建设管理局邀请市水利局、市水利设计院专家到长流水库出水管破洞指导除险抢修。解决了长流水库的突发漏水问题，为水库储水和下游农业用水提供了保障。

2020年7月9日，普降大暴雨。据吉安气象台发布，位于井冈山经开区的鸡岗山地区24小时降雨量为480.9毫米，创历史极值，大量泥沙裹挟树木冲入105国道，填塞200多米，交通中断。多处房屋和地段被淹。井冈山经开区协同公路等部门，及时组织救援，抢通道路。

第二节　交通　公交

井冈山经开区交通便利，距井冈山机场约30千米，距吉安高铁西站约15千米。驱车20分钟，可进入高速公路网，6小时可抵达粤港澳大湾区、海西经济区、长三角经济区、长江中游城市群等国内主要经济区。

铁路

京九铁路　区内北起于高新街道下村、行山社区，经吉安南站，向南经金鸡湖街道南安、龙山社区，止于真华山，全长约6千米。1993年4月20日，京九铁路吉安—定南段正式开工，开工仪式在永和镇张巷渡头村举行，中共中央政治局常委、书记处书记胡锦涛为铁路开工剪彩。由铁道部第四勘测设计院设计，铁道部第十六工程局三处和机运处施工。1996年9月1日正式投入运行。

吉衡铁路　区内东起京九铁路吉安南站，出茬引线，向西展延至吉安大道，长约5.5千米，另外建有吉安南疏解线4.55千米。吉衡铁路东起京九铁路吉安南站，西至湖南省衡阳北站，正线全长291.2千米，国铁1级，电气化，单线，设计时速140~160千米每小时。是沟通京广、京九两条交通干线和江西湖南的一条东西快速通道。其中吉安至井冈山段，长79.8千米，2005年4月开工，2006年11月竣工通车，2008年12月电气化改造。井冈山至衡阳段全长211.5千米，2008年12月开工，2013年12月开始试运行货物列车，2014年7月吉衡线开始客运营业，部分京九线列车经吉安南站转吉衡线运行。

吉安南站　位于井冈山经开区西区拓展大道站前路，高新街道行山社区。占地面积3公顷，建有货运站房1栋、办公楼1栋、职工宿舍3栋。货场占地面积16000平方米，货场内建货仓2栋，占地面积4000平方米。是一个货运站，在京九铁路上，同时为原吉井线现吉衡线的起点车站，距离北京西站1691千米，距离深圳站681千米；在吉衡线下行距离衡阳站284千米，为南昌铁路局集团公司赣州车务段所管辖的四等站。内设办公室、运转室、货运室、调车组。主要职能为执行上级布置的铁路运输阶段计划和日班计划，完成相应运输任务。1996 年 9 月投入使用。

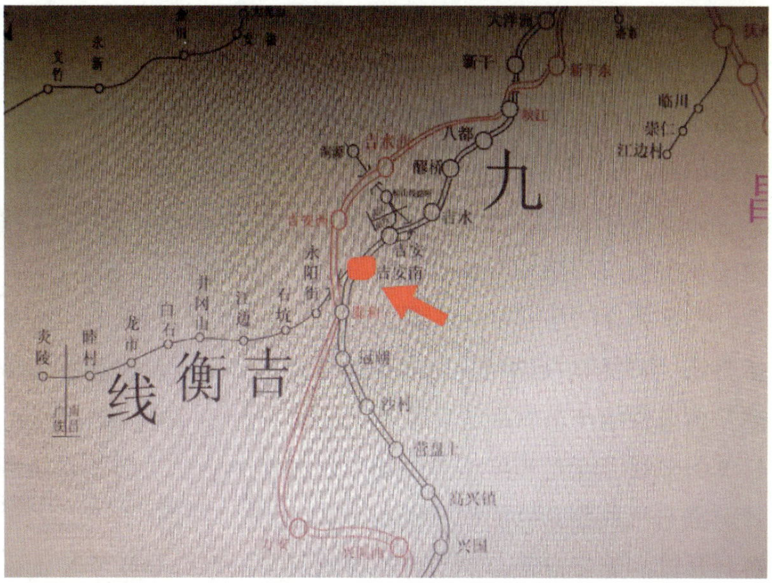

图 2-26　吉安南站铁路线路图

吉安南站暂不办理客运业务，办理整装货物及集装箱到发业务。2019 年货运装车 1902 车（70548 吨）、日均装车 5.2 车（193 吨），卸车 4327 车（239059 吨），日均卸 11.9 车（655 吨）；2020 年 1 月至 7 月 31 日装车 1097 车（20776 吨），日均 5.2 车（98 吨）；卸车 3048 车（174062 吨），日均 14.4 车（821 吨）。

吉安—深圳盐田港铁海联运开通　2017 年 12 月 28 日，吉安—深圳盐田港铁海联运开通仪式在吉安火车站南站举行。副市长、区党工委第一书记邓淑斌宣布开通，区党工委书记彭学凯，区管委会副主任甘益烽，吉安海关关长陈建平，吉安出入境检验检疫局局长施小华出席。市商务局局长徐小腾，深圳平盐海铁联运有限公司董事、总经理邓子彬，深圳铁海联合物流供应链管理有限公司总经理周小青先后致辞。市政府副秘书长孙英剑主持。

随着吉安—深圳盐田港铁海联运正式开通，意味着吉安将新增一个出海口，将促进吉安及周边地区进出口企业降低成本，促进吉安等内陆地区和珠三角地区联系更加紧密，成为江西中部地区的又一个招商品牌。铁海联运是打通内陆到沿海搭船出海的快捷通道，具有高效、便捷、安全、价廉等优势。进出口货物将无须转关，直接在“家门口”装拆箱、报关报检，就可以从沿海港口进出口。铁海联运的开通，在简化程序、减少运输时间的同时，可为进出口企业降低运费，节约运输成本。

图 2-27　2017 年 12 月 28 日，吉安—深圳盐田港铁海联运开通

萍乡市、宜春市、新余市、抚州市商务局有关负责人，吉安高新区管委会有关负责人，市商务局副局长周军蓉，吉安南站、吉安港务物流有限公司有关负责人、50 余名进出口企业代表参加了开通仪式。

中欧班列在吉安南站首发　2018 年 12 月 26 日，“井冈山号”中欧班列（吉安—莫斯科）首发仪式在江西吉安南站举行。上午 9 点 28 分，市委书记胡世忠宣布班列开通，市委副书记、市长王少玄为

“井冈山号”授牌，副市长邓淑斌致辞。中国铁路南昌局集团有限公司、中铁集装箱运输公司有关负责人参加仪式。

吉安中欧班列从吉安南站出发，经满洲里口岸出境到莫斯科，全程运行时间大约 14 天，比海运节省 20 天左右，比空运物流成本节省 50% 以上。“井冈山号”中欧班列（吉安—莫斯科）的开通，既是吉安策应国家“一带一路”倡议的具体体现，也是吉安对外开放的重要成果，助力吉安市出口企业开辟国际快速运输通道、降低物流成本、开拓国际市场，进一步提升吉安国际贸易便利化水平，增进吉安与丝绸之路沿线国家的经贸交流与合作，为吉安开拓俄罗斯、中亚乃至欧洲市场提供物流运输的便利和更多的商贸机会。

图 2-28　市委书记胡世忠（左二）、市长王少玄（右二）及运营方负责人共同按下中欧班列启运键

图 2-29　2018 年 12 月 26 日，吉安第一列中欧班列“井冈山号”在吉安南站首发

公路

105 国道　国道北京至珠海公路，编号 105，故称 105 国道。在井冈山经开区内，有两处，一处为老 105 国道；一处为改道后的新 105 国道。老 105 国道位于井冈山经开区最西边，即吉安大道，路面宽为 60 米，即人行道 4 米 + 非机动车道 5 米 + 机非分割带 3 米 + 机动车道 3.75 × 3 米 + 绿化带 13.5 米 + 机动车道 3.75 × 3 米 + 机非分割带 3 米 + 非机动车道 5 米 + 人行道 4 米，区内全长约 4 千米。新 105 国道位于井冈山经开区东区，北接永和大道，沿创业大道及规划南环路，终点位于高新街道梨塘社区梨塘村前（105 国道 k1951+340 处），全长约 12 千米，2012 年 12 月，列入 105 国道吉安中心城区改道暨永和连心大桥建设项目开工建设，两年后建成，按一级集散公路标准设计建设，设计时速 60 千米 / 小时，路基宽 24.5 米、车道宽度 3.75 米，双向四车道（创业大道双向六车道），沥青混凝土路面。

县道敦厚至锦源公路　敦厚至锦源公路起于 105 国道敦厚段，经井冈山经开区，止于永和镇锦源村。原为砂石路，1998 年 11 动工改造，1999 年 8 月竣工。全长 19.425 千米，路基宽 7 米，路面宽 5 米。其中沥青混凝土路面 19 千米，水泥混凝土路面 7.306 千米，由吉安市交通局设计室设计，吉安县公路段施工。区内总长约 12 千米。

公共交通

公交线路　2002 年，开通至吉安市高新区公交线路。2012 年 5 月开通 86 路（4 辆车）公交，2013 年 3 月开通 89 路（2 辆车），2013 年 4 月开通 88 路（4 辆车）公交，2017 年 1 月开通 91 路（6 辆车）和 92 路（1 辆车）公交。园区共有 38 辆公交车营运。105 路（吉安西站—文天祥公园—锦源（曾家），7 辆车）和 81 路（吉安县城—井冈山经开区，8 辆车）为吉安县所辖公交途经井冈山经开区区域。青原产业园有 18 路（10 辆）公交车营运。

2020 年 12 月井冈山经开区公共交通线路表

表 2–14

班　次	发车时间	线　路	站　点
86 路	7:00—19:00 10~15 分钟一班	86A：井冈山经开区管委会原办公楼）→敦厚镇政府→华忆学校→易家路口→叶森然小学→优特利→御美丽健康产业→瑞声电子公司→红板电子→井冈山经开区电力公司→华文光电→满坤科技→驾考科目三考点→井冈山经开区环境监测中心→大自然药业→翔龙公交总站→平波电子→汇仁药业→同心小学→江西生物制品研究所→盛泰金属→高新医院→井冈山经开区管委会 86D：井冈山经开区管委会原办公楼→高新医院→金顶药业→天人集团→汇瑞科技园→同心小学→汇仁药业→平波电子→翔龙公交总站→大自然药业→井冈山经开区消防大队→环境监测中心→满坤科技→驾考科目三考点→华文光电→井冈山经开区电力公司→天元电子→雅绅公司→瑞声电子公司→御美丽→优特利→叶森然小学→井冈山卷烟厂（新址）→华忆学校→建设大道路口→天翔南路口→正邦集团→鑫瑞城市花园→高新医院→井冈山经开区管委会	23
89 路	7:10—19:00 20~25 分钟一班	井冈山经开区管委会←→敦厚镇政府←→华忆学校（娃哈哈）←→易家路口←→德逸国际←→江南春晓←→庐贤雅居←→信息工程学校←→瑞鹏飞科技←→桑格尔←→合力泰西区←→南山示范园←→航盛电子←→桃花仚新村←→金安花苑←→职工之家←→外国语学校←→蓝沛科技←→合力泰东区←→金鸡湖街道办←→中络电子←→威尔高←→木林森学院←→木林森南←→望森名居←→木林森←→ 105 国道深圳大道路口←→变电站←→彭家坊←→永和镇路口←→神冈山大桥南←→余家河公交总站	32

续表 2-14

班　次	发车时间	线　路	站　点
88 路	7:00—19:00 10~15 分钟一班	88A：井冈山经开区管委会原办公楼→县粮库→长江药业→井冈山卷烟厂（新址）→良种场新居→江南春晓→六星电子→柏兆→瑞鹏飞科技→振宇达集团→合力泰西区→南山示范园→航盛电子→拓展大道深圳大道路口（坤达科技）→吉安陆地港→大自然药业→翔龙公交→平波电子→汇仁药业→同心小学→华信制药→江西生物制品研究所→天人集团→盛泰金属→金顶药业→高新医院→井冈山经开区管委会原办公楼 88D：井冈山经开区管委会原办公楼→高新医院←→金顶药业→盛泰金属→天人集团→汇瑞科技园→华信制药→同心小学→汇仁药业→平波电子→翔龙公交→大自然药业→吉安陆地港→拓展大道深圳大道路口（坤达科技）→航盛电子→南山示范园→合力泰西区→振宇达电子→瑞鹏飞科技→柏兆→六星电子→江南春晓→良种场新居→井冈山卷烟厂（新址）→长江药业→县粮库→正邦集团→鑫瑞城市花园→高新医院→井冈山经开区管委会	27
91 路	7:00—19:00 20~30 分钟一班	井冈山经开区管委会旧址←→高新医院←→创新大道君山大道路口（鑫瑞城市花园）←→创新大道京九大道路口←→红板电子←→井冈山经开区电力公司←→中铁一局←→井冈山经开区环境监测中心←→井冈山经开区消防大队←→大自然药业←→吉安陆地港←→拓展大道深圳大道路口（坤达科技）←→深圳大桥东←→井冈山经开区管委会新址←→合力泰东区←→木林森←→105 国道深圳大道路口←→岭上村←→彭家坊←→新 105 国道永和路口←→胡家新村连心大桥西←→胡家新村连心大桥东←→319 省道 105 国道路口←→319 省道青原山路口←→华能大道正气路口←→青原区政府南←→金鑫未来港←→天立花园←→青原区法院←→贸易广场中心街←→贸易广场北←→青原汽车站←→青原区电信局（火车站路口）←→火车站	34

园区微公交　为改善园区内公共交通，经与市公交公司协商，井冈山经开区新购置 12 辆微公交车，开通园区内循环微公交线路。2016 年 5 月 31 日，在井冈山经开区举行园区微公交启动仪式，正式投入运营。

第三节　供电用电

变电网络建设

至 2020 年，国网吉安供电公司建设的变电站有 220 千伏永和、锦源，110 千伏庐陵、火炬等 4 座变电站，变电总容量 83.15 万千伏安。

庐陵 110 千伏变电站　位于井冈山经开区西区京九大道 275 号，是园区供电的第一座 110 千伏变电站。安装 110 千伏主变压器 2 台，总容量 7.15 万（4 万 +3.15 万）千伏安，以 110 千伏永庐 I、II 线、锦庐线、凯庐线等多电源为进线，设计 35 千伏出线 4 条，10 千伏出线 18 条，与 110 千伏火炬变电站形成“手拉手”方式供西区用电。

火炬 110 千伏变电站　位于井冈山经开区西区火炬大道，2013 年 12 月 29 日投运。安装 110 千伏主变压器 2 台，总容量 10 万千伏安（5 万 *2 台）、以 110 千伏永火线、火炬 T 线双电源作为进线，设计 10 千伏出线 24 条，与 110 千伏庐陵变电站形成“手拉手”方式供西区用电。

永和 220 千伏变电站　位于井冈山经开区南端 105 国道边。安装 220 千伏主变压器 2 台，总容量 30 万千伏安（15 万 *2 台）。为 110 千伏变电站的电源站，并承担部分 110 千伏变电电力客户用电及井冈山经开区南部区域部分 10 千伏电力客户用电。

锦源 220 千伏变电站　位于井冈山经开区东北角。安装 220 千伏主变压器 2 台，总容量 36 万千伏安（18 万 *2 台）。为 110 千伏变电站的电源站，设计 110 千伏出线 7 条，10 千伏出线 24 条，供东区及 110 千伏变电电力客户用电。

至 2020 年，园区企业自建变电站 3 座，变电总容量 21.75 万千伏安。

2004 年，吉安市钢铁有限责任公司自建 110 千伏长乐变电站，经二次增容后变电总容量达 7.9 万千伏安。

2007 年，新丰食品医药（吉安）发展有限公司自建 110 千伏新丰变电站，变电总容量 2.85 万千伏安，2009 年减容至 1.25 万千伏安。

2019 年，吉安市木林森实业有限公司自建 110 千伏木林森变电站，变电总容量 12.6 万千伏安。

2004 年，江西绿洲人造板有限公司（后更名为江西绿洲环保新材料股份有限公司）自建 35 千伏绿洲变电站，变电总容量 2 万千伏安，2017 年该企业改为 10 千伏供电，35 千伏变电站退出运行。

输电网络建设

至 2020 年，井冈山经开区电网形成 220 千伏线路为主电源输送来源，110 千伏线路为园区变电站联络主网架及大型企业供电电源线路，10 千伏线路为配电主网络的各级输配电网络。

220 千伏线路　共有井永、永吉、吉源、永源等 4 条 220 千伏线路与江西省网连接，线路产权属国网吉安供电公司。

35~110 千伏线路　与园区供电有直接关系的 35~110 千伏线路共计 13 条。其中非供电公司产权的客户供电（或发电上网）专用 110 千伏线路 5 条，分别为 110 千伏锦木线、锦长线、和新线、永益线、锦益线；客户产权 35 千伏专用供电线路 2 条，为庐红 I 线、庐红 II 线；供电公司产权 110 千伏电网联络线 6 条，为 110 千伏永庐 I 线、永庐 II 线、永火线、锦庐线、凯庐线、火炬 T 线。

10 千伏配电线路　与园区供电有直接关系的 10 千伏配电线路共计 44 条，其中非供电公司产权的客户专用 10 千伏供电线路 5 条，分别为，竣图线、科技线、绿洲 I 线、中烟 I 线、中烟 II 线；供电公司产权公（专）用 10 千伏供电线路 39 条，分别为庐陵站出线 12 条，火炬站出线 6 条，永和站出线 8 条，锦源站出线 13 条，总长度 162.86 千米。

供电

井冈山经开区供电以 220 千伏与省网连接，是电网主要电源来源，区内还有吉安市凯迪绿色能源开发有限公司、光大环保能源（吉安）有限公司、白云山水利水电管理局等 3 家发电厂直接接入井冈山经开区电网。

区内供电网络以 110 千伏为主网架，承担供电任务的有 220 千伏永和变电站、锦源变电站，110 千伏庐陵变电站、火炬变电站，后 3 座变电站 10 千伏（庐陵变电站含 35 千伏）供电出线几乎全部为园区客户供电。至 2020 年末，变电总容量 83.15 万千伏安，满足供电能力适度超前的理念，提供电力保障。

至 2020 年，110 千伏供电的有吉安市钢铁有限责任公司、吉安同瑞生物科技有限公司、木林森实业有限公司等 3 家企业，35 千伏供电的有红板（江西）有限公司 1 家，10 千伏供电的客户共有 232 户，另有公用供电变压器 122 台，对 1.26 万户 0.4 千伏及以下客户供电。

2020 年以前，井冈山经开区的用电量由国网吉安供电公司综合统计，未将其单列。2020 年，井冈山经开区售电量 10.78 亿千瓦时，在上半年新冠疫情严重，大部分企业停产或开工不足的不利背景下，全年售电量仍较上年度增加 0.72 亿千瓦时，增长率 7.16%。

用电

工业用电　井冈山经开区以工业用电为主，特别是变压器容量 315 千伏安及以上的大工业用电负荷及用电量（以下用电量均为年电量）占比远高于其他性质用电。至 2020 年，区内大工业企业用户共 99 户，大工业用电量占全区总用电量的 93% 以上，其中前 10 大客户用电量占总用电量的 78.8%，大型企业用电负荷及用电量对井冈山经开区电力发展做出了最主要贡献。

非居及居民生活用电　井冈山经开区管委会及其他园区服务机构办公用电、路灯等公共设施用电等非居民用电量约占总用电量的 1.82%，居民生活用电约占总用电量的 1.77%。至 2020 年底，区内市公司直供直管到户的公用变压器台数为 122 台，居民用电户数 1.29 万户，据不完全统计，区内原住居民的用电量占居民总用电量比例不超过 30%，其余 70% 为外来务工人员使用。

其他用电　基建等非工业用电、变压器容量 315 千伏安的小企业普通工业用电、商业用电等其他性质用电的电量总和约占总用电量的 2.05%，农业生产及排灌用电仅为 0.77 万千瓦时左右。

电业管理

2008 年 12 月，吉安供电公司高新分公司挂牌成立；2013 年撤销；2019 年 9 月国网吉安供电公司井冈山经开区供电中心挂牌成立，为正科级单位，设配电运维、营销服务二个业务班组。负责国家级井冈山经济技术开发区内 1.3 万高压、低压用电客户的供用电管理、电力营销服务，10 千伏及以下电网的运行维护管理等工作，配合相关部门（专业）完成井冈山经开区电网规划、建设等。供电中心办公场所位于井冈山经开区京九大道 275 号。

组织机构　2001—2008 年，全区供电分 2 级：一是吉安供电公司直接管理 35 千伏及以上用电的电力客户；二是吉安县供电公司管理 10 千伏及以下用电的电力客户。

2008 年 12 月，为更好地服务园区发展，吉安供电公司高新分公司（正科级建制）挂牌成立，园区有工业企业进驻区域的所有电力客户全部移交至高新分公司管理，并随着园区扩大动态调整市县供电区域，即随着进驻企业地理区域的扩大相应将对应电力客户由吉安县公司划转至吉安市公司供电。

2013 年国家电网公司进行“三集五大”机构改革，统一国网各级基层单位的机构设置，吉安供电公司高新分公司按要求予以撤销，电力客户管理由吉安供电公司客户服务中心负责，区内没有了驻区供电派出机构，但保留了供电营业厅。

2019 年 4 月再次成立驻区供电机构——吉安供电公司客户中心井冈山经开区供电服务站，同年 9 月成立井冈山经开区供电中心（正科级），设配电运维、营销服务 2 个业务班组。负责国家级井冈山经济技术开发区内 1.3 万高压、低压用电客户的供用电管理、电力营销服务，10 千伏及以下电网的运行维护管理等工作，配合相关部门（专业）完成井冈山经开区电网规划、建设等。供电中心办公场所位于井冈山经开区京九大道 275 号。

营销管理　园区营销管理职责及业务随机构设置变化。有驻区派出机构时，其营销管理及业务实行属地管理，无派出机构时，保留了供电营业厅，客户所有业务均可属地受理，采取“内转外不转”的原则进行考核管理及业务办理。

2020 年，除 35 千伏及以上高压客户新装增容及电费核算外，抄表、收费、用电检查、反窃查违、10 千伏及以下客户新装增容、用电变更、客户侧安全管理、供电服务等营销管理全部由供电中心属地管理。

园区电力营销管理的重心为高压工业企业及为企业服务的各类机构，2020 年，供电中心共有高压大客户经理（直接对接客户的具体工作人员，不含中心管理层的技术支撑、辅助工种及管理岗位人员）5 人，人均管理客户数不到 50 户，优于供电系统定员定编人数。

安全管理　成立专门线路抢修小组，公布抢修电话。定期对电气设备检查、检修，变电站按月对线路、设备运行情况上报。在加强电网建设、抓好电气设备整治和安全隐患消除的基础上，购置安全工器具、安全教育器材教材、消防设施和安全用车。

每年进行两次安全用电和月巡回检查。

每年定期和不定期举办相关人员安全技能培训和安全知识考试，不合格人员要求重考，不合格者不得上岗。

第四节　供水建设

供水设施

2001 年，吉安市高新区成立之初，由吉安县供水公司提供供水服务。

木里岗供水加压泵站工程　由于发展迅速，难以满足供水需求。2004 年 3 月，吉安水务集团（前身为吉安市供水公司）在吉安市高新区建设木里岗供水加压泵站。木里岗供水加压泵站位于高新区赣江大道以南，火炬大道西侧 120 米处，加压站及站房附属设施占地面积 3333 平方米，投资约 98 万元。当年 7 月建成。同时建设木里岗供水加压泵站配套工程，即从吉安市中心城区引出穿过禾河至木里岗的供水管网工程。该工程引水管道口径为 DN600 毫米，全长 7.2 千米，连接庐陵新区井冈山大道与吉安南大道路口 DN800 毫米主管至木里岗供水加压站，经加压站后向吉安市高新区西区供水，日供水能力为 3 万吨。2004 年 6 月竣工，投资 1200 万元。

2004 年 8 月，木里岗供水加压泵站及其配套管网工程正式投入使用。吉安市高新区由吉安县自来水公司小范围供水转由市本级的吉安水务集团提供供水保障。

井冈山经开区东、西区管网工程　随着井冈山经开区由西区向东区扩区发展战略的启动，东区的供水需求日益迫切。根据东区规划和用水的实际需求，吉安水务集团于2008年5月从西区铺设了一条2千米的DN200PE临时管道至东区，通过临时增压泵房向井冈山经开区东区供水，日供水量6000吨。2012年，跨越铁路的深圳大桥贯通东、西区，桥梁设计留有供水管道的通道，吉安水务集团随即沿深圳大桥南北两侧铺设了两条DN400供水管。2013年，从吉安县金山水厂敷设口径为DN700毫米专管与深圳大桥既有管网连通并延伸到井冈山经开区东区创业大道，全长10.5千米。形成吉州区过禾河与深圳大道向东区供水的保障格局，供水能力6万吨。

2019年，受持续高温无雨极端天气的影响，原本就是供水高峰期的7—9月，吉安市中心城区、吉安县城用水量大幅增加，井冈山经开区的日用水峰值达6万吨左右。中心城区、吉安县出厂水压力较正常水平偏低，加上井冈山经开区用户处于管网末端，全区供水保障较为紧张，出现了间断低压供水的状况。在年度总体均衡、实际供水量达到1400多万吨的情况下，高峰期仍有一定程度的水量缺口。

为适应井冈山经开区用水需求和用户数量（截至2019年底用户数接近1.4万户）的快速增长，吉安水务集团自2019年高峰供水期起，一系列提升供水能力的措施陆续实施。2019年8月，沿105国道敷设长度5.6千米DN300毫米供水管道，迅速加密东、西区供水管网，为沿途企业及沿线用户供水；10月，庐陵大道三角塘到吉太路总长度为4.5千米DN3OO毫米和DN500毫米供水管道敷设完成，该工程为井冈山经开区东、西区环网供水主干管的组成部分，后期还将随市政道路建设同步建设庐陵大道连接吉泰路与创业大道路段的供水管道，为锦源水厂向西区供水提供通道；2020年3月，从吉安市中心城区经神冈山大桥到井冈山经开区东区的供水第三通道完成敷设；2020年7月底，位于创业大道与永和大道交叉口南面地块创业大道供水加压站建成，投资约277万元，与神冈山大桥供水管网通道形成整体，进一步提高了东区的供水保障能力；2020年5月，在木里岗加压站扩建一个2000吨蓄水池，扩容后木里岗加压站蓄水能力达4000吨，加压站调峰供水作用得到强化。至2020年8月，井冈山经开区日供水能力约8万吨。

锦源水厂筹建　为适应井冈山经开区未来发展和建立“大吉安”供水格局的需要，2017年，吉安水务集团开始筹备建设锦源水厂。水厂位于井冈山经开区东区永和大道与深圳大道交叉口东南地块，规划占地约8万平方米，取水口拟选址于赣江永和连心大桥上游600米处，计划投资约2.6亿元，水厂一期新建规模为日供水9万吨。厂区工程于2020年4月8日正式开工建设，预计2022月3月30日工程竣工通水。锦源水厂的建设，将结束井冈山经开区范围内无生产水厂的历史，成为井冈山经开区供水事业快速发展一个里程碑。

供水管理

2004年8月23日，吉安市高新区营业所作为吉安水务集团的派驻机构正式成立，办公场所设立在木里岗加压站综合楼。2007年，为了方便用户办理接水报装、缴纳水费和提供咨询服务，营业所迁至君山大道北侧1号（后改242号）门面。

吉安水务集团开始服务吉安市高新区供水的2004年8—12月，全区销售水量近20万吨；2011年，井冈山经开区全年销售水量突破500万吨；2016年实现千万吨级的跨越，达到1049万吨。2018年，销售水量为1355万吨，较上年增长近10%。销售水量的增长是井冈山经开区经济社会发展成果的有力见证。

2004—2020 年吉安水务集团井冈山经开区营业所售水情况一览表

表 2-15

年　份	售水总量（吨）
2004	194609
2005	1128171
2006	1395726
2007	1905008
2008	2007279
2009	2866810
2010	4096232
2011	5061835
2012	5498069
2013	6481856
2014	7035364
2015	7736731
2016	10490318
2017	12336663
2018	13546329
2019	14120289
2020	14525744

第五节　供热建设

热电联产、集中供热是世界上发达国家和发展中国家都提倡、鼓励的城市基础设施，也是节约能源、改善环境的重要措施。区域实施集中供热，作为热源点的电厂锅炉容量大、热效率高、除尘效率高，脱硫脱硝设施齐全，相比分散小锅炉，烟尘排放量、SO2 排放量、氮氧化物排放量明显降低。能为地方节能减排、低碳经济做出贡献。

图 2-30　2016 年 9 月 30 日，华能井冈山电厂供热改造及西线一期供热管网工程开工仪式举行

华能井冈山电厂供热改造及西线一期供热管网

井冈山电厂供热改造及西线一期供热管网工程于 2015 年 5 月获得吉安市发改委核准，同年 12 月取得华

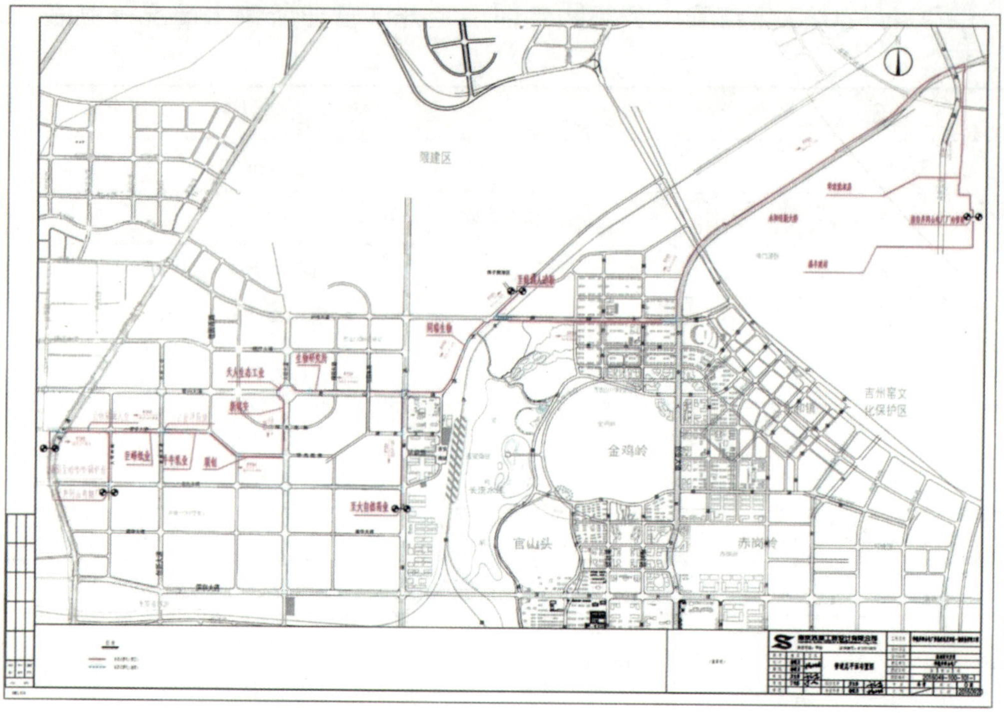

图 2-31　华能井冈山电厂供热管网路由图

能集团公司立项批复，2016 年 9 月 30 日开工建设，工程总投资 1.45 亿元。供热管线全长约 20 千米，涉及青原区、吉安县、井冈山经开区“两区一县”，沿线经过新 105 国道，跨越赣江连心桥和京九铁路，途经河东街道、永和镇、高新街道、金鸡湖街道辖区的众多村庄，供热范围覆盖井冈山经开区、吉安县工业园区和青原区工业园，设计供热流量 80 吨 / 小时，供汽参数压力 1.6 兆帕，温度 300℃。

至 2020 年，井冈山电厂供热改造及西线一期供热管网共为 4 家企业提供供汽服务，其中井冈山经开区内有 3 家企业，分别为新琪安、牛牛乳业、巨峰纸业，平均用汽负荷约 20 吨 / 小时，年供汽量约 10 万吨。

第六节　供气建设

井冈山经开区天然气项目由区内和区外两部分组成。区内为环区主干燃气管网和门站、LNG 气化站及控制和辅助系统组成，由昆仑天然气公司投资建设，总投资 2 亿元；区外为中石油西气东输三线 157# 阀室泰和至井冈山经开区门站外输管线，全长 22 千米，由江西省天然气投资公司负责建设（全线已竣工验收，准备投运通气）。昆仑天然气公司已形成以君山大道、深圳大道、火炬大道、京九大道、深圳大道（金鸡湖新区）、创业大道等主路的环状管网和向周边辐射的放射性干管，以中低压配气网络为辅的输供气管网体系，范围覆盖全区。2020 年，区内已有正在运行的燃气管道 170 千米。具有完善的调度指挥体系，实时监控管网和站场压力的安全监控系统，以及 3 万立方米储气能力的储配气设施，保障全区的安全平稳供气。

根据市政府和井冈山经开区“煤改气”统一规划，至 2020 年已有 40 余户企事业单位（木林森公司、南亚覆铜板公司、威尔高公司、生益电子公司、新琪安公司、金匠公司、管委会、公安局、外国语学院、工业互联网产业园等）和近 10000 户居民用上天然气，日供气 5~7 万立方米。外输管线省天然气公司拟于 2021 年初建成通气。昆仑天然气公司计划再投资 3000 万元，建设 100 万立方米储气库，预计 2021 年上半年建成投产，届时总供气能力达 126 万立方米 / 天，可做到外输管线 10~15 天停气的情况下，保证区内企业安全平稳供气，标志着井冈山经开区既接通使用国家西气东输管道气，又备有完善的应急储气调峰保供措施，形成双气源格局，增强了应急调峰及储气能力，强化了天然气能源供应保障结构的良好态势。

华润燃气

吉安县华润燃气有限公司是国有大型央企华润集团下属华润燃气集团在吉安县投资建设的城市燃气运营企业。公司成立于 2008 年 3 月 18 日，注册资本 200 万美元。2009 年在井冈山经开区铺设市政管网 34 千米，庭院管网 40 余千米。燃气调压设施 60 台，阀门井 74 座。已铺设完成吉安大道、天祥南路、君山大道、庐陵大道、建设大道、京九大道、105 国道、创业大道罗家塘路等地管网并通气。至 2020 年 8 月签约居民 9640 户、通气 6927 户；签约商业 22 户，通气 22 户；签约工业 9 户，通气 7 户。2020 年年销气量 434.4 万立方米。经市发改委审批，供气价格享受与市中心城区同城同价均为 3.25 元 / 立方米。

昆仑天然气

吉安中石油昆仑天然气利用有限公司于 2011 年 6 月 13 日成立，前身为中国石油天然气集团有限公司的合资子公司。经吉安市人民政府常务会议授权，井冈山经开区管委会于 2011 年 7 月 20 日授予昆仑天然气公司特许经营权，并签订《井冈山经济技术开发区管道天然气特许经营协议》。2012 年 10 月 19 日，江西省能源局批复井冈山经开区天然气项目立项；2013 年 12 月 4 日，项目通过核准，开工

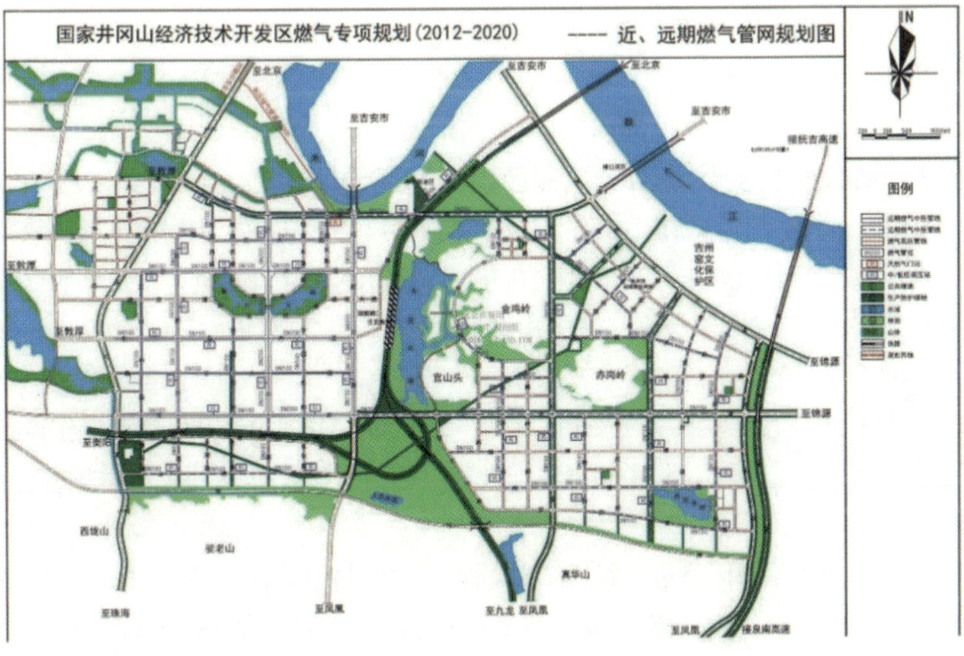

图 2-32　井冈山经开区燃气专项规划（2012—2020）

建设；2014 年 6 月 30 日全线建成通气。

2014年通气以来，连续6年保持良好的发展态势，至2020年总资产接近2亿元，日供气40万立方米，年销售天然气约 2000 万立方米。

第七节　通信服务

中国电信江西省吉安市井冈山经开区营销中心（分局）

机构　2000 年 7 月，吉安县电信局更名为江西电信公司吉安县电信局，2001 年，吉安市高新区电信业务由吉安县电信局办理。2003 年 11 月江西电信上市，吉安县电信局更名为江西省电信有限公司吉安县分公司。井冈山经开区（含吉安市高新区时期）电信业务一直由吉安县井冈山经开区营业部负责。2020 年成立井冈山经开区营销中心（经开区分局），划入中国电信股份有限公司吉安市分公司，由吉安市电信统筹井冈山经开区电信业务。

建设全光网千兆园区　光纤宽带是新一代重要信息通信基础设施。2001 年后，加大了对基础网络建设的投入，建成自有独立机房；提升基础网络运营能力，宽带网络连年提升，实现光网城市；2020 年开启了新一轮光网大提速，铺开光网千兆升级，7 月 1 日率先实现千兆光网覆盖，实现千兆光网园区。

5G 网络建设　5G 是新基建之首，是数字基建的基石。井冈山经开区作为吉安市工业的龙头、全省数字经济的试点区域，吉安电信实施创新驱动发展战略，主动担当、争先创优，把 5G 建设列为重点工程，全力推进 5G 基站在园区的建设，为数字经济腾飞注入强劲信息化新动能。2020 年 7 月，“5G 赋能、智领未来”发布会在南昌召开，江西电信正式宣布江西实现所有设区市主城区 5G 网络连续覆盖，井冈山经开区同步实现 5G 网络全覆盖。

数字经济、信息化建设　按照“云网融合”“企业上云”战略，利用赋能千行百业的 5G 技术，吉安电信正在井冈山经开区加快信息化建设。协同机关、企业，以千兆 5G+ 千兆光网 + 千兆 Wi-Fi 的“三千兆”技术构建智慧家庭，天网工程、平安综治等，推动技术创新，产业升级，提升公共服务能力，满足人民美好生活。

中国移动江西公司吉安县移动公司井冈山经开区园区中心

机构　1997 年，吉安县移动通信业务从吉安县电信剥离，2001 年，吉安市高新区成立后，移动通信业务由吉安县移动通信公司办理。2012 年，在井冈山经开区设立分支机构，营业地点位于君山大道原井冈山经开区管委会大楼对面，简称“井冈山经开区移动”。2020 年，有员工 19 人，渠道服务网点 22 个。

服务井冈山经开区广大企事业单位及个人客户。2019 起，井冈山经开区移动工作得到有序推进，按照公司下达的各项指标，全年工作得到有序推进，市场经营圆满完成，网络基础不断夯实、综合运营管理能力明显提升。

网络基础建设　为满足园区飞速发展的需要，保障区内日益增长的通信需求，至 2020 年末，在井冈山经开区建设基站 191 个，整体基站下日均流量 14027G，日均话务量 2876Erl。其中 5G 基站 66 个。

为解决木林森公司、红板公司、威尔高公司、邻里中心等大型企业复杂建筑内部的通信问题，通过建设室内小型基站等方式解决室内信号问题，保障了车间写字楼投入使用后室内的正常通信。至2020年，为井冈山经开区用户提供宽带服务超万户，为100多家井冈山经开区企事业单位提供专线网络、固定电话等集团信息化业务。

5G+工业互联网　响应国家大力发展5G基础建设号召，结合企业工业互联网转型发展需要，依托移动网络技术优势，移动公司在井冈山经开区打造"'5G+工业互联网'样板房"。

为推动5G+工业互联网更好发展，2020年，移动公司在井冈山经开区建设全省第一家5G实验室，先后接待了省、市、区有关领导的参观考察。2020年6月，与金鸡湖创新小镇数字经济示范基地建设项目达成战略合作框架协议，江西省移动公司领导与井冈山经开区管委会领导出席现场签约仪式；与江西威尔高电子科技有限公司签订"5G+工业互联网设备监控项目"应用协议，成为第一家5G+工业互联网项目应用落地企业，移动5G+工业互联网样板企业。红板（江西）有限公司工业互联网改造项目、普正药业智能化改造项目、正邦智能养殖项目5G+工业互联网已应用。

中国联通江西省吉安市经开区工业互联网营销中心（分部）

机构　2019年10月10日，中国联通江西省吉安市经开区工业互联网营销中心正式落户井冈山经开区，提供网络服务、工业互联网营销、5G网络服务等。

工业互联网标识解析云平台建设　工业互联网标识解析体系是工业互联网网络体系的重要组成部分，是支撑工业互联网互联互通的神经枢纽。在工业互联网中，政府、企业等用户可以通过工业互联网标识解析体系，来访问保存机器、物料、零部件和产品等相关信息的服务器，并通过标识实现对异主、异地、异构信息的智能关联，为信息共享以及全生命周期管理提供重要手段和支撑。2019年，中国联通吉安市分公司中标井冈山经开区工业大数据平台项目，2020年6月启动建立工业互联网标识解析江西省电子信息产业应用节点运营中心。项目完工并正式上线，相关部门和井冈山经开区所有企业已经在使用该平台。

工业互联网企业上云　井冈山经开区已有瑞声电子、桑格尔等园区企业陆续入驻工业互联网云平台。向上与江西联通工业互联网云平台连通，通过江西联通工业互联网云平台能够查询到工业互联网标识解析电子信息应用节点所处的网络位置，向下与企业的本地数据或者本地标识解析系统对接，通过工业互联网标识解析云平台能够查询到企业相关数据存储位置。云平台可汇聚本区域的解析数据，为访问区域外的查询请求提供解析服务，这种服务使得应用节点客观上成为数据的汇集平台。

第七章　房地产建设

2001—2009年，吉安市高新区侧重发展不同于传统工业的高新技术产业，经济活动领域比较单一，向上归口科技部。申报更名为井冈山经济技术开发区后，经济活动涵盖工业、商贸、金融等诸多领域，向上归口商务部，房地产及其开发自然成了井冈山经开区发展壮大的一项重要内容。2010年5月，位于吉安大道与赣江大道交汇处东南角的"香榭名苑"房地产项目开工，这是井冈山经开区第一个房地产项目，2011 年 11 月，由吉安天成实业有限公司开发的“海珀蓝庭”房地产项目动工，同年 12 月，“龙腾佳苑”房地产项目破土动工，井冈山经开区进入与城市建设同步发展的轨道。至 2020 年末，开工房地产项目 19 个，建成面积 413.6 万平方米。随着征地拆迁规模的日益扩大，城中村改造工作快速推进，为妥善安置被征收居民，促进和谐征收，2015 年启动保障性住房、安置房、公租房等各种类型房产建设，至 2020 年末，开工建设该类项目 10 个，建成面积 72.2 万平方米。

第一节　保障性住房

井冈山经开区东区城中村改造安置房及东区二期公租房 1# 楼

井冈山经开区东区城中村改造安置房及东区二期公租房 1# 楼项目位于深圳大道以南地块。总用地面积 4000 平方米，总建筑面积 10476.82 平方米，其中地上建筑面积 10143.36 平方米，地下建筑面积 333.46 平方米，建筑高度 33.15 米，11 层。总投资 1500 万元。项目于 2015 年 8 月 25 日开工，2017 年 2 月 25 日竣工。

井冈山经开区东区城中村改造安置房三期项目

井冈山经开区东区城中村改造安置房三期项目位于南塘路与新庄路交叉口西南角地块。总用地面积 9707 平方米，总建筑面积 23458.14 平方米，其中 1# 安置房（11F）8463.1 平方米，2# 安置房（地上 11 层带 2757.1 平方米地下室）14995.04 平方米。1# 安置房全部为宿舍，建筑高度 32.95 米，层高 2.95 米；2# 安置房 35.5 米，层高 3.2 米；2# 安置房 1~3 层为食堂餐厅，4 层为多功能活动厅，上部为宿舍。两栋楼共有 369 套安置房，项目总投资 8000 万元。2017 年 7 月 15 日开工，2019 年 5 月 8 日竣工。

井冈山经开区木里江安置房项目

井冈山经开区木里江安置房项目位于庐陵大道与火炬大道交叉口地块。用地面积 12866.44 平方米，总建筑面积 41451.56 平方米。1# 楼建筑面积 13090 平方米，18 层，建筑高度 53.95 米，有 108 户；2# 楼建筑面积 13090 平方米，18 层，建筑高度 53.95 米，有 107 户；3# 楼建筑面积 5466.37 平方米，16 层，建筑高度 47.95 米，有 32 户。一期共计 247 户，项目总投资 1.5 亿元。2018 年 12 月 31 日开工，至 2020 年末，尚在建设中。

图 2-33　木里江安置房规划效果图

井冈山经开区官山头安置房项目

井冈山经开区官山头安置房项目位于住仁山路以东、樟树塘路以北、田玄路以西地块。用地面积53765平方米，总建筑面积116185.04平方米。规划建设4栋18层高层住宅、3栋9层高层住宅、2栋8层多层住宅、1栋6层多层住宅、1栋4层多层住宅、1栋3层幼儿园、1栋2层邻里中心、1栋垃圾站及配套附属设施等，总户数687户（其中，住宅建筑面积85018.05平方米，邻里中心面积2361.44平方米，垃圾站面积100平方米，幼儿园面积2200.94平方米，大门面积5.21平方米；地下车库面积26499.4平方米）。项目总投资2.5亿元。2019年6月2日开工，至2020年末已完成工程量的60%。

图2-34　官山头安置房规划效果图

井冈山经开区城中村改造马甫安置小区项目

井冈山经开区城中村改造马甫安置小区项目位于庐陵大道与颐园西路交叉口东北角地块。项目总投资3.5亿元，总用地面积33333平方米，总建筑面积91937.05平方米，其中地上建筑面积67473.88平方米，地下建筑面积24463.17平方米。地上2栋16层高层住宅，3栋18层高层住宅，2栋23层高层住宅，1栋2层商业，1栋3层幼儿园，总户数542户。主要建设内容：幼儿园2434.52平方米，路硬化约5032平方米，绿化面积约11608.11平方米，安装路灯400盏，雨污管网3700米，机动车停车位682个，非机动车位320个。项目开工时间2019年10月1日，计划完工时间2021年5月。

图2-35　马甫安置小区规划效果图

井冈山经开区金安花苑安置房项目

井冈山经开区金安花苑小区位于深圳大道与田玄路交叉口西南角，用地面积74560平方米，总建筑面积126658.66平方米，其中多层住宅（6+1层）面积98650.94平方米，小高层住宅建筑（11层）面积8735.28平方米，幼儿园建筑面积919.06平方米，配套面积936.5平方米。容积率1.699，建筑密度26%，绿地率15.84%，总户数1023套，停车位967个。项目于2016年11月开工建设，2018年4月完工，由江西嘉善实业有限公司开发，施工单位是江西兰天建设工程有限公司，设计单位是吉安市建筑设计规划研究院，监理单位萍乡市同济工程咨询监理有限公司。

图 2-36　金安花苑小区规划效果图

井冈山经开区田玄上安置房项目

井冈山经开区田玄上安置房用地面积 11723 平方米，用地性质为商住用地。总建筑面积 26731.54 平方米，其中商业用地面积 1083.92 平方米，住宅建筑面积 25441.78 平方米。容积率 2.28，建筑密度 22.01%，绿地率 32.67%，总户数 242 套。2015 年 8 月开工建设，2017 年 2 月竣工。

图 2-37　田玄上安置房规划效果图

井冈山经开区东区标准厂房及公租房

井冈山经开区东区标准厂房及公租房位于创业大道与南塘路交叉口西北角，用地面积 42767 平方米，总建筑面积 67834.08 平方米，建筑占地面积 8629 平方米。容积率 1.39，建筑密度 20.2%，绿地率 40%，总户数 823 套，地下室面积 8207.24 平方米。2013 年 7 月开工建设，2016 年 8 月竣工。

图 2-38　东区标准厂房及公租房规划效果图

井冈山经开区西区公租房（幸福家园）

井冈山经开区西区公租房（幸福家园）位于深圳大道与天祥南路交叉口西北角。用地面积 56990 平方米，总建筑面积 76120.39 平方米，建筑占地面积 14435 平方米，幼儿园面积 3370.45 平方米，商业面积 2149.6 平方米。容积率 1.336，建筑密度 25.33%，绿地率 33%，总户数 1092 套，地下室面积 8207.24 平方米。2011 年 7 月开工，2016 年 8 月竣工。

井冈山经开区里塘山安置房项目

井冈山经开区里塘山安置房位于深圳大道与里塘路交汇处西南角。占地面积 64955 平方米，建设安置房 7 幢，527 套，建筑面积 17.78 万平方米。

第二节　商品房开发

金庐陵·金鸡湖畔项目

金鸡湖畔项目位于创业大道以西，北临纬三路，西临梅岭路，南临纬四路。项目总投资 7.5 亿元，规划总用地面积 64095 平方米，容积率≤ 2.2，建筑密度≤ 22%，绿地率≥ 30%，建筑限高≤ 70 米。总建筑面积 206275.37 平方米，其中地上建筑面积 140516.79 平方米，地下建筑面积 55907.43 平方米，建筑占地面积约 10285.7 平方米，容积率为 2.19，建筑密度为 16.05%，绿地率约为 30%，共有 1519 个地下停车位。项目开工时间 2020 年 8 月，计划完工时间 2023 年 8 月。

图 2-39　金庐陵·金鸡湖畔房地产项目规划效果图

德逸国际项目

德逸国际项目位于深圳大道与吉安大道交叉口东北处。1#、2# 地块规划用地面积 6460 平方米，总建筑面积 27517.9 平方米。容积率 4.016，建筑密度 37.3%，绿地率 26%。商住地块规划用地面积 35190 平方米，总建筑面积 102028 平方米。容积率 2.597，建筑密度 27.56%，绿地率 36%，总户数 751 套，停车位 412 个。项目于 2013 年 6 月开工建设，2018 年 4 月完工，由江西德逸建材市场经营管理有限公司开发，施工单位是江西载宏建设有限公司，设计单位是深圳市物业国际建筑设计有限公司，监理单位是吉安市建筑设计规划研究院，地勘单位是江西省勘察设计研究院。

鸿达龙凤里项目

鸿达龙凤里小区位于京九大道与吉安大道交叉口东北 150 米处，用地面积 34980 平方米，总建筑面积 121365.21 平方米，住宅面积 80611.594 平方米，商业面积 22782.84 平方米，幼儿园面积 444.08 平方米。商服容积率 3.256，住宅容积率 2.985，商服建筑密度 37.98%，住宅建筑密度 12.7%，绿地率 35%，总户数 748 套，停车位 1050 个。项目于 2014 年 7 月开工建设，2017 年 12 月完工，由吉安市鸿达房地产开发有限公司开发，施工单位是江西省抚州市临川第二建筑安装工程公司，设计单位是抚州建筑勘察设计院，监理单位是江西恒信建设工程监理咨询有限公司，地勘单位是东华理工大学勘察设计院研究院。

德隆世纪城项目

德隆世纪城小区位于京九大道与创新大道交叉口东北处，用地面积57342平方米，总建筑面积154487.86平方米，住宅面积116892.11平方米，商业面积6240.5平方米，绿地面积19447平方米。容积率2.199，建筑密度21.588%，绿地率33.914%，总户数948套，停车位1068个。项目于2018年9月开工建设，预计2021年2月完工，由吉安县德隆房地产开发有限公司开发，施工单位是吉安嘉旺建设工程有限公司，设计单位是深圳市物业国际建筑设计有限公司，监理单位是吉安市建设监理中心，地勘单位是核工业赣州工程勘察院。

富临华府项目

富临华府小区位于京九大道与天祥南路交叉口东南处，用地面积31972平方米，总建筑面积49727.13平方米，住宅面积9318.74平方米，商业面积7163.16平方米。容积率1.55，建筑密度24.75%，绿地率36.9%，总户数416套，停车位416个。项目于2013年12月开工建设，2016年9月完工，由江西富临房地产开发有限公司开发，施工单位是江西省吉建建筑工程发展有限公司，设计单位是广东建筑艺术设计院有限公司，监理单位是江西省赣洪工程建设监理有限公司。

高新雅苑项目

高新雅苑小区位于君山大道与规划路交叉口东北处，用地面积5950平方米，总建筑面积12284平方米，建筑占地面积1661平方米。容积率1.58，建筑密度27.9%，绿地率40%，总户数105套，停车位90个。项目于2018年9月开工建设，预计2021年2月完工，由吉安县德隆房地产开发有限公司开发，施工单位是崇仁县宏伟建筑工程有限公司，设计单位是深圳市物业国际建筑设计有限公司，监理单位是吉安县建筑工程监理有限责任公司。

海珀蓝庭项目

海珀蓝庭小区位于井冈山大道与庐陵大道交叉口东南处，用地面积9500平方米，总建筑面积55373.77平方米，建筑占地面积3513.82平方米。其中住宅面积41835.57平方米，商业面积3292.44平方米，小户型住宅面积4266.99平方米。容积率5.2，建筑密度36.99%，总户数375套，停车位117个。项目于2011年11月开工建设，2015年9月完工，由吉安天成实业有限公司开发，施工单位是江西江鹏建设集团。

恒荣绿苑项目

恒荣绿苑小区位于吉安大道与君山大道交叉口东南处，用地面积5045平方米，总建筑面积20515.6平方米，建筑占地面积1593.7平方米。容积率3.5，建筑密度31.6%，总户数148套，停车位

57 个。项目于 2012 年 9 月开工建设，2013 年 12 月完工，由吉安市恒荣房地产开发有限公司开发，施工单位是吉安市工程建设有限公司，设计单位是吉安市建筑设计规划研究院，监理单位是赣州昌顺工程建设监理有限公司。

华鹏御景项目

华鹏御景小区位于深圳大道北侧，用地面积 4528 平方米，总建筑面积 9817 平方米，建筑占地面积 1543 平方米，其中住宅面积 8098 平方米，商业面积 1494 平方米。容积率 2.168，建筑密度 34%，总户数 72 套，停车位 42 个。项目于 2016 年 4 月开工建设， 2017 年 4 月完工，由吉安市华鹏房地产开发有限公司开发，施工单位是江西智程建设工程有限公司，设计单位是江苏华电工程设计院，监理单位是吉安市建设监理中心，地勘单位是江西华昌地质工程勘察有限公司。

江南春晓项目

江南春晓小区位于深圳大道南侧，用地面积 26667 平方米，总建筑面积 116807.82 平方米，建筑占地面积 6096.79 平方米，其中住宅面积 113749.39 平方米，商业面积 3058.43 平方米。容积率 3.5，建筑密度 22.86%，总户数 808 套，停车位 562 个。项目于 2012 年 11 月开工建设，2014 年 4 月完工，由江西财贸实业发展有限公司江南春晓部开发，施工单位是江西省乐安县建筑工程公司，设计单位是长宇（珠海）国际建筑设计有限公司，监理单位是吉安市建筑设计规划研究院。

金庐名居项目

金庐名居小区位于吉安大道与庐陵大道交叉口东南侧，用地面积 88896 平方米，总建筑面积 233670.39 平方米，建筑占地面积 28194.94 平方米，其中商业面积 9018.51 平方米，酒店办公面积 21004.66 平方米，住宅面积 169274.8 平方米，幼儿园面积 1828.23 平方米。容积率 2.36，建筑密度 31.72%，绿地率 34.53%，总户数 672 套，停车位 562 个。项目于 2012 年 11 月开工建设，2018 年 12 月完工，由吉安浙赣房地产开发有限公司开发，施工单位是吉安县第二建筑工程公司，设计单位是吉安市建筑设计院，监理单位是吉安市建筑设计规划研究院。

景园春项目

景园春小区位于嘉华大道与天祥南路交叉口西南侧，用地面积 13333 平方米，总建筑面积 28171.23 平方米，建筑占地面积 3721.7 平方米。容积率 2.113，建筑密度 27.91%，绿地率 40%，总户数 228 套，停车位 105 个。项目于 2013 年 12 月开工建设，2014 年 10 月完工，由吉安市青原房地产开发有限公司开发，施工单位是吉安万吉建设有限公司，设计单位是深圳市物业国际建筑设计有限公司，监理单位是吉安市监理中心。

梨山湖畔项目

梨山湖畔小区位于君山大道与环岛南路交叉口西南侧，用地面积 39922 平方米，总建筑面积 95943.6 平方米，建筑占地面积 11517.1 平方米，其中商业面积 9696 平方米，住宅面积 74783 平方米，幼儿园面积1672平方米。容积率2.17，建筑密度28%，绿地率42%，总户数656套，停车位518个。项目于2013年3月开工建设，2014年4月完工，由吉安浙赣房地产开发有限公司开发，施工单位是吉安县第二建筑工程公司，设计单位是吉安市建筑规划研究院，监理单位是吉安市建筑设计规划研究院。

龙腾府邸项目

龙腾府邸小区位于深圳大道南侧，用地面积26667平方米，总建筑面积117878平方米，建筑占地面积6106.74平方米，其中商业面积2646.06平方米，住宅面积88606.88平方米，幼儿园面积1158.48平方米。容积率3.5，建筑密度22.9%，绿地率42%，总户数800套，停车位564个。项目于2013年10月开工建设，2015年2月完工，由吉安市航盛投资管理有限公司开发，施工单位是中恒建设集团有限公司，设计单位是长宇（珠海）国际建筑设计有限公司，监理单位是江西省赣州江南工程监理有公司。

龙腾佳苑项目

龙腾佳苑小区位于吉安大道与建设大道交叉口东北侧，用地面积15825平方米，总建筑面积71938平方米，建筑占地面积6255平方米。容积率3.3，建筑密度32.15%，绿地率40%，总户数596套，停车位108个。项目于2011年11月开工建设，2014年4月完工，由吉安市华鹏房地产开发有限公司开发，施工单位是吉安市青原建设工程有限公司。

香榭名苑项目

香榭名苑小区位于吉安大道与赣江大道交叉口东南侧，用地面积23013平方米，总建筑面积44622平方米，建筑占地面积9058平方米。容积率1.46，建筑密度39.32%，绿地率35.5%，总户数154套，停车位118个。项目于2010年5月开工建设，2012年11月完工，由香格房地产有限公司开发，施工单位是南昌市第九建筑工程公司。

香溢中央项目

香溢中央小区位于君山大道南侧，用地面积9176平方米，总建筑面积40870.61平方米，建筑占地面积2744.77平方米。其中商业面积4829.45平方米，住宅面积26922.09平方米，绿地面积2763.18平方米。容积率3.48，建筑密度29.91%，绿地率30.11%，总户数224套，停车位274个。项目于2016年12月开工建设，2018年6月完工，由吉安市亿翰实业有限公司开发，施工单位是江西省乐安县建筑工程公司，设计单位是深圳市物业国际建筑设计有限公司，监理单位是吉安市建筑设计规划研究院，地勘单位是江西省勘察设计研究院。

鑫瑞城市花园项目

鑫瑞城市花园小区位于君山大道与创新大道交叉口西北侧，用地面积69000平方米，总建筑面积227928平方米，建筑占地面积24146.47平方米，其中商住面积201500.27平方米，幼儿园面积1525.73平方米，绿地面积24200平方米。容积率2.942，建筑密度34.995%，绿地率35.072%，总户数1406套，停车位1040个。项目于2013年1月开工建设，2018年11月完工，由吉安鑫瑞投资发展有限公司开发，施工单位是金光道环境建设集团有限公司，设计单位是深圳市物业国际建筑设计有限公司，监理单位是吉安市建筑设计规划研究院，地勘单位是吉安市建筑设计规划研究院。

金鸡湖住宅小区项目

金鸡湖住宅小区位于普祥路与纬四路交叉口，用地面积 26668 平方米，总建筑面积 39237 平方米，计容建筑面积 36428 平方米，其中住宅建筑面积 35780 平方米，配套用房 597.6 平方米。建筑密度 20.04%，容积率 1.365，绿化率 46.3%，总户数 260 套，停车位 290 个。项目于 2013 年 1 月开工建设，2018 年 11 月完工，由吉安市玖隆置业有限公司开发，施工单位是江西正嘉建设工程有限公司，设计单位是上海开艺设计集团有限公司，监理单位是江西省建筑工程建设监理有限公司。

第三节　房地产管理

房地产管理工作纳入吉安市中心城区统一管理，仅在土地供应和房地产物业管理由井冈山经开区负责。

房地产土地供应

井冈山经开区属吉安市中心城区“产业组团”，近年来，按照“综合发展、产城融合”的理念，不断优化国土空间布局，统筹产业布局、提升园区服务配套。一方面深入推进城镇低效土地再开发，实施西区提质改造；另一方面高标准规划建设东区城市新区。

2009 年至 2020 年依法依规出让商住用地 82 宗，面积约 197 公顷。

房地产物业管理

区规划建设局设立房地产管理科，履行对物业企业的管理。通过专家宣讲、发放宣传册等方式开展物业管理条例的宣传；严格执行《吉安市住宅物业管理条例》；推广物业管理工作标准示范化工作，开展物业管理示范小区创建活动；落实无物业管理居民住宅区属地管理责任，鼓励推广业主自治管理模式。

出台了房屋维修基金实施管理办法，规范房屋维修基金的申请和使用，及时进行协调处理居民诉求，保障园区物业小区的和谐稳定。

第八章　环境保护

井冈山经开区践行“绿水青山就是金山”的发展理念，高度重视生态环境保护、绿色发展。环保基础设施建设配套完善，建成投运了 2 座污水处理厂、1 座危废处理中心、1 座生活垃圾焚烧发电厂、1 座餐厨垃圾处置中心，生活污水、工业废水、生活垃圾做到了应处尽处。运用科技手段，助推环境保护，建成环境监控大楼，设立环境监测站，购置了成套监测设备，配备智能自动监测手段，通过购买服务的方式开展环境监测。实施环保准入制度，制订项目准入清单；引导入园企业树立环保理念，认真贯彻落实上级有关环境保护的政策法规，制定了水环境、大气环境、土壤环境管理制度和管理措施，及时查处环保违法违规事件。

2020 年，空气质量优良率 97.7%，生活污水集中处理率 92.4%，生活垃圾无害化处理率 100%，环境状况稳中向好；绿化覆盖率、人均绿地面积均超过国家园林城市标准。走出了一条经济发展与环境保护互利的生态发展之路，保护了美丽环境，保住了绿水青山。

第一节　环保基础设施建设

雨水管涵建设

按雨污分流要求，井冈山经开区的道路均实现雨污分离措施，雨水排放管道实现双侧布设。

主干道雨水管道建设　均采用双侧布设，总长约 104.6 千米。

创业大道雨水管道总长 10 千米，由金庐陵经济开发有限公司发包，太平洋建设集团有限公司以 BT 模式承包建设。

庐陵大道雨水管道双侧及中心箱涵布局，总长 21 千米，由太平洋建设集团有限公司以 BT 模式承包建设，于 2014 年 4 月 20 日开工建设，西段 4 千米 2014 年建成。

永锦大道雨水管道总长 13.4 千米，由金庐陵经济公司代建发包模式，太平洋建设集团有限公司以 BT 模式承包建设，于 2018 年 11 月 20 日开工建设，2020 年末完成工程量的 85%。

深圳大道雨水管道总长 16.8 千米。由金庐陵经济公司代建发包模式，太平洋建设集团有限公司以

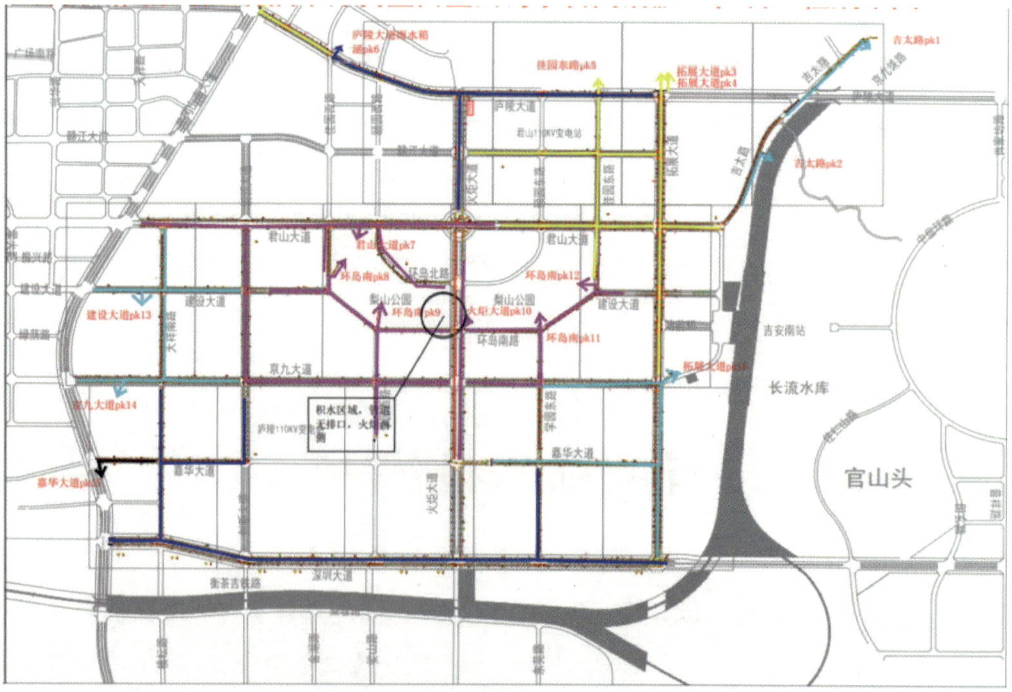

图 2-40　井冈山经开区雨水管网分布图

BT 模式承包建设，深圳大道西段 4 千米 2008 年开始动工建设，2011 年 12 月通车，东段 2012 年 3 月 20 日开工建设，完成 4.5 千米并开通使用。

君山大道雨水管道总长 8 千米。工程 2002 年开工，2006 年竣工。

京九大道雨水管道总长 7.6 千米。工程 2002 年开工，2006 年竣工。

火炬大道雨水管道总长 6.2 千米。工程 2002 年开工，2006 年竣工。

赣江大道雨水管道总长 1.8 千米。工程 2002 年开工，2006 年竣工。

105 国道南环路雨水管道总长 13.6 千米。项目于 2012 年 5 月开工，2013 年 10 月竣工。

拓展大道雨水管道总长 6.2 千米。工程 2016 年开工，2017 年竣工。

次干道雨水管道建设　均采用双侧布设，总长约 105.4 千米。

2020 年井冈山经开区次干道雨水管道建设一览表

表 2-16

道路名称	长度（千米）	管道布局	管径（毫米）	修建时间
佳园西路	1.4	双侧	800~1000	开工：2007.8；竣工：2008.12
南山大道	3	双侧	800~1000	开工：2010.6；竣工：2011.12
学园西路	1.2	双侧	800~1000	开工：2010.6；竣工：2011.12
环岛南路	5.4	双侧	800~1000	开工：2010.6；竣工：2011.12
环岛北路	3	双侧	800~1000	开工：2010.6；竣工：2011.12
佳园东路	1.6	双侧	800~1000	开工：2011.6；竣工：2013.12
天祥南路	4	双侧	800~1000	开工：2010.6；竣工：2014.12
普祥路	5.2	双侧	800~1000	开工：2012.8；竣工：2015.12
梅岭路	4.3	双侧	800~1000	开工：2012.8；竣工：2015.12
田玄路	3.4	双侧	800~1000	开工：2012.8；竣工：2015.12
吉太路	6.7	双侧	800~1000	开工：2012.8；竣工：2015.12
建设大道	4.8	双侧	800~1000	开工：2012.8；竣工：2015.12
嘉华大道	7.2	双侧	800~1000	开工：2012.8；竣工：2015.12
樟树塘路	8	双侧	800~1000	开工：2012.8；竣工：2018.12
官山岭路	2	双侧	800~1000	开工：2015.6；竣工：2016.12
永和大道	8.2	双侧	800~1000	开工：2016.2；竣工：2018.12
新庄南路	4	双侧	800~1000	开工：2016.5；竣工：2016.8
中信环路	8.6	双侧	800~1000	开工：2016.8；竣工：2020.12
里塘路	2.2	双侧	800~1000	开工：2016.8；竣工：2020.12
湖滨路	2.6	双侧	800~1000	开工：2017.2；竣工：2020.6
住仁山路	3.2	双侧	800~1000	开工：2017.5；竣工：2018.12
罗家塘路	11	双侧	800~1000	开工：2018.8；竣工：2019.12
新庄北路	4.4	双侧	800~1000	开工：2018.11；竣工：2019.12

污水管涵建设

井冈山经开区污水收集系统分三个片区收集。西北片区由污水收集管道汇入火炬大道与庐陵大道交叉口污水提升泵站，通过压力管道输送至污水处理厂处理；西南片区由污水收集管道汇入嘉华大道与吉安大道交叉口污水提升泵站通过压力管道输送至污水处理厂处理；东南片区由污水收集管道汇入东南片区污水提升泵站，通过压力管道输送至樟树塘路污水管。

主干道污水管道建设　主要建设内容有：两期污水处理厂尾水排放管网，主干道双侧布局污水管道。总长 104.37 千米。

污水处理厂一期尾水排放管网项目东起污水处理厂一期厂房，西接凤凰镇九龙村赣江防洪堤，项目全长 9.37 千米，于 2015 年开工，2016 年竣工。

污水处理厂二期尾水排放管网项目东起污水处理厂二期厂房，西接凤凰镇九龙村赣江防洪堤，项目全长 10 千米，于 2020 年开工，2020 年末仍在施工。

庐陵大道污水管道双侧及中心箱涵布局，总长 21 千米，由太平洋建设集团有限公司以 BT 模式承包建设，于 2014 年 4 月 20 日开工建设，西段 4 千米 2014 年建成。

永锦大道污水管道总长 13.4 千米，由金庐陵经济公司代建发包模式，太平洋建设集团有限公司以 BT 模式承包建设，于 2018 年 11 月 20 日开工建设，2020 年末仍在施工。

深圳大道污水管道总长 16.8 千米，由金庐陵经济公司代建发包模式，太平洋建设集团有限公司以 BT 模式承包建设，深圳大道西段 4 千米 2008 年开始动工建设，2011 年 12 月建成，东段 2012 年 3 月 20 日开工建设，完成 4.5 千米并建成使用。

君山大道污水管道总长 8 千米，2002 年开工，2006 年竣工。

京九大道污水管道总长 7.6 千米，2002 年开工，2006 年竣工。

火炬大道污水管道总长 6.2 千米，2002 年开工，2006 年竣工。

赣江大道污水管道总长 1.8 千米，2002 年开工，2006 年竣工。

拓展大道污水管道总长 6.2 千米，2016 年开工，2017 年竣工。

次干道污水管道建设　采用双侧布局，管道总长 105.4 千米。

图 2-41　井冈山经开区雨污水管网分布图

2020 年井冈山经开区次干道污水管道建设一览表

表 2-17

道路名称	长度（千米）	管道布局	管径（毫米）	修建时间
佳园西路	1.4	双侧	400~600	开工：2007.8；竣工：2008.12
南山大道	3	双侧	400~600	开工：2010.6；竣工：2011.12
学园西路	1.2	双侧	400~600	开工：2010.6；竣工：2011.12
环岛南路	5.4	双侧	400~600	开工：2010.6；竣工：2011.12
环岛北路	3	双侧	400~600	开工：2010.6；竣工：2011.12
天祥南路	4	双侧	400~600	开工：2010.6；竣工：2014.12
佳园东路	1.6	双侧	400~600	开工：2011.6；竣工：2013.12
普祥路	5.2	双侧	400~600	开工：2012.8；竣工：2015.12
梅岭路	4.3	双侧	400~600	开工：2012.8；竣工：2015.12
田玄路	3.4	双侧	400~600	开工：2012.8；竣工：2015.12
吉太路	6.7	双侧	400~600	开工：2012.8；竣工：2015.12
建设大道	4.8	双侧	400~600	开工：2012.8；竣工：2015.12
嘉华大道	7.2	双侧	400~600	开工：2012.8；竣工：2015.12
樟树塘路	8	双侧	400~600	开工：2012.8；竣工：2018.12
官山岭路	2	双侧	400~600	开工：2015.6；竣工：2016.12
永和大道	8.2	双侧	400~600	开工：2016.2；竣工：2018.12
新庄南路	4	双侧	400~600	开工：2016.5；竣工：2016.8
中信环路	8.6	双侧	400~600	开工：2016.8；竣工：2020.12
里塘路	2.2	双侧	400~600	开工：2016.8；竣工：2020.12
湖滨路	2.6	双侧	400~600	开工：2017.2；竣工：2020.6
住仁山路	3.2	双侧	400~600	开工：2017.5；竣工：2018.12
罗家塘路	11	双侧	400~600	开工：2018.8；竣工：2019.12
新庄北路	4.4	双侧	400~600	开工：2018.11；竣工：2019.12

污水处理厂建设

井冈山经开区成立之初，由企业自己处理污水，处理后能达到三级以上排放标准的，统一收集，通过管网流入吉安市螺子山污水处理厂再进行集中处理。为提高污水处理能力，保护自然环境，打造生态园区，2013 年启动污水处理厂一期建设，污水处理能力 2 万吨 / 日，2015 年投入运营使用。随着园区建设的加快，入驻企业的增加，居民小区的建成，井冈山经开区污水排放量快速增多，污水处理厂一期已无法满足排污需求。2017 年，污水处理厂二期开建，污水处理能力 4 万吨 / 天，2020 年 3 月正式投入使用， 采用 BOT 模式，总投资 1 亿元。两个污水处理厂均达到达到一级 A 排放标准，2020 年污水处理量 6 万吨 / 日。

污水处理厂一期　位于井冈山经开区东区深圳大道与住仁山路交叉口西南，中心经度 115° 00′ 03″，中心纬度 26° 57′ 28″，占地面积 3.2 万平方米。2015 年 4 月进水调试投入试运行，2015 年 12 月 11 日，经区环保局验收小组竣工预验收。污水处理厂最终工艺方案确定为 A/O 工艺，主要处理的污染物有 COD（化学需氧量）、氨氮，一期工程设计处理规模是 2 万吨 / 日，处理后的尾水能满足《城镇污水处理厂污染物排放标准（GB18918—2002）》一级 A 标准的排放要求，排污去向是赣江吉安段。具体工艺如下：

图 2-42　污水处理厂一期

污水处理厂一期尾水排放管网工程。项目东起污水处理厂一期，西接凤凰镇九龙村赣江防洪堤，全长 9.37 千米，设计单位为上海城市建设设计研究院，施工单位为江西建工第二建筑有限公司。主要实施内容包括：尾水提升泵站和变配电间土建、安装工程以及管网。项目于 2013 年 11 月开工，2015 年 12 月竣工，工程造价约 1289.89 万元。

图 2-43　污水处理厂二期规划效果图

污水处理厂二期　位于污水处理厂一期旁，建设规模为 4.0 万吨 / 日，总投资 10032.49 万元，占地面积 5.07 公顷。污水收集范围包括：拟建中的井冈山经开区三期建设区范围内污水，以及井冈山经开区一、二期建设区范围内原定由井冈山经开区污水处理厂一期污水厂超出接纳规模的污水，采用 A2O 工艺技术，污水经处理达到《城镇污水处理厂污染物排放标准（GB 18918—2002）》一级 A 标准后排入赣江。项目建设内容主要包括粗（细）格栅、事故调节池、水解酸化池、生物池、二沉池、高效沉淀池、精密滤池、消毒池、污泥脱水系统、鼓风机房及配电间、除臭系统、机修车间、综合楼及相应的配套设施。

吉安市生活垃圾焚烧发电项目

位于井冈山经开区高新街道梨塘村以南，娑老山以西，占地约 7.7 公顷。项目采用 PPP 合作模式，由中国光大国际有限公司与吉安市吉泰走廊投资发展有限公司合资组建项目公司。光大国际作为投资主体负责设计、投资、建设和运营，特许经营期为 30 年，总投资约 6.37 亿元。项目配置 2 台 600 吨 / 日机械炉排焚烧炉及 2 台中温中压余热锅炉，配置 1

图 2-44　吉安市生活垃圾焚烧发电项目

台 25 兆瓦中温中压凝汽式汽轮机及 1 台 25 兆瓦的发电机。焚烧系统采用目前国内技术最成熟、运行最稳定的机械炉排炉垃圾焚烧工艺；烟气净化系统采用“SNCR 炉内脱硝 + 半干式脱酸：+ 干法喷射 + 活性炭吸附 + 布袋除尘”组合工艺；烟气排放数据优于《生活垃圾焚烧污染控制标准》（GB18485–2014）的排放限值，参照执行欧盟 2010 标准。

项目处理总规模为 1200 吨 / 日，每年可处理吉泰走廊“三县四区”生活垃圾 43.8 万吨。提供绿色电力 1.29 亿千瓦时，相当于节约标，煤近 7 万吨，减少二氧化碳排放近 20 万吨，垃圾处理达到无害化、资源化和减量化标准。

项目于 2018 年 4 月开工建设， 2019 年 11 月 18 日竣工试运行。

吉安市危险废物处置中心项目

位于井冈山经开区 105 国道南侧，占地面积 35.1 公顷，是吉安市唯一一家危废集中处置中心。项目处理类别为 35 大类，规划总处理规模为 35 万吨 / 年，其中废物综合利用 28 万吨 / 年（包括：电子垃圾、废蚀刻液、重金属污泥、酸碱废液、废有机溶剂）、危废焚烧 1.2 万吨 / 年、物化 1.3 万吨 / 年、危废填埋 4.5 万吨 / 年。拥有库容为 200 万立方米的安全填埋场，服务年限为 66 年。

主要建设工程有：焚烧处理的焚烧车间，稳固化处理的稳固化车间和安全填埋场，物理化学处理的物化、废水车间，以及配套的贮运、实验室、电力、给排水、消防、道路、绿化等辅助工程。危废处置中心按国内一流的标准进行设计和建设，主要包含焚烧烟气处理设施项目、废水处理设施项目、工艺废水处理项目和 VOC 废气收集处理项目。危险废物经过处理之后可实现回收利用或者按照国家标准排放。

2018 年 10 月开工，2019 年 10 月投入运营。总投资约 3.5 亿元。年处理工业危险废物 9 万吨。

第二节　污染防治

污染源普查

2007 年 12 月 31 日，根据全国统一部署，吉安市高新区开展第一次污染源普查。

2017 年 12 月 31 日，根据全国统一部署，井冈山经开区开展第二次污染源普查，为期三年。

普查对象：工业污染源，农业污染源，生活污染源，集中式污染治理设施，移动源及其他产生、排放污染物的设施。

2020 年 9 月，井冈山经开区王仁浪获国务院第二次全国污染源普查领导小组办公室评选的第二次全国污染源普查表现突出的个人。

水环境保护

实施污染源达标排放。2016 年制定了《关于加强园区工业企业水污染防治的通知》，严控高耗能、高污染和高排放的项目入园，严格执行污染物排放总量控制制度，各重点企业在废水总排口安装在线监控、电磁蝶阀和流量计等污水排放管控系统，全面推进污染源达标排放。2017 年 7 月制定了《井冈山经济技术开发区雨水污水排放管理规定》，对园区新建工业企业排污口设计、施工、污水排放予以规范，做到园区污水收集管网状况清晰、接纳有序、控制到位。

雨污管网建设和维护。2020年末，有市政污水管网总长约110公里。污水提升泵站3座，分别设在庐陵大道与火炬大道交叉口、吉安大道与嘉华大道交叉口、东区永锦大道与南塘路交叉口，依据低洼地势分别收集城市污水和工业废水，通过泵站提升至污水处理厂进行处理，最终通过尾水管道排入赣江。按照《井冈山经开区城市排水设施建设工程专项规划（2010—2020）》，十三五期间投资了1.8亿元完成了40公里雨污水管道建设任务，城市建成区实现雨、污水收集管网全覆盖。2017年、2018年通过公开招投标，投资1200万元，完成了西区雨污水管道清淤检测工作，编制了西区雨污水管网图及缺陷图。2019年底通过政府采购服务，投资1900万元对管道漏点较多、缺陷等级较高的拓展大道、君山大道、火炬大道等城市主干道污水管道进行非开挖式修复，保障了污水管网正常运行。

推行实施河长制。2017年3月，制定了《井冈山经济技术开发区实施“河长制”工作方案》，构建了区、街道办、村（社区）三级“河长”组织体系，对全区河、库、湿地等进行全面保护与治理。2018年9月制定了《井冈山经济技术开发区实施“河长制”“湖长制”工作方案》，立足于治理与预防并重，对全区湖泊、水库、湿地、山塘等进行全面保护和治理。

取缔畜禽养殖。2017年8月制定了《井冈山经济技术开发区畜禽养殖场取缔拆除工作方案》，全面依法取缔全区禁养区内所有畜禽养殖场，共拆除畜禽养殖场37家，实现农业面源污染根本好转。

大气环境保护

燃煤锅炉污染治理。2017年3月制定了《2017年井冈山经开区燃煤锅炉大气污染防治整改方案》，集中淘汰或替代11台每小时10蒸吨以下燃煤锅炉，2018年6月制定了《井冈山经开区2018年燃煤锅炉淘汰实施方案》，淘汰全区范围内每小时35蒸吨及以下燃煤锅炉，减少燃煤污染物排放，有效改善环境空气质量。

工业大气污染防治。以监督性监测、巡查执法等方式督促企业加强大气污染防治设施正常运行和提质改造；推进完成6家重点企业完成VOCs深度治理“一企一策”方案编制并组织实施，完成园区VOCs综合治理“一园一策”方案制定；开展油气回收专项检查和整改，落实全链条、全环节、全封闭的油气回收治理。在重点废气产排企业周边按照VOC、恶臭电子鼻等在线监控设施30余套，实施监控园区废气排放情况。

城乡环境综合整治。2017年制定了《井冈山经开区城乡环境综合整治实施方案》，根据整治情况，每年出台年度整治计划和方案，建立长效管理机制，进一步改善城乡环境卫生面貌，按照“强化管理、从严执法、集中整治、落实长效”的原则，进一步规范建筑工地管理，遏抑扬尘污染，严格遵循“六个百分百”的工作标准，对建筑工地实行动态管理。加强道路运输扬尘现场监管执法，开展渣土车公司化运营，统一监管，通过园区“天网”实时监管道路渣土车运输扬尘、道路洗撒、保洁情况。

土壤环境保护

按照“预防为主、保护优先、分类管理、风险管控”的原则，扎实推进净土保卫战。园区生活垃圾统一转运至市生活垃圾焚烧发电厂统一处理。2020年在全省率先开展全区土壤调查评估及风险管控工作，全面掌握园区土壤现状和变化趋势；开展了疫情期间医疗废物环境管理工作，督促指导高新医院做好医疗废物处置转移。每年与园区土壤重点行业企业签订污染防治责任状，并按要求督促企业开展土壤自行监测及公开工作；加强固体废物监管，每年开展危险废物专项检查，重点监管单位安装视频监控和可燃性报警仪，安全规范管理区内各产废和经营单位。

第三节　环境监管

环境监测站

2015年12月，经省市组织专家论证，井冈山经开区环境监测站仪器设备达到标准化建设验收要求，同意通过标准化建设验收。井冈山经开区环境监测站位于环保检测大楼主楼6、7楼，于2015年开始建设，有气相色谱仪、离子色谱仪、原子吸收分光光度计、大气综合采样器等仪器设备80余台套，具备基本的大气、水和土壤检测能力。环境监测站的建设填补了全区环境监测能力自动化的空白，井冈山经开区环境监测站也成为省内第一个通过仪器标准化验收的工业园区环境监测站。

智慧环保平台

2016年开始建设智慧环保平台，集企业污染源管控、环境质量监测、园区环境管理等于一体，配套建设了空气检测自动站、金鸡湖水质检测自动站、区域噪声在线监测、区域恶臭和VOCs在线监测、危险废物仓库视频监控和污水排放管控等监控系统，为全区环境质量在污染源状况、环境质量现状及其变化趋势、潜在的环境风险管控提供强大的科技支撑，是井冈山经开区环境质量监测、管控的智慧环保平台。平台现有管理模块17个，涵盖水、气、声、固废和环境管理各方面，对20多家重点废水企业及4家重点废气产排企业在线监测，实时监控废水废气排放情况；建设了13套区域阵列式在线监控系统、4套厂界VOCs在线监测、1个空气自动监测站，重点监控企业周边废气排放情况和园区空气质量；1个水质自动监测站监控园区最大地表水水质情况，2个区域噪声在线监测监控学校噪声情况，同时还录入近三年地表水、地下水手工监测数据，危废和辐射环境管理台账，同时还包括全区重点涉水企业在线站房和外排口视频监控、10家重点危废企业危废仓库视频监控等。

井冈山经开区专职环境监管人员少，但环境监管力度始终保持高压态势，依靠科技监管与日常监管相结合，不断创新管理模式，进一步改善生态环境质量，把井冈山经开区打造成“美丽环境国内一流”的宜居宜业、产城融合的城市新区。

环境监测站购买服务

为贯彻落实财政部、环保部《关于支持环境监测体制改革的实施意见》（财建〔2015〕985号）、省政府《政府向社会力量购买服务的实施意见》（赣府发〔2014〕27号）和省财政厅《政府向社会力量购买服务试点实施方案》（赣财综〔2014〕64号）要求，按照全省推进工业园区环境保护污染防治工作的部署，加快推进全区环境监测等环保能力建设工作，结合园区实际，2016年10月全区创新管理模式，通过政府采购的方式，向社会购买监测服务，运营井冈山经开区环境监测站，并开展相关监督性监测任务。主要包括对金鸡湖、禾河井冈山经开区段每月开展例行监测，监测pH、COD、氨氮、铜和氟化物等指标；对全区20个交通道路噪声点、68个区域环境噪声点，每年8月开展一次昼、夜监测；

对 20 多家重点企业废水每月不定期取样 2 天，对 6 家非重点企业废水每月不定期取样 1 天，监测因子为 pH、COD、氨氮和企业有关特征污染因子；对 19 家重点锅炉废气产排企业每半年定期取样 1 天，监测因子主要为 NOx、烟尘和林格曼黑度；根据工作要求开展应急监测。购买监测服务填补全区环境监测能力空白，提高环境监测能力；为区管委会环境保护管理提供技术支撑及决策依据，全面改善全区环境质量状况；确保园区在经济快速发展的同时保持环境安全和环境质量持续稳定。

第四节　项目准入

为提高园区绿色发展水平，严格建设项目环境准入，引导产业布局及其环保要求与区域资源环境条件相匹配，创建国家生态工业示范园区，2019 年 9 月，井冈山经开区制定了《井冈山经开区环境准入负面清单》。清单分为《禁止入驻项目清单》和《限制准入项目清单》。

凡列入《禁止入驻项目清单》的建设项目，不予办理相关手续。凡列入《限制准入项目清单》的建设项目，由井冈山经开区规划环评与建设项目环评联动试点领导小组确认符合规定条件方可办理相关手续。凡采用《产业结构调整指导目录（2011 年本）》（2013 年修订版）明令淘汰的落后工艺技术、装备或者生产明令淘汰产品的建设项目；采用所列工艺技术、装备、规模的建设项目，不予办理相关手续。凡属《江西省人民政府办公厅转发省发改委省环保局关于加强高能耗高排放项目准入管理实施意见的通知》（赣府厅发〔2008〕58 号）文中包含的高污染、高能耗项目，不予办理相关手续。

第五节　环境质量

井冈山经开区在整个建设过程中，无论是进行“七通一平”，还是进行厂区建设，都没有全部或者大规模进行填土推平，都是因势利导，尽量保护植被，尽量保持园区内生态原貌，按照“保住山、稳住水、留住鸟”的要求，高标准规划设计，保留园区内 140 公顷水面，规划为 4 个公园。规划绿化用地面积 144.95 公顷，占规划区总用地的 11.42%，道路绿化按城市道路标准建设。对入园企业规划也有严格规定，绿化率达 37%。

大气环境质量

2016 年，建设了环境空气自动监测站，监测站位于井冈山经开区环境监控中心，监测项目有二氧化硫（SO_2）、PM2.5、PM10、氮氧化物（NO_2）、一氧化碳（CO）、臭氧（O_3），2017—2020 年全区环境空气质量稳中向好，达到《环境空气质量标准》二级标准。

2017—2020 年井冈山经开区空气质量（年日均值）情况表

表 2-18　　单位：微克 / 立方米

年　份	二氧化硫（SO_2）	氮氧化物（NO_2）	可吸入颗粒物（PM10）	可吸入颗粒物（PM2.5）	一氧化碳（CO）	臭氧（O_3）	空气优良率
2017	28.0	18.4	75.3	47.4	1.3	91.4	81.1

续表 2-18

年　份	二氧化硫（SO_2）	氮氧化物（NO_2）	可吸入颗粒物（PM10）	可吸入颗粒物（PM2.5）	一氧化碳（CO）	臭氧（O_3）	空气优良率
2018	16.1	14.2	58.1	36.3	0.9	86.4	88.2
2019	11.8	14.8	52.2	32.4	1.5	86.8	91.8
2020	9.6	18.5	47.6	29.1	0.9	76.1	97.8

水环境质量

对区内的地表水水体开展了监测，一共设置了污水处理厂排放口上游 0.5km（赣江）、污水处理厂污水入赣江排放口、污水处理厂入赣江排放口下游 0.5 千米（赣江）、污水处理厂入赣江排放口下游 1.5 千米（赣江）、污水处理厂入赣江排放口下游 3 千米（赣江）、金鸡湖水库、上坑水库、西坑水库、梨山水库 8 个点位，监测指标为《地表水环境质量标准》（GB3838–2002）表 1 中 28 项基础指标，监测数据显示所有检测指标结果均能达到《地表水环境质量标准》（GB3838–2002）III 类水质标准，符合园区环境功能区划要求。

土壤环境质量

在下村、梨山公园、谢家坊、梨塘、东芫、陈家、彭家坊、钟家、龙山、杨家湖、龙家村等 11 个点位，开展土壤环境质量监测，所有指标的监测结果均能达到《土壤环境质量标准》（GB15618–1995）二级标准，园区土壤环境质量良好。

声环境质量

对园区内的工业集聚区、居民区、主要交通干道均进行了环境噪声监测，其中社会环境噪声监测了 41 个点位，主要交通干道监测了井冈山大道、创新大道、深圳大道、吉安大道等，一共有 9 个监测点位。监测结果显示：社会环境噪声昼间和夜间环境噪声均能达到《声环境质量标准》（GB 3096–2008）三类标准，9 个交通干线的监测点位监测结果均能达到《声环境质量标准》（GB 3096–2008）4a 标准，园区噪声环境质量良好。

全区生态保护成效显著，绿化覆盖率、人均公共绿地面积均超过国家园林城市标准。污染排放量大幅下降。2020 年主要污染物化学需氧量为 198.382 吨、氨氮排放量为 24.015 吨，较 2019 年分别下降 6.3% 和 14.4%，二氧化硫为 9.15 吨、氮氧化物排放量为 29.101 吨，较 2019 年分别下降 28.3% 和 15.6%。GDP 能耗为 0.6 吨标准煤 / 万元。生活污水集中处理率 92.4%，生活垃圾无害化处理率 100%。环境状况稳中向好。

第六节　环境保护管理

管理机构

吉安市环保局于 2009 年设立井冈山经开区分局；2010 年至 2016 年，吉安市环保局井冈山经开区环境督查中心。负责环境评价等工作。

2001 年 12 月，根据市编办《关于同意市高新技术产业开发区管委会设立内部机构的通知》（吉编发〔2001〕58 号），设立规划建设处，同时履行环境保护职能。

2008 年 11 月，成立规划建设局。同时负责开发区环境保护工作，对开发区环境保护工作实施监督与管理。2009 年 3 月更名为井冈山经开区规划建设局，职能不变。

2013 年 2 月，成立井冈山经开区规划建设环保局。

2015 年 12 月，成立井冈山经济技术开发区环境保护局，为规划建设环保局二级局。2017 年 6 月，根据井冈山经开区内部机构调整，成立井冈山经济技术开发区环境保护局（安全生产监督管理局）。

2019 年 10 月，根据市委《中共井冈山经济技术开发区（出口加工区）工作委员会、井冈山经济技术开发区（出口加工区）管理委员会职能配置、内设机构和人员编制规定》（吉办字〔2019〕125 号）的通知，成立应急管理局（生态环境局）履行环境保护职责。

环境评价

开发区总体环境评价　2002 年 11 月，吉安市高新区委托江西省环境保护科学研究院编制的《吉安市高新技术产业开发区环境影响报告书》编制完成。2004 年 4 月，原江西省环境保护局以《关于〈吉安市高新技术产业开发区环境影响报告书〉审批意见的函》(赣环督函字〔2004〕53 号)，批复了该报告。

井冈山经开区扩区调区编制了“东区规划环评和西区规划环评跟踪评价”。

2017 年，井冈山经开区委托江西省环境保护科学研究院编制《井冈山经济技术开发区总体发展规划环境影响报告书》，2019 年 12 月国家生态环境部以《关于〈井冈山经济技术开发区总体发展规划环境影响报告书〉的审查意见》（环审〔2019〕174 号），批复了该报告。

企业项目环境评价　根据《中华人民共和国环境保护法》《中华人民共和国环境影响评价法》《建设项目环境保护管理条例》《建设项目环境影响评价分类管理名录》等法律法规规定，园区企业建设项目需依法开展环境影响评价工作。按分级审批相关管理规定，井冈山经开区主要为省生态环境厅和区生态环境局（享受市生态环境局审批权限）审批项目。

建设单位要编制《环境影响报告书》、环境影响报告表或者填报环境影响登记表，报送环保部门进行审批。为深化“放管服”改革部署要求，根据原环境保护部《关于加强规划环评与建设项目环评联动工作的意见》（环发〔2015〕178 号），以及原省环境保护厅《关于井冈山经济技术开发区开展建设项目环评与园区规划环评联动试点的复函》（赣环评函〔2018〕40 号）等要求，井冈山经开区下发了《关于印发井冈山经济技术开发区园区规划环评与建设项目环评联动试点实施方案的通知》（井开字〔2020〕2 号）。在依法完成规划环评的基础上，通过落实环评审批“一次不跑”项目、环评审批“只跑一次”项目、重点项目简化审批管理、环境影响评价“瘦身改革”，使环评审批更具针对性、指导性和时效性。

井冈山经开区建设项目严格遵守环保法律法规和“三同时”制度，都依法履行了环评手续，切实落实各项环保措施，加强规划环评与项目环评联动和事中事后监管，推进环评审批提质增效改革，最大限度缩短项目开工时间、降低审批成本。

第九章　建设工程管理

2001 年，吉安高新区成立伊始即设立规划建设处，履行规划、建设管理等职能。2002 年，改称规划建设局。2013 年，成立规划建设环保局。2019 年，成立城市建设管理局。在井冈山经开区管委会的领导和吉安市建设局的指导下，履行建设工程招投标管理、建筑与工程质量安全监督管理等职能。至 2020 年末，办理招投标项目 99 个，办理金额 41 亿元；发放建筑业施工许可证 566 份；安全监督项目数 434 个。

第一节　监督管理机制

园区项目管理执行项目法人制、工程建设项目投资评审制、工程招投标制、工程合同备案制、工程监理制。

项目法人制

由项目法人负责对项目的立项、可研、征地、拆迁、工程建设、工程质量、安全管理、工程竣工验收实行全过程监管，合理确定和有效控制工程造价。

工程建设项目投资评审制

每个建设项目都必须按照《井冈山经开区重点工程投资评审管理暂行办法》的规定，实行投资评审制度。投资评审的内容主要为招标控制价、工程设计变更、主材单价变更、工程预算、工程决算、竣工结算等。

工程招投标制

根据《中华人民共和国招标投标法》及相关法律法规规定，按照公开、公平、公正的原则，根据《必须招标的工程项目规定》（发改委 16 号文）相关规定，对施工单项合同估算价在 400 万元以上的，一律实行招标投标择优确定有相应资质的施工队伍。工程建设招标投标实行委托代理制，招标代理机构在井冈山经开区招投标代理机构库中抽签选出。井冈山经开区建设工程招标投标由建设单位在区监察室、区规划建设环保局的监督下，在吉安市公共资源交易中心进行招标、投标、评标。

工程合同备案制

每个建设项目都必须实行工程合同备案制度，且必须使用统一的《建设工程施工合同》，施工合同经规划建设环保局备案后归档保存。该制度于 2018 年 7 月根据《关于推进房屋建筑和市政基础设施工程建设项目审批等事项改革的通知》（赣建法（2018）25 号）文件取消。

工程监理制度

工程监理单位必须具备国家规定的相应资质。监理费用超过 100 万元要通过公开招标投标选择工程监理单位。

第二节　建设工程招投标管理

区规划建设环保局于 2013 年起对园区内建设工程领域招标投标活动进行监管。根据《必须招标的工程项目规定》（中华人民共和国国家发展和改革委员会令第 16 号），自 2018 年 6 月 1 日起，必须公开招标的工程项目范围为：

（一）施工单项合同估算价在 400 万元以上。

（二）重要设备、材料等货物的采购，单项合同估算价在 200 万元以上。

（三）勘察、设计、监理等服务的采购，单项合同估算价在 100 万元以上。

同一项目中可以合并进行的勘察、设计、施工、监理以及与工程建设有关的重要设备、材料等的采购，合同估算价合计达到前款规定标准的，必须招标。

2013—2020 年井冈山经开区年度招标重大项目一览表

表 2-19

年　度	招标项目数（个）	中标总价（万元）
2013	13	50661.71
2014	9	32721.67
2015	11	26971.37
2016	18	27509.035
2017	16	26815.577
2018	11	69500.98
2019	14	89931.27
2020	17	156014

第三节　建筑与工程质量安全监督管理

建筑业管理

2002 年以来，区规划建设局负责审核发放园区范围内施工许可证。2017 年 7 月起，启用江西省质量安全监督管理一体化平台，线上办理工程质量安全监督、施工许可证审批手续，2019 年 8 月上线江西住建云项目图审监管一体化平台，同时实行施工许可证、工程质量安全监督手续并联办理，2020 年 4 月 27 日起正式启用各设区市工程建设项目审批管理系统，办理建筑工程施工许可证核发，权限移交至区行政审批局进行审批核发。共计发放施工许可证 566 份。

2002—2020 年井冈山经开区年度建筑业施工许可证发放表

表 2-20　　单位：份

年　度	施工许可证发放数
2002	10
2003	38
2004	13
2005	13
2006	17
2007	17
2008	14
2009	14
2010	36
2011	54
2012	27
2013	42
2014	44
2015	33
2016	38
2017	37
2018	31
2019	36
2020	52
合计	566

质量安全监督管理

2002—2009 年，由吉安市质监站委派专人对井冈山经开区建筑施工项目进行质量安全监督管理；2009 年下半年，区规划建设局成立内设机构建筑工程质量安全监督站，设站长一名，负责园区内建筑工程质量安全监督管理。质监站同时承担建筑工程质量安全监督、建筑业管理等工作职能。

2015 年 1 月 16 日，召开全区建设工程质量安全生产工作会议，开展警示宣传教育，落实质量安全主体责任。

2009—2020 年井冈山经开区建设工程质量安全监督情况汇总表

表 2-21

年　度	项目个数（个）	建设规模（平方米）	合同价格（万元）
2009	5	38843.8	
2010	35	488273.15	

续表 2-21

年　度	项目个数（个）	建设规模（平方米）	合同价格（万元）
2011	54	691193.24	
2012	27	290892.9	22570.4
2013	42	929037.24	71380.9486
2014	44	1188490.49	126071.95
2015	33	697218.14	86150.96
2016	38	911840.9	76949.85
2017	37	906140.2	92120.72
2018	31	679636.44	119608.76
2019	36	1195385.53	166159.9255
2020	52	2338805.5	538422.53

第四节　不动产登记

2015年11月6日，根据吉安市机构编制委员会《关于设立井冈山经开区不动产登记机构事宜的批复》（吉编发〔2015〕25号），在井冈山经开区国土资源局增挂井冈山经开区不动产登记局牌子，合署办公，两块牌子，一套人马。设立井冈山经开区不动产登记中心，为井冈山经开区不动产登记局下属副科级全额拨款事业单位。

2016年7月12日，经吉安市事业单位登记管理局登记，井冈山经开区不动产登记中心取得事业单位法人证书。井冈山经开区不动产登记中心设立的宗旨是：整合不动产登记职责，规范登记行为，方便群众申请登记，保护权利人合法权益。业务范围为：井冈山经开区范围内的土地登记发证；井冈山经开区范围内的房屋登记和档案管理；井冈山经开区范围内的林地登记和档案管理；井冈山经开区范围内的农村土地承包经营权登记。

2019年10月16日，吉安市委办公室、吉安市人民政府办公室《关于印发〈中共井冈山经济技术开发区（出口加工区）工作委员会、井冈山经济技术开发区（出口加工区）管理委员会职能配置、内设机构和人员编制规定〉的通知》（吉办字〔2019〕125号），成立自然资源局（不动产登记局），其中职责之一就是负责自然资源和不动产统一确权登记工作。

2019年10月16日，吉安市编委《关于调整井冈山经济技术开发区部分事业单位机构编制事项的批复》（吉编发〔2019〕23号），明确井冈山经开区不动产登记中心为井冈山经开区自然资源局（不动产登记局）下属副科级公益一类全额拨款事业单位，增加房地产交易相关职能。

2015年开展不动产登记业务以来，共办理不动产登记32322件。2017年8月，启动农村宅基地和集体建设用地房地一体确权登记发证，2019年6月完成权籍调查，2020年5月27日，颁发了全区第一本宅基地和农房一体不动产权证书。

第三篇　招商引资

从吉安市高新区升级为国家级井冈山经开区并发展至今，井冈山经开区始终秉承客商是上帝、服务是生命、创新是灵魂的宗旨，坚持以招商引资为第一抓手，着力打好“国家级开发区”和“国家级综合保税区”两张牌。不断强化招商引资力量，创新招商模式，提升招商服务水平，优化招商流程，制定优惠政策，采取“走出去、请进来”等各项措施，加强各类重点产业对接，重点围绕电子信息、生物医药、先进装备制造、新能源新材料等产业开展招商，着眼于引进世界 500 强、港台 200 大、国内 500 强企业上取得突破。20 年来，井冈山经开区通过实施招大引强战略，引进资金额和项目规模均呈逐年上升态势，项目签约金额从成立时的 12.61 亿元到 2020 年的 325.2 亿元，其中 2017—2019 年，实际利用外资、省外资金等考核指标在全省名列前茅，项目从单个企业到百亿规模产业链引进。至 2020 年，井冈山经开区共引进合同外资 35 亿美元，合同内资约 1900 亿元。2020 年，获江西省第一届“十佳优化营商环境工业园区”称号，开发区综合考评列全省第七名。

第一章　招商机构

2001 年，吉安市高新区管委会经济发展处（招商处）负责开展招商引资工作。此后，井冈山经开区招商部门历经几次调整，机构职能不断完善健全。至 2020 年，设立招商服务局，招商引资工作更为精细化、专业化。

第一节　机构设置

经济发展处（招商处）

2001 年 12 月 14 日，吉安市机构编制委员会同意吉安市高新技术产业开发区管委会设立内部机构，其中包括设立经济发展处（招商处与经济发展处合署），为正科级建制。

经济发展（招商）局

2002 年，5 月 14 日，吉安市机构编制委员会同意吉安市高新技术产业开发区管委会经济发展处（招商处）更名为经济发展局、招商局，合署办公。原级别、隶属关系不变，仍为正科级单位。内设机构（副科级）：经济运行科、统计科。

招商局

2009 年，根据市政府办公室《关于印发江西井冈山经济技术开发区党工委、管委会职能配置内设机构和人员编制规定的通知》（吉府办发〔2009〕42 号）精神设立招商局，为正科级单位。2012 年底有工作人员 10 人。

商务局

2013 年，根据市委、市政府《关于印发中共井冈山经济技术开发区（出口加工区）工作委员会、井冈山经济技术开发区（出口加工区）管理委员会主要职责内设机构和人员编制规定的通知》（吉办字〔2013〕34 号）精神，招商局更名为商务局，为副县级单位。

招商服务局

2020 年 1 月，根据市委办公室、市政府办公室《关于印发中共井冈山经济技术开发区（出口加工区）工作委员会、井冈山经济技术开发区（出口加工区）管理委员会职能配置、内设机构和人员编制规定的通知》（吉办字〔2019〕125 号）精神，将商务局更名为招商服务局，为副县级单位。内设机构（副科级）：招商一分局、招商二分局、招商三分局，下设企业服务中心（正科级）。2020 年底有工作人员 18 人。

第二节　工作职能

经济发展处（招商处）职能

经济发展处（招商处）负责产业发展和招商引资规划、计划的制订与实施，企业和项目的审批，内外贸易、高新企业申报管理工作和涉外事务。

经济发展（招商）局工作职能

经济发展（招商）局主要负责编制全区产业发展规划，经济和社会发展的中长期规划；负责争取国家、省、市重大政策、项目和资金，统筹重点项目安排、建设管理工作；负责实施可持续发展战略，推动全区生态文明建设；负责苏区振兴、吉泰走廊等区域发展战略的协调推进工作；负责政府投资建设项目招投标监管，指导和协调公共资源交易工作；负责工业和信息化管理工作；负责企业降成本工作；负责智能制造、绿色园区建设，统筹节能降耗、清洁生产等工作；负责企业统计工作；负责国家级、省级开发区考评工作；推动实施创新驱动发展战略，负责企业科技创新、科技成果转化和技术改造工作；负责大众创业万众创新和引进国外智力工作；负责军民融合发展工作；负责产业发展扶持资金的审核和监督管理工作。

招商局工作职能

根据市政府办公室《关于印发江西井冈山经济技术开发区党工委、管委会职能配置内设机构和人员编制规定的通知》（吉府办发〔2009〕42 号）文件，招商局工作职能为：负责招商引资规划、计划的制订与实施；负责国内外来访客商的接待工作；负责开展招商引资活动；负责招商引资对外宣传资料的制作及招商网站的建设和维护；负责内资、外资、外贸进出口等统计工作；负责对开放型经济工作进行指导、管理协调、服务。

商务局工作职能

根据市委办公室、市政府办公室《关于印发中共井冈山经济技术开发区（出口加工区）管理委员会主要职责内设机构和人员编制规定》的通知（吉办字〔2013〕34 号）文件，商务局工作职能为：负责招商引资规划、计划的制订与实施；负责国内外来访客商的接待工作；负责开展招商引资活动；负责招商引资对外宣传资料的制作及招商网站的建设和维护；负责内资、外资、外贸进出口等统计工作；负责对开放型经济工作进行指导、管理协调、服务。

招商服务局工作职能

根据市委办公室、市政府办公室《关于印发中共井冈山经济技术开发区（出口加工区）工作委员会、井冈山经济技术开发区（出口加工区）管理委员会职能配置、内设机构和人员编制规定》的通知（吉办字〔2019〕125 号）文件，招商服务局工作职能为：负责全区招商引资工作，拟定全区招商引资工作规划、政策措施并组织实施；负责实际利用省外资金、境外资金、进出口贸易、商贸流通、电子商务等统计工作；负责推进内外贸流通营销、物流平台搭建，促进流通产业现代化；协助口岸通关工作；负责全区企业服务工作，协调解决企业发展中存在的困难。

图 3-1　2020 年 9 月 19 日，井冈山经开区组队参加 2020 江西吉安·粤港澳大湾区电子信息产业招商推介会并在会上签约项目

第二章　招商政策与方式

在起步期，吉安市委、市政府围绕打造吉安市高新区这个经济高速增长极，制定并不断完善招商

引资优惠政策，吸引国内外企业、财团到高新区投资。招商方式上实行全民招商与驻点招商等招商方式为主，主要招商引资任务依靠吉安市委、市政府举全市之力协助完成。市委、市政府将招商引资任务分派至全市各县（市、区）、市直单位及市领导，共同帮助高新区招商引资。2010 年，升级为国家井冈山经开区后，不断创新招商理念，改进和丰富招商方式，提升招商效率和招商服务水平，确保招商企业和招商项目快速、高质量落户投产见效。

第一节　招商理念

井冈山经开区始终坚持招商引资是“第一要务”“第一菜单”的理念。井冈山经开区在起步之初，市委、市政府下达市直单位招商任务，各单位四处寻找招商信息，到沿海发达地区找关系人，参加各类展会，宣传井冈山经开区的招商优惠政策，介绍发展优势，开展招商引资工作。

随着主导产业的逐步明晰，井冈山经开区招商理念逐步转变，即围绕主导产业坚持专业招商、以商招商、精准招商、驻点招商、全员招商、会展招商、中介招商、股权招商、产业链招商、“三请三回”（请乡友回家乡、请校友回母校、请战友回驻地）招商等，全方位开展招商行动。

2002 年，吉安市高新区把招商引资作为工作的重中之重，按照招引“高、新、特、大”的项目作为招商优先原则，紧盯沿海地区的大企业、大财团和上市公司不放，掌握其发展动向，及时跟踪追击，江西联创光电在开发区投资 2.6 亿元，中科院江西天人生态工业、上海绿洲实业分别投资 1.08 亿元和 1.50 亿元。

2003 年，市高新区招商引资主要围绕电子信息、生物制药、现代食品三大主导产业，延伸产业链条，重点瞄准三大产业的上下游相关项目。瞄准跨国企业、上市公司，特别是世界 500 强企业和中国 500 强企业，成功引进华禹光谷、国诺电子、清华紫光等一批科技含量高、投资亿元以上的大项目落户高新区。

2004 年，招商引资逐步实现从数量型向质量型的重大转变。利用“庐陵文化”“井冈山”和“生态环境”三张牌，坚持重点招商、会展招商、网上招商和以商招商并举，注重引进投资规模大、竞争实力强、环境污染小、成长性好的项目。引进新加坡新达科技集团创办的新加坡新丰食品医药科技园，总投资达 20 亿元，为全市当年为止最大的招商引资项目；引进江西省第二家只读类光盘生产项目——定安科技，年产 400 万台移动电话的华禹通讯以及 LCOS 彩电等一批科技含量高、投资规模大、产业带动力强的项目；引进鸿丰制衣、雅绅服饰、富尔泰纺织等一批大规模劳动密集型的出口创汇型企业，用工均超 1000 人，年创汇超千万美元；此外，跟踪洽谈伟易达电子、三菱材料、晶湛科技等一批大项目。

2005 年，完善招商引资工作机制，成立招商引资工作中心，面向国内外招聘人员和招商代理人，实行专业队伍招商和代理招商。

2006 年，坚持把招商引资作为全区工作的重中之重，集中领导力量、集中精力招商引资，主要采取重点招商、会展招商、产业招商、以商招商等措施，突出招大引强，进一步壮大高新区经济总量。

2008 年，全年引进投资亿元以上项目 11 个，其中 10 亿元以上项目 2 个，5 亿元以上项目 2 个。

2009 年，招商引资主要围绕电子信息和生物食品医药这两大主导产业开展，共签约 22 个 5000 万元以上的项目，引进总投资 10 亿元的动力锂离子电池项目落户井冈山经开区。

2011年，井冈山经开区抓住沿海地区产业加速转移的有利时机，进一步转变招商理念，强化“产业招商、产业园招商、企业二次招商和以商招商”。紧盯世界500强、国内200强等重点企业、重点客商，经常开展各类推介会，突出借助外力及会展招商，招大引强，热情接待客商，由撒网式的招商引资慢慢转变为有针对性的招商选资，全力以赴招大商、招群商，更加注重项目的投资强度、经济效益和带动作用。全年引进5000万元以上项目24个（亿元以上项目21个），其中20亿元项目1个，5亿元项目8个；实际引进内资45亿元，同比增长39.5%；新批外资项目12个，实际利用外资6208万美元，同比增长36.62%（其中现汇进资1925万美元，现汇比为31%）。总投资20亿元的江西吉安航盛工业园等一批大项目落户开建。引进的企业基本是电子信息、生物医药、先进制造产业龙头企业或产业链条中的企业。环评不达标的项目，不管投资规模多大、附加值多高，都进不了园区。井冈山经开区电子信息、生物医药、先进制造三大主导产业的重点企业年产值、销售收入、上缴税金、出口创汇等主要经济指标已占园区总量的四分之三以上。

2012年，井冈山经开区进一步加强和创新招商引资工作，坚持“大招商、招大商”，以建设“产业集聚、功能现代、多业并举、生态宜居的新型工业城区”为目标，以壮大发展“1+3”主导产业集群（即电子信息、生物医药、先进装备制造和新能源新材料业）为重点，解放思想，开拓创新，推进四个转变（由以出台优惠政策为主向提供配套服务为主转变，由推销招商向营销招商转变，由项目招商向产业园招商转变，由招商引资向招贤选资转变），突出四个重点：即在引进世界500强、国内500强、港台地区200强企业、上市公司、央企等优强企业上取得新进展；在引进现代服务业、文化创意产业、总部经济等新型业态上实现新突破；在六星产业园、通讯终端产业城、光电产业园和精密制造产业园等产业园招商上获取新成效；在战略性新兴产业招商、主导产业链招商、骨干企业配套招商、专业招商推介上采取新举措。2012年，累计实现合同引进内资79.3亿元，其中签订亿元以上合同项目19个；新批外资项目7个，合同引进外资15.42亿美元。

2013年，招商工作突出产业园招商、对台招商和以商招商，产业园招商结出硕果，对台招商持续精彩。共引进亿元以上项目22个，其中10亿元以上项目2个。引进世界500强企业——台玻集团先期投资6000万美元，建设威力新能源磷酸铁锂电池项目。六星产业园通过要素“联姻”，引进柏兆电子和丰年精密科技2个高科技项目，实现当年签约，当年投产。台商抱团入驻，威力新能源、德昌营造、贯一科技、Aurora等15个台资项目签约入驻。注重新业态招商，引进天际云计算、中国网库、广新集团等电商龙头企业，驱动电商招商，开发区被确定为全省6个电子商务示范基地之一。

2015年，井冈山经开区进一步推进招商引资体制机制改革。为探索并建立市场化招商工作机制，井冈山经开区面向社会全员招聘招商人员，实行绩效考核。

2018年，招商引资切实创新工作方法，重点突出“1+3”产业的发展，以产业招商为抓手，积极拓宽招商渠道，加快构建招大引强新格局。全年签约项目23个，其中电子信息首位产业延链、补链、强链项目12个，引进投资50亿元的木林森半导体封装项目和生益电子高精密线路板项目落户。

2019年，井冈山经开区坚持“项目为王”，大干项目，在“项目突破”中构筑更强的经济增量。招商引资提出“三突出两强化”，即突出重大骨干项目、突出强链补链项目、突出可持续发展项目，强化专业招商、强化政策扶持。全年共签约项目33个，签约总额177.4亿元，引进巴斯巴新能源、米田精密制造产业园2个50亿元项目。

第二节　招商政策

2001—2020年，为吸引大企业、大财团、大集团到井冈山经开区投资兴业，吉安市政府和井冈山经开区分别先后制定并完善招商引资优惠政策，主要包括用地（厂房）优惠政策、税收（收费）优惠政策、技术（项目）引进政策以及金融等其他扶持政策。

图 3-2　2020 年 5 月 12 日，南亚新材料科技（江西）有限公司年产 3000 万平方米 5G 高性能覆铜箔板生产项目签约

用地（厂房）优惠政策

2001 年，吉安市政府印发《吉安市高新技术产业开发区优惠政策规定的通知》（吉府发〔2001〕41 号），对吉安市高新区企业享受用地政策进行了规定。

2009年，井冈山经开区制定吉安（深圳）产业园的主要优惠政策。工业用地出让最低招拍挂价格为6.4万元/亩，投资方以6.4万元/亩招拍挂，投资方在支付完全部土地使用权出让金后，实行财政奖励进行部分返还。

2016年，井冈山经开区完善招商引资优惠政策，将项目划分为一般项目、重点项目和重特大项目，分别享受不同的优惠政策。一般项目是指投资总额在5000万元上下或产值在1亿元以下以及规模较小的成长型、符合园区产业规划的项目。这些项目在用地扶持方面一般不予供地或供地规模一般在50亩以下；厂房租金扶持方面根据企业实际生产需要提供一般在5000平方米以下免租厂房，免租期不超过2年。重点项目是指投资规模在5亿元以上或年产值在5亿元以上，以及园区重点产业的产业链关键环节等项目。这些项目土地价格在1万~3万元/亩；厂房租金扶持方面免租期2~3年；对设备投资规模大、完善重点产业产业链环节的项目给予厂房代建扶持。重特大项目是指投资总额在10亿元以上、产值在30亿元以上，以及投资方为行业龙头企业的项目。享受土地实际价格1万元/亩。享受项目厂房代建扶持，根据企业生产需要，由金庐陵或引入民间资金代建厂房，并给予厂房2~5年免租扶持。同时，还享受综合配套用地扶持等优惠政策。

2017年，吉安市委办、市政府办印发《关于推进首位产业龙头企业发展的若干意见》（吉办发〔2017〕4号），对现有首位产业龙头企业和新引进落户首位产业龙头企业进行用地扶持。鼓励新上项目龙头企业节约集约用地，对亩均投资强度达到省标准的龙头企业项目，由受益财政按不超过项目用地出让底价90%安排奖励资金，用于支持新上项目基础设施建设。

税收（收费）优惠政策

2001年，《吉安市高新技术产业开发区优惠政策规定的通知》规定辖区企业享受财税、收费等方面优惠政策。

2009 年，吉安（深圳）产业园的企业享受以下税收优惠政策。增值税方面。固定资产投资在 5000 万元以上（含 5000 万元）或外资 1000 万美元以上（含 1000 万美元）的生产型企业，从获利年度起，前 3 年按企业实际缴纳所得税地方留成部分，由受益财政全部用于扶持企业发展，第 4 年至第 5 年按 50% 的比例予以扶持。固定资产投资在 1000 万元以上的高新技术企业，从获利年度起，前 5 年按企业实际缴纳所得税地方留成部分，由受益财政全部用于扶持企业发展，后 5 年按 50% 的比例予以扶持。兴办生产加工型企业，从正式投产年度起，年缴增值税 500 万元以上（含 500 万元），前 3 年按企业上缴税地方留成部分由受益财政按下列标准扶持：年缴增值税 500 万元以上（含 500 万元）1000 万元以下，按 30% 的比例给予扶持；年缴增值税 1000 万元以上（含 1000 万元），按 50% 的比例给予扶持。兴办高新技术企业，从正式投产年度起，前 5 年按企业上缴增值税地方留成部分，由受益财政按 50% 的比例用于扶持企业的发展，同时政府应积极为企业争取国家科技专项资金和财政贴息支持。

企业所得税方面。投资方在获利年所缴所得税地方留成部分前 3 年全部奖励，后 2 年按企业所缴所得税地方留成部分 50% 奖励给投资方用于扶持企业发展。对新增的货运车辆，不予征收市场价格调节基金。公安交警部门在货运企业车辆年检时要采取委托车辆经营地检测站检测、上门服务、一站式服务等多种便利方式，简化办事程序，提供优质服务。对工业园区固定资产投资亿元以上、年上缴税收 500 万元以上、科技含量高的新增企业或生产线。自投产之日起 3 年内，用水用电价格按同期价格年终由受益财政分别给予补贴。各种税收据实征收。优惠政策兑现时间，有关增值税优惠政策兑现按季兑现。

享受西部大开发税收优惠。凡入园的高新技术产业项目在企业所得税方面：在现行税收优惠政策执行期满后 3 年内减按 15% 征收，企业被确认产品出口达 70% 以上，可减按 10% 征收的优惠。在设备进口关税和增值税方面：除《国内投资项目不予免税的进口商品目录（2000 年修订）》和《外商投资项目不予免税的进口商品目录》所列商品外，可以享受全部免征关税和进口环节增值税政策。在企业进行加工贸易业务缴纳保证金方面：可以享受银行保证金台账“空转”管理，即按规定应缴纳的 50% 的进出口税费台账保证金可以不入账户。

2012 年，井冈山经开区进一步完善招商引资优惠政策。凡入园的高新技术产业项目在企业所得税方面可以享受：在现行税收优惠政策执行期满后 3 年内减按 15% 征收，企业被确认产品出口达 70% 以上，可减按 10% 征收的优惠。对外来投资兴办生产性企业且注册资本达 500 万元以上或外资 50 万美元以上的，可为企业法定代表人办理“客商证”，市政府对外商实行特殊的保护。所有市本级规费全部免收。

2016 年，井冈山经开区将项目划分为一般项目、重点项目和重特大项目，分别享受不同的税收（收费）优惠政策。一般项目在税收政策方面进一步扶持；重点项目除税收扶持以外，对重点项目的前期设备搬迁、装修等费用一次性扶持。重特大项目税收扶持实行普惠政策，对于对重点产业发展具有突破性意义等类型的项目，奖励比例及优惠年限实行一企一策。木林森高科技产业园投产后 5 年内，所缴增值税、企业所得税和个人所得税地方留成部分按 100% 比例予以扶持；合力泰科技智能硬件及物联网产业园项目，在项目投产后的 5 年内，年缴增值税在 1000 万元以上，按地方留成部分 80% 的比例予以扶持。同时，还享受前期设备搬迁和装修费用一次性扶持等优惠政策。

2019 年 9 月，井冈山经开区出台《井冈山经开区出口退税周转金管理暂行办法》（井开办字〔2019〕64 号），主要支持区内外贸企业可持续发展，减轻出口退税企业在退税环节中的资金占用成本，按照“以税定额、退税还款、设置专户、财政贴息、强化监督”的原则设立出口退税周转金。出口退税周转金由区管委会专项列支5000万元，存入管委会在指定银行设立的出口退税周转金专用账户中，实行封闭管理。凡符合申请条件的企业均可享受该政策。

2020年4月，井冈山经开区出台《井冈山经开区进一步支持现代服务业发展优惠政策暂行办法》（井开字〔2020〕35号），鼓励区内现代服务业（不含建筑施工企业）发展壮大，加大服务业入规入统力度，巩固拓展税收增收渠道，在鼓励现有企业做大做强的同时，引进一批实力强大、业务真实、遵纪守法、税收稳固的企业入驻。奖励标准是按企业纳税规模，视其增值税、企业所得税按纳税额区级留成部分的80%~95%予以奖励。

是年，为帮助企业在疫情期间复工复产，吉安市政府出台疫情期间海关税收延缓缴纳政策。

技术（项目）引进政策

为鼓励和支持辖区企业科技创新，井冈山经开区对科技成果产业化项目和新建立的企业技术研发机构，给予立项资助。支持企业大力开发新产品新技术，对列入重点技术改造计划的项目或取得国家技术改造和产业升级计划的项目，积极帮助企业向上级财政部门申报技改贴息的扶持，并按照有关贷款贴息管理办法，督促有关受益财政给予技改贷款贴息补助。对新认定为国家、省级企业技术中心、重点实验室、工程技术研究中心的企业，由市政府和企业所在地政府各承担50%的比例，分别给予专项资助。对技术创新有突出贡献的研发人员，在全市科技进步奖的评审中和科技项目立项上给予倾斜。

2015年11月，井冈山经开区出台《井冈山经济技术开发区关于加快促进电子商务产业发展的实施意见（暂行）》（井开办字〔2015〕113号），进一步优化井冈山经开区电子商务产业发展环境，加快园区电子商务产业健康发展，扶持井冈山经开区电子商务示范基地及重点企业做大做强。

向上争资立项政策支持。在工信部门为相关企业争取技术改造专项资金和清洁生产专项资金，为企业申报增产增效奖励，协助申报省级企业技术中心，协助企业申报产业振兴和技术改造项目。在科技部门为相关企业申报省级重大科技专项补助资金和协助相关项目贷款支持。在发改部门为相关企业争取技术改造项目，并提供项目专项补助资金支持。

2017年，出台《关于支持“1+3”产业发展的暂行办法》优惠政策。对“1+3”产业项目，在土地、税收、厂房租赁、产业联动发展、水、电、气、运输、现汇进资和外贸出口等方面，给予特别优惠和优先保障。办法还规定，对世界500强、国内500强和港台200强大、央企和跨国公司、上市公司，或年主营业务收入在30亿元以上的工业项目，以及年纳税总额在5000万元以上的，年出口创汇1亿美元以上的特大项目，采取“一事一议”的专项扶持政策。

2018年5月，井冈山经开区制发《井冈山经开区企业增资扩建、做大做强扶持办法》（井开党工办字〔2018〕50号），旨在鼓励现有工业企业在井冈山经开区（含青原产业园）不断做大做强，对年缴税达到3000万元以上的，同一主体新上项目予与相关政策扶持。新上项目固定资产投资必须达到5亿元以上，且建成投产后三年内任意一年度实现年新增纳税总额达到2000万元以上。符合条件的企业给予新建厂房建安资金补贴、新购生产性设备补贴以及其他规定的补贴。

是年10月，井冈山经开区出台《井冈山经开区推进外资外贸企业平稳健康发展的扶持办法》（井开办字〔2019〕65号），办法共16条，主要对外资外贸企业在用电用气补贴、出口奖励标准、品牌认证、保单项下融资、金融服务、提高经营管理科学决策水平、信息化建设、国际市场宣传推介、“公共海外仓”、应对国外贸易救济调查和境外维权活动、创出口品牌、企业参展、跨境电商、短期出口信用保险、外资项目注册及进资等方面明确了扶持政策。

金融服务优惠政策

2001 年，《吉安市高新技术产业开发区优惠政策规定的通知》规定，吉安市高新区企业享受信贷等优惠政策。

井冈山经开区享受全国加工贸易梯度产业转移重点承接地政策优惠。根据相关文件精神，吉安市为全国第二批加工贸易梯度转移重点承接地，对进入吉安市的重点企业、重点项目提供中长期贷款、短期贷款、技术援助贷款和优惠贷款条件，给予 10% 以内的利率下浮，国家开发银行将积极参与债权主体的债务承销并提供财务顾问等服务。

2016 年，井冈山经开区内一般项目、重点项目和重特大项目，分别享受不同的金融政策。

除普惠性金融政策外，井冈山经开区专门设立产业引导基金，重点发展特色产业。2017 年，设立的“电子信息产业引导基金”优先扶持年主营业务收入在 5 亿元以上的“LED”和“智能终端”产业终端产品生产项目和年主营业务收入在 1 亿元以上的配件产品生产项目。终端产品生产项目授信贷款额度为 0.5 亿 ~3 亿元不等。配件产品生产项目授信贷款额度在 0.2 亿 ~1 亿元不等。对投资规模大、财税贡献大的生物医药大健康、新能源材料和先进设备制造产业项目，视项目具体情况给予一定比例的引导基金扶持。

此外，针对不同企业和项目，分别有搬迁补助、设备补助、物流补助以及产业基金、财园信贷通等政策享受。

2020 年，为应对新冠肺炎疫情，井冈山经开区结合国家、省、市各项优惠政策，制定和完善财税、用水用电、金融、奖励等企业扶持政策。

第三节　招商模式

2001—2020 年，随着井冈山经开区招商引资工作的不断推进，采取的招商模式也不断在丰富和创新。各个发展时期的招商模式不同，总体上是各种招商模式结合开展。在成立之初，主要采取招商任务分派给吉安市委、市政府各部门单位，动员市直单位力量全力以赴完成市高新区的招商引资任务。随后，招商模式不断丰富。除依靠市直单位招商外，主要有全员招商、驻点招商、会展招商、产业招商、以商招商等模式，随后根据招商形势

图 3-3　2020 年 9 月 24 日，井冈山经开区党工委书记彭学凯在第十七届赣台（吉安）经贸文化合作交流大会上作推介

和市场不断创新招商模式，采取专业招商、中介招商、资本招商等模式招商。

市领导、各县（市、区）和市直单位招商

2002 年，市委、市政府决定举全市之力加快市高新区建设，市四套班子、各县（市、区）、市直各单位共同扶持市高新区建设。市领导、各县（市、区）和市直各单位帮扶市高新区引进项目和资金，市党政领导班子成员每人负责引进 1 个投资 200 万元以上项目，每个县（市、区）负责引进 1 个投资 300 万元以上项目，经济实力较强的市直单位负责引进 1 个投资 300 万元以上的项目落户市高新区。市领导和各单位负责引进的项目，在达成投资意向后，即会同市高新区管委会共同与投资者进一步洽谈进区用地和优惠政策落实问题。在服从市高新区产业分区整体规划的前提下，由投资者、开发区和引进项目单位三方共同确定用地面积和选择地段，并根据产业、投资规模、项目的不同，确定土地出让价。

2003 年，市委、市政府决定继续举全市之力加快市高新区建设。各县（市、区）年内负责引进 1 个投资 500 万元以上规模项目进入市高新区。

吉安市开放型经济工作领导小组办公室（以下简称市开放办）设立招商中心，市开放办为市直招商中心及专业招商分局（队）主管部门，市高新区管委会为市直招商中心及专业招商分局（队）的业务指导部门。市直招商中心主任由市高新区管委会主任兼任，副主任由市高新区管委会分管招商工作的副主任兼任，下设市直专业招商分局（队）。招商中心具体负责市直专业招商分局（队）的业务指导、信息对接、项目跟踪及调度、财务监督、人员管理。

驻点招商

驻点招商是吉安市高新区升级为国家级井冈山经开区后开展招商引资最基本的招商模式。通过派驻招商小分队在发达的沿海地区搜集招商信息，跟踪、推动项目落地。2015 年，区商务局组成 3 个招商小分队，派往经济发达地区常驻开展招商工作，实施区域招商。其中一分队负责海西经济区（福建、台湾）；二分队负责京津冀地区；三分队负责珠三角地区。主要跟踪洽谈见发科技、杭萧钢结构、方正印刷线路板、旺鑫智能终端精密结构件生产项目等 20 多个项目。2020 年，有 3 个分局开展驻点招商，第一招商分局由黄涛牵头，带领 4 名队员驻点对接珠三角经济区；第二招商分局由郭晶牵头，带领 4 名队员驻点对接长三角经济区（海西经济区）；第三招商分局由汪兆森牵头，带领 4 名队员驻点对接京津冀经济区。

以商招商

以商招商是井冈山经开区重要的招商引资模式之一。井冈山经开区通过做好入园企业的服务工作，坚决兑现优惠政策承诺，取信于客商，聘请入园客商为招商顾问，由客商向外推介高新区，实现以商招商。同时，借助辖区企业的源信息渠道、商务渠道、人脉资源开展招商引资工作，达到“一花引来百花开”的以商招商新局面。2003 年，在浙江、福建、深圳客商的引荐下，通过以商招商引进项目 12 个。2018 年以来，井冈山经开区签约落地的项目，超过三分之一是老企业介绍的。如江西丰尚智能无线互联产业园项目是由利佳电子公司协助引进的，荣泰电讯科技园项目是由中泰集团协助引进的，吉安市睿达实业有限公司的液晶材料项目是由阳光物流集团协助引进的。

中介招商

自2016年开始，井冈山经开区充分利用招商引资中介机构的全球资源和广泛的覆盖面，拓宽招商引资渠道，创新招商引资模式，主要借助行业协会、中介机构的力量招商。依托广州光学产业协会、LED产业协会、中国半导体产业协会、电子电路产业协会开展招商。2017年，与深圳新三板服务中心有限公司签订招商服务合作协议，合作引进投资10亿元的半导体芯片测试封装项目——江西省吉晶微电子有限公司；2018年，与上海东方龙商务咨询有限公司签订政府招商外包服务协议；2019年，与深圳高新技术企业认定服务中心签订招商服务合作协议；与深圳好朋友信息咨询有限公司签订招商外包服务协议，合作引进铝壳电芯、钢壳电芯、电池派克研发生产项目（四川宜宾茂泰业科技股份有限公司），以及签约总投资5亿元的多拉哥手机生产出口项目。

实施中介招商后，招商中介发挥资源优势，帮助井冈山经开区克服区域制约，广泛收集项目信息，制定专业的招商策略；利用中介机构或个人深厚的人脉关系迅速与项目单位拉近关系；帮助井冈山经开区节约招商成本；通过突出重点，严格把关，慎重选择招商合作伙伴；努力丰富创新招商措施，出台有竞争力的奖励政策，提高招商工作效率，解决了原有招商方式的局限性。

全员招商

井冈山经开区鼓励全民招商，将招商引资纳入全区各单位年度绩效考核。2008年11月10日，制定承接产业转移“百日招商活动”工作方案，成立高新区（深圳产业园）承接产业转移“百日招商活动”工作领导小组，成立8个招商小分队专门开展招商引资活动。同时，为鼓励和调动社会力量和干部、职工参与招商引资工作积极性，井冈山经开区出台招商引资有效信息奖励办法，明确招商引资奖励对象、奖励范围和奖励标准。

产业招商

2002年后，随着井冈山经开区产业规划明晰，确定电子信息、生物制药、现代食品三大主导产业。逐步形成三大主导产业招商方式向产业链招商转移，利用主导产业的关联效应，瞄准三大产业上下游相关项目，采取“人盯人”办法，主动跟踪，全力争取引进。2003年，引进电子信息项目13个，生物制药项目9个，食品加工项目7个；同时，突出大项目招商。瞄准跨国企业、上市公司，特别是世界500强企业和中国500强企业，广泛搜集招商信息，掌握企业投资意向，派出专业招商队伍跟进，成功引进华禹光谷、国诺电子、清华蓝资等一批科技含量高、投资亿元以上的大项目落户高新区。2007年共引进内资项目29个，合同引资34.68亿元。2008年，围绕电子信息产业开展招商并取得较好成效，全年引进电子信息类企业9家，占当年引进项目总数的近70%，占投资总额的近80%。2017年，招商引资的27个项目中，电子信息首位产业项目占一半多，签约资金223亿元中，电子信息产业占150多亿元。

资本招商

井冈山经开区通过创新金融手段，以金融资本介入产业招商，通过组建产业基金、持股参股等多种方式，促进项目快速落地见效。2018年，木林森照明应用项目通过成立产业基金+银行并购贷款的模式引进，并购交易金额达25亿元。2019年，巴斯巴新能源汽车电子核心零部件项目通过对母公司进行股权投资，成立产业基金的方式引进。

推动老企业增资扩建

以井冈山经开区优良的营商环境为基础，推动园区企业在井冈山经开区追加投资扩建项目的方式招商。2017年以来，共有木林森、红板、航盛、满坤、瑞鹏飞等20余家老企业增资扩建新项目，累计增资扩产超200亿元。其中2003年落户的木林森公司于2020年再投资100亿元建设LED全产业链项目；2006年落户的红板公司连续投资三期项目，于2020年再次追加投资50亿元建设四期5G高阶HDI和IC载板项目；南亚新材投资建设了三期，累计投资金额38亿元；瑞声电子由返乡创业人士创办，经过培育不断发展壮大，2020年新投资10亿元建设三期WTS无线蓝牙耳机项目，在耳机行业全国排名第七。

第四节　招商流程

为吸引各地企业到区投资创业，井冈山经开区建立并逐步完善招商引资流程，从细节和效率上为投资客商提供优质服务。

招商主要工作流程

搜集信息　招商部门及招商队伍主要搜集产业政策、产业关联企业、产业发展前沿及产业规模、产业市场布局等方面的信息，掌握前期资料。

发现需求　及时了解全省乃至全国产业规划战略定位及产业落地区域布局及相关产业链，了解目标企业需求，包括市场、资源、环境、政策、人才、物流及配套企业等。

确定目标　紧盯目标产业、目标区域、目标企业以及目标项目。

制定方案　确定目标后，梳理支持政策，分析配套条件，制定促进路线图。

实施促进　对目标企业或项目，实施跟踪促进，通过致函促进、登门促进、会展促进、关系人促进、领导人促进以及邀请考察促进等方式，加强对目标企业或项目的联系。

反馈信息　项目促进成功的，继续跟踪落实服务；正在促进的，及时通报工作进展，坚持促进；促进无果的，总结经验教训，寻找机会突破。

项目入园流程

项目入园申请　由投资人向区招商服务局提供投资计划书或可行性研究报告。投资计划书应当包含以下内容：项目概况（项目名称、投资总额、用地大小、建设周期、经济效益等）、项目市场分析及规划、项目生产工艺（主要原料、主要工艺、主要污染物等）、项目建设内容（厂房、办公、宿舍及其他配套设施建设规模及投资）、项目资金情况（资金总额、资金来源及资金使用）、项目风险评估、综合效益分析等。

项目考察　项目提交入园申请后，由区招商服务局组织区直相关单位（具体根据项目性质情况确定）人员组成考察小组，到项目投资方所在地进行实地考察，并出具初步的考察意见。

项目评审　根据考察小组提供的初步意见，由区分管招商引资的领导或委托招商服务局局长组织招商、经发、自然资源、财政、税务、应急管理（环保安监）、建设、规划、行政审批等相关部门或专家，必要时聘请专业的评审机构，召开项目评审会议，从项目的可行性、环保、安全生产、选址和用地规模、效益等方面进行评审。

项目洽谈　项目评审通过以后，由区招商服务局按照井冈山经开区招商政策进行具体洽谈。项目紧急时，可将项目评审与项目洽谈同时进行，相关人员（专业评审机构）同时参加。

会议研究　区招商服务局根据项目洽谈情况，起草投资合同，投资合同包括项目投资规模、选址及用地规模、主要生产内容、经济效益、优惠政策及双方职责等内容。经区法务顾问审核并出具意见后，提交区党工委、管委会领导班子会议研究。

项目签约　对会议研究通过的项目，由区主要领导或者委托分管领导与项目投资方代表签约。因时间紧急或其他特殊情况需要在区党工委管委会班子会前签约的项目，须事先报请区主要领导同意方可签约，签约后需及时上会研究并通报项目协议内容。

企业工商注册、税务认证　企业工商注册和税务认证实行网上登记制，企业在线申请办理企业登记相关业务，办理“多证合一”信息备案。该项工作由区企业服务中心派人收集公司资料，为企业免费办理名称预先核准，企业市场主体资格注册登记，税务登记证，持营业执照办理刻章备案。

项目用地出让　企业按照土地挂牌出让时间节点要求，报名参与竞拍，竞得土地，签订《国有建设用地使用权竞得入选人确认书》和《国有建设用地使用权出让合同》，按合同约定缴纳土地出让金。

项目环评、安评　企业委托有资质单位进行建设项目环境影响评价，落实环境影响（报告表）提出的环保措施和环保部门批复要求，履行安全设施“三同时”程序，落实安全预评价和安全设施设计提出的安全防护措施，区环保安监局联系专家进行评审。办理过程实行部门“代办制”，企业尽量不跑环保安监局。

项目立项备案　企业提供项目备案所需备案申请报告等资料，由区审批局对该项目进行备案。

项目规划建设　建设单位应委托有城乡规划编制资质的设计单位编制项目规划及建筑设计方案，自然资源局对项目规划设计进行初审（其间可同步办理建设用地规划许可证），再经专家会、规委会审议通过后（专家会通过后可进行项目批前公示），建设单位应委托有资质的设计单位依据通过后的规划设计方案进行施工图纸设计，自然资源局、建设局对施工图设计进行复核，施工图符合要求，自然资源局即可核发建设工程规划许可证。

项目施工　业主单位办理施工许可，工程施工招投标或工程直接发包，区城建局质监站对工程质量、施工安全进行监督。

竣工验收　项目法人向主管部门提出验收要求，由主管部门在3个工作日内组织验收。相关部门实地查看建设项目现场并查验有关资料（含建筑主体施工验收和消防验收），各项合格后办理工程竣工备案。

第五节　招商重点产业

招商产业是招商引资工作的基础。井冈山经开区成立以后，结合吉安特有的产业基础，逐步制定调整以电子信息为首位的“1+3”产业发展规划。在项目谋划、包装、推介上注重项目的层次和质量，一批大项目、好项目、有前景的项目受到大量客商、财团、资金的青睐。

2003年，井冈山经开区初步形成电子信息、生物制药、现代食品三大主导产业，招商引资重点围绕三大主导产业开展。

2017年，井冈山经开区“1+3”产业发展政策正式出台，重点围绕“1+3”产业发展格局开展招商引资，即突出电子信息首位产业，重点推进生物医药大健康、新能源新材料和先进装备制造产业。聚焦LED照明、智能终端两大板块，做大做强电子信息首位产业。聚焦主导产业，充实产业体系，大力发展生物医药大健康、新能源新材料和先进装备制造产业，努力构建“一业突出、多业并兴”的特色产业优势，打造“1+3”产业核心增长极。

电子信息首位产业

2002年，吉安市高新区出台《吉安市高新技术产业开发区产业发展规划报告——电子信息产业专项报告》。分析电子信息产业基础及发展趋势，明确开发区电子信息产业发展思路及具体规划。

井冈山经开区电子信息产业重点研发LED系列产品技术、电视机技术、数字视听产品技术、光通信产品技术、电子变压器产品技术。

2013年，井冈山经开区电子信息产业的主营收入达155.6亿元，分别占吉泰走廊、吉安市、江西省电子信息产业比重的60%、35%、17%。

2014年，井冈山经开区出台《井冈山经济技术开发区电子信息产业发展规划（2014—2020年）》。同时，印发《井冈山经开区通讯终端设备产业集群规划》，对井冈山经开区通信终端产业的布局和发展作出规划。

井冈山经开区发展电子信息产业，重点聚焦LED和智能硬件两大细分领域，基本形成集IC、覆铜板——封装——应用及配套LED产业集群和集线路板、芯片、盖板、显示面板——触控显示、生物识别、摄像等智能模组——智能终端为一体的智能硬件产业集群，年产值超500亿元。核心区有电子信息产业企业75家，规模以上企业57家。一批适销对路的新产品在关键技术或自主知识产权上取得突破，一批技术水平高、经济效益好、品牌优势明显的新产品生产规模及竞争力位居行业前列，木林森的LED中小功率封装能力居亚洲第一，合力泰触摸屏出货量居全国第一、盖板出货量居全国第二，液晶模组出货量居全国第三，指纹模组出货量居全国第四，红板的高密度多层线路板、柏兆电子的电脑主板等产品产能居全省第一，全区线路板年产能即将突破4000万平方英尺，是全国重要的线路板生产集散地。截至2019年，开发区电子信息产业主营业务收入352亿元，全区电子信息首位产业集聚度达到58%。

LED板块　主要以世界封装能力第一的木林森实业有限公司为龙头，上游汇聚了木林森半导体IC项目、砺芯半导体设计和吉晶微电子半导体IC驱动封装测试等企业，中游木林森、芯乐光封装，下游聚集了北极光、量一光电等照明应用企业，重点引进照明应用、显示应用、背光应用等项目，紧盯行业前沿的Mini-LED，Micro-LED技术，抢占行业制高点，着力打造全球最大的LED封装及照明应用基地。

智能硬件板块　以全国电子信息百强企业——合力泰为龙头，形成从上游覆铜板、线路板到中游触控、显示模组、智能识别模组和下游智能手机、智能电视、平板电脑等完整的智能终端产业链。上游集聚上海南亚以及红板电子、生益电子等线路板行业龙头；中游集聚平波电子、柏兆电子等智能模组生产企业；下游集聚航盛电子、桑格尔、戈弗雷、瑞声电子等智能终端生产企业，形成完整的产业闭环。重点引进智能手机、智能穿戴、智能家居等智能终端项目，并融合5G、区块链、AR/VR，大数据以及云计算等应用场景，着力打造全国有影响的智能终端产业基地。

图3-4　2020年10月22日，井冈山经开区与红板5G高阶HDI和IC载板项目签约

三大主导产业

生物医药大健康产业　2002年，吉安市高新区编制《吉安市高新技术产业开发区产业发展规划报告——医药产业专项报告》。起步阶段，井冈山经开区有生物技术药企业4家，分别为生物制品研究所、神田生物、江西宇能制药、长江生物，其中生物制品研究所发展势头良好。后经过十多年的孕育和积淀，生物制品研究所打造出行业知名度高的优质产品，生产的破伤风抗毒素先后获得“第七届亚细安中医院学术大会金奖”“江西省优秀新产品”等奖项。江西宇能制药经过十多年的发展，已先期开发生产高价值产品，地夫可特、雌酚酮、雌二醇、雌三醇等产品销量居国内前列。

2019年，全年生物医药研发投入不断创新高。通过强化市场营销、实施重点突破等手段，重点医药企业在市场推广方面取得较大成绩，部分拳头产品牢牢占据市场主动权。如江西生物制品研究所生产的破伤风抗毒素，全国市场占有率达70%以上，出口占全国该类产品出口量的95%以上，远销国内外30多个国家和地区。江西宇能制药产品质量符合美国药典、欧洲药典等国际质量标准，市场出口稳定。

至2020年，井冈山经开区以全国中医药百强企业普正药业为龙头，聚集江西生物制品研究所、新赣江药业等150多家企业，年产值达200亿元，形成生物医药大健康的产业基础。

先进装备制造业　江西省木林森工业4.0示范项目已经成为中国制造2025—LED智能显示行业标杆。以瑞鹏飞、胜美达、巴斯巴和米田科技等企业为龙头，主要有电子精密结构件、汽车零部件、机械设备生产等板块，年产值约120亿元。其中瑞鹏飞公司依托多功能连续模具，多工位级进模具打造的汽车零部件产品成功打入顶级汽车制造企业的供应商体系。突出电子信息产业关键设备制造和关键部件配套能力，促进装备制造业从“买装备”向“造装备”转变。截至2018年，井冈山经开区共有33家先进装备制造企业，实现主营业务收入65.1亿元，占全区总量的11.9%。2019年实现主营业务收入90.82亿元，同比增长39.5%。

新能源新型材料产业　2009年，井冈山经开区太阳能光伏产业完成产值11.5亿元，实现利税1.2亿元；先进新能源制造产业完成产值10亿元，实现利税8000万元。为充分发挥井冈山经开区新能源产业发展优势，抓住全国产业结构调整和国际新能源产业快速发展的良好机遇，更好促进井冈山经开区新能源产业发展，使之成为园区新的经济增长点，2010年10月，印发《井冈山经济技术开发区“十二五”

新能源产业发展规划》。围绕三江超纤龙头企业，形成以纺粘水刺非织造布为核心龙头产业的纺织、合成革、服装生产加工基地，引进配套的上下游企业发展壮大，进一步延伸产业链，提高资源的经济技术价值。依托江西冠德新材料股份有限公司、思立科（江西）新材料有限公司等企业，重点发展光解膜、多功能膜、离型膜等先进膜材料系列产品，加大与电子信息产业相配套膜材料上下游系列产品的研发与生产力度，提升产业配套水平。2019 年，全区新能源新材料产业实施亿元以上重大项目 5 个，总投资 48.5 亿元，其中竣工投产项目 1 个，总投资 20 亿元；规模以上新能源新材料企业有 37 户，实现主营业务收入 82 亿元。至 2020 年，以思立科、冠德新材料、优特利、晶昶能等为龙头，涵盖新型离型膜、高分子塑料薄膜、超纤无纺布、太阳能应用等领域，年产值实现 150 亿元，其中仪能思科开发的光伏新能源管理系统在业界得到广泛的好评。

第三章　招商活动

2001—2020 年，井冈山经开区为推进招商引资工作，一般采取“请进来、走出去”两条腿走路的招商形式开展各类招商活动，每年都会吸引并邀请各地企业家到区考察投资，还会由区领导组织各类招商小分队赴经济发达地区开展招商活动，并积极组织招商队参加境外、省、市组织的各类招商引资推介会，有针对性、高密度、高频度、全方位地开展专题招商推介和项目对接活动。

第一节　区内招商活动

吉安市高新区成立后，每年都能吸引各地、各行各业企业家到区考察和洽谈投资兴业事宜，各类招商活动频繁。

2002 年 8 月 28 日，联创光电线缆基地落户吉安市高新区，签字仪式在吉安宾馆隆重举行，市委副书记、市长胡长林、市委副书记贺宗鑫出席签约仪式。

2007 年 3 月 24 日下午，由深圳市工业经济联合会主席团执行主席、深圳市中航集团总裁吴光权带队的深圳市工业投资考察团一行 40 余人到吉安市高新区进行投资考察。

2008 年 12 月 10 日，台湾客商康贝亚洲有限公司总经理郑国哲，东莞市天合电子陶瓷制品有限公司董事长黄沛恩一行 8 人到吉安市高新区考察，并与管委会领导洽谈投资事宜。

同年 12 月 16 日，清华紫光笔记本电脑及周边数码产品生产项目，正式在高新区管委会签订投资合同，项目总投资 1 亿元。

2009 年 6 月 26 日，香港电子业商会投资考察团一行到井冈山经开区参观考察，先后参观考察红板（江西）有限公司和中泰电子有限公司。吉安市委常委、常务副市长吴敏、副市长余阳春一同接见。

2010 年 8 月 3 日，富士康富弘精密组件（深圳）有限公司副总经理施传芳一行到吉安市考察市场，寻求合作项目。参观察看了井冈山经开区电子信息产业标准厂房建设工程项目。

2011 年 6 月 25—27 日，深圳通信产业考察团到吉安考察井冈山经济技术开发区，深圳市政协原副主席、深圳市企业联合会（深圳市企业家协会）会长吴井田带队，深圳市企业联合会（深圳市企业家协会）会长助理朱兴勃，深圳市企业联合会（深圳市企业家协会）主任李勇，六星集团总裁黄郁彬等一行20余人参加，吉安副市长余阳春，区领导刘志坚、胡红英参加会见。

同年7月21—22日，日本惠乐商事株式会社等企业考察团一行赴吉安考察井冈山经济技术开发，并于22日在井冈山经开区举行日本惠乐商事株式会社中小型高端液晶显示器件生产加工基地项目投资合作签约仪式。

同年9月19—21日，日本帝国通信工业株式会社（富贵电子）考察团赴吉安考察井冈山经济技术开发区，市领导余阳春，区领导刘志坚、汤文仙、胡红英等陪同考察。

2012年2月23—24日，德昌电机集团中国事务总裁叶润强一行赴井冈山经济技术开发区进行考察，区领导刘志坚、邓淑斌、甘益烽等陪同考察。

同年3月13日，吉安市与正邦集团农业投资项目洽谈会在吉安宾馆举行。井冈山经开区与正邦集团股份有限公司签订《正邦吉安总部建设框架协议书》。

同年4月11—14日，台湾贯一兴业股份有限公司董事长张水玉一行到井冈山经开区进行考察，区领导邓淑斌、甘益烽等陪同考察。

2013年1月7日，井冈山经济技术开发区与台湾威力能源公司签约仪式举行。市委书记王萍，市委副书记、市长胡世忠共同会见实联长宜中国控股公司董事长、台玻集团总裁林伯实一行，并出席签约仪式。副市长刘贤清，井冈山经开区党工委书记刘志坚，井冈山经开区管委会主任邓淑斌等参加。

2014年4月23日，2014江西（吉安）现代农业产业对接暨第四届赣台基层农会与会代表团到井冈山经开区考察。代表团实地考察了台资企业吉安柏兆电子有限公司，东区规划展示馆及台湾万益食品产业园。

2015年6月11日，海峡两岸（江西吉安）首届现代农业产业合作暨第五届赣台基层农会交流恳谈会代表到井冈山经开区参观考察食品产业园。全国政协常委、民革中央副主席郑建邦，民革江西省委会主委、省人大常委会副主任马志武，民革中央联络部部长李霭君，省台湾事务办公室主任欧阳泉华，省委统战部常务副部长、省工商联党组书记刘金炎等率队参观考察。市委副书记、市长王少玄，市委副书记肖洪波等市领导随同，区管委会主任邓淑斌陪同考察。

同年6月12日，台湾帝佑实业有限公司、泷运冷冻水产公司、秋雄企业有限公司、幸福原味凤梨酥有限公司、锦津肉食品有限公司、台禽生物科技股份有限公司等10余家台湾食品生产企业负责人到区考察。

同年7月19日，由50多位在京赣商精英组成的北京江西企业商会考察团一行到区考察。市委副书记肖洪波，副市长刘贤清随同考察，区党工委书记刘志坚，区管委会主任邓淑斌，区管委会副主任甘益峰，合力泰科技有限公司总裁文开福陪同考察，北京江西企业商会名誉会长、省政府驻京办党组副书记、副主任江枝英，省政府驻京办党组成员、副主任高延平，北京江西企业商会会长、泰康人寿保险股份有限公司总裁刘经纶参加考察。

同年7月29—31日，广东生益科技股份有限公司考察团一行莅临井冈山经开区考察，区党工委书记刘志坚、区党工委副书记、管委会常务副主任汤文仙接待考察团一行，市委王萍书记在吉安宾馆会见了考察团一行。

同年8月20日，台湾青年创业总会到井冈山经开区考察，就如何推动两岸青年创新创业、加强两岸青年合作交流进行洽谈。区党工委副书记、管委会副主任陈敏，区纪工委书记刘达绪陪同考察。

同年8月，台湾光群雷射科技股份有限公司董事长郭维武博士一行到井冈山经开区考察，市政府副市长刘贤清，井冈山经开区管委会主任邓淑斌，市委台办主任苑建华，市发改委副主任、调研员刘大鹏陪同考察。

同年9月8—9日，日本胜美达集团总裁栖关智晴率集团执行副总裁大用先生、集团副总裁何伟洪先生、集团副总经理何建文先生一行莅临井冈山经开区考察，吉安市委书记王萍、市政府副市长刘贤清、区党工委书记刘志坚、区管委会主任邓淑斌分别会见和接待了考察团一行，区领导甘益烽参加会见。

同年10月20日，北京江西IT商会会长周慧生一行14人莅临井冈山经开区考察。区党工委书记刘志坚，区管委会副主任甘益烽，区商务局局长刘虎等陪同考察。

2016年12月19日，北京江西企业商会考察团到井冈山经开区考察。副市长、区党工委第一书记邓淑斌陪同，区党工委书记彭学凯、区管委会主任汤文仙、副主任甘益烽等参加。

2017年1月10日，井冈山经开区在吉安宾馆举办LED产业招商推介会。区党工委书记彭学凯致辞，木林森股份有限公司董事长孙清焕讲话，区管委会主任汤文仙主持。区领导舒海波、刘达绪、刘荼香、龙小明、吴磊、刘小勇等出席，江西省木林森照明科技有限公司董事长张建军参加，区管委会副主任甘益烽作推介。

同年4月22日，井冈山经开区与金一控股集团在井冈山经开区签订黄金珠宝产业建设项目投资框架协议。金一控股集团董事长钟葱到场签约。

同年8月23日下午，南亚新材料科技股份有限公司董事长包秀银与区管委会主任汤文仙签订年产2400万张覆铜箔板生产项目。区党工委书记彭学凯和南亚新材料科技股份有限公司董事郑海荣、总经理张东共同见证了签约仪式。区管委会副主任甘益烽、华荣股份董事长胡志荣、意朗集团总裁黄贤友、井冈山经开区商务局长刘虎等参加签约仪式。

同年10月31日，井冈山经开区举办“吉商回归”招商对接会，区管委会主任汤文仙出席并讲话，吉安市政府驻深圳办事处主任刘亚东，东莞吉安商会会长刘旭率领东莞吉安商会会员和在深圳的吉安籍企业家60余人参加对接会，副主任甘益烽主持并作推介，区商务局局长刘虎参加。

2018年1月18日，井冈山经开区与合力泰科技、益丰泰光电共同承办的江西智能光电产业发展论坛在吉安宾馆会议中心隆重举行。论坛共邀请来自美国、日本、韩国、以色列等国家和我国台湾地区的合力泰科技、益丰泰光电的材料、设备供应商，以及国内外金融机构负责人约200余人出席论坛。邓淑斌副市长出席并致辞。井冈山经开区党工委书记彭学凯就电子信息产业进行推介。

同年3月21日，市委常委、政法委书记刘贤清在井冈山经开区会见台资企业智慧马达系统公司董事长沈世宏一行，宾主双方进行了友好洽谈。市政府党组成员刘志坚，区党工委副书记刘达绪等参加洽谈。

同年4月18日，井冈山经开区管委会主任汤文仙会见北京华清正兴科技发展有限公司总裁聂昕，中咨华澍资本管理公司董事长王进，北京航天智控监测技术研究院董事长傅捷等，洽谈锂电新能源产业基金及锂电产业园项目。

同年4月25日，井冈山经开管委会主任汤文仙会见盛金灵光学（深圳）有限公司负责人，就精密光学元件生产与销售项目进行洽谈。

同年 4 月 26 日，井冈山经开区党工委书记彭学凯，管委会主任汤文仙会见广州金柚康健康科技有限公司负责人，就推动润井康二期项目建设进行洽谈。

同年 4 月 27 日，井冈山经开区管委会主任汤文仙会见欧飞集团负责人，就平板整机设计制造项目进行洽谈。

同年 5 月 2 日，井冈山经开区党工委书记彭学凯会见深圳市华友能源技术有限公司负责人，就锂聚合物电池生产项目进行洽谈。

同年 5 月 4 日，井冈山经开区管委会主任汤文仙会见台湾高雄市太普高精密影像股份有限公司一行，洽谈预涂式感光平板研发生产项目。

同年 5 月 31 日，井冈山经开区党工委书记彭学凯，管委会主任汤文仙等在区内会见维生科技有限公司负责人，就柔性线路板生产项目进行洽谈。

同年 7 月 12 日，井冈山经开区党工委副书记、主任汤文仙与到访的深圳航盛集团副总裁郑越超洽谈并签约年产 400 万套车载影音系统项目。

同年 8 月 16 日下午，由省商务厅牵线组织的粤港澳企业家江西行活动到井冈山经开区作商务考察，香港贸发局陈詠珊和澳门贸易投资促进局黄伊琳，以及香港总商会代表等一行 10 余人参加考察。市政府副秘书长孙英剑，区党工委副书记舒海波，市工信委副主任陈卓生，市商务局副局长黄平云陪同考察并座谈。

同年 10 月 17 日下午，深圳市计算机协会会长杜和平，深圳市连接器行业协会秘书长唐中率深圳君曼科技发展有限公司、深圳市得润电子股份有限公司、深圳畅想视界科技有限公司、深圳市泛联科技有限公司等 10 多家会员企业负责人，莅临井冈山经开区考察电子信息产业，并召开座谈会。区党工委书记彭学凯，区党工委副书记、管委会主任汤文仙，区党工委委员、管委会常务副主任龙小明等分别陪同。

2019 年 1 月 23 日下午，井冈山经开区“三请三回”暨企业家座谈会召开。市政府副市长邓淑斌出席并讲话，区党工委书记彭学凯出席并讲话，区管委会主任汤文仙传达省政府“三请三回”会议精神并介绍井冈山经开区 2018 年社会经济发展情况。会议由区党工委委员、管委会常务副主任龙小明主持。

图 3-5　2019 年 1 月 23 日下午，井冈山经开区“三请三回”暨企业家座谈会召开

同年 2 月 28 日上午，深圳市电子商会考察团一行到井冈山经开区考察投资环境，寻求合作商机。区党工委书记彭学凯，区党工委委员、管委会副主任甘益烽陪同，区管委会副主任刘力峰在座谈会上作了招商推介。

同年 6 月 2 日，井冈山经开区管委会主任汤文仙会见中国安科控股有限公司董事长涂国身，洽谈安防机器人生产项目。3日，汤文仙会见烟台米田科技有限公司董事长邱声富，洽谈精密制造产业园项目。

同年8月26日，江苏省半导体行业协会考察团一行20余人到井冈山经开区考察。市政府党组成员刘志坚陪同并座谈，区党工委委员、管委会副主任张志福陪同并作推介。

同年8月21—22日，粤港澳大湾区赣商联盟投资考察团在吉安考察交流。22日，考察团一行到井冈山经开区先后参观南山示范园、航盛电子和木林森实业。市领导王少玄、邓淑斌、徐年春，区领导龙小明、张志福陪同。

同年9月24日下午，集成电路产业考察团到井冈山经开区进行座谈交流。市政府副市长邓淑斌主持座谈会，并介绍吉安市情。区党工委书记彭学凯参加座谈会并介绍区情；市工信局局长黄国栋，区党工委委员、管委会副主任张志福参加座谈。芯谋研究董事长顾文军，广州粤芯董事长、广州市半导体行业协会会长、粤港澳大湾区半导体行业协会会长陈卫，广东先导材料公司董事长朱世会，珠海英诺赛科董事长骆薇薇，苏州科阳总经理、港大股份联席CEO李永智，摩尔精英董事长张竞扬先后发言。

2020年8月15日，深圳市半导体行业协会到井冈山经开区考察。市政府一级巡视员邓淑斌出席座谈会并讲话，区党工委书记彭学凯主持，区党工委委员、管委会副主任、综保区管理局局长张志福出席并就井冈山经开区产业发展情况及营商环境作了推介。

同年9月24日，第17届赣台经贸文化合作交流大会在吉安隆重开幕，井冈山经开区党工委书记彭学凯在海峡两岸产业合作区暨青年发展论坛上进行招商专题推介，区管委会副主任张志福代表井冈山经开区进行项目签约。

同年11月4日，井冈山经开区与粤港澳大湾区吉安赣商联盟举行招商引资座谈会，市政府一级巡视员邓淑斌出席会议，区党工委书记彭学凯主持，区党工委委员、管委会副主任、综保区管理局局长张志福出席。座谈会前考察团一行深入航盛电子、木林森等企业实地参观考察。

图3-6　2020年11月4日，粤港澳大湾区吉安赣商联盟考察团到井冈山经开区考察

同年11月23日，井冈山经开区与北京江苏商会企业家举行招商引资座谈会，市政府一级巡视员邓淑斌出席会议并讲话，区党工委书记彭学凯主持，区党工委副书记、管委会主任陈庆寿和区党工委委员、管委会副主任、综保区管理局局长张志福出席。座谈会前考察团一行深入江西红板、航盛电子等企业实地参观考察。

第二节　区外招商活动

内地招商

2003年10月17日下午，江西吉安（东莞）招商引资推介会在东莞市召开，吉安市高新区引进的江西井冈山华禹科技股份有限公司项目在会上签约，总投资3亿元，区党工委书记、管委会主任刘志坚参加活动。

同年12月22日下午，吉安市招商引资（福州）推介会在福州市举办，吉安市高新区引进的外资项目——投资2000万美元成立雅绅服饰（江西）有限公司，在会上签约。

2004年12月21日，江西吉安（深圳）经贸恳谈暨红色之旅联谊会在深圳富临大酒店举行，签约项目达57个。江西省委副书记、常务副省长吴新雄及吉安市委书记弘强，市长胡长林，市委常委、副市长贺宗鑫，市委常委、公安局局长兰付生，副市长杨群宝等与近200名客商出席联谊会。会上新加坡新达科技集团与吉安市高新区管委会签约创办新加坡新丰食品医药科技园，第一期投资5亿元。

2007年7月10日，深圳市政府与吉安市政府在深圳市举行深圳产业园项目推进恳谈会，深圳市政府副市长陈迎春，副秘书长许安良以及贸工局等单位负责人参加会议，深圳市委书记李鸿忠接见并宴请吉安市代表团成员，吉安市委书记黄建盛，市长周萌，副市长余阳春以及吉安市高新区等单位负责人参加会议。中国中信公司董事、中信深圳（集团）公司总经理、党委书记郭志荣与吉安市政府市长周萌正式签署了《江西省吉安市人民政府中信（深圳）集团公司关于深圳产业园（暂名）项目合作框架协议》。

2008年8月4日，吉安深圳产业园揭牌仪式暨项目说明会在鹏城深圳举行，江西省委副书记、省长吴新雄和深圳市市长分别讲话并为产业园揭牌，副省长洪和礼主持揭牌仪式，吉安市委书记周萌致推介辞，现场签约12个项目，总投资93.6亿元。当天还召开了江西吉安深圳产业园对接座谈会，江西省委副书记、省长吴新雄，副省长洪和礼，市委书记周萌等省市领导参加会议。

同年8月27日，吉安市委副书记蒋斌带队参加广州台资企业转型升级和产业转移交流会，吉安市高新区管委会主任刘志坚参加交流会。

同年9月22日，吉安市高新区管委会主任刘志坚率团参加“2008赣台（南昌）经贸合作研讨会”，研讨会上共签订正式合同2个，签约总资金2.4亿元。

同年9月27日，吉安市高新区副主任周智参加“江西吉安（宜兴）铜产业合作洽谈会”，研讨会上共签订项目合同1个，签约总资金1.1亿元。

2010年8月12日，井冈山经开区管委会招商队在市政府副市长余阳春的带领下，在深圳举办江西吉安（深圳）手机产业项目对接说明会，参会人员有来自深圳手机行业的30多家手机生产商，会上余阳春详细地向各位参会客商介绍了吉安的基本情况、招商政策及发展优势，并强调井冈山经开区的主导产业是电子信息和生物医药，对于电子信息企业会有更多对应的优惠政策，到井冈山经开区投资在政策、成本等各方面具有巨大的优势。同时井冈山经开区管委会主任刘志坚还向各位企业家做了产业推介，介绍了井冈山经济技术开发区（吉安深圳产业园）的基本情况、主导产业、主要优惠政策及重点招商项目。

同年8月19—20日，江西省政府在南昌举行2010中国·江西（南昌）绿色照明（半导体照明）产业合作推进会。井冈山经开区与浙江海鲸电视有限公司在推进会上签约“家电及LED照明研发生产”项目。

2011年1月13日，2011中国（吉安）通讯终端产业基地招商推介会在深圳华侨城洲际大酒店举行，市委书记周萌致辞，市委副书记陈兴超主持，市领导韩晓方、余阳春出席，井冈山经开区管委会主任刘志坚，以及区领导孙伏生、丁克宁、刘达绪、胡红英、甘益烽等参加。六星集团（香港）有限公司手机产业园项目、深圳航盛集团的航盛电子科技产业园等8个项目签约。

同年3月26日，吉安市委、市政府在北京国家会议中心举办“乡亲·乡情·乡音”加快吉安发展（北京）恳谈会，市委书记周萌致辞，市长王萍主持。井冈山经开区党工委副书记、管委会主任刘志坚参加恳谈会。

同年10月23日，由江西省人民政府主办，省商务厅、吉安市人民政府承办的2011江西吉安（深圳）电子信息产业推介会在深圳市彭年酒店举行。副省长洪礼和，深圳市委常委、副市长陈应春分别在推介会上发表讲话。市委副书记、市长胡世忠致辞。省政府副秘书长蔡晓明，省国资委主任李天鸥，省商务厅厅长伍再谦，副市长刘贤清，井冈山经开区管委会主任刘志坚，党工委副书记汤文仙，管委会副主任胡红英、甘益烽出席会议。260余名深圳市电子信息产业知名企业负责人参加盛会。

同年11月3日，吉安市人民政府及井冈山经开区在杭州黄龙饭店召开2011国家井冈山经济技术开发区（杭州）新兴产业发展对接座谈会。吉安市委书记王萍讲话，市委副书记、市长胡世忠致辞，杭州市国内经济合作办公室副主任雷金土，吉安市副市长刘贤清，井冈山经开区党工委书记刘志坚，管委会主任邓淑斌及市直单位领导、井冈山经开区部分领导参加会议，会议邀请杭州、宁波、温州、义乌等地客商40余人。井冈山经济技术开发区管委会主任邓淑斌就电子信息、先进制造、生物制药等三大主导产业进行了推介。参会客商就投资环境、优惠政策及产业配套等情况进行广泛深入的交流。部分客商表示将联合组团赴井冈山经开区考察。

同年11月22—27日，井冈山经开区在温州举办小型招商推介会，会上井冈山经开区管委会主任邓淑斌介绍了吉安的投资优势及投资井冈山经开区的优惠政策。

同年11月12日上午，江西省电子信息暨半导体照明产业合作推进会在南昌举行，井冈山经开区管委会主任邓淑斌参加并在会上作推介，会上，北京仪能科思科技发展有限公司投资8亿元的智能电网在线监测系统项目和台湾兆强科技有限公司投资2000万美元的电子机械设备生产项目与井冈山经开区签约。

2012年5月6日，2012年吉安市重点产业（广州）招商推介会在广州隆重召开。井冈山经开区管委会主任邓淑斌，党工委副书记汤文仙，管委会副主任甘益烽，招商局局长刘虎赴广州参加推介会。会上邓淑斌大力推介井冈山经开区的投资环境，力邀各位客商到井冈山经开区投资兴业。此次推介会上井冈山经开区签约项目3个，分别是珠海佳联信科技有限公司的智能办公设备产业园项目、深圳易芯科技有限公司的显示屏生产项目、深圳市烽火宏声科技有限公司的电声产品生产项目，签约资金共27亿元。签约成果项目2个，分别是江西欧凯科技有限公司的金属铝颜料（铝银浆）生产项目和贯一兴业股份有限公司的食品饮料机械设计制造项目，签约资金共10亿元。

同年7月6日，井冈山经开区在深圳南山区召开早茶座谈会，井冈山经开区管委会主任邓淑斌参加。深圳航盛电子集团、深圳科汇通股份公司、深圳泰屹科技有限公司、深圳天益光纤通信技术有限公司、深圳讯普法纳科技发展有限公司、深圳恒生龙科技有限公司的负责人，就考察、洽谈、投资等事项作交流发言。

同年10月23日，2012江西吉安（深圳）电子信息产业推介会在深圳市五洲宾馆举行。井冈山经开区党工委书记刘志坚等出席并作电子信息产业推介。井冈山经开区印刷产业基地项目签约。

2013年4月12日，2013吉安（深圳）战略性新兴产业推介会在深圳举行。井冈山经开区管委会主任邓淑斌参加会议，并代表井冈山经开区作战略性新兴产业推介。

2014 年 5 月 18—22 日，井冈山经开区管委会主任邓淑斌参加赣港经贸合作活动，签约高精密互联线路板及新材料生产等 4 个项目。

同年 7 月 2 日，2014 吉安（宁波）重点产业招商推介会在浙江省宁波市召开，区管委会主任邓淑斌，副主任甘益烽参加，本次推介会上井冈山经开区共签约项目 2 个，合同引资总额 6.6 亿元。

同年 7 月 4 日，2014 吉安（苏州）重点产业招商推介会在江苏省苏州市召开，区管委会副主任甘益烽推介井冈山经开区投资环境，并详细介绍井冈山经开区区位优势、产业优势、人才优势、政策优势等四大优势，井冈山经开区本次推介会上共签约 2 个项目，合同引资总额 9.5 亿元。

同年 9 月 11 日，在东莞举办 2014 国家井冈山经济技术开发区（东莞）触控产业对接座谈会，出席座谈会的有：井冈山经开区管委会主任邓淑斌，副主任甘益烽，井冈山经开区财政局、人力资源保障局、出口加工区、商务局等相关部门负责人，市直专业招商队负责人。招商推介会上，邓淑斌向 50 余家触控产业企业家介绍井冈山经开区发展现状、发展优势、发展前景。甘益烽推介了井冈山经开区触控产业项目的优势及现状。

2015 年 2 月 11 日，井冈山经开区党工委书记刘志坚在北京拜访中航资本控股股份有限公司总经理、党组副书记杨圣军，就产融结合业务、政府投融资合作、综合金融服务、资讯共享等进行交流并签订合作框架协议。

同年 3 月 30 日，2015 吉安·京津冀产业招商推介会在北京举行，市委副书记、市长王少玄致辞，全国工商联副秘书长、会员部部长王媛出席并讲话，副市长刘贤清作项目推介，井冈山经开区党工委书记刘志坚作重点项目推介。井冈山经开区现场签约 2 个项目，合同引资额 5 亿元，分别为中航资本控股股份有限公司投资的金融服务项目、有研粉末新材料（北京）有限公司投资 5 亿元的有研粉末生产项目。

同年 5 月 26 日，井冈山经开区管委会主任邓淑斌，区党工委副书记、管委会常务副主任汤文仙率团参加 2015 吉安·深圳电子信息产业招商推介会。20 余名客商参会，并在会上签订木林森 LED 封装项目、鼎泰光电科技有限公司、智武科技有限公司三个项目，总投资达 36 亿元。

同年 6 月 28 日至 7 月 2 日，井冈山经开区党工委书记刘志坚参加 2015 吉安·广州电子信息产业招商推介会，区领导汤文仙、甘益烽参会。在此次推介会井冈山经开区签约 3 个项目，合同引资额 36 亿元。

同年 8 月 18—21 日，第十三届赣台会在宜春举行，区管委会主任邓淑斌带队参加。

同年 11 月 6 日，井冈山经开区招商引资推介会在广东省深圳市罗湖区举行。井冈山经开区管委会主任邓淑斌致辞。中兴通讯股份有限公司、深圳市同洲电子股份有限公司、深圳市聚飞光电股份有限公司、韩国 MAX 株式会社、香港施惠德洋行等一批知名企业应邀参加。此次招商推介会共有大米智能网络终端项目、砷化稼激光器项目、深圳航盛电子电路板项目、银邦电子芯片项目、香港施惠德宠物药品项目及名创优品连锁服务项目等 6 个项目成功签约，其中电子信息项目 4 个、生物医药项目 1 个、现代服务项目 1 个，签约金额达 28 亿元。

2016 年 3 月 29 日，井冈山经开区管委会主任邓淑斌，区党工委副书记、管委会常务副主任汤文仙率团参加吉安·深圳电子信息（触控显示）产业招商推介会，邀请包括合力泰、深圳辉烨通讯、胜大光电等企业代表20余人参会。会上，经开区与深圳联宇华电子有限公司、茂丞科技（深圳）有限公司、深圳市精锐通实业有限公司签订3个项目投资合同，总投资达35亿元。

同年11月28日，井冈山经开区新业态招商推介会在广州市举行。区管委会主任汤文仙致辞。广东兴叶生物科技有限公司、惠州市盛世梵登文化传播有限公司等一批名知企业应邀参加。推介会重点围绕推动互联网大数据产业、现代物流、大健康、金融服务、文化创意等新业态发展进行推介。共有生物制药项目、仪器仪表互联网电子商务平台项目、百富源TMT基金项目、总部经济项目等8个项目成功签约。其中大健康项目2个，互联网项目4个，金融项目1个，总部经济项目1个，签约资金16.5亿元。

同年12月27日，井冈山经开区联合深圳智能穿戴行业协会，借助该协会2017年会平台，共同举办2017深圳智能穿戴行业协会和2017年会暨井冈山经开区电子信息产业招商推介会。管委会副主任甘益烽在会上就经开区区位优势、产业基础、发展方向、政策服务等方面进行专题推介。

同年12月29日下午，井冈山经开区与合力泰电子在合力泰深圳分公司共同举办智能创新产品对接交流会。区党工委书记彭学凯，管委会副主任甘益烽出席。

2017年3月2日下午，2017吉安·京津冀新经济发展招商推介会在北京举行，井冈山经开区共邀请中材集团、中建集团北新公司、中建财富投资控股等十多家企业负责人参会，并在会上签约项目2个。区党工委书记彭学凯在推介会上就井冈山经开区基本情况、新经济发展主要方向，发展新经济的支撑平台和优势条件等方面进行了推介。

同年4月12日，区党工委书记彭学凯率队参加2017吉安·江阴IPO政策招商对接会，会上签约2个项目，分别是由苏州九易光电科技有限公司投资5亿元的自动对焦马达生产项目，由江苏聚杰实业有限公司投资1亿元的天然冰片生产项目。彭学凯就经开区基本情况、产业引领、平台支撑、政策支持、发展目标和优势条件等方面进行了推介。

同年7月20日，2017吉安·广州文化教育产业招商推介会在广州召开，井冈山经开区参与招商推介活动，签约3个项目，签约资金3.3亿元。区商务局长刘虎在会上作专题推介。

同年7月21日，江西（深圳）电子信息产业招商推介会在深圳召开，井冈山经开区共签约10个项目，合同引资额80.01亿元。吉安市政府副市长、井冈山经开区党工委第一书记邓淑斌，区管委会副主任甘益烽，区商务局局长刘虎参加招商推介会。

同年11月23日，2017吉安（广州）生物医药大健康产业招商推介会上在广州召开，井冈山经开区共签约5个项目，合同引资额6.1亿元。吉安市政府副市长、井冈山经开区党工委第一书记邓淑斌，区管委会副主任甘益烽出席推介会。

2018年3月13日，井冈山经开区党工委书记彭学凯，管委会副主任甘益烽在上海参观考察全球第三大IC设计企业展讯科技全球研发总部，并就井冈山经开区发展集成电路产业与公司高级副总裁吴慧雄进行交流。14日，彭学凯、甘益烽一行参加2018上海慕尼黑电子设备展，听取木几智能制造董事长关于公司自主研发的智能SMT生产设备介绍，并与摩尔制造、尚明工业等电子设备制造企业负责人对接洽谈。会见昆山金励试剂董事长林重信、德锡科技总经理田庆军等台商，就半导体产业链项目进行对接洽谈。

同年3月15日，井冈山经开区党工委书记彭学凯，管委会副主任甘益烽带队考察深圳金采科技，并与企业负责人洽谈项目落户事宜。16 日，彭学凯、甘益烽一行实地考察比亚迪电子部品件公司、业际光电、桑格尔科技等企业，会见深圳科汇通高董事长，就推进南山示范园二期建设，对接南山区产业转移等事项进行交流。

同年 3 月 16 日，井冈山经开区管委会主任汤文仙接待毕升精细化工有限公司负责人一行，就新工艺精细化工项目进行洽谈。19 日，汤文仙在深圳走访航盛集团总部，深圳好景光电公司。

同年 4 月 11 日，井冈山经开区管委会主任汤文仙，副主任甘益烽参加东莞招商推介会。走访爱渊仪公司，与董事长洪航庆洽谈摄像头生产项目。

同年 4 月 18 日，井冈山经开区党工委书记彭学凯等在深圳与 LED 龙头企业雷霖显示公司负责人洽谈。

同年 4 月 20—23 日，井冈山经开区党工委副书记舒海波走访深圳市汇瑞鑫光电有限公司，洽谈人工智能和人脸识别项目；走访惠州博罗冠业电子有限公司，洽谈铝电解电容器用铝箔项目；走访木几智能装备有限公司，洽谈智能装备制造项目；走访新千网（深圳）清洁能源有限公司董事长宁磊，洽谈智能水平电池生产项目；走访深圳市天音电子有限公司董事长王喜苓，洽谈充电器、控制板等项目。

同年 6 月 15 日，井冈山经开区党工委书记彭学凯等在深圳考察大族激光科技股份，并就半导体封装及设备制造项目与企业负责人进行交流洽谈。

同年 8 月 9 日，2018 井冈山经开区·深圳“一区四园”首次产业招商推介会在深圳举行。现场签约 12 个项目，签约金额 100.7 亿元。签约项目涵盖井冈山经开区“1+3”产业体系。区党工委副书记、管委会主任汤文仙出席并致辞，区党工委副书记舒海波主持，区党工委委员、管委会副主任甘益烽作推介。深圳航盛电子股份有限公司、深圳鼎智通讯股份有限公司、中山蓝晶光学有限公司等 100 多位企业家和行业代表参会。

同年 9 月 8 日，吉安（厦门）经贸投资洽谈会在厦门市香格里拉大酒店召开，市长王少玄致辞并推介，副市长邓淑斌主持，来自闽三角和台湾等地 130 多名客商参会，会上井冈山经开区签约 2 个项目，签约金额 50 余亿元。井冈山经开区管委会主任汤文仙作投资推介，副主任甘益烽参加有关活动。

同年 10 月 19—21 日，2018 世界 VR 产业大会在南昌召开。吉安市政府市长王少玄，副市长邓淑斌出席。井冈山经开区与参会企业进行了对接，会上签约项目 1 个，投资总额 20 亿元。井冈山经开区管委会主任汤文仙参加有关活动。

同年 10 月 23 日，井冈山经开区莞深产业对接招商推介会在东莞召开。井冈山经开区党工委副书记舒海波出席并作推介。东莞市经信局、莞深产业促进会、信义玻璃集团、天安数码城、中汽宏远、长盈精密、海悟科技、广东气派科技、启航数控、光大产业、碧桂园、金地集团、深赤湾港务、莞民投集团等 20 多家企业参加推介会。

同年 10 月 31 日，2018 年吉安（南昌）产融招商推介会在南昌举行。井冈山经开区党工委副书记舒海波率区财政局、区金庐陵公司有关负责人以及普正药业等 11 家股权招商企业参加。本次推介会，井冈山经开区共有普正药业等 15 个企业参加展示推介，蓝微电子、三江无纺布等 2 家企业在会上作路演推介，金庐陵与广州证券、蓝微电子与江西薪火投等 4 个投融资项目签约，签约资金 12.72 亿元，区金融产业园签约引进江西金融资产管理股份有限公司、广州大美保险经纪有限公司等金融机构项目 7 个。

2019 年 1 月 16 日，2019 年昆山（江西）招商引资重点产业推介会，在昆山金陵大酒店召开，管委会副主任甘益烽率队参加，井冈山经开区签约2个项目，总投资6.5亿元。

同年3月17日下午，2019江西吉安“三请三回”恳谈会在北京举行，井冈山经开区党工委书记彭学凯，管委会副主任张志福带队参加。

同年4月16日，江西承接粤港澳大湾区出口型企业专题招商会在广州举行。井冈山经开区管委会副主任张志福参加会议。

同年5月20日下午，井冈山经开区管委会联合深圳市南山区工信局、深圳市科汇通投资控股有限公司在南山区委举办吉安（深圳）产业园南山示范园招商推介会，南山区吉安建设办主任张晓星，区工信局长徐锋，科汇通股份董事长高原及30余家企业负责人参会，会上管委会副主任张志福就井冈山经开区产业政策及投资环境作了推介。

同年5月25日上午，2019吉安·粤港澳大湾区“三请三回”恳谈会在深圳南山区召开，同日下午举办2019吉安·深圳电子信息产业对接会，井冈山经开区党工委书记彭学凯，管委会副主任张志福带队参加，在电子信息产业对接会上彭学凯就井冈山经开区产业政策及投资环境作了推介。

同年6月2日，井冈山经开区党工委书记彭学凯在重庆走访中光电显示技术有限公司，并就光学镜头以及摄像模组产业园项目进行洽谈。

同年6月11—14日，井冈山经开区管委会主任汤文仙在广东省东莞市考察逸昊金属材料科技有限公司，洽谈精密结构件生产项目；考察雪莱特光电科技股份有限公司，洽谈LED照明光源及灯具应用制造项目；会见鼎智集团董事长邹祥永，洽谈智能终端项目。

同年7月27日，井冈山经开区党工委副书记、管委会主任汤文仙率队赴上海参加2019江西吉安·长三角地区“三请三回”恳谈会。井冈山经开区共邀请商界、金融界等10名嘉宾参加此次恳谈会。会上，区党工委委员、管委会副主任张志福代表井冈山经开区与米田电子科技签约，项目总投资50亿元，建设精密制造产业园。

同年9月8日下午，2019吉安·海西经济区“三请三回”恳谈会在厦门召开，井冈山经开区井冈山经开区党工委书记彭学凯，管委会副主任张志福带队参加。

同年12月10日，江西省首次口岸经济招商推介会在广东省深圳市五洲宾馆举行。井冈山经开区党工委委员、出口加工区管理局局长吴磊参加推介会，井冈山出口加工区管理局邀请7名客商参加，吴磊与深圳市创成微电子有限公司领导上台签订了投资框架协议。

2020年2月26日上午，井冈山经开区在2020吉安市网上招商推介会主会场签约项目3个，其中，投资50亿元项目2个，投资20亿元项目1个。特别是投资50亿元项目拔得全市头筹，实现“开门红”。井冈山经开区党工委书记彭学凯，管委会副主任张志福参加会议，会上就井冈山经开区产业政策及投资环境作了推介。

同年8月8日，2020吉安·西安“三请三回”恳谈会在西安举行。井冈山经开区党工委书记彭学凯带队参加，会上井冈山经开区现场签约2个项目，并邀请8名客商参加恳谈会。

同年9月19日，井冈山经开区党工委书记彭学凯带队参加“2020江西吉安·粤港澳大湾区电子信息产业招商推介会”，彭学凯作专题推介。

同年12月3日，井冈山经开区党工委副书记、管委会主任陈庆寿出席江西省对接粤港澳大湾区电子信息产业链招商推介会，并代表井冈山经开区做电子信息产业链招商推介。

港澳台招商

2008 年 5 月 12 日，江西吉安（香港）招商引资推介会在香港召开，吉安市高新区管委会主任刘志坚带队参加推介会。

2009 年 5 月 18—24 日，江西（香港）招商引资活动周在香港国际会展中心召开。18 日下午，副省长洪礼和率相关省直部门负责人在抵港后会见井冈山经开区重点客商香港森泰集团董事局主席叶森然，市领导王萍、余阳春陪同。5 月 20 日上午，2009 江西（香港）招商引资活动周开幕仪式在香港会展中心隆重举行，由港商王继生投资 8000 万美元的动力锂离子电池工业园项目在开幕式会上签约。

2010 年 4 月 9 日，江西省商务厅首次组团赴台北、高雄、台中、台南进行为期 8 天的经贸招商活动。井冈山经济技术开发区党工委副书记、管委会主任刘志坚赴台参加招商、项目对接洽谈。

同年 5 月 24—28 日，市长王萍率团参加江西（香港）招商活动周，井冈山经开区管委会主任刘志坚参加活动，并在 2010 江西吉安（香港）电子信息产业暨现代服务业项目推介会上作电子信息产业招商项目推介。

2011 年 5 月 16—20 日，江西省政府在香港会议展览中心举办 2011 江西（香港）招商引资活动周，井冈山经开区管委会主任刘志坚和副主任胡红英，招商局局长刘虎参加，六星集团（香港）股份有限公司在井冈山经开区投资 2.9 亿美元的中国吉安手机科技产业园项目在活动周开幕式暨重大项目签约仪式上签约。

同年 5 月 18 日下午，2011 江西吉安（香港）新兴产业发展合作推介会在香港会展中心举行。推介会吸引了 120 多位新老客商参加。在洽谈会签约仪式上，井冈山经开区有中国吉安手机科技产业园、LCD 显示屏生产项目、卫星天线及液晶电视显示器等 3 个电子主件生产项目成功签约。井冈山经开区管委会主任刘志坚和副主任胡红英，招商局局长刘虎参加推介会。

2012 年 6 月 8 日，井冈山经开区管委会主任邓淑斌率代表队参加在香港会展中心举办的江西（香港）招商引资周活动，出席江西省（香港）招商活动周开幕式暨重大项目签约仪式和鄱阳湖生态经济区建设暨九江沿江开放开发推介会，重点参加 2012 江西吉泰走廊（香港）电子信息产业暨半导体（LED）照明产业发展合作推介会。会上，邓淑斌作项目推介，区党工委副书记汤文仙，管委会副主任甘益烽参加推介会。在港期间，井冈山经开区成功签约 3 个项目，投资总额 4 亿美元，分别为天腾国际（香港）投资集团有限公司投资 3 亿美元的光电产业园项目、雄狮集团（澳门）有限公司投资 1 亿美元的轻工产业园项目、贯一兴业股份有限公司投资 600 万美元的食品饮料药品机械设备制造项目。

同年 7 月 22—28 日，吉安市赴台开展经贸考察活动，活动由市委书记王萍率团，市委常委郭庆亮，副市长刘贤清，井冈山经开区管委会主任邓淑斌参加。7 月 23 日下午，举行吉安（台湾）工业和现代服务业合作恳谈会，长宜电通科技股份有限公司与井冈山经开区现场签约了科技新能源锂电池项目。活动期间，邓淑斌率小分队赴新竹科学工业园考察。

同年 8 月 20—25 日，吉安市经贸代表团赴台湾考察走访，并于 21 日上午参加 2012 台湾江西周开幕式和江西风景独好（台北）风光展等活动，副市长刘贤清，井冈山经开区管委会主任邓淑斌参加。24 日，江西吉安（台湾）新兴产业合作恳谈会在台南市举行。市委副书记、市长胡世忠在恳谈会上致辞并作推介。井冈山经开区管委会主任邓淑斌出席，对德昌营造股份有限公司在井冈山经开区内建立台湾精密制造产业园进行招商推介。

2013年1月15—22日，市政府副市长、区党工委第一书记刘贤清率经贸考察团赴台湾进行考察活动，区管委会主任邓淑斌，区管委会副主任甘益烽等随同前往。邓淑斌就井冈山经开区的基本情况、近年来与台商合作情况以及“1+3”主导产业发展情况作介绍，诚邀台商赴井冈山经开区投资兴业。

同年5月22—27日，吉安市经贸考察团赴台开展经贸考察活动。井冈山经开区管委会党工委书记刘志坚参加。

同年12月25—30日，井冈山经开区管委会主任邓淑斌，副主任甘益烽带领相关单位负责人分赴深圳、台湾等地开展招商引资活动。招商期间，代表团通过实地考察企业、与企业负责人开展座谈会等形式，先后考察台湾泰联工业股份有限公司、台湾和大工业股份有限公司、台湾东元电机股份有限公司、台湾食品发展协会、台湾贸易中心等数十家企业和协会组织。

2014年3月20—27日，井冈山经开区管委会副主任甘益烽，市商务局副局长王洲嫔赴台湾招商。

同年6月21—25日，井冈山经开区管委会主任邓淑斌赴台招商，在台期间，走访在井冈山经开区投资的台玻企业集团董事长陈正忠，就第二期投资项目尽快实施进行洽谈推进。

同年7月19—25日，吉安市经贸考察团赴台湾开展经贸考察活动，井冈山经开区管委会领导邓淑斌参加，并走访在井冈山经开区投资的见发科技、六星集团等企业。

2015年4月29日，江西吉安（台湾）产业合作对接会在台北市成功举行。台湾国民党荣誉副主席蒋孝严，台升集团董事长郭山辉，台玻集团董事长林伯实，浩林顾问有限公司董事长林享能等130多位贵宾和客商欢聚一堂，共叙友谊、共商发展。井冈山经开区党工委书记刘志坚出席对接会并在会上推介井冈山经开区投资环境及主导产业等。会上，井冈山经开区分别与台湾万益食品、台湾达耀精密签约，2个项目总投资6000万美元。在此期间，刘志坚分别走访台湾见发先进科技股份有限公司、诚富集团、老杨方块酥有限公司、欣欣生技食品、和大集团、台塑集团、太子集团、南港软体工业园区、关贸网路股份有限公司、耐斯集团、合世生医科技、凯尔医学等30多家台湾知名企业。

2017年8月7—13日，井冈山经开区管委会主任汤文仙赴台参加经贸交流考察，拜访客商，考察企业，与台湾基层交流互动，学习基层管理经验，进一步深化吉台合作交流。

国外招商

2005年12月14日，吉安市高新区管委会主任刘志坚赴新加坡和马来西亚参加经贸考察和招商引资活动，走访了新加坡新达科技集团董事局主席蓝伟光博士，推动该公司在吉安市高新区投资建设新加坡食品药品科技园项目建设进度。

2012年4月16—25日，受百人招商团委派，电子信息技术招商小分队随商务部投资促进事务局组织的投资促进代表团出访韩国、日本，进行为期10天的投资促进活动。

同年10月25—31日，井冈山经开区管委会主任邓淑斌随吉安市代表团赴新加坡、韩国开展经贸交流。

2015年10月31日，井冈山经开区管委会主任邓淑斌随吉安经贸考察团参加在阿联酋迪拜举行的中国江西吉安市（迪拜）产业合作推介会。邓淑斌在会上作推介。

2017年6月12—21日，井冈山经开区党工委书记彭学凯随吉安市经贸考察团赴荷兰、意大利、英国开展经贸洽谈活动。

同年9月5—14日，井冈山经开区管委会主任汤文仙随吉安市经贸代表团一行6人，出访日本、美国、加拿大开展经贸活动，活动旨在进一步深化吉安市与日美加国家经贸交流合作，提升吉安对外开放水平。

第四章　招商成果

井冈山经开区通过多年的努力，招商引资成效显著。主要围绕以电子信息为首位产业、以生物医药、先进制造、新型材料为主导产业的“1+3”现代产业体系开展精准强链、延链、补链招商，形成“龙头企业 + 骨干企业 + 配套企业”的上下游产业链快速集聚的发展格局。一批重大电子信息产业项目在井冈山经开区这片沃土上落地生根、发展壮大，涌现出木林森实业、红板公司、航盛电子、瑞声电子等一批行业龙头企业。至2020年，共引进574个项目，其中千万元及以上项目170个；引进合同内资约1900亿元，合同外资约35亿美元。

第一节　引进项目

2001—2002年，吉安市高新区先后签约项目42个，其中内资项目39个，签约金额11.09亿元；外资项目3个，签约金额0.15亿美元。引进永安交通、丰顺实业、江西天人生态、江西生物制品研究所、江西绿洲环保新材料、联创光电科技、江西金顶药业等重点项目。

2003年，签约内资项目33个，签约金额9.40亿元。当年引进江西宇能制药、海洲医药化工、吉安木林森电子、大自然药业等重点项目。

2004年，签约项目31个，其中内资项目26个，签约金额15.99亿元；外资项目5个，签约金额0.31亿美元。当年引进江西牛牛乳业、鸿丰制衣、明盛实业等重点项目。

2005年，签约项目16个，其中内资项目14个，签约金额9.06亿元；外资项目2个，签约金额0.66亿美元。当年引进红板（江西）有限公司、江西益佰年药业等重点项目。

2006年，签约项目47个，其中内资项目44个，签约金额66.65亿元；外资项目3个，签约金额0.10亿美元。当年引进亿元项目新琪安科技、三江超纤、瑞声电子等项目。

图3-7　木林森实业有限公司智能制造车间

2007年，签约项目31个，其中内资项目29个，签约金额34.68亿元；外资项目3个，签约金额0.32亿美元。当年引进亿元项目有凯迪绿色能源、江西联创、香港御美丽、吉安恒兴铜材等项目。

2008年，签约内资项目11个，签约金额68.15亿元，当年引进中诺电子、满坤电子等项目。投资30亿元的吉安市三江超纤无纺有限公司第一条生产线于8月20日正式投产；总投资30亿元的红板（江西）有限公司，第一条生产线9月底试产，一期实现产值10亿元、利税1.5亿元；总投资10亿元的江西麦德风能股份有限公司，年产1.5兆瓦直驱永磁风力发电机组800台，首台发电机组12月27日正式下线。

2009年，井冈山经开区签约内资项目27个，签约金额93.75亿元。当年引进普正制药、长江生物药业等医药大项目，引进优特利科技亿元项目。全年突出新能源产业招商，引进投资50亿元的年产2000兆瓦太阳能电池/组件及太阳跟踪发电系统生产项目和总投资10亿元的动力锂离子电池项目。

2010年，签约项目25个，其中内资项目22个，签约金额69.20亿元；外资项目3个，签约金额0.90亿美元。当年引进深安电子、佳源药业、蓝微电子、思立科、艾吉特光电科技、三菱超细纤维、胜美达电机、瑞鹏飞精密科技、同瑞生物、英佳电子、量一光电等大项目。同年，振宇达（香港）有限公司、吉安市新琪安科技有限公司新型健康产品配料产业化基地项目、六星集团（香港）股份有限公司投资的中国吉安手机科技产业园项目、吉安航宇新能源有限公司单晶硅及太阳能电池生产项目签约落户。

2011年，签约项目31个，其中内资项目28个，签约金额64.70亿元；外资项目3个，签约金额约10.60亿美元。当年引进航盛电子、江西仪能新能源、江西创成电子、江西量科照明、陆地港等重点项目。

2012年，签约项目28个，其中内资项目23个，签约金额79.30亿元；外资项目5个，签约金额15.47亿美元。当年引进江西欧凯科技、正和电力、井冈绿宝、泽发光电、荣威生物、吉瑞生物、坤达科技等重点项目，引进外资项目天际（吉安）光电，实际投资4000万美元。除此之外，全年围绕电子信息主导产业链引进年产800万片计算机主板、显卡和相关卡板的柏兆（吉安）电子；引进生产电子书及数码光电新材料的泰伟电子等企业；LED光电产业引进生产150万台MOCVD设备及外延片的香港函宾等企业。

2013年，签约项目24个，其中内资项目20个，签约金额74.30亿元；外资项目4个，签约金额1.74亿美元。6月16日，广东丰年精密科技集团投资的高科技精密集成制造项目举行签约仪式，落户井冈山经开区。当年还引进重点项目江西平波电子、天晟新材料等，亿元项目有江西中烟工业扩建井冈山卷烟厂、威力新能源等。

2014年，签约项目19个，其中内资项目17个，签约金额138.92亿元；外资项目2个，签约金额0.90亿美元。当年引进特大项目投资50亿元的木林森股份，打造国内最大LED基地；引进总投资50亿元的江西合力泰科技智能硬件及物联网产业园项目等4个5亿元项目。出口加工区引进投资5亿美元的浚图电子科技；六星产业园引进智武科技。

2015年，签约项目30个，其中内资项目28个，签约金额122.30亿元；外资项目2个，签约金额0.06亿美元。当年引进红米谷、群泰科技、中创光电、弘景药业等重点项目。同年12月18日，与深圳联宇华电子有限公司、深圳茂丞科技有限公司签订投资协议。

2016年，签约项目37个，其中内资项目34个，签约金额150亿元；外资项目3个，签约金额0.56亿美元，当年引进康希光电、鼎智通讯、钜弘科技、新世讯、吉为科技等重点项目。

2017年，签约内资项目27个，签约金额223.20亿元。当年引进威尔高电子、南亚新材料、桑格尔科技、金匠铸造等亿元项目。

2018年，签约内资项目23个，签约金额170.70亿元。江西省高杰科技有限责任公司环保丙烯酸电泳漆及电泳漆自动化设备生产项目、江西省百川电气有限公司的变频驱动器生产项目、螃蟹王国科技有限公司众创孵化大厦项目签约落户。8月，与深圳市富翔科技有限公司签署兴办高精密度线路板项目；与深圳福瑞达显示技术有限公司签约非标准显示模组生产项目。当年引进亿元环保项目光大环保能源，亿元电子项目戈弗雷科技、生益电子、吉晶微电子、蓝沛科技、中络电子等重点项目。

2019年，签约内资项目33个，签约金额177.46亿元。引进50亿元项目巴斯巴新能源、米田科技，以及亿元项目江西声之源电子、佳创磊光电、联信泓科技等。

2020年，签约项目58个，其中内资项目57个，签约金额305.2亿元；外资项目1个，签约金额3.50亿美元。引进百亿木林森公司全产业链项目、世界500强益海嘉里金龙鱼、上市公司易事特、吉安钢铁、江西科菱新能源科技等重大项目。与广州伟世博集团签订跨境电商产业园投资意向协议。

至2020年，井冈山经开区内有重点企业达250余家，其中千万元以上项目达170个。

2001—2020年井冈山经开区引进千万元以上重点项目统计一览表

表3-1　　单位：万元

序号	企业名称	负责人	签约落户时间	主要产品	完成投资额
1	江西大自然制药有限公司	胡亚军	—	十全大补酒、板蓝根、固本延龄丸	3000
2	吉安市光华实业有限公司	危安俊	—	粉煤灰	2360
3	吉安市永安交通设施有限公司	徐岩溪	2001	道路交通信号灯，道路交通标志线，道路标志牌，城市护栏、龙门架、路锥、减速带等	60000
4	江西生物制品研究所股份有限公司	姚晓东	2002	破伤风抗毒素	10000
5	吉安丰顺实业有限公司	倪路宽	2002	有色特种纸	15000
6	恒安丽人堂（吉安）日化有限公司	黄福旺	2002	阳学森林洗衣液	3200
7	江西天人生态股份有限公司	梁小文	2002.2	噻虫啉、白僵菌、绿僵菌	30000
8	江西绿洲环保新材料有限公司	王丽萍	2002.10	中（高）密度纤维板	35537
9	吉安市巨峰纸业有限公司	李　晖	2003	纸质外包装	1500
10	江西达森家私有限公司	周　莉	2003.6	橱柜、衣柜	1000
11	江西宇能制药有限公司	邓联强	2003.1	地夫可物、甲泼尼龙格式物、乙基锂氨物、地塞米松、雌酚酮等	9925
12	吉安市海洲医药化工有限公司	王道荣	2003.11	六甲基膦酰三胺、美海屈林萘二磺酸盐、对甲苯磺酰脲等	6200
13	江西牛牛乳业有限责任公司	徐　权	2004	乳制品，饮料	12000
14	江西威科油脂化学有限公司	陈建平	2004	油酸酰胺、芥酸酰胺	1000
15	鸿丰（吉安）制衣有限公司	任红艳	2004	针织布	400万美元
16	江西省绿井冈园林工程有限公司	丁纯利	2004	培育苗木、园林绿化等	2180
17	江西明盛实业有限公司	喻金论	2004.8	黑卡纸、灰底黑卡纸、红卡纸、蓝卡纸、咖啡卡纸	15000

续表 3-1

序号	企业名称	负责人	签约落户时间	主要产品	完成投资额
18	吉安市新元食品有限公司	杨星光	2005	葵花籽	1100
19	江西吉州南方水泥有限公司吉安市青原区分公司	胡洪涛	2005.4	水泥	2000
20	红板（江西）有限公司	文伟峰	2005.10	硬板、软板、软硬结合板	13806
21	江西益佰年药业股份有限公司	郭书淋	2005.5	中药饮片蜂蜜、保健食品、食品	8000
22	新琪安科技股份有限公司	吴丁峰	2006	三氯蔗糖	30000
23	江西盛泰金属制品有限公司	裴　勇	2006	高档建筑五金、水暖配件、液压管件产品	2120
24	吉安市庆丰过滤器材有限公司	刘镇坤	2006	滤膜、滤芯、等过滤器材	2100
25	江西瑞声电子有限公司	吴永忠	2006	蓝牙耳机	1000
26	吉安市华新天然植物有限公司	王金平	2006.1	薄荷油、艾叶油、荆芥油、薰衣草油、茶树油、香茅油等	1000
27	吉安市安华线缆电子有限公司	周连生	2006.6	通信及电子网络电缆、射频线缆	4000
28	吉安市青原区丰泰实业有限公司	叶广楠	2006.8	松香、松节油	1500
29	吉安昊丰化工有限公司	陈文波	2006.12	戊二醇	2008
30	吉安市依玛实业有限公司	徐　军	2006.12	物流园	23500
31	江西声宏电子有限公司	刘瑜瑢	2007	耳机喇叭	3000
32	吉安市青原区富吉粮油有限公司	陈真棵	2007	大米	2953
33	吉安市青原区远大实业有限责任公司	刘善连	2007	糯米粉、粘米粉及其他粮食制品	2000
34	吉安市凯迪绿色能源开发有限公司	姚伟民	2007.2	电力	22000
35	吉安市优特利科技有限公司	崔孟伟	2007.5	锂离子电池，充电宝、蓝牙等充戴式产品	50000
36	江西联创电缆科技股份有限公司	钟传根	2007.5	电线电缆、光纤光缆、充电枪装置	26314
37	吉安邦威家居制品有限公司	徐世帮	2007.9	铝合窗塑料制品	4000
38	银图（吉安）实业有限公司	吴汉祥	2008	美容美发电器、家用小电器、塑料五金制品、厨房小电器系列产品	3000
39	吉安市三江超纤无纺有限公司	周明辉	2008	水刺无纺布	25000
40	江西方舟流体科技有限公司	谢茂华	2008.1	闭式冷却塔、开式冷却塔、闭式蒸发冷却机组、换热器等水冷设备	1000
41	吉安市神龙实业有限公司	陈　温	2008.4	米糠油、糠粕	2700
42	吉安满坤科技股份有限公司	周立荣	2008.4	线路板	150000
43	吉安市沃尔得农资连锁有限公司	刘恩保	2008.11	农资经营、商品代储	2000
44	江西普正制药股份有限公司	吴永忠	2009	全杜仲胶囊、裸花紫珠颗粒、血平片、肾康宁胶囊、清热散结胶囊、小儿腹泻宁合剂、妇女痛经颗粒	20000

续表 3-1

序号	企业名称	负责人	签约落户时间	主要产品	完成投资额
45	吉安长江生物药业有限公司	任富全	2009	芳心康乐宝杀菌凝胶、芳心康乐宝抗菌液等	1236
46	吉安顶丰鞋业有限公司	陈新华	2009	拖鞋	3000
47	吉安市青原区吉祥塑业有限公司	徐德材	2009.6	金属门窗，室内外装修材料加工，销售	3000
48	吉安金宜混凝土有限公司	武少华	2009.6	商砼	3600
49	吉安青化实业有限公司	刘光华	2009.7	化粪池	2000
50	江西绿丰新材料股份有限公司	李小华	2009.9	甲醛	1000
51	吉安市宏光实业有限公司	陆锡扩	2009.10	水泥	14867
52	江西省深安电子工业有限公司	王连来	2010	电话机	6000
53	江西佳源药业有限公司	陈云兰	2010	中药材、中药饮片、中成药、化学原料药、化学药制剂、抗生素原料药、抗生素制剂、生化药品、医疗器械、消毒产品、保健食品	3600
54	江西蓝微电子科技有限公司	彭庶瑶	2010	键合丝、键合金丝、键合银丝、键合铜丝	3562
55	吉安品佳混凝土有限公司	王　勇	2010	混凝土	5000
56	思立科（江西）新材料有限公司（含泰德思项目、思立科二期三期项目）	钟　亮	2010	PET 离型膜	40000
57	吉安市中香天然植物有限公司	罗秋根	2010.3	—	1000
58	江西金顶药业有限公司	杨剑佩	2010.5	钻山风合剂、风湿痛药酒、寿星补汁	5000
59	吉安市艾吉特光电科技有限公司	艾新春	2010.6	LED	3750
60	吉安市三菱超细纤维有限公司	赵云龙	2010.7	无纺布，超细纤维合成革	50000
61	胜美达电机（吉安）有限公司	周伟科	2010.7	电子元件	1.5 亿港元
62	吉安青原区大地环保建材有限公司	彭卫生	2010.7	加气混凝土砌块	1100
63	吉安中石油昆仑天然气利用有限公司	张　放	2010.7	天然气	8990
64	吉安市瑞鹏飞精密科技有限公司	陈学金	2010.9	五金汽车模具及制品	20700
65	吉安英佳电子科技有限公司	陈火保	2010.11	组合式教学一体机、云教一体机、多媒体高清录直播一体机、高清智能录播系统、人脸识别系统	1367
66	吉安同瑞生物科技有限公司	李存荣	2010.12	赤霉酸	7800
67	吉安市吉福购物广场有限公司	彭筱霞	2010.12	零售和仓储、租赁	1200
68	江西量一光电科技有限公司	廖　昆	2010.12	LED 照明产品	12000
69	江西海瑞天然植物有限公司	张津铭	2011	薄荷油、生姜油等	1200
70	江西仪能新能源微电网协同创新有限公司	郭雪梅	2011	逆变器、电动汽车充电装置、新能源微电网系统研发、集成、销售及安装服务等	10000
71	江西量科照明科技有限公司	黄顺清	2011	太阳能光伏	2000

续表 3-1

序号	企业名称	负责人	签约落户时间	主要产品	完成投资额
72	吉安赣信科技发展有限公司	李星陵	2011	预埋荷载箱项目	5000
73	江西德逸建材市场经营管理有限公司	何安利	2011	房地产开发	5396
74	吉安迦南化工有限公司	张崇武	2011.3	聚氨脂树脂	2800
75	吉安港务发展有限公司	王华东	2011.9	货运货理、仓储服务、物流配送、预包装食品、乳制品销售等	7078
76	江西省诺金电子科技有限公司	邓伏初	2011.10	物联网类智能控制产品	1800
77	中节能环保投资发展(江西)有限公司青原工业污水处理厂	罗小浪	2012	污水处理	3814
78	江西恒诚天然香料油有限公司	刘路加	2012	八角茴香油，广藿香油，肉桂油，桉油，薄荷素油，莪术油，丁香罗勒油，丁香油	1089
79	天际（吉安）光电信息有限公司	习志刚	2012	数码显示器件专用显示模块及 LED 发光二极管、LED 显示板	4000 万美元
80	吉安市正和电力发展有限公司	郑梅芳	2012	高低压成套设备、变压器、整流器和电感器	5188
81	江西欧凯科技有限公司	宋叶峰	2012	金属颜料	3100
82	江西井冈绿宝股份有限公司	欧阳可彬	2012	调和油	5600
83	吉安创成环保科技有限责任公司	胡国良	2012	废旧资源和废旧材料回收加工；环保再生产品的销售；环保技术咨询服务和研发推广	500000
84	吉安市综合物流中心股份有限公司	卢志宽	2012.4	物流	5000
85	江西泽发光电有限公司	肖连坤	2012.4	手机盖板	1000
86	吉安荣威生物科技有限公司	卢济法	2012.4	胆固醇无水羊毛脂	3000
87	江西省坤达科技有限公司	王灵卿	2012.5	塑料编织袋	6300
88	江西吉瑞生物科技有限公司	黄信品	2012.7	维生素 D3 系列产品	6000
89	柏兆（吉安）电子有限责任公司	陈志诚	2012.10	电脑主机板、路由器等	24730(签约)
90	江西航盛电子科技有限公司	邹正平	2012.12	车载导航影音娱乐系统产品	80000
91	江西钜维科技有限公司	孔誉尧	2013	信息化系统集成及产品	1500
92	江西省平波电子有限公司	李晓华	2013	电子制品、触摸屏、液晶显示模组	20000
93	江西华儒家居有限公司	刘晓华	2013	家具	8000
94	吉安市青原区隆鑫建材有限公司	黄斌斌	2013	玻璃制品	1000
95	吉安锐迈管道配件有限公司	饶建荣	2013	法兰、管件	8000
96	泰伟科技（吉安）有限公司	周立惠	2013.1	手机、电脑保护套，挂绳	1100 万美元
97	北极光（江西）科技照明有限公司	阮彦军	2013.3	LED 灯饰	1750万元(签约)
98	江西晋瑞医疗器械有限公司	刘顺根	2013.4	可视静脉穿刺仪、中医定向透药治疗仪、艾灸治疗仪、超声药物透入治疗仪	3000

续表 3-1

序号	企业名称	负责人	签约落户时间	主要产品	完成投资额
99	吉安市金中金电子科技有限公司	郭琪瑛	2013.6	数码万年历、灯饰工艺品、装饰画	1500
100	吉安瓯林树脂有限公司	李文军	2013.8	脂松香、脂松节油、松香改性增黏树脂、食品添加剂生产、销售	15000
101	江西省高精科技有限公司	洪延龙	2013.8	聚酯多元醇、TPU 材料、聚氨酯树脂、丙烯酸乳液、环氧乳液、水性（环保）涂料、水性黏合剂、涂料助剂、氟碳涂料、聚氨酯涂料、粉末涂料等	3000
102	吉安天晟新材料有限公司	刘军萍	2013.10	水性涂料、复合岩片、水性助剂、服装辅料	3000
103	江西中烟工业有限责任公司井冈山卷烟厂（新厂）	华　刚	2013.10	金圣品牌卷烟	约 150000
104	江西合力泰科技有限公司井开分公司	钟乐华	2013.10	新型平板显示器件、触摸屏、摄像头及其周边产品	100000
105	江西东方名竹竹竹业有限公司	陈九嫦	2013.11	竹家具、竹厨具、竹制工艺品、竹炭制品、竹地板加工、销售；日用品、工艺品、文体用品、五金制品、农副产品销售	16000
106	江西百盛精细化学品有限公司	陈国勇	2013.11	聚酰胺	2855
107	江西中驰环保科技有限公司	李　琴	2014.1	污水处理设备	2000
108	江西冠德新材科技股份有限公司	陈少春	2014.2	光解膜、多功能膜	30000
109	江西嘉寓门窗幕墙有限公司	苏文军	2014.3	节能门窗幕墙	8000
110	吉安九鼎农牧有限公司	廖　凯	2014.4	畜禽用饲料	5093
111	吉安明辉光电科技有限公司	胡　松	2014.5	音箱 / 口罩（转产）	2500
112	吉安市木林森实业有限公司	邓丽萍	2014.10	发光二极管及系列产品	670000
113	江西腾辉环保科技有限公司	朱泽林	2014.10	聚丙烯颗粒	2000
114	吉安鸿盛化工试剂有限公司	林流龙	2014.12	试剂硫酸	4000
115	南山示范园	袁　睿	2015	孵化基地	21100
116	吉安市庐一食品有限公司	涂远昆	2015	面条、米粉	1100
117	吉安天禧臻实业有限公司	张诗辉	2015	红木茶具	1050
118	江西中塑新材料科技有限公司	朱怀玉	2015.2	PC、尼龙等工程塑料	3000
119	江西赣信工程检测有限公司	王　刚	2015.3	地基基础工程检测、建筑节能检测、钢结构工程检测、室内环境检测、设备安装工程检测、见证取样检测、主体结构工程现场检测	5000
120	江西红米谷孵化企业发展有限公司	陈逸杰	2015.11	园区管理服务；商务代理；代办服务；财务咨询服务；物业管理	10000

续表 3-1

序号	企业名称	负责人	签约落户时间	主要产品	完成投资额
121	江西创成微电子有限公司	李建军	2015.11	播吧 II 电音版、飞利浦麦克风、播吧 mini、森然麦克风、DJ 声卡、播吧 II 旗舰版、美叭全民 K 歌麦克风、GTM5 监听耳机	1000
122	江西天时禾药业有限公司	钟修杰	2015.11	医药产品	2000
123	北新建材（井冈山）有限公司	徐　涛	2015.11	纸面石膏板、轻钢龙骨	18000
124	吉安华冠万尊声学科技有限公司	欧阳庆霆	2015.12	声电产品及其元器件、微电子产品、耳机、光学镜片等	5588
125	吉安螃蟹王国科技有限公司	刘　亮	2015.12	DIY 传统手工文化创意	
126	江西群泰科技有限公司	曾德华	2016	触摸屏	60000
127	江西精锐通科技有限公司	漆萱卓	2016.6	家电控制系统产品、触摸屏	7000
128	江西弘景药业有限公司	刘为铭	2016.9	中药饮片	2000
129	吉安鼎智通讯有限公司	张玉顺	2016.11	手机主板、POS 机	10000
130	江西省新世讯科技有限公司	杨　红	2016.11	液晶显示屏模组（LCM）	1000
131	江西吉为科技有限公司	肖建安	2016.12	人工智能人脸识别	4000
132	吉安双龙玻璃纤维有限公司	李奥运	2016.12	玻璃纤维生产、加工、销售	1000
133	江西润井康生物科技有限公司	朱俊华	2016.12	柚苷、柑橘黄酮、柑橘纤维、柑橘果粉等	3200
134	吉安华润燃气有限公司（富滩工业园天然气综合站）	谌　波	2017	天然气供应与服务	2000
135	江西同杏大药房连锁有限公司	敖杏冬	2017	药品零售	3483
136	江西荆杏云海实业有限公司	江　斌	2017	冰片衍生物	1500
137	吉安市耐亿电子有限公司	罗京华	2017	数据连接线	2000
138	江西省桑格尔电子有限公司	彭才群	2017.1	自助设备解决方案；桌面收银设备解决方案；手持收银设备解决方案；定制平板电脑；配件类设备；AI 智能安防产品	2050
139	江西威尔高电子科技有限	汪志伟	2017.4	2—8 层的通孔板、软板和软硬结合板	50000
140	江西依露得力医疗科技有限公司	于海军	2017.5	脑部与区域组织氧饱和度监护仪、血流动力学分析仪、可视喉镜、一次性窥视片	1700
141	江西德天能源科技有限公司	宋国文	2017.7	工业蒸汽生产销售	3000
142	南亚新材料科技（江西）有限公司	李　巍	2017.9	覆铜板及粘结片	22830
143	江西炼石环保科技有限公司	贺小清	2017.10	化学试剂、助剂	3000
144	江西省亿嘉商业管理有限公司	李　斌	2018	标准厂房	4500
145	吉安市凯强食品有限公司	罗凯强	2018	月饼	3000
146	江西汇仁医药贸易有限公司吉安分公司	邓海强	2018	药品销售	1000
147	江西泰荣中大装饰材料有限公司	罗玉媚	2018.1	生态板、贴面板	1075
148	吉安市创利科技有限公司	孙庆荣	2018.1	触摸屏	1000

续表 3-1

序号	企业名称	负责人	签约落户时间	主要产品	完成投资额
149	光大环保能源（吉安）有限公司	贺　建	2018.3	生活垃圾焚烧处理、电力	63725
150	江西蓝沛科技有限公司	许德明	2018.4	无线充电产品	5000（签约）
151	江西省吉晶微电子有限公司	郑国昌	2018.4	集成电路封装	7000
152	江西鸿光家居科技有限公司	葛小华	2018.8	智能家具、音箱、光电产品、电源电器、电子产品研发、生产、销售、维修；塑料制品生产与销售；建筑材料、装饰材料销售；进出口贸易	1000
153	吉安井冈山经开区百金金融产业园运营有限公司	谢小文	2018.8	招商、政策兑现等	1000
154	江西锦灏兴科技发展有限公司	曾星明	2018.11	金属压铸结构件	3000
155	江西戈弗雷科技有限公司	黄卫东	2018.11	电视机、可穿戴设备、充电器、音响、及周边产品	30000
156	吉安生益电子有限公司	林　江	2018.11	印制线路板	110000
157	江西彩源印务有限公司（江西景福彩印）	胡　兵	2018.11	烟包生产	2000
158	江西省佳创磊光电有限公司	易春平	2019	LED 背光源等	1000
159	吉安市甘雨亭超市有限公司	罗静婷	2019	超市零售	5000
160	吉安联信泓科技有限公司	易瑞达	2019	LED 背光源．触摸屏．LCD．LCM 模块	2300
161	江西神田生物科技有限公司（新项目）	赵仲海	2019	维生素 D3	1000
162	吉安米田科技有限公司	谢银山	2019.6	精密结构件、CNC 加工等	10000
163	江西巴斯巴新能源技术有限公司	屈水平	2019.6	新能源汽车核心零部件	5000
164	吉安秦望环保科技有限公司	涂传虎	2019.7	环保材料	1800
165	江西声之源电子科技有限公司	胡　英	2019.9	音响、耳机	10000
166	吉安市星慧商业管理有限公司	郑永红	2019.10	标准厂房	1000
167	江西科菱新能源科技有限公司	潘伟权	2020.1	锂电池	10000
168	吉安市钢铁有限责任公司	陈岫烟	2020.2	建筑用钢材	10000
169	益海嘉里（吉安）粮油食品有限公司	张志兵	2020.3	粮油	16000
170	吉安中能易电科技有限公司	易　亮	2020.6	5G 新基建设备生产	10000

第二节　引进资金

2001—2002 年，吉安市高新区签订正式项目合同 24 个，投资总额 11.09 亿元（其中 2115 万港元、903 万美元），实际到位资金 2.6 亿元（其中 2115 万港元、538 万美元）；引进深圳建工集团带资建设基础设施工程，引进香港泰恒荣集团建设创业服务中心、孵化中心，聚集资金 2700 万元。

2008 年，引进合同投资 68.15 亿元，实际引进内资 18.18 亿元，实际利用外资 4737 万美元，其中现汇进资 3924 万美元。引进电子信息产业投资额占投资总额的近 80%。

2009 年，引进合同资金 93.75 亿元。实际引进内资 23.55 亿元，占年初目标的 118%，同比增长

29.5%；实际利用外资3635万美元，占年初目标的106%。

2010年，井冈山经开区通过深入开展“百个亿元项目攻坚年”活动，整合20支专业招商队力量开展招商引资。全年实际引进内资32.2亿元，占年初目标任务的107%，同比增长36.8%；引进5000万元以上项目签约资金69.2亿元；新批外资项目10个，合同外资9000万美元；实际利用外资4544万美元，占年初目标的108%。

2011年，实际引进内资45亿元，占年初目标任务的108%，同比增长37%；新批外资项目9个，合同外资10.6亿美元，实际利用外资6208万美元，占年度目标的109%，同比增长38%。

2012年，井冈山经开区积极响应省政府“招大引强年”活动统一部署，组织百人招商团和十支专业招商小分队全力以赴开展“招大引强”活动。全年引进的项目投资总额达79.3亿元。实际引进省外资金56.5亿元，占目标任务的101.1%，同比增长16.97%；新批外资项目12个，合同外资15.47亿美元，实际引进外资7203万美元，占目标任务的107%，同比增长20%。其中现汇进资3138万美元，现汇比为42.38%，占目标任务的113.7%，同比增长61%。

2014年，共引进项目签约资金138.92亿元；完成实际引进内资84.7亿元，同比增长25.52%，100.1%完成全年目标任务；引进外资1.61亿美元，同比增长37.9%，占目标任务的100.6%。其中现汇进资4813万美元，现汇比30.1%。全年井冈山经开区内外资总量和增幅在全市均排名第一，尤其是利用外资的增幅在全省位列第一，这是井冈山经开区开放型经济数据首次在全省领先。利用省外资金总额在全市占比18%，在吉泰走廊占比35%；利用外资总额在全市占比20%，在吉泰走廊占比50%。

2015年，井冈山经开区利用省外资金保持高位运行态势，1—10月份，利用省外资金总额居全省国家级开发区首位，实现招商引资的重大突破。利用省外资金约为90亿元，同比增长6.5%，完成年任务数101.69%。在全年经济下行压力增大、汇率波动大和外资投资乏力的形势下，外资增资扩股也取得突破，继胜美达公司增资500万美元全部到位后，又实现天际光电公司增资1000万美元。全年利用外资约1.8亿美元，同比增长12.6%，完成年任务100.1%，列全市各县（市、区）总量第一；其中现汇进资3607万美元，现汇比为20.01%。

2017年，合同引资额共计223.2亿元，1亿~5亿元（含5亿元）项目合同引资额29.7亿元，占合同引资总额的13.3%；5~10亿元（含10亿元）项目合同引资额40亿元，占总数17.9%；10~30亿元（含30亿元）项目合同引资额78亿元，占总数的34.9%；30~100亿元（含100亿元）项目合同引资额75亿元，占总数的33.6%。全年“1+3”产业项目合同引资额217亿元，占总数的97.2%；其中电子信息产业项目合同引资额152亿元，占总数的68.1%；生物医药食品大健康产业项目合同引资额46亿元，占总数的20.1%；先进装备制造产业项目合同引资额10亿元，占总数的4.5%。全年利用外资实现2.18亿美元，增长10.04%，完成年度目标的100.04%。其中现汇进资4443万美元，现汇比为20.35%。主要进资企业有：木林森1450万美元、浚图科技710万美元、恒安丽人堂520万美元、胜美达520万美元等。全年利用省外资金实现112.1亿元，增长11.35%，完成年度目标100.9%。

2019年，共签约金额177.46亿元，其中电子信息产业项目投资金额74亿元，占总投资金额的41.7%；先进装备制造产业项目投资金额56亿元，占总投资资金的31.55%；新能源新材料产业、医药大健康、服务业、新经济新业态等项目占总投资金额的26.8%。全年利用省外资金约135亿元，同比增长9.75%；实际利用外资约2.6亿美元，同比增长8.33%。

2020 年，井冈山经开区克服疫情影响，共签约引进项目 58 个，签约总金额 325.2 亿元。其中，100 亿元项目 1 个、50 亿元项目 1 个，20 亿元项目 4 个，10 亿元项目 2 个，项目总签约金额列全省国家级开发区前列。其中，木林森公司全产业链项目总投资 100 亿元，实现百亿项目招引“零”突破；益海嘉里金龙鱼粮油食品深加工项目投资 20 亿元，实现世界 500 强企业招引“零”突破；易事特 5G 科创园项目投资 20 亿元，实现“新基建”项目招引新突破。

至 2020 年，井冈山经开区共签约项目 574 个，其中内资项目 535 个，签约金额 1884.04 亿元，实际到位资金约 1300 亿元；外资项目 39 个，签约金额 35.27 亿美元。

2001—2020 年井冈山经开区引进资金统计表

表 3-2

年　份	总签约数（个）	内资签约数（个）	签约金额（亿元）	外资签约数（个）	签约金额（亿美元）
2001—2002	42	39	11.09	3	0.15
2003	33	33	9.40	0	0
2004	31	26	15.99	5	0.31
2005	16	14	9.06	2	0.66
2006	47	44	66.65	3	0.10
2007	32	29	34.68	3	0.32
2008	11	11	68.15	0	0
2009	27	27	93.75	0	0
2010	25	22	69.20	3	0.90
2011	31	28	64.70	3	10.60
2012	28	23	79.30	5	15.47
2013	24	20	74.30	4	1.74
2014	19	17	138.92	2	0.90
2015	30	28	122.30	2	0.06
2016	37	34	150.00	3	0.56
2017	27	27	223.20	0	0
2018	23	23	170.70	0	0
2019	33	33	177.46	0	0
2020	58	57	305.20	1	3.50
合计	574	535	1884.04	39	35.27

第三节　重大项目开工、竣工活动

2002 年 7 月 28 日，由上海绿洲实业有限公司投资 1.5 亿元兴建的江西绿洲人造板有限公司在吉安市高新区举行开工奠基仪式。上海市常务副市长蒋以任，江西省副省长凌成兴发来贺信。上海市经委副主任辜昌基，省经贸委副主任蒋国宾，省林业厅副厅长龙远飞、省森工局局长余小飞、市领导吕滨等参加了奠基仪式。

同年 11 月 6 日上午，江西生物制品研究所 GMP 技改工程在吉安市高新区举行开工奠基典礼，市领导胡长林、孙世群、邱卫东、贺宗鑫以及深圳市金瑞丰实业有限公司董事长敬伟出席奠基仪式。

同年11月29日，万荣花艺有限公司在吉安市高新区举办开工奠基仪式，市领导吕滨、胡长林、孙世群、贺宗鑫等参加开工奠基仪式。

2003年6月18日上午，江西吉安多元钟业有限公司在吉安市高新区举办开工奠基仪式，市领导张柒生、邱卫东、陈志明、陈日武等参加奠基仪式，项目总投资4000万元。

图3-8　2007年10月7日，省委副书记、省长吴新雄到吉安市高新区参加吉安市重大项目竣工投产开工建设暨签约仪式

同年8月8日上午，江西绿洲人造板有限公司一期项目竣工暨二期工程项目开工奠基仪式在吉安市高新区绿洲公司项目现场举办，吉安市委书记吕滨，江西省经贸委副主任蒋国斌，吉安市委副书记温新华、陆云龙出席奠基仪式。

同年11月15日，上海印刷集团吉安分公司新厂在吉安市高新区举行竣工投产仪式，市领导温新华、孙世群、杨群宝及上海新闻出版局副局长祝君波，省出版集团副总经理傅春宝、周榕芳等出席投产仪式。

2004年12月31日，在吉安市高新区市定安科技发展有限公司只读类光盘生产项目举行开工奠基仪式，江西省委常委、宣传部长刘上洋，吉安市委书记弘强分别发表讲话，市长胡长林主持奠基仪式。江西省精神文明办、省新闻出版局以及吉安市有关领导参加奠基仪式。

2005年2月16日，新加坡食品药品科技园在吉安市高新区隆重奠基。江西省委副书记、常务副省长吴新雄，新加坡驻厦门领事馆总领事林明河出席并发表讲话，吉安市委书记弘强致辞。

2007年10月7日上午，吉安市重大项目竣工投产开工建设暨签约仪式在吉安市高新区新丰生物科技（吉安）发展有限公司厂区隆重举行，江西省委副书记、省长吴新雄下达开工令，副省长洪礼和出席仪式并讲话，吉安市委书记黄建胜致辞，市委副书记、市长周萌主持。

2009年8月3日，中泰电子、红板一期、海丰鞋业二期等一批工业项目竣工投产。

2010年9月，满坤电子科技有限公司建成投产。

2011年6月26日上午，井冈山经开区重大项目开工竣工暨六星通讯终端产业园奠基仪式举行，省政协副主席刘晓庄、省商务厅厅长伍再谦，省发改委、省财政厅、省工信委、民盟江西省委等省直部门和单位负责人，市领导周萌、王萍、陈兴超、胡龙生、陈志明、吴敏、兰付生、李文彩、杨群宝、刘义研、李云、刘连根、梅黎明、刘宗华等出席仪式。市政府副秘书长、井冈山经开区管委会主任刘志坚，党工委副书记贺云生，管委会副主任孙伏生、周智等领导参加仪式。

同年10月24日，吉安市在井冈山经开区江西吉安丰尚智能信息产业园设立分会场，共同见证江西省举行116个战略性新兴产业重大项目集中开工仪式。

同年11月30日，吉安市委、市政府举行19个重大项目集中开工仪式。井冈山经开区的航盛车载电子产业园、中小型高端液晶模组产业园、三一重工股份有限公司三一工程机械整机与零部件项目、出口加工区10万平方米标准厂房、斯坦得电子材料有限公司、江西汇仁集团医药科研有限公司吉安医药物流园等6个项目宣布开工。省人民政府副省长洪礼和、副秘书长王水平，省商务厅厅长伍再谦，省工信委书记李春燕，省住建厅巡视员张继胜，省发改委纪检组长黄国荣，省财政厅党组成员、省行政事业单位资产管理中心主任温治明，省国土资源厅总规划师张圣泽，市委书记王萍，市政府市长胡世忠，市委副书记刘义硚，市人大常委会主任吴敏，市政协主席刘宗华，深圳航盛电子股份有限公司总裁杨洪，深圳市工业总会秘书长吴远亮，三一重工集团经营计划总部副总监滕明星，市委各部门，各县（市、区）委书记、县（市、区）长，市直各单位、各人民团体主要负责人出席开工仪式。

2012年5月30日，井冈山经开区举行电子专业市场、综合物流信息中心工程、江西德逸建材市场商业区广场工程、江西德逸建材仓储区工程等4个项目的开工奠基仪式。省体育局局长刘鹰，省发改委、省商务厅、省卫生厅、省环保厅、省工信委、省民政厅、省住建厅、省旅游局等省直部门有关负责人，市委书记王萍，市委副书记、市长胡世忠等出席活动。

同年6月17日，井冈山经开区举行战略性新兴产业重大项目开工竣工暨天际光电产业园奠基仪式。市领导王萍、胡世忠、刘义硚、吴敏、刘宗华、刘贤清，区领导刘志坚、邓淑斌、贺云生、汤文仙、孙伏生、周智、丁克宁、刘达绪、胡红英、罗厥宏、甘益烽、吴磊出席活动。

同年8月29日，江西吉安陆地港项目在井冈山经开区举行开工仪式。市政府副市长、井冈山经开区党工委第一书记刘贤清，南昌海关副关长王味冰，厦门港务控股集团副总经理林开标，井冈山经开区党工委书记刘志坚，井冈山经开区管委会主任邓淑斌等150多人参加开工仪式。

同年12月26日上午，井冈山经开区在东区举行重大项目集中签约开工暨德昌台湾经济技术产业园奠基仪式。省台办主任欧阳泉华，南昌海关关长王炜，省工信委副主任张小平，市委书记王萍，市长胡世忠，市政协主席刘宗华，市政府副市长刘贤清，井冈山经开区党工委书记刘志坚，井冈山经开区管委会主任邓淑斌，市委秘书长史胜平，市政府秘书长贺利华，市政府副秘书长谭华，经开区领导贺云生、曾亮、汤文仙、周智、胡红英、舒海波、杨峰、刘达绪、罗厥宏、甘益烽、吴磊，以及嘉宾台湾德昌营造股份公司董事长黄政勇，吉安市台协会长陈明贵，长泓能源科技股份有限公司总经理陈明德等出席仪式。

2013年5月28日，威力新能源（吉安）有限公司磷酸铁锂电池项目在井冈山经开区举行开工典礼。市委书记王萍，台玻集团总裁、实联长宜中国控股有限公司董事长林伯实分别致辞，市委副书记、市长胡世忠主持。实联长宜公司副董事长兼执行长陈正忠，威力能源公司董事长柯承亨等台湾企业家一行，省工信委主任吴晓军，省商务厅厅长王水平，省政府办公厅副主任喻晓社等出席。

同年6月28日，井冈山经开区航盛汽车电子科技产业园等21个重大项目集中开工竣工。王萍、胡世忠、刘义硚、吴敏、李云、刘连根、李庐琦、余阳春、郭庆亮、喻志勇、杨丹、龙波舟、雷音、杨晓东等市四套班子领导，市委秘书长史胜平，市政府秘书长贺利华及经开区领导刘志坚、邓淑斌、贺云生、曾亮、汤文仙、周智、胡红英、舒海波、杨峰、刘达绪、罗厥宏、甘益烽、吴磊参加重大项目集中开工竣工仪式。深圳市航盛电子股份有限公司总裁杨洪参加仪式。

同年9月26日上午，井冈山经开区在东区江西丰年精密科技有限公司产业园隆重举行江西丰年精密科技有限公司等10个重大项目开工庆典仪式，市领导王萍、胡世忠、刘义硚、吴敏、刘连根、李云、李庐琦、彭涉晗、郭庆亮、喻志勇、杨丹、龙波舟、雷音、杨晓东、余阳春、吕清泉、丁新民、韩晓方、游奕贵、邓近有、刘带焕、左继生、刘贤清、涂建生、肖玉兰、李建国，刘冬仙、刘永杰、姜长超、李文彩，井冈山管理局局长陈敏，市委秘书长焦学军，市政府秘书长贺利华，区领导刘志坚、邓淑斌、曾亮、汤文仙、舒海波、周智、杨峰、刘达绪、罗厥宏、甘益烽、吴磊出席开工庆典仪式。

同年11月26日，吉安市总投资137亿元的30个重大电子信息暨绿色食品产业在井冈山经开区举行集中竣工投产仪式。省工信委党组书记、主任吴晓军，市委副书记、市长胡世忠，省工信委巡视员杨柳，省国土厅巡视员刘保华，市人大常委会主任吴敏，市政协主席刘宗华，市委常委郭庆亮，副市长肖玉兰，井冈山经开区领导刘志坚、邓淑斌，江西航盛电子科技有限公司董事长杨洪、江西合力泰科技有限公司董事长文开福、柏兆（吉安）电子有限公司董事长黄郁彬、柏兆（吉安）电子有限公司总经理陈志诚等出席，市政府副市长刘贤清主持并介绍竣工投产项目情况。

2014年5月18日，江西平波电子有限公司在井冈山经开区竣工投产。

同年10月10日，吉安市委、市政府在井冈山经开区举行全市工业、城建和服务业重大项目集中竣工开工暨木林森高科技产业园项目开工活动。王萍、胡世忠、肖洪波、吴敏、刘宗华、刘连根、李庐琦、余阳春、喻志勇、杨丹、龙波舟、雷音、杨晓东、王清剑、廖宏等市四套班子领导出席仪式，邓淑斌、汤文仙、周智、舒海波、杨峰、刘达绪、甘益烽、吴磊等区领导参加仪式。

同年12月19日，北京嘉寓股份华南区域吉安生产基地投产活动在井冈山经开区举行。

2015年5月12日，井冈山经开区举行重大工业项目集中开工暨浚图科技奠基活动，王萍、王少玄、吴敏、刘宗华等市领导以及刘志坚、邓淑斌等经开区领导出席奠基活动。吉安市浚图科技有限公司总经理叶校然出席奠基活动。

同年9月21日，召开全市重大项目集中开工竣工暨吉泰走廊项目建设现场推进会，主会场设在井冈山经开区东元环境科技有限公司开工现场。王萍、王少玄、吴敏、刘宗华、李庐琦、余阳春、杨丹、雷音、王清剑、邵林、廖宏等市四套班子领导共同见证，区领导刘志坚、邓淑斌参加，并为东元环境科技有限公司环保设备项目培土奠基。

同年12月15日，威力新能源吉安二厂投产，市委书记王萍，市长王少玄，市委常委、副市长、区党工委第一书记刘贤清，区党工委书记刘志坚，区管委会主任邓淑斌，实联长宜集团董事长林伯实见证投产。

2016年4月1日，吉安市重大工业项目集中开工暨辉烨通讯项目奠基仪式在井冈山经开区主会场举行。市领导王萍、吴敏、李庐琦、刘连根、余阳春、喻志勇、龙波舟、雷音、刘贤清、刘兰芳、刘振国、张言苍、刘带焕、左继生、王大胜、李建国、邹芳刚、刘永杰、陈军民，区领导刘志坚、邓淑斌、汤文仙、刘达绪、罗厥宏、甘益烽、吴磊、肖小武等出席活动。

同年6月20日，江西省木林森照明有限公司一期正式投产。

2017年4月20日，吉安市重大工业项目集中开工竣工活动暨木林森覆铜板项目奠基仪式在井冈山经开区举行，市委书记胡世忠、市政府市长王少玄、吉安市四套班子成员，井冈山经开区党工委书记彭学凯、管委会主任汤文仙等区领导班子成员以及木林森股份董事长孙清焕参加仪式。

同年5月6日，江西吉为科技有限公司在井冈山经开区六星产业园举行投产开业仪式。

同年8月22日，江西桑格尔有限公司举行桑格尔产业园项目启动暨桑格尔公司揭牌庆典活动。

同年9月14日下午，吉安（深圳）产业园南山示范园一期II标段工程开工仪式在南山示范园举行。深圳南山区委书记、区长王强，吉安市委副书记、市长王少玄，南山区人大常委会副主任黄立新，吉安市政府副市长、区党工委第一书记邓淑斌，区党工委书记彭学凯，市政府秘书长尹小明，区党工委副书记刘达绪等出席开工仪式，南山区政府副区长谢炳文主持仪式。

同年 9 月 25 日，吉安市重大工业项目集中开工竣工暨南亚新材料覆铜板项目开工奠基仪式在井冈山经开区金鸡湖新区举行。市领导胡世忠、王少玄、喻志勇、龙波舟、杨丹、廖宏、刘贤清、刘兰芳、刘振国、张言苍、卢正大、肖玉兰、苑建华、张强、邓淑斌、徐开萍、朱新堂、陈军民，井冈山管理局领导焦学军，区领导彭学凯、汤文仙及项目负责人包秀银、张东为项目开工奠基。

同年 12 月 11 日，江西威尔高电子科技有限公司线路板生产项目在井冈山经开区金鸡湖新区开工奠基。市委副书记、市长王少玄出席仪式，副市长、区党工委第一书记邓淑斌宣布项目开工，区党工委书记彭学凯主持，区管委会主任汤文仙致辞，江西威尔高电子科技有限公司董事长邓艳群介绍了项目情况。

2018 年 1 月 1 日，思立科（江西）新材料有限公司离型膜二期项目投产。

同年 1 月 3 日，由江西益丰泰投资 100 亿元，落户在井冈山经开区的 TFT 面板生产项目开工建设。

同年 3 月 10 日，由日月科技（辽阳）有限公司投资 10 亿元，落户井冈山经开区的电子产品功能性驱动 IC 芯片的封装测试项目开工。

同年 3 月 20 日，上海蓝沛新材料科技股份有限公司投资落户井冈山经开区的新材料生产项目开工。

同年 4 月 9 日，井冈山经开区重大工业项目集中开工竣工暨兰沛科技项目开工活动在井冈山经开区金鸡湖新区开展，区党工委副书记舒海波下达井冈山经开区重大工业项目集中开工竣工令，区党工委委员、纪工委书记刘茶香出席并讲话，在吉安的区领导龙小明、吴磊、傅卫东出席，区管委会副主任罗厥宏主持，上海蓝沛新材料科技有限公司董事长陈贵生致辞。

同年 4 月 15 日，井冈山经开区吉安市新立辉包装材料有限公司印刷包装产品生产项目投产。16 日，吉安市推进环境建设、加快打造“清净整洁”“精细秀美”宜居家园的重大工程——市生活垃圾焚烧发电项目在井冈山经开区开工建设。市委书记胡世忠下达开工令。市委副书记、市长王少玄讲话。市领导喻志勇、刘连根、龙波舟、刘贤清、王大胜、邓淑斌、华小明出席。开工仪式由市委常委、常务副市长杨丹主持。副市长徐开萍作项目概况介绍。井冈山经开区党工委书记彭学凯作发言，区管委会主任汤文仙参加。

同年 5 月 29 日，木林森半导体项目开工暨益丰泰 TFT 项目主体工程竣工活动在井冈山经开区举行，委书记胡世忠下达项目开工令、启动最后一块顶板吊装，市委副书记、市长王少玄讲话，喻志勇、刘连根、龙波舟等市四套班子领导，彭学凯、汤文仙等经开区班子成员出席。

同年 6 月 15 日，井冈山经开区广州莱伦智能机械有限公司 SMT 贴装设备研发、相关部件装备组装项目开工。

同年 7 月 13 日，井冈山经开区 12 个重大工业项目集中开工竣工，总投资 5 亿元的思立科新材料（二期）项目开工，区党工委书记彭学凯下达全区重大工业项目集中开工竣工令。区党工委副书记舒海波代表区党工委、管委会致辞；区党工委副书记刘达绪主持仪式并介绍了井冈山经开区集中开工竣工工业项目情况。经开区领导刘茶香、罗厥宏、龙井松、傅卫东，以及思立科（江西）新材料公司运营经理郭卫平出席。

同年 9 月 4 日下午，井冈山经开区南山示范园二期山顶公园项目开工活动举行。市委副书记、市长王少玄，南山区人大常委会副主任黄立新，南山区副区长谢炳文，南山区原区政协副主席张晓星出席。南山区委副书记、区长曾湃宣布项目开工，副市长邓淑斌致辞，区党工委书记彭学凯主持，深圳市科汇通投资有限公司董事长高原介绍项目情况。

同年10月18日，井冈山经开区重大工业项目集中开工竣工暨蓝晶光学产业园项目开工活动在金鸡湖新区开展，区党工委副书记、管委会主任汤文仙下达全区重大工业项目集中开工竣工令。区党工委副书记刘达绪代表区党工委、管委会致辞；区党工委委员、纪工委书记刘茶香主持仪式并介绍了井冈山经开区集中开工竣工工业项目情况。在家的区领导罗厥宏、傅卫东，以及蓝晶光学有限公司总经理蒲长江，玖锦电子公司董事长肖敏幸出席。

同年11月22日　井冈山经开区江西润井康生物科技有限公司食品添加剂项目开工。

同年12月25日，井冈山经开区总投资29亿元的8个重点工业项目集中开工竣工暨吉晶微电子项目竣工，区党工委副书记、管委会主任汤文仙下达了全区重点工业项目集中开工竣工令。区党工委副书记舒海波代表区党工委、管委会致辞；区党工委副书记刘达绪主持仪式；吉晶微电子有限公司总经理袁雄亮致辞。经开区领导刘茶香、甘益烽、刘力峰、龙井松出席。

2019年2月20日上午，“大干项目年”暨省市县三级重大项目集中开工动员会举行。这是省委、省政府打响“大干项目年”的发令枪。吉安市分会场设在井冈山经开区火乐科技激光电视产业园项目地。市委书记胡世忠，市委副书记、市长王少玄，以及刘连根、杨丹、李镇发、廖宏、刘贤清、刘兰芳、卢正大、肖玉兰、江波等在家的市四套班子领导，井冈山经开区党工委书记彭学凯，管委会主任汤文仙等区领导参加仪式。

同年3月26日上午，江西航盛举办二期工厂开工建设仪式。

同年7月29日上午，吉安市采取市县联动的方式举行全市76个重大工业项目集中开工竣工活动，活动主会场设在井冈山经开区吉安生益电子有限公司高端印制电路板项目开工奠基活动现场。省人大常委会副主任、市委书记胡世忠下达开工竣工令。市委常委、常务副市长毛顺茂讲话，副市长邓淑斌主持，市领导刘毓名、程以金以及区领导彭学凯、汤文仙等参加。

同年10月21日上午，2019年全市重大工业项目第三次集中开工竣工暨巴斯巴新能源汽车电子核心零部件项目开工活动，在主会场井冈山经开区举行。王少玄、邓淑斌等市领导，彭学凯、汤文仙等区领导以及深圳巴斯巴科技发展有限公司董事长林国军参加活动。24日，雅居乐环保集团投资建设的吉安创成环保科技有限公司正式投入运营。

同年12月18日，井冈山经开区举行吉安市优特利科技有限公司新工业园奠基活动。区党工委书记彭学凯下达项目开工令，吉安市优特利科技有限公司董事长王继生，区党工委委员、管委会副主任张志福分别致辞；区领导刘茶香、刘力峰、龙井松、傅卫东和吉安市优特利科技有限公司高管出席并培土奠基，区直各单位主要负责人、市直驻区各单位主要负责人，吉安市优特利科技有限公司员工参加仪式。

同年12月23日上午，2019年吉安市重大工业项目第四次集中开工竣工暨江西威尔高电子科技有限公司高精密双面多层线路板项目竣工活动，在主会场井冈山经开区举行。胡世忠、王少玄、刘连根、刘贤清等市领导以及彭学凯、汤文仙等区领导出席仪式。

2020年3月10日，2020年全市重大项目第一次集中开工竣工大会主会场设在井冈山经开区的吉安米田科技有限公司电子精密结构件产业园项目现场。市委书记胡世忠下达重大项目开工竣工令。市委副书记、市长王少玄讲话。市领导杨丹、刘连根、刘贤清、毛顺茂、邓淑斌、李克坚，区党政主要负责人彭学凯、汤文仙出席。市委常委、常务副市长毛顺茂主持。

同年6月9日，井冈山经开区举行重大工业项目第二次集中开工竣工暨金匠年产5万吨绿色装备及智能数控机床项目竣工活动。区党工委副书记、管委会主任汤文仙出席并下达项目开工竣工令，区党工委副书记张鹏华出席并致辞，区党工委副书记、管委会常务副主任罗忠华主持并介绍项目情况，区领导刘茶香、甘益烽、吴磊出席。

同年9月30日，全市重大工业项目第三次集中签约开工竣工井冈山经开区分会场暨中络电子多层高精密度线路板项目竣工活动举行。井冈山经开区党工委副书记、管委会常务副主任罗忠华下达项目竣工令，区管委会副主任张志福讲话，区管委会副主任孙英剑主持活动。井冈山经开区集中开工竣工项目8个，总投资111亿元，其中“50项目”1个，“20项目”2个。

同年12月28日，全市重大工业项目第四次集中开工竣工（井冈山经开区分会场）暨吉安航盛电子科技全球制造总部项目竣工活动在井冈山经开区航盛电子项目现场召开。井冈山经开区党工委副书记、管委会主任陈庆寿，区党工委副书记、管委会常务副主任罗忠华，区党工委副书记甘益烽参加并讲话。

第四篇　经济发展

2019年，井冈山经开区在全国219个国家级经开区综合考评中跻身全国前50强，在全国排名第45位。2020年，在全国排名66位。至2020年，井冈山经开区建成以电子信息为首位，生物医药大健康、先进装备制造、新能源新材料为主导的“1＋3”产业和集孵化、金融、商贸、服务于一体的现代产业新城，成为工业强市核心战略主战场，体制机制创新试验田、先行区。

第一章　产业园区

2018年“一区四园”改革前，井冈山经开区园区仅限于本部工业园区。改革后，将吉安市河东经济技术开发区纳入井冈山经开区。河东经济技术开发区管理的新工业园、富滩工业园分置为青原产业园和富滩产业园；吉州工业园区挂靠井冈山经开区，更名为吉州产业园。

第一节　井冈山经开区本部

井冈山经开区本部位于吉安市城南，按所处地理方位分为东西两部分，其中东区为新兴工业聚集区，为井冈山经开区党组织和行政管理机构所在地。2001年5月，经吉安市政府批准设立。2010年3月，升级为国家级经济技术开发区。2011年3月获批国家出口加工区。2019年，井冈山经开区入驻企业340余家。至2020年，拥有国家新型工业化产业示范基地（电子信息）、国家科技兴贸创新基地、国家加工贸易梯度转移重点承接地、国家台资企业转移承接地、国家循环化改造示范试点园区、国家知识产权试点示范园区、国家第三批绿色园区等14张“国”字号名片。是江西省政府和深圳市政府共创共建的吉安（深圳）产业园。

图 4-1　井冈山经开区（西区）

图 4-2　井冈山经开区（东区）

成立（在第一篇第二章记述）

规划建设（在第二篇第一章记述）

产业

电子信息业成为首位产业　2003 年 5 月，吉安市木林森电子科技有限公司成立，注册资金 1080 万；2003 年 6 月，江西吉安多元钟业有限公司奠基。2006 年 5 月，总投资 15 亿港元，其中一期投资 7 亿港元的红板（江西）有限公司项目主体工程动工建设；8 月，江西瑞声电子投资 3000 万元的电讯器件及磁性材料生产项目签约落户。2008年3月，总投资40亿元的中泰电子和总投资10亿元的麦德风能项目奠基开工。2010年11月，六星集团（香港）股份有限公司投资20亿元的中国吉安手机科技产业园项目签约落户。2013年6月，广东丰年精密科技集团投资50亿元的高科技精密集成制造项目落户；9月，在东区江西丰年精密科技有限公司产业园举行江西丰年精密科技有限公司等10个重大项目开工典礼。2014年2月，江西平波电子有限公司在井冈山经开区竣工投产；同月，北京嘉寓股份华南区域吉安生产基地投产；2014年9月，吉安市木林森实业有限公司在东区成立，注册资金33亿元。2015年1月，江西航盛电子科技有限公司、江西方舟流体科技有限公司、江西蓝微电子科技有限公司、吉安瑞鹏飞精密科技有限公司等企业获省高企认定办认定为高新技术企业； 9月，井冈山经开区吉安国际电子城开业，成为电子产品和原材料批发零售交易的重要平台，是赣中地区一站式的龙头电子批发采购中心。2017年5月，江西吉为科技有限公司在井冈山经开区六星产业园投产开业；8月，江西桑格尔有限公司举行桑格尔产业园项目启动暨桑格尔公司揭牌；位于井冈山经开区江西合力泰科技有限公司成功入选全国首批203家国家级绿色工厂名单；12月，江西威尔高电子科技有限公司线路板生产项目在金鸡湖新区开工奠基。2018年1月，江西益丰泰投资100亿元，落户井冈山经开区的TFT面板生产项目开工建设；9月，江西蓝微电子科技有限公司“新型军民两用铜钯合金单晶键合丝”项目在第三届中国军民两用技术创新应用大赛取得佳绩。该项目具有发明专利和完整的自主知识产权，达到国际先进水平，打破了国际垄断。2019年，吉安市木林森实业有限公司跻身百亿企业。2020年8月，木林森LED全产业链项目签约，是井冈山经开区签约的首个百亿项目；10月，红板（江西）有限公司获批国家级绿色工厂；12月，红板（江西）有限公司技术中心获批国家企业技术中心。

生物医药业快速发展　2002年11月，江西生物制品研究所GMP异地技改工程在吉安市高新区举行奠基。2005年2月，总投资20亿元，首期投资5亿元的新加坡食品医药科技园在吉安市高新区奠基。2009年1月，江西普正药业集团投资2亿元的药业项目签约落户吉安市高新区。2018年11月，位于井冈山经开区内的江西润井康生物科技有限公司投资2亿元食品添加剂项目开工。

装备制造业稳步推进　2018年4月，吉安金匠铸造有限公司投资10亿元年产5万吨模具和机床精密铸件及智能数控机床项目开工；6月，总投资10亿元的广州莱伦智能机械有限公司SMT贴装设备研发、相关部件装备组装项目开工；7月，井冈山经开区总投资1亿元的吉安美林特门业有限公司年产10万平方米门窗项目投产。

新材料与能源业迅速壮大　2002年7月，上海绿洲实业有限公司在吉安市高新区投资1.5亿元创办江西绿洲人造板有限公司。2003年11月，上海印刷集团吉安印刷有限公司新厂举行投产仪式。2006年10月，吉安市三江超纤无纺有限公司开工；2006年8月，浙江余姚市龙翔水刺热轧无纺有限公司投资30亿元的纺粘双组份超细水刺热轧无纺项目签约落户。2008年8月，投资30亿元的吉安市三江超纤无纺有限公司第一条生产线正式投产。2009年8月，吉安市三菱超细纤维有限公司投资5亿元的超细纤维合成革生产项目签约落户；10月，优特利锂离子电池日产50万只暨动力电池生产基地落成。2013年5月，威力新能源（吉安）有限公司磷酸铁锂电池项目在井冈山经开区开工。2015年8月，井冈山经开区企业江西绿丰新材料股份有限公司获全国中小企业股份转让系统（简称“新三板”）审批同意挂牌，成功登陆全国公开资本市场，成为井冈山经开区首家“新三板”挂牌上市企业。2018年1月，思立科（江西）新材料有限公司投资2亿元落户井冈山经开区的离型膜二期项目投产；3月，上海蓝沛新材料科技股份有限公司投资 10 亿元，落户井冈山经开区的新材料生产项目开工；7 月，井冈山经开区总投资 1.5 亿元的江西炼石环保科技有限公司年产 8000 吨 / 年油田助剂单纯混合及分装项目开工。

其他产业发展势头旺盛　2008 年 8 月，全国加工贸易梯度转移重点承接地——吉安深圳产业园举行挂牌仪式。2009 年 11 月，吉安（国家）印刷包装产业基地奠基仪式在井冈山经开区东区举行，标志着吉安市首个全国第三个国家级印刷包装产业基地破土动工。2013 年 12 月，广新集团广新信息技术产业发展有限公司与井冈山经开区签订正式投资合同，标志着吉安市第一家“物联网、电商服务应用基地项目”正式落户园区。

至 2020 年，井冈山经开区突出项目对园区的支撑带动作用，加快建设实体经济、科技创新、现代金融、人力资源协同发展的现代产业体系，围绕 LED 和智能硬件两大领域发展电子信息首位产业，“点、线、面、体”全链发展，培育电子材料、显示面板、芯片、智能模组、智能传感器件、高端应用等领域产业，融合互联网、人工智能、大数据与制造业，打造全球最大的 LED 封装应用基地、全国有影响的智能硬件产业基地。重点发展新能源新材料、先进装备制造等两大主导产业，在多功能离型膜光学膜、新能源电池，LED 封装测试设备、CNC 机床、汽车覆盖件冲压模等领域打造一批高端产品，培育一批品牌企业。2008 年 8 月，吉安深圳产业园揭牌仪式暨项目说明会在深圳市五洲宾馆举行，首批签约进园项目 12 个，总投资 93.6 亿元。2009 年 8 月，中泰电子、红板一期、海丰鞋业一期等一批工业项目竣工投产。2013 年 5 月，江西航盛汽车电子科技产业园、金佳谷物（吉安）粮油食品产业园等 21 个重大项目集中开工竣工。2014 年，全年战略性新兴产业实现产值占园区总量 67.7%。全年战略性新兴产业实现产值占园区总量 67.7%。其中，电子信息产业实现主营业务收入 200 亿元，通信终端产业板块迈上百亿台阶，新型触控、LED、计算机板块加速聚集成链，生物医药产业迈上 80 亿元台阶，实施重点城建和服务业项目 29 个，完成投资 15 亿元，其中 14 个项目竣工；2015 年 1 月，井冈山经开区 6 家企业获省高企认定办认定为高新技术企业；6 月，启动吉安（深圳）产业园南山示范园“红米饭”创新产业园项目。2018 年 12 月，井冈山经开区共有 5 家企业被认定为 2018 年“专精特新”中小企业。5 家企业分别为：江西威科油脂化学有限公司、江西晋瑞医疗器械有限公司、江西蓝微电子科技有限公司、吉安顶丰鞋业有限公司、江西晶昶能科技有限公司。至年底，全区上缴税收超过千万元的工业企业 14 家，其中电子信息产业 8 家，木林森公司纳税额突破亿元。2019 年 6 月，“2018 中国 LED 照明灯饰行业 100 强”榜单重磅发布，吉安市木林森实业有限公司母公司木林森股份有限公司成功夺得百强榜第一名和中国照明行业十大品牌两项殊荣。

成效

2006 年 2 月，吉安市高新区获全市工业年度贡献奖，江西井冈山卷烟厂获工业纳税大户奖。3 月，省政府印发《关于设立江西吉州工业园区等 12 个省级开发区的批复》（赣府字〔2006〕19 号），批准包括吉安市高新技术产业开发区在内的 12 个开发区为省级开发区。10 月，吉安市政府发布《关于我市获中国名牌产品、国家免检产品、国家地理标志保护产品、江西名牌产品、省重点保护产品和省质量管理先进企业的通报》（吉府字〔2006〕186 号），江西金顶药业有限公司（洞渊阁牌钻山风糖浆产品）获评创江西名牌产品企业。

2008 年，园区销售收入 1000 万元以上企业 75 家，利税 500 万元以上企业 10 家，园区就业人数

2300 人。地区生产总值 34.37 亿元，工业总产值 101.70 亿元，进出口总额 5671 万美元。产业分布有电子信息、生物医药、机械制造、服装鞋帽、建材、食品、化工等；至 2008 年，累计投资 75 亿元，累计项目 225 个。

2009 年 10 月，井冈山经开区命名为国家科技兴贸创新基地。天人集团“松材线虫防治技术”获 2009 年度国家科技进步二等奖，为新中国成立以来吉安市获得的最高科技奖项。

2010 年 1 月，科技部下发《关于认定 2009 年度国家高新技术产业化基地和现代服务业产业化基地的通知》（国科发高〔2009〕695 号），吉安国家风电设备高新技术产业化基地被认定为国家高新技术产业化基地。6 月，江西省商务厅印发《关于认定泰豪科技等企业为全省科技兴贸创新基地企业的通知》（赣商产字〔2010〕263 号），认定红板（江西）有限公司、江西联创电缆科技有限公司、江西井冈山盛泰通讯有限公司、吉安市优特利新能源有限公司、友利电电子（江西）有限公司为全省科技兴贸创新基地企业。 8 月，井冈山经开区被列为国家科技兴贸创新基地和国家风电设备产业化基地，进入全省一类园区。

2011 年 2 月，根据江西省人民政府《关于表彰 2009 年度江西省工业企业“四率”标兵企业和先进企业的通报》（赣府字〔2011〕9 号）精神，江西天人生态股份有限责任公司获 2009 年度江西省工业企业“四率”先进企业。根据江西省人民政府办公厅《转发省工信委关于建立江西省创新型企业调度机制实施方案的通知》（赣府厅字〔2010〕123 号）精神，江西天人生态股份有限责任公司、吉安市优特利科技有限公司入选江西省创新型企业名单。

2014 年，井冈山经开区以不足全市 0.2% 的土地面积，贡献占全市 12.6% 的规模工业增加值、16% 的外贸出口额、20% 的外资和 6.4% 的财政总收入。电子信息产业实现主营业务收入 200 亿元，占全市 40%、全省 20%。通信终端产业板块迈上百亿元台阶，新型触控、LED、计算机板块加速聚集成链。生物医药产业迈上 80 亿元台阶。

2015 年，井冈山经开区工业主营业务收入 526 亿元，首次突破 500 亿元大关，在全省排第 12 名。全年引进内资 90 亿元，居全省国家级开发区之首。

2016 年，全年完成财政总收入 17.3 亿元。9 月，位于井冈山经开区的吉安国际电子城开业，由深圳高科同富实业有限公司投资建设，并与深圳龙华电子市场强强联手，主营品牌电脑及配件、安防产品、办公耗材及其他电子周边产品，经营面积 3 万多平方米，有品牌区、电脑 DID 区、电子区、厂家展示区四层，是“一站式电子采购中心”。吉安国际电子城是吉安市电子信息产业关键配套补链项目，其开业运营填补了吉安和周边城市 IT 专业市场的空白，成为电子产品和原材料批发零售交易的重要平台，已进驻各类商户达 80 多家。

2017 年，井冈山经开区累计实际利用外资 2.19 亿美元，实际利用外资总量、增幅均居全市 14 个县（市、区）之首。

2018 年， 井冈山经开区完成财政总收入 22.5 亿元。2018 年全省开发区争先创优评价工作中取得全省开发区第 8 位的成绩，有规模以上企业 121 家，2019 年规模以上企业 127 家，2020 年，规模以上企业 128 家。2018 年、2019 年井冈山经开区（本部）电子信息产业主营业务收入分别为 286.4 亿元、358.6 亿元；生物医药大健康产业主营业务收入分别为 126.4 亿元、153.1 亿元；先进装备制造产业实现主营业务收入分别为 65.1 亿元、38.2 亿元；新材料新能源产业主营业务收入分别为 26.1 亿元、54.8 亿元。

2020年，井冈山经开区（本部）电子信息产业营业收入463.7亿元；生物医药大健康产业营业收入154.3亿元；先进装备制造产业实现营业收入29.4亿元；新材料新能源产业营业收入66.5亿元。3月，科技部公布《关于2020年度拟确定为国家备案众创空间名单的公示》，吉安螃蟹王国科技有限公司的“互联网＋中国传统文化创意”众创空间榜上有名。成为井冈山经开区继红米谷创新产业园众创空间以来第二个被科技部备案的国家级众创空间。

“一区四园”改革（在第五篇第一章第一节记述）

第二节　吉州产业园

位于吉安市城北开发片区，距105国道1.5千米，京九铁路4千米、井冈山机场40千米、赣粤高速公路3千米，水、陆、空交通运输便利，是对接长珠闽6小时经济圈核心区。园区总体规划面积11.72平方千米，其中一期3平方千米，二期4平方千米，三期4.72平方千米，分电子类高新技术区、制造加工区、制药化工区三个产业区，是吉安市起步最晚，发展最快的园区。2018年3月，“一区四园”改革前为吉州区政府管理的吉州区工业园区，改革后纳入井冈山经开区，挂牌井冈山经济技术开发区吉州产业园，仍实行属地化管理。至2020年，吉州产业园先后引进世界500强企业——日本住友电装、全球“IT百强”企业——深圳中兴维先通公司、宏瑞兴覆铜板公司、华阳电子公司、合力泰公司、华立源公司、吉泰环保公司等150余家知名企业落户，其中投资10亿元以上企业10家，亿元以上企业31家，5000万元以上企业40家。初步形成以中兴摩比公司、日本住友公司为龙头的电子通信信息产业；以杰克机床公司、吉安电机公司为龙头的机械装备制造产业；以堆花酒业公司、新赣江药业公司为龙头的食品医药产业。

成立

2002年11月，吉安市人民政府批准设立，2003年11月开园。2018年3月，正式挂牌为井冈山经济开发区吉州产业园。

建设

园区成立初期，按照“生态建园、特色立园、产业兴园”的发展战略，高起点规划、高标准建设、高质量择商，打造科技含量高、产业发展强的生态工业园区。至2020年累计完成基础设施投入近10亿元，开发面积400余公顷。

2011年，规划400公顷土地建设电子工业城、一期用地133公顷多，建设产业孵化园、重点引进和培育覆铜板、线路板等电子上游产品企业；二期用地267公顷，重点引进技术含量高、成长预期好的新兴电子信息企业。11月，工业园总体规划面积由366.7公顷扩大至952.8公顷，扩区面积586.2公顷。

2012年6月，总线路5.2千米，总投资700万元的吉螺Ⅰ、Ⅱ线110千伏电力改造迁移工程顺利完工，工程连接城北管理区指挥部和工业园区。8月，园区内总投资6734万元的公共租赁住房项目一期共600套住房开工建设。9月，电子城一期总投资1.07亿元，全长6.7千米的发展大道、吉阳大道、双秀路、吉贤和园区路等 5 条道路动工兴建。

至 2012 年底，工业园区累计投入近 10 亿元完成基础设施建设，完成土石方平整 730 万立方米，道路建设总长 21 千米。按照主干道路、次干道路和支路三级设置，主要有井冈山大道、发展大道、吉阳大道、双秀路、吉贤路等。其中井冈山大道是工业园区对外交通联系主要通道，路宽 60 米，长 4.2 千米。完善供水排污系统，由吉安市区水厂供水，供水管网 20 千米。投资 4800 万元的日处理污水 800 万千克的螺子山污水处理厂于 2007 年建成并投入使用，共修建排污管网 24 千米，确保了园区不达标污水零排放。工业园区配建有 110 千伏螺子山变电站一座，两条 110 千伏线路，变电容量 3.15×2 万千伏安，可保证工业园区的生产和生活用电。形成程控数字化、光缆传输、移动电话为主的现代化通信网络。

2013 年 7 月，制定《吉州工业园区产业发展规划（2013—2020）》《电子信息产业专项规划（2013—2020）》《现代服务业发展规划（2013—2020）》《现代制造业发展规划（2013—2020）》。

2014 年，新建续建厂房面积 63 万平方米，开通园区对外 3 条公交专线，启动工业园区财园信贷通项目，帮助中小企业融资，全年对 22 家企业放款 9200 万元。

2017 年底，全面完工井冈山大道北段改造工程项目验收，石溪头大道、园区四路全面完工，碧园路、“白改黑”工程等道路全面开工建设，完成投资约 2.6 亿元。

2018 年，新建续建厂房 70 万平方米，新建、续建和改建道路 9 千米。

2019 年，电子城二期吉贤路、园区五路（碧园路—吉庆路）道路工程完成竣工验收、图强路（君华大道—吉贤路）道路工程完成竣工验收、安平路（君华大道—井冈山大道）道路工程完成竣工验收、吉州区畅通“微循环”工程安康一路（吉贤路—吉祥一路）道路工程、吉州区畅通“微循环”项目吉祥四路（吉庆路—碧园路、金螺大道—安平路）道路工程、发展大道（吉庆路—吉贤路）提升改造道路工程年底完成完工。新开工标准厂房项目 10 个，建设面积 40 万平方米，赛科、微电子产业园、智能制造产业园等 30.6 万平方米厂房竣工。

2020 年，园区总投资 120 亿元启动重点项目建设 18 个，包括厂房建筑面积 50 万平方米，园区锦业路、惠民路等微循环道路及金螺大道、君华大道等重点路段近 10 千米的绿化亮化工程。

园区管理

管理机构　2002 年成立吉州区工业园区管理委员会，为参照公务员法管理的全额拨款正科级事业单位，内设党政办、规划部、工程部、土地部、经济运行部、招商部、企业服务部、劳动保障所、物业部、总师办、财务室等部室。主要职能：负责工业园区的开发和建设工作；工业园区总体规划、分区规划、控制性详细规划、修建性详细规划的编制、审查、执行；园区企业和项目管理工作，并按规定审核、审批入园企业和项目建设；园区综治、信访、安全生产、消防等；协调园区内派出机构工作，做好科技、教育、文化、卫生、民政、统计、计划、交通、计划生育、法律宣传、水、电、绿化、亮化等公用事业的协调工作。

2011 年，对重点企业加强监督，定点抽查，促使企业污染物达标排放，入园企业环评验收率 98% 以上。2013 年 4 月，在吉州区工业园挂牌成立全市首家对外劳务合作服务平台。2014 年，按照独立核算、收支包干原则，成立吉州工业园财政局，在税收分成、土地收益归属、审计监管方面进行自主管理，成立吉安市吉州区工业园投资开发公司参与园区项目的投资开发。2015 年 5 月，组建工业园区社区，承担园区企业员工服务职能。

企业准入　明确入园企业标准，对符合电子信息产业一次性动建面积 2 万平方米以上，并符合园区建设规划和标准的项目，统一供地给投资方兴建生产、生活用房。对符合产业要求，但不符合供地建设要求的项目，给予该项目租赁厂房和税收优惠的政策，引导其采取租赁标准厂房的方式进行投资；确定入园企业建设标准，入园企业建设项目容积率必须达到 1.0 以上，厂房建设必须 3 层以上，临主干道厂房必须 5 层以上，临次干道厂房必须 4 层以上。住宅及办公用房必须 6 层以上。厂区绿化率必须达到 20% 左右，厂区主干道乔木种植胸径 10 厘米以上。项目建设主色调必须以香槟银色为主，相近色调为辅。

企业帮扶　工业园区管委会推行首问责任制、服务承诺制、限时办结制，对园区重点企业安排一名副县级以上领导挂点，单位部门各自负责一个企业进行帮扶，帮助企业解决招工、融资、租地、建设、生产等全程跟踪服务。

2001—2020 年井冈山经开区吉州产业园（吉州区工业园）党工委、管委会领导成员任职情况一览表

表 4-1

职　务	姓　名	任职时间
指挥部总指挥	刘贤清	2001.6—2002.5
指挥部副总指挥	郭　捷	2001.6—2002.5
	李湘云	2001.6—2003.8
党工委书记、管委会主任	陈文惠	2002.6—2003.8
	汤文仙	2003.9—2006.6
	曾利民	2006.7—2007.4
党工委书记	汤文仙	2007.6—2011.7
	刘锡锋	2016.8—2020.2
	杨彩霞	2020.2—
党总支书记	曹　洪	2004.6—2007.4
管委会主任	龚　超	2010.3—2010.9
	杨虎先	2010.9—2012.1
	谢建明	2012.1—2019.1
	肖军富	2019.1—
党工委副书记	王　宏	2013.11—2019.9
组织委员	赵晓梅	2013.4—2020.3
	罗　丹	2020.4—
武装部长	王　宏	2006.3—2007.6
管委会副主任	刘仁述	2002.6—2006.5
	胡晓明	2003.9—2006.5
	刘冬生	2004.6—2009.2
	杨　立	2006.3—2013.3
	郭伏泉	2006.3—2013.3
	李仁友	2006.3—2013.3
	蔡建平	2004.6—2006.9

续表 4-1

职　务	姓　名	任职时间
管委会副主任	王　宏	2007.6—2013.11 2019.9—
	胡仁孝	2013.12—2019.1
	郑建军	2011.7—2019.12
	伍小兵	2020.4—
管委会副主任兼总工程师	熊荣华	2003.9—2006.9
	陈建军	2008.12—2013.11
	刘彬飞	2011.7—2017.3
企业服务中心主任	陈洪德	2013.12—2020.4
	龙　腾	2020.4—
工会主席	谌祖明	2006.3—2008.11
	曹书勇	2013.12—2017.10
	肖青峰	2017.10—2020.3
总工程师	郭开航	2006.10—2013.3
	刘江静	2019.10—

产业

企业入驻　2004 年 4 月，引进浙商并购江西赣江制药有限责任公司，成立江西新赣江药业有限公司。6 月，香港新永胜（吉安）有限公司落户，主营内衣、T 恤等产品，产品远销欧美、日本市场。12 月，中国杰克控股集团投资 3 亿元（先期投资 8000 万元），对江西吉安机床厂进行重组；2005 年 8 月，吉安市龙翔水刺无纺有限公司落户吉州区工业园；2007 年 8 月，举行深圳中兴（吉安）科技产业园奠基。工程分三期建设，首批用地 13.3 公顷，建筑面积 11 万平方米，总投资 2.8 亿元；2008 年 6 月，吉州区工业园二期 25 家企业举行奠基仪式，总投资额达 22 亿元；2009 年 12 月，吉州工业园京麟电子、爱尔创精密机械制造、欣诺科技产业园、华阳电子 4 个重大项目分别举行开工、竣工典礼；2010 年 8 月，江西住电电装有限公司成立仪式在吉州区工业园举行，这是继日本友利电株式会社之后又一世界 500 强企业落户吉州区工业园。11 月，江西住电电装有限公司开始试生产，全市首家创意文化产业园——天腾科技（吉安）创意文化产业园开工奠基。

2011 年 1 月，世界三大汽车电装产品制造商之一——日本住友电装株式会社江西住电电装有限公司在吉州工业园投产。4 月，江西齐民制衣有限公司开业，公司以生产针织服装为主，产品主要出口美洲国家。5 月，江西赛科光电有限公司奠基。6 月，江西堆花实业有限责任公司年产 6 万吨白酒异地技改项目和樟山新区重大项目等 14 个重大项目开工和 16 个重大项目竣工投产。9 月，吉安市恩联电子科技有限公司、江西凡就机械有限公司和江西新赣江制药有限公司等 3 家企业开工动建。

2012 年，园区竣工投产企业 8 家，分别为投资 5000 万美元的吉泰环保公司汽车尾气净化装置生产项目、投资 1 亿元的江西天铭电器有限公司高低压变压器生产项目、投资 5000 万元的江西雪松天然药业有限公色天然香料生产项目、投资 5000 万元的吉安千秋实业有限公司管制水泥生产项目、投资 1 亿元同为科技电涌保护器生产项目、投资 1 亿元的金诺塑胶件生产项目、投资 1 亿元的安泰门业防盗门生产项目、投资 1.2 亿元的吉友化工精细化工产品生产项目。

2013年2月，深圳市立讯精密工业股份有限公司投资5亿元兴办电脑内外部连接线材、电脑数据线缆、高频传输线等生产项目与区政府正式签约，江西杰克机床有限公司被江西省人民政府评为“江西省和谐劳动关系企业”。6月，集中举行江西堆花实业有限责任公司年产6万吨白酒异地技改项目和樟山新区重大项目等14个重大项目开工和16个重大项目竣工仪式。

2014年3月，吉州区通信传输系统产业群被认定为全省重点产业集群，江西省和盈电路有限公司就投资兴办电子元器件生产项目与吉州区政府正式签约。10月，江西华立源锂能科技股份有限公司开工仪式在吉州区工业园举行。全年新签约引进钧耀科技公司、盈泰科技公司、海利集团等亿元以上重大项目10个，总投资74.2亿元。

2015年，华立源公司、固德宝公司、银驼铃公司、万隆实业公司、井冈山报社、宏源科技公司、摩比三期等7家企业开工建设。宏瑞兴公司、兴泰科技公司、和盈电路公司、华翔电子公司、华浩源公司、吉泰二期、新赣江药业公司、祥俊方志公司、新纪元彩印公司等10家企业竣工。9月，固得宝电子项目在吉州区工业园开工奠基。

2016年，引进项目5个，项目总投资8亿元，其中电商物流产业园、吉安电商谷等亿元以上项目2个。4月，吉安市宏源科技项目等7个重大工业项目集中开工奠基。11月，举行6个重大工业项目集中开工竣工仪式，涉及电子信息、机械装备制造、食品医药等多个领域，总建筑面积32万平方米，总投资16亿元。

2017年4月，宏业铜箔公司、合力泰二期、长丰酒业公司项目开工，新赣江药业公司、吉乔食品公司项目竣工。9月，合力泰科技等竣工项目4个。全年引进双胞胎饲料公司、惠州铭记公司、珠海晨新公司、加多净公司、爱沙尼亚FibroTx公司等9个项目，总签约投资额40亿元以上；2018年4月，吉州产业园集中开工竣工的项目5个，总投资24.4亿元。6月，举行总投资20亿元的5个重大项目集中开工竣工。其中食滋源食品公司、中麦绿色食品公司、赣兴国际商贸城3个项目开工；正元饮用水公司、凯旋汽车城2个项目竣工。12月，华耀光学仪器产业园项目开工，总投资20亿元；2019年10月，签约项目15个，总投资68亿元。

产业规模　2004年，吉州工业园区进入全省30家样板工业园行列；2010年，逐步形成以江西电缆公司、杰克机床公司、吉安电机公司为龙套的机械装备业，以吉泰环保公司、中力科技公司、新加坡北璟公司为龙头的服装加工业，以住电电装公司、友利电公司、中兴摩比公司、光协电子公司、京麟电子公司、国英腾岳微电子公司、赛科显示器公司、华阳电子公司为龙头的电子信息业成为江西省级电子信息产业出口基地；2012年，园区机械制造业以江西电缆公司、杰克机床公司、吉安电机公司等骨干企业为龙头，运用高新技术改造提升加工设备生产工艺，促进机械制造业向高端化、“两型”化发展，重点发展高压、超高压电力电缆、数控机床、发配电成套设备和及其配件等机械设备，鼓励企业加快产品扩张和资本扩张，推进大企业与中小企业的产业配套和产业对接，培育一批扎根本土、拥有自主知识产权和知名品牌，具有较强竞争力的企业集团，建成江西重要的机械制造基地。初步形成以日本住友公司、中心摩比公司、北京银驼铃公司、华阳电子公司、台湾光协公司为龙头的电子信息业60余家。并形成从覆铜板、线路板、电子元器件到显示器、微波通信接收器、光电设备、光纤通信设备、数据通信设备、视频通信设备的研发、生产电子信息通信产业链；2013年，成为沿海产业转移发展基地，扩区面积952.8公顷，建成区面积3.66平方千米。有投产企业78家。

至2016年，先后成为省级生态工业园、省级民营科技园区、省战略新兴产业基地、省电子信息产品生产出口基地。园区规划面积12.44公顷，建成面积6公顷。园区有企业135家，其中规模以上企业78家，员工近2万人；2017年，园区内有企业138家，规模以上企业88家。

至2020年，先后引进世界500强企业——日本住友电装、全球“IT百强”企业——深圳中兴维先通公司、宏瑞兴覆铜板公司、华阳电子公司、合力泰公司、华立源公司、吉泰环保公司等150余家知名企业落户，其中投资10亿元以上企业10家，亿元以上企业31家，5000万元以上企业40家。初步形成以中兴摩比公司、日本住友公司为龙头的电子通信信息产业，以杰克机床公司、吉安电机公司为龙头的机械装备制造产业，以堆花酒业公司、新赣江药业公司为龙头的食品医药产业。

成效

2004年，完成江西省提出园区内规模以上工业增加值、主营业务收入、利税总额的“三年翻一番”的目标，获得省政府颁发的“年度贡献奖”和市政府颁发的“三年翻番奖”；2006年3月，江西省人民政府批准为省级工业园区。10月，被评为江西省首家生态工业园区。

2007年，园区内规模以上工业增加值、主营业务收入、利税总额与2004年相比分别增长177.2%、258%、1269%，利润同比增加6291万元，完成新一轮“三年翻番”目标。获得江西省政府颁发的“年度贡献奖”；2008年9月，为江西省创建省级生态工业园区试点单位。10月，被批准为江西省首家生态工业园；2010年，实现工业增加值10.88亿元，主营业务收入51.38亿元。

2011年1月，园区获“江西省生态工业园区”。4月，批准为江西省电子信息产品生产出口基地。5月，江西杰克机床有限公司数控车间获全国总工会授予“全国工人先锋号”称号。12月，获江西省省级民营科技园；2012年2月，批准为江西省战略性新兴产业基地。园区实现主营业务收入133亿元，完成工业增加值21.3亿元，利税总额16.5亿元，解决就业人数1.6万人。

2013年，园区实现主营业务收入150.2亿元，完成工业增加值30.9亿元；2014年9月，江西杰克机床有限公司研制的JKMS8350高交数控随动成型磨床通过中国城市空气动力技术中心专家组鉴定。该技术具有国际先进水平，填补了中国同类技术和装备的一项空白。全年园区实现工业增加值40.8亿元，主营业务收入185.4亿元，工业税收11.3亿元，全年新增规模以上工业企业13家；2015年，园区实现主营业务收入199.2亿元，工业增加值44.77亿元；2016年园区实现主营业务收入224.99亿元，工业增加值50.25亿元；2017年成为江西省循环化改造示范点、省级产城融合示范区。实现主营业务收入214亿元，园区实现财政收入2.5亿元（含免抵调）；2018年10月，新赣江药业股份有限公司挂牌“新三板”。

2020年，园区完成工业主营业务收入254亿元、其中电子信息产业主营业务收入184亿元；完成税收4.85亿元；新增规模以上企业9家、11家申报高新技术企业及省级企业技术中心，成立宏瑞兴5G电子铜箔工程技术研究中心，培育一批“链主”企业。

“一区四园”改革

2018年初，根据市委、市政府“一区四园”改革的部署，对吉州工业园区实行双重领导和管理体制，保留吉州工业园区管委会牌子，增挂“中共井冈山经济技术开发区吉州产业园工作委员会”“井冈山经济技术开发区吉州产业园管理委员会”牌子，使用“国家井冈山经济技术开发区”的品牌，享受国家井冈山经济技术开发区的有关政策规定，根据统一政策和产业定位要求招引项目落户。

吉州产业园重点发展电子信息首位产业、机械制造业、绿色食品及新兴服务产业，重点围绕产业配套、服务提升打造产城融合新区。通过优化产业布局，着力构建“四园一体、创新引领、产城融合、错位发展”的发展格局，实现生产空间、生活空间和生态空间的有机统一，以产业园区的抱团发展支撑中心城市的发展，带动吉泰走廊的崛起。

2018年2月28日，中共吉安市委书记胡世忠，市委副书记、市长王少玄分别为中共井冈山经济技术开发区吉州产业园工作委员会、井冈山经济技术开发区吉州产业园管理委员会授牌。3月初启动“一区四园”改革，3月7日，吉州区举行井冈山经济技术开发区吉州产业园揭牌仪式，标志着全区工业经济发展步入新阶段。

第三节　青原产业园

位于吉安市赣江东岸，吉安市城东片区，青原城区北，位处105国道以西、京九铁路以南，毗邻井冈山大学，地跨青原区河东街道、天玉镇。

1991年12月，河东经济开发区挂牌成立，为吉安市辖。1993年8月，经江西省政府批准为省级经济开发区，规划面积16.5平方千米，工业园区主阵地为梅林工业园。2000年，吉安撤地设市成立青原区后，由吉安市青原区管辖。2005年，河东经济开发区启动建设新工业园区。2013年，启动梅林工业园退企还城，梅林工业园内各企业安置于新工业园区和富滩工业园区。2014年，青原区富滩工业园并入河东经济开发区。河东经济开发区形成一区两园格局。2018年“一区四园”改革后并入井冈山经开区，河东经济开发区新工业园更名为井冈山经济技术开发区青原产业园。

至2020年，青原产业园总规划面积1640公顷，开发面积689公顷。四纵四横主干路网、水电气、通信、绿化、亮化等基础设施完善，开通园区循环微公交，规划建设17.3公顷的玛雅物流园、4万平方米公租房、1.2万平方米职工食堂，8万平方米园区综合体，集行政服务、技能培训、休闲购物、体育活动、工业展示等“五大功能”于一体。基本形成电子信息首位产业和生物医药大健康、新能源新材料和先进装备制造三大主攻产业的“1+3”产业体系。全年园区工业主营业务收入190亿元，利润总额10.06亿元。

成立

1991年12月，吉安市委、市政府组建河东经济技术开发区领导班子，进驻河东乡筹备开发建设工作。同月，河东经济开发区挂牌成立。1992年5月，成立由吉安市政府领导、吉安地区计委、交通、城建、土管等部门参加的河东经济开发区领导小组。6月，设立河东经济开发区公司（副县级）。

2018年3月，根据吉安市委、市政府《关于支持井冈山经开区和吉州青原工业园一体化发展的实施意见》，以井冈山经开区为主体，河东经济开发区整合为井冈山经济技术开发区青原产业园。2020年1月，深化“一区四园”改革，青原产业园成建制划归井冈山经开区管理，进一步精简青原产业园管理层级，优化开发区规划布局，推进空间整合和体制融合。

园区管理

管理机构　1993年3月，河东经济开发公司更名为“吉安河东经济开发总公司”，同时设立“吉安河东经济开发区管理委员会”（副县级），两块牌子，一套人马。8月，江西省政府批准为省级经济开发区（赣府字〔1993〕315号）。9月，成立中共吉安河东经济开发区管理委员会机关委员会。12月，成立河东经济开发区协调领导小组。根据吉署办发〔1993〕36号文，吉安行署办公室刊刻“吉安地区计划委员会基建项目审批专用章”和“吉安地区经济委员会技改项目审批专用章”，同时刊刻“吉安地区计划委员会三资企业审批专用章”“吉安地区对外经济贸易局三资企业审批专用章”“吉安地区经济委员会三资企业审批专用章”和“吉安地区工商行政管理局三资企业审批专用章”，以行署名义将上述印章授予河东经济开发区管委会，并发出正式启用通知，全权行使地级固定资产审批权，省级利用外资审批权。2001年10月，青原区政府明确河东经济开发区管委会由副县级行政单位改为副县级事业单位，企业化管理。2006年10月，河东经济开发区管委会由实行企业化管理事业单位变更为全额拨款事业单位。2007年，河东经济开发区管委会批准为参照公务员法管理。2014年，青原区中小企业局的园区管理职能划入河东经济开发区管委会，初步形成新工业园和富滩工业园“一区两园”的发展格局。2018年2月，以井冈山经开区为主体，吉安河东经济开发区新工业园整合为井冈山经开区青原产业园。青原产业园管委会主任挂职青原区政府班子成员。青原产业园管理委员会受井冈山经开区管委会委托，管理青原产业园和富滩产业园，主要职责是推进园区的开发建设、投资促进、企业服务，其他的征地拆迁、司法、社会管理（含村组社区管理、综治信访等）、民生事业（含民政、社保、卫生计生、文化教育等）仍由青原区负责。与开发区企业落户发展关联度较大的行政审批和公共服务职能，如市场和质量监督管理、税收征管、国土资源、建设规划、财政、环保、安监等职能统一移交井冈山经开区相应部门管理，其他仍由青原区负责。对富滩产业园，在现富滩工业园规划用地面积9.5平方千米的基础上，按照工业用地约40平方千米的总量要求，根据全市开发区发展规划，划定相应行政区归井冈山经开区管辖，组建街（道）园（区）一体化管理机构。重新确定井冈山经开区“三定”方案，核定青原产业园和富滩产业园机构编制，并深化干部人事制度改革和薪酬体系改革，激发内生动力。

2020年1月，青原产业园成建制划归井冈山经开区管理，进一步精简青原产业园管理层级。

规划用地　2005年8月，吉安市政府批复河东经济开发区控制性详细规划，并完成河东经济开发区整体环评工作。2006年6月，江西省环保局批复新工业园环境影响评价报告书。根据吉安市城市总体规划，河东经济开发区坚持“社会、经济、环境”三效益并重的原则，规划布局以荣安大道为纵向发展轴，以青原大道和轻工路为横向发展轴，将规划用地分为二带二区，即一、二类工业发展带，公建居住和仓储货运区。2018年2月“一区四园”改革后，青原产业园管理事权划归井冈山经开区。根据《国家井冈山经济技术开发区总体规划（2018—2035）》，青原产业园的总规划面积为52.29平方千米，城市建设用地共有30.11平方千米，其中新工业园的城市建设用地规划为5.13平方千米。

吉安撤地设市以前，河东经济开发区享有县市级城市规划建设管理权，地级土地利用管理权，土地审批、征用、出让、抵押、变更登记等用地权。吉安撤地设市后，所有用地手续均统一到国土资源部门办理。2018年“一区四园”改革后，青原产业园所有用地手续均由井冈山经开区自然资源管理部门办理。

工程管理 河东经济开发区对园区内各类新建或改造的工业、交通、市政、公用工程及建筑构件、装潢等建设工程质量及施工安全实行统一管理。按照国家有关政策法规，工业园区内各类建设工程总造价在50万元以上必须向市招投标中心申请办理手续，造价低于50万元的由青原区招投标中心办理相关手续。各类建设工程经青原区工业园区项目审批管理委员会研究并抄告后，发放“建设工程规划许可证”及“建筑工程施工许可证”。2018年2月“一区四园”改革后，工程建设管理职能并入井冈山经开区相关职能部门。

企业服务 河东经济开发区完善入园项目建设帮扶服务体系，制定《河东经济开发区企业帮扶实施方案》，建立并实行“一个项目，一位分管领导，一个帮扶小组，一张工作进度表”服务机制，成立以管委会主任为组长的考核小组，进行每月调度、每月督办、半年小结，将企业帮扶进展责任与干部考核挂钩。企业帮扶工作实行首问责任制和全程代办制。建立企业帮扶工作档案。2018年2月“一区四园”改革后，园区工业企业帮扶工作由井冈山经开区管委会组织开展。

至2020年青原产业园党工委、管委会领导任职情况一览表

表4-2

职　务	姓　名	任职时间
党工委书记	罗忠华	2018.4—2020.1
管委会主任	刘小勇	2017.11—2020.1
党工委副书记	刘小勇	2018.8—2020.1
	刘孟熊	2018.8—2020.1
管委会副主任	刘孟熊	2009.3—2018.8
	李新军	2012.9—2018.8
	汪兆森	2018.8—2020.1
	肖　勇	2017.3—2018.8
	彭俊发	2018.5—2020.1
	匡桓仁	2018.8—2020.1
	稂　波	2018.8—2020.1
	胡祥平	2018.8—2020.1
	彭日庆	2019.2—2020.1
	黄　盾	2019.1—2020.1
纪工委书记	谢明华	2018.8—2020.1
总工程师	稂　波	2014.10—2018.8
党工委委员	刘孟熊	2009.3—2020.1
	李新军	2012.9—2018.8
	陈小琪	2012.8—2020.1
	曾孝泉	2012.11—2018.8
	胡祥平	2018.8—2020.1
	汪兆森	2016.10—2020.1
	肖　勇	2017.3—2018.8
	彭日庆	2017.11—2020.1
	匡桓仁	2018.8—2020.1
	稂　波	2018.8—2020.1

说明：2018年2月前为河东经济开发区党工委或管委会所任职务；2018年2月，改革后为青原产业园党工委或管委会所任职务。

建设

青原区成立前，梅林工业园是河东经济开发区主阵地，是吉安市开发建设的园区，位于科教路以北、泰泉路以西、京九铁路以南、井大阳光城以东，占地面积30.7公顷，园区有企业23家。1997年，吉安市政府投资2300万元开发建设梅林工业小区，第一期工程建成占地面积1.3公顷的7栋标准厂房，3幢简易厂房，并配套建成一个占地15000平方米，可容纳500人生活的物业管理中心，为入户企业提供后勤保障服务。1999年底，落户梅林工业园区企业工业总产值2000余万元。2000年，河东经济开发区建成面积5.1平方千米，常住人口约4.2万人，征用和出让土地200公顷，累计投入基础设施建设资金14482万元。

2005年，河东经济开发区启动新工业园区筹建与开发。新工业园位于青原区虎青公路以西、梅林大道以东、京九铁路以南、规划支路以北。2006年底，共征用土地77.22公顷，报批土地70.89公顷，支付征地款及附属物补偿（即征地、拆迁费）2023万元，完成新工业园区地形测绘成果验收并移交事项。至2010年底，投入2.5亿元进行基础建设及配套设施建设，共新增报批用地142.11公顷，征用土地17.66公顷，完成用地开发面积146.66公顷。修建园区内轻工路、荣业大道、金尚路、齐峰路、生产路、升安大道共8.9万平方米的水泥路面。全区内自来水主管网全面铺设，电信、宽带、有线管网、移动等配套通信设施完善，全面实施绿化、亮化工程。

2011年，新工业园新征用土地93.3公顷，新增报批用地18公顷，平整用地20公顷，硬化道路9.5万平方米，累计开发面积200公顷。6月，新工业园区电子工业城15栋标准厂房及5栋生活宿舍楼共计15.2万平方米主体建设工程完工。

2012年，投入基础设施建设资金1.3亿元。完成93.3公顷土地征用及附属物清表和补偿工作。修建升安大道南延、富乐路、科教路东延、文翔路一期及齐峰路拓宽工程，总长2.8千米，硬化面积4万平方米。启动梅林大道、奋进路、开平路、富乐路二期、金尚路及荣业大道西延，庄塘路水渠改造等工程建设。新增雨污水管网4930米，修建完成齐峰路桥涵延伸工程。

2013年，完成79.9公顷土地征用及地面附属物补偿和清表工作，新增批复用地共计66.2公顷。完成土石方工程140.4万立方米，平整用地63.3万平方米。田心北路、庄塘路、平湖路西延、文翔路东延等道路先后建成通车。梅林大道、荣业大道西延、文翔路西延、金尚路西延、飞凤路、振兴路等6条主干路网全面施工建设。完成《中长期发展规划》和《可行性研究报告》的编制及省发改委的初审，完成《扩区控规》编制工作，并通过审批。6月，开工建造园区城市综合服务体，争取到总共投资8000万元，总建筑面积4.8万平方米计1198套公共租赁房项目落户河东经济开发区。

2014年，园区投入基础建设资金1.6亿元。荣业大道西延、文翔路西延、虎青公路改道、快速通道等主干道路先后建成通车。园区1434套公租房和职工食堂主体建设全面完工，共完成建筑面积5.8万平方米。动工兴建园区幼儿园、体育活动场所及青原区就业和社会保障服务中心，污水处理厂一期工程已竣工，14千米的配套（雨）污水管网基本完成。新工业园公交纳入市公交网络。6月，开通零担物流进驻园区营运服务。

2015年，投入9578万元用于土地征用、报批、拆迁及基础设施建设。飞凤路、文翔路东延、庆丰路、富滩“三路”改造等一批道路先后竣工通车。全面完成8.28万平方米城市综合体建设，“一站式”行政服务中心入驻办公。

2016年，完成新工业园区公租房建设1434套（其中多层1018套，高层416套），项目总占地面积3.7公顷，总投入约1亿元，总建筑面积约5.9万平方米。园区服务中心投入使用。

2018年，“一区四园”改革后，由于青原区社会经济快速发展，城市版图不断扩大，梅林工业园发展规模受限，影响企业生产再扩大。梅林工业园开始实行退企还城。

至2020年，青原产业园开发面积541公顷。四纵四横主干路网、水电气、通信、绿化、亮化等基础设施完善，开通园区循环微公交，规划建设17.3万平方米的玛雅物流园、4万平方米公租房、1.2万平方米职工食堂，8万平方米园区综合体，集行政服务、技能培训、休闲购物、体育活动、工业展示“五大功能”于一体。投资1.2亿元兴建日处理能力3万吨的污水处理厂，园区所有企业均实现雨污分流。

至2020年井冈山经开区青原产业园道路规划情况表

表4-3　　单位：米

序号	道路名称	道路等级	红线宽度	起讫点	长度
1	天玉大道	主干路	60	案山路—平安大道	2858
2	梅林大道	主干路	44	案山路—平安大道	1208
3	博新路	主干路	40	玉园路—晨详路	2750
4	科教路	主干路	30	梅林大道—博新路	1843
5	永昌大道	主干路	30	梅林大道—天玉大道	1195
6	案山路	主干路	30	梅林大道—玉园路	2382
7	文翔路	次干路	40	梅林大道—飞凤路	1349
8	腾飞路	次干路	30	梅林大道—博新路	1528
9	平安大道	次干路	30	梅林大道—庄塘路 河东大道—天玉大道	939
10	河东大道	次干路	30	案山路—平安大道	3008
11	庆丰路	次干路	25	案山路—石垅路	1196
12	玉园路	次干路	24	案山路—博新路	312
13	神岭路	支路	25	案山路—博新路	501
14	石垅路	支路	20	博新路—田心路	412
15	晨光路	支路	18	梅林大道—田心路	1267
16	晨祥路	支路	18	梅林大道—博新路	1476
17	龙川路	支路	18	案山路—晨光路，永昌大道—平安大道	2387
18	田心路南段	支路	18	案山路—文翔路	887
19	田心路北段	支路	16	文翔路—永昌大道	2119
20	振兴路	支路	15	梅林大道—神岭路	2165
21	宏英路	支路	15	振兴路—博新路	1016
22	飞凤路	支路	15	博新路—永昌大道	1424
23	平湖路	支路	15	梅林大道—博新路	1502
24	永宁路	支路	15	天玉大道—梅林大道	986
25	庄塘路南段	支路	24	文翔路—平安大道	1173
26	庄塘路北段	支路	15	科教路—文翔路	1043
27	松阳路	支路	15	博新路—案山路	635
28	纬一路	支路	12	神岭路—纵一路	107
29	盛德路	支路	12	庄塘路—田心路	989
30	纵一路	支路	12	博新路—案山路	382

产业

企业入驻　2010年，园区有五大主导产业：电子信息产业、低碳节能照明产业、新型建材产业、食品医药产业、工艺品制造产业，以电子信息、低碳节能照明为主导产业。规模以上企业有：投资5000万美元的吉安市依玛实业有限公司、投资2亿元的南方水泥有限公司、投资1.1亿元的青原区志强电子发展有限公司、投资10亿元的江西量一光电科技有限公司、投资1.6亿元的吉安市瓦朗汀科技有限公司、投资1.2亿元的吉安市艾吉特光电科技有限公司、投资2亿元的吉安市宏光实业有限公司、投资6000万元的吉安市永安交通设施有限公司以及吉安市金宜混凝土有限公司。

2011年签约引进以电子科技、低碳节能照明产品的电子信息主导产业项目8个。其中，电子信息类4个、LED光电项目3个，亿元项目4个，5000万元项目2个，签约资金共计11.5亿元。

2012年，引进中传科技公司、上海金皇冠文化发展公司、泽发光电公司、晶昶能科技公司、博创电子公司、一键通电子科技公司、美光电子公司等7个项目，转让或出租标准厂房8栋、宿舍楼3栋，建筑面积共计9.5万平方米。

2013年，园区共签约落户项目17个，其中10亿元项目2个；5亿元项目1个；1亿~2亿元项目8个。电子信息产业项目5个，绿色节能照明项目2个，协议引进内资共42.5亿元。投资10亿元的电子信息高端产业为深圳同业集团，深圳高氏集团投资10亿元的江西高精化学材料科技有限公司。新增泽发光电公司、金宜混凝土公司、永安交通公司、英博电子公司、志宏机械公司5家规模以上工业企业。

2015年，引进上市公司香港同业集团、高精科技公司、江西车联集团等大项目落户园区。引进央企国药集团、北新建材集团等项目落户。全年共签约落户园区工业项目12个，其中亿元以上项目7个，2亿元项目1个、5亿元项目1个。

至2017年，园区共落户项目281个。其中规模以上工业企业67家，其他行业23家。园区共有“专精特新”企业6家，高新技术企业9家，省级以上工程技术研发中心3家。

2019年11月，江西永钢热镀锌有限公司投资22亿元新建年产20万吨热镀锌项目开工建设。12月，吉安市集奥电子科技有限公司投资20亿元新建的电声产业园开工。

2020年，青原产业园新落户了新君生物食品产业园、荣威生物、英北医疗防护用品、吉安金源新材料、利鑫电子高端音响设备等亿元以上项目13个。在建项目永钢热镀锌、北新建材二期、高精科技等加快推进，声之源电子、润爱医疗、晋瑞医疗等项目实现竣工投产。

产业规模　至2010年底，共签约引进项目60个，投产项目23个。

2011年，河东经济开发区新工业园以电子信息和节能照明产业为主攻方向，形成以电子信息、低碳节能照明两大主导产业定位及发展思路。共引进电子信息产业项目14个，低碳节能照明项目11个。

至2013年，新工业园引进电子信息产业项目共计48个（其中绿色节能照明产业16个），占整个园区总项目的48%。逐渐形成以电子信息、低碳节能照明两大主导产业发展格局。

2019年，形成电子信息、生物医药、新能源新材料、先进装备制造、绿色食品、精细化工、造纸、工艺品制造生产加工等行业，有电子信息、生物医药、新能源新材料、先进装备制造主导产业规模企业共54家，同比净增9家。

至2020年，青原产业园基本形成电子信息首位产业和生物医药大健康、新能源新材料和先进装备制造三大主攻产业的“1+3”产业体系。电子信息产业中聚集量一光电公司、芯乐光公司、泽发光电公司等一批知名企业，形成智能硬件、LED 智能照明两大板块，智能硬件主要产品有 3D 盖板、显示触控模组及智能音响、电视机、多媒体教学一体机等终端产品；LED 智能照明板块有 CSPMINI 级 LED 封装、照明应用产品；生物医药大健康产业领域聚集海洲医药公司、吉瑞生物公司、弘景药业公司、晋瑞医疗公司、井冈绿宝公司等一批知名企业。主要生产医药原料药、医药中间体、兽药原药、中药饮片、维生素、医疗器械、化妆品、保健品等；新能源新材料产业中聚集高精科技公司、北新建材集团、晶昶能科技公司等一批知名企业，主要产品有 TPU 可降解新材料、新型石膏板材、光伏发电和光伏应用产品等；先进装备制造产业领域落户龙投实业公司、凯尔迪科技公司、锐迈科技公司等企业，主要产品有叉车、工业清洗设备、法兰等。

成效

吉安河东经济开发区是江西省最早批准设立的省级经济技术开发区，也是省级生态试点园区、省级民营科技园和中小企业创业基地。2000 年，工业总产值 2.85 亿元，年商品批发零售总额 8.10 亿元，累计税收 1.42 亿元，已争取国家投资并建成吉安火车站、井冈山华能电厂、引进香港豪德集团投资 1.21 亿余元开发建成赣中最大的商品批发集散地——吉安贸易广场，每年批发总额为 10 亿余元，带动整个吉安市的商品流通。至 2010 年，实现地区生产总值 12.74 亿元，实现税收 2111 万元，出口创汇 1500 万美元。

2011 年，河东经济开发区被评为吉安市工业园区统计工作先进单位。园区企业主营业务收入完成 66.26 亿元，工业增加值完成 14.28 亿元，工业税收完成 2.26 亿元，新增投资 3000 万元以上进园区项目 13 个，新增就业人数任务数 2140 人；2013 年，河东经济开发区共实现工业总产值 25.20 亿元，主营业务收入 24.80 亿元，工业增加值 6.50 亿元，完成固定资产投资 29.41 亿元，利税 9422.20 万元，园区就业人数 7000 余人；2014 年，获全市工业园区建设考核进步奖，在全省 99 个园区中排名第 56 位，规模以上工业企业实现生产总值 175 亿元，完成增加值 40 亿元，实现主营业务收入 175 亿元，实现固定资产投入 48.80 亿元。

2015 年，新工业园区申请获得“高新技术企业”批复的有晶昶能科技公司、泽发光电公司、荣威生物科技公司等 3 家企业，园区高新技术企业达 8 家。河东经济开发区管委会协助新工业园区企业申请专利授权 135 项。英佳电子公司研发的多媒体高清录直播一体机”获得省科技厅“2015 年科技进步奖”。组织江西量一光电公司成功申报“省重点研发计划工业领域（第二批）项目”，争取资金 50 万元，并获“省、市级工程技术研究中心”批复，实现青原区省级研发平台零的突破。组织广裕科技公司申报成功“省级企业技术创新载体建设工程（新增项目）”，获扶持资金 100 万元。高新技术企业永安交通集团公司全年专利申请数 100 件。吉安市大广宏再生资源有限公司以年主营业务收入 103.70 亿元，荣列“2015 中国民营企业 500 强榜单”第 475 位，位列江西省进入榜单的 8 家企业中第 7 位，也是吉安市唯一一家进入榜单的企业。2015 年，河东经济开发区规模以上企业增至 61 家，增幅居全市第一，实现历史性的突破，园区共实现工业总产值 185.74 亿元，同比增长 5.51%；主营业务收入 185.85 亿元，同比增长 5.73%；完成工业增加值 43.75 亿元，同比增长 6.7%；利润总额 10.75 亿元，同比增长 9.52%；完成固定资产投资 37.71 亿元。

2016 年，河东经济开发区规模工业实现工业总产值 198.78 亿元，主营业务收入 198.77 亿元，工业增加值44.09亿元。

2018年，电子信息产业实现主营业务收入40.4亿元；生物医药大健康产业实现23.0亿元；新能源新材料产业实现28.5亿元；先进装备制造业实现12.8亿元。有规模以上企业82家。

2019年，电子信息、生物医药、新能源新材料、先进装备制造四大主导产业规模企业完成主营业务收入分别为48.6亿元、46.6亿元、27.5亿元、15.9亿元。规模以上企业共83家，其中：电子信息首位产业规模企业23家，生物医药产业规模企业9家，新能源新材料产业规模企业17家，先进装备制造产业规模企业5家。

2020年，电子信息产业、生物医药大健康产业、新能源新材料产业、先进装备制造业共实现营业收入94.6亿元，其中营收在亿元以上的企业38家，5亿元以上企业5家，无10亿元以上企业。全年实缴税收8741万元，其中实缴税收在1000万元以上的企业3家，分别为永安交通、戈弗雷、北新建材，100至1000万元的企业14家。

至2020年，规模以上企业78家。其中电子信息产业21家，生物医药14家，先进装备制造5家，新能源新材料12家，食品加工7家，精细化工5家，其他产业14家。在企业培育和平台建设上，高新技术企业25家，省级工程技术研究中心2家（锐迈管道、量一光电），省级众创空间1家（富润文化），省级协同创新体1家（量一光电），省级企业技术中心1家（泽发光电），军民融合省级平台1家（锐迈管道），省级“专精特新”企业4家（晋瑞医疗、晶昶能科技、泽发光电、晟峰实业）。

“一区四园”改革

2018年3月，吉安市委、市政府下发《关于支持井冈山经开区和吉州青原工业园一体化发展的实施意见》（吉发〔2018〕8号），以井冈山经开区为主体，整合吉州工业园区、吉安河东经济开发区（含富滩工业园），吉安河东经济开发区改挂“中共井冈山经济技术开发区青原工业园工作委员会”“井冈山经济技术开发区青原工业园管理委员会”牌子，保留吉安河东经济开发区管委会牌子，形成“一个主体、一套班子、多块牌子、双重管理”的开发区管理新体制和“统一规划布局、统一开发建设、统一政策招商、分级推进落实、实施利益共享”的运行机制，加快建设实体经济、科技创新、现代金融、人力资源协同发展的产业体系，以“一区四园”的转型升级带动区域发展升级。

2018年3月，对吉安河东经济开发区，其党工委、管委会成建制按程序划归井冈山经开区党工委、管委会，机构、编制、人员、资产统一划归井冈山经开区管理，包括新工业园。新工业园控规修编4.34平方千米，四至为：东至博新路，南至永昌大道、文翔路，西至梅林大道，北至京九铁路；扩区调规0.85平方千米，四至为：东至105国道，南至平安大道，西至梅林大道，北至文翔路。富滩工业园（规划用地面积9.5平方千米，四至为：东至泷江河，西起富滩镇镇区，北部与南部背靠群山），改挂“中共井冈山经济技术开发区青原产业园工作委员会”“井冈山经济技术开发区青原产业园管理委员会”牌子，保留吉安河东经济开发区管委会牌子。井冈山经开区党工委班子成员兼任青原产业园党工委书记并挂职青原区委班子成员。

争取省统计局、省商务厅等省直部门支持，推动青原产业园和富滩产业园的数据按原口径纳入所在地行政区统计，对吉安河东经济开发区，按照老企业老办法、新企业新办法的原则划转，并入前落户的企业所产生的税收全部划转给青原区，并入后落户的企业所产生的税收形成的新增可用财力，按

5 ∶ 5 的比例分成，期限暂定 5 年。吉安河东经济开发区管委会并入前发生的政府性债务仍由青原区政府承担，并入前承诺给予吉安河东经济开发区区内企业的优惠政策仍由青原区政府负责兑现，园区开发建设形成的债务及并入后新发生的债务由井冈山经开区管委会负责。

2020 年 1 月，青原产业园成建制划归井冈山经开区管理。

第四节　富滩产业园

位于吉安市青原区富滩镇，东至泷江、南至富滩镇宋溪大湾村、西至白鹤山、北至富滩丹村源头村，距吉安市主城区 20 千米，路网四通八达，交通便利，319 省道、744 县道穿境而过，南北走向，以振兴大道为主轴，连通广吉高速与吉水县接壤，东西方向以宋螺公路为主线，连通富滩镇街区，与青东公路相接直达城区。2000 年，属富滩镇政府开发的工业小区。2002 年，上划青原区政府，并将工业园划分为 A、B 两个小区进行开发。A 区紧靠吉安市螺滩水电管理局和富滩世德村，B 区位处富滩宋溪大湾村旁“莲花形”低矮丘陵地带。2008 年，青原区政府将富滩工业园定位为“循环经济工业区”。2018 年 2 月，整合为井冈山经开区富滩产业园。

成立

2000 年，富滩镇政府依托螺滩水电管理局直供电力优势，在富滩镇世德村境域泷江西南岸创办富滩工业小区。

2002 年，富滩工业小区上划至青原区政府园区办管理，定名“青原区富滩工业园”。为解决用地矛盾，中共青原区委、区政府决定扩大富滩工业园区规模，在富滩镇宋溪大湾村旁低矮丘陵地带筹建新的工业园区。两处园区按照开发时间顺序分为富滩工业园 A 区、B 区。2008 年，青原区政府将其定位为“循环经济工业区”。2014 年，富滩循环经济工业园并入河东经济开发区。河东经济开发区形成富滩循环经济工业园和新工业园“一区两园”的发展格局。2018 年 2 月，根据吉安市委、市政府《关于支持井冈山经开区和吉州青原工业园一体化发展的实施意见》，以井冈山经开区为主体，富滩工业园整合为井冈山经济技术开发区富滩产业园。2020 年 1 月，深化“一区四园”改革，富滩产业园成建制划归井冈山经开区管理。

园区管理

2002 年 8 月，成立青原区工业园管理办公室，负责富滩工业小区开发建设和日常管理工作。2004 年 2 月，青原区工业园管理办公室更名为青原区中小企业管理局，为富滩工业园主管单位。2006 年，实行园区物业管理有偿服务，成立全市第一家工业区服务中心。2008 年，富滩循环经济工业园区定位为：生态工业园区和循环经济工业园区，纳入吉泰工业走廊的产业布局，要求有针对性地引进项目，形成相对完整的产业循环。2014 年，根据中共青原区委、区政府批准下发的《关于加快吉安河东经济开发区体制机制改革创新的实施意见》（吉青发〔2014〕5 号），以及区机构编制委员会批准下发的“三定”方案，区中小企业局的园区管理职能划入河东经济开发区管委会，有效整合园区管理职能和机构，河东经济开发区正式形成富滩循环经济工业园和新工业园“一区两园”的发展格局。2018 年“一区四园”

改革后，整合为井冈山经开区富滩产业园，由青原产业园管委会进行管理。2020年，成建制划归井冈山经开区管理，井冈山经开区富滩园区管理办公室进行日常管理。

2020年7月，面对持续强降雨带来的严峻防汛形势，富滩园区办疏通富吉粮油厂周边堵塞的排水口，在远大实业公司周边组织搭建临时围堰，化解园区低洼区域内涝险情，确保园区企业财产安全；11月17日，海州医药化工有限公司废水蒸馏车间发生爆炸事故。“11·17”事故发生后，富滩园区办组织人员协同青原区应急管理局、人社局、属地镇党委政府安抚死难者家属，协调死亡赔偿事宜，慰问周边受损企业和居民，对构筑物受损情况进行核实统计，委托所属村委会安排人员对受损构筑物门窗进行修缮，同时委托吉安市房屋质量安全专家委员会对受损严重的构筑物进行安全性鉴定，聘请有资质的维修机构进行维修，确保在最短时间内消除事故对企业及周边群众的负面影响。

建设

2001年，启动富滩工业园区水泥路网建设，后根据规划和开发进程逐年完善。2002年，在富滩工业园B区征地300公顷，并进行详控规划。2004年，启动11万伏变电站筹建，配套工业园区电网建设，建成供水量5000吨自来水厂。2005年，启动污水处理站建设，实行雨污分流。2009年进行“地面绿化、立面改造”，即以庐陵文化风格改造园区建筑和建设湿地生态公园。2010年，建成垃圾中转站。至2010年，已实现“六通三化一平”（即：通水、通电、通话、通讯、通在线电视、接通排污管道，绿化、美化、亮化，土地平整），累计投入基础设施建设资金5000万元。富滩工业园的城市建设用地面积为24.98平方千米，已完成规划用地1100公顷，建成面积160公顷，已建成的标准厂房有28.11万平方米，已用8.52万平方米。

2011年，围绕园区“一地、二路、多企”，投资100余万元完成园区绿化植树5000余株，绿化面积3万余平方米，完善富滩工业区湿地公园建设。调整富滩工业园区40公顷土地利用总体规划；将富滩工业区B区扩展规划至2000公顷项目，完成667公顷的室外现状测绘；投资30余万元在富滩工业园区各规划道路安装路灯，投资16.2万元在全市率先启动工业园区24小时在线监控天网工程；加大富滩工业园区水厂改造供水水质检测，确保园区企业及周边学校、农民自来水的保质保量供给。

2013年6月，投入资金200余万元启动园区“庐陵文化、生态理念、现代元素”风格立面改造。建设完工日供5000吨自来水供水管网改造工程。启动富滩工业园区污水处理厂一期主体土建工程，年底全面竣工；2014年，提升改造宋（溪）螺（滩）公路园区段、沪赣路、富豪路三条道路，污水处理厂一期工程竣工，14千米的配套（雨）污水管网基本完成；2015年，总投资1.2亿元的日处理3万吨污水处理厂（一期）正式投入运行，实现园区企业生产、生活污水100%进入污水处理厂集中处理后排放；2016年，完成快速通道建设和宋螺路、沪赣路、富豪路“三路”改造提升工程，开工新修富坊路、长富路、海洲路。建设智慧园区实时监控工程，实现与富滩镇的无缝对接。园区工业污水处理厂一期日处理污水1万吨工程投入运行。湿地公园、雨污分流工程、垃圾中转站等相继建成。至2017年，完成快速通道建设和园区路网全面改造提升工程，安装了智慧园区实时监控工程，园区工业污水处理厂一期日处理污水1万吨工程投入运行，通信网络全面完善，建设了湿地公园、雨污分流工程、垃圾中转站等。推动园区产业转型升级，淘汰高耗高污粗放式的落后企业。

2019年，富滩产业园主干路网、水电气、通信、绿化、亮化等基础设施全部高标准提升改造。投资1.2

亿元兴建日处理能力3万吨的污水处理厂，园区所有企业均实现雨污分流。

至2020年，重点发展生物医药大健康产业、新能源新材料和绿色食品产业。完成快速通道建设和园区路网全面改造提升工程，安装了智慧园区实时监控工程，园区工业污水处理厂一期日处理污水1万吨工程投入运行，通信网络全面完善，建设了湿地公园、雨污分流工程、垃圾中转站等。推动了园区产业转型升级，淘汰高耗高污粗放式的落后企业。

至2020年井冈山经开区富滩产业园道路规划建设情况表

表4-4　　单位：米

序　号	道路名称	道路等级	红线宽度	起讫点	长　度
1	振兴大道（近期S221）	主干路	60	规划北边界—总规北边界	1794
2	振兴大道（近期S222）	主干路	60	长顺路—省道314	2108
3	省道221（远期改线）	省道	40	规划北边界—规划南边界	7258
4	省道314	省道	40	振兴大道—省道221	800
5	迎山大道	主干路	40	文源大道—文山大道	2678
6	文源大道	主干路	40	规划西边界—规划东边界	3612
7	文正大道	主干路	40	迎山大道—规划边界	354
8	文正大道	主干路	40	规划边界—民山路	946
9	文山大道	主干路	40	迎山大道—规划边界	592
10	文山大道	主干路	40	规划边界—省道221	331
11	泷江大道（宋螺公路）	主干路	40	振兴大道—省道221	1100
12	文友路	次干路	24	民喜路—省道221	1480
13	文昌路	次干路	24	文源大道—省道221	3298
14	文福西路	次干路	24	民生路—振兴大道	300
15	文福东路	次干路	24	滨河路—民山路	800
16	文通西路	次干路	24	迎山大道—规划边界	286
17	文通东路	次干路	24	滨河路—民山路	554
18	青东连接线	次干路	24	振兴大道—富佳路	848
19	民生路	次干路	24	文元路—文山大道	3593
20	民盛路	次干路	24	文友路—文昌路	979
21	滨河路	次干路	24	省道221—文通东路	2428
22	富佳路	次干路	24	文山大道—省道314	3009
23	民山路	次干路	24	文福东路—文通东路	1636
24	文元路	支路	18	民喜路—省道221（远期改线）	1184
25	文和路	支路	18	民福路—省道221（远期改线）	2466
26	文庆路	支路	18	民喜路—振兴大道	650
27	文康路	支路	18	迎山大道—振兴大道	580
28	文萃西路	支路	18	乐山路—振兴大道	884
29	文萃东路	支路	18	滨河路—民山路	771
30	文金路	支路	18	迎山大道—振兴大道	580
31	文方东路	支路	18	滨河路—民山路	700
32	国中路	支路	18	富坊路—富佳路	274

续表 4-4

序　号	道路名称	道路等级	红线宽度	起讫点	长　度
33	长顺东路	支路	18	沪赣路—富坊路	199
34	长顺西路	支路	18	振兴大道—富豪路	262
35	长富路	支路	18	振兴大道—省道 221	1098
36	田园路	支路	18	富豪路—富佳路	630
37	国信路	支路	18	沪赣路西侧	372
38	幸远路	支路	18	沪赣路—富佳路	484
39	国达路	支路	18	振兴大道—省道 221	971
40	民福路	支路	18	文和路—文昌路	617
41	民喜路	支路	18	文元路—文庆路	1457
42	民安路	支路	18	文源大道—文昌路	280
43	民昌路	支路	18	文元路—文昌路	1329
44	乐山路	支路	18	迎山大道西侧	2311
45	富豪路	支路	18	长顺西路—省道 221	2502
46	沪赣路	支路	18	长顺东路—泷江大道（宋螺公路）	1206
47	富坊路	支路	18	国中路—田园路	864
48	恩瑞路	支路	18	泷江大道（宋螺公路）—青东连接线	345

产业

企业入驻　2011 年，重点培植富滩工业园区再生资源循环利用、环保建材、生物医药、有色金属及深加工四大产业。做好富滩工业园区 A 区年产 30 万吨再生纸生产基地和 B 区年产 10 万吨电解铜基地申报工作。

2013 年，推进鑫旺有色金属公司年处理 6 万吨含铜锌固体废物综合利用项目、明盛实业公司和丰顺实业公司年产 10 万吨特种纸、吉瑞生物公司年产 1000 吨维生素 D3 项目、吉瑞玻璃公司年产 130 万平方米 low-e 低辐射中空节能玻璃等重点产业、重点企业的扩产升级。

至 2015 年，园区金属冶炼铜加工企业效益萎缩，产业对资源消耗、生态环境的负面影响日益凸显，产业发展严重失衡。开始调整富滩工业园产业结构，逐步淘汰高耗粗放、污染环境的企业，推动产业转型升级，杜绝不符合园区产业定位、不利于生态环境保护的项目，金属冶炼产业占比逐年下降，思瑞再生铜企业等加工业企业的税收占比从 70% 降至零。在经济总量上，逐步减小对铜加工企业的经济增长依赖，园区经济“一铜独大”的发展格局彻底改变。大力发展电子信息、生物医药、精细化工主导产业，其中电子信息产业发展到 53 家，

至 2017 年，落户企业 53 家（规模以上企业 17 家），其中生物医药、精细化工企业 10 家，特种纸企业 2 家，家居建材 13 家，粮油食品 8 家，再生资源 7 家，其他 5 家，停产企业 8 家。

至 2019 年，富滩园区重点发展生物医药大健康产业和新能源新材料产业，在化学药、中成药、生物制药、绿色食品、保健品以及锂离子电池、新型功能簿、光学膜、半导体材料等领域延伸，着力打造成为产业、科技和生态融合发展的龙头带动区。

产业规模　2010 年，落户企业有思瑞再生铜公司、鑫旺有色金属公司、明盛纸业公司等 66 家，初步形成有色金属、医药化工、环保建材、再生纸四大支柱产业。

2013 年，富滩工业园区由原规划面积 333 公顷扩展至 925 公顷，纳入河东经济开发区全省扩区调

区范畴。2014年，河东经济开发区形成富滩循环经济工业园和新工业园“一区两园”新发展格局，按照吉泰走廊发展规划和江西省电子信息产业基地的发展要求，富滩工业园区着力发展循环经济，形成以生物医药、精细化工为主导，以有色金属、再生资源为辅的循环经济产业集群。

2015年，富滩工业园区开发建成面积185公顷，有规模以上企业17家。2016年，开发建成面积148公顷。2017年，富滩工业园区规划用地总面积925.0公顷，已建成面积约114公顷，落户企业53家（规模以上企业17家），其中生物医药、精细化工企业10家，特种纸企业2家，家居建材13家，粮油食品8家，再生资源7家，其他5家，停产企业8家。2020年园区规划用地面积959公顷，已开发面积148公顷。

至2020年，按照“四园一体、创新引领、产城融合、错位发展”的总体原则，富滩产业园重点发展生物医药大健康产业和新能源新材料产业，着力打造成为产业、科技和生态融合发展的龙头带动区。富滩产业园共有规模以上企业25家，其中生物医药化工9家，新能源新材料5家，食品产业1家，其他产业10家。

成效

2010年，富滩工业园区完成主营业务收入55亿元，园区从业人员4000余人；2011年，省工信委批复富滩工业园为“省级生态试点园区”。全年规模工业主营业务收入64.60亿元，工业增加值16.50亿元，利润总额3.60亿元；2012年被省发改委批复为“省级循环经济试点园区”；2013年，富滩工业园区主营业务收入135亿元，工业增加值28.76亿元，基础设施投入4.20亿元，就业人数12000人，标准厂房建设10万平方米；2015年，完成主营业务收入34.04亿元。其中，医药化工产业完成主营业务收入38.85亿元。实现工业总产值100.54亿元，主营业务收入100.54亿元，工业增加值22.33亿元；2016年，实现工业总产值198.78亿元，主营业务收入198.77亿元，工业增加值44.09亿元，完成固定资产投资62.35亿元；2017年，实现主营业务收入62亿元，利润总额3.41亿；2018年，实现规模工业主营业务收入64.60亿元，工业增加值16.5亿元。

“一区四园”改革

2018年3月，吉安市委、市政府下发《关于支持井冈山经开区和吉州青原工业园一体化发展的实施意见》（吉发〔2018〕8号），以井冈山经开区为主体，整合吉州工业园区、吉安河东经济开发区（含青原新工业园和富滩工业园），吉安河东经济开发区改挂“中共井冈山经济技术开发区青原工业园工作委员会”“井冈山经济技术开发区青原工业园管理委员会”牌子，保留吉安河东经济开发区管委会牌子，形成“一个主体、一套班子、多块牌子、双重管理”的开发区管理新体制和“统一规划布局、统一开发建设、统一政策招商、分级推进落实、实施利益共享”的运行机制，加快建设实体经济、科技创新、现代金融、人力资源协同发展的产业体系，以“一区四园”的转型升级带动区域发展升级。

2020年1月，深化“一区四园”改革，青原产业园成建制划归井冈山经开区管理，进一步精简开发区管理层级，优化开发区规划布局，推进空间整合和体制融合，促进产业集聚、人才汇集、资源集约，努力把开发区建设成为开放型经济和体制创新的先行区，高水平营商环境的示范区，新型工业化、信息化、城镇化融合发展的引领区，区域经济发展的增长极。

第二章　产业发展规划

井冈山经开区成立初期时吉安市“十一五”规划和井冈山经开区“十二五”“十三五”规划中，对电子信息、先进装备制造、生物医药、新能源新材料、物流、加工贸易、现代服务等产业进行专项规划，对重点产业确定不同阶段的发展目标、发展布局，以及产业发展预期成效，重点对电子信息产业、生物医药、先进装备制造、新材料新能源等产业进行规划。

第一节　发展目标

吉安市高新区产业发展目标

经济发展目标定位　吉安市高新区经济发展目标为以项目为中心，通过企业创新产生聚集效应，为吉安市持续发展提供良好的经济区位条件。在技术选择上，根据吉安市经济特征和外部有利环境，吉安市高新区注重长期发展中的技术创新机制和可持续的技术引进、融合机制，以少数高技术、大规模的项目为龙头，发挥产业上升潜力，使吉安市和吉安市高新区的优质产业更加协调、更加突出。

产业发展阶段目标　2001—2005年为近期目标：基础建设基本完成，形成大规模招商引资条件；实行宽松型产业发展规划，较多地引进“短平快”项目，包括简单加工项目；加快发展农业产业化龙头企业和其他服务性关联产业。仓储、冷饮、机械维修点、运输设施等相关配套设施基本建成；合建科研基地，并进行相应新产品研发。至2005年，加速培育食品产业，使之成为高新区经济增长引擎，初步形成高新区主导产业的基础，食品产业总产值达到2.0亿元；引进电子信息产业企业14家以上，电子产业总产值0.8亿元；医药产业初步形成规模，总产值达到1.2亿元。

2006—2010年为中期目标：推行竞争性产业发展规划，缩小投资项目的选择范围，重点发展三大主导产业，鼓励大型投资项目，加强产业配套能力。2010年食品产业基础水平提高，上水平创特色优势凸显，产业增长超常规递增，食品产业已经具有一定规模，总产值达到10亿元；形成电子信息企业集群并具有规模效益，产业增长速度46%以上，形成电子信息产业年产值上亿元、在全国同行业具有重要影响的企业1家以上，电子产业总产值达到4亿元;医药产业基础水平提高，上水平创特色优势凸显，产业超常规增长，高达37.97%以上，总产值达到6亿元。

2011—2015年为远期目标：将一些不适合长远发展的一般加工企业迁出高新区，扩大出口创汇项目，大力发展出口加工业、高科技产业和新兴第三产业。经过市场淘汰，形成稳定的产业集群；形成主导产业的研发、生产、销售及相关配套服务体系。2015年食品产业产值与农业产值比例为1比1，达到国内发达地区水平，食品产业成为吉安实现经济腾飞的主导产业，食品产业总产值达到25亿元；形成稳定的电子信息产业集群，电子信息产业总产值达到20亿元；医药产业已经具有一定规模，产业增长速度减缓到20%，但仍以比同期我国医药产业和吉安市工业高的增速发展，总产值达到15亿元。

吉安市“十一五”规划有关吉安市高新区经济发展目标

吉安市在“十一五”期间调整优化工业结构，走新型工业化道路。做大工业园区，“市高新区重点发展科技含量高、发展前景广、环境污染少的生物制药、电子信息等高新技术产业”。到2010年，市高新区力争“实现销售收入180亿元，财政收入6亿元，争取进入国家级工业园”。

井冈山经开区工业经济（2012—2015）发展目标

2012—2015年总体目标：至2015年，实现工业总产值820亿元，工业增加值330亿元，园区内主营业务收入过千亿元。“跨铁路”“深圳大桥”动工建设，启动“跨铁路”46.5平方千米开发，完成建设出口加工区、联检大楼、保税物流中心、标准厂房建设，加快建设电子专业市场、通信终端产业城标准厂房。

2012年，实现工业总产值电子信息产业超150亿元、生物医药、先进制造产业超100亿元。电子信息产业工业总产值超30亿元企业有联创电缆公司、优特利公司、荣泰电讯公司3家，过20亿元企业有红板公司、盛泰通讯公司、木林森公司3家，过10亿元企业有满坤公司、华文光电公司、中泰公司、蓝微电子公司4家。生物医药产业工业总产值过30亿元企业有天人集团公司，过20亿元企业有同瑞生物公司、普正药业公司，过10亿元企业有长江药业公司、生物制品公司。

2013年，推进天人生态公司、新琪安科技公司、普正药业公司、三江超纤公司、木林森电子公司、雅绅轻工实业公司6家企业上市。

2015年，实现工业总产值电子信息产业过500亿元、生物医药产业过300亿元、先进制造产业过200亿元。天人集团、三江超纤公司、杰彼新能源公司3家企业工业总产值超100亿元，优特利公司、新琪安公司、红板公司、盛泰通讯公司、木林森公司、联创电缆公司、三菱超纤公司、同瑞生物公司8家企业工业总产值超50亿元。时瑞铜业、航盛车载电子公司2家超百亿元，三一重工、井冈乳业科技公司2家超50亿元，胜美达电机公司、思立科新材料公司、振宇达科技公司、蓝田伟光电子有限公司、三荣科技有限公司、航宇新能源公司、瑞鹏飞精密技术公司、盛大显示技术有限公司等一大批重点项目相继投产。推进联创电缆公司、红板电子公司、盛泰通讯公司、优特利电子公司、华文光电公司、荣泰电讯公司、满坤科技公司、三菱超纤公司、长江药业公司、中泰电子公司、生物制品公司等11家企业上市或拟上市。

井冈山经开区“十二五”期间发展目标

2011年，井冈山经开区“十二五”产业发展规划明确总的发展目标为：至2015年，井冈山经开区基本建成为吉安市经济社会发展的增长极、吉泰工业走廊产业发展的核心平台、赣中南地区城乡统筹发展的核心纽带、江西省体制和科技创新的试验区、省级生态工业园及全省一流经济技术开发区。

实现产业总量突破。至2015年，力争实现主营业务收入800亿元，初步形成特色鲜明、优势突出、竞争力较强的产业功能区。

实现产业升级突破。至2015年，区内的高附加值、高技术含量、高人力资本的企业数量大幅增加，培育拥有著名品牌和支柱知识产权、主业突出、核心竞争力强的百亿企业2家、10亿企业5家；力争将电子信息产业、医药培育成百亿级产业集群；培育国家级名牌产品3家、中国驰名商标5家，建立国家级企业技术中心5家以上、省级企业技术中心10家。循环经济框架初步形成，节能减排取得重大进展。

实现产业外向度突破。至2015年，进出口额年均增长超过40%，成为全省重要出口基地。三资企业超过50家，世界500强投资井冈山经开区实现零的突破，引入民企超过100家。

实现产业辐射带动突破。至2015年，产业发展质量进一步提升，就业岗位进一步增多，社会保障体系逐步完善，对建设吉泰工业走廊的贡献明显提升。

井冈山经开区“十三五”时期发展目标

“十三五”时期，井冈山经开区经济社会发展目标的总体定位是：围绕“决战千亿园区，跻身全省十强”这一总体目标，把井冈山经开区打造成优势产业集聚区、科技创新优强区、吉安市城市新区、生态文明示范园区、闽粤自贸区延伸区和全面小康先行区。“十三五”末期，建成特色鲜明、集聚发展的电子信息、生物医药、装备制造主导产业和新材料新能源、绿色食品、现代服务业等优势产业，电子信息产业主营业务收入占工业主营业务收入比值达50%以上。全社会研发投入占GDP比重达到2%，高新技术产业增加值占工业增加值的比重达到30%以上，园区科技进步综合水平明显提升，科技进步对经济增长的贡献率由52%提高到60%。企业自主创新能力、产业核心竞争能力、园区科技支撑能力得到大幅提高。开发区内企业每年信息化投入增长率保持在22%，规模以上企业的信息技术应用率达到65%以上，电子信息企业的信息技术应用率达到50%以上，科技创新指标在全国国家级经济技术开发区排位中进入前30。产业集群与其相关领域信息技术的不断渗透和融合，井冈山经开区建成为现代化信息技术蓬勃发展的智慧园区。资源节约和生态环保投入占财政支出比例达到4%。引进2至3家科技含量高、带动作用明显、出口创汇量大、产业链配套的“引爆性”新兴产业项目，扩大出口加工区的业务量，构筑开放型经济高地，基本建立起统一开放、竞争有序、安全高效、城乡一体的现代流通体系。

电子信息产业　“十三五”期间，保持30%以上的增长率。至2020年，井冈山经开区电子信息产业主营业务收入达到或超过650亿元，占井冈山经开区主营收入45%以上。其中，电子材料与电子元器件类、通信及传输设备类制造、LED行业优势进一步巩固，触控显示行业确立产业规模和地位，预计主营收入规模分别为150亿元、120亿元、100亿元和30亿元，总体占井冈山经开区电子信息产业主营收入达到62%，形成效益稳定的产业集群；计算机及配套产品、汽车电子、数字视听、安防电子稳步提升，预计主营收入分别为80亿元、70亿元、50亿元和40亿元，总体主营业收入比例达到37%，形成协调配套能力较强的产业链条。

生物医药产业　依托生态资源和中药材加工优势，发展医药、生物胶、生物源农药等产品，医药行业主攻中成药、发展生物制药、重振原料药、培植化学制剂、拓展药包材和医疗器械，主要产品有生物源农药、破伤风抗毒素、消毒液、糖浆、乌鸡口服液、威威强身胶囊、玫瑰红生血胶囊、百年丹、益克停、舒儿康、朵来美、龙种药酒、医药中间体以及其他药剂、片剂和丸剂产品，年产值达100亿元。

装备制造业　“十三五”末，先进装备制造产业主营业务收入突破150亿元，利税突破12亿元，年均增长率超过12%。建立起完整的智能制造装备产业体系，总体技术水平迈入国内先进行列，打造一批具有国际竞争力的龙头企业，形成国内先进的智能装备产业集群。

新材料新能源产业　“十三五”期间，引进新材料新能源制造企业4~5家，“十三五”末实现主营业务收入100亿元。

绿色食品产业　“十三五”末，绿色食品加工产业主营业务收入达到100亿元。

现代服务业　“十三五”末，实现现代服务业主营业务收入100亿元，较2015年增长2倍。

井冈山经开区工业经济倍增计划

2019年12月，井冈山经开区管委会出台工业经济倍增计划，力争用3至5年时间实现产业倍增发展，推动电子信息首位产业、生物医药大健康、先进装备制造、新能源新材料等“1+3”产业倍增发展，构建符合井冈山经开区特色的现代产业体系。

规模总量倍增　2021年，主营业务收入突破800亿元。2023年，主营业务收入突破1000亿元、力争达1100亿元，年均增长15%以上；工业增加值由123亿元增加到246亿元，年均增长15%以上。

质量效益倍增　投资强度、税收等实现翻倍增长。至2023年，力争投资强度、税收分别达到350万元、28万元。

龙头企业倍增　至2023年，形成一批行业领军企业，力争主营业务收入过百亿元企业突破5家，全区规模以上工业企业总数超过200家。

创新能力增强　至2023年，新增高新技术企业50家以上，创建省级以上技术创新平台15~20家；全社会研发投入占主营业务收入达1.3%以上。

实施七大举措　主导产业倍增工程：至2023年，电子信息产业实现营业收入达750亿元；生物医药大健康产业实现营业收入达120亿元；先进装备制造产业实现营业收入达125亿元；新能源新材料产业营业收入达35亿元。

骨干企业培育工程：至2023年，确保培育100亿元以上企业1家、10亿元以上企业20家。年内木林森企业迈入百亿元行列，5年内红板公司、生益电子公司等企业步入百亿行列，将绿洲公司、优特利公司、巴斯巴公司、米田公司公司等培育成产值过50亿元企业，将柏兆电子公司、生物制品公司、满坤电子公司、航盛电子公司等培育成产值过30亿元企业，将火乐科技公司、普正药业公司、仪能科思公司、冠德新材料公司、瑞声电子公司、瑞鹏飞公司、新琪安公司等企业培育成产值过10亿元企业。每年培育“瞪羚”企业2家以上，新增省级专精特新3家、小巨人企业2家。

规模以上企业扩容工程：每年个体经营发展为企业10家，企业发展达到规模以上20家。推动益丰泰光电公司、南亚新材料公司、威尔高电子公司、生益电子公司、航盛电子公司全球制造总部、火乐科技公司、鼎智通讯公司、吉晶微电子公司等在建项目投产达效，全部扩容为规模以上企业，新增年产能将达150亿元。

创新要素助力工程：推进LED绿色光源研究中心、通信终端产业技术研究院等特色创新平台建设。全面运营通信终端产业技术研究院，深化与福建电子信息产业研究院合作，开展重点领域技术攻关、创新应用，整合资源提升江西省进出口电子产品检测中心功能。深化与高校院所的全方位合作，加快推进产学研各方共建产业技术研究院。继续加大人才、人才团队的引进力度。

企业家素质提升工程：通过开办企业家沙龙和开展“请进来”“走出去”开拓视野等方式，为企业家相互借鉴、共同成长搭建平台，为企业家接受更大规模、更高层级培训提供机会。

园区提档升级工程：依法依规推进“退二优二”“退二进三”。推动“僵尸”企业、低效企业腾笼换鸟和小微企业腾院上楼，建设小微产业园。加快工业宽带建设，优化园区光纤网等信息基础设施，推广5G覆盖应用，推进“企业上云”，加快工业云平台建设，建设“智能工厂”“数字化车间”，建设绿色化园区、服务化园区。

精准招商工程：利用好电子信息产业链优势，招引一批投资强度大、科技含量高的LED、智能硬件等电子信息制造企业，每年至少引进一个投资超50亿元的产业项目，鼓励吉安外地商会组织会员联合投资建设返乡兴业产业园。

第二节　产业规划

吉安市高新区产业规划

编制吉安市高新区产业规划目的在于理清支持吉安市高新区发展的优质资源和比较优势，主导产业发展，为高新区的招商引资工作提供决策依据，有利于高新区招商引资策略方案的制定，包括招商对象、高新区形象树立、招商项目提出、招商活动组织、高新区内企业服务体系建设等。

主导产业的选定　对照本地产业情况，选出食品、电子、医药、物流、机械、建材、服装纺织、教育与科研和林产化工作为重点产业，其中食品、电子、医药归为一级产业，物流、机械制造、建材归为二级产业，服装纺织、教育与科研和林产化工是三级产业。最终认定食品、医药、电子作为吉安市高新技术产业开发区的主导产业。在经济资源分析报告的基础上得出适宜在吉安高新区优先重点发展的三大主导产业为食品产业、电子信息产业和医药产业，以及在近期内不宜作为主导产业但可以在高新区有策略地发展的二类产业及其他产业——物流产业、机械产业、建材产业、纺织服装、教育和林产化工。

总体发展规划　2001年11月，吉安市高新技术产业开发区揭牌成立。吉安市高新区格局为“一区两园”。首先启动的庐陵园建设目标拟分三期完成。一期时间为2001—2005年，开发面积3.3平方千米，入驻企业100家，总投资5亿元，预计实现技工贸收入12亿元，出口创汇800万美元，财政收入1.2亿元；二期时间为2006—2010年，开发面积6平方千米，入驻企业250家，总投资30亿元，预计实现技工贸收入70亿元，出口创汇3000万美元，财政收入7亿元；三期时间为2010—2015年，开发面积12平方千米，入驻企业600家，总投资80亿元，预计实现技工贸收入180亿元，财政收入12亿元。

发展战略目标规划　吉安市高新区重点发展的三大主导产业——食品产业、电子信息产业和医药产业，有策略地发展二类产业及其他产业——物流产业、机械产业、建材产业、纺织服装、教育和林产化工。

食品产业包括食品加工业、食品制造业和饮料制造业，不考虑国家垄断的烟草加工业；电子信息产业为电子与通信设备制造业，不考虑国家垄断的邮政业和行业垄断的电信业；医药产业包括生物制药产品系列、重要现代化产品系列、化学制药产品系列等。在三大主导产业中，优先发展食品产业和电子信息产业。在高新区发展的初级阶段，由于食品产业投资少、见效快等特征，决定了它的产业发展优先地位；当发展到一定阶段后，吉安全市的高新技术产业需要电子信息产业来带动，电子信息产业的地位也就日益加强。

依据经济技术开发区发展模式，吉安市高新区的产业发展可分为三个阶段，分别是起步阶段、发展阶段和成熟阶段。起步阶段为形成规模时期，需用3~4年的时间，即2005年底完成基础设施建设，为产业的整体布局和长远发展打下基础；2006—2010年为吉安市高新区主导产业迅速扩张阶段，在此阶段，高新区产业规模将以超常速度递增，各主导产业的增长速度值为理想估计值，落在培育区域主导产业所必须的值域范围内，此值域内年均增长速度也可成倍递增；2011—2015年为吉安市高新区发展步入成熟阶段，在此阶段，各主导产业的增长速度逐渐走向平稳，略高于同期全国各产业预计增长速度。

井冈山经开区“十二五”产业规划

“十二五”期间，井冈山经开区产业发展以建设高新技术创新区、现代制造业发达区、现代服务业示范区、国际贸易加工区为目标，构建“一区三园七集群”产业发展格局。

“三园”为高新技术园、加工贸易园、生态商务园；“七集群”为电子信息产业、生物医药产业、仓储物流产业、加工贸易产业、新能源产业、先进制造产业、商务会展产业。

“高新技术园”主要针对井冈山经开区一期园区进行产业规划，集中发展电子信息、生物医药、仓储物流等高新技术产业，引领井冈山经开区产业集聚；跨越发展“加工贸易园”，主要用于承接国外和东部发达地区的产业梯度转移，将承接国际先进制造业和现代服务业的转移作为开放重点，促进加工贸易协调可持续发展，促进区域经济协调发展；“生态商务园”主要规划为商务会展和先进制造业的园区。

井冈山经开区“十三五”产业规划

打造现代产业体系　按照“优先发展主导产业，大力发展优势产业，配套发展第三产业”的发展战略，加快电子信息、生物医药、装备制造三大主导产业高端发展，全力推进新材料、新能源、绿色食品三大优势产业前沿挺进，培育现代服务业转型升级，重点打造以电子信息为主的新型制造业基地，着力促进传统优势产业转型提升与生产性服务业耦合共进。加快推进产业的整合和提升，引导产业向集群化、高端化发展，打造一批在全省有规模、有特色、有比较优势和较强竞争力的产业集群。积极发展配套产业，拉长产业链条，建立优势突出、特色鲜明的现代产业发展体系，实现主导产业“大而强”，优势产业“好而快”。

集聚发展产业功能区　围绕“一核两片三心四轴”总体规划，完善提升起步区，开发建设拓展区，重点在井冈山经开区西片区打造电子信息、生物医药、装备制造三大主导产业和新材料新能源、绿色食品、现代服务业等优势产业。实现“完善提升西区、开发建设东区”的发展目标，并将调区扩区作为一项重大任务，用于优先发展主导产业，大力发展优势产业，配套发展第三产业。以“产业高端、产品终端、服务前端”为方向，通过加大产业扶持力度，做大产业规模，彰显产业特色，实施“东西联动、双核驱动”战略，加快十大产业园、四大基地、三大商业带提质建设，努力在全市经济社会发展中发挥发展升级“先导区”、改革创新“实验田”、产城融合“展示馆”作用。

提升产业服务能力　推进科技创新系列工程，打造一批具有创新引领作用的“大旗舰”企业，孵育一批创新型、成长型“小巨人”企业，建设一批公共服务平台，加快智慧、低碳、绿色科技建设，实施知识产权和技术标准战略，完善科技投融资服务体系，健全多元化科技创新中介服务体系，加快创新文化建设。挖掘现有土地潜力，通过腾退落后产能，建设标准厂房，回购闲置厂房，腾退、置换、整合零星产业用地等方式提高土地利用水平。通过提高资源能源再利用水平，发挥新能源新材料的替代作用，发挥全区节能减排的引领示范功能。实施循环经济技术开发和应用示范工程，促进高能效、低排放的技术研发和推广应用。在数字化工厂的基础上，利用物联网的技术和设备监控技术，加强信息管理和服务。

第三节　产业专项规划

电子信息

《吉安市高新技术产业开发区产业发展规划报告——电子信息产业专项报告（2002 年 8 月）》明确以电子信息产业为依托，带动市高新技术产业的发展，大力发展投资类电子产品，改造提升消费类电子产品，开拓电子元器件产品。重点发展 LED 系列产品技术、电视机技术、数字视听产品技术、光通信产品技术、电子变压器产品技术。在起步阶段（2001—2005 年）改造提升消费类电子产品，重点发展电视产品系列；第二阶段（2006—2010 年）积极开拓电子元器件产品，重点发展数字视听产品系列；第三阶段（2011—2015 年）大力发展投资类电子产品，重点发展光电子产品系列。

《井冈山经济技术开发区电子信息产业发展规划（2014—2020 年）》中定位井冈山经开区为江西中部地区承接电子信息产业转移的示范区、江西省电子信息产业的重要增长极、吉泰走廊电子信息产业发展的核心载体。发展思路是扩大产业规模的同时，提升产业内容层次，在重视技术引进的基础上鼓励自主研发，增强产业集群效应，从而提升园区品牌影响力；发展方向与重点是：巩固提升电子基础产业如电子材料与电子元器件、计算机及配套设备、数字视听设备的产业竞争力。加快发展信息消费智能终端产品，如通信终端及传输设备、LED 照明、触控显示、汽车电子。促进信息制造与服务融合发展，如软件服务、电子商务、安防电了。

井冈山经开区管委会《通信终端产业集群规划（2014 年 6 月）》确定井冈山经开区通信终端设备产业基地功能定位为：“一核、两片、三心、四轴”中的一核。井冈山经开区本部作为井冈山经开区的核心区，主要承担城市工业生产的功能，以发展通信终端设备产业的示范型工业基地，形成独具特色的先进制造业基地，区域经济的新增长点。以优化产业布局、壮大产业规模、促进产业升级、提升核心竞争力为方向，将工业发展与环境保护及可持续发展有机融合，形成综合实力和区域内竞争力强、产业链配套协作紧密、龙头企业带动作用明显、公共服务平台支撑有力、可持续发展能力强的现代产业集群，打造通信终端设备产业工业城。井冈山经开区以通信设备制造为主，联合先进电子元器件，构建产业链，形成品牌优势，延伸终端设备生产，引进通信终端设备生产厂家，搭建产业体系，建设成为省内重要的通信终端设备生产基地。通信终端设备生产、研发、物流等企业有机结合起来，构建网络化发展，上游企业与下游企业有机结合规划到一起，逐步实现园区经济均衡发展。

生物医药大健康

《吉安市高新技术产业开发区产业发展规划报告——医药产业专项报告（2002 年 8 月）》明确吉

安高新区医药产业发展规划指导思想为坚持高新技术改造传统产业与发展高新技术产业并举；围绕品牌进行优势扩张，形成产业的规模经济，注重提高产品档次和技术附加值；使医药产业成为高新区的主导产业，并对吉安市经济发展带来强力示范和促进效用。总体规模持续增长。2010 年末，使高新区医药产业总产值占吉安市医药产业总产值的 43.13%，在全市形成稳固发展的主导产业。从 2010 年至 2015 年，高新区医药产业年总产值在 2010 年基础上再增加 2.5 倍，使医药产业占高新区工业总产值的 15%。主导产品和生产技术达到国内领先水平。通过加大科技投入，围绕开发紧跟时代潮流的新产品，大量引进国内外先进工艺技术和设备，进行消化吸收和创新，提高医药产业技术水平，实现装备的现代化，产业主导产品达到国内领先水平，产业整体水平达到国内外先进水平。争创知名品牌，成为吉安市医药生产基地。争取创出 1~2 个具有全国知名度的品牌，创出 3~5 个在区内及相邻区内具有市场竞争优势地位的产品，使高新区成为吉安市的医药生产基地。

“十二五”期间，依靠生态资源和中药材加工优势，主攻中成药，发展生物制药、重振原料药、培植化学制剂、拓展药包材和医疗器械，建立以化学制药为突出优势、以中药研发为特色、生以物制药为发展方向的产业体系。

“十三五”期间，突破微生物农药行业重点领域的关键技术、共性技术和前沿技术，促进区域社会、经济和环境的可持续发展；建立开放的实验室和推广试验示范基地，提高共享科技资源的利用率和科研人员掌握关键技术的操作技能；构建具有吉安特色的、开放的区域科技创新体系，实现微生物农药品种多样化，产品质量高端化，技术核心化，形成完善的、可以复制的“以农资连锁为平台，实施专业化防治，推广微生物农药三位一体应用模式”的生物农药流通、应用新模式，构建以微生物农药为主体的病虫害综合防治技术体系，实现小麦、玉米、水稻等大宗农作物主要病虫害防治满足率 50% 以上，蔬菜、果树、茶叶等安全性敏感的园艺作物满足率 90% 以上，保护地作物防治粉虱、线虫技术和露地作物甜菜夜蛾防治技术达到世界先进水平。

先进装备制造

《吉安市高新技术产业开发区产业发展规划报告——二类及其他产业专项报告（2002 年 8 月）》中明确，机械产业是发展高新区的重要支撑产业。高新区机械产业现行行业选择为普通机械制造业、专用设备制造业、电气机械及器材制造业；重点发展的产品为机械基础件制产品、汽车零配件产品、食品机械产品、啤酒饮料加工机械、环保机械产品。

“十二五”期间，井冈山经开区在先进装备制造领域优先发展装备制造业，融合发展高新技术产品制造业，形成井冈山经开区产业协调发展格局。打造电子信息及通信设备制造业基地，延伸通信设备产业链、计算机及外部设备产业链、数字视听产业链等 3 个产业链条。

“十三五”期间，抢抓工业 4.0 的发展机遇，利用打造国家风电设备高新技术产业化基地的契机，重点引进三一工程机械再制造等大型项目。鼓励和支持移动互联网、云计算、大数据、物联网等与现代制造业结合，大力发展“互联网 + 制造业”，建成以“先进装备制造和生产性服务业”为重点，结构轻型合理、核心支撑强大、功能配套完善、产园城融合一体的“一流、绿色、生态、科技、智慧”的智能装备产业园，形成数控随动磨床产业、功能部件产业、服装装备产业和新能源电机产业等为代表的主导产品和产业。

新材料新能源

《吉安市高新技术产业开发区产业发展规划报告——一二类及其他产业专项报告(2002年8月)》中明确，因能耗大、污染严重、运输成本高，科研创新能力不足，建材产业不能作为高新区主导产业发展。

2009年4月，制定新能源产业发展规划。产业集聚区规划布局以新能源产业为主的6个单元：生物质能源产业园、太阳能光伏产业园、新能源装备产业园、其它工业产业园、仓储物流产业园和产业公共服务区。

总体发展目标：以太阳能电池、组件及系统、光伏产业配套产品、新能源设备制造、生物质能源三大产业链条为重点，引进国内国际战略合作伙伴，整合社会资源，加强自主创新，加快重点项目建设，形成新能源产品从研发、产业化到规模化发展的新格局，促进产业发展壮大，培育上下游配套的高技术产业集群，把井冈山经济技术开发区建设成为全国先进的太阳能电池、组件及系统、光伏产业配套产品、新能源设备制造、生物质能源等研发和产业化生产基地。

阶段发展目标：第一阶段(2009—2013年)：新能源产业主营业务收入达到220亿元，工业增加值80亿元，税利30亿元；引进项目50个，总投资200亿元以上。第二阶段(2014年—2020年)：新能源产业主营业务收入达到600亿元，工业增加值210亿元，税利80亿元；引进项目150个，总投资400亿元以上。

2009年5月，制定光伏产业五年规划(2009—2013年。通过5年时间引进光伏产业项目5个以上，投资超过100亿元，达到年产2000兆瓦太阳能电池/组件及太阳跟踪发电系统生产能力，实现产值700亿元，实现利税100亿元。建设一批光伏发电景观示范点、应用示范点和建筑一体化示范工程，一批并网控制逆变器、储能蓄电池及电池线等光伏发电配套项目。

2010年10月，井冈山经开区管委会印发《井冈山经济技术开发区“十二五”新能源产业发展规划》明确，根据国家产业政策，同时借助江西井冈山经开区红色招牌，以太阳能电池、组件及系统、光伏产业配套产品，新能源设备制造，生物质能源三大产业链条为重点，引进国内国际战略合作伙伴，整合社会资源，加强自主创新，加快重点项目建设，形成新能源产品从研发、产业化到规模化发展的产业格局；产业规模进一步壮大，成为井冈山经开区重要支柱产业，打造成为上下游配套、产业链完整的百亿级高技术产业集群；把井冈山经开区建设成为国家太阳能电池、组件及系统、光伏产业配套产品、新能源设备制造、生物质能源等研发和产业化生产基地。加快引进和培育批拥有自主知识产权和知名品牌、核心竞争力强、主业突出、行业领先的龙头骨干企业，塑造一批区域性名牌企业产品，市场竞争力明显增强。完善以企业为主体的自主创新体系建设，提升新能源产业研发和自主创新能力，推进技术进步，在关键技术和高端产品开发上取得突破。在太阳能光伏、风电、生物质能等重点领域，建设1~2家国家级研发中心，3家省级企业技术中心；培育高新技术企业10家，在部分领域形成具有自主知识产权的成套产业，抢占新型产业发展制高点。2009—2013年，新能源产业主营业务收入达到220亿元，工业增加值80亿元，税利30亿元。引进项目50个，总投资200亿元以上。

“十三五”期间，以威力新能源公司、木林森科技公司等新能源新材料企业为引领，重点建设总投资15亿元的LED芯片项目、总投资2亿元的年产10000吨聚酰胺等新材料产业项目、投资5000万元的药用辅料及生物工程项目，围绕建成省内领先、国内一流的新能源新材料产业基地，集中力量在锂动力电池、碳酸钙等领域实现重点突破，完善产业链条，推进产业规模化、高端化、集约化发展，提高产业综合竞争力；打造省内一流的风电设备高新技术产业基地、风能核能及节能技术产业基地及LED战略性新兴产业配套基地。2014—2020年，新能源产业主营业务收入达到600亿元，工业增加值210亿元，税利80亿元。引进项目150个，总投资400亿元以上。

物流

《吉安市高新技术产业开发区产业发展规划报告——二类及其他产业专项报告（2002年8月）》中明确，吉安建设区域物流中心近期目标是以吉安市物流服务为对象，以蔬菜、果品、加工食品、电子信息产品、医药产品、建筑装饰材料为主要品种，促进吉安市经济发展和吉安城市建设；中期目标为以京九沿线的物流需求为主要服务对象，为京九沿线的经济交流与合作提供服务；园区目标为以江西省及整个中部地区物流需求为主要服务对象，为中部地区内部以及东部和西部地区的经济交流与合作创造条件。

“十二五”期间，井冈山经开区（深圳产业园）是江西省赣南物流区域内省级物流圈重要节点。发挥井冈山经开区临京九铁路、铁海联运、吉衡铁路、105国道、赣粤高速以及赣江和井冈山机场区位优势，以建设区域性物流集散中心为目标，建成江西省中部物流中心和辐射粤湘浙皖的物流基地，加速发展井冈山经开区现代物流服务业。建设赣中南物流基地和江西省高新技术产品物流集散中心。物流中心功能定位为电子物流、绿色物流、供应链信息管理、商品特殊保管。

加工贸易

“十二五”期间，充分发挥劳动力充足，自然资源和市场规模大的优势，保持井冈山经开区外向型经济呈现出较好的发展势头，积极承接国内外发达地区的产业梯度转移，将承接国际先进制造业和现代服务业的转移作为开放重点，前期加大力度引进出口加工项目，后期逐步升级加工贸易链功能，形成加工贸易产业与国内其他产业的相互关联、相互配套，形成国内产业集群效应。

绿色食品

《吉安市高新技术产业开发区产业发展规划报告——食品产业专项报告（2002年8月）》中明确，高新区食品产业先导行业选择标准为：本地发展条件优越、市场前景良好、对本地经济发展贡献大，同时加速培育食品产业成为高新区的经济增长引擎，在2005年底初步构成主导产业的基础，须以加速度递增。至2010年末，高新区食品产业总产值达到10亿元，占吉安市食品产业总产值的1.19%。吉安市食品产业总产值的16.19%。

“十三五”期间，在井冈山经开区东区规划食品产业园，规划面积0.6公顷。按照“一园多厂”原则，统一规划、统一风格、统一政策，功能配套，引进台湾各类食品生产加工企业，促进产业集群发展。围绕建设全国绿色农产品基地，改造提升绿色食品产业，延伸产业链条，提高全区绿色农产品精深加工水平和转化效益。重点发展粮油加工、特色农副产品加工、乳制品及饮料加工，酒业、茶业等生产，延伸产业链条，提高全区绿色农产品精深加工水平和转化效益。

现代服务业

“十二五”期间，井冈山经开区会展业立足吉安、依托江西、服务长珠闽、辐射港澳台，不断扩大自身的影响范围和服务对象，建设生态工业园区、中泰商务宾馆和华夏商务中心、探索建立井冈山经开区会展投资公司、筹建井冈山经开区国际会议中心、建设井冈山经开区电子信息（生物医药）交易中心、筹办井冈山经开区全国会展论坛等项目建设。

“十三五”期间，在井冈山经开区东区重点打造孵化（行政）中心、总部大楼及商业居住用地，项目总投资约20亿元，将建成以商贸物流、文化创意、金融服务、楼宇（总部）经济、中介咨询等为主导的现代服务业产业集聚区。

第三章　产业布局

井冈山经开区围绕打造全省战略性新兴产业集聚区、中部地区创新发展新高地、国家新型工业化产业示范基地，坚持产业技术国际水平、服务效能全国领先、美丽环境国内一流，推动经济社会可持续高质量跨越式发展。精心规划包括电子信息、生物医药大健康、新材料新能源、现代服务和仓储物流、加工贸易、商务会展、绿色食品、数字经济等门类的产业布局，重点布局发展电子基础产业、智能终端产品、信息制造与服务，突出发展生物医药产业、绿色农用生物制品。

第一节　电子信息

井冈山经开区是全省首批战略性新兴产业电子信息集聚区。电子信息产业为井冈山经开区首位产业，重点聚焦LED和智能硬件两大细分领域。

图4-3　红板（江西）有限公司生产车间

《吉安市高新技术产业开发区产业发展规划报告——电子信息产业专项报告（2002年8月）》明确大力发展投资类电子产品，吉安市高新区电子信息产业主要发展以光纤光缆为代表的光通信产品，并引进其他通信产品的计算机类产品生产；积极拓展电子元器件产品，主要发展光电器件和电子变压器，重点发展的产品有LED显示屏、电视机产品、数码相机产品、光通信产品、电子变压器等。

“十二五”期间，以通信、光纤光缆、集成电路、移动电话、锂离子电池、发光二极管、笔记本电脑、太阳能电池及跟踪发电系统等产品为重点，形成数字通信设备及配套关键的规模生产能力。至2012年，电子元器件以红板公司、满坤电子公司为发展重点，引进发展印刷线路板、电子接插件、LED及照明灯具、模块化逆变器以及高亮度LED发光二极管、红外线发射管、数码管等多种规格型号的光电器件等产品；通信设备依托盛泰通信公司、中泰电子公司、联创电缆公司等龙头企业，重点发展手机、座机电话、电池、充电器、光缆、数据电缆、高温导线、汽车导航仪等产品；电子计算机产品重点发展笔记本电脑、台式电脑、计算机开关电源、磁盘驱动器、电子字典、DVD及硬盘灯等产品。至2015年，形成我国中部地区电子元器件、通信设备和电子计算机产品三大类电子信息行业集聚区、研发区和技术服务区，开发区拥有自主知识产权专门软件，软硬件技术达到国内先进水平。

“十三五”期间，电子材料与电子元器件领域：重点发展现代新型线路板及其外延用原料、新型光电显示材料、新型电子材料及元器件；通信终端及传输设备领域：重点发展第三代和第四代移动通信产品、光通信、光接入设备及终端、北斗导航终端；LED照明领域：重点发展LED终端应用产品和向上游附加值较高的产品；触控显示领域：重点发展触控面板生产，并向附加值较高的关键零部件进行拓展，逐步推进触控传感器、ITO导电玻璃等关键零部件产品；计算机及配套设备领域：重点向计算机核心零部件的制造、计算机整机制造、配套设备制造领域拓展；汽车电子领域：重点发展车身和车载电子领域和动力和底盘控制；安防电子领域：重点发展安防电子中的主要硬件产品领域，逐步推进安防电子领域系统产业的设计和开发；数字视听设备领域：大力推动数字电视整机制造的规模化发展，重点发展具有较高科技附加值的高质量音响设备产品，推进以光盘代表的数字视听外延产品的更新换代。

2020年井冈山经开区电子信息企业一览表

表4-5

名　称	注册时间	注册资金（亿元）	地　址	法定代表人	占地面积（公顷）	主要产品
吉安市木林森实业有限公司	2014.9	33	南塘路288号	张建军	66.67	平面式、直插式发光二极管
吉安市井开区合力泰科技有限公司	2019.6	1.0	深圳大道278号	曾后震	13.33	电容式触摸屏、液晶显示模
江西航盛电子科技有限公司	2012.12	0.5	深圳大道268号	杨　洪	13.33	车载导航影音娱乐系统产品
红板（江西）有限公司	2005.1	7.4	京九大道281号	叶森然	16.17	多层线路板、高阶HDI、高密度线路板
江西瑞声电子有限公司	2006.12	0.1	创新大道271号	杜海泉	6.3	中高端、蓝牙耳机，智能穿戴产品
柏兆（吉安）电子有限责任公司	2012.1	0.12亿美元	深圳大道289号	饶文飞	3.35	华硕主板、显卡和相关卡板
吉安满坤科技有限公司	2008.4	1.1	火炬大道191号	洪俊城	15	双面、多层高精密线路板
江西威尔高电子科技有限公司	2017.4	1.0	永锦大道1号	邓艳群	11.53	高精密线路板
吉安生益电子有限公司	2018.12	8.0	京九大道	张恭敬	11.93	高端印制线路板
南亚新材料科技（江西）有限公司	2017.9	1.8	深圳大道229号	张　东	20	电子电路基材
江西中络电子有限公司	2018.8	1.3	罗家塘路99号	曾建坤	7.47	双面、多层高精密线路板

续表 4-5

名　称	注册时间	注册资金（亿元）	地　址	法定代表人	占地面积（公顷）	主要产品
北极光（江西）科技照明有限公司	2013.3	700 万美元	火炬大道	陈志诚	0.67	智能控制 led 平板灯等
江西省桑格尔电子有限公司	2017.1	0.4	深圳大道 279 号	叶国蓬	5.33	平板电脑
江西创成微电子有限公司	2015.1	0.1	火炬大道 192 号	周志强	—	时频芯片、直播声卡、智能麦克风、智能音响
江西省平波电子有限公司	2013.3	2	拓展大道 299 号	李林松	5.07	玻璃盖板、触摸屏、液晶显示模组
江西省深安电子工业有限公司	2010.8	0.5	京九大道 269 号	王连来	10.67	通信终端、数码产品及电器产品
江西省钜弘科技有限公司	2016.12	0.7	天际光电产业园	王建平	—	智能手机、笔记本电脑、平板电脑、数码相框、广告机、运动 dv
江西吉为科技有限公司	2016.12	0.7	六星工业园	肖　琛	3	人工智能人脸识别、热成像人体测温器
江西省宏瑞兴科技股份有限公司	2012.8	1.0	吉州产业园发展大道 29 号	叶　志	10.67	覆铜箔层压板、芯片
江西群泰科技有限公司	2016.4	1.0	东区创新创业园	贾圣宝	18.67	玻璃盖板、触摸屏
江西蓝微电子科技有限公司	2010.3	0.4	本部	徐云管	2	单晶铜键合丝、合金键合丝、蒸发金、绝缘金线
吉安英佳电子科技有限公司	2010.12	0.5	青原产业园绿宝大道	刘　琳	3.33	云终端组合式教学一体机、多媒体高清录直播一体机
摩比通讯技术（吉安）有限公司	2006.5	2.7	吉州工业园	胡　翔	13.33	天线、射频器件、射频模块、射频（字）系统
吉安市康希光电科技有限公司	2016.5	0.5	君山大道 175 号汇瑞科技园	黄泽锋	—	手机触摸屏及周边配套产品
江西量一光电科技有限公司	2010.12	0.1	青原产业园绿宝大道	廖昆	6.67	LED 照明产品
吉安华冠万尊声光科技有限公司	2015.12	0.2	青原产业园	王洪明	3.33	声电产品及元器件、微电子产品等
江西声之源电子科技有限公司	2018.8	0.1	青原产业园	肖吉明	—	音响、耳机
吉安市艾吉特光电科技有限公司	2010.6	0.1	青原产业园绿宝路 1 号	刘天文	2	LED 灯具
江西省佳创磊光电有限公司	2019.7	0.1	青原产业园电子工业城 9 号厂房	王小军	0.19	LED 背光源等
江西宝晟自动化设备有限公司	2014.5	0.02	青原产业园电子城 11 号厂房	周宝根	0.2	LED 灯具
吉安鼎智通讯有限公司	2016.11	0.1	创业大道 197 号	邹祥永	5.33	手机主板、POS 机

续表 4-5

名　称	注册时间	注册资金（亿元）	地　址	法定代表人	占地面积（公顷）	主要产品
吉安市华声电子设备有限公司	2000.6	0.01	青原产业园	郭开生	0.33	电子设备，仪器仪表，电话通讯设备，电子元器件等
吉安市联信泓科技有限公司	2018.7	0.02	青原产业园	易军平	0.63	LED 背光源、触摸屏等
泰伟科技（吉安）有限公司	2013.1	0.1	拓展大道	许诗权	4.62	手机、电脑保护套、挂绳
江西省新世讯科技有限公司	2016.11	0.2	六星工业园	李茂兴	—	液晶显示屏模组（LCM）
江西戈弗雷科技有限公司	2018.11	0.2	青原产业园	胡义俊	2.73	电视机、可穿戴设备、充电器、音响及周边产品
江西蓝沛科技有限公司	2018.4	0.5	南塘路 268 号	许德明	—	无线充电产品
江西省吉晶微电子有限公司	2018.3	0.5	南塘路 268 号 6 幢厂房	林琼芳	—	集成电路封装
江西省钜弘科技有限公司	2016.12	0.7	天际光电产业园	王建平	—	数码相框、平板电脑等
吉安明辉光电科技有限公司	2014.5	0.05	青原产业园	刘　松	0.15	智能音箱等
江西中创光电科技有限公司	2015.1	0.05	君山大道 175 号	吴伟銮	—	耳机、耳壳、胶框
天际（吉安）光电信息有限公司	2012.2	4000 万美元	樟树塘路	傅冬梅	9.07	光电子元器件及相关应用产品
吉安市东明光电科技有限公司	2016.12	0.1	青原产业园	卢文学	—	手机膜
吉安市耐亿电子有限公司	2017.7	0.2	青原产业园电子工业城 8 号	唐柳辉	—	数据连接线
吉安市创利科技有限公司	2007.8	0.03	青原产业园	肖锡耀	1.33	触摸屏
江西泽发光电有限公司	2012.4	0.1	青原产业园	王桂标	0.39	手机盖板
吉安市鑫佳腾精密电子有限公司	2015.8	0.01	汇瑞科技园	张之钊	—	保护膜、泡棉、增光、扩散、反射等
江西精锐通科技有限公司	2016.4	0.1	天际光电产业园 33 号	陈　勇	—	家电控制系统产品、触摸屏
江西省诺金电子科技有限公司	2011.9	0.03	青原产业园	邓伏初	1.95	物联网类智能控制产品
江西声宏电子有限公司	2007.9	0.03	京九大道	王中侯	1.75	扬声器

第二节　生物医药大健康

《吉安市高新技术产业开发区产业发展规划报告——医药产业专项报告（2002 年 8 月）》明确医药产业发展布局为：大力发展生物制药，用生物技术改造传统制药工业；重点发展中药生产，促进中药现代化进程；巩固化学原料药生产，实现向化学药物制剂突破；加速培育大医药生产体系。结合吉安高新区的特征，主要发展药品系列：生物制药产品、中药现代产品、化学制药产品。

“十二五”期间，突出发展医药、生物胶、生物源农药等产品，重点发展绿色农用生物制品、生物制造、疫苗。至2012年，抓好新加坡食品医药科技园、天人生态公司、金顶药业公司、大自然药业公司、生物制品研究所等重大项目建设；重点打造新丰生物科技公司全球领先的赤霉素生产基地，引入国际先进的前沿技术，逐步拓展国际合作；重点建设生物工程发酵基地的新加坡生物食品医药科技园。至2015年，整合吉安医药资源，组建新生物医药集团公司，产品扩散到国内外更广的市场，逐步成立中国生物医药发展联盟。

“十三五”期间，围绕江西生物制品研究所血清制品、宇能制药生物酶制剂、神田生物维生素系列产品，延伸产业链、部署创新链、提升价值链、融通供应链，发展特色产业，形成具有本地区特色具有核心市场竞争力的生物制药产业集群。围绕生物制品研究所、神田生物公司、宇能制药公司等园区生物制药企业，发展破伤风抗毒素、维生素系列、酶制剂等，加大对医药原料的招商力度，加大延链、补链、强链力度，重点引进行业内科技创新能力较高的龙头企业。开发、复配、改良、高产菌诱导选育微生物农药新品种6~8个，覆盖小麦、玉米、水稻等主要粮食作物和蔬菜、果树、茶叶等园艺作物的主要靶标病虫；开发绿僵菌，筛选出靶标病虫范围广的新菌株，形成具有自主知识产权的核心技术。

近期目标是以现有产品升级换代、拓展抗血清同类产品为目标，主要包括建设血清西林瓶生产线，对现有品种破伤风抗毒素包装由安瓿瓶升级成西林瓶，同时取消防腐剂，提高药品的安全性；研发抗蛇毒血清、抗狂犬病血清。中远期目标是引进古巴院士团队，与荷兰、加拿大、美国加州等国际专家开展交流合作，开发破伤风疫苗、抗细菌类毒素生物抗体药物，不断改进生产工艺，推进产业升级实现创新发展。

2020年井冈山经开区生物医药大健康企业一览表

表4-6

名　称	注册时间	注册资金（亿元）	地　址	法定代表人	占地面积（公顷）	主要产品
普正药业集团股份有限公司	2009.6	0.5	创新大道278号	肖军平	4.7	全杜仲胶囊、裸花紫珠颗粒、血平片、肾康宁胶囊
江西生物制品研究所股份有限公司	1996.2	1.0	火炬大道198号	姚晓东	9.1	破伤风抗毒素、孕马血清
新琪安科技股份有限公司	2006.9	0.9	环岛北路	王小强	7.9	三氯蔗糖
恒安丽人堂（吉安）日化有限公司	2002.6	0.3	建设大道	许连捷	5.6	日用护肤品、洗涤类、免洗消毒洗手液
江西金顶药业有限公司	1998.7	0.5	君山大道187号	胡振南	10.0	糖浆、口服液合剂、酒剂
江西益佰年药业股份有限公司	1999.5	0.2	京九大道289号	郭书淋	2.7	葡萄糖酸钙、葡萄糖酸锌
吉安长江生物药业有限公司	2001.1	0.1	京九大道	夏侯群山	0.8	康乐宝杀菌膏

续表 4-6

名　称	注册时间	注册资金（亿元）	地　址	法定代表人	占地面积（公顷）	主要产品
江西宇能制药有限公司	2003.1	0.2	建设大道 331 号	朱飞轮	11.3	甾体激素、抗艾兹病、抗肿瘤药中间体及原料药
江西国大药业有限公司	2015.3	0.1	京九大道 283 号	吴泽昆	2.5	中药材、中药饮片、中成药、化学原料药及制剂等
江西荣威生物科技有限公司	2012.4	0.1	富滩工业园	叶朝政	1.3	羊毛脂、羊毛醇、羊毛酸、血红素
江西润井康生物科技有限公司	2016.12	0.5	南山大道 6 号	朱丽华	2.9	柚苷、纤维、果粉
江西晋瑞医疗器械有限公司	2013.4	0.1	青原产业园	张　嘉	2.0	艾灸治疗仪、超声药物透入治疗仪、艾灸装置、中药定向透药治疗仪、超声用理疗电极片、可视静脉穿刺仪
江西大自然制药有限公司	1998.3	0.3	京九大道	赖　刚	12.0	百年丹、颗粒剂、口服液剂、糖浆剂、片剂
江西天人生态股份有限公司	2002.1	2.2	君山大道	梁小文	33.3	生物农药
吉安市神龙实业有限公司	2007.8	0.005	青原产业园	陈信朗	2.2	米糠油、糠粕、脂肪酸、糠蜡等
江西鑫福康生物制品有限公司	2003.12	0.006	青原产业园	邓赣州	0.3	抗抑菌制剂
吉安瓯林树脂有限公司	2013.8	0.1	青原产业园	陈占灿	4.0	松香等食品添加剂
江西亿森源植物香料有限公司	2013.5	0.02	青原产业园	王小罡	—	天然香料油
江西海瑞天然植物有限公司	2013.8	0.03	嘉华大道	罗东明	1.3	药用香料油、挥发油、天然植物油等
吉安市青原区华隆香料油有限公司	2011.1	0.01	富滩产业园	胡淑云	0.8	植物精油
吉安市井开区文桂生物科技有限公司	2015.12	0.005	京九大道 269 号	黄满秀	—	生物物品研发、颜料包装材料等
江西益生盛和医药有限公司	2015.7	0.02	青原产业园	杨　涛	0.4	医药物流
江西恒诚天然香料油有限公司	2012.8	0.1	南山大道 269 号	傅　敏	1.7	天然香料油、植物提取物
江西弘景药业有限公司	2016.9	0.2	青原产业园	谢　模	6.7	中药饮片
江西佳源药业有限公司	2010.1	0.4	青原产业园	肖　钡	0.7	中药材、中药饮片、中成药、化学原料药等
吉安仁盛医药有限公司	2014.1	0.1	青原产业园	彭仁德	0.4	保健食品、一类医疗器械批发
江西天时禾药业有限公司	2015.11	0.2	青原产业园	李陆平	2.0	医药物流

续表 4-6

名称	注册时间	注册资金（亿元）	地址	法定代表人	占地面积（公顷）	主要产品
江西同杏大药房连锁有限公司	2009.9	0.1	青原大道 257 号	余海根	0.4	药品零售
江西万福堂药业有限公司	2009.12	0.02	青原产业园	王四七	0.6	药品批发
江西依露得力医疗科技有限公司	2017.5	0.1	深圳大道 282 号	宋　伟	—	医疗器械等
江西裕康医药有限公司	2015.7	0.05	拓展大道	周　易		中药饮片、中成药、化学原料药等
吉安市华新天然植物有限公司	2005.12	0.03	青原产业园	王佑伶	0.5	天然植物香料油
江西汇仁医药贸易有限公司吉安分公司	2018.4	—	君山大道 146 号	陈冰郎	0.9	药品销售
江西仁中泰药用材料有限公司	2003.1	0.03	天祥南路	柳建闽	0.5	药用口服液铝盖，吸管、量杯
吉安市御美丽健康产业股份有限公司	2016.9	0.6	创新大道 267 号	尹志明	2.7	女性用品
吉安市中香天然植物有限公司	2010.12	0.1	青原产业园	罗秋根	0.9	植物精油
吉安同瑞生物科技有限公司	2010.12	0.5	吉太路 2 号	季克林	5.7	植物生长调节剂
江西神田生物科技有限公司	2007.4	0.1	青原产业园	朱飞轮	4.5	甾体激素类产品、添加剂产品
吉安昊丰化工有限公司	2006.12	0.1	拓展大道 283 号	陈文波	4.0	戊二醇
江西开源香料有限公司	2006.3	0.1	君山大道	曾令贵	3.3	西瓜酮、覆盆子酮、橡苔
江西百盛精细化学品有限公司	2013.11	0.3	梨塘路 66 号	石孟泽	6.7	聚酰胺
吉安市海洲医药化工有限公司	2003.11	0.1	富滩产业园	王道荣	4.2	六甲基膦酰三胺、美海屈林萘二磺酸盐等
吉安市豪迈精细化工实业有限公司	2005.12	0.02	富滩产业园	周晓超	3.3	D- 扁桃酸、L- 二苯甲酰酒石酸、环戊酮等
吉安市青原区丰泰实业有限公司	2006.8	0.05	富滩产业园	吴时平	1.3	松香、松节油
吉安迦南化工有限公司	2011.3	0.1	富滩产业园	张崇武	2.0	聚氨脂树脂等

续表 4-6

名　称	注册时间	注册资金（亿元）	地　址	法定代表人	占地面积（公顷）	主要产品
吉安鸿盛化工试剂有限公司	2015.5	0.3	富滩产业园	陈文铿	3.9	试剂硫酸
江西吉瑞生物科技有限公司	2012.7	0.01	富滩产业园	黄信品	2.3	维生素 D3 产品
江西吉瓯化学有限公司	2015.12	0.1	富滩产业园	陈春武	1.7	亚硫酸氢钠、无水亚硫酸钠等
江西弘仁医药有限公司	2005.1	0.2	青原产业园荣业大道	汪星根	0.5	药品销售
江西荆杏云海实业有限公司	2017.8	0.2	青原产业园	江　斌	2.7	医药、医疗保健产品
江西威科油脂化学有限公司	2004.2	0.1	拓展大道 294 号	吴贵岚	2.0	油酸酰胺、芥酸酰胺

第三节　先进装备制造

图 4-4　2016 年 2 月 15 日，市委副书记、市长王少玄（右二）考察吉安市瑞鹏飞精密科技有限公司

先进装备制造（数控机床）产业是井冈山经开区“1+3”主导产业之一，具体包括数控机床、汽车零部件、电线电缆、输配电及控制设备（含电子信息类）、农机装备等五大细分领域。其中数控机床是先进装备制造产业整体发展的工业制造基础，是其他装备制造行业的上游，做好数控机床的相关产品，能极大促进整个先进装备制造业的发展；同时也可以反哺井冈山经开区电子信息产业链的发展，从而促进整个井冈山经开区产业经济转型升级与可持续发展。井冈山经开区现有产业，如金匠铸造公司在数控机床上游，吉米立机械公司在数控机床中游，瑞鹏飞公司、米田科技公司等多家企业在数控机床下游。瑞鹏飞公司已发展成为颇具实力的集精密钣金、精密模具研发、设计、制作和精密制品、精密轴类零件生产以及配套组装于一体的汽车零部件供应商，成为奔驰、大众、日产、雷诺等高端汽车厂商的一级供应商企业。结合井冈山经开区所处区域优势，瞄准数控机床聚集地，争抢巨头公司忽略的空白市场，同时也加紧与产业聚集地公司积极接触形成战略合作关系，早日达成上下游配套机制。

“十三五”期间，重点打造数控随动磨床产业化基地与功能部件产业化基地、服装装备产业基地和新能源电机产业基地，引进国外先进的磨床生产线及加工设备，建设相应的研发中心，使之成为国内一流的数控随动磨床产业化基地与功能部件产业化基地；完成相关配套工程，建成具有年产 200 台数控高速随动磨床生产能力的生产线和数控高速随动磨床技术开发中心，成为国内最大的数控高速随动磨床产业化制造基地与研发基地，产品性能和制造技术均达到国际先进水平。建成服装装备产业、新能源电机产业，同时建设相应的国家级研发中心，通过对相关技术进行自主创新，分别成为特色产业和新兴产业的排头兵。

2020年井冈山经开区先进装备制造企业一览表

表4-7

名　称	注册时间	注册资金（亿元）	地　址	法定代表人	占地面积（公顷）	主要产品
吉安米田科技有限公司	2019.8	1.0	深圳大道275号	邱声富	85.0	模具、电子产品、智能家电
江西巴斯巴新能源技术有限公司	2019.6	0.5	东区105国道	屈水平	—	母排、电动汽车充电连接器、高压继电器、电动汽车整车高压连接系统、电机控制器
吉安市瑞鹏飞精密科技有限公司	2010.9	0.1	深圳大道283号	赖泽锋	8.07	精密钣金、精密制品、精密轴类零件
江西金匠铸造有限公司	2017.11	0.5	拓展大道308号	赖泽锋	9.87	精密钣金、精密制品、精密轴类零件
胜美达电机（吉安）有限公司	2010.7	1.5亿港元	南山大道290号	周伟科	5.67	电子元件
江西方舟流体科技有限公司	2008.5	0.3	京九大道258号	周志平	4.87	冷却塔、复合型蒸发式空冷器、节水消雾冷却器、循环水泵等冷水设备
江西住电电装有限公司	2010.5	210万美元	吉州工业园	服部幸光	0.67	汽车车载电子系统，汽车用、机械用线束
江西联创电缆科技股份有限公司	2007.5	2.6	京九大道16/18号	张喆亚	20.93	移动通信用RF电缆、CATN电缆、PE实芯同轴电缆、耐高温电缆、数据通信微同轴电缆、数据电缆、光缆、电缆组件等
江西中驰绿能科技有限公司	2014.12	0.37	南塘路229号	王　甜	4.00	污水处理设备
江西时代智光实业有限公司	2017.5	0.1	京九大道260号	黄维静	—	调光玻璃、调光膜
吉安浩宸教学仪器设备有限公司	2016.4	0.02	青原产业园	黎　尧	0.31	教学仪器
江西硕谷科技有限公司	2019.3	0.05	天际光电产业园	李先荣	—	手机五金件、相关配件
江西安百川电气有限公司	2018.4	0.16	拓展大道260号	马训帅	—	变频器
江西创优科技有限公司	2014.12	0.05	通讯终端产业城	张　凯	—	电线电缆
吉安有线机械加工厂	2003.5	0.005	青原产业园荣业大道	梁小清	0.98	机械加工与制造

续表 4-7

名　称	注册时间	注册资金（亿元）	地　址	法定代表人	占地面积（公顷）	主要产品
吉安市井开区睿贯五金制品有限公司	2018.7	0.0005	富滩产业园	罗章明	0.66	五金产品
江西云伟汽车配件有限公司	2018.3	0.06	富滩产业园	赵云华	0.27	汽车轮毂
吉安市安华线缆电子有限公司	2005.7	0.1	创新大道 269 号	周连生	1.47	通信及电子网络电缆、射频线缆
吉安市泓通精密科技有限公司	2018.4	0.03	天际光电产业园 32 栋 1 楼	罗　东	—	线路板钻孔及其他子加工、销售
江西龙投实业有限公司	2012.7	0.15	青原产业园	尚　浩	1.33	叉车、挖机
吉安市铨丰自动化设备有限公司	2018.5	0.01	建设大道 326 号	刘三先	—	自动化设备（开箱封箱机、卷标机、对折贴标机、称重扫描设备等）
吉安市鑫昌机床有限公司	2007.9	0.01	天祥南路附 198 号	江金根	—	头尾架
江西锦灏兴科技发展有限公司	2018.11	0.07	深圳大道 285 号	曾　斌	3.6	金属压铸结构件
江西省凯尔迪科技有限公司	2018.5	0.1	青原产业园	庄祥程	0.17	PCBA 清洗机、钢网清洗机、夹具清洗机等
江西博展自动化科技有限公司	2016.4	0.05	创新大道 269 号	张泽全	—	倍速线等、板链输送线输送设备产品
吉安市庆丰过滤器材有限公司	2006.12	0.02	青原产业园	刘衍锋	0.47	滤膜、滤芯、等过滤器材
吉安昌企汽车悬架系统有限公司	2015.3	0.01	京九大道 306 号	王再红	—	汽车悬架系统及相关配件
吉安锐迈管道配件有限公司	2002.4	0.08	青原产业园	饶建红	3.53	法兰、管件
银图（吉安）实业有限公司	2008.7	1000 万港元	创新大道	方　洲	—	美容美发电器、家用小电器等
吉安市正和电力发展有限公司	2012.2	0.52	火炬大道 201 号	姚金桂	1.25	高低压成套设备、变压器、整流器和电感器

第四节　新能源新材料

新能源和新材料产业是我国重点发展的战略性新兴产业，是实施制造强国战略，推动制造业高质量发展的重要保障，也是吉安市“1+4+N”优势主导产业中的重要组成部分。

“十二五”期间，井冈山经开区加快风力发电整机生产，加强风力发电电机、风叶、控制系统、玻璃钢舱罩、高性能磁钢等配套产品发展。大力发展光伏产业，做大做强太阳能产业，创建新能源产业发展平台。

“十三五”期间，重点引进发展铜及铜合金精深加工企业，重点开发引进覆铜板、铜箔线、单晶铜键合引线等生产项目，加大与电子信息行业相配套铜基新型材料产品的生产与研发力度；重点发展高分子材料（无纺布、膜）：围绕三江超纤龙头企业，形成以纺粘水刺非织造布为核心龙头产业的纺织、合成革、服装生产加工基地，引进配套的上下游企业发展壮大，进一步延伸产业链，提高资源的经济技术价值。依托江西冠德新材料股份有限公司、思立科（江西）新材料有限公司等企业，重点发展光解膜、多功能膜、离型膜等先进膜材料系列产品，加大与电子信息产业相配套膜材料上下游系列产品的研发与生产力度，提升产业配套水平；重点发展锂电池：在新能源中锂电池是一个重要的储能装置，锂电池技术的发展很大程度制约了新能源的应用，吉安市优特利科技有限公司是专精做锂电池的能源重点企业，并有着丰富的经验积累及多项自主技术成果，可积极支持其在锂电池的应用与研发，同时引进配套的上下游企业，发展壮大新能源产业。

实施能源节约优先战略，将新材料新能源产业打造成战略性支柱产业，至 2020 年重点集中在绿色家电、建筑新材料、节能产品、新能源领域。引进新材料新能源制造企业 4~5 家，至 2020 年实现收入 100 亿元。

2020 年井冈山经开区新能源新材料企业一览表

表 4-8

名　称	注册时间	注册资金（亿元）	地　址	法定代表人	占地面积（公顷）	主要产品
思立科（江西）新材料有限公司	2010.11	700 万欧元	拓展大道	白有洵	6.67	聚酯、聚乙烯、聚丙烯
吉安市优特利科技有限公司	2009.8	0.15	南山大道 297 号	王继生	10.0	动力锂离子电池、锂离子电池
江西绿洲环保新材料有限公司	2002.5	1.20	吉太路 29 号	王福权	32.0	中、高密度纤维板
江西冠德新材料科技股份有限公司	2014.2	1.29	深圳大道 286 号	杨玉和	18.67	动力电池隔膜、多功能环保薄膜等
江西仪能新能源微电网协同创新有限公司	2011.4	0.80	拓展大道 260 号	郭顺华	1.85	光储充一体化系统、微电网、区域能源互联网
江西晶昶能科技有限公司	2013.3	0.20	青原产业园绿宝大道 1 号	王大汉	—	太阳能光伏组件、太阳能周边应用系统
江西科菱新能源科技有限公司	2020.3	0.40	青原产业园	何少江	1.33	锂电池
江西省高精科技有限公司	2013.8	0.30	青原产业园高航路	高春生	22	TPU 环保新材料、特殊替代材料、加重塑胶新材料等
江西量一照明科技有限公司	2011.6	0.10	青原产业园	廖　胜	2.2	太阳能光伏照明产品
吉安市兆隆新材料有限责任公司	2009.9	0.01	富滩产业园	郑月隆	0.33	涤纶泡料
吉安恒兴铜材有限公司	2007.3	0.09	建设大道 325 号	薄建新	2.0	PE 塑料
江西炼石环保科技有限公司	2017.1	0.30	南山大道 288 号	虞建浔	2.59	化学试剂、助剂

续表 4-8

名　称	注册时间	注册资金（亿元）	地　址	法定代表人	占地面积（公顷）	主要产品
江西中塑新材料科技有限公司	2014.1	0.10	青原产业园	朱怀才	3.33	PC、尼龙等工程塑料
吉安中石油昆仑天然气利用有限公司	2011.6	0.18	庐陵大道与佳园东路交汇处	李瑞东	1.0	天然气
江西欧凯科技有限公司	2012.4	0.31	嘉华大道 263 号	彭　锋	3.33	金属颜料
江西绿丰新材料股份有限公司	2009.4	0.10	嘉华大道	李小华	2.36	甲醛
吉安市凯迪绿色能源开发有限公司	2007.2	0.60	庐陵大道 122 号	李满生	16.53	生物质能热电
吉安市新兴塑胶有限责任公司	1994.2	0.05	建设大道 316 号	邱　云	1.69	PVC 电线电缆材料
吉安天晟新材料有限公司	2012.5	0.01	青原产业园	肖海根	1.33	水性涂料、复合岩片、服装辅料、水性助剂等

第五节　数字经济

数字经济主要包括：数字产业化，即信息通信产业，具体包括电子信息制造业、电信业、软件和信息技术服务业、互联网行业等；产业数字化，即传统产业由于应用数字技术所带来的生产数量和生产效率提升，其新增产出构成数字经济的重要组成部分；数字化治理，运用数字技术、建立健全行政管理的制度体系，创新服务监管方式，实现行政决策、行政执行、行政组织、行政监督等体制更加优化的新型政府治理模式；数据价值化，包括但不限于数据采集、数据标准、数据确权、数据标注、数据定价、数据交易、数据流转、数据保护等。

至 2020 年，井冈山经开区核心区规模以上电子信息企业 75 家，规模以上企业 57 家，重点聚焦 LED 和智能硬件两大板块，智能硬件板块汇聚百亿项目合力泰公司，以及生益电子公司、南亚覆铜板公司、红板公司等项目；中游汇聚平波电子公司、精锐通科技公司等一批显示触控模组生产企业，以及吉为科技公司、蓝晶光学公司和鸿钧生物识别公司等一批指纹识别、生物识别、摄像模组生产企业；下游汇聚北极光公司、量一光电公司等照明应用企业，鼎智公司、钜弘公司、桑格尔公司和柏兆公司等一批智能手机、平板电脑和电脑主机等终端产品生产企业，逐步打造成全国最大 LED 封装及应用基地和有影响的智能硬件产业基地。LED 板块主要以世界封装能力第一的木林森公司为龙头，上游汇聚木林森公司半导体 IC 项目、砺芯半导体设计和吉晶微电子公司半导体 IC 驱动封装测试等。

通过实施智能制造升级工程，建设升级版智能工厂、智能车间；支持装备制造企业、信息技术企业向智能制造系统解决方案供应商转型；培育智能制造系统解决方案提供商和服务平台；实施服务型制造专项行动，发展全生命周期管理、定制化生产、供应链管理等服务型制造模式等方式。逐步完成区内传统产业数字化转型升级。

井冈山经开区聚焦5G智能制造、移动物联网、电子商务等领域，培育螃蟹王国科技公司、红米谷孵化企业发展公司等数字经济龙头企业，并推进建设工业设计中心、金鸡湖创新小镇、物联网创客园等数字经济发展基地。

至2020年，井冈山经开区数字经济取得初步成效：南亚新材料集团的“5G通讯覆铜板建设项目”入选江西省数字经济重点项目，吉安市电子信息研究院入选江西省数字经济重点创新平台，井冈山经开区数字经济创新发展（移动物联网、5G制造）试验基地获批江西省数字经济创新发展试验基地。后续以螃蟹王国科技公司、红米谷孵化企业发展公司等数字经济龙头企业为基础，工业设计中心、金鸡湖创新小镇、物联网创客园等数字经济发展基地为核心，聚焦5G、移动物联网、电子商务等领域，依靠所在区域政府的大力支持，政策倾斜，资源要素的有力整合，打造井冈山经开区数字经济发展基地，服务于井冈山经开区高质量产业转型，并向吉安市及江西省有效输出产业红利。

2020年井冈山经开区数字经济企业一览表

表4-9

名　称	注册时间	注册资金（亿元）	地　址	法定代表人	占地面积（公顷）	主要产品
吉安螃蟹王国科技有限公司	2014.5	0.1	建设大道306号	曾　珣	租赁	中国传统文化创意、手工匠人文化
江西红米谷孵化企业发展有限公司	2013.3	0.2	深圳大道273号	陈茂根	4.67	创意、孵化
江西省通讯终端产业技术研究院有限公司	2019.3	0.1	互联网产业园	罗　强	—	工程、技术研究、实验发展
吉安融合媒体有限责任公司	—	—	互联网产业园	傅子融	—	工程、技术研究、实验发展
中国联通工业互联网研究院吉安分院	—	—	互联网产业园	—	—	工程、技术研究、实验发展
吉安砺芯半导体有限责任公司	2020.7	0.05	互联网产业园	刘苏宁	—	工程、技术研究、实验发展
移动5G联合创新江西（吉安）开放实验室	—	—	互联网产业园	—	—	工程、技术研究、实验发展
江西钜维科技有限公司	2009.12	0.05	嘉华大道	陈贻龙	1.33	信息化系统集成及产品

第六节　现代服务和其他产业

现代服务业

现代物流　《吉安市高新技术产业开发区产业发展规划报告——二类及其他产业专项报告（2002年8月）》中明确，吉安区域物流中心的功能定位为电子物流、绿色物流、供应链信息管理、商品特殊保管。

“十三五”期间，推进井冈山经开区物流园建设，须完善园区物流配送服务平台基础设施和物流设备建设，开拓省内外零担配送专线，大力发展多式联运、甩挂运输、电子商务物流等物流方式，适时启动二期工程建设，建成现代化综合服务型物流园区；推进吉安陆地港建设，力争完成城市配送、跨境结算、金融物流、商贸物联网、供应链等国际商贸物流中心建设；加快物流基础设施建设，完善铁路、公路、民航、水运等交通基础设施，优先发展公共交通，形成便捷、通畅、高效、安全的综合运输体系；积极发展第三方物流，鼓励现有运输、仓储、货代等传统物流企业整合重组，形成一批有品牌、有特色、有先进经营理念的第三方物流企业。

电子商务　“十三五”期间，支持电子专业市场等电商企业做大做强，引进国内外知名电子商务企业在井冈山经开区设立分支机构。发展网上产品分销、渠道管理、管理咨询、软件应用等电子商务服务业；整合政府、通信运营商、电子商务企业、行业协会等相关资源，建设集网络监管、政策发布、信息服务等功能于一体的电子商务公共服务平台；全面发展“互联网＋”产业，打造线上与线下、电商与实体、市场与市场融合的电商生态圈。加大地域性和行业性电子商务平台引进和培育力度，加强与亚马逊、阿里巴巴、京东商城、苏宁易购等国内外知名电子商务企业的联系接洽，推进淘宝“井冈山经开区馆”建设，形成线上品牌的“井冈山经开区板块”。

金融服务　“十三五”期间，争取银行以及其他各类金融机构在井冈山经开区设立分支机构，发展多层次资本市场，推进成长性、成熟性企业在境内外交易所挂牌上市，引导和培育创新型、创业型企业到"新三板"、区域性股权交易市场挂牌融资，支持符合条件的企业发行短期融资券、中期票据、企业债、公司债等债务融资工具，扩大资金来源；优化金融生态环境，加快社会信用体系的建设。

科技服务　发展研发设计等科技服务业，形成产业要素集聚、市场主体活跃、产业布局合理、带动效应显著的科技服务体系；利用已有的入驻大型企业建立研发中心，增强辐射功能，激活机制，产学研结合，全面提高社会效益和经济效益；发挥各类创新创业服务平台功能，建成功能齐全的企业孵化园、博士后工作站、创客中心，切实增强技术创新和科研成果转化能力；加速研发设计公共服务平台建设，通过共性关键技术研发、人才培训与技术咨询等方式，全面促进产业升级。

商务服务　发展楼宇经济和总部经济，加强商务载体建设；完善配套商务服务，加快引进国内外知名律师事务所、会计事务所、专业咨询策划公司等新兴中介服务机构，积极发展法律、咨询、广告、评估、认证等配套商务服务产业，不断提升服务质量和配套支撑能力。

抓好电子专业市场和东区商贸街的后续建设，完善三大商业带。引进大型商贸企业、连锁超市等入驻井冈山经开区，提升商业品位。其他生活性服务业，如餐饮、休闲娱乐、医疗及健康服务等，提高产业层次，提升服务能力。

定期举办电子信息、生物医药、先进制造等重点产业会议展览活动，积极参与国内外相关产业会展活动。以工促展，以展带会，以会引商，以商招产，建立中部地区产业会展发布平台，逐步吸引国际著名会展服务公司设立分支机构，并开展会议设施、人员培训、信息咨询、秘书服务等方面的合作交流。筹建井冈山经开区国际会议中心。

新兴服务业

文化创意　挖掘深厚庐陵文化底蕴和红色文化根底，培育壮大印刷包装等产业集群。引进企业，加快发展工业创意设计，重点抓好一批产品研发和工业设计项目。发展网络媒体、数字电视、移动终端等新型媒体，培育一批媒体、广告创意龙头企业。利用产业优势、工业遗存和闲置资源，引导创意企业和个人工作室集聚发展。

软件和信息服务（服务外包） 加大深圳产业园软件园开发建设力度，培育和发展软件和信息服务业，积极承接软件开发、研发设计、技术培训等信息技术外包服务，支持国内外知名服务业外包企业到井冈山经开区建立分包中心和承接基地。

其他产业

加工贸易 “十二五”期间，引进先进制造出口加工企业入驻园区，逐步形成区域内先进制造出口加工制成项目。推进深圳产业园建设发展，引进深圳市内迁出口加工企业，建立深圳电子产业园出口加工区，拓展我国东部、南部沿海及港澳台地区出口加工市场。重点瞄准电子信息、生物医药、先进制造三大类产品，延伸至全国出口加工产品贸易企业，逐步发展重点出口加工贸易产品系列。

绿色食品 《吉安市高新技术产业开发区产业发展规划报告——食品产业专项报告（2002年8月）》中明确，食品先导行业主要为制茶业、果蔬林产品加工业、肉类加工业、软饮料制造业、水产品加工业；食品产业重点发展的产品有有机茶、食用菌、乳制品、蜜橘和猕猴桃干酒、优质米及深加工、粉末油脂、特色家禽深加工等。

“十三五”期间，重点发展粮油加工、特色农副产品加工、乳制品及饮料加工、酒业、茶业等，延伸产业链条，提高全区绿色农产品精深加工水平和转化效益。

2020年井冈山经开区现代食品企业一览表

表4-10

名　称	注册时间	注册资金（亿元）	地　址	法定代表人	占地面积（公顷）	主要产品
江西中烟井冈山卷烟厂	1991.7	—	南山大道299号	华　刚	22.7	金圣卷烟
江西牛牛乳业有限责任公司	2000.11	—	建设大道329号	郑建民	2.4	饮用乳
江西井冈山绿宝股份有限公司	2015.6	0.56	青原产业园	刘　英	3.33	系列品牌食用油
吉安市庐一食品有限公司	2009.1	0.08	青原产业园	熊世瑛	1.23	面条、米粉
吉安市青原区富吉粮油有限公司	1998.9	0.15	富滩产业园	陈景坎	2.33	大米
吉安市青原区玉丰米业有限公司	2006.9	0.08	富滩产业园	李小勇	1.66	大米
吉安市青原区远大实业有限公司	2005.9	0.01	富滩产业园	刘庆来	1.33	糯米粉、粘米粉及其他粮食制品
吉安市青原区荣发油脂厂	2009.11	0.01	富滩产业园	陈寿贵	0.58	食用油
吉安市青原区金皇食品厂	2013.12	0.002	富滩产业园	邓荷花	0.5	食品、糕点
吉安市青原区九久饮料纯水厂	2013.3	0.005	青原产业园	胡国强	—	纯净水
吉安杨糕食品有限公司	2010.4	0.05	青原产业园	杨易胜	1.05	月饼、薄酥饼、桃酥、小米酥

续表 4-10

名　称	注册时间	注册资金（亿元）	地　址	法定代表人	占地面积（公顷）	主要产品
吉安市新元食品有限公司	2005.2	0.02	君山大道 160 号	肖永福	1.56	葵花籽
吉安市凯强食品有限公司	2016.3	0.006	青原产业园	罗照雨	0.93	月饼

2020 年井冈山经开区建材、工艺、包装、纺织企业一览表

表 4-11

名　称	注册时间	注册资金（亿元）	地　址	法定代表人	占地面积（公顷）	主要产品
江西嘉寓门窗幕有限公司	2014.3	0.2	京九大道 260 号	苏文军	5	建筑节能利用、光伏新能源利用、智能装备
吉安市三江超纤无纺有限公司	2007.7	0.23	京九大道 270 号	赵孝龙	12	各种面膜
吉安市三菱超细纤维有限公司	2010.9	0.10	环岛南路	赵　奕	4.0397	超细纤维、人造革
吉安市盛泰金属制品有限公司	2006.12	0.10	君山大道 162 号	罗克森	3.34	高档建筑五金、水暖配件、液压管件
江西省坤达科技有限公司	2012.5	0.20	拓展大道	林永昶	3.34	编织袋、彩色复合袋
吉安市巨峰纸品有限公司	2003.5	0.10	青原产业园	戴文炬	2.266	纸板、纸箱
井冈山北新建材有限公司	2015.11	0.15	青原产业园	邱　洪	12.87	建筑粉料、防水材料
江西明盛实业有限公司	2003.11	0.5	青原产业园	王楼伟	12	各种卡纸
吉安市钢铁有限责任公司	2003.4	2.0	南塘路	王文清	26.7	建筑用钢材
江西泰荣中大装饰材料有限公司	2017.12	0.11	庐陵大道	龚汉祯	1.18	家具、建筑装饰材料
吉安市蓝鹅假发有限公司	2008.1	0.01	青原产业园	刘宝娥	0.5	假发
江西彩源印务有限公司	2018.8	0.30	深圳大道	赵红利	10	烟包
吉安市青原区华彩科技有限公司	2010.1	0.01	青原产业园田心路	王　健	0.73	PVC 给排水管及电工套管
江西安美特高分子材料有限公司	2014.5	0.03	火炬大道 199 号	董桂先	2	紫外光固化涂料、水性涂料等
吉安美林特门业有限公司	2015.4	0.01	京九大道 260 号	刘小强	—	衣柜移门、中空推拉门等
江西国塑实业有限公司	2012.8	0.05	通讯终端产业城 9 号厂房	张　凯	—	热塑性弹性体、合成橡胶、橡塑合金及制品
吉安市惠安建材有限公司	2014.5	0.01	京九大道 258 号	刘　娜	0.4	玻璃制品

续表 4-11

名　称	注册时间	注册资金（亿元）	地　址	法定代表人	占地面积（公顷）	主要产品
吉安市青原区吉祥塑业有限公司	2009.6	0.01	青原产业园	李冬招	1.2	安全门，衣柜移门，铝合金平开门等
吉安市联领饰品企业有限公司	2011.1	20 万美元	青原产业园	蔡宗达	0.76	发饰、发夹等
吉安邦威家居制品有限公司	2007.9	0.05	富滩产业园	徐世帮	5.33	木线条、铝合窗、木纱门、木柱子等
吉安帷佳优品实业有限公司	2017.9	0.05	富滩产业园	龙　武	—	酒店固装家具（木饰面）、酒店活动家具(沙发、床垫）等
吉安市光华实业有限公司	1999.3	0.30	富滩产业园	危安俊	7.2	粉煤灰
吉安市青原区大地环建材有限公司	2010.7	0.01	富滩产业园	彭卫生	2.62	加气混凝土砌块
吉安市青原区盛昌橡塑厂	2003.11	0.01	富滩产业园	汪成渡	1.13	再生橡胶
吉安市青原区泓毅包装材料有限公司	2012.4	0.06	富滩产业园	马智彪	1.67	塑料制品及编织袋
吉安双龙玻璃纤维有限公司	2016.12	0.10	富滩产业园	李文龙	0.53	玻璃纤维
吉安市昊晟日用品有限公司	2009.9	0.01	富滩产业园	李曼	0.33	PVC 胶棉拖把及拖把头
吉安市青原区宏昌塑料制品厂	2002.12	0.005	富滩产业园	闵令水	0.2	聚乙烯塑料制品
吉安市青原区恒重阁家纺	2014.9	0.001	富滩产业园	王冬孙	0.33	被子、枕头、床单、被单等
吉安市青原区同创塑料制品厂	2019.8	0.005	富滩产业园	刘明全	0.8	塑料盆、桶、凳等
吉安市青原区鑫顺木业有限公司	2013.12	0.006	富滩产业园	欧阳箭	0.64	红木工板、集成材、家具辅料
江西鸿光家居科技有限公司	2018.8	0.03	富滩产业园	葛小华	1	智能家具、塑料制品、建筑装饰材料等
江西腾辉环保科技有限公司	2014.12	0.60	富滩产业园	肖运良	1.67	聚丙烯颗粒
吉安市海云木制品厂	2011.4	0.005	富滩产业园	吴光辉	0.33	细木工板、集成材等
江西达森家私科技有限公司	2003.7	0.60	建设大道 319 号	曹淦钦	3.33	橱柜、衣柜
江西鼎禾精密科技有限公司	2016.12	0.11	天际光电产业园 32 栋	邓海平	—	手机外壳、数码相框
吉安赣信科技发展有限公司	2012.4	0.10	青原产业园	刘恒红	2	预埋荷载箱
吉安市金中电子科技有限公司	2013.6	0.02	青原产业园	郭相锌	0.9	数码万年历、灯饰工艺品、装饰画
江西东方名竹竹业有限公司	2013.11	0.5	拓展大道 319 号	周松珍	11.2	竹家具、竹厨具、竹制工艺品等
吉安市青原区三友塑胶包装厂	2010.8	0.02	青原产业园	康剑嵘	0.3	收缩膜标签

续表 4-11

名 称	注册时间	注册资金（亿元）	地 址	法定代表人	占地面积（公顷）	主要产品
吉安市青原区创新建材厂	2009.6	50 万	青原产业园	张国军	0.47	腻子粉
吉安金宜混凝土有限公司	2009.12	0.1	青原产业园	汪东顺	2.53	混凝土
吉安市宏光实业有限公司	2009.1	0.2	青原产业园	郭其正	9.0	水泥
鸿丰（吉安）制衣有限公司	2004.8	400 万美元	创新大道	吴鸿有	5.57	针织布
吉安市鑫吉人防工程设备有限公司	2007.3	0.11	君山大道 168 号	刘继东	1.31	钢筋混凝土防护设备等人防防护产品
吉安顶丰鞋业有限公司	2006.7	0.01	赣江大道 379 号	杨六平	1.49	拖鞋
吉安丰顺实业有限公司	2006.8	0.13	富滩产业园	倪路宽	2.73	有色特种纸
庐陵新名婚纱时装（吉安）有限公司	2006.4	650 万美元	吉安大道 25 号	黄文仁	5.2	婚纱、礼服
吉安品佳混凝土有限公司	2011.8	0.20	敦锦路 299 号	潘建锋	2.33	混凝土
江西华儒家居有限公司	2013.3	0.10	南塘路 296 号	刘小莉	6.67	家具
吉安天禧臻实业有限公司	2015.5	0.11	君山大道 161 号	张诗辉	1.5	红木家具
江西吉州南方水泥有限公司吉安市青原区分公司	2018.9	0.20	青原产业园	张卫国	7.27	水泥
吉安市青原区隆鑫建材有限公司	2009.8	0.10	青原产业园	黄斌斌	0.63	玻璃制品

2020 年井冈山经开区配套设施企业一览表

表 4-12

名 称	注册时间	注册资金（亿元）	地 址	法定代表人	占地面积（公顷）	主要产品
吉安市永安交通设施有限公司	2002.6	1.0	青原产业园	徐岩溪	5.33	交通信号灯、电子警察、道路监控、道路标志牌、标线、护栏
吉安港务发展有限公司	2011.6	0.7	拓展大道	朱学军	16.68	货运、物流
吉安市综合物流中心有限公司	2012.4	0.4	拓展大道 272 号	卢志宽	4.9	物流
江西井冈山大学科技园有限责任公司	2016.7	0.02	君山大道 165 号	林俊岳	8.07	企业孵化
光大环保能源（吉安）有限公司	2019.12	2.12	南塘路	吕 玮	7.73	垃圾焚烧发电
吉安创成环保科技有限公司	2012.11	0.2	南塘路	胡国良	34.73	危废处理

续表 4-12

名　称	注册时间	注册资金（亿元）	地　址	法定代表人	占地面积（公顷）	主要产品
吉安市创业经济开发有限公司	2003.3	0.18	建设大道	张文生	4.90	房地产租赁经营
吉安秦望环保科技有限公司	2019.7	0.15	吉太路 11 号	陈洪武	—	炉渣综合利用
吉安市星慧商业管理有限公司	2019.9	0.2	青原产业园	邓一兵	6.93	标准厂房
江西省亿嘉商业管理有限公司	2018.11	0.1	青原产业园	万绍林	1.93	标准厂房
吉安井开区百金金融产业园运营有限公司	2018.8	0.1	君山大道 248 号	谢小文	—	商务服务
吉安市吉福购物广场有限公司	2001.4	0.01	青原产业园	汪年生	1.33	零售和租赁仓库
中节能环保投资发展（江西）有限公司青原工业污水处理厂	2015.9	0.01	富滩产业园	王承德	3.6	污水处理
江西德天能源科技有限公司	2017.7	0.1	富滩产业园	曾小芳	1.0	工业蒸汽
吉安市鑫源春再生资源有限公司	2016.4	0.01	富滩产业园	许子龙	0.67	再生 PET 聚酯瓶片
吉安华润燃气有限公司	2003.3	0.66	富滩产业园	王洪星	0.65	天然气
吉安青化实业有限公司	2009.9	0.10	富滩产业园	刘宝华	0.87	化粪池、隔油池、污水处理设备
吉安市甘雨亭超市有限公司	2015.11	0.1	青原大道新生综合楼 102 号	罗静婷	2.0	超市零售
江西赣信工程检测有限公司	2006.11	0.1	青原产业园	李星陵	2.0	地基基础工程检测、建筑节能检测等
吉安市好乐福餐饮管理有限公司	2002.6	0.1	吉州区阳明西路	王伟	0.53	餐饮服务
江西科鑫人力资源有限公司	2016.7	0.02	吉安大道东侧	池兴富	—	人力资源服务
江西吉安长运机动车检测有限公司	1989.11	0.05	青原产业园田心路	杨　涛	1.87	汽车检测
吉安九鼎农牧有限公司	2013.11	0.51	拓展大道 309 号	刘志宏	3.33	畜禽用饲料
吉安市沃尔得农资连锁有限公司	2008.11	0.14	拓展大道 270 号	罗伦华	2.67	农资经营、商品代储
江西德逸建材市场经营管理有限公司	2011.7	0.1	拓展大道 268 号	占文绍	5.35	仓储
江西绿卫士智能科技有限公司	2016.6	0.2	君山大道 165 号	严坤平	—	农林用无人机服务等
吉安市依玛实业有限公司	2007.9	0.05	青原产业园	马雅飞	19.0	物流园

续表 4-12

名　称	注册时间	注册资金（亿元）	地　址	法定代表人	占地面积（公顷）	主要产品
吉安市天禾农资有限公司	2013.9	0.03	拓展大道 268 号	丘俊威	0.25	化肥批发等
吉安迪康实业有限公司	2006.8	0.02	君山大道 175 号汇瑞科技园	肖咏梅	3.42	标准厂房
江西省绿井冈园林工程有限公司	2002.8	0.22	井冈山经开区	方　倩	0.22	园林绿化服务

第七节　主要产品

电子信息产品

吉安木林森实业有限公司产品主要有两类：SMD LED（平面式发光二极管），采用硅树脂进行封装，应用于照明及背光领域室内外照明、柔性灯带、电视背光、显示屏等；LampLED（直插式发光二极管），采用直插环氧封装，应用于灯饰、指示灯、小家电、交通灯、LED 显示屏等。

合力泰科技公司产品为可应用于不同的领域及行业的多功能离型膜、电子纸、线路板、无线电充电模组等。

红板（江西）有限公司的产品主要有 BL29646A 智能高阶环保刚性板，FPR30290A 高密度电池，软硬结合电路板，JI29754A 智能环保刚性板。

江西蓝微电子科技有限公司产品覆盖半导体以及 LED 行业芯片封装所需的各种键合丝。

江西钜弘科技有限公司产品有数码相框、额温枪、按摩枪、皂液器、广告机等。

江西深安电子有限公司以生产通信终端设备、数码产品及电器产品为主。

江西宏瑞兴科技股份有限公司研发生产环氧玻纤布 FR-4 覆铜板、中高 Tg 无铅多层芯板、无卤素无铅制程兼容多层芯板、高速电路用低介质损耗及高耐热层压板材料。

图 4-5　吉安市木林森实业有限公司 LED 照明产品

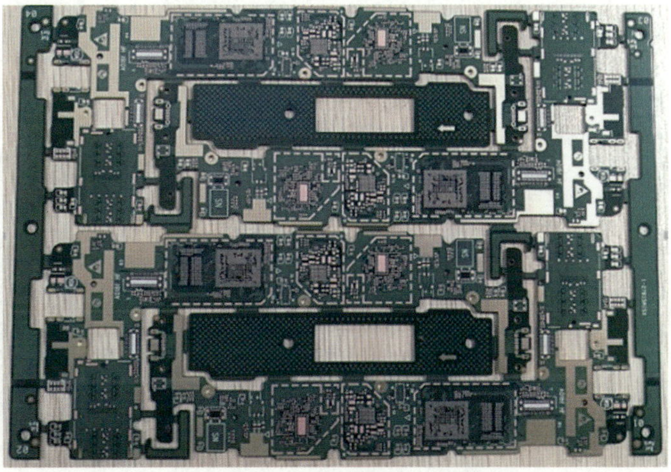

图 4-6　红板（江西）有限公司多层高精密度线路板

图 4-7　液晶显示器、蓝牙耳机音响

江西中络电子有限公司主要产品有汽车、电力电子元器件、集成电路、光电子器件、电子元器件、机电组件设备及电子电路。

创成微有限公司生产的产品主要有森然 ST60 声卡，为一款集成人声效果器、专业声卡、现场特效、耳放、蓝牙伴奏五大功能于一身的专业级调音声卡；森然 DJ 声卡，可用于手机在线直播或离线直播；森然播吧 IV 手机声卡，是一款集专业、娱乐于一身的手机数字直播声卡。

江西威尔高电子科技有限公司主要产品有高精密 PCB 线路板，广泛应用于工控、电源、新能源汽车、网络、通讯、LED、消费类电子等领域。

吉安满坤科技股份有限公司主要产品有 320IR 环保型影像显示印制光电路板、C55-33452B 高频控制传感器印制电路板、耐高温高压树脂油墨印制电路板等。其中，耐高温高压树脂油墨印制电路板属国际先进产品；2020 年 5 月，316IE 高算力矿机印制电路板获江西省工业和信息化厅优秀新产品一等奖；2019 年 4 月，047EK 工业电源印制电路板获江西省工业和信息化厅优秀新产品二等奖；2018 年 3 月，HP17-1086T 高频高速聚四氟乙烯印制电路板获江西省工业和信息化厅优秀新产品二等奖；2017 年 3 月，UM17-1088L 超低热阻金属基印制电路板、EC16-1058B 埋入式电容印制线路板获江西省工业和信息化厅优秀新产品二等奖。

江西瑞声电子有限公司主要产品有蓝牙耳机、TWS 蓝牙耳机及智能穿戴产品；系列产品有液晶电视 / 显示器、会议平板、可拼接屏、智能充电器、可穿戴智能设备、音响及周边产品。

柏兆（吉安）电子有限责任公司以生产华硕主板、显卡和相关卡板为主，是计算机最基本也是最重要的部件之一。主板一般有 BIOS 芯片、I/O 控制芯片、键盘和面板控制开关接口、指示灯插接件、扩充插槽、主板及插卡的直流电源供电接插件等元件。

图 4-8　江西航盛电子科技有限公司车载导航

江西航盛电子科技有限公司主要生产车载导航影音娱乐系统产品。产品由主机、显示屏、操作键盘（遥控器）和天线组成，功能包括收音、WiFi、蓝牙、远程控制功能、语音控制功能、车载在线服务、远程实时监测功能、全时在线导航、在线影音娱乐、Nissan Connect 超智联网系统等。

吉安生益电子有限公司主要生产无线网络产品。

江西平波电子有限公司主要生产数字触摸屏、电阻触摸屏和电容触摸屏，产品涵盖手机屏、GPS 导航仪和平板电脑等。

江西深安电子工业公司主要产品包括手机、电话机、塑胶、模具、通讯设备、电子产品等。

生物医药大健康产品

普正药业集团股份有限公司从事中草药种植、生物有机肥料研发、生物化工产品技术研发、茶叶种植等。产品种类主要有全杜仲胶囊、裸花紫珠颗粒、红花逍遥片、清热散结胶囊、小儿感冒宁合剂、小儿腹泻宁合剂。

图 4-9　普正药业股份有限公司全杜仲胶囊

图 4-10　三氯蔗糖

新琪安科技股份有限公司的主要产品为三氯蔗糖，是一种新型高倍甜味剂，物化性质比较接近蔗糖，与其他甜味剂相比，甜度高，绝对安全，具有很好的溶解性和稳定性，耐酸碱，耐高温，货架期长。

恒安集团公司在井冈山经开区主要生产日化洗护用品，产品有洗衣液系列、洗衣凝珠系列、洗手液、沐浴洗发露等。

长江药业有限公司产品康乐宝杀菌凝胶多功能新型微生物杀灭剂，被科技部列入“火炬计划”成果项目，曾荣获科技部、商务部、国家质检总局、环保总局联合颁发的国家重点产品证书；医用敷料妇科凝胶是二类器械新产品。

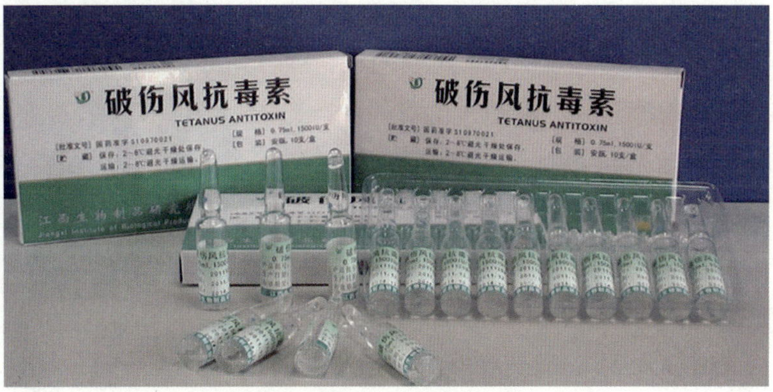

图 4-11　破伤风抗毒素

江西生物制品研究所股份有限公司产品破伤风抗毒素，有五十余年的品牌建设历史，1997年获得商标证书。主要用于预防和治疗破伤风梭菌引起的感染，是临床上预防和治疗破伤风的首选药物。

江西宇能制药有限公司从事留体激素原料药及中间体产品研发、生产，产品种类主要有地夫可特及中间体、地塞米松依普利酮、雌酚酮等。

恒安生物科技有限公司产品有洗发露、沐浴露、洗手液、洗衣液及系列化妆产品等。

江西润井康生物科技有限公司主要从事中草药材种植。

江西金顶药业有限公司产品主要有糖浆、口服液、合剂、酒剂4个剂型，钻山风糖浆、参茸酒等13个品种。

江西晋瑞医药器械有限公司产品有超声药物透入治疗仪、可视静脉穿刺仪、中医定向透药治疗仪、艾灸治疗仪、艾灸装置、医用外科口罩、一次性使用医用口罩等。

江西大自然制药有限公司主要生产丸剂、颗粒剂、口服液剂、糖浆剂、片剂、酒剂等七类产品，拥有26个国有准字号品种和百年丹、胡卓仁、益克停、龙种、舒儿康、血力等品牌。

江西益佰年药业有限公司主要生产化学原料药（医药制剂）、中药饮片、保健食品等系列产品，产品种类有葡萄糖酸钙（含供注射用）、葡萄糖酸锌化学原料药、中药饮片蜂蜜（直接口服）系列、微量元素补充剂。

江西国大药业有限公司主要从事中药材种植与中药饮片加工，林木育种和育苗，农副食品加工，营养食品、保健食品制造和其他酒制造。

江西康之康中药科技有限公司从事药食同源类中药融合开发，产品种类有天然冰片、酒制蜂胶和各种中药饮片。

先进装备制造产品

吉安市永安交通设施有限公司产品主要有交通信号灯、电子警察、安防监控等智能高科技产品和标志牌、护栏、标线、减速带、路锥等100余种，不同型号产品1000余个。其中，道路交通信号控制系统用于道路交叉路口的红绿灯控制，采用先进的计算机及数字信息技术，结合交通控制算法，能实现路口的自适应控制、主干道绿波带、区域协调控制。产品认定为国内领先水平，江西省2019年新产品、省名牌产品，获得第二届江西省公共安全创新创业大赛三等奖。

吉安瑞鹏飞精密科技有限公司汽车多功能连续模具、多工位级进模具为核心产品，均符合国外著名产品的性能指标，达到国际先进水平。8个新产品获省级鉴定并获得省级新产品一等奖和二等奖。

联创（吉安）电缆公司主要产品有：50欧姆皱纹铜管外导体同轴缆系列，主要用于无线移动通信、蜂窝电话、微波传输、广播通信等系统基站的发射机、

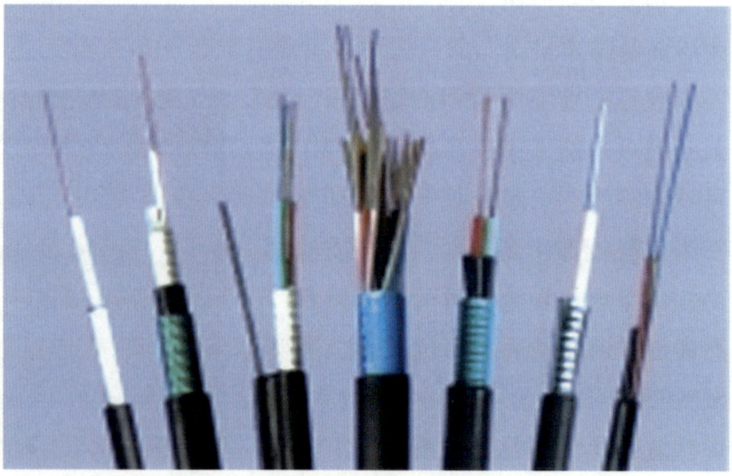

图4-12　江西联创电缆科技股份有限公司线缆

接收机与天线之间的连接，无线通信设备之间的连接，高频领域低损耗、低驻波比信号传输线等；D-FB低损耗射频同轴电缆系列产品；新能源汽车充电枪组件，通过国家轿车质量监督检验中心依据国标 GB/T20234.1-2015、T20234.3-2015 的第三方检测，被江西省工信委确认为 2017 年度江西省新产品，其中的充电桩电缆荣获 2016 年江西省自主研发产品；数字通信电缆，俗称“数据电缆”和“网线”，有五类缆、超五类缆、六类缆等系列产品，产品型号主要为 HSYV-5、HSYV-5E、HSYVP-5、HSYVP-5E、HSYV-6、HSYVP-6；通信光缆。

胜美达电机（吉安）股份有限公司主要从事汽车、计算机、通信电子元件及组件制造和其他电子设备制造，配套塑料制品、金属制品及模具的设计与生产。产品包括变压器、滤波器、变频线圈等。

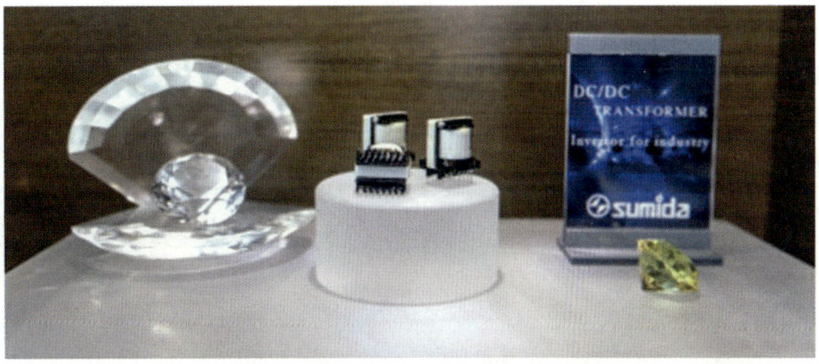

图 4-13　胜美达电机（吉安）有限公司产品

吉安米田电子科技有限公司产品主要有 PAD 平板电脑壳零部件、商显 TV 边框零部件、笔记本外壳零部件。

江西住电电装公司从事汽车车载电子系统制造，主要生产车载电子系统，汽车、机械用线束。

江西方舟流体科技有限公司产品有复合型蒸发式空冷器、节水消雾塔、不同形式钢结构冷却塔、砼结构逆流式工业冷却塔、无填料喷雾式冷却塔。

江西金匠铸造有限公司从事汽车模具精密铸件、机械铸件、金属铸件、金属结构加工，主导产品为汽车轻量化模具铸件和智能数控机床铸件。

吉安市盛泰金属制品有限公司从事金属材料加工，高档建筑五金、水暖器材、液压管件开发、生产，主要产品为 MANIFOLD 分集水器。

新能源新材料产品

思立科（江西）新材料有限公司生产的北极光系列产品有：LED 防火嵌灯，评定为江西省 2015 年优秀新产品二等奖；聚酯（PET）、聚乙烯（PE）、聚丙烯（PP）等各类基材的多功能离型膜，广泛应用于软包装材料行业；高端 MLCC 产品，是将印制电极的陶瓷介质膜片错位堆叠，一次性高温烧结形成后，在两端封金属层，“瓷膜成型”的离型膜；OCA（Optical Clear Adhesive）光学级超轻离型膜、专用于 OCA 光学胶（包含 UV 型和热固化型）涂布的离型膜、防静电超轻离型膜；防爆膜用离型膜，可用于手机上盖或玻璃陶瓷后盖的防爆防裂；防腐蚀胶带用离型膜，保证防腐蚀胶带的性能、提高管道安装的密实度和稳定性；偏光片专用离型膜。其它还有高粗糙超轻离型膜、单双面防静电离型膜、微排气离型膜、双面离型双面防静电离型膜等。

江西绿洲环保新材料有限公司主导产品为“绿洲”牌中、高密度纤维板，广泛用于全屋定制、木地板、家具、装修装饰、体育器材等领域。还生产镂铣板、防潮板、阻燃板、静电喷涂板、球台板、跑步机板等功能型高端产品，产品可达到 E1、P2、E0、F☆☆☆☆、无醛（无醛添加）等绿色环保等级要求。

井冈山经开区北新建材有限公司主要产品有：“龙牌”纸面石膏板，是中国新型建材行业的龙头产品，

“龙牌”纸面石膏板除普通系列、耐水系列、耐潮系列、耐火系列纸面石膏板外，还有高级耐水耐火系列、净醛系列、双防（防开裂、防下陷）系列等特种石膏板系列；“龙牌”轻钢龙骨，该产品荣获国家质量银质奖章（行业最高奖）、北京名牌产品等众多荣誉。

江西三菱超细纤维有限公司主要产品为定岛绒面超纤皮革和水性超纤。定岛绒面超纤皮革属第五代人工皮革，达到仿天然皮革效果；水性超纤即无溶剂型超纤，是超纤行业新产品。

江西晶昶能科技有限公司生产包括太阳能光伏组件、太阳能发电系统、太阳能周边应用产品，产品主要种类有太阳能预付费系统 Paygo、太阳能家用储能发电系统、太阳能灭虫灯。

江西高精科技有限公司生产的产品主要有丙烯酸树脂、聚氨酯、聚酯多元醇、热塑性聚氨酯弹性体、

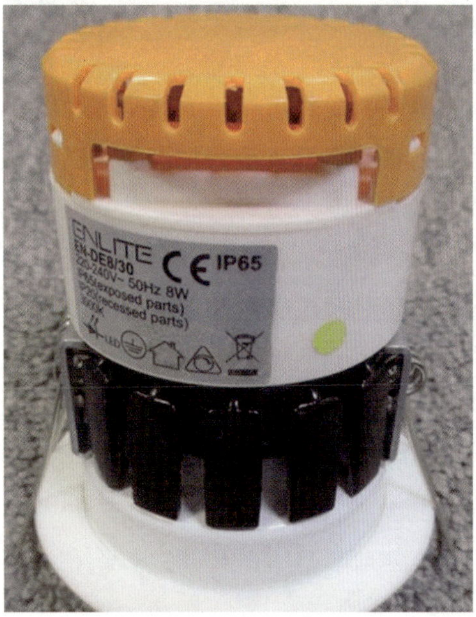

图 4-14　LED 防火嵌灯

图 4-15　纸面石膏板

图 4-16　吉安市优特利科技有限公司聚合物电池

图 4-17　南亚新材料（江西）有限公司覆铜铂板

工业重防腐涂料，水性环保树脂（丙烯酸树脂）。

仪能科技公司核心硬件产品为储能变流器，属集中式、分布式储能系统，其核心软件产品 ENA-EMS 储能监控及能量管理系统，主要用于各种新能源发电系统中配套的集中式、分布式储能系统。

江西冠德新材料科技股份有限公司主要产品为动力电池隔膜、多功能环保薄膜、离型膜、电工膜、标签膜等，产品通过国际标准 ROSH 强制性检验，各项指标均能满足或部分指标已超越国标和行业标准的要求。

吉安优特利科技公司主要产品为锂电池和电子、化工等系列。

南亚新材料（江西）有限公司生产的产品有半固化 / 黏合片、覆铜铂板，广泛应用于汽车电子、高速材料、无卤材料、无铅材料。

桑格尔科技公司产品有挠性电子覆铜板、真空溅镀电子材料、电线电缆屏蔽材料及包带材料。

第四章　产业升级

至 2020 年，井冈山经开区已发展成为国家和省级多项产业发展升级平台，主要有国家生态工业示范园、国家级自主创新示范区、国家循环化改造示范试点园区、国家电子信息高新技术产业化基地、国家台资企业转移承接基地、国家加工贸易梯度转移重点承接地、国家新型工业化产业示范基地、国家印刷包装产业基地等省级循环经济试点区；省级的主要有江西省生态文明示范区、省级微小企业创业园、江西战略型新兴产业基地、江西省文化和科技整合示范基地、江西省清洁化试点工业园区、江西省信息化和工业化深度融合示范区、江西省知识产权试点示范园区等。通过产业发展升级平台，重点对电子信息、生物医药大健康、新材料新能、先进装备制造业等现代产业进行升级。

第一节　创建升级平台

国家加工贸易梯度转移重点承接地

2008 年 8 月，吉安市高新区正式挂牌“全国加工贸易梯度转移重点承接地”，商务部正式确定为全国 30 多个“加工贸易梯度转移重点承接地”之一。

国家台资企业转移承接基地

2008 年 9 月，国务院台湾事务办公室和江西省人民政府批准吉安市高新区为台资企业转移承接基地。2015 年 1 月，国台办副主任龚清概在考察井冈山经开区时提出吉安的承接台资企业转移经验要作为台商在大陆投资的一个引领。

国家生态工业示范园

2009 年 8 月，井冈山经开区申报 2009 年度创建省级生态工业园区试点单位。2017 年 5 月，井冈山经开区管委会按“国家生态工业示范园”标准要求进行规划论证，抓好循环经济工作，加强园区管理，保护生态环境，加强企业环境保护，开展环境污染综合治理，严格入园项目管理，新建项目要符合国家产业政策，符合生态示范园区规划。对污染防治基础设施投资给予优惠，对生态环保项目优先审批立项，落实配套资金。安排财政以奖代补资金和利用国家开发银行对工业园区生态保护基础设施贷款，加大对园区基础设施建设和生态环境治理投入。鼓励企业增加环保投入，引导社会资金参与示范园区的创建和运营。争取省财政对示范园区建设的扶持资金及奖励资金。建立目标考核及责任追究机制。

“国家火炬计划”吉安微生物产业化基地

位于江西井冈山经开区内，总体规划面积 42.99 平方千米，以产业园区、高校园区为基础（10 平方千米），将产业区按照不同的产业划分为微生物产业园区、配套产业园区、科研院所和高校园区等几个不同的功能园区，科研院所和高校园区作为整个科技城的大脑，微生物产业园区作为整个科技城的中枢神经，集中体现五大功能，即创新、孵化、生产、辐射、配套。

微生物产业园定位为吉安微生物制品开发研究和产业科技创新的核心基地，国内高新技术产业的重要基地，与国际科研接轨的平台。基地发展以微生物农药及其配套产业为核心的支柱产业，生产多功能、生态型、现代化的国家微生物制品。基地内微生物农药产业以江西天人生态股份有限公司的微生物农药制造生产基地为核心，配套产业以江西中冠农资有限公司为龙头的物流配送基地等。科研院所和高校园依托吉安市微生物农药工程技术研究中心、井冈山大学等一批研发中心和科研院所，基本形成微生物农药及配套产业的经济板块。

国家循环化改造示范试点园区

2012 年 11 月，江西省发展和改革研究中心课题组编制《井冈山经济技术开发区循环化改造示范试点实施方案》。循环化改造的主要任务聚焦在空间布局优化、产业结构调整、循环经济产业链构建、能源资源高效利用、污染物集中治理、基础设施建设和运营管理七大方面。12 月 3 日，井冈山经开区管委会发布《井冈山经济技术开发区管委会关于支持 2013 年园区循环化改造示范试点的报告》（井开字〔2012〕138 号），重点打造 5 个循环经济示范产业基地：电子信息产业基地、生物医药产业基地、机械装备制造产业基地、新能源产业基地和资源综合回收利用示范基地。

2013 年，井冈山经开区被拟列入 2013 年省级园区循环化改造试点备选名单。

2014 年 11 月，国家发改委环资司明确表示《国务院关于支持赣南等原中央苏区振兴发展的若干意见》中有支持井冈山经开区实施循环化改造的内容，环资司尽最大的力量支持井冈山经济技术开发区实施循环化改造项目。12 月，中共江西省委、省人民政府印发《关于建设生态文明先行示范区的实施意见》（赣发〔2014〕26 号）和国家发改委《关于印发江西省生态文明先行示范区建设实施方案的通知》（发改环资〔2014〕2508 号）中提出推动井冈山经开区申报循环化改造示范园区。

2015 年 5 月，国家发展改革委环资司和财政部经建司联合发布《关于 2015 年园区循环化改造示范试点备选名单的公示》，井冈山经开区列入该名单。6 月，国家发展和改革委员会和财政部联合发布《国家发展改革委办公厅财政部办公厅关于同意丽水经济技术开发区等 25 个园区循环化改造实施方案的通知》（发改办环资〔2015〕1468 号），井冈山经开区列入该名单。

国家电子信息高新技术产业化基地

吉安电子信息产业项目主要聚集在井冈山经开区。2012 年，吉安电子信息产业规模以上工业企业 76 家，完成主营业务收入 349 亿元，电线电缆等主导产额领域，综合实力处于国内领先地位，创新要素聚集，具有较强的人才、技术、环境、区位、产业和成果转化优势，基本具备建设吉安国家电子信息高新技术产业化基地条件。

2013 年，申报吉安国家电子信息高新技术产业化基地时，明确其目标任务是以增强自主创新能力为核心，以加快高新技术产业化为目标，培育和发展电子信息战略性新兴产业，促进高新技术产业的集群化发展，促进区域科技资源高效分配和综合集成，引导创新要素向企业集聚，实现区域经济协调发展，推进电子信息产业新型工业化建设。

总体目标将吉安国家电子信息高新技术产业化基地建成具有相对规模和竞争能力的中国中部地区重要的电子信息产业基地，使电子信息产业成为带动吉安市国民经济增长、结构升级的支柱产业，跻身全国有一定影响的电子信息产业强市之列。具体任务是建立以企业为主体的产学研有机结合的技术创新体系和机制，建立专业特设突出的电子信息产业公共技术服务平台，企业自主创新能力和技术水平显著提高，优势产业领域和重点主导产品技术水平保持国内先进，部分产品技术达到国际先进水平。聚焦集成电路、通信和网络设备、新型显示等发展重点，主攻整机、带动配套，建设家电产业基地。重点实施壮大三个产业链，培育六个产业专项，建设七个电子信息产业园。三个产业链为通信设备产业链、计算机及其外部设备产业链、数字视听产业链；六个产业专项为新型显示器产业、新型电子元器件产业、LED 产业、新型能源产业、应用电子产业、软线和信息服务业；七个电子信息产业园为通信设备、计算机、数字视听产业集聚区，新型显示器件园区，新型电子元器件园区，LED 产业园区，新型能源产业园区，应用电子产业园区，软件及信息服务园区。

国家印刷包装产业基地

2014 年 3 月，吉安国家印刷包装产业基地在井冈山经开区正式揭牌。吉安市印刷包装基地是吉安市与香港、台湾和广东东莞企业界签订的一个重大项目，位于井冈山经开区，总投资 23 亿元人民币，规划用地 133.3 公顷，形成印刷、出版、印刷机械、油墨、包装等一套完整的产业链。深圳雍达公司、景福彩印公司等企业已入驻，是江西省第一个上升为国家级的印刷包装产业基地。2016 年，被国家新闻出版广电总局评为 2016 年度优秀基地（园区）。

图 4-18　2014 年 3 月 25 日上午，吉安国家印刷包装产业基地揭牌。国家新闻出版广电总局印刷发行司巡视员曹宏遂（左二），吉安市委副书记、市长胡世忠（右二），江西省新闻出版广电局副局长刘玉东（左一）、白文松（右一）共同为基地揭牌

国家新型工业化产业示范基地

2015 年 6 月，工业和信息化部授予井冈山经开区为国家新型工业化产业示范基地（电子信息产业领域）。井冈山经开区是国家电子信息产业创新示范基地，江西省唯一的电子信息产业基地。园区内形成计算机主板及零配件生产、触屏显示技术产品、LED 光电产品、通讯终端产品、计算机软件开发及云计算等产业链。

江西吉安电子信息产业示范基地通信设备制造、计算机及其外部设备、数字视听等产业在江西省优势明显。高密度多层线路板、终端通信设备、智能手机、液晶显示器、锂离子动力电池、微波天线等多项产品技术处于国内先进行列，形成计算机及其外部设备、通信设备、数字视听等三大主导产业链。2009 年，江西省工信委批复为江西第一个省级电子信息产业基地，是全国“加工贸易梯度转移承接基地”和“台资企业转移承接基地”，是国家级出口加工区。

省级循环经济试点

2006 年 3 月，江西省发展和改革委员会出台《关于组织申报 2006 年建设节约型社会和发展循环经济试点项目的通知》，通知各设区市发改委、省政府有关部门和单位组织申报循环经济试点项目。2010 年 6 月，井冈山经开区管委会编写《井冈山经开区省级循环经济试点工作实施方案》。2011 年 12 月，井冈山经开区管委会重新编写《江西井冈山经开区循环经济试点工作实施方案》。2012 年 4 月，经各设区市发改委、省直有关部门推荐，并经江西省发改委组织专家认真评审，确定井冈山经开区为第二批省级循环经济试点单位，并发布《关于公布江西省第二批省级循环经济试点单位名单的通知》。

省级小微企业创业园

省级小微企业创业园——丰尚智能信息产业园位于井冈山经开区，总投资 4000 万美元，建设期限 2011 年 10 月至 2013 年 5 月，项目占地 14 公顷，分两期建设。省级小微创业园——丰尚智能信息产业园定位于智能产品及配套设施研发、生产及销售企业，已洽谈多家手机、电视机及 LED 显示屏等产品配套产业的小微企业，有多家入住丰尚智能信息产业园。包括移动通信的设计开发、五金模具、电子元器件、天线制作、包装设计印刷和变频电源开发制造等公司。创业园入驻企业有丰尚（吉安）信息科技有限公司、深圳市冠百科技有限公司、天马微电子股份有限公司、日成科技香港有限公司、江西联创电子有限公司等。

江西省生态文明示范园区

2011 年 1 月，江西省发改委、省中小企业局、省环保厅联合组织对创建省级生态工业园区试点单位进行考核验收，井冈山经开区达到省级生态工业园区建设标准。江西省政府批准同意井冈山经开区为省级生态工业园区，并下发《关于命名江西省首批省级生态工业园区的通知》。

2015 年 2 月，位于井冈山经开区的吉安市荣泰电讯科技有限公司、江西普正制药有限公司上榜江西省科技厅等四部门联合公布的 2014 年度节能减排科技创新示范企业名单。2016 年 7 月，江西省生态文明办组织各地申报全省第一批生态文明示范基地，经过专家评议和部门推荐，评选井冈山经开区为省生态文明示范基地，并发布《江西省生态文明先行示范区领导小组办公室关于江西省第一批生态文明示范基地名单的公示》。

2016年5月，井冈山经开区绿洲人造板有限公司被国家林业局认定为第二批国检林业重点龙头企业之一。

江西省战略型新兴产业基地

2012年1月，批复成立吉安电子信息省级战略性新兴产业基地。至2012年井冈山经开区电子信息产业集群已形成以3G手机、电话机、3G上网本为主导产品，以应用软件、终端配件产品以及基站及相关附属产品为配套产业。形成以红板电子公司、盛泰通讯公司、创成电子公司、盛大国际公司、木林森电子公司、联创电缆公司等为龙头的产业体系。

井冈山经开区突出LED、通讯终端两大板块。其中，LED产业聚集木林森电子公司、蓝田伟光公司、天际光电公司、Aurora公司、创成公司等同类企业20多家，基本形成“外延片—芯片—封装—应用产品及配套”LED产业链条；通讯终端聚集合力泰公司、平波公司、群泰公司、鸿钧公司等企业50多家，基本形成通讯终端产业链条，其龙头企业合力泰公司二期投产。其中航盛电子公司、合力泰电子公司、红板电子公司、满坤电子公司、联创光电科技公司、盛大国际公司等年主营业务收入超亿元的骨干企业55家，主要产品有高密度多层线路板、终端通信设备、光电线缆、LED发光元器件、电脑配件等。

江西省清洁化试点工业园区

2013年9月，井冈山经开区被评为江西省清洁化试点工业园。井冈山经开区工业园区通过搭建废物产生企业与资源综合利用企业对接平台，引导资源综合利用产业做大做强，引导企业开展资源综合利用，发展循环经济，进行生态园区创建活动，搞好污水处理设施建设。组织企业开展清洁生产审核，落实清洁生产审核方案，推动园区经济发展循环化、生态化、清洁化。

江西省信息化和工业化深度融合示范区

2014年3月，井冈山经开区成为江西省首批、吉安市唯一的两化融合示范园区。“两化融合”是信息化和工业化的深度融合，是指以信息化带动工业化、以工业化促进信息化，走新型工业化道路，核心就是信息化支撑，追求可持续发展。井冈山经开区通过建立智慧园区综合管理服务平台，为园区中小企业提供招商引资、运营决策、公共管理、创业创新、清洁生产等服务，引导示范区向平台化、智慧化、生态化方向发展。引导培育龙头企业建立企业级工业互联网和行业工业云平台方面，为企业提供研发设计、政务服务、公众服务、商务合作、咨询培训、金融支持、制造设备共享等服务，组织企业上云上平台。

江西省文化和科技整合示范基地

2015年6月，井冈山经开区被江西省文化体制改革和发展工作领导小组评为“2012年度江西省文化和科技融合示范基地”。井冈山经开区加强对示范基地发展的指导和支持，建立健全文化科技创新工程工作机制，形成推动文化科技创新合力，保障示范基地健康快速发展，加速技术、人才、资金、政策等要素聚集，促进文化科技成果产业化，发挥示范基地的示范、辐射、带动作用。

江西省知识产权试点示范园区

2017年12月，井冈山经开区确定为国家知识产权试点园区。2015年，井冈山经开区获评省知识产权试点示范园区。2017年全区专利授权达413件，其中发明专利授权15件。2017年，获批省级科技协同创新基金专项1个、省级重点研发计划项目3个、省级科技创新创业人才1人。12家企业申报市本级重点科技计划项目，其中木林森电子公司、三江公司、新琪安公司、瑞声电子公司4家企业申报市级科技协同创新基金专项，蓝微电子公司、冠德新材公司、优特利新能源公司3家企业申报重大科技研发基金专项，满坤科技公司申报市级工程技术研究中心，11家企业申报专利专项资金。2017年，全区有博士后工作站2个、院士工作站2个、省级企业技术中心（工程技术研究中心）30个。全区有高新技术企业45家，其中2017年复评6家、新增8家，高新技术产值占比达45%以上。

第二节　产业发展升级

专项产业发展升级

电子信息业　井冈山经开区第一个十年（2001—2010年）发展过程中，确定电子信息产业为主导产业。有一批投资规模较大、科技含量较高、在全国电子信息行业中颇有影响力的企业落户井冈山经开区，典型代表有：红板（江西）有限公司、吉安满坤科技股份有限公司、江西瑞声电子有限公司、吉安市木林森电子科技有限公司、江西中泰电子有限公司等，这些企业产业带动力强，促进了上下游产业的发展，为电子信息产业的长足发展奠定了良好基础。2009年1月，井冈山经开区依托吉泰工业走廊被评为省级电子信息产业基地。

井冈山经开区第二个十年（2011—2020年）中，电子信息产业有更好的发展条件。2012年6月，国务院出台的《关于支持赣南等原中央苏区振兴发展的若干意见》提出加快提升制造业发展水平，大力发展电子信息、支持吉安电子信息产业基地建设。2012年井冈山经开区引进园区电子信息项目96个，签约资金253亿元，分别占园区总量的33.6%和67.5%。其中投资1亿元以上项目60个，投资5000万元以上项目28个。2012年1—11月，井冈山经开区电子信息产业实现工业总产值102亿元，主营业务收入101亿元。电子信息产业成为江西省重要电子信息生产基地。2013年，井冈山经开区获批国家电子信息高新技术产业化基地。2017年，获批全省首批战略性新兴产业电子信息集聚区。2019年成为国家新型工业化电子信息产业示范基地。

至2020年，井冈山经开区电子信息产业快速发展。米田科技公司、南亚新材料公司、生益电子公司、威尔高电子公司等大企业落户，推动了井冈山经开区电子信息产业做大做强。2018年、2019年、2020年，井冈山经开区（本部）电子信息产业主营业务收入分别为286.4亿元、358.6亿元、463.7亿元。

生物医药大健康业　井冈山经开区生物医药大健康产业重点围绕普正药业公司、大自然药业公司等中医药重点企业，发挥“普正”等品牌效应，打造和完善井冈山经开区现代中医药和生物制药产业。在生物医药大健康产业上突出发展医药、生物胶、生物源农药等产品。医药行业主攻中成药、发展生物制药、重振原料药、培植化学制剂、拓展药包材和医疗器械。主要产品有生物源农药、破伤风抗毒素、消毒液、糖浆、乌鸡口服液、威威强身胶囊、玫瑰红生血胶囊、百年丹、益克停、舒儿康、朵来美、龙种药酒、医药中间体以及其他药剂、片剂和丸剂产品。至2020年，已入驻园区生物医药大健康产业的企业有普正药业公司、生物制品研究所、新琪安公司、大自然药业公司、同瑞生物公司、绿井冈公司等龙头企业。井冈山经开区（本部）生物医药大健康产业 2018—2020 年主营业务收入分别为 126.4 亿元、153.1 亿元、154.3 亿元。

井冈山经开区的普正药业公司设立院士工作站和国家博士后科研工作站，拥有全国首个中药消炎药省级技术中心和重点实验室等高技术创新平台，同中国科学院上海药物研究所、中国中医科学院、上海医药工业研究院、中南大学、江西中医药大学等多家科研机构建立长期的产学研联盟与战略合作关系。先后取得各类科研成果 200 余项，获得 50 余项国家发明专利，30 余项国家科技支撑计划、国家技术创新引导专项等项目，获得国家部委结题和成果认定。通过实施物质精神和健康财富年度增长计划，公司培养出“全国劳动模范”“全国五一劳动奖章”“赣鄱 555 人才”等 30 余名优秀高层次人才。

2020 年 8 月，依托普正药业公司等龙头企业，吉安杜仲产业聚集国内独家的国药准字国家医保用药全杜仲胶囊、杜仲颗粒保健品、杜仲叶茶等，通过提升技术、品质和标准，把井冈杜仲打造成全市生物医药大健康产业的品牌，初步形成集绿色和有机产品、中医药和保健品、健康旅游、健康养老等于一体的产业发展体系。

先进装备制造业　井冈山经开区先进装备制造产业主要生产半导体自动化设备、汽车模具、高端数控机床、高压电缆、导航设备、汽车零部件等，已汇聚瑞鹏飞公司、胜美达公司、联创电缆公司、方舟流体公司等国内外知名企业。2020 年，全区共有 33 家先进装备制造业企业，产业发展呈现出集聚趋势显现、技术创新能力强、企业裂变效应明显等特点。2019 年，井冈山经开区（本部）先进装备制造产业实现主营业务收入 90.82 亿元，同比增长 39.5%。

2020 年 7 月，由江西金匠铸造有限公司投资兴建的年产 5 万吨绿色装备及智能数控机床项目竣工投产。江西金匠铸造有限公司隶属于鹏飞集团，该集团在井冈山经开区还兴建了吉安市瑞鹏飞精密科技有限公司和江西吉米立机械科技有限公司，分别生产汽车模具及汽车零部件和数控机床。吉安市瑞鹏飞精密科技有限公司拥有省级企业技术中心、省级工程研究中心、省级工业设计中心、吉安市五金模具工程技术研究中心、数控加工大师工作室等科研创新平台。

新材料新能源业　井冈山经开区新能源新材料主要涉及锂离子电池、生物质发电、光伏发电、离型膜、光解膜、节能门窗幕墙等方面领域。已汇聚优特利公司、冠德实业公司、思力科公司、嘉寓门窗公司、盛泰金属公司、三江超纤公司、三菱超纤公司等国内一流新能源新材料企业。

2009 年，井冈山经开区形成创新、孵化、生产、辐射、服务等功能较为完善的风电和风电配套产业生产基地，拥有江西麦德风能股份有限公司、江西天元电机制造有限责任公司、江西联创电缆科技有限公司等风电设备生产企业。中共吉安市委、市政府先后出台招商引资和扶持产业发展的政策，设立建设专项资金，推进风电设备产业化基地建设，目标是以直驱低速永磁同步发电机为支柱，带动相关产业的发展。6 月，井冈山经开区完成申报书《江西吉安国家风电设备高新技术产业化基地申报书》。2010 年 1 月，被认定为国家高新技术产业化基地和现代服务业产业化基地。

2018—2020 年，井冈山经开区（本部）新材料新能源产业主营业务收入分别为 26.1 亿元、54.8 亿元、66.5 亿元。

产业发展政策

2006 年，吉安市高新区制定《吉安高新区加快经济发展投资优惠实施意见》，在工业项目及要素保障等方面给予企业支持。

2007 年，吉安市高新区出台《关于加快高新区发展奖励暂行办法的通知》，设立三类奖项：企业自主创新奖、纳税大户奖、出口创汇大户奖。2009 年，井冈山经开区出台《江西井冈山经开区关于进一步加快电子信息产业发展的实施意见》，从财政扶持、融资、土地、人才引进、技术创新、出口补贴、招商引资和强化组织等政策措施方面给予支持。

2011 年，制定《江西井冈山经开区加快工业经济发展优惠政策实施意见（试行）》。

2013 年，出台总部经济发展扶持政策《江西井冈山经开区关于加快总部经济发展的若干意见（试行）的通知》，在落户奖励、用地、财税扶持、人才激励等方面给予政策支持。制定《井冈山经开区关于支持企业做大做强的实施意见》，要求对工业企业上规模台阶实行奖励、鼓励企业固定资产投资和技术改造、专项奖励。

2015 年，制定《江西井冈山经开区重点工程投资评审管理暂行办法》，明确区财政局、项目主管部门和项目建设单位的职责和义务，明确财政投资评审内容和政府投资评审的程序，及财政投资评审中心的评审要求。

2017 年，制定《江西井冈山经开区关于支持“1+3”产业发展的暂行办法》，从土地政策、厂房扶持、财政金融扶持、税收优惠、产业联动发展奖励和外资进资及外贸出口扶持等多个方面对产业进行扶持，并成立产业发展引导基金，同时出台具体实施细则《江西井冈山经开区“1+3”产业发展引导基金实施细则》《关于印发〈江西井冈山经开区关于兑现“1+3”产业发展扶持资金实施细则〉的通知》。制定《江西井冈山经开区推进首位产业龙头企业发展工作方案》，《推进 LED 和智能硬件产业发展实施意见》。

2018 年，制定《江西井冈山经开区关于推进经济高质量发展的实施方案》《江西井冈山经开区知识产权试点园区工作方案》《江西井冈山经开区“财园信贷通”放贷审批管理办法》。

第三节　吉安深圳产业园

吉安（深圳）产业园位于井冈山经开区。2008 年首次规划时位于园区东南部，西邻京九铁路，东濒规划外环路，南靠西垅山一带，北至吉州窑保护区。区域以山地丘陵为主，规划面积 25 平方千米（含文化旅游区、生态农业区），实际开发面积约 15 平方千米；其中工业园区 10 平方千米（西区 4 平方千米，东区 6 平方千米），商住、休闲、综合配套区约 5 平方千米。随着井冈山经开区不断发展，吉安（深圳）产业园的规划面积与井冈山经开区规划面积相同。

产业园项目启动

吉安（深圳）产业园项目是在江西省政府与深圳市政府积极开展“赣深合作”的背景下在赣建设产业承接基地，以吸纳深圳市及粤、港、澳、台相关产业转移。旨在带动江西经济发展，起到沿海发达地区反哺内地经济欠发达地区发展经济的作用，促进深圳市产业优化、更替，实现经济又快又好发展，共筑双赢。吉安市根据自身发展状况，结合已有的产业基础和区位优势，对合作项目建设有着强烈需求，对产业园建设项目进行大量前期准备工作，认为有条件、有能力做好赣深合作，向省政府提出落户选址请求，并得到江西省政府批准，最终确定吉安（深圳）产业园项目设在吉安市。

2007年，江西省政府与深圳市政府决定携手共建吉安（深圳）产业园，打造全国示范性“特区辐射老区，沿海带动内地”的区域经济协作产业示范基地，深圳市南山区政府为落实上级精神，专注推进中西部协作和区域之间发展，立足创新共建模式，由区属国有企业科汇通投资控股有限公司作为吉安（深圳）产业园南山示范园项目的投资建设牵头单位，负责吉安（深圳）产业园的开发建设和运营管理。4月，江西省政府与深圳市政府共同签署《关于加强赣深经济社会领域合作与发展的框架协议》。协议包括加强体制创新交流，加强产业对接合作，双方将共同推进在吉安市建设深圳产业园区；加强两省市工业园区产业聚集、人才、项目、管理、信息等方面的合作交流。重点引导高新技术产业、装备制造业、电子信息产业、优势资源产业、农产品加工业的合作联动，共谋发展；加强资本市场合作；加强旅游业合作与开发；加强商贸、口岸、劳务、建筑工程合作；加强科技领域合作等内容。10月，吉安市委、市政府在深圳举行“吉安市推进深圳产业园项目建设情况汇报会”，就产业园建设的总体设想向深圳市委、市政府进行汇报并取得共识。

产业园揭牌（成立）

图4-19　2008年8月，江西吉安（深圳）产业园揭牌仪式暨项目说明会在深圳市举行

2008年8月，江西吉安（深圳）产业园揭牌仪式暨项目说明会在深圳市举行。同时首批落户产业园，总投资96.3亿元的12个重大项目正式签约。江西省省长吴新雄为产业园揭牌。同月，全国加工贸易梯度转移重点承接地江西省吉安深圳产业园挂牌仪式举行。吉安市委书记周萌在揭牌仪式暨项目说明会上从三个方面推介深圳产业园落户吉安的三大优势：有各级领导的关心和支持，原中共中央政治局常委、国家副主席曾庆红听取过吉安深圳产业园项目建设的专题汇报，并为此做出重要指示。深圳市委、市政府领导始终关注项目的推进。江西省委、省政府全力支持，要求把江西吉安深圳产业园打造成为江西承接产业转移的样板区、区域经济合作的试验区、体制机制创新的示范区，列入全省重大调度项目，给予项目审批和供地的特殊政策；有承接产业转移交通便利，资源丰富，服务体系完备的优势；有良好的人脉基础，吉安市在珠三角的辐射范围之内，吉安与深圳等珠三角区域地缘相近、人缘相亲、优势互补。

产业园规划

规划项目用地位于吉安市东南部，城市规划总用地1934.7公顷，可开发用地1849.0公顷。其中工业用地939.3公顷，居住用地245.6公顷，商业配套用地147.9公顷，综合配套用地83.0公顷，体育公园用地 129.6 公顷，交通绿化用地 303.6 公顷。

规划区内区有良好的自然原生态。项目片区拆迁量极少，整片的待开发面积达 6 平方千米，自然景观较好，有大面积的天然植被及水资源综合配套，片区大多是山地丘陵，耕地极少，便于开发利用；区位及交通优势明显。吉安位处香港、广东经江西到中原的核心地带，既是沿海腹地，又是内地前沿，北与长江三角洲对接，南与华南经济圈呼应，是中原通往东南沿海的“黄金走廊”。京九铁路、泰井（吉衡）铁路、赣粤高速、井冈山机场、赣江航道、105 国道等构成了“水、陆、空”立体交通网络。环城高速公路、永和连心大桥、神岗山大桥、南外环路等贯穿项目区域，为打造大规模的高新工业基地提供交通 / 物流条件。项目选址位于吉安市高新技术产业开发区内东南部，属于吉安市“两江三岸”城市总体格局中的赣江以南片区。项目西侧为吉安县城，城市配套硬件设施基本完备。

规划建设上突出绿色生态，保护好现有山水村落，使之形成点、线、面相结合的天然景区，使每一个片区都享有天然原生态景观；突出以人为本，按照中心城区规划要求，以创造生态宜居宜业环境为根本，使产业园成为集产业、生活、配套设施于一体的生态产业园区，成为吉安市中心城区的重要板块；突出产业特色，以高新技术产业、装备制造业、电子信息产业、生物制药业、农产品加工为主体，以新农村建设与观光农业、高级娱乐休闲、体育公园建设、旅游度假、商务居住为配套功能，体现宜居宜业的发展定位，集工业、商贸、物流、人居、行政办公、文化产业等于一体。

图 4-20　2008 年 7 月吉安深圳产业园规划

产业园成效

2009 年 7 月，正式确定深圳市南山区为吉安（深圳）产业园的对口合作单位。

吉安（深圳）产业园作为江西和深圳两省市加强经济社会领域合作与发展的新平台，得到两地党政领导的高度重视，鼎力支持。2010 年，井冈山经开区内落户企业 203 家，投产 155 家，其中入驻吉安（深圳）产业园的深圳企业有 36 家，总投资 86 亿元，整个园区主营业务收入达到 286 亿元，实现税收 8.5 亿元，各主要经济指标增幅都在 40% 以上。引进亿元以上项目 32 个，新批外商投资企业 11 家，实际利用外资 1.45 亿美元。至 2020 年底，投入深吉安（深圳）产业园资金 2.75 亿元，吉安深圳产业园初步成为长珠闽、港台和海外地区的产业转移基地。

南山示范园

位于江西吉安井冈山经开区深圳大道和南山大道交汇处，红线规划用地 14.3 万平方米，规划总建设面积 19.2 万平方米。

项目启动　2009 年 7 月，江西省政府与深圳市政府决定携手共建国家井冈山经开区暨吉安（深圳）产业园，打造全国示范性“特区辐射老区，沿海带动内地”的区域经济协作产业示范基地，两地政府商定在井冈山经开区规划 3 平方千米区域，由井冈山经开区负责征地拆迁和基础设施配套，建设江西吉安深圳产业园南山示范园；南山区将需外迁的加工贸易类企业、加工基地需要转移到内地的大型企业优先推荐到吉安（深圳）产业园，促进南山区拓展发展空间，调整产业结构；双方建立经常性的信息交流沟通机制，及时为产业转移和承接提供服务。南山区政府确定区属国有企业科汇通投资控股有限公司作为吉安（深圳）产业园南山示范园项目的投资建设牵头单位，负责该项目的开发建设和运营管理。

2012 年 4 月，吉安（深圳）产业园南山示范园暨南山大道景观改造工程启动。

2013 年 8 月，南山示范园项目建设正式启动。

项目建设　项目一期。2017 年 8 月，吉安（深圳）产业园南山示范园一期Ⅱ标段工程施工合同签约。2018 年 1 月，吉安（深圳）产业园南山示范园一期 1 号厂房建成封顶。

项目一期占地面积约 7.2 万平方米，建筑面积约 13.5 万平方米，包括 8 栋厂房、5 栋宿舍和 1 栋配套综合服务楼。8 栋厂房采用相同的标准通用厂房平面设计，建成后可容纳 4000 人工作和生活。其中一期Ⅰ标段，总建筑面积为 4.1 万平方米，包括 2 栋厂房、1 栋宿舍、1 栋配套综合服务楼，一期Ⅰ

图 4-21　2017 年 9 月 14 日，吉安（深圳）产业园南山示范园一期Ⅱ标段开工仪式举行

标段已经投入使用；一期Ⅱ标段，总建筑面积约 9.3 平方米，包括 6 栋厂房、4 栋宿舍，2019 年 10 月竣工完成初验。项目一期对园区进行整体升级改造，投资约 4500 万元，2020 年 10 月中旬完工。

项目二期。项目二期工程包括配套的山顶公园和中心广场，占地约 7 万平方米，计划总投资约 3000 万元。按两地政府要求，项目着重以生态环境为核心，保留自然山体，修建登山栈道和观光亭，作为整个园区的景观和生态中心，使建筑与自然环境相互渗透，创造生态有机的空间环境，突出生态化、景观化、功能化、高效化特点，展现新时代精神，体现“携手”主题，精心打造成“绿色、高效、宜居、宜业”的生态示范工业园。2020 年 8 月完成建设。

项目三期。项目三期建设高级人才公寓 6 栋和研发孵化大楼 1 栋，总建筑面积约 6 万平方米。

南山示范园“党群之家”建设。通过硬装改造、软装升级和信息化互动，在实际空间载体提供党建知识宣传、红色文化传递、企业服务优化等功能。在空间中设置服务大厅、24 小时服务驿站、初心书咖、园区成果展示厅、共享办公室、调解咨询室、多功能厅等功能空间，为园区及企业提供灵活化功能使用。该项目投资约 200 万元，2020 年 10 月完工。

项目运营　2019 年，根据深圳南山区国企改革安排，南山示范园的工作由深圳市深汇通投资控股有限公司继续推进。在园区运营管理方面，将南山示范园划归深汇通全资子公司深圳市深汇通泰丰物业发展有限公司管理。2020 年 7 月，成立深圳市深汇通泰丰物业发展有限公司吉安分公司，负责园区运营管理、招商策划、园区物业服务管理等。

企业入驻　南山示范园重点鼓励电子信息、生物医药和先进制造等高新技术产业进区落户。2019 年营业收入 10.16 亿元。至年底，江西红米谷孵化企业发展有限公司招商入驻企业 463 户。2020 年 7 月，深汇通投资控股有限公司全资子公司——深汇通泰丰物业发展有限公司负责园区日常运营管理工作，包括园区运营管理、招商策划、园区物业服务管理等。2020 年 8 月，一期项目已入驻 4 万平方米，约占总建筑面积的 58%。

2016 年 3 月，一期Ⅰ标段由井冈山经开区主导引进红米谷创业园项目入驻。该项目集创客、创业和创新为一体，云集电商、咨询和医药等类型企业，创立“互联网 +”产业孵化基地。2019 年营业收入 10.16 亿元，税收 6350 万元。红米谷公司已入驻综合楼（11287 平方米），7# 厂房（12041 平方米）和 1# 宿舍楼（5066 平方米），总面积 28394 平方米。至 2019 年，江西红米谷孵化企业发展有限公司共招商入驻企业 463 户。

2019 年底，吉安螃蟹王国有限公司与红米谷公司签订租赁合同。螃蟹王国入驻 8# 厂房，面积 1.20 万平方米。

2020 年，深圳启航动力有限公司和深圳市女娲机器人科技有限公司入驻。启航动力（深圳）有限公司入驻 1# 厂房，面积为 1.20 万平方米。2019 年产值 2000 万元，纳税额 20 万。

图 4-22　2019 年 4 月 26 日，深圳市南山区委书记王强（右二）到井冈山经开区考察南山示范园

深圳市女娲机器人科技有限公司入驻 3# 厂房一层，面积 2408 平方米。2019 年产值 287.6 万元，纳税额 24.8 万元（含个税）。

第四节　西区提质改造

总体布局

井冈山经开区西区总功能性用地 947.24 公顷。其中，工业用地面积 740.58 公顷，占总功能性用地比例 78%；居住用地 152.99 公顷；公共管理与公共服务设施用地 12.55 公顷；商业服务业设施用地 11.35 公顷；物流仓储用地 29.77 公顷。工业用地综合效益主要从经济效益、资源环境效益、土地开发效率、城市发展趋势四个方面进行评价。

综合评价工业用地分为保留提升：发展成熟的重点企业，如中烟、航盛等，及符合产业发展方向的重点企业，且潜力良好，如普正药业、思立科等；控制改造：现状企业运营较好，但用地不集约，如东方名竹、九鼎农牧等；保留置换：企业运营较好，其规模相对较小，需迁至标准厂房；退二优二：不符合产业发展方向、用地不集约、污染大的企业退出，引入新企业；退二进三：工业退出，完善综合服务配套用地。

规划审议

2018 年 11 月，井冈山经开区管委会明确西区改造工作的目标是提高产业效益，整体升级西区品质，体现高质量、有特色的发展要求。明确保留和已出让地块的范围，更新现状数据。统一工业企业分类标准，对公共服务用地及商业金融业用地，采用大类的分类标准，为以后的详细规划预留空间。对规划范围西北部居住片区，要求保留樟树林和马甫村，并调整已规划路网及相关用地的位置；12 月，井冈山经开区管委会研究以产城融合理念高标准建设西区，推动西区高质量转型升级发展。高标准建设城市配套服务设施（医院，学校等公共服务设施的选址，规模及建设标准等）与市政基础设施（雨污分流、供热、燃气、给排水等），提升城市空间绿化，亮化效果。对重要道路沿线景观，建筑立面进行设计，提升西区城市形象。北侧马甫村用地条件较好，土地利用效益要最大化，适当减少绿地面积。建设大道南侧地块部分绿地调整为居住，东侧拓展大道东侧站前路南侧仓储用地改为居住。

用地现状评价

西区工业用地地均产出按照工业总产值和每公顷土地工业产值进行评价；地均利润按照年利润总额每公顷土地产生利润进行评价；地均税收按照企业总纳税收和地均利税进行评价；地均就业按照单位从业人员总数和地均就业人数进行评价；空间效率按照供地情况和开发利用情况进行评价；企业评级按照综合以上经济、环境、空间、品质四个方面评定，根据评定结果对企业进行分类，按照“保留提升”“控制改造”“保留置换”“退二优二”“退二进三”五类，初步决定未来对工业企业处理态度。

用地更新规划

现状保留提升企业 38 家，工业用地面 321.98 公顷；控制改造企业 27 家工业，用地面积 164.57 公顷；

保留置换企业 13 家，工业用地面 55.5 公顷，包括长江药业、鸿丰制衣、巨峰纸品、牛牛乳业、方舟冷却塔、宇能制药、三菱纤维、华兆科技、中诺电子、众合诚电子、天元电机、贯通机械、嘉寓门窗等企业；退二优二企业 18 家，工业用地面积 54.1 公顷，包括展信达科技、公平电子、东远科技、欧凯科技等 18 家企业；退二进三企业 37 家工业用地面积 145.89 公顷。

用地改造实施

西区工业用地面积 583.68 公顷，占总功能性用地比例为 54%。1 处片区中心、5 处邻里中心（3 处为工业邻里）、3 处标准厂房区、多样化住宅产品（低密度 / 高品质 / 普通 / 职工宿舍）更新 5 个行政村、16 个自然点、68.5 公顷用地。建设时序分近期，中期，远期。采取多元主体拆除重建，自主开发（开发商，原业主，开发商 + 业主），政府主导综合整治。

第五章　对外开放

井冈山经开区通过对外开放，加强内外资引进，吸引境内外知名企业落户，加大沿海产业和资金的梯度转移，促进园区经济跨越式发展。至 2020 年，通过建立综合保税区，出台各类招商引资政策，加强对外经贸合作，园区在工业产能、税收贡献度、人员就业率、进出口贸易等方面均有大幅提升。2014 年，井冈山经开区台资企业柏兆（吉安）电子有限公司获全省开放型经济先进企业奖（全省奖励 30 家企业）。2014 年、2017—2019 年，获全省改革开放平台先进单位奖。

第一节　综合保税区

出口加工区

位于井冈山经开区，总体规划面积 2.25 平方千米，首期开发建设面积为 0.63 平方千米。2011 年 3 月 14 日，国务院办公厅批复同意在井冈山经开区设立江西井冈山出口加工区，11 月开工建设，总投资 2 亿元。

图 4-23　2011 年 4 月 19 日，吉安市委副书记、市长王萍（后排中）到井冈山出口加工区召开现场办公会

2012 年 12 月 28 日，由 10 个省直单位组成的出口加工区联合预验收小组对井冈山出口加工区开展预验收工作，随后通过江西井冈山出口加工区预验收联合小组预验收。吉安市政府副市长王大胜与南昌海关副关长钟

海澄共同签署“井冈山出口加工区预验收会议纪要”。

2013年4月，海关总署加工贸易及保税监管司副司长李志辉为组长的国家部委联合验收组对江西井冈山出口加工区进行正式验收和评审，颁发《江西井冈山出口加工区验收合格证书》。7月18日，海关总署批复江西井冈山出口加工区基础和监管设施验收合格，出口加工区正式实施封闭监管和开关运作。12月，井冈山出口加工区首票出境货物通关。

2016年6月22日，吉安市政府向省政府提出核减出口加工区面积的请示。11月9日，江西省政府向国务院提请核减面积。2017年6月27日，江西出入境检验检疫局预验收小组对井冈山出口加工区进行预验收。12月12日，国务院办公厅批复同意江西井冈山出口加工区核减规划面积。2018年1月26日，井冈山出口加工区检验检疫设施通过国家质检总局验收工作组现场验收。3月19日，国家质检总局正式批复井冈山出口加工区检验检疫设施验收合格。9月18日，井冈山出口加工区核减规划面积签署验收会举行，省政府副秘书长刘晓艺，南昌海关党组成员、副关长李宇共同签署《井冈山出口加工区核减规划面积验收纪要》。11月3日，海关总署正式批复同意江西井冈山出口加工区核减规划面积0.48平方千米验收合格。

2018年3月，红板（江西）有限公司经南昌海关备案成为《中瑞自贸协定》项下的经核准出口商。

井冈山出口加工区管委会与井冈山经开区管委会实行“两块牌子，一套人马”。出口加工区是海关监管的特殊封闭区域，可发展保税加工、保税物流等业务，国外货物入区保税，国内货物入区视同出口，实行退税。区内可设置出口加工企业及其相关仓储，运输企业。2011年3月，南昌海关、吉安海关为井冈山经开区红板（江西）有限公司“海关AA类管理企业”颁证。2013年至2019年，井冈山出口加工区实现进出口贸易额1.71亿美元；2019年，实现进出口贸易额7958.4万美元，在全国海关特殊监管区域中排名较上年前移10位。

图4-24　2019年7月31日，市委副书记、市长王少玄（左四）到井冈山出口加工区调研，并主持召开座谈会，副市长邓淑斌，区领导彭学凯、汤文仙、吴磊等参加调研

综合保税区

概况　2016年1月8日，井冈山经开区与张家港保税区招商局签订产业转移对接合作协议。2019年1月30日，吉安市政府向江西省人民政府递交井冈山出口加工区转型升级综合保税区申请。3月25日，江西省人民政府向海关总署发函（赣府函〔2019〕12号）转递相关申请。2020年4月27日，国务院正式批复同意江西井冈山出口加工区整合优化为井冈山综合保税区。2020年10月29日，井冈山综合保税区通过联合验收小组现场综合验收。井冈山综合保税区围绕建设赣中地区加工制造中心、保税物流中心、电子产品检测维修基地和跨境电商基地“两中心、两基地”，聚焦“保税加工、保税物流、保税服务”三大主业，致力于打造发展最集约、特色最鲜明、服务最优、效益最好的“四最”综合保

税区。

招商政策　2019年5月，井冈山经开区管委会办公室印发《井冈山经开区产业扶持资金管理办法》，加强产业扶持资金的规范管理，提高专项资金使用效率，保证资金使用的公开、公平和公正，推动井冈山经开区战略性新兴产业加快发展、产业转型升级。8月，井冈山经开区党工委、管委会办公室印发《井冈山经开区招商引资项目入园管理办法（暂行）》，进一步规范招商项目入园，提升项目管理和服务水平，确保井冈山经开区招商引资精准化、规范化、制度化。9月，井冈山经开区管委会办公室印发《井冈山经开区出口退税周转金管理暂行办法》，支持井冈山经开区外贸企业可持续发展，减轻出口退税企业在退税环节中的资金占用成本，按照“以税定额、退税还款、设置专户、财政贴息、强化监督”的原则设立出口退税周转金。10月，井冈山经开区管委会印发《井冈山经开区推进外资外贸企业平稳健康发展的扶持办法》。

图4-25　井冈山综合保税区监管大楼

2020年4月，井冈山经开区管委会出台《井冈山经开区进一步支持现代服务业发展优惠政策暂行办法》，鼓励区内现代服务业（不含建筑施工企业，下同）发展壮大，加大服务业入规入统力度，巩固拓展税收增收渠道，引进一批实力强大、业务真实、遵纪守法、税收稳固的企业入驻；6月，井冈山经开区管委会出台《关于促进井冈山综合保税区发展的优惠政策（试行）》《关于促进井冈山综合保税区跨境电子商务发展的优惠政策（试行）》。《关于促进井冈山综合保税区发展的优惠政策（试行）》，主要在做强加工制造中心、做大物流分拨中心、打造电子产品检测维修基地、做优跨境电商基地、培育研发设计中心、完善配套服务等六个方面对企业进行扶持。《关于促进井冈山综合保税区跨境电子商务发展的优惠政策（试行）》主要在支持跨境电子商务产业园及平台发展、大力培育跨境电子商务经营主体、支持跨境电子商务服务体系发展等三个方面进行扶持。8月，吉安市人民政府出台《关于支持井冈山综合保税区高水平开放高质量发展的实施意见》，明确井冈山综合保税区的发展定位和发展目标，提出支持平台功能大拓展、支持基础设施大提升、支持新兴产业大集聚、支持体制机制大创新四项重点任务，以及组织保障、专项资金扶持、人才引进、考核激励等一系列保障措施。

引进资金　2019年，出口加工区共引进台湾、香港地区企业2家，合同利用资金1.25亿美元；2020年，出口加工区（综合保税区）共引进台湾、香港地区企业2家，合同利用资金1.25亿美元。

第二节　对外合作

与深圳市政府合作建设产业园

2007年4月24日，江西省人民政府与深圳市人民政府共同签署《关于加强赣深经济社会领域合作与发展的框架协议》，双方决定共同推进在江西吉安建设深圳产业园，以加强两省市工业园区产业在聚集、人才、项目、管理、信息等方面的合作与交流。5月16日，吉安市委、市政府派工作组专程赴深圳工作衔接，并达成“政府推动，企业主体，产业对接，市场运作”的建设共识。

2008 年 8 月 4 日，江西省政府和深圳市政府在深圳举行吉安深圳产业园揭牌仪式暨项目说明会。吉安深圳产业园项目为江西与深圳两省市加强经济社会领域合作与发展的新型平台，为特区支持老区、承接产业转移、沿海带动内地的有效载体。当年吉安市出台《关于建设吉泰工业走廊的实施意见》和《关于决战工业园区发展和城区建设推进新型工业化新型城镇化的决定》，实施非均衡发展战略，其核心是集中力量，打造以江西井冈山经济技术开发区（吉安深圳产业园）为龙头的“吉泰工业走廊”。吉安市政府将吉安（深圳）产业园与井冈山经济技术开发区合二为一，把井冈山经济技术开发区作为吉安（深圳）产业园的起步区，吉安（深圳）产业园作为井冈山经济技术开发区的拓展区，规划面积由原来的 12.7 平方千米扩展为 42.99 平方千米。

与深圳南山区政府合作共建南山示范园

按照深圳市委、市政府的安排，深圳市南山区作为吉安（深圳）产业园的合作主体，承担产业园的开发建设任务。2009 年 7 月，经过吉安市人民政府与南山区人民政府共同商定，双方共同签署《关于推进两地区域对接与合作框架协议》和《关于合作建设吉安深圳产业园的协议》，决定启动建设 3 平方千米南山示范园。2011 年 10 月 21 日，吉安市党政代表团访问南山区，双方就推进吉安（深圳）产业园建设工作进行会谈，确定建设南山示范园、成立专门工作机构等事项。2012 年 5 月，南山区明确由深圳市科汇通投资控股有限公司作为南山示范园项目投资、规划建设和管理的牵头单位，负责项目的建设与管理。2016 年 6 月，南山区党政代表团赴吉安开展对口考察，部署吉安南山示范园第二标段建设工作事宜。2017 年 3 月，吉安市党政代表团赴深圳市南山区，双方就进一步加强两地的交流合作，打造提升南山示范园区进行洽谈，表示将加快合作共赢，让南山示范园成为承接外溢发展的标杆。2018 年 4 月，吉安党政代表团赴深圳考察，双方达成在深化产业合作的基础上，加强“三个对接”“两个基地”的“3+2”合作共识。

与遵义市经开区签订战略合作协议

2016 年 6 月 20 日，井冈山经开区考察团到贵州省遵义市经开区考察，双方签订战略合作协议。

与南京经开区缔结友好园区

2016 年 8 月，井冈山经开区与南京经开区缔结友好园区，双方在园区建设、产业发展、经贸交流、招商合作、人才支持等方面加强合作，推进双方园区共同发展。

与福州高新区签订战略合作框架协议

2017 年 4 月 24 日，吉安市党政代表团赴厦门、福州学习考察。期间，井冈山经开区与福州高新技术产业开发区签订战略合作框架协议。

与延安高新区开展合作共建

2020 年 8 月，井冈山经开区与延安高新区开展合作共建。双方在两区友好、招商交流、经济互动、人才培养、人文交流等方面加强合作，实现双方优势互补、合作共赢、共同发展。

第三节　进出口贸易

2010 年，实现外贸出口 1.503 亿美元。2011 年，外贸进出口 4 亿美元。2013 年，外贸出口 5.2 亿美元。4 月，井冈山出口加工区正式封关运行，区内登记注册并在海关备案企业 2 家，其中加工制造企业 1 家，保税物流企业 1 家。2014 年，在出口加工区注册登记并在吉安海关备案的企业 3 家，其中加工制造企业 2 家，保税物流企业 1 家，全年实现进出口贸易额 1757.2 万美元。2015 年，在出口加工区注册登记并在吉安海关备案的企业 3 家，其中加工制造企业 2 家，保税物流企业 1 家，出口加工区全年实现进出口贸易额 1513.6 万美元。2016 年，在出口加工区注册登记并在吉安海关备案的企业 3 家，其中加工制造企业 2 家，保税物流企业 1 家，出口加工区全年实现进出口贸易额 2705.4 万美元。2017 年，在出口加工区注册登记并在吉安海关备案的企业 3 家，其中加工制造企业 2 家，保税物流企业 1 家，全年实现进出口贸易额 2362.3 万美元。2018 年，在出口加工区注册登记并在吉安海关备案的企业 2 家，其中加工制造企业 1 家，保税物流企业 1 家，全年实现进出口贸易额 769.4 万美元。2019 年，在出口加工区注册登记并在吉安海关备案的企业 2 家，其中加工制造企业 1 家，保税物流企业 1 家，全年实现进出口贸易额 7958.4 万美元。2020 年，在综合保税区注册登记并在吉安海关备案的企业 12 家，其中加工制造企业 6 家，跨境电商企业 1 家，保税物流企业 5 家，全年实现进出口贸易额 2.98 亿美元。

2014—2020 年井冈山出口加工区（综合保税区）进出口总额统计表

表 4-13

年份	进出口总额（万美元）	出口总额（万美元）	进口总额（万美元）	累计比去年同期增长率（%）		
				进出口	出　口	进　口
2014	1757.2	1180	577.1	—	—	—
2015	1513.6	1326	187.6	-13.86	12.37	-67.49
2016	2705.4	1083.6	1621.8	78.74	-18.28	764.50
2017	2362.3	1006.2	1356.1	-12.68	-7.14	-16.38
2018	769.4	769.4	0	-67.43	-23.53	—
2019	7958.4	7719.7	238.7	934.36	903.34	—
2020	29809.1	20444.4	9364.6	274.6	164.8	3822.8

2001—2020 年井冈山经开区进出口情况表

表 4-14　　单位：万美元

年度	进出口总额	出口额	进口额
2001	—	—	—
2002	—	—	—
2003	—	—	—
2004	—	—	—
2005	—	235.48	—
2006	—	1297.86	—
2007	—	2036.55	—

续表 4-14

年度	进出口总额	出口额	进口额
2008	—	2495.79	2476.29
2009	—	8113.19	3568.02
2010	—	15023.35	3436.01
2011	41548.88	33542.63	8006.26
2012	39481.35	38000.41	1480.94
2013	52934.12	50721.74	2212.38
2014	67335.03	64079.65	3255.39
2015	71197.07	69246.47	3950.6
2016	76511.96	70262.48	6249.48
2017	82400	77276	5124
2018	81536	75179	6358
2019	106120.44	99403.61	6716.84
2020	110326	105200	5126

吉安陆地港

吉安陆地港是厦门港务控股集团有限公司在吉安布局“一带一路”，对接厦门自贸区，在井冈山经开区投资建设陆地港，服务吉安和周边地区的国际贸易项目。项目占地 16.7 公顷，总投资 3 亿元，已投资 7000 万元。2014 年 7 月试运营，10 月正式运营。2015 年，国际货物吞吐量达到 3000 标箱，辐射吉安及周边的新余、萍乡、抚州、宜春、赣州等地市，成为赣中地区最大的国际物流平台。

吉安陆地港为吉安 40 多家企业，周边 100 多家企业提供国际物流服务。至 2016 年 1 月，货物吞吐量达到 212 标箱，同比增长 17%。1 月 19 日，吉安市首家进口商品直销中心在吉安陆地港开业，直销进口商品 1000 多种，比市场便宜 20% 以上，成为吉安首家进口商品直销中心。

第四节　对外交流

井冈山经开区经常与省内外国家级经济技术开发区、知名企业、集团开展学习交流活动；经常接待全国各地一些党政代表团到区工作考察，交流工作，共商发展大计。

2003 年 10 月 30 日，湖南省株洲市委书记肖雅瑜率考察团到区考察江西金顶药业有限公司、吉安钢铁有限公司和江西绿洲人造板有限公司等。

2004 年 10 月 5 日，江苏省江阴市经济考察团到区进行为期两天的考察。同年 10 月 17 日，安徽省六安市副市长杨光祥率团对吉安市高新区进行考察。

2005 年 3 月，香港森泰集团红板（东莞）公司董事长叶校然、董事叶德然到吉安市高新区考察。同年 5 月，叶德然先生再次到吉安市高新区考察。

2007 年 3 月 24 日，深圳市工业经济联合会主席团执行主席、深圳中航集团总裁吴光权率领深圳市工业投资考察团一行 40 余人到吉安市高新区考察。

2009 年 1 月 15 日，香港森泰集团董事局主席叶森然、行政总裁叶校然一行到吉安市高新区考察，双方就森泰集团在吉安的投资创业以及吉安电子产业的发展前景进行交流。同年 12 月 2 日，建滔积层板控股有限公司董事会主席张国华一行到区考察，并参观红板电子公司、满坤电子公司、中泰电子公司、华文光电公司、联创光电公司等企业。

2010 年 6 月 12 日，深圳航盛集团总裁杨洪，香港言爱基金会教育援助顾问房慧琴一行到井冈山经开区考察。参观规划展示厅、红板集团、联创光电公司、优特利（吉安）有限公司等。同年 12 月 27 日，胜美达集团董事长赵家骧到井冈山经开区考察。

2011 年 5 月 11 日，香港钦达科技控股银行集团董事长林杰生和台湾 HCG 和成集团董事长邱士楷一行参观考察井冈山经开区。

2012 年 8 月 7 日，上海赣商集团董事长邓凯元一行到井冈山经开区考察，并参观联创电缆公司、规划展示馆。

2015 年 2 月 11 日，井冈山经开区党工委书记刘志坚在北京拜访中航资本控股股份有限公司总经理。双方就产融结合业务、政府投融资合作、综合金融服务、资讯共享等进行交流并签订合作框架协议。

2016 年 6 月 20 日，井冈山经开区考察团赴贵州省遵义市经开区考察，并签订战略合作协议。同年 12 月 29 日，井冈山经开区与合力泰电子在合力泰深圳分公司共同举办智能创新产品对接交流会。

2017 年 4 月 10 日，新疆维吾尔自治区阿克陶县工会考察团一行到井冈山经开区考察交流。同年 5 月 28 日，山东大学校长张荣，中国科学院院士、清华大学副校长薛其坤，中国科学院院士刘明等院士专家至井冈山经开区座谈交流。同年 6 月 21 日，九江经济技术开发区管委会副主任戴炜率队至井冈山经开区考察交流。同年 11 月 23 日，广西壮族自治区崇左市副市长劳宁军一行至井冈山经开区考察交流对台招商工作。

2018 年 3 月 13 日，井冈山经开区党工委书记彭学凯，管委会分管领导在上海参观考察全球第三大 IC 设计企业展讯科技全球研发总部，并就井冈山经开区发展集成电路产业与公司高级副总裁吴慧雄进行交流。3 月 14 日，南昌县小蓝经开区管委会副主任肖红松率考察组一行到井冈山经开区进行座谈交流。3 月 16 日，井冈山经开区党工委书记彭学凯，管委会分管领导实地考察比亚迪电子部品件公司、业际光电、桑格尔科技等企业，会见深圳科汇通高董事长，就推进南山示范园二期建设，对接南山区产业转移等事项进行交流。4 月 12—16 日，井冈山经开区管委会主任汤文仙走访蜂巢空间公司，与公司董事长赖万里交流企业一站式服务平台建设。6 月 15 日，井冈山经开区党工委书记彭学凯在深圳考察大族激光科技股份公司，就半导体封装及设备制造项目与企业负责人进行交流洽谈。6 月 27—28 日，井冈山经开区管委会主任汤文仙走访上海东方龙商务咨询有限公司，与上海悉地国际负责人进行项目洽谈，考察了上海金桥经济技术开发区管委会、金桥碧云国际社区。12 月 6 日，井冈山经开区党工委书记彭学凯率组赴福州高新区进行

图 4-26　2018 年 10 月 17 日，深圳计算机行业协会和连接器行业协会考察井冈山经开区

考察交流，“海外人才江西行”来吉考察团一行到井冈山经开区考察并座谈交流。10月17日，深圳计算机行业协会和连接器行业协会考察井冈山经开区。

2019年6月19日，福州台商投资区管委会副主任薛承龙率组，就人事制度改革有关情况到井冈山经开区考察交流。9月6日，赣南师范大学党委委员、副校长刘民、郭新春等到井冈山经开区参观、校企合作交流。9月24日，集成电路产业考察团到井冈山经开区进行座谈交流。

第六章　安全生产

安全生产工作事关经济社会发展全局。井冈山经开区安全生产委员会紧绷园区生产安全弦，坚持“安全第一，预防为主，综合治理”方针，加强安全生产监管，组织协调职能部门按照职责分工，帮助企业落实安全生产主体责任，组织开展安全生产大检查，隐患排查和整改，确保安全生产工作全方位落到实处。

第一节　监管平台

生态环境与安全生产管理机构

2019年10月，成立井冈山经济技术开发区（出口加工区）应急管理局（生态环境局），负责环境和安全生产监督管理。

环保检测机构

2016年，成立井冈山经开区环境监测站。至2020年，环境监测站配备有原子荧光分光光度计、气相色谱仪、紫外分光光度计和原子吸收分光光度计等仪器设备80余台套，具备基本的大气、水和土壤检测能力。环境监测站的建设填补井冈山经开区环境监测能力空白。

2016年10月，环境监测站运营，开展相关监督性监测，主要包括：对金鸡湖、禾河经开区段每月开展例行监测，监测指标为pH、COD、氨氮、铜和氟化物等指标；对全区20个交通道路噪声点、68个区域环境噪声点，每年8月开展一次昼、夜监测；对20多家重点企业废水每月不定期取样2天，对6家非重点企业废水每月不定期取样1天，监测因子为pH、COD、氨氮和企业有关特征污染因子；对19家重点锅炉废气产排企业每半年定期取样1天，监测因子主要为NOx、烟尘和林格曼黑度。

环境监控平台

按照省政府《关于加强工业园区污染防治工作的意见》中“加快园区一体化环境监测、监控体系和应急处置能力建设”的要求，在全省率先建设集在线监测、环境管理、风险预警于一体的多功能综合性监管平台。

监控平台分三期建设，总投资超过800万元。一期完成环境监控中心、企业排水管控建设任务，实现污染源“一企一档”的管理制度，初步建立集污染源监控、预警发布、管理于一体的数字化、信息化管理体系。二期建设完成对危废、辐射源信息管理系统建设，对无组织排放废气，尤其是园区化工类及相关企业周边异味气体的监控，建立大气质量、恶臭等空气污染源监测预警系统，实现对大气质量的实时监测。三期建设危险废物仓库新增视频监控和可燃性气体报警系统，实时监控危废进出及仓库状态。平台有管理模块 17 个，涵盖水、气、声、固废和环境管理各方面，已纳入 20 多家重点废水企业及 4 家重点废气产排企业在线监测；建有 13 套区域阵列式在线监控系统、4 套厂界 VOCs 在线监测、1 个空气自动监测站，重点监控企业周边废气排放情况和园区空气质量；1 个水质自动监测站监控园区最大地表水水质情况，2 个区域噪声在线监测监控学校噪声情况。在企业排放口安装“三结合”（电磁阀、流量计、应急池）管控系统，配备两台无人机协同巡查。建设三维地理信息系统，创建天地一体化管理平台，使企业内部实际情况可视化。完善大气环境自动监测预警网络，形成空气污染检测预警系统。平台纳入安监、消防系统，对所有重点安全生产环境风险因子开展定量环境风险评估，建立对应数据库，实现风险源“一源一档”的管理制度，形成“点、线、面”全覆盖的监控网络，建设环境应急辅助决策指挥系统，为突发事件应急提供数据支撑，建设一键报警系统。

安全综合管理平台

2019 年 1 月，井冈山经开区委托第三方建立安全综合管理平台。6 月，平台建成运行，是全省建设最早、功能最全的安全信息管理平台之一。平台具有可视化和直观化、实时监控与智能化推送、快速应急等特点。安全综合管理平台建成后，使园区企业的安全基础信息规范完整、动态信息随时调取、执法过程便捷可溯、应急处置快捷可视、事故规律预测预判，将隐患治理从“事后处理”的传统模式革新到预控层面上，提升隐患源头治理能力。

第二节　制度建设与机制完善

夯实安全生产基础

2019 年，井冈山经开区应急管理局落实应急值班值守工作，设立应急管理专线视频会议室，做好全区节假日和日常值班值守信息调度，利用应急管理专网及时向上级报送平安和相关值班值守信息，督促各单位和企业积极落实值班值守和安全防范工作。常态化开展防灾减灾和森林防灭火宣传活动，抓好汛期和秋冬防灭火重点时期各部门和各街道、（村）社区相关工作的调度，及时发布灾害、森林火灾预警信息，协调区消防救援大队做好受灾群众转移和救助及森林火灾扑救等应急综合救援工作。

图 4-27　2019 年 6 月 17 日，井冈山经开区开展第 18 个全国“安全生产月”和“安全生产万里行”活动

常态化开展安全生产知识宣传教育，编辑、印制《江西省安全生产条例》和《安全生产常用法律、行政法规、文件汇编》《安全生产典型事故案例剖析》等各类宣传资料。每年定期向园区内各企业、各单位、各街道和及广大群众免费发放，普及安全生产法律法规知识。通过宣传栏、微信、QQ群、短信等方式宣传各类安全生产知识，提高全民安全意识观念。开展以“守护生命”为主题的安全生产知识竞赛和“安全生产月”文艺汇演，普及安全生产知识技能，提高全民安全素养。每年定期邀请省内外安全生产专家给园区领导干部、安委会成员单位负责人、企业主要负责人、分管安全的负责人、安全员等重点人群授课。

摸清企业“家底”，采集企业安全生产相关信息，建立完善园区“一个企业一份档案”安全生产管理台账。2020年12月，完成全区（包括青原产业园）规模以上企业 “一企一档”建立完善工作。制定《井冈山经开区企业建设项目安全设施“三同时”管理暨安全生产标准化创建工作实施方案》并逐年推进。同月，全区大部分企业完成“三同时”手续和标准化创建工作。实施“互联网＋安全生产”战略，建成安全生产监督管理平台并运行，实现对企业安全生产要素实时监控、重大危险源及时采集与管理、应急物资管理、风险研判与安全风险日志管理、培训教育考核管理和企业3D模型建立。建成应急决策指挥系统，将隐患治理从“事后处理”的传统模式革新到预控层面上，提升隐患源头治理和应急救援能力。推动先进技术和装备在危化领域的广泛应用。至年底，在全区13家危险化学品生产企业推广应用视频监控、指纹打卡、关键岗位人员定位跟踪器等先进适用技术和装备，提升危化领域安全保障能力。

2020年12月，建立应急救援机制，将30余名专业安全技术人员纳入区应急专家库中。

强化安全生产责任

至2020年，先后出台《井冈山经开区安全生产“党政同责、一岗双责”制度暂行办法》和《井冈山经开区安委会成员单位安全生产监督管理职责规定》等制度，明确各级领导干部、各级各部门安全生产责任，量化安全生产责任指标，加大安全生产年度考核评价权重。建立横向到边、纵向到底、职责明晰的安全监管责任体系。成立11个安全专业委员会，规范井冈山经开区安全生产委员会工作制度，区管委会每年与区安委会各成员单位、区内各企业签订安全生产责任状书，明确目标，层层传导责任，共建共治、齐抓共管大格局初步形成。

规范安委会运行机制

每年制定印发《井冈山经开区安全生产工作要点》，提出安委会全年工作建议。坚持定期分析研判通报全区安全生产形势，强化重要时段重点工作会商调度，每年召开6至8次安委会全体成员会议，专题研究安全生产相关工作。建立“卡单函令”工作制度，强化安全生产“点对点”督导，尤其是对于省、市安全生产督查

图4-28　井冈山经开区安委会召开全体成员扩大会议

反馈的问题，全部督促相关部门立即整改，促进有关工作的落实。在全面分析井冈山经开区安全生产现状基础上，委托具有甲级资质的安全评价机构开展园区整体性安全风险评价，编制《井冈山经开区2018—2020年安全生产三年规划》和《井冈山经开区化工产业集中区2016—2025年安全发展规划》，提出园区未来安全发展总体思路和控制安全风险的对策措施，对评估发现的问题逐一整改落实。

体制改革

出台改革《实施意见》　井冈山经开区应急管理体系建设起步较晚，主要以消防救援为主体。2004年12月，成立区消防救援大队，依托区消防大队组建园区综合应急救援队伍，逐步形成以消防为骨干力量，区管委会人武部民兵队伍为辅助力量的应急队伍体系。建立园区应急物资储备库2个，分别位于管委会大楼仓库和消防大队，装备各类生命救援、抢险、防护物资。此外，区内38家消防重点单位均已设立微型消防站，其他非重点单位也配备一定数量的应急救援物资。

应急管理机制改革坚持生命至上、安全第一，立足长效、依法治理、过程管控、统筹推动的原则，经历深入调查、反复讨论修改等阶段，并征求区安委会各成员单位意见后，将《井冈山经济技术开发区关于推进城市应急管理改革创新的实施意见（讨论稿）》上管委会主任办公会讨论并通过。《实施意见》共七部分18条，提出一系列具体要求和制度措施，着力解决当前城市应急管理工作过程中存在的薄弱环节。改革过程中对全区重点部门和企业应急装备设施、应急队伍建设、突发情况处置情况进行摸底，了解全区应急管理体系建设现状和存在的问题，为以点带面加快推进全区应急体系建设，提升防范化解重大风险能力打下基础。

2020年，根据一区四园的新特点，局部调整改革方向，理清工作思路，确定任务分工，重新修订《实施意见》。6月，通过与省安全科学院探讨，在理清应急管理体系建设思路基础上，完成初《实施意见》修订稿。

改革成效　理顺应急管理机制，按照机构改革和人员变化，调整安全生产委员会，减灾委员会、森林防火指挥部、抗震救灾指挥部等成员单位及人员组成，全面清晰优化议事机构功能框架。加强了应急物资配备，采购一批应急救援物资和装备。完成全区应急预案修编和应急体系建设指导意见。

2020年1月，青原产业园江西高精科技有限公司厂区开展一次危化企业生产安全综合应急演练，检验各相关部门协同配合作战能力和企业突发事件应急处置能力。

第三节　风险管控与应急救援

整体安全风险评估

2017年11月，井冈山经开区组织第三方安全机构对园区进行整体安全风险评估。12月，与南昌安达安全技术咨询有限公司签订《安全生产技术咨询及安全管家服务协议书》，聘请该公司组织相关技术力量全面评估井冈山经济技术开发区园区风险，编制园区安全风险评估报告。

2018年2月，南昌安达安全技术咨询有限公司成立风险评估项目组并制定工作方案，多次对园区及周边环境企业进行详细实地调研，对全区存在的安全风险进行评估。2019年10月，出具《井冈山经济技术开发区安全风险评估报告》（初稿）。11月，井冈山经开区应急管理局组织有关单位和专家对初稿进行技术评审，月底完成评审工作，并编制《井冈山经济技术开发区安全风险评估报告》。评估报告介绍企业分布情况及各企业概况、主要化学品生产使用情况、全区安全现状，分析主要危险因素、危险工艺、以及各行业存在的安全风险，提出园区今后一段时期的安全运行、管理和规划对策措施。12月初形成报告终稿。报告内容包括全区（本部区域）选址对周边环境的影响、开发区（本部区域）总体布局的合理性、产业结构规划和产业关联程度、企业间相互影响、公用管廊等公用工程配套情况、安全管理和应急救援体系建立等方面的实际情况与规划需求的符合性、适应性进行评估。评估成果主要体现企业重大危险源的影响范围和开发区（本部区域）社会风险、个人风险，以及企业与企业之间、开发区（本部区域）与周围环境之间的相互影响，并针对分析得出的问题提出风险控制措施和建议。

危险化学品管控

严格企业安全生产规划　2011年12月，井冈山经开区安全生产监督管理局聘请江西省化学工业设计院制定《国家井冈山经济技术开发区化工产业集中区安全发展规划（2011—2022）》。井冈山经开区安全生产监管部门提前介入危化企业及周边企业新改扩的基础设施建设空间布局，确保企业安全设施规划布局合理。组织专家对全区所有危化企业《安全设计专篇》现场核实确认，主要核查企业现场相关设施布局、生产工艺是否与安全设计一致，内外部安全防护间距是否符合要求，对与安全设计不一致、不满足安全防护间距的一律要求整改，暂时无法整改的要求落实安全防护措施。对所有危化企业仓库防火等级、安全防护措施、存储物料及数量进行全面摸底排查，建立监管台账，要求企业严格按照《安全设施专篇》定点定量储存危化品，不得超量、超品种储存。重点核实企业危化品品名、储量、危险特性，是否有硝酸铵等爆炸危险性物品。经常性对全区危化企业排查，摸清“两重点一重大”企业底数13家，涉及重点监管工艺7家。按照各企业安全风险等级水平，分类督促企业安装可燃和有毒报警、紧急切断、自动化系统。重点关注新琪安、宇能制药等风险较大企业。选定宇能、新琪安、高精等3家重点企业作为人员定位与门禁系统装备试点企业，明确一对一帮扶责任人指导推进。督促列入精细化工反应安全风险评估范围精细化工企业（宇能制药和吉瑞）开展反应安全风险评估，落实评估建议，补充完善管控措施，确保设备设施满足工艺安全要求。选定宇能制药作为“两张表”精炼提升示范企业，明确专人负责，每月走访，帮助企业不断改进提升。2020年6月，在宇能制药举办全区安全生产“两张表”开放交流日专题活动。在重要节点，特殊时期开展专项执法，最大限度降低风险。

安全生产人员培训　每年制定度安全培训计划，分批、分期组织企业主要负责人、分管安全负责人、安全管理人员进行培训，突出以案说法，鼓励企业相关人员上台讲课，以身边事例讲解如何杜绝员工“三违”、八大特种作业安全要求和注意事项、日常安全隐患排查治理方法、安全生产标准化如何创建等。开展“十佳示范企业”和“十佳企业安全员”选树活动，营造比学赶超良好氛围。鼓励企业报考注册安全工程师，提升专业技能，开设安全生产业务咨询室，专家常驻，为相关企业提供业务指导。组织职业技能晋升，推动相关企业重点岗位职工完成职业技能晋级培训，督促企业组织各类员工参加省、市安全技能培训，提高从业人员专业素养。定期抽查企业一线员工，了解岗位安全知识掌握情况。

安全监管队伍建设　配齐配强安全监管和执法力量，区应急管理局由5人扩编至9人（含环境保护监管人员），具有化工专业学历2人。2020年，井冈山经开区管委会通过公开招录，选聘化工类专业安全监管人员。在安全生产监督管理平台的基础上，推进平台改进提升，实现对危险化学品企业重

点场所、重大危险源、重点监管危险化工工艺、基础设施实施在线监测监控预警。完成企业相关数据的接入，实现企业、监管部门信息共享、上下贯通。加强政府购买安全技术服务工作，增加安全生产标准化创建指导、“两张表”改进提升、应急预案修订和演练和入企安全培训教育等技术服务内容，推动全区危险化学品监管水平再提升。

开展联合执法

每年元旦、春节、全国“两会”、五一、高温、国庆等重要时段，组织安监、消防、建设、公安、交警、特种设备、社会事业等行业监管部门组成联合检查小组深入到危险化学品、粉尘作业、建筑施工、“三合一”及人员密集场所现场进行拉网式隐患排查，把安全隐患消灭在萌芽状态。

安全监管与专项整治

实行“政府购买服务、专家排查隐患、部门依法监督、企业整改隐患”的安全生产隐患排查治理的市场化工作模式，聘请第三方安全技术服务机构派驻 2 名安全专家常驻井冈山经开区进行安全检查，实现常态化监管，对危险化学品生产等高危企业邀请各方面专家来“集体会诊”以提高企业的生产安全。

以“查大风险、除大隐患、防大事故”为目标进行安全生产检查，每年开展道路交通、建设工程施工、危险化学品、消防、工贸、城市运行、特种设备、城镇小微企业等重点行业领域专项整治。至 2020 年，累计排查企业 5900 家次，排查出安全隐患 28801 条，发现安全风险点 6732 处，制定管控措施 9546 条，消除一批风险隐患。

事故应急救援

预案编制　至 2020 年，园区各生产经营单位成立以负责人为组长的编制工作小组，吸收职能部门人员以及有现场处置经验的人员参加。生产经营单位编制应急预案前，须进行事故风险辨识、评估和应急资源调查。应急预案过程中征求相关应急救援队伍或者有关组织的意见，注重与政府部门、应急救援队伍和涉及的相关单位应急预案保持衔接。对风险种类多、可能发生多种类型的事故均编制综合应急预案。对某一种或者多种类型的事故风险，应编制相应的专项应急预案。对于危险性较大的场所、设施设备，需编制现场处置方案。

吉安市高新技术产业开发区成立时，管委会编制《生产安全事故应急救援预案》，后多次修订。2019 年 4 月 1 日，井冈山经开区应急管理局对《井冈山经开区生产安全事故应急救援预案》进行修订，6 月成立应急救援预案编写小组，组织相关人员和专家对园区企业的应急救援队伍建设和应急物资情况进行调研，并对园区生产安全事故风险情况和应急能力进行调查和评估，2020 年 8 月形成《生产安全事故风险分析报告》和《应急能力评估报告》。

2019 年 11 月，在征求区安委会各成员单位的意见后编制完成《井冈山经开区（本部）生产安全事故应急救援预案》（初稿）。12 月，聘请省级专家对《井冈山经开区（本部）生产安全事故应急救援预案》（初稿）进行评审，出具评审意见，应急救援预案编写小组根据专家意见要求全部修稿到位。同月，经过专家确认通过，形成《井冈山经开区生产安全事故应急救援预案》（2019 年修订版），月底颁布实施。

应急救援　2020年7月，面对持续强降雨带来的严峻防汛形势，富滩园区办疏通富吉粮油周边堵塞的排水口，在远大实业周边组织搭建临时围堰，化解园区低洼区域内涝险情，确保园区企业财产安全；11月17日，海州医药化工有限公司废水蒸馏车间发生爆炸事故。“11·17”事故发生后，富滩园区办组织人员协同青原区应急管理局、人社局、属地镇党委政府安抚死难者家属，协调死亡赔偿事宜，慰问周边受损企业和居民，对构筑物受损情况进行核实统计，委托所属村委会安排人员对受损构筑物门窗进行修缮，同时委托吉安市房屋质量安全专家委员会对受损严重的构筑物进行安全性鉴定，聘请有资质的维修机构进行维修，确保在最短时间内消除事故对企业及周边群众的负面影响。

第七章　经济成效

至2020年，经过20年的建设和发展，通过国家、省、市三级对井冈山经开区的经济建设、对外开放、区域带动、科技创新、生态环境、行政效能等指标进行综合考评，井冈山经开区经济发展各项指标增长迅速，部分经济指标走在全省国家级经济开发区前列。

第一节　主要经济指标

2010年井冈山经济技术开发区实现工业总产值165亿元，实现税收8.5亿元，累计引进项目322个，累计引进资金262亿元。

2011年，累计实现园区主营业务收入301亿元，规模以上工业总产值216亿元，实现税收10.5亿元，完成固定资产投资41.5亿元。

2012年，实现财政总收入6.01亿元，实现税收13.65亿元，完成固定资产投资47.0亿元，规模以上工业总产值280亿元。

2013年，实现规模以上工业主营业务收入401亿元，规模以上工业增加值69.7亿元，固定资产投资67亿元。

2014年，完成规模以上工业主营业务收入482.7亿元，规模以上工业增加值95.06亿元，固定资产投资57.7亿元。3月25日，国家（吉安）印刷包装产业基地揭牌。该基地是吉安与香港、台湾和广东东莞印刷企业界签订建设的一个重大文化产业项目，项目总投资23亿元，形成印刷、出版、印刷机械、包装等一套完整的产业链。

2015年，实现规模以上工业主营业务收入526.3亿元，工业增加值119.8亿元，财政总收入14.36亿元。LED、触控通信产业加速集群发展，分别聚集木林森电子公司等重要封装企业，蓝田伟光公司、AURORA公司等下游应用及蓝田伟光公司等配套材料企业，形成LED产业相对完整的中下游产业链；聚集合力泰电子公司、平波电子公司等主机和关键零部件企业25家，覆盖触控通信产业模组、元器件、材料等多环节。两大产业主营业务收入占园区电子信息产业比重近70%。

2016年，实现工业主营业务收入603.2亿元，工业增加值120.6亿元，固定资产投资80亿元，财政总收入 14.1 亿元。

2017 年，实现规模工业主营业务收入 595.0 亿元，固定资产投资 90.6 亿元，财政总收入 16.5 亿元，规模以上工业主营业务收入 542.55 亿元，规模以上工业增加值 143 亿元，固定资产投资 90.6 亿元。电子信息主营业务收入突破 300 亿元，生物医药大健康、新能源新材料和先进装备制造产业等战略性新兴产业产值占全区的 51%，税收达 3.8 亿元。全年新增专利申请 398 件，获评国家知识产权试点示范园区。合力泰经开区分公司、江西平波电子公司获离散智能制造试点示范项目企业，江西木林森公司、红板电子公司入选省级“两化”深度融合示范企业。普正药业获中国驰名商标。

2018 年，“一区四园”实现主营业务收入 938.2 亿元，在全省工业园区排名第五名，其中井冈山经开区本部 547.9 亿元。完成财政总收入 22.4 亿元，税收占比 94.6%。新增高新技术企业 15 家，总数 58 家，高新技术产业产值占比 48%。全年完成亿元以上签约项目 23 个，合同引进资金 218.3 亿元。签约项目中，电子信息产业 15 个。木林森电子公司成功申报国家级企业技术中心，全区企业专利申请量增长 17%，开发区列入国家知识产权试点示范园区名单。全区专利申请量 558 件，新增高新技术企业 15 家。新琪安公司、瑞鹏飞公司已经申报省级工程技术研究中心，普正药业公司通过省级工程研究中心专家评审，获评省级电子信息产业创新服务综合体和省第二批大众创业万众创新示范基地。

2019 年，井冈山经开区“一区四园”主营业务收入 1037.2 亿元，其中本部主营业务收入 614.0 亿元，工业增加值 140.7 亿元，固定资产投资 72.3 亿元，实现财政收入 26 亿元。

2020 年，井冈山经开区“一区四园”营业收入 1107.8 亿元，其中本部主营业务收入 719.9 亿元，工业增加值 169.8 亿元，固定资产投资 78.4 亿元，财政收入 27.4 亿元。

2003—2020 年井冈山经开区（本部）部分经济发展指标一览表

表 4-15

年份	主营业务收入（亿元）	工业增加值（亿元）	固定资产投资（亿元）	引进内资（亿元）	引进外资（万美元）	财政收入（亿元）	外贸出口（亿美元）
2003	—	—	—	7.85	0.04	—	
2005	18	6.79	—	31.2	2006	0.19	0.02
2006	27	10.8	—	47.2	3167	0.31	0.13
2007	54.8	17.76	—	—	3846	0.65	0.2
2008	110.56	30.56	—	18.18	4737	1.40	0.25
2009	150.06	36.75	29.0	23.55	3635	2.12	0.81
2010	—	41.78	31.3	32.2	4544	3.11	1.5
2011	220.5	52.43	33.5	45	6208	4.60	3.35
2012	301.5	58.37	47.0	56.5	7203	6.01	3.8
2013	400.8	69.76	67.0	68	11700	11.20	5.07
2014	482.7	95.06	57.7	84.7	16000	12.43	6.41
2015	526.3	119.79	68.0	88.7	18000	14.36	6.92
2016	603.3	120.57	79.6	109.5	19845	14.10	7.03
2017	595.0	143.35	90.6	112.09	21853	16.54	7.7
2018	547.9	123.07	62.1	123.58	23938	22.4	7.52
2019	614.0	140.67	72.3	135.19	25886	26.00	9.94
2020	719.9	169.84	78.4	147.36	28100	27.4	10.52

第二节　综合考评

国家级考评

2013年1月，全国国家级经济技术开发区工作会议就2011年国家级开发区综合发展水平进行评价。井冈山经开区各项指标排名前移，特别是科技发展创新指标在全国国家级开发区中排第36位，在中部地区排第10位，比2010年前移5位。

自2016年，商务部对全国国家级经济技术开发区进行全面系统的考核评价。考核指标包括经济发展、对外开放、区域带动、科技创新、生态环境、行政效能等。井冈山经开区管委会根据国家级经济技术开发区考评工作要求，成立领导工作小组，把考评纳入绩效考核，对每个责任局室的工作纳入绩效考核。每个季度对指标进行调度，对各部门完成情况进行跟踪。井冈山经开区在国家级开发区全面系统考核排名中从2016年的第142名上升到2020年第66名。历年排名（国家级开发区全国共有219个）：2016年142名，2017年82名，2018年71名，2019年45名，2020年66名。

2018年1月，井冈山经开区土地集约利用综合排名列全省国家级开发区第四位，在全国392个工业主导型开发区中综合排名第193位，出口加工区综合排名也位于前列。

省级考评

2005年4月，江西省经济贸易委员会、江西省中小企业局下发《关于印发2005年度江西省30个重点工业园区名单的通知》（赣经贸运行发〔2005〕50号），吉安市高新区列入2005年度江西省30个重点工业园区。

2010年，江西省政府下发《关于表彰2009年度全省开放型经济及工业园区先进单位的通报》（赣府字〔2010〕13号），井冈山经开区获2009年度全省先进工业园区奖。江西井冈山盛泰通讯科技有限责任公司、红板（江西）有限公司被评为2009年度全省外贸出口先进企业；江西省人民政府《关于表彰2008年度加快工业发展加速工业崛起先进单位的通报》（赣府字〔2010〕85号）、《关于表彰2009年度全省开放型经济及工业园区先进单位的通报》（赣府字〔2010〕13号），以及江西省人民政府办公厅《关于召开江西省优秀企业家表彰大会的通知》（赣府厅明〔2010〕34号）精神，井冈山经开区获得2009年度全省先进工业园区奖，井冈山经开区企业江西井冈山盛泰通讯科技有限责任公司、红板（江西）有限公司获得2009年度全省外贸出口先进企业奖。

2011年，根据江西省人民政府《关于表彰2010年度全省开放型经济及工业园区先进单位的通报》（赣府字〔2011〕8号）精神，井冈开区获得2010年度全省先进工业园区奖；根据江西省人民政府《关于表彰2009年度加快工业发展加速工业崛起先进单位的通报》（赣府字〔2010〕131号）精神，井冈山经开区获主营业务收入首次突破100亿元的工业园区奖；根据江西省人民政府《关于表彰2009年度江西省工业企业"四率"标兵企业和先进企业的通报》（赣府字〔2011〕9号）精神，江西天人生态股份有限责任公司获2009年度江西省工业企业"四率"先进企业；根据江西省人民政府办公厅《转发省工信委关于建立江西省创新型企业调度机制实施方案的通知》（赣府厅字〔2010〕123号）精神，江西天人生态股份有限责任公司、吉安市优特利科技有限公司入选江西省创新型企业名单。

2017年2月，井冈山经开区综合物流中心被省发改委、省国土资源厅、省住房城乡建设厅公布为2016年度江西省省级示范物流园区的名单，全省共有两家获此荣誉。

2018年11月，井冈山经开区获评省级电子信息产业创新服务综合体和省第二批大众创业万众创新示范基地。12月，井冈山经开区获评为省级电子信息产业创新服务综合体。

自2018年，为贯彻落实国务院办公厅关于促进开发区改革和创新发展的若干意见，由江西省促进开发区改革和创新发展领导小组办公室组织开展全省开发区争先创优综合考核评价工作，推动全省各开发区实现高质量跨越式发展。井冈山经开区管委会借鉴国家级经济技术开发区考评经验，将工作细化到人，责任到部门，2018年和2019年均保持全省第8位的成绩。

2020年5月，江西省人民政府发布全省开发区2019年度争先创优综合考评排名结果，井冈山经开区获全省开发区第8名成绩，这是井冈山经开区继跻身全国经开区50强之后获得的又一重要荣誉。

市级考评

2004年2月，中共吉安市委下发《中共吉安市委 吉安市人民政府关于表彰2003年度先进单位和先进个人的决定》（吉发〔2004〕6号），吉安市高新区管委会获评2003年度市直目标考核先进单位、2003年度落实20件大事先进单位、2003年度市直引进市外资金先进单位、2003年度市直实际利用外资先进单位。

2005年3月，吉安市委、市政府印发《关于表彰2004年度开放型经济工作先进单位的决定》（吉发〔2005〕11号），吉安市高新区管委会获评2004年度招商引资工作先进单位；吉安市委、市政府发布《关于表彰2004年度目标管理考核先进单位和非公有制经济诚信纳税大户的决定》（吉发〔2005〕15号），吉安市高新区管委会获评2004年度市直目标考核先进单位。江西金顶药业有限公司获评2004年度非公有制经济诚信纳税大户。

2006年2月，吉安市政府发布《关于表彰2005年度全市工业年度贡献和工业纳税先进单位的决定》（吉府字〔2006〕31号），吉安市高新区获工业年度贡献奖，江西井冈山卷烟厂获工业纳税大户奖。

2007年3月，吉安市政府办公室发布《关于表彰2006年度项目建设及立项争资等先进单位的通报》（吉府办字〔2007〕48号），吉安市高新区获工业年度贡献奖、安全生产目标管理先进奖，被评为先进市直单位。

2009年2月，吉安市政府下发《关于表彰2008年度全市开放型经济工业经济及工业园区先进单位和个人的通报》（吉府字〔2009〕30号），吉安市高新区获2008年度全市开放型经济工作先进县（市、区）综合奖、2008年度工业年度贡献奖一等奖、2008年度全市工业园区发展特别奖，高新区管委会获2008年度服务开放型经济工作市直先进单位奖。

2010年2月，吉安市政府印发《关于表彰2009年度全市开放型经济工业经济及工业园区先进单位的通报》（吉府字〔2010〕25号），井冈山经济技术开发区获2009年度全市开放型经济工作先进县（市、区）综合奖一等奖、2009年度服务开放型经济工作市直先进单位奖、2009年度全市工业园区综合先进奖一等奖；市政府办公室印发《关于表彰2009年度全市开放型经济工业经济及工业园区先进单位和个人的通报》，井冈山经济技术开发区获2009年度主营业务收入突破百亿元园区奖，红板（江西）有限公司获2009年度主营业务收入突破十亿元企业奖，井冈山卷烟厂获2009年度纳税突破亿元企业奖；吉安市委、市政府下发《关于2009年度市直帮扶企业先进单位的通报》（吉字〔2010〕12号），井冈山经开区管委会获评2009年度市直帮扶企业先进单位。

2011年2月，在全市召开“看特色看变化”流动现场会暨2011年度工作总结表彰大会上，井冈山经开区获得“2011年度全市工业发展先进县（市、区）”第三名、“2011年度全市财政支出保障能力先进县（市、区）”第二名、“2011年度吉泰走廊产业集聚先进县（市、区）”第一名等三项殊荣。

2012年2月，井冈山经开区获2011年度开放型经济工作综合先进县（市、区）特别奖。根据吉安市委、市政府发布的《关于全市2011年政府综合考评及吉泰走廊建设考评先进的决定》，井冈山经开区获2011年度全市工业发展先进县（市、区）第三名、2011年度全市财政支出保障能力先进县（市、区）第二名、2011年度吉泰走廊产业集聚先进县（市、区）第一名。

2013年2月，井冈山经开区获全市工业发展先进县（市、区）第二名，江西航盛电子科技有限公司董事长杨洪获“吉安市新型工业化特殊贡献奖”。

2014年2月，江西联创电缆有限公司、红板（江西）有限公司、江西井冈山盛泰通讯技术有限责任公司、江西天人生态股份有限公司获评吉安市工业企业上台阶奖。江西联创电缆有限公司、恒安丽人堂（吉安）日化有限公司、吉安市优特利科技有限公司获评主营业务收入首次过10亿元企业奖。井冈山卷烟厂、红板（江西）有限公司、江西天人生态股份有限公司、吉安市钢铁有限责任公司、胜美达电机（吉安）有限公司获评年纳税超千万元企业奖。

2017年2月，全市2016年度科学发展总结表彰大会上，井冈山经开区获全市吉泰走廊贡献奖工业和外向型经济工作单项奖和工业园区建设考评第一名。园区企业井冈山卷烟厂获得市直单位帮扶农村工作考评优秀单位，高新街道获得计划生育工作考评优秀乡镇（街道）。

2019年2月，全市2018年度工作总结表彰大会上，井冈山经开区获工业和开放型经济单项考评奖、推进“一区四园”一体化改革获特色奖、安全生产优秀市直单位，帮扶农村、社区合格市直单位4项奖项。

2020年，井冈山经开区在2019年全市高质量发展考评中获工业和开放型经济优秀奖、安全生产优秀市直单位、污染防治攻坚战考核第三名、平安建设（综治工作）先进集体。

第五篇　改革创新

井冈山经开区成立以来，以改革创新为灵魂，勠力同心，开拓进取，将昔日的荒坡建设成为了产业新城，探索出一条革命老区振兴发展的新路。2010 年，井冈山经开区成功晋升国家级开发区。在发展的道路上，井冈山经开区始终把改革创新摆在突出位置，坚持改革创新促转变谋发展，不断完善管理体制，提升服务效能，激励企业技术升级，确保了全市经济发展的龙头地位。党的十八届三中全会作出了全面深化改革的决定。为贯彻落实全面深化改革的决定，井冈山经开区作为对外开放的重要窗口，充分发挥引领示范作用，为“昂起发展龙头，决战千亿园区”创造新优势，再次全面推进体制机制等方面的改革创新工作，提出了进一步解放思想，先行先试，充分释放改革创新最大“红利”，建设产业集聚、功能现代、多业并兴、生态宜居工业新城的改革思路。2019 年 11 月，井冈山经开区在全省开发区改革和创新发展现场推进大会上获得高度认可。截至 2020 年，全区有院士工作站 4 个、博士后科研工作站 4 个、国家级众创空间 2 个、国家企业技术中心 2 个、国家地方联合工程研究中心 1 个、省级工程（技术）研究中心（重点实验室）或企业技术中心 37 个，高新技术企业占全市 27%。

图 5-1　2018 年 11 月 3 日，井冈山经开区改革创新发展集体学习研讨会议召开

第一章　管理体制改革

井冈山经开区不断推进管理体制改革，在机构改革、人事管理、投融资、公共服务领域开放以及城乡一体化等方面先行先试。同时，努力探索“一区四园”改革，着力消除制约发展的体制机制障碍，基本建立充满朝气与活力的创新创业体制、公平有序的社会管理体制、精简高效的行政管理体制，实现井冈山经开区综合管理全面升级。

第一节　“一区四园”改革

图 5-2　2018 年 2 月 28 日，市委书记胡世忠（左二）、市长王少玄（右二）为井冈山经开区青原产业园揭牌

2015 年 9 月始，中央、省相继出台关于促进开发区改革和创新发展的若干意见，鼓励以国家级开发区和发展水平高的省级开发区为主体，整合区位相邻、相近的开发区，对小而散的各类开发区进行清理、整合、撤销，建立统一的管理机构，实行统一管理。新政策的出台为井冈山经开区发展提供了难得的历史机遇，为“一区多园”一体化发展指明方向。2018 年 1 月 23 日，江西省开发区改革和创新工作领导小组下发《关于认真贯彻落实赣发〔2017〕30 号文件精神进一步做好开发区改革创新工作的通知》（赣发改电〔2018〕16 号），部署六个方面 32 项重点任务，明确要求“各设区市人民政府在 2018 年 3 月底前启动开发区整合优化试点工作”。吉安市委、市政府坚持问题导向，决定以井冈山经济技术开发区为主体，整合吉州区工业园、吉安河东经济开发区（含富滩工业园），推进“一区四园”一体化发展，以园区发展带动区域发展升级。市政府先后于 2018 年 1 月 11 日、2 月 13 日、2 月 22 日召开《关于支持井冈山经开区和吉州青原工业园一体化发展的实施意见》（初稿）讨论座谈会，确定将方案提请市委全面深化改革领导小组审议。2 月 23 日经四届市委全面深化改革领导小组第六次会议及市四届政府第十七次市长办公会议研究通过。2 月 24 日，市委常委会第 4 次会议审议同意《关于支持井冈山经开区和吉州青原工业园一体化发展的实施意见（送审稿）》。

改革主要内容

2018 年 3 月 12 日，吉安市委、市政府正式下发《关于支持井冈山经开区和吉州青原工业园一体化发展的实施意见》（吉发〔2018〕8 号）。明确改革思路、改革目标，确定体制机制、空间布局、产业定位、统一招商、利益共享等改革路径，强化保障措施，完成“一区四园”改革的顶层设计。

体制机制　对吉州工业园区实行双重领导和管理体制，保留吉州工业园区管委会牌子，增挂“中共井冈山经济技术开发区吉州产业园工作委员会”“井冈山经济技术开发区吉州产业园管理委员会”牌子，使用“国家井冈山经济技术开发区”品牌，享受国家井冈山经济技术开发区有关政策规定，根据统一政策和产业定位要求招引项目落户。对吉安河东经济开发区，其党工委、管委会成建制按程序划归井冈山经开区党工委、管委会，机构、编制、人员、资产统一划归井冈山经开区管理，包括新工业园和富滩工业园，改挂“中共井冈山经济技术开发区青原产业园工作委员会”“井冈山经济技术开发区青原产业园管理委员会”牌子，保留吉安河东经济开发区管委会牌子。井冈山经开区党工委班子成员兼任青原产业园党工委书记并挂职青原区委班子成员；青原产业园管委会主任挂职青原区政府班子成员。青原产业园管理委员会受井冈山经开区管委会委托，管理新工业园和富滩产业园，主要职责是推进园区的开发建设、投资促进、企业服务，其他如征地拆迁、司法、社会管理（含村组社区管理、综治信访等）、民生事业（含民政、社保、卫生计生、文化教育等）仍由青原区负责。与开发区企业落户发展关联度较大的行政审批和公共服务职能，如市场和质量监督管理、税收征管、国土资源、建设规划、财政、环保、安监等职能统一移交井冈山经开区相应部门管理，其他的事务仍由青原区负责。对富滩产业园，在现富滩工业园规划用地面积9.50平方千米的基础上，按照工业用地约40平方千米的总量要求，根据全市开发区发展规划，划定相应行政区划归井冈山经开区管辖，组建街（道）园（区）一体化管理机构。重新确定井冈山经开区“三定”方案，核定青原产业园和富滩产业园机构编制，并深化干部人事制度改革和薪酬体系改革，激发内生动力。

空间布局　统筹“一区四园”和土地利用总体规划，结合吉安市城市总体规划修编，合理确定用地四至范围，推进多规合一。（1）统筹考虑全市经济基础、产业特点、资源环境条件，重新编制吉安市开发区发展规划，在富滩镇、凤凰镇等地预留市本级工业发展空间。以市中心城区总体规划为依据，组织编制“一区四园”总体规划和控制性详细规划。（2）以市中心城区总规修编为契机，按照综合发展、产城融合的理念，统筹市中心城区工业用地，优化现井冈山经开区总体规划，按城市功能的要求将君山大道、庐陵大道、京九大道等部分工业用地调整为商住用地，适当增加商住用地比例，增强经开区持续发展能力。同时按照“退二优二、退二进三”的原则，优化调整吉州产业园、青原产业园的分区规划。（3）按照一次规划到位、分步实施的原则，科学规划功能分区，突出生产功能，统筹核心区与生活区、商务区、办公区等城市功能建设。推进基础设施互通互联，加快绕城高速公路及通往富滩的跨赣江大桥建设，构建快速交通走廊。

产业定位　结合“一区四园”交通区位、产业基础和现实条件，井冈山经开区重点发展电子信息首位产业和先进装备制造主攻产业，聚焦重大项目、龙头企业和品牌产品，在电子材料、显示面板、半导体芯片、智能传感器、高端应用、LED封装测试设备、数控机床等领域培育一批品牌产品，打造一批优势企业，发挥好示范引领和支撑带动作用，打造全省先进制造业示范区。吉州产业园重点发展电子信息首位产业、机械制造业、绿色食品及新兴服务产业，重点围绕产业配套、服务提升打造产城融合新区。青原产业园重点依托井冈山大学重点发展电子信息等都市型工业和先进制造业，建设创新与创业、孵化与投资相结合的创新示范区。富滩产业园重点发展生物医药大健康产业和新能源新材料产业。通过优化产业布局，构建“四园一体、创新引领、产城融合、错位发展”的发展格局，实现生产空间、生活空间和生态空间的有机统一，以产业园区的抱团发展支撑中心城市的发展，带动吉泰走廊的崛起。

统一招商　发挥“国家井冈山经济技术开发区”品牌辐射效应，“一区四园”在招引项目、争取资金、科技创新、人才引进等方面共同享受国家井冈山经济技术开发区的有关政策，统一对外招商，统一宣传口径，降低招商成本，提高招商效率。“一区四园”在项目准入、土地供应、税费优惠、产业基金扶持、融资服务等方面制订统一政策，在项目洽谈、项目评估、合同评审、项目落户、推进服务和实施评价等方面制订统一程序，由市“一区四园”一体化发展协调小组按照“一区四园”产业布局推动项目入园。完善项目入园办法，简化审批程序，引入第三方尽职调查、专家评审、法律顾问全程参与以及企业兑现投资合同诚信预警机制，提高项目集聚集群效应。对符合首位产业和龙头企业扶持条件的项目以及特殊重大项目实行“一企一策”“一事一议”。

利益共享　推进数据并表。争取省统计局、省商务厅等省直部门支持，推动吉州产业园、青原产业园和富滩产业园的数据按原口径纳入所在地行政区统计，指导井冈山经开区建立“一区四园”数据统计平台并计入井冈山经开区国家统计盘子。确定财力划转。对吉安河东经济开发区，按照老企业老办法、新企业新办法的原则划转，并入前落户的企业所产生的税收全部划转给青原区，并入后落户的企业所产生的税收形成的新增可用财力，按 5 ∶ 5 的比例分成，期限暂定 5 年。合理分摊债务。吉安河东经济开发区管委会并入前发生的政府性债务仍由青原区政府承担，并入前承诺给予吉安河东经济开发区区内企业的优惠政策仍由青原区政府负责兑现，园区开发建设形成的债务及并入后新发生的债务由井冈山经开区管委会负责。

改革实施进程

2018 年 2 月 28 日上午，吉安市委、市政府在河东经济开发区举行“一区四园”一体化发展授牌揭牌仪式，标志着“一区四园”一体化改革全面启动。

同年 5 月，完成吉安河东经济开发区 5 个机构、50 名编制、43 名在编在岗干部职工、14 名退休人员以及 1 个党委、35 个党支部、78 名党员的移交工作。完成四至范围的摸底工作，对富滩产业园地形图进行测绘，着手启动编制富滩产业园总体规划和扩区调区工作。

同年 6 月底，完成河东经济开发区机构、编制、人员的过渡交接，并协调青原区做好未交接人员的工作安排。

同年 8 月 1 日，井冈山经开区党工委、管委会印发《关于完善青原产业园运行机制的实施意见》，明确河东经济开发区（青原产业园）党工委、管委会为井冈山经开区党工委、管委会的派出机构，赋予青原产业园党工委副科级及以下干部任免权，推行全员岗位聘任制和绩效工资制。青原产业园管委会财政实行独立核算、封闭运行。按照“能放则放、应放尽放”的原则，依法赋予青原产业园相应经济管理权限。

同年 9 月 5 日，召开吉安市四届政府第二十二次市长办公会，研究并原则通过市财政局《关于“一区四园”资产债权债务等问题的处置意见》，明确井冈山经开区、青原区、河东经济开发区关于债权债务移交的相关事项。2018 年 9 月 26 日，市财政局、市税务局印发《关于明确吉安河东经济开发区企业税收征管和财力划转办法的通知》，就吉安河东经济开发区税收征管体制和新增财力划转办法进行了明确。随后，青原区政府、井冈山经开区管委会、市财政局和市审计局签订《吉安市河东经济开发区债权债务、财产财务移交情况》四方协议，对河东经济开发区的资产、债权和债务进行了划分，并对吉安河东经济开发区（含富滩工业园）的“老企业”进行了认定。9月底，河东经济开发区按照“全员起立、竞聘上岗、绩效考核、动态管理”的思路，完成井冈山经开区青原产业园新机构组建及班子副职和一至五级主办的全员重新竞聘上岗。

2019年1月11日，“一区四园”一体化发展领导小组召开第5次主题会议，对青原产业园职能交接问题进行协调，并明确除环保、安监、消防、食药监相关职能在2019年3月31日前完成交接外，其他职能在2019年1月底前完成。对接青原区委区政府，对接管后青原区应承担的征地拆迁、招商引资、社会事务管理等职能作了明确规定。并建立工作联动机制，组建各项工作的对接工作组。同年5月22日，井冈山经开区管委会赋予青原产业园管委会（吉安河东经济开发区管委会）第一批管理权限（97项）并使用系列“2号公章”，青原产业园行政审批服务大厅及企业服务中心于2019年9月正式启用。

2020年1月底，进一步深化“一区四园”改革，按照“大部制、扁平化”原则，吉安河东经济开发区整体并入井冈山经开区，撤销青原产业园管理机构，其编制、人员全部并入井冈山经开区本部。

改革成效

总体评价　“一区四园”改革紧扣“一个目标”，实施“四个统一”，创新“四大机制”，改革措施有力、有序、有效，“一区四园”取得较快发展。（1）“一区四园”经济总量稳步提升，经济结构不断优化，全省战略性新兴产业集聚区、中部地区创新发展新高地、国家新型工业化电子信息产业示范基地的发展定位日益凸显。（2）“一区四园”管理体制改革初步调整到位，河东经济开发区（含青原新工业园和富滩产业园）整体并入井冈山经开区，“1+1>2”的效果初步显现。（3）统筹推进“一区四园”空间规划，编制“一区四园”总体规划和控制性详细规划，空间格局逐步优化。（4）按照“四园一体、创新引领、产城融合、错位发展”的总体原则统一产业布局，电子信息产业的首位度持续提升，国家新型工业化电子信息产业示范基地的产业支持度日益提升。（5）“一区四园”利益分享机制初步形成，完成省级层面数据并表工作，完成河东经济开发区财力划转工作。

分项评价　发展目标方面。（1）发展总量大幅提升。自2018年3月启动“一区四园”改革后，井冈山经开区（含吉州、青原产业园）主要经济指标实现持续增长，井冈山经开区（含吉州、青原产业园）主营业务收入2019年突破1000亿元，提前1年完成经济总量目标。2019年井冈山经开区（含吉州、青原产业园）实现主营业务收入1037.2亿元，较2018年增长11.18%；实现企业利润60.68亿元，较2018年增长1.74%；上缴税收21.83亿元，较2018年增长9.8%；吸收从业人员120867人，较2018年增长16.1%。井冈山经开区成功跻身全省工业园区前十。2019年上半年，全省开发区争先创优综合考评名列第7，进入全省工业园第一方阵。在2019年全国国家级经开区综合考评中，井冈山经济技术开发区列第45位，连续三年实现进位赶超，首次跻身全国50强。2020年，井冈山经开区“一区四园”实现营业收入1107.8亿元。（2）发展质量明显提升。产业结构不断优化，电子信息产业的首位度不断提升，国家新型工业化电子信息产业示范基地的地位日益凸显。2019年，井冈山经开区（含吉州、青原产业园）电子信息产业主营业务收入523亿元，较2018年增长14.1%，占园区工业主营业务收入的比重由48.8%增长到51.8%；规模企业数由2018年的93家增长到2019年的116家，其中主营收入过亿元的企业由2018年的56家增长到2019年的74家。科技创新不断提速，逐步向中部地区创新发展新高地的目标迈进。井冈山经开区（含青原产业园）高新技术企业由2018年的72家增长到2019年的96家，全区新增国家级科创平台3个、省级科创平台8个，获批省级数字经济创新发展试验基地、电子信息产业省级服务支持人才创新创业示范基地，全省智慧园区工业云平台运营总部落户该区工业互联网产业园。创新驱动正在推动“一区四园”转型升级。（3）发展效益持续提升。2018年，井冈山经开区土地集约利用综合排名进入中部地区工业主导型开发区50强，江西省第三名。制造体系绿色化、生产过程清洁化、能源结构低碳化、能源利用高效化水平进一步提高，“一区四园”社会、生态效益有很大提升，园区生态环境持续改善，单位GDP能耗不断下降。2018年，井冈山经开区获评为国家第三批绿色园区，获批国家级绿色工厂1家。至2019年，重点开展环卫、安全、环保三项整治工作，拆除违章铁皮棚1万多平方米，全面落实绿化带“降坡封尘”；开展“10+1”安全生产专项整治活动，健全“两张表”管理模式，查处风险隐患65条，并全部整改到位；对中央环保督查挂牌督办的4个问题全部整改到位，搬迁污染企业6家，关停“散乱污”企业3家。

体制机制方面。“一区四园”改革启动后，吉安河东经济开发区（含富滩工业园）成建制按程序整体划归井冈山经开区党工委、管委会管理，改挂“中共井冈山经济技术开发区青原产业园工作委员会”与“井冈山经济技术开发区青原产业园管理委员会”牌子；吉州工业园区实行双重领导和管理体制，保留吉州工业园区管委会牌子，增挂“井冈山经济技术开发区吉州工业园”牌子，“一个主体、一套班子、多块牌子、双重管理”的开发区管理新体制初步形成，井冈山经开区与吉州、青原产业园一体化融合发展进入实质化运行阶段。

空间布局方面。组织编制“一区四园”总体规划和控制性详细规划。按照综合发展、产城融合的理念，统筹市中心城区工业用地，优化井冈山经开区总体规划，并按照“退二优二、退二进三”的原则，优化调整吉州工业园区、青原产业园的分区规划。（1）明确井冈山经开区、吉州工业园、青原产业园、富滩工业园四至范围。（2）根据《吉安市城市总体规划纲要（2017—2035）》，按照“综合发展、产城融合”的理念，完成井冈山经开区和吉州、青原工业园一体化总体规划编制工作。（3）完成青原产业园调区扩区工作，新批扩规面积203公顷。（4）编制完成《“一区四园”快速交通走廊规划》，神岗山大桥、绕城广吉高速公路建成通车，“一区四园”快速交通走廊建设有序推进。

产业定位方面。按照“四园一体、创新引领、产城融合、错位发展”总体原则，明晰“一区四园”“1+3”产业体系，重点发展电子信息首位产业和先进装备制造、生物医药大健康、新能源新材料产业，构建“核心区＋延伸区＋联动区”三个层次的协同发展格局。其中，电子信息首位产业采取“一业四园”的方式布局，以经开区本部为核心，吉州产业园、青原产业园、富滩产业园为支点，聚焦LED、新型显示、智能终端、通信传输、集成电路等细分产业，各有侧重、联动发展、加速集聚，做强国家新型工业化电子信息产业示范基地。先进装备制造产业以井冈山经开区本部和吉州产业园为承接地，重点发展机器人与工业自动化技术、中高档数控机床、数控系统及电子设备等。生物医药大健康产业以富滩产业园和吉州产业园为承接地，突出发展化学药、中成药、生物制药、绿色食品和保健品。新能源新材料产业以富滩产业园为承接地，重点发展锂离子电池、太阳能、生物质能、光学膜、半导体材料等。

招商机制方面。“一区四园”按照“统一招商品牌、统一招商政策、统一宣传口径、统一入园程序”的原则创新招商机制，2019年招商引资签约资金5186173万元，较2018年增长3.69%，其中青原产业园实现签约资金783600万元，较2018年增长62.88%，由永安交通投资的热镀锌项目落户富滩工业园，投资22亿元，青原产业园实现招商引资20亿项目零的突破，“1+1>2”的效应开始显现，“一区四园”改革红利持续释放。

利益共享方面。井冈山经开区与青原产业园、吉州产业园利益共享机制初步形成。完成“一区四园”省级层面的数据并表工作；确定财力划转，按照吉发〔2018〕8号文件规定确定园区中“新老企业”税收产生的可用财力的划转办法；合理分摊债务，对河东经济开发区并入前后的债务进行合理分摊。

政策支持和责任落实方面。一方面，统筹全市优势资源，创新政策支持机制，聚焦“一区四园”开发建设。统筹整合发改、财政、工信等部门资金，成立100亿元以上的工业产业发展基金，用于支持“一区四园”的基础设施建设、产业发展和公共服务平台建设。建立“一区四园”与县（市、区）、市直机关干部交流机制，推进干部纵向横向交流。另一方面，创新责任落实机制。制定“一区四园”发展考核办法，实行分级考核制度，切实解决“一区四园”在规划建设、土地利用、产业布局、体制改革、机构整合、财税创新、数据并表、职能并转等方面的困难与难题。对辖区企业实行一名科级干部加一个服务组“1+N”帮扶模式，对新企业落户实行领导领办和全程代办模式。

第二节　机构改革

2019年10月，按照国家、省、市机构改革要求，结合《江西省开发区条例》以及推动“一区四园”深度融合发展实际需要，对中共井冈山经济技术开发区（出口加工区）工作委员会、井冈山经济技术开发区（出口加工区）管理委员会的职能配置、内设机构和人员编制规定进行调整。

将井冈山经开区党工委、管委会为市委、市政府派出机构调整为派出机关，提升为一个独立行政主体，提高了法律地位，更大限度发挥积极作用。完善区党工委、管委会主要职责，强化招商引资、创新创业和企业服务职责。

撤销青原产业园党工委、管委会及其内设机构，对外保留原吉安河东经济开发区管理委员会牌子。

新组建机构8个，分别为党工委管委会办公室（全面深化改革委员会办公室）、财政金融局、经济发展局、招商服务局、自然资源局（不动产登记局）、城市建设管理局、应急管理局（生态环境局）、行政审批局；重新组建机构2个，为党工委组织部（机构编制委员会办公室、人力资源和社会保障局）、社会事业局（信访办公室、扶贫办公室、退役军人事务局）；保留出口加工区管理局（正处级）1个机构。整合后，设11个职能局室（含出口加工区管理局），市纪委市监委派出机构1个。具体为：党工委管委会办公室（全面深化改革委员会办公室）、党工委组织部（机构编制委员会办公室、人力资源和社会保障局）、财政金融局、经济发展局、招商服务局、自然资源局（不动产登记局）、城市建设管理局、社会事业局（信访办公室、扶贫办公室、退役军人事务局）、应急管理局（生态环境局）、行政审批局、出口加工区管理局（正处级）。市纪委市监委派出机构：纪检监察工委。机构改革涉改单位人员编制数不变，县级机构数和领导职数不变，科级职数增加14名，其中正科级4名、副科级10名。增加的科级职数主要是加强党务专职工作力量。

整合井冈山经开区和原吉安河东经济开发区管理委员会下属事业单位机构、职能和人员编制。撤销3个机构：河东经济开发区财政分局、河东经济开发区园区服务中心、河东经济开发区城管中队。

保留3个机构：井冈山经开区企业服务中心、井冈山经开区社会保险管理服务中心（劳动人事争议仲裁院）、井冈山经开区退役军人服务中心。调整3个机构：河东经济开发区富滩园区管理办公室更名为井冈山经开区富滩园区管理办公室，级别由副科级调整为正科级；将井冈山经开区划出的土地征收储备职能及2名人员编制划回，重新设立井冈山经开区土地征收储备交易服务中心；井冈山经开区不动产登记中心增加房地产交易职能。按照撤一补一的原则新组建2个机构：设立井冈山经开区城市综合管理大队，为正科级公益一类全额拨款事业单位；设立井冈山经开区建筑工程质量安全监督站，为副科级公益一类全额拨款事业单位。划转机构1个：将原吉安市城乡规划建设局派驻井冈山经开区规划分局（从井冈山经开区划出设立），整体划转回井冈山经开区管理，设立井冈山经开区空间规划服务中心。

第三节　人事制度改革

根据《中共吉安市委吉安市人民政府关于井冈山经济技术开发区加快体制机制改革创新的意见》（吉发〔2013〕12号）文件精神，井冈山经开区致力于深化人事管理制度和收入分配制度改革，引入竞争激励机制，逐步建立适应开发区发展需要、能够充分调动广大工作人员积极性和创造性、充满生机活力的人事管理体制机制。2014年4月2日，市政府第60次常务会议审议通过《井冈山经济技术开发区人事制度改革总体方案》。6月25日，吉安市人民政府办公室印发《关于井冈山经济技术开发区人事制度改革总体方案的通知》（吉府办字〔2014〕144号），进一步明确井冈山经开区人事制度改革的指导思想、改革目标和内容、实施范围和基本原则以及主要措施。

此次人事制度改革以“全员起立、竞聘上岗、绩效考核、动态管理”为核心，以“三个打破、三个推行、三个转变”为抓手，即：打破身份界限，推行岗位聘用，人员管理由“身份管理”向“岗位管理”转变；打破平均主义，推行绩效工资，薪酬管理由“铁工资”向“活薪酬”转变；打破唯票主义，推行绩效考评，工作考核由“主观评价”向“量化考评”转变。改革措施主要从科学设置岗位、全员聘任、人员分类管理、落聘人员安置着手。科学设置岗位按照“总量控制、因事设岗、精干高效、群体优化”原则，岗位设置总量为150人，其中，委领导正职2人，委领导副职10人（含调研员1人），部门正职14人（含副调研员2人），部门副职22人，一级主办26人，二、三、四、五级主办76人；岗位聘任根据工作需要，逐年到位。部门副职及以下岗位实行聘任制，岗位聘期三年，聘期期满，重新竞聘；在编在岗人员实行末位淘汰，原聘用制人员按一定比例竞聘上岗。人员分类管理按照“老人老办法，新人新方式”的模式管理，原在编在岗人员（含聘

图5-3　2014年8月28日，井冈山经开区人事制度改革动员大会召开

任在开发区的区外行政事业单位人员）实行档案职务与岗位聘职相分离、档案工资与实际薪酬相分离、人事档案管理与合同聘用管理相分离的“双轨运行”管理模式；新进人员原则上实行“编外聘用”，面向社会采取“逢进必考”、公开招聘的方式聘用；对于工作急需的全日制硕士、博士研究生和具备副高及以上职称的专业技术人员，可采取“动编引进”方式聘用。落聘人员安置方面，对部门副职及一级主办岗位竞聘失败的，在二级至五级主办岗位进行双向选择；在二级至五级主办岗位竞聘失败的，编外聘用人员予以解聘辞退；原在编人员给予一年待岗期，待岗期间安排到招商、招工、征地拆迁等一线岗位跟班学习锻炼，发放基本工资和最低级别基础性绩效工资；待岗期满后可再次参与竞岗，再次竞岗失败的予以解聘，保留原档案身份。

2014 年 7 月，井冈山经济技术开发区在全省率先完成开发区机关人事制度改革。

2015 年，启动街道人事制度改革工作，制定《井冈山经济技术开发区街道人事制度改革实施方案》，通过街道人事制度改革，将更多经济社会管理职能下放到街道，破解街道办人员配置与工作任务不一致的困局。

2017 年，为贯彻落实市委书记胡世忠提出的“服务效能全国领先”新要求，井冈山经开区推进深化人事制度改革工作。2 月 8 日，召开井冈山经开区深化人事制度改革动员大会，提出深化人事制度改革就是要请专业的公司做专业的事，进一步激活人事制度的正能量，营造干事创业、敢为人先、崇尚实干、注重实绩的良好氛围。此次改革引进北京外企人力资源服务有限公司对全区人事制度改革进行优化，设计井冈山经开区人力资源管理体系等。

2018 年，在“一区四园”改革框架下，率先完成青原产业园干部人事制度改革。

2019 年 11 月，根据中央、省、市一系列关于开发区体制机制改革创新的决策部署，井冈山经开区启动新一轮人事制度改革，撤销青原产业园党工委、管委会管理层级，重新梳理完善人事管理制度，推动副县级干部竞聘上岗，实现机构和人事制度改革再深化。结合存在聘任制实施范围不彻底、绩效考核聚焦关键指标不精准、绩效工资奖优罚劣作用不突出等问题，对人事制度再进行一次整体性、系统性地改革。主要包括：强化党管干部，完善全员聘任，在原正科级以下干部聘任制基础上，将聘任范围扩大至副县级干部；突出实干实效，突出关键指标，强化绩效考核的基础和导向作用；坚持以岗定薪、按绩计酬，加大奖优罚劣力度，使收入分配充分体现岗位责任价值与工作绩效差异。

薪酬制度改革

推行薪酬制度改革，实行企业式薪酬管理，建立以绩效工资为核心的工资制度。在收入分配上突出奖优罚劣、奖勤罚懒，按“以岗定薪、按绩计酬”的原则科学设计薪酬体系，强化对内部的激励和对外部的吸引。工作人员的工资由基本工资和绩效工资两部分构成。工资标准为人均每年 10 万元。年人均工资平均标准可根据井冈山经开区经济发展水平、财力状况等因素，经市政府批准后进行适当调整。

绩效工资分为基础性绩效工资和奖励性绩效工资。基础性绩效工资与聘用的岗位及职级挂钩，主要体现开发区的经济发展水平、岗位职责等因素，占绩效工资总量的 40%。基础性绩效工资按月发放；奖励性绩效工资与绩效考核结果挂钩，主要体现经济指标完成情况、招商引资完成情况、项目推进完成情况、部门与个人工作业绩等因素，占绩效工资总量的 60%。奖励性绩效工资根据绩效考核结果按年发放。每个岗位对应不同的绩效工资标准，同岗同薪，岗变薪变。

绩效考核

推行全员绩效考核，实行以绩效考核为基础的干部评价、岗位竞聘、绩效工资制度，将绩效考核结果与岗位聘用、收入分配、评先评优等严格挂钩。在绩效考核上突出重点、聚焦关键，实施 KPI（关键性指标）考核体系，强化重点工作、核心指标的决定作用。市委、市政府根据年初下达的目标任务，对井冈山经开区进行综合绩效考核，确定总体绩效系数。党工委、管委会根据绩效考核方案，对部门和个人进行绩效考核，确定部门和个人绩效系数。区内绩效考核分部门绩效考核和个人绩效考核。部门绩效考核由区绩效办负责，个人绩效考核由各部门负责。部门绩效考核采取部门自评、绩效办初评、多方评议（领导评价、服务对象评价）、管委会审定确认的程序进行；个人考核采取个人自评、群众互评、部门领导集体评议、分管委领导审定确认的程序进行。绩效考核结果与绩效工资、评先评优、奖励激励等直接挂钩，并作为职务调整、岗位变动以及聘用合同续订、终止的重要依据。

第四节　投融资体制改革

2012 年，井冈山经开区认真贯彻落实中央、省、市关于深化投融资改革的决策部署，围绕政策扶持、融资平台市场化转型、设立产业发展基金、争取项目资金等方面，大力推进深化投融资改革，助推区域经济持续健康发展。坚持把金融服务创新作为提升发展升级的核心点，力求通过金融服务创新拓宽政企投融资渠道，通过发展金融服务业带动产业与资本的融合，努力为园区经济发展提供坚实的金融保障。

改革举措

优化金融环境，畅通企业融资渠道。积极开展“财园信贷通”“助保贷”等业务，2013 年，井冈山经开区积极引导信贷资金支持工业实体，“财园信贷通”政策开始在辖区中、小微企业提供无抵押、无担保、低利率贷款，有效解决企业融资难、融资贵、融资慢等问题，建设银行、工商银行、中国银行、农村商业银行、交通银行、农业银行都向园区企业提供贷款支持，首年发放信贷资金 9355 万元。至 2015 年，“财园信贷通”累积为企业发放贷款达 2.24 亿元。区财政出资设立 2000 万元债务风险缓释基金，为企业利用债务融资工具融资进行担保。至 2016 年，通过各种融资方式，为工业实体投放贷款额度近 7 亿元。

2016 年，井冈山经开区通过完善财政支持和金融配套政策，打造灵活多样的金融产品，按照 1 ∶ 4 比例出资，与兴业银行南昌分行签订电子信息产业引导基金合作框架协议，设立规模 50 亿元的电子信息产业引导基金，第一期到位资金 10 亿元，授信额度 6.45 亿元。2016—2018 年，井冈山经开区投入 3.95 亿元，扶持淩图科技、盛泰光学、钜弘科技、新世讯、铭丰科技等 17 家重点企业落户和发展，其中电子信息产业项目 12 个。

2017 年 8 月，井冈山经开区出台《关于印发井冈山经济技术开发区“财园信贷通”管理办法》，进一步拓展企业融资渠道，加大放贷扶持力度。是年为企业发放信贷资金达 2.84 亿元。2018 年 7 月，印发《关于印发〈井冈山经济技术开发区“财园信贷通”放贷审批管理办法〉的通知》。2013 年试点至 2020 年上半年，全区已为企业发放财园信贷通信贷资金 13.95 亿元。2019 年，井冈山经开区正式启动科贷通业务，主要为区内科技型企业提供资金支持，推进区内科技型企业梯次培育和建设，全年累计为企业发放信贷资金 2800 万元。2020 年，累计为井冈山经开区相关企业发放信贷资金 24085 万元。

2013—2020 年井冈山经开区“财园信贷通”信贷投放一览表

表 5-1　　单位：万元

年份	金　额	年份	金　额
2013	9355	2017	28380
2014	7700	2018	24230
2015	17855	2019	19022
2016	18900	2020	24085

创新投融资模式，开辟企业融资新途径。筛选包装一批优质融资项目，鼓励股权投资，积极引进各类金融、投资机构、风投公司、私募股权基金等；推进 PPP、产业基金、资产证券化等融资模式，引导企业加大股权和债权直接融资力度，大力推进重点企业上市挂牌。引导社会资本参与组建创投基金，自 2016 年起，先后引入红海基金、首润基金、合正医疗产业、百富源井冈人才壹号基金；通过政府平台参股组建江西兴庐资产管理有限公司；批准设立井冈山经开区民间融资登记服务中心、金控保理、红井冈融资租赁等公司。2016 年吉安（深圳）企业股权招商推进会上，新琪安、普正药业、阳光物流 3 家企业股权融资共 1.30 亿元。建立拟上市企业激励机制，建立拟上市企业储备库，强化对新琪安科技、联创电缆、柏兆电子、普正药业、天人股份、宇能制药、凤凰传说等拟上市企业的“一对一”帮扶措施，出台“真金白银”的奖励措施，对在沪、深交易所上市的区内注册企业，区财政奖励 300 万元；在新三板及境外成功挂牌融资等企业，区财政奖励 80 万元；企业上市后上缴地方税收增幅超过地方财政一般预算收入中的税收收入增幅部分，前三年分别按 100%、60%、50% 予以奖励。

2017 年，井冈山经开区与合作机构签订《国家级井冈山经济技术开发区电子信息产业引导基金框架合作协议》，8 月，制订《井冈山经开区“1+3”产业发展引导基金实施细则》。2018 年，吉庐陵公司整合成立，井冈山经开区借助市本级企业融资平台为园区企业解决融资难问题。2019 年，融资担保金额 15450 万元。2020 年融资担保金额 101429.5 万元。2019 年 8 月，制订《吉安市井冈山开发区金庐陵经济发展有限公司产业引导基金管理暂行办法》。

2018 年 8 月，井冈山经开区金融产业园完成运营公司注册，10 月正式招商运营。至 2019 年 10 月底，兴庐资产管理、中国财险、大美洲保险经纪、智慧金融服务、资产管理公司、商业保理、民间融资登记服务中心等金融服务机构相继入驻，正式签约入驻企业 80 余家，入驻企业纳税近 3000 万元。

金庐陵公司自 2001 年成立以来，注重创新融资产品，稳健拓展融资业务。2016 年，金庐陵公司总资产达 135 亿元，金庐陵公司、银庐陵公司融资规模达 40.1 亿元。借助政府融资平台优势，成功发行二期企业债券 8.5 亿元；积极包装国家高新技术电子信息产业园基地建设、标准厂房建设等项目，向江西银行等金融机构申请项目贷款 30 多亿元，有力地保障了园区建设资金需要。2019 年，发行短融 7 亿元，超短融 4 亿元；2020 年，发行了全市首单境外债，融资 2 亿美元，以银庐陵为主体发行首单公司债，融资 5.9 亿元。至 2020 年 10 月，积极筹措资金，通过企业债、债融计划、中票、银行贷款、PPP 项目等融资方式累计融资超 300 亿元。为切实支持实体企业经营发展，落实服务园区企业宗旨，通过产业基金、委贷放款、债转股等形式，2011—2020 年期间，累计支持巴斯巴、易斯特、米田科技、普正药业、红板等 80 余家企业。至 2020 年，共减免园区企业租金 2.4 亿元，帮助企业纾困解难；出资控股金庐陵投资、金瑞工程、红井冈、燕子窝、银庐陵建筑公司等 24 家子公司，参股兴庐资产、省金融资产等 18 家公司；累计成立百富源股权投资基金、新能源产业基金、国华股权基金、井冈人才壹号创业基金、百富源灏浚产业基金、集聚电子信息产业基金等 7 支基金。

第五节　服务效能改革

为加快推进服务效能改革，营造便民亲商的一流政务服务环境，根据《中共江西省委、江西省人民政府关于促进开发区改革和创新发展的实施意见》（赣发〔2017〕30 号）文件精神，2017 年 11 月印发《井冈山经开区推进服务效能改革实施方案》（井开党工办字〔2017〕64 号），以深化人事制度改革为契机，对现有职能部门进行优化重组，组建区集中审批服务中心，强化组织机构保障，把区经济发展和科技管理局、财政局、商务局、社会事业局、人力资源和社会保障局、国土资源局（不动产登记中心）、环保局、规划建设局、规划分局、安全生产监督管理局、税务局、市场监督管理分局、综合执法局、供电公司、水务公司等 15 个职能部门的 351 项事项集中到大厅受理。2018 年 3 月，出台《井冈山经开区集中审批改革实施方案》，通过推行一窗服务、深化一网办理、再造业务流程、实施“一码管理”“一号接入”“中介纳管”等改革措施，进一步提升审批效率和服务质量，丰富服务方式，方便企业和群众办事。2019 年 10 月，市政府批复设立区行政审批局，把过去分散在区经济发展局、区自然资源局、人社局、城市建设管理局、财政金融局、招商服务局、应急管理局、社会事业局、市监分局、税务分局等 10 个职能部门的 981 项事项集中到大厅办理，实现审批职权完整的“集合”，也是“链条式”流程再造的起步环节。2020 年 1 月，区党工委、管委会正式组建行政审批局，有序推进各项改革试点工作，深化“放管服”改革和行政审批制度改革工作，按照“一次办好”的要求，推行“一枚印章办、一个大厅办、一张网络办、一套制度办、一个标准办”的“五个一”行政审批改革，实现行政审批“事项最少、环节最简、效率最高、服务最优”。

区审批服务中心大厅设在管委会办公楼西面二、三楼，总面积达 3600 多平方米，设有自助查询机、自助取号排队系统、自助办理区，设置前台窗口 48 个，后台审批窗口 26 个。2019 年，区行政审批服务中心大厅共受理行政审批和公共服务事项 37623 件，办结 37623 件，按时办结率 100%。2020 年 5 月初，向省政府申请开展“相对集中行政许可权”改革试点工作，先后出台《井冈山经开区推进“放管服”改革实施方案》《井冈山经开区行政审批事项划转方案》，将区人社局、经济发展局、自然资源局、社会事业局、城市建设局等 5 个部门 148 项审批事项划转或进驻区行政审批服务大厅集中办理，相关审批人员一并划转到位。7 月，获省政府批复同意井冈山经开区列入全省第三批相对集中行政许可权改革试点单位，推动集中行政审批改革工作，区内具有行政审批职能的部门按照审批和监管职能分离的原则，集中归并到行政审批局。同时，出台《井冈山经济技术开发区工程建设项目审批制度改革实施方案》《井冈山经开区“水电”报装事项改革工作方案》，进一步优化工程建设项目审批流程和“水电”报装办理环节，减少审批时间、压缩审批材料，提高工程建设项目审批效率和“水电”报装工作效率，提高服务效能。2020 年，区行政审批服务中心大厅共受理行政审批和公共服务事项 174021 件，办结

111921件，按时办结率98.8%，工作日日均办理660件。

提升效率

井冈山经济技术开发区围绕开发建设、招商引资和经济发展等工作的实际，按照区域经济发展需求，针对企业投资便利化全链条业务流程，重点进行优化再造，不断提升审批效率，打造便利化政务环境。2018年3月27日，出台《关于印发〈井冈山经开区集中审批改革实施方案〉的通知》。2020年，打造“赣服通”井冈山经开区分厅，推进“赣服通”3.0版本上线，设立在线申领赣通码专区、企业复工复产专区、学杂费掌上缴专区。疫情期间引导全区企业通过“赣服通”平台企业复工复产服务专区，办理复聘等事项，实现“不见面、掌上办”；已梳理接入特色服务事项132项，无证办理事项超过10项，“一链办理”事项13项，推进“互联网＋政务”实现一网办结，着力推进政务服务事项向网上办、“掌”上办、“指尖”办、线上办转变。为企业务工子女办理转入学人数233人；一链办理业务117件；疫情期间为企业办理38项复工复产备案登记，办理23项投资备案，助力企业恢复正常生产。同年5月12日，出台《井冈山经开区推进“放管服”改革实施方案》，明确为企业注册登记、企业投资、便民便企服务等方面打造良好的政务服务环境，提升审批效率，推出“多证联办”“集中审批”“信任审批”“全程帮办”等具体措施。

在企业注册登记环节，推行“多证联办”。结合商事登记制度改革，不断优化企业注册登记流程，依托现有的区企业注册登记“多证联办”平台，实现营业执照、外商投资企业批文和批准证书、刻制公章备案三证联办。在此基础上，再有序将食品流通许可证、食品生产许可证、社会保险登记证、海关进出口收发货人注册登记证、进出口业务备案、原产地证书备案、道路运输经营许可证、外汇业务登记凭证、银行开户许可证等相关证件，分阶段纳入多证联办。通过简化申报材料，压减办理时限，实现“一张表格，一份材料，一个窗口”办理多种注册登记业务。

对企业投资建设项目，实行“集中审批”。围绕企业投资项目立项、工程规划建设等重点环节，实现企业投资建设项目从立项至竣工验收全流程的线上综合审批模式。精简审批要件，优化办理模式，对简单事项，实行立等审批；对联办事项，实行一窗集中受理办理；对工程验收，组织联合勘验。

对部分便民便企事项，实现“信任审批”。对部分企业群众需求迫切，办理量大，且对公共安全、生态环境保护以及人身健康、生命财产安全影响较小，所需提交的材料或技术标准比较简单，且通过事中事后监管可以达到事前审批的管理目的审批事项，实行“信任审批”，并根据审批事项的特点，采取“全信任审批、非核心要件信任审批和要件后补信任审批”等方式，进一步简化审批流程，提高审批效率。确定首期纳入信任审批绿色清单事项并主动向社会公开，并根据行政审批制度改革工作进度，逐步扩大信任审批范围。

对企业投资重点项目，实行“全程帮办”。为优化投资环境，提升企业投资项目引进成功率，建立由招商引资和政务服务管理部门共同负责的领导领衔领办，全程全科代办的“全程帮办”机制，制定帮办工作制度，对优质招商引资项目及时安排专人跟进，实行“一个项目，一套班子、一抓到底”。对重点项目采取“一事一议”“跟踪会办”、开通“绿色通道”等措施，设计最优的审批线路，变串联审批为并联审批，进行“全程帮办”，尽最大努力让企业早日拿证、早日开工、早日投产。全区各审批部门建立重点项目帮办协调制度，积极主动地协调解决企业办事需求。

基层审批服务改革

行政审批局自 2019 年 10 月成立后，先后制定出台《井冈山经开区行政审批服务中心大厅管理办法》（井开办字〔2020〕38 号）、《关于规范街道便民服务中心运行有关事项的通知》（井开行审字〔2020〕40 号）和《井冈山经开区行政审批服务工作制度》（井开行审字〔2020〕41 号），规范审批服务大厅、河东园区政务大厅、街道办事大厅运行，完善各项制度。2020 年 7 月，印发《关于赋予高新街道、金鸡湖街道首批市级、县级审批服务执法权限的通知》（井开办字〔2020〕47 号），下放市级、县级 104 项执法权限至街道办。同期还出台了《关于下放行政审批事项清单的通知》（井开放管服领字〔2020〕2 号），下放 233 项审批事项至河东园区政务大厅。推进便民服务向村（居）委会延伸，加快村（居）便民服务中心建设，所辖 7 村 11 个便民服务点覆盖到位，代办点占比 100%，实现就近能办、多点可办、异地转办，做到“就近办”。

井冈山经开区高新街道便民服务大厅　高新街道便民服务中心面积 1000 多平方米，服务大厅设置首问代办岗，并制定相应工作流程。中心开展自助服务试点，推广使用涉及审批服务、公共服务、生活服务以及常见证照的打印等自助服务终端，开辟 24 小时政务服务、自助服务专区。至 2020 年，已承接首批市级、县级审批服务执法方面 104 项权限，其中首批市级审批下发事项 52 项，县级审批服务执法权限 52 项。

井冈山经开区金鸡湖街道办事处便民服务大厅　金鸡湖街道办事处便民服务中心负责承办行政审批及公共服务事项，统一协调派驻部门的行政审批及公共服务事项进驻与办理事宜；负责制定有关审批服务及日常运行的规定制度，对窗口人员进行入场管理、教育培训和检查考核，处理来信来访、投诉事项；负责政务服务网的公开透明运行，承担行政审批等信息系统的管理维护；负责为开展延伸服务的社区便民服务点提供业务指导和技术支持；探索创新政务服务方式和工作机制等工作，提高政务服务效能和质量。金鸡湖街道办事处便民服务中心行政编制设主任 1 名（副科级），专职工作人员 4 名。内设民政、社保、卫健、信访、国土、林业、规划等服务窗口。至 2020 年，金鸡湖街道办事处已承接首批市级、县级审批服务执法方面 104 项权限，其中首批市级审批下发事项 52 项，首批省级赋权县级审批服务执法权限 52 项。

河东园区政务大厅　河东园区政务大厅位于原青原产业园办公大楼二楼，面积约 400 平方米，于 2019 年 6 月 10 日正式启用，9 月 1 日招聘人员到岗，10 月正式运行。2020 年 7 月，经井冈山经开区“放管服”工作领导小组研究同意，决定将 233 项行政审批事项正式划转至河东园区政务大厅办理。至 2020 年底，河东园区政务大厅配备 8 名工作人员，设立 4 类服务窗口，分别为综合受理窗口、企业服务窗口、税务窗口、市监窗口。其中综合受理窗口，主要业务为受理项目备案，在线审批等工作；税务窗口，主要业务为综合信息报告、发票使用报告、税费申报、税费缴纳和证明开具等工作；市监窗口，主要业务为企业登记受理、变更、注销、企业年检、设立、执照打印等工作；企业服务窗口，主要业务为收集了解企业困难，进行汇总上报、出具入驻证明等工作。

第六节　综合保税区管理体制改革

2015 年开始，井冈山经开区推进出口加工区运行机制改革。引进社会资本参与出口加工区建设、管理维护，实行建设运营市场化、配套服务社会化。积极拓展保税加工、保税物流、电子商务、展示、研发、检测、维修等功能，推动加工贸易延长产业链，提高附加值。加快推进出口加工区加入长江经济带海关区域通关一体化。

2020 年 4 月 27 日，国务院批复同意井冈山出口加工区整合优化为井冈山综合保税区。整合优化后的井冈山综合保税区规划面积为 0.48 平方千米，四至范围为东至火炬大道、南至深圳大道以北 200 米、西至创新大道、北至京九大道以南 180 米。

吉安市委、市政府明确提出举全市之力支持井冈山综保区建设，建立了市级、井冈山经开区、市直单位及县（市、区）共建共享机制。建立选派市直单位、县（市、区）干部到综保区挂职制度，加强综保区干部力量。

开展联动招商，形成发展合力。开展综保区与县（市、区）联动招商，建立统计数据、税收成果共享机制，充分调动县（市、区）积极性，鼓励全市范围内适合进入综保区的招商项目落户综保区。2020 年，各县（市、区）提供招商线索 20 余条、洽谈项目 5 个。共签约 5000 万元以上项目 11 个，其中加工制造类项目 7 个，跨境电商项目 2 个，物流项目 2 个。

加大宣传力度，做大业务总量。井冈山综保区通过联合吉安海关到 13 个县（市、区）90 多家企业巡回宣讲综保区的平台功能和政策优势，主动邀请县（市、区）政府领导带队到区考察交流，鼓励全市及周边企业通过综保区开展进出口业务。至 2020 年底，井冈山综保区服务辐射本市 13 个县（市、区）及周边宜春市 30 多家企业，实现进出境贸易额 2.98 亿美元，同比增长 274%；实现二线进出区贸易额 6.2 亿美元，同比增长 133%。综保区平台辐射功能在全市实现了“全覆盖”。

2020 年，井冈山综合保税区探索“管理局 + 公司”运行模式，管理局负责园区发展规划、政策制定、监管服务等，公司作为综合保税区建设发展的市场主体，承担综保区的招商引资、项目建设管理、基础设施及监管设施运营维护等市场化服务职责。

第七节　城市应急管理体制改革

井冈山经开区由于体制机制的原因，应急管理体系建设起步较晚，主要以消防救援为主体。

自 2001 年吉安市高新区成立之时，吉安市公安消防支队根据工作要求，派驻两名干部深入园区开展消防监督执法工作，园区灭火救援工作暂由吉安县公安消防大队负责。

2004 年 12 月，吉安市高新区成立公安消防大队，未建设独立营房，暂借区管委会办公，只有 1 间办公室和一些简陋的办公设备，担负着园区消防监督执法工作，未成立中队，园区灭火救援任务仍由吉安县公安消防大队承担。

2009 年，吉安市高新区公安消防大队改称为井冈山经济技术开发区公安消防大队。

2010 年 1 月，消防大队新大楼新建落成，与吉安市特勤消防中队联合办公，园区消防监督执法工作由大队负责，灭火救援工作由吉安市特勤消防中队承担。

2011 年 6 月，井冈山经开区管委会依托大队正式成立区应急救援大队，负责辖区以抢救人民生命为主的应急救援工作。

2015 年 2 月，征召第一批政府专职队员，应急救援大队开始有了专业灭火救援队伍。

2016 年 12 月，根据江西省公安消防总队新增编制分配使用的批复，井冈山经开区公安消防大队正式成立京九路中队，吉安市特勤中队搬离井冈山经开区，京九路中队正式投入战斗执勤，全面负责辖区灭火救援任务。

至此，依托区消防大队组建的园区综合应急救援队伍，逐步形成以消防为骨干力量，区管委会人武部民兵队伍为辅助力量的应急队伍体系。建立园区应急物资储备库 2 个，分别位于管委会大楼仓库和消防大队，装备各类生命救援、抢险、防护物资。区内 38 家消防重点单位均设立微型消防站，其他非重点单位也配备一定数量的应急救援物资。

2019 年，机构改革后，区应急管理局积极落实应急值班值守工作，设立应急管理专线视频会议室，做好全区节假日和日常值班值守信息调度，利用应急管理专网及时向上级报平安和相关值班值守信息，督促各单位和企业积极落实值班值守和安全防范工作。

2020 年开始，区应急管理局承接防灾减灾和森林防灭火工作后，积极开展防灾减灾和森林防灭火宣传活动，抓好汛期和秋冬防灭火重点时期各部门和各街道、（村）社区相关工作的调度，及时发布灾害、森林火灾预警信息，协调区消防救援大队做好受灾群众转移和救助及森林火灾扑救等应急综合救援工作。

制定应急管理改革实施意见

2018 年，为贯彻落实《中共江西省委办公厅、江西省人民政府办公厅印发〈关于推进城市安全发展的意见〉的通知》精神，井冈山经开区开始谋划部署应急管理体制改革工作。体制改革工作以习近平新时代中国特色社会主义思想为指导，坚持生命至上、安全第一，立足长效、依法治理、过程管控、统筹推动的原则，经过深入调查、反复讨论修改等阶段，并征求区安委会各成员单位意见后，于 2020 年出台《井冈山经济技术开发区关于推进城市应急管理改革创新的实施意见（讨论稿）》。6 月 16 日，拜访省安全科学院院长黄同林并征求修改意见，同时探讨区应急管理体系建设思路。《实施意见》共 7 部分 18 条，提出一系列具体要求和制度措施，着力解决当前城市应急管理工作过程中存在的薄弱环节。

应急体制改革主要对安全生产委员会、减灾委员会、森林防火指挥部、抗震救灾指挥部等成员单位及人员组成进行调整，并全面清晰优化议事机构功能框架。同时，健全预案体系，根据灾害风险和抵御灾害的综合防范能力，修订完善各级各类应急预案、工作手册和保障机制；强化队伍建设，建立一支以消防为主体，民兵、城管、巡防、重点企业安全员等队伍为补充的综合应急救援力量。

园区规划环评与建设项目环评联动试点

2018 年，江西省生态环境厅同意井冈山经开区开展园区规划环评与建设项目环评联动的申请，井冈山经开区成为全省首个在工业园区开展规划环评与项目环评联动的试点。井冈山经开区聘邀省生态环境厅环境工程评估中心担任“环保顾问”，定期开展重点污染型企业环境监管“一厂一策”技术报告编制、环保法规政策标准及形势培训、园区年度环境质量评估等工作，对招商项目选址问题 24 小时内提供详细咨询意见，为企业存在的生态环境问题查病因、开良方、除病根。

为贯彻落实“放管服”改革要求，井冈山经开区组织相关部门和企业学习《井冈山经济技术开发区园区规划环评与建设项目环评联动试点工作办法》，深入解读试点内容，鼓励企业合理利用各项政策，助力项目落地跑出“加速度”，真正落实环评审批“一次不跑”和“只跑一次”改革，重点项目实行“代办制”，最大限度缩短项目开工时间、降低审批成本，让项目早开工、早投产、早收益。

至2020年，井冈山经开区有19家企业实行环评承诺制审批，包括米田科技有限公司、巴斯巴能源技术有限公司等2个投资50亿大项目，项目边开工边办理环评，缩短整体开工建设时间。由报告表简化为登记表，简化手续，缩短时间，节约企业成本，有9家企业实行环评承诺备案制登记。

第八节　循环化试点改革

省级循环经济试点

2010年6月，井冈山经济技术开发区管委会编写《井冈山经济技术开发区省级循环经济试点工作实施方案》。

2011年12月，井冈山经开区按照相关要求和项目实际情况，修改该方案，重新编写《江西井冈山经济技术开发区循环经济试点工作实施方案》，鼓励近中期围绕主导产业，加大高端产业、自主专利企业的引进，提升产业结构，优先发展符合生态园建设的产业。远期围绕电子信息产业以手机生产为核心，以投资类电子产品为主攻方向，消费类电子产品则由低端产品向高端产品发展，引进汽车电子产品，与省内汽车产业相配套。生态链构建方面，加强自身企业废弃物利用率及加大园区固废中心等静脉产业和环保产业建设，最大限度地落实循环经济“小循环、中循环与大循环”。

为推进循环经济试点工作，井冈山经开区成立循环经济试点工作领导小组，由井冈山经开区主要领导任组长，分管领导任副组长。管委会办公室、人力资源与社会保障局、财政局等9个部门主要领导为成员，按照发展循环经济的目标和任务，统一规划、协调和实施发展循环经济的各项工作。

2012年4月21日，经省发改委组织专家认真评审，发布《关于公布江西省第二批省级循环经济试点单位名单的通知》，确定井冈山经济开区为第二批省级循环经济试点单位。

国家循环化改造示范试点园区

2012年11月，江西省发展和改革研究中心课题组编制《井冈山经济技术开发区循环化改造示范试点实施方案》。循环化改造的主要任务聚焦在空间布局优化、产业结构调整、循环经济产业链构建、能源资源高效利用、污染物集中治理、基础设施建设和运营管理七大方面。方案共确定重点循环化改造项目25个，关键补链项目18个，公共服务设施项目7个，其中包括：产业链延伸项目11个，新能源及节能利用类项目4个，资源回收和综合利用类项目3个，污染物及危险废物防治类项目2个，公共设施节能改造项目1个，产品检测及废物监管体系类项目2个，循环经济科技服务类项目1个，公共服务平台类项目1个。循环化改造项目总投资约39.2亿元，其中2012年投资10亿元、2013年投资9.38亿元、2014年投资11.23亿元、2015年投资8.59亿元。

2012年12月3日，井冈山经开区发布《井冈山经济技术开发区管委会关于支持2013年园区循环化改造示范试点的报告》。循环化改造主要措施和落脚点为重点打造5个循环经济示范产业基地：电子信息产业基地、生物医药产业基地、机械装备制造产业基地、新能源产业基地和资源综合回收利用示范基地。

根据《江西省发展改革委关于征求 2013 年省级园区循环化改造试点名单意见的函》，井冈山经开区被拟列入 2013 年省级园区循环化改造试点备选名单。2013 年 8 月 6 日，井冈山经济技术开发区经济发展和科技管理局发布《井冈山经济技术开发区关于申报 2013 年省级园区循环化改造试点园区有关情况的说明》（井开经科字〔2013〕48 号），详细说明井冈山经开区环保情况、名称规范、进展情况、发展潜力。

2014 年 11 月，井冈山经开区领导赴国家发改委环资司专门汇报园区循环化改造情况，得到环资司领导的大力支持。《国务院关于支持赣南等原中央苏区振兴发展的若干意见》中明确支持井冈山经济技术开发区实施循环化改造项目。12 月，中共江西省委、省人民政府印发《关于建设生态文明先行示范区的实施意见》（赣发〔2014〕26 号）和国家发改委《关于印发江西省生态文明先行示范区建设实施方案的通知》（发改环资〔2014〕2508 号）中提出推动井冈山经济技术开发区申报循环化改造示范园区。

2015 年 5 月 26 日，国家发展改革委员会环资司和财政部经建司联合发布《关于 2015 年园区循环化改造示范试点备选名单的公示》，井冈山经济技术开发区被列入该名单。6 月，国家发展和改革委员会和财政部联合发布《国家发展改革委办公厅财政部办公厅关于同意丽水经济技术开发区等 25 个园区循环化改造实施方案的通知》（发改办环资〔2015〕1468 号），井冈山经济技术开发区被列入该名单。11 月，井冈山经开区成立循环化改造工作领导小组。12 月 6 日，井冈山经开区公布关于印发《井冈山经济技术开发区循环化改造示范试点专项资金管理办法》的通知（井开办字〔2015〕120 号），确定管理机构和主要职责、项目及资金管理细则、考核验收程序。

2016 年，井冈山经开区深入贯彻落实习近平生态文明思想，走绿色高质量发展道路，实质性启动创建国家生态工业示范园区工作，逐步构建基于市场机制的区域工业共生体系，实现区域资源高效利用，最大限度地减少污染排放，提高经济增长质量，通过创建国家生态工业示范园区将井冈山经开区打造成赣南等原中央苏区生态文明建设样板、中部地区绿色高质量发展标杆和产业生态化与生态产业化结合典范，建设成为以生态型技术产业为特征的国家级生态工业示范园区。

第九节　生产服务业综合改革

制定方案

2010 年 4 月，井冈山经开区编制《井冈山经济技术开发区生产服务业综合改革试点实施方案》，内容包括井冈山经开区区位图、交通图、总体规划图、经济发展情况和服务业工作情况，以及开展生产服务业综合改革试点任务相关的产业基础、有利和不利因素等；明确综合服务区为井冈山经开区五大功能区之一，同时重点建设 5 个科技创新服务平台，即：科技创新服务中心、高新技术产业开发区创业服务中心、科技企业孵化器、大学科技园和生产力促进中心。

改革成效

文化旅游业。庐陵文化品牌带动战略深入实施，区域文化产业带和重点园区建设步伐加快，以庐陵文化广场、龙湖、正园的建成为标志，高起点规划、高标准建设庐陵文化广场等八大具有庐陵特色的文化景观。

现代物流业。从 20 世纪 90 年代初至 21 世纪初第一阶段的个体分散经营，到 2000—2007 年第二阶段的公司联合经营阶段，再到 2007 年以来集团化组建的第三阶段，各公司联合组成松散的汽运集团，统一品牌，加强与外地先进物流公司的合作，实行优势互补，吉安的货运物流业逐步由传统的货运业向现代物流业转型。

金融保险业。经常性举办大规模银企对接活动。

科技信息业。井冈山经开区共实施国家级科技项目 23 项，省级科技项目 61 项，申请专利 85 项，大型科研机构 3 家，另有市级工程技术研究中心、省级重点实验室等。

房地产业。2009 年井冈山经开区房地产开发完成投资 5.7 亿元，增长 20.5%；商贸流通业。仅 2009 年，经开区范围内商品市场发展到 12 个，市场建筑总面积 20.3 万平方米，总投资 3.8 亿元。

现代服务业。2013 年 12 月 25 日，井冈山经济技术开发区管委会决定成立推进现代服务业发展领导小组，以区管委会主任邓淑斌为组长，以区党工委副书记、管委会副主任汤文仙为副组长。

为加快推进井冈山经济技术开发区现代服务业发展，培育和扶持一批服务业平台建设和骨干企业，推动服务业集约化、品牌化发展。2014 年 12 月 1 日，印发《关于成立井冈山经济技术开发区现代服务业办公室的通知》（井开办字〔2014〕69 号），井冈山经济技术开发区现代服务业办公室正式成立，与井冈山出口加工区管理局合署办公。

2014 年 10 月，吉安陆地港正式运营，该港为厦门港务控股集团有限公司在吉安布局“一带一路”，对接厦门自贸区，于井冈山经开区投资建设的陆地港，服务吉安和周边地区的国际贸易的项目，共占地 16.67 公顷，总投资 3 亿元，完成投资 7000 多万元。2015 年，该港国际货物吞吐量达到 3000 标箱（标准集装箱），辐射吉安及周边的新余、萍乡、抚州、宜春、赣州等地市，成为赣中地区最大的国际物流集散地。2015 年底，吉安陆地港被交通部评为“全国优秀交通物流企业”。

第十节　优化城市社区布局

为适应井冈山经开区城市建设及社会发展步伐，2020 年 3 月，区高新街道办事处、金鸡湖街道办事处，正式向井冈山经开区党工委、管委会行文申请增设新社区，结合各街道办自身实际制定增设新社区工作方案，并制定可行性研究报告。

为支持各街道增设社区工作，2020 年 5 月，井冈山经开区出台《井冈山经开区优化城市社区布局工作方案》，明确各社区优化办法、新社区工作人员、提升社区治理水平工作思路以及各项保障措施。

2020 年 7 月 21 日，经吉安县政府第 9 次常务会议研究，同意增设区高新街道京九社区居委会、君山社区居委会。增设后，原长岭社区以嘉华大道为界，嘉华大道以北仍为长岭社区居委会管辖，嘉华大道以南为新增设的京九社区居委会管辖；原金庐社区以君山大道为界，君山大道以北仍为金庐社区居委会管辖，君山大道以南为新增设君山社区居委会管辖。同时，同意设立金鸡湖街道金鸡湖社区居委会，管辖范围为：东至创业大道。南至罗家塘路，西至湖滨路，北至庐陵大道。

2020 年 7 月 28 日，社区增设工作获吉安市民政局备案，社区增设工作圆满完成。同时，为选优配强社区工作人员，结合市民政局城市社区工作者统一招聘工作契机，招录 13 名社区工作者，配齐各社区工作队伍，为社区建设提供人员保障。此外，为完善经开区社区卫生服务体系，满足社区居民基本医疗服务需求，依托吉安仁安医院新设立金鸡湖社区卫生服务中心，提高社区服务质量，筑牢基层治理基础。

第二章　工作方式创新

面对新的发展机遇和挑战，按照改革创新要求，井冈山经开区重点围绕激发园区活力，服务园区企业，不断创新工作思路和工作方式，积极探索市场化运作模式，切实优化整合资源，提升工作效能，各项工作实现逐步规范并取得实质效果。

第一节　党群服务活动一体化

为贯彻落实党的十八大提出的“要以服务群众、做群众工作为主要任务，加强基层服务型党组织建设”精神，井冈山经开区按照“党建统领、资源整合、平台共享、服务前移”的思路，积极探索建立党员之家、职工之家、青年之家、妇女之家“四位一体”的党群活动中心，推动园区党群部门走出机关、走近群众、落到基层、延伸服务，形成“党建带群建，党群共建促发展”的园区党建新格局。

突出建设统筹，实现党群阵地一体化。坚持园区党建和群建同步谋划、同步部署、同步推进，统筹活动场所建设和活动开展。按照“四位一体”的要求，以非公经济组织党委为核心，以群团组织为依托，积极统筹党建、工会、团委、妇联等部门项目资源和服务资源，建设“四位一体”党群活动中心，做到软硬件设施统筹安排、综合利用、资源共享。2013 年，投入 500 万元，建设总建筑面积 1445 平方米的党群活动中心，为园区 200 余家企业、近 3 万名企业职工、党员、青年和妇女提供综合性活动阵地和服务平台，搭建园区党建带群建的重要载体。

突出资源整合，实现服务功能一站化。围绕“一突出、三服务”（突出党建工作在企业的政治核心作用，服务党员、服务企业、服务职工）定位，致力打造党员教育阵地、职工服务平台、青年交流中心、妇女儿童温馨家园。组织非公经济党委、工会、共青团、妇联等园区相关职能部门搬出机关大楼，集中进驻党群活动中心办公，使园区党群工作更加贴近党员、贴近职工、贴近企业。在功能布局上，统一规划设计四个功能活动区。其中，“党员之家”规划建设园区党校、党员活动中心和党员服务中心，用于党员日常学习培训和集体活动等；“工会之家”规划建设工会办公机构、职工困难帮扶中心、维权中心和乒乓球室、桌球

图 5-4　井冈山经开区党群服务中心

室、棋牌室等；“青年之家”规划建设电子阅览室和图书室；“妇女之家”规划建设心灵驿站、妇女健身室和保健室等，为园区党员、职工、青年和妇女提供综合性活动阵地和服务平台。

突出党群联动，实现职工活动多样化。按照“党群联动、活动联开”的要求，活动中心面向企业职工和群众全天候开放，经常性组织开展集中学习、技能培训、文体竞赛、职工联谊等各类活动。建立党群工作指导员制度，指导企业加强党建群建工作，解决单个企业党组织党群工作力量不足、活动设施不全、活动开展不经常等难题。突出党建引领作用，在园区企业中组织开展“亮身份、比作为，亮岗位、比贡献”等活动，引导园区企业党员、职工、青年、妇女立足岗位创先争优，不断深化党群共建。

突出为民服务，实现园区办事便捷化。活动中心统一设置政策咨询、法律维权、健康保健等服务窗口，明确服务内容、服务方式和服务流程，推行“代办式、预约式、关怀式、主动式”服务，实现工作规范化、服务便捷化。抓好服务志愿者队伍建设，积极吸纳律师、心理咨询师等大批专业服务人才参与到企业志愿者服务工作中，为园区企业广大党员、职工提供多种专业服务。同时，积极发挥所在社区党组织资源，将社区服务职能向党群活动中心延伸，为园区企业职工提供党组织关系接转、低保、医保、社保和困难救助等各类社会化服务。

“四位一体”党群活动中心建立后，园区党群活动中心组织相继开展专题党课、纪念座谈会、妇女技能大赛、青年职工联谊晚会和职工书画赛等各项活动。通过开展“送信息、送服务、送爱心”活动，平均每年援助困难党员和群众百余人次，每年为群众提供法律援助、维权服务百余人次，帮助协调处理劳资纠纷近百件。2013 年，品佳电子女工肖某患上了尿毒症后，活动中心组织牵头募捐筹款 4 万多元，并帮其申报低保，使肖某重拾生活信心。

2019 年，党群服务中心开发智慧党建信息系统，构建井冈山经开区智慧党建云平台。

第二节　购买服务

法律服务

为贯彻落实全面依法治国精神，进一步推进井冈山经开区法治园区建设进程。2010 年至 2016 年 7 月，聘请白鹭律师事务所为井冈山经开区的法律顾问单位，主要为辖区收储闲置土地提供法律服务，为园区内企业提供法律知识培训，为区管委会草拟、审查规范性文件，规避法律风险，为区内招商引资建言献策。

2015 年 8 月，成立井冈山经济技术开发区法律顾问工作领导小组，统筹指导协调区内法律服务各项工作。

2017 年 5 月，区管委会与江西秉志律师事务所签订常年法律顾问合同，委托该律所律师全程参与井冈山经开区因追缴借款、土地收储、闲置、低效土地处置、土地权属及山林权属争议调处、建设规费等民事及行政事由。该律所指派律师团队，对区管委会依法行政的程序及相关法律事务进行全程指导。

2019 年 4 月，印发《井冈山经开区建立法律顾问制度实施办法》（井开办字〔2019〕31 号），对井冈山经开区法律顾问管理工作进行规范，对法律顾问的条件、选聘的程序、取消法律顾问资格的情形、法律顾问的日常管理、法律顾问应当履行的义务等方面进行明确规定。

2016—2020年5年间，法律顾问为井冈山经开区代理民事诉讼5件，行政诉讼30件，参与非诉讼代理123次，代写法律文书58件，审核合同及规范性文件165件，解答法律咨询1500余次。协助完成闲置、低效土地收储42.4公顷，参与法律诉讼案件15次，帮助挽回经济损失5371.16万元。

物业管理

井冈山经开区管委会于2018年4月通过招投标引进保利物业对井冈山经开区孵化大楼进行为期三年的物业管理服务，物业管理服务内容主要包括：物业共用部位和相关场地的清洁卫生，垃圾的收集；车辆停放管理；客户服务、会务接待服务、设备设施维护、公共秩序维护、协助安全防范等事项的管理；对业主未建设或正在建设的房屋及其配套的设施设备、公共场地、景观绿化提出合理化及专业化的建议；待所有项目施工完成后对业主公共设施设备、公共场地、景观绿化进行查验，查验合格的予以承接等其他服务。

宣传服务

为做好井冈山经开区新闻宣传工作，积极对外宣传推荐开发区。2011年4月1日，井冈山经开区与井冈山报社开展新闻宣传合作，委托井冈山报社托管井冈山经开区新闻宣传工作。每年派驻1名驻区记者，每周编印一期《井冈山经开区报》，全年52期。2017年，经开区与井冈山报社深化合作，由其抽调2名记者常驻开发区开展宣传服务。根据双方合同约定，井冈山报社在其主办的《井冈山报》中开辟井冈山经开区周刊版块，每周三刊发半个专版新闻。主要负责井冈山经开区新闻宣传的策划、采访、写稿、审核工作，积极完成经开区交办的宣传报道和图片拍摄任务；负责经开区政务网站改版升级、内容更新、安全维护工作，做好经开区政务网站、微信公众号运营管理工作；每天在区微信公众号推送不少于3条新闻；全年在《井冈山报》头版头条上稿不少于6条，在省级媒体上稿不少于10条新闻，在中央级媒体上稿不少于2条新闻。

为解决井冈山经开区只有文字宣传而没有视频宣传的问题，提升全方位宣传效果。2017年1月，井冈山经开区与吉安广播电视台开展合作，聘请其为井冈山经开区开展视频新闻宣传服务，第一轮合作期限为2017年1月1日至2019年12月31日。2020年，双方继续深化合作，第二轮合作期限为为2020年1月1日至2022年12月31日。根据双方合同约定，在《纵横吉安》栏目开办《井冈山经开区新闻》版块，每周五刊播一期，全年52期。吉安广播电视台抽调2名记者常驻开发区，专门负责经开区视频新闻的策划、采访、拍摄、写稿、制作等工作，积极做好经开区中心工作、重点工作和重大活动的新闻拍摄采编、编辑、审核和外宣上稿工作。此外，全年在《吉安新闻联播》栏目播出不少于24条新闻，其中，头条新闻不少于6条，在江西广播电视台新闻节目播出不少于8条新闻，在中央级媒体播出不少于2条新闻。

吉安人力资源服务产业园委托运营服务

吉安人力资源服务产业园于2019年4月正式开园，是井冈山经开区管委会举办并由区人社局具体落实举办人职责的国有人力资源服务企业平台。2020年1月，区人社局按照2019年第十次管委会主任办公会议的决定，将吉安人力资源服务产业园的日常运营管理委托北京中科元创产业运营管理有限公司实施并签订合作协议，由该公司对产业园开展独立运营，为产业园制定招商方案、策略，围绕产业定位开展各类招商活动及项目入驻培育；建设人力资源孵化园，引进成熟人力资源服务业新业态、新技术；并结合井冈山经开区产业发展情况，保障企业基本用工需求和季节性、订单性用工需求，完成年度引才任务及税收任务。

至2020年，吉安人力资源服务产业园形成人力资源服务产业集聚效应，入驻各类人力资源服务企业21家，服务区域辐射整个吉安及赣中南地区，常年为千余家企业提供专业的人力资源服务。

人力资源公司劳务服务

井冈山经开区人社局积极探索开拓多元化的招工渠道，于2014年开始试水市场化招工，并在本地、外地各选一家人力资源公司签订合作协议。当年为辖区企业输送员工2180人。经过两年的试运行，2016年，井冈山经开区的市场化招工进入稳定的常态化阶段。通过评比考核，每年挑选6家劳务公司签订合作协议，并由人力资源公司缴纳10万元保证金，合作方式包含正式工代招和小时工派遣两种模式，根据不同用工模式按标准结算劳务补贴。考核标准采取基础性任务和阶段性任务相结合的方式，由区人社局向人力资源公司下达年度基础招工任务，并根据企业用工需求变化下达阶段性招工任务。制定奖惩机制，结合任务完成情况和用工单位评价打分情况进行年终考核续约。人力资源公司平均每年为园区企业输送务工人员3000余人，占园区年用工增量的20%，有效解决了季节性、订单式的紧急短期缺工难题。

环保顾问服务

井冈山经开区与江西省环境保护评估中心开展战略合作，评估中心为井冈山经开区提供环保顾问服务，为辖区企业环保“查病因、开良方”，制定并实施环保知识培训，加强环保法律法规及政策文件的交流学习，提高企业管理水平。并对重点行业企业分类制定环境管理“一厂一策”技术报告，点对点进行指导。根据监测报告定量环境质量状况，分析变化趋势，编制园区年度环境质量白皮书，为园区生态环境保护决策提供技术支撑。

环境监测服务

为贯彻落实财政部、环保部《关于支持环境监测体制改革的实施意见》（财建〔2015〕985号）、省政府制定的《政府向社会力量购买服务的实施意见》（赣府发〔2014〕27号）和省财政厅关于《政府向社会力量购买服务试点实施方案》（赣财综〔2014〕64号）要求，切实解决园区环境监测能力不足问题，井冈山经开区创新环境管理，通过向社会力量购买监测服务，提升环境监测能力，全方位监测辖区各企业废水、废气排放情况和园区环境质量状况。主要包括：对金鸡湖、禾河经开区段每月开展例行监测，监测指标为pH、COD、氨氮、铜和氟化物等指标；对全区20个交通道路噪声点、68个区域环境噪声点，每年8月开展一次昼、夜监测；对20多家重点企业废水每月不定期取样2天，对6家非重点企业废水每月不定期取样1天，监测因子为pH、COD、氨氮和企业有关特征污染因子；对19家重点锅炉废气产排企业每半年定期取样1天，监测因子主要为NOx、烟尘和林格曼黑度；根据工作要求开展应急监测。

中介招商服务

为拓宽招商引资渠道，创新招商引资模式，自2016年开始，井冈山经开区充分利用招商引资中介机构的全球资源和广泛的覆盖面，开展中介招商。2017年，与深圳新三板服务中心有限公司签订招商服务合作协议；2018年，与上海东方龙商务咨询有限公司签订政府招商外包服务协议；2019年，与深圳高新技术企业认定服务中心签订招商服务合作协议；与深圳好朋友信息咨询有限公司签订招商外包服务协议。

其他服务

井冈山经开区为解决客商及务工人员子女就学问题，2017年9月，采取向吉安外国语实验学校购买学位的方式解决东区本地居民、客商、务工人员子女就学问题。

2018年9月，向江西农业大学专业团队购买红火蚁灭杀服务，解决红火蚁生物入侵问题。

2020年4月，向江西普华文化传媒有限公司购买服务，专门为井冈山经开区讲好扶贫故事。

第三节　第三方服务机构监管

为进一步规范井冈山经开区第三方服务机构监管，推进第三方服务效能和服务水平，2019年11月18日，印发《井冈山经开区关于进一步做好第三方服务机构监督管理工作试行办法》。重点围绕规范管理机制、培育良好竞争环境、划分执业行为、强化监管以及开展服务绩效评价等方面明确要求，并对规范园区第三方服务机构的管理和第三方服务机构的服务质量提出更高要求。

2020年，井冈山经开区各部门强化对第三方服务机构的监管，一些部门对长期性的工作出台相应的考核和走访制度，提升第三方机构的服务水平；将第三方服务的成果与资金支付挂钩，对项目实施不到位的扣减服务费用，对项目实施成效较好的予以部分奖励，建立对第三方服务机构的正向、反向激励机制；建立公平公正的市场竞争机制，园区取消对第三方服务机构规模的限制，市场进一步开放；逐步开展对第三方服务项目绩效评估，区财政金融局对井冈山经开区2019年政府购买服务的6个项目，9个第三方服务机构进行绩效评价，通过绩效评估挖掘第三方服务机构管理存在的问题和漏洞，提出建议和措施，推进第三方服务机构服务效能提升。

第四节　土地集约节约利用

在第二篇第二章第四节记述。

第五节　产业发展服务

吉安市创业经济开发有限公司

2003年3月27日，吉安市创业经济开发有限公司成立。是一家以工业标准厂房出租为主并配套实施相关物业管理的服务型企业。公司开辟的工业园占地面积49023平方米，建筑总面积53945.16平方米；建筑群体由工业标准厂房 A、B、C 型及宿舍综合楼、多层办公写字楼组成。建成带电梯 A 型厂房一栋，面积 5441.41 平方米；带电梯 B 型厂房三栋，共 14827.20 平方米；C 型厂房两栋，面积 7356 平方米；宿舍综合楼两栋，面积 14827.20 平方米。园区内配套建有食堂、超市、网吧、篮球场，绿化面积 19000 平方米，绿化率达到 40%。

公司设立后，工业园随公司的成长不断完善，逐步成为创业者施展聪明才智、实现自我价值的平台。2003 年以来，先后接纳了 20 多家进入井冈山经开区投资兴业的实体企业落户工业园。吉安市优特利科技有限公司、富尔泰纺织工业有限公司、吉安市宇轩婚纱厂、雅达（吉安）鞋业、吉安市特别特鞋业，美华（吉安）手袋厂、吉安市天益光通信技术有限公司、华林玻璃厂、吉安昌企汽车配件厂等企业，在工业园孵化壮大后，自购土地，自建厂房，自创发展空间，分别由进园初期的一两百人发展到一两千人，逐步成为井冈山经开区规模较大、实力较强的骨干企业。工业园的聚集效应和扩张效应日益显示。

至 2020 年，工业园内仍有螃蟹王国、合力泰 2 家企业计上千人留驻创业。企业与企业之间相互包容、共图发展，员工与员工之间相互尊重、和谐共处，生产、生活秩序井然。

吉安螃蟹王国科技有限公司

2014 年 5 月，吉安螃蟹王国科技有限公司入驻井冈山经开区。公司位于经开区建设大道 306 号，有 8 栋厂房，职工 1300 人。另有基地食堂和宿舍一栋，总建筑面积 4775 平方米。公司研发部门位于吉安螃蟹王国综合楼三层，配置有完备的设施设备。与井冈山大学艺术学院、吉安职业技术学院建环学院建立了长期产学研合作关系。

公司是一家践行国家“大众创业、万众创新”发展战略，并以“创新 + 创业驱动发展”的新时代复合型公司，顺应了“创新 2.0 时代”国家指引的众多发展方向，包括互联网 +、众创空间、创业孵化基地、“草根”创新、“草根”创业、创客空间、STEAM 创客教育、机制创新、管理创新、模式创新等。

公司产品主要有中国传统文化创意、手工匠人文化、STEAM 创客教育材料及教程，建筑沙盘模型材料，模玩手办，COSPLAY，二次元动漫，益智桌游，人工智能机器人元器件，DIY 儿童益智玩具，家庭亲子教育手工，传统手工，DIY 生活家居装饰等，产品以材料和教程为主（非成品），并提供全方位培训及指导服务。

螃蟹王国采用“本地设计 + 本地供应链 + 全球端零售”，选择自定项目合伙人制。近年来，公司呈现强劲发展态势。已孵化项目 80 余个，平均每个月稳步新增 1 家以上公司，每个孵化项目市场占有率 30%~70%，是全国最大最全的中国传统文化创意和 DIY 手工类全产业链聚集群。公司现已汇聚 50 多位合伙人，2019 年销售额达到 3 亿元。探索出一条以互联网为基础，适合本地人才水平创业为

图 5-5　螃蟹王国互联网 + 众创电商产业园

基础的创新创业之路。

“星星之火，可以燎原”，截至 2019 年，创客教育在吉安市 20 多所学校落地试点，并受到政府、学校、家长和学生的广泛欢迎。公司团队已取得多项科技成果，共获得实用新型专利 36 项、软件著作权 11 项、外观设计专利 4 项。

2020 年 3 月 24 日，科技部公布《关于 2020 年度拟确定为国家备案众创空间名单的公示》，吉安螃蟹王国科技有限公司的“互联网 + 中国传统文化创意”众创空间榜上有名。成为井冈山经开区继红米谷创新产业园众创空间以来第二个被科技部备案的国家级众创空间。

第三章　科技创新

井冈山经开区升级为国家级经济技术开发区后，致力于发展高新技术产业，不断提高企业自主创新能力。出台诸多土地、财税、品牌等方面的鼓励扶持政策；引进各类科技人才；制定各类技术中心、工作站、工程实验室等奖励办法；加大科技创新项目的融资支持力度；加大对企业研发、专利申请、科技成果转化等扶持和奖励力度；逐步加强与科研单位、高等院校的科技合作。2017 年，井冈山经开区获评国家知识产权试点园区。2019 年，井冈山经开区安排 3000 万元人才专项资金，成立了 1 亿元人才创新创业引导基金，投入科技专项经费 1.2 亿元，帮助企业争取技术创新资金近千万元。获批省数字经济创新发展试验基地和电子信息产业省级服务支持人才创新创业示范基地。

第一节　鼓励政策

“十二五”期间，为推进科技创新环境优化升级，全面筑牢科技创新保障基础，提升科技支撑能力，增强产业转型升级的动力，吉安市政府先后制定出台《关于加快推进科技创新升级的实施意见》《关于印发吉安市科技协同创新重大专项管理办法的通知》《关于印发吉安市科学技术奖励办法的通知》《关于进一步推进科技入园工作的意见》等文件，对高新技术企业认定、企业研发平台建设、科技奖励、省级以上新产品开发和产业化特色基地建设等明确相应的扶持措施。

2015 年，井冈山经开区整合汇总国家部委和省市区相关部门的政策性扶持文件，出台《井冈山经开区扶持创业创新措施 75 条》，施放了 13 大类 75 大条政策“红包”，以文件形式确定每年安排至少 600 万元奖励科技创新先进，促进优势产业健康发展和高科技企业的快速成长，极大地激发了全区科技型企业自主创新内生动力。

2016 年 4 月，区财政局、经济发展和科技管理局与合作银行、投资公司签订合作协议，分别设立 12 亿元、2 亿元的产业引导基金，具体投放到符合国家产业政策、创新能力强、市场前景好的中小企业，促进园区相关企业做大做强。

此外，为鼓励企业加大科技创新力度，在财税扶持、用地扶持、品牌战略扶持等方面，制定了一系列的鼓励扶持政策。

财税扶持

对每亩实现税收 5 万元及以上和固定资产投资强度在每亩 260 万元以上的鼓励和允许类企业，从获利年度起，以当年实际缴纳企业所得税地方留成部分为标准，前三年安排等额专项资金支持企业研发或扩大再生产，第四年至第五年按标准的 50% 比例予以扶持， 前五年由财政安排等额专项资金支持企业研发或扩大再生产，后五年按标准的 50% 比例予以扶持。

兴办高新技术企业，从正式投产年度起，以企业上缴增值税地方留成部分为标准，前五年按标准的 50% 比例等额安排专项资金给予扶持，同时应积极为企业争取国家科技专项资金和财政贴息支持，不重复计奖。兴办属于国家鼓励类产业发展项目，且符合条件的企业（不含区内转移企业），自生产经营或投产之日起，按困难企业给予三年内免征房产税、城镇土地使用税。经认定的高新技术企业，除按规定可以享受企业所得税优惠政策外，按困难企业给予两年内免征房产税、城镇土地使用税。对主营业务收入首次突破 10 亿元、50 亿元、100 亿元的企业法人代表，由财政一次性分别给予 1 万元、5 万元、10 万元的奖励。每年对主营业务收入增量部分在 5 亿元以上且在区域内排名前十名的工业企业和服务业企业进行表彰，由财政给予每户企业法人代表 1 万元的奖励。奖励新入规的工业企业及弥补责任单位工作经费 2 万元。对在全国同行业内获得“百强企业”荣誉称号的奖励 5 万元。对纳税超千万元的工业企业和服务业企业，按地方实得增量部分 5% 的标准等额安排专项资金给予扶持。注册从事旅游业的企业发生的广告费和业务宣传费支出，在不超过当年销售（营业）收入 30% 的部分，准予在企业所得税前扣除。

用地扶持

对引进世界 500 强、港台 100 大、国内 500 强、全国民营 500 强、央企和上市企业、科技含量高的项目，优先安排用地计划指标；符合申报条件的项目，积极争取纳入省重点产业项目，使用省预留用地计划，确保项目用地。对拟出让的国有建设用地使用权，出让价款在成交之日起一个月内缴纳 50%，剩余 50% 在成交之日起一年内缴清。区域内项目以出让方式取得的国有土地使用权，项目建设达到法定条件的，在不改变出让合同约定条件的前提下，可依法转让、出租、抵押、继承和合作入股。对新引进的工业项目，在办理土地资产抵押贷款时，国土资源管理部门免收各项业务费用。鼓励节约集约用地。建立项目节约集约用地情况考核制度，对现有工业用地，在符合规划、不改变用途的前提下，提高土地利用率和增加容积率的，不再增收土地出让金；区有关部门每年年初核定区内企业上年度的单位土地工业年产值、单位土地创税率、投资强度、综合容积率等考核指标，报管委会审定后进行通报。对土地节约集约利用成效优异的企业在年终工作总结会上给予表扬和表彰，具体考核办法另行制定。

万众创新和品牌战略扶持

鼓励企业建立创新平台：对新认定为国家级、省级工程技术研究中心、重点实验室、企业技术研究中心、工程研究中心、工程实验室的企业，一次性分别给予 50 万元和 10 万元支持。对新批准为院士工作站、博士后科研工作站的企业，一次性给予 20 万元支持。建设市级产业技术创新战略联盟，推荐符合条件的申报省级和国家产业技术创新战略联盟，分别给予牵头企业 10 万元和 20 万元经费扶持；申报后成功获批的市级、省级、国家产业技术创新战略联盟的，分别再给予 10 万元、20 万元、30 万元支持。

鼓励发展高新技术企业：对新认定的高新技术企业或三年期满后通过高新技术企业复评并认定的，一次性给予企业10万元的奖励。对获得国家级、省级高新技术产业特色基地（科技孵化器、科技创业服务中心、特色产业园）称号的企业，分别一次性奖励100万元和50万元。

鼓励企业申请专利和科技成果产业化：对获得国（境）外的发明专利、国内发明专利、实用新型专利、外观设计专利的企业，分别一次性给予5万元、3万元、0.5万元、0.25万元支持。对获得软件著作权和集成电路布图设计专有权的企业，分别一次性给予1万元支持。对获得或者引进国家技术发明和科技进步一等奖、二等奖的项目且在井冈山经开区产业化的企业，投产后主营业务收入达到1亿元以上，分别一次性给予100万元、50万元的产业转化资金扶持。对获得国家、省科技进步奖和市级科技二等奖以上的企业，一次性分别给予5万元、2万元和1万元支持。同一项目分获国家奖和省奖的，按国家奖予以支持。

鼓励企业推行标准体系建设：对主持制定地方标准、行业标准、国家标准、国际标准并获得认可和实施的企业，分别一次性给予5万元、10万元、15万元、20万元支持。对新获得具备国家认证资质机构认定的ISO 9001质量管理体系认证证书、ISO 14001国际环境管理体系认证证书的规模以上工业企业，分别一次性给予1万元支持。对申报成立了国家级专业标准化技术委员会、分技术委员会和省级专业标准化技术委员会的企业，分别给予10万元、6万元、5万元支持。

工业发展专项扶持

项目投资前期费用奖励。对固定资产投资较大、经济带动力强、附加值高、科技含量高并按时间节点推进的重大新进项目，给予项目前期费用（前期费用是指项目的环评、安评、设计、设备的搬迁等费用）奖励，每个项目前期费用奖励不超过500万元。对投资额大，经济带动力强，科技含量高的特重大新建工业项目，以及跨省、跨市的工业企业将总部、生产基地或研发中心入驻井冈山经开区的项目，采取“一企一策”“一事一议”的办法，给予政策扶持。

综合保税区扶持

综合保税区内企业不出园区即可办理一切进出口手续。根据区内生产型企业外贸出口业绩，区财政安排一定的外贸扶持资金，支持企业转型升级，提升国际竞争力，资金主要用于企业品牌、外贸平台建设等。

第二节　创新载体

井冈山大学科技园

为响应国家和江西省大众创业万众创新的号召和推进大学科技园建设的战略布署，2014年，井冈山大学成立“井冈山大学科技园筹建办”，正式启动科技园的筹建工作。井冈山大学科技园的管理体制采取由江西省科技厅（江西省大学科技园指导委员会）、教育厅等政府部门和井冈山大学科技园管理办公室协调领导，江西井冈山大学科技园发展有限公司具体运行的机制模式。通过该体制，正确处理好大学科技园与有关政府部门、大学科技园与高校科技成果转化、大学科技园与入园企业、大学科技园与大学生创业的关系，推动产学研的紧密结合，实现高校与企业之间的互利关系合作。

2016 年 7 月，井冈山经开区管委会与井冈山大学签订合作共建协议《井冈山经开区与井冈山大学合作建设井冈山大学科技园》，双方合力打造一个教师、大学生、企业创新创业孵化平台，科技园具备展示企业孵化培育、科技成果转化、创新创业人才培养等功能。并成立井冈山大学科技园管理委员会，建立井冈山大学科技园管理办公室，正处级建制，配有一正两副，三个科室，成立具有独立法人资格的江西井冈山大学科技园发展有限公司。科技园内设井冈山大学科技园管理办公室和井冈山大学科技园发展有限公司。井冈山大学科技园发展有限公司实行管委会领导下的总经理负责制，下设的各部门制定了明确的工作职责，具体设置综合管理部、事业发展部、企业孵化部等部门。

2017 年 1 月 15 日，首批 30 家企业进驻科技园，含盖 IT 行业、计算机软件、高端机械制造、文化创意等。科技园主要聚焦电子信息技术、软件开发与应用服务、电子商务与“互联网 +”、旅游和文化创意、生物医药、生态农业以及土木工程与城乡建筑等七大发展方向。

截至 2020 年，井冈山大学科技园形成井冈山大学校内、井冈山经开区原盛泰电子厂的“一园两区”格局，总建筑面积达到 21000 平方米，孵化面积近 17000 平方米，能够容纳企业或机构 120~200 家，提供各类就业岗位 1200~3000 个；大学科技园现有企业 54 家，种子资金 100 万元，创业导师 124 人。

工业互联网产业园

工业互联网产业园占地 1.87 公顷，共有 4 栋大楼，面积近 3 万平方米，于 2019 年 8 月竣工。园区定位为集产业研究、工业设计、软件开发、检验检测、智慧管理、众创孵化、人才培训等多功能于一体的工业互联网产业园。至 2020 年，进驻了融合科技、联通工业互联网研究院及其二级节点项目、吉安电子学会、江西省通讯终端产业技术研究院、吉安砺芯半导体有限责任公司、移动 5G 实验室、智慧物管中心、众创孵化中心、苏州太谷能源大数据中心、电子电路协会、金黄光智慧照明公司、联云信息等，基本形成了“两中心 + 两平台 + 多载体”的发展雏形，“两中心”即众创孵化和智慧物管两大服务中心，重点为创新创业、企业孵化、物业管理和后勤保障提供全方位、全天候、全流程的综合配套服务；“两平台”即通讯终端产业技术研究院和进出口机械电子产品实验室两大研发平台，研究院主要为全市电子信息产业发展规划、产业研究、科研成果转化、人才引进等提供技术支持；实验室主要为全省乃至全国范围内电子产品 ROHS 筛选、检验检测等 6 个方面提供服务支撑；园区进驻的新业态项目有 3 个，分别是苏州太谷能源大数据中心、物联网工业云平台、智慧工地质量安全管理平台，重点聚焦园区大数据平台、能源管理、功能建设项目质量安全等。

2019 年 11 月 20 日，全省开发区改革和创新发展现场推进大会在吉安市召开，江西省省长易炼红一行参观了工业互联网产业园，实地走访融合科技、江西省通讯终端产业技术研究院等园区企业。

江西省通讯终端产业技术研究院（吉安市电子信息研究院）有限公司 江西省通讯终端产业技术研究院（吉安市电子信息研究院）于 2017 年 12 月 29 日揭牌成立，为江西省首个电子信息研究院。2018 年 12 月由江西省工信厅批复设立江西省通讯终端产业技术研究院，实行两块牌子一套人马运营。研究院由井冈山经开区牵头组建，建设主体为金庐陵经济发展有限公司。2019 年 3 月注册成立江西省通讯终端产业研究院有限公司，实行企业化运营，共建单位有吉安市木林森电子科技有限公司、江西

合力泰科技有限公司井开分公司、摩比通讯技术（吉安）有限公司、江西创成微电子有限公司；合作单位有井冈山大学、吉安职业技术学院。公司位于井冈山经开区工业互联网产业园 4 号楼二楼。2020 年 5 月井冈山经开区经发局与金庐陵公司签订全面代管协议。

研究院围绕吉安市电子信息首位产业，定位于集产业发展研究规划、科技成果转化、科研资源整合于一体的公共服务平台，包括为政府部门和企业提供电子信息产业发展方向，制定中长期发展规划；协助企业开展新产品研发、新技术应用等科研成果转化；整合电子信息产业科技资源，为相关企业孵化提供公共服务等。

研究院初设综合管理岗、产业研究岗、研究室管理员等。有 LED 照明技术、新型显示技术、智能识别技术、集成电路技术、通信传输技术等 5 个技术研究室和一个具有 CNAS 和 CMA 国家质量检测资质的公共检测平台，拥有 110 余台专业电子信息检测仪器设备，另有办公室、会议室 4 间，使用面积约 1300 平方米。

研究院累计投资 1000 万元，其中用于研发的仪器设备价值约 800 万元，用于办公设备、实验室装修等费用约 200 万元。

图 5-6　2019 年 11 月 20 日，省长易炼红（右二）一行在研究院参观考察

2018 年 12 月，江西省工信厅批复设立江西省通讯终端产业技术研究院，并下拨 200 万元扶持资金用于研究院组建；2019 年 11 月，研究院成功申报吉安市电子信息产业园区科创中心建设项目，获市科技局专项资金及井冈山经开区配套资金共 100 万元；同年，研究院获批井冈山经开区管委会 2020 年度财政预算 150 万元，用于支持研究院引进科技创新人才和开展产业技术研究等。2020 年，省工信厅下拨 100 万元用于通信终端产业集群项目；并入选江西省首批产业技术研究培育名单。

吉安融合科技有限责任公司　该公司是江西融合科技公司于 2019 年 4 月份在井冈山经开区设立的一个工业互联网省级运营总部。公司专注于园区工业管理和企业服务的创新型互联网、物联网企业，主要解决企业工业管理手段、企业服务资源、产业运营抓手等问题。至 2020 年，公司服务吉安市 2513 家工业企业和 9 个产业集群，服务园区覆盖率超过 90%。基本实现了吉安市场的全覆盖。

井冈山经开区工业大数据平台于 2019 年 10 月建设完成（试用版），2020 年 5 月正式上线运行，平台建设金额 150 万元。平台按照一中心两平台架构进行建设，即大数据中心，园区管理平台和企业服务平台。园区通过大数据中心可以综合管理监控园区的整体运行态势，了解园区、产业、企业的发展情况，做到对园区现状心中有数，重大决策科学有据。企业服务平台有效汇聚工业企业的需求，有效供给企业智能制造、产业对接、产业金融、项目申报、智慧节能、智慧物流、专家在线等各类服务资源，挖掘、收集、整理工业企业的需求，以平台为创新载体，培育本地产业配套企业，着力发展新的服务制造业，实现企业服务资源对接的便捷化，智能化，精准化。

中国联通工业互联网研究院吉安分院　2019年10月10日，中国联通（江西）工业互联网研究院吉安分院正式落户井冈山经济技术开发区，该分院集中联通力量及省内外优势合作伙伴立足井冈山经开区，服务吉安市电子信息、生物医药企业，为吉安互联网＋先进制造业提供智力支持。团队核心成员由科学家周晓龙、院长曾永祥、高级技术专家黄启辉及五人技术团队组成。2019年，中标井冈山经开区工业大数据平台项目，2020年，项目完工并正式上线，相关部门以及井冈山经开区所有企业已经在使用该平台。是年6月，工业互联网标识解析江西省电子信息产业应用节点运营中心正式启动。

吉安市电子学会　成立于2019年11月28日，有会员60多人，团体会员20多个，理事长单位1个，常务副理事长单位2个，副理事长单位5个。学会是由红板（江西）有限公司在吉安市科协的协助下，由吉安市民政局批复同意成立的主要（但不限于）在吉安市范围内各界从事电子信息研究、生产、制造、应用、教学、竞赛等的相关人员自愿加入，而联合组成的非营利性社会团体。学会主要工作是开展学术交流、科技交流、非营利性继续教育、技术培训、专业技术资格认证、青少年电子信息类竞赛；普及电子信息科学技术知识，推广电子信息技术应用等。2020年1月21日下午，由吉安市科协、吉安市电子学会联合主办的“展望2020吉安电子信息产业同仁座谈会”在红板（江西）有限公司召开。同年6月23日，省科协领导到学会参观指导。学会致力于促进吉安市电子信息产业的稳步和谐发展，打造吉安电子信息的人才交流平台、信息共享平台、技术创新平台；推动产业兴旺、助力企业发展、促进人才成长；吸引电子信息产业配套企业落户，完善配套产业链；吸引人才、培育人才，帮助企业提升核心竞争力。

图5-7　2019年12月4日，中国工程院院士卢锡城（前右），市委常委、统战部部长肖玉兰（前左）共同为吉安市电子学会成立揭牌

吉安砺芯半导体有限责任公司　2018年5月份注册成立。2019年，砺芯研究院成立，旨在为公司的业务发展提供更强劲有力的技术支持。2020年7月搬迁至经开区工业互联网产业园，专注于集成电路设计服务。“砺芯半导体”有两大主要业务方向：芯片后端物理实现设计和芯片反向分析工程。公司团队成员包括版图设计工程师、电路分析工程师、项目支持工程师等。共有60多名高科技人才，其中高级职称数人，研究生4人，本科50余人。吉安砺芯与深圳职业技术学院、东莞理工学院、井冈山大学等院校开展深度合作，联合培养IC设计人才，行业首创的远程版图设计服务模式，为各大IC设计企业提供了很好的芯片设计服务支持。公司客户包括台湾地区的联发科、笙泉、盛群、凌阳、聚积、明阳、联永等，大陆地区包括中兴通讯、吉林华微、华大九天、国民技术、紫光国芯等上市公司，客户数量达到上百家。

移动 5G 联合创新江西（吉安）开放实验室　实验室主要协助江西移动吉安分公司对接吉安市政府相关部门，推动行业数字化服务应用。5G 联合创新江西开放实验室将以落地集团公司 5G+AICDE、5G+ 生态、5G+X 战略为目标，联合产业链合作伙伴共同推进 5G 行业应用的研究与开发，打造合作共赢的产业生态。结合吉安本地产业特色，重点从红色旅游、工业互联网等方向进行拓展研究，主要有：5G+ 工业互联网、5G+VR 旅游、5G+ 智慧农业、5G+ 智慧医疗、5G+ 智慧城市、5G+ 智慧校园。

红米谷创新产业园

产业园成立于 2016 年 6 月，位于井冈山经开区深圳大道南山示范园，成立之初称红米饭创新产业园，后改为红米谷创新产业园，是一个为大众进行全方位服务的创业平台和创新中心。该产业园是在吉安（深圳）产业园南山示范园的基础上改造建成，总建筑面积 46259 平方米，总投资额 1 亿元以上，按照国家一流创业园区的标准进行设计改造。园区配备青年艺术公寓、食堂、超市、创意咖啡厅、运动休闲中心、娱乐休闲中心、艺术体验区、网咖、培训交流中心、项目展示中心等设施。主要以互联网 + 服务行业为主，具体经营互联网众包与财税服务、新媒体流量分发、自媒体运营、广告设计与制作、媒体代理、软件与系统开发、APP 运营，营销咨询、天使投资等为主。至 2020 年末，公司参与投资运营的“美至简智能体脂称”“美城城市新媒体”“12 推自媒体”“有张名片 APP”“蒜子红包”等项目已吸引总粉丝上亿，在同行业中处于领先水平。

红米谷创新产业园具备一定的产业规模和自主创意研发能力，入驻企业能够享受政府特殊扶持政策。红米谷产业园引进江西红米谷孵化企业发展有限公司作为运营商，落户企业主要以互联网 +、广告传媒、文化创意、培训、大健康产业、天使基金、私募基金等为主。产业园配备专业的创业服务团队，为创新者提供从工商注册到财务咨询、税务咨询、法律咨询以及互联网专业技术咨询的一条龙服务，减少创业者的创业成本，为其提供便利。

2017 年 12 月，红米谷创新产业园被评为“国家级备案众创空间”；2018 年，红米谷获得“国家级高新技术企业”称号；2019 年 12 月，被评为“市级科技孵化器”、退役军人创新创业示范基地、大学生创新创业示范基地等荣誉称号。至 2019 年，红米谷创新产业园共招商入驻企业 463 户，营业收入达 35 亿元，税收总额突破 3 亿元。

博士后工作站

江西天人生态股份有限公司博士后科研工作站　工作站于 2013 年 10 月经批准成立，与全国多个农业、林业大学有计划地开展全面合作，与多位博士后人才建立合作关系，引入北京林业大学陈磊博士进站，开展植物源农药、植物免疫蛋白等相关项目的研究。该工作站是吉安市首个博士后科研工作站。

2016 年下半年起，由于市场扩张、产能扩大，IPO 财务规范成本影响导致公司资金链陷入困境，直接影响了博士后科研工作站的运行。但公司产品在林业行业的市场知名度及产品影响力，通过多方共同努力，该公司被允许继续生产经营并寻找重组机会。公司重组期间，博士后工作站工作暂停。

至 2019 年，经过近两年的努力，公司加强在新的领域的项目拓展，例如林业飞机药物喷洒前的 GPS 航测平台技术。公司“防治农林生物灾害的大型直升机智能飞防关键技术创新与应用”项目获得 2018 年度江西省科学技术进步二等奖，2019 年公司获得 15 项发明专利。

普正药业集团股份有限公司博士后科研工作站　工作站于2015年10月经人社部批准成立，与中国中医科学院深入合作，先后引进博士后4人，其中柏冬博士主研的“全杜仲胶囊药效物质及作用机理探讨研究项目”完成试验研究；魏戌博士主研的“全杜仲胶囊治疗退行性骨病的临床试验研究与作用机理研究项目”正在开展相关的药效研究和临床试验研究。

2019年，普正药业依托博士后科研工作站举办中国杜仲中药产业创新发展论坛等多次学术会议；利用该平台对接院士专家团队就公司的技术开发规划、智能制造产业规划、国家级创新平台建设等进行讨论和评审，为企业的创新发展提供意见建议。

同年，普正药业博士后科研工作站围绕中药大品种二次开发和创新药物研究开展工作，实现技术突破3项、转化工作站科研成果4项；获省级科技进步二等奖1项，国家专利奖优秀奖1项；实现直接经济效益500余万元；获专利授权2项（其中发明专利2项）、受理10项（其中发明专利10项）。

吉安市木林森实业股份有限公司博士后创新实践基地　基地于2020年5月份申报，2020年9月经江西省人社厅批准设立。该站正处于制度建设、博士后研究人员招募等工作阶段。

吉安市木林森实业有限公司是井冈山经开区打造“LED照明千亿产业”龙头企业，是一家专业研发生产发光二极管（LED）的国家高新技术企业。公司成立于2014年9月，注册资本33亿元，总投资100亿元。公司自创建以来，始终重视研发工作，为有效解决产品技术故障和新产品新工艺研发，在2016年1月企业尚未投产时便组建了企业技术中心，2019年10月，获批江西省工程技术研究中心，2019年12月，获批江西省企业技术中心。

创新实践基地依托该技术中心开展科研工作，围绕LED芯片与基板高导热焊接工艺、高光效包封技术、平面型荧光粉层的制备及保护、智能化控制模块一体化集成等研究开发方向，致力解决LED共性关键技术，集聚和培养一支高水平LED研发人才队伍，完善设施设备，创新管理体制和运营机制，加强国内外合作交流和开放服务。

院士工作站

普正药业院士工作站　2014年12月16日，吉安市普正药业院士工作站正式揭牌，普正药业院士工作站是吉安市首个院士工作站。院士工作站引进丁健院士及以叶阳研究员为代表的专家团队共16人。

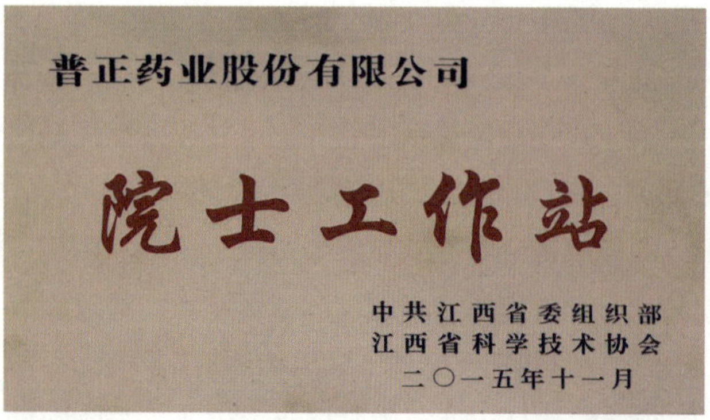

图5-8　2015年6月，普正药业获批院士工作站

图5-9　2013年3月14日，江西“海智计划”新能源及微电网产业工作授牌仪式在江西仪能科思科技发展有限公司举行

建站后，按照公司业务发展需求，着力开展中药新药开发和中药大品种二次开发，推进普正中药产品迈入高品质、高技术、高标准的现代科学中药行列。2019年，围绕建立高品质高技术高标准的智能制造技术和临床优势病种进行研究开发，主要进行全杜仲胶囊、裸花紫珠颗粒、红花逍遥片等重点品种的临床治疗优势研究；裸花紫珠颗粒、红花逍遥片等重点品种的标准提高研究；全杜仲胶囊、红花逍遥片物质基础作用机理研究；裸花紫珠颗粒、红花逍遥片、清热散结胶囊等重点品种的工艺技术优化研究；在线检测、在线生产技术开发。此外，致力于研究优化红花逍遥片提取、干燥、制剂工艺，提升红花逍遥片质量标准，建立竹叶柴胡质量标准，为红花逍遥片的质量评价和控制提供技术支持，提升产品质量。对全杜仲胶囊长期毒性和生殖毒性进行评价，明确全杜仲胶囊的安全性，提高产品的市场占有率和销售额。指导技术团队进行重感灵胶囊和肾康宁胶囊指纹图谱研究。至2020年，工作站共合作实施重点项目10项，完成2项；实现技术突破7项；转化院士工作站科研成果10项；获专利授权33项、受理60项；获省级奖励1项，国家级奖励1项；实现直接经济效益1300余万元；培养硕士3人、博士2人，省级以上人才计划人选7人次等重要成果。

江西仪能新能源院士工作站　2015年8月，经吉安市委组织部、吉安市科学技术协会批准建设，站内引进清华大学电力电子工程研究中心韩英铎院士、加拿大McGill大学Ooi院士及其团队，工作站围绕企业科研发展开展一系列的研究工作。工作站占地3000平方米，配有新能源微电网能量变换及控制研发中心以及软件研发中心、工程技术中心，配有一流的实验、测试（含软件测试）和检测设备及测试平台，可进行500千瓦逆变器、PCS的满载实验。自主研发的ENA-DGMS光伏发电及微电网管理系统、微电网控制器、多功能逆变器和双向变流器等系列产品具有多项国内国际领先优势。

公司确保工作站每年工作经费约200万元。2016年，公司技术研发投入逐年递增30%以上，全年投入为491万元，占公司整体收入的6%。工作站成立后，公司承担多项国家电网公司、南方电网公司和政府部门的科技项目约17项。项目团队在“具有虚拟同步发电机特性的光伏逆变技术”项目上获得技术突破，并取得1项软件著作权；获得发明专利2项，实用新型、外观专利3项。

2017年2月，工作站韩英铎院士和Ooi院士的团队协助井冈山经开区成功申请到了国家能源局第一批园区能源互联网示范项目。工作站致力于加速能源互联网及光伏微电网相关技术的研究、突破相关技术瓶颈，从而推出更稳定更可靠的产品和解决方案，并与国内外先进能源互联网技术和产品广泛合作以促进全球用户共享。

江西仪能新能源以Ooi院士为主的国外专家团队为技术核心，联合解决微电网领域关键、共性技术，促进科技成果转化及产业化。工作站与Boon-Teck Ooi教授、吕斌博士合作的“500kW大功率储能变流器控制技术开发”项目完成样机的开发，着手进行产品认证；与陈哲教授、陈益强博士合作的“建筑和工业能效管理核心技术及关键设备研究”项目开发出一款能效管理软件，并通过第三方机构测试和认证。

2020年，该工作站摘牌。

吉安英佳院士工作站　2018年9月28日，吉安市青原区科协与吉安英佳电子科技有限公司联合申报建立吉安英佳院士工作站；10月20日，英佳公司与中科院王梓坤院士及其团队签订《共建“吉安英佳院士工作站”合作协议书》；11月15日，获吉安市委组织部及吉安市科协批复成立的江西省内唯一一家教育领域的市级院士工作站。2020年底，院士工作站团队有专职技术人员30名，其中王梓坤院士为首席科学家，中科院微电子所研究员胡国荣博士为总工程师，北京师范大学互联网教育与智能技术应用国家工程实验室技术负责人、中科院高能物理研究所控制系统客座研究员朱立新博士为总设计师，广东外语外贸大学副校长刘建达为院士工作站总顾问，另外还有15人为高级工程师或硕士以上学历。工作站成立后，针对国家政策的走向、王梓坤院士及其团队的主要科研方向，院士工作站研发出一套迎合未来高考改革的综合素质评价系统；结合当前幼儿教育需求以及幼儿园管理要求，研发出一款专门为幼儿园服务的智慧幼儿园管理系统；对英佳公司原有设备云终端一体机做进一步研发工作，推出三款不同形式的云终端一体机，分别为壁挂式云终端一体机、OPS版云终端一体机以及中控版云终端一体机；针对2020年的突发疫情及孩子普遍近视的问题，研发出一款针对疫情及孩子健康的5G智慧健康教室系统，该系统的健康照明护眼灯、杀菌灯及新风系统处于全国领先水平。至2020年，工作站取得37项软件著作权、29项软件产品登记证书。

江西合力泰院士工作站　2017年5月19日，江西合力泰科技有限公司与中科院黄维院士正式签订院士工作站建站协议和项目合作意向协议，共建合力泰院士工作站，入站院士团队成员共5人；5月26日，合力泰院士工作站获得吉安市委组织部、吉安市科协联合批复同意建站。2019年1月16日，合力泰院士工作站获得江西省委组织部、江西省科协联合批复同意建立省级院士工作站。工作站主要围绕“基于E-ink技术的电子纸绿色关键工艺突破与集成项目”开展研究工作，在电子计价标签模组、产品封测等方面取得关键技术突破，申请8项专利，其中发明专利4项。开发的新产品实现产业转化，年增加直接经济效益3000多万元。双方共合作实施项目1项，实现技术突破2项，转化院士工作站科研成果2项，获省级奖励1项，引进博士后1人，招收硕士人员5人，培养自有人才4人。

2020年，该工作站摘牌。

工程技术研究中心

普正药业工程技术研究中心　成立于2005年，于2014年被省科技厅认定中药消炎药工程技术研究中心。2020年，中心拥有研发人员41人，其中有博士3人，硕士7人；高级职称技术人员10人，有国家万人计划领军人才、全国劳动模范、江西省百千万人才、江西省中医药青年骨干人才等高层次人才5人。建有工程研究中心大楼2600平方米、中试车间5200平方米、中药材种植技术研究基地13.33公顷和中药检测中心700平方米，仪器设备价值2600余万元。先后取得各类科研成果200余项，获得国家发明专利授权60余种，承担各类科研项目80余项，其中含20余项国家级科研课题攻关，自主开发新产品40余项，主导行业标准制定30余种，并自主培养“全国劳动模范”“赣鄱英才555工程”人选、江西省青年科学家等优秀高层次人才10余名。先后与中科院上海药物所、上海医药工业研究院、中国中医可学院、中国药科大学、上海中医药大学、南京工业大学等科研院所建立了产学研合作关系，围绕裸花紫珠颗粒、清热散结胶囊等中药消炎药大品种开展二次开发研究，获江西省科技进步二等奖和三等奖各1项。

江西省锂离子储能工程技术研究中心　该中心由吉安市优特利科技有限公司设立。技术中心引进博士4人，硕士10人，培养工程技术储备干部、技术骨干100余人，主要研究开发方向：凝胶态聚合物电池技术——凝胶陶瓷隔膜技术开发；高安全性、高温电池技术车载汽车电池开发；微型电池技术；高功率电池技术——无人机电池开发；低温电池技术；动力 & 储能电池技术。取得的研究成果有授权专利 109 项，其中发明专利 6 项，实用新型 103 项。

红板（江西）有限公司研发创新平台　成立于 2014 年，2015 年获批“江西省高密度柔性线路板制造技术工程研究中心”。主要研发设计具有国内领先水平的高密度柔性线路板和高端软硬结合板。科研人员 125 人，其中，高级专家及博士 5 人，大学本科及以上学历或助理工程师以上职称人员 48 人。与南昌大学环境与化工学院开展了产学研合作活动，并聘请了胡兆吉博士等知名教授为外聘专家，共同研制开发了“HKR14718CS—8 多层软硬结合线路板”“JI26132A 智能高阶环保刚性板”新产品。2020 年末有江西省新产品 24 件（其中 6 件获江西省优秀新产品一等奖），174 件专利，其中发明专利 10 件。

吉安市绿色表面活性剂工程技术研究中心　2016 年 10 月由江西威科油脂化学有限公司设立。至 2020 年，承担 2 项省部级科研项目及 15 项企业自立项目，其中江西省重点研发计划项目“新工艺制取高纯山嵛酸酰胺”通过验收并结题。“科技助力经济 2020”重点专项“稀土路易斯酸催化剂的研制与工业化应用”通过公示并启动。技术中心以脂肪酸酰胺类非离子表面活性剂作为主攻技术方向，研制的新产品在包装材料、油墨、无纺布、橡胶、热塑性粉涂料、塑木复合材料等行业推广应用。截至 2020 年，取得 2 项发明专利、3 项软件著作权。

江西省单晶铜合金新型材料工程技术研究中心　该中心由江西蓝微电子科技有限公司设立。2020 年，技术中心科研人员达 15 人，均为大专以上学历。自主研发的新产品先后获得省级新产品 14 项、其中重点新产品 3 项，授权专利 30 项，制定企业标准 3 项，承担省部级以上科研项目 9 项。

吉安市 LED 照明器件工程技术研究中心　该中心由北极光（江西）科技照明有限公司设立。中心研发涉及电子技术、机构工程、光学设计、测试专业等，有 30 多位专业技术人员。研制下一代新型炭灯产品，二款新产品开发计划列入省工信委 2015 年江西省重点新产品计划项目；2016 年 4 月，向国家知识产权局申请“一种灯具驱动电源可变换控制模块装置”实用新型专利。

吉安市五金模具工程技术研究中心　该中心由吉安市瑞鹏飞精密科技有限公司设立。2020 年，技术中心有科技研发人员 450 人，其中高级专家和博士 8 人，外聘专家 35 人。关键技术研发有以下四项：大型及精密冲压模具设计制造技术、模具数字化设计制造及企业信息化管理技术、高档模具标准件研发和推广、新型材料。至 2020 年，共完成 36 个项目的研发，其中国家产业振兴和技术改造项目立项资助 1 项，省发改委资助 1 项，省工信委立项 4 项，市重点项目多次立项。取得 1 项发明专利、33 项实用新型专利、9 项计算机软件著作权证书，“胀形拉伸连续模具”、“自动铆接冲压模具”、“反向斜楔精密冲孔冲压模具”和“模内精密卷圆连续冲压模具”分别获江西省优秀新产品称号。长期坚持协同创新战略，先后与西安交通大学、同济大学二十多家高等院校、科研单位、上下游企业及个人等展开深度合作，涉及横向课题、技术服务、人才培养、共建联合实验室等各个方面，并取得大量合作成果。

吉安市绿色保健食品工程技术研究中心　该中心由江西益佰年药业股份有限公司设立。中心有 20 名研究开发人员、工程技术人员、技术工人、其他人员。承担吉安市科技局协同创新项目，于 2019 年通过验收；自主研发 8 项制造技术与工艺；2014—2019 年间取得 20 项发明及实用新型专利。

江西省高稳定性 LED 封装及应用关键技术工程研究中心　由吉安市木林森实业有限公司设立。中心拥有专职研发人员 47 人，其中高级工程师 4 人（含 2 名外聘专家），硕士研究生 6 人，本科学历 31

人。建立了完善的回流焊实验室、贴片实验室、光电实验室、力学实验室、热学实验室、失效分析室、可靠性实验室。有研究、开发、实验设备69台套（其中高、精、尖设备41台套），价值达1300余万元，完全具备SMD LED的研发、设计、试制、检测能力。到2020年，中心共计研发立项34项，其中新产品12项，新技术7项，新工艺15项；2020年共受理专利35项，其中发明专利4项，实用新型专利29项，外观设计2项。2020年获得专利授权24项，其中实用新型专利24项。中心的各项科技研发项目的实施为企业降低生产成本12%，新增产值近10亿元。

江西"海智计划"新能源及微电网产业工作站　由江西仪能新能源微电网协同创新有限公司建立，2016年8月22日省委组织部、省人社厅、省科协共同批复成立。"海智计划"获国家重点产业振兴和技术改造项目支持、江西省战略性新兴产业重大项目支持。工作站以微电网领域发展的技术需求为导向，以Ooi院士为主的国外专家团队为技术核心，联合解决微电网领域关键、共性技术，促进科技成果转化及产业化。工作站采取"政府推动，专家参与，企业管理，市场运作"的建站模式。工作站成立后，与Boon-Teck Ooi教授、吕斌博士合作开展"500kW大功率储能变流器控制技术开发"项目完成样机开发，进入产品认证阶段。与陈哲教授、陈益强博士合作开展"建筑和工业能效管理核心技术及关键设备研究"项目，已开发一款能效管理软件并通过第三方机构测试和认证。至2020年，共计投入项目经费约350万元，开发一台产品样机，实现技术突破3项，申报国家专利5项（受理5项），引进高层次人才1人。

吉安市满坤科技有限公司技术中心　该中心于2015年通过省工信委审批成立。技术中心拥有专业技术人员192名，占员工总数比例约12.6%。技术中心建筑面积达5600平方米。至2020年，技术中心累计投入达1.3亿元，占营业收入比例约3.5%。完成10余项省级新产品试制，共获江西省优秀新产品荣誉称号7项。其中，耐高温高压树脂油墨印制电路板和环保型影像显示印制光电路板两项新产品获江西省优秀新产品一等奖称号。技术中心拥有发明专利7项，实用新型专利71项，外观设计专利7项以及软件著作权34项。协助公司为国内外安防、家电、汽车、5G通讯等品牌企业研发配套PCB产品。

吉安市优特利科技有限公司企业技术中心　2008年，优特利科技公司成立企业技术中心。2009年11月，顺利通过省工信委认定。企业技术中心下设基础研发部、测试部、信息综合部。至2020年，企业技术中心参与科技活动人员达101人，占企业职工人数的9.9%。企业中心制定多项激励制度，包括《技术研发管理制度》《项目立项管理制度》《研发部门绩效考核奖励制度》等，激励技术中心人员进行技术创新和管理创新。中心还设定了奖励方法，如技术攻关奖一等奖5~10万元，二等奖1~5万元，三等奖2000元；科技进步奖一等奖2万元，二等奖1万元，三等奖5000元；管理创新精益管理奖规定，管理类提升所产生经济效益，按所产生效益的1%进行提成奖励，不低于2000元；合理化建议奖2000元。至2020年，技术中心累计投入科研经费6899.93万元，建成材料、锂电池电性能、锂电池安全、半电池等4个电池检测实验室；从锂离子电池原材料的选择与开发，到锂离子电池的电性能、安全性能的各项检测项目，完全满足国标要求。企业技术中心共申请专利190余项，获批授权专利131项，其中10项发明专利，121项实用新型专利。技术中心还注重校企合作，与清华大学深圳研究所、中国科学物理研究所等各大院校均有合作，共同研发课题。

江西生物制品研究所股份有限公司省级企业技术中心　2013年，公司成立企业技术中心。2014年10月，技术中心通过省工信委认定，获得省级技术中心的资格。技术中心引进古巴免疫学国家终身院士团队、美国博士后工作团队，先后与中国食品药品检定院、中国军事医学科学院、北京大学深圳研究生院、兰州分离科学研究所、井冈山大学、南昌大学、南方科技大学等多所知名院校建立校企合作，形成产、学、研、销一体化，加快产业技术的升级换代。技术中心拥有一批高素质的管理、技术、研发人才，其中高级工程师（含教授）占 11%，具有大专以上学历员工占总人数的 46.7%，中级职称人员占 56%；初级职称人员占 30%。中心仪器设备齐全，检测分析设备及中试条件在同行业中处于技术领先地位。公司每年投入销售额的 3% 以上的经费作为技术中心产品与技术研发专项资金。技术中心下设 4 个部门，成立技术委员会和专家委员会。技术中心在海南、深圳、内蒙、甘肃建立全资子公司和研发机构，围绕“做龙头、上主板”两大战略目标，对内创平台、提科技、挖潜力、强管理，对外优化产品结构、打通上下游产业链。依据发展战略拓展包括 22 个兽药品种的生产销售、生物医药技术研究转化、医美医械开发孵化、药品安全评价、第三方检测等医药大健康产业业务。技术中心通过自主研发、技术攻关，在抗血清领域获得 30 多项独有专利，填补了国内空白。主导产品破伤风抗毒素先后获得“第七届亚细安中医药学术大会金奖”“江西省优秀新产品”“吉安地区科技进步奖”。

江西瑞声电子有限公司技术中心　2013 年 1 月，成立江西瑞声电子有限公司技术中心。技术中心负责公司产品研发、技术创新、技术管理等工作，为公司研发中高端耳机、蓝牙耳机及智能穿戴等产品。技术中心配备 BK 测试仪、电声测试系统、驻极体传声测试仪、可程式恒温恒湿试验机、音频扫频信号发生器、金相显微镜成像系统、金属微丝电子强伸度仪、仿真耳等先进研发、检测设备百余台套，价值近 1000 万元，技术中心办公面积 1000 平方米，拥有职工 62 人，其中本科及以上学历 51 人，工程师 2 人，科研人员覆盖艺术设计、机械电子工程、通信工程、材料科学与工程、物理学、电子信息科学与技术等专业。至 2020 年，中心注册申报的新型实用专利 90 多项，发明专利授权及待授权 3 项，外观专利证书 12 项。

图 5-10　木林森实业有限公司生产线

科技兴贸创新基地

井冈山经开区依托吉安市电子信息产业基础扎实优势，将发展电子信息产业摆在首要位置。经过多年培育，井冈山经开区电子信息产业持续快速发展，产业规模不断壮大，产业地位不断凸显，无论在企业数、主营业务收入还是利税总额，连续三年增幅在 80% 以上。区内电子信息产业在江西全省的地位不断提升，2008 年主营业务收入超过全省总额的三分之一。其中，通信设备制造、计算机及其外部设备、数字视听等产业具有举足轻重的地位，江西的第一部自主品牌手机“盛泰”、江西的第一台 mini 笔记本电脑“紫光贝贝”、江西唯一的真彩液晶显示屏均诞生在井冈山经开区。同年，井冈山经开区发生出口实绩的128家企业中电子信息企业有58家，电子信息进出口总额连续两年增长超过50%，当年出口为1.86亿美元，较2007年翻一番，产品销往世界108个国家和地区。

2010年1月12日，在商务部、科技部联合召开的第三批国家科技兴贸（电子信息类）创新基地授牌大会上，井冈山经开区荣膺国家科技兴贸创新基地（电子信息类）殊荣，获商务部和科技部800万元经费支持。5月，印发《井冈山经济技术开发区电子信息产业科技兴贸创新基地建设实施细则》。6月，红板（江西）有限公司、联创电缆、盛泰通讯、优特利新能源被认定为江西省科技兴贸创新基地企业。在完成评定后，2011年吉安市电子信息产业实现主营业务收入300多亿元，出口10亿美元，培育销售收入10亿元以上企业8家，出口1000万美元企业15家。

至2020年，基地初步建立布局合理、装备先进、流动开放、共建共享、高效运行并在局部领域具有特色优势和竞争力的电子信息产业平台，包括公共技术平台、科研成果向市场转化平台、公共信息服务平台、基地教育与培训服务平台、创新基地产业技术创新战略联盟等。

2020年井冈山经开区科技创新平台情况表

表5-2

序号	企业名称	认定时间	研发机构名称	平台类型
一、国家级平台				
1	江西普正制药有限公司	2008	中药消炎类新药高技术产业化示范工程	高技术产业化示范工程
2	江西天人生态股份有限公司	2011	真菌源生物农药国家地方联合工程研究中心	国家地方联合工程研究中心
3	江西天人生态股份有限公司	2013	江西天人生态股份有限公司博士后科研工作站	国家级博士后科研工作站
4	江西天人生态股份有限公司	2013	国家林业有害生物防治产业技术创新战略试点联盟牵头单位	产业技术创新联盟
5	普正药业集团股份有限公司	2015	普正药业股份有限公司博士后科研工作站	国家级博士后科研工作站
6	江西红米谷孵化企业发展有限公司	2017	红米谷众创空间	国家级众创空间
7	普正药业集团股份有限公司	2019	普正药业集团股份有限公司技术中心	国家企业技术中心
8	吉安螃蟹王国科技有限公司	2019	互联网+众创电商产业园	国家小型微型企业创业创新示范基地
9	红板（江西）有限公司	2020	红板（江西）有限公司技术中心	国家企业技术中心
10	吉安螃蟹王国科技有限公司	2020	国家备案众创空间	国家备案众创空间
二、省级平台				
（一）科技				
1	江西联创电缆科技股份有限公司	2002	江西省光电线缆工程技术研究中心	工程技术研究中心
2	江西天人生态股份有限公司	2010	江西省微生物农药工程技术研究中心	工程技术研究中心
3	普正药业股份有限公司	2014	江西省中药消炎药工程技术研究中心	工程技术研究中心
4	普正药业股份有限公司	2014	江西省中药消炎药重点实验室	企业重点实验室

续表 5-2

序　号	企业名称	认定时间	研发机构名称	平台类型
5	吉安锐迈管道配件有限公司	2014	江西省特种管道工程技术研究中心	工程技术研究中心
6	江西量一光电科技有限公司	2014	江西华柏节能照明科技协同创新有限公司协同创新体	协同创新体
7	江西广裕科技孵化器有限公司	2014	江西广裕科技孵化器	科技孵化器
8	江西生物制品研究所	2015	动物实验室	企业重点实验室
9	普正药业集团股份有限公司	2015	普正药业集团股份有限公司院士工作站	省级院士工作站
10	江西量一光电科技有限公司	2015	江西省 LED—COB 照明组件工程技术研究中心	工程技术研究中心
11	吉安市优特利科技有限公司	2016	江西省锂离子储能工程技术研究中心	工程技术研究中心
12	江西蓝微电子科技有限公司	2016	江西省单晶铜合金工程技术研究中心	工程技术研究中心
13	江西仪能新能源微电网协同创新有限公司	2016	江西“海智计划”新能源与微电网产业工作站	省级“海智计划”工作站
14	吉安市富润文化传媒有限公司	2016	井大阳光城众创空间	众创空间
15	江西量一光电科技有限公司	2017	江西“海智计划”智能识别控制型 LED 照明系统产业工作站	省级“海智计划”工作站
16	吉安市新琪安科技有限公司	2018	江西省甜味添加剂工程技术研究中心	工程技术研究中心
17	吉安市瑞鹏飞精密科技有限公司	2018	江西省汽车覆盖件模具工程技术研究中心	工程技术研究中心
18	吉安市木林森实业有限公司	2019	江西省绿色光源制备工程技术研究中心	工程技术研究中心
19	吉安市瑞鹏飞精密科技有限公司	2020	江西“海智计划”吉安市瑞鹏飞精密科技有限公司工作站	省级“海智计划”工作站
20	江西泽发光电科技有限公司	2020	江西“海智计划”江西泽发光电科技有限公司工作站	省级“海智计划”工作站
（二）人社				
21	吉安市木林森实业有限公司	2020	吉安市木林森实业有限公司博士后创新实践基地	省级博士后创新实践基地
22	吉安市瑞鹏飞精密科技有限公司	2020	吉安市瑞鹏飞精密科技有限公司省级技能大师工作室	省级技能大师工作室
（三）工信				
23	江西联创电缆科技有限公司	2003	江西联创电缆科技有限公司技术中心	企业技术中心
24	吉安市优特利科技有限公司	2010	吉安市优特利科技有限公司技术中心	企业技术中心
25	江西合力泰科技有限公司	2013	江西合力泰微电子有限公司技术中心	企业技术中心
26	吉安市瑞鹏飞精密科技有限公司	2014	吉安市瑞鹏飞精密科技有限公司技术中心	企业技术中心
27	红板（江西）有限公司	2015	红板（江西）有限公司技术中心	企业技术中心
28	江西生物制品研究所	2015	江西生物制品研究所技术中心	企业技术中心
29	江西普正制药有限公司	2015	江西普正制药有限公司技术中心	企业技术中心

续表 5-2

序　号	企业名称	认定时间	研发机构名称	平台类型
30	吉安市满坤科技有限公司	2015	吉安市满坤科技有限公司技术中心	企业技术中心
31	红板（江西）有限公司	2015	多层高密度及柔性线路板工业设计中心	工业设计中心
32	江西威科油脂有限公司	2016	江西威科油脂有限公司企业技术中心	企业技术中心
33	江西绿洲环保新材料有限公司	2016	江西绿洲环保新材料有限公司技术中心	企业技术中心
34	吉安市瑞鹏飞精密科技有限公司	2017	江西省汽车自动化模具工业设计中心	工业设计中心
35	吉安市井冈山开发区金庐陵经济发展有限公司	2018	江西省通讯终端产业研究院	科研院所
36	江西泽发光电有限公司	2019	江西泽发光电有限公司技术中心	企业技术中心
37	吉安市木林森实业有限公司	2020	吉安市木林森实业有限公司技术中心	企业技术中心
38	江西瑞声电子有限公司	2020	江西瑞声电子有限公司技术中心	企业技术中心
（四）发改				
39	江西天人生态股份有限公司	2011	江西省真菌源生物农药工程研究中心	工程研究中心
40	吉安市瑞鹏飞精密科技有限公司	2015	江西省汽车覆盖件五金模具制造技术工程研究中心	工程研究中心
41	红板（江西）有限公司	2016	江西省高密度柔性线路板制造技术工程研究中心	工程研究中心
42	江西普正制药有限公司	2019	江西省中药消炎药工程研究中心	工程研究中心
43	吉安市木林森实业有限公司	2020	江西省高稳定性 LED 封装及应用关键技术工程研究中心	工程研究中心

高新技术企业

2006 年，吉安市高新区坚持科技兴区发展理念，以“创新、高新”为主线，大力推进科技进步和技术创新。区内有 4 家企业被认定为高新技术企业，同时有 16 家企业申报高新技术企业。

2014 年，井冈山经开区新增 6 家企业跻身省高新技术企业。区内高新技术企业总数达 20 家，占全市高新技术企业总量近 30%。

2017 年底，区内有 45 家高新技术企业，实现高新技术产业产值 251.02 亿元，占全市比重 31.30%。

2019 年，青原产业园新增 7 家高新技术企业，实现了高新技术企业与规模以上企业的互相转化，壮大了高新技术企业规模。

截至 2020 年底，井冈山经开区（不含吉州产业园）共有高新技术企业 114 家，其中本部 87 家，青原产业园和富滩产业园共 27 家。

2020 年井冈山经开区高新技术企业（摘选）一览表

表 5-3

序 号	企业名称
	一、井冈山经开区本部
1	天际（吉安）光电信息有限公司
2	江西瑞声电子有限公司
3	江西普正制药股份有限公司
4	江西绿洲环保新材料有限公司
5	江西钜维科技有限公司
6	江西井冈山博奇环保科技有限公司
7	吉安长江生物药业有限公司
8	吉安市优特利科技有限公司
9	吉安市三江超纤无纺有限公司
10	江西大自然制药有限公司
11	江西天人生态股份有限公司
12	吉安市瑞鹏飞精密科技有限公司
13	江西航盛电子科技有限公司
14	江西方舟流体科技有限公司
15	江西蓝微电子科技有限公司
16	吉安市木林森实业有限公司
17	江西绿丰新材料股份有限公司
18	江西创优科技有限公司
19	江西中创光电科技有限公司
20	江西创成微电子有限公司
21	江西国塑实业有限公司
22	吉安市三菱超细纤维有限公司
23	吉安市盛泰金属制品有限公司
24	江西牛牛乳业有限责任公司
25	江西达森家私有限公司
26	江西冠德新材科技股份有限公司
27	江西红米谷孵化企业发展有限公司
28	吉安螃蟹王国科技有限公司
29	江西省钜弘科技有限公司
30	江西开源香料有限公司
31	江西省新世讯科技有限公司
32	江西嘉寓门窗幕墙有限公司
33	江西省平波电子有限公司
34	胜美达电机（吉安）有限公司
35	吉安同瑞生物科技有限公司
36	吉安市木林森电子科技有限公司
37	红板（江西）有限公司
38	江西生物制品研究所股份有限公司
39	江西仪能新能源微电网协同创新有限公司
40	江西宇能制药有限公司
41	吉安满坤科技股份有限公司
42	思立科（江西）新材料有限公司

续表 5-3

序　号	企业名称
43	江西威科油脂化学有限公司
44	吉安市御美丽健康产业股份有限公司
45	核工业华东二六三工程勘察院
46	柏兆（吉安）电子有限责任公司
47	江西省桑格尔电子有限公司
48	江西吉为科技有限公司
49	江西绿卫士智能科技有限公司
50	江西神田生物科技有限公司
51	江西明源机械科技有限公司
52	吉安市巨峰纸品有限公司
53	吉安市正和电力发展有限公司
54	江西博展自动化科技有限公司
55	江西赣核地质矿产勘查开发有限公司
56	江西联创电缆科技股份有限公司
57	新琪安科技股份有限公司
58	江西益佰年药业股份有限公司
59	江西金顶药业有限公司
60	江西有源工业废物回收处理有限公司
61	江西本和精密线材有限公司
62	吉安顶丰鞋业有限公司
63	江西海瑞天然植物有限公司
64	江西东方名竹竹业有限公司
65	江西百盛精细化学品有限公司
66	江西瑞世科技有限公司
67	江西康之康中药科技有限公司
68	江西润井康生物科技有限公司
69	江西登云健康美业互联有限公司
70	江西炼石环保科技有限公司
71	吉安科闪科技有限公司
72	江西厚成自动化设备有限公司
73	江西吉米立机械科技有限公司
74	江西群泰科技有限公司
75	江西安百川电气有限公司
76	吉安市安华线缆电子有限公司
77	江西威尔高电子科技有限公司
78	江西红米谷医疗科技有限公司
79	吉安如一模型电子商务有限公司
80	江西时代智光实业有限公司
81	江西恒诚天然香料油有限公司
82	江西省吉晶微电子有限公司
83	江西颜习社化妆品服务有限公司
84	江西依露得力医疗科技有限公司
85	江西省升盈信检测有限公司
86	吉安市铨丰自动化设备有限公司

续表 5-3

序　号	企业名称
87	江西华儒家居有限公司
二、井冈山经开区青原产业园、富滩产业园	
88	江西宝晟自动化设备有限公司
89	吉安明辉光电科技有限公司
90	江西晶昶能科技有限公司
91	江西泽发光电有限公司
92	吉安市耐亿电子有限公司
93	吉安市裕财机械工程有限公司
94	江西龙投实业有限公司
95	吉安瓯林树脂有限公司
96	吉安市海洲医药化工有限公司
97	吉安市青原区庆丰过滤器材有限公司
98	吉安锐迈管道配件有限公司
99	江西量一光电科技有限公司
100	江西吉瑞生物科技有限公司
101	江西德天能源科技有限公司
102	吉安天晟新材料有限公司
103	江西商洲科技信息产业有限公司
104	江西晋瑞医疗器械有限公司
105	吉安市永安交通设施有限公司
106	北新建材（井冈山）有限公司
107	吉安晟峰实业有限公司
108	吉安创利科技有限公司
109	江西弘景药业有限公司
110	吉安市中香天然植物有限公司
111	江西亿森源植物香料有限公司
112	江西金牛座科技有限公司
113	江西省凯尔迪科技有限公司
114	江西声之源电子科技有限公司

第三节　创新成果

知识产权

2009 年之前，高新区授权的专利未纳入统计。2010—2020 年，井冈山经开区共获授权专利 3016 项，其中发明专利 199 项，实用新型专利 2558 项，外观设计专利 259 项。

2010—2020 年井冈山经开区专利申请情况表

表 5-4　　单位：项

年　份	发明专利	实用新型专利	外观设计专利	总　数
2010	3	23	9	35
2011	10	20	10	40

续表 5-4

年 份	发明专利	实用新型专利	外观设计专利	总 数
2012	19	28	12	59
2013	21	15	13	49
2014	12	30	10	52
2015	16	82	11	109
2016	17	573	17	607
2017	15	379	19	413
2018	26	545	20	591
2019	30	378	99	507
2020	30	485	39	554
合计	199	2558	259	2786

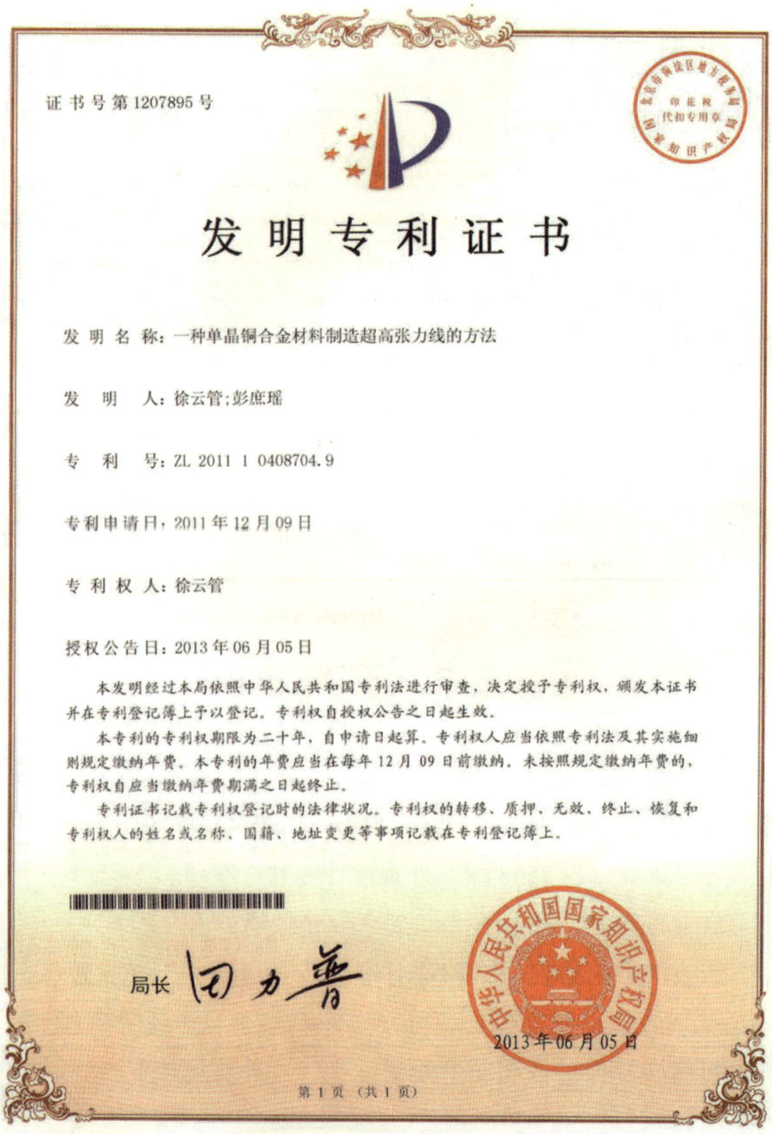

证书号第1207895号

发明专利证书

发明名称：一种单晶铜合金材料制造超高张力线的方法

发明人：徐云管;彭庶瑶

专利号：ZL 2011 1 0408704.9

专利申请日：2011年12月09日

专利权人：徐云管

授权公告日：2013年06月05日

本发明经过本局依照中华人民共和国专利法进行审查，决定授予专利权，颁发本证书并在专利登记簿上予以登记。专利权自授权公告之日起生效。

本专利的专利权期限为二十年，自申请日起算。专利权人应当依照专利法及其实施细则规定缴纳年费。本专利的年费应当在每年12月09日前缴纳。未按照规定缴纳年费的，专利权自应当缴纳年费期满之日起终止。

专利证书记载专利权登记时的法律状况。专利权的转移、质押、无效、终止、恢复和专利权人的姓名或名称、国籍、地址变更等事项记载在专利登记簿上。

局长 田力普

中华人民共和国国家知识产权局

2013年06月05日

第1页（共1页）

图 5-11 江西蓝微电子科技有限公司发明专利证书

著名商标

2009年，科创电器被认定为“中国质量过硬知名品牌”；牛牛乳业获江西省著名商标；江西绿洲获江西省林业知名品牌。2010年，天人股份“天利”注册商标、盛泰通讯“盛泰”注册商标、吉安钢铁“白鹭”注册商标被认定为江西省著名商标。2011年，天人集团“天利可图”获“中国驰名商标”；江西绿洲获江西省名牌产品；长江药业“芳心”“芳心康宝乐”两项获江西省著名商标。2012年，华文光电获得省著名商标；天人公司球孢白僵菌被认定为江西省名牌产品；红板公司获江西省名牌产品称号。

科技成果

2014年，井冈山经开区合力泰科技有限公司和江西航盛汽车电子科技有限公司被评为2014年度江西省非公有制经济发展升级示范企业和科技创新示范企业。

2015年2月，井冈山经开区江西仪能科思科技有限公司承担的“建筑和工业能效管理核心技术及关键设备研究”获批为中欧国际示点工作项目，实现了吉安市此类项目零的突破。

江西省科技厅等4个部门联合公布2014年度节能减排科技创新示范企业名单，井冈山经开区吉安市荣泰电讯科技有限公司、江西普正制药有限公司上榜。

2016年，合力泰科技“离散制造项目”、平波电子“离散试点示范项目”、木林森照明“LED智能化制造试点示范项目”入选江西省智能制造试点示范项目。

同年，红板（江西）有限公司、江西瑞声电子有限公司、北极光（江西）科技照明有限公司、普正药业股份有限公司、吉安市御美丽健康产业有限公司、江西天人生态股份有限公司、吉安市瑞鹏飞精密科技有限公司、吉安市优特利科技有限公司、江西思立科新材料有限公司、江西绿洲环保新材料股份有限公司被评为科技创新先进企业。

2017年，井冈山经开区表彰一批科技创新先进企业。江西瑞声电子有限公司获科技创新先进企业一等奖；吉安市瑞鹏飞精密科技有限公司、吉安市满坤科技有限公司、江西木林森照明有限公司获科技创新先进企业二等奖；江西绿洲环保新材料股份有限公司、吉安市御美丽健康产业股份有限公司、普正药业股份有限公司、吉安市优特利科技有限公司、江西联创电缆科技有限公司、江西创成微电子有限公司获科技创新先进企业三等奖。

2018年，井冈山经开区表彰一批科技创新先进企业。吉安市木林森光电有限公司获科技创新先进企业一等奖；红板（江西）有限公司、吉安市新琪安科技有限公司、江西瑞声电子有限公司获科技创新先进企业二等奖；吉安市瑞鹏飞精密科技有限公司、江西航盛电子科技有限公司、吉安市满坤科技有限公司、胜美达电机（吉安）有限公司、江西普正制药有限公司、江西创成微电子有限公司获科技创新先进企业三等奖。

同年，江西天人生态工业有限责任公司生产的产品被认证为有机产品，并获得国家科学技术进步奖二等奖。

2019年，井冈山经开区表彰一批科技创新先进企业。普正药业集团股份有限公司获科技创新先进企业一等奖；吉安市木林森实业有限公司、吉安螃蟹王国科技有限公司、江西瑞声电子有限公司获科技创新先进企业二等奖；红板（江西）有限公司、吉安市满坤科技有限公司、吉安市优特利科技有限公司、江西威尔高电子科技有限公司、江西蓝微电子科技有限公司、吉安市御美丽健康产业股份有限公司获科技创新先进企业三等奖。

同年 2 月 26 日，井冈山经开区 5 家企业入选江西省科技厅等评选的 2018 年度瞪羚企业，分别是：吉安螃蟹王国科技有限公司、江西仪能新能源微电网协同创新有限公司、江西蓝微电子科技有限公司、吉安市瑞鹏飞精密科技有限公司、吉安市木林森光电有限公司。

同年 3 月 11 日，井冈山经开区 5 家企业被江西省工业和信息化厅认定为 2018 年“专精特新”中小企业，分别是：江西威科油脂化学有限公司、江西晋瑞医疗器械有限公司、江西蓝微电子科技有限公司、吉安顶丰鞋业有限公司、江西晶昶能科技有限公司。

同年 5 月，江西省科学技术厅公示了 2019 年纳入“国家科技型中小企业信息库”企业名单，井冈山经开区吉安三江超纤无纺有限公司、江西创优科技有限公司、江西仪能新能源微电网协同创新有限公司、江西中创光电科技有限公司、江西省桑格尔电子有限公司、江西国塑实业有限公司、江西宇能制药有限公司、江西省坤达科技有限公司、吉安市御美丽健康产业股份有限公司、江西东方名竹竹业有限公司、江西神田生物科技有限公司、江西方舟流体科技有限公司、江西红米谷孵化企业发展有限公司、吉安螃蟹王国科技有限公司等 14 家企业入选。

同年 6 月，井冈山经开区江西蓝微电子科技有限公司的高金合金键合丝技术成果产业化项目入选江西省工信厅 2019 年“一企一技”技术成果产业化项目名单。

同年 10 月 7 日 ，2019 年吉安市“最美科技工作者”名单出炉，井冈山经开区吉安市木林森实业有限公司张建军和红板（江西）有限公司刘长松获此殊荣。

2020 年 3 月 24 日，螃蟹王国科技有限公司的“互联网 + 中国传统文化创意”众创空间入选科技部 2020 年度拟确定的国家备案众创空间名单。

同年 4 月 2 日，井冈山经开区数字经济创新发展（移动物联网、5G 制造）试验基地获批江西省数字经济创新发展试验基地。

同年 12 月 8 日，江西省发展和改革委员会公布了 2020 年度江西省工程研究中心认定名单，井冈山经开区吉安市木林森实业有限公司江西省高稳定性 LED 封装及应用关键技术工程研究中心入列。

至 2020 年底，井冈山经开区获各级科学技术奖共 48 项，其中省级科学技术奖 17 项，市级科学技术奖 31 项。

2009—2019 年井冈山经开区获江西省科学技术奖项目表

表 5–5

年　份	获奖等级	项目名称	主要完成单位	总获奖数
2009	三等奖	噻虫啉微胶囊剂防治松材线虫（松褐天牛）新技术	江西天人生态工业有限责任公司	2 项
		高纯芥酸酰胺清洁生产成套技术研究	江西威科油脂化学有限公司	
2010	三等奖	风力发电用电缆	江西电缆有限责任公司	1 项
2011	三等奖	可刻录蓝光光盘（BDR）母盘研究与开发	江西华文光电股份有限公司	1 项
2013	三等奖	铜钯合金单晶键合丝及其制造方法	江西蓝微电子科技有限公司	2 项
		虫生广布拟盘多毛孢的开发和应用	江西天人生态股份有限公司	
2014	二等奖	西杂牛奶的加工关键技术与应用	江西牛牛乳业有限责任公司	1 项

续表 5-5

年　份	获奖等级	项目名称	主要完成单位	总获奖数
2015	二等奖	新催化剂合成环保无毒茶油油酸酰胺成套技术开发	江西威科油脂化学有限公司	2 项
	三等奖	全视角 TLI 无缝贴合触控液晶显示器模组	江西合力泰科技有限公司	
2016	二等奖	几种真菌生物农药系列新产品的创制、生产工艺与应用技术	江西天人生态股份有限公司	1 项
2018	二等奖	防治农林生物灾害的大型直升机智能飞防关键技术创新与应用	江西天人生态股份有限公司	1 项
2019	三等奖	面向智能移动通讯设备的 HDI 电路板制造关键技术及产业化	红板（江西）有限公司	1 项

2012—2019 年井冈山经开区获吉安市科学技术奖项目表

表 5-6

年　份	获奖等级	项目名称	主要完成单位	总获奖数
2012	一等奖	F-60001 多层挠性印制板的研发	江西鑫力华数码科技有限公司	8 项
		松突圆蚧生防菌的开发和应用研究	江西天人生态股份有限公司、广西大学、广本壮族自治区自治区森林病虫害防治检疫站	
	二等奖	氟塑料绝缘极细同轴电缆的研制	江西联创电缆科技有限公司	
		新型乳肉兼用杂交牛育种技术及功能乳制品的开发	江西牛牛乳业有限责任公司、南昌大学	
		铜钯合金单晶键合丝的研制	江西蓝微电子科技有限公司	
	三等奖	Xylan 涂层紧固件的开发	吉安锐迈管道配件有限公司	
		井冈绿宝野山茶油的精制技术研究	井冈绿宝油脂有限公司	
		全杜仲胶囊指纹图谱技术研究	江西普正制药有限公司	
2013	一等奖	全视角 TLI 无缝贴合触控液晶显示器模组研发	江西合力泰科技股份有限公司	2 项
		太阳能光伏电缆研制	江西联创电缆科技有限公司	
2014	一等奖	JW—03 移动智能监控一体机的研发	江西钜维科技有限公司	4 项
	二等奖	点火用防灼烧控制电缆研制	江西联创电缆科技有限公司	
		单晶铜铜包铝线的研制	江西蓝微电子科技有限公司	
	三等奖	高质优纯西杂牛奶的研究与开发	江西牛牛乳业有限公司	
2015	一等奖	自动调光变色眼镜研制	江西合力泰科技有限公司	7 项
		新催化剂合成环保无毒茶油油酸酰胺成套技术开发	江西威科油脂化学有限公司、上海海益环保科技有限公司、上海苏泰化工材料有限公司	
		穿王消炎胶囊指纹图谱研究	江西普正制药有限公司	
	二等奖	音频 DSP 芯片 CCM1201 研制	江西创成电子有限公司	
		多媒体高清录直播一体机研发	吉安英佳电子科技有限公司、井冈山大学	
		载丝法兰研究与开发	吉安锐迈管道配件有限公司	
	三等奖	新型显影蚀刻退膜机的技术开发及产业化	吉安市满坤科技有限公司	

续表 5-6

年份	获奖等级	项目名称	主要完成单位	总获奖数
2016	一等奖	几种真菌生物农药系列新产品的创制、生产工艺与应用技术	江西天人生态股份有限公司、安徽农业大学、江西省科学院微生物研究所	5 项
	二等奖	无线伺服便携式高集成多媒体一体机的研发	吉安英佳电子科技有限公司	
		锚固法兰研究与开发	吉安锐迈管道配件有限公司	
		OSDK-56 头戴式送受话器组的研发	江西联创电声有限公司	
	三等奖	ST-131 集成水暖地暖分水器研制	吉安市盛泰金属制品有限公司	
2018	二等奖	低成本电容式触摸屏制造关键技术及应用	江西合力泰科技有限公司	3 项
		防治农林生物灾害的大型直升机智能飞防关键技术创新与应用	江西天人生态股份有限公司	
		裸花紫珠胶囊、颗粒创制及质量创新关键技术与应用	江西普正制药有限公司、江西省药品检验检测研究院	
2019	三等奖	面向智能移动通讯设备的 HDI 电路板制造关键技术及产业化	红板（江西）有限公司	2 项
		基于车用安全部件的高精度高性能印制电路板关键技术研究及应用	江西景旺精密电路有限公司，景旺电子科技（龙川）有限公司，广东技术师范大学	

项目资金奖励

2005 年，江西天人集团的“气相双动态固态发酵新技术”被列入国家“863”计划项目；江西威科油脂化学有限公司被列为国家星火计划重点项目；江西联创光电被列为国家星火计划重点项目。

2008 年，吉安市三江超纤无纺公司的“水刺 + 纺粘”无纺布属于“技术、设备、生产工艺、产品”集成创新项目，填补了亚洲“空白”，得到国家纺织协会的支持，被列为“全省重大科技创新项目”。同年，新丰食品获得省高新产业重大项目。

江西麦德风能股份有限公司 2009 年“年产 800 台 1.5 兆瓦直驱永磁风力发电机组项目”被列为江西省高新产业重大项目。天人生态股份公司 2009 年获省高新重大项目，获得扶持资金 470 万元；麦德风能获 2009 年省高新重大项目，获扶持资金 440 万元。

江西天人生态工业有限责任公司“1800 吨 / 年无公害生物农药白僵菌产业化”项目被列为江西省高新产业重大项目。

2010 年，天人股份公司被评为“国家火炬计划重点高新技术企业”；威科油脂和杰彼新能源获得国家重点产业振兴和技术改造项目；优特利新能源获得 2010 年电子信息产业振兴和技术改造中央预算内投资项目；杰彼新能源和新琪安科技分别获得 2010 年省高新技术产业化重大项目；杰彼新能源被列为 2010 年国家太阳能光电建筑应用示范项目；天人股份被批准为 2010 年国家绿色农用生物产业高技术产业化项目；联创电缆被列为国家科技兴贸电子信息产业服务平台。

2011 年，江西华文光电股份有限公司蓝光光盘复制项目被列为国家“火炬计划”项目。获得 2011 年度省高新产业重大项目的有：红板公司“多层高密度（HDI）印刷线路板先进生产工艺与技术集成项目”，获得扶持资金 590 万元；长江药业“年产一亿只艾滋病病毒、性病病原体杀灭剂产业化项目”，获得扶持资金 320 万元；联创电缆“航天航空用氟塑料（PIFE/PI/PIFE）绝缘特种电线电缆产业化项目”，获得扶持资金 380 万元。此外，三菱新材料也获得“省重大高技术产业化”项目支持。

2012 年，天人公司争取国家科技成果转化项目补助资金 600 万元；瑞声电子等 3 家企业争取省中小企业技改资金 200 万元；振宇达科技等 7 家企业申报省战略性新兴产业引导资金 2400 万元。

2013 年 11 月 11 日，井冈山经开区振宇达科技公司超薄 LED 背光源及其全自动化制造设备、仪能科思科技公司光伏微电网管理系统、蓝微电子公司集成电路封装框架用铜钯合金单晶键合引线、优特利科技公司大容量锂离子储能电池、新琪安科技公司高甜度无热量三氯蔗糖 5 个项目列入省政府 2012—2013 年度全省战略性新兴产业投资引导资金重大项目计划（第二批）。

2016 年，智能硬件产业园和聚龙谷现代农业旅游基础设施建设两个项目通过国家发改委 2016 年第三批专项建设基金核定，争取到基金额度 6.84 亿元。其中，智能硬件产业园项目争取基金额度达 6 亿元。

新产品新技术选记

2005 年，江西威科油脂化学有限公司获省优秀新产品一等奖 3 项、国家重点新产品奖 2 项。江西联创光电获省优秀新产品奖一等奖 2 项、二等奖 6 项、省优秀重点新产品奖 3 项。

2009 年 3 月，吉安市新琪安科技有限公司通过洁食认证，7 月，取得江西省（第一批）自主创新产品证书。

2010 年，新琪安科技、天人股份各获 1 项国家重点新产品奖，优特利科技、天人股份、天元电机、新琪安科技等获 7 项省级重点新产品奖。

2013 年，江西联创电缆科技有限公司的智能天线 D-FB 型集束电缆获江西省优秀新产品一等奖，产品被评为“江西省名牌产品”。

同年，江西长江生物药业有限公司被江西省工商行政管理局评为 2012 年度江西省守合同重信用 AAA 公示单位，新产品被中国质量评价协会评为科技创新产品优秀奖。

2015 年，点火用防灼烧控制电缆获江西省优秀新产品一等奖，射频拉远光电馈缆获江西省优秀新产品三等奖。江西航盛电子科技有限公司、红板（江西）有限公司获“吉安市市长质量奖”。

2016 年江西省优秀新产品经开区获奖情况：吉安市瑞鹏飞精密科技有限公司的“胀形拉伸连续模具”、红板（江西）有限公司的“层叠母线板”分别被评选为一等奖，吉安市瑞鹏飞精密科技有限公司的“自动铆接冲压模具”、满坤科技有限公司的“埋入式电容印制线路板”、江西联创电缆科技股份有限公司的“充电桩电缆”、吉安市综合物流中心有限公司的“物流管理系统软件”分别被评选为二等奖，红板（江西）有限公司的“高精密度轻薄智能产品板”和吉安市综合物流中心有限公司的“物流车辆管理系统软件”分别被评选为三等奖。

同年，北极光（江西）科技照明有限公司机器换人项目获得省级企业技术中心优秀新产品二等奖、三等奖。

2019 年，江西普正制药、江西天人生态获江西省科学技术进步二等奖。红板、浚图获江西省优秀新产品一等奖。

2011—2019 年井冈山经开区新产品新技术（摘选）一览表

表 5-7

新产品名称	获奖等级	获奖时间	获奖单位
航空航天用聚酰亚胺、聚四乙烯双层薄膜绕包绝缘电线电缆	省科技厅重点新产品和优秀科技新产品	2011	联创电缆公司
无线通信用 50Ω 泡沫乙烯绝缘光滑铝管外导体射频同轴电缆	省科技厅重点新产品和优秀科技新产品	2011	联创电缆公司
GJFJH/GJFJV 系列移动网络覆盖用双芯拉远光缆	省工信委优秀新产品三等奖	2011	联创电缆公司
耐高温高密封性同轴电缆组件	工信委优秀新产品二等奖	2011	联创电缆公司
新型单体 70 安时储能电池的研究与开发	工信委新产品	2011	优特利公司
磷酸铁锂动力电池	江西省优秀新产品三等奖	2011	优特利公司
康宝乐杀菌膏	省工信委自主创新产品	2011	长江药业公司
FTTX 接入网用扁平引入光缆	江西省优秀新产品一等奖	2012	联创电缆公司
2% 噻虫啉微囊悬浮剂	国家重点新产品 / 首届中国绿色农药博览会金奖	2012	江西天人生态公司
球孢白僵菌	首届中国绿色农药博览会金奖	2012	江西天人生态公司
新型单体 70 安时储能电池 3.7V/70Ah	江西省优秀新产品二等奖	2012	优特利公司
胀形拉伸连续模具	江西省优秀新产品一等奖	2016	吉安市瑞鹏飞精密科技有限公司
层叠母线板	江西省优秀新产品一等奖	2016	红板（江西）有限公司
DPF27034 电池保护软件	江西省优秀新产品一等奖	2019	红板（江西）有限公司

科技合作

2015 年 1 月，为了加强与移动网络的合作，促进井冈山经开区经济创新发展、信息化发展，解决园区企业招工难等问题，井冈山经开区与吉安移动分公司签订战略合作协议。根据协议，吉安移动分公司协助园区企业开展招工和企业产品销售工作，井冈山经开区协助吉安移动分公司提高园区企业移动信息化发展进程。双方还约定建立常态化例会制度，不定期召开合作工作推进会。

同年，井冈山经开区江西仪能科思科技发展有限公司承担的“建筑和工业能效管理核心技术及关键设备研究”获批为科技部中欧国际合作项目，实现吉安市实施此类项目零的突破。

同年 6 月 10 日，江西坤达科技有限公司与天津科技大学举行战略合作协议签署仪式。坤达科技在产品创新和设备创新等方面加强与天津科技大学的合作。同日，坤达科技公司研发中心举行揭牌，成为天津科技大学产学研基地。

同年 6 月 11 日，井冈山经开区同瑞生物科技有限公司与井冈山大学签署战略合作协议，双方在生物科技领域加强沟通交流和协同合作。井冈山大学承担同瑞生物科技研究课题，并将研究成果运用到企业实际生产中，为企业发展提供智力支持。

2020 年 8 月 14 日，中科院高层次专家团到井冈山经开区开展技术指导和项目合作，并就推进电子信息产业发展进行座谈，区党工委书记彭学凯在座谈会上聘请 8 位专家为电子信息产业发展顾问，同时签订《中科院高层次专家团来我区开展技术指导和项目合作协议》。据统计，井冈山经开区与高校或者科研机构合作的企业有：吉安市木林森实业有限公司先后和中山大学、华南理工大学、华南师范大学、陕西科技大学、山西太原理工大学、井冈山大学等6所国内高等院校建立了友好合作关系；吉安市三江超纤无纺有限公司与天津工业大学合作；吉安市瑞鹏飞精密科技有限公司与西安交通大学、南昌航空大学、井冈山大学、吉安职业技术学院、江西省物理研究所等院校合作；江西吉为科技有限公司与深圳大学开展产学研合作；江西生物制品研究所股份有限公司与深圳南方大学合作研发治疗新型冠状病毒COVID-19的中和抗体，与古巴院士合作研发新型抗体药物；新琪安科技股份有限公司与江西省科学院应用化学研究所研发合作；江西开源香料有限公司和大连理工大学、大连海事大学、天津安凯特生物科技有限公司开展产学研合作；江西牛牛乳业有限责任公司和南昌大学开展产学研合作。

图5-12　2020年12月19日，井冈山大学化学化工学院和红板（江西）有限公司2020年首届校企合作订单班开班仪式在红板（江西）有限公司举行

同年12月19日，井冈山大学化学化工学院和红板（江西）有限公司2020年首届校企合作订单班开班仪式在红板（江西）有限公司举行。

红花逍遥片二次开发项目研究　2019年，普正药业集团与中国科学院上海药物研究丁健院士团队合作推进红花逍遥片二次开发项目研究。院士专家团队承担竹叶柴胡药效物质基础研究、竹叶柴胡药材质量评价、红花逍遥片质量控制技术研究、红花逍遥片制备工艺优化等研究工作。院士专家团队进行了裸花紫珠药效标准提取物的研究与制备，获得单体成分41个，包括黄酮类成分12个，三萜类成分14个，木脂素类成分3个，酚酸8个，甾体类3个，其中2个新化合物，首次从此植物中分离出新成分多个。在此基础上，建立了竹叶柴胡药材质量标准，并对不同产地、不同采收季节的竹叶柴胡进行质量评价。为竹叶柴胡次生代谢成分的积累规律和确定适宜采收期、合理利用资源及建立裸花紫珠规范化种植基地提供科学依据。同时还对红花逍遥片质量标准进行提高，新增含量指标成分。院士专家团队指导普正配套研发团队对红花逍遥片提取技术、干燥技术和制剂技术等生产技术进行优化，并对生产设备进行改造和升级。改造后的红花逍遥片生产线挥发油提取得率提升了57%；干燥工序有效成分损失率减少32%，产品品质得到进一步提升。红花逍遥片二次开发研究项目取得的研究成果逐渐应用于红花逍遥片生产中，产品质量的稳定性和均一性得到很大提升。

第四章　金庐陵公司

金庐陵公司全称为吉安市井冈山开发区金庐陵经济发展有限公司，2001年8月，经吉安市高新技术开发区批准设立，初名为吉安市金庐经济开发有限公司；2009年更名为吉安市金庐陵经济开发有限公司；2012年9月定为现名。2019年6月，设立中共吉安市井冈山开发区金庐陵经济发展有限公司委员会。

金庐陵公司是井冈山经开区管委会出资组建的国有独资公司。井冈山经开区管委会为公司实际控制人和唯一出资人，履行股东会相应职责，依法设立董事会和监事会。内设综合管理部、投融资事业部、计划财务部、工程管理部和资产管理部。承担规划范围内土地开发整理、基础设施建设及相关配套设施项目投融资建设以及国有资产经营管理、企业融资担保等职能。至2020年末，金庐陵公司下辖全资或控股子公司24家，参股公司18家；注册资本10亿元；资产总额266亿元。

第一节　发展历程

公司成立

2001年8月21日，经吉安市高新技术开发区批准设立，核准名称为吉安市金庐经济开发有限公司，注册资本200万元，注册地址为鹭洲东路1号市府办公楼305室，法人代表为刘志坚，经营范围为市政工程、土地开发、房地产开发经营。

2001年吉安市金庐经济开发有限公司股东出资情况表

表5-8

法人名称	法人代表	出资额（万元）	股份占比（%）	备　注
吉安市高新技术产业开发区管理委员会	刘志坚	196	98	事业法人
吉安市城市建设投资开发公司	颜招英	4	2	事业法人

2001年吉安市金庐经济开发有限公司董事、监事任职情况表

表5-9

姓　名	职　务	住　所	产生方式
刘志坚	执行董事	吉水县丁江乡政府36号	委派
谭钟亮	执行监事	吉安市吉福路59号	委派

历次更名

2009年8月18日，经江西井冈山经开区管委会批准，吉安市金庐经济开发有限公司更名为吉安市金庐陵经济开发有限公司。2012年9月27日，经井冈山经济技术开发区管理委员会批准，吉安市金庐陵经济开发有限公司更名为吉安市井冈山开发区金庐陵经济发展有限公司，公司类型由有限责任公司（法人独资）变更为有限责任公司（国有独资）。

注册资本、股东

2002 年 4 月 9 日，吉安市金庐经济开发有限公司申请变更注册资本和股东。经 2002 年 3 月 28 日公司股东会决议，股东由吉安市高新技术产业开发区管理委员会、吉安市城市建设投资开发公司变更为吉安市高新技术产业开发区管理委员会、吉安市恒通工程有限责任公司。经 2002 年 3 月 28 日公司新股东会决议，注册资本由 200 万元增加到 1000 万元，持股比例为吉安市高新技术产业开发区管理委员会出资 970 万元，持股 97%；吉安市恒通工程有限责任公司出资 30 万元，持股 3%。

2002 年金庐陵公司资本、股东情况统计一览表

表 5-10

法人名称	法人代表	出资额（万元）	股份占比（%）	备　注
吉安市高新技术产业开发区管理委员会	刘志坚	970	97	事业法人
吉安市恒通工程有限责任公司	罗邦平	30	3	企业

2009 年 5 月 21 日，吉安市恒通工程有限公司将所持有的吉安市金庐经济开发有限公司 3% 股份，转让给吉安市高新技术产业开发区管理委员会。江西井冈山经济技术开发区管理委员会持有吉安市金庐经济开发有限公司 100% 股份。2009 年 5 月 30 日，经股东会决议，江西井冈山经济技术开发区管理委员会增资 2000 万元，吉安市金庐经济开发有限公司注册资本由 1000 万元增加到 3000 万元。

2009 年 5 月金庐陵公司资本、股东情况统计一览表

表 5-11

法人名称	法人代表	出资额（万元）	股份占比（%）	住　所	备　注
吉安市高新技术产业开发区管理委员会	刘志坚	3000	100	江西省吉安市	事业法人

2009 年 7 月 29 日，经股东会决议，江西井冈山经济技术开发区管理委员会增资 5000 万元，吉安市金庐经济开发有限公司注册资本由 3000 万元增加到 8000 万元。

2009 年 12 月 22 日，更名后的吉安市金庐陵经济开发有限公司以货币、实物出资，注册资本由 8000 万元增加到 3 亿元。原经营范围为基础设施建设施工，变更后经营范围为基础设施及配套项目的建设、运营管理；市政工程项目管理；房地产开发；产业项目投融资（涉及国家行政许可的除外）。

2017 年 9 月 19 日，经营范围调整，增加太阳能发电；2020 年 9 月 27 日，注册资本由 4 亿元扩大至 10 亿元。

第二节　法人治理结构

2001 年 8 月 21 日，吉安市高新技术产业开发区管理委员会任命刘志坚为吉安市金庐经济开发有限公司执行董事兼经理职务。

2004年3月22日，吉安市高新技术产业开发区管理委员会调整公司法人治理机构，任命丁克宁为吉安市金庐经济开发有限公司执行董事兼总经理，罗厥宏为副总经理，罗琼为执行监事。免去刘志坚吉安市金庐经济开发有限公司执行董事兼经理职务。

2010年5月24日，吉安市人民政府下发《关于同意吉安市金庐陵经济开发有限公司运作与发展实施方案的批复》（吉府字〔2010〕93号），确定吉安市金庐陵经济开发有限公司决策机构为公司董事会，设董事长1人，董事4人，实行董事会领导下的总经理负责制，设总经理1人、监事会主席1人、监事2人。

2012年9月11日，井冈山经济技术开发区管理委员会下发《关于免去丁克宁等同志任职的通知》（井开字〔2012〕163号），决定免去吉安市金庐陵经济开发有限公司有关高管人员。免去丁克宁执行董事、经理职务，免去罗厥宏副总经理职务。

2012年9月12日，井冈山经济技术开发区管理委员会下发《关于罗厥宏、吴磊等同志任职的通知》（井开字〔2012〕103号），决定调整吉安市金庐陵经济开发有限公司董监事人员。任命吴磊为董事、董事长，詹军庆为董事、副董事长，彭仁才、龚淑华为董事，罗厥宏为监事、监事会主席，罗琼、王行勤为监事。

2012年9月13日，经吉安市金庐陵经济开发有限公司董事会审议，决定法人代表由丁克宁调整为吴磊。吴磊任董事长兼任总经理，经吴磊提名，詹军庆为副董事长兼任副总经理，熊小华任公司副总经理，龚淑华为财务总监。上述职务任期均为3年。

2012年9月13日，吉安市金庐陵经济开发有限公司召开职工代表大会，选举罗强为公司职工董事，任期3年。蒋建全、吴弢为公司职工监事，任期3年。

2018年7月，法定代表人进行了变更，吴健河任吉安市井冈山开发区金庐陵经济发展有限公司董事长。

第三节　实体化运作

2010年5月24日，吉安市人民政府下发《关于同意吉安市金庐陵经济开发有限公司运作与发展实施方案的批复》（吉府字〔2010〕93号），确定了公司经营范围、机构设置、经营战略等。2015年3月18日，井冈山经开区管理委员会下发《关于印发〈加快推进吉安市井冈山开发区金庐陵经济发展有限公司实体化运作实施方案〉的通知》（井开办字〔2015〕18号），确定金庐陵公司职能职责、内设机构、运作机制、绩效考核等内容。

发展定位

发展定位：井冈山经开区经营园区的载体。即项目投融资的主体平台、园区建设的代建平台、园区公用事业的经营平台。

经营范围

经营范围：对外融资、工程代建、资产经营、投资开发、市政建设、融资担保。

机构设置

吉安市金庐陵经济开发有限公司决策机构为公司董事会，设董事长 1 人，董事 4 人。设总经理 1 人、监事会主席 1 人、监事 2 人。内设 4 个部门：综合管理部、项目代建部、投资发展部、房地产开发经营部。

综合管理部负责公司的发展规划、制度的制定，经营性资产合作、招租、招商工作，市政公用事业经营，园区物业管理等事务性工作。

项目代建部负责政府投资工程项目的代建管理、投资预决算，负责工程项目的招投标及组织协调工作。

投资发展部负责土地收储开发建设、产业项目投资、银行融资、财务核算及企业担保等。

房地产开发经营部负责公司现有资产的盘活及房地产的开发经营。

2015 年 3 月，根据《加快推进吉安市井冈山开发区金庐陵经济发展有限公司实体化运作实施方案》，内设机构调整为 6 个部门：综合管理部、财务融资部、工程管理部、资产管理部、土地开发部、稽核审计部。公司运营中，正式成立的部门为综合管理部、财务融资部、工程管理部、资产管理部。土地开发部、稽核审计部未成立。

2019 年 5 月 25 日，经董事会决定，成立投融资事业部，财务融资部调整为计划财务部。

2019 年 7 月 8 日，经董事会决定，成立党群工作部、人力资源部。

2019 年 12 月 9 日，经董事会决定，成立法务风控部。调整后，整体运行部门为综合管理部、党群工作部、人力资源部、法务风控部、计划财务部、投融资事业部、工程管理部、资产管理部。

2020 年 11 月，根据区党工委组织部建议，将党群工作部、人力资源部工作职能职责并入综合管理部，预撤销党群工作部、人力资源部、土地开发部、稽核审计部。

预机构合并后，公司整体运行部门为综合管理部、法务风控部、计划财务部、投融资事业部、工程管理部、资产管理部 6 个部门。

职能职责

项目投融资 公司为井冈山经开区城市建设投融资主体，负责井冈山经开区基础设施与配套设施建设项目资金筹措及相关债务偿还；负责管委会批准的对外项目投资；负责对公司所有全资或控股、参股子公司履行出资人职责。

城建项目代建 履行井冈山经开区财政性投资建设项目（出口加工区的除外，下同）业主职责，负责组织实施井冈山经开区城建及配套项目建设。

资产开发运营 负责井冈山经开区规划范围内土地整理开发和经营；负责井冈山经开区管委会授权范围内的国有资产（包括产业园区标准厂房、宿舍、企业孵化中心及其附属楼宇、保障性住房及其附属店铺，道路、桥梁、公园等城市基础设施）的经营管理和保值增值。

第四节 计划财务

2001 年 8 月，金庐陵公司成立的同时，设立计划财务部，履行金庐陵公司预算计划管理、会计核算、财务管理、资金调度及债务偿还等职能。至 2011 年 11 月 1 日，金庐陵公司财务部人员由井冈山经开区管委会财政局人员兼任。此后，人员单设，至2020年，计划财务部有工作人员8名。

金庐陵公司财务情况

2016—2019年金庐陵公司合并财务情况表

表5-12 单位：万元

	2016年	2017年	2018年	2019年	2020年
资产	1352356.49	1581718	2132561.78	2555205.24	2656306.39
负债	846245.91	1061308.18	1178986.52	1590931.99	1677936.80
总收入	39576.92	98831.48	140972.81	117404.22	296303.21
营业成本	27301.33	76634.79	121999.87	112323.85	277985.42
利润	11425.21	13045.12	9830.65	9925.50	22415.01

金庐陵公司本部财务统计情况表

表5-13 单位：万元

	2009年	2010年	2011年	2012年	2013年	2014年
资产	145758.71	287144.74	481835.46	577757.88	625420.71	911570.21
负债	12610.34	5004.25	23295.72	88912.24	118139.26	398534.93
营业收入	6631.98	13023.74	27579.32	31855.43	30162.12	57985.66
营业成本	4563.28	4971.57	5426.70	11576.02	10643.11	44291.21
利润	4350.79	9532.78	20238.48	21338.64	18446.97	19444.82
	2015年	2016年	2017年	2018年	2019年	2020年
资产	1018389.3	1332617.26	1428415.72	1662267.05	1983940.05	2229228.50
负债	496320.44	826561.98	910841.89	757207.08	1071655.23	1132648.26
营业收入	38748.46	39576.92	62329.24	37313.30	20281.71	146866.58
营业成本	25917.36	27301.33	40376.48	22525.27	13391.64	130802.49
利润	9033.58	11369.91	14383.43	5722.67	8060.64	31339.81

2018—2019年青原区新工业园投资发展公司财务情况表

表5-14 单位：万元

	2018年5—12月	2019年	2020年
资产	245503.31	242324.77	312406.46
负债	82782.35	74636.52	141453.92
营业收入	717.53	-345.17	234.91
营业成本	367.25	-281.43	709.57
利润	6178.82	4967.29	3264.3

审计情况

2012年9月对2009—2011年进行财务审计；2013年2月对2010—2012年进行财务审计；2014年

2 月对 2011—2013 年进行财务审计；2015 年 3 月对 2014 年进行财务审计；2015 年 3 月对 2012—2014 年进行财务审计；2016 年 2 月对 2015 年进行财务审计；2017 年 2 月对 2016 年进行财务审计；2018 年 2 月对 2017 年进行财务审计；2018 年 8 月对 2015 年、2016 年、2017 年及 2018 年 1—6 月进行财务审计；2019 年 2 月对 2018 年进行财务审计；2020 年 3 月对 2019 年进行财务审计。出具各个年度的财务审计报告。

2015 年 5 月，对金庐陵公司企业所得税汇算清缴；2016 年 5 月对公司 2015 年企业所得税汇算清缴；2017 年 5 月对 2016 年企业所得税汇算清缴；2018 年 5 月对 2017 年企业所得税汇算清缴；2019 年 5 月对 2018 年企业所得税汇算清缴；2020 年 5 月，对 2019 年企业所得税汇算清缴。每次审计，均出具企业所得税纳税申报鉴证报告。

2015 年 3 月 7 日，接受江西省检查组关于领导干部违规插手干预工程项目问题专项治理项目的检查；2016 年 3 月，接受国资委的审计；2017 年 5 月，接受市审计局第一批标准厂房专项资金的检查；2017 年 5 月，接受省审计关于对中共吉安市委原书记王萍 2013 年 1 月至 2016 年 8 月任职期间经济责任履行情况的审计及王少玄任中审计；2017 年 8 月，接受财政部债务检查。2018 年 11 月，对 2018 年 6 月底前进行资产审计，并出具公司资产清单报告。2018 年 11 月，接受武汉特派审计对市重大政策审计；2018 年 12 月 27 日，接受市审计对公司原总经理郭智勇任职期间（2015 年 5 月—2017 年 12 月）经济责任履行情况的审计；2019 年 3 月，接受省巡视组检查；2019 年 6 月对公司进行清产核资。2020 年 9 月接受省审计厅 2018 年至 2020 年 6 月经济发展环境专项审计调查；2020 年 12 月接受市发改委专项清券情况检查。

2017 年 6 月、2018 年 4 月、2019 年 7 月、2020 年 4 月接受区审计对 2019 年度政府预算执行及其他财政财务收支情况审计。

资金管理

2010 年 1 月至 2015 年 11 月，编制《关于印发公司会计政策的通知（金庐陵司字〔2010〕4 号）》《关于印发公司对子公司管理制度的通知（金庐陵司字〔2010〕6 号）》《关于印发公司财务管理规定的通知（金庐陵司字〔2011〕11 号）》《关于印发公司人员出差管理办法等 3 项制度的通知（金庐陵司字〔2011〕12 号）》《公司费用报账及工程款项支付程序管理暂行规定等的通知（金庐陵司字〔2012〕01 号）》《公司市区内交通费报销暂行办法（金庐陵司字〔2012〕5 号）》等制度规定。2015 年 11 月 17 日，与财政局签订公司债券转贷协议。

第五节　工程管理

按照“建管分离”原则，2015 年，金庐陵公司成立工程管理部，主要负责项目前期工作，包括立项、可研、交评、环评、设计、招投标等，以及项目的现场管理工作。同时根据建设发展的需要，使工程项目管理更加规范化、合理化和科学化，2017 年，金庐陵经济发展有限公司与江西瑞林建设监理有限公司合资组建成立吉安金瑞工程项目管理有限公司。金瑞工程项目管理有限公司是专业工程项目管理公司，负责工程项目管理与咨询。

部门职责

负责按照国家基本建设程序和工程建设相关标准开展工程项目建设及组织管理工作；负责编制工程项目建设年度和中长期投资发展计划，工程项目建设计划并组织实施；负责组织相关部门制定公司年度在建项目工程用款计划；负责工程建设项目立项、可行性研究、项目评估、项目备案报批工作，办理新开工建设项目立项及前期各证件，协助、指导公司下属子公司办理项目前期各证件及相关手续；负责组织实施工程建设项目招投标工作，按规定选择设计、勘察、测绘、监理、招标代理单位，参与组织工程建设材料、设备招标采购工作，负责材料市场询价等基础性工作；负责组织公司相关部门、子公司和人员与中标单位进行工程项目合同商务谈判，负责拟定、签订工程项目合同及合同备案等工作，组织子公司及相关部门进行合同交底；负责工程建设投资项目预决算管理，参与工程决算审核，配合相关单位审查投资项目建设签订的各类合同、协议，参与公司投资建设项目审计工作；负责工程建设项目的工程成本控制、工程质量控制和工程进度控制管理工作，审批建设工程项目施工组织设计和进度计划，对项目建设实施情况进行检查督促与指导，审核工程项目设计方案、设计变更以及图纸外较大金额工程量、隐蔽签证审核确认；负责对设计、施工、监理单位进行工作协调，工程项目设备变更初审及工程预决算，对建设项目的工程质量、施工安全、竣工验收等环节进行全过程管理、监督、协调，工程项目安全、文明施工及工程质量检查与指导；负责定期组织召开工程项目调度会，汇总审核承建单位上报的工程计量单及用款申请，提出项目进度及用款汇总审核表；负责指导承建单位拟定各工程项目阶段性目标与年度目标，会同相关部门对其完成情况进行检查与考核；负责工程项目中间验收，组织工程项目竣工验收，协助有关部门开展项目审计工作，项目投资建设资料及原始凭证收集、整理，建设项目工程资料档案管理；负责办理施工、规划许可证及竣工备案，协助资产管理部办理房屋产权手续等。协助投融资部完成项目融资、土地专项资金及政府专项债等申报工作。

建管项目

至2020年末，工程管理部实施的项目（项目详情见本篇第七章、第八章）有：

公用建筑类 井冈山经开区科技孵化大楼、井冈山经开区实验小学（原梨塘小学）二期扩改工程、井冈山经开区金鸡湖水利综合治理（驳岸景观）工程、井冈山经开区学校二期扩建工程、井冈山经开区垃圾压缩站、中转站项目、井冈山经开区数字经济体验服务中心、公墓区。

商用建筑类 井冈山经开区邻里中心、井冈山经开区创客园、井冈山经开区创新大厦、创新工业设计中心项目（一期）、创新工业设计中心CD地块及规划路网项目、井冈山经开区砂场—混凝土搅拌区一体化项目。

标准厂房类 中韩产业园、木林森标准厂房、东区标准厂房、通信终端产业城标准厂房、井冈山大学科技园标准厂房、创新产业园标准厂房、西区产业配套服务中心（一期）、西区产业配套服务中心（二期）、东区产业配套服务中心、井冈山大学科技园标准厂房二期、综合保税区电子信息产业园。

房地产项目类 保障性住房项目有：井冈山经开区东区城中村改造安置房及东区二期公租房1#楼、井冈山经开区东区城中村改造安置房三期项目、井冈山经开区木里江安置房项目、井冈山经开区官山头安置房项目、井冈山经开区城中村改造马甫安置小区项目、井冈山经开区人才公寓项目。商品房开

发项目有：金庐陵·金鸡湖畔房地产项目。

配套设施建设

配套建设是以路网建设为主，构建交通循环系统，打造产城融合智慧园区。

田玄路二期　道路顺接田玄路一期。设计全长 1.10 千米，红线宽 30 米。主要建设内容包括道路范围内的清表、路基土方工程、道路结构层、路沿石安装、人行道铺装、道路绿化及亮化等工程。项目开工时间 2017 年 7 月，完工时间 2020 年 6 月。

罗家塘路　罗家塘路（普祥路—新庄路）位于井冈山经开区东区，东西向次干路，道路起于普祥路段终点处，终于新庄路交叉口处，道路全长 1754.55 米。规划红线宽 30 米，双向 4 车道。主要建设内容包括：道路范围内的清表、路基土方工程、道路结构层、路沿石安装、人行道铺装、道路绿化及亮化等工程。项目总投资 2410 万元。项目开工时间 2018 年 8 月，完工时间 2019 年 12 月。

新庄路　新庄路北沿道路工程设计起点为南接南塘路，北接樟树塘路，道路全长 587 米，规划红线宽 30 米，双向 4 车道，主要建设内容包括：道路范围内的清表、路基土方工程、道路结构层、路沿石安装、人行道铺装、道路绿化及亮化等工程。项目总投资 1300 万元。项目开工时间 2018 年 11 月，完工时间 2019 年 12 月。

颐园东路　位于井冈山经济技术开发区，道路工程总长度约 500 米，道路红线宽度 22 米；主要建设内容：道路工程、市政工程、绿化和亮化工程、市政配套附属设施，项目总投资 1500 万元。项目开工时间 2020 年 7 月，完工时间 2020 年 9 月。

建设工程管理

建筑施工管理　2017 年，金庐陵公司与中国瑞林合作成立吉安金瑞工程项目管理有限公司，专门负责金庐陵公司项目的现场管理工作。

招投标管理　根据《中华人民共和国建筑法》《中华人民共和国招标投标法》及部委有关招投标的相关规定，结合金庐陵公司的实际，制订了招投标管理有关规定。

第六节　投融资业务

井冈山经开区园区企业融资方式的多样性需求，促使金庐陵公司融资规模快速扩大，对园区企业的资金扶持逐渐多样。为重点推进投融资业务，适应实体化转型发展，2019 年 2 月开始筹建投融资事业部。2019 年 5 月 25 日，经金庐陵公司董事会审议通过，正式成立。投融资事业部负责金庐陵公司融资计划的制定与实施，融资的贷后服务与管理，对外投资活动的计划与实施。

项目融资

2014 年 6 月，金庐陵公司发行第一期企业债，此后融资渠道逐渐从银行的项目融资转向政策性银行项目融资及资本市场发债。2016 年 2 月，成功发行第二期企业债，规模 8.5 亿元，票面利率 4.87%。2014 年 6 月至 2020 年 6 月，共计融资 193.89 亿元。

2020 年 3 月 3 日，金庐陵公司在香港成功注册发行 2 亿美元 3 年期境外美元债券，发行利率 4%，开启了吉安市在境外资本市场直接融资的先河。本次发行得到国内外各方投资机构的广泛认可。吉安市首笔境外债券的成功发行，拓宽了吉安市企业在国际资本市场上的融资渠道，降低了融资成本，优化了资本结构，提供了资金保障。

2020 年 4 月 28 日，金庐陵公司在上海证券交易所成功注册发行 9 亿元 7 年期企业债券。本次债券簿记边际点达到 10 倍认购量，取得国内各方投资机构的广泛认可，创近 3 年来同主体同期限最低利率。

项目投资

股权投资　对外股权投资项目有吉安市三菱超细纤维有限公司、吉安市井冈山经开区百金金融产业园运营有限公司、吉安市井冈山经开区博能直融数据科技有限公司、江西省金融资产管理有限公司、江西兴庐资产管理有限公司，合计投入资本金 6 亿多元。

2010 年 7 月 27 日，发起设立吉安市三菱超细纤维有限公司，金庐陵公司认缴出资 100 万元，占股 10%，并于 2010 年 9 月 7 日完成注资，开启了股权投资的步伐。

2018 年 8 月 29 日，设立吉安市井冈山经开区百金金融产业园运营有限公司，金庐陵公司认缴出资 200 万元，占股 20%，已完成出资 40 万元。

2018 年 12 月 21 日，通过受让兴铁资本投资管理有限公司持有的江西省金融资产管理股份有限公司股份，并于 2019 年 11 月 6 日完成转让交割。这是金庐陵公司发展史上的一件大事，对提升公司品牌形象具有重要意义，以此为契机，公司加快转型创新步伐，提高经营管理水平，推动高质量发展。

2019 年 8 月 21 日，江西省金融资产管理股份有限公司与吉安市井开区银庐陵建设投资有限公司在井冈山经开区举行江西兴庐资产管理有限公司发起人协议签订仪式。新公司的成立对发挥金融风险防范化解功能，支持实体经济发展，推进地方产业经济

图 5-13　2019 年 8 月 21 日，江西省金融资产管理股份有限公司与吉安市井开区银庐陵建设投资有限公司在井冈山经开区举行江西兴庐资产管理有限公司发起人协议签订仪式

图 5-14　2020 年 9 月 7 日，金庐陵公司与江西省信用担保股份有限公司签署投资合作协议

融合会起到重要促进作用。

2019年9月5日，吉安市青原区新工业园投资发展有限公司与江西省博能直融数据科技有限公司发起设立吉安市井冈山经开区博能直融数据科技有限公司，金庐陵公司认缴490万元，占比49%。

基金投资　2017年设立吉安市井开区百富源灏浚产业投资合伙企业、吉安市井区金庐陵电子信息产业集聚基金、吉安市井开区百富源股权投资管理合伙企业、吉安市井开区百富源井冈人才壹号创业投资基金合作企业、吉安市井开区金庐陵国华股权投资基金合伙企业、吉安市井开区金庐陵新能源产业基金合伙企业、吉安市井开区集聚电子信息产业基金合伙企业共7支基金，基金总额70200万元，其中金庐陵公司出资31590万元。基金主要投资于井冈山经开区企业。

投融资管理　为了规范业务操作及投资后管理，金庐陵公司先后出台了《投融资事业部职能及岗位职责》《金庐陵公司融资与资金（暂行）管理办法》《金庐陵对外担保（暂行）管理办法》《金庐陵产业扶持资金及投资（暂行）管理办法》《借款（投资）后续管理暂行办法》等投融资管理规定和方法。做到有章可依、风险可控。

推进企业上市　2019年5月28日，国务院发布的《推进国家级经济技术开发区创新提升打造改革开放新高地的意见》（国发〔2019〕11号），意见指出，“支持地方人民政府对有条件的国家级经开区开发建设主体进行资产重组、股权结构调整优化，引入民营资本和外国投资者，开发运营特色产业园等园区，并在准入、投融资、服务便利化等方面给予支持。积极支持符合条件的国家级经开区开发建设主体申请首次公开发行股票并上市”。作为吉安首个具备IPO上市资格的国家级开发区，井冈山经开区管委会领导层高度重视金庐陵公司上市工作。

2020年，井冈山经开区成立金庐陵公司IPO上市工作领导小组，党工委书记彭学凯为组长，管委会主任汤文仙为第一副组长，分管副书记、副主任为副组长，相关部门负责人为成员。副主任刘力峰多次组织金庐陵投融资工作会议，部署IPO上市工作，与申万宏源证券、海通证券等证券公司进行对接和面谈，掌握上市政策要求，推动金庐陵公司IPO上市步伐。

第七节　资产管理

2011年末，金庐陵公司招聘人员对通信终端产业城进行资产管理。2015年5月正式成立了资产管理部，负责公司资产租赁、维修维护、物业服务等。为规范管理，先后制订了《金庐陵公司资产维修管理实施细则》《房屋租赁租金等费用执收工作流程规定》《公司房屋资产租赁经营管理暂行办法》《公司资产维修管理办法》；2020年3月，出台了《吉安市井冈山开发区金庐陵经济发展有限公司资产经营管理办法》。2020年，租赁收入约1亿元。

厂房管理　2012年，通信终端产业城项目移交至金庐陵公司管理，首批入驻企业为合力泰公司、国塑公司。至2020年末，资产部管理11个厂房项目，108.6万平方米，包括通信终端产业城、东区标准厂房、井大科技园标准厂房、木林森标准厂房等。

商铺管理　至2020年末，资产部管理5个商铺项目，1万平方米，包括公租房一期商铺、通信终端产业城2号宿舍楼商铺、公租房二期商铺、东区公租房商铺、原荣泰电迅公司商铺。

公租房管理　至2020年末，资产部管理5个公租房项目，11.93万平方米，包括幸福家园小区、二期公租房、东区公租房。公租房租金标准执行管委会指导价，按照 3 元 / 平方米月执行。公租房租金管理实行收支两条线。

综合楼管理　至 2020 年末，资产部管理 9 个综合楼项目，面积 18.5 万平方米，包括金融产业园、科技孵化中心、邻里中心、工业互联网产业园项目、职工之家、环保大楼、六星产业园综合楼。

第八节　社会服务

脱贫攻坚

2016—2020 年，按照井冈山经开区关于脱贫攻坚工作方案要求，金庐陵公司挂点帮扶西坑村委会，公司帮扶干部坚决贯彻落实全区脱贫攻坚决策部署，经常召开专题会议研究帮扶工作举措，坚持做好一对一结对帮扶工作，定期上门走访慰问农村贫困户和城镇贫困群众，了解掌握贫困群众的生产生活情况，及时为贫困群众送上米油等生活物资，为贫困群众协调相关扶贫政策的落实。

2017 年，按照职能职责，开展产业扶贫。开展了资产性收益扶贫和光伏发电收益扶贫两项扶持工作，将产业扶贫政策落实到位。与高新街道、金鸡湖街道、社会事业局分别签订《经开区投资收益性扶贫合作协议书》，将两街道办作为投资的财政预算的资产收益基金 60 万元专用于经开区标准厂房建设，每年按规定将不低于 10% 的收益支付给高新街道办、金鸡湖街道办，并由街道办将收益资金分红到辖区内的每户贫困户，每户贫困户每年可获得补助资金 800 元。2018 年资产收益性分红总计 12.24 万元，覆盖贫困户 153 户；与社会事业局、财政局签订《经开区光伏产业扶贫项目收益协议书》，将产业扶贫专项资金 100 万元用于经开区屋顶光伏发电项目建设，按 6000 元 / 户发放股权证给辖区建档立卡贫困户，每年按股金的 15% 的收益分红支付给高新街道办、金鸡湖街道办，并由街道办将收益资金分红到辖区内的建档立卡贫困户，每户贫困户每年可获得补助资金 900 元。2018 年光伏发电收益分红 13.77 万元，覆盖贫困户 153 户。

招工服务

2016—2020 年，金庐陵公司认真贯彻落实区管委会关于春季招工帮扶工作方案要求，发动全体员工，积极主动与帮扶企业联系，先后对接帮扶深安电子、牛牛乳业、瑞声电子、红板科技、木林森、平波电子、合力泰、桑格尔等园区企业开展春季招工工作。成立招工工作小组，分批深入青原、吉水、吉安、泰和、遂川、安福等县市区宣传政策、介绍企业，做到重点乡镇的农贸市场、卫生所、居民聚集区的宣传全覆盖，将园区和企业宣传资料送到意向人员手上，耐心热情地介绍开发区的招工政策。

企业服务

2019 年，按照管委会的文件要求，金庐陵公司为第四企业服务组，挂点帮扶牛牛乳业、裕康医药、威尔高等 11 家园区企业，本着“服务园区、服务企业”的宗旨，公司 11 名挂点帮扶责任人每月按要求深入企业实地走访，积极摸排了解企业经营情况、存在的问题和困难，主动受理企业日常诉求，扎实开展“送服务上门 问需于企业”春风行动、汛期企业受灾统计、安全生产自查自纠等各项企业服务工作，落实企业服务责任。按照“担当实干、马上就办”的工作要求，及时协调对接相关部门，帮助牛牛乳业、威尔高、新世讯科技、东区木林森实业等企业解决资金短缺、土方平整、电梯维修等实际困难。2019 年共计走访企业 100 余人次，帮助企业协调解决实际困难 10 余件，帮扶 11 家企业总体实现税收增值达 609%，协助企业成功兑现招商引资政策。帮扶成效明显，企业整体满意度较高，未出现企业投诉事件。

疫情防控

2020 年 1—3 月，突发新冠肺炎疫情。金庐陵公司高度重视，迅速响应，及时传达并贯彻落实省、市、区疫情防控有关精神，积极主动作为，扎实履职尽责，认真做好特殊时期企业疫情防控和复工复产服务工作。企业服务落实一对一责任人制度；做好疫情防控政策宣传和知识培训；精准摸排，及时掌握企业员工往返动态和健康监测信息；落实日报制度，从源头上协助企业做好疫情防控。摸排反馈企业疫情防控物资需求，帮助企业解决口罩、消毒液等防控物资。按照管委会复工要求，指导企业做好复工申报，认真开展复工验收，严把复工第一关，督促企业严格执行疫情防控“五个到位”“四个坚持”规定，确保企业封闭管理、规范运行、有序生产，力保 15 家企业（含挂点企业下属公司）复工复产平稳运行。申报复工率达 100%，复工总人数达 779 人，没有出现疫情防控异常事件。

第九节　下属企业

金庐陵公司通过组建、收购、入股、转隶等方式，至 2020 年 9 月，共拥有或控股企业 42 家。直属吉安市井开区银庐陵建设投资有限公司，实体化运作的企业有柏兆（吉安）电子有限责任公司、红井冈融资租赁有限公司、江西金嘉汇资产运营管理有限公司、吉安市井开区燕子窝砂石运营管理有限公司、江西省通讯终端产业技术研究院有限公司等。

吉安市井开区银庐陵建设投资有限公司

银庐陵建设投资有限公司于 2014 年 1 月成立，在井冈山经开区工商行政管理局注册，注册资本 1 亿元，由井冈山经开区金庐陵公司 100% 控股。公司经营范围为城市建设项目投资代建、市政设施建设、房地产开发、土地整理开发经营、物业管理、城市园林绿化、房屋租赁、建设工程项目管理、非金融性投资与资产管理、国有资产管理。

银庐陵建设投资有限公司不设股东会，由金庐陵公司履行股东会相应职责，依法设立董事会和监事会。至 2020 年 7 月，总资产 80.06 亿元。

柏兆（吉安）电子有限责任公司

柏兆（吉安）电子有限责任公司成立于 2012 年，系台湾客商合资创办，落户于井冈山经济开发区。2012 年开工建设，2013 年 8 月竣工投产，总投资 1200 万美元。主要生产、加工全球第一大计算机品牌——华硕公司计算机主板、显卡和相关卡板，并与世界各大知名厂商如 DLINK 等合作。2013 年，被列入吉安市重点建设项目。

2017 年 11 月，柏兆（吉安）电子有限责任公司股权收购转型，成为井冈山经开区金庐陵公司旗下子公司，是井冈山经开区国有控股企业。

柏兆（吉安）电子先后获得了6项实用新型专利证书，2018年被评为高新技术企业，已取得经国际认证ISO 9001 ：2015版、14001等国家标准。2020年，有员工1000多人，其中技术型人才100多人，销售额14.3亿元。

江西红井冈融资租赁有限公司

2017年2月，为支持金庐陵公司拓展融资租赁业务，同时促进井冈山经开区利用外资工作，经井冈山经开区管委会批准同意成立江西红井冈融资租赁有限公司。

2017年5月，红井冈公司正式注册成立。注册地为井冈山经开区人力资源市场大楼三楼317、318室；注册资金3亿元。井冈山经开区金庐陵经济发展有限公司出资70%，香港嘉能实业有限公司出资30%。经营范围为融资租赁业务（金融类除外）；租赁业务（不含汽车、商业地产）；向国内外购买租赁财产，租赁财产的残值处理及维修；租赁交易咨询；与主营业务相关的商业保理业务。

红井冈公司业务主要为融资贷款，先后与柏兆（吉安）电子科技有限公司、江西峰源实业有限公司等公司叙做融资租赁业务。至2019年3月末，红井冈公司总资产5.56亿元，总负债2.58亿元，净资产2.98亿元。

江西金嘉汇资产运营管理有限公司

江西金嘉汇资产运营管理有限公司由吉安市井冈山开发区金庐陵经济发展有限公司与吉安市井开区银庐陵建设投资有限公司共同投资设立，2019年10月在吉安市市场监督管理局注册登记。2020年3月，金嘉汇公司注册资本增资至1亿元，由银庐陵建设投资有限公司100%控股。主要经营业务范围：资产运营管理、物业经营管理、投资管理、股权管理、金融资产管理。

2020年，金嘉汇公司已接手管理西区配套产业园生益电子宿舍物业项目、青原产业园项目、青原富滩园区自来水厂项目及井冈山经开区创客园项目的日常运营与物业管理业务。至2020年末，有员工45人，项目组四组，物业经理3人。收取各项目园区物业管理费35万元。

江西省通讯终端产业技术研究院（吉安市电子信息研究院）有限公司

吉安市电子信息研究院于2017年12月揭牌成立，2018年12月由江西省工信厅批复设立江西省通讯终端产业技术研究院，实行两块牌子一套人马运营。研究院由井冈山经开区牵头组建，建设主体为金庐陵公司。

2020年末金庐陵公司下属企业情况一览表

表5-15

序号	公司名称	成立日期	注册资本	经营范围	备注
1	吉安市井开区银庐陵建设投资有限公司	2014.1.14	1.5亿元	城市基础设施项目建设及融资	金庐陵子公司

续表 5-15

序 号	公司名称	成立日期	注册资本	经营范围	备 注
2	江西省通讯终端产业技术研究院有限公司	2019.3.20	1000 万元	平板显示、半导体照明、智能识别、集成电路和通信传输等产业共性关键技术和产品的研发，公共技术的创新、服务和支持，企业高科技成果转化和人才培育等	金庐陵子公司（经发局代管）
3	吉安金瑞工程项目管理有限公司	2017.7.31	100 万元	建设工程项目管理	金庐陵子公司
4	吉安市金庐陵房地产开发有限公司	2016.10.25	4000 万元	地产开发、工程建设	金庐陵子公司
5	吉安市银庐陵建筑工程有限公司	2013.4.9	4180 万元	工程项目建设（实体企业）	孙公司(2020.6银庐陵控股）
6	吉安市井开区燕子窝砂石运营管理有限公司	2019.2.1	8000 万元	实体企业，砂石经营管理	金庐陵子公司
7	吉安市合汇实业有限公司	2016.6.29	2.3 亿元	融资	金庐陵子公司
8	吉安市明匠智能系统工程有限公司	2017.8.2	3000 万元	信息系统集成服务、开发、销售	金庐陵子公司
9	吉安中能易电科技有限公司	2020.6.1	1 亿元	招商项目投资（合资企业）	金庐陵子公司
10	吉安市井开区金鸡湖新区城镇化建设基金中心（有限合伙）	2017.3.31	30.01 亿元	融资	金庐陵子公司
11	吉安市井开区百富源灏浚产业投资合伙企业（有限合伙）	2017.4.13	1 亿元	基金投资	金庐陵子公司
12	吉安市井开区金庐陵电子信息产业集聚基金（有限合伙）	2017.7.13	1 亿元	基金投资	金庐陵子公司
13	吉安市井开区百富源股权投资管理合伙企业（有限合伙）	2018.1.2	1000 万元	基金投资	金庐陵子公司
14	吉安市井开区百富源井冈人才壹号创业投资基金合伙企业（有限合伙）	2019.8.22	1700 万元	基金投资	金庐陵子公司
15	吉安市井开区金庐陵新能源产业基金合伙企业（有限合伙）	2019.12.13	3.15 亿元	基金投资	金庐陵子公司

续表 5-15

序　号	公司名称	成立日期	注册资本	经营范围	备　注
16	吉安市井开区金庐陵国华股权投资基金合伙企业（有限合伙）	2019.12.17	9600 万元	基金投资	金庐陵子公司
17	吉安市井开区集聚电子信息产业基金合伙企业（有限合伙）	2020.6.19	7000 万元	基金投资	金庐陵子公司
18	江西润恩汉世纪股权投资企业（有限合伙）	2014.8.27	5235 万元	基金投资	2015.7.7 金庐陵参股子公司，金庐陵出资已收回，基金未注销
19	吉安吉陵建设发展有限公司	2018.12.29	1000 万元	空壳公司	金庐陵子公司
20	柏兆（吉安）电子有限责任公司	2012.10.30	1200 万美元	路由器、平板电脑、手机、电子板卡、电脑主机及其相关电子产品销售、加工、研发（实体企业）	2017.11.10 金庐陵控股子公司
21	吉安柏兆实业有限公司	2014.9.23	2000 万元	空壳公司	孙公司（柏兆实业控股）
22	吉安市青原区新工业园投资发展有限责任公司	2009.7.15	1.5 亿元	基础设施项目建设及融资	2018.8 金庐陵控股子公司
23	吉安市青原工业发展有限责任公司	2003.8.4	715.5 万元	城市基础设施建设	孙公司（青原工业投参股）
24	吉安市青原区城市投资开发有限公司	2003.10.29	1.014 亿元	城市基础设施建设	孙公司（青原工业投控股）
25	吉安市三菱超细纤维有限公司	2010.9.8	1000 万元	无纺布、超细纤维合成革和人造革生产销售；进出口业务（实体企业）	2018.12.26 金庐陵参股子公司
26	江西盛泰光电子有限公司	2017.4.17	3 亿元	手机、手机配件、LED（二极发光管）照明灯具研发及生产、加工、销售；电子产品的国内贸易及进出口业务；机械设备租赁（实体企业）	2017.5.31 金庐陵参股子公司
27	江西省金融资产管理股份有限公司	2016.2.29	20 亿元	投融资业务、资产管理	2018.12 金庐陵参股子公司

续表 5-15

序 号	公司名称	成立日期	注册资本	经营范围	备 注
28	吉安市金庐陵投资发展有限公司	2016.1.13	2.5 亿元	融资	金庐陵子公司
29	吉安市井开区金金项目开发有限公司	2019.5.15	2 亿元	金鸡湖 PPP 项目融资	金庐陵子公司
30	江西汇联贸易有限公司	2018.5.20	5000 万元	融资	孙公司（金庐陵投资控股）
31	吉安合联贸易有限公司	2019.3.22	5000 万元	融资	孙公司（银庐陵控股）
32	江西红井冈融资租赁有限公司	2017.5.27	3 亿元	融资租赁业务	金庐陵子公司
33	江西兴庐资产管理有限公司	2019.10.25	1.6 亿元	资产管理（实体企业）	孙公司（银庐陵参股）
34	吉安市金木电子产业发展有限公司	2019.4.18	10 亿元	融资	金庐陵子公司
35	江西金嘉汇资产运营管理有限公司	2019.10.9	1 亿元	物业管理（实体企业）	孙公司（银庐陵控股）
36	吉安市保利金物业服务有限公司	2018.1.10	500 万元	物业管理	金庐陵子公司
37	吉安井开区百金金融产业园运营有限公司	2018.8.7	1000 万元	园区管理服务	金庐陵子公司
38	吉安市井冈山经开区博能直融数据科技有限公司	2019.6.18	1000 万元	项目投资（实体企业）	孙公司（青原工业投参股）
39	吉安鲜选优餐科技有限公司	2020.8.17	200 万元	餐饮服务（实体企业）	金庐陵子公司
40	江西通大新能源科技有限责任公司	2020.6.4	1.582903 亿元	标准厂房及能源互联网一体化建设工程 PPP 项目	孙公司（银庐陵参股）
41	吉安市优家物业服务有限公司	2016.6.14	300 万元	融资	孙公司（金庐陵投资控股）
42	今新越（吉安市井冈山经开区）工程建设有限公司	2020.3.20	1.97 亿美元	融资	今新越发展集团有限公司控股

第六篇　党政机构

2001 年，设立吉安市高新技术产业开发区管理委员会，为吉安市政府正县级派出机构；2002 年，成立中共吉安市高新技术产业开发区工委。2009 年 4 月，更名为中共江西井冈山经济技术开发区工作委员会。2012 年 9 月，井冈山经开区升格为副厅级，井冈山经开区党工委、管委会同时升格为副厅级机构。

2020 年底井冈山经开区党工委、管委会领导任职情况表

表 6-1

姓　名	职　务	籍　贯	任职时间
邓淑斌	党工委第一书记	江西萍乡	2016.11—
彭学凯	党工委书记	江西安福	2016.9—
陈庆寿	党工委副书记、管委会主任	江西赣州	2020.10—
罗忠华	党工委副书记、管委会常务副主任	湖南茶陵	2019.12—
甘益烽	党工委副书记	江西永新	2020.11—
刘茶香（女）	党工委委员、纪检监察工委书记	江西井冈山	2016.12—
吴　磊	党工委委员、管委会副主任	江西吉安	2020.7—
张志福	党工委委员、管委会副主任、综合保税区管理局局长	江西吉水	2019.1—
孙英剑	党工委委员、管委会副主任	江西永新	2019.12—
卢　愉	党工委委员、管委会副主任	江西井冈山	2020.11—
龙井松	党工委委员、组织部部长、编办主任、人社局局长、党工委二级调研员	江西永新	2020.12—
刘亚东	党工委委员、党工委二级调研员	江西永丰	2020.12—（兼）
伍有君	党工委委员、公安分局局长	江西吉安	2020.10—
戴志敏	党工委委员、管委会副主任	江西泰和	2020.7—（挂职）

第一章　中共井冈山经济技术开发区工作委员会

井冈山经开区党工委前身为中共吉安市高新技术产业开发区工委。2009 年 4 月更名为中共井冈山经济技术开发区工作委员会。井冈山经开区党工委统一领导井冈山经开区改革创新、工业经济和各项社会事业发展。

第一节　机构沿革

2002 年 1 月 17 日，中共吉安市委印发《关于成立中共吉安市高新技术产业开发区工作委员会的通知》（吉字〔2002〕4 号），决定成立中共吉安市高新技术产业开发区工作委员会。

2008 年 11 月，吉安市编制委员会下发《关于印发吉安市高新技术产业开发区党工委、管理委员会职能配置内设机构和人员编制规定的通知》。中共吉安市高新技术产业开发区工作委员会为中共吉安市委派出机构，正县级事业单位，参照公务员法管理。高新技术产业开发区党工委内设党工委办公室（与管委会办公室合署）、政治处。

2009 年 4 月，经吉安市机构编制委员会批准同意，中共吉安市高新技术产业开发区工作委员会更名为中共江西井冈山经济技术开发区工作委员会。

2012 年 9 月，经江西省机构编制委员会办公室批复同意，中共井冈山经济技术开发区（出口加工区）工作委员会为中共吉安市委派出机构，规格副厅级。中共井冈山经开区工作委员会内设办公室、纪工委（监察室）、党工委组织部（人社局）。

2020 年，领导井冈山经开区机关党委、综合党委、金庐陵公司党委、教育党委、高新街道党工委、金鸡湖街道党工委、井冈山卷烟厂党委、税务局党委。

2005—2009 年吉安市政府分管领导兼任中共吉安市高新技术产业开发区工委领导情况表

表 6-2

职　务	姓　名	籍　贯	任职时间
党工委书记	杨群宝	江西井冈山	2005.8—2006.11
	余阳春	江西丰城市	2006.11—2009.6

2002—2012 年中共吉安市高新技术产业开发区工委历任领导成员一览表

表 6-3

职　务	姓　名	籍　贯	任职时间
书记	刘志坚	江西吉水	2002.6—2005.8

续表 6-3

职　务	姓　名	籍　贯	任职时间
副书记	曾大平	江西泰和	2002.5—2002.12
	刘志坚	江西吉水	2005.8—2009.2
	贺云生	江西永新	2002.11—2012.8
	张爱如	江西新干	2008.11—2011.7
委员	孙伏生	江西吉水	2002.12—2012.8
	周　智	江西吉安	2002.12—2012.8
	丁克宁	江西新建	2002.12—2012.8
	罗厥宏	江西吉安	2008.11—2012.8
	胡红英（女）	江西吉安	2008.12—2011.12
	刘达绪	江西吉安	2008.12—2012.8

2009—2020 年吉安市政府分管领导兼任中共井冈山经开区工委领导情况表

表 6-4

职　务	姓　名	籍　贯	任职时间
书记	余阳春	江西丰城	2009.6—2011.9
第一书记	刘贤清	江西泰和	2011.10—2016.11
	邓淑斌	江西萍乡	2016.11—

2009—2020 年中共井冈山经开区工委历任领导成员一览表

表 6-5

职　务	姓　名	籍　贯	任职时间
书记	刘志坚	江西吉水	2011.10—2016.9
	彭学凯	江西安福	2016.9—
副书记	刘志坚	江西吉水	2009.2—2011.2
	邓淑斌	江西萍乡	2011.10—2016.11
	贺云生	江西永新	2012.8—2013.5
	汤文仙	江西吉安	2012.8—2020.6
	曾　亮	江西泰和	2012.8—2013.9
	陈　敏	江西抚州	2014.8—2016.2（挂职）
	舒海波	江西南昌	2016.10—2019.1
	刘达绪	江西吉安	2016.12—2019.1
	龙小明	江西吉水	2019.1—2019.12
	张鹏华	江西金溪	2019.5—2020.11
	罗忠华	湖南茶陵	2019.12—
	陈庆寿	江西赣州	2020.10—
	甘益烽	江西永新	2020.11—
委员	胡红英（女）	江西吉安	2011.12—2014.11
	周　智	江西吉安	2012.8—2016.10
	舒海波	江西南昌	2012.8—2016.10

续表 6-5

职　务	姓　名	籍　贯	任职时间
委员	刘达绪	江西吉安	2012.8—2016.12
	杨　峰	江西宁都	2012.8—2017.3
	罗厥宏	江西吉安	2012.8—2019.1
	甘益烽	江西永新	2012.8—
	吴　磊	江西吉安	2012.8—
	肖小武	江西永新	2014.9—2016.8
	龙小明	江西吉水	2016.8—2019.12
	刘小勇	江西吉安	2016.8—2017.11
	刘茶香（女）	江西井冈山	2016.12—
	龙井松	江西永新	2017.3—
	傅卫东	江西泰和	2017.8—2020.10
	罗忠华	湖南茶陵	2017.11—
	张志福	江西吉水	2019.1—
	孙英剑	江西永新	2019.12—
	戴志敏	江西泰和	2020.7—（挂职）
	伍有君	江西吉安	2020.10—
	卢　愉	江西井冈山	2020.11—
	刘亚东	江西永丰	2020.11—（兼）

第二节　重要会议

区党工委领导班子会议

由区党工委书记、副书记、委员出席。办公室主任固定列席，其他列席人员为议题所涉及的管委会正、副调研员或街道、区直单位及市直驻区单位主要负责人。每年根据工作需要召开，区党工委书记或委托副书记召集并主持会议。主要议题有学习贯彻中央和上级党委会议精神，干部人事调整和分工，听取重点项目或专项工作汇报，对全区性党建或经济社会发展重大事项讨论研究，审定年度干部考核结果等。

2001 年，召开会议 1 次。2002 年、2003 年各召开会议 5 次、11 次，研究招商引资考核办法、各局室目标考评办法、干部人事等重要工作。2004 年，召开会议 7 次，主要传达学习省委十届五次全体（扩大）会议、省委经贸工作会议、全市经济工作会议精神，听取财税收入情况汇报。2005 年，专题召开会议研究关于对县（市、区）年度目标管理考评中的招引项目进市高新区认定工作。2008 年，专题召开会议研究中层干部职务调整问题，通报正科级、副科级后备干部民主推荐情况，确定正科、副科级后备干部考察对象名单。2009 年，召开会议 6 次，主要传达学习全国“两会”精神，研究部署招商引资、项目建设等。2010 年，召开会议 9 次，主要传达学习全市经济工作会议、市委市政府关于加快井开区发展现场办公会议精神，研究项目招商引资、土地处置等事项。2011 年，召开会议 10 次，主要传达学习市委中心组学习情况以及换届纪律有关精神。2012 年，召开会议 15 次，通报良种场有关情况，听取非公企业党建、“职工之家”筹建工作情况汇报。2013 年，召开会议 8 次，主要传达学习习近平同志在中纪委十八届二次会议上的讲话精神、全国国家级经济技术开发区工作会议精神、全省经济工作会议、市委扩大会议精神，研究区党工委民主生活会、干部任免等事项，听取有关部门工作汇报。2014 年，召开会议 13 次，传达学习中央和全省、全市群众路线教育活动动员大会精神，研究设立井开区人民武装部、干部人事、部门副职竞聘上岗等有关事项。2015 年，召开会议 18 次，主要传达学习全国“两会”精神，研究街道人事制度改革、成立金鸡湖新区开发建设指挥部以及部署全区党风廉政建设等工作。

2016 年，召开会议 18 次，传达学习省委鹿心社书记考察经开区的讲话精神、市委三届十四次全会精神、全省党建及非公经济组织“两学一做”工作会议精神、领导班子成员分工、干部人事事项、部分部门副职、一级主办竞争上岗方案、不动产登记中心主任遴选及部分五级主办招聘、审定 2015 年度干部考核结果、召开全区党建工作会议、专题研究环保督查工作等。

2017 年，召开会议 15 次，传达学习全市脱贫攻坚推进会暨推进“担当实干、马上就办”工作动员大会精神，研究全区重点项目计划安排、企业帮扶、综合执法改革、人事制度改革等，部署中央环保督察“回头看”有关工作，开展“两学一做”专题教育对照检查等。

2018 年，召开会议 12 次，传达学习党的十九届三中全会精神和省委十四届六次全体（扩大）会议、2018 年市委第五次全体（扩大）等会议精神；听取了招商引资、经济运行、环保和安全生产、脱贫攻坚、扫黑除恶等工作汇报，研究《区党政议事规则》《全区推进经济高质量发展实施意见》《2018 年经开区重点项目建设工作考评办法》《井冈山经开区企业增资扩建做大做强扶持办法》《井冈山经开区关于推进产业技术国际水平、服务效能全国领先、美丽环境国内一流实施意见》《关于完善青原产业园运行机制的意见》《关于深化“三个坚持”推动我区高质量跨越式发展的实施意见》《关于进一步激励全区干部新时代新担当新作为的实施意见》《关于推动井冈山经开区西区升级改造转型发展若干政策的实施细则》《井冈山经开区一至五级主办聘任管理暂行办法》等。

2019 年，召开会议 26 次，传达学习中央、省委巡视工作相关文件、脱贫攻坚专项巡视整改部署会议、全国“两会”和全省领导干部会议、全省生态环境保护工作座谈会、全省开发区改革和创新发展推进大会精神，研究了《井冈山经开区党工委管委会议事规则》《井冈山经开区党工委贯彻落实“三重一大”事项集体决策制度的实施办法（试行）》以及省委巡视、机构人事制度改革、“不忘初心、牢记使命”主题教育、“1+2+10”改革、企业融资贷款担保、土地出让等事项，听取了全区经济运行、农村集体经济组织发展预留地货币化补偿落实情况等汇报。

2020 年，召开会议 28 次，传达学习中央和省委经济工作会议、市委四届十次全体（扩大）会议精神、中央和省市关于新冠肺炎防控工作会议、全省市域社会治理现代化试点工作会议、市委四届十二次全体（扩大）会议、习近平总书记在广东省考察时和在深圳经济特区建立 40 周年庆祝大会上的重要讲话精神；听取经济运行、招商引资、脱贫攻坚、安全生产、环境保护、扫黑除恶以及获批整合优化为综合保税区等汇报；研究审议《井冈山经开区党工委贯彻落实“三重一大”事项集体决策制度的实施办法》《井冈山经开区党工委管委会议事规则》《井冈山经开区关于应对疫情影响支持企业发展的若干政策措施》《木林森 LED 全产业链项目投资合同》以及党工委管委会机关岗位设置、绩效考核办法等。

区党工委扩大会议

由区党工委主持，区党工委委员，不是党员的区领导、区直和驻区单位主要负责人参加。会议内容一般有：传达学习中央或上级党委、政府重要会议精神，研究部署党建工作，审定表彰先进单位和个人，研究部署重大党建或经济社会民生事项，研究讨论全区性经济社会发展规则方案等。

2011年6月27日，区党工委扩大会议传达吉安市加强和创新社会管理学习班暨重复访化解工作座谈会精神；研究井冈山经开区创新社会管理工作；研究“七一”表彰大会有关事项；审定“七一”表彰先进党支部、优秀党务工作者、优秀党员名单。

2012年7月13日，区党工委扩大会议传达全国国家级经济技术开发区第20次党建工作研讨会、市委常委（扩大）会议、全市贯彻落实中央苏区振兴意见暨推进新一轮扶贫攻坚动员大会精神；研究部署开发区非公企业党建工作；介绍吉安市党政代表团赴宜春、南昌、南山区等地考察情况；讨论《井冈山经济技术开发区经济顾问管理暂行办法》以及拟聘请鲁杰为井冈山经开区经济顾问的问题。

2019年5月31日，区党工委扩大会议学习贯彻习近平总书记在推动中部地区崛起工作座谈会上的重要讲话精神和在省委省政府工作汇报会上的重要讲话精神；11月4日，区党工委扩大会议，学习贯彻党的十九届四中全会精神和全省领导干部会议、全市领导干部会议精神，迅速掀起学习宣传贯彻热潮。

区管委会主任办公会议

由管委会主任召集和主持，每年根据工作任务的轻重缓急和性质召开次数不等。管委会主任、副主任出席，办公室主任固定列席，议题涉及其他区党工委委员和调研员工作分工时，相关人员出席相关议题。根据议题需要，安排街道、区直单位及市直驻区单位主要负责人列席。

2002年、2003年，分别召开10次、3次管委会主任办公会议，研究部署重点工作。

2004年，召开12次管委会主任办公会议，研究财政预算调整，房产税、土地税的征收，《基础设施建设目标调整方案》《高新区居民用地建房管理办法》等事项。

2005年，召开15次管委会主任办公会议，研究财政预算调整、房屋拆迁、优惠政策、经济指标、垃圾清运等事项。

2006年，召开11次管委会主任办公会议，研究招商优惠政策、土地安置、成立五周年庆祝活动安排、请求市政府解决的问题、规划建设等事项。

2007年，召开15次管委会主任办公会议，研究招商引资推介、财政收支预算、土地出让、贯彻党的十七大精神、主要经济指标、安全生产等事项。

2008年，召开4次管委会主任办公会议，研究招商活动、财政收支预算、企业用地开发、税收优惠政策调整等事项。

2009年，召开6次管委会主任办公会议，研究土地报批、道路建设用地、安全生产，《井冈山经济技术开发区重大决策程序规定》、项目调度、干部考核、项目跟踪服务、请休假等制度，《市高新区帮扶重点企业实施方案》《金庐陵公司运作方案》《开发区年终目标管理考评办法及绩效工资考核办法》、电子信息产业扶持政策等事项。

2010年，召开10次管委会主任办公会议，研究企业融资担保、入园项目评估、“十二五”规划编制、新型城镇化和城市建设、科学发展观学习教育、经济指标目标调度、《2009年度井冈山经开区目标管理及绩效工资考核办法》、重点工程项目建设情况等事项。

2011 年，召开 5 次管委会主任办公会议，研究出口加工区、干部考核、财政预算、绩效工资考核、招工、教育管理等工作，以及《井冈山经济技术开发区闲置（空闲）建设用地集中处置工作方案》《江西井冈山经济技术开发区推进企业改制上市及融资工作实施办法》《井冈山经开区开展纪念建党 90 周年活动工作方案》《井冈山经开区创建 10 周年纪念活动方案》等事项。

2012 年，召开管委会主任办公会议 2 次，研究企业贷款担保、调度项目建设、财政预算、农民建房拆迁补偿标准、土地收储、道路工程招投标及《井冈山经济技术开发区项目建设用地管理暂行办法》等事项。

2017 年，召开区管委会主任办公会议 7 次，研究部署金鸡湖开发建设、危旧土坯房改造拆除、城乡环境综合整治、土地收储、国家级经开区综合考评指标、投融资、社区管理、土坯房拆迁、招工、教育卫生、企业股改相关优惠政策等事项。

2018 年，召开区管委会主任办公会议 11 次，主要传达全省安全生产电视电话会《2018 年全区批而未用土地消化专项行动方案》；研究《土地货币化补偿资金管理办法》《企业业产业引导基金贴息政策兑现》《“五型”政府建设工作方案》以及《2018 年全区重点项目建设工作考核办法》《2018 年全区开放型经济工作实施意见》《2018 年全区环境整治行动方案》《全区推进经济高质量发展实施意见》《井冈山经开区企业增资扩建做大做强扶持办法》井冈山经开区聘用制教师考核办法》《公务用车管理制度》等事项。

2019 年，召开区管委会主任办公会议 10 次，传达学习国务院、省市政府第二次廉政工作会议、全省、市安委会全体会议、市政府全体会议精神，研究企业融资贷款担保、项目合作、企业收储、工程建设等事项。

2020 年召开管委会主任办公会议 28 次，传达学习全国、全省、全市新型冠状病毒感染的肺炎疫情防控工作会议精神，听取出口加工区转型升级综保区工作、融资工作、企业复工复产和防疫物资保障、疫情影响下全区企业运行等情况汇报；研究《2020 年井冈山经开区财政收支预算编制情况报告（送审稿）》《金庐陵公司资产经营管理办法（送审稿）》。

全区重点工作调度会议

自 2019 年，井冈山经开区建立重点工作调度机制，年初制定全区重点调度工作安排。一般每月召开调度全区重点工作 1 至 2 次，采取现场查看和会议调度相结合，PPT 图文并茂展示与汇报点评相结合等方式。会议调度由各分管领导依次对所分管的重点工作进行全面汇报，汇报结束后由市领导或区党工委、管委会主要领导作总结点评讲话。

图 6-1　2019 年 5 月 20 日，全区重点工作调度会察看项目建设现场

2019 年，召开全区重点工作调度

会议10次，听取区党工委领导班子成员及相关部门负责同志工作的情况汇报，并就相关问题进行明确。通过建立重点工作调度例会制度，推进市委、市政府下达的目标任务以及党工委、管委会年初制定的“1+6”文件和各项重点工作等各项任务落到实处。

2020年，形成12个方面97项重点工作，作为全年工作的重要抓手和“方向标”。全年召开全区重点工作调度会12次，市委书记每季度到井冈山经开区调度一次重点工作。

区党政联席会议

由区党工委书记或管委会主任召集，党工委领导班子成员，管委会副主任、调研员参加。办公室主任固定列席会议，其他列席人员为议题所涉及的管委会正、副调研员和街道、区直单位及市直驻区单位主要负责人。由办公室安排专人如实记录，会后编发会议纪要。从2011年开始至2018年为时间段，井冈山经开区以党政联席会方式召开的会议有：

2011年召开党政联席会2次，主要传达学习党的十七届六中全会、全省工业流动现场会等会议精神，听取经济指标调度、招商引资、安全生产、融资担保、跨铁路大桥建设、街道村党支部及村委会换届选举以及企业一套表统计制度改革等工作情况汇报，研究审议井冈山经开区党工委管委会议事规则、土地收购储备交易管理暂行办法、创建10周年活动方案、成立园区计生办等事项。

2012年召开党政联席会议7次，议题有“三支一扶”人员安置、东区行政中心建设、绩效考核、招工、重点项目责任分工安排及《千亿园区百亿产业十亿企业实施意见》《井冈山经济技术开发区土地收购储备交易管理暂行办法（修订）》等事项。

2013年召开党政联席会议5次，主要听取机关事业单位干部职工2012年度考核情况汇报，研究《集体土地上房屋征收补偿安置和农民建房管理办法》《井冈山经开区金融保险支持区内经济发展考核奖励办法》《支持企业做大做强若干意见》《关于进一步加强农村村民建房监管的实施意见》《区直单位2013年度目标管理考评办法》等事项。

2014年召开区党政联席会13次，学习传达中共吉安市委三届八次扩大会议精神，听取人事制度改革推进情况汇报，研究东区企业孵化中心建设、学校周边环境、招商引资项目投资合同、土地收储、企业用地摸底调查、全民健身运动会、信访维稳、二至五级主办竞聘方案、领导干部亲属经商办企业问题专项清理、良种场拆迁安置、总部经济有关政策、天然气建设、企业融资担保等事项。

2015年召开区党政联席会19次，学习传达习近平总书记在十八届中纪委第五次全会上的讲话、习近平总书记“四个全面”有关论述、全市看特色看变化流动现场会暨2014年度科学发展总结表彰大会、省纪委全会、市纪委全会精神，讨论2015年体制机制改革工作意见、服务配套年实施行动方案、综合服务中心平台建设方案、金庐陵公司实体化运作方案、财政投资评审管理办法、集约节约用地（含土地收储、供地用地）行动方案、“管理提升年”行动方案、税收优惠政策清理、天河煤矿棚户区改造工程等事项。

2016年召开区党政联席会12次，传达学习习近平总书记视察江西时的重要讲话精神、市纪委三届六次全会、全市公车改革工作会议精神，听取全区“降成本、去库存、优环境”、安全生产、环境保护、房地产“去库存”情况汇报，研究推动企业资本市场融资、企业贷款担保、吉安市外国语学校建设、设立战略性新兴产业引导基金、“智慧校园”建设、财政预算方案等事项。

2017 年召开区党政联席会议 5 次，研究《井冈山经开区推进“服务效能全国领先”改革试点工作实施方案》《金庐陵公司市场化运作实施方案》《井冈山经开区深化城市综合执法体制改革实施方案》《井冈山经开区建设美丽环境国内一流行动方案》《井冈山经开区党群服务中心改革方案》《井冈山经开区房屋征收补偿工作实施计划（2017—2020）》《井冈山经开区集体土地房屋征收与补偿暂行办法》《井冈山经开区农村危旧土坯房拆除实施方案》《经开区推进首位产业龙头企业发展工作方案》《经开区推进 LED 和智能硬件产业发展实施意见》《关于落实全区非公企业党建工作“探索新路子、创造新经验、打造新样板”实施方案》《井冈山经开区土地征收三年行动方案》《关于兑现“1+3”产业发展支持政策实施细则》以及“两学一做”、深化改革、脱贫攻坚、企业上市帮扶等工作。

2018 年召开区党政联席会议 15 次，传达学习全省开发区改革创新动员大会会议精神，听取街道人事制度改革、公开遴选和招聘工作人员情况汇报，研究财政预算、全区重点项目、主要经济指标、企业服务、集体经济预留地货币化补偿、人事制度改革、《井冈山经开区政府投资项目管理实施细则》《井冈山经开区西区升级改造转型发展实施方案（讨论稿）》《井冈山经开区关于全面加强生态环境保护坚决打好污染防治攻坚战的实施意见（讨论稿）》等事项。

全区年度工作总结表彰会议

井冈山经开区党工委、管委会一般在每年第一季度组织召开总结表彰会议暨经济工作会。会议涉及的议题有过去一年工作的总结、表彰先进、研究部署当年的经济工作。

全区党工委领导干部会议

2015 年 8 月 8 日，召开全区领导干部会议，研究部署加快发展升级、绿色崛起，掀起重大项目“百日攻坚”新高潮。

2018 年 1 月 16 日，召开全区干部大会，学习贯彻党的十九大精神，学习传达中央经济工作会议、省委十四届五次会议、市委四届五次全体会议及市四届人大三次会议、市政协四届三次会议精神，部署春节前后各项工作。

2019 年 1 月 5 日，召开全区干部大会，学习贯彻党的十九大和十九届二中、三中全会精神，传达学习中央经济工作会议、省委十四届七次全体（扩大）会议、市委四届七次全体（扩大）会议精神，研究井冈山经济技术开发区贯彻落实意见。

第三节　重大决策

提请批复成立吉安市高新区管委会内设机构

2002 年 10 月 20 日，经吉安市高新技术产业开发区党工委、管委会研究，吉安市高新技术产业开发区管理委员会行文吉安市编委《关于要求设置吉安市高新区管委会内设机构的报告》，恳请对高新区管委会内设机构、职能、建制和职数进行设定。12 月 14 日，市编委下发《关于同意市高新技术产业开发区管委会设立内部机构的通知》，同意市高新技术产业开发区管委会内部设立办公室、经济发展处（招商处和经济发展处合署）、规划建设处、土地管理处、财务处等 5 个职能部门，均为正科级建制。

推动吉安市高新区管委会内设机构更名

2002 年 5 月，高新区党工委研究，由高新区管委会向吉安市编委行文《关于吉安市高新区管委会内设机构更名的请示》，请求将规划建设处、土地管理处、财务处分别更名为吉安市高新技术产业开发区规划建设局、吉安市高新技术产业开发区土地管理局、吉安市高新技术产业开发区财政局。7 月，市机构编制委员会下发《关于同意吉安市高新区管委会内设机构更名的通知》，批复同意上述机构更名，明确机构的建制、职数、主要职能均不变。

提请设置中国共产党吉安市高新技术产业开发区工作委员会办公室

2006 年 9 月 21 日，中共吉安市高新区工委行文吉安市编委要求成立中国共产党吉安市高新技术产业开发区工作委员会办公室。2007 年 5 月 19 日，市编委批转《关于同意市高新区管委会办公室增挂工委会办公室牌子的通知》，同意市高新区管委会办公室增挂工委会办公室牌子，增配副主任（副科级）职数 1 名。

研究分设经济发展局和招商局

2007 年 3 月，经高新区党工委研究决定分设区经济发展局和招商局。高新区管委会行文吉安市编委《关于要求将市高新技术产业开发区经济发展局和招商局分开办公的报告》（吉高新字〔2007〕13 号），请求将区经济发展局、招商局分开办公，原级别、隶属关系不变，增加正科级领导职数 1 名和副科级领导职数 1 名。2007 年 5 月，吉安市机构编制委员会下发《关于同意市高新区经济发展局和招商局分设的通知》（吉编发〔2007〕15 号），同意区经济发展局和招商局分开设立。

提请设立高新街道办事处

2008 年 11 月 21 日，为加强对划归市高新区管理的吉安县敦厚镇、永和镇 9 个村委会、62 个自然村（组）以及吉安县良种场的经济社会事务管理，经高新区党工委、管委会研究拟设立高新街道办事处。吉安市高新区管委会向吉安市政府行文《关于设立吉安市高新区高新街道办事处的请示》，请求市政府同意并转报省政府批复设立吉安市高新区高新街道办事处。2009 年 6 月，省政府同意吉安县设立高新街道办事处，由省民政厅下发《关于同意吉安县设立高新街道办事处的批复》（赣民字〔2009〕90 号）。7 月，井冈山经开区管委会向吉安县人民政府请求将高新街道办事处成建制移交井冈山经开区管理。8 月，吉安县人民政府复函同意将高新街道办事处成建制移交井冈山经开区管理。

提请吉安市高新区更名为江西井冈山经济技术开发区并重新“三定”

2009 年 1 月，吉安市高新技术产业开发区党工委、管委会提请吉安市政府向省政府行文《关于请求将吉安市高新技术产业开发区更名为江西井冈山经济技术开发区的请示》。2009 年 2 月 13 日，省政府正式行文批准吉安市高新技术产业开发区更名为江西井冈山经济技术开发区。2009 年 3 月 29 日，吉安市人民政府下发更名通知。吉安市高新技术产业开发区正式更名为江西井冈山经济技术开发区。

2009 年 8 月 7 日，吉安市人民政府办公室下发《关于印发江西井冈山经济技术开发区党工委、管委会职能配置内设机构和人员编制规定的通知》，按照“小政府、大服务”精干、高效的原则，进一步理顺完善江西井冈山经济技术开发区“三定”规定。

推动江西井冈山经济技术开发区升格为国家级开发区

2009 年 2 月，吉安市高新技术产业开发区党工委、管委会向商务部、国土资源部、建设部等部门上报《关于江西井冈山经济技术开发区升格为国家级经济技术开发区的报告》和升级国家级开发区申报材料。2010 年 3 月 21 日，国务院办公厅向江西省人民政府复函，国务院同意井冈山经济技术开发区升格为国家级经济技术开发区，定名为井冈山经济技术开发区，实行现行国家级开发区的政策。

申报设立出口加工区

2009 年 8 月，井冈山经开区党工委、管委会提请吉安市政府行文海关总署，请求海关总署支持并会同有关部门报请国务院批准，在江西井冈山经开区设立出口加工区。2011 年 3 月 14 日，国务院办公厅批转《关于同意设立江西井冈山出口加工区的复函》（国办函〔2011〕23 号），同意在井冈山经开区设立江西井冈山出口加工区。4 月 12 日，井冈山经开区管委会制定出台《江西井冈山出口加工区建设工作方案》，加快推进井冈山出口加工区建设有关工作，确保在 2011 年底验收封关运行。

研究制定中共井冈山经开区工作委员会、井冈山经开区管委会工作规则

2009 年 9 月 10 日，井冈山经开区党工委、管委会制定下发《中共井冈山经开区工作委员会工作规则》《井冈山经开区管委会工作规则》，分别从组织原则、工作职责、议事决策和决定事项办理、决策实施和工作落实等方面对党工委、管委会工作进行规范。

提请设立井冈山出口加工区管理局，重新对井冈山经开区（出口加工区）“三定”

2011 年 5 月，井冈山经开区党工委、管委会向吉安市机构编制委员会行文《关于设立江西井冈山出口加工区管理局的请示》，请求设立江西井冈山出口加工区管理局。2012 年 1 月，省机构编制委员会《关于井冈山经济技术开发区管理委员会级别的批复》，同意井冈山经开区管委会定为副厅级，要求吉安市编委会同井冈山经开区商有关部门提出管理机构“三定”规定意见。2012 年 2 月，井冈山经开区制定《井冈山经济技术开发区、井冈山出口加工区党工委、管委会职能配置内设机构和人员编制规定》，呈报市编委转省编委批复。2013 年 1 月，井冈山经开区管委会根据国家相关部委验收的有关要求，草拟《井冈山出口加工区管理局职能配置内设机构和人员编制规定（草稿）》，向市机构编制委员会行文恳请批复井冈山出口加工区管理局“三定”规定。2 月，中共吉安市委、市政府正式批准同意，下发《中共井冈山经开区（出口加工区）工作委员会、井冈山经开区（出口加工区）管理委员会主要职责内设机构和人员编制规定》，明确党工委主要职责和管委会主要职责，内设机构由办公室（挂机关党委、社会管理综合治理办公室牌子）、人力资源和社会保障局、经济发展和科技管理局（挂安全生产监督管理局牌子）、商务局、规划建设环保局、国土资源局、社会事业局（挂人口和计划生育委员会牌子）、综合执法局、出口加工区管理局和纪工委（监察室）组成，以及人

员编制情况。

启动井冈山经开区管委会机关人事制度改革

2014年3月，根据中共吉安市委、市政府《关于井冈山经开区加快体制机制改革创新的意见》（吉发〔2013〕12号）精神，井冈山经开区行文向吉安市政府呈报《井冈山经开区人事制度改革总体方案（送审稿）》。2014年6月，市政府办下发《吉安市人民政府办公室关于印发井冈山经开区人事制度改革总体方案的通知》（吉府办字〔2014〕144号），批准同意井冈山经开区人事制度改革总体方案。2014年8月，根据人事制度改革总体方案要求，成立井冈山经开区人事制度改革领导小组，召开全区人事制度改革动员大会，正式启动管委会机关人事制度改革。

提请增设金鸡湖街道办事处

2014年6月，为加强园区管理与服务，提升井冈山经开区发展水平，满足城市规模日益拓展的各种需求，增进辖区群众福祉，经井冈山经开区党工委、管委会研究，决定增设金鸡湖街道办事处，由井冈山经开区管委会下发《井冈山经开区金鸡湖街道办事处筹建工作实施方案》筹建井冈山经开区金鸡湖街道办事处。7月，向吉安市政府行文《关于成立吉安县金鸡湖街道办事处的请示》，恳请市政府同意并报省民政厅，在井冈山经开区增设吉安县金鸡湖街道办事处。8月，向市编委行文《关于要求增设金鸡湖街道办事处的请示》，申请在高新街道办事处行政区域内增设金鸡湖街道办事处（采用区域内“金鸡湖”地名命名），新增设的街道办事处人员编制由市政府调剂解决。在市委、市政府的高位推动下，2015年1月，江西省人民政府批准同意在吉安县高新街道办事处区域内增设金鸡湖街道办事处，辖龙山1个社区居委会和西坑、岭上、彭家、南安4个村委会，由省民政厅批复成立（赣民字〔2015〕7号）。

出台街道人事制度改革方案

2015年5月，为进一步深化人事制度改革，为街道办整体工作推进提供有力的组织保障和人才支撑，井冈山经开区党工委根据《吉安市人民政府办公室关于印发井冈山经开区人事制度改革总体方案的通知》（吉府办字〔2014〕144号）文件精神，借鉴区管委会机关人事制度改革经验，制定出台《井冈山经开区街道人事制度改革实施方案》，成立井冈山经开区街道人事制度改革领导小组，开始对街道进行人事管理制度和收入分配制度改革。

研究制定深化井冈山经开区管委会机关人事制度改革方案

为解决2014年人事制度改革中存在的设计不够科学合理，执行不够坚决有力的问题和不足等问题，2017年2月，井冈山经开区成立深化人事制度改革领导小组，召开动员大会，并在8月份制定出台《井冈山经开区深化人事制度改革实施方案》，全面启动管委会机关人事制度的深化改革。本轮人事制度改革围绕“三个定位”“三个坚持”，以服务效能全国领先为目标，以“去行政化”为核心，积极探索打造开发区人事管理新模式，在机构整合和职能明晰、聘用管理、收入分配上都有较大突破，力求实现“大部制机构，扁平化管理、企业化运行”。

研究制定深化街道人事制度改革实施意见

2018年7月，为进一步完善街道干部人事管理制度，充分激发街道基层干部队伍生机活力，井冈山经开区党工委根据《吉安市人民政府办公室关于印发井冈山经开区人事制度改革总体方案的通知》(吉府办字〔2014〕144号)、《中共吉安市委、吉安市人民政府关于促进全市开发区改革和创新发展的实施意见》(吉发〔2018〕12号)等文件精神，在街道第一轮人事制度改革的基础上，制定出台《井冈山经开区深化街道人事制度改革工作方案》，进一步深化街道人事制度改革。此次街道人事制度改革主要内容：一是优化机构和岗位设置。根据街道工作特点和实际需要，成立了财政所，增加了岗位数和领导职数；二是改进岗位竞聘方式。在聘期考核的基础上，按照"公平竞争、优胜劣汰、统分结合、平稳有序"的原则进行；三是拓宽选人用人范围。启动从优秀村（社区）书记、主任及"一肩挑"村（社区）副主任选聘五级主办工作；四是改革薪酬制度。重新制定街道干部薪酬体系，拉开不同层级和同一层级不同岗位间收入差距，切实建立"奖优罚劣、优绩优酬"的收入分配机制。

制定青原产业园人事制度改革意见

2018年7月，为贯彻落实中共吉安市委、吉安市人民政府《关于支持井冈山经开区和吉州青原区工业园一体化发展的实施意见》(吉发〔2018〕8号)文件精神，进一步加快青原产业园创新发展、转型升级，充分发挥市场化管理模式的引领导向作用，进一步提升服务效能，井冈山经开区党工委按照《吉安市人民政府办公室关于印发井冈山经开区人事制度改革总体方案的通知》(吉府办字〔2014〕144号)的基本原则，结合青原产业园实际，制定出台《井冈山经开区青原产业园人事制度改革实施方案》，启动青原产业园人事制度改革。青原产业园人事制度改革参照管委会机关人事制度改革，优化了机构和岗位设置，推行全员聘任、竞争上岗，引进竞争和激励机制，建立一套以岗择人、人岗相适、机制灵活、导向鲜明的干部人事管理制度，为推进青原产业园实现体制机制大变革、服务效能上台阶、产业发展上能级提供组织保障。

深化"一区四园"改革后机构人事制度改革

为解决2014年以来人事制度改革存在的聘任制实施范围不彻底、绩效考核聚焦关键指标不精准、绩效工资奖优罚劣作用不突出、部门职能职责界定不清晰，以及2018年"一区四园"改革以来存在的青原产业园服务效能深度融合有欠缺等问题，2019年初井冈山经开区党工委谋划进一步深化机构和人事制度改革。在多次调研和向市委编委沟通请示的基础上，井冈山经开区党工委对党工委、管委会主要职责、内设机构和人员编制规定进行调整优化，形成《中共井冈山经开区（出口加工区）工作委员会、井冈山经开区（出口加工区）管理委员会主要职责内设机构和人员编制规定（送审稿）》，2019年8月正式行文恳请市委编委审议决定。2019年10月，市委办公室、市政府办公室下发《关于印发〈中共井冈山经开区（出口加工区）工作委员会、井冈山经开区（出口加工区）管理委员会主要职责内设机构和人员编制规定〉的通知》(吉办字〔2019〕125号)，批复同意井冈山经开区新的"三定"方案。"三定"方案批复后，井冈山经开区向市委、市政府呈报《井冈山经开区深化机构和人事制度改革实施方案（审议稿）》。11月，市委、市政府同意并下发《关于印发〈井冈山经开区深化机构和人事制度改革实施方案〉的通知》(吉办字〔2019〕136号)。此次机构和人事制度改革整合优化了机构设置。设置正县级职能局室1个，副县级职能局室10个，市纪委市监委派出机构1个，不再设立青原产业园党工委、管委会，原机构职能、人员编制等整体划入井冈山经开区。完善全员聘任，部门正职及以下岗位，除党工委管委会办公室、组织人事和纪检监察部门正职（副县级以上）外，全部实行聘任制。加大了考核比重，纳入绩效考核的工资比重不低于工资总量的60%。

第四节　党政事务

工作机构

2001年12月，吉安市高新技术产业开发区管委会内设办公室。2007年5月，为有利于高新区内党务工作开展，管委会办公室增挂党工委办公室牌子。

2008年11月，吉安市编委会印发《吉安市高新技术产业开发区党工委、管理委员会职能配置内设机构和人员编制规定》，明确中共吉安市高新技术产业开发区工作委员会和吉安市高新技术产业开发区管委会委员会分别为中共吉安市委、吉安市人民政府派出机构，正县级事业单位，参照公务员法管理。根据职能设9个内部机构。分别是党工委办公室（与管委会办公室合署办公）、政治处、财政局、经济发展局、招商局、规划建设局、国土资源局、社会事业局、综合执法局，人员编制45名。下辖街道办事处和3个直属事业单位，即招商引资服务中心、机关事务服务中心和土地征收储备交易服务中心。

2009年8月，吉安市人民政府办公室印发《江西井冈山经开区党工委、管委会职能配置、内设机构和人员编制规定》，明确中共江西井冈山经开区党工委和江西井冈山经开区管理委员会为中共吉安市委、吉安市人民政府派出机构，正县级事业单位，参照公务员法管理。根据职能，设9个内部机构。

2013年2月，吉安市两办印发《中共井冈山经开区（出口加工区）工作委员会、井冈山经开区（出口加工区）管理委员会主要职责内设机构和人员编制》，明确规定井冈山经开区（出口加工区）党工委、管委会为中共吉安市委、吉安市人民政府派出机构，机构规格副厅级。根据职能内设10个职能局（室），其中内设办公室（挂机关党委、社会管理综合治理办公室牌子）。

2017年8月，根据深化人事制度改革实施方案，优化组织结构，井冈山经开区党工委、管委会设立区党工委办公室、管委会办公室，同时将机关事务服务职能剥离出办公室，单独组建机关事务管理中心（接待办）。

2019年10月，中共吉安市委办、市政府办印发《中共井冈山经开区（出口加工区）工作委员会、井冈山经开区（出口加工区）管理委员会职能配置、内设机构和人员编制规定》，明确井冈山经开区（出口加工区）党工委、管委会为中共吉安市委、市政府派出机构，为副厅级，根据职能内设11个职能局（室）（含出口加工区管理局），其中内设党工委管委会办公室（全面深化改革委员会办公室）。

2020年1月，根据《井冈山经开区党工委管委会机关岗位设置方案》，党工委管委会办公室（全面深化改革委员会办公室），内设科室为意识形态科、秘书科、综合调研科、机关事务科，下设机构为机关党委、督查绩效办、政务法规办。

政务要事

2001年3月7日，发布《吉安市高新技术产业开发区选址方案》；10月20日，向吉安市委、市人民政府呈报《关于要求成立中共吉安市高新区工委的报告》《关于要求设置吉安市高新区管委会内设机构的报告》；11月29日，举行吉安市高新技术产业开发区揭牌仪式。在吉安市高新技术产业开发区揭牌仪式上，高新区管委会分别和江西天一科技创新公司（中国科学院工程研究所生化重点实验室江西研究开发中心）、江西金顶药业公司签订合作协议。

2002年2月4日，向中共吉安市委呈报《关于要求配备市高新区党工委领导成员及明确职责的报告》；3月7日，吉安市高新区破土动工。9月28日，吉安市高新区管委会向建行吉安市分行首期贷款1000万元的合同签字仪式在高新区举行。

2004年3月24日，印发《吉安市高新区2004年各局室目标管理考评办法的通知》，为开发区成立以来首个对内设机构的考评文件。

2005年1月17日，会议通过《对县（市、区）年度目标管理考评中的引项目进市高新区工作的认定办法》，对市考核文件中涉及对全市各县（市、区）支持高新区项目引进考核工作进行明确；1月28日，吉安市高新区管委会印发《关于同意成立吉安市高新区管委会机关事务服务中心的批复》（吉高新字〔2005〕3号）。

2008年8月4日，吉安深圳产业园揭牌仪式暨项目说明会在深圳市五洲宾馆举行，首批签约进园项目12个，总投资93.6亿元；8月11日，全国加工贸易梯度转移重点承接地——江西省吉安深圳产业园挂牌仪式举行。9月10日，高新区党工委、管委会通过《吉安（深圳）产业园建设规划》、《吉安（深圳）产业园征地拆迁方案》等文件，迈出深圳产业园建设的步伐。

2009年3月26日，管委会向市政府呈报《关于吉安市高新区更名为江西井冈山经开区有关工作的请示》，开始开发区更名工作；8月3日，吉安县政府同意将吉安县高新街道办事处成建制移交井冈山经开区管理（吉县府字〔2009〕38号）；8月20日，井冈山经开区管委会同意吉安市金庐经济开发有限公司更名为吉安市金庐陵经济开发有限公司（井开字〔2009〕26号）；10月6日，通过《井冈山经开区电子信息产业扶持政策》，是开发区为加快电子信息产业发展而实施的首个系统性的特定产业政策；11月1日，经市政府同意，原吉安县良种场整体移交井冈山经开区管理，更名为井冈山经开区良种场。

2010年2月，井冈山经开区对园区内2009年度外贸出口大户、纳税大户、科技创新先进企业进行表彰奖励，奖励金额共计448.4万元；4月7日，中共吉安市委、市政府在井冈山经开区召开现场办公会，就井冈山经开区升格为国家级经济技术开发区后，如何进一步加快发展进行专门研究部署；7月1日，会议通过《关于井冈山经开区升格为国家级经济技术开发区有关工作》，对开发区升格为国家级开发区相关工作进行部署；8月3日，吉安市政府批复《江西井冈山经开区总体规划（2009—2020）》（吉府字〔2010〕144号）。

2011年3月1日，南昌海关、吉安海关在井冈山经开区红板（江西）有限公司举行“海关AA类管理企业”颁证仪式。4月18日，通过《井冈山出口加工区建设工作方案》，对井冈山出口加工区建设相关工作进行部署；6月28日，井冈山经开区召开庆祝中国共产党成立90周年暨“七一”表彰大会，对获得井冈山经开区先进基层党组织、优秀共产党员、优秀党务工作者的先进单位代表和先进个人进行表彰。

2012年1月9日，全区经济工作会议在开发区御美丽公司召开，会议传达中央、省、市经济工作会议及全国国家级开发区座谈会精神；3 月，区党工委、管委会决定成立东区建设指挥部；4 月 27 日，吉安（深圳）产业园南山示范园暨南山大道景观改造工程在井冈山经开区正式启动。5 月 30 日，井冈山经开区举行电子专业市场、综合物流信息中心工程、江西德逸建材市场商业区广场工程、江西德逸建材仓储区工程等 4 个项目的开工奠基仪式；10 月 13 日，会议通过《井冈山经开区东区行政中心建设工作方案》，开启东区“二次创业”的历程。

2013 年 4 月 19 日，井冈山出口加工区顺利通过以海关总署加贸司副司长李志辉为组长的国家部委联合验收组的验收。

2014 年 3 月 3 日，向中共吉安市委、市政府行文呈报《井冈山经开区加快体制机制改革创新的实施意见》的报告；6 月 10 日，向中共吉安市委、市政府行文呈报《井冈山经开区人事制度改革总体方案》，开始首次人事制度改革相关工作；8 月 28 日，井冈山经开区全面启动人事制度改革；12 月 27 日，井冈山经开区首次公共租赁住房举行公开摇号，201 名首批申请者代表参加。

2015 年 10 月 21 日，井冈山经开区举办 2015 年全区趣味运动会；11 月 12 日，金鸡湖新区开发建设指挥部成立。6 月 30 日，井冈山经开区举行庆祝建党 94 周年暨“七一”表彰大会，会议部署全面开创新时期党建工作新局面，表彰全区先进基层党组织、优秀党务工作者、优秀共产党员。

2016年4月28日，印发《关于印发井冈山经开区领导班子成员“三个一”工作机制实施方案的通知》；5 月 31 日，井冈山经开区举行微公交启动仪式；6 月 29 日，井冈山经开区与井冈山大学签订合作协议，共同建设井冈山大学科技园；9 月 8 日，井冈山经开区吉安国际电子城正式开业。吉安国际电子城是吉安市电子信息产业关键配套补链项目，填补了吉安和周边城市 IT 专业市场的空白，是赣中地区一站式的龙头电子批发采购中心。6 月 30 日，井冈山经开区举行庆祝建党 95 周年暨“七一”表彰大会，会议表彰全区经济社会发展战线上涌现出来的先进基层党组织、优秀共产党员和优秀党务工作者。

2017 年 2 月 18 日，井冈山经开区举办智能终端产业对接会，就智能终端产业园项目与参会重点客商进行深入对接；3 月 9 日，井冈山经开区召开创建国家生态工业示范园区动员会，标志着全区创建国家生态工业示范园区工作正式拉开；3 月 13 日，井冈山经开区就 TFT、创成环保等重点项目建设征地、权属争议调处及附着物处理等问题，与吉安县协调解决；4 月 24 日至 25 日，井冈山经开区与福州高新技术产业开发区签订战略合作框架协议；7 月 10 日，印发《井冈山经开区推进 LED 和智能硬件产业发展实施意见》，首次明确电子信息首位产业的主攻方向。

2018 年 2 月 23 日，井冈山经开区党工委、管委会向市委、市政府行文呈报《关于支持井冈山经开区和吉州、青原工业园一体化发展的实施意见（送审稿）》，开始“一区四园”改革具体推进工作；2 月 28 日，井冈山经开区一体化发展授牌揭牌仪式在吉安河东经济开发区管委会举行；3 月 6 日，召开全区 2017 年度工作总结表彰大会。12 日，中共吉安市委下文《关于支持井冈山经开区和吉州青原工业园一体发展的实施意见》，推进“一区四园”改革工作。13 日，井冈山经开区与上海芯谋研究共同起草的《吉安市集成电路产业发展规划（2018—2022 年）》在上海举行专家评审会；5 月 19 日，井冈山经开区组织合力泰、木林森、胜美达、优特利等 10 家重点企业在南昌参加由省人才流动中心与赣州、吉安、抚州三地人力资源和社会保障局联合承办的 2018 年江西高校毕业生促进赣南苏区振兴公益招聘大会；11 月 15 日，井冈山经开区召开会议对全区林长制暨松材线虫病防控工作进行部署，高质量推动林长制、松材线虫病防控工作；11 月 21 日，印发《井冈山经开区西区升级改造转型发展实施方案》，对西区建成“退二进三”“优二进二”进行工作部署。

2019年4月1日，井冈山经开区举行吉安人力资源服务产业园开园典礼暨重大人才项目签约仪式，有4个重大人才（项目）签约。12日，印发《2019年全区重点任务责任分工的通知》，对全区12大类101项重点工作实行“月调度”制。

2020年1月21日，印发《井冈山经开区党工委管委会机关岗位设置方案》，减少河东开发区、富滩工业园管理层级，实行扁平化管理，深化“一区四园”改革；2月7日井冈山经开区召开疫情防控和企业复工复产调度会；2月20日，井冈山经开区出台《关于应对疫情影响支持企业复工复产和项目开工建设的若干政策措施》“八条”硬核措施，全力支持企业复工复产和项目开工建设，增强企业发展信心，与企业同舟共济、共渡难关。

主题教育

2005年2月5日，按照中央、省委、市委的统一部署和安排，吉安市高新区开始开展保持共产党员先进性教育活动，同时召开高新区第一批先进性教育活动动员大会。

2014年4月，安排部署开展党的群众路线教育实践活动，集中精力解决好形式主义、官僚主义、享乐主义和奢靡之风“四风”问题，按要求准确把握活动的指导思想和目标任务，把握“照镜子、正衣冠、洗洗澡、治治病”的总要求，认真抓好学习教育。区党工委组织机关全体党员干部和街道党工委班子成员开展集中学习，接受革命传统教育，开展专题学习讨论，将弘扬井冈山精神与创新园区发展深度融合。集中学习《中国共产党章程》、党的十八大报告等内容。开展“弘扬井冈山精神，创新园区发展”大讨论活动。10月20日，召开全区党的群众路线教育实践活动总结大会，深入学习贯彻中央、省委、市委党的群众路线教育实践活动总结大会精神，总结全区开展党的群众路线教育实践活动情况，巩固扩大活动成果。

2015年6月，井冈山经开区部署开展“三严三实”专题教育。6日，召开动员大会，区党工委书记为全体党员干部上党课《践行“三严三实” 决战千亿园区》。结合全区干部实际，以“从严”的要求守住为官做人底线，以“务实”的举措推进各项工作，以“敢干”的闯劲开创工作新局面。专题教育以坚持领导带头抓好学习，坚持从严从实做好关键动作，坚持问题导向抓好整改落实，坚持统筹兼顾推进各项工作为主线。活动全面把握“三严三实”深刻内涵，要求每位领导干部深查细照，查摆自身存在的问题。活动过程中扎实开展专题教育，践行本真要求，结合中心工作统筹抓好专题教育和各项工作任务，做到两手抓、两不误、两促进。

2016年1月13日，井冈山经开区召开2015年党工委领导班子“三严三实”专题民主生活会。4月29日，井冈山经开区动员部署“两学一做”学习教育活动。活动分“坚定执着追理想、实事求是闯新路、艰苦奋斗攻难关、依靠群众求胜利”四个专题进行。5月7日，召开“两学一做”学习教育——“坚定执着追理想”专题学习活动。7月11日，井冈山经开区党工委理论学习中心组“两学一做”学习教育第三次（实事求是闯新路）集体学习。8月2日，中共吉安市委督察组督查井冈山经开区“两学一做”学习教育工作的开展情况。

2019年9月16日，井冈山经开区召开“不忘初心、牢记使命”主题教育部署会。10月22日，井冈山经开区党工委第一书记、吉安市副市长邓淑斌作《不忘初心再出发 牢记使命勇担当》专题党课辅导。10月26日，井冈山经开区党工委书记彭学凯为高新街道干部职工作《守初心、担使命、勇担当，着力破解房屋土地征收和城中村拆迁改造难题》主题教育专题党课辅导。12月6日，井冈山经开区党工委领导班子召开“不忘初心、牢记使命”专题民主生活会。

图6-2　2019年9月19日，“不忘初心、牢记使命”主题教育期间，井冈山经开区党工委组织党员干部参观吉安市理想信念教育馆

统战工作

2009年8月，吉安市政府办公室关于印发江西井冈山经开区党工委、管委会职能配置内设机构和人员编制规定的通知（吉府办字〔2009〕42号）以及2013年2月17日，市委办公室、市政府办公室关于印发《中共井冈山经济技术开发区（出口加工区）工作委员会、井冈山经济技术开发区（出口加工区）管理委员会主要职责内设机构和人员编制规定》的通知（吉办字〔2013〕34号）中均明确“区党工委负责区内党的统战工作”。

2015年7月22日，井冈山经开区召开企业家协会成立大会暨首届会员大会第一次会议。区党工委书记刘志坚和红板（江西）有限公司董事长叶森然为企业家协会揭牌。大会通过企业家协会有关章程，选举红板（江西）有限公司董事长叶森然为企业家协会会长。协会是以井冈山经开区地域的非公有制经济领域的企业、团体和个人为主体自愿结成的非营利性社会团体。

2017年，井冈山经开区成立统战工作领导小组，明确分管领导，落实具体责任主管部门。做好民族宗教工作，引导信教群众发扬“爱教守法、崇尚文明、科技致富”的精神；3月，省政府外事侨务办公室副主任胡志扬一行到井冈山经开区调研指导外资、港资等企业情况，先后深入天际（吉安）光电信息有限公司、红板（江西）有限公司等企业调研。市委常委、政法委书记刘贤清在井冈山经开区会见台资企业智慧马达系统公司董事长沈世宏一行，宾主双方进行友好洽谈。双方就金属与塑料一体化项目、新能源锂电池项目进行洽谈。北极光照明、合力泰、木林森、航盛电子、瑞鹏飞等企业负责人参加座谈；12月，省台办主任邓保生赴井冈山经开区台资企业宣讲十九大精神，并率调研组就精准帮扶台资企业进行调研。

2018年，井冈山经开区党工委将党的统一战线理论、方针、政策和法律法规纳入理论中心组学习及干部讲坛学习内容。建立班子成员联系非公企业制度，由班子成员负责包抓示范企业，加强对非公经济发展领导；4月，吉安市政协港澳台侨和外事委以考察企业、举办台情讲座的形式在井冈山经开区举行委员活动日活动。市政协港澳台侨和外事委主任一行先后考察井冈山经开区红板（江西）有限公司和柏兆（吉安）电子有限责任公司；6月，成立吉安市工商联井冈山经开区分会，为全区非公企业搭建一个经济合作平台。召开吉安市工商联井冈山经开区分会成立大会暨井冈山经开区企业家协会换届大会。红板公司总经理文伟峰被评为“江西省优秀中国特色社会主义事业建设者”，生物制品公司总经理姚晓东被评为“优秀创业者”。中共中央台湾工作办公室发函同意在井冈山经开区设立海峡两岸青年就业创业基地，并要求把基地建成服务两岸青年实习就业创业和增进两岸青年交流合作的平台，为促进两岸经济文化交流合作做出应有贡献。

2019年，新一轮机构人事改革中，中吉安市委办公室、市政府办公室印发《关于中共井冈山经开区（出口加工区）工作委员会、井冈山经开区（出口加工区）管理委员会主要职能配置、内设机构和人员编制规定》的通知（吉办字〔2019〕125号），明确由区党工委管委会办公室负责统战、民族宗教工作。继续将党外代表人士队伍建设、非公经济、民族宗教、港澳台和新的社会阶层人士、乡贤工作等纳入统战工作重要内容。制定《井冈山经开区加强三级宗教工作网络建设和两级宗教工作责任制工作的实施方案》，建立区、街、村宗教工作“三级网络两级责任制”。强化乡贤工作组织领导，制定《井冈山经开区凝聚乡贤力量助推城乡一体化发展实施方案》，成立区乡贤工作领导小组。加强新的社会阶层人士和港澳台海外工作，与市新联会对接，打造集办公、住宅、商业为一体的新联会大厦，向市新联会推荐7名理事人选；7月，全省推进非公有制企业维权服务工作优化营商环境现场会在吉安市举行。井冈山经开区木林森、航盛电子、党群服务中心（区非公有制企业维权服务平台）被列为现场参观点。

2020年7月，成立井冈山经开区新的社会阶层代表人士联谊会成立大会暨一届一次理事大会。会议听取《井冈山经开区新联会筹备工作报告》，审议并通过《井冈山经开区新联会章程（草案）》《井冈山经开区新联会会费标准和管理办法（草案）》《井冈山经开区新联会一届一次理事会选举办法（草案）》。选举产生井冈山经开区新联会领导班子。井冈山经开区新联会的成立，在全省实现“三个首创”——首创成立开发区新联会组织、新联会会员入会宣誓制度、新联会赴国家级培训机构中国井冈山干部学院开展红色培训活动。

督查考核

2008年，吉安市高新区管委会按照吉安市直政府系统目标管理考核办法，围绕市政府明确的年度工作目标，制定各部门考核目标分值表，将目标分解到每个职能局室，设定分值和评分办法，全力推进各项工作。干部的年度考核主要内容包括“德、能、勤、绩、廉”等5个方面，重点考核工作实绩。在年度考核量化测评表的基础上，细化分解考核内容和标准，分类分级进行考核，对于同工作性质和不同职务层次的工作人员，制定相应的考核标准，分类分级地进行衡量评价，在考核工作中坚持定性和定量考核相结合，确保考核结果的准确性、客观性。督查方面，主要围绕全市重点项目建设、安全生产、企业帮扶等方面，成立专项督查小组，开展专项督查。

2009年，市政府按照“小政府、大服务”精干、高效的原则，理顺完善井冈山经开区“三定”规定。新的“三定”规定出台后，在考核方面制定出台《井冈山经开区绩效工资实施方案》《二〇〇九年度井冈山经开区各局室街道目标管理及绩效工资考评办法》，实行绩效工资考评，激发各单位及全体干部职工的创业激情。9月，在井冈山经开区进行全市工业园区招商引资重大项目基础设施建设流动现场督查。

2010年至2013年，考核方面实行绩效工资考评。2010年完成国家土地例行督查南京局在吉安市开展土地例行督查所涉开发区有关问题整改；2011年11月，完成全市工业重大项目建设情况督查迎查工作；2012年6月，根据《中共井冈山经开区工委关于加强和推进非公有制企业党建工作的实施方案》（井开党工字〔2012〕8号）明确的目标任务，由区基层组织建设年活动领导小组办公室组织对园区非公企业党建工作开展情况进行督查并通报。

2013年，制定出台《井冈山经开区2013年挂点帮扶重点建设项目考核奖励办法》（井开党工字〔2013〕46号）《井冈山经开区2013年企业帮扶工作考核办法》（井开党工字〔2013〕53号）《井冈山经开区2013年招商引资目标管理考核奖励办法》（井开党工字〔2013〕52号），鼓励和调动全体干部职工推进重点项目建设和招商引资、企业帮扶工作积极性。督查方面，结合“冲刺一百天，全面实现年度目标”活动，由区纪工委监察室会同规划建设环保局、企业服务中心对全区重点工业和城建项目进行重点督查，并下发督查通报。

2014年，在完善企业帮扶工作考核办法和招商引资目标管理考核奖励办法的基础上，制定出台《井冈山经开区城市园林绿化养护管理考核办法》和《井冈山经开区重点建设项目考核奖励办法》，强化对重点建设项目的推进和城市园林绿化养护管理；4月，结合“迎省检，攻坚六十天”活动，督查组采取现场查看核实、向项目单位了解、询问责任部门等相结合的方式，对全区重点招商引资项目、重点基础设施项目建设进展情况进行一次全面督查，并下发督查通报；6月，吉安市政府办印发《吉安市人民政府办公室关于印发井冈山经开区人事制度改革总体方案的通知》（吉府办字〔2014〕144号），井冈山经开区在全省开发区系统率先启动人事制度改革，在考核体系上打破平均主义，推行全员绩效考评制，建立正确的导向机制和客观的评价机制，实现考核由“主观评价”向“量化考评”转变。结合“冲刺一百天，全面实现年度目标”活动，对井冈山经开区打造升级版重点项目、城建项目攻坚以及街道“冲刺100天，打好征地拆迁攻坚战”开展情况进行督查。

2015年2月，井冈山经开区制定金融保险业考核奖励办法，成立井冈山经开区融资担保领导小组负责考评。考评小组下设办公室，负责组织实施对区内外金融机构支持地方经济发展的奖励考核；3月，制定《井冈山经开区管委会绩效考核评分办法》，对区直各单位绩效考评内容进行细化、量化，从中心工作部分（含招商引资、重点项目推进、企业帮扶等）、日常工作部分（含党工委、管委会下达的年度工作计划目标、部门年度主要工作、部门主要职责）、社会评价部分（含领导评价、部门相互评价及服务对象评价）三个方面进行绩效考评；11月，井冈山经开区成立金鸡湖新区开发建设指挥部，制定《金鸡湖新区开发建设指挥部绩效考核实施细则》，推进金鸡湖新区建设。督查方面，制定出台《2015年井冈山经开区重点项目督查实施方案》，成立井冈山经开区重点项目督查办公室。办公室下设工业项目督查组和基础设施项目督查组，对《中共吉安市委 吉安市人民政府关于印发2015年全市重点项目计划安排的通知》（吉字〔2015〕17号）文件确定的基础设施及工业共25个重点项目实行重点督查。对全区重点项目“百日攻坚”活动及重点工业项目调度会议落实情况进行督查。

2016年，井冈山经开区成立绩效考核工作领导小组，领导小组下设办公室，具体负责绩效考核日常工作。制定《井冈山经开区管委会2016年度绩效考评办法》《井冈山经开区管委会2016年度绩效考核评分细则》《2016年度井冈山经开区街道工作目标管理综合考评办法》《2016年度井冈山经开区市直派驻机构重点工作考核办法》以及《2016年度井冈山经开区街道办、区直各单位、企业及个人评先评优办法》，形成一套完整的绩效考核和评优评先体系。督查方面，迎接国务院第三次大督查、开展“两学一做”学习教育“坚定执着追理想”专题督查、“百日攻坚”重点项目推进情况督查、对降成本优环境专项行动进行督查以及1至3月会议纪要明确事项落实情况等督查，下发督查通报4期。

2017年8月，井冈山经开区制定出台《井冈山经开区深化人事制度改革实施方案》（井开党工字〔2017〕30号），组织开展对管委会机关各部门（含金庐陵公司）和个人开展2014至2017年度聘期考核评价工作。改革绩效考核，实施 KPI（关键性指标）考核体系，明确绩效考核结果与绩效工资、评先评优、奖励激励等直接挂钩，作为职务调整、岗位变动以及聘用合同续订终止的重要依据。根据新的人事制度改革方案，区绩效办修改完善区直单位、各街道和金庐陵公司 2017 年度绩效考核方案。督查方面，迎接国务院第四次大督查、市委落实意识形态工作责任制调研督查、市法治政府和放管服改革工作督查、城乡规划督查、公务消费重点问题专项督查等 5 次督查，开展 2017 年度党风廉政建设和意识形态工作督查、违法建设专项治理督查、脱贫攻坚工作专项督查、市政府工作报告和区中心工作落实情况督查等 4 次督查，下发督查通报 4 期。

2018 年 8 月，制定出台《井冈山经开区深化街道人事制度改革工作方案》，开展街道单位和个人 2015 至 2018 年度聘期考核评价工作。11 月，制定印发《井冈山经济技术开发区区直单位 2018 年绩效考核工作方案》和《井冈山经开区金鸡湖街道、高新街道和金庐陵公司 2018 年度绩效考核工作方案》。督查方面，为强化政务督查，贯彻落实好《中共吉安市委关于加强新形势下党的督查检查工作的实施意见》（吉发〔2018〕9 号）文件精神，制定出台《井冈山经开区政务督查工作规则》，明确政务督查遵守的原则、主要内容和程序，以及承办职责和承办时限，把督查工作纳入重要议事日程，使督查工作规范化、制度化、科学化。迎接省安全生产综合督查、市中心城区大气污染防治专项督查，开展对 2018 年市政府工作报告涉及工作和园区重点工作部署落实情况督查、2018 年重点工作部署落实情况和管委会机关值班情况督查，下发督查通报 3 期。

2019 年 7 月，制定出台《井冈山经济技术开发区党工委意识形态工作责任制考核方案》，加强党对意识形态工作的领导，推动意识形态工作责任制落地生效。督查方面，开展省委第二巡视组反馈意见整改落实工作、省委意识形态专项巡视检查反馈意见整改落实工作督查、全区重点工作进展情况督查、服务效能和作风建设督查、“学习强国”督查、会风会纪督查等督查 6 次，下发督查通报 6 期。

2020 年，制定出台《井冈山经开区绩效考核办法（试行）》和《井冈山经开区区直单位 2020 年度绩效考核方案》《井冈山经开区街道、金庐陵公司、富滩园区办 2020 年度绩效考核方案》，根据最新的机构和人事制度改革实施方案有关实施 KPI 绩效考核体系要求，提出坚持“分类考核、注重实绩，精准考核、注重差异”的原则，突出重点关键指标，实行分类、差异化、精准考核。同时，对重点工作实行季度考核。督查方面，制定印发《井冈山经开区 2020 年督查检查考核计划》，加强督查考核计划统筹，深入推进为基层减负工作。开展疫情防控期间值班情况督查，下发督查通报 3 期。

机关事务管理

2017 年 9 月，成立机关事务管理中心，为独立局室（正科级），人员编制 4 名，领导职数 2 名。2020 年初改设机关事务科，属区党工委管委会办公室内设科室。主要职责是：负责机关后勤管理（食堂）和服务工作；按照职能划分和“行政效能建设”岗位责任制的要求，做好机关的日常勤务保障工作。

日常勤务保障工作职责：维护好正常的办公生活、环境秩序；全力保障各类重要会议、重要活动的会务和勤务；协助有关部门做好处置突发性事件的相关保障工作；完成领导赋予的其他工作任务。负责机关各类公用设施的维护和管理。机关公用设施维护和管理主要工作：负责机关办公区、生活区的公共和环境秩序管理，保障供水、供电、中央空调、消防系统的正常运转，及时排除设备故障，消除安全隐患，全面跟踪监督设备维护质量。负责办公区、生活区的公共安全，防止火灾、盗窃、涉毒等事故和案件的发生；负责办公用品、设备的采购和使用管理。

设备采购和使用管理工作职责：通过政府采购的方法进行物资采购，并对所有物资进行出入管理建立好台账，对机关设备进行申报、验收、变更、报废和使用管理；配合财政部门对固定资产做好资产台账；负责机关公务车辆管理和调度，主要负责机关车辆新车入户、年审、保险、维修、报废等事宜；负责驾驶人员的管理、教育和使用。负责机关办公大楼、配套设施及相关物业的管理；负责公共房屋及其附属设施的一般性维修；负责查抄机关宿舍区水电表并计核水电费报送财政部门入账。负责基础设施建设施工质量监督管理、验收、结算、保修，以及工程项目交付使用后的有关协调工作。负责机关干部职工车改补助的申报工作；根据有关政策规定办理机关工作人员参加车改补助申请，对参加车改人员进行年度培训。负责机关各类活动、会议、接待的后勤保障工作：主要任务是对机关各类大型会议、活动的住宿、餐饮安排、并协调车辆的使用。

人民武装

机构成立　2014 年 8 月，依据《市委办公室、市政府办公室、军分区司令部、政治部关于在井冈山经开区设立人民武装部的通知》（吉办〔2014〕135 号）要求，设立井冈山经开区人民武装部，与开发区党群办公室合署办公。编配部长 1 名，由井冈山经开区 1 名党工委副书记或管委会副主任兼任；编配副部长 1 名，由党群办领导兼任；干事 1 名（可兼职）。由吉安军分区和井冈山经开区党工委、管委会共同领导和管理。井冈山经开区人民武装部的干部任免、考核、管理等按照《关于加强和改进城市民兵工作的意见》（中发〔2002〕9 号）、《关于基层人民武装部机构设置、干部配备原则等问题的通知》（中办发〔1999〕24 号）、赣办发〔2000〕15 号等有关文件规定执行。

井冈山经开区人民武装部主要负责本辖区征兵、民兵预备役、国防动员及国防教育、学生军训、抢险救灾和维护社会稳定等有关工作。相关工作费用由井冈山经开区负责保障。

井冈山经开区下辖的街道武装部由街道党工委、办事处和井冈山经开区人民武装部、吉安县人民武装部共同领导和管理。

2014 年 8 月，井冈山经开区人民武装部成立。市委常委、市政府常务副市长刘连根为井冈山经开区人民武装部授牌。

队伍建设　2015 年 6 月，根据江西省民兵预备役工作安排和吉安市人民政府、市军分区民兵整组的工作任务，井冈山经开区人民武装部成立 4 个应急分队。其中应急连 1 个，装备维修分队 1 个，防化救援分队 1 个。

编组训练　2015 年“八一”建军节前夕，区武装部组织全区机关干部、区应急连、防化救援分队、装备维修分队、电子信息网络分队全体民兵，先后开展民兵点验活动、国防教育活动、军事拓展活动等；7 月，区应急连各分队，按队伍编制集合，接受军分区和区党工委、管委会点验活动，开展国防历史教育，全区基干民兵参加。通过观看国防军事宣传片，强化国防历史教育。邀请市军分区司令员姜长超为全体参训人员介绍世界新军事革命发展趋势和推进中国特色军事变革的历史使命。组织全体民兵开展军事拓展活动，并分批前往吉安县武装部训练基地参加训练。

2016 年 4 月 13 日，井冈山经开区人武部组织全区民兵在市军分区训练场开展训练，参与了队列等训练。4 月 29 日，全区民兵赴市军分区培训基地开展集训活动。

2017年8月，组织全区民兵训练1次，增强民兵应急维稳和消防、抗洪等战术演练，随时应付各种突发事件。11月，组织民兵骨干集中军训1次，培训以政治思想教育、军事训练和队列训练为主。12月，组织打靶训练活动1次。

2018年4月12日，组织全区民兵开展训练。5月12日至14日，根据省军区民兵整组工作计划安排，组织民兵应急连骨干开展为期3天的集结点验活动。

2019年，井冈山经开区武装部整合机关干部和红板、木林森、航盛、合力泰等企业职工，组成民兵应急营的森林灭火连及水上搜救连。6月，集合全区民兵参加吉安市军分区民兵应急营成立大会及民兵点验，先后接受省、市领导检阅。10月，组织区民兵森林灭火连，前往遂川参加森林灭火集训，接受军事理论、战备常识、体能训练和开展政治教育等常规科目训练。针对森林灭火、护路和医疗救护知识、常见情况处置、单兵防护装备使用、道路检修器材操作使用、巡查与报告、装备操作与使用、抗震救灾基础理论、担架救护、战场急救知识等专业知识科目开展集中培训。12月，组织全区民兵、预备役人员进行基础队列训练、灭火器控火操作训练、警棍盾牌操演练、消防安全知识讲座。

2020年7月3日至14日，井冈山经开区武装部从民兵营内抽调骨干民兵前往吉安县民兵训练基地参加为期12天的集中军事训练。强化和巩固参训人员的军事理论、战备常识、体能训练和政治教育，集中学习森林灭火、医疗救护知识、单兵防护装备使用、装备操作与使用、抗洪救灾基础理论、担架救护、战场急救知识等专业知识科目。

图6-3　2020年7月3—14日，井冈山经开区武装部集中骨干民兵开展训练

征兵工作　井冈山经开区自2014年开始开展征兵工作，每年均严格落实上级部署，精心组织，周密安排，圆满完成各年征兵任务。

2014—2020年井冈山经开区人民武装部负责人一览表

表6-6

职　务	姓　名	籍　贯	任职时间
部长	甘益烽（兼）	江西永新	2014.8—
副部长	毛建发（兼）	江西吉安	2014.8—2019.5
	赖世林（兼）	江西万安	2019.5—

第二章　行政机构

2001 年 5 月，成立吉安市高新技术产业开发区管理委员会，属吉安市政府正县级派出机构，履行吉安市高新技术产业开发区行政工作。2009 年 4 月，更名为江西井冈山经济技术开发区管理委员会。2012 年 9 月，机构规格升为副厅级。在城市建设管理、经济发展、社会民生领域分别成立并完善相应行政管理机构。

第一节　机构沿革

2001 年 5 月，经吉安市人民政府批准，设立吉安市高新技术产业开发区管理委员会，为市政府正县级派出机构。

2008 年 11 月，吉安市编制委员会下发《关于印发吉安市高新技术产业开发区党工委、管理委员会职能配置内设机构和人员编制规定的通知》。吉安市高新技术产业开发区管理委员会为吉安市人民政府派出机构，正县级事业单位，参照公务员法管理。高新区管委会设内部机构分别是党工委办公室（与管委会办公室合署办公）、政治处、财政局、经济发展局、招商局、规划建设局、国土资源局、社会事业局、综合执法局。下属机构有街道办事处和 3 个直属事业单位，即招商引资服务中心、机关事务服务中心和土地征收储备交易服务中心。

2009 年 4 月，经吉安市机构编制委员会批准同意，中共吉安市高新技术产业开发区工作委员会更名为中共江西井冈山经济技术开发区工作委员会，吉安市高新技术产业开发区管理委员会更名为江西井冈山经济技术开发区管理委员会。

2012 年 9 月，经江西省机构编制委员会办公室批复同意，中共井冈山经济技术开发区（出口加工区）工作委员会、井冈山经济技术开发区（出口加工区）管理委员会为中共吉安市委、吉安市人民政府派出机构，机构规格副厅级。

2001—2010 年吉安市高新技术产业开发区管委会领导成员一览表

表 6-7

职　务	姓　名	籍　贯	任职时间
主任	刘志坚	江西吉水	2001.5—2009.2
副主任	孙伏生	江西吉水	2002.12—2012.8
	周　智	江西吉安	2002.12—2012.8
	丁克宁	江西新建	2002.12—2012.8
	于光文（女）	山东潍坊	2002.10—2003.10
	刘达绪	江西吉安	2007.6—2012.8
	胡红英（女）	江西吉安	2007.11—2011.12

续表 6-7

职　务	姓　名	籍　贯	任职时间
主任助理	孙伏生	江西吉水	2002.3—2002.12
	周　智	江西吉安	2002.3—2002.12
	丁克宁	江西新建	2002.3—2002.12
	王文涛	—	2009.3—2010.3

2010—2020 年井冈山经开区管委会领导成员一览表

表 6-8

职　务	姓　名	籍　贯	任职时间
主任	刘志坚	江西吉水	2009.2—2011.2
	邓淑斌	江西萍乡	2011.10—2016.11
	汤文仙	江西吉安	2016.11—2020.4
	陈庆寿	江西赣州	2020.10—
常务副主任	汤文仙	江西吉安	2014.3—2016.11
	龙小明	江西吉水	2016.12—2019.12
	罗忠华	湖南茶陵	2019.12—
副主任	杨　江	江西进贤	2009.4—2011.4（挂职）
	汤文仙	江西吉安	2012.8—2014.3
	舒海波	江西南昌	2012.8—2016.10
	龙小明	江西吉水	2016.8—2016.12
	刘达绪	江西吉安	2008.12—2012.8
	甘益烽	江西永新	2009.8—2020.11
	吴　磊	江西吉安	2009.8—2017.1；2020.7—
	程吉生	江西新建	2010.7—2010.12（挂职）
	朱荣兰	江西吉安	2011.3—2011.9（挂职）
	胡红英（女）	江西吉安	2011.12—2014.11
	杨　峰	江西宁都	2012.8—2017.3
	陈　敏	江西抚州	2014.8—2016.2（挂职）
	肖小武	江西永新	2014.9—2016.8
	刘小勇	江西吉安	2016.8—2016.12
	罗忠华	湖南茶陵	2017.11—2019.12
	刘力峰	江西新余	2018.10—2019.10（挂职）
	张志福	江西吉水	2019.1—
	孙英剑	江西永新	2019.12—
	戴志敏	江西泰和	2020.7—（挂职）
	卢　愉	江西井冈山	2020.11—

第二节　区直单位

井冈山经开区党工委管委会办公室

2001年12月成立吉安市高新区管委会办公室，主要负责机关事务、文秘、劳动人事和社区管理、社会中介组织等行政及社会事务管理。2007年5月，吉安市高新技术产业开发区管委会办公室增挂区党工委办公室牌子。主要负责市高新区日常党务工作及组织、干部、统战、宣传、纪检工作。

2008年11月，明确党工委办公室、管委会办公室具体工作职能为协助领导处理日常事务，起草管委会重要文件和材料，负责公文收发、档案管理；负责重要会议、重大活动的安排和组织工作，负责机关内部协调、管理和对外接待工作；负责法律服务、公证、规范性文件审查工作，负责协调市高新区内企业与市直各有关部门的关系，受理有关投诉事项，维护市高新区市场主体的合法权益。

2013年2月，井冈山经开区（出口加工区）党工委、管委会办公室挂机关党委、社会管理综合治理办公室牌子。负责区内政策调研、综合协调、宣传，机要保密、来信来访、社会管理综合治理和维护社会稳定工作；负责机关日常事务、公文起草及处理、档案管理工作；负责重要会议、重大活动的安排和组织工作；负责法律服务、公证、规范性文件审查工作；负责区内党的建设、精神文明建设、群团、工青妇和离退休老干部工作。

2017年8月，根据《井冈山经开区深化人事制度改革实施方案》，优化组织机构，强化关键职能部门。井冈山经开区党工委、管委会设立区党工委、管委会办公室，同时将机关事务服务职能剥离办公室，单独组建机关事务管理中心（接待办）。

2019年12月，井冈山经开区（出口加工区）党工委、管委会办公室挂全面深化改革委员会办公室牌。

2020年1月，根据《井冈山经开区党工委管委会机关岗位设置方案》，在原管委会办公室的基础上，党工委管委会办公室（全面深化改革委员会办公室）整合原机关事务管理中心（接待办）、绩效办，新增意识形态、管委会法律事务、规范性文件审查职责。党工委管委会办公室为副县级职能局室，内设意识形态科、秘书科、综合调研科、机关事务科。下设机构为机关党委、督查绩效办、政务法规办。

2002—2009年吉安市高新区党工委（管委会）办公室主任、副主任任职情况一览表

表6-9

单　位	职　务	姓　名	籍　贯	任职时间
管委会办公室	主　任	谭钟亮	江西南昌	2002.5—2002.9
	主　任	毛建发	江西吉安	2008.9—2009.9
	副主任	毛建发	江西吉安	2003.12—2008.9
党工委办公室	副主任	黄　盾	江西南昌	2008.9—2009.9

2010—2020 年井冈山经开区党工委（管委会）办公室主任、副主任任职情况一览表

表 6-10

单　位	职　务	姓　名	籍　贯	任职时间
管委会办公室	主　任	毛建发	江西吉安	2009.9—2010.3
	副主任	黄　盾	江西南昌	2009.9—2010.3
党工委、管委会办公室	主　任	毛建发	江西吉安	2010.3—2013.5
	副主任	黄　盾	江西南昌	2010.3—2013.5
党工委、管委会（出口加工区）办公室	主　任	毛建发	江西吉安	2013.5—2017.12
	副主任	赖世林	江西万安	2013.5—2017.8
	主任科员	黄　盾	江西南昌	2013.5—2014.12
	副主任	黄　盾	江西南昌	2014.12—2017.8
	主　任	赖世林	江西万安	2017.11—2020.1
	副主任	左家兴	江西永新	2017.8—2020.1
	副主任	王俊镖	江西吉安	2017.8—2020.1
	副主任、机关党委专职副书记	王　琳	浙江东阳	2018.7—2020.1
党工委管委会办公室（全面深化改革办公室）	主　任	赖世林	江西万安	2020.1—
	副主任	左家兴	江西永新	2020.1—
	副主任、机关党委专职副书记	王　琳	浙江东阳	2020.1—2020.4
	副主任	梁　靓（女）	江西赣州	2020.4—
	机关党委专职副书记	黄虎兴	江西吉安	2014.12—2017.8
		朱剑师	江西吉安	2020.4—
	督查绩效办主任	易樟医	江西井冈山	2020.4—

2017—2020 年井冈山经开区机关事务中心（接待办）主任、副主任任职情况一览表

表 6-11

姓　名	职　务	籍　贯	任职时间
王俊镖	主任	江西吉安	2017.9—2020.1
王梦莹（女）	副主任	江西吉安	2017.9—2020.1

井冈山经开区人社局

与党工委组织部合署。至 2008 年 7 月，劳动管理工作由吉安市高新区经济发展局、井冈山经开区经济发展局负责。2008 年 7 月，吉安市机构编制委员会印发文件同意成立吉安市劳动和社会保障局吉安市高新区分局，只给牌子不给编制，分管劳动管理、社会保障工作。2009 年 8 月 27 日，吉安市机构编制委员会印发通知，撤销吉安市劳动和社会保障局江西井冈山经开区分局。至 2009 年 8 月，组织、人事管理工作由吉安市高新区管委会办公室、井冈山经开区管委会办公室负责。

2009 年 8 月 7 日，根据《吉安市人民政府办公室关于印发江西井冈山经开区党工委、管委会职能配置内设机构和人员编制规定的通知》（吉府办发〔2009〕42 号），井冈山经开区党工委、管委会下设人力资源和社会保障局。

2013 年 2 月 17 日，根据《市委办公室 市政府办公室关于印发〈中共井冈山经开区（出口加工区）工作委员会、井冈山经开区（出口加工区）管理委员会主要职责内设机构和人员编制规定〉的通知》（吉办字〔2013〕34 号），人力资源和社会保障局职能进行调整。

2017 年 1 月 23 日，根据《关于同意井冈山经开区（出口加工区）人力资源和社会保障局增挂牌子的通知》（吉编发〔2017〕4 号），井冈山经开区（出口加工区）人力资源和社会保障局增挂组织部牌子，增配专职副部（正科级）职数 1 名。原由井冈山经开区办公室负责的党的建设工作职能划入井冈山经开区党工委组织部。

2019 年 10 月 16 日，根据《市委办公室 市政府办公室关于印发〈中共井冈山经开区（出口加工区）工作委员会、井冈山经开区（出口加工区）管理委员会职能配置、内设机构和人员编制规定〉的通知》，党工委组织部（机构编制委员会办公室、人力资源和社会保障局）职能为：协助中共吉安市委做好县处级干部管理工作；党的建设、干部人事、人才、机构编制、干部教育、离退休干部、工资福利、社会保障、劳动就业、劳动关系和劳动监察等工作；管理权限内干部的任免、考核、奖惩、监督、管理和人事档案管理等工作；因公出国（境）人员报批和科级及以下干部因私出国（境）审查；人力资源产业园管理工作；非公经济组织和社会组织党的建设工作。内设综合科（副科级）。

2013 年 11 月，井冈山经开区以区职工之家为载体，成立党群服务中心，为临时机构。2017 年 8 月，设立井冈山经开区党群服务中心，为正科级单位。2020 年 1 月机构改革，党群服务中心归口党工委组织部管理。

2019 年 4 月 1 日，根据《关于设立井冈山经开区社会保险管理服务中心的通知》（市编办文〔2019〕6 号），井冈山经开区社会保险管理服务中心正式成立，为管委会下属正科级一类事业单位（全额拨款），配主任（正科级）1 名、副主任 1 名，人员编制在井冈山经开区管委会编制总量内调剂。主要职能是：贯彻落实国家有关社会保险的方针、政策和法律、法规，执行上级业务主管部门有关社会保险的具体政策和规定；经办区属机关事业单位、企业职工、城乡居民的养老保险业务；经办区内医疗、工伤、失业和生育保险业务；负责本区社会保险基金的管理和使用等。

2009—2020 年井冈山经开区人社局局长、副局长任职情况一览表

表 6-12

职　务	姓　名	籍　贯	任职时间
局长	鲍国珍（女）	安徽歙县	2009.11—2013.4
	龙井松	江西永新	2013.4—
副局长	王远宏	江西永新	2011.1—2013.5
	鲍国珍（女）	安徽歙县	2013.5—2014.7
	王海清	安徽萧县	2015.1—2020.4
	赖世林	江西万安	2017.8—2017.11
	柏　军	江西遂川	2020.4—

2017—2020年井冈山经开区党工委组织部部长、副部长任职情况一览表

表6-13

职　务	姓　名	籍　贯	任职时间
部长	龙井松	江西永新	2017.3—
副部长	赖世林	江西万安	2017.8—2017.11
	王海清	安徽萧县	2017.8—2020.4
	肖　勇	江西吉安	2018.7—
	欧阳晓林	江西吉安	2020.5—

2020年井冈山经开区编办主任、副主任任职情况一览表

表6-14

职　务	姓　名	籍　贯	任职时间
主任	龙井松	江西永新	2020.1—
副主任	欧阳晓林	江西吉安	2020.5—

2017—2020年井冈山经开区党群服务中心主任任职情况一览表

表6-15

职　务	姓　名	籍　贯	任职时间
负责人	刘　韵（女）	江西吉安	2017.8—2018.5
主任			2018.5—2020.1
主任	彭　娟（女）	江西泰和	2020.1—

财政金融局

2001年，吉安高新技术产业开发区设立财务处。2004年，经市政府批准，吉安高新技术产业开发区设立一级财政。吉安市人民银行批复吉安高新技术产业开发区设立吉安市高新技术产业开发区国家金库，吉安市高新技术产业开发区管委会财务处改为吉安市高新技术产业开发区财政局。2009年，更名为江西井冈山经开区财政局。2010年，井冈山经开区财政局升格副处级。2014年，开发区财政局下设两个科室：国库集中支付中心与财政投资评审中心。2019年，更名为井冈山经开区财政金融局，下设三个科室：预算科、国库科、经建科。

主要职责：负责编制区级年度财政预、决算草案及组织执行，管理和监督各项财政收支。负责国库资金及其他财政资金调度与管理、协税护税及财政收入计划的预测、分析、下达、考核。负责财政资金国库集中支付管理与核算、预算绩效管理。负责招商引资优惠政策兑现资金的审核和拨付。负责全区工程建设项目预、决算管理及审核。负责全区工程建设项目预、决赛管理及审核。负责土地出让收入及使用管理，会同有关部门管理社会保障和就业、医疗卫生等支出。负责财经监督检查及政府采购工作。负责国有资产监督管理。负责地方政府性债务监管。负责金融、企业上市、银企合作。负责融资平台建设，小额贷款公司和担保公司监管工作。

2002—2020 年井冈山经开区财政金融局局长、副局长任职情况一览表

表 6-16

单　位	职　务	姓　名	籍　贯	任职时间	备　注
区财政局	副局长	龚淑华	江西南昌	2002.5—2008.9	—
	局长		江西南昌	2008.9—2012.11	正科级
	局长		江西南昌	2012.11—2016.12	副处级
	局长	肖章珞	江西泰和	2017.4—2020.1	副处级
	副局长	罗　琼（女）	江西吉安	2003.11—2014.11	—
	副局长	徐　南（女）	上海市	2014.12—2018.12	—
	副局长	傅少华	江西吉安	2016.5—2020.1	—
区财政金融局	局长	肖章珞	江西泰和	2020.1—	副处级
	副局长	罗　琼（女）	江西吉安	2020.4—	2020 年 6 月任四级调研员
	副局长	傅少华	江西吉安	2020.4—	—
	国资办专职副主任	彭日庆	江西吉安	2020.4—	—

经济发展局

2001 年，吉安市高新经济技术开发区成立经济发展处（招商处与经济发展处）；2008 年单设经济发展局；2013 年，机构改革后为井冈山经开区经济发展和科技管理局；2019 年，恢复经济发展局。

2020 年，区经济发展局内设经济运行科、统计科、综合科，定编 17 名。其中部门正职 1 名（局长），副职 2 名，一级专办 4 名，二至五级专办 10 名；下设科创中心。

经济发展局负责编制全区产业发展规划，经济和社会发展的中长期规划；负责争取国家、省、市重大政策、项目和资金，统筹重点项目安排、建设管理工作；负责实施可持续发展战略，推动全区生态文明建设；负责苏区振兴、吉泰走廊等区域发展战略的协调推进工作；负责政府投资建设项目招投标监管，指导和协调公共资源交易工作；负责工业和信息化管理工作；负责企业降成本工作；负责智能制造、绿色园区建设，统筹节能降耗、清洁生产等工作；负责企业统计工作；负责国家级、省级开发区考评工作；推动实施创新驱动发展战略，负责企业科技创新、科技成果转化和技术改造工作；负责大众创业万众创新和引进国外智力工作；负责军民融合发展工作；负责产业发展扶持资金的审核和监督管理工作。

2003—2020 年井冈山经开区经济发展局局长、副局长任职情况一览表

表 6-17

职　务	姓　名	籍　贯	任职时间
区经济发展局局长	任润藩	江西丰城	2003.11—2013.2
区经济发展和科技管理局局长	刘小勇	江西吉安	2013.2—2016.8
区党工委委员、经济发展和科技管理局局长			2016.8—2017.11

续表 6-17

职 务	姓 名	籍 贯	任职时间
区经济发展和科技管理局局长	李 真	江西永丰	2017.11—2020.1
区经济发展局局长	刘继忠	江西永新	2020.5—
区经济发展局副局长	朱剑师	江西吉安	2002.5—2007.5
区经济发展和科技管理局副局长	傅少华	江西吉安	2013.7—2014.11
区经济发展和科技管理局正科级干部	刘 颖（女）	江西吉安	2015.1—2015.12
区经济发展和科技管理局副局长			2015.12—2020.4
区党工委管委会一级主任科员，经济发展局副局长			2020.4—2020.6
区党工委管委会四级调研员，经济发展局副局长			2020.6—
区经济发展和科技管理局副局长、安全生产监督管理局局长（兼）	刘继忠	江西永新	2014.11—2017.8
区经济发展和科技管理局副局长			2017.8—2020.4
区经济发展和科技管理局副局长	李小平	江西万安	2009.9—2013.5
区经济发展局科技创新中心主任			2020.4—
区经济发展局副局长	王海清	安徽萧县	2020.4—2020.10
区经济发展局副局长	陈泽亮	江西永新	2020.9—

招商服务局

2001 年设立经济发展（招商）局。2002 年 6 月，经济发展（招商）局更名为经济发展局、招商局，合署办公。2009 年，根据吉安市政府办公室《关于印发江西井冈山经开区党工委、管委会职能配置内设机构和人员编制规定的通知》（吉府办发〔2009〕42 号）文件设立招商局。2013 年根据中共吉安市委、市政府《关于印发中共井冈山经开区（出口加工区）工作委员会、井冈山经开区（出口加工区）管理委员会主要职责内设机构和人员编制规定的通知》（吉办字〔2013〕34 号）设立商务局。2020 年 1 月，根据机构改革更名为招商服务局，下设企业服务中心。

2012 年 8 月前，企业服务中心职能工作归口区经济发展局和招商局管理。2012 年 8 月，井冈山经开区设立企业服务中心，为正科级单位。2017 年机构改革，企业服务中心并入区商务局，2020 年 1 月属区招商服务局。负责全区企业服务工作，服务对象包括区内所有工业企业（含新签约落户及在建项目、竣工投产企业、停工停产企业）和部分重点商贸企业。

2020 年，区招商服务局内设招商服务一分局、二分局、三分局，下设企业服务中心，职责为负责全区招商引资工作，拟定全区招商引资工作规划、政策措施并组织实施，拟定招商项目合同文本及招商引资政策的兑现审核工作，负责实际利用省外资金、外资、商贸、外贸、电子商务等统计工作，推进内外贸流通营销、物流平台搭建，促进流通产业现代化，协助口岸通关工作，负责全区企业服务工作，协调解决企业发展中存在的难题；承担所管行业安全生产监督管理职责。

2003—2007 年井冈山经开区经发局（招商局）局长、副局长任职情况一览表

表 6-18

职　务	姓　名	籍　贯	任职时间
局长	任润藩	江西丰城	2003.11—2008.9
	刘　虎	江西吉安	2008.9—2012.11
副局长	朱剑师	江西吉安	2002.5—2007.5

2012—2020 年井冈山经开区商务局局长、副局长任职情况一览表

表 6-19

职　务	姓　名	籍　贯	任职时间
局长	刘　虎	江西吉安	2012.11—2017.11
副局长	王远宏	江西永新	2013.5—2014.12
	徐　南（女）	上海市	2013.5—2014.12
	梁　靓（女）	江西南昌	2018.1—2020.1
	王海群（女）	江西吉安	2017.8—2020.1
	黄　涛	江西吉安	2017.12—2020.1

2020 年井冈山经开区招商服务局局长、副局长任职情况一览表

表 6-20

职　务	姓　名	籍　贯	任职时间
局长	彭玮玮	江西峡江	2020.5—
副局长	黄　涛	江西吉安	2020.1—
	汪兆森	江西吉安	2020.1—
	郭　晶	江西吉安	2020.1—
企业服务中心主任	王海群（女）	江西吉安	2020.1—

2012—2020 年井冈山经开区企业服务中心主任、副主任任职情况一览表

表 6-21

职　务	姓　名	籍　贯	任职时间
主任	朱剑师	江西吉安	2012.8—2013.5
	王远宏	江西永新	2013.5—2014.11
	左家兴	江西永新	2015.5—2017.8
	王海群（女）	江西吉安	2020.1—
副主任	王海群（女）	江西吉安	2013.7—2016.5
	罗懿璐	江西南昌	2015.7—2016.6
	汤　勇	江西永新	2020.6—

自然资源局

2001 年 12 月 14 日，吉安市机构编制委员会印发《关于同意市高新技术产业开发区管委会设立内部机构的通知》（吉编发〔2001〕58 号），同意吉安市高新技术产业开发区管委会内部设立土地管理处，为正科建制。职能为：负责土地征用、划拔，土地使用权出让、转让、租赁、抵押管理，土地登记发证和地政地籍管理，土地违法案件查处工作。

2002 年 7 月 18 日，吉安市机构编制委员会印发《关于同意市高新区管委会内设机构更名的通知》（吉编发〔2002〕6 号），同意土地管理处更名为吉安市高新技术产业开发区土地管理局，建制、职数、主要职能均不变。

2008 年 11 月 26 日，吉安市机构编制委员会印发《关于印发吉安市高新技术产业开发区党工委、管理委员会职能配置内设机构和人员编制规定的通知》（吉编发〔2008〕84 号），设立吉安市高新技术产业开发区国土资源局，下设吉安市高新技术产业开发区土地征收储备交易服务中心。

2009 年 8 月 7 日，吉安市人民政府办公室印发《关于印发江西井冈山经开区党工委、管委会职能配置内设机构和人员编制规定的通知》（吉府办发〔2009〕42 号），设立江西井冈山经开区国土资源局，下设江西井冈山经开区土地征收储备交易服务中心。

2013 年 2 月 17 日，中共吉安市委办公室吉安市人民政府办公室印发《中共井冈山经开区（出口加工区）工作委员会、井冈山经开区（出口加工区）管理委员会主要职责内设机构和人员编制规定》（吉办字〔2013〕34 号），设立井冈山经开区国土资源局，下设井冈山经开区土地征收储备交易服务中心。

2014 年 6 月 13 日，吉安市机构编制委员会印发《关于井冈山经开区土地征收储备交易服务中心更名等事项的通知》（吉编发〔2014〕25 号）、《关于成立井冈山经开区土地储备中心的通知》（吉编发〔2014〕26 号），经研究，同意井冈山经开区土地征收储备交易服务中心更名为井冈山经开区土地交易服务中心，为井冈山经开区国土资源局下属全额拨款事业单位。同时，决定设立井冈山经开区土地储备中心，为吉安市国土资源局下属全额拨款事业单位。

2015 年 11 月 6 日，吉安市机构编制委员会印发《关于设立井冈山经开区不动产登记机构事宜的批复》（吉编发〔2015〕25 号），同意井冈山经开区国土资源局增挂井冈山经开区不动产登记局牌子，合署办公，两块牌子，一套人马。设立井冈山经开区不动产登记中心，为井冈山经开区国土资源局（不动产登记局）下属副科级全额拨款事业单位。

2019 年 10 月 16 日，中共吉安市委办公室吉安市人民政府办公室印发《中共井冈山经济技术开发区（出口加工区）工作委员会、井冈山经开区（出口加工区）管理委员会主要职责内设机构和人员编制规定》（吉办字〔2019〕125 号），设立井冈山经开区自然资源局，内设资源管理科。职能为履行全民所有土地、矿产、森林、草地、湿地、水等自然资源资产所有者职责和所有国土空间用途管制职责，负责自然资源调查监测评价、自然资源资产有偿使用、自然资源合理开发利用，统筹国土空间生态修复、组织实施最严格的耕地保护制度，自然资源和不动产统一确权登记，房产交易和农民建房审批，建立空间规划体系并监督实施，林业和生态保护修复管理，陆生野生动植物资源的保护和合理开发利用，落实综合防灾减灾规划相关要求，组织编制和实施地质灾害防治规划，开展地质灾害工程治理和隐患排查，森林防火巡护、火源管理、防火设施建设等工作，承担所管行业安全生产监督管理职责，负责资源权属纠纷调处工作。

2019 年 10 月 16 日，中共吉安市编制委员会印发《关于调整井冈山经开区部分事业单位机构编制事项的批复》（吉编发〔2019〕23 号），将原井冈山经开区土地交易服务中心和原隶属于市自然资源局的井冈山经开区土地储备中心整合为井冈山经开区土地征收储备交易服务中心，为井冈山经开区自然资源局下属全额拨款事业单位。

根据市编委《关于同意设立吉安市城乡规划建设局井冈山井冈山经开区规划分局的通知》（吉编办文〔2017〕53）精神，2017 年 10—12 月筹备成立吉安市城乡规划建设局井冈山井冈山经济技术开发区规划分局，主要负责井冈山经济技术开发区的规划管理工作，为吉安市城乡规划建设局下属正科级全额拨款事业单位，核定人员编制 4 名。2019 年 10 月，市城乡规划建设局井冈山经开区规划分局划转井冈山经开区管委会管理，为井冈山经开区自然资源局下属全额拨款事业单位，并更名为井冈山经开区空间规划服务中心。

2002—2020 年井冈山经开区自然资源局局长、副局长任职情况一览表

表 6–22

单　位	职　务	姓　名	籍　贯	任职时间
土地管理处	副处长	彭仁才	江西吉安	2002.7 — 2008.8
国土资源局	局长	彭仁才	江西吉安	2008.8 — 2019.10
	副局长	徐　南（女）	上海市	2011.10—2013.5
		郭　锋	江西永新	2013.5—2020.10
		王海群（女）	江西吉安	2016.5—2017.5
		彭　娟（女）	江西泰和	2017.8—2020.4
自然资源局	局长	詹军庆	江西吉安	2020.4—
	副局长	李新军	江西吉安	2020.10—
		匡桓仁	江西吉安	2020.10—
		郭　锋	江西永新	2020.10—

2002—2020 年井冈山经开区规划部门负责人任职情况一览表

表 6–23

职　务	姓　名	籍　贯	任职时间
吉安市高新区规划建设局局长	罗厥宏	江西吉安	2002.5—2008.11
吉安市高新区规划建设局副局长	刘　虎	江西吉安	2002.5—2008.9
井冈山经开区规划建设局局长	詹军庆	江西吉安	2009.10—2019.12
井冈山经开区规划建设局副局长	匡桓仁	江西吉安	2009.9—2018.8
井冈山经开区规划建设局副局长	王行勤	江西安义	2013.7—2020.4
吉安市城乡规划建设局井冈山经开区规划分局负责人	万春波	江西南昌	2018.5—2019.10
井冈山经开区空间规划服务中心负责人			2019.10—2020.12
井冈山经开区空间规划服务中心主任			2020.12—

2011—2020 年井冈山经开区土地征收储备交易服务中心主任任职情况一览表

表 6-24

职　务	姓　名	籍　贯	任职时间
主任	郭　锋	江西永新	2011.6—2013.5 2016.5—2017.8
	刘　韵（女）	江西吉安	2013.5—2016.5
	黄　盾	江西吉安	2017.8—2020.4
	蒋建全	江西泰和	2020.10—

2015—2020 年井冈山经开区不动产登记局局长任职情况一览表

表 6-25

职　务	姓　名	籍　贯	任职时间
局长	彭仁才	江西吉安	2015.11—2019.10
	詹军庆	江西吉安	2020.4—

2015—2020 年井冈山经开区不动产登记中心主任任职情况一览表

表 6-26

职　务	姓　名	籍　贯	任职时间
负责人	涂招文	江西吉安	2015.11—2016.5
主任	陈　麟	江西峡江	2016.5—

城市建设管理局

2001 年 12 月，根据市编办（吉编发〔2001〕58 号）文件《关于同意市高新技术产业开发区管委会设立内部机构的通知》，设立规划建设处。主要负责建设和环保的规划、报批实施，对区内建筑市场、建筑质量、市政工程、公用事业管理及城管的监察，负责房地产开发和房地产市场管理。

2008 年 11 月，根据市编办（吉编发〔2008〕84 号）文件《关于印发吉安市高新技术产业开发区党工委、管理委员会职能配置内设机构和人员编制规定的通知》，成立规划建设局。主要负责基础设施建设及施工和高新区内建筑市场的管理，包括工程招投标、建筑施工许可证发放、施工质量、施工安全管理。负责项目进场时企业建设的各种协调工，市高新区内房地产开发项目、房屋拆迁管理、房地产经营、物业管理、房屋所有权证发放等方面的工作。

2013 年 2 月，根据市委（吉办字〔2013〕34 号）文件《关于印发中共井冈山经开区（出口加工区）工作委员会、井冈山经开区（出口加工区）管委会主要职责内设机构和人员编制规定》的通知，成立规划建设环保局。主要负责：组织编制园区控制性详细规划，负责基础设施建设及施工和区内建筑市场的管理，项目进场时企业建设的各种协调，房地产开发项目管理、房屋拆迁管理、房地产经营、物业管理，区内环境保护等方面工作。

2019 年 10 月，根据市委（吉办字〔2019〕125 号）文件《中共井冈山经开区（出口加工区）工作委员会、井冈山经开区（出口加工区）管理委员会职能配置、内设机构和人员编制规定》的通知，成立城市建设管理局。主要负责：基础设施建设及施工及建筑市场管理，建设工程招投标监管，建设工程消防验收和监督检查，人防工程质量监督管理，房地产市场、房屋征收、物业管理，交通运输及交通运输市场监管，承担公路、水路工程建设监管责任，水利工程建设与运行管理、防洪抗旱，全区城市建设管理工作（含环境综合整治）和行政执法，市政、园林、市容等公用设施的维护和管理，协调供水、供电、供气等相关工作，承担所管行业安全生产监督管理职责。内设机构：建设管理科。

2002 年 1 月，成立吉安市高新区城市管理监察执法大队，隶属区规划建设局。2009 年 7 月，成立井冈山经开区综合执法局，为井冈山经开区管委会内设机构，参照公务员法管理。城市管理监察执法大队更名为井冈山经开区综合执法大队，隶属综合执法局，合署执法。2012 年，环卫保洁职能划归综合执法局。2015 年 9 月，恢复综合执法大队，为综合执法局下属正科级事业单位，负责区内的城管、土地、劳动、食品、卫生、文化市场管理等执法监察工作，查处各类违法案件。2017 年 9 月，区综治信访办并入综合执法局。2020 年 1 月，井冈山经开区机构人事改革，综合执法局撤销，综治信访职能划归社会事业局，城市管理、环卫保洁职能并入城市建设管理局，下设城市综合管理大队进行管理。

2001—2020 年井冈山经开区城市建设管理局局长、副局长任职情况一览表

表 6-27

职　务	姓　名	籍　贯	任职时间
局长	罗厥宏	江西吉安	2001.12—2009.5
	詹军庆	江西吉安	2009.11—2020.1
	刘小勇	江西吉安	2020.1—
副局长	刘　虎	江西吉安	2001.12—2008.9
	匡桓仁	江西吉安	2009.9—2018.7
	王行勤	江西安义	2013.7—
	罗剑钦	江西吉安	2014.12—2017.5
	李新军	江西吉安	2018.8—2020.1
	胡祥平	江西吉安	2020.1—2020.12
	胡足莲（女）	江西吉安	2020.8—（挂职）
	黄虎兴	江西吉安	2020.12—
城市管理大队大队长	王远宏	江西永新	2020.4—
房屋征收办主任	高　攀	河南唐河	2020.4—

2009—2020 年井冈山经开区综合执法局局长、副局长任职情况一览表

表 6-28

职　务	姓　名	籍　贯	任职时间
局长	王俊镖	江西吉安	2009.9—2013.12
	郭卫东	江西遂川	2013.12—2020.1

续表 6-28

职　务	姓　名	籍　贯	任职时间
副局长	欧阳晓林	江西吉安	2016.10—2020.1
	王远宏	江西永新	2017.8—2020.1

社会事业局

2001—2009 年，井冈山经开区社会事业工作由吉安县负责。

2009 年，井冈山经开区社会事业局成立。主要职责为负责开发区教育、文化、卫生、体育、民政、司法、计生，农业、林业、农民房屋拆迁、农民培训和安置、社会治安综合治理、农村社会稳定、新农村建设及其他“三农”，园区内资源权属纠纷调处工作；2013 年调整为负责区内的教育、文化、卫生、体育、民政、司法、人口计生，区内的农业、林业、水利、新农村建设及其他“三农”，区内资源权属纠纷调处工作；2017 年，井冈山经开区境内的脱贫攻坚工作从吉安县分离，由井冈山经开区独立开展，日常工作由区社会事业局负责；2019 年调整为负责教育、体育、文化广播电视、新闻出版、旅游发展，卫生健康、计划生育管理和服务，民政、老龄事务、慈善、残疾人事业，农业农村和脱贫攻坚，退役军人安置优抚、服务管理，司法、普法和公共法律服务，处理人民群众的来电来信，接待人民群众的来访和网上信访，协调处理群众进京、赴省（市）上访和重大、突发性信访事件，适时对不稳定因素进行预测和排查，社会管理综合治理和维护社会稳定，协调青原区委、区政府相关职能部门对青原产业园内社会治安综合治理、社会稳定、民生事业的管理和服务，承担所管行业安全生产监督管理职责。

主要对口部门：市委政法委、市委信访局、市教体局、市民政局、市司法局、市农业农村局、市文化广电新闻出版旅游局、市卫生健康委员会、市退役军人局、市扶贫办、市气象局、市水文局、市残联、市红十字会、市关工委。

2020 年 1 月，在社会事业局下设退役军人服务中心，设岗位数 2 名。4 月，刘伟华任区退役军人服务中心主任。

2020 年 1 月，在社会事业局下设教育中心，设岗位数 2 名。教育中心主任（教育党委专职副书记）由社会事业局副局长兼任。

2009—2020 年井冈山经开区社会事业局局长、副局长任职情况一览表

表 6-29

职　务	姓　名	籍　贯	任职时间
局长	赖世林	江西万安	2009.11—2013.5
	李　真	江西吉安	2013.5—2017.12
	毛建发	江西吉安	2017.12—2020.1
	郭卫东	江西遂川	2020.1—

续表 6-29

职 务	姓 名	籍 贯	任职时间
副局长	陈建军	江西吉安	2009.11—2017.5
	赖高山	江西吉安	2020.4—
	罗 琼（女）	江西吉安	2014.12—2020.4
	肖建莉（女）	江西吉安	2013.6—
	刘 韵（女）	江西吉安	2020.4—

应急管理局（生态环境局）

2003 年 11 月，设立区经济发展局（与区安全生产监督管理局合署办公）。2009 年 8 月 27 日，吉安市机构编制委员会印发通知，撤销吉安市环境保护局井冈山经开区分局，设立井冈山经开区环境督查中心，为市环保局下属正科级全额拨款事业单位。2012 年 2 月，区经济发展局更名为区经济发展和科技管理局（挂安全生产监督管理局牌子）。2017 年 8 月，区安全生产监督管理局、区环境保护局合署办公，两块牌子一套人马。2019 年 10 月，机构改革，成立区应急管理局，与区生态环境局合署，承担全区安全生产监督管理和园区环境保护审批、执法等业务工作职能。

井冈山经开区成立后，园区环境保护审批、执法等工作由吉安市环境保护局负责。2010 年环境保护审批由井冈山经开区规划建设环保局负责，执法等工作由吉安市环境保护局井冈山经开区环境督查中心负责。2015 年，成立环境保护局，为区规划建设环保局二级局。

2003—2020 年井冈山经开区应急管理局局长、副局长任职情况一览表

表 6-30

职 务	姓 名	籍 贯	任职时间
经济发展局局长、安全生产监督管理局局长	任润藩	江西丰城	2003.11—2013.2
经济发展局副局长、安全生产监督管理局副局长	李小平	江西万安	2009.9—2013.5
经济发展和科技管理局局长	刘小勇	江西吉安	2013.2—2016.8
安全生产监督管理局副局长	刘继忠	江西永新	2013.9—2014.12
经济发展和科技管理局副局长、安全生产监督管理局局长（兼）			2014.12—2017.8
环境保护局局长、安全生产监督管理局局长（兼）	罗剑钦	江西吉安	2017.8—2020.5
环境保护局副局长、安全生产监督管理局副局长（兼）	曹 晶	江西吉安	2017.8—2020.4
应急管理局局长、生态环境局局长（兼）	罗剑钦	江西吉安	2020.5—
应急管理局局副局长、生态环境局副局长（兼）	黄 盾	江西南昌	2020.4—
应急管理局局副局长、生态环境局副局长（兼）	曹 晶	江西吉安	2020.4—

行政审批局

2017 年 11 月根据《井冈山经开区推进服务效能改革实施方案》（井开党工办字〔2017〕64 号）

文件精神，成立区行政审批中心，由区经济发展和科技管理局管理。2018 年 9 月，区行政审批服务中心运行。

2019 年 10 月，成立行政审批局。主要职能为负责行政审批制度改革，及时落实上级部门下发的涉及行政审批相关事项的法律、法规文件，投资项目注册登记、立项、环境准入、规划、建设、运营中所有行政许可事项的集中审批，协调、监督、考核市直驻区单位承担的行政许可事项审批，协调涉及上级主管部门的行政审批事项的处理及业务培训，按法定程序对行政许可事项进行形式要件审核，配合相关职能部门做好事中事后监管，对未划转的涉企行政许可事项实行集中受理和代办服务，对进驻的公共服务事项管理，行政审批服务平台建设和运行管理工作。

行政审批局内设机构：审批科。2020 年 7 月，根据《关于确定贵溪市等 12 个县（市、区）和开发区（新区）为全省第三批相对集中行政许可权改革试点单位的通知》（赣审改办字〔2020〕1 号），井冈山经开区列入江西省第三批相对集中行政许可权改革试点单位。

行政审批服务中心设有办税大厅，设窗口 12 个，主要负责办理涉税事项 185 项；便民审批大厅，设窗口 16 个，入驻的部门包括水务集团、电力公司、社保中心、不动产登记中心，办理水电报装、水电费缴纳、契税缴纳、不动产登记、医保社保等便民服务事项 367 项；企业投资审批厅，设有窗口 16 个，入驻吉安市市场监督管理局和行政审批局，设有企业开办综合服务窗口、工程建设项目综合服务窗口、社会事务、政策兑现等综合受理窗口，负责涉及企业开办投资审批事项共 378 项。

2020 年井冈山经开区行政审批局局长、副局长任职情况一览表

表 6-31

职　务	姓　名	籍　贯	任职时间
局长	李　真	江西吉安	2020.1—
副局长	王俊镖	江西吉安	2020.4—
副局长	稂　波	江西吉安	2020.4—
行政审批服务中心主任	刘玲荣（女）	江西吉安	2020.12—

井冈山综合保税区管理局

井冈山出口加工区位于井冈山经开区内，总体规划面积 2.25 平方千米，首期开发建设围网封关面积为 0.63 平方千米。2011 年 3 月国务院批复。2011 年 11 月开工建设，总投资 2 亿元。建设完成包括海关监管大楼、监管仓库、保税仓库、物流仓库、标准厂房、企业厂房及其他相关办公配套服务设施。2013 年 4 月，通过国家联合验收小组正式验收并封关运行。2016 年 11 月，江西省政府向国务院提出核减规划面积申请。2018 年 11 月，批复同意井冈山出口加工区核减规划面积 0.48 平方千米后验收合格。2020 年 4 月，国务院批复同意井冈山出口加工区整合优化为井冈山综合保税区。

中共井冈山经开区（出口加工区）工委、井冈山经开区（出口加工区）管理委员会负责江西井冈山出口加工区的开发建设、招商引资、行政管理和综合服务等工作。出口加工区管理局为正处级内设机构，机关人员编制 5 名，设局长 1 名（由井冈山经开区管委会副主任兼任）、副局长 1 名，内设综合业务处。2019年，中共吉安市委、市政府批准增加一名副局长岗，机关人员编制7名，设局长1名，副局长2名，内设综合业务科。出口加工区管理局主要职能是发展保税加工、保税物流等业务，国外货物入区保税，国内货物入区视同出口，实行退税。区内可设置出口加工企业及其相关仓储，运输企业。

2020年9月，根据《关于井冈山经济技术开发区管委会机构调整的批复》（赣编办文〔2020〕85号），吉安市委机构编制委员会批复井冈山经开区管委会不再保留出口加工区管委会牌子，将井冈山经开区管委会内设机构“出口加工区管理局”更名为“综合保税区管理局”，工作职责是贯彻落实国家及省有关法律、法规和规章，编制发展规划，开展对外招商引资工作，负责综合保税区基础设施建设和维护，为区内企业提供服务。核增井冈山经开区管委会副主任职数1名，兼任综保区管理局局长。综合保税区管理局核定编制为10名，内设综合办公室、开放发展办公室，均核定正科级职数1名，副科级职数1名；核定二至五级专办4名。

2012—2020年井冈山经开区出口加工区管理局局长、副局长任职情况一览表

表6-32

职　务	姓　名	籍　贯	任职时间
区管委会副主任、出口加工区管理局局长	周　智	江西吉安	2012.8—2016.12
区党工委委员、出口加工区管理局局长	吴　磊	江西吉安	2016.12—2020.8
井冈山出口加工区管理局副局长	鲍国珍（女）	安徽歙县	2014.7—2020.8
井冈山出口加工区管理局副局长	毛建发	江西吉安	2020.1—2020.8

2020年井冈山综合保税区管理局局长、副局长任职情况一览表

表6-33

职　务	姓　名	籍　贯	任职时间
局长	张志福	江西吉水	2020.7—
副局长	毛建发	江西吉安	2020.8—
	鲍国珍（女）	安徽歙县	2020.8—

纪检监察工委

2008年11月，吉安市高新区党工委（管委会）内设机构政治处负责纪检的日常工作等。吉安市高新区党工委（管委会）领导职数中设纪工委书记1名。2009年8月，井冈山经开区党工委、管委会内设机构人力资源和社会保障局负责纪检工作。

2013年2月，设立纪工委（监察室），为吉安市纪委（市监察局）的派驻机构。党工委班子领导职数中设纪工委书记1名，副县级领导职数中含纪工委副书记兼监察室主任1名，正科级领导职数中含监察室副主任1名。

2018年7月，吉安市监委向井冈山经开区派出监察组，与井冈山经开区纪工委合署。井冈山经开区纪工委书记、副书记分别兼任吉安市监察委员会派出井冈山经开区监察组组长、副组长职务。

2019 年 4 月，吉安市纪委市监委在中共井冈山经开区工作委员会设立派出机构，名称为井冈山经开区纪检监察工作委员会。

2020 年 1 月，纪检监察工委内设科室有纪检监察室、综合科，设岗位数 6 名，其中：部门正职 1 名（副书记）、部门副职 1 名（纪检监察室主任）、一级专办 1 名、二至五级专办 3 名。主要对口市纪委、市监委、市委巡察办。

主要职能是在吉安市纪委、市监委和区党工委的双重领导下，履行监督执纪、问责职能。落实上级纪检监察机关的工作部署和要求，组织开展党风廉政建设和反腐败工作；协助区党工委推进全面从严治党，推动党风廉政建设，加强纪律建设，营造风清气正政治生态；加强党纪党规教育，开展监督检查、受理和处置问题线索、查处违纪违规违法问题。

2008—2020 年井冈山经开区纪检监察工委书记、副书记任职情况一览表

表 6-34

职　务	姓　名	籍　贯	任职时间
吉安市高新区党工委委员、纪检书记	罗厥宏	江西吉安	2008.11—2012.8
井冈山经开区党工委委员、纪工委书记	刘达绪	江西吉安	2012.8—2016.12
井冈山经开区党工委委员、纪工委书记	刘茶香（女）	江西井冈山	2016.12—2018.7
井冈山经开区党工委委员、纪工委书记、监察组组长			2018.7—2019.7
井冈山经开区党工委委员、纪检监察工委书记			2019.7—
井冈山经开区纪工委副书记	陈志忠	江西峡江	2013.2—2018.5
井冈山经开区纪工委副书记、监察组副组长	周志平	安徽枞阳	2018.11—2019.7
井冈山经开区纪检监察工委副书记			2019.7—

2013—2020 年井冈山经开区纪检监察室主任、副主任任职情况一览表

表 6-35

职　务	姓　名	籍　贯	任职时间
监察室主任	陈志忠	江西峡江	2013.2—2018.5
监察室副主任	朱剑师	江西吉安	2014.11—2020.1

2020 年井冈山经开区纪检监察工委纪检监察室主任任职情况一览表

表 6-36

职　务	姓　名	籍　贯	任职时间
纪检监察室主任	谢明华	江西吉安	2020.1—

富滩园区管理办公室

2018 年 2 月，根据市委、市政府《关于支持井冈山经济技术开发区和吉州、青原工业园区一体化发展的实施意见》，富滩工业园整合为井冈山经开区富滩产业园，由青原产业园党工委、管委会进行管理。2020 年 1 月，富滩产业园成建制划归井冈山经开区管理，在富滩产业园设立富滩园区管理办公室进行日常管理。

2020 年井冈山经开区富滩园区管理办公室主任、副主任任职情况一览表

表 6-37

职　务	姓　名	籍　贯	任职时间
主任	刘孟熊	江西吉安	2020.4—2020.12
	胡祥平	江西吉安	2020.12—

吉安市井冈山开发区金庐陵经济发展有限公司

2001 年 8 月，经吉安市高新技术产业开发区批准设立，在吉安市工商行政管理局注册。2020 年 5 月，经井冈山经开区党工委批准，注册资本增加到 10 亿元，井冈山经开区管委会 100% 控股。井冈山经开区管委会为公司实际控制人和唯一出资人，不设股东会，由管委会履行股东会相应职责。依法设立董事会和监事会。董事会是公司的决策机构，董事会由 7 人组成，监事会由 5 人组成。公司内设综合管理部、法务风控部、投融资事业部、计划财务部、工程管理部和资产管理部。

主要职能为开发区规划范围内土地开发整理、基础设施建设及相关配套设施项目投融资建设以及国有资产经营管理、企业融资担保等。

2001—2020 年吉安市井冈山开发区金庐陵经济发展有限公司领导成员一览表

表 6-38

职　务	姓　名	任职时间
法人代表董事长	刘志坚	2001.8—2004.3
	丁克宁	2004.3—2012.9
	吴　磊	2012.9—2018.7
	吴健河	2018.7—
总经理	吴　磊	2012.9—2015.10
	郭智勇	2015.10—2018.2
	熊小华	2018.4—
副总经理	罗厥宏	2004.3—2012.9
	熊小华	2011.6—2018.4
	刘荣华	2015.5—2017.11

续表 6-38

职　务	姓　名	任职时间
副总经理	肖　恺	2018.4—2019.2
	罗　强	2019.2—
	乐宁华	2020.4—
总工程师	廖瑞祥	2020.5—
财务总监	饶文飞	2017.6—
总经理助理	廖彩明	2019.4—
监事会主席	阙永乐（女）	2019.9—
董事	熊小华	2015.5—
	廖瑞祥	2017.6—
	饶文飞	2019.8—
	肖祖核	2019.8—
监事	陈朝轩	2017.6—
	梁丽（女）	2017.6—
	刘　盼	2019.8—
	樊金波	2019.9—

第三节　市直驻区单位

吉安市公安局井冈山经开区分局

2002 年，成立吉安县君山派出所，承担吉安市高新区内各项治安管理工作。2003 年 3 月，吉安市编委批复同意设立吉安市公安局高新技术产业开发区分局，为市公安局正科级派出机构，受市公安局和市高新技术产业开发区管理委员会双重管理，人员编制 8 名，设分局局长 1 名，政委 1 名，副局长 1 名。2003 年 5 月，省公安厅批复同意设立吉安市公安局高新技术产业开发区分局。2004 年 3 月，吉安市公安局高新技术产业开发区分局挂牌成立。2009 年 5 月，“吉安市公安局高新技术产业开发区分局”更名为“吉安市公安局井冈山经济技术开发区分局”。

井冈山经开区公安分局内设治安管理大队、刑事侦查大队，为副科级单位；综合办公室、国保大队，为正股级单位；下辖高新派出所、金鸡湖派出所，为副科级单位。2009 年，组建巡防大队，主要协助民警办理案件和日常巡逻防控。

2010 年 7 月，由吉安县公安局筹备组建高新派出所，后交开发区公安分局管理。9 月，江西省公安厅同意设立吉安县公安局高新派出所，为副科级单位，设所长 1 名，教导员 1 名。11 月，井冈山经开区交警大队、吉安县公安局高新派出所揭牌。2014 年 8 月，经吉安市编委批准，吉安县公安局高新派出所改为吉安市公安局管理隶属，更名吉安市公安局井冈山经开分局高新派出所。2016 年，组建特巡警大队，承担园区的巡逻防控和应急处突工作。2019 年 10 月，吉安市编办同意成立吉安市公安局井冈山经开分局金鸡湖派出所。

综合办公室职能：负责上传下达、文件收发立转、保密工作和上报下发的审核，印章管理、文秘、信息调研、统计报送，来信来访、财物管理、档案、后勤等内务管理，出入境管理，指挥中心管理等工作。

治安管理大队职能：指导派出所基层基础工作，组织开展社会治安防控体系建设和社会治安综合治理，处置各类突发事件、治安灾害事故，负责治安、行政案件和治安部门管辖的刑事案件的侦查办理，监督检查在本辖区内公务用枪和企事业单位枪支弹药的管理，指导派出所特种行业、公共娱乐服务场所的治安管理，危险化学品、民用爆炸物品的安全管理和办理爆炸物品运输证的审核，排查公共娱乐服务场所集会活动的治安隐患，特种行业及特种行业许可证的审核并对特种行业进行安全检查，开展食品药品、环境安全案件办理相关工作，指导、协调各单位开展安保及警卫活动等。

刑事侦查大队职能：掌握辖区刑事犯罪动态，收集、通报、交流刑事犯罪情报，研究制定预防、打击对策，受理、侦办辖区刑事案件，刑事技术现勘、刑事特勤、刑事情报信息研判、追逃、毒品侦破、刑事警务协作，对派出所刑侦业务工作的指导。

高新派出所（负责经开区西区）、金鸡湖派出所（负责经开区东区）职能：人口管理，情报信息搜集，维护社会治安稳定，打击各类违法犯罪活动，社区防范，参与辖区社会治安综合治理，及时受理人民群众求助救急。

国保大队职能：维护井冈山经开区社会政治稳定和企业内部安全保卫基础调查、情报信息、秘密力量建设、重点对象和阵地控制等基础性、源头性工作，开展经常性基础调查、积累情况资料、搜集情报信息、发现影响社会政治稳定的苗头、隐患、控制辖区的重点对象和阵地，监督、指导派出所深入全面地开展国内安全保卫基础工作。

2004—2020 年井冈山经开区公安分局局长、政委、副局长任职情况一览表

表 6-39

单　位	职　务	姓　名	任职时间
吉安高新技术产业开发区公安分局	局长	高明哲	2004.1—2009.5
	政委	王昭坪	2004.3—2009.5
	副局长	谢发耀	2005.8—2009.5
		吴文生	2005.8—2009.5
井冈山经济技术开发区公安分局	局长	高明哲	2009.5—2013.5
		傅卫东	2013.5—2020.10
		伍有君	2020.10—
	政委	王昭坪	2009.5—2013.5
		吴文生	2019.1—2020.7
		梁澄宇	2020.7—
	副局长	谢发耀	2009.5—2017.2

续表 6-39

单 位	职 务	姓 名	任职时间
井冈山经济技术开发区公安分局	副局长	吴文生	2009.5—2019.1
		李醒楚	2019.1—

吉安市公安局交通警察支队井冈山经济技术开发区大队

2010 年 7 月，经吉安市编委批准成立，是吉安市公安局交警支队正科级内设机构，人员编制 10 名，大队领导职数 2 正、2 副。配备大队长、教导员各 1 名，副大队长 2 名。

区交警大队内设机构有办公室、违法处理中心、设施科，下辖一中队、二中队。2016 年 12 月，一中队更名为直属中队；二中队更名为事故处理中队。

工作职能为负责井冈山经开区辖区内道路的交通秩序管理、道路交通事故处理、交通安全宣传与教育等交通管理工作。

2010—2020 年井冈山经开区交警大队大队长、教导员、副大队长任职情况一览表

表 6-40

职 务	姓 名	籍 贯	任职时间
大队长	彭 伟	江西吉安	2010.12—2017.5
	陈祖文	江西井冈山	2017.5—
教导员	曾日芝	江西吉安	2020.7—
副大队长	黄维斌	江西吉水	2019.1—
	钱志建	江西萍乡	2020.7—

井冈山经开区消防救援大队

2001 年 11 月至 2004 年 12 月，园区救援工作由吉安县公安消防大队负责。

2004 年 12 月，高新区公安消防大队正式建队，未建设独立营房，暂借管委会办公室办公，承担园区消防监督执法工作。未成立中队，园区灭火救援任务由吉安县公安消防大队承担。2009 年，大队正式更名井冈山经济技术开发区公安消防大队。2010 年 1 月，大队部搬迁至营房现址井冈山经开区京九大道 262 号，与吉安市特勤消防中队联合办公，其中灭火救援工作由吉安市特勤消防中队承担。2011 年 6 月，成立井冈山经济技术开发区应急救援大队，负责辖区以抢救人民生命为主的应急救援工作。2015 年 6 月，井冈山经开区专职消防队成立。2016 年 12 月，井冈山经济技术开发区公安消防大队京九路中队成立，中队全面负责辖区灭火救援任务，大队组织机构正式健全。2018 年 10 月，大队更名为井冈山经济技术开发区消防救援大队，中队更名为井冈山经济技术开发区京九大道消防救援站。自 2004 年底，大队成功处置新琪安公司氯化亚砜泄露、江南春晓小区天然气泄露等 550 余起各类灾害事故，抢救疏散被困群众 46 人，挽回财产损失 5600 余万元。

2003—2020 年井冈山经开区消防救援大队大队长、副大队长任职情况一览表

表 6-41

职　务	姓　名	籍　贯	任职时间
大队长	陈积倡	江西兴国	2003.12—2006.6
	马剑明	浙江东阳	2006.6—2008.12
	肖　峰	江西安福	2010.6—2012.6
	谢建青	江西吉安	2012.6—2015.7
	曹世军	山东鄄城	2015.7—2017.3
	贺传虎	江西永新	2020.9—
副大队长	陈绍斌	江西宁都	2008.12—2010.6
	贺传虎	江西永新	2017.3—2020.9

2004—2015 年井冈山经开区消防救援大队政治教导员任职情况一览表

表 6-42

职　务	姓　名	籍　贯	任职时间
政治教导员	欧阳琳峰	江西遂川	2004.12—2009.12
	熊　俊	江西南昌	2009.12—2010.12
	吴　泳	江西永新	2010.12—2014.6
	王　涛	江苏赣榆	2015.12—2017.12
	郭　剑	江西吉安	2017.12—
副政治教导员	欧阳琳峰	江西遂川	2004.8—2004.12
	王　涛	江苏赣榆	2014.6—2015.12

国家税务总局井冈山经开区税务局

2004 年 11 月，吉安市高新技术产业开发区地方税务分局挂牌成立；2007 年 1 月，更名为吉安市高新技术产业开发区地方税务局；2007 年 9 月，批准成立地税局党组；2012 年 4 月更名为江西井冈山经开区地方税务局；2016 年升格为副处级单位。区局机构领导职数 4 个（副处级职数 1 个、正科级职数 3 个），内设综合科、业务科、风险监控科 3 个职能科室和党组纪检组，下设 3 个基层分局。

井冈山经开区地税局职责为：编制本单位税收收入计划并组织实施，负责经开区范围内内资企业、个体工商户的地方税征收管理和社保基金（费）的征收管理、发票管理以及对纳税户日常发票“验旧供新”，处理在检查中发现的发票违章，负责本单位税收会计、统计以及经费、财务和资产管理，研究税收理论和税收政策，分析税收信息，掌握税收动态，组织税法宣传等。

2005 年 4 月，吉安市国税局高新技术产业园区税务分局挂牌成立；2009 年 12 月，更名为井冈山经济技术开发区国家税务局；2010 年 1 月，批准成立党组；2011 年 1 月，成为全职能局；2013 年 11 月升格为副处级单位；区局机构领导职数 4 个（副处级职数 1 个、正科级职数 3 个），下设 7 个内设

机构和1个事业单位，级别均为副科级，分别是：办公室、综合业务科、收入核算科、办税服务厅（纳税服务科）、纳税评估科、税源管理一科、税源管理二科，信息中心。主要职责有负责流转税、所得税等税种的税政业务，管理增值税专用发票，金税工程流转税业务管理、推广应用及认证报税、数据采集、稽核管理，增值税等税种的纳税评估、日常稽核和日常管理性检查，税收协定执行、反避税实施、外国居民税收监管、情报交换、国际税务管理合作，对出口企业退免税申报的审核和确认，组织落实辖区出口货源征税情况并负责对外复函，辖区出口货物专用缴款书及分割单开具的检查及指导，组织实施综合性税收征管法律、法规和规章制度，处理执行税收征管法规、条例中的有关事项，税务登记、纳税申报、税款征收和税收资料等的管理，牵头组织对征管质量的综合考核，组织征管软件的推广和应用，牵头负责纳税评估的组织实施和指导、协调、管理，纳税服务的组织、管理，税收计划管理、税收会计、统计等信息数据的统计和分析，编制和分配税收计划、指导组织税政收入，进行税收预测分析，负责税款征收信息的集中处理和会计核算，组织并检查税款征收、解库、提退等制度的执行，税源资料的调查和测算，监控重点税源，税收票证管理，纳税人各种涉税事项受理减免申请与有关优惠政策申请，对所辖税源的监控管理，所辖纳税户税务登记及纳税申报的调查核实，进行税源预测和分析，重点税源管理跟踪监控，税收宣传、纳税辅导、税收调研、纳税服务、日常检查、户籍管理、政策送达、税源调查、定额核定、催报催缴、数据采集分析、组织实施纳税评估，以及处理一般性违规、违章行为等。

2018年7月，井冈山经开区地方税务局和国家税务局合并，挂牌成立国家税务总局井冈山经开区税务局，设6个内设机构、2个派出机构、1个事业单位。

2004—2018年井冈山经开区地方税务局领导任职情况一览表

表6-43

职　务	姓　名	籍　贯	任职时间
局长	康景明	江西泰和	2004.11—2008.5
党组书记、局长	沈　燕（女）	上海黄浦	2008.5—2012.12
党组书记、局长	刘映峰	江西遂川	2012.12—2017.5
党组书记、局长（副处长级）			2017.5—2018.7
副局长	谭铭龙	江西永新	2005.11—2006.7
	林　霞（女）	江西永新	2006.12—2008.3
	钟振飞（女）	江西吉安	2013.2—2017.10
党组成员、纪检组长	高承祥	江西吉安	2007.1—2017.2
党组成员、副局长			2017.2—2017.9
党组成员、副局长（正科长级）			2017.9—2018.7
党组成员、纪检组长	刘红海	江西吉安	2017.2—2017.9
党组成员、纪检组长（正科长级）			2017.9—2018.7
党组成员、副局长（正科长级）	李桂仁	江西吉安	2017.9—2018.7

2005—2018 年井冈山经开区国家税务局局长、副局长任职情况一览表

表 6-44

职 务	姓 名	籍 贯	任职时间
局长	陈兵浪	江西莲花	2005.4—2007.1
	方 健	江西九江	2007.2—2010.6
党组书记、局长	邓志忠	江西吉水	2010.6—2011.11
党组书记、局长（副处长级）	邹小婷（女）	江西新干	2013.12—2018.1
副局长	黄继红（女）	江西新干	2005.3—2006.9
	张必蓉（女）	江西丰城	2007.2—2008.12
党组成员、副局长	彭建中	江西吉安	2008.1—2016.3
	邓芦明	江西南昌	2008.12—2020.10
党组成员、副局长（正科长级）	龙小波	江西永新	2014.2—2017.4
	周健法	江西吉安	2016.5—2018.7
纪检组长	王小萍（女）	湖南新宁	2016.5—2018.7

2018—2020 年井冈山经开区税务局局长、副局长任职情况一览表

表 6-45

职 务	姓 名	籍 贯	任职时间
局长	刘映峰	江西遂川	2018.7—
副局长	周健法	江西吉安	2018.7—
	王小萍（女）	湖南新宁	2018.7—
	高承祥	江西吉安	2018.7—
	李桂仁	江西吉安	2018.7—
	刘红海	江西吉安	2018.7—

市场监督管理分局

2005 年 5 月，吉安市工商行政管理局综合科履行吉安市高新技术产业开发区的工商管理职责。2011 年，设立井冈山经开区工商行政管理局，为市工商行政管理局正科级直属机构，内设办公室、企业注册监督管理局（副科级）、公平交易（消费者权益保护）局（副科级）3 个机构。2015 年 3 月，井冈山经开区工商行政管理局更名为区市场和质量监督管理局，为吉安市市场和质量监督管理局正科级派出机构。下属机构：企业注册局、公平交易局、质量和特种设备安全监察局，均为副科级机构；执法大队，为副科级事业单位。

2015 年 12 月，成立吉安市食品药品监督管理局井冈山经开区分局，主要职责为负责本辖区的四品一械（食品、药品、保健品、化妆品、医疗器械）的发证和日常监督管理工作。2019 年 3 月，因机

构改革与吉安市食品药品监督管理局井冈山经开区分局合并，井冈山经开区市场和质量监督管理局更名为吉安市市场监督管理局井冈山经开区分局，为吉安市市场监督管理局派出机构，正科级。下属机构：企业注册局、食品药品安全监管局、质量和特种设备安全监察局均为副科级机构。2019 年 12 月，增设市市场监督管理执法稽查局井冈山经开区分局，与吉安市市场监督管理局井冈山经开区分局实行“局队合一”体制。

2005—2013 年吉安市工商行政管理局综合科正副科长任职情况一览表

表 6–46

职　务	姓　名	籍　贯	任职时间	备　注
综合科副科长	袁建芳	江西吉安	2005.7—2011.1	主持工作
综合科科长	曾　文	江西吉安	2011.1—2013.1	—

2013—2016 年井冈山经开区工商行政管理局局长、副局长任职情况一览表

表 6–47

职　务	姓　名	籍　贯	任职时间
局长	曾　文	江西吉安	2013.1—2016.7
副局长	罗铁辉	江西吉安	2013.1—2019.5
	许　健	江西吉安	2013.1—2013.11
	彭宏涛	江西吉安	2013.11—2016.7

2015—2019 年井冈山经开区食品药品监督分局局长、副局长任职情况一览表

表 6–48

职　务	姓　名	籍　贯	任职时间
局长	李亚中	江西吉安	2015.12—2019.3
副局长	曾　琦	江西吉安	2015.12—2019.3

2016—2019 年井冈山经开区市场和质量监督管理局局长、副局长任职情况一览表

表 6–49

职　务	姓　名	籍　贯	任职时间
局长	曾　文	江西吉安	2016.7—2019.5
副局长	罗铁辉	江西吉安	2016.7—2019.5
	彭宏涛	江西吉安	2016.7—2019.5

2019—2020 年吉安市市场监督管理局井冈山经开区分局局长、副局长任职情况一览表

表 6-50

职　务	姓　名	籍　贯	任职时间
局长	彭宏涛	江西吉安	2019.5—
副局长	张贤光	江西吉安	2019.5—
	曾敬江	江西吉安	2019.5—

审计分局

吉安市高新技术产业开发区成立至 2014 年 3 月，井冈山经开区的审计管理工作由吉安市审计局负责。

2014 年 4 月成立常设审计组。2017 年 12 月，经吉安市机构编制委员会批准成立吉安市审计局井冈山经开区分局，编制 4 名。至 2020 年 12 月，井冈山经开区审计分局实有编制人数 2 名，辅审人员 2 名。

井冈山经开区审计分局主要工作职责为组织开展井冈山经开区范围内预算执行、固定资产投资等有关审计工作，并督促审计整改。

2017—2020 年吉安市审计局井冈山经开区审计分局主要负责人任职情况一览表

表 6-51

职　务	姓　名	籍　贯	任职时间
负责人	陈美芳	江西井冈山	2017.12—

供电服务中心

2019 年 9 月，国网吉安供电公司井冈山经开区供电中心挂牌成立，为正科级单位，设配电运维、营销服务二个业务班组。供电中心办公场所位于井冈山经开区京九大道 275 号。主要职能为负责国家级井冈山经开区内 1.3 万高、低压用电客户的供用电管理、电力营销服务，10 千伏及以下电网的运行维护管理等工作，配合相关部门（专业）完成井冈山经开区电网规划、建设等。

2008—2020 年井冈山经开区供电服务机构负责人任职情况一览表

表 6-52

机构名称	职　务	姓　名	籍　贯	任职时间
国网吉安供电公司高新分公司	主任	邓新平	江西南昌	2008.12—2012.8
	副主任	邓武平	江西新干	2008.12—2012.8

续表 6-52

机构名称	职　务	姓　名	籍　贯	任职时间
国网吉安供电公司客户服务中心	主任	吴世康	江西南康	2012.8—2015.4
	主任	夏正宇	江西吉安	2015.4—2017.1
	副主任	周险峰	江西永修	2012.8—2017.1
国网吉安供电公司井冈山经开区供电服务中心	主任	郭文浩	江西吉安	2016.9—2018.12
	主任	邓武平	江西新干	2018.12—2019.9
国网吉安供电公司客户服务中心	主任	林　崧	江西兴国	2017.1—2019.8
	书记	刁利江	江西吉水	2018.12—2019.8
	主任	曾赵锦	江西泰和	2019.8—2019.9
国网吉安供电公司井冈山经开区供电中心	主任	王　强	江西遂川	2019.9—
	副主任	郭建新	江西吉水	2019.9—

供水营业所

2004 年 3 月，吉安水务集团（前身为吉安市供水公司）在高新工业园区火炬大道西侧 120 米，赣江大道南侧地块动工建设木里岗供水加压泵站。8 月，吉安水务集团的派驻机构吉安市高新区营业所成立，办公场所设立在木里岗加压站综合楼。2007 年，营业所迁至井冈山经开区君山大道北侧 1 号（现 242 号）门面。2009 年 2 月更名为吉安水务集团井冈山经开区营业所。

2004—2020 年吉安水务集团井冈山经开区营业所负责人任职情况一览表

表 6-53

机构名称	姓　名	职　务	任职时间
吉安水务集团吉安市高新区营业所	雷义勇	副所长（主持工作）	2004.8—2007.10
		所长	2007.10—2009.2
吉安水务集团吉安市井冈山经开区营业所	雷义勇	所长	2009.2—2015.1
	彭为民	所长	2015.2—
	张先烯	副所长	2013.11—
	刘朝俊	副所长	2020.4—

第四节　街　道

高新街道

2008 年 12 月，由吉安县永和镇划出 7 个村（居）委会和敦厚镇划出 2 个村（居）委会组成吉安县高新街道并设办事处。2009 年 8 月，吉安县人民政府将吉安县高新街道办事处成建制移交井冈山经济技术开发区管理。

至 2020 年底，高新街道有干部职工 43 人（行政编制 10 人、事业编制 13 人、综合执法聘用人员 4 人，其他聘用人员 16 人）。下辖马甫、梨塘、下村、行山、长岭、京九、金庐、君山共 8 个社区居委会。其中四个农村社区（梨塘、马甫、行山、下村）。有 33 个居民小组，5109 人；四个城市社区，共 41 小区，户籍人口 1604 户，4262 人，常住总人口 14385 户 48192 人（不含企业务工人员约 1.5 万人），失地农民 3100 人。

2009—2020 年井冈山经开区高新街道党工委、办事处领导成员一览表

表 6-54

职　务	姓　名	籍　贯	任职时间
党工委书记	黄虎兴	江西吉安	2009.8—2013.4
党工委副书记、街道办事处主任	庄声桃	江西吉安	2009.8—2013.4
党工委书记			2013.4—
党工委副书记	欧阳晓林	江西吉安	2009.8—2013.4
办事处主任			2013.4—2015.7
党工委副书记、办事处主任			2015.7—2016.5
党工委委员、纪工委书记	王太安	江西吉安	2009.8—2011.10
党工委委员、纪工委书记			2013.6—2018.1
办事处主任科员			2018.1—2020.4
党工委委员、办事处副主任	赖高山	江西吉安	2009.8—2011.10
纪工委书记			2011.10—2013.4
党工委副书记	赖高山	江西吉安	2013.4—2016.6
街道办事处主任			2016.7—2018.9
党工委委员、组织宣传委员	彭会良	江西吉安	2009.8—2011.10
办事处副主任			2011.10—2015.7
党工委副书记，办事处主任			2018.9—
党工委委员、办事处副主任	肖建莉（女）	江西吉安	2009.8—2011.10
党工委委员、组织宣传委员			2011.10—2013.4
党工委委员、办事处副主任	戴红伟	江西吉安	2011.10—2015.7
党工委副书记	王远宏	江西永新	2016.5—2018.1

续表 6-54

职　务	姓　名	籍　贯	任职时间
党工委副书记	蒋建全	江西吉安	2017.4—2020.1
党工委副书记	高　攀	河南唐河	2020.4—
党工委委员、组织宣传委员	刘　娟（女）	江西吉安	2013.7—2018.1
街道党工委委员、常务副主任			2018.1—2018.9
街道党工委委员、纪工委书记			2018.9—
综治办副主任、三级主任科员	王兴发	安徽凤台	2013.9—2015.7 2020.4—
党工委委员、副主任	王　琳	浙江东阳	2015.7—2018.1
党工委委员、纪工委书记			2018.1—2018.7
党工委委员、组织宣传委员	饶林坚	江西赣州	2018.1—2020.4
党工委委员、统战委员、办事处副主任			2020.4—
综治办副主任、办事处一级主办	尹志坚	江西吉安	2015.7—2018.9
党工委委员、办事处副主任			2018.9—2020.4
党工委委员、政法委员			2020.4—
办事处一级主办	刘思明	江西吉安	2016.9—2020.2
办事处一级主办、副主任	王红根	江西吉安	2018.9—2020.5 2020.5—
办事处一级主办	肖嘉冀	江西吉安	2018.1—
办事处一级主办、副主任	邓莎莎（女）	江西吉安	2018.9—2020.5 2020.5—
街道执法大队大队长	周煦远	江西吉安	2020.5—

金鸡湖街道

2015 年 1 月，江西省民政厅批准，设立吉安县金鸡湖街道，并成立金鸡湖街道办事处，吉安县政府委托井冈山经开区管理。2016 年 10 月 8 日，中共井冈山经济技术开发区金鸡湖街道工作委员会、井冈山经开区金鸡湖街道办事处正式挂牌。区党工委书记刘志坚、管委会主任邓淑斌为街道党工委、办事处揭牌。

辖区总面积 35 平方千米，下辖龙山、金鸡湖、南安、西坑、岭上、彭家 6 个村（居）委会，35 个自然村，46 个村小组。至 2020 年底，辖区有常住人口 3161 户 10460 人，务工人口约 2 万人。

2014—2020 年井冈山经开区金鸡湖街道党工委班子成员任职情况一览表

表 6-55

职　务	姓　名	籍　贯	任职时间
（筹）党工委书记（兼）	肖小武	江西永新	2014.9—2015.7
（筹）党工委副书记、办事处主任（兼）	赖世林	江西万安	2014.9—2015.7
（筹）党工委副书记、办事处副主任（兼）	赖高山	江西吉安	2014.9—2015.7

续表 6-55

职　务	姓　名	籍　贯	任职时间
（筹）党工委委员（兼）	陈建军	江西吉安	2014.9—2015.7
	郭　锋	江西永新	2014.9—2015.7
	戴红伟	江西吉安	2014.9—2015.7
	王海群（女）	江西吉安	2014.9—2015.7
	王兴发	安徽凤台	2014.9—2015.7
党工委书记	肖小武	江西永新	2015.7—2016.8
	刘小勇	江西吉安	2016.8—2017.2
	黄虎兴	江西吉安	2017.2—2020.12
	刘孟熊	江西吉安	2020.12—
党工委副书记、办事处主任	梁靓（女）	江西赣州	2015.7—2018.1
	彭会良	江西吉安	2018.1—2018.9
	赖高山	江西吉安	2018.9—2020.4
	王　琳	江西吉安	2020.4—
党工委副书记	彭会良	江西吉安	2017.4—2018.9
	高　攀	河南唐河	2018.9—2020.4
	陈建军	江西吉安	2015.7—2017.2（挂职）
	陈　涛	江西吉水	2020.10—
党工委委员、纪检监察工委书记	高　攀	河南唐河	2015.7—2018.9
	夏国栋	江西新建	2018.9—
党工委委员、常务副主任	王兴发	安徽凤台	2018.9—2020.4
党工委委员、组织宣传委员	夏国栋	江西新建	2018.1—2019.9
	肖哲为	江西吉安	2019.9—2020.4
党工委委员、政法委员	毛建达	江西吉安	2020.5—
党工委委员、组织统战委员	肖哲为	江西吉安	2020.4—
党工委委员、副主任	彭会良	江西吉安	2016.7—2017.4
	毛建达	江西吉安	2018.9—2020.5
	欧阳圣江	江西吉安	2020.5—
	刘春庆	江西吉安	2017.2—2020.3（挂职）

2014—2020 年井冈山经开区金鸡湖街道办事处领导成员任职情况一览表

表 6-56

职　务	姓　名	籍　贯	任职时间
筹建办公室主任	陈志忠	江西峡江	2014.6—2014.9
筹建办公室副主任	赖世林	江西万安	2014.6—2014.9
	赖高山	江西吉安	2014.6—2014.9
（筹）党工委副书记、办事处主任（兼）	赖世林	江西万安	2014.9—2015.7
党工委副书记、办事处主任	梁　靓（女）	江西赣州	2015.7—2018.1
	彭会良	江西吉安	2018.1—2018.9
	赖高山	江西吉安	2018.9—2020.4
	王　琳	江西吉安	2020.4—

续表 6-56

职　务	姓　名	籍　贯	任职时间
（筹）党工委副书记、办事处副主任（兼）	赖高山	江西吉安	2014.9—2015.7
党工委委员、常务副主任	王兴发	安徽凤台	2018.1—2020.4
党工委委员、办事处副主任	彭会良	江西吉安	2016.7—
	刘春庆	江西吉安	2017.2—2020.3（挂职）
	毛建达	江西吉安	2018.9—2020.5
党工委委员、办事处副主任、三级主任科员	欧阳圣江	江西吉安	2020.5—
办事处副主任	龚　凯	江西吉安	2020.5—
	曾祖梁	江西吉安	2020.5—
	刘思明	江西吉安	2020.4—（挂职）
综治办副主任、一级主办	王红根	江西吉安	2015.7—
一级主办	毛建达	江西吉安	2015.7—2018.8
	龚　凯	江西吉安	2018.1—2020.5
	龚　凯	江西吉安	2019.1—2020.5
	肖哲为	江西吉安	2018.9—2019.9
	肖　涟（女）	江西吉安	2018.9—2020.4
	曾祖梁	江西吉安	2018.9—2020.5
二级主任科员	王太安	江西吉安	2020.4—
便民服务中心主任	左晨敏	江西吉安	2020.5—
综合执法队队长	伍　涛	江西吉安	2020.5—

第三章　临时机构

至 2020 年井冈山经开区先后设立规格和规模不等的推进重点项目建设临时性工作机构。这些临时机构分为重点项目开发建设领导小组、专项工作推进领导小组、阶段性工作推进领导小组，或某一重点工作指挥部（委员会）等，每个临时性机构吸纳多个相关职能部门参加。

第一节　井冈山经开区东区建设指挥部

东区建设指挥部

2012 年 3 月，经区党政联席会议研究，决定成立东区建设指挥部。机构设置的目的是加强井冈山经开区东区建设的组织领导，协调推进东区建设项目顺利实施，确保按序时进度完成各项建设任务。

指挥部在东区设立办公室，抽调区直单位部分人员集中办公，设立综合协调组、征地拆迁安置组、项目建设组、后勤保障组开展工作。

指挥部办公室主要职责是按照区党工委、管委会的统一部署，负责指挥部的日常工作，综合协调、调度、督导东区建设项目的建设，推进东区建设进度，保障东区建设项目健康有序进行。

2012—2014 年井冈山经开区东区建设指挥部领导成员任职情况一览表

表 6-57

职　务	姓　名	任职时间	单位及职务
总指挥长	刘志坚	2012.3—2014.6	区党工委书记
指挥长	邓淑斌	2012.3—2014.6	区党工委副书记、管委会主任
常务副指挥长	罗厥宏	2012.3—2014.6	区纪工委书记
副指挥长	汤文仙	2012.3—2014.6	区党工委副书记
	孙伏生	2012.3—2014.6	区管委会副主任
	刘达绪	2012.3—2014.6	区管委会副主任
	吴　磊	2012.3—2014.6	区管委会副主任

东区路网建设项目指挥部

2014 年，成立井冈山经济技术开发区东区路网建设项目指挥部，下设办公室。机构设置目的是为加快东区路网建设，满足项目入驻需求；职责是负责东区路网规划建设，协调处理征地拆迁有关事项。

2014—2015 年井冈山经济技术开发区东区路网建设项目指挥部领导成员任职情况表一览表

表 6-58

职　务	姓　名	任职时间	单位及职务
总指挥长	汤文仙	2014.8—2015.11	区党工委副书记、管委会常务副主任
副指挥长	罗厥宏	2014.8—2015.11	区管委会副主任
	吴　磊	2014.8—2015.11	区管委会副主任

第二节　金鸡湖新区开发建设指挥部

机构设置

2015 年 11 月，井冈山经开区党工委、管委会决定成立井冈山经济技术开发区金鸡湖新区开发建设指挥部，区党工委副书记、管委会常务副主任担任总指挥，下设综合办公室、督查问效部、规划设计部、项目建设部、征迁补偿部、信访维稳部等一室五部。区党工委、管委会从各街道及区直各有关单位抽调工作人员参加各部室工作。机构设置目的是为加快推进金鸡湖新区建设。主要职责：代表区党工委、管委会负责金鸡湖新区范围内征地拆迁补偿、基础设施建设等工作；负责新区产业招商、项目落户和项目推进等工作；负责新区城市规划设计、投融资管理、工程建设管理、城市建设项目组织实施等工作。

重点项目安排

2016 年，完成金鸡湖新区核心区城市、环湖路等路网、金鸡湖岸线整治、创客园、规划展示馆、金鸡湖学校、医院、公安交警业务用房、职工之家、邻里中心及移动终端产业园、天河煤矿棚户区改造安置小区的规划设计；推进一批续建项目：孵化大楼中心广场及周边路网工程、孵化大楼外装修工程、南塘路锦源大道工程、深圳大道东延、深圳大道跨铁路桥、田玄路、住仁山路（北段）、樟树塘路（西段）、木林森产业园二期、合力泰产业园二期、城中村改造安置房、金鸡湖住宅小区、里塘山商贸城；开工建设一批新建项目：孵化大楼内装修工程、规划展示馆、创客园职工之家、公安交警业务用房、金鸡湖学校（医院）、东区游园项目、环湖路网工程、天河煤矿棚户区改造安置小区。

2017 年，安排重点项目有合力泰产业园 TFT—LCD 面板项目、机壳生产项目、二期 3D 手机盖板项目；木林森产业园木林森覆铜板项目、木林森二期、三期；南山示范园、印刷包装产业园、新琪安健康食品产业园、辉烨通讯产业园、兴叶生物健康产业园、物流产业园、创成环保产业园、返乡创业园、软件产业园；标准厂房三期、中韩产业园、井冈山科技职业学院、污水处理厂二期；金鸡湖水利综合整治；综合农贸市场、西气东输末站。

2015—2018 年金鸡湖新区开发建设指挥部领导成员任职情况一览表

表 6-59

部门单位	职　务	姓　名	任职时间	原单位及职务
指挥部	总指挥	汤文仙	2015.11—2018.2	区党工委副书记、管委会常务副主任
	副总指挥	吴　磊	2015.11—2018.2	区党工委委员、管委会副主任
		肖小武	2015.11—2016.8	区管委会副主任、金鸡湖街道党工委书记
		刘小勇	2016.8—2018.2	区党工委委员、管委会副主任、金鸡湖街道党工委书记
综合办公室	主任	赖世林	2015.11—2017.11	区管委会办公室副主任
		易樟医	2017.12—2018.2	区党工委组织部副部长、人社局副局长
督查问效部	部长	鲍国珍	2015.11—2017.2	出口加工区管理局副局长
		易樟医	2017.2—2018.2	区党工委组织部副部长、人社局副局长
规划设计部	部长	詹军庆	2015.11—2017.2	区规划建设环保局局长
		王行勤	2017.2—2018.2	区规划建设环保局副局长
项目建设部	部长	郭智勇	2015.11—2018.2	金庐陵公司总经理
征迁补偿部	部长	陈建军	2015.11—2017.2	区社会事业局主任科员、金鸡湖街道党工委副书记
		刘春庆	2017.02—2018.2	良种场副场长
信访维稳部	部长	黄虎兴	2015.11—2017.2	区综治办主任、机关党委专职副书记

第三节 重点项目建设工作领导小组

机构设置

2018 年 2 月，撤销金鸡湖新区开发建设指挥部，成立井冈山经开区重点项目建设工作领导小组。区党工委书记任第一组长，区管委会主任任组长，区党工委委员、管委会常务副主任任副组长。区管委会办公室、区人社局、区国土资源局、区规划建设局、区社会事业局、区经科局、区综合执法局、出口加工区管理局、区财政局、区商务局、区环保局、高新街道、金鸡湖街道、金庐陵公司等职能部门为帮扶单位。

井冈山经开区重点项目建设领导小组下设项目推进办公室，负责开发区重点项目建设的推进督促协调服务工作。项目推进办公室内设综合办公室、督查问效部、规划设计部、项目建设部、征迁补偿部、维稳保障部。

2019 年 3 月，成立井冈山经开区重点项目推进指挥部。区党工委副书记、管委会常务副主任任总指挥，区党工委委员、出口加工区管理局负责人任常务副总指挥。指挥部下设办公室（综合部）、征收安置部、项目建设部、资金保障部、用地保障部、信访维稳部。

重点项目安排

2012 年 10 月 7 日，区重点项目建设工作领导小组在东区指挥部召开井冈山经开区招商引资与基础设施项目建设调度会。

2016 年 10 月 9 日，井冈山经开区召开重点工作“百日攻坚”活动动员大会。2018 年，全区重点建设项目 35 个，总投资为 480.9 亿元；其中，工业项目 19 个，总投资 385 亿元；重大基础设施项目 13 个，总投资 88.7 亿元；社会事业项目 3 个，总投资 7.2 亿元。省级重点项目 3 个，分别是益丰泰 TFT、木林森 LED 产业园和创成环保项目；市重点项目 8 个，分别是仁安医院、标准厂房、污水处理厂二期、天际光电城市综合体、金鸡湖创新小镇、庐陵大道综合开发、梨山公园二期、经开区学校扩建项目。2018 年计划完成投资 371.7 亿元。

2019 年，全区共实施重点城建项目 28 个，总投资约 120 亿元，其中基础设施类 14 个，其中民生工程类 6 个，拆迁安置类 8 个。2019 年度计划投资约 50 亿元；计划新开工项目 24 个，续建项目 4 个。

2020 年全区共实施重点城建项目 46 个（其中省重点城建项目 2 个，市重点城建项目 17 个），总投资约 100.232 亿元，年内计划投资约 46.3543 亿元；新开工项目 26 个，续建项目 20 个。

2018 年井冈山经开区重点项目建设工作领导小组任职情况一览表

表 6-60

部门单位	职　务	姓　名	原单位及职务
领导小组	第一组长	彭学凯	区党工委书记
	组长	汤文仙	区管委会主任
	副组长	龙小明	区党工委委员、管委会常务副主任

续表 6-60

部门单位	职　务	姓　名	原单位及职务
领导小组	成员	舒海波	区党工委副书记
		刘达绪	区党工委副书记
		刘茶香	区纪工委书记
		罗厥宏	区党工委委员、管委会副主任
		甘益烽	区党工委委员、管委会副主任
		罗忠华	区党工委委员、管委会副主任
		吴　磊	区党工委委员、管委会副主任
		龙井松	区党工委委员、组织部部长、人社局局长
		傅卫东	区党工委委员、公安分局局长
综合办公室、督查问效部	主任、部长	易樟医	区党工委组织部副部长、人社局副局长
规划设计部	部长	王行勤	区规划建设局副局长
维稳保障部	部长	李　南	区公安分局治安大队副大队长
项目建设部	部长	刘　玮	金瑞工程项目管理有限公司总经理
	副部长	廖瑞祥	金瑞工程项目管理有限公司总经理
征迁补偿部	一部部长	黄虎兴	金鸡湖街道党工委书记
	二部部长	庄声桃	高新街道党工委书记

2019 年井冈山经开区重点项目推进指挥部任职情况一览表

表 6-61

部门单位	职　务	姓　名	原单位及职务
指挥部	总指挥	龙小明	区党工委副书记、管委会常务副主任
	常务副总指挥	吴　磊	区党工委委员、出口加工区管理局局长
	副总指挥	彭仁才	区管委会调研员、国土资源局局长
		詹军庆	区管委会调研员、规划建设局局长
		肖章珞	区财政局局长
		吴健河	区管委会副调研员、金庐陵公司董事长
综合部、办公室	主任、部长	易樟医	区党工委组织部副部长、人社局副局长
征收安置部	东区部长	黄虎兴	金鸡湖街道党工委书记
	东区副部长	赖高山	金鸡湖街道办事处主任
	西区部长	庄声桃	高新街道党工委书记
	西区副部长	彭会良	高新街道办事处主任

续表 6-61

部门单位	职　务	姓　名	原单位及职务
资金保障部	部长	彭仁才	区管委会调研员、国土资源局局长
	副部长	肖章珞	区财政局局长
		吴健河	区管委会副调研员、金庐陵公司董事长
项目建设部	部长	詹军庆	区管委会调研员、规划建设局局长
	副部长	王行勤	区规划建设局副局长
		罗　强	金庐陵公司副总经理
信访维稳部	部长	李醒楚	区公安分局副局长

2020 年井冈山经开区重点项目推进指挥部任职情况一览表

表 6-62

部门单位	职　务	姓　名	原单位及职务
指挥部	总指挥	罗忠华	区党工委副书记、管委会常务副主任
	常务副总指挥	吴　磊	区党工委委员、出口加工区管理局局长
	副总指挥	彭仁才	区党工委管委会二级调研员
		詹军庆	区党工委管委会二级调研员、自然资源局局长
		肖章珞	区财政金融局局长
		刘小勇	区城市建设管理局局长
		吴健河	区管委会四级调研员、金庐陵公司董事长
办公室（综合部）	主任（部长）	易樟医	区督查绩效办主任、一级主任科员
	副主任（副部长）	王太安	金鸡湖街道二级主任科员
征收安置部	东区部长	黄虎兴	金鸡湖街道党工委书记
	东区副部长	王　琳	金鸡湖街道办事处主任
征收安置部	西区部长	庄声桃	高新街道党工委书记
	西区副部长	彭会良	高新街道办事处主任
项目建设部	部长	刘小勇	区城市建设管理局局长
	副部长	王行勤	区规划建设局副局长
		罗　强	金庐陵公司副总经理
资金保障部	部长	肖章珞	区财政金融局局长
	副部长	吴健河	区管委会四级调研员、金庐陵公司董事长
用地保障部	部长	詹军庆	区党工委管委会二级调研员、自然资源局局长
	副部长	郭　锋	区自然资源局副局长
信访维稳部	部长	李醒楚	区公安分局副局长

第四章　群团组织

至2020年，区内群众团体在区党工委领导下相继建立并完善。各群团组织发挥自身职能和业务优势参与区内经济社会建设，成为全区经济、社会和生态文明建设一支重要力量。

第一节　工会组织

机构

2009年3月，成立江西井冈山经开区工会工作委员会。2014年1月6日，井冈山经开区总工会揭牌成立。

2015年4月28日，召开井冈山经开区工会第一次代表大会，148名代表出席会议，分别来自区直单位、驻区单位、学校、医院、金融机构、街道办、村居委和全区110多家企业。大会选举产生井冈山经开区总工会第一届工会委员会委员、经审委员会委员、女职工委员会委员。任润藩当选主席，曾昭江当选副主席。

图6-4　井冈山经开区总工会揭牌

图6-5　井冈山经开区工会第一次代表大会

2020年7月14日，井冈山经开区工会第二次代表大会召开。大会为吉安市木林森实业有限公司刘法湧、江西中烟井冈山卷烟厂丁文彬、吉安市瑞鹏飞精密科技有限公司方名松、普正药业股份有限公司胡吉忠、红板（江西）有限公司罗缘5名“时代工匠”颁奖。大会选举产生区总工会第二届委员会委员、第二届经费审查委员会委员。选举产生区总工会第二届委员会主席、常务副主席、副主席、常委，王秋萍当选第二届委员会主席，彭娟当选第二届委员会常务副主席，蒋建全、朱晓统当选第二届委员会副主席。区总工会二届一次经审委员会议选举产生区总工会第二届经费审查委员会主任，朱晓统当选为区总工会第二届经费审查委员会主任。

井冈山经开区总工会按照《中国工会章程》独立自主地开展工作，依法履行维护、参与、建设、教育四项社会职能。维护职工的合法权益和民主权利；动员和组织职工积极参加建设和改革，完成经济和社会发展任务；代表和组织职工参与国家和社会事务管理，参与企业、事业和机关的民主管理；教育职工不断提高思想道德素质和科学文化素质，建设有理想、有道德、有文化、有纪律的职工队伍。充分发挥工会作为党联系职工群众的桥梁和纽带、国家政权的重要社会支柱、职工群众的维护者和代言人的作用。

2012 年，发展工会组织 18 家，有会员 2517 人。2014 年，发展工会组织 17 家，有会员 2368 人。2016 年发展工会组织 39 家，有会员 11369 人。至 2019 年底，共发展基层工会组织（包括基层联合工会）148 家，会员 33675 人，企业建会率 97.2%。

2013 年 1 月，井冈山经开区总工会获吉安市工会工作先进单位称号；2015 年 1 月，获 2014 年度市直工会工作先进单位；2017 年 2 月获全省“二十佳园区工会”称号；2018 年 2 月获全市“五强工业园区工会”；2019 年 2 月获 2018 年度全市工会“综合工作一等奖”。

2009—2020 年井冈山经开区总工会领导成员任职情况表

表 6-63

职　务	姓　名	籍　贯	任职时间	备　注
主任	龚淑华	江西南昌	2009.2—2013.4	井冈山经开区工会工委
	任润藩	江西丰城	2013.4—2015.3	井冈山经开区工会工委
主席	任润藩	江西丰城	2015.3—2017.10	—
	王秋萍（女）	江西吉安	2020.1—	—
常务副主席	刘　韵（女）	江西吉安	2017.4—2020.1	—
	彭　娟（女）	江西泰和	2020.1—	—
副主席	曾昭江	江西吉安	2015.4—2020.6	—
	蒋建全	江西泰和	2020.6—	—
	朱晓统	湖南浏阳	2020.6—	—

组织建设

2014 年底，全区成立工会的单位 57 家，建会率 45%。年底井冈山经开区地税代征工会经费 223 万元。

2016 年，实现园区工会组织全覆盖，已建会企业 122 家（2016 年新建会 26 家），建会率 91.7%，职工（农民工）入会率 90% 以上。

2017 年，出台《井冈山经开区职工之家改革实施方案》，完善新“职工之家”项目建设，推动已建会企业阵地建设，选出合力泰、航盛电子、木林森、同瑞、坤达、绿洲、优特等 15 家企业按照“六有”标准进行规范化建设，对辖区内 2 个街道办事处组建党群服务中心，打造高新街道行山村、长岭社区示范样板社区群团服务中心。11 月，行山村村级志愿者协会成立揭牌，是全区设立的吉安市第一个村级志愿者服务站。

2018 年，对工会会员实行实名制管理，建立工会组织和工会会员的电子身份信息，推进工会组建工作信息化、规范化。至年底，全区录入 123 家建会企业（单位），会员人数 3 万余人，是全省第一个完成此项工作的县区，此后录入人数和录入率一直都位居全省前列。

2019 年，结合“一树两强”活动，通过责任包干、服务指导、典型激励等措施，促进非公企业和“两新”组织（新经济组织、新社会组织）建会，九大员（物流货运司机、快递员、护工护理员、家政服务员、商场信息员、网约送餐员、房产中介员、保安员、创客等）入会取得新突破。井冈山经开区符合建会条件非公企业 145 家，已建会 141 家，建会率达到 97.2%，职工（农民工）入会率达到 95% 以上，做到应入尽入、应建尽建。

“职工之家”场地建设

2013 年 2 月，井冈山经开区西区职工之家投入使用。职工之家设有心灵驿站、劳动关系协调室，图书馆、乒乓球室、台球室、培训室等功能室，辐射园区 300 余家企业及社区，惠及党员、职工及群众 5 万余人。

2016 年，井冈山经开区党工委、管委会决定在金鸡湖新区深圳大道以南投资 2200 万元建设一栋大楼，专门用于职工服务。建筑面积 5431 平方米，2017 年 12 月竣工，2018 年 7 月运行，辐射园区 300 余家企业及社区，惠及党员、职工及群众 5 万余人。中心内驻综合党委、总工会、共青团、妇联、企业家协会、慈善会、志愿者协会等组织，高标准配备法律援助室、心理咨询室、云教室等 19 个功能室。

井冈山经开区“职工之家”位于深圳大道 253 号，有职工服务中心、维权中心、法律援助中心、心灵驿站、非公党、工青妇办公室、云教室、电子阅览室、图书室、远程教育中心、企业文化展示厅、乒乓球室、台球室、健身房、棋牌室、篮球场、羽毛球场等活动场所。“职工之家”集党员、职工、青年、妇女的教育、管理、服务、娱乐为一体，主要服务内容有社区服务、困难帮扶、法律咨询、权益维护、技能培训、职业介绍、职工联谊、文体娱乐等。突出基层工会在企业的桥梁和纽带作用、服务园区、服务企业、服务职工，致力打造党员的教育阵地，职工的服务平台，青年的交流中心，妇女的温馨家园。

劳动竞赛

2013 年，开展“青年技工练兵比武”技能培训班 8 期，组织井冈山经开区企业青工职业卫生培训，岗位成才培训等活动，共培训职工约 3000 人次。

2014 年 11 月，承办“全市工业园区职工电子信息技能竞赛”活动。开展钻房上下板、字符印刷两项劳动技能竞赛，井冈山经开区代表队获得全市工业园区职工电子信息技能竞赛“团体第一名”。7 月，吉安市总工会举办全市“争当行家 服务职工”工会干部知识竞赛，井冈山经开区代表队获得“团体三等奖”和“个人二等奖”。

2015 年，井冈山经开区企业江西红板电子有限公司、瑞鹏飞科技有限公司获“吉安市技能大师工作室”。

自 2016 年，创新劳动竞赛内容，提高职工职业技能。合力泰企业每月举办电测技能比赛，每季度开展“创新能手”评比活动。牛牛乳业每年开展包装设计创新大赛，一等奖获得者的作品已获批国家实用型专利。普正药业每半年组织一次大规模技术比武，选拔优秀技术人员参加上级部门组织的技术比武活动。胜美达每年定期举办卷线辅助工具使用、工程更改控制程序等操作大比武活动。合力泰举办 CTP3 事业部技能竞赛、GT 事业部技能大赛，每年评选出 30 名“金牌员工”，在企业工作满十年的员工企业给每人发放一枚 10 克纯金胸章。瑞鹏飞举办职工模具制作技能大赛，威力新能源举办多种技能体系培训，航盛电子开展手工焊接、机器修理、手工插件 3 个岗位技能比武。

2019 年 8 月，江西省“天工杯”首届电子行业职工职业技能竞赛决赛在井冈山经开区开幕。本次大赛在吉安市设立电子手工焊接、模具精密配件研磨制作、PG 光学曲线磨床使用、绿油挡点网、汽车线束组装 5 个项目的竞赛，其中四个项目比赛、开幕式和颁奖仪式在井冈山经开区举办。

图 6-6　2018 年 10 月 11 日，井冈山经开区 2018 年职工职业技能竞赛暨“时代工匠”颁奖仪式

劳模先进评选

2013 年，井冈山经开区工会参加“全国五一劳动奖章”“全省五一劳动奖状”“模范职工之家”“模范职工小家”“优秀工会工作者”“优秀工会积极分子”评选活动，天人集团职工黄亮文获全国“五一劳动奖章”、深安电子职工李红平获全省“五一劳动奖章”、普正药业公司获全省“五一劳动奖状”；红板公司获全省“模范职工之家”荣誉称号，华文光电公司获全省“模范职工小家”荣誉称号。

2014 年，红板公司获全国“工人先锋号”和“省模范职工之家”，公司职工郭达文获江西省“五一劳动奖章”称号。普正药业获全省“工人先锋号”，公司劳模工作室由市总工会批准命名“肖军平劳模创新工作室”，公司职工吴永忠获全国“五一”劳动奖章。凯迪电力职工李桂喜获江西省“五一”劳动奖章。大自然公司获“市模范职工之家”称号。优特利公司获全市经济技术创新竞赛优胜单位和“五一”巾帼标兵岗的荣誉。新名婚纱职工肖宝兰和牛牛乳业职工林云获吉安市“五一”巾帼标兵。仪能科思总经理郭雪梅获“吉安市女创业带头人”。盛泰金属侯崇溪获“吉安经济技术创新竞赛先进个人”。

2015 年，井冈山卷烟厂职工刘沪明，联创电缆职工曾文有、红板企业职工胡建诚、木林森企业职工易建武、瑞鹏飞企业职工张胜荣、鸿丰制衣企业职工任红艳等 6 人获“江西省劳动模范”称号，庐陵新名婚纱肖宝兰获 2014 年度“江西五一巾帼标兵”称号。

2018 年，井冈山经开区开展首届“时代工匠”选树工作，评出 5 名首届“时代工匠”。同时，通过微信公众号、井冈山经开区网站、吉安电视台等主要媒体对工匠进行系列报道。

2020 年 11 月，红板（江西）有限公司电镀维修区域工程师胡建诚获全国劳动模范。10 月，吉安市木林森实业有限公司模具研磨车间组长龚王忠、江西合力泰科技有限公司井开分公司 TFT2 事业部高级经理肖中华、江西普正制药股份有限公司新药研究室主任康兴东、江西绿洲环保材料有限公司董事长王丽萍、红板（江西）有限公司人力资源部招聘主管杨铭、江西省深安电子工业有限公司生产部主管李红平、吉安市优特利科技有限公司聚合物一车间主任刘明生等7人获江西省劳动模范称号。

关爱帮扶

每年年初，井冈山经开区总工会配合区党工委、管委会领导开展“送温暖”活动，看望困难户和困难职工，慰问困难党员；酷暑时期配合吉安市总工会开展“送清凉”活动，先后走访新名婚纱、普正药业、巨峰纸品、凯迪电力、柏兆电子、金鸡湖街道办（筹）、威力新能源，慰问井冈山经开区奋战在一线生产职工，送去工会组织的关心与问候；2014年9月，普正、同瑞、晶钻、新琪安、红板、三菱等企业11名困难职工子女每人获得3000元金秋助学奖。

2016年春节前后，井冈山经开区总工会在青原区值夏镇、吉安县高塘乡，泰和县石山村、万安县路田镇等多个乡镇的集市上设立招工咨询处，为企业解决用工难、用工荒问题。区党工委、管委会领导和区总工会为公安、交警、消防、执法队、思立科、钜维、牛牛、三菱、坤达、瑞鹏飞、华信11家单位送上价值10万余元的清凉物质。区总工会向上级工会申报17名学子争取助学金69000元，解决企业职工子女上学的后顾之忧。市总工会当年拨付10万余元职工困难帮扶金，区党工委、管委会和区总工会在春节前夕为70名困难党员、困难职工、困难教师每人送上800元困难慰问金，区总工会为100多名企业困难职工购买互助保障。

2017年，区党工委、管委会领导和区总工会为公安、交警、消防、木林森、胜美达、平波、瑞声等20余家企业（单位）送上价值10万余元的物资。区总工会向上级工会申报10名学子争取助学金48000元。区总工会为94名企业困难职工建立困难职工档案，94名困难职工共获得帮扶资金10万元。市、区总工会领导慰问因误食毒蘑菇造成个小孩死亡的天益光电职工肖某，慰问三菱超纤职工肿瘤患者刘某并送上医疗救助金，为脑溢血患者航盛电子职工李某争取互保保障赔付6.5万；6月27日，全国总工会权益保障部生活处负责人苏文帅一行调研井冈山经开区职工劳动经济权益保障和实现情况。

2019年，以“四送”品牌活动为主线，为园区职工构建“就业、求学、防暑、帮困”为重点的救助体系，为职工提供多样化的帮扶服务。

文体活动

2013年，组织企业开展以“劳动创造美，共圆中国梦”为主题的文体活动，组织红板公司第二届“红板好声音”歌唱比赛，天人集团举办职工庆“五一”文艺晚会，普正药业举办职工庆国庆卡拉OK比赛。妇联组织“纪念三八妇女节100周年”文艺表演。开展了篮球、羽毛球、乒乓球、广播体操、健身操等比赛活动，举办职工台球比赛，木林森在国庆期间举行职工拔河比赛。组织参加全市举办的美术、书法、摄影艺术节比赛，井冈山经开区职工的艺术作品在“职工之家”企业文化展示厅进行展出。

2014年1月，天人、普正、华文、满坤、优特利等30多家企业举办企业春节联欢晚会暨全年优秀职工表彰大会。“五一”期间，市总工会与区总工会在红板公司举办“践行群众路线，唱响核心价值观”为主题的文艺晚会。区总工会举办2014年井冈山经开区“智慧城杯”篮球比赛和乒乓球比赛。

2015年6月30日至7月1日举办首届 “迎七一”职工运动会。10月21日至23日举办“井冈山经济技术开发区2015年首届全区运动会”。区机关单位、企业职工共37支代表队、550名运动员参加，运动会共设8个比赛项目。12月8日，区总工会邀请吉安市妇幼保健院产科主任为井冈山经开区女性职工开展“关爱女性健康　女性备孕准备”为主题的知识讲座。

2016年12月8日，井冈山经开区召开职工运动会，共31个代表队参加拔河比赛、绑腿协作跑、七彩连环炮、趣味神投手、定点投篮比赛、集体跳绳、蹦哒小火车、篮球运球迎面接力共8个项目的角逐。

2017年5月，组建井冈山经开区代表队参加吉安市“职工互助保障杯”第二届职工运动会，获得团队二等奖的好成绩。6月，举行井冈山经济技术开发区“红板杯”CBO男子篮球联赛。举办井冈山经开区管委会机关和街道办事处“庆国庆·喜迎十九大”运动会。

2018年，每周一、三、五晚组织开展瑜伽舞蹈学校，开设暑期国学堂。“五四”青年节期间，组织园区劳模、工会干部赴瑞金开展以“弘扬红色精神，奏响时代先锋”为主题的革命传统教育实践活动；6月，开展安全生产宣传活动；7月，组织首次井冈山经开区职工文艺晚会、诵读红色家书比赛、红色家书征文活动；8月，组织“相约仲夏、缘定七夕”青年交友会；10月，举办全民健身运动会；12月，举办井冈山经开区歌咏比赛。

2019年11月，举办全区全民健身运动会。青原产业园、各街道、区直各单位、市直驻区各单位、辖区学校、医院和银行干部职工及园区企业职工参加。比赛项目有拔河、男子篮球、乒乓球、羽毛球，以及趣味运动七彩连环炮、集体跳绳等。

2020年10月，举办全区全民健身运动会，管委会机关、各街道、市直驻区各单位和园区企业等派出的33支代表队近500名运动员参加，有拔河、集体跳绳、七彩连环炮、男子篮球、乒乓球、羽毛球等项目。

图6-7　2020年10月26日，井冈山经开区2020年全民健身运动会开幕

第二节　共青团组织

机构

2010年9月，共青团井冈山经济技术开发区工作委员会（简称“区团工委”）经井冈山经开区党工委批准设立，为非常设机构，主要围绕把共青团工作“做大、做强、做成特色、做成品牌”的目标，发挥共青团组织青年、引导青年、服务青年和维护青少年合法权益四项基本职能，拓展工作渠道，实现凝聚青年、服务大局的目标。

区团工委开展团建工作主要依据党建带团建原则，根据企业规模大小，因地制宜创建基层团组织。至2020年，在企事业单位建立团组织28个，其中团委5个、团支部23个，全区团员259人。

2010—2020 年井冈山经开区团工委书记、副书记任职情况一览表

表 6-64

职　务	姓　名	籍　贯	任职时间	备　注
书记	王俊镖	江西吉安	2010.9—2014.12	兼职
	张海容（女）	江西峡江	2014.12—2018.4	兼职
	王行勤	江西安义	2018.4—2020.7	兼职
	曹　晶	江西吉水	2020.7—	兼职
副书记	欧阳聂（女）	江西吉州	2018.4—2020.7	兼职
	左晨敏	江西吉安	2020.7—	兼职
	肖　涟（女）	江西万安	2020.7—	兼职

2020 年井冈山经开区共青团组织负责人一览表

表 6-65

所属行业	所属行业类别	组织类别	成立时间	团组织负责人
高新街道	党政机关	团委	2010	伍　涛
金鸡湖街道	党政机关	团委	2015	陈永忠
井冈山经开区学校	事业单位	团委	2014.6	张明慧
吉安外国语实验学校	事业单位	团委	2017.6	史洪伟
区税务局	党政机关	团支部	2017.12	黄　浩
区消防救援大队	党政机关	团支部	2016.12	李新华
红板（江西）电子有限公司	非公企业	团支部	2010.12	孙　劼
普正药业集团股份有限公司	非公企业	团支部	2010.12	刘　瑶
吉安市优特利科技有限公司	非公企业	团支部	2010.12	王　萍
江西航盛电子科技有限公司	非公企业	团支部	2013.10	刘忠贵
吉安市木林森实业有限公司	非公企业	团支部	2010.12	易建武
江西牛牛乳业有限责任公司	非公企业	团支部	2011.7	胡珑敏
柏兆（吉安）电子有限责任公司	非公企业	团支部	2018.10	刘学仪
江西合力泰科技有限公司	非公企业	团支部	2018.10	肖　霆
江西生物制品研究所股份有限公司	非公企业	团支部	2010.12	王　建
吉安螃蟹王国科技有限公司	非公企业	团支部	2017.12	曾　珣

业务开展

2009 年 12 月，为做好全区青年职工的教育、引导和服务工作，发挥其在促进企业生产、经营、管理中的积极作用，区团工委开展全区非公企业团组织建立及信息完善工作，不断扩大共青团组织在非公经济领域的覆盖面，全面推进非公企业团建工作水平。区团工委对已建团企业开展信息完善工作，

图 6-8　井冈山经开区新团员入团宣誓仪式

图 6-9　2019 年 5 月 11 日，井冈山经开区团工委组织青年到井冈山开展“重走红军路”活动

全面摸底，全面掌握企业团建信息，切实开展团建工作。按照统一要求、重点建设的原则新建团组织，并将规模以上企业作为推进团组织建立工作的重点对象。全年新建 10 家非公企业团组织。

2010 年，区团工委利用“五四”青年节开展一系列寓教于乐的爱国主义教育活动，组织青少年及青年职工寻找革命足迹、学习革命精神，进行身临其境的爱国、爱党、创业奉献的传统教育。

2015 年 4 月，区团工委在“五四”前夕开展首届“庐陵好家风”主题评选活动。活动以“传承庐陵好家风　争做时代好青年”为主题，评选内容包括开展吉安市第二届“孝敬父母好青年”和首届“庐陵好家风”最美全家福、书画、青少年书信、讲堂的评选活动。9 月，组织开展“喜迎国庆　我心中的井冈山经开区”主题演讲比赛，区直、驻区单位和企业 19 名选手参赛，演讲内容包括回顾开发区建设历史、讲述对园区的热爱、提出工作面临的新情况、新问题，呼吁广大干部职工拼搏奋进争创一流。

2019 年，区团工委以纪念五四运动 100 周年、庆祝新中国成立 70 周年为契机，举办团知识竞赛等内容丰富的主题教育活动，激发广大青年的爱国热情，在经开区经济建设发展中发挥生力军作用。

2010 年至 2020 年，在全区青年中开展“青年大学习”活动，通过参观井冈山、瑞金等地革命旧址，重温革命精神，进行爱国主义和革命传统教育。在全区青年中开展青年婚恋交友活动，进一步发挥共青团在青年婚恋引导和服务青年的作用，解决单身青年婚恋需求，拓展单身青年交友渠道，为单身青年搭建婚恋交友平台。

第三节　妇女组织

机构

2010 年 9 月，为强化井冈山经开区妇女工作，切实维护保障区内妇女的合法权益，经井冈山经济技术开发区党工委、管委会研究，同意成立井冈山经开区妇女工作委员会，由鲍国珍任妇工委主任。

2015年2月15日，经吉安市妇女联合会批准，井冈山经开区妇女工作委员会升格为井冈山经开区妇女联合会，成为吉安市首个开发区妇联组织。3月6日，召开全区第一次妇女代表大会，会议选举产生主席1名，副主席2名，执委36名。井冈山经开区妇联是吉安市在新型功能区和新经济组织中设立的第一家妇联组织，在全省处于领先地位。由妇工委升格为妇联，进一步健全了组织机构，由原来单一的区妇工委主任拓展为区妇联主席、副主席加执委和妇女代表，工作联系面更宽，井冈山经开区妇联工作的触角延伸到更多社会界别。

图6-10　井冈山经开区妇联第一次、第二次妇女代表大会

2020年8月7日召开了第二次代表大会，大会实行无记名投票的方式，选举产生了井冈山经开区妇联主席1名，副主席2名，执委员18名。井冈山经开区妇联下辖高新、金鸡湖街道共11个村（居）妇委会，园区非公企业妇女委员会30余家。

井冈山经开区妇联成立后先后获多项荣誉，2015年获全市妇联系统先进集体；2016、2017年获全市妇联系统“促进妇女创业就业工作先进单位”；2018—2020年连续三年获市妇联“巾帼创新创业工作先进单位”。

2010—2020年井冈山经开区妇女组织历任领导成员任职情况一览表

表6-66

届　次	姓　名	职　务	籍　贯	任职时间
妇工委	鲍国珍（女）	妇工委主任	安徽歙县	2010.9—2015.3
第一届妇联	王海群（女）	主席	江西吉安	2015.3—2020.8
	王梦莹（女）	副主席	江西吉安	2015.3—2020.8
	李　莉（女）	副主席	江西吉安	2015.3—2020.8
第二届妇联	刘　韵（女）	主席	江西吉安	2020.8—
	王梦莹（女）	副主席	江西吉安	2020.8—

续表 6-66

届　次	姓　名	职　务	籍　贯	任职时间
第二届妇联	王丹丹（女）	副主席	江西吉安	2020.8—
	刘　倩（女）	干事	江西吉安	2020.8—
	戴毅群（女）	干事	湖南桃江	2020.8—

业务活动开展

图 6-11　2017 年 5 月 17 日，井冈山经开区党工委副书记刘达绪（后排右一）为困难母亲送上慰问金

井冈山经开区妇联每年定期开展庆“三八”、母亲节、妇女维权、关爱妇女儿童、女性技能提升等活动，内容形式多样，如庆“三八”妇女节有举办“重走红军路，传承井冈精神”活动、庆“三八”登山寻宝活动、“巾帼心向党·建功新时代”的自行车慢骑活动等；母亲节期间开展“五月敬母爱，传承好家风”困难母亲慰问活动；妇女维权、关爱妇女儿童活动形式有开展“妇女儿童维权”“关爱女性健康”“女性两癌的防治、发现和治疗”等知识讲座、“反家庭暴力法”宣讲活动、“送法下乡”“送法进家”等法制宣传，“寻找最美家庭”“美丽乡村乡风美、孝敬公婆好媳妇”“关爱留守儿童快乐行”、生殖健康检查等活动，开办“和谐亲子教育”大讲堂、“女性健康”大讲堂、“女性职场压力释放”大讲堂、暑期国学课程班等等；女性技能提升活动有开展“学文化、学技术、比成绩、比贡献”竞赛活动，开展“魅力女性，花漾生活”花艺培训课程等。

维护妇女权益　井冈山经开区妇联成立后，重视妇女权益维护工作，先后组织开展法律法规宣传和学习活动，帮助园区妇女知法、懂法、用法。发放《妇女权益保障法》《婚姻法》《反家暴法》等各类资料 2 万余份，接受群众咨询 7000 余人次。在党群服务中心建立普法宣传、法律援助、心理疏导、婚姻调适、人民调解“五位一体”的多元化维权服务平台，联合各村（居）、公安等部门，受理妇女维权、家庭纠纷等案件 30 余人次。2015 年，井冈山经开区妇联累计开展各类活动 28 次，走访慰问贫困妇女 165 人次，发放物资、慰问金 12 万元，帮助企业招工 5736 人，为工业园区经济社会发展撑起半边天作用；2016 年，开展“妇女儿童维权”“关爱女性健康”“女性两癌的防治、发现和治疗”等知识讲座。全年组织参与知识讲座妇女儿童达 300 余人次，帮助妇女儿童维权 85 人次，开展妇女免费“两癌”筛查 238 人次。

2020 年，井冈山经开区妇联与江西瀛文律师事务所签订《井冈山经开区保障妇女儿童权益项目购买合同》，设立妇女儿童维权服务站，安排专业律师协助接待信访。每月定期开展法律讲座，主要围绕反家庭暴力、预防青少年刑事犯罪、妇女劳动保障常识及婚姻家庭法律常识等内容进行宣讲。提供婚姻家庭纠纷法律指导、情感疏导和心理辅导30余次。发放《妇女权益保障法》《婚姻法》《反家暴法》等各类资料1万余份。

关爱留守儿童　井冈山经开区妇联时刻关注留守儿童成长，经常性与村（居）、学校联动，关注留守儿童的生活和学习情况。2015年10月，组织园区近60名留守儿童免费观看电影，让小朋友们在参观、体验、学习中感受到政府的关心及社会的温暖。

劳动就业培训　2015年12月，井冈山经开区妇联联合区人社局共同举办的井冈山经开区首期“红杜鹃”家庭服务培训班，为区内下岗女职工和农村再就业妇女提供免费培训，培训合格后，给每位学员颁发《就业培训合格证》；2016年，开展“红杜鹃”家庭服务培训活动，培训城镇下岗失业人员、流动妇女、农民等30余人。全年帮助就业致富28人。

2018年至2020年，落实市委市政府创新就业工作部署，联合人社局大力开展“春风行动”活动，助推城乡妇女，特别是农村贫困妇女就业和劳动力转移就业，决战决胜脱贫攻坚。策应省、市妇联家政培训下基层工作，启动全区巾帼家政技能培训，激发创业动力。

扶助贫困妇女　2015年5月11日，井冈山经开区党工委副书记、管委会副主任陈敏率慰问组深入企业、街道、村小组走访慰问“困难母亲”，走访4家企业、2个街道、5个村委会，为需要帮助的贫困母亲送去党工委和管委会的温暖和爱心。井冈山经开区妇联长期关注贫困妇女，特别是“两癌”患者的情况，至2020年，累计投入153万元为4645名妇女进行免费宫颈癌和乳腺癌检查，为全区各村（居）、企业6名“两癌”困难母亲申请“两癌”专项基金6万元；每年母亲节常态化开展“困难母亲慰问”活动，累计慰问84人，送上慰问金5万余元。

争先创优　2016年，井冈山经开区妇联获评“2015年度全市妇联系统先进集体”，区高新街道马甫村肖足秀获评全市第二届“美丽乡村凤美孝顺公婆好媳妇”提名、获评全市“平安家庭”创建活动示范户，区高新街道组织宣传委员刘娟获评全市“平安家庭”创建活动先进工作者，红板（江西）有限公司测试部获评“吉安市巾帼文明岗”，区金鸡湖街道民政所肖莉英、高新医院王文娟获评“吉安市巾帼建功标兵”，区高新街道获评全市“双学双比先进集体”。

2017年，井冈山经开区妇联获评全市妇联系统“促进妇女创业就业工作先进单位”，金鸡湖街道彭家村曾十妹获评市“三八”红旗手，红板（江西）有限公司软板FQC部门获评市“三八”红旗集体，井冈山经济技术开发区社会事业局获评市巾帼文明岗。

2018年，井冈山经济技术开发区社会事业局获评省巾帼文明岗，井冈山经开区妇联获评市妇联“巾帼创新创业工作先进单位”，瑞声电子郭丽娟获评市“三八”红旗手，井冈山经开区党群服务中心获评市“三八”红旗集体，吉安市公安局交通警察支队井冈山经济技术开发区大队违法处理中心获评市巾帼文明岗，益佰年药业袁建平获评市巾帼建功标兵，高新街道办妇女工作委员会获评市双学双比先进集体，区扶贫办肖凯琳获评市双学双比先进个人。

2019年，井冈山经开区党群服务中心获评省“三八”红旗集体，吉安市木林森光电有限公司照明一厂二部获评省巾帼文明岗，井冈山经开区妇联获评市妇联“巾帼创新创业工作先进单位”，木林森邓丽萍获评市“三八”红旗手，江西瑞声电子有限公司制造一部获评市“三八”红旗集体，井冈山经济技术开发区商务局获评市巾帼文明岗。

2020 年，井冈山经开区妇联获评市妇联“巾帼创新创业工作先进单位”，吉安市木林森光电有限公司照明一厂二部获评全国巾帼文明岗，彭美兰、曾欣宁获评市最美巾帼志愿者，井冈山经开区高新街道金庐社区紫薇家园志愿者服务队被评为吉安市最佳巾帼志愿服务组织，高新医院获评市三八红旗集体，肖红燕、朱冬秀获评 2020 年度吉安市三八红旗手，王东家庭、章鸿家庭和赖高山家庭获评吉安市“最美家庭”。

第四节　民主党派

服务民主党派工作

2012 年，民建井冈山经开区综合支部成立，其他民主党派未设专门的机构，井冈山经开区管委会机关和企业的民主党派人士依托民建井冈山经开区综合支部开展活动。

引导民主党派人士和党外代表人士主动作为。以优化发展环境为重点，就如何改进机关作风，加强效能建设和班子建设征求党外代表人士的意见和建议，及时整理上报，为区党工委、管委会领导决策提供参考。通过与辖区内党外代表人士加强联系沟通，争取理解支持，呼吁争取相关政策，促进难点问题的解决。

加强民主党派人士和党外人士的联系和培养。按照党外代表人士教育培训改革和发展要求，把党外代表人士建设纳入经开区人才和干部队伍建设总体规划，与中心工作统筹规划。把政治素质好、有较广泛的代表性、较强参政议政能力和组织能力的党外代表人士列入后备培养计划，纳入统一管理。

全面提高民主党派人士和党外人士综合素质。在机关，主要以民建会员彭仁才、九三学社社员李小平和民进会员罗琼等为代表，保障办公经费以及考察调研、教育培训等专项经费；在非公企业，以工商联分会为纽带，发挥木林森公司董事长张建军、红板公司总经理文伟峰等非公经济代表人士的资源优势，壮大非公经济队伍。

民建井冈山经开区综合支部

2012 年，民建江西吉安市委会为贯彻中共吉安市委提出的推动“吉泰走廊建设”战略，在井冈山经开区成立民建井冈山经开区综合支部。2020 年，井冈山经开区综合支部有会员 33 人，其中经开区 10 人、吉安县活动小组 10 人、吉水县活动小组 6 人、泰和县活动小组 7 人。2016 年，综合支部获全国民建先进基层组织，在民建成立 70 周年大会上受到民建中央表彰。 2019 年 3 月，在井冈山经开区党群服务中心三楼建立“民建之家井冈山经开区基地”，总面积 90 平方米，内设会议室、办公室、资料室，布展民建建会 75 年来与中国共产党亲密合作、荣辱与共的光荣历史及民建井冈山经开区综合支部的新气象新面貌，资料室存放有民建会章、简史和支部会员获证书等，供会员学习交流。

九三学社吉安市委会在井冈山经开区开展活动

2010 年 4 月，九三学社吉安市委会副主委荣玉惠实地察看井冈山经开区 “主攻项目、决战‘两区’”现场；2012 年 7 月 1 日，九三学社吉安市科技支社组织全体成员在井冈山经开区就如何加快企业发展进行调研，先后参观考察吉安市优特利科技有限公司、红板（江西）有限公司、天人集团、华文光电和国家井冈山出口加工区；2013 年 7 月，九三学社吉安市科技支社组织全体社员前往井冈山经开区市综合物流中心和井冈山出口加工区参观学习；2014 年 7 月，九三学社吉安市科技支社在井冈山出口加工区管理局举行坚持和发展中国特色社会主义学习实践活动座谈会，集体学习《韩启德主席在九三学社中央十三届六次常委会上的讲话》《韩启德主席在九三学社中央十三届七次常委会上的闭幕讲话》等精神；2016 年 3 月，九三学社吉安市科技支社组织社员赴井冈山经开区国塑和物流企业开展考察调研活动；2019 年 2 月，九三学社吉安市科技支社赴井冈山经开区开展群团组织调研；2020 年 5 月，九三学社吉安市委会主委与区党工委领导开展工作交流。

2020 年井冈山经开区民主党派代表人士情况一览表

表 6−67

所属党派及职务	姓　名	工作单位及职务	备　注
民建井冈山经开区综合支部主委	彭仁才	区管委会二级调研员	2020 年 12 月调离
民建井冈山经开区综合支部副主委	刘项楠（女）	区招商局副局长	2018 年调离
民建井冈山经开区综合支部成员	文开福	江西合力泰科技有限公司董事长	—
	王丽萍（女）	江西绿丰新材料股份有限公司董事长	—
民建井冈山经开区综合支部成员	王继生	吉安优特利有限公司董事长	—
	王根豪	江西天人生态股份有限公司董事兼副总裁	—
	文伟峰	红板（江西）有限公司总经理	—
	游炽群	井冈山卷烟厂卷包车间主任	—
	詹友仁	江西兴达仓储有限公司总经理	—
九三学社吉安市委会副主委、青年工作委员会主任	李小平	区经济发展局科创中心主任	—
九三学社青年工作委员会秘书长、九三学社吉安市委会青原区支社副主委	陈　彬	区人社局劳动人事争议仲裁院	—
九三学社吉安市委会科技支社社员	张　凯	江西国塑实业有限公司董事长	—
	孔誉尧（女）	江西佑安米信息科技有限公司总经理	—
	庞　煜	红板（江西）有限公司设施维修部经理	—
民进吉安市委委员、经科支部副主任	罗　琼（女）	区财政金融局副局长	—

第五节　企业家协会

组织机构

2015 年 7 月，井冈山经开区召开企业家协会成立大会。在成立大会上通过了有关章程，选举红板（江西）有限公司董事长叶森然为企业家协会会长。该协会是井冈山经开区第一家企业家协会，属井冈山经开区境内的非公有制经济领域的企业、团体和个人为主体自愿结成的非营利性社会团体，是井冈山经开区联系全区广大企业经营者的桥梁、纽带。企业家协会职能是发挥桥梁、纽带作用，服务会员企业，构建“亲、清”政商关系，维护企业和企业家的合法权益，及时反映企业家的意愿和正当要求，沟通企业家和政府的联系，为政府制定有关经济政策、法规提供依据。

2018 年 6 月 29 日，吉安市工商联井冈山经开区分会召开成立井冈山经开区企业家协会换届大会。

2015—2020 年井冈山经开区企业家协会会长、副会长任职情况一览表

表 6-68

职　务	姓　名	籍　贯	任职时间
会长	叶森然	中国香港	2015.7—2018.6
	张建军	江西吉安	2018.6—
副会长	文开福	江西吉安	2018.6—
	刘仁芳	江西万安	2018.6—
	文伟峰	广东深圳	2018.6—
	周志强	江西吉安	2018.6—
	姚晓东	江西永新	2018.6—
	王丽萍（女）	江西吉安	2018.6—

组织活动

企业家协会成立后，组织协会成员赴浙江嘉兴国家级开发区学习考察，参观工业园代表性企业，深入车间实地考察，参加座谈组织交流沟通。企业家协会配合井冈山经开区管委会针对社会贫困户，开展企业对贫困村、企业对贫困户的精准扶贫活动。联合井冈山经开区管委会实行几家企业对应一个贫困村方式，每家企业以单独或协助管委会帮助一名或多名困难户形式，用更加精准的方式帮扶困难户。聘请江西向群律师事务所担任企业家协会法律顾问，协助企业家协会会员企业处理解决日常法律事务。组织协会成员赴深圳南山区工业园区学习考察，参观南山区工业园代表性企业——全球顶尖无人机自主研发和制作商深圳市大疆创新科技有限公司，国内外知名医疗设备供应商的迈瑞医疗有限公司。邀请协会聘用法律事务所律师开展企业家协会“股权设计落地实操”公开课，协会会员企业接近 70 家参

图 6-12　2015 年 9 月 2 日，井冈山经开区企业家协会秋季资助贫困大学生活动

与课程培训。协助经开区工会开展活动，组织企业报名参与工会举办的园区运动会，配合工会“送清凉”活动进企业，为企业员工高温降暑。

2011 年 3 月 24 日，中国开发区协会主办、井冈山经开区承办的全国部分省（区、市）开发区协会座谈会在吉安召开。

2015 年 9 月 2 日，井冈山经开区企业家协会举行 2015 年秋季资助贫困大学生仪式，金鸡湖街道南安村、西坑村、肖家坊村各 1 名，高新街道行山村、梨塘村共 3 名贫困学生每人获得 3000 元资助。

第六节　慈善会

机构成立

2014 年 9 月，井冈山经开区慈善会召开第一届会员代表大会，大会选举区慈善会第一任会长。10 月，井冈山经开区慈善会成立，接受市慈善会业务指导，业务主管单位为区社会事业局。

2017 年 11 月，井冈山经开区慈善会召开第二届会员代表大会，会议选举产生新会长。

至 2020 年 7 月，井冈山经开区慈善会累计接收市慈善会、各区直单位、街道办、驻区单位、区学校及园区企业等多方捐款捐物 800 万元，其中包括企业捐款 630 万元、“慈善一日捐”捐款 18.6 万元、企业定向捐赠款 1 万元、市慈善总会下拨定向捐赠款 27 万元、新冠疫情防控期间专项捐款 62.8 万元、防控物资折价约 59 万元。

2014—2020 年井冈山经开区慈善会会长任职情况一览表

表 6-69

职　务	姓　名	籍　贯	任职时间
会长	杨　峰	江西吉安	2014.10—2017.11
	叶森然	中国香港	2017.11—

主要活动

井冈山经开区慈善会成立之初收到企业捐款 50 万元。其中，江西日荣实业有限公司捐赠 20 万元、吉安品佳混凝土有限公司捐赠 20 万元、天际（吉安）光电信息有限公司捐赠 10 万元。2014 年 11 月，区慈善会开展“慈善一日捐”活动，接受区直各单位、驻区单位及企业捐款 42761.23 元。

2015 年 12 月，江西中烟井冈山卷烟厂为身患重病的职工李耀彬开展献爱心捐款活动，井冈山卷烟厂工会收到爱心捐款 54125 元，并在第一时间送到患者手中。全年区慈善会收到企业及个人捐款合计 590 万元。其中，红板（江西）有限公司董事长叶森然个人捐款 500 万元、吉安市华鹏房地产开发有限公司捐款 20 万元、江西合力泰科技科技有限公司捐款 20 万元、吉安市文海同富实业有限公司捐款 20 万元、江西绿洲人造板有限公司捐款 20 万元、普正药业股份有限公司捐款 10 万元。11 月，区慈善会开展“慈善一日捐”活动，共接受区直各单位、驻区单位及企业捐款 6.6 万元。

2016 年 8 月，井冈山经开区党工委、管委会开展扶贫助学向 10 名品学兼优、家庭贫困的学生发放助学金。江西绿洲人造板公司举行“捐资助学”在校大学生座谈会，并先后资助 19 名考取一本的家庭贫困优秀大学生。

2017 年 12 月，井冈山经开区慈善会开展“慈善一日捐”活动，接受区直各单位、驻区单位及企业捐款 2.3 万元。

2018 年，井冈山经开区慈善会通过“慈善一日捐”活动收到捐款 1.4 万元，接受吉安市御美丽健康产业股份有限公司定向捐款 1 万元，接受吉安市慈善会定向捐款 27 万元。所有定向捐款拨至指定单位用于区农村扶贫、资助学校办学。

2019 年，井冈山经开区慈善会通过“慈善一日捐”活动收到捐款 3.8 万元。6 月，慈善会开展以“关爱困难儿童，牵手相伴成长”为主题的关爱留守儿童活动，为在校就读的 52 名留守儿童、困境儿童和孤儿等困难儿童发放书包、文具、乒乓球、羽毛球等文体用品；8 月，区慈善会开展“星火助学”助学活动，为园区 8 名贫困家庭学子提供助学金 9 月，慈善会联合南安社区志愿者服务队、长岭社区志愿者服务队和吉安市阳光雨露志愿者协会共同开展“中华慈善日”宣传活动，开展现场普法宣传等活动；10 月，慈善会开展“九九重阳”关爱高龄老人活动，对辖区 36 名 80 岁以上高龄老人、失能半失能老人等进行走访慰问，与养老机构合作，为老年人提供免费理发等生活护理和心理慰藉等养老服务，并为老年人送去生活慰问品，让老年人感受到党和政府的温暖。

2020 年，井冈山经开区慈善会收到疫情防控物资及捐款合计 62.8 万元。其中，企业捐款 61.5 万元、个人捐款 1.3 万元。捐款企业有：南亚新材料科技（江西）有限公司 30 万元、思立科（江西）新材料有限公司 10 万元、江西瑞声电子有限公司 10 万元、江西明盛实业有限公司 5 万元、吉安市井开区合力泰科技有限公司 2.5 万元、吉安天晟新材料有限公司 1 万元、吉安市万达船务运输有限公司 1 万元、江西省平波电子有限公司 6578.7 元、江西群泰科技有限公司 6470 元、江西优泽建筑工程有限公司 5000 元、井冈山经开区至辉广告制作部 1600 元，接受个人捐款 1.3 万元。部分企业和个人先后进行物资捐赠。慈善会在收到物资与资金后，及时将物资与资金用于区疫情防控工作。

至 2020 年底，井冈山经开区慈善会累计接收吉安市慈善会、各区直单位、街道办、驻区单位、区学校及园区企业等多方捐款捐物达 800 万元，其中包括企业捐款 630 万元、“慈善一日捐”捐款 18.6 万元、企业定向捐赠款 1 万元、市慈善总会下拨定向捐赠款 27 万元、新冠疫情防控期间专项捐款 62.8 万元、防控物资折价约 59 万元。

图 6-13　2020 年 2 月 28 日，井冈山经开区巴斯巴项目投资方深圳巴斯巴科技发展有限公司向吉安市捐赠护目镜 5000 副，价值 32.5 万元

第七篇　党的建设

井冈山经开区党工委发挥总揽全局、协调各方的领导作用，坚持民主集中制原则，健全制度，强化监督，加强基层党组织建设；注重党员干部和员工的思想政治和组织纪律教育，为经开区经济社会发展提供政治保证；加强精神文明建设和作风建设，为经开区经济社会发展注入精神动力。

第一章　组织建设

组织建设是党的建设主要内容之一。党的基层组织是党在社会基层组织中的战斗堡垒，是党的全部工作和战斗力的基础。本章着重记述井冈山经开区各基层党（工）委工作职能，以及在井冈山经开区党工委的领导下，支部和党员队伍建设、重要党务活动的开展情况。

第一节　党的基层组织

中共井冈山经济技术开发区机关委员会

2012 年 11 月 20 日，井冈山经开区党工委同意成立中共井冈山经济技术开发区机关委员会。党的机关委员会负责制定机关和下属单位党的建设工作规划、计划；制定机关加强思想政治工作的措施，指导下属单位的精神文明建设和思想政治工作；负责机关和下属单位党的路线方针政策的宣传教育和政治学习工作；负责指导机关和下属单位的基层党组织的思想、作风和组织建设以及对党员的管理、教育、监督工作；负责机关和下属单位的基层党组织的设立、变更和支部成员的改选（变更）、发展党员和预备党员转正等工作；负责机关和下属党委的统一战线工作；领导机关工会、共青团、妇女工作。

2012—2020 年中共井冈山经济技术开发区机关委员会成员任职情况一览表

表 7-1

职　务	姓　名	籍　贯	任职时间
书记	刘达绪	江西吉安	2012.11—2014.3
	毛建发	江西吉安	2014.3—2018.3
	赖世林	江西万安	2018.3—
副书记	毛建发	江西吉安	2012.11—2014.3
	黄虎兴	江西吉安	2015.3—2017.3
	郭　锋	江西永新	2018.3—
专职副书记	王　琳	浙江东阳	2018.7—2020.4
	朱剑师	江西吉安	2020.4—
党委委员	赖世林	江西万安	2014.3—2015.3
	黄　盾	江西吉安	2014.3—2015.3
	肖建莉（女）	江西吉安	2015.3—2016.12
	徐　南（女）	上海市	2015.3—2016.12
	蒋建全	江西吉安	2015.3—2018.3
	钟振飞（女）	江西吉安	2016.12—2018.3
	蒋建全	江西吉安	2016.12—2018.3
	张海容（女）	江西峡江	2016.12—2018.3
	宋　健	江西吉安	2018.3—
	乐宁华	湖南宁远	2018.3—2020.7
	袁　青	江西永新	2018.3—2019.6
	胡锦元	江西吉安	2019.6—
	涂智安	江西余干	2020.5—

中共井冈山经开区非公有制经济组织和社会组织综合委员会

2012 年 11 月 20 日，井冈山经开区党工委同意成立中共井冈山经济技术开发区非公有制经济组织委员会，负责全区非公有制经济组织党的建设工作。2016 年 9 月 26 日，经井冈山经开区党工委研究同意，成立井冈山经济技术开发区非公有制经济组织和社会组织综合党委，同时撤销原井冈山经济技术开发区非公有制经济组织党委，原属区非公党委管理的 61 个非公企业党支部划归新成立的综合党委管理。

2016 年 11 月 26 日，井冈山经开区召开非公经济和社会组织综合委员会第一次党员大会，选举产生新一届综合党委，听取审议原区非公经济组织党委工作报告，选举区非公经济和社会组织综合委员会新一届委员会。

综合党委自成立至 2020 年，累计投入党建工作经费 4200 万元，实现全区纳入党建基数非公企业基层党组织应建尽建全覆盖，单建党支部和联建党支部派驻党建指导员全覆盖，所有“两新”党组织拥有独立活动场所全覆盖，推动非公党组织从“有形覆盖”到“有效覆盖”转变。先后成立大健康产业党总支、电子触控行业党总支和其他产业非公党组织，构建以综合党委为主体、三个方面党组织为依托的纵向到底、横向到边党建工作格局。

2012年，综合党委辖19个非公企业党支部。至2020年，辖68个党组织。其中，非公企业党支部67个，社会组织党支部1个。综合党委委员9名，并配备2名专职党务工作人员。

2012—2020年中共井冈山经开区非公有制经济组织和社会组织综合委员会成员任职情况一览表

表7-2

职　务	姓　名	籍　贯	任职时间
书记	曾　亮	江西泰和	2012.11—2014.3
	龙井松	江西永新	2014.3—
副书记	朱剑师	江西吉安	2012.11—2015.3
	王海清	安徽萧县	2015.3—2018.3
	易樟医	江西井冈山	2018.3—2019.6
	彭　娟（女）	江西泰和	2020.7—
专职副书记	肖　勇	江西吉安	2018.7—
党委委员	鲍国珍（女）	江西吉安	2012.11—2015.3
	王远宏	江西永新	2012.11—2015.3
	刘继忠	江西永新	2015.3—2018.3
	王海群（女）	江西吉安	2015.3—2016.11
	彭　娟（女）	江西泰和	2015.3—2018.3
	肖建莉（女）	江西吉安	2016.11—2018.3
	刘玲荣（女）	江西吉安	2016.11—
	姚晓东	江西永新	2016.11—
	徐　南（女）	上海市	2018.03—2019.6
	刘　韵（女）	江西吉安	2018.03—2020.7
	吴阿敏	江西永丰	2018.3—2018.8
	曹　晶	江西吉安	2018.8—2020.7
	邹正平	湖南衡阳	2019.6—
	陈　麟	江西吉安	2019.6—
	汤　勇	江西永新	2019.6—2020.7
	郭厚僚	江西吉安	2020.7—
	曾文杰	江西吉水	2020.7—

中共吉安市井冈山开发区金庐陵经济发展有限公司委员会

2019年6月12日，经井冈山经开区党工委研究决定，成立中共吉安市井冈山开发区金庐陵经济发展有限公司委员会，党委机构设在党群工作部。主要负责金庐陵公司的党建工作，具体负责开展下属企业的基层党组织建设、党员教育管理和发展党员等工作。负责中共吉安市井冈山开发区金庐陵经济发展有限公司委员下属党支部2个。2020年，有18名入党积极分子（第一支部13名、第二支部5名）。

2019—2020年中共吉安市井冈山开发区金庐陵经济发展有限公司委员会成员任职情况一览表

表7-3

职　务	姓　名	籍　贯	任职时间
书记	吴健河	江西遂川	2019.6—
副书记	熊小华	湖北来凤	2019.6—
党委委员	罗　强	江西吉安	2019.6—
	乐宁华	湖南宁远	2020.7—
	廖瑞祥	江西吉水	2019.6—

中共井冈山经济技术开发区教育委员会

2019年6月6日，经井冈山经开区党工委批复同意设立中共井冈山经济技术开发区教育委员会，组织关系隶属井冈山经开区党工委，负责井冈山经开区教育系统的党建工作。

至2020年，教育党委下设3个党支部：区社会事业局党支部、井冈山经开区学校党支部、吉安外国语实验学校党支部。

2019—2020年中共井冈山经济技术开发区教育委员会成员任职情况一览表

表7-4

职　务	姓　名	籍　贯	任职时间
书记	毛建发	江西吉安	2019.6—2020.1
	郭卫东	江西遂川	2020.1—
副书记	肖建莉（女）	江西吉安	2019.6—
党委委员	傅晨彤（女）	江西峡江	2019.6—
	欧阳灿	江西永新	2019.6—
	刘丽丽（女）	湖南桂阳	2019.6—

中共井冈山经开区高新街道工作委员会

2015年成立高新街道党工委，负责街道机关和社区支部的党组织建设、党员教育管理和发展党员，领导街道经济社会发展、民生事业等工作。

至2020年，高新街道党工委下设8个支部，分别为机关支部、金庐社区支部、长岭社区支部、行山社区支部、梨塘社区支部、马甫社区支部、下村社区支部和青年支部。

2009—2020 年中共井冈山经开区高新街道工委班子成员任职情况一览表

表 7-5

职　务	姓　名	籍　贯	任职时间
党工委书记	黄虎兴	江西吉安	2009.8—2013.4
	庄声桃	江西吉安	2013.4—
党工委副书记、办事处主任	庄声桃	江西吉安	2009.8—2013.4
	欧阳晓林	江西吉安	2009.8—2016.7
	赖高山	江西吉安	2013.4—2016.7
	彭会良	江西吉安	2018.9—
党工委副书记	王远宏	江西永新	2016.5—2018.1
	蒋建全	江西吉安	2017.4—2020.4
	高　攀	河南唐河	2020.4—
党工委委员、纪工委书记	王太安	江西吉安	2009.8—2011.10 2015.7—2018.1
	赖高山	江西吉安	2011.10—2013.4
	王　琳	浙江东阳	2018.1—2018.7
	刘　娟（女）	江西吉安	2018.9—
党工委委员、办事处常务副主任	刘　娟（女）	江西吉安	2018.1—2018.9
党工委委员、组织宣传委员	彭会良	江西吉安	2009.8—2011.10
	肖建莉（女）	江西吉安	2011.10—2013.4
	刘　娟（女）	江西吉安	2013.7—2018.1
	饶林坚	江西赣州	2018.1—2020.4
党工委委员、统战委员、副主任	饶林坚	江西赣州	2020.4—
党工委委员、政法委员	尹志坚	江西吉安	2020.4—
党工委委员、办事处副主任	彭会良	江西吉安	2011.10—2015.7
	赖高山	江西吉安	2009.8—2011.10
	肖建莉（女）	江西吉安	2009.8—2011.10
	戴红伟	江西吉安	2011.10—2015.7
	王　琳	浙江东阳	2015.7—2018.1
	尹志坚	江西吉安	2018.9—2020.4

中共井冈山经开区金鸡湖街道工作委员会

2015 年，中共井冈山经开区金鸡湖街道工作委员会成立。金鸡湖街道党工委负责街道机关和社区支部的党组织建设、党员教育管理和发展党员，领导街道经济社会发展、民生事业等工作。

至 2020 年，中共井冈山经开区金鸡湖街道工作委员会下设 7 个党支部，分别是机关党支部、龙山社区党支部、金鸡湖社区党支部、南安社区党支部、西坑村党支部、岭上村党支部、彭家村党支部。

2014—2020 年中共井冈山经开区金鸡湖街道工委班子成员任职情况一览表

表 7-6

职　务	姓　名	籍　贯	任职时间
（筹）党工委书记（兼）	肖小武	江西永新	2014.9—2015.7
（筹）党工委副书记、办事处主任（兼）	赖世林	江西万安	2014.9—2015.7
（筹）党工委副书记、办事处副主任（兼）	赖高山	江西吉安	2014.9—2015.7
（筹）党工委委员（兼）	陈建军	江西吉安	2014.9—2015.7
	郭　锋	江西永新	2014.9—2015.7
	戴红伟	江西吉安	2014.9—2015.7
	王海群（女）	江西吉安	2014.9—2015.7
	王兴发	安徽凤台	2014.9—2015.7
党工委书记	肖小武	江西永新	2015.7—2016.8
	刘小勇	江西吉安	2016.8—2017.2
	黄虎兴	江西吉安	2017.2—2020.12
	刘孟熊	江西吉安	2020.12—
党工委副书记、办事处主任	梁　靓（女）	江西赣州	2015.7—2018.1
	彭会良	江西吉安	2018.1—2018.9
	赖高山	江西吉安	2018.9—2020.4
	王　琳	浙江东阳	2020.4—
党工委副书记	陈建军	江西吉安	2015.7—2017.2（挂职）
	彭会良	江西吉安	2017.4—2018.9
	高　攀	河南唐河	2018.9—2020.4
	陈　涛	江西吉水	2020.10—
党工委委员、纪检监察工委书记	高　攀	河南唐河	2015.7—2018.9
	夏国栋	江西南昌	2018.9—
党工委委员、常务副主任	王兴发	安徽凤台	2018.9—2020.4
党工委委员、组织宣传委员	夏国栋	江西新建	2018.1—2019.9
	肖哲为	江西吉安	2019.9—
党工委委员、统战委员	肖哲为	江西吉安	2020.4—
党工委委员、政法委员	毛建达	江西吉安	2020.5—
党工委委员、办事处副主任	彭会良	江西吉安	2016.7—2017.4
	刘春庆	江西吉安	2017.2—2020.3（挂职）
	毛建达	江西吉安	2018.9—2020.5
	欧阳圣江	江西吉安	2020.5—

中共江西中烟工业有限责任公司井冈山卷烟厂委员会

2009 年 10 月，中共江西井冈山卷烟厂委员会更名为中共江西中烟工业有限责任公司井冈山卷烟厂委员会，负责企业党建工作。党委机构设有政治思想工作科，负责企业的基层党组织建设、党员教育管理和发展党员等工作。卷烟厂党委下辖6个党支部：机关第一党支部、机关第二党支部、制丝车间党支部、卷包车间党支部、动力车间党支部、退管党支部。

2017年12月，明确中共江西中烟工业有限责任公司井冈山卷烟厂委员会内设机构党委办公室，主要负责企业基层党组织建设、党员教育管理和发展党员等工作。

2020年下辖9个党支部：机关第一党支部、机关第二党支部、物资管理科党支部、营销科党支部、制丝车间党支部、卷包车间党支部、动力车间党支部、成型车间党支部、退管党支部。

2011—2020年中共江西中烟工业有限责任公司井冈山卷烟厂委员会成员任职情况一览表

表7-7

职　务	姓　名	籍　贯	任职时间
党委书记	刘　曜	江西吉安	2017.12—
党委副书记	刘沪明	江西余干	2011.4—2017.9
	华　刚	江西南昌	2017.12—
党委委员	毛晓光	江西吉安	2005.6—2018.12
	胡淡梅	江西吉安	2005.6—2017.5
	何伏波	江西赣州	2011.8—
	胡建伟	江西吉安	2012.10—
	欧阳南桢	江西吉安	2017.12—

中共国家税务总局井冈山经开区税务局委员会

2018年9月，经井冈山经开区党工委决定，成立中共国家税务总局井冈山经济技术开发区税务局委员会，负责井冈山经开区税务局党建工作。党委机构设在井冈山经开区税务局。

井冈山经开区税务局党委受区党工委领导，负责全区税务系统党组织建设、党员教育管理和发展党员等工作；纪检工作由井冈山经开区税务局纪检组统一管理、协调。至2020年，中共国家税务总局井冈山经济技术开发区税务局委员会有党委1个、机关党委1个、党支部3个。

2018—2020年中共国家税务总局井冈山经开区税务局委员会成员任职情况一览表

表7-8

职　务	姓　名	籍　贯	任职时间
党委书记、局长	刘映峰	江西遂川	2018.10—
党委副书记、副局长	周健法	江西吉安	2018.10—
党委委员、纪检组长	王小萍（女）	江西井冈山	2018.10—
党委委员、副局长	高承祥	江西吉安	2018.10—
	李桂仁	江西吉安	2018.10—
	刘红海	江西吉安	2018.10—
党委委员	邓芦明	江西南昌	2018.9—2020.11

第二节　党务活动

机关党委党务

机关党委围绕着机关“抓作风、作表率”的目标要求，每年开展“纪律小课堂”活动加强领导干部廉洁自律意识，规范党员领导干部和机关工作人员的行为。在机关弘扬“担当实干、马上就办”的工作作风，召开“以身边案教育身边人”警示教育大会，组织机关党员干部观看《聚焦“放管服”改革、曝光“怕慢假庸散”》等栏目视频，教育全区党员干部引以为戒、清正廉洁、警钟长鸣，始终保持清醒头脑。

至2020年，机关党委在全体党员中组织开展党的群众路线教育活动、“不忘初心、牢记使命”主题教育。每年每季度按照要求落实“三会一课”制度，督促指导机关各党支部每月开展主题党日活动，从严落实“三会一课”、组织生活会、谈心谈话、主题党日、民主评议党员等制度。常态化落实领导干部过双重组织生活。在自学、集体研讨、专家辅导等学习形式的基础上，开展多样的学习活动。2020年，组织7期干部学习讲坛，培育文明健康的政治文化。加强中华优秀传统文化、革命文化、社会主义先进文化教育，增强机关党员干部的文化自觉和文化自信。开展“厉行节约 反对浪费”活动，通过党员示范带头，传播节俭节约理念。举办“我与开发区共成长，我与开发区共奋进”演讲比赛，展示井冈山经开区奋发图强、开拓进取的奋斗历程，讴歌经开区人团结拼搏、踔疾奋进、谱写辉煌的先进事迹。开展党风廉政建设。

至2020年12月，机关党委有党员165人（预备党员4人），其中女性党员36人，占党员总数的21.8%；大专及以上学历党员153人，占党员总数的92.73%。

井冈山卷烟厂党委党务

至2020年，井冈山卷烟厂党委每年将党员的教育培训纳入企业队伍建设的制度体系范围，常态化开展党员集中轮训。建立党员教育培训激励约束机制，将党员学习教育培训纳入企业内部激励的范围，对学习教育培训积极、效果明显的党员给予正向激励。以制度的形式解决党员教育培训中的工学矛盾问题。建立党员学习档案制度和教育培训效果评估制度，提高党员学习教育激励的针对性、有效性和公平公正性。将党员学习教育培训工作纳入支部党建目标管理。

至2020年12月，井冈山卷烟厂党委有党员154人（预备党员1人），其中女性党员30名，占党员总数的19.4%；大专及以上学历党员109人，占党员总数的70.78%。

金庐陵公司党委党务

每年常态化落实党支部“三会一课”、组织生活会等基本制度，综合运用党员集中学习、主题党日活动、“学习强国”app、“江西网络干部学院”等多种方式加强党员集中学习和业余自学，推进“两学一做”学习教育常态化、制度化，推进“不忘初心、牢记使命”主题教育深入开展。坚持每月集中研讨和学习，重点学习习近平新时代中国特色社会主义思想的科学理论体系、习近平总书记关于党的初心和使命的重要论述等内容，强化理论武装。落实“三会一课”和“主题党日”等制度，按要求组织党员集中学习，开展党员间谈心交流活动，撰写学习心得，提升党员党性修养。2020年，组织全体党员集中学习6次，全年累计培训党员近60人次。在规范党员管理方面，公司设立党建专员岗，专人专责。

严格按照《中国共产党发展党员工作细则》要求，坚持入党自愿原则，从教育培养、规范程序、跟踪管理等三方面着手，成熟一个，发展一个。至2020年12月，公司党委共有党员18人。其中，正式党员17人，预备党员1人；女性党员4人，占党员总数的22.2%；大专及以上学历党员17人，占党员总数的94.5%。公司党委通过积极动员和培养，发展了18名入党积极分子（第一支部13名、第二支部5名）。

井冈山经开区教育党委党务

至2020年，区教育党委落实教育党委中心组学习制度，各党支部开展每月主题党日、每季度党课等“三会一课”学习。组织全体党员干部开展“学习强国”学习。对支部书记定期培训及党员集中轮训，每年至少集中开展1次党员轮训，确保党员培训全覆盖。组织开展“党课开讲啦”“五级书记讲党课”活动。每年定期走访慰问优秀党员、困难党员、老党员。节假日发布廉洁提醒，每年不定期召开党风廉政建设专题会议，对支部班子、学校班子进行廉政谈话，强化党风廉政建设工作。

至2020年12月，井冈山经开区教育党委有党员45人（预备党员2人），其中女性党员26人，占党员总数的57.8%；大专及以上学历党员44人，占党员总数的97.8%。

井冈山经开区税务局党委党务

至2020年，局党委严格执行各项党内制度，落实党建工作责任制、党内学习制度、“三会一课”制度、组织生活会制度、谈心谈话制度等，使党员教育正常化、规范化、制度化。按照“布局合理、功能齐全、设施到位”原则，打造“井开税苑党旗红”党建文化室、廉政文化走廊、税务文化走廊，规范建设3个支部党员活动室，为党员日常活动提供完善固定的场所。学习新时代习近平中国特色社会主义思想，深化“不忘初心、牢记使命”主题教育，常态化开展理想信念教育和党性锻炼活动，先后开展党员集中学习、中心组学习研讨、专题党课辅导、民主评议党员、应知应会知识测试等形式的学习教育。组织党员赴井冈山、瑞金、于都等地开展革命传统教育，集中观看爱国主义教育电影、电视。依托“学习强国”平台加强思想政治理论学习，支部党员学习积分按季考核，每季组织一次理论学习闭卷测试。制定党员谈心谈话制度和家访制度，“三个谈心”全覆盖，召开干部座谈会，掌握党员思想动态确保干部队伍稳定。常态化开展“守纪律、转作风、提质效”党纪政纪学习教育月活动，开展多种形式廉政教育，强化作风引领，引导区局干部职工知敬畏、存戒惧、守底线，对工作纪律、落实税收优惠政策等重点工作进行专项督查，提醒约谈和廉政谈话40余人次。成立意识形态工作领导小组，强化意识形态阵地管控，抓紧网络意识形态安全，把牢网络意识形态主导权。

至2020年12月，区税务局党委有党员39人（预备党员1人），其中女性党员8人，占党员总数的20.5%；大专及以上学历党员38人，占党员总数的97.4%。

井冈山经开区非公有制经济组织和社会组织综合党委党务

党员教育管理　至2020年，常态化推进“两学一做”学习教育，开展了党的群众路线教育活动，抓好党员及职工的思想教育和理论学习工作。以“学习强国”平台为载体，基层党支部党员全员加强理论学习，推进文明志愿者创建活动，成立党员志愿服务队，结合开展“五星创评”工作，从“五星”基层党组织中择优评选“六好”基层党组织，从“六好”基层党组织及“新时代赣鄱先锋”候选人物中评选先进典型。组织开展“不忘初心、牢记使命”“五一”重走井冈路主题拓展活动，“感党恩、听党话、跟党走”主题教育活动。定期开展党员作风建设培训会，在每次培训中融入作风建设内容，通过观看宣传片、警示教育等培训，促使广大党员加强作风建设的自觉性和主动性。

至2020年12月，非公有制经济组织和社会组织综合党委党员324人（预备党员38人），其中女性党员75人，占党员总数的23.1%；大专及以上学历党员209人，占党员总数的64.51%。

打造“非公党建示范区”　自2018年，成立大健康产业党总支、电子触控行业党总支和其他产业非公党组织，形成以综合党委为主体、三个方面党组织为依托的纵向到底、横向到边党建工作新格局；选优配强一批党务工作者，按照“党员身份、业务扎实、作风过硬”的要求向企业精准选派一批党建指导员，在没有党员或仅有个别党员的小微企业中实施“火种计划”发展党员，培育壮大一批非公党员；配强党建工作队伍。累计派驻党建指导员68名（80%以上为科级干部），实现企业党组织书记100%进入管理层，及时跟进做好发展党员工作；定期开展“访企业、找党员、建组织”工作。通过非公企业注册与党员状况同步登记、工作机构与党的组织同步建立、党的活动围绕企业生产经营同步开展，跟进摸清党员流动情况和党组织建立情况；开展“红色企业”评选活动。在区内重点企业、优质企业打造一批党建展厅、党建长廊等“党建＋企业文化”工作阵地，把企业家是否支持重视党建工作作为推荐“两代表一委员”、评先评优的前置条件，实行“一票否决”；建立“两新”组织党组织书记、党建指导员“双评”考核机制。将党建指导员履职情况列入本部门绩效考核评分细则。根据考核档次给予优秀企业支部5000~30000元活动经费奖补，对表现优秀的党组织书记和党务工作者发放300元/月的工作补贴；推进“党建＋柔性引才”工作。自2018年，培育省级以上平台15个，高新技术企业71个，刚性引进博士、正高以上人才23名，柔性引进博士、正高以上人才110名；重点做强电子触控产业和大健康产业党组织，整合产业上下游企业党建资源，推动企业间互促共进。

高新街道党工委党务

2012年，开展机关干部作风整顿，完善工作目标管理责任制和下村蹲点制度，严格党员干部管理和考核；2017年，深化“两学一做”学习教育。街道党工委年初制定“两学一做”常态化、制度化学习教育计划安排，阶段性开展四个专题学习，成立督查问效组对各支部学习教育的开展情况进行督促和监督。2018年，组织开展群众路线教育活动；2019年，组织开展“不忘初心、牢记使命”主题教育；至2020年，累计开展全体党员干部培训20余次，“两委”班子党建相关教育培训50余次，利用“七一”等节日开展革命传统教育20余次，党工委书记上党课100余次，廉政教育街道本级200余次，常态化约谈干部100余次，专项督查80余次。

至2020年12月，高新街道有党员253人（预备党员7人）。其中，机关支部党员24人、金庐社区支部57人、长岭社区支部24人、行山社区支部15人、梨塘社区支部43人、马甫社区支部26人、下村社区支部31人、京九社区支部11人、君山社区支部22人。女性党员41人，占党员总数的16.21%；大专及以上学历党员97人，占党员总数的38.34%。

金鸡湖街道党工委党务

至2020年，年度落实街道党工委中心组学习制度，各党支部每月开展主题党日、每季度讲党课等“三会一课”学习，党员干部利用“学习强国”平台学习。定期举办村（社区）干部培训及党员集中轮训，每年至少集中开展1次党员轮训，确保党员培训全覆盖。建立党支部微信交流群，教育管理流动党员。每年走访慰问优秀党员、困难党员、老党员30余人。定期举办组织建设、宣传思想及意识形态、扫黑除恶等党员干部应知应会知识的集中测试，以测促学。开展党的群众路线、“两学一做”“不忘初心、牢记使命”主题教育等、廉政教育党课、违法违纪典型案件警示教育，提升党员干部做到“两个维护”的自觉性。整治违规收送礼品礼金、违规吃喝、违规发放津贴补贴等突出问题，防止“四风”问题反弹。制定下发《落实中央八项规定精神及反“四风”建设工作方案》，紧盯重要时间节点开展专项整治。建立干部廉政档案，落实干部重大事项报告制度，营造风清气正的良好干事氛围。各村（社区）设立党群服务中心，实行办理事项、程序、时限及所需资料、人员职责、联系电话、办公时间等“八公开”，推行一次告知制、限时办结制等制度。建立党员干部包村包组联户工作责任制，31名街道干部全部包村联户，29名村（社区）干部实行包组联户，街村干部和村志愿者组成志愿服务队，每月至少开展志愿服务活动1次。

至2020年12月，金鸡湖街道有党员184人（预备党员6人）。其中，机关支部党员24名，西坑村党支部党员32人，彭家村党支部党员31人，岭上村党支部党员26人，龙山社区党支部党员46名，南安社区党支部党员15人，金鸡湖社区党支部党员10名。女性党员30人，占党员总数的16.3%。大专及以上学历党员63名，占党员总数的34.24%。

第二章　宣传工作

在井冈山经开区党工委领导下，区党工委管委会办公室履行宣传工作职责，开展文明单位创建，深化党员干部政治理论学习教育，积极对外宣传推介，传播好声音、传递正能量、扩大井冈山经开区对外影响力，充分展示了井冈山经开区党的建设和经济社会发展取得的成就。

第一节　新闻宣传

井冈山经开区新闻宣传工作由区党工委管委会办公室主管。2011年4月，井冈山经开区与井冈山报社开展新闻宣传合作，委托井冈山报社托管井冈山经开区新闻宣传工作。每年派驻1名记者常驻井冈山经开区，每周编印一期《井开区报》，至2017年12月停刊。

2017年1月，井冈山经开区与吉安广播电视台开展视频新闻宣传服务合作，决定在吉安广播电视台《纵横吉安》栏目开办《井冈山经开区新闻》版块，每周五刊播一期。井冈山报社协助做好井冈山经开区政务网站、微信公众号运营管理工作。吉安广播电视台抽调2名记者常驻井冈山经开区，负责经开区视频新闻的策划、采访、拍摄、写稿、制作等工作，并做好经开区中心工作、重点工作和重大活动的新闻拍摄采编、编辑、审核和外宣上稿工作。

2019年，井冈山经开区在中央级媒体上稿8篇，省级媒体上稿35篇。其中《江西日报》头版头条的1篇，《江西新闻联播》头条1篇，井冈山报专版宣传48期，吉安市电视台播出井冈山经开区新闻48期，《井冈山报》头版头条8篇。微信公众号累计发稿超过1230条，官方网站累计发布各类微信公众号超过1500条，关注数达8882人，浏览量32万次；官方网站累计发布信息超过2300条，浏览量达85万次。

2020年，井冈山经开区在省市重点媒体上推出“进位赶超创佳绩　感恩奋进谱新篇”和“创业创新沃土 经济发展强区”专题宣传；开辟升格十周年专题专栏，推出综述和产业篇、企业篇、人物篇等32条宣传报道，对主导产业、重点企业和企业家代表进行专题宣传；在全市12条公交线路和45辆公交车上进行移动宣传。组织开展“我与开发区共奋进 我与开发区共成长”征文和演讲比赛，全区50名干部职工参加比赛，讲述个人在开发区发展壮大过程中发挥的作用和取得的进步，凝聚成不忘初心、继续前进、再创辉煌的精神动力。围绕井冈山经开区升格国家级经开区10周年和疫情防控复工复产重大主题开展宣传，内宣工作常态长效运转，外宣工作有特色有亮点，省级以上媒体上稿数量再创新高。在《人民日报》客户端、“学习强国”平台、《江西日报》《江西新闻联播》等省级以上媒体上稿75篇。

至2020年，宣传报道工作始终围绕井冈山经开区党工委、管委会中心工作开展，并服务经济社会发展大局，重点宣传井冈山经开区在复工复产、工业经济、改革创新等方面的工作举措，在中央、省、市主流媒体传播井冈山经开区好声音。“井冈山经开区跻身全国50强”等8条新闻在《人民日报》客户端推送，“井冈山经开区开放型经济首季迎来开门红”等5条新闻被“学习强国”平台采用，“井冈山综合保税区获批”等8条新闻在《江西日报》刊发，“进位赶超创佳绩 感恩奋进谱新篇”等6条新闻在《井冈山报》头版头条刊登，形成了有深度有影响的外宣报道。官方网站累积发布信息超过3000条，网站浏览量达81万次，用户数达到6203人。

第二节　理论学习

理论专题学习

2012年12月，吉安市委宣讲团成员、井冈山大学马列主义学院院长刘家桂在井冈山经开区作题为《认真学习深入贯彻党的十八大精神》宣讲。

2015年4月，中宣部思想政治工作研究所副所长戴木才应邀来井冈山经开区讲解全面依法治国理论精神，宣讲课题为《迈向法治中国的顶层设计——学习贯彻党的十八届四中全会精神》；同月，市委宣传部副部长朱黎生率市委宣讲团宣讲习近平总书记在参加十二届全国人大三次会议江西代表团审议时的重要讲话精神。习近平总书记在江西代表团参加审议，提出了“一个希望、三个着力”的明确要求。这是党中央对江西工作给予的充分肯定和鼓励，传递着党中央对江西的巨大关怀，是深入推进江西改革开放的强大动力。宣讲报告结合吉安市实际，重点围绕领会讲话意义，全力打好苏区振兴、扶贫攻坚站，努力实现绿色崛起，持之以恒抓好作风建设四个方面进行。

2016年11月19日，举办全区干部职工知识讲座，中国社会科学院学部委员、著名经济学家金碚主讲，课题为《关于产业发展的若干问题》。12月9日，举办全区党的十八届六中全会和省市党代会精神宣讲报告会，市委办公室副调研员谢华萍作理论宣讲。

党工委理论中心组学习

自2013年，井冈山经开区党工委每年年初制订全年学习计划，做好重点学习内容安排，每季度学习不少于1次，全年学习不少于4次。重点学习习近平新时代中国特色社会主义思想，《习近平谈治国理政》（第一卷、第二卷、第三卷），习近平总书记关于治党治国治军，内政外交国防等方面的系列讲话精神、习近平总书记视察江西重要讲话精神和党的十八大、十九大及历届中央全会精神，坚持读原著、学原文、悟原理，自觉主动学、及时跟进学、联系实际学、笃信笃行学，不断在学懂弄通做实上下功夫，始终在思想上政治上行动上同以习近平同志为核心的党中央保持高度一致。理论中心组学习安排副县级领导干部围绕学习主题结合工作实际进行发言，区党工委书记作小结讲话，推进理论学习向纵深推进。

2017年，区党工委理论学习中心组以“两学一做”学习教育为抓手，开展7次中心组学习，围绕“两学一做”和井冈山精神四个专题开展理论学习。重点开展党的十九大精神专题学习；2018年，开展6次集体学习，学习习近平新时代中国特色社会主义思想；2019年，开展9次集体学习，将习近平新时代中国特色社会主义思想贯穿始终，将习近平总书记视察江西时的重要讲话精神、习近平总书记关于生态文明建设的重要论述、党的十九届四中全会精神、《中国共产党宣传条例》、《中国共产党问责条例》及省委十四届十次全会精神纳入学习的重点内容；2020年，开展8次理论中心组集体学习，学习统筹推进疫情防控和经济社会发展、《习近平谈治国理政》（第三卷）、《中国共产党章程》、全国两会、民法典、全面从严治党、江西内陆开放型经济试验区、重温习近平总书记视察江西重要讲话精神、十九届五中全会精神及省委十四届十二次全会精神、市委四届十二次全会精神等内容。

干部学习讲坛

为加强干部学习教育，提升干部综合素质，增强干部服务园区经济发展能力，2017年1月，井冈山经开区开设第一期干部学习讲坛，此后每年至少举办4期。先后聘请戴木才、方志远、江风益等相关领域专家、院士和行业领军人物来井冈山经开区授课，授课内容涵盖政治理论、工业经济、技术创新、城市建设、融资上市等方面。截至2020年12月，共开展22期干部学习讲坛，让干部职工在单位就能学习到专业的前沿知识，将干部学习讲坛打造成井冈山经开区紧跟时代潮流、掌握领先理念的高品质学习品牌。

图7-1　2020年12月22日，井冈山经开区第22期干部学习讲坛

开设干部素质提升班

2020年初，井冈山经开区举办干部素质提升班，与厦门大学开展合作，在开发区设立业余课堂。

精选与开发区工作有关的课程，面向全区干部开设经济、法律、科技金融、行政管理、信息网络等相关课程，每月开展1次授课讲学，至2020年底，已开展6期干部素质提升班。

创新开展“充电半小时”活动

为动员干部职工上台讲课，加强干部职工业务交流，2019年9月，“不忘初心 牢记使命”主题教育开始后，区党工委结合井冈山经开区实际情况，利用下班后业余时间开展“充电半小时”学习活动，鼓励干部职工讲授个人负责领域专业知识，学习内容围绕与开发区紧密相关的经济发展、征地拆迁、脱贫攻坚、融资担保、项目建设、民生事业等方面，课程内容符合实际、精炼简洁，上课时长保持在半个小时内。按照每月不少于1次、全年不少于12次的频率开展活动，将其打造成井冈山经开区接地气、实用型、通俗化的特色学习活动。至2020年底，已开展18期“充电半小时”活动。

第三节　文明创建

井冈山经开区按照中央、省、市文明委的工作部署，承担举旗帜、聚民心、育新人、兴文化、展形象的使命任务，宣传贯彻习近平新时代中国特色社会主义思想，培育和践行社会主义核心价值观，弘扬井冈山精神，加强和改进思想道德建设，深化拓展群众性精神文明创建活动，开展新时代文明实践活动和志愿服务活动，巩固提升文明单位创建水平，提升群众思想觉悟、道德水准、文明素养和社会文明程度，为全区高质量可持续跨越式发展提供思想保证和精神力量。

创建文明单位

2014年，井冈山经开区管委会机关、江西生物制品研究所、华文光电有限公司获得第七届市级文明单位，高新街道下村获第二届市级文明村镇。

2016年9月，区管委会机关、区国税局、江西生物制品研究所、江西天人生态股份有限公司获得第八届市级文明单位。

2018年5月，区管委会机关、高新街道、消防大队和江西省木林森照明有限公司获得第九届市级文明单位。同月11日，井冈山经开区（社区）志愿者协会成立大会暨授旗仪式在马甫社区举行。

2019年4月，区管委会机关和区税务局获得第十五届江西省文明单位。

2020年5月，高新街道、金鸡湖街道、区消防救援大队、吉安市木林森实业有限公司获得第十届市级文明单位，金鸡湖街道彭家村获评第五届市级文明村镇。

2020年11月，井冈山经开区管委会机关和吉安市木林森实业有限公司成功创建全国文明单位，获第六届“全国文明单位”称号。

推行志愿服务

2017年11月，井冈山经开区成立吉安市首家村级志愿者协会——行山社区村级志愿者协会。以此为契机，井冈山经开区大力开展村级志愿者协会扩面提升工作。2018年5月，全区村（社区）志愿者协会成立大会暨授旗仪式在马甫社区举行，市委常委、市总工会主席肖玉兰出席。至2019年，井冈山经开区所有村（居）都成立了村级志愿者协会，成为全市第一个实现村级志愿者协会全覆盖的县（市、区）。

选树先进典型

至2020年，井冈山经开区持续推进新时代公民思想道德建设，深入开展先进模范学习宣传，展现道德模范和身边好人的感人事迹、高尚精神，引导群众从身边做起，从小事做起，争做时代好人和时代新人。

井冈山经开区普正药业公司吴永忠、红板公司胡建诚获全国劳动模范，红板公司郭达文被推选为第十九届全国人大代表并获全国“五一”劳动奖章，木林森公司易建武、普正药业康兴东、绿洲人造板王丽萍等19人获评全省劳动模范。

任春华2014年10月上榜“中国好人榜”。任春华，男，1975年3月生，井冈山经开区吉安市木林森实业有限公司员工。2014年6月6日，任春华在吉安县城新吉星超市，奋不顾身，将一个行凶男子砍向一个男孩脖子的菜刀夺下，将孩子护在自己身后，大声呵斥凶手，果断将行凶男子制服并送公安机关，把伤者送往医院。任春华接连被评为吉安县2014年“最美庐陵人”、吉安市第四届见义勇为道德模范、2014年“江西好人”，并于10月成为“中国好人榜”上榜好人。

2014年12月，井冈山经开区经发局干部曹晶获中国科协、国家发改委、科技部、国务院国资委联合颁发的“全国‘讲理想、比贡献’活动优秀组织者”称号。

2018年2月，杨根林和任春华分别入选第四届“感动吉安”人物奖和提名奖。2018年4月，经开区学校董兴平被江西省文明委表彰为“江西好人”。2020年5月，区环境保护局曹晶、高新街道长岭社区肖红艳、江西金匠铸造有限公司闫小龙入选江西省“新时代赣鄱先锋”人物。2018—2020年，井冈山经开区每年评选“最美职工”和“最美职工家庭”。如“最美职工家庭”——永安交通设施有限公司黄成英、高新街道金庐社区王兰妹、良种场欧阳秋英、优特利公司曾庆英、木林森光电肖春等家庭等体现出爱岗敬业、勤俭持家、孝敬老人、夫妻守望相助等优良品格。

第四节　井冈山经开区成为中国井冈山干部学院教学实践基地

井冈山经开区升格为国家级开发区时，以“吉安工业经济的增长极、体制和机制创新的示范区、中心城市的新组团、中国井冈山干部学院的社会实践基地”为定位，全方位履行社会职能。

2010年9月16日，中国井冈山干部学院中青年干部党性教育专题培训班第三期学员一行110余人赴吉安市进行现场教学。学员实地考察井冈山经开区天人集团、红板电子、航盛电子等企业。

2011年3月31日，中国井冈山干部学院第五期中青年干部党性教育专题培训班在井冈山经开区举行现场教学。全体学员观看井冈山经开区专题汇报宣传片，实地考察红板（江西）有限公司、江西天人生态股份有限公司。

2013年9月12日，中国井冈山干部学院2013年省部级干部党性教育专题培训班学员，在学院常务副院长梅黎明的带领下，赴井冈山经开区开展现场教学。

2014年4月16日，中国井冈山干部学院、国家行政学院国有重要骨干企业中高级管理人员培训班学员在井冈山经开区进行社会实践教学。市委副书记、市长胡世忠作市情报告。学员们先后考察红板（江西）有限公司、柏兆（吉安）电子科技有限公司。

2014 年 5 月 12 日，中国井冈山干部学院第 6 期省部级干部党性教育专题培训班学员赴井冈山经开区开展现场教学。

2017 年 4 月 14 日，中国井冈山干部学院 2017 年中央联系专家国情研修班学员 62 人在井冈山经开区开展现场教学。中央联系专家国情研修班跟班人员、中组部人才工作局副局长杨佑兴，副巡视员、处长薛波，中国井冈山干部学院培训部副主任张哲带班。

2017 年 9 月 8 日，中国井冈山干部学院中管金融企业和中央企业经营管理人员党性修养教育专题培训班在井冈山经开区开展现场教学。

2017 年 9 月 12 日， 中国井冈山干部学院第 13 期省部级干部党性教育专题培训班学员以实地调研企业的形式在井冈山经开区开展现场教学。

2018 年 9 月 13 日，中国井冈山干部学院学员越南党政干部考察团到井冈山经开区进行现场教学。

2019 年 7 月 9 日，中国井冈山干部学院第 16 期中管金融企业和中央企业领导人员党性修养专题培训班学员到井冈山经开区现场教学并进行座谈。中国井冈山干部学院副院长匡胜出席。

2019 年 11 月 19 日，中国井冈山干部学院第 19 期省部级干部党性修养专题培训班到井冈山经开区开展现场教学。中国井冈山干部学院常务副院长梅黎明带班。

图 7-2　2019 年 7 月 9 日，中国井冈山干部学院第 16 期中管金融企业和中央企业领导人员党性修养专题培训班学员到井冈山经开区现场教学并座谈

第三章　纪检监察

区纪检监察部门积极协助区党工委履行党风廉政建设主体责任，聚焦主责主业，深化标本兼治，一体推进“不敢腐、不能腐、不想腐”长效机制，以高质量纪检监察工作推动全面从严治党向纵深发展，全力发挥纪检监察机关监督保障执行、促进完善发展的作用，为实现全区高质量跨越式可持续发展提供坚强的纪律保障。

第一节　党风廉政建设

压实党风廉政建设责任

井冈山经开区党工委把加强管党治党、全面从严治党作为重大政治任务，持续深化各级党组织主体责任、主要领导“第一责任人”责任、纪检监察机关监督责任、各级班子成员和区直单位负责人“一岗双责”，构建起区党工委统一领导、纪检监察机关组织协调、各部门齐抓共管的党风廉政建设工作格局；成立由区党工委主要领导任组长的落实党风廉政建设责任制暨惩治和预防腐败体系建设工作领导小组，明确党工委班子成员党风廉政建设工作责任；每年专题研究部署党风廉政建设和反腐败工作，按年度研究制定《党风廉政建设工作要点》，明确责任分工，把党风廉政建设和反腐败工作与中心工作同研究、同部署、同落实，经常性研究党风廉政建设工作，听取党风廉政建设工作汇报。

2010—2012年，建立了党工委书记履行第一责任人、副书记抓分管、纪工委书记抓具体和班子成员齐参与、职能部门承担具体业务的工作格局，成立党风廉政建设领导小组，分解党风廉政建设工作任务；制定出台了《关于加强和改进党内作风建设重点工作责任分工的通知》，压紧压实党风廉政建设的责任。

2013年，将区直各单位和街道党工委落实党风廉政建设责任制情况纳入全区综合目标考核和干部考核的重要内容，实行区直各单位和街道党工委主要负责人向区党工委述职述廉制度。

2014年，召开了党风廉政建设社会评价布置会议2次，将社会评价工作向纵深引入，宣传了市、区开展党风廉政建设和反腐败工作取得的成果，群众知晓面、参与度大有提高，取得了较好的社会效果。

2015年3月，召开全区党建及党风廉政建设工作会。组织与会人员观看《硕鼠之害》廉政建设警示教育片，会上各区直单位、街道党工委主要负责人分别签订党风廉政建设责任状。区党政主要领导每年为全区党员干部上廉政党课。

2016年3月，召开党建暨党风廉政建设工作会议。会上，区党工委书记向井冈山卷烟厂党委、各街道党工委、机关党委、非公经济组织党委主要负责人和区直单位主要负责人颁发廉政建设责任书。

2013—2017年，各级党组织和党员领导干部层层签订党风廉政建设责任书；新任科级干部签订廉洁从政承诺书；落实履责纪实制度，在压紧压实责任、强化履责意识上起到了积极作用。

2018年，进一步把党风廉政建设工作纳入区绩效考核重点内容，同时建立健全日常督查、检查考核的制度机制，为推动管党治党责任落实等工作发挥了良好的激励导向作用。

2019年，制定出台《井冈山经开区推进党风廉政建设责任落实的实施细则》《井冈山经开区开展约谈谈话的实施办法》《关于加强监督工作的实施办法（试行）》等制度措施，强化履责监督，大力推动责任落实；区党工委带头落实“主体责任”，主要负责人对党风廉政建设重要工作亲自部署、重大问题亲自过问、重点环节亲自协调、重要案件亲自督办。2019年3月至5月，井冈山经开区党工委接受省委巡视，区纪检监察工委认真配合省委第二巡视组巡视工作，在认真做好省委巡视反馈有关区纪检监察工委六个方面问题整改的同时，扎实开展省委巡视反馈问题整改专项督察，督促相关责任部门对巡视反馈意见整改落实到位。

2020年，协助区党工委制定了《关于强化对权力运行的制约和监督工作方案》（试行），探索对区党工委管理的党员干部和公职人员，重点是科级以上领导干部所行使的权力进行监督和制约。2020年10月，区纪检监察工委牵头，联合区党工委办公室、组织部、财政局、社会事业局组成工作组，对街道党工委开展了为期20天的政治督查工作，重点从政治建设与政治规矩、意识形态工作责任制落实情况、组织建设情况、纪律建设与作风建设、巡视巡察、审计等反馈问题整改情况等方面开展督查。

学习宣传党纪法规

井冈山经开区党工委理论学习中心组带头开展学习教育，持续深化党的十九大和十九届二中、三中、四中、五中全会精神、习近平新时代中国特色社会主义思想等重大政治理论学习，自觉加强对《中国共产党廉洁自律准则》《中国共产党纪律处分条例》《中国共产党问责条例》等重要党内法规的专题学习。区党工委书记和领导班子成员带头上廉政党课，广泛运用“三会一课”“纪律小课堂”“廉政微党课”“廉洁提醒”等形式，推动廉政学习教育常态化、制度化。

2010年，组织党员干部认真学习《中国共产党党员领导干部廉洁从政若干准则》，严格规范党员领导干部的廉洁从政行为；积极组织开展创先争优活动，增强党员领导干部的使命感、责任感和荣誉感。

2011年，以街道、村两级领导干部为教育重点，加强理想信念和从政道德教育、党纪条规和国家法律法规教育，组织党员干部认真学习《廉政准则》，观看廉政警示片。

2012年，组织开展了“倡廉洁、树新风”优秀廉政公益广告展播活动，教育和引导广大党员干部树立正确的人生观、世界观，不断提高廉洁从政的意识和拒腐防变能力，

2013年，着力在宣传教育方面下功夫打基础，利用中心组学习（扩大）会、上廉政党课、出廉政专刊、举办廉政知识竞赛、发放《党风廉政建设特刊》等形式，不断强化党员干部廉洁自律意识。

2014年，召开党风廉政建设社会评价布置会议2次，将社会评价工作向纵深引入，宣传市、区开展党风廉政建设和反腐败工作取得的成果，群众知晓面、参与度大有提高，取得较好的社会效果。

图7-3　2014年10月，井冈山经开区召开党风廉政建设社会评价工作动员布置会，区党工委委员、纪工委书记刘达绪讲话

2015年，加强区内重点规模企业、基层机关、村居社区廉政建设和文化宣传，举办“一准则两条例”专题党风廉政建设知识竞赛。

2016年，把纪律教育纳入中心组、民主生活会学习的重要内容，多次集体组织学习《关于新形势下党内政治生活的若干准则》《中国共产党党内监督条例》《中共共产党问责条例》等党纪法规和《习近平关于严明党的纪律和规矩论述摘编》。

2017年6月中旬，组织全区纪检干部、村（社区）支部书记、主任、会计共60余人到井冈山、市纪委泰和管理中心开展为期三天的井冈山精神、廉政教育培训。10月份，邀请市纪委副书记彭西洪同志为全区党员干部辅导解读《中国共产党纪律处分条例》《中国共产党问责条例》，增强了全区干部自觉维护党纪党规的自觉性。

2018年，组织全区党员干部参加新修订的《中国共产党纪律处分条例》专题党课。5月，组织村（社区）书记、主任、纪检委员，区直单位纪检监察员在市纪委吉水管理中心开展了为期两天的党风廉政集中教育培训。10月，邀请市纪委常委、市监委委员、市纪委案件审理室主任李祥平专题辅导《中国共产党纪律处分条例》。

2019年10月，组织村（社区）书记、纪检委员及全区基层纪检监察干部共60余人开展“不忘初心、牢记使命”党纪教育专题培训班，邀请市纪委常委、市监委委员、党风政风监督室主任专题辅导新修订的《中国共产党问责条例》。征订、编印《公职人员廉政教育手册》《漫说形式主义官僚主义》《党纪学习手册》给全区科级以上党员领导干部学习。

2020年6月，对近三年新提任干部进行集体廉政谈话并开展党内法规知识测试。10月，组织全区纪检干部、村（社区）干部举办廉政教育培训班，邀请市委党校教授和市纪委市监委宣传部领导授课辅导。

开展警示教育活动

推进廉政宣传教育经常性常态化开展。充分运用管委会大楼显示屏和区、街道、村（社区）、企业、学校宣传栏以及微信等线上线下载体，广泛开展重要党纪党规知识的学习宣传，在重要节假日等时间节点及时进行廉政提醒，起到了较好的日常教育警醒效果。

2010年，多次组织机关全体党员干部职工观看廉政警示教育片。

2011年，以街道、村两级领导干部为教育重点，加强理想信念和从政道德教育、党纪党规和国家法律法规教育，组织党员干部认真学习《廉政准则》，观看廉政警示片。

2012年，利用广告显示屏开展“倡廉洁、树新风”优秀廉政公益广告展播活动，组织党员干部观看《落马的县官》《皮黔生腐败案警示录》等系列警示教育片。

2013年，组织观看警示教育片《梦碎豪宅庄园》，通过吹“廉风”、敲“警钟”，不断强化党员干部廉洁自律意识。

2014年，集中组织观看警示教育片《小官大贪》，筑牢党员干部的廉洁意识。

2016年，抓实党风廉政宣传教育，多次运用“廉洁江西”“庐陵清风”发布典型案件，在井冈山经开区等官方微信公众号，发布作风建设、文件规定、案例警示等廉政提醒，教育引导全区党员干部廉洁从政。

2017年，运用街道综合执法中队队员违纪案，对全区综合执法队伍开展警示教育。深入街道、企业或基层开展廉政教育宣传，编制印发了廉政教育手册600余份。

2018年，组织全区新一届村（社区）“两委”干部开展了“诵读红色家书暨廉洁履职集体宣誓活动”。组织村（社区）书记、主任、纪检委员，区直单位纪检监察员开展了为期两天的党风廉政集中教育培训，创设“廉洁微党课”，多次开展了送政策、讲政策下乡活动，借助线上线下媒体常态化发布廉洁提醒和案例警示。

图7-4 井冈山经开区举行第十六期干部学习讲坛——“以身边案教育身边人”警示教育会

2019年，组织全区征地拆迁、项目建设一线工作人员70余人开展专题警示教育活动。征订、编印《公职人员廉政教育手册》《漫说形式主义官僚主义》《党纪学习手册》给全区科级以上党员领导干部学习。

2020 年，运用市纪委查处的中心城区房屋征收领域腐败和省电视台曝光的全市“怕慢假庸散”典型案例开展了专题警示教育活动。

第二节　监督执纪

区纪检监察机关守住监督执纪首要职责、根本职责，围绕中心，服务大局，坚持党组织决策部署到哪里、监督检查就跟进到哪里，做实做细日常监督，及时跟进监督、精准监督。严明纪律要求，严肃执纪问责。

推进提醒谈话

坚持监督关口前移，立足抓早抓小、防微杜渐，有效防控廉政风险。认真执行《井冈山经开区开展约谈谈话的实施办法》，自 2019 年，每年对各级党组织、区直各部门全面开展廉政提醒谈话、问题警示约谈、党组织集体约谈等工作，及时提醒、督促纠正作风不实、纪律不严等方面的问题。2020 年，对全区政治生态和信访问题等情况定期分析，形成专题报告，提请区党工委研究，推动各级领导干部落实“一岗双责”，有针对性开展职责范围内约谈谈话、督促问题整改。

督查纪律作风

持之以恒落实中央八项规定精神，驰而不息纠治“四风”，持续保持对违规公款吃喝、收送礼品礼金、操办婚丧喜庆敛财、发放津补贴和奖金福利、公车私用、铺张浪费等问题开展明察暗访、专项检查，持续释放作风建设永远在路上、越往后执纪越严的强烈信号。2012 年至 2013 年，以机关效能建设年为契机，加大了对落实机关效能规定情况的督查力度；2015 年，强化了对落实“三单一网”和“马上就办”情况的专项检查；2016 年，对精准扶贫、企业帮扶、项目建设、春季招工、建成区违规建筑清理等进行专项督查，对作风不实、不作为慢作为、执法不公等提出了督查意见和整改要求；2017 年，认真执行省、市纪委关于运用监督执纪“四种形态”指导意见和实施办法，加强了春节、端午、中秋、元旦等重要时间节点的党纪监督检查；2018 年，对春节招工、脱贫攻坚、机关作风等工作开展了作风建设专项督查，并对存在的问题进行了通报；2019 年，在全区“不忘初心、牢记使命”主题教育中，专门成立作风建设督查组，对主题教育作风、成效等情况进行全过程专项检查。2020 年，持之以恒落实中央八项规定精神，强化作风督查，不断加大对形式主义官僚主义、“怕慢假庸散”作风顽疾、不担当不作为等问题的监督力度，严肃查处、通报了一批典型问题，保持了正风肃纪高压态势。

重点领域监督

2010 年，重点对城乡环境综合整治、闲置建设用地清理、违章建房等工作开展集中督查；2013 年，重点对规划区“两违”建房、涉及企业“三乱”行为等落实情况进行专项督查；2017 年，围绕营商环境、“放管服”改革和“五型”政府建设等方面开展监督；2018 年以来，围绕脱贫攻坚、扫黑除恶专项斗争、省委巡视反馈问题整改、安全环保等领域加强干部履责、作风、纪律等情况的监督，聚焦民生领域，持续深化开展群众身边不正之风和“微腐败”问题的监督执纪工作；2020年，突出“履职、作风、廉洁”等方面把新冠肺炎疫情防控、推动企业复工复产、落实“六稳”“六保”政策等作为监督工作重点，开展常态监督、精准监督，为全区高质量发展提供了纪律保障。

专项治理整治

2011年，开展了“三公”经费专项治理工作；2014年，对“为官不为”、干部赌博、“吃空饷”、小金库、收送“红包”、影响服务环境和廉洁自律等20多个突出问题进行了集中治理；2015年，开展了领导干部违规插手干预工程建设项目问题专项治理；2018年，开展了扶贫领域腐败和作风问题、违规发放礼品礼金问题、领导干部利用名贵特产特殊资源谋求私利等问题的专项治理；2019年，开展漠视侵害群众利益问题专项整治；2020年，开展了违规发放津贴补贴问题清理、党员干部和国家公职人员违规从事营利活动问题治理、“保居民就业”“保市场主体”若干突出问题治理整治等工作。

监督制度执行

2011年，对补贴资金、城市和农村低保发放等政策落实情况开展了重点督查；2013年以来，以落实中央八项规定精神为重点，持续强化对省、市各项规定要求执行情况的监督执纪，推动作风建设要求制度化常态化落实，对省委作风建设“二十条”、省政府办公厅加强作风建设“十六条”措施执行情况进行了重点督查；2016年，对“三重一大”制度执行情况开展了专项检查，每年开展经常性检查；2017年以来，围绕区党工委重要工作部署，每年对全区“重点调度工作安排”落实情况进行重点督查，着力提升工作执行力；2020年，重点强化惠民惠企政策落实、合同兑现、关于应对疫情影响支持企业复工复产和项目开工建设的若干政策措施等重要制度措施落实、执行情况的监督。

审查调查

2011年，推行领导批阅来信、信访排查、领导接访“三项制度”，共接待群众来信来访54人次，化解村民自治、征地补偿等方面引起的矛盾纠纷10余起；2012年，建立开展领导干部接访包案制度，及时调解纠纷和矛盾；2013年，对3起违规的房地产开发案进行了查处；2014年重点查处龙山、西坑两村村干部违规违纪行为，其中1人移送司法机关处理，1人开除党籍，2人免职处理，诫勉谈话12人次；2015—2016年，对两名分别涉嫌受贿罪、诈骗罪的税务系统干部给予“开除党籍、开除公职”处理，对某村委“虚报冒领”问题的相关责任人给予党内严重警告处分；2017年，规范建立信访台账、线索处置专题会等制度，完善信访档案的归档管理，全年共处置信访件16件，立案5起，给予14人党纪政纪处分，其中开除党籍处分1人、党内严重警告处分2人、党内警告处分4人、行政记过处分1人、行政警告处分6人，对2个基层党组织、2名个人评先予以否决，对街道2名分管领导进行了问责；2018年，共处置信访件11件，立案3件，给予党纪处分5人，其中给予1名预备党员延长预备期1年处分，给予3人党内警告或严重警告处分，给予2人开除党籍处分；2019年，共处置信访件83件（含省委巡视组交办件43件），党纪立案5起，运用第一种形态处理10人，第二形态处理（党内警告）2人，第四种形态（开除党籍）处理1人；2020年，办理纪检监察机关职责范围内信访件24件，立案查处3件3人。依纪依法对1名党员干部受到开除党籍、开除公职的处理进行变更，恢复其党员权利和公职。

第八篇　经济管理

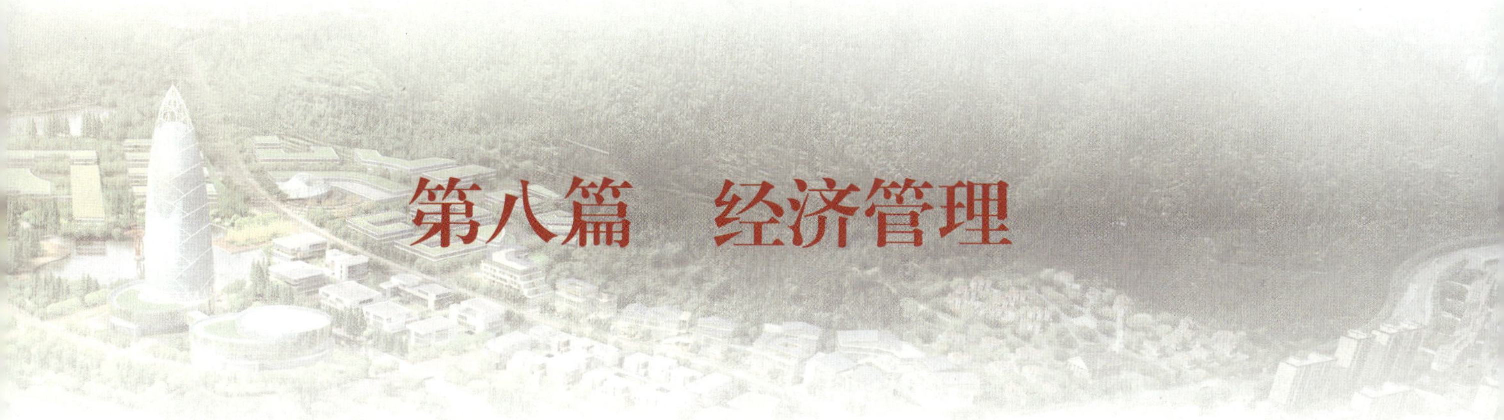

为促进经济快速发展，社会事业有序推进，井冈山经开区加强行政审批、税务、审计、市场监督等方面的管理协调，强化行政审批改革，提高行政审批效率，利用税收杠杆推动经济发展，利用审计手段促进资金有效运行，加强市场监管，促进市场健康有序运行。推行精细化、专业化、人性化管理，提升园区建设、企业服务、财政税务管理服务水平，促进经济社会快速发展。

第一章　行政审批

2017 年以前，井冈山经开区的行政审批工作由区管委会各职能部门根据各自的职能和权限管理。2017 年，井冈山经开区建立公共服务中心、综合执法中心，履行行政审批职责。2019 年 10 月，井冈山经开区成立行政审批局，负责行政审批工作。通过行政审批，确保经济发展在法治的轨道上运行。

图 8-1　井冈山经开区行政审批服务中心工作人员为群众办理事项

第一节 企业设立登记

2019年以前，井冈山经开区企业设立登记分两个步骤，共需5个工作日，首先是前往井冈山经开区市场和质量监督管理局窗口领取纸质档核名申请表，2个工作日完成核名；核名通过后，再次前往窗口领取纸质档企业设立登记表，材料交齐后，3个工作日完成审核颁发营业执照。

2019年，行政审批服务中心大厅推进“服务提升年”活动，进一步优化营商环境，对业务流程再优化，简化办事环节，压缩办理时间，大厅实现企业开办一窗受理、信息共享、并行办理、限时办结，全面提升商事登记便利化水平，实现企业开办“全程网上办，1天领执照，3天全办好”，企业开办时间由原来的5天压缩至3天。

2020年3月，推出企业开办“一网通办”，新开办企业营业执照办理压缩1个工作日，印章刻制即办、涉税业务即办，大幅提升企业开办效率。

截至2020年12月，全区完成企业开办审批登记629件，个体户开办审批登记488件。

第二节 投资项目建设审批

吉安市高新区成立之初，投资项目建设审批都是企业前往具有审批权限的吉安市及区内有关职能部门按阶段分别办理各个事项，办理时间和流程都比较长。

2018年，设立区行政审批服务中心大厅，具有审批权限的各个职能部门分别派遣人员进驻区审批服务中心大厅，投资项目建设审批由前台窗口统一受理，而后拿回各自部门走审批流程，各部门负责办理各部门进驻审批服务中心大厅的投资项目审批事项。

2020年7月，制定工程建设项目审批制度改革实施方案，新版审批流程整合为立项用地规划许可阶段、工程建设许可阶段、施工许可阶段、竣工验收阶段4个阶段，审批时间最短压缩至40个工作日。

“一窗受理”解决多头跑问题，这次投资项目审批改革打破原有的部门界限，破除一事多批、多评、多审等现象。政务大厅开设“投资项目审批专窗”，企业只需提交“一张申请表单，一套申报材料”，就能完成多项审批，变之前的外部跑为信息的内部流转，便利企业办事。

“串改并”大幅压缩时限。井冈山经开区不断进行审批流程再造，推行并联审批机制改革，加快项目前期进度。推行“四段（立项用地、规划报建、施工许可、竣工验收）并联”审批和“容缺审批+承诺制”受理制度，将部分复杂、需交评估、认证的审批由前置改后置，并对同类事项进行并联审批。

图纸集中、评估评审集中开展、现场踏勘集中查验“三大集中”提升审批效率。井冈山经开区按照“多图联审”“联合踏勘”“多评合一”等原则，按阶段将设计方案、图纸集中审核；评估评审集中开展；现场踏勘集中查验，变串联为并联，以达到进一步压缩审批时间的效果。

2020年4月27日，正式启用吉安市工程建设项目审批管理系统，涉及工程建设项目审批的72个事项全流程网上系统审批。创新“六多合一”（多规合一、多系统合一、多介合一、多评合一、多审合一、多测合一）集成审批模式，实现“四个统一”（统一审批流程、统一信息数据平台、统一审批管理体系、统一监管方式）。在市“放管服”改革工作领导小组统一领导下，井冈山经开区在2020年8月份搭建网上中介服务超市，录入 55 项中介服务事项。网上中介服务超市为项目实施方提供网上“一站式”中介服务，实现中介服务需求信息网上发布，中介服务机构网上竞价中标或随机抽取中标，中标结果网上公示，服务效果网上评价。有利于优化政府服务、深化放管服改革和优化营商环境，对破解行政管理领域中介服务环节多、耗时长、收费乱、垄断性强等问题，降低企业制度性交易成本具有十分重要意义。至 2020 年 12 月，完成系统审批件 108 件。

第三节　社会事务审批

吉安市高新区成立后很长一段时间，社会事务审批工作分散由区社会事业局和其他具有审批权限的职能部门负责。

2020 年 6 月，井冈山经开区实行行政审批制度改革，推进社会事务领域审批权改革，集中实施涉及人社、教育、民政、卫生、健康、农业、文化、体育等各个行业的 130 项社会事务行政审批事项，拉起一条范围广、影响面宽的审批专线，审批环节至少精简 50%，办结时限普遍提速 80%，社会反映良好、群众认可度高，改革预期效果良好。截至 2020 年 12 月完成各类社会事务审批件 555 件。

为规范行政审批行为，提升审批质量和效率，区行政审批局将所有承担的审批事项分为即办、简单、重要、复杂四类事项，建立分别由窗口人员、科室负责人、分管负责人、主要负责人办结的审批授权机制，改进原来层层审批、大小事项均由局审批研究会确定的惯例，90% 的事项在窗口即能办结，有效减少内部流转环节，提升办结时效。

第二章　财政审计金融

吉安市高新区设立一级财政以后，正式确立吉安高新技术产业开发区的财政体系，进行科学、合理、准确、高效的资金管理，保证了经开区各项事业的高效运转和各项公共建设工程的实施。运用审计手段，监督资金使用，保证资金使用规范、合理。设立金融产业园，构建融资平台，解决企业融资困难，促进经济发展。

第一节　财政体制

根据“分税制”财政管理体制的规定和财权与事权相结合的原则，坚持财权与事权相结合、责权利相统一的原则；坚持保运转、促发展、收支平衡、留有余地的原则；坚持统筹兼顾、便于征管、提高效能的原则。

2001—2019 年，井冈山经开区结合实际情况，对财政、税收管理体制适时调整。

2004 年，根据《吉安市人民政府关于印发建立市高新区财政管理体制实施意见（试行）的通知》（吉府发〔2004〕6 号），明确收入范围划分、支出范围划分；明确预算编制按照划分的收支范围和量入为出、统筹兼顾、收支平衡的原则，编制预算送市财政审核后报市政府批准；执行中收入就地缴入市高新区国库，支出就地从市高新区国库支付。同年，根据中国人民银行吉安市分行《关于同意设立国家金库吉安市高新区支库的批复》（南银复〔2004〕5号），同意吉安市高新区设立“中华人民共和国国家金库吉安市高新区支库”。

2009年，财政体制运行期间进行微调。根据中国人民银行吉安市分行《关于同意国家金库吉安市高新区支库更名的批复》（南银复〔2009〕17号），同意国家金库吉安市高新区支库更名为“中华人民共和国国家金库江西井冈山经开区支库”。从2009年开始，城镇土地使用税、土地出让收入全部留井冈山经开区。2010年，根据《吉安市人民政府关于印发进一步完善井冈山经开区财政管理体制实施意见的通知》（吉府发〔2010〕1号），异地办厂企业缴纳税收按照“异地办厂、就地纳税、财力划转”的原则，年终通过结算由井冈山经开区作财力划转。

2018年，井冈山经开区和吉州、青原产业园、富滩产业园实行一体化发展，形成一区四园发展格局。吉安河东经济开发区成建制划归井冈山经开区管理。根据《吉安市财政局关于划转吉安河东开发区经费支出基数的通知》（吉财预〔2018〕31号），明确划转基数。同年，为理顺税收征管模式，根据《吉安市财政局吉安市税务局关于明确吉安河东经济开发区企业税收征管和财力划转办法的通知》(吉财经〔2018〕14号），按照“老企业老办法、新企业新办法”原则，明确2018年2月28日之前的企业税收归属青原区，之后的税收归属井冈山经开区，青原区政府每年补助河东开发区1000万元用于市政建设。

第二节　资金管理

预算管理

预算编制管理　2004年设立国库后，井冈山经开区财政收支预算编制工作正式开启。收支预算编制按照划分的收支范围和量入为出、统筹兼顾、收支平衡的原则，紧紧围绕区党工委、管委会重大决策部署，立足井冈山经开区实际，坚持依法理财，优化支出结构，盘活财政存量资金，从严控制“三公”经费等一般性支出，重点保障民生支出原则。编制预算送市财政局审核后报市政府批准，最后由市人大批复。井冈山经开区财政局对国库资金能够统筹安排和调拨，井冈山经开区财政局独立编制财政收支预算。收入预算包括当年井冈山经开区财政总收入、一般公共预算收入、政府基金收入，其中财政总收入由入区国库收入、入省国库收入和入中央国库收入三部分构成。支出预算根据收入预算中的可用财力按照财政部制定的支出科目进行具体安排。

预算执行管理　财政收支预算一经确定、批复，原则上不准随意调整，对确需增加的支出也要控制在财力可能的范围内。严格贯彻“依法理财”的方针，严格追加管理，预算调整必须符合预算法规定的能调整的情形，且属于国家、省、市实施重大政策措施以及区党工委管委会事业计划和收支情况发展有较大变化时才进行调整，财政预算调整或追加必须报经市人大批准，非经法定程序不得调整。各预算单位的支出必须严格遵守部门预算批复有关要求，不得虚假列支，不得擅自改变预算支出的用途。严格按照批复预算科目执行，严格控制不同预算科目、预算级次或者项目间的预算资金的调剂。

预算绩效管理　按照《关于全面实施预算绩效管理的实施意见》（吉发〔2019〕8号）要求，井冈山经开区财政全面实施绩效管理，增强绩效管理理念，推进预算绩效管理与预算管理紧密结合，切实强化绩效目标管理，完善预算支出绩效评价办法，健全预算绩效评价指标体系，探索实施全过程监控管理、不断扩大绩效评价范围、落实绩效评价结果应用，着力实现将评价结果融入到以后年度预算安排、政策晚上和管理改进等各方面，确保财政资金提质增效。

决算编制管理

决算情况介绍　井冈山经开区历来高度重视财政决算编制工作，坚持构建“预算、执行、决算”三位一体的财政预算管理机制，努力形成闭合循环的“三角链”，不断提升财政决算工作质量和水平。财政决算分财政总决算、部门决算两块构成。财政总决算自 2004 年设立一级金库开始编制，并报市级汇总。财政总决算编制基于全年全区收入、支出编制。部门决算从 2006 年开始编制，并报市级汇总。部门决算编制基于全区各部门实际财政拨款收入、财政拨款支出汇总编制。

决算编制原则　一是保证资料的完整、准确。财政决算的基础数据来源于日常的会计凭证、账簿和各种报表，这些数据是否真实准确、完整，直接影响决算的质量和工作效率。井冈山经开区自 2017 年实行国库集中支付管理制度以来，在省财政厅统一部署下，国库集中支付系统上线使用，这为保证日常财政收支数据核算的及时、准确创造了良好条件，为编制财政决算提供了可靠的基础保证。二是注意财政总决算和部门决算的衔接。财政总决算报表许多表格数据都来源于部门决算的报表，双方的数据是否一致，直接影响决算报审的质量和效率。在实际操作中，两套决算要同等重视、同等对待，必须做好衔接工作。

财政收入

井冈山经开区的财政总收入由税收收入和非税收入两部门构成。税收收入由区税务局征收，非税收入由区财政局征收管理，全部缴入金库管理。2004—2020 年，随着园区经济高速发展，井冈山经开区财政总收入每年呈递增模式增长。

2004—2020 年井冈山经开区财政收入情况表

表 8-1　　单位：万元、%

年　份	财政总收入	其　中				税收占比	财政收入同比增幅
		区国税		区地税	区财政		
		金　额	其中井冈山卷烟厂				
2004	1111	611	—	425	75	93.25	
2005	1893	1199	—	604	90	95.25	70.39
2006	3146	2204	—	796	146	95.36	66.19
2007	6538	5057	—	1332	149	97.72	107.82
2008	13989	11202	—	2400	387	97.23	113.96
2009	21166	14591	—	4382	2193	89.64	51.30
2010	31134	19591	—	8407	3136	89.93	47.09

续表 8-1

年　份	财政总收入	其　中				税收占比	财政收入同比增幅
		区国税		区地税	区财政		
		金　额	其中井冈山卷烟厂				
2011	46001	23952	—	16746	5303	88.47	47.75
2012	60158	25003	—	30003	5152	91.44	30.77
2013	112351	68700	34721	38395	5256	95.32	86.76
2014	124333	79736	38659	39227	5370	95.68	10.66
2015	143658	85327	40942	47609	10722	92.54	15.54
2016	172653	117334	61833	46515	8804	94.90	20.18
2017	200037	148166	60428	41415	10456	94.77	15.86
2018	225219	168415	73183	44624	12180	94.59	12.59
2019	260156	247211			12945	95.02	15.50
2020	274002	260010			13992	94.89	5.32

财政支出

井冈山经开区的财政支出根据区可用财力，按照收支平衡的原则进行安排，支出范围与区、县财政体制支出范围一致，绝大部分用于支持企业发展、园区基础设施建设，小部分用于管委会的行政支出。

2004年开始，井冈山经开区编制财政预算、财政支出在吉安市人民代表大会批复的预算范围内执行。

2004—2020 年井冈山经开区财政支出情况表

表 8-2　　单位：万元

年　份	一般公共预算支出	政府性基金支出
2004	842	—
2005	1576	—
2006	3363	—
2007	3081	5550
2008	6490	12502
2009	8537	3868
2010	18974	5867
2011	30306	24377
2012	37225	36539
2013	53151	62487
2014	56716	35621
2015	70519	35394
2016	60801	42363
2017	87524	36203

续表 8-2

年　份	一般公共预算支出	政府性基金支出
2018	106535	34660
2019	103518	116483
2020	103123	156777

第三节　审　计

财政预算执行审计

2014 年 5 月 27 日至 6 月 20 日，井冈山经开区审计组实施并完成井冈山经开区 2013 年度财政预算执行和其他财政收支情况审计，审计组重点审计井冈山经开区管委会本级财政及金庐陵公司、井冈山经开区土地储备中心、井冈山经开区街道办等 3 个下属单位，延伸审计井冈山经开区地税局，并就重要事项进行必要的延伸和追溯。审计查出预算编制不规范、税收征缴不力、违规返还企业税收和土地出让金、违规向企业出借资金或向企业融资担保、未严格执行招投标制度、少收企业融资手续费以及固定资产未及时入账等财务管理不规范问题。向井冈山经开区管委会提出了加强预算管理、规范招商引资政策举措等 7 条审计建议。2015 年 2 月，井冈山经开区审计组首次对区内村级集体经济进行专项审计，范围涉及区内高新街道、金鸡湖街道共 10 个村（居）委会，充分揭示村级财务存在的问题，对存在的问题提出整改意见。

2015 年 4 月 10 日至 6 月 12 日，井冈山经开区审计组实施并完成井冈山经开区 2014 年度财政预算执行情况审计，主要审计井冈山经开区管委会机关及金庐陵公司、井冈山经开区街道办等 3 个内设部门和下属单位，并延伸审计区土地储备中心、井冈山经开区地税局。审计发现预算调整程序不规范、资金预算不细致、漏提专项资金、税收奖励不规范、预算单位财政存量资金量大等 15 个问题，对存在的问题提出整改意见。

2016 年 3 月 15 日至 5 月 20 日，井冈山经开区审计组实施并完成井冈山经开区 2015 年度财政预算执行情况审计，主要审计井冈山经开区财政预算编制、执行情况，并延伸审计井冈山经开区管委会机关、区土地储备中心、井冈山经开区地税局等相关单位。审计发现财政预算执行方面、地方税费征缴方面、工程项目管理方面等 11 个问题，对存在的问题提出整改意见。

2017 年 3 月 16 日至 9 月 26 日，井冈山经开区审计组实施并完成井冈山经开区 2016 年度财政预算执行情况审计，主要审计井冈山经开区财政预算编制、执行情况，并延伸审计井冈山经开区管委会机关、区企业服务中心、吉安市井冈山开发区金庐陵经济发展有限公司等单位。审计发现预算编制不完善，未进行部门预决算考核等方面的问题，并对上年度预算执行审计中发现的井冈山经开区 2010 年以来新建房地产开发项目漏缴各类政府性收入问题的整改情况进行跟踪督促。

2018 年 3 月 15 日至 5 月 20 日，井冈山经开区审计分局实施并完成井冈山经开区 2017 年度财政预算执行情况审计，主要审计井冈山经开区财政预算编制、执行情况，并延伸审计井冈山经开区管委会机关、区土地储备中心、井冈山经开区地税局等相关单位。审计发现财政预算执行、地方税费征缴、工程项目管理等 11 个问题。

2019 年 4 月 20 日至 6 月 12 日，井冈山经开区审计分局实施并完成井冈山经开区 2018 年度财政预算执行情况审计，主要审计了 2018 年财政运行情况和财政预算执行情况。并延伸审计井冈山经开区管委会机关、区机关事务中心、区金鸡湖街道办、金庐陵经济发展有限公司等单位。审计发现财政预算执行、专项资金使用、工程项目管理等 8 个问题。

2020 年 4 月 16 日至 6 月 12 日井冈山经开区审计分局实施并完成井冈山经开区 2019 年度财政预算执行情况审计，主要审计了 2019 年财政运行情况和财政预算执行情况。并延伸审计井冈山经开区管委会机关、自然资源局、经济发展和科技管理局、规划建设局、社会事业局、金庐陵经济发展有限公司等单位。审计共发现 18 个问题。

领导干部经济责任审计

2018 年，井冈山经开区审计分局实施并完成区管委会领导交办的良种场原场长离任经济责任审计和金鸡湖街道办原主任离任经济责任审计项目 2 个，重点审计领导干部个人廉洁从政、财务管理和履职情况等方面情况。审计共发现重大经济决策、资产管理等方面 13 个问题。

2019 年，井冈山经开区审计分局实施并完成区管委会领导交办的经济责任审计项目 2 个，即高新街道办原主任离任审计和金庐陵经济发展有限公司原总经理离任审计。重点审计领导干部个人廉洁从政、财务管理和履职情况等方面的情况。审计共发现重大经济决策、会计核算等方面 21 个问题，针对发现的问题提出了针对性的整改意见建议。

政府投资行为审计

2015 年，井冈山经开区审计组审计政府性投资项目总造价 1644.91 万元，在区财政评审基础上再审减造价 135.35 万元，审减率 8.23%，同时指出政府性投资项目中存在的开工建设、项目立项、概算审批及施工许可证等问题。

2016 年，井冈山经开区审计组除完成市局项目计划中 5 个投资项目外，另增加投资项目 7 个，合计 12 个项目；审计监督投资总额 9140.66 万元，共审减造价 790.99 万元，审减率 8.65%。另向业主单位提出了加强工程建设项目概预算管理、规范控制监管程序及审批程序等针对性建议 32 条。

2017 年，井冈山经开区审计组完成投资审计项目 14 个，其中当年项目 2 个（井冈山经开区物流园办公楼食堂及室外附属工程结算情况审计、井冈山经开区同心学校风雨球场室内装修和体育馆内外零星工程结算情况审计），领导交办项目 8 个（井冈山经开区梨山公园度假会所工程结算审计、井冈山经开区信息产业标准厂房 8 号楼工程结算审计、井冈山经开区信息产业标准厂房 10 号楼工程结算审计、井冈山经开区公租房二期 2# 和 3# 楼工程结算审计、井冈山经开区职工之家综合服务大楼装饰装修工程结算审计、井冈山经开区西区合流区域排水管道工程结算审计、井冈山经开区拓展大道二期工程结算审计、井冈山经开区京九大道和拓展大道水泥路面改沥青路面改造工程结算审计），调增项目 1 个（吉安市城投公司恒丰花园安置房项目竣工决算审计）；审计所涉投资总额 60928 万元，共审减造价 13977 万元，审减率 22.94%。指出有关问题 15 个，并向业主单位提出严格执行工程招投标制度、加强对参与工程建设中介服务机构的管理、严格控制工程项目成本等审计建议。

2018 年，组织开展投资审计项目 11 个，出具审计报告 10 个，涉及送审金额 66259 万元，项目核减工程造价 11644 万元，核减率 17.57%。审计从工程质量管理、项目付款、项目档案管理等方面着手，揭示部分项目存在的 49 个问题，提出规范项目运作等方面的审计建议 29 条。

2019 年，组织开展投资审计项目 6 个，出具审计报告 6 个，涉及送审金额 74106 万元，项目核减工程造价 9922 万元，核减率 13.39%。揭示 35 个问题，并对此提出规范项目运作等方面的审计建议 20 条。

2020 年，组织开展投资审计项目 6 个，出具审计报告 6 个，涉及送审金额 58533.72 万元，项目核减工程造价 9980 万元，核减率 17.05%。揭示 27 个问题，并对此提出规范工程管理等审计建议 15 条。

财务收支审计

2015 年 2 月，由井冈山经开区纪检委牵头，井冈山经开区审计组主导实施的井冈山经开区村级集体经济首次专项审计调查工作全面完成。这次专项审计范围涉及到井冈山经开区高新街道、金鸡湖街道所辖 10 个村（社区）。

2015 年，对井冈山经开区高新街道办 2009—2011 年财务收支情况、龙山村委会 2012—2014 年财务收支情况、行山村委会 2012—2014 年财务收支情况、区商务局历年财务收支情况、金庐陵公司 2014 年度财务收支情况等 5 个项目进行审计，共发现财务收支等方面 9 个问题，提出审计建议 11 条。

2016 年，对西坑村委会、马甫居委会 2013—2015 年财务收支情况和井冈山经开区学校自成立来年度的财务收支情况等 3 个项目进行了审计，发现财务收支等方面 14 个问题并提出审计建议 9 条。

2017 年，对金鸡湖街道办 2014—2016 年度财务收支情况、井冈山经开区下村村委会和南安村委会 2014—2016 年度财务收支情况、井冈山经开区总工会 2014—2016 年度财务收支情况共 4 个项目进行了审计，共发现财务收支等方面 10 个问题并提出多条审计建议。

跟踪审计及整改工作

井冈山经开区审计组按照国家审计署统一布置的保障性安居工程项目及贯彻落实稳增长等政策措施情况两个跟踪审计项目，审计按要求及时准确报送各项表格、材料。

2015 年，开展 2014 年保障性安居工程项目跟踪审计，按季度向上级报送审计情况，审计发现的 5 个问题中，当年督促整改的有 4 个，次年整改的有 1 个；开展稳增长等政策措施情况审计 6 次，向市局出具审计组报告 3 份，发现问题 8 个，涉及问题金额 3005.5 万元，提出审计建议 6 条。

2016 年，开展井冈山经开区保障性安居工程跟踪项目中发现问题的审计整改督促工作，按季度报送整改情况，审计发现的 2 个问题当年全部督促整改完成。

2017 年，派干部全程参与全市保障性安居工程跟踪审计，井冈山经开区审计组干部分别担任吉水县、永丰县审计组组长，并全年开展保障性安居工程跟踪审计工作。

其他审计情况

2014 年，井冈山经开区管委会组成由井冈山经开区审计组牵头、多个部门参加的联合审计调查组，对全区享受财政补贴专项资金和财政担保融资资金的 42 家企业资金使用情况进行审计调查，对审计中发现个别企业存在的问题进行督促整改。于 11 月 5 日起，对井冈山经开区所辖 10 个村 2012 年 1 月至 2014 年 10 月集体经济情况进行审计，并对 2 个自然村的征地拆迁款、青苗补偿款的来源、分配情况进行调查整改。2015 年，对园区内已建和在建的共 27 家楼盘进行调查，审计调查楼盘规划总建筑面积 226.28 万平方米。

2016 年，对井冈山经开区金庐陵经济发展有限公司 2015 年度融资资金借用及企业内部管理情况进行现场审计，发现 11 个问题并督促进行整改。

图 8-2　区审计分局与区财政金融局等召开座谈会

2018 年，配合井冈山经开区管委会完成市政府关于“一区四园”合并工作要求，会同市财政局对吉安市青原区河东开发区的债权债务进行清查，初步摸清底数，明晰了债权债务，为领导科学决策提供了数据依据。

第四节　金融产业园

井冈山经开区金融产业园位于君山大道 248 号大楼，占地面积 2 万余平方米，交通便利、配套齐全。2018 年 8 月成立，2019 年 11 月 18 日正式开园。是吉安市倾力打造的金融业态完整、服务功能齐备的区域性金融产业园。

金融产业园以井冈山经开区产业优势为依托，以打造金融生态良好、要素集聚明显、创新能力突出、地区贡献凸显的产业特点，突出金融业态创新、要素平台建设、科技成果转化以及产融融合发展四大核心功能，全面整合区内金融、科技、产业资源，推动金融服务园区一线实体企业，提升金融服务的覆盖率。

创立背景

为贯彻落实党中央、国务院关于促进开发区改革和创新发展的决策部署和有关文件精神，省委省政府下发了《关于促进开发区改革和创新发展的实施意见》，明确支持开发区投融资平台创新融资方式，推动符合条件的开发区开发运营企业，综合运用股权、债权、产业投资基金、资产证券化等新型融资工具，进一步拓宽资金渠道。支持开发区引进国内外战略投资者、专业化园区运营商，鼓励开发区设立具备独立法人资格的投资管理公司，为区内企业提供管理、资金等策略投资服务。

为策应国家及省委、省政府的战略部署，促进金融服务转型升级，2018 年 3 月，井冈山经开区出台《金融产业园建设实施方案》。2018 年 8 月，在井冈山经开区原办公场所（原企业孵化大楼）设立井冈山经开区金融产业园。

金融产业园运营

金融产业园重点引进保险、融资租赁、融资担保、小额贷款、股权投资、资产管理、私募基金等金融机构与中介服务机构，发展新兴金融，助力创新创业，建设区域金融机构集聚区。

金融产业园运营机构　百金金融产业园运营服务有限公司为井冈山经开区金融产业园的运营服务机构。2018 年 8 月正式开业运营。

制定招商目录　2018 年 8 月，确定以下 19 种机构入驻金融产业园。

银行、保险、证券业金融机构的分支机构。

产业（实业）投资基金管理公司：经中国证券基金业协会备案，主要从事股权投资基金管理业务的有限公司或有限合伙企业。主要涉及天使投资、VC 及 PE 等风险投资业务的私募股权投资基金或产业引导基金等机构。

信托投资公司：经中国银保监部门批准设立，接受委托人（权利人）委托，从事以货币资金和实物财产管理为形式，以融资和融物相结合的多边信用行为的有限公司或股份有限公司。

消费金融公司：经中国银保监部门批准或备案的，专业从事不吸收公众存款，以小额、分散为原则，为居民个人提供以消费为目的的小额贷款的非银行金融机构。

财务公司：经中国银保监部门批准由大型企业集团设立的，专业向企业集团内部成员企业吸收存款、发行债券和同业拆借等融资业务，向金融机构开展股权投资，专业从事承销成员企业债券，提供消费信贷、买方信贷等贷款业务和融资租赁业务等投资业务，以及为成员企业办理财务和融资顾问、投资管理咨询、保险代理、融资担保、票据贴现、内部转账结算、清算和相关方案设计等金融中介业务的非银行金融机构。

地方金融资产管理公司：经省级地方金融监管部门批准设立，并获得同级银行保险业监督管理部门业务备案，专业从事银行业金融机构、地方金融组织及社会其他经济主体的不良资产收购、运营管理及风险处置化解的企业。

小额贷款公司（网络小额贷款公司除外）：经省级地方金融监管部门批准，以自有资金为中小微企业或个体商户发放小额贷款的有限公司或股份有限公司。

融资担保公司：经省地方金融监管部门批准设立，与银行、证券业等金融机构合作，专门经营为中小微企业、“三农”企业等被担保人借款或发行债券进行融资担保的有限公司或股份有限公司。

融资租赁公司：经省地方金融监管部门批准设立，根据承租人对承租物和供货人的选择或认可，将其从供货人处取得的租赁物按合同约定出租给承租人占有、使用，向承租人收取租金的企业。

商业保理公司：经省地方金融监管部门批准设立，基于企业供应链专业提供贸易融资的地方金融组织，主要从事接受企业应收账款质押，或开展应收账款分户帐管理及款项催收等类金融业务的企业。

民间资本管理公司：经地方金融监管部门备案，以自有资金，或通过定向集合资金，专业从事股权投资、项目投资、短期财务投资的有限公司或股份有限公司。

民间融资登记服务机构。经地方金融管理部门备案，专业从事民间融资信息发布、备案登记、交易撮合服务的机构。（原则上每个县区限设立一家）

典当行：经省级地方金融监管部门批准设立，专业从事动产、财产权利质押和不动产抵押等典当业务的地方类金融组织。

阳光私募基金管理公司：经中国证券投资基金业协会备案，通过发行私募基金，资金投向股票、债券、期货等证券二级市场，专业从事代理具有私募投资资质的合格投资人（含企业法人和自然人）开展财富管理的基金管理机构。其他经中国银保监部门批准或备案的金融或类金融机构。

地方各类交易场所：经省级人民政府或其授权的地方金融监管部门批准的，专业从事权益类、大宗商品类或其他有关交易的中介服务机构。

线下众筹机构：经地方金融管理部门备案，通过线下的方式，专业为实体经济企业（项目）策划、运营，以股权、债权或实物等形式开展的私募众筹业务的中介服务机构。

金融辅助类业务服务机构：经属地地方金融管理部门备案，市场监管部门注册登记，专业从事银行、证券、保险等金融行业金融信息技术外包、金融业务流程外包和金融知识流程外包等服务的公司。

其他与金融相关的企业：在企业名称及经营范围中含有“投资”“投资管理”“资产管理”“财富管理”“金融”等字样，但不涉及通过互联网开展相关业务的非平台企业。

发布拟入园企业提交材料清单　2018 年 8 月，发布拟入园企业提交材料清单。规定：在金融产业园招商目录准入范围内，对已有明确规定由各级政府或金融监管部门设立审批备案的企业，严格按相关规定执行；对未明确设立审批备案机构的企业，应按清单向井冈山经开区财政局提交材料，经备案同意后方可准入。

清单目录有 6 项：（1）拟入园企业的入园申请书（由拟入园企业主发起股东出具，主要包括入园的目的、股东基本情况介绍、业务经营范围、业务模式及后续企业筹建计划和业务发展规划等内容）。（2）股东身份证明（自然人为个人身份证、企业法人为统一社会信用代码证）。（3）对拟入园企业主发起股东（主要股东）及其关联人的尽职调查报告（由金融产业园出具，主要包括对拟入园企业主发起股东及其关联人的信用状况、资本实力及原注册地企业的经营范围、业务规模、经营模式及经营绩效等经营状况）。（4）依法合规经营承诺书。（由拟入园企业或业主发起股东出具，主动承诺在经营过程中，不对外吸收或变相吸收公众存款，不线上线下非法开展放贷、证券和保险等金融业务，不通过互联网线上开展 P2P 网络借贷信息中介、第三方支付、跨界资产管理、财富管理和投资理财等非法金融活动）。（5）市场监管部门规定的一般工商企业注册登记需提供的其他注册材料。（6）井冈山经开区财政局出于审慎原则要求的其他材料。

运营公司服务项目　金融产业园运营有限公司是国资参股、民企运营、具有企业注册审批“绿色通道”的企业，可提供基础代理托管服务，可帮助入驻企业解决选址装修、注册运营、业务咨询等实际问题。代理服务：提供入驻金融产业园批文、工商注册、印章刻制、银行开户、税务备案、企业注销等全流程入园手续。托管服务：提供行政托管、财务托管、税务托管、奖补政策兑现等日常经营托管服务。配套服务：提供场地、物业、餐饮服务，会议场所、商务服务，企业展示、项目路演配套服务。增值服务：提供法务咨询、税务筹划、上市辅导、战略规划、顶层架构设计、融资等增值服务。

金融招商　组建招商团队招商。通过走访北京、上海、广州、深圳等城市的商协会组织、中介机构，宣传推介金融产业园，建立合作机制，构筑招商网络。

借助网络平台，实现批量查找目标客户，挖掘目标客户基础信息，开拓电话、微信、网络营销渠道招商。

定期回访企业客户，了解企业新动态，不挖掘客户资源和潜力，通过客户转介绍，引进新企业入园。

防范金融风险　建立入园企业前期背景调查制度。企业入园前期阶段，需对入园企业或主要投资方、实际控制人既往的创业经历、执业经历等进行初步背景调查，排查风险，优选客户。

建立入园流程和风控制度。对入园企业均要求其法人和股东做出书面风险承诺，承诺不做非法集资、虚开发票等违法违规事宜。企业设立前园区和区财政金融局均对其法人进行约谈来把控风险。

建立企业报备制度。要求入园企业每季度报备经营及重大事项情况，及时掌握企业动态。

运营成果　引进的商业保理公司，2019—2020年累计直接或间接服务吉安辖区企业20余家，提供保理融资超6亿元，其中2020年上半年新增融资6900万元，服务一批实体企业或重要机构复工复产。

引进的供应链金融服务公司，2020年12月，在吉安地区有存量项目5个，供应链融资服务近4亿元，为园区企业做到精准服务。

引进的兴庐资产公司坚持立足吉安本土，积极为当地的实体企业和中小微企业提供服务，成立不到半年时间，已为吉安4家企业提供了近2.5亿元的资金支持，缓解了一些企业融资难问题，为各类企业融资提供了更多的渠道。

引进的百富源井冈人才壹号、灏浚产业基金、金庐陵新能源产业基金、合正医疗产业基金、金庐陵国华股权基金、硅谷惠银、中国风投等基金公司，为吉安地区发行了近10亿元基金，做大做强了如蓝微电子等一些实体企业。

引进的前海首润基金，设立首润专项基金7000万元，与井冈山经开区宇能制药对接项目。同时与金融产业园一起，配合政府为工业企业招商，2020年5月成功将易事特5G科创园项目引入井冈山经开区。

民间融资登记中心30个项目，融资对接7000多万元。

至2020年12月，井冈山经开区金融产业园区共签约入驻企业超100家，为吉安地区内企业融资金额超过10亿元，节约融资成本约3000万元，企业实缴税收5000多万元，催生出一批优秀的现代金融服务企业。

第五节　金融机构

中国工商银行股份有限公司井开区支行

机构　中国工商银行股份有限公司井开区支行于2012年4月成立营业，设址在井冈山经开区管委会原址一楼，2019年8月，迁至井冈山经开区君山大道239号。

业务　经营范围：办理人民币存款、贷款；同业拆借业务；国内外结算；办理票据承兑、贴现、转贴现；各类汇兑业务；代理资金清算；提供信用证服务及担保；代理销售业务；代理发行、代理承销、代理兑付政府债券；代收代付业务；保险兼业代理；保管箱服务；银行卡业务；电话银行、网上银行、手机银行业务；办理结汇、售汇业务等。

2020年12月，各项存款余额4.66亿元，其中储蓄存款余额2.72亿元，对公存款余额1.94亿元。各项存款创历史性新高。各项贷款余额1.37亿元；其中公司贷款余额5200万元，个人贷款余额8500万元。与园区大中小型企业建立了良好的信贷合作关系，与园区木林森电子公司、安华电子公司、华海船务公司、坤达科技公司、御美丽实业公司公司、恒兴公司、博展公司、世纪华联超市等企业开展业务合作。全行基础性业务稳步上升，ETC业务、网络金融业务、“融e行”业务等快速发展。经营利润大幅攀升，至2020年12月，实现拨备前利润1097.95万元。开业以来无重大风险事故发生，确保了各项业务的稳健发展。

中国农业银行股份有限公司井开区支行

机构　中国农业银行股份有限公司井开区分理处成立于 2013 年 10 月 21 日，位于井冈山经开区君山大道 239 号；2018 年 12 月更名为中国农业银行股份有限公司吉安井开区支行。有工作人员 8 人。

图 8-3　2012 年 4 月，中国工商银行井冈山经开区支行开业

业务　农行井开区支行始终坚持“以市场为导向，以客户为中心，以效益为目标”的经营理念，坚持“客户至上，始终如一”的服务理念，以“面向三农、服务城乡”为使命，向园区企业和个人提供存贷款、支付结算等完善的金融服务。农行井开区支行结合小微企业发展特点，创新研发厂房抵押 E 贷、微捷贷、纳税 E 贷等线上信贷产品，充分利用国家、行业政策，加大减费让利的力度，不断解决小微企业融资难、融资贵等问题。2017 年向井冈山开发区金庐陵发展有限公司提供 13 亿元非公开定向债务融资，全力助力园区发展。至 2019 年末，持续支持了辖内小微企业 13 户，累计发放小微企业贷款 32284.5 万元。坚持“客户至上”的服务理念，在服务园区企业客户的同时，抓大不放小，认真做好了园区企业和个人客户的服务。至 2020 年 12 月，开立对公账户 241 户，吸收对公存款 6372 万元，对公贷款余额 1015 万元，开立个人账户 23812 户，吸收个人存款 15915 万元，个人贷款余额 799 万元。对一些特殊客户始终坚持上门服务，赢得客户的一致认同。

中国银行吉安市开发区支行

机构　2006 年，中国银行股份有限公司吉安分行古南塔分理处改名吉安市高新区分理处并搬迁至吉安市高新区君山大道，2008 年由吉安市高新区分理处正式升格为中国银行吉安市高新区支行。有员工 15 人。

业务　中国银行吉安市开发区支行全方位提供金融服务，助力井冈山经开区发展。2014 年 1 月向金庐陵公司投放 4.5 亿元、2016 年，通过融资租赁方式再为金庐陵公司融资 2.5 亿元，为井冈山经开区的发展提供强有力的资金支持，进一步加强了与园区的联系。2019 年发放 2.3 亿元用于政府消化债务，支持井冈山经开区的项目建设。2020 年 12 月全量金融资产 9.5 亿元，贷款余额 9 亿元。

银企合作，助力企业入驻园区发展。2008 年红板（江西）有限公司入驻井冈山经开区，开发区支行与之建立合作关系，授信红板（江西）有限公司 3.4 亿元，用于公司厂房基础项目建设。为木林森电子公司、优特利公司的发展，提供银行承兑汇票业务，解决企业资金需求。与当地知名房地产开发商合作，合作楼盘项目有景园春、智慧城、龙凤里、鑫瑞城市花园等。为井冈山经开区工作者提供个人住房贷款，解决后顾之忧。同时也为井冈山经开区个体工商户提供个人经营贷款，扶持个体工商户实体经营。

中国建设银行股份有限公司吉安高新支行

机构　中国建设银行股份有限公司于2000年在井冈山经开区内设点，2002年12月更名为中国建设银行吉安高新分理处，2005年3月更名为中国建设银行吉安高新支行（简称“高新建行”），位于井冈山经开区君山大道239号。

业务　普惠金融服务“大”局，牵手“小”微。高新建行以解决社会民生关注点为发力点，全面实施普惠金融发展战略，完善体制机制，强化政策保障，为大众“安居乐业”探索金融解决方案。聚焦小微企业特点和需求，运用大数据、互联网、云计算等新兴科技，创新服务普惠金融的批量化获客、精准化画像、自动化审批、智能化风控、综合化服务“五化”服务模式，实现“一分钟”融资、“一站式”服务、“一价式”收费的“三个一”信贷体验，解决园区小微企业融资难、融资贵、融资慢问题。

为园区进出口企业提供企业外汇账户开立、结算、贸易融资、外汇存款等服务。2014年，推出手机银行、微信银行、短信金融服务等业务。

九江银行井冈山经开区小微支行

机构　九江银行井冈山经开区小微支行成立于2016年10月12日，隶属于九江银行吉安分行，网点性质为小微支行，营业网点位于井冈山经开区君山大道176号。支行有员工5人。

业务　立足地方实体经济，以金融支持助力实体经济发展，为井冈山经开区居民及企业提供方便、快捷的金融服务。发放短期贷款；中期和长期贷款；办理国内结算，代理发行、兑付、承销政府债券；代理收付款项及代理保险业务等；经中国银行业监督管理机构批准并经分行授权的其他业务。2020年12月，各项储蓄存款余额1.5亿元（对私存款0.6亿元，单位存款0.9亿元）。各项贷款余额1.1亿元（对私贷款0.45亿元，单位贷款0.65亿元）。

吉安农村商业银行股份有限公司井开支行

机构　吉安农村商业银行股份有限公司井开支行于2014年7月成立，位于井冈山经开区176号。有支行行长1名，员工6名。

业务　吉安农商银行井开区支行坚守支农支小市场定位，全力服务实体经济，成立以来累计发放中小微企业贷款5.62亿元；单户500万元以下贷款金额7932万元，占贷款总额的14.11%。坚持降成本优环境，与客户同舟共济，做到不减贷、不抽贷、不压贷，合理设定提前续贷、资金循环使用的授信方案，成立以来累计为448户客户办理转贷、续贷金额193489万元，为中小微客户资金流转解决燃眉之急。

践行普惠金融理念，完善基础金融服务，坚持降低客户金融服务成本，推广手机银行、网上银行、转账终端，执行转账汇款全免服务。成立以来累计开立1380户手机银行、858户网上银行。融入国家、区域经济社会发展战略，推动“财园信贷通”和“产业扶贫信贷通”业务的开展，为28户小微企业发放1.07亿元“财园信贷通”，向25户贫困户发放89.4万元的扶贫小额信贷，为脱贫攻坚助力。2020年12月，资产总额14亿多元，各项存款余额6.46亿元，各项贷款余额7.76亿元，存贷款增速位列全区金融机构首位。

第三章　税务管理

20年来，井冈山经开区按照国家政策，设立相应的税务机关，利用税收杠杆作用，促进、调节经济发展。先后经历地方税务征收机构、国家税务征收机构分设以及地方税务征收机构、国家税务征收机构合并的过程。

第一节　地　税

基础建设

办税服务厅建设　井冈山经开区地税局以征收技能大比武为依托，持续开展“一流办税服务厅”建设，全面推行了“二维码”一次性告知、“免填单”“先办后审”等服务，落实了同城通办、首问责任、限时办结、预约办理等制度，实现“一窗一人一机双系统”联合办税全覆盖。深化拓展“非接触式”办税缴费服务，努力提升服务水平。

图 8-4　井冈山经开区地税局开会查摆问题提升工作作风

信息化建设　2004—2018年，井冈山经开区地税局根据《国家税务总局关于加速信息化建设推进征管改革的工作意见》的精神、新《中华人民共和国税收征收管理法》的要求和国家税务总局关于税务信息化建设规划的意见，开展地税税收信息化建设。以2M光纤为传输介质的市局网（LAN）与区（市）、县局网（LAN）连接形成城域网（MAN），构筑高效、安全、可靠、稳定、技术成熟、先进的井冈山经开区地税局信息主干网络系统，使地税系统征管改革上一个新台阶。本着“一个网络、一个平台、四个系统”的税务管理信息系统一体化建设要求，井冈山经开区地税局逐步解决应用系统不统一、软件功能交叉的状况，在统一平台的基础上实现数据共享，达到多业务集成的目的。同时支持机构改革中专业化机构设置的要求，满足“信息化支持下的专业化”管理需要；各业务子系统能适应井冈山经开区地税局集中征收和一级稽查的需要；在行政管理子系统中落实规范化管理工作，达到管理目的；建立科学决策分析系统，为税务管理层的管理决策提供支撑。利用外联网技术，与江西省地税局，市政府及国税、工商、银行、财政、金库、审计等政府相关部门外部机构联网，实现数据共享，各单位协同作业；实现为纳税人提供多元化、方便快捷和优质服务的目标。

征税管理

征管基础　井冈山经开区地税局分析税源情况和征管现状，明确税从哪里收、工作从哪里做，讲清楚基层税务工作主要任务的含义和完成全年收入任务对于经济社会发展的重要意义。井冈山经开区地税局根据市局和区管委下达的收入目标和工作要求，结合管辖范围内的税源情况和分局人力资源的实际，分解任务目标，制订征管目标考核体系，做到用制度管人，按目标干事。

在管理方面，井冈山经开区地税局开展经常性的纳税专项检查，确保征管到位，税款应征尽征，按时足额征缴入库；实行一票多税，实现多税费同时划转国库；按季度举办纳税人税法税规讲座，对纳税人进行培训，提高纳税人依法纳税、足额纳税、按时纳税的自觉性和积极性；开展全方位文明创建活动，用文明创建，催进税收征管，发展税源，增加税收。

依法治税　2005—2018 年，地税局贯彻落实全国整顿和规范市场经济秩序电视电话会议精神，开展所得税汇算清缴、涉外企业的审核评税、审计工作和重点行业、重点企业的专项检查，全面清理漏征漏管户。在工作中发现纳税人自觉履行纳税义务意识不强、申报不实、无证经营、征管秩序混乱、税收执法行为不规范等问题。井冈山经开区地税局本着“标本兼治，内外并举”的原则开展专项治理工作，认真贯彻《中华人民共和国行政许可法》，围绕减免税收管理及税收优惠政策落实、税款征收入库、对代征代扣手续费的管理、对个体工商户的税收定额核定等方面进行重点检查。

第二节　国　税

信息化建设

井冈山经开区国税局先后完成综合征管软件上线运行、三大主体应用数据系统整合，“个体工商户定额评定软件”及“税收执法软件系统”的上线准备工作，信息化拓展应用不断拓展领域，信息化水平不断提高。积极探索建立“信息管税”体系。通过开展信息数据分析应用，加大数据发掘利用深度；查找征管中存在的问题，采取措施，解决问题，提高征管的质量和效率。同时完善税收经济分析、纳税评估、税源监控和税务稽查“四位一体”的良性互动机制。以“金三期”为平台，运用大数据思维，利用互联网手段，以纳税人需求为导向，以税务网络为依托，以社会中介为辅助，通过强大的税务云，实现线上线下的互动。

纳税服务

井冈山经开区国税局坚持管理与服务并举并重，优化纳税服务并贯穿于税收征管工作的全过程，落实和完善纳税服务工作及其质量考核评价的制度与办法，规范服务方式，创新服务手段，拓展服务功能，提升服务水平。开展国地税联合办理税务登记，联合评定纳税信用等级，建立信息交换机制，减少对纳税人不必要或重复的涉税事务性要求，节省纳税人办税成本。推行网上申报、网上认证。鼓励和引导具备条件的纳税人申请网上认证、网上抄报税等业务，降低征收成本，提高办税效率，减轻纳税人和基层的负担。以“金税三期”上线工作为契机，以满足纳税人合理要求为目标，整合创新各类服务措施，提升服务效率。办税服务厅窗口规范服务流程、创新服务形式，打造以“零（责任）投诉”“零（负面）曝光”“零差错”为目标的“三零”服务窗口。井冈山经开区国税局贯彻落实《国地税合作规范（1.0 版）》实施准备工作要求，探索部门合作新模式，应用大数据管理模式，实现数据共享，并与区地税局联手完成区纳税信用评价工作。同时，开展税务行政审批改革情况专项察访，推行审批事项集中受理、内部流转、限时办结、窗口出件，做到1个窗口对外，避免纳税人“多头找、来回跑”，提升服务效率。

税收征管

图 8-5　2018 年 8 月 21 日，井冈山经开区总工会、税务局举办的办税服务厅征收技能大比武颁奖仪式举行

井冈山经开区国税局全面推行“税收管理员”制度，并按季度进行检查、考核及通报，了解掌握税源情况，提高税收的征管水平。对符合资源综合利用的企业，审核其增值税即征即退的资格，并为企业办理退税。根据信息管税的要求，结合实际提出“利用信息化数据加强税收征管”，利用综合征管软件内的数据信息，开发税收税负预警提醒功能、为管理部门日常管理及纳税评估工作提供方便的管理依据。研究提取纳税人发票领用存汇总情况，所得税纳税人有税申报、亏损申报、长期零申报等日常征管数据的提取，为管理部门提供方便可靠的分析运用数据。开展税收分析与预测，通过企业实地调查及召开税收分析预测会议，准确了解支柱税源企业产、供、销情况，货款回笼、资金运营、应收应付情况及税款的实现、入库、欠缴、税负升降情况，掌握影响全年税收收入增减变化和超收、短收的原因，发现存在问题，促进组织收入工作由计划管理向质量管理转变。提高涉税事项的后续管理，抽调业务骨干在办税服务厅组成后台处理小组，全面负责包括开业调查，基础评定、认定管理、催报催缴，档案管理、财务报表采集等日常涉税事务和基础性事项服务并开展税收分析，突出对风险点的监控，对存在风险的纳税人，组织税收检查和纳税评估；建立配套制度机制。

依法治税

井冈山经开区国税局坚持依法征税，提高税收基础建设，贯彻“依法征税，应收尽收，坚决不收过头税，坚决防止和制止越权减免税”的组织收入原则和“好、大、快”的指导思想，开展依法治税，提高税收征管效益。结合税收工作和税源管理实际，建立健全各项制度，提高依法治税的水平。推行《重点税源管理办法》，落实《管理员制度》，实行《重大税务事项合议制度》《下户审批制度》《信息报送及考核制度》，健全限时服务、税收宣传资料送达、服务承诺等一系列制度。同时，建立目标责任机制，签订《管理员责任书》《廉正公约》，明确目标、责任到人。另外，实行督办制度，奖惩制度，对目标的落实情况和任务的完成情况进行检查、考核、评估，以激励先进，鞭策后进。正确处理依法征税与支持地方经济发展、执行税收政策与完成税收收入任务、长远利益与当前利益的关系，没有人为调控收入进度、违规批准缓税、寅吃卯粮收过头税、越权减免税和转引税款的行为发生。组织依法治税工作方案，落实税收执法责任制制度、税收执法过错责任追究制度。开展针对性涉税数据分析，提供税收政策、税收执法、收入核算等相关信息，结合实际开展综合征管指标预警，分析和处理预警信息，查找税收征管中存在的问题。梳理开票未入库及应缴未开票等情况，制定清理计划，按时间进度对欠税进行催缴入库。稳定运行税源监控、税收预测、税收分析“三位一体”的税收分析预测机制。提高基础税源管理，摸清税源底数，提高征管效益。

第三节　税务局

组织收入

2018 年 7 月，根据党中央、国务院《关于国税地税征管体制改革方案》，井冈山经开区地方税务局和国家税务局合并，成立区税务局。区税务局坚持组织收入原则，依法依规征税收费，稳妥完成预算收入任务，把高质量发展要求融入各项税收工作中，不断提升站位，发挥好税收在稳增长、调结构、促改革、惠民生、防风险等方面的积极作用。坚持向管理要收入，向服务要收入，向打虚打骗要收入，努力实现税收收入“零水分、零异常、零风险”高质量增长。压茬推进“双打”两年专项行动，着力在情报共享、线索移交、案件办理、联合惩戒等方面加强部门协作，发挥强有力震慑作用。针对税源管理中存在的薄弱环节，要进一步完善制度办法，抓好贯彻落实，多在主观上想办法，多在创新上下功夫，多在堵漏上加力度，促进税收收入持续稳定增长。做好税收经济分析，透视和反映园区电子信息、先进制造业等六大行业发展情况，找到服务新发展格局的税收切入点。不折不扣落实减税降费政策，2020 年减免各项税费 5.2 亿元，新增减税降费 2.2 亿元，帮助市场主体渡过难关。“十三五”时期组织税收收入 107.37 亿元，年均增长 14.51%；落实各项税收优惠减税 11.58 亿元，办理出口退税 7.71 亿元，年均增长 28.85%，为井冈山经开区高质量跨越式发展做出了税务贡献。

税收征管

区税务局深刻把握促进双循环的核心动力，强化分类分级管理，提升复杂事项管理层级，推进“税”与“费”有效融合，构建规范高效统一的征管体系。科学实施精准监管，着力构建以“双随机一公开”监管和“互联网 + 监管”为基本手段，以“信用 + 风险”为基础的税务监管新体系。编印各税种风险指引，实时监控发票领购、开具和代开情况，提升直接税管理能力，稳定直接税税基，提高各税种监管能力。运用信息化新战法，增强防范风险和打虚打骗的有效性，提高税收征管质量 5C 监控的精准性。稳步推进发票电子化改革，逐步扩大改革试点范围，推进发票电子化改革。平稳有序做好社保费和非税收入职责划转，顺利完成企业和灵活就业人员社保费征收职责划转。2020 年组织社保费和非税收入 8878 万元，同比增收 4497 万元，增长 102.6%。做好了首个个人所得税汇算清缴工作，2020 年度申报近 1.7 万人，申报补税 1472 人 180 余万元；申报退税 7820 人 270 余万元。

纳税服务

区税务局坚持以纳税人需求为导向，拓渠道、提效率、促满意、创特色，纳税服务提速提效。持续深化“放管服”改革，拓展“非接触式”办税缴费，实行“线上 + 线下”全流程服务，拓展“非接触式”办税事项 219 项，全面打造“456”便利化办税缴费格局，即“网上、掌上、自助、实体”四种办税缴费渠道，“电子税务局、自助终端、赣服通、微信、税务窗口”五种办税缴费方式，“银行转账、POS 机、微信、支付宝、云闪付、现金”六种办税缴费手段，实现办税缴费手段向智能化、数字化、场景化转变。2020 年累计开展“非接触式”办税 180815 笔，占总业务量的 73.58%。优化税收营商环境，开设青原区办税点以及 2 个“契税”专窗，提供延时办税、错峰办税、预约办税、容缺办理及复工复产绿色通道等服务，2020 年为纳税人提供延时错时服务 704 人次，实现纳税人报送资料减少 50%，办税时间、办税等候时间分别压缩 30% 和 65%。畅通征纳沟通渠道，推行服务事项回访制度，健全纳税人缴费人的问题和诉求处理反馈机制，成立 7 个走访团队实地走访园区企业开展税源摸底、满意度调查、政策宣传等工作。持续打造“一流办税服务厅”，开展征收技能大比武活动，建立健全办税人员“4S”绩效考核指标体系，实行大厅人员班组制，以一流的服务打造一流的大厅。

依法治税

区税务局坚持依法治税、从严治队和科技加管理的方针，结合自身实际，积极探索推进依法治税工作，确立了“以转变观念为先导，以健全机制为途径，以制约权力为重点，以执法监督为保障”的依法治税工作思路，努力实现依法行政“公开、公平、公正、效率”的内在要求，取得了积极的成效。推进法治建设，认真落实行政执法公示制度、执法全过程记录制度和重大执法决定法制审核制度等“三项制度”各项工作措施，编制并公开权责清单、税务行政职权运行流程图以及 1821 条行政执法事项，依法办理延期申报、延期缴纳、困难减免等行政审批、许可事项。完善工作机制，梳理排查税收领域风险点 20 多个，完善风险研判等机制 48 项，成立税收业务工作协调领导小组统一处理相关复杂涉税事项，组建专业化团队统一对外执法。强化税收监管，编写企业涉税风险指引，强化对风险行业、“总部经济”和“平台经济”的监管，2020 年完成风险应对、发票协查、疑点数据核查等任务 873 户次，入库税款及滞纳金 492 万元。扎实开展打击假企业虚开发票、假出口骗税、打击骗取疫情防控税收优惠政策“三打”行动。

第四章　市场监督

为保证井冈山经开区经济社会的健康、稳定运行、发展，吉安市市场监督管理局井冈山经开区分局坚持“在监管中服务、在服务中监管”，从商事登记服务、市场交易监管、食品药品监管、产品质量监管等方面加强市场监督管理。

第一节　商事登记服务

注册管理

注册登记便利化。在实现“三证合一、一照一码”的基础上，扎实推进“五证合一、一照一码”登记制度改革，从 2017 年 10 月 1 日开始，企业注册登记全面实现营业执照、税务登记证、组织机构代码证、社会保险登记证、统计登记证“五证合一，一照一码”登记制度。持续推进“先照后证”改革工作，按照要求保留 32 项登记前置审批事项，30 项变更、注销前置事项。截至 2020 年 12 月底，全区内资企业总户数为 3137 户，外资企业 170 户。

实行简易注销登记。大力推进企业简易注销登记改革，简化和完善企业注销流程，对未开业企业、无债权债务企业实行简易注销程序，实现市场主体退出便利化。实行简易注销程序的企业有 428 户，已审核通过 428 户。

信用监督管理

企业信用信息公示平台建设。认真落实市政府《关于建立完善守信联合激励和失信联合惩戒制度的实施方案》，按要求建立健全市场监管部门守信联合激励和失信联合惩戒协同机制，充分发挥全国企业信用信息公示系统（江西）一张网的作用，让信息共享在各项工作中发挥监管效力。

企业年报公示。2020 年 7 月，全区应报年报企业 3783 户，已报年报企业 3481 户，平均年报率为 92%，已超过省市监局 85% 的工作要求。同时以年报公示为契机，加大信用监管，将未按规定年报公示企业列入经营异常名录，并向社会公示。

公示信息抽查和经营异常名录管理。为进一步推进江西省企业信用监管警示系统有序运行，规范企业事中事后监管，加强社会信用体系建设，促进经济有序发展，吉安市市场监督管理局井冈山经开区分局大力推广“双随机一公开”抽查，认真开展企业公示信息抽查和经营异常名录管理工作。通过书面检查、实地核查等方式对企业的年报情况、即时信息情况进行抽查检查，对未进行年报和履行公示的企业下达责令限期履行公示义务通知书，开展抽查工作 5 次，抽查企业 798 户，抽查结果一并在省政府“双随机一公开”法制平台进行公示，为企业警示系统的有效运用提供了数据支撑。对申请要求移出企业异常名录的企业，对其加强法律法规及政策规定的宣传，告知其移出的相关程序。对年报材料齐全的，为其办理移出手续，共移出 167 户企业，通过建立规范的抽查制度、企业经营异常名录制度，提高了监管效率，增加了企业的失信成本，强化了信用约束，从而引导企业规范经营、遵纪守法。

个体私营经济管理监督

井冈山经开区个体私营经济监督管理工作进一步加大简政放权力度，着力更新服务观念，创新体制机制，提高监管水平，为促进区域经济社会发展做出应有贡献。截至 2020 年 12 月，全区共有个体工商户 2201 户，从业人员 6603 人。“个升企”及个体工商户年报工作，按照省委新经济发展“二十一”字要求，指导帮助上规模的个体户转型为小微企业，完成“个升企”41 户。在传统的纸质年报的基础上，开展网上年报工作。着力整治无照经营、强化证照管理。按照“注重日常、重点突击、构建机制、推进共治”的工作原则，认

图 8-6 区市监分局人员到药店检查工作

真组织开展好整治无照经营、强化证照管理工作，做到宣传、教育、疏导并举，推动各类市场主体健康发展。紧紧依托地方党委政府，发挥牵头部门作用，做实查处无照经营。实行由政府统一领导，相关部门各司其职、联动监管的长效工作机制，力争将全区范围内的无照经营率控制在1%以内。

1989—2020年井冈山经开区企业和个体工商户登记情况表

表8-3

年　份	当年新设内资企业	当年新设外资企业	当年新设个体工商户
1989	2	—	—
1991	1	—	—
1994	1	—	—
1998	6	—	—
1999	2	—	—
2000	3	—	—
2001	3	1	—
2002	11	2	—
2003	33	1	—
2004	17	2	—
2005	21	6	—
2006	28	2	—
2007	42	2	—
2008	38	3	—
2009	47	1	—
2010	62	6	—
2011	120	11	—
2012	83	10	—
2013	106	14	67
2014	137	4	41
2015	169	21	127
2016	375	22	147
2017	507	7	946
2018	921	19	246
2019	693	20	348
2020	595	16	487
合计	4023	170	2409

说明：有13家企业在2001年吉安市高新区成立以前注册登记

至2020年12月，井冈山经开区有交通运输、仓储和邮政企业90家，住宿和餐饮企业31家，信息传输、软件和信息技术服务企业254家，金融企业112家，房地产企业87家，租赁和商业服务企业602家，科学研究和技术服务企业 368 家，水利、环境和公共设施管理企业 29 家，居民服务、修理和其他服务企业 43 家，教育机构 9 家，卫生和社会工作企业 4 家，文化、体育和娱乐企业 29 家，批发和零售业工商户 673 家，建筑企业 229 家，电力、热力、燃气及水生产和供应企业 15 家，制造企业 504 家，采矿企业 8 家，农、林、牧、渔企业 50 家，合计 3137 家。

第二节　市场交易监管

网络商品交易监督管理

根据网络市场监管专项工作的要求，结合核查工作，加强对电子标识亮标的重要性进行宣传，向网络经营者宣传相关网络交易法律法规，共发放申请电子标识的相关说明等宣传资料 2 万多份。督促和指导辖区网络平台做好实名登记以及“平台为网店亮照”工作，将主体信息进行公示，指导网络平台企业进行亮标。针对“6·18”、“双 11”等网络购物节，主要监测监管涉网经营户在网络交易平台的网店经营促销活动有无涉嫌不正当、虚假宣传等违法行为，并组织执法人员检查涉网经营户实体门店，了解产品进货及销售情况，引导辖区内涉网经营户自律经营，较好地维护了网络商品交易秩序，打击震慑了违法经营者，维护了消费者和经营者的合法权益。

反限制竞争

贯彻落实省市场监督管理局关于集中整治公用企业限制竞争和垄断行为突出问题的工作会议精神，依法加大反垄断和反不正当竞争执法力度，积极开展公用企业限制竞争专项整治。重点治理供水、供电、保险公司强制保险、电信、移动、联通等公用企业的限制竞争等违法行动，查处以医药、教育领域、汽车 4S 店专卖店为重点的商业贿赂。通过排查发现线索，逐一梳理，以查办案件为突破口，做到有案必查。

打击传销

成立打击传销工作领导小组，加大创建“无传销社区（村）”工作力度，以散发宣传单、张贴标语、悬挂横幅等方式大力宣传打击传销的法律法规，提高广大人民群众特别是青少年学生识别传销、远离传销的自觉性，努力营造“远离传销、构建和谐”的气氛。

经济合同管理

加强对重点行业格式条款合同的监管，制止“霸王条款”，减少和防止合同争议的发生。加强合同格式条款备案和查处工作，大力推行合同示范文本工作。对汽车、房地产中介等领域格式合同进行了备案。开展守合同重信用宣传工作，对符合申报条件且主动参与的单位做好申报工作。2019 年全区被评为省、市级守合同重信用企业单位分别有 12 家和 7 家。

广告监督管理

全区市场监管机关有针对性集中开展整治虚假违法广告专项行动，把与人民群众利益紧密相关的房地产、理财、汽车等商品和服务广告作为主要监管内容，把电视、广播、报纸、期刊、户外、印刷品、互联网等主要媒介作为重点监管对象，将专项整治与日常监管工作有机结合，查办一批在全区有影响力的案件，较好地维护了全区广告市场秩序。制定广告业发展的扶持政策，加强对广告企业的分类指导，鼓励广告龙头企业积极创新，做大做强，不断提升创意水平、制作水平、营销水平，引导企业开展公益广告设计、制作，传播中华文化，弘扬中国精神，促进井冈山经开区广告业健康、有序发展。

知识产权管理

帮扶企业申报知识产权专项计划项目。江西普正制药股份有限公司和新琪安科技股份有限公司分别获得 2019 年度吉安市专利奖一等奖和三等奖，吉安满坤科技股份有限公司和江西创成微电子有限公司分别获得 2020 年度吉安市专利奖二等奖和三等奖；江西蓝薇电子科技有限公司获得 2020 年度吉安市专利示范企业荣誉。2020 年全区共申请专利 793 件，其中发明专利申请量 84 件，同比增长 51.7%；专利授权数 554 件，其中发明专利授权数 30 件，同比增长 13.3%；普正药业完成专利质押融资额 90 万元。

消费维权

加大在流通、消费等环节的监管力度，严厉打击侵害消费者合法权益的各类违章行为，切实维护消费者的合法权益，营造让消费者放心的市场环境。制定 12315 消费者投诉举报系统运行工作制度，对 12315 的值班、登记、调处反馈期限、责任追究等各个环节进行了全面规范。积极受理和调处消费咨询和投诉，做到每一个消费者的咨询和投诉“件件有着落，件件有回音 "。

第三节　食品药品监管

井冈山经开区食品药品安全工作，以保障公众饮食用药安全为目标，坚持“最严谨的标准、最严格的监管、最严厉的处罚、最严肃的问责”，落实国务院“有职责、有岗位、有人员、有手段”的要求，落实“日常监管责任和监督抽检责任”，持续推进监管能力建设，全面加强市场监管，全区食品药品市场环境持续改善，进一步巩固提升了全区食药安全形势稳定向好的局面。2020 年 12 月，井冈山经开区有获证食品、医药器械生产销售企业 846 户，其中药品零售企业 22 户，药品生产企业 7 户，医疗器械生产企业 3 户，医疗器械经营企业 102 户（其中青原区 6 户），医疗机构（含诊所）11 户，食品及食品添加剂生产企业 17 户（其中食品小作坊 3 户，保健食品生产企业 2 户），化妆品生产企业 2 户，餐饮企业 212 户，单位食堂 78 户（其中青原区 1 户），食品经营户 253 户，小餐饮小食杂 89 户，食品小摊贩 50 户。

日常监管

依据食品药品安全风险等级评定工作的评定结果确定检查频次，结合上级部门专门工作安排和管委会安全生产工作要求，对相关企业开展全面细致的日常监管工作，做到工作有痕迹、检查有结果、整改有复核。强化了对防控物资的质量监管和物价稳定的管控，对企业复产复工的引导，做到日常巡查全覆盖。进一步加大对辖区社区门诊和药店药品的监督管理。加强对医疗器械和化妆品经营企业的监督检查。做好对食品生产企业按风险级别分类管理。全力推进“明厨亮灶”工程。全区学校食堂“明厨亮灶”全覆盖，逐步拓宽“明厨亮灶”创建范围，提升全区食品安全保障水平。开展对食品生产企业的食品全覆盖抽检。

食品安全专项整治

针对井冈山经开区的工作实际，有计划地开展相关领域的专项整治，做到抓重点、补短板齐头并进。全面清理食品销售无证无照经营，食品等领域的无证无照经营严重威胁着食品安全和疫情防控，严重破坏了公平公正的市场竞争秩序。为全面清除食品等无证无照经营危害，吉安市市场监督管理局井冈山经开区分局采取教育引导和联合惩戒相结合的方式，集中精力在全区开展全面清理无证无照经营专项整治。2020 年 12 月共清理相关经营户 240 余户，督促办证办照 210 户。全面整治规范食品小摊贩经营活动。就辖区内临时食品小摊贩食品安全问题，在木林森电子公司、合力泰公司西区厂址、天际光电公司、立讯智造公司、胜美达公司等人流量较大的企业周边进行一次全面摸底调查，发现这些区域的食品小摊贩在日常生产经营中存在重大安全隐患。为确保食品安全，保障公众身体健康和生命安全，全面规范食品小摊贩的生产经营行为，在全区进行了一次全面规范食品小摊贩经营活动专项整治，规划小摊贩临时经营点 2 个，树立监管信息公示牌 2 个，在区内有关学校门口设立禁止摆摊设点禁牌 3 个，引导备案 50 户。

药品医疗器械化妆品监管

强化日常监管。根据上级文件精神，对辖区内药械经营单位开展了全覆盖的日常检查、监督抽检以及安全生产检查，共监督检查药械化单位 700 余家次，对存在的一般违法违规行为，建立问题清单 16 个，下达责令改正通知书，问题全部整改。

加强药品、医疗器械专项整治工作。先后组织开展了中药饮片、中药配方颗粒、无菌和植入性医疗器械及药品零售企业执业药师“挂证”专项整治工作，共检查药械经营使用单位 458 家次。

开展了违法宣称非特殊用途化妆品的清查工作。对井冈山经开区的 2 户化妆品生产企业，根据上级要求集中开展了清查违法宣称“药妆”、“EGF”、干细胞的化妆品专项清查工作，通过拉网式排查全区各化妆品经营企业，未发现有问题品种，并及时要求各经营企业不得经营此类产品。

加强疫苗流通和预防接种安全监管

制定《疫苗质量安全监管工作计划》，对全区疫苗接种单位开展了拉网式专项检查 2 次，共检查接种单位 1 家，未发现有从非法渠道采购疫苗现象，对存在的不足（对疫苗储存冰箱的温度记录不及时）等问题，已依法责令改正。在 2018 年长春长生公司问题疫苗事件中，井冈山经开区未发现涉事问题疫苗。

加强食品药品安全管理教育培训

开展食品药品安全宣传工作。加大了食品药品安全宣传工作（进学校、进社区、进企业、进农村），开展了食品药品安全科普宣传工作，发放相关宣传海报 100 余份，科普相关食品药品安全知识。开展专项教育约谈 9 场次，参加人员 900 余人次，通过学习，要求企业完善内部管理制度，落实企业主体责任。

井冈山经开区食品药品安全监管部门认真落实食品药品科普行动计划，充分利用“3·15”消费者权益保护日、全国食品安全宣传周、全国安全用药月等重要节点，扎实开展食品药品安全法律法规和食品药品安全知识宣传教育，共编印发放食品药品知识宣传资料3万多份（册），设计制作食品药品安全宣传展板20余块，悬挂宣传标语160幅，在公共场所张贴宣传海报2500份，组织各类宣传培训50场次，利用广播电视、手机短信平台和户外电子显示屏编发、刊播食品药品安全信息、新闻120条，在国家省市县报刊、网站发表稿件196篇次，服务群众40万余人，有力增进了人民群众对食品监管工作职能、工作成效的了解，促进了社会共治氛围的形成。

第四节　产品质量监管

质量监督

2016年以来，充分利用“3·15”、安全生产月、质量月等活动，树立全民质量意识，营造政府重视质量、企业追求质量、社会崇尚质量、人人关注质量的良好氛围。开展农资打假、工业生产证获证企业、强制性认证产品等专项行动，扎实抓好打假治伪工作，提升产品质量。

标准化管理

2016年，召集园区50余家重点企业开展企业标准化和服务工作培训，鼓励企业有目的、有计划地开展企业标准化工作，充分发挥标准化对企业发展的重要作用。2019年，大力推进“百城千业万企对标达标提升专项行动”，坚持服务企业、精准对标原则，充分利用全国企业标准信息公共服务平台的企业标准数据，先后走访满坤科技公司、三江超纤公司等企业，从对标工作流程、专项平台操作等多方位进行详细讲解，使企业由“制标者”向“引领者”转变，形成以技术、标准、品牌、服务为核心的质量新优势。

计量管理

鼓励企业制定并推广节能降耗等工作，推进节能技术和节能产品的使用，淘汰落后产品、工艺和设备，引导企业走质量效益型、科技创新型、环保节能型道路。2016年以来，对春耕期间的农资定量包装商品计量专项检查，重点检查市场销售的种子、农药、肥料等3类农资定量包装商品，并现场抽查农资销售企业销售的其他农资定量包装商品；关注民生、计量惠民工作，对全区大型商场超市、医疗机构、加油站、眼镜店等进行执法检查，坚决杜绝计量违法行为。

特种设备监督管理

2016年以来，深入开展特种设备“打非治违”百日行动、电梯、气瓶充装单位等专项整治，尤其是在重要时期、节假日开展特种设备安全大检查，与区消防、安监等部门联合执法检查；加强宣传教育，落实企业安全生产主体责任，结合“安全生产月”宣传主题，特种设备安全进企业、进社区、进学校等活动。2019年，井冈山经开区特种设备数量达到1201台，其中，锅炉49台、压力容器421台、电梯509台、起重机械135台、场（厂）内专用机动车辆87台。立足辖区实际情况，坚持监管与服务并举，与市特检中心、市质检中心建立快速反应联动机制，为企业提供技术支撑。2020年，井冈山经开区市监分局委托第三方技术机构对全区50余家重点企业开展特种设备隐患自查，全力保障园区企业特种设备安全运行，坚决防范和遏制重特大事故。

图8-7 召集园区有关企业开展特种设备事故警示教育活动

名牌培育

2015年，出台《井冈山经开区贯彻实施质量发展纲要2016年行动计划》，深入推进实施质量兴区战略。2016年，出台《井冈山经开区扶持创业创新措施75条》，明确对获得名牌产品企业的奖励，对获得江西名牌、著名商标称号的企业单位给予表彰奖励，扶持名牌企业发展，全区涌现出一批在国内外具有较强竞争力的知名企业和名牌产品。2017年以来，井冈山经开区市监分局指导帮助企业培育名牌，普正药业公司、木林森电子公司、满坤科技公司等10余家企业获江西名牌产品，航盛电子公司、红板公司等企业获得省井冈质量奖、市长质量奖。

第九篇　企业服务

为企业提供全程“保姆式”服务，“客商是上帝、服务是生命、创新是灵魂”是井冈山经开区成立以来一直践行的要诀，是招商引资、安商稳商的重要举措，也是促进企业达产达标、开发区快速发展的有效手段。井冈山经开区按照建设“服务型”政府，打造“服务最好”营商环境的要求，创新服务理念，探索服务新形式，出台了系列企业帮扶的文件规定，每年组建5~12个不等的企业帮扶服务组，明确工作职责、工作要求，对企业实行洽谈设立、设计施工、竣工验收等阶段全程服务。此外，还对企业开展科技服务、招工服务、上市服务、融资担保服务等，对商业企业构建商服主体、培育专业市场等提供平台服务，促进商业服务快速发展。

第一章　工业企业服务

企业是井冈山经开区的主体，是经济发展的主力军。井冈山经开区以高度的责任感，强烈的事业心，崭新的服务理念，竭诚为企业服务。企业服务工作一直贯穿于井冈山经开区各个部门。成立企业服务中心后，坚持全方位做好客商接待、项目手续办理和企业矛盾协调工作，帮助解决项目和企业在建设和运行过程中遇到的困难和问题，促进签约项目早开工、开工项目早竣工、竣工项目早投产。

第一节　企业服务理念

提升服务企业效能

在服务上持续做“加法”，在审批上不断做“减法”。为方便企业办事，实行三项特色改革：实行“领导领衔领办、全程全科代办”制度改革。每个重点项目都有专门的帮扶小组代办所有审批手续，从工商注册到建设审批、从水电报装到施工图审等事项，全程由帮扶小组提供无偿代办服务。实行项目审批“1230”改革。归并、精简审批程序，减少审批前置条件，推进集中并联审批、同步审批，做到1天完成企业开办手续，2天完成不动产证发放，30天完成工程建设审批。探索“拿地即开工”改革，在项目符合条件的情况下，实行建设施工许可容缺受理，企业拿地后，建设部门提前介入监管，允许企业提前施工，在施工过程中完善相关报建手续；环评审批方面，允许企业提前开工，正式投产前完善环评手续即可，为企业建设和生产赢得了宝贵时间。

帮扶解决企业困难诉求

拓展企业服务中心工作职能，以“企业接待日”为契机，通过实地调研、电话沟通、微信群聊等方式拓宽企业诉求受理渠道。自2012年以来，共受理企业诉求近1000件，涉及企业注册、上市扶持、水电问题、项目供地、厂房出租、政策扶持等多个方面，如：协调木林森公司开工建设、政策兑现、厂区道路修复事宜；协调米田电子公司消防通道、挡土墙建设、融资贷款事宜；协助中能易电科技公司工商注册、临时水电事宜；协调三江超纤新型无纺布材料项目建设容缺补办、二期项目用地涉及的青苗事宜；协调新世讯厂房漏水修复、厂房押金冲抵事宜；木林森公司厂区红线内的电线杆迁移事宜；益海嘉里项目注册登记、许可证办理事宜等。

实行重点项目月调度工作制度

对项目实行月调度工作制度。带队领导组织成员单位定期召开生益电子项目推进工作会，重点调度项目行政审批进度和建设进度，解决困难和问题，明确办结时限。全程跑腿，保姆式服务。责任单位区商务局安排专人全程对接跟踪项目，全科跑腿协调跟进，及时汇报衔接项目推进中遇到的困难和问题，上传下达；需要多部门沟通协作的事项，提请会议调度，确保做到全过程参与，全链条服务。生益电子项目自2018年10月26日签约落户后，于2020年10月投产。生益电子公司行政经理向祖顺感慨道：企业一路走来，真切感受到“井冈山经开区速度与激情”，充分肯定了服务效能与营商环境的优越性。2020年全区全面推广“领导带队领办，全程全科代办”制度，实行“预审代办制”，服务企业发展全过程。

按照建设“忠诚型、创新型、担当型、服务型、过硬型”政府，打造“政策最优、成本最低、服务最好、办事最快”营商环境要求，井冈山经开区以“服务效能全国领先”为目标，着力打造生益电子公司高端线路板项目“领办代办”服务样板，推行“领导带队领办、全程全科代办”服务机制，做好招商、安商、扶商组服务，让项目建设投产驶上快车道”，唱响全区服务品牌。

第二节　企业服务责任

企业帮扶服务组

自2003年开始，井冈山经开区按照“一名领导、一个部门、一支队伍、一帮到底”的要求，夯实责任主体，明确帮扶单位，积极帮扶企业，解决各类诉求困难。吉安市委、市政府成立工业及招商引资重点项目推进领导小组，由市委、市政府领导及市委、市政府相关部门领导直接挂点重点企业担任企业服务组组长，竭诚服务企业。随着服务效能的不断提升，2019年创新提出“领导领衔领办、全程全科代办”服务理念，2020年企业帮扶优化升级，推行“一对一”精准帮扶机制，有效帮扶企业克服新冠肺炎疫情带来的不利影响，助推企业做大做强。

2003—2020年井冈山经开区企业帮扶服务组情况一览表

表9-1　　单位：个

序　号	年　份	服务组个数	企业个数
1	2003	5	72
2	2004	6	90
3	2005	6	101
4	2006	7	110
5	2007	7	115
6	2008	7	120
7	2009	8	120
8	2010	8	135
9	2011	9	141
10	2012	9	150
11	2013	10	164
12	2014	10	165
13	2015	12	174
14	2016	12	170
15	2017	10	193
16	2018	11	179
17	2019	10	155
18	2020	12	306

优化企业帮扶

新落户企业的帮扶　对新签约落户企业全面推广“领办代办”服务，从项目签约之日起，由企业服务中心或企业服务组指定专人“一对一”对接帮扶，一次性告知“领办代办”事项流程，包含工商登记、税务认证、项目备案、环评安评、施工图审、建设许可、施工许可、消防验收、不动产证办理等事项。按照“主动服务、提前介入”原则，协调各职能部门帮助企业解决开工建设过程中存在的土地平整、临时水电、施工场地开口、苗木移栽、砂石供给等实际问题，为企业排忧解难。

竣工投产企业的帮扶　各企业服务组针对企业发展需求和实际存在的困难，协调各部门发挥职能优势，在用地申请、配套完善、厂房租赁、水电保障、人才用工、项目申报、政策兑现、技术改造、融资帮扶、上市扶持、产业配套、生产经营等方面支持企业发展，确保要素保障落地。区自然资源局积极研究有利于工业发展的土地政策，储备充足的工业用地，破解企业用地难题；区城市建设管理局加快推进园区水、电、路、通信等基础设施建设，完善园区基础设施配套；金庐陵公司抓好标准化厂房建设和企业厂房、宿舍代建工作，保障企业生产生活需要；区人社局在培育和引进人才、劳动用工方面为企业搞好服务，破解企业用工人才问题；区经济发展局在项目申报、资金拨付、技术改造等方面提供高效服务，切实落实优惠政策；区财政金融局在企业融资、上市扶持方面加大帮扶力度，把培育优质企业资源作为一项长期的工作任务来抓；供水、供电公司加强线路检修，保证线路、管路畅通，研究备用方案，确保企业生产生活用水用电不间断；公安、交警、消防保障企业的安全稳定工作。

停工停产企业的帮扶　对因资金短缺暂时停产的企业，积极协调相关金融支持，缓解资金困难。对因技术调整或者产品转型的停产停工企业，通过“四问”（即问需求、问困难、问计策、问实效）方式，了解企业存在的政策、市场、资金、人才、技术、资源配置、产业链上下游配套等问题，分类指导，精准施策，协助企业早日复工复产。对于经努力确实复工无望的企业，做好企业的土地收储工作，提高土地利用率。

责任分工

招商服务局工作职责　建立系统化企业台账。全面了解所有企业现状及发展态势，收集企业产值、产量、固定资产、纳税，经营、销售、科技创新、人才培育等信息，将各企业服务组企业走访及调研情况汇总归类，建立企业基本信息清单、问题清单、督办清单、反馈清单一整套系统化台账，为管委会制定企业扶持政策提供依据。

健全受理反馈机制。完善“快速响应、快结快办”机制，通过“线上＋线下＋热线”三位一体受理企业诉求，按照“分级、分类、综合”三种问题模式，分解至各职能部门。每个服务组都安排一名工作人员作为联络员，及时搜集该组企业存在的问题，形成“多种渠道反映，一个口子归拢，多个部门协调解决”的工作机制，为企业提供收集、协调、交办、跟踪、反馈、销号等“一站式”服务。

统筹协调企业服务各项工作。有序开展企业服务日常工作，快速响应应急化企业服务活动，协调各企业帮扶工作组做好具体的帮扶工作。

全面落实“领导领衔领办、全程全科代办”服务。

对区内企业实行兜底帮扶。对新签约或新注册营业的工业企业及商贸、物流等现代服务业企业，未落实服务组的，由招商服务局兜底帮扶，确保区内所有企业帮扶“全覆盖、零遗漏”。

各企业服务组工作职责　积极向企业宣传国家有关方针政策，宣传省、市、区涉及企业的相关政策、措施和办法等，重点宣传应对疫情稳定经济增长的的“省 20 条”“市 18 条”“区 8 条”等政策措施，让企业更好地熟悉消化政策，争取支持。

定期走访企业，了解企业发展动态，掌握企业运行和发展中存在的问题，形成问题清单。

及时上报企业的生产经营具体信息，并核查信息的真实有效性。

主动与各职能部门衔接，互帮互助，形成高效的服务链。

组织帮扶企业参加由区管委会组织的节庆、会展、招商、服务企业社会事务等工作，配合完成区直单位的相关工作任务。

督促企业依法经营合规管理。严格按照国家法律法规，开展经营活动，督促企业履行合同职责，按合同约定努力完成产值、税收等要求，依法纳税等；督促企业按照产业定位、安全环保要求规范厂房出租行为，租赁企业到区招商服务局办理备案手续。

职能部门主要职责　区直各单位要立足部门职能，协助做好项目“领办代办”相关服务事项，认真处理企业服务中心梳理交办的企业相关问题、诉求事项并及时反馈。

工作要求

落实责任分工。成立企业服务组，由党工委、管委会领导任组长，各局室主要负责人为副组长，各局室工作人员为成员，招商服务局安排1名联络员。各服务组要严格落实主体责任，按照“一名领导、一个部门、一支队伍、一帮到底”的要求，明确每户企业的“一对一”精准帮扶责任人，全面掌握责任企业（含厂中厂及关联企业）动态，及时收集企业诉求，定时反馈协调进度，将企业帮扶成效落到实处。

健全工作机制。招商服务局、各企业服务组、各职能部门密切配合，共同为企业提供“组团式服务”。各企业服务组负责收集企业反映的问题和诉求，由区招商服务局汇总分类，对牵涉单个职能部门的事项，分解到该部门；对牵涉多个职能部门的问题，由招商服务局建立问题台账，坚持“协办、责办、督办”的工作原则，分解落实，统一调度，确保企业反映的问题能够及时妥善处置，确保企业服务工作的实效性。

加强工作调度。由分管企业服务工作的区领导牵头，不定期召开企业帮扶工作联席会议，强化对面上工作的指导和重大问题的协调解决，重点研究解决企业反映突出且涉及多个职能部门的问题。会议议题由区企业服务中心统一收集，涉及议题的相关职能部门参加，由职能部门在联席会上提出解决的办法和措施。不能在会上落实解决的问题，由招商服务局汇总上报区党工委、管委会班子会议统一研究。

严格监督考核。对企业反映的诉求和问题建立督办台账，按照“谁帮扶、谁牵头、谁服务”的原则，协调和督促相关单位解决问题，并及时向企业反馈落实情况。对企业诉求落实情况，确保“事事有着落，件件有回音”，由企业服务中心实行“一周一梳理、一月一调度、一季一通报”。对重视不够、久拖不办、处理缓慢、效果较差的职能部门和相关责任人进行通报批评，对造成不良影响和严重后果的，将按照相关规定严肃处理。

第三节　企业服务内容

为了更好服务企业，井冈山经开区各区直单位把为企业服务的各项工作，形成全面、具体的办事流程，用文件形式印发并装订成册，发给各区直单位、工作人员，有效提高为企业服务的精确性和效率。

项目建设联合审批（办理）流程

项目洽谈、企业设立阶段　（1）区招商服务局：项目入园评审，确定投资合同。（2）区招商服务局企业服务中心：协助企业办理“三证合一”登记；协助进入开工建设联办流程。（3）区市场监管分局：窗口办理“一照一码”营业执照。（4）区招商服务局：外资企业设立审批。

核准、备案阶段　与第一阶段同步进行。（1）区自然资源局：核发建设用地选址意见书。（2）区城市建设管理局：核发建设项目规划选址意见书；出具规划设计条件、红线图。（3）区经发局：项目核准备案。（4）区城市建设管理局：项目环境影响评价审批。（5）区经发局：项目安全条件审查。

规划设计、施工许可阶段　区自然资源局：凭规划建设环保局出具的设计条件，进行国有建设用地使用权挂牌出让，土地摘牌后交清土地出让金及契税，核发建设用地批准书。区城市建设管理局：建设单位出具修建性详细规划方案，核发建设用地规划许可证。区城市建设管理局（规建口）：设计单位出具施工图，核发建设工程规划许可证（副本）。（图审）区城市建设管理局：消防设计备案。吉安市气象局：新建建筑物防雷装置设计图纸审核。区供水公司：办理用水报装。区供电公司：办理用电报装。吉安中石油昆仑天然气利用有限公司：报装天然气。区城市建设管理局：核发施工许可证。区城市建设管理局：建筑余土、垃圾调运许可。区自然资源局：待项目主体工程完工后，核发国有建设用地使用权证。

竣工验收阶段　吉安市气象局：新建建筑物防雷装置检测验收。区城市建设管理局：竣工验收；消防竣工验收；工程竣工备案，核发建设工程竣工规划核实合格意见单；项目试生产审核，污染防治设施验收。

权限内外商独资企业章程审批所需材料

（1）向井冈山经开区管委会提供申请报告1份。（2）外方投资者委托书并附申办人身份证复印件（委托单位。（3）外资企业申请表（由审批单位提供空白表或电子版，申办人自行复印、打印）。（4）章程（签字盖章）。（5）项目可行性研究报告及其批复（发改部门）。（6）企业名称核定书。（7）企业代码（组织机构预付码）。（8）外商“三证”：a. 外方以自然人投资提供自然人身份证复印件，以公司投资提供境外公司法定代表人身份证复印件及法人代表资格证书。b. 以公司投资的出具境外商业登记证或企业注册登记证复印件，以自然人或公司投资的提供大使馆或其授权的律师事务所出具的自然人身份证明。c. 境外开户银行出具的资信证明（证明投资方有实力投资投资）。（9）董事会、监事会成员名单、股东会决议、董事会决议委派书、身份证复印件、简历、总经理聘任书（不设董事会授监事会的，则提供公司股东决定、执行董事决定、委派书、经理聘任书及其身份证明材料、简历）。（10）所需进口设备、材料清单（包括品名、型号、国别、数量、单价等列表详示）。（11）场地证明。（12）土地管理部门和环保部门出具的文件。（13）水、电供应及环保证明。（14）法律、法规、规章规定的其他材料。（以上材料未标明复印件的均为原件）。

权限内中外合资企业合同、章程审批

所需材料：（1）向井冈山经开区管委会提供申请报告1份。（2）委托授权书并附申办人身份证复印件（委托单位或代理人办理报批手续）。（3）外资企业申请表（由审批单位提供空白表或电子版，申办人自行复印、打印）。（4）投资者法人代表或委托人签字盖章的合同、章程（委托人提供签字授权委托书）。（5）可行性研究报告及发改委、经贸委的批复。（6）外方投资者的“三证”及法人代表资格证书：a. 外方以自然人投资提供自然人身份证复印件，以公司投资提供境外公司法定代表人身份证复印件。b. 境外商业登记证或企业注册登记证复印件及大使馆或其授权的律师事务所出具的自然人身份证明。c. 境外开户银行出具的资信证明。（7）中方投资者的营业执照复印件、法人代表资格证书。（8）市场监管分局核准的企业名称和企业代码（核名通知书及组织机构预付码）。（9）董事会、

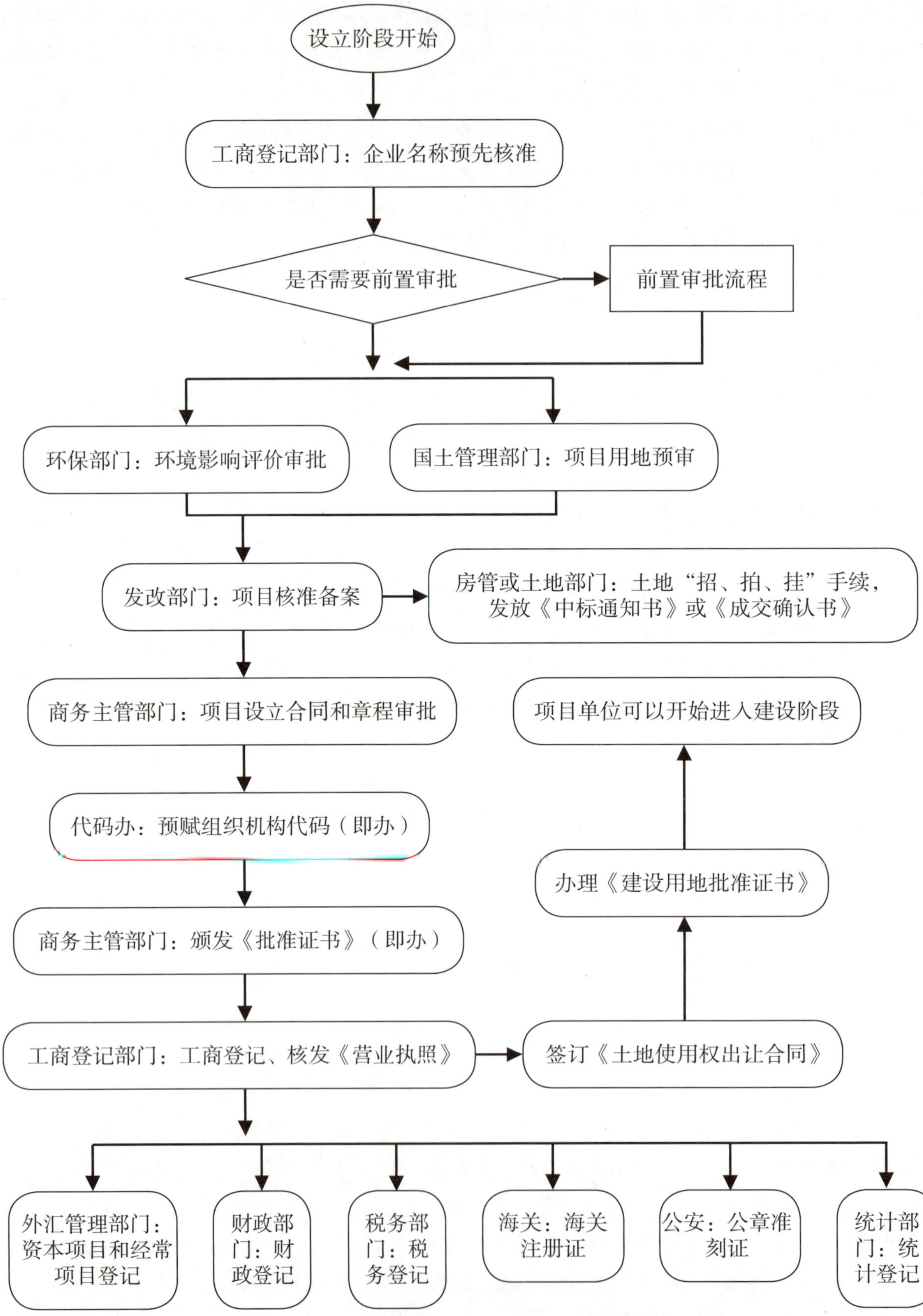

外资企业注册流程示意图

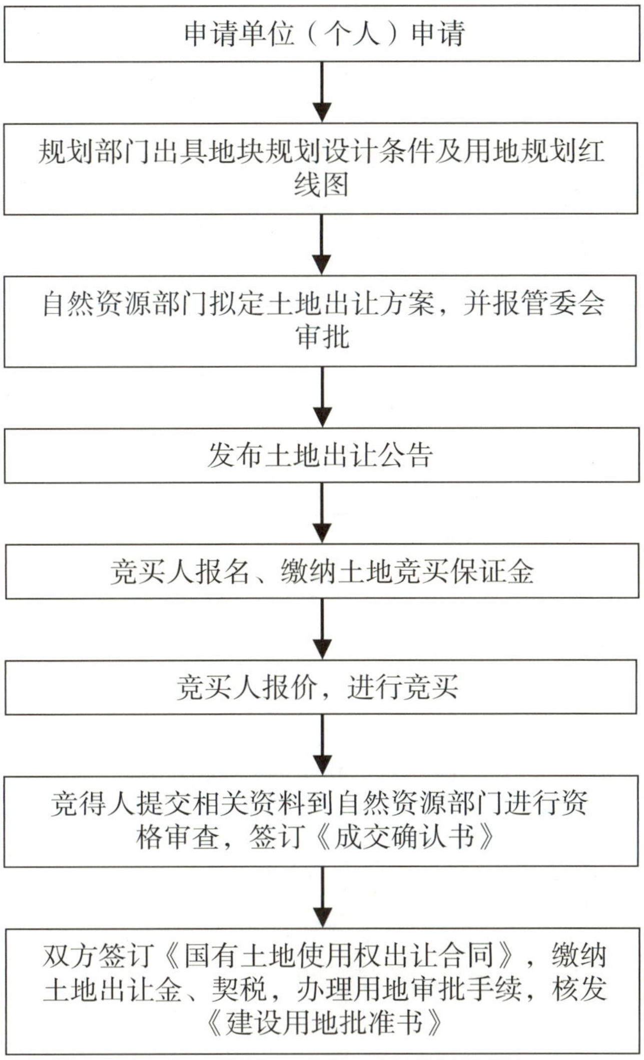

竞买须知：

1. 竞买人购买江西 CA 单位数字证书；
2. 竞买人在江西省土地使用权和矿业权网上交易系统（http://jxgtjy.jxsggzy.cn/）报名、填表、提交申请；
3. 竞买人打印网上提交申请后生成的账号及子账号去缴纳竞买保证金；
4. 竞买人在江西省土地使用权和矿业权网上交易系统报价，进行竞买。

国有建设用地使用权挂牌出让流程示意图

监事会成员名单、股东会决议、董事会决议、外方投资者委派书、总经理聘任书及其身份证复印件、简历（不设监事会的，则提供监事的证明材料）。

企业项目备案申办制度

内企需提供交材料　企业投资项目备案申请表；申请备案报告；入区合同（复印件加盖公章）；规划用地红线图（复印件加盖公章）；企业营业执照、组织机构代码、法人身份证（复印件加盖公章）；项目建议书（或者是可行性分析报告可研报告）（2 份）；公司章程；企业平面布置图（复印件须开发区规建局审核盖章）；政府出具的文件（会议纪要或领导签发的相关文件）（政府投资项目）。

外资企业需提供材料　企业投资项目核准申请表（报告）；项目建议书（可行性研究分析）；环境保护行政主管部门按规定权限出具的环境影响评价意见书；规划部门出具的规划选址意见书；自然资源部门按规定权限出具的项目营地预审意见；中外投资各方的企业注册证（营业执照）、商务登记

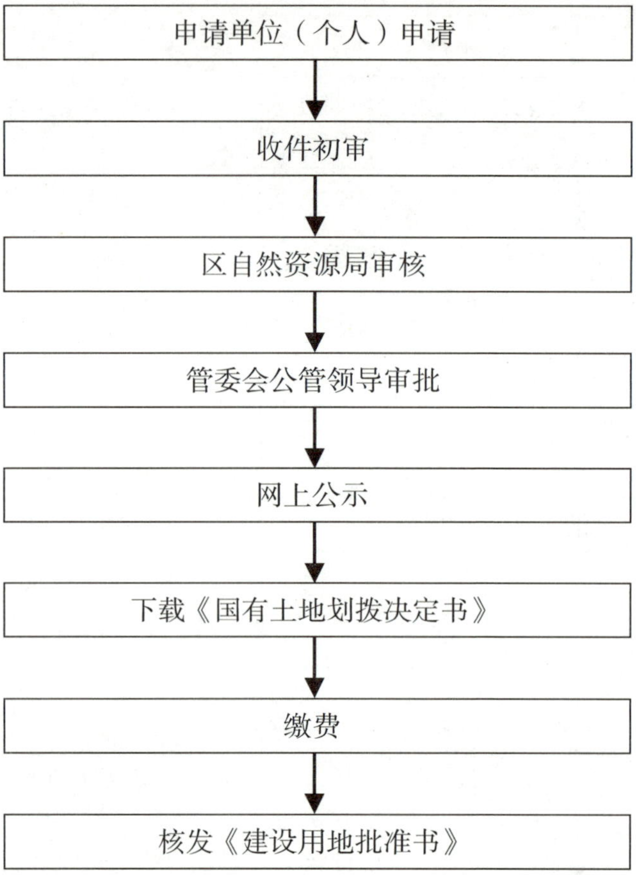

国有建设用地使用权划拨审批流程示意图

审计的最新企业财务表（包括资产负债表、损益表而后现量表）、开户银行出具的资金信用证明；投资意向书、增资、购并项目的公司董事会决议；银行出具的融资意向书；以国有资产或土地使用权出资的，需按规定由有关主管部门出具的确定文件。（注：所有材料交复印件两份，并提交原件备查。）

办理时间　井冈山经开区内 3 个工作日内完成材料审核；区经济发展和科技局 3 个工作日完成立项办理。

新进项目安全设施“三同时”管理制度

（1）建设项目安全设施必须与主体工程同时设计、同时施工、同时投入生产和使用（以下简称“三同时”）。安全设施投资应当纳入建设项目概算。

（2）下列建设项目在进行可行性研究时，生产经营单位应当按照国家规定，进行安全预评价：非煤矿矿山建设项目；生产、储存危险化学品（包括使用长输管道输送危险化学品，下同）的建设项目；生产、储存烟花爆竹的建设项目；金属冶炼建设项目；使用危险化学品从事生产并且使用量达到规定数量的化工建设项目；法律、行政法规和国务院规定的其他建设项目。

（3）建设项目进行安全条件论证时，应当编制安全条件论证报告。安全条件论证报告应当包括下列内容：建设项目内在的危险和有害因素及对安全生产的影响；建设项目与周边设施（单位）生产、经营活动和居民生活在安全方面的相互影响；当地自然条件对建设项目安全生产的影响；其他需要论证的内容。

（4）上述第二点第前四项规定的建设项目安全设施设计完成后，生产经营单应当向安全生产监督管理部门提出审查申请，并提交下列文件资料：建设项目审批、核准或者备案的文件；建设项目安全设施设计审查申请；设计单位的设计资质证明文件；建设项目安全设施设计；建设项目安全预评价报告及相关文件资料；法律、行政法规、规章规定的其他文件资料。上述第二点第四项规定的建设项目安全设施设计完成的生产经营单位应当向安全生产监督管理部门备案，并提交下文件资料：建设项目审批、核准或者备案的文件；建设项目初步设计报告及安全专篇；建设项目安全预评价报告及相关文件资料。

第四节　企业综合服务

招工服务

随着井冈山经开区飞速发展，区内企业用工量激增，但井冈山经开区作为工业园区，区内劳动力资源有限，无法满足企业用工需求，必须向其他区域大量招收务工人员。区人社局主动靠前服务，运用多方位的宣传手段，积极探索多元化招工渠道。

2007 年，由分管招工工作的区经济发展局首次提出领导干部带头“进村入市”的招工工作模式，坚持实施“一名领导，一支队伍，一帮到底”，派出招工宣传车，带领企业赴乡镇村组、进车站、入集市等人流量大的场所，发布招工信息，宣传用工环境，进行现场招工。

2010 年，区人力资源和社会保障局接管招工工作，创新“招工即是招商、招工优于招商”的理念，坚持招工优先战略。树立“把服务好企业用工和自身职能定位与履行结合起来，把解决好劳动力保障与招商引资企业落户投产结合起来”的服务意识。

2012 年，吉安市人力资源和社会保障局、市总工会、市教育局、市工商联和井冈山经开区联合举办 2012 年民营企业招聘周启动仪式暨现场对接招聘大会。

2013 年投入近百万元，打造井冈山经开区人力资源和社会保障综合服务中心（即井冈山经开区人力资源市场），集职业介绍、信息发布、社会保险、劳动保障于一体。9 月，制定《井冈山经开区关于帮扶企业招工稳工实施办法》，建立帮扶企业招工服务责任机制，依托井冈山经开区企业服务责任组，成立帮扶企业招工服务责任组，具体负责各自服务企业的招工帮扶工作。制定园区总体帮扶招工计划、明确帮扶招工责任，抓好督促检查，实行绩效问责，确保帮扶招工见实效。

2014 年，井冈山经开区主动与各地工商部门合作，依托全市重点乡镇工商所、个私协会服务基层的优势，将招工触角延伸至乡镇，建立 65 个乡镇招工站，选聘 70 多名个私协工作人员、乡村热心人士为招工员，下达招工任务，明确激励措施，极大调动招工站点积极性。同时发挥职业中介的专业化优势，引进战略合作伙伴，通过市场化手段与人力资源公司签订合作协议，有效打破本土化招工瓶颈，扩大了劳动力资源增量。

2015 年春节期间，市委、市政府对井冈山经开区招工工作高度重视，为井冈山经开区企业提供招工保障，将招工任务分解至13个县（市、区）。各县（市、区）也积极配合，将帮扶井冈山经开区企业招工纳入当地帮扶招工总体计划。

2016年1月7日，印发《井冈山经技术开发区招工稳工奖励资金使用管理暂行办法》，使市场化招工进入常态化、专业化，合作人力资源公司达到6家，采取基础性任务和阶段性任务相结合的方式制定奖惩机制。

2017年，针对招工工作中重点用工企业和用工缺口较大企业，如合力泰公司、木林森公司，制定专门的帮扶方案，实施“一企一策”，并在各项招工工作中对重点用工企业做到优先帮扶、重点推荐。

图9-1　2017年1月17日，区党工委书记彭学凯调研企业招工情况

2019年重新规划和建设井冈山经开区原人力资源市场，将原900平方米的人力资源市场升级打造成2400平方米、可容纳20余家企业（项目）的吉安人力资源服务产业园，进一步完善人力资源服务设施，健全人力资源链条和服务功能。产业园于4月1日正式开园。

20年来，井冈山经开区每年都举行各种类型的为企业招工活动，管委会干部、职工全员参与。

企业上市服务

为贯彻落实《国务院关于进一步促进资本市场健康发展的若干意见》（国发〔2014〕17号）、《江西省人民政府关于加快全省金融业改革发展的意见》（赣府发〔2014〕7号）及《吉安市人民政府关于落实支持企业上市和“新三板”挂牌有关政策的通知》，井冈山经开区抢抓发展机遇，加快推进企业挂牌通过资本市场直接融资。2009年印发《关于印发〈江西井冈山经开区推进企业改制上市及再融资工作实施办法〉的通知》，2017年印发《关于印发〈井冈山经开区加快推进企业上市挂牌的若干扶持政策（试行）〉的通知》，2018年印发《关于修订印发〈井冈山经开区加快推进企业上市挂牌的若干扶持政策〉的通知》。2020年底，井冈山经开区拟上市挂牌企业已形成三批梯队，满坤科技公司、生物制品公司、新琪安科技公司、普正制药公司、登云健康公司、红板公司、三江超纤无纺公司、优特利科技公司、宇能制药公司、威尔高电子公司等企业已列入省级重点拟上市企业名单。

2016年8月，井冈山经开区出台《井冈山经开区关于进一步推进企业改制上市及再融资工作实施意见》，大力推进企业上市和企业“新三板”挂牌工作，成立推进工作领导小组，建立“上市一批、改制一批、辅导一批、储备一批、引进一批”5个一批上市和“新三板”挂牌企业名录库，建立新三板挂牌年度点推进企业库。计划每年推进2~3家企业上市或“新三板”挂牌。2016年8月29日，井冈山经开区江西绿丰新材料股份有限公司获全国中小企业股份转让系统（简称“新三板”）审批同意挂牌，成功登陆全国公开资本市场，成为井冈山经开区首家“新三板”挂牌上市的本土企业。

融资担保服务

“财园信贷通”　“财园信贷通”政策是江西省财政厅在全国首创，为中小微企业提供无抵押、无担保、低利率贷款的财政金融政策。井冈山经开区严格按照上级业务要求，切实有效地解决企业融资难、融资贵、融资慢等问题。2017 年 8 月井冈山经开区出台《井冈山经开区“财园信贷通”管理办法》，2018 年 7 月出台《井冈山经开区“财园信贷通”放贷审批管理办法》。

“科贷通”　“科贷通”政策是江西省科技厅为科技型企业提供资金支持的财政金融政策。井冈山经开区严格按照《江西省科技厅关于印发〈江西省“科贷通”贷款贴息资金管理细则〉（试行）的通知》（赣科发计字〔2018〕95 号）《江西省科技型中小企业信贷风险补偿资金管理办法》（赣科发计字〔2020〕50 号）要求，推进科技型企业梯次培育行动和建设。井冈山经开区 2019 年正式启动科贷通业务，2019 年累计为企业发放信贷资金 2800 万元，2020 年累计为企业发放信达资金 4150 万元。

融资担保业务　自 2018 年金庐陵公司整合成立以来，井冈山经开区借助市本级企业融资平台为园区企业解决融资难、融资贵问题，2019 年融资担保金额 15450 万元，2020 年融资担保金额 101429.5 万元。

重点项目调度

为加快企业建设和重点项目建设进度，井冈山经开区党工委、管委会每年都将一些已开工企业和建设项目列为重点项目，落实领导和人员挂点跟踪服务，定期召开会议，由相关跟踪服务人员汇报建设进度、存在的困难和问题，会议现场直接解决，有效服务企业建设和重点项目建设。

图 9-2　2020 年 1 月 17 日，吉安市副市长、一级巡视员邓淑斌（右二）调度项目建设情况

2018 年全区重点建设项目 36 个，总投资为 455.25 亿元，2018 年计划投资 371.7 亿元。其中，工业项目 19 个，总投资 353.84 亿元；重大基础设施项目 14 个，总投资 94.41 亿元；社会事业项目 3 个，总投资 7 亿元。省级重点项目 3 个，分别是益丰泰 TFT、木林森 LED 产业园和创成环保项目；市重点项目 8 个，分别是仁安医院、标准厂房、污水处理厂二期、天际光电城市综合体、金鸡湖创新小镇、庐陵大道综合开发、梨山公园二期、井冈山经开区学校扩建项目。

2019 年全区共实施重点城建项目 28 个，总投资约 120 亿元，其中基础设施类 14 个，民生工程类 6 个，拆迁安置类 8 个。2019 年度计划投资约 50 亿元；计划新开工项目 24 个，续建项目 4 个。

2020 年全区共实施重点城建项目 46 个，其中省重点城建项目 2 个，市重点城建项目 17 个，总投资约100.232亿元，年内计划投资约46.3543亿元；新开工项目26个，续建项目20个。

2020年，完成省、市、区重点项目调度任务有：工业设计中心、标准厂房及能源互联网一体化等2个省重点项目、井冈山经开区金鸡湖创新小镇等17个市重点项目、庐陵大道口城市综合体等46个区重点城建项目。还有152.3公顷供而未用地前期处置项目，通过重点项目调度，完成庐陵大道东延、深圳大道东延等11宗供而未用地地面附着物清理等前期工作。

值班应急服务

从吉安市高新区成立到井冈山经开区不断发展的20年过程中，井冈山经开区始终坚持每日值班应急服务。

值班管理　（1）设立区党工委、管委会总值班室（应急办），对口市委总值班室和市政府应急办工作。总值班室（应急办）具体负责管委会机关值班管理工作。（2）区总值班室（应急办）具体负责值班人员的分组，按月编制管委会机关每天（含双休日、节假日）值班安排表，经分管办公室的领导批准后实施。其他特殊情况下需另外安排值班的，视特殊情况特殊处理。（3）管委会机关（含金庐陵公司）五级主办以上干部全部参与值班。值班组由带班领导1名，值班人员4—6名组成。（4）完善领导带班值班制度，重要节假日由区党工委委员担任带班领导，双休日及工作日由管委会副县级以上领导干部（含管委会领导）轮流担任。（5）值班工作由区办公室负责组织实施，区纪检监察工委、办公室负责值班情况督查，将值班应急工作纳入对干部个人及其所在局室相关考核。因脱岗、缺岗，工作失职、渎职等原因造成不良影响的，将追究相关人员责任。

值班职责　（1）带班领导全程参与值班，负责组织督促本组值班人员认真履责，负责协调处理值班当天应急处置工作。（2）负责来文来电处理工作，做好值班期间上传下达等工作；负责接待来客来访，做好信访接待工作。（3）负责突发事件处置工作，及时传达和督促落实领导对突发事件的指示批示，并及时反馈落实情况。（4）对接做好值班期间上级党委、政府总值班室（应急办）应急处置工作，及时向有关领导报告情况。（5）完成领导交办的其他任务。

值班要求　（1）值班人员是当天值班应急工作的直接责任人，必须坚守岗位，24小时驻区值班，随时保持通讯联络畅通，夜间值班不得离开管委会大楼。（2）所有值班人员在总值班室打卡考勤，白天值班分8:30、14:30两个时间点打卡，晚上值班分18:30、22:00两个时间点打卡，各时间点前后10分钟以内打卡有效。（3）值班人员必须按时到岗，如遇特殊情况需要调班，须事先按规定向带班领导请假，经批准后自行调整。同时代值班人员须向本人所在值班组带班领导报告，并向区党工委管委会办公室报备。如遇公务外出参加会议、招商、学习考察等活动不能及时打卡，需事先向带班领导报告，并向区党工委管委会办公室报备。（4）区总值班室必须确保有人值守，确保随时有人接听值班应急电话。（5）对突发事件的处理，值班人员接到报告后，第一时间做好应急处置，并及时向带班领导报告。（6）交班前整理值班工作日志，详细记录值班期间承办事项及处置情况，做好交接班相关工作。（7）重大活动期间或重要节假日期间，要落实向上级相关部门零报告制度，有情况报情况，无情况报平安。（8）值班期间应严格遵守工作纪律，认真执行“八项规定”各项要求，严禁饮酒及从事其他影响正常值班工作的事项。

值班时间　双休日、节假日值班时间为8:30至次日8:30。工作日夜班时间为17:00（夏季17:30）

至次日 8:30。

帮扶企业复工复产

2020年初新冠疫情在全国发生后，井冈山经开区党工委、管委会多次召开会议，出台企业复工方案，指导企业实施分批复工。各企业服务组牵头，重点对企业开工条件进行把控，落实好企业复工文件精神。多渠道筹集物资，做好企业复工防控物资保障。强调企业复工要执行封闭式管理，最大限度减少人流出入。机关人员安排值守人员，实行弹性制上班。科学设置居家观察点。企业复工后的临时集中观察点设置在高新医院和浪漫满屋宾馆，鼓励有条件的企业自行设置留观点。制定并印发《井冈山经开区企业疫情防控工作方案》，精准企业帮扶，落实帮扶企业“省 20 条”、“市 18 条”措施，强化安全生产和环境保护，抓好项目招商。

井冈山经开区高新医院成立园区企业复工防护知识培训工作小组，组织20余名医护人员开展培训。对孵化大楼后勤人员开展日常环境卫生消杀培训。

市委领导及井冈山经开区党工、管委会班子成员多次深入企业现场调度疫情防控工作开展情况，要求企业明确责任分工，实行最大化封闭式管理，强化企业人员监管，因地因时弹性安排员工的用餐及生产生活。要按照要求科学设置隔离房，严格落实各项疫情防控举措。企业要着力完善复工软硬件条件，强化内部管理，做好厂区消毒，复工人员要认真佩带口罩，加强个人防护，保证复工人员遵守工位、食堂、宿舍三点一线要求，全面落实好封闭式管理和自吉安隔离防护措施，坚决防止疫情在厂区发生。

2 月 15 日，井冈山经开区举行企业返厂复工人员接送启动仪式。举行抗疫爱心捐赠仪式。全区共接收新冠肺炎专项捐款 47.74 万元，口罩 8.47 万只，各类消毒液、消毒酒精约 5.35 吨。

2 月 24 日，省政协副主席、党组成员刘卫平到井冈山经开区先后走访了浚图科技有限公司、瑞鹏飞精密科技有限公司、合力泰科技有限公司、木林森实业有限公司等企业，实地查看了生产车间，认真听取企业负责人关于现阶段疫情防控工作及复工复产情况汇报，详细了解企业返岗人数、员工管理、原料供应、产能恢复、防疫物资保障、疫情防控应急处置预案以及当前生产销售等相关情况。

井冈山经开区联合中国人寿财产保险股份有限公司吉安市中心支公司，举行“井冈山经开区企业复工复产专属保险”签约仪式，为辖区内 203 家规模以上企业购买企业复工复产专属保险。

第二章　商业企业服务

井冈山经开区优化开发区规划布局，促进产业集聚、人才汇集、资源集约，努力把开发区建设成为开放型经济和体制创新的先行区，高水平营商环境的示范区，大量发展第三产业，促进商业服务快速发展。积极发挥区位优势，抢抓发展机遇、突出产业结构，有效促进现代服务业质量提高、规模扩大、效益提升，现代服务业已日益成为经济增长的重要支撑，成为财政收入的主要税源，成为吸纳就业的主要载体。2020 年全区服务业营业收入 9.38 亿元。

第一节　打造专业市场

井冈山经开区推进现代服务业发展提速、比重提高、质量提升、结构优化。重点扶持综合物流企业做强做大，努力把综合物流和信息平台企业由区域性龙头企业打造成全国性龙头企业。制定电子商务发展优惠政策，收储建成占地 6.7 公顷，建筑面积 6 万平方米的全市电子商务集聚区。创建“创客根据地”，积极引进互联网 +、微商企业团队、新媒体、文化创意、金融投资公司和私募基金等企业落户。

电子专业市场

2016 年 9 月 8 日，吉安国际电子城建成开业。吉安市委常委、市总工会主席刘贤清宣布开业。经开区领导邓淑斌出席开业仪式。吉安国际电子城是吉安市电子信息产业关键配套补链项目，其开业运营填补了吉安和周边城市 IT 专业市场的空白，成为电子产品和原材料批发零售交易的重要平台，是赣中地区一站式的龙头电子批发采购中心。有利于全市电子信息产业优化功能布局，推动集群发展，完善电子信息产业供应链体系，推动产业升级、深化产城融合。

吉安国际电子城坐落于井冈山经开区君山大道，总建筑面积达 5 万平方米，设有电子专业经营场所、电商经营场所、酒店、写字楼、生活超市等，采取线下实体经营与网上商城相结合的销售模式，主营电子产品、电脑 DIY、电子工具、办公、安防、电商等产品。

物流园区建设

加快园区综合物流园项目建设。井冈山经开区综合物流园项目总占地面积 134.5 公顷，其中前期开发面积为 27.8 公顷。井冈山经开区综合物流园经过近几年来的建设和发展，形成以信息化为龙头、“海陆空”并进的对内对外物流发展新格局。“陆”：对内综合物流，零担配送中心；“海”：对进行外铁海联运陆地港建设，建设吉安陆地港暨吉安市口岸作业区。“空”：开通吉安到南昌对外航空业务，做好信息化通过互联网有机衔接。入驻物流园区的物流企业 48 家。井冈山经开区综合物流园 2015 年被商务部批准为全国商贸物流标准化专项行动第一批重点推进单位 10 家物流信息服务平台之一。2016 年 8 月，井冈山经开区综合物流园被评为 2015 年全国示范物流园区。

发展文化创意产业

文化创意产业作为知识智慧密集型的新兴领域，具有高知识性、高附加值、强融合性，已经成为发达国家和地区发展势头最强劲的产业，被认为是 21 世纪全球最有前途的产业之一。2020 年，全区文化创意产业总计纳税 1015 万元，全区物流业总计纳税 6822 万元。

第二节　商服主体

井冈山经开区商业服务逐步完善。至 2020 年 12 月，深圳大道江南春晓、庐贤雅居商业带初步成型；

周边配套逐步完善，“君山大道—电子专业市场”商业带日趋完善；东区邻里中心、玖隆商贸街已投入运营，已形成商业服务业与产业区交错布置、有机融合、互为推进的生动格局。

红力邻里中心

是井冈山经开区着力打造的园区邻里中心项目，具体由区金庐陵公司协调运营商吉安市红力商业管理有限公司、施工企业等单位共同推进建设，将有助于拓展城市格局，提升功能品质。邻里中心位于井冈山经开区东区南塘路与梅岭路交叉口，占地面积36216平方米，总建筑面积47773.21平方米，2019年10月26日第一期商业开业。突出休闲娱乐、特色餐饮以及便民服务三大功能，着力打造成园区内一站式社区商业中心、便民服务中心和文化生活中心。有世纪华联超市、蓝+网咖、昌盛大药房、摇滚汉堡等知名品牌入驻。

吉安市惠嘉商贸有限公司（好又多超市）

2020年8月20日正式成立，注册资金100万元，法人刘少平，位于井冈山经开区君山大道199号，主要从事连锁超市的运营业务。公司立足于江西省吉安市井冈山经开区，自开业以来通过深耕本地市场，持续推进门店升级转型，成为以生鲜、食品、百货为核心品类的零售企业，为江西本土领先的连锁经营企业之一。

吉安汇隆超市

成立于2016年，位于井冈山经开区君山大道176号1幢商业1—01号，归属于电子城商业体系。

超市建筑面积2000余平方米，经营范围包括预包装食品、散装食品、乳制品（含婴幼儿配方乳粉）、百货、日用品、玉器、钟表、眼镜、五金、家电、通信器材、照相器材、文体用品、床上用品、服装、化妆品、鞋帽、皮具、针纺织品、金银首饰、国内版图书、音像制品、卷烟、果蔬、糕点面包、冷冻食品、保健食品销售，以及以上产品的进出口业务；广告设计、制作等，年营业额约2000万元。

吉安美途宏泰国际酒店

2010年正式营业，系江西宏瑞实业有限公司下属企业，坐落于井冈山经开区君山大道247号，交通便利。酒店建筑面积15000余平方米，是国家井冈山经开区的配套服务设施，装饰豪华，功能齐全，设备先进，是集商旅、会议、餐饮、客房、娱乐于一体的豪华型酒店。拥有各类套房135间；风格各异的可容纳600人同时用餐的中西宴会厅；高档的KTV设备及专业的娱乐休闲场所。

东悦花园酒店

系江西东悦酒店有限公司下属酒店，坐落于井冈山经开区京九大道281号附1号，酒店建筑面积45000平方米。酒店集商务、休闲、娱乐、康体、美食、宴会于一体，拥有豪华客房119间，8000平方米的娱乐中心，情侣主题餐厅，中式餐厅、容纳宴会60席或1200人会议的多功能厅，以及游泳池、健身房、SPA房、烧烤吧、垂钓场等配套设施。

文海酒店

2018年正式营业，隶属吉安市文海酒店有限公司，是国家四星级酒店，坐落于井冈山经开区君山大道与创新大道交叉口176号，距市中心约3千米，距国家AAAA级景点天祥公园仅有5分钟车程。酒店建筑面积约3万平方米，按国际星级装修标准全额投资，是集餐饮、住宿、会议、休闲娱乐于一体的综合型酒店。酒店楼高15层，各项功能配套完善，拥有各类房型187套并全部标配全景落地窗，拥有中餐厅、特色餐厅、KTV、桑拿及健身中心，可为宾客提供各式全新星级水准的酒店住宿、餐饮、宴会、会议、康体和娱乐服务，另有300多个车位的大型地下停车场，为宾客出行提供便利。

维也纳国际酒店（吉安井开区店）

位于吉安市井冈山经开区玖隆商街，2020年10月开业。距离吉安火车站、吉安西站、奥克水上乐园、梦幻岛欢乐水世界、蝶舞蜂飞主题乐园10千米，约20分钟车程；距离AAAA景区吉州窑景区3.5千米，约12分钟车程；距离AAAA景区渼陂古村、AAAA景区庐陵文化生态园13千米，约28分钟车程。酒店所有区域均已覆盖WIFI，酒店拥有欧式风格的客房105间，舒适典雅，是商务洽谈、旅游、休息的上佳场所。酒店配备国际卫浴、自助洗衣房、健身房，多媒体会议室、营养早餐，大型停车场等。

中国石油天然气股份有限公司江西吉安井冈山经开区拓展大道加油站

成立于2019年7月1日，位于井冈山经济开区拓展大道与深圳大道交叉口西南角，总面积390.6平方米，罩棚面积1081平方米，机油机4台，油罐储量150立方米米，其中柴油罐60立方米米，汽油罐90立方米米，经营范围：成品油燃料油的销售、燃气经营、润滑油、汽车零配件、日用百货、化肥销售；房屋和机械设备的租赁、车辆过秤服务、汽车清洗服务等。

中国石油天然气股份有限公司高新工业园加油站

位于井冈山经开区吉安大道71号，占地面积3000平方米，全站员工11人，油罐5个，其中汽油罐3个，柴油罐2个，各30立方米，合计150立方米。

第三节　科技服务

井冈山经开区充分运用现代科技，全方位为企业居民服务。井冈山经开区电子商务产业发展迅猛，2013年12月被评为“江西省电子商务示范基地”。2020年，全区有2个电商孵化园区、1个物流信息中心、多家电子商务应用企业，年度电商交易额101.5亿元，增幅7.98%。

电商孵化园区有互联网+众创电商产业园和红米谷创新科技产业园。“互联网+众创电商产业园”位于井冈山经开区建设大道306号，总建筑面积2.5万平方米，已完成外立面整体风貌改造，包括4栋厂房、2栋宿舍和1个园区食堂，为小微创新企业成长和个人创新创业构建一个低成本、全要素、开放式的一站式创业服务平台。红米谷创新科技产业园位于井冈山经开区南山示范园内，面积达到4.6万平方米，已投入运营。该产业园引进江西红米谷孵化企业发展有限公司作为运营商，汇聚互联网+、电商、IT信息产业、微商、广告传媒、新媒体、创新金融和一些传统行业的创业企业。由南方著名设计单位集美组全程设计，把互联网＋产业孵化基地＋大数据中心打造出一个具有良好创业氛围的创客集中地。2个电商孵化园区入驻企业有吉安螃蟹王国科技有限公司、吉安好野电子商务有限公司、邮政吉安电商运营中心、江西登云健康美业互联有限公司等50余家，2020年交易额100多亿元，纳税超亿元。

在开展企业服务活动方面。一是组织开展精准帮扶活动。2020年5月由区招商服务局牵头12个企业服务责任组，深入木林森公司、红板公司、航盛电子公司、满坤科技公司、合力泰公司等245家企业开展精准帮扶大走访活动，收集企业问题69个，针对企业诉求，企业责任组跟踪帮扶，对接相关职能部门，实行销号管理。二是积极配合省营商环境第三方评估工作。积极组织木林森公司、优特利公司、思立科公司、井冈山卷烟厂等20家企业代表参加江西省营商环境第三方评估工作座谈会，区企业服务中心严格按照调研指导组的要求，梳理出企业提出的营商环境问题，如生产要素、融资、人才、配套等问题，积极对接相关职能部门加强协调推进，确保企业提出的意见建议得到有效解决。

加强物流信息中心建设，全区建成全省最先进、规模最大的物流信息平台—吉安市综合物流中心。该中心毗邻京九铁路吉安南站，占地41.14公顷，建成6000多平方米的物流大厦、1万多平方米的仓储中心、货运中心及停车场和配套服务区，主营国内公路、水路零担、铁路运输、铁海联运业务，服务网络遍及国内50多个城市和地区。该物流中心是省电子商务示范企业、省市服务业、战略性新兴产业重点支持项目，有近50多家物流企业和物流单位入驻，并建成现代物流信息公共服务平台，每天向全国发布物流信息，信息平台同时对接网上银行，集资金、信息、人才为一体的现代服务体业聚集区初具规模。

多家电子商务应用企业强强联合，区内电商氛围浓厚，90%的企业建立网站或自营电商平台，93%以上的企业已经应用网络营销；在线采购和在线支付的比例不断提高，80%的企业通过第三方平台开展B2B网上贸易，大幅降低了销售和采购成本。井冈山经开区吉安长江生物药业有限公司被评为第二批省电商示范企业。

第十篇 社会事务

随着产城融合发展和井冈山经开区产业发展、城市发展、人口增多，社会事务日益增加。为确保经济发展、社会稳定、人民生活和谐，井冈山经开区加强社会管理，维护交通安全，确保安全生产；发展教育、卫生、体育事业，倡导健康生活；致力扶贫攻坚，推行各类社会保险，加强民生保障。井冈山经开区实现了经济快速发展，社会和谐稳定。

第一章 综合治理

井冈山经开区产业的持续发展带动了产城一体化快速发展，公安、交警、消防、城市管理等部门相继成立，社会治安综合治理、交通安全管理、应急消防救援和城市文明创建工作逐步建立并走向常态化、规范化。通过加强队伍建设，开展法制宣传，排查安全隐患，调解矛盾纠纷，打击违法犯罪，确保社会安定有序，平稳和谐。

第一节 公 安

机构沿革（在第六篇第二章第三节记述）

警务改革

2017年5月，井冈山经开区公安分局全面深入推进警务机制改革。对分局主要业务进行全面梳理，在职级不撤、职数不减的情况下，将性质相近、职能交叉的警种和部门合并，实现警力集约。

将刑侦大队、经侦大队整合，组建侦查办案队。工作职责为组织刑事、经济、禁毒案件的侦破，负责各类刑事案件的现场勘查，协助危害国内安全案件的查办，收集掌握调查影响稳定、危害国内安全和社会治安的情报资料。

将治安大队、国保大队、巡防大队整合，组建治安防控队。工作职责为指导承办治安案件的查处和特种行业、公共复杂场所、民用爆炸及危化物品等项的治安管理，开展社会面巡逻防控、处理突发事件，负责组织大型活动安全保卫工作，指导监督开发区企事业单位内部的安全保卫工作。

将办公室、指挥中心整合，组建综合办公室。工作职责为负责上传下达、行政公文及事务文书处理工作，负责机要、保密、统计、督办、档案、党建等工作，负责财务、装备、基建、后勤保障等管理工作，负责指导、办理出境、入境和外国人在全区居留的有关管理工作，负责群众电话报警求助的受理处置和计算机通信网络服务工作，负责信息查询、收集和上报工作。

推进派出所规范化建设。在高新派出所建立社区警务队、巡防控队和情报指挥室“两队一室”勤务运行模式。工作职责为基层基础建设、社区警务、人口管理、窗口服务、信访维稳、情报收集研判、信息采集。实行 24 小时勤务制，使有限警力发挥最大警务效能；做好实有人口和实有房屋信息、标准地址信息等各类基础信息采集录入工作，拓展智能交通、电子围栏、视频监控、移动上网等信息采集渠道，提高一线民警移动警务终端配备率、上线率，加大信息资源整合力度，为警务工作提供活水源头。

建立高效勤务模式。综合接警和处警总量、地理位置、人口密度等情况，按照“5 分钟处警、20 分钟巡逻圈”标准，科学划分巡防区域。在每个巡防区设置一个治安岗亭，形成无缝对接的防控圈。综合办公室对移动警务室实行“点对点、点对面”式的扁平化指挥；警务室立足街面，闻警即动，一旦突发案事件或群体性事件，第一时间形成控制（包围）圈，将突发事件处置在萌芽状态。

提升单警作战能力。根据工作需要，对民警进行多元化业务培训，重点培训民警在接处警、巡逻防控、侦查破案、便民服务、信息化应用等方面能力，实现一警多能、一警多用，提高单警作战能力和素质。

用好用活辅警队伍。按照“岗位需求，适量从紧，减员增效，规范有序，强优素质”的原则，按 1 ∶ 2 的比例招聘辅警，抓好辅警队伍和巡防队伍的使用管理和科学配置。按照“平时巡逻、闲时训练、战时参战”模式，坚持屯警街面、动中备勤，全天候在辖区重点部位开展巡逻防控，协助民警快速处理各类警情和突发事件，有力震慑犯罪，提升群众安全感。

治安管理

加强治安纠纷排查，把社会治安隐患消除在萌芽状态。全面落实社会综合治安责任制，公安机关会同区综治部门，每年与村（居）委会、规模以上企业签订社会综合治理工作责任状，任务明确，责任到人，定期排查可能出现的社会矛盾萌芽，及时解决小矛盾、小纠纷，切实把社会矛盾消除在萌芽状态。实行居住人口网格化管理，将辖区内居住人口的小区及住房，按路、按巷道，独栋、独单元、独层、独户登记人口，绘制成图。户设户主，栋设栋长，小区设业主委员会，落实群防群治工作责任状。发生异常情况，公安机关第一时间就能找到地点、找到知情人，层层有人负责维稳工作。

严格按照法律法规审查、审批生产易燃、易爆、有毒产品企业和重点行业、重点场所，并严格监管，定期检查，不定期抽查。2020 年，井冈山经开区内有 22 家企业使用易制爆化学品、33 家企业使用易制毒化学品、1 家企业使用剧毒化学品。井冈山经开区公安分局对辖区重点行业、重点场所始终保持严查严控严管态势，不定期开展消防、治安检查，年均召开行业会议 2 次，组织夜查 180 余次，出动警力年均 1000 余人次。分局严格把握审批、监管、整改等各个环节，确保服务园区每一家使用、购买易制毒化学品的企业安全储存和使用。全面推进天网地网工程建设。2009—2017 年，先后进行天网 1 到 4 期的建设工作，共完成 72 个目标区域的监控设施安装。2019—2020 年完成全区天网 5、6 期安装，分别新增 327 个和 200 个点位，园区从城区到农村实现监控网络全覆盖。

户政管理

吉安市高新区成立后，辖区户籍管理工作由吉安县公安局户政科负责。2002 年，吉安县公安局君山派出所成立，辖区户籍管理工作由君山派出所负责。2010 年，吉安市高新区高新派出所成立，辖区户籍管理工作由高新派出所负责。2014 年 7 月，国务院《关于进一步推进户籍制度改革的意见》正式公布，此后，国务院及有关部委发布一系列户籍制度改革的法律法规，全区实行城乡统一的户籍登记管理制度，推进城乡居民户口统一登记，重点加快办理城镇规划区范围内失地、半失地农业人口统一登记为居民户口，按随征随转的原则及时将辖区被征地农业人口登记为居民户口；对城区转户农业人口、进城落户农业人口，统一登记后享受城镇更优的基本公共服务。严格落实公安部、省公安厅户口管理各项政策规定，解决无户人员落户的历史遗留问题。通过解决户籍的历史遗留问题，至 2020 年，园区户籍人口 5500 余户，人口近 17000 人，增加 2000 余人。改革迁移落户的准入条件，放宽农村迁往城镇的落户条件，加快区内城镇化发展，户籍人口城镇化率达 25%。至 2020 年，城镇人口由 1500 多人增加到 4300 余人，增加了 1 个街道。规范户籍管理制度改革后迁移落户程序，规定当场办理、调查核实后办理、上报审批后办理的各种情形，大幅度缩减办理时限，提高办事效率。

以治安岗亭为依托，搭建零距离群众咨询点、便民利民点、公安宣传点，向广大群众提供法律法规、案件办理程序、办证须知等方面的咨询。为广大群众提供临时休息、免费饮水、失物招领等便民利民服务；利用治安岗亭外电子 LED 屏幕，不间断地播报防盗防抢防骗技巧、常见法律法规、城区交通情况、恶劣天气预报等字幕，实时向广大群众宣传各种安全防范事项，方便群众及时了解政策、普及知识，增强安全防范意识、提升安全防范能力。开通网上预约受理、网上查询办证、预约上门服务等便民利民项目。开展出入境、户籍服务业务网上“一站式”办理，切实提高效率。对窗口民警开展基本礼仪培训、窗口岗位练兵、服务动态考评，提升民警素质，推动治安、消防、交管等行政管理业务逐步进入大厅窗口集中办理，提升警务效能。以安全防范工作为重点，通过电话联系、走访宣传、警企恳谈会等多种渠道提供企业安防预警，帮助企业完善内保机构，引导企业开展安全防范，配合企业化解各类矛盾和不稳定因素，最大限度地“帮企、安企、便企”，建立定期走访企业制度，了解企业所想、所需、所难，送法律、送政策、送服务，有针对性地开展工作，做到涉企安全隐患必除、涉企案件必破、涉企求助必帮，努力让企业安心生产、安心经营、舒心发展。

刑事侦查

自 2013 年，经开区公安分局刑侦部门共破获刑事案件 300 余起，移送检察机关审查起诉犯罪嫌疑人 300 余人，园区“故意杀人、故意伤害致人重伤或者死亡、强奸、抢劫、贩卖毒品、放火、爆炸、投毒罪”等八大类恶性案件均告破，共为企业、群众挽回经济损失 1000 余万元。

第二节　道路交通安全管理

机构

吉安市公安局交通警察支队井冈山经济技术开发区大队于2010年7月成立，编制10人，大队领导职数2正2副。办公场所位于井冈山经开区深圳大道229号，占地面积8094平方米，2018年10月29日投入使用。2017年1月1日，井冈山经开区交警大队成立事故中队，承办事故处理相关的行政、刑事案件和查处酒驾、醉驾、无证驾驶、二次酒驾中涉及行政拘留和危险驾驶罪案件等工作职能，是全市唯一成立专业办案队伍的交警大队。

警务改革

交治合一，深度融合　2018年11月，按照市公安局交警支队统一部署，实行“交治合一”（交警和治安联勤执法）改革，勤务模式进一步深度融合。投入80余万元兴建6个公安执法岗亭，联合治安、城管入驻，整合各方管控力量，实现联防联控。

科学管理，提升素质　为提升民警、铺警书写表达能力，大队给全体人员发放钢笔字帖，要求每天练习1张。落实每周例会制度，在例会上进行一次读书交流或业务知识交流，提升业务能力和服务水平。建立体能训练中心，每周一、三、五下班后组织体能和交通指挥手势操训练。实行准军事化管理，给民警、辅警统一配发军用被子、床单等物品，要求摆放整齐，干净卫生。不定期地对警容风纪、内务卫生进行检查并通报，检查结果与绩效工资挂钩。建立图书阅览室，养成良好阅读习惯。

落实“放管服”改革，提供优质服务　2019年，建立井冈山经开区“交警服务企业微信群”，将纸质版通行证改为线上报备申请批准，各企业通过微信群将货车车牌号、所属企业名称、途经路线、进出城区的时间等详细信息进行实时报备申请，大队安排专人收集信息，经查询符合通行条件的予以批准，提高办事效率，企业“一次不跑”就能申请到车辆通行许可证。全区约300家有运输需求的企业进群进行报备，方便了企业办事。

交通安全宣传

2010年以前，吉安市高新区交通安全教育宣传、交通秩序管理、交通事故处理等工作，由吉安县交警大队、吉安市交警支队负责。2010年7月，井冈山经开区交警大队成立以来，从宣传交通法律法规入手，规范行人闯红灯、各种车辆不按道行驶、车辆逆行、超载超座等违法行为，全面提升辖区内人民群众的交通安全意识，减少交通事故的发生。

2014年12月10日至2015年3月20日，井冈山经开区开展道路交通秩序百日整治行动。这次行动志愿者的征集，由井冈山经开区综治办牵头、区交警大队统一安排协调，积极动员党员干部、职工群众参与文明交通志愿者活动，建立一支文明交通志愿者队伍。志愿者头戴小红帽，身批彩带，戴白手套，在交警的带领下，分赴井冈山经开区各道路开展文明出行提示、劝阻车辆乱停乱放、协助疏导交通、发放交通安全宣传资料等工作。

交通事故处理

2017年以前，井冈山经开区交通事故处理工作职能由吉安县交警大队代管。2017年井冈山经开区交警大队共接处警927起，事故死亡人数12人，一般程序事故37起，简易事故168起。2018年接处警1032起，事故死亡人数13人；一般程序事故25起，比上年减少12起，同比下降32%；简易程序245起，比上年增加77起，同比增长45%。2019年接处警1308起，比上年增加276起，同比增长26%；事故死亡人数8人，较上年减少5人，下降38%；一般程序事故24起，比上年减少1起，同比下降4%；简易程序事故207起，比上年减少38起，同比下降15%，受伤人数和刑事案件均有下降。2020年接处警1525起，比上年增加217起，增长16%；事故死亡8人，一般程序事故24起，与上年持平；简易事故197起，比上年减少10起，同比下降4.8%。

第三节　消　防

机构沿革（在第六篇第二章第三节记述）

完善设施

2008年购置桑塔纳志俊应急消防救援指挥车1辆。2012年购置大众速腾行政车1辆。2016年购置川消牌水罐泡沫车1辆、天河牌8吨水罐车1辆。2016年7月，以井冈山经开区与市公安消防支队在吉安陆地港联合开展大跨度大空间预案消防实战演习为契机，首次使用消防机器人参加实战演练，购买消防机器人（无人远程操作的国产消防机器人）于2016年5月开始服役。2018年9月购置光通牌抢险救援消防车1辆、上格牌消防宣传车1辆。2019年11月由区管委会采购江特牌8吨水罐车1辆、江特牌3.5吨水罐车1辆装配富滩产业园小型消防站。

防火监督

井冈山经开区辖区内高层建筑、地下建筑、人员密集场所、易燃易爆场所较多，区消防大队坚持周密部署推动、深入排查整治、集中宣传造势，全面推进全区消防安全重点单位大检查大整治行动，多次提请区消防安全委员会召开行业主管部门会议，专题部署专项整治行动，推动部门监管责任落实，充分发挥整治合力，先后联合交警、建设、公安、城管等部门，重点突出对电子生产企业、化工生产、商场、医院、学校等消防安全重点单位、重要物资仓库、易燃易爆企业、劳动密集型企业的检查力度，切实做到底数清、情况明，不留死角盲区，同时针对排查出的隐患问题提出整改意见，督办整改，深入园区，开展“打通生命通道”“九小场所”危险化学品以及消防安全三年专项整治行动，确保辖区社会面火灾形势平稳。重点打好消防安全保卫战。2001年以来，按照上级工作部署和要求，大队全体人员深入抓好春节、元宵节、“两会”、五一、国庆节等重大节日活动期间的消防监督检查工作，全力消除各类火灾隐患。组织开展以“三合一”、人员密集场所、易燃易爆单位、高层建筑为重点，以建筑自动消防设施、可燃有毒材料装修、消防安全疏散、电气线路设备等为主要内容的火灾隐患排查整治，开展了火灾隐患整治专项行动。联合公安分局组织开展了小商场、小餐饮场所、小旅馆、小歌舞娱乐厅、小网吧、小美容洗浴店、小学校（幼儿园）、小医院（诊所）、小生产加工企业“九小场所”

图 10-1 2018 年 12 月 29 日，井冈山经开区消防救援大队授衔和换装仪式举行

火灾隐患排查整治。认真贯彻落实上级相关文件会议精神，以行政许可专项治理为契机，结合消防监督执法示范单位创建，加强消防监督执法规范化建设。

查改消防执法中存在的突出问题，完善五大执法机制三十四项制度，强化执法监督、严格执法程序，规范网上执法程序，完善消防监督业务信息系统，实现消防法律文书制作、上报、审批等环节全部在网上运行，落实消防监督执法质量考评、过错责任追究等制度，消防执法规范化建设和执法质量、执法水平不断提高。

2015 年 1 月，井冈山经开区消防救援大队与辖区内人员密集的单位、场所负责人签订《消防安全承诺书》。《消防安全承诺书》的承诺内容包括在本单位设置“三提示”，落实领导带班、值班制度，制定完善灭火预案，大力开展消防宣传教育活动，严格按要求落实整改火灾隐患，发生责任火灾事故依法承担责任等十项内容。

灭火救援

为适应社会经济发展和现代火灾扑救工作的需要，开展高层建筑、地下商场、化工企业等 6 个课题的研究和重点单位“六熟悉”（即熟悉责任区的交通道路、水源，熟悉责任区重点单位的分类、数量及分布，熟悉责任区主要灾害事故处置的对策及基本程序，熟悉重点单位建筑物使用及重点部位，熟悉重点单位内部消防设施，熟悉重点单位的消防组织及其灭火抢险任务分工）灭火演练活动，培养顽强意志、优良作风和严明纪律。建队以来，大队成功处置了新琪安公司氯化亚砜泄露、江南春晓小区天然气泄露等各类灾害事故 550 余起，抢救疏散被困群众 46 人，挽回财产损失 5600 余万元。

2015 年 10 月 10 日 10 点 30 分，井冈山经开区东悦花园酒店在建工地开挖地基时，不慎将埋在地下的一根天然气管道挖破，造成天然气体大量外泄，天然气公司技术人员、区消防大队 21 名官兵乘坐 3 辆消防车很快到达现场。管道泄漏气体向外喷射，随时有可能引发火灾和气体爆炸，情况十分危急。天然气公司技术人员、消防官兵一边组织人员疏散，一边关闭天然气管道阀门，经过 30 多分钟的协同奋战，现场情况基本得到控制。虽然已经关闭阀门，但现场残留气体较多，仍有发生爆炸的可能，消防官兵原地留守，随时应对突发情况。又经过 1 个多小时后，在确保现场没有危险性后，消防官兵才撤离现场。

消防宣传

通过社会单位户外 LED 屏和楼宇电视等媒介全天候进行消防安全提示警示性宣传。在居民小区和群租房等电动车隐患集中区域、场所，大力开展社会化、常态化宣传教育活动。重要时期、重大节假日，联合移动公司向辖区单位企业职工发送消防安全提示短信。以多种形式消防队伍为载体，组建街道、社区、企业三支消防宣教队伍，印制宣传资料免费发放到全区社会单位、街道、社区，通过“队站+社区”的联合宣传模式，走进企业、走进社区，持续开展巡回宣传培训，手把手传授防火知识和简单的疏散逃生常识，不断强化实操实训。完成对党政机关、行业部门、重点单位员工、街道社区、快递物流、小区物业等单位的“一警六员”培训考核工作，提升了辖区内人民群众的火灾预防能力。

第四节　综治信访

机构（在第六篇第二章第二节记述）

社会治安综合治理

综治工作以“平安园区”“平安单位”创建为抓手，强化社会治安综合治理防控体系建设，坚持防控并举，夯实基础工作，不断完善矛盾调处机制，加强综治维稳，注重源头治理，最大限度地化解矛盾纠纷，为井冈山经开区经济发展营造良好的社会环境。

确保社会安全稳定　明确平安建设（综治工作）属地责任，管委会及各部门主要领导为维护社会稳定第一责任人，实行“一岗双责”和责任追究制，2013—2020年全区规模以上企业、村（居）委会全部签订社会治安综合治理目标责任书，切实将综治维稳工作落到实处。加强对“平安江西”app的管理和使用，全区共注册志愿者600余人，组成了60余人的巡防队伍，巡防队伍与志愿者一起开展日常巡逻工作。

提升公众安全感　深化缉枪治爆斗争和禁毒人民战争，严厉打击盗抢骗、黄赌毒和食品药品环境等领域的违法犯罪和各类经济犯罪。至2020年末，共印发宣传单10万余份，开展专项严打整治行动100余次，有效打击违法犯罪活动，切实提升人民群众的安全感和满意度。

综治中心实体化运作　2018年开始，整体推进区、街、村（社区）综治中心实体化运作。区本级综治中心已完成综治中心、警务室、网格工作室“三合一”建设；街道完成“三合一”整合，落实组团式服务。街道综治中心每月上报事件不少于20件，村（社区）综治中心每月上报事件不少于15件，网格员每月上报事件不少于10件。

矛盾纠纷排查调处　建立健全统一领导，部门协调联动，各负其责的工作机制，统筹推进矛盾纠纷排查化解等各项工作。矛盾纠纷发现得早、化解得了、控制得住、处理得好。

“扫黑除恶”专项斗争　成立井冈山经开区扫黑除恶专项斗争领导小组。强化宣传造势，提高专项斗争知晓率，印发扫黑除恶宣传手册2万余份，群发扫黑除恶宣传短信10万余条，通过井冈山经开区门户网站、微信公众号等新媒体平台进行宣传。针对社会治安、乡村治理、金融放贷、工程建设、交通运输、市场流通、资源环保、信息网络、文化旅游和教育卫生等10类重点领域开展专项整治行动。

法治宣传　加大法治宣传力度，提高群众知晓度，以“讲法治、话平安”为主题，以“平安建设”为载体，组织全区党员干部深入企业车间、社区村组开展法治宣传，并充分利用户外广告牌、宣传栏等宣传法治建设，营造了全社会学法、知法、守法、用法的浓厚氛围。

信访工作

高度重视信访工作。一是建立领导包案下访制度，针对一些积案、老案和重大信访突出问题实行领导干部包案下访制。二是建立领导干部信访接待日制度，贯彻落实吉安市联席会议相关工作要求，特别针对井冈山经开区信访较多发的形势，制定领导信访接待日制度，每名区管委会班子成员领衔按值班时间要求，负责值班日的信访接待工作。三是规范管委会办公大楼信访秩序和工作制度，进一步规范上访秩序，引导了群众依法、理性表达诉求，畅通干群关系，切实维护人民群众的合法权益。

2019 年 3 月至 5 月，省委第二巡视组对井冈山经开区展开巡视，井冈山经开区按照省委督导组反馈的问题进行整改，及时梳理出各类重点信访事项和重点信访人员，落实区管委会领导包案责任制；围绕解决缠访、闹访等各类问题，及时出台《落实省委巡视整改要求抓好全区信访突出问题排查化解工作意见》，进一步完善矛盾纠纷和信访突出问题排查化解机制、领导干部定期接访包案工作机制、信访事项督查督办工作机制、劝返接回和依法处置工作机制等各项信访机制，进一步从制度上规范信访各项工作。

2019 年，区信访办共接待走访 110 批 1158 人次信访，其中集体访 83 批 1117 人次，网上受理信访事项 331 件，其中网上信访平台 22 件、政府信箱 159 件、市长热线 150 件。这些信访事项主要集中在征地拆迁、房地产开发、城乡建设、涉企劳动纠纷等方面。

2020 年，区信访办共接访 189 批次，其中反映拖欠民工、员工工资诉求 123 批次，反映征拆矛盾诉求 36 批次，反映其他诉求类 30 批次。其中 5 人以下个访 99 批次，5~30 人群体访 68 批次，30~100 人群体访 15 批次，100 人以上群体访 7 批次。主要集中问题在征地拆迁、拖欠民工工资、受疫情影响商户要求减免租金、房地产开发、财政金融契税返还等方面。

第二章　社会保障

为保持经济快速发展，保障社会稳定和谐，井冈山经开区全力实施脱贫攻坚战役，帮助贫困人口全部脱贫。做好民政工作，做好退役军人事务，大力推行各种社会保险，保障人民生活幸福指数不断攀升。实施人才战略，不断引进高素质人才，夯实经济发展的智力基础。

第一节　脱贫攻坚

基本情况

根据省、市扶贫办要求，2017 年 6 月，井冈山经开区脱贫攻坚工作从吉安县单列出来，设立国办系统账号，省扶贫办将井冈山经开区与江西省其他县（市、区）一并纳入脱贫攻坚成效考核，各项业务工作正式与省、市扶贫办相关处室对接。井冈山经开区辖 2 个街道（行政区划隶属吉安县，由井冈山经开区管委会代管），共有建档立卡贫困户 152 户、415 人。在贫困人口中，因病致贫占 36.8%，因残致贫占 32.9%，因缺劳动力致贫占 19.1%，其他原因致贫占比 11.2%。至 2020 年底，井冈山经开区贫困人口全部脱贫。

工作措施

图 10-2　2019 年 9 月，全区脱贫攻坚工作会议召开

开展“党建+脱贫攻坚”工程　夯实“党建+村企共建”基础，发挥园区企业资源优势，选取了 30 家社会责任感强、实力较好的民营企业，推行“3+1”结对帮扶模式，即三个企业定点帮扶一个村（居），鼓励企业通过资金帮扶、提供就业岗位等方式积极参与到村（居）脱贫攻坚工程中，积极引导企业爱心人士注册中国社会扶贫网，开展贫困户“微心愿”需求对接。以“党建+志愿者”助推文明新风尚，以园区村（居）级志愿者服务组全覆盖为契机，以贫困户需求为导向，开展扶贫志愿者结对“一助一”“多助一”帮扶活动，营造出积极向上、互帮互助的良好社会风气。

以健康扶贫为突破，筑牢因病返贫保障线　加强医保统筹，筑牢健康扶贫防线。推行贫困人口家庭医生签约健康管理，由区财政统一出资为建档立卡贫困人口代缴医疗保险，并购买重大疾病医疗商业补充保险。2018 年 6 月 1 日起开通健康扶贫“绿色通道”，实现了全区建档立卡贫困户在吉安县（包含井冈山经开区）域内“先诊疗后付费”和“一站式”结算综合服务。新增健康兜底“第五道防线”，建立“爱心基金”救助保障机制。区财政出资 50 万元设立“爱心”基金，重点对因突发性困难造成可能返贫和致贫的“边缘户”、建档立卡失能病人、建档立卡精神病患者等进行救助。2018—2020 年 3 年间，累计为 1266 人次提供新农合保障，贫困户个人自付比例控制在 10% 左右；“爱心基金”补助失能病人 4 人 1.2 万元，医疗救助 2 人 2.9 万元。

以教育扶贫为根本，增强自身发展能力　严格落实国家现有贫困学生扶持政策，既不拔高标准，也不盲目扩大范围，对建档立卡贫困户按照学前教育、义务教育寄宿、高中阶段教育等不同阶段，分别落实 1500~2000 元不等教育扶助资金，当年考取全日制普通高等学校一次性补助 5000 元。教育扶贫 428 人次，扶贫资金近 50 万元。

以安居扶贫为轴心，提升脱贫幸福指数　多渠道全面保障贫困人口安全住房。集中区、街、村三级力量统一行动对农村危旧土坯房进行集中拆除，累计拆除危旧土坯房 48954.22 平方米，残垣断壁 7643.38 平方米。实施危房改造项目。贫困户房屋累计拆旧新建 20 户、维修 17 户，对贫困户住房实施提质改造，完成墙体和地面粉刷 10167 平方米；对少数暂无能力建房的贫困户实施“交钥匙”工程，历年共安置公租房 11 户。

以基础设施建设为抓手，筑牢脱贫基础　大力实施基础设施扶贫，全面打通路、水、电、文化、卫生等设施扶贫的“最后 1 千米”。2018—2020 年，累计改厕 71 户，安装网络电视“户户通”71 户，开展扶贫项目建设 76 个，共投入扶贫项目资金 642.7 万元。开展 2015—2017 年度扶贫项目自查，规范

一项目一档案管理，历年项目资金拨付率达到 100%。

以保障扶贫为补充，构建“三位一体”扶贫大格局　加强农村低保与扶贫开发两项制度衔接，建档立卡贫困户因病、年老、残疾或其他原因完全丧失劳动能力，或部分丧失劳动能力且无法通过产业扶持和就业脱贫的贫困户，按程序标准将其全部纳入农村低保，全面落实贫困残疾人生活补贴和重度残疾人护理补贴。全部推行“互联网＋扶贫”模式，引导园区民营企业主动担起扶贫济困的社会主体责任，注册中国社会扶贫网，积极参与贫困户爱心需求对接，全区爱心人士注册 2625 人，物资需求对接 325 条，对接成功率 93.4%，资金需求对接条，金额 3008 元，对接成功率 100%。

以志智双扶为基点，激发贫困户内生动力　出台《井冈山经开区志智双扶工程巩固提升工作方案》，引导贫困户自觉树立“我要脱贫”“脱贫光荣”的理念。全面落实“党建＋扶贫”引领。以全区村级志愿服务组织全覆盖为契机，亮“党建＋村企共建”特色品牌，充分发扬基层党支部引领作用，组织贫困户开展脱贫能力评比，对评为优秀家庭的给予适当的奖励，激发贫困户脱贫主动性。讲好扶贫故事，开展脱贫攻坚致富先进典型评选活动。选树了 2 名脱贫攻坚自立自强典型对象，印发事迹材料 300 余份。多种形式丰富活动。开展脱贫先进评选，选树贫困户致富典型 4 人，事迹在《江西日报》《井冈山报》等主流媒体刊登；各街道联合帮扶单位、企业“三联共建”，依托端午、中秋等节假日组织了包粽子大赛、“好家风伴吉安‘粽’艺”活动、“迎中秋”等一系列文化活动，以群众喜闻乐见的方式，寓教于乐，让广大人民群众共享文化成果，同奔文化小康。建立精神扶贫反向约束机制。出台《井冈山经开区关于敦促赡养义务人积极履行赡养义务的通告》，对子女有能力赡养老人，却将老人单独列为建档立卡贫困户的行为予以坚决打击。

以产业、就业扶贫为核心，提升脱贫致富能力　产业扶贫方面，落实资产性收益扶贫及贫困户入社吉安市井冈山经开区富鑫专业光伏合作社双保障。大力推广小额信贷工作，发放小额信贷 39 笔，118.1 万元。就业扶贫方面，对全区建档立卡贫困户劳动力就业情况进行再次摸排。一方面，根据贫困劳动力意愿和园区企业用工需求，有针对性地开展技能培训，将具备劳动技能的贫困户吸纳进企业务工，并给予培训补贴，提供企业就业岗位 73 个，并按照每人 1000 元 / 年的标准为在园区务工的贫困劳动力发放交通补贴。对于贫困户中 60~70 岁人员、残疾人或劳动能力较弱者提供保洁、门卫等公益性岗位，提供公益性岗位 41 个。开展贫困人口劳动力岗前就业培训。2018 年，开办全区贫困户劳动力岗前就业培训班 2 期，培训 125 人次。全区贫困劳动力 214 人，有就业意愿的全部实现稳定就业，确保了有劳动能力的贫困家庭至少 1 人实现就业。

盘活村集体预留用地　结合全区村集体经济组织预留发展用地的实际，研究出台《井冈山经开区农村集体经济组织预留发展用地指标货币化补偿实施细则》，对村集体预留生产发展用地实行货币化补偿，补偿资金主要用于被征地农民的社会保障、该集体经济组织基础设施建设、公共事业建设和发展集体经济。将资源变资产，将资产变资金，既保障村集体有稳定收入，又为村民发展生产、增收致富积累资金，确保失地农民收入可持续，生活水平不降低，从根本上降低低收入群众返贫风险。

首创精神扶贫积分制　以龙山社区为试点，推广挣积分兑奖励活动，建立奖惩机制，围绕贫困户在遵纪守法、就业创业、环境卫生、精神面貌等方面进行量化积分，同时，将参与封建迷信、铺张浪费、好逸恶劳的行为列入扣分项。在充分激发贫困户内生动力的同时，有效避免因直接给钱给物而产生依赖性，导致在停止给钱给物后再次返贫现象。

第二节　民政工作

拥军优属

井冈山经开区双拥工作职责有：认真贯彻落实国家和上级部门关于双拥工作的法律、法规和各项政策；宣传党和国家有关民族团结、军政军民团结的方针政策，进行有关拥政爱民、拥军优属政策法规的宣传教育；贯彻执行上级有关部门、区双拥领导小组有关双拥工作的决定、指示和要求，并组织协调完成交办的其他各项工作任务；开展双拥活动，研究确定双拥工作的宣传思路和任务目标，制定各个时期开展双拥活动的具体规划和实施方案。加强双拥组织的联系和协调，不断提高工作效率和水平。

井冈山经开区党工委、管委会领导每年“八一”建军节定期慰问驻区消防大队官兵、现役军人家属、退役军人。2019 年 10 月，区党工委委员、管委会副主任甘益烽带领区、街道、村退役军人服务中心的人员赴金鸡湖街道西坑村，向在武警部队服役立三等功的军人罗卓云家里送喜报。

最低生活保障

井冈山经开区按照省、市任务目标和要求，逐年提高城乡低保标准，2020 年，全区城镇和乡村低保标准分别达到 705 元 / 人・月和 470 元 / 人・月。

2019 年底，井冈山经开区享受农村最低生活保障人数为 382 人、城市农村最低生活保障人数为 163 人、特困人员供养（五保）人数为 9 人。至 2020 年 12 月底，全区享受农村最低生活保障人数为 393 人、城市农村最低生活保障人数为 168 人、特困人员供养（五保）人数为 10 人。区管委会机关、街道办等单位定期对辖区五保对象进行走访慰问。

不断加强低保规范化管理，坚持落实低保工作制度和要求，进一步完善和实施低保听证、公示、回访、核对、渐退等八项制度。加大动态管理力度，集中治理“人情保、关系保”，杜绝贫困残疾人、老年人、儿童等特殊群众“漏保”现象发生。落实好保障性扶贫工作，做好建档立卡贫困人口和低保对象在街道村（居）两级的有效比对和衔接，确保贫困户基本生活保障到位。落实好城镇和乡村贫困群众脱贫解困工作，开展低保年审工作，对低保、特困、支出型贫困低收入家庭进行全面入户调查审核，对新申请对象及时审批。

自 2020 年 7 月开始，井冈山经开区低保工作从以往的表格申报变更为使用“智慧民政”社会救助系统进行网上受理、审核、审批，提升了低保救助的工作效率。

村改居及优化功能区

2020 年 12 月，全区已完成村改居工作的农村社区有 6 个：马甫社区、梨塘社区、行山社区、下村社区、龙山社区、南安社区。

2020 年，金鸡湖街道设立金鸡湖社区，常住人口 1103 户，3500 人。

2020 年，高新街道在长岭社区和金庐社区基础上，按照“道路为界、人口适度、便于管理”原则，在长岭社区嘉华大道以北设京九社区，常住人口 4855 户，人口 17516 人；在金庐社区君山大道以南部分设君山社区，常住人口 3505 户，人口 14020 人。

农村社区逐步转型城市社区。按照吉发〔2018〕18号文件精神，当城市新建住宅小区达到组建规模、居民入住率达到50%的，应及时成立新的社区居民委员会。马甫、梨塘、行山、下村、龙山、南安等农村根据城市化进程、人口增长等情况转型为城市社区。

第三节　人事劳动

人才管理

井冈山经开区坚持紧贴企业用人需求，适应产业高质量发展要求，树立人力资源就是人才资源的理念，千方百计满足企业多层次的人才需求。聚焦基础保障，满足企业最直接最现实的普通用工需求。采取全员招工、全覆盖下乡、全媒体宣传、以工招工、劳务派遣、代理招工、跨地区劳务合作等方式，建立一套有效的招工网络，形成一个响亮的招工品牌，每年帮助企业新增用工上万人。聚焦高精尖缺人才，满足产业高质量发展的高层次人才需求。坚持招大引强、扶优扶强，在政策制定、资金投向、项目申报等方面向重点产业、重点平台、重点团队、重点人才聚焦，着力打造事业发展好平台、人才发展好环境。坚持招才与招商一起抓，创新项目招商、人才招商、市场化引才、柔性引才等方式，着力吸引人才向重点产业、重点领域集聚。出台聚集庐陵英才实施办法，建设金鸡湖新区及创新小镇，打造吉安人力产业园省级服务人才示范基地，培育省级以上人才平台47个，引进“50亿元、20亿元”项目16个，政策环境吸引力、企业平台集聚力、招才引智竞争力大为增强。聚焦育才用才，推动人才工程、科技创新走前列。通过企业技术带头人和引进高端领军人才带队攻关等方式，加快培养科研新人，培育人才梯队，保持重大人才工程竞争力。累计培养国家级人才6名、省级人才31名，获评庐陵英才37名，评选区级人才99名。聚焦重点领域加大研发投入和政策扶持，推进科技创新。2018年以来，获得省部级以上科技奖励50余项，专利2285件。2013年10月，经人力资源和社会保障部、全国博士后管理委员会批准，井冈山经开区江西天人生态股份有限公司设立吉安市首个博士后科研工作站。2020年12月，全区有国家级人才6人，省级人才31人，高级职称61人，博士98人，高技能人才7300多人，柔性引进院士6名、国家级人才14名、省级人才45名；有院士工作站4个，博士后工作站3个，国家级企业技术中心、创业孵化基地各2个，省级创新创业平台37个，省级人才工作示范点1个。

人才政策

2015年，出台《井冈山经开区高层次人才奖励暂行办法》，对一类中国科学院院士、中国工程院院士，二类国家自然科学奖、国家技术发明奖、国家科学技术进步奖获得者、“长江学者奖励计划”入选者，三类国家级有突出贡献的中青年专家、国家级重点学科、重点实验室、工程技术研究中心等研发机构学术技术带头人，四类享受国务院特殊津贴人员、省自然科学奖、技术发明奖、科学技术进步一等奖主要完成人、省级“突出贡献人才”获得者，五类享受省政府特殊津贴人员、省级重点学科、重点实验室的学术技术带头人，六类具有正高级专业技术资格或取得博士学位人员、具有高级技师职业资格的人才，分别按照每月10000元、8000元、5000元、2000元、1000元、500元的标准发放生活津贴。以柔性方式引进的高层次人才，每年在开发区工作时间须在3个月以上，才能享受生活津贴。

2019年1月，为贯彻落实中共吉安市委吉安市人民政府《关于实施“庐陵英才”计划的意见》，井冈山经开区出台《关于聚集“庐陵英才”的实施办法》，制定了若干条扶持政策。有“庐陵英才”配套奖励：对市“庐陵英才”计划认定的属井冈山经开区“1+3”主导产业的人才和国家、省级人才工程、项目提高10%~20%的人或组织予以奖补或配套资助；“庐陵英才”岗位津贴：A类人才10000元/月，B类人才8000元/月，C类人才2000元/月，D类人才1000元/月，E类人才500元/月；区级人才津贴：对在“1+3”主导产业企业中做出较大贡献的生产一线和经营管理人员被评为区级人才的，发放600元/月的区级人才津贴；柔性人才奖励：柔性引进的人才在职称评定、项目申请、奖励荣誉等方面与井冈山经开区人才享受同等待遇，并根据经济效益成果评估给予其奖励；“井开之星”荣誉表彰：对获得创新、创业、科研、管理、技能等“井开之星”荣誉称号的人才给予最高10万元奖励；柔性引才企业奖励：对柔性引进A、B、C类人才的企业按“一事一议”的方式进行奖补；市场化引才机构奖励：对为区内企业成功引进A、B、C类人才的机构，给予最高50万元、30万元、10万元奖励；对帮助园区重点企业成功输送技能型员工的机构给予最低500元/人的奖励；社会化引才人士奖励：对聘为“引才大使”的，根据工作开展情况和引才成效，分别给予不超过5万元的工作经费和不超过50万元的引才奖励。

2020年7月，为进一步细化举措，推动《井冈山经开区关于聚集“庐陵英才”的实施办法》有效实施，加快人才集聚，促进创新创业，经研究，出台《关于聚集“庐陵英才”的实施细则》。明确区级人才津贴申报认定程序，奖励标准为600元/月，并且明确每年认定一批，每次认定不超过100人，每批次可连续2年享受。明确柔性引才奖励实施范围、申报认定程序、奖励标准，提出按合作深度分类、分层次进行奖励的办法，对柔性人才奖励到D类，奖励基本标准为12万元、9万元、2万元、1万元，其中正高级职称、高级技能人才视为D类；对柔性引才中介奖励到准C类，标准略低于人才，其中全日制博士学位或正高级职称人才、高级技能人才作为准C类，按C类标准的一半享受，具体根据合作深度由高到低分为转化带动型、项目合作型、兼职指导型、短期交流型，分别按基本标准的100%、80%、50%、20%进行奖励。明确市场化引才奖励实施范围、申报认定程序、奖励标准，对全职引进人才和中介按同一标准均奖励到准C类，分别为20万元、12万元、5万元、2.5万元，对全职引进技能型人才也给予相应奖励，提出引才大使、引才顾问和驻外人才工作站工作经费奖补办法。明确金鸡湖人才奖实施范围、申报认定程序和奖励标准等，每两年评选一次，每次授奖人员原则上不超过10人，一次性奖励3万元/人，不可重复申报。明确人才培养奖励实施范围、申报认定程序和奖励标准，主要针对高层次人才培养，按照引进相应人才的标准进行奖励；对培养（含引进）较高层次人才的企业视总体成效给予工作经费补助。

2020年井冈山经开区重要人才统计一览表

表10-1

人才名称	姓　名	获得年份	所在单位及职务、职称
享受国务院特殊津贴人员	刘沪民	2005	井冈山卷烟厂统计师
	梁小文	2012	江西天人生态股份有限公司董事长、高工
	丁敏慧	2014	江西联创电缆科技有限公司（高技能人才）
	肖军平	2018	普正药业股份有限公司董事长

续表 10-1

人才名称	姓　名	获得年份	所在单位及职务、职称
享受省政府特殊津贴人员	梁小文	2012	江西天人生态股份有限公司董事长、高工
	肖军平	2014	普正药业股份有限公司董事长
	肖志军	2014	江西联创电缆科技有限公司
	文伟峰	2018	红板（江西）有限公司
享受市政府特殊津贴人员	杨　洪	2008	吉安航盛电子有限公司教授级高工
	刘沪明	2004	井冈山卷烟厂统计师
	梁小文	2010	江西天人生态股份有限公司董事长、高工
	肖军平	2014	普正药业股份有限公司董事长
	肖志军	2014	江西联创电缆科技有限公司
	黄剑飞	2013	江西华文光电股份有限公司技术总监

人力资源市场（吉安人力资源服务产业园）

2013 年以前，井冈山经开区没有专门的人力资源市场，务工人员直接进厂务工，造成人力资源配置的无序甚至脱节。2013 年，井冈山经开区投资近百万元，组建井冈山经开区人力资源和社会保障综合服务中心，即井冈山经开区人力资源市场，集职业介绍、信息发布、社会保险、劳动保障于一体，中心包括 1 个服务大厅、3 间办公室、1 个综合会议室和 33 个室外信息发布栏，配备电子显示屏、自助查询机、广告机、投影仪、多功能一体机等设备。坚持 365 天无休息服务，设求职登记、职业介绍、申诉受理等 10 个服务窗，并承诺每名求职者至少 3 次推荐就业。将招工就业、社会保险、劳动争议调解等服务送到企业门口、送到务工人员面前。作为井冈山经开区招工的主平台，实现招工服务的专业化、规范化和市场化，使全区人力资源配置更加有序合理。井冈山经开区的人力资源市场通过转变服务理念、完善服务功能、提升服务品质和多方面宣传手段，打响“吉安求职第一选择”的品牌。

2019 年 4 月，为更好地满足井冈山经开区对人才及用工需求、提升开发区服务能力、延伸服务链条和完善服务功能、形成产业集群，重新规划和建设原井冈山经开区人力资源市场，将原 900 平方米的人力资源市场升级打造成 2400 平方米，可容纳 20 余家企业（项目）入驻的人力资源服务产业园。园区以打造人力资本市场化配置高地、聚焦新动能创新人才为目标，招引国内外优秀的人力资源服务机构和上下游产业链企业入驻园区，为井冈山经开区乃至吉安市的高质量发展积蓄人力支持和智慧保障。4 月 1 日，举行吉安人力资源

图 10-3　2019 年 4 月 1 日，吉安人力资源服务产业园开园典礼暨重大人才项目签约仪式

服务产业园开园典礼和重大人才项目签约仪式。

产业园涵盖了产业聚焦、入驻服务、企业孵化、公共服务四大功能定位。引进企业业态分布人才配置、高端猎头、派遣外包、培训发展、管理咨询、海外人才交流等，呈现人力资源服务产业链相关性高、互补性强特点，并定期举办行业峰会、招聘大会、论坛沙龙等活动。

就业创业培训

2013 年以来，为落实工业园区就业培训工作，加大工业园区农村劳动力转移培训力度，提高劳动者技能水平，降低企业用工成本，区人社局组织开展了各项职业培训。

坚持“招工、培训、就业”三位一体工作模式，连续 7 年开展园区企业岗前定向培训，覆盖园区上百个企业，培训人数达 4 万余人。

2016 年开始井冈山经开区自主开展大学生青年见习培训，涉及红板公司、航盛公司、满坤公司、优特利公司等 4 家企业，有 65 名大专以上毕业生报名。

贯彻落实“大众创业、万众创新”决策部署，开展创业培训，联合吉安微网电子商务职业培训学校开办了 3 期电子商务创业培训班，共有 90 人报名参训。

为提高井冈山经开区城乡贫困劳动力、农村转移就业劳动者、城镇登记失业人员再就业技能，区人社局分别于 2019 年、2020 年开办了 2 期家政培训班，共培训 59 人。

井冈山经开区劳动就业培训开展情况表

表 10-2　　单位：人

年　份	培训项目	培训人数
2014	岗前定向培训	3498
2015	岗前定向培训	6270
2016	岗前定向培训	9112
	电商培训	71
	见习培训	65
2017	岗前定向培训	9330
	见习培训	34
2018	岗前定向培训	8860
2019	岗前定向培训	6195
	家政培训	39
	以工代训	236
2020	岗前定向培训	5433
	家政培训	20

劳动管理

劳动关系　井冈山经开区全力推进劳动关系工作，在区管委会方、用工方、务工方“三方会议”机制、根治欠薪、集体合同等方面积极落实上级要求，于 2011 年建立井冈山经开区‘三方会议’协调机制，全面领导井冈山经开区的劳动关系工作；为做好农民工工作，于2016年成立以管委会主任汤文仙为组长，人社局、公安局、建设局等部门主要负责人为副组长的区农民工工作领导小组，全面推进农民工工作。

劳动监察　2013 年 4 月以前，井冈山经开区的劳动监察执法工作由吉安市人力资源和社会保障局负责。2013 年 4 月，吉安市人社局通过吉人社发〔2013〕5 号文件，将井冈山经开区范围内的劳动监察执法全权授予井冈山经开区的劳动监察机构。至 2020 年 12 月，全区累计办理劳动监察执法案件 712 件，处理各类劳动保障违法行为 633 起，为劳动者追回被拖欠的工资 2200 余万元。

劳动卫生　井冈山经开区从 2001 年成立以来，区内企业规模不断发展壮大，企业数量持续增加，全区认真贯彻落实国家卫健委职业病防治等相关文件要求，不断加强职业健康监管工作，组织指导企业加强职业健康管理基础工作，推动企业落实职业病防治主体责任。对从事餐饮、食堂工作的员工，严格进行体检，对有可能危害公共卫生的人员，严禁从事餐饮、食堂工作。不断完善建设项目职业病防护设施制度及工作场所职业病危害因素定期检测制度，督促企业优化工作环境。

调解仲裁　2019 年 7 月以前，井冈山经开区劳动人事争议仲裁工作由区人力资源和社会保障局及市人社局及市劳动人事争议仲裁委员会负责。2019 年 4 月 1 日，井冈山经开区社会保险管理服务中心暨劳动人事争议仲裁院经吉安市编制委员会办公室批复成立。2019 年 7 月，井冈山经开区劳动人事争议仲裁委员会经批准正式成立，并同步完成仲裁员聘任及仲裁庭办案设施完善工作，区社会保险管理服务中心暨劳动人事争议仲裁院成为井冈山经开区劳动人事争议仲裁委员会的办事机构，具体承办辖区内的劳动人事争议案件。经与市人社局及市劳动人事争议仲裁委员会协商，区劳动人事争议仲裁委员会于 2019 年 7 月 29 日向社会发布公告，自 2019 年 8 月 1 日开始受理案件。至 2020 年 12 月，仲裁委累计办理案件 137 件，涉及劳动者 411 人，涉案金额 1.6 亿余元。

第四节　社会保险

养老保险

城镇职工养老保险 2020 年 1 月由吉安市本级移交井冈山经开区，移交参保单位 304 家，基金由省级统筹，未划转基金。移交参保职工 1.24 万人，待遇人员 296 人，养老待遇平均 1391 元 / 月。城乡居民养老保险 2020 年 4 月由吉安县移交井冈山经开区，移交基金 7714.3 万元。移交参保人员 0.7 万人，待遇人员 1290 人，养老待遇平均 415 元 / 月。机关事业单位养老保险 2020 年 5 月由吉安市本级移交至井冈山经开区，移交参保单位 4 家，待遇人员 50 人，养老待遇平均 4621 元 / 月。

医疗保险

城镇职工医疗保险　于 2020 年 4 月 1 日由吉安市本级移交井冈山经开区，移交参保单位 264 家，参保职工 1.62 万人，移交基金 956.7 万元。职工医保年度内报销封顶线达到 50 万元，其中基本医保 8 万元，大病保险 42 万元。

城乡居民医疗保险　于 2020 年 4 月 1 日由吉安县移交井冈山经开区，移交参保人数 1.49 万人，首批移交基金 279.2 万元。居民医保年度内报销封顶线 35 万元，其中基本医保 6 万元，大病保险 29 万元。

失业保险

2020 年 4 月 1 日由吉安市本级移交井冈山经开区，移交参保单位 71 家，参保职工 0.64 万人。

生育保险

2020 年 3 月前由市本级经办，2020 年 4 月 1 日起，正式移交井冈山经开区管理，移交参保单位 264 家，参保职工 1.62 万人。2020 年 1 月 1 日起，生育保险与城镇职工基本医疗保险合并实施，参保人数与职工医保人数相同。两险合并实施后，生育医疗待遇大幅提高，由原来的定额、限额报销改为参照职工医保政策报销，不单独设封顶线。参保满 1 年即可享受生育津贴，符合政策的生育最低享受 158 天津贴。

工伤保险

2019 年以前工伤保险由吉安市本级经办，2020 年 1 月 1 日起，移交井冈山经开区经办，共移交参保单位 222 家，参保人数 2.45 万人。工伤保险从 2020 年起实行全市统收统支，未划转基金，承接业务后，每月将收缴的保费上交市政府有关部门，待遇支出由市政府按计划下拨。

被征地农民养老保险

按照全市统一部署，井冈山经开区于 2017 年全面启动被征地农民养老保险工作，共认定被征地农民 5861 人，选择参加城乡居民养老保险和城镇职工养老保险。随险种一并移交至井冈山经开区。

第五节　退役军人事务

2019 年 8 月 12 日，中共吉安市委机构编制委员会批复，同意设立井冈山经济技术开发区退役军人服务中心。主要职能是：协调落实区内退役军人就业创业、优抚帮扶、权益保障、数据信息采集等有关政策措施，组织实施退役军人适应性培训和职业教育、技能培训；负责区内军队转业干部、符合条件的退役士兵安置工作；负责退役军人和其他优抚对象信访和稳定工作，及时化解矛盾问题；负责开展退役军人和其他优抚对象走访慰问活动。

辖区高新街道、金鸡湖街道及下辖村（社区）相应设立退役军人服务站、所，配备工作人员。街、村均成立退役军人服务志愿者队伍。

2020 年 4 月，在新冠病毒防疫期间，井冈山经开区退役军人服务中心印制发放招生简章，提供就业岗位，安置名退役军人就业。2020 年 4 月，吉安市退役军人服务中心在井冈山经开区深圳南山产业园红米谷公司设立井冈山经开区退役军人创业孵化基地，帮助退役军人创新创业搭建平台。2020 年 6 月 9 日，吉安市首届“中国银行”杯退役军人创业创新大赛在井冈山经开区举行，退役军人宋一夫任董事长、于海军任总经理在井冈山经开区创办的依露得力公司代表队获行业赛第一名，退役军人陈泰之投资创办的红米谷公司代表队获专项赛优秀奖。

第三章　教体文卫

井冈山经开区随着产城融合的进展，各项社会事业日趋多样、完善。经开区设立经开区学校、外国语实验学校等教育机构，设立高新医院、仁安医院等医疗机构，举办文艺活动、开展体育运动，满足职工和人民群众义务教育的需求，满足职工和人民群众医疗卫生、文化娱乐、健身锻炼的需求。

第一节　教育中心

根据2020年1月21日《井冈山经开区党工委管委会机关岗位设置方案》（井开党工办字〔2020〕8号），设立教育中心（教育党委），设岗位数2名，主任（教育党委专职副书记）由社会事业局副局长兼任，二至五级专办2名。负责对口市教育体育局，承担辖区教育管理职能。

教育中心主任：肖建莉，2020年1月起任职。

教育中心负责全区教育管理各项工作，以办好人民满意的教育和提升服务园区水平为着力点，不断夯实教育基础、补齐教育短板、优化教育发展环境、提升教育质量。

基础设施建设　投资1.5亿元的井冈山经开区学校二期工程，克服疫情和雨水天气不利影响，于2020年9月1日如期实现开学。按照现代化、标准化建设要求，新增学生入学名额3000个，确保2020年秋季学期全面消除“大班额”目标。投资2亿元的外国语学校二期建设项目于2020年3月份开工，已完成总工程量的75%，其中3栋学生宿舍楼和1栋教师宿舍楼已投入使用，预计2022年秋季实现开学，新增学位2000个。官山头、马甫安置小区等一批配套幼儿园2021年底左右将建设完工，可增加学前教育入学名额600余个。

教育规划　2020年通过争取、协调，井冈山经开区新增公办中学教育机构、公办学前教育机构各1个，实现公办教育机构从2013年以来的1个增至3个。教师编制由2013年确定以来，第一次得到重新核定并基本满编。2020年8月份通过省级事业单位工作人员招考，招录公办教师80名。

职业教育　2020年，规划布局省级达标职业教育、省级示范幼儿园，纳入全区“十四五”规划及市重点项目，完善教育发展体系。10月，通过招商，引入了总投资3亿元的职业技术教育项目，补齐了区职业教育空白，有力推进园区产教融合。

安全稳定　2020年召开校园安全专业委员会3次，召开防溺水联席会议1次，召开春、秋季开学部署会各1次，建立了中小学幼儿园联防联控机制，组织疫情防控、消防、食品、校车、交通、建筑、防溺水、水电气及周边环境等各专项检查、排查10余次，形成了校园安全齐抓共管有利氛围。推进校园安防“3个100%”建设，不断改进和提高校园人防、物防、技防水平。2020年实现全区教育系统安全零事故。

教育扶贫　严格落实义务教育扶贫资助学校校长和街道属地双负责制，学校、区社会事业局和各街道分工协作，对全区贫困学生本地及区外就学情况予以全面摸排，建立台账。开设爱心学堂，加大控辍保学工作力度，确保没有一个适龄学生因贫困而辍学。2020年教育资助1015人次，资助资金41.15万元。

第二节　学校教育

教育总况

2013年以前，井冈山经开区范围内的各级各类教育由吉安县教育局管理。2013年后划归井冈山经开区管理。为了适应开发区范围不断拓展、人口不断增加的形势，满足务工人员随迁子女入学的需要，开发区接管吉安县原来设在井冈山经开区内的教育机构，并新办一些教育机构，引进吉安外国语实验学校。至2020年，开发区范围内共有幼儿园10所、九年一贯制学校1所、十二年一贯制学校1所。

幼儿教育　2020年12月，井冈山经开区有幼儿园10所，其中公办2所、民办8所。设幼儿班61个，入园幼儿1831名。教职工183名，其中幼儿教师109名，职工74名。全区学前三年毛入园率为89.5%。新增认定普惠性幼儿幼儿园6所，普惠性幼儿园覆盖率为80%。通过完成金安花苑小区配套幼儿园产权移交，官山头小区、马甫安置小区配套幼儿园即将完工交付，全区公办幼儿园在园幼儿比得到提升。

义务教育　规范学校办学行为，提升学校的管理水平和教育教学质量，促进全区教育事业优质均衡发展。2020年12月，井冈山经开区义务教育阶段教育机构有公办学校1个（井冈山经开区学校），分同心校区和实验校区2个校区，共有学生3264人，其中同心校区1707人，实验校区1557人；在编在岗教师94名，聘用制教师61名，离退休教师27名。

学校简介

井冈山经开区学校　井冈山经开区学校是由吉安县的原永和镇同心小学和龙山小学、敦厚镇梨塘小学于2014年重组新建，是井冈山经开区管委会所辖的公办九年制学校，下辖井冈山经开区叶森然实验小学，并附设幼儿园1所。学校位于井冈山经开区君山大道148号，占地面积39700平方米，建筑面积23115平方米；叶森然实验小学占地面积23500平方米，建筑面积6820平方米。2013年，区管委会投入9000余万元扩建井冈山经开区学校和异地新建实验小学。两校布局合理、功能设施完善，教学楼、综合楼、实验楼、体育馆、宿舍楼、食堂、智慧校园网、教育信息化功能室、标准化实验室及塑胶跑道体育场等设施达到省级标准。

学校努力打造智慧校园，已建立“V校”网络平台，建成校园无线网络覆盖系统、录播教室、bit创客教室、录播教室、电子阅览室、阅卷系统、翻转课堂教室、校园广播系统、高清安防监控系统和LED户外显示屏，校园内实现网络化管理和远程教育教学资源共享。

2020年12月，学校有教职工222人，专任教师191人，其中研究生学历2人，副高级职称9人；省级学科带头人1人，县级学科带头人5人。有学生4088人，其中幼儿学生186人，小学生2990人，初中生912人。

井冈山经开区学校优质的办学条件，高素质的教师队伍，吸引园区企业务工人员和投资经商人员的子女前来就学，2020年，学校学生中有在井冈山经开区企业务工人员和投资经商人员子女1358名。

井冈山经开区学校以“智圆行方崇德竞技”为校训，学校先后获国家足球特色学校、全省智慧校园、全省平安校园、省家校合作试点学校、市平安校园、市美丽校园、市电教先进单位、市图书装备先进学校、全市少先队先进集体等荣誉称号。

井冈山经开区学校（实验校区） 井冈山经开区学校（实验校区）又名叶森然实验小学，2014年建成，2015年3月投入使用，是井冈山经开区学校管理的实验校区，前身是吉安县梨塘小学。建校以来，踏实继承原吉安县教育先进单位梨塘小学的教育精神，扎实推进高效课堂，执着追求学生的全面发展，努力建设崇文、正气、向上、乐学、育美的校园。

学校布局合理，功能设施完善。占地面积23500平方米，建筑面积6820平方米。校园内教学区、运动区、生活区分开，坐落有致。有教学楼、综合楼、食堂各1栋。教学楼配备科学实验室、图书阅览室、心理咨询室、体育器材室、音乐教室；综合楼配备美术室、计算机室、机器人创客实验室、舞蹈教室、录播教室等。所有教室均是多媒体教室，并配备6间智慧教室，各功能室一应俱全，为学生的全面发展起到了积极作用。体育活动场所面积8200平方米，运动场上有器材区、标准的篮球场、足球场、羽毛球场、乒乓球台、200米塑胶跑道等体育设施等，为师生每天户外活动、强健体魄提供了良好条件。

吉安外国语实验学校 吉安外国语实验学校是井冈山经开区管委会和吉安市教育局于2017年招商引进，由广东兴华教育集团投资兴建的一所集幼儿园、小学、初中、高中于一体的十二年一贯制民办学校，位于井冈山经开区普祥路。学校建设被列为吉安市2017年民生工程头条实事。校园占地面积14.4公顷，第一期投资1.2亿元，建有教学楼、综合楼、文体中心、食堂、学生公寓等建筑，面积3.8万平方米，绿化面积2.4万平方米。学校建有标准400米塑胶跑道运动场、理化生实验室、图书馆、电影院、舞蹈室等运动场、功能区和功能室，教室、寝室、功能室全部配备空调和直饮水机。第二期全面完善各种设施，教室都安装多媒体教学设备，配备学生接送校车。学校设施设备等条件达国际一流水平，是一所环境优美的园林式学校。2020年12月，学校有学生2259名，教职工164名。

2014—2020学年井冈山经开区公办学校教育情况一览表

表10-3 单位：个、人

学年	小学班级数							小学学生数						
	合计	一年级	二年级	三年级	四年级	五年级	六年级	合计	一年级	二年级	三年级	四年级	五年级	六年级
2014—2015	19	4	4	3	3	3	2	669	169	122	115	111	106	46
2015—2016	29	7	5	5	5	4	3	1187	295	232	186	178	160	136
2016—2017	35	7	6	6	6	5	5	1709	342	340	281	272	255	219
2017—2018	41	9	7	7	6	6	6	2025	431	362	376	297	295	264
2018—2019	46	10	8	8	7	7	6	2533	549	479	410	421	353	321
2019—2020	64	14	12	11	10	9	8	2987	591	586	522	453	471	364

续表 10-3

学年	初中班级数				初中学生数				教职工数		
	合计	七年级	八年级	九年级	合计	七年级	八年级	九年级	合计	教师	职工
2014—2015	0	0	0	0	0	0	0	0	43	34	9
2015—2016	3	3	0	0	134	134	0	0	67	55	12
2016—2017	7	4	3	0	365	221	144	0	125	109	16
2017—2018	12	4	4	4	574	224	200	150	159	145	14
2018—2019	13	5	4	4	707	281	227	199	183	161	22
2019—2020	19	8	6	5	908	390	287	231	199	174	25

第三节　医疗卫生

医疗机构

吉安市高新区自成立以后至2013年，全区医疗卫生工作由吉安县卫生局、吉安市卫生局、区社会事业局共同管理。2013年，吉安高新医院在井冈山经开区设立，同时成立街道社区卫生服务中心。2020年，仁安医院落户井冈山经开区。

吉安高新医院　吉安高新医院地处井冈山经开区君山大道201号，由余斯安投资1200万元投资兴建，于2013年6月6日开业。

医院设有内、外、妇、中医科等临床科室；设有心电图、彩色B超、检验科、放射科、胃肠镜室、CT室、体外碎石室等功能科室；职能科室有办公室、财会科、院感科、病案室、护理部等。

医院拥有1栋6层的框架结构综合楼（租用），建筑面积4200平方米；另有一栋100多平方米的厨房和100多平方米的杂物间。全院医务人员96人，其中主任中医师1人，副主任医师4人，主治医师级别的医务人员12人。

医院先后购进美国GE螺旋CT、美国狼牌腹腔镜、手术显微镜、体外震波碎石机、全自动生化仪、全自动血球分析仪、全自动尿分析仪、血凝分析仪、彩色B型超声诊断仪、数字化X光摄影机（DR）、日本富士胃肠镜、各种妇科、中医科检查和治疗仪数10台。

医院开展了多种内、外、妇、产、中医科诊疗技术服务。内科先后开展腹、胸、骨、肝穿刺技术，对疾病诊治和抢救危重病人起到积极作用。2018年5月30日开始开展胃肠镜检查，同时进行胃肠镜下息肉摘除术，2018年完成284例，2019年完成601例，为早期诊断胃肠癌，起到积极作用。对于泌尿系结石体积较小（0.8厘米以下），引起患者疼痛，甚至休克，又不适宜手术治疗的采取体外碎石，从2014年的一年几十例到2019年526人次手术。外科建院之初以手足外科为主（因境内企业较多，创伤性损伤较多，以手足创伤为主），逐步发展普外、矫外、泌外等，从2013年全年几十例发展到2019

年 418 例手术，从治疗普通的皮外伤到断指再植，从疝气修补到腹腔镜胆囊切除，从骨折内固定术到膝关节镜、椎间盘镜的使用，都达到较好效果。2015 年 4 月份以前只能诊治一些门诊妇科病人，2015 年 11 月经吉安县卫生局批准，获得母婴保健许可证，开展产科业务，同时开展卵巢囊肿切除术、子宫肌瘤切除术和剖宫产术等产科手术。每年住院分娩 20~30 人，产科手术 10 多台。中医科以治疗颈、肩、腰、腿痛为主要症状和康复为主，采取针灸、按摩、牵引、拔火罐、放血、大小针刀等措施，每年为 400 多位患者解除病痛。体检科肩负着辖区内企业职工入职前的体检工作，从每年体检几千人到几万人，2019 年达 134408 人次，为企业把好入职的体检关。

医院自开业后，住院病人逐年增加；2019 年达 3515 人次，门诊 24102 人次；没有出现一起责任和技术事故。

吉安仁安医院　吉安仁安医院是井冈山经开区通过招商引资兴建的一家按二甲标准建设的非营利性综合性医院，地处井冈山经开区深圳大道 255 号，占地 2 公顷，建设面积 2.1 万平方米，总投资 1.2 亿元，投资人余斯安，2020 年 6 月 9 日开业。

医院设有门诊楼、医技楼、住院楼、生活保障楼 4 栋并排 4~9 层的框架结构楼房，门诊楼、医技楼和住院楼以连廊连接。

全院聘请医务人员 198 人，其中主任医师 1 人，副主任医师 8 人，主治医师级别的医务人员 22 人。

医院设有内科、外科、妇产科、儿科、中医科、眼科、耳鼻咽喉科、口腔科、皮肤科、预防保健科、麻醉科、医学影像科、医学检验科、体检科。职能科室有办公室、财会科、院感科、病案室、护理部。

设备有美国 GE 螺旋 16 排 CT、美国狼牌超高清腹腔镜、美国 GE 麻醉机、深图全数字化 X 光摄影机（DR）、全自动生化仪、全自动血球分析仪、全自动尿分析仪、血凝分析仪、彩色 B 型超声诊断仪、日本富士胃肠镜、全自动清洗机和高压消毒设备及各种妇科、中医科检查和治疗仪等数 10 台。

医院可开展内科、外科、妇产科、中医科门诊和住院诊疗业务。体检科肩负着辖区内企业入职前的体检工作，每天有几十人到几百人体检。

吉安仁安医院虽然是二级综合性、非营利型医院，但还承担辖区内的公共卫生与健康扶贫工作，该院组织专家和医务人员先后多次下乡为 141 户贫困户建立健康档案和家庭医生签约、履约工作，特别是对高血压、糖尿病、严重精神障碍等患者每年不少于 6 次上门服务，指导用药，传授生活起居知识。

2020 年 1 月发生了新冠肺炎疫情，为有效控制疫情发生，吉安仁安医院作为区管委会的定点防疫单位，在管委会和上级业务主管部门的领导和指挥下，到企业指导和宣教防控知识，为企业复工复产做了大量有效工作。

卫生防疫

井冈山经开区人员密集，人口流动量大，卫生防疫工作十分重要，任务十分繁重。抓好工业劳动卫生管理，在招商引资、引进企业工作中，印发《井冈山经开区环境准入负面清单》，禁止明令淘汰的落后工艺技术、装备、规模的建设项目，禁止高污染、高能耗项目进入园区，禁止企业出现高噪声、尘毒现象，致力保护环境，同时保护工人劳动健康。对餐饮店，实行食品卫生承诺制度，每个餐饮店主，都要公开食品卫生承诺。2003 年春季发生非典型性肺炎病例，2020 年初新冠疫情发生，井冈山经开区立即启动应急响应，立即成立新型冠状病毒感染肺炎防控工作领导小组和新型冠状病毒感染肺炎防控应急指挥部，向全区人民发布《通告》及一系列通知，关闭娱乐、餐饮场所，全面实行人员隔离。并做好防疫常态化管理，“外防输入、内防反弹”，有序安排企业复工复产，取得阶段性胜利。

吉安市高新区 2003 年抗击“非典”纪实

2003 年，“非典”发生后，吉安市高新区坚持一手抓防“非典”，一手抓发展，严格按照“防疫不松、思想不乱、队伍不散、建设不停、生产不误、客商不断”的“六不”要求，成立领导小组，构筑“非典”防治网络，拨出经费 8 万元购买防治药品和物品发放到园区各企业；关闭了园区内所有餐饮、娱乐场所，并严把出入口关，对园区内的企业员工和施工队伍造册登记；同时邀请医生、护士讲解预防“非典”的科学知识，发放宣传资料 1600 余份。所有施工队伍思想稳定，作业正常。

在吉安市出现全省首例输入型“非典”临床诊断病例后，吉安市高新区在对企业生产区、生活区全面消毒灭菌的基础上，对企业员工和施工队伍造册登记；并规定近期企业招工不得招收外地人员，特别是疫区人员，谢绝职工家属探亲，所有人员不得外出，对从疫区返回人员严格实行体测、隔离等措施。在做好防治非典工作的同时，吉安市高新区进一步加大了为企业服务的力度，指派专人对企业上门服务，主动帮助解决客商生产生活中的一些实际问题，使已进园区的工业项目留得住、快建设、有发展。

井冈山经开区 2020 年抗击新冠肺炎疫情纪实

2020 年初，一场突如其来的新冠疫情冲击吉安，面对前所未见的疫情，井冈山经开区以勇于担当、高度负责的态度，打响了一场疫情防控的阻击战。

井冈山经开区作为工业先行区，流动人口多，人员构成复杂，受新冠肺炎疫情影响的风险更大，疫情防控任务更加严峻。2020 年 1 月 22 日，市政府紧急通知下达后，立即行动，部署疫情防控工作。

图 10-4 2020 年 2 月 25 日，井冈山经开区召开统筹推进疫情防控和经济社会发展工作视频会

2020 年 1 月 23 日，成立新型冠状病毒感染肺炎防控工作领导小组和新型冠状病毒感染肺炎防控应急指挥部，由井冈山经开区党工委书记彭学凯、管委会主任汤文仙担任组长、总指挥，井冈山经开区管委会常务副主任和分管领导担任副总指挥，各街道办事处、区直各单位、市直驻区各单位、吉州产业园、青原及富滩产业园、各医院、各学校、区内通信公司主要负责人为成员。同日，发出《井冈山经开区新型冠状病毒感染肺炎防控工作专项实施方案》（井开办字〔2020〕5 号），启动应急响应，落实相关保障措施。指挥部发布各种公告、通知，部署防疫措施，宣传疫情防控知识，动员全体人民行动起来共同抗疫。指挥部领导多次到企业、街道、农村一线，落实抗疫措施，适时帮助企业复产复工，帮助农民春耕春种。管委会下拨一定资金，接受企业、社会个体人士捐款捐物，保障防疫物资供应。经过全区上下共同努力，新冠肺炎疫情防控取得阶段性胜利。

卫生监督

自开发区成立以来由吉安县疾病防控中心代管，2020年开始由市卫生监督局管理。主要工作是对全区企业、事业单位贯彻执行国家的卫生法令、条例和标准的情况进行监督和管理，对违反卫生法规并造成危害人体健康的情况，进行严肃处理，并行使预防性或经常性监督，在医疗卫生监督、公共卫生监督、环境卫生监督、计划生育监督、传染病与学校卫生监督、职业卫生监督等方面对全区进行监督。

第四节　文化　体育

文化

综合文化服务中心　井冈山经开区共有10个社区（村）综合文化服务中心，由各社区（村）建设、管理，是集宣传文化、党员教育、科学普及、体育健身等公共服务于一体的基层综合性文化场所。

社区（村）的综合文化中心有多功能文化活动室、图书室、文体广场、全民健身路径器材、简易音响设备、智慧广播系统。各社区（村）文化室均已按照规定将标识标牌、开放时间及各类制度上墙，文体广场配置道德红黑榜、公益广告牌、体育健身设施和灯光音响设备等。各社区（村）综合文化中心为居民提供图书报刊阅览、演出排练、展览展示、文艺创作、文化旅游信息资源、广播影视播放、娱乐健身、党员教育、普法教育、科技普及、健康教育、农技推广、技能培训、校外活动和学生自习等基本公共文化服务。

各社区（村）全年有计划地开展宣传教育、群众文化活动。各社区（村）每年开展室外文体活动4次；全年开展送电影下乡等文化活动6场次，全年组织各类志愿服务活动不少于12次。

同时鼓励主动接受社会力量参与村（社区）公共文化服务建设，发展文化志愿者参与服务和管理。

为营造园区企业和社区经济发展良好社区环境，实现企业和社区各项事业共同发展的双赢目标，结合井冈山经开区“居企共建、支部联姻”工作，每年各社区（村）均联合各挂点帮扶企业开展各类文艺活动。文艺活动本着培育居企文化，促进社会和谐，把企业文化建设与文明乡风建设结合起来，通过文艺活动联欢形式，活跃社区文化生活，增进团结和睦，让广大群众感受更多现代文化气息，以现代文化为引领，促进社会和谐。围绕拓宽广大党员、人民群众视野，增强接受新生事物意识，组织党员、村民进企业感受企业发展、文化氛围，引导居企广大党员积极参与社区文化共建等各项工作。

2019年9月21日，由长岭社区居委会主办，井冈山经开区党群服务中心协办，江西宇能制药有限公司、柏兆（吉安）电子有限公司赞助的“居企共建和谐社区”喜迎国庆文艺联欢晚会在长岭社区综合文化服务中心门口举办。

职工文化活动　为丰富职工文化生活，井冈山经开区经常举办形式多样的文化活动。

2015年9月28日下午，在新中国成立66周年即将来临之际，区团工委组织举行“喜迎国庆，祖国在我心中”演讲比赛。

2015年12月23日，井冈山经开区“思想大解放、作风大转变、服务大提升”主题演讲比赛在管委会2楼会议室举行，由12个局室经选拔、推荐上来的优秀选手参加比赛。

2017年1月，井冈山经开区管委会办公室编写《井冈革命故事》，收集井冈山革命斗争时期69个革命故事。从各个不同的侧面表现井冈山精神。

2018年2月11日晚，井冈山经开区举行以“开启新篇章，再创新辉煌”为主题的2018年迎新春文艺晚会，副市长、区党工委第一书记邓淑斌和全区干部职工欢聚一堂，共贺新春，区党工委书记彭学凯致辞。

2018年6月28日，由区党工委组织部举办的红色家书诵读比赛在区党群服务中心4楼多功能厅举行，各基层党（工）委、区直各单位、各驻区单位踊跃参赛。

2018年7月1日晚，井冈山经开区在正式落成的区党群服务中心4楼大厅举办文艺晚会，热烈庆祝中国共产党建立97周年。区党工委书记彭学凯出席并致辞。

2019年1月30日晚，井冈山经开区举行以“聚力新时代，迎新向未来”为主题的2019年新春文艺晚会。区党工委书记彭学凯致辞，在家的区领导，管委会机关干部职工，各街道，市直驻区单位班子成员欢聚一堂，观看演出，共迎新春。

2019年9月24日下午，区党群服务中心在4楼多功能厅举办“我和我的祖国”演讲比赛，庆祝中华人民共和国成立70周年。

图10-5　2019年1月30日，井冈山经开区举办“聚力新时代，迎新向未来”2019年新春文艺晚会

体育

校园体育　井冈山经开区学校2015年申报全国青少年校园足球特色学校，2016年6月获全国青少年校园足球特色学校称号。2016年参加吉安县“圆梦蒲公英”中小学男子校园足球联赛，获吉安县初中组冠军；2017年参加吉安县“圆梦蒲公英”中小学男子校园足球联赛，获吉安县初中组季军；2018年参加全市第二届校园足球联赛，获吉安市校园足球联赛初中组亚军；2019年参加吉安县“圆梦蒲公英”中小学男子校园足球联赛，获吉安县初中组第二名，小学组第二名。2018年首届中考毕业生，考取吉安县第二中学足球特长生2名。2019年中考毕业生，考取吉安县第二中学足球特长生3名。2020年中考毕业生，考取吉安县第二中学足球特长生9名。

井冈山经开区外国语实验学校开设足球、篮球、羽毛球、乒乓球、武术、田径等体育课，把足球作为学校重点打造的特色课程，在学校大力推广，取得良好的效果。2019年4月，学校参加吉安县中小学生校园足球联赛，获得初中组冠军。2019年5月，学校参加吉安市第四届中小学生校园足球比赛，获得初中组冠军。学校参加江西省校园足球中小学生5人制足球锦标赛，获得“体育道德风尚奖”。学校被教育部批准成为“全国青少年足球特色学校”。2019年10月20日，学校教师代表吉安市红十字会参加“全国首届红十字志愿者趣味运动会”，获全国团体总分第三名。

全民健身活动　2015年8月30日上午，井冈山经开区举行首届全民健身运动会乒乓球比赛，来自全区街道、区直单位、市直驻区单位、园区各企业等34支代表队103名运动员参加比赛。此次比赛

由区社会事业局主办，区工会、团工委、区妇联协办。比赛为期 2 天，竞赛组别分为区直单位组、企业代表组，竞赛项目为男子单打、女子单打、男子双打、女子双打，比赛采取 5 局 3 胜淘汰赛制。

2015 年 10 月 23 日，井冈山经开区首届全区运动会在井冈山经开区学校举行，全区机关、企业、街道办选派运动员参加。

2016 年 12 月 8—9 日，井冈山经开区第二届全区运动会在井冈山经开区叶森然实验小学举行，来自区管委会机关、街道办、驻区单位、园区企业的 31 个代表队参加了 8 个项目的角逐。

2018 年 10 月 30 日—11 月 17 日，由区管委会主办、区社会事业局和区党群服务中心承办的井冈山经开区 2018 年全民健身运动会召开，此次运动会赛程共计 19 天。

2019 年 9 月 29 日，井冈山经开区党工委、管委会举办“壮丽七十年　奋进新时代”庆祝中华人民共和国成立 70 周年文艺晚会。市领导肖玉兰、王大胜、邓淑斌、刘志坚、徐年春，区领导彭学凯、龙小明、张鹏华、刘茶香、甘益烽、吴磊、罗忠华、张志福、龙井松、傅卫东出席晚会。晚会开始前，区党工委书记彭学凯致辞。

2019 年 11 月 29 日，全区 2019 年全民健身运动会开幕。此次运动会由区管委会主办，区社会事业局、区党群服务中心承办。各街道、区直各单位、市直驻区各单位、辖区学校、医院和银行干部职工及园区企业职工参赛。比赛项目有拔河、男子篮球、乒乓球、羽毛球，以及趣味运动七彩连环炮、集体跳绳。

图 10-6　2019 年 11 月 29 日，井冈山经开区举办 2019 年全民健身运动会

2020 年 1 月 17 日，井冈山经开区党工委、管委会举办 2020 年新春联欢晚会。市政府一级巡视员、副市长邓淑斌出席，区领导彭学凯、张鹏华、罗忠华、刘茶香、甘益烽、张志福、龙井松等，管委会机关干部职工，青原产业园、各街道、市直驻区单位干部职工，共同观看演出迎新春。

2020 年 10 月 26 日至 11 月 18 日，由井冈山经开区管委会主办，区总工会、区社会事业局及区党群服务中心承办的井冈山经开区 2020 年全民健身运动会举行。管委会机关、各街道、市直驻区各单位和园区企业等派出 33 支代表队近 500 名运动员参加。比赛项目包括拔河、男子篮球、乒乓球、羽毛球，以及趣味运动七彩连环炮、集体跳绳。

第十一篇　企业选介

井冈山经开区通过招商引资和鼓励区内企业科技创新，经过 20 年的发展，形成以电子信息产业为首位产业，生物医药大健康、先进设备制造、新能源新材料为主导产业的“1+3”产业体系。2020 年，全区有各类企业 3137 家，其中规模以上企业 207 家。本篇选取其中 75 家企业予以简要介绍。

第一章　电子信息企业

井冈山经开区首位产业为电子信息产业。电子信息产业重点打造 LED 智能照明和智能硬件两大板块，其中 LED 板块以吉安木林森实业有限公司为龙头，汇集了诸多照明应用、封装等企业，形成电子信息产业重要集群；智能硬件板块主要代表企业为吉安市井开区合力泰科技有限公司，汇聚了红板公司、平波电子公司等产业。吉安木林森实业有限公司的母公司木林森股份有限公司和吉安市井开区合力泰科技有限公司的母公司江西合力泰股份有限公司是全球同行业中前沿企业。

吉安木林森实业有限公司

吉安木林森实业有限公司地处井冈山经开区创业大道，2014 年 9 月成立，占地 66.67 公顷，注册资本 33 亿元，规划总投资 100 亿元，法定代表人张建军，是上市公司（002745）木林森股份有限公司的全资子公司。产品主要有 SMD LED（平面式发光二极管）和 Lamp LED（直插式发光二极管）。是国内领先的集 LED 封装及 LED 应用产品于一体的综合性光电 LED 高新技术企业。

2016 年 1 月，成立吉安木林森实业有限公司中心实验室，占地面积 3100 平方米，总投资 9000 万元，拥有研发、检测与分析设备 200 余台（套），其中高端进口设备占比 80% 以上，具备 LED 上中下游全产业链的研发检测与分析能力。中心实验室有技术团队 60 余人，高等学历人数占总人数 80% 以上，涵盖电气工程、高分子材料、机械制造工程、机电工程等相关专业。2019 年，中心实验室获批为江西省工程技术研究中心和江西省企业技术中心。2020 年，获批吉安市重点实验室；同年，中心实验室邀请 SMC 支架和 UVC 深紫外封装技术、江风益教授战略合作的金黄光 LED 技术进入实验中心孵化，联合行业协会主导制定显示屏小间距行业标准，并参与制定“Mini LED 商用显示屏通用技术规范”；同年 5 月，公司与吉安职业技术学院合作共建集人才培养、技术应用研发、社会服务于一体的特色产业学院——木林森学院。合作内容包括共同招生、共同培养高水平技术技能人才、共建“双师型”教师团队、共同开发课程、共建实训中心、共同设立研发中心、共同举办技能大赛 7 个方面。

2016 年，获江西省智能制造试点示范企业荣誉称号，被列为江西省重点调度项目，被工信部批准为国家绿色制造系统集成项目。2017 年，获国家高新技术产业、江西省两化融合示范企业称号。2018 年，获江西省重点创新产业化升级工程及重点产业骨干工程、江西省科技创新示范企业，获国家级“绿色工厂”称号。获评 2018 年度江西省瞪羚企业。2019 年，获评省级企业技术中心、省级工程研究技术中心，生产的发光二极管被评为江西品牌产品。2019 年，公司产值突破 100 亿元。2020 年，上缴税金 11547.24 万元。

木林森公司致力于慈善事业，回馈社会。先后捐助遂川小学、吉安市光彩活动、老区修路累计 50 万余元，捐赠圆梦助学基金 30 万元；向吉安市慈善总会捐赠 100 万元；向新疆阿克陶县小学、吉安老区捐款 20 余万元；参加遂川县黄坑乡一对一帮扶活动及贫困户走访；参与市工商联挂点扶贫村——遂川县文坳村的扶贫工作。

吉安市井开区合力泰科技有限公司

吉安市井开区合力泰科技有限公司原为江西合力泰科技有限公司井冈山经开区分公司，是隶属于江西合力泰科技股份有限公司的全资子公司。地处井冈山经开区深圳大道 278 号，2019 年 6 月 10 日成立，占地面积 85 公顷，法定代表人曾后震。是设计、开发、制造、销售液晶显示及触控产品的国际化专业供应商和一站式服务商，长期从事触摸屏、中小尺寸液晶显示屏及模组的研发、生产和销售。

2014 年 4 月 1 日，母公司江西合力泰科技股份有限公司成为吉安市第一家在深圳证券交易所上市的企业。集团主要产品有电容式触摸屏、电阻式触摸屏、触控显示一体化模组、TN/STN 液晶显示屏及模组、TFT 液晶显示模组，以及配套的 FPC、盖板玻璃、背光等，广泛应用于通信设备、消费电子、家用电器、办公设备、数码产品、汽车电子、财务金融、工业控制、医疗器械、仪器仪表及智能穿戴等领域。公司产品远销欧美、韩、日等 90 多个国家和地区，与上百家世界知名、国内一流的企业开展合作。

2019 年，在职员工 3729 人，其中博士 1 人，硕士、学士 102 人，高级职称 8 人，中级职称 22 人；获得 10 项创新型或实用型发明专利。公司与南京工业大学和华东交大携手合作，建立以黄维院士为首的院士工作站和以李雄博士为首的博士工作站。集团还为井开区合力泰与国家企业技术中心、江西省工程技术研究中心搭建了项目开发与实验研究平台。

2019 年，形成月产能 300 万（套）手机核心配件的生产能力，完成税收 1740.07 万元，成为国家高新技术企业和触摸屏行业十大最具影响力企业。

江西航盛电子科技有限公司

江西航盛电子科技有限公司地处井冈山经开区深圳大道268号，2013年6月正式建成投产，占地面积13.33公顷，项目总投资10亿元，法定代表人杨洪，深圳航盛集团在江西吉安投资设立的全资子公司。致力于车载影音娱乐系统和车载导航系统产品的生产制造，是集产品研发、实验、制造、销售、零配件生产为一体的现代化产业聚焦地。项目一期规划产能240万台套，是深圳航盛集团在华中、华南、华东部分区域客户的配套生产基地。二期建设于2019年启动，目标是打造成为航盛集团全球制造总部，成为世界级、国际化的产业制造基地，形成年产能600万台套，年产值近60亿元的规模。

公司先后通过IATF 16949质量管理体系、ISO 14001环境管理体系、OHSAS 18001职业健康安全管理体系、QC 080000有害物质管理体系认证。2014—2017年，先后获得江西省高新技术企业（2017年顺利通过复评）、首届“吉安市长质量奖”、中华全国总工会颁发的“工人先锋号”“模范职工小家”荣誉称号、“第二届江西省井冈质量奖提名奖”。2020年，完成税收1539.04万元。

红板（江西）有限公司

红板（江西）有限公司地处井冈山经开区京九大道281号，2005年成立，占地面积16.17公顷，注册资金1.38亿元，法定代表人叶森然。是一家多层线路板、高阶HDI及任意层互联高密度线路板、以及挠性和刚挠结合线路板产品研究、开发、生产及销售的高科技企业，总部设立于香港。

红板（江西）有限公司技术和研发实力雄厚，2012年被认定为高新技术企业，在高端智能HDI产品、任意互联技术工艺技术取得突破，在行业细分领域处于世界先进水平，是国内20强企业，取得科技型企业、国家企业技术中心、省级工程技术研究中心称号。先后通过ISO 9001、IATF 16949、ISO 14001国际认证、RBA责任商业联盟认证，产品质量符合美国UL标准、ROHS标准、欧盟SGS无铅产品认证。

至2019年末，公司资产总额186084.26万元，实现利润22019.39万元。2020年，形成年产1200万平方尺线路板生产能力。2020年12月，公司在职员工4587人，其中博士1人，硕士、学士143人；高级职称1人，副高级职称5人，中级职称6人，年度纳税16084.86万元。

江西瑞声电子有限公司

江西瑞声电子有限公司地处井冈山经开区创新大道271号，2006年12月成立，2007年正式投产，占地面积6.3公顷，注册资本1000万元，法定代表人刘仁芳。是一家电声制造、电声方案提供、智能穿戴产品制造的科技型企业，集中端高端耳机、蓝牙耳机及智能穿戴产品的研发、生产、销售于一体。产品结构从早期的有线耳机到蓝牙耳机，再到2019年的智能耳机产品转型，企业由传统的生产制造企业打造成自主研发的科技型企业。

2012年，江西瑞声电子有限公司在深圳成立研发中心。2019年2月，研发大楼正式启用，建有声学实验室、环境实验室、综合实验室、制样室、静电测试室、屏蔽室等专业实验室。先后通过了 ISO 9001 质量管理体系认证、ISO 14001 环境管理体系认证、ISO 45001 职业健康安全管理认证、社会责任标准认证；获中国电子元件行业协会百强企业、国家高新技术企业证书、江西省科技创新示范企业、江西省优秀企业、江西名牌产品、吉安市首届民营领军骨干企业 20 强、吉安市智能可穿戴产品工程技术研究中心等荣誉称号。2019 年，完成税收 2607.57 万元。2020 年 12 月，公司拥有 110 项自主知识产权、10 项发明专利，有厂房 11 万余平方米，有员工 4000 余人。

柏兆（吉安）电子有限责任公司

柏兆（吉安）电子有限责任公司地处井冈山经开区深圳大道 289 号，2012 年成立，占地面积 3.35 公顷，法定代表人叶志诚。是一家外商独资企业，2013 年 8 月，正式投产，总投资额 1200 万美元。2017 年转型，成为隶属于井冈山经开区金庐陵经济发展有限公司旗下子公司，为井冈山经开区国有控股企业。柏兆（吉安）电子有限责任公司以生产华硕主板、显卡和相关卡板为主，产品科技领先，与华硕、DLINK 等世界各大知名厂家合作。2015—2017 年，在同行业中率先引进、使用新型现代设备，并先后获得 6 项实用新型专利证书。2018 年被评为高新技术企业。先后通过国际 ISO 9001 ： 2015、ISO 14001 等标准。

柏兆（吉安）电子有限责任公司 2013 年销售额 1.5 亿元，2019 达到 9.5 亿元。年年被井冈山经开区评为外贸出口大户。2020 年 12 月，在职员工 1000 余人，其中技术型人才 100 余人，专业型人才 100 余人。全年完成税收 1531.95 万元。

吉安满坤科技股份有限公司

吉安满坤科技有限公司地处井冈山经开区火炬大道 191 号，2008 年 4 月成立，占地面积 15 公顷，投资 15 亿元，法定代表人洪俊成。2018 年 10 月，改制为吉安满坤科技股份有限公司，同时二期工厂投产。是一家专业从事双面、多层高精密印制线路板研发、生产和销售的国家高新技术企业，主要产品为双面、多层高精密线路板，主要运用于汽车电子、工业自动化控制设备、高端消费电子、通信设备等行业。在轻薄型、高多层互通基板等高端消费电子领域处于国内先进行列，成为世界世界著名企业 Datalogic、TCL、格力等的供应商，年产线路板 200 万平方米。

满坤科技有限公司先后通过 ISO 9001 国际标准化组织质量管理体系认证、ISO 14001 国际标准化组织环境管理体系认证、IATF 16949 国际汽车行业质量管理体系认证、OHSAS 18001 职业健康安全管理体系认证、UL 国际产品安全认证、CQC 产品认证证书；先后被评为国家高新技术企业、江西省先进非公有制发展升级示范企业，获第五届中国电子电路行业百强企业、第四届中国电子电路行业民族品牌企业，井冈山经开区纳税大户、井冈山经开区科技创新先进企业、井冈山经开区工业发展提速增效奖、井冈山经开区科技创新先进企业、TCLAV 事业部优质供应商奖、通力电子供应商质量优胜奖、德赛西威优秀供应商奖等荣誉；公司技术中心获省级企业技术中心、市级企业技术中心。2020 年，员工总数 1800 人。完成税收 5231.95 万元。

江西威尔高电子科技有限公司

江西威尔高电子科技有限公司地处井冈山经开区永锦大道 1 号，2017 年 4 月 7 日成立，占地面积 11527 平方米，总投资 20 亿元，法定代表人邓艳群。是吉安市政府重点招商引资项目企业，主营高精密线路板，各类产品广泛应用于汽车、手机及家电、通信、航空、电源、医疗器械等领域。

威尔高电子科技有限公司注重产品研发及技术革新，设有专门的研发大楼，拥有一批高素质的科研团队和现代化管理人才，取得 20 余项实用新型发明专利，为客户提供个性化的创新服务。2019 年，获省级两化融合（信息化和工业化的高层次的深度结合）示范试点企业称号。2020 年，成功通过国家高新技术企业认证。2020 年，有员工 500 余人，全年完成税收 224.6 万元。

吉安生益电子有限公司

吉安生益电子有限公司位于井冈山经开区京九大道 19 号，2018 年 11 月落户，是一家由生益电子股份有限公司投资的全资子公司，注册资本 8 亿元，投资总额 25 亿元，占地面积 11.93 公顷，法定代表人张恭敬。项目全部建成投产后员工总人数可达 2000 人。公司年产高端印制电路板 180 万平方米。产品以多层板为主导，广泛用于医疗、高铁、通信网络、5G、汽车及服务器等领域，产品行销北美、欧洲、亚太等国家及地区。

吉安生益一期项目采用美国、德国、日本、以色列、中国等国先进设备，工厂运用智能产线、智能物流、能耗实时控制系统，技术处于行业领先水平。2020 年，完成税收 73.85 万元。

南亚新材料科技（江西）有限公司

南亚新材料科技（江西）有限公司地处井冈山经开区深圳大道 229 号，占地面积 20 公顷，总投资 18 亿元，法定代表人张东。第一期项目于 2017 年 9 月开工建设，投资 4 亿元，新建厂房、宿舍、食堂及公共设施等总建筑面积 5 万多平方米，2019 年 4 季度投产。二期项目总投资 8 亿余元，主要建设厂房及 3 条国际先进生产线，2019 年 8 月开始筹建。

南亚新材料科技（江西）有限公司公司是井冈山经开区聚焦电子信息首位产业、推动智能硬件全产业链发展而引进的强链补链项目，主要生产电子电路基材等电子专用材料覆铜板，产品广泛应用于通信设备、消费电子、汽车电子、物联网、智能家居、工业控制和航空航天等领域。是中国电子材料行业协会覆铜板材料分会（CCLA）理事长单位，已发展成为国内具有较强规模、技术和市场优势的覆铜板行业领先企业。无卤覆铜板销售量全球前十、内资厂第二；在业务规模方面，为全球覆铜板厂商前二十名。

以在高速覆铜板等领域的技术优势，聚焦技术创新，基本实现产品的无铅无卤化；在产品的薄型化方面，技术工艺和可靠性均处于国内领先水平；在 5G 应用的高端领域，构建了全系列高端产品，并通过华为集团、中兴集团、浪潮集团等通信龙头企业的认证；在车用板、IC 封装、高导热等大市场、高壁垒领域完成了研发布局和技术储备。与健鼎集团、奥士康公司、景旺电子公司、瀚宇博德公司、深南电路公司等知名PCB厂商建立了长期良好的合作关系，在市场中建立了较高的知名度和良好的美誉度。

江西中络电子有限公司

江西中络电子有限公司地处井冈山经开区罗家塘路99号，于2018年8月成立，总投资20亿元，2019年9月开工，一期占地面积7.47公顷，厂房面积5公顷，2020年9月竣工投产。是一家专业从事双面、多层高精密印制电路板研发、生产和销售的科技型企业，产品主要运用于汽车电子、工业自动化控制设备、高端消费电子、通信设备等行业，涉及5G通信、汽车电子、新能源、光电及电脑周边等领域。产品具有沉金、沉银、电金、化锡、OSP、碳油、无铅喷锡等表面处理工艺。

公司引进国内外先进工业4.0设计理念，打造成为行业内智能化标杆企业。达产达标后将实现年产线路板240万平方米，年营业收入10亿元，利润1亿元，利税6000余万元。公司在轻薄型、高多层互通基板等高端消费电子领域处于国内领先行列，成为世界著名企业华为集团、中兴集团、苹果公司、格力公司、比亚迪公司、小米公司、美的公司、大众汽车公司、京东方公司等企业的供应商。

北极光（江西）科技照明有限公司

北极光（江西）科技照明有限公司位于井冈山经开区火炬大道井冈山综合保税区内，占地面积0.67公顷，总建筑面积22000平方米，于2013年3月成立，2013年3月开工建设，2014年1月正式竣工投产，投资总额1750万美元，注册资本700万美元。公司隶属于AURORA国际照明集团，主要产品为智能控制、LED平板灯、LED防火嵌灯。企业一直致力于研发、设计及生产LED灯具、LED模组、智能控制灯具及光引擎产品。对专业生产LED照明做垂直整合，生产工艺和设备包含：五金压铸、五金成型、光学透镜、SMT、插件及灯具组装线、LED驱动及灯具安规测试等工艺设备。具有经过国际实验室NEMKO认证通过的灯具安规测试实验室，建有控制应用及灯光体验展示厅，拥有多项灯饰照明专利技术。2015年，产品M系列防火嵌灯被评为江西省优秀新产品二等奖、LED平板灯系列被评为江西省优秀新产品三等奖。2016年，被评为江西省专精特新企业，企业技术中心被评为江西省企业技术中心及，并被井冈山经开区评为科技创新先进企业。产品全部出口国外，每年出口产值达1000万美元。2020年，职工人数180人。

江西省桑格尔电子有限公司

江西省桑格尔电子有限公司位于井冈山经开区深圳大道279号，占地面积5.33公顷，于2017年1月5日成立，注册资本3600万元，法定代表人叶国蓬。是深圳市桑格尔科技股份有限公司投资的全资子公司，是一家集研发、生产、销售于一体的高科技企业，是中国电子行业领先的ODM服务制造商，核心团队由从事多年智能硬件系统集成产品研发、制造的职能人员组成，均有丰富的高端电子制造管理经验，致力于零售智能商用硬件、AI 智能办公与安防设备、平板电脑制造、研发、销售。公司一期建成 3 栋 20000 多平方米标准厂房，1 栋员工生活综合楼，园区内建有篮球场、乒乓球、健身运动场、员工培训活动室等。2019 年，公司资产总额 8529.34 万元。2020 年 12 月，公司员工 150 余人，全年度完成税收 53.01 万元。

江西创成微电子有限公司

江西创成微电子有限公司地处井冈山经开区火炬大道 192 号，租赁厂房，于 2015 年 10 月 20 日成立，总投资 1000 万元，法定代表人周志强。公司属于制造行业，是专业从事集成电路设计、制造的国家级高新技术企业，业务包括集成电路、计算机零部件、视听设备制造、销售，为客户提供从软件到硬件的音频设备 Turn-key 解决方案，时频芯片、直播声卡、智能麦克风、智能音响、音频硬件的研发与设计，其中，时频芯片的研发填补国内空白。直播声卡、智能麦克风、智能音响等音频类产品与知名企业联想公司、飞利浦公司、先锋公司等企业合作，为其提供相关产品的开发与生产服务。

江西创成微电子有限公司注重研发投入，拥有专利 200 项、授权专利 150 项、集成电路布图设计获证 18 项。先后获得 2016 年度江西省专精特新中小企业、国家级高新技术企业、2018 年度井冈山经开区科技创新先进企业、瞪羚（潜在）企业等称号，连续 3 年入选科技型中小企业。2017 年通过 ISO 9001 质量管理体系认证；同年，与飞龙股份（西泵股份）公司合作开发汽车电子水泵控制器，进军汽车电子行业。2019 年，营业收入 9900 万元。2020 年 12 月，有员工 200 多名，其中大专及以上学历人员 49 人，工程技术人员 42 人。

江西省平波电子有限公司

江西省平波电子有限公司地处井冈山经开区拓展大道 299 号，占地面积 5.07 公顷，投资总额为 2 亿元，厂房建筑面积 2.7 万平方米，于 2013 年 3 月开工建设，2014 年 5 月 18 日投产，法定代表人李林松。公司是一家集触摸屏研发、生产、销售于一体的高新技术企业，主要产品为玻璃盖板、触摸屏、液晶显示模组等，主要以小尺寸（手机电容触摸屏）、中大尺寸（一体式与台式电脑电容触摸屏）产品为主，还有 TFT 液晶模组生产线，与 CTP 进行全贴合。

技术研发实力雄厚，有万级无尘车间，获得发明专利 8 项、实用新型技术 28 项，2015 年认定为高新技术企业。2019 年，研发投入资金 846.8 万元，主体生产工艺、技术、装备水平在行业领先。2019 年，完成税收 742.42 万元。2020 年末，有员工 660 人，资产 14608.35 万元。

江西省深安电子工业有限公司

江西省深安电子工业有限公司地处井冈山经开区京九大道 269 号，占地面积 10.67 公顷，于 2010 年 10 月投资创建，项目总投资约 6000 万元，法定代表人王连来。是一家以研发、设计、生产、销售通信终端设备、数码产品、电器产品的高科技民营企业，具有年产各类电器产品600万台的生产能力，年产值约1.3亿元。

拥有各类专业技术和管理人员，对每个产品系列均设立专业的研发项目组，配置丰富的软硬件资源，建立先进的研发管理体系。一流的研发团队保证了技术的不断提升，创新产品层出不穷，并在国内市场领先潮流。主要的客户有中国移动公司、中国铁通公司、中国电信公司、中国联通公司、中国网通公司、苏宁电器等。公司连续多年被评为“A级纳税人”称号。2019年，完成税收387.54万元。

江西蓝微电子科技有限公司

江西蓝微电子科技有限公司位于井冈山经开区嘉华大道291号，成立于2010年3月，注册资本3562.5万元，法人代表徐云管，总经理彭庶瑶。总占地面积30亩，建筑物面积1.3万平方米，其中千级净化车间0.33万平方米，各种进口或国产仪器设备153台。公司为国家高新技术企业、国家小巨人企业、国家知识产权优势企业，与华南理工大学材料学院、南昌大学合作，拥有自己的研发团队和核心技术，建立了省级工程技术研究中心，授权专利35项，其中发明专利4项，获得省级新产品14项，同时产品被评为江西名牌产品。有员工81人，其中各类技术人员18人。

公司主要产品有键合金丝、银丝、铜丝、各种合金丝以及特种漆包线，产品广泛应用于IC和LED芯片封装以及微型电机、蓝牙耳机、手表机芯等领域。2020年末，具有年产各种键合丝150万轴，产值15亿元的生产能力，在国内行业处在前5名水平。2019年公司销售收入3.43亿元，利税1280万元，2020年公司销售收入4.89亿元，利税1380万元。

江西戈弗雷科技有限公司

江西戈弗雷科技有限公司地处井冈山经济开发区青原产业园，占地面积3公顷，有厂房及办公房9栋，建筑面积4万多平方米，总投资5亿元，法定代表人胡义俊。是一家集研发、生产、销售于一体的电子产品制造企业。

公司主要产品为液晶电视、显示器、液晶/LED拼接显示、电视电脑触摸一体机、数字标牌（广告指引机）等显示应用终端；手机数据线、充电器、电源适配器、多功能数码产品。奉行“质量为本，用户至上”的企业宗旨，主要产品销往海外，每年创汇约1亿美元。

江西泽发光电有限公司

江西泽发光电有限公司位于井冈山经开区区青原产业园电子工业城，厂房面积2万多平方米，其中千级无尘车间面积1万平方米，于2012年2月成立，注册资金0.1111亿元，法定代表人王桂标。是一家集研发、生产、销售高品质2.5D、3.0D玻璃盖板和复合板功能面板于一体的国家级高新技术企业，主要生产智能手机、平板电脑、电子书、智能家居、导航仪等功能面板，产品主要特色及核心竞争力是将 UV 纹理的研发设计及丰富的镀膜颜色（含纳米级的生产工艺）成功运用在 VIVOX21、X23、魅族 M16、联想 Z5、华为荣耀 8X、小米等产品上，增加了产品的附加值。

引进美国、韩国、中国台湾地区的先进生产设备 100 多台（套），形成智能手机和平板电脑的触控显示屏玻璃面板研发及年产 2000 万片各种面板的生产能力，是江西省内设计产能最大、技术含量最高的玻璃面板生产厂家之一。先后与深圳大学、广东技术师范学院、井冈山大学建立了长期的生产、教学、研究合作关系。通过自主研发和生产、教学、研究相结合等方式，系统创新触控面板的技术工艺和理论，成功开发多个系列多款产品，多项技术处于国际先进水平。通过了 ISO 9001 ：2015 质量体系认证和 ISO 14001 ：2015 环境管理体系认证。2016 年 10 月，正式启动 3D 曲面玻璃新项目，项目总投资 5 亿元，致力于 3D 视窗防护玻璃（玻璃盖板）与膜片研发与生产，抢占 3D 玻璃盖板加工技术的市场先机。2017 年，通过有害物质过程管理体系认证。

获国家级高新技术企业、省科技厅省级民营科技型企业、江西省节能减排科技创新示范企业称号，企业技术中心获省级企业技术中心、2016 年度科技创新奖。2020 年，公司拥有 42 项实用专利，3 项外观设计专利、1 项发明专利，成果转化 20 余项。2020 年 12 月有员工 300 多人。

吉安英佳电子科技有限公司

吉安英佳电子科技有限公司地处井冈山经开区青原产业园绿宝大道，占地面积 3.33 公顷，建筑面积 3 万平方米，于 2010 年 12 月注册成立，注册资金 5006 万元，法定代表人刘琳。是一家集应用软件、计算机信息系统集成、信息技术服务以及硬件研发、生产、销售、服务于一体的现代化科技与智慧教育发展的国家高新技术企业，开发出多款适合现代教育技术的创新型产品。产品行销全国 20 多个省、市、自治区，以及中东、南美及东南亚等多个国家和地区。

拥有科研楼以及先进的生产设备、精湛的生产工艺，柔性引进 11 名学者、博士，通过了 ISO 9001 质量管理体系认证、ISO 14001 环境管理体系认证、OHSAS18001 职业健康安全管理体系认证、国家强制性 3C 认证，成为中国教育装备行业协会会员单位，多次入围中央电教馆推荐产品；拥有专利 12 项、软件著作权 107 项以及软件产品登记证书 34 项。

2016 年，英佳电子科技有限公司产品 2 次获得市级科学技术进步二等奖；经吉安市科技局批准成立工程技术研究中心。2017 年，承担江西省工信委的“一企一技”项目，并且获得高新技术企业、软件企业、江西省专精特新、全国重合同守信用 AAA 级企业等认证。2018 年，被评为全国优秀教育集成服务商百强企业，成立院士工作站。

先后向井冈山附属中学、井冈山市毛泽东红军学校和永新白鹭学校捐赠价值 24 万元的护眼灯、30 万元的杀菌灯，价值 3 万余元的物资。2020 年，为防控新冠肺炎疫情，研发出人脸识别测温系统和 LED 智能杀菌新风系统，被江西新闻频道报道；研发出高清智能录直播教学系统，受到市场欢迎。

摩比通讯技术（吉安）有限公司

摩比通讯技术（吉安）有限公司地处井冈山经开区吉州产业园，占地面积 13.33 公顷，2006 年 5

月成立，注册资本 2.67 亿元，法定代表人胡翔。公司主要生产经营无线通信系统中的天线、射频器件、射频模块、射频（子）系统、射频电缆、移动基站等各种配套产品。开展多频超宽带天线项目、TD-LTE 智能天线项目、多波束天线项目、微基站天线项目、AAS/AAU 有源天线项目、Pre5G/5G Massive MIMO 天线项目等数十个大中型科研项目研发以及相关技术平台的搭建，在智能天线、有源天线、5G Massive MIMO 天线领域有理论与实践积累。

建成高水平的专业实验室，配备无源交调测试系统、大功率测试系统、半开放式远场测试系统、全封闭方向图测试系统等大型先进测试设备。建成大型环境实验室，可进行大自然环境模拟试验，符合行业标准和检测标准要求。核心研发的检测装备有近场测试系统、多端口测试系统、仿真软件可靠性测试设备等，检测设备硬件水平行业领先。与哈尔滨工业大学、西北工业大学、西安电子科技大学、华南理工大学等高校和中兴通讯、大唐电信、鹏城实验室等单位保持着长期技术合作关系，拥有良好的产学研基础。

公司客户主要分为运营商和设备商两大类，遍及全球五大洲。运营商客户方面，摩比吉安公司与移动、联通、电信、铁塔、广电五大运营商保持着良好且密切的合作，长期保持市场领先份额。至 2020 年，摩比吉安产品国内市场占有率约为 25%，国际市场占有率约为 3%。2020 年 12 月，有职工 1100 人。

江西省宏瑞兴科技股份有限公司

江西省宏瑞兴科技股份有限公司地处井冈山经开区吉州产业园发展大道 29 号，占地面积 10.67 公顷，总建筑面积 11 万平方米，于 2012 年 8 月成立，注册资本 1 亿元，法定代表人叶志。主要研发生产电子电路用无铅、无卤及高频高速覆铜箔层压板，以及多层印制线路板所需的芯板和粘结片，产品广泛用于航空航天、汽车、计算机、通信设备、家电及各种高档电子产品领域。

2020 年 9 月完成股改，计划在主板（中小企业版）上市。上市合作的券商为国信，会计事务所为立信证券公司，律师事务所为大成律师事务所。

2020 年 12 月，在全国覆铜板行业内资企业中排位第五，江西省规模第一，有职工 350 人。

江西群泰科技有限公司

江西群泰科技有限公司隶属于江西合力泰科技股份有限公司，地处井冈山经开区本部东区，占地面积 18.67 公顷，注册资金 6 亿元，于 2016 年成立，法定代表人贾圣宝。是一家玻璃盖板产品和触摸屏产品研究、开发、生产及销售的高科技企业。主要产品包括电容式触摸屏、电阻式触摸屏、触控显示一体化模组、TN/STN 液晶显示屏及模组、TFT 液晶显示模组，以及配套的 FPC、盖板玻璃、背光等，广泛应用于通信设备、消费电子、家用电器、办公设备、数码产品、汽车电子、财务金融、工业控制、医疗器械、仪器仪表及智能穿戴等诸多领域。产品远销欧美、韩、日、90 多个国家和地区。与上百家世界知名、国内一流的企业开展合作。

2020 年 12 月，在职员工 693 人。

江西省吉晶微电子有限公司

江西省吉晶微电子有限公司地处井冈山经开区南塘路268号6幢厂房，2018年3月成立，注册资金5000万元，法定代表人林琼芳。是集成电路设计、封装测试、应用及销售于一体的高新技术企业，主要集成电路封装形式有DIP-8/14/16、SOP-8/14/16等。2020年末，有厂房面积1.2万平方米，员工100余人。各类集成电路产量12亿只，产值10亿元。

2018年起利用核心封装技术优势发展电信和高速数通市场， 提供光电器件（TO-CAN）的设计开发（OEMorODM）、销售和技术支持服务，形成了从设计到自动化生产等核心技术能力，快速准确满足客户的不同需求。

江西蓝沛科技有限公司

江西蓝沛科技有限公司位于井冈山经开区南塘路268号2幢厂房，是由上海蓝沛新材料科技股份有限公司于2018年4月投资成立的全资子公司，注册资金5000万元，法定代表人许德明。

江西蓝沛科技有限公司是WPC世界无线充电联盟会员单位，为一流企业配套的无线充电产品全产业链开发、制造、销售企业。在材料领域形成独立的核心知识产权优势，在国内率先实现TX（发射端）全自动化制造能力并配套品质追溯服务器系统，是以高性能磁性材料和绿色环保材料为基础集研产销一体的作业企业。主要产品有车载式无线冲（发射端）、桌面式无线充（发射端）、RX线圈（接收端）、吸波磁材、纳米晶材料等。其中车载式无线冲占国内市场份额的70%，桌面式无线充占市场份额30%以上。主要应用于手机及其他电子产品配套装置及材料、配件等，主要客户有华为、三星、小米、OPPO、VIVO等。2019年实现产出1KK/月，产值8000万元。

第二章　生物医药大健康企业

生物医药大健康类产业是井冈山经开区3个主导产业之一。生产的生物制剂、中成药、大健康制剂深受市场欢迎，形成年产400多亿元的销售收入。一些医药中间制品是制造治疗艾滋病、恶性肿瘤等疾病药物的重要原料。

普正药业集团股份有限公司

普正药业集团股份有限公司（以下简称“普正药业”）总部位于井冈山经开区创新大道278号，2003年创办，占地面积4.678公顷，注册资金0.539亿元，法定代表人肖军平。旗下有江西普正制药股份有限公司、江西普丽尔药业有限公司、山东京御堂制药有限公司3家药品生产企业，持有“普正”“京御堂”“穿王”等全国知名医药品牌，在井冈山经开区、临沂高新区等地建有 4 个生产基地。

普正药业秉承高质量发展、绿色发展和创新发展理念，打造以天然植物药为主的江西普正制药，有以制造新型内病外治外用药剂为主的江西普丽尔药业公司，以制造现代中药制剂为主的山东京御堂制药等 2 家生物医药龙头企业；同时投资京御酒业股份有限公司、太医局中医香疗股份有限公司、金杜仲食疗股份有限公司等企业，形成以中医药研发、生产、销售为主体，香疗、食疗、健康食品等融合发展的大健康产业格局。

普正药业聚焦生物医药大健康产业，打造井冈杜仲与天然冰片、中药消炎药等系列优质资源、产品线，形成以创新驱动为主导的新产品开发核心能力，攻克以临床诊疗和新型高值化生产技术为引领的核心技术，培育国家企业技术中心、院士工作站等高层次科技创新平台创造了以 200 余项自主知识产权为代表的核心科研成果。

2012 年，普正药业旗下江西普正制药有限公司跻身中国中成药工业百强企业（按主营业务收入，排名 57 位）。2017 年，江西普正制药有限公司入选江西民营企业制造业百强（排名 72 位）企业。2019 年，江西普正制药股份有限公司完成股份制改造，入选江西省重点上市后备企业名单。同年，在第 36 届全国医药工业信息年会上，江西普正制药有限公司荣登 2019 年中国医药工业最具投资价值企业（非上市）名单。

企业自主培养了科技创业领军人才、享受国务院特殊津贴专家、制药工程学科和技术带头人、江西省青年科学家等 20 余位高层次人才；拥有各类专业技术人才 170 余人，其中教授级高级工程师 1 人，天然药物研究员 1 人，高级职称 11 人，中级职称 46 人，初级职称 100 余人，执业药师、注册会计师、注册安全工程师、人力资源管理师以及技师等各类技能人才 50 余人。同时，以院士工作站、博士后工作站、省工程技术中心、重重点实验室等创新科技平台为依托，通过产学研合作和协同创新等方式，柔性引进了一批高层次人才，有中国工程院院士丁健（药理研究）、院士黄璐琦（生药资源）、院士侯惠民（中药智能制造）、中国人民解放军海军军医大学院长张卫东、中科院上海药物研究所副所长教授叶阳等专家。2019 年，完成税收 6556.49 万元。2020 年 12 月，有员工 600 余人。

江西生物制品研究所股份有限公司

江西生物制品研究所股份有限公司始建于 1969 年，原为上海生物制品研究所江西分所，2002 年改制为有限责任公司，为中国境内最大的专一从事抗毒素及免疫血清类生物制品研究、生产、销售的高新技术龙头企业。2017 年 12 月实行股份制改造，落户井冈山经开区火炬大道 198 号，占地面积 9.13 公顷，注册资金 1 亿元，法定代表人姚晓东。

一期工程建有符合 GMP 标准的生物制药生产车间、江西省最大的动物实验中心、省级企业技术中心以及建有符合 GMP 要求的免疫技术研发中心，拥有 7000 多平方米的生产、检测、研发场地，配备高端专业的研发分析检测设备及仪器，负责相关科研项目的实验室。可以实现多项新产品通过实验室的小规模生产扩大到大规模工业化生产，具有较强的研发能力和科技成果转化能力。主营生物制品破伤风抗毒素（免疫球蛋白）、孕马血清，兼营二氧化氯、聚维酮碘、强化戊二醛等化工产品；饲养实验用动物，实行生物技术推广服务。

拥有22项发明专利，填补了国内空白。主导产品破伤风抗毒素先后获得第七届亚细安中医药学术大会金奖、江西省优秀新产品、吉安地区科技进步奖。主导产品的生产、销售能力为国内之首，产品在国内市场占有率达到70%以上，还远销海外30余个国家和地区。2020年，完成税收2075.79万元。

新琪安科技股份有限公司

新琪安科技股份有限公司位处井冈山经开区环岛北路，占地面积7.8万平方米，厂房占地面积3.6万平方米，成立于2006年，2007年9月投产，总投资额3亿元，法定代表人王小强。是一家专注于食品添加剂“三氯蔗糖”产品研究、开发、生产、销售的高科技企业，总部及研发基地设立于井冈山经开区，并在国内外设有分支机构，在江西吉安、江西鹰潭、青海格尔木及泰国、印度尼西亚建有生产基地。

建有现代化的GMP生产车间和设备，产品严格按照FCC、USP、NF、EP、EC、JEFCA标准生产，通过了FSSC 22000、ISO 9001、BRC、cGMP、HACCP、Kosher和Halal等国际认证。

技术和研发实力雄厚，2009—2020年，连续3次被认定为国家高新技术企业。有省级企业技术中心江西省甜味添加剂工程技术研究中心，市级企业技术中心吉安市食品添加剂工程技术研究中心。长期开展健康营养型食品添加剂的开发与研究，拥有自主核心技术与丰富的生产经验，与全球上百家客户建立长期合作伙伴关系。是全球食品饮料、医药保健品、宠物饲料、日用消费品等龙头跨国公司的重要供应商；“新琪安”品牌已走向世界；三氯蔗糖产品行业细分领域处于世界领先水平，全球排3名以内。

2020年全年生产销售三氯蔗糖产品上千吨，实现销售收入2.6亿元，上缴税收3006.38万元，出口创汇3000万美元；2020年12月，公司总人数316人，其中中层管理人员39人，专业技术人员36人，研发团队人员39人。

江西省恒安生物科技有限公司

江西省恒安生物科技有限公司（原恒安丽人堂（吉安）日化有限公司）位于井冈山经开区建设大道302号，成立于2002年，注册资金0.32亿元，拥有占地3.33万平方米厂区和1000平方米的30万级GMP洁净生产车间，法定代表人许连捷。

恒安生物科技有限公司是由香港上市公司恒安国际控股的中外合资企业，生产、主营日用护肤用品、液洗类、洗涤类、免洗消毒洗手液等日用化学卫生用品、消毒用品。2017年后，每年纳税额超过1亿元。2020年12月，公司在职员工84人，年度完成税收1.64亿元。

江西润井康生物科技有限公司

江西润井康生物科技有限公司地处井冈山经开区南山大道6号，成立于2016年12月，占地面积4.73公顷，注册资金0.5亿元，法定代表人王瑞停。是一家致力于植物活性成分精深加工及综合利用的高新科技企业，利用柑橘与蜜柚成分提取与精深加工产业链，生产新一代天然高倍甜味剂和食品香料（柚苷）、纤维、果粉、精油等源自柑橘与蜜柚的天然食品添加剂和配料。采用“公司＋合作社＋农户”的形式经营，农民间接成为项目原料的生产工人。项目利用柑橘次果，显著提高橙类种植业的附加值，增加果农收入，符合国家所倡导的服务“三农”、支援“三农”的政策导向。

2016年，投资建设井冈蜜柚活性成分精深加工及综合利用项目，建设厂房面积4万余平方米。项目占地2.87公顷，2018年建成2栋生产厂房、1栋综合楼、污水环保处理池等相关配套设施，完成投资7000余万元。2019年被认定为高新技术企业，获得了四项发明专利。2020年，被认定为吉安市农业产业化市级龙头企业，在职人员25人，资产总额为7885.39万元，累计收购井冈蜜柚等农产品近百万斤，主营业务收入9000多万元，上缴税收359.55万元。

江西金顶药业有限公司

江西金顶药业有限公司前身为国营安福制药厂，组建于1996年1月，2002年改制为江西金顶药业有限公司，整体搬迁进驻井冈山经开区君山大道187号，占地面积10公顷，注册资金5亿元，法定代表人胡振南。主导产品有糖浆、口服液、合剂、酒剂，有14个国药准字号批文中药饮片的生产和销售。是国家高新技术企业，拥有执业药师、高级工程师等技术人员40多人，员工队伍大中专以上学历者占60%。通过实行全员质量管理，产品质量不断提高，产品出厂抽检合格率达100%。

江西金顶药业有限公司主导产品钻山风糖浆在1997年12月中国新技术新产品博览会评为金奖，1998年5月被卫生部列为中药保护品种，1999年获江西优秀新产品称号，2000年获江西省科技进步二等奖；2002年钻山风糖浆的商标洞渊阁被评为江西省著名商标。2013年公司对钻山风药材首创品种二次开发，将主导产品钻山风糖浆的药品标准进一步提高，在国家药典委员会组织专家进行评定后升级为钻山风合剂，同年9月取得了新的药品批文，此项标准的提升填补了国内空白，被省政府评为2014年江西省战略性新兴产业重大项目，2015年被江西省工信委评为优秀新产品二等奖，同时获得省科技厅重点新产品称号，2016年获得省政府科技进步三等奖。公司2015—2018年连续4年被江西省税务局评为A级企业。至2019年公司共获得实用型新型专利29件，注册商标12件，还有两项发明专利在审核中。

江西益佰年药业股份有限公司

江西益佰年药业股份有限公司创建于1999年5月，原名江西国林健康科技发展有限责任公司。2001年3月，易名为江西益佰年药业股份有限公司。2004年4月，注册落户井冈山经开区京九大道289号。占地面积2.7公顷，其中生产经营性建筑面积2万平方米，注册资金0.2亿元。2005年5月建成投产，法定代表人郭书林。是一家集生物医药、保健食品、绿色食品研发、生产、销售于一体的规模以上私营企业。

江西益佰年药业股份有限公司是国家高新技术企业、江西省专精特新中小企业、江西省科技型中小微企业、吉安市科技协同创新企业、井冈山经开区科技创新先进企业。2017年在江西省联合股权交易中心挂牌展示。

2019年已形成生物医药、保健食品、绿色食品综合发展的产业格局。中药饮片、保健食品、蜂蜜制品生产已初具规模，其中中药饮片直接口服蜂蜜是江西省第一个生产厂家，年产能3000吨，填补该产品在江西省的空白；葡萄糖酸钙、葡萄糖酸锌口服液等微量元素补充剂年产能在2亿支以上。先后与井冈山大学、广东科技师范学院进行产学研合作研究开发数十个医药原料药、制剂、保健食品新产品。2019年7月开始筹建年产2000吨葡萄糖酸钙、葡萄糖酸锌等新产品项目，已完成车间建设改造、产品小试中试、设备安装调试，进入生产许可申报、产品批文的报批阶段。

2019年，完成工业增加值5000万元，上缴税金200万元。至2020年12月，累计完成固定资产和基础设施建设投资近2亿元，有固定资产1.5亿元；有员工150余人，其中各类专业技术人员30余人。

吉安长江生物药业有限公司

吉安长江生物药业有限公司系香港长江医药化工实业有限公司于2001年投资的独资企业，2009年落户井冈山经开区，地处京九大道，占地面积0.8公顷，注册资金1亿元，法定代表人任富全。经多年经营发展，资产总值1亿多元，是集科研、生产、销售于一体的现代化企业。

长江生物药业有限公司研发生产的新型微生物杀灭剂——康乐宝杀菌膏通过卫生部艾滋病预防与控制中心、中国预防医学科学院病毒研究所、中国疾病预防控制中心性病控制中心、中国医学科学院皮肤病研究所、国家人口和计划生育委员会科学技术研究所、北京医科大学等七大权威部门多次检验合格，并经上海复旦大学、中国福利会国际保健院、上海市第一妇婴保健院、江苏省宜兴市疾病控制中心等单位进行800例临床试验，被科技部列入《火炬计划》成果项目，获国家人口和计划生育委员会等七部门联合颁发第十届中国人口文华奖特别荣誉奖。被中国预防性病艾滋病基金会聘为特邀理事单位；获科技部、商务部、国家质检总局、国家环保总局联合颁发国家重点新产品证书。2011年，拥有芳心牌及芳心康乐宝牌两项注册商标，均获得江西省著名商标。

江西宇能制药有限公司

江西宇能制药有限公司位于井冈山经开区建设大道331号，始建于2003年，占地面积11.34公顷，注册资本2千万元，投资总额2.5亿元，法定代表人朱飞轮。主要生产甾体激素、抗艾滋病、抗肿瘤等中间体及原料药，集产品研发、生产和销售于一体。

已形成规模生产并正常供应的产品有地夫可特、氢化可的松、地塞米松、安宫黄体酮等，其中地夫可特年产能12吨，氢化可的松年产能15吨，L–氨基丙醇年产能300吨，R–3–氨基丁醇年产能150吨。设立两个独立的研究所和两个联合实验室，可以完成从小型试验、中型试验到大生产的全过程产品研发，其中甾体激素类与抗艾滋病原料药的生产技术达到国际领先水平。持有发明专利技术13项，2018年获得国家高新技术企业称号，2019年认定为江西省专精特新中小企业。产品均按GMP要求组织生产，建立完善的质量管理体系，产品质量符合国际质量标准，2019年通过了ISO 9001体系认证。

宇能制药有限公司实行规范的安全管理制度，严格按照国家要求进行安全生产和三废达标排放，2019 年通过了安标化 2 级验收和 ISO 14001 体系认证。2020 年 12 月，有员工 130 人，其中本科学历以上人员占 18.46%。全年完成税收 561.85 万元。

江西国大药业有限公司

江西国大药业有限公司地处井冈山经开区京九大道 293 号，成立于 2005 年，占地面积 2.53 公顷，注册资金 0.12 亿元，法定代表人吴泽昆。是一家以经营中药材，制造中药饮片、中成药、化学原料药及制剂、抗生素原料药及制剂、生化药品、生物制品、医疗器械为主的医药企业。

2020 年，公司年销售收入过亿元，年上缴税收 600 多万元。2020 年 12 月，公司拥有员工 60 余人，其中本科以上学历技术人员 45 人，占员工总数的 75%。

江西晋瑞医疗器械有限公司

江西晋瑞医疗器械有限公司坐落在井冈山经开区青原产业园，成立于 2013 年 4 月，占地面积 2 公顷，厂房面积 2 万平方米，注册资金 0.1 亿元，法定代表人张晋瑞。是一家研发、生产、销售医疗器械及中药材企业。

江西晋瑞医疗器械有限公司是国家高新技术企业、国家科技型中小企业及专精特新企业。拥有几十项国家专利，产品主要有：艾灸治疗仪、超声药物透入治疗仪、艾灸装置、中医定向透药治疗仪、超声用理疗电极片、可视静脉穿刺仪等。2018 年，打造 6.67 公顷的艾草种植示范基地，从艾草种植、加工到相关智能化仪器研发生产，形成产业链，开发出智能康复艾灸治疗仪，在全国中医药馆和康复理疗机构推广应用。2019 年，营业收入 1 亿元，纳税总额 547 万元。

江西大自然制药有限公司

江西大自然制药有限公司坐落在井冈山经开区京九大道 265 号，占地面积 12 公顷，注册资本 3000 万元，有资产 1.26 亿元，其中固定资产 4589 万元，公司法人代表、董事长赖刚。公司前身是成立于 1969 年的国有企业——吉安县庐陵制药厂，经历 1998 年和 2005 年两次改制，数十年艰苦创业，从一个手工作坊式的地方国有企业，发展成为初具规模的现代化中成药品牌企业。依据吉安市人民政府吉府发〔2001〕40 号文件第九十条“异地办厂，原地纳税”的政策，公司仍然归属吉安县管理。

大自然药业公司旗下有大自然科技、大自然制药、大自然医药等 3 个子公司，分别开展医药投资、中成药制造、医药营销与配送业务。拥有丸剂、颗粒剂、口服液剂、糖浆剂、片剂、酒剂等 7 大剂型生产线；拥有 26 个国有准字号品种，11 项有效专利；拥有百年丹、胡卓仁、益克停、龙种、舒儿康、血力等一大批品牌。

大自然药业公司是江西省省级农业产业化经营龙头企业和国家级高新技术企业。聚焦于中老年慢病治疗、养生保健，将“百年丹”打造成为国内中老年人用药的领先品牌，2015 年 11 月，获批成立吉安市中老年病用药工程技术研究中心。与日本汉方药企业——北日本制药株式会社合作，在古代经典名方研发、生产汉方药返销日本、跨境电商等方面取得重大突破。

2020年12月，有员工210余人，专业技术人员占总人数的38%，其中高级职称4人，中级职称26人，专业营销人员80余人。2018年实现销售收入23414万元，年纳税1430万元，实现利润257万元。

吉安荣威生物科技有限公司

吉安荣威生物科技有限公司地处井冈山经开区富滩产业园B区，成立于2012年4月18日，占地面积1.33公顷，注册资金1000万元，法定代表人叶朝政。专业生产胆回醇、精制羊毛脂、羊毛醇、羊毛酸、血红素等系列产品。2015年3月取得危险化学品安全生产许可证，许可范围：年产70吨胆固醇，150吨羊毛醇，200吨羊毛酸，80吨脑粉。企业已通过安评和环评审批，通过IS09001等体系认证。

拥有先进的设备和顶尖的生物提取技术，生产药用级胆回醇的提取技术居世界领先地位，自主研发出9个专利和新型发明，产品畅销全球。2015年，被认定为高技术企业，有一支专业技术和业务能力优秀的员工队伍。2020年，完成税收125万元。

第三章　先进装备制造企业

井冈山经开区聚焦电动汽车、机械铸造、5G通信等多个领域的先进装备制造产业，着力引进大项目，重点培植大产业。经过近20年不懈努力，一批先进装备制造企业落户，产业聚集效应初步显现。

吉安米田科技有限公司

吉安米田科技有限公司地处井冈山经开区深圳大道275号，2019年8月成立，占地10.85公顷，注册资本1亿元，法定代表人邱声富。经营范围包括塑胶制品、电子产品、五金制品、硅橡胶制品、模具、自动化设备、智能家电、医疗器械的研发、制造、销售及进出口业务。是一家集模具制造、注塑、喷涂和蒸镀、印刷、阳极氧化、CNC加工、冲压、电泳、铁烤、铝挤和压铸、电镀、镭雕、烫金、硅橡胶、机电电子与汽车零部件的模块及成品组装、医疗器械的研发与制造等于一体的综合性高科技制造企业。项目总投资50亿元，2020年1月开工建设。

公司建成达产达标后，可形成年产注塑件8000万套、阳极氧化件2000万件、电镀件75万平方米、喷涂件5000万件、蒸镀件5000万件、模具500套、烤漆件1000万件、电泳件1000万件、印刷件2000万件、镭雕件2000万件、热转印和烫金件2000万件、机电电子与汽车零部件组装品1000万件、医疗器械500万件、压铸铝挤件和冲压件及CNC件4000万件、硅橡胶1000万件的生产能力。

江西巴斯巴新能源技术有限公司

江西巴斯巴新能源技术有限公司地处井冈山经开区东区105国道南，2019年6月成立，2020年1月开工，总投资50亿元，注册资本5000万元，法定代表人屈水平。是深圳巴斯巴科技发展有限公司在江西吉安成立的全资子公司，属新能源电动汽车核心零部件研发、生产、销售的高新技术及创新型企业，产品主要包括母排、电动汽车充电连接器、高压继电器、电动汽车整车高压连接系统、充电设备及充电站运营整体解决方案、动力电箱结构整体解决方案、电机控制器及多合一集成解决方案等。

至2020年12月，巴斯巴新能源技术公司获批国家专利500多项，其中114项属发明专利、4项属软件著作权，参与制定国家和地方行业标准17项。全年完成税收69.7万元。

江西联创电缆科技股份有限公司

江西联创电缆科技股份有限公司地处井冈山经开区京九大道272号，占地21公顷，由江西联创光电科技股份有限公司、吉安市吉州区国有资产管理营运中心投资，注册资本2.6亿元，法定代表人严明。2017年7月20日，江西联创电缆科技股份有限公司在全国中小企业股份转让系统（简称“新三板”）成功挂牌，标志着公司完成股份制改造与资产证券化。产品主要有：移动通信用RF电缆、CATV电缆、PE实芯同轴电缆、耐高温电缆、数据通信微同轴电缆、数据电缆、光缆、电缆组件等。

江西联创电缆科技股份有限公司是国内最早的电线电缆制造商、中国电子元件百强企业。前身是1936年7月民国中央政府在南京市珠江路创立的中央电工器材厂。1953年5月，中央电工器材厂国有化，并入南京无线电厂（第734厂），成为五车间（又名电线车间）。1966年5月，应中央三线建设战略部署，南京无线电厂五车间（又名电线车间）内迁江西省吉安市，成立吉安市无线电线材厂（第8490厂）。1990年11月，企业开始“军转民”，并更名为“江西电线电缆总厂”，时任国务院总理李鹏题写厂名。1999年6月，企业参与发起设立江西联创光电科技股份有限公司，并成立江西联创光电科技股份有限公司线缆分公司。2001年3月上市。

2003年1月18日，在吉安市高新区隆重举行联创光电电缆科技园奠基仪式。2007年6月，改制设立江西联创电缆科技有限公司，并整体搬迁入园。2007年10月，高新区电缆科技园主体工程全部竣工。2010年12月31日，企业由国营改制转换为民营控股。

联创电缆科技股份有限公司为国家高新技术企业。拥有江西省光电线缆工程技术研究中心、江西联创电缆科技股份有限公司技术中心两个省级技术中心；拥有有效授权专利16项，其中发明专利3项。2014年研制的智能天线用D-FB型集束电缆被评为江西省优秀新产品一等奖；2015年研制的点火用防灼烧控制电缆被评为江西省优秀新产品一等奖；2016年研制的通信电源用阻燃耐火软电缆被评为江西省优秀新产品一等奖；2017年研制的充电桩电缆被评为江西省优秀新产品二等奖，“联创如翼”牌通信电缆被评为江西省名牌产品，光纤复合低压电缆技术改造项目获得吉安市工信局立项；2018年研制的内衬式薄壁内导体7/8低损馈电缆被评为江西省优秀新产品三等奖，新能源汽车充电桩组件关键技术协同创新及产业化研究项目入围吉安市科技协同创新重大专项，得到市政府扶持资金合计 100 万元；2019 年研制的 SMZYGYXT2+RB2 × 3 × 0.16（0.5）水密光电复合系缆被评为江西省优秀新产品一等奖，额定电压 0.6/1kV 及以下舰船用单芯及三芯消磁软电缆被评为江西省优秀新产品三等奖。先后有 38 项产品获得国家科技成果证书、国家级新产品证书、国家级火炬计划项目及部、省级科技进步奖、优秀新产品奖。

1991 年至 2020 年，开发 10 多种电缆、特种光缆，成为国内通信运营商、设备商、集成商以及国际知名通信公司的主要供应商。获得省级优秀企业、国家二级企业、国家节能企业、国家安全级企业、全国模范劳动关系和谐企业等多种荣誉称号。

2020 年 12 月，有员工 256 人，其中大专学历 53 人，本科学历 36 人，硕士学历 6 人。全年完成税收 406.7 万元。

吉安市瑞鹏飞精密科技有限公司

吉安市瑞鹏飞精密科技有限公司地处井冈山经开区深圳大道 258 号，2010 年 9 月成立，2012 年 8 月正式投产，占地 8.07 公顷，注册资金 1200 万，法定代表人赖泽锋。

瑞鹏飞精密科技有限公司是一家专业从事汽车大型精密五金模具研发、制造的高新技术企业，具备设计、制造大型精密汽车覆盖件、五金模具及汽车零部件的生产和技术能力，具有自动化制造新型机械类产品的机械基础件及制造技术，具有制造精密、复杂、长寿命、快速成型模具的制造技术。

2020 年 12 月，有员工 520 人，大专及以上学历人员近 300 人。全年完成税收 2347.94 万元。

江西金匠铸造有限公司

江西金匠铸造有限公司地处井冈山经开区拓展大道 308 号，2017 年 11 月成立，占地面积 9.87 公顷，有厂房 3 栋、食堂和宿舍 1 栋，总建筑面积 8.3 万平方米，投资 10 亿元。由吉安市瑞鹏飞精密科技有限公司投资建设，主要从事汽车模具精密铸造、机械铸造、金属铸造、金属结构加工及相关产品制造、销售。具备年产 5 万吨绿色装备铸造及智能数控机床铸件能力。公司与井冈山大学和吉安职业技术学院建设与环境学院建立长期产学研合作关系。

2020 年 12 月，有员工 160 人，其中企业管理人员 30 余人，专业技术人才 50 余人。

胜美达电机（吉安）有限公司

胜美达电机（吉安）有限公司地处井冈山经开区南山大道 290 号，2010 年 7 月成立，占地 5.67 公顷，法定代表人周伟利。由胜美达电机（香港）有限公司投资 1.85 亿港元兴办，总部及研发基地设立于日本，是从事电子元件的研发、生产及销售的高科技企业。主要从事汽车、计算机、通信电子元件及组件制造，其他电子设备制造及配套塑料制品、金属制品及其模具的设计与生产。开展上述产品的进出口业务。主要客户有丰田、Continental、Tesla、三菱三田、三菱名古屋、Cisco、比亚迪、宁德时代等。

胜美达电机（吉安）有限公司公司技术和研发实力雄厚，制造的变压器、电子线圈在行业细分领域处于世界领先水平。2013 年度和 2014 年度获吉安市外贸出口大户称号；2015 年度获吉安市纳税大户称号，认定为江西省高新技术企业；2016 年度获吉安市和谐企业称号；2018 年度获江西省科技创新先进企业称号，认定为江西省高新技术企业（有效期 4 年）；2019 年获江西省专精特新中小企业（有效期 3 年），吉安市外贸出口大户称号。

2020 年 12 月，公司资产总额 3.6 亿元，有员工 2200 人，其中硕士学历 1 人、高级职称 3 人。全年完成税收 3436.04 万元。

江西方舟流体科技有限公司

江西方舟流体科技有限公司地处井冈山经开区京九大道258号，占地4.87公顷，注册资金3000万元，2008 年由落户井冈山经开区，法定代表人谢茂华。是一家水冷设备研发、销售、制造及售后服务的企业，主要产品有闭式冷却塔、开式冷却塔、复合型蒸发式空冷器、节水消雾冷却塔、循环水泵等水冷设备，广泛应用于化工、电力、冶金、多晶硅、中央空调、医药、光伏、数据中心、水处理等行业，产品远销韩国、朝鲜、哈萨克斯坦、塞尔维亚、越南、泰国、印尼、赞比亚、俄罗斯等国家。

属国家高新技术企业、江西省规模以上企业、江西科技型中小微企业、江西省节能减排科技创新示范企业、江西联合股权交易中心挂牌展示企业。与清华大学、井冈山大学、吉安职业技术学院、无锡方舟水冷设备有限公司建立长期战略合作伙伴关系，拥有 38 项国家专利，15 项软件著作权，通过 ISO 9001 ：2015 国际质量管理体系认证、ISO 14001 ：2015 环境管理体系认证、OHSAS 18001 ：2007 职业健康安全管理体系认证，产品通过国家玻璃钢制品质量监督检验中心的专业检测和美国 CTI 权威认证，各项技术指标均达到国内领先水平。

2020 年 12 月，有员工 120 余人。全年完成税收 204.38 万元。

江西住电电装有限公司

江西住电电装有限公司地处井冈山经开区吉州工业园，2010 年 5 月成立，占地 0.67 公顷，投资总额 420 万美元，注册资本 210 万美元，法定代表人服部辛光。是世界 500 强企业——日本住友电工集团旗下住友电装株式会社在中国投资的第 22 家公司，专业制造、销售天线、座椅、AT 变速器等汽车用线束，年产汽车线束 810 万套，产品主要销往日本、泰国、美国、欧洲及中国国内市场，是 TOYOTA、NISSAN、HONDA 等日系品牌汽车制造商的优质供货商。

2012—2017 年，公司先后获得 ISO 9001 工厂质量管理体系认证证书、ISO 14001 环境管理体系认证证书、IATF 16949 汽车行业管理体系认证证书、南昌海关的一般认证企业资格证书、吉安市税务局的 A 类企业称号。2011 年 4 月，公司成立生产安全委员会，获得日本住友集团评定的“安全生产金奖”，连续 9 年保持安全事故为零。2016—2019 年，公司参加日本住友电装株式会社组织的全球汽车线束制造技术交流会，每年都取得制造技能团体项目和个人项目第 1 名的成绩。

公司成立工会组织，设立互助基金，建立企业困难职工帮扶制度，建立对优秀员工的家访慰问制度，慰问当地敬老院、福利院。2020 年 12 月，有员工 620 人。

江西省钜弘科技有限公司

江西省钜弘科技有限公司地处井冈山经开区天际光电产业园，占地 3 公顷，注册资金 0.65 亿元，法定代表人王建平。有 25 条生产流水线，主要从事智能手机、笔记本电脑、平板电脑、数码相框、广告机和运动 DV 等产品的开发、生产和销售。

产品从开发设计到供应管理、生产过程管理完全按照 ISO 9001 ：2015 版质量管理体系国际标准，IECQ HSPM QC 080000 ：2015 版有害物质控制管理体系，完全符合产品环保标准、ISO 14001 ：2015 版环境管理体系国际标准，OHSAS 18001 ：2007 版职业健康安全管理体系国际标准，产品通过德国 TUVRheinland 高品质认证，欧洲市场准入的 CE 认证，美国市场准入的 FCC 认证，远销美国、德国、日本、法国、英国、瑞典、以色列、巴西、阿根廷等国家。

2020 年 12 月，公司在职员工 60 人，其中学士学位以上 10 人，高级职称 2 人，中级职称 3 人。全年纳税 357.5 万元。

江西吉为科技有限公司

江西吉为科技有限公司地处井冈山经开区六星工业园，2016 年 12 月成立，占地面积 3 公顷，注册资金 0.65 亿元，法定代表人肖琛。从事人工智能人脸识别产品研究、开发、生产及销售，总部及研发基地位于深圳，并在杭州、南昌等地设有分支机构。

吉为科技有限公司技术和研发实力雄厚。2018 年认定为国家高新技术企业，在 AI 人工智能人脸识别产品、智能人脸识别 & 热成像人体测温生产工艺技术取得突破，在行业细分领域处于世界领先水平，国内排名前 10 名以内，与深圳大学合作建立人工智能院士工作站和博士工作站。产品广泛应用于学校、办公大楼以及居住小区。公司生产的带人体测温功能的人脸识别设备广泛应用于国内学校新冠肺炎疫情防控工作。

2020 年，有员工 68 人，其中博士 3 人，高级职称 5 人。全年完成税收 110.56 万元。

江西安百川电气有限公司

江西安百川电气有限公司位于井冈山经开区拓展大道 260 号，2018 年 4 月成立，注册资金 1566 万元，法定代表人谭瑞民。

江西安百川电气有限公司依靠电力电子技术、自动控制技术，专业从事变频驱动器、伺服控制器、电动汽车驱动器相关产品的开发、销售和服务，具备国际领先的变频驱动器、伺服驱动器等产品的设计开发及生产制造能力。至 2020 年末，形成年产 10 万件（套）生产能力，获得 10 多项发明和实用新型专利，获颁 CE 认证和高新技术企业、软件企业证书，生产的变频驱动器和超高速永磁同步电机处于国际领先水平，在北京、上海设有研发、销售、服务机构。

第四章　新能源新材料企业

井冈山经开区在经济发展中瞄准世界新能源、新材料技术发展前沿，致力于低碳节能环保，加强引进高端先进产业，逐步形成新能源新材料企业集群，为井冈山经开区经济发展增添生机和活力。

江西冠德新材料科技股份有限公司

江西冠德新材料科技股份有限公司地处井冈山经开区深圳大道 286 号，2014 年 2 月成立，占地面积 18.67 公顷，注册资金 1.3 亿元，法定代表人杨玉和。从事高性能膜材料、生态环境材料制作，光解膜、多功能膜的生产销售，塑料原料、塑料助剂及塑料制品的生产。经营以上产品的批发、进出口业务。

公司生产的动力电池隔膜、多功能环保薄膜、离型膜、电工膜、标签膜等产品通过国际标准 ROSH 强制性检验，各项指标均能满足或超过国标和行业标准的要求，在国内处于领先水平。公司具有自主知识产权的 T 型模头挤出平膜法薄膜成型、依次双向拉伸法薄膜拉伸等自主核心工艺；掌握基于纳米 Ti02 和无机银系列抗菌剂的复合型抗菌剂技术与工艺。拥有自主知识产权 20 项。引入德国、日本生产线，产线设备技术及产能得到大幅度提升。是国内为数不多具备自主核心技术及大规模薄膜包装材料量产的企业，填补了江西包装薄膜产线空白。在江西省、深圳市、汕头市等地布局多功能薄膜的研发中心、产品生产线，产品辐射华南华中地区。

2020 年，有员工 2170 人，完成税收 115.29 万元。

思立科（江西）新材料有限公司

思立科（江西）新材料有限公司地处井冈山经开区京九大道 284 号，2010 年成立，2011 年 11 月投产，占地 6.67 公顷，有厂房 3 栋、宿舍、食堂各 1 栋，注册资本 700 万欧元，投资总额 3.5 亿欧元，法定代表人白有洵。2018 年追加 2 亿元投资二期厂房及生产线，2019 年 6 月竣工，是意大利 SILICONATURE ASIA S.R.L 在中国投资的一家外商独资企业。产品主要有聚酯（PET）、聚乙烯（PE）、聚丙烯（PP）等各类基材的多功能离型膜以及其他涂硅层和特殊表面处理薄膜，可用于胶带行业及模切加工、标签和商标印刷、医疗卫生材料、建筑材料、电子产品电路板、太阳能电板、防爆膜、陶瓷电容等行业。公司有三条大型涂布机，一条分条机，年产能 3 亿平方米。

2020 年 12 月，有员工 85 人，其中硕士学历 1 人，本科学历 14 人，与深圳大学开展产学研合作。全年完成税收 2755.10 万元。

吉安市优特利科技有限公司

吉安市优特利科技有限公司地处井冈山经开区南山大道 292 号，2007 年 5 月落户，占地 10 公顷，总投资 10 亿元人民币，法定代表人王继生。由巨跃（香港）有限公司投资创办，主要研发、制造、销售动力锂离子电池、锂离子电芯、电池产品。公司年产锂离子动力电池 10 万套、日产锂离子电芯 50 万块，是国内投资规模较大、技术水平较高的锂离子电芯、电池设计和制造商之一，产品销往全国以及欧美、东南亚等国家。

2008 年后，获得科技创新先进企业、国家高新技术企业、江西省两化融合示范企业、江西省专利优势示范企业、江西省节能减排科技创新示范企业等称号。公司企业技术中心获江西省企业技术中心、江西省锂离子储能工程技术研究中心称号。与中国科学院长春应用化学研究所、中国科学院物理研究所、中南大学、清华大学深圳研究生院建立产学研合作关系，至 2020 年底，实际研发有效专利 197 项。

2020 年底，有员工 1600 余人，其中技术中心人员 142 人，博士 1 人，硕士 5 人，本科 48 人。全年完成税收 984.71 万元。

吉安中能易电科技有限公司

吉安中能易电科技有限公司位于井冈山经开区南塘路 268 号，2020 年 6 月成立，注册资金 10000 万元，法定代表人赵小兵。

中能易电科技有限公司是上市公司易事特集团股份有限公司控股子公司，以集团母公司在电力电子技术领域三十年的技术积累为基础，搭建了完善的研发体系和营销体系，掌握核心大功率快充技术，拥有全系列电动汽车智能充电设备、完整的充电桩生产线和供应链资源。为公共交通行业、物流运输行业、住宅小区和公共充电站提供一站式解决方案。

江西仪能新能源微电网协同创新有限公司

江西仪能新能源微电网协同创新有限公司（简称“江西仪能”）地处井冈山经开区拓展大道 260 号，2011 年成立，占地 2.52 公顷，注册资本 8000 万元，法定代表人郭雪梅。从事光储充一体化系统解决方案、微电网平台、区域能源互联网系统解决方案及其核心产品的研发和推广。自主研发的 ENA-DGMS 光伏发电及微电网管理系统、多功能逆变器、双向变流器和共享充电运营平台等系列产品具有多项国际领先优势，通过多家国家权威机构检测和新标准认证。产品广泛运用于中国有关发电公司、新能源和各充电服务运营商、国家新基建项目投资建设商。

江西仪能先后成为江西省光伏产业联盟常务理事单位、江西省新能源微电网科技协同创新体单位、江西省分布式新能源产业技术创新战略联盟牵头单位、江西省瞪羚企业，并获批成立省级院士工作站和工程技术研究中心。2015 年，总经理郭雪梅被评为江西省女创业带头人。2017 年，被中国侨联授予中国侨联新侨创新创业联盟理事单位。

江西仪能是国家高新技术企业，为低碳经济和物联网在能源领域的深化应用提供创新性产品和技术解决方案，设有区域能源互联网研发中心和软件研发中心、分布式光伏发电及微电网工程技术研究中心，经省政府批准设立新能源及能源互联网院士工作站。江西仪能开发稳定、可靠、先进的能源互联网核心装置、系统和大数据平台，长期与国电投资集团、三峡集团、中电建设集团、清华海峡研究院和清华能源互联网创新研究院等单位合作，发挥新能源和能源互联网装备一体化集成实力，结合用户需求，进行产品、市场和模式的持续研发、创新、升级。

2016—2019 年，年均销售收入近 8000 万元，连续 4 年纳税突破 100 万元。

江西晶昶能科技有限公司

江西晶昶能科技有限公司地处井冈山经开区青原产业园新工业园绿宝大道 1 号，2013 年 3 月成立，占地 3.33 公顷，项目投资 2000 万元，法定代表人王大汉。是一家以研发、生产、销售太阳能光伏组件、太阳能储能系统及太阳能周边应用产品的高新技术企业，主要研发项目有非洲家庭光伏发电及智能付费集成系统、应急智能光伏发电及储能集成系统、偏远贫困地区智能光伏发电及储能工程、灾害地区应急照明智能发电集成系统。

晶昶能科技有限公司拥有一支专业研发、销售、管理团队及先进的自动化生产设备，2015 年通过高新技术企业认证，2018 年通过江西省专精特新中小企业认证、ISO 9001 ：2015 质量管理体系认证、ISO 14001 ：2015 环境管理体系认证。公司拥有专利技术 17 项，其中发明专利 2 项。

江西绿洲环保新材料有限公司

江西绿洲环保新材料有限公司地处井冈山经开区吉太路 29 号，2002 年成立，占地 32 公顷，注册资金 1.2 亿元，法定代表人王福权。总部设在上海，是一家从事中（高）密度纤维板产品研发、生产、销售的高新技术企业，具有年产 23 万立方米中（高）密度纤维板的生产能力。

技术和研发实力雄厚。2016 年认定为省级高新技术企业，投资 1000 万元成立研发中心；2017 年通过省级技术中心评定，成功开发乒乓球台板、跑步机板、镂铣板等新产品，在行业内较早掌握先进产品生产技术，通过美国 CARB 认证、EPA 认证、FSC 认证，低醛、无醛等产品生产工艺技术取得突破，国内行业排名 10 名以内。被确定为国家级林业龙头企业、省级农业龙头企业、拥有各种专利 30 余项。与井冈山大学、南京林业大学开展合作，建立科研和培训基地。

先后与索菲亚公司、尚品宅配公司、志邦橱柜公司、我乐家居公司、万科集团、碧桂园集团、恒大集团、宜家公司等企业进行战略合作，成为其核心供应商。

2020 年末，有员工 280 余人，其中博士 2 人，高级职称 7 人。资产总额 3.7 亿元，全年纳税 582.46 万元。

江西省高精科技有限公司

江西省高精科技有限公司位于井冈山经开区青原产业园高航路，由深圳客商高春生投资建设，

2013 年 8 月成立，注册资金 3000 万元，总投资规模 20 亿元，总用地规模 22 公顷，2020 年末建成厂房、仓库、办公楼及其他配套设施共 9.6 万平方米，在职员工 65 人。主营树脂、粘合剂、TPU 可降解材料和工业重防腐涂料等新材料新产品的研发生产，有强大的研发和技术服务团队，分别在上海、深圳和江西建立了先进的产品研发、技术和服务中心，产品广泛应用于高铁、新能源、石油石化、材料保护、重工机械、医疗和光学电子等领域。2019 年产值 6000 万元，上缴税收 150 万元。

第五章　新经济新业态企业

井冈山经开区始终致力于创新科技，以科技发展引领经济发展，紧密注视世界科技的发展方向，涌现了一批新经济、新业态企业，共同研发、共享科技发展信息。创立工业大数据平台，用先进科技收集、分析、处理、解决企业工业管理手段、企业服务资源、产业运营抓手等问题，综合管理监控园区的整体运行态势，了解园区、产业、企业的发展情况，做到对园区现状心中有数，有效汇聚工业企业的需求，有效供给企业智能制造、产业对接、产业金融、项目申报、智慧节能、智慧物流等各类服务资源。加快科技成果转化速度，孵化企业，引领经济大潮。

吉安螃蟹王国科技有限公司

吉安螃蟹王国科技有限公司位于井冈山经开区建设大道 306 号，2014 年 5 月创立。公司租赁 8 栋厂房和基地食堂、1 栋宿舍，总建筑面积 4775 平方米，注册资本 1000 万元，法定代表人曾珣。

公司属文化创意产业，产品主要有中国传统文化创意、手工匠人文化、STEAM 创客教育材料及教程、建筑沙盘模型、模玩手办、COSPLAY、二次元动漫、益智桌游、人工智能机器人元器件、DIY 儿童益智玩具、家庭亲子教育手工、传统手工、DIY 生活家居装饰等，产品以材料和教程为主（非成品），并提供全方位培训及指导服务。公司与井冈山大学艺术学院、吉安职业技术学院建环学院开展长期产学研合作。

公司采用“本地设计 + 本地供应链 + 全球端零售”，选择自定项目合伙人制，呈现强劲发展态势。至 2020 年，孵化项目 80 余个，并保持平均每个月稳步新增 1 家以上公司势头，是全国最大最全的中国传统文化创意和 DIY 手工类全产业链聚集群。

2018 年 8 月，螃蟹王国全资收购了北京（手工客）app，力争把手工客打造成集中国传统文化创意、手工 DIY、创客教育独立电商交易平台和社交平台。经过后期的技术开发和运行，已经拥有 1000 万粉丝（每天还有 3000 人以上的流量导入），付费课程营业额已经超过 1000 万元，于同年 10 月在天津爱琴海购物公园内开始布局线下大型体验店，通过线上与线下的流量互相导入，线上的付费课程到线下去体验和学习，线下的教学再引流进 app 的方式来建立一个巨大的流量库，为后期 app 的估值融资和融资上市积累足够内容和数据。2019 年销售额达到 3 亿元。2019 年，公司的创客教育在吉安市 20 多所学校落地试点。2020 年，螃蟹王国教育在吉安市 13 个县（市、区）开展创客教育试点，并组织承接江西省首届学校创客大赛。公司团队共获得实用新型专利 36 项、软件著作权 11 项、外观设计专利 4 项。

2020 年 12 月，公司有职工 1300 人，平均年龄为 31 岁，其中硕士 2 人、本科生 3 人。

江西红米谷孵化企业发展有限公司

江西红米谷孵化企业发展有限公司位于井冈山经开区深圳大道 273 号吉安（深圳）产业园南山示范园内，2013 年 3 月 21 日成立，占地面积 4.67 公顷，建筑面积 46259 平方米，总投资额 1 亿元，法定代表人陈茂根。主要以经营互联网 + 服务为主，是一个为大众提供全方位服务的创业平台、创新中心，具体经营领域包括：软件开发、新媒体运营与开发、广告设计制作、互联网流量输出、财税服务、产业孵化、天使投资等。

按照国家一流创业园区的标准，设计改造园区，配备青年艺术公寓、食堂、超市、创意咖啡厅、运动休闲中心、娱乐休闲中心、艺术体验区、网咖、培训交流中心、项目展示中心等设施。重视产业园的文化建设，利用自有的服务技术，在高技术服务、知识产权与成果转化服务领域中，为创业者提供专业化全方位科技创业孵化服务。园区引进电商、医药等行业，参与投资运营“美至简智能体脂称”“美城城市新媒体”“12 推自媒体”“有张名片 app”“蒜子红包”等项目。

2016 年，红米谷孵化企业发展有限公司与井冈山经开区管委会、深圳南山区政府合作，在井冈山经开区成立一个为大众创业全方位服务的创业平台“红米谷创新产业园”。同年 12 月，红米谷创新产业园被评为省级众创空间、国家级众创空间备案；2018 年，获得国家级高新技术企业称号；还先后被评为省级现代服务业集聚区、科技型中小企业、科技企业孵化器、江西省联合股权交易中心挂牌企业及市退役军人创新创业示范基地、大学生创新创业示范基地等。

2020 年 12 月，企业从业人员 200 人。

江西省通讯终端产业技术研究院（吉安市电子信息研究院）有限公司

吉安市电子信息研究院位于井冈山经开区工业互联网产业园 4 号楼二楼，2017 年 12 月揭牌成立，2018 年 12 月由江西省工信厅批复设立江西省通讯终端产业技术研究院，实行两块牌子一套人马运营。公司在互联网产业园房屋使用面积约 1300 平方米，累计投资约 1000 万元，其中用于研发的仪器设备价值约 800 万元。

研究院由井冈山经开区管委会牵头组建，建设主体为金庐陵经济发展有限公司。2019 年 3 月注册成立江西省通讯终端产业研究院有限公司，实行企业化运营，共建企业有吉安市木林森电子科技有限公司、江西合力泰科技有限公司井开区分公司、摩比通讯技术（吉安）有限公司、江西创成微电子有限公司，合作单位有井冈山大学、吉安职业技术学院。

研究院围绕吉安市电子信息首位产业，定位集产业发展研究规划、科技成果转化、科研资源整合于一体的公共服务平台，包括为政府部门、企业提供电子信息产业发展方向咨询，制定中长期发展规划，协助企业开展新产品研发、新技术应用等科研成果转化，整合电子信息产业科技资源，为相关企业孵化提供公共服务等。

研究院初设综合管理岗、产业研究岗、研究室管理岗等，有 LED 照明技术、新型显示技术、智能识别技术、集成电路技术、通信传输技术等 5 个技术研究室和 1 个具有 CNAS 和 CMA 国家质量检测资质的公共检测平台，拥有 110 余台专业电子信息检测仪器设备。2018 年 12 月至 2020 年，江西省工信厅、吉安市科技局、井冈山经开区管委会安排资金 550 万元用于支持研究院引进科技创新人才和开展产业技术研究等。

2020 年 5 月井冈山经开区经发局与金庐陵公司签订全面代管研究院协议。

吉安融合科技有限责任公司

吉安融合科技有限责任公司位于井冈山经开区工业互联网产业园，是江西融合科技公司在井冈山经开区设立的工业互联网省级运营总部，2019 年 4 月成立。公司主要解决企业工业管理手段、企业服务资源、企业产业运营抓手等问题。2019 年 10 月，公司投资 150 万元建设井冈山经开区工业大数据平台（试用版），2020 年 5 月正式上线运行。平台按照大数据中心、园区管理平台和企业服务平台“一中心两平台”架构进行建设。井冈山经开区管委会通过大数据中心和园区管理平台，可以综合管理监控园区的整体运行态势，了解园区及产业、企业的发展情况，做到对园区现状心中有数，重大决策科学有据。企业服务平台有效汇聚工业企业的需求，有效供给企业智能制造、产业对接、产业金融、项目申报、智慧节能、智慧物流、专家在线等各类服务资源，挖掘、收集、整理工业企业的需求，以平台为创新载体，培育本地产业、配套企业，着力发展新的服务制造业，实现企业服务资源对接的便捷化、智能化、精准化。至 2020 年，公司服务吉安市工业企业 2513 家、9 个产业集群，服务园区覆盖率超过 90%。

中国联通工业互联网研究院吉安分院

中国联通（江西）工业互联网研究院吉安分院于 2019 年 10 月 10 日正式落户井冈山经开区。

分院致力成为企业 OT 和 IT 之间深度融合的融化器，为企业转型升级、智能化改造和工业互联网建设提供顶层规划和解决方案，与企业一起进行共性关键技术研发，集中联通力量及省内外优势合作伙伴立足井冈山经开区、服务全市电子信息、生物医药企业，为吉安互联网 + 先进制造业提供智力支持，以政府智库、研发创新、人才建设为工作目标，助力吉安新时代工业高质量快速发展。

分院为企业量身定制工业互联网应用设备连接、远程控制、AI 人工智能、机器视觉、无人机巡检、云化 AGV 应用、虚拟现实、云端机器人 8 大领域针对性的方案。

吉安砺芯半导体有限责任公司

吉安砺芯半导体有限责任公司 2018 年 5 月份注册成立，2019 年正式挂牌，2020 年 7 月搬迁至井冈山经开区工业互联网产业园。公司团队成员有版图设计工程师、电路分析工程师、项目支持工程师等，共有 60 余名员工，其中硕士学历 4 人、本科学历 50 余人。

吉安砺芯半导体有限责任公司专注于集成电路设计服务，有芯片后端物理实现设计和芯片反向分析工程两大主要业务方向，首创的远程版图设计服务模式为各大 IC 设计企业提供芯片设计服务支持。公司客户有中兴通讯公司、吉林华微公司、华大九天公司、国民技术公司、紫光国芯公司、联发科公司、笙泉公司、盛群公司、凌阳公司、聚积公司、明阳公司、联永公司等著名公司，客户数量达到上百家。吉安砺芯公司与深圳职业技术学院、东莞理工学院、井冈山大学等院校开展合作，联合培养 IC 设计人才。

第六章　现代食品企业

井冈山经开区以江西中烟井冈山卷烟厂、井冈绿宝等为代表的现代食品类企业产量较高，财税贡献大。产品除卷烟外，粮油类、乳制品有较大规模，香料油系列产品在国内占有一席之地。企业严格遵循健康、营养、环保要求，运用大工业技术进行现代食品制造。

江西中烟工业有限责任公司井冈山卷烟厂

江西中烟工业有限责任公司井冈山卷烟厂为国有企业，企业前身为始建于 1982 年的吉安县九龙卷烟厂；1991 年，经国务院批准保留为国家计划内地方卷烟厂；1991 年 3 月，吉安卷烟厂更名为井冈山卷烟厂，厂址迁吉安大道 3 号；2003 年 4 月，被批准为中央直属企业；2005 年 5 月，南昌卷烟厂、兴国卷烟厂合并为南昌卷烟总厂，企业更名为南昌卷烟总厂井冈山卷烟厂；2008 年 1 月，与南昌、赣南、广丰、兴国卷烟厂重组、合并构建江西中烟二级企业，更名为江西中烟工业公司井冈山卷烟厂；2009 年 10 月 29 日，企业更名为江西中烟工业有限责任公司井冈山卷烟厂。2013 年 9 月 22 日，井冈山卷烟厂易地技术改造项目通过国家烟草专卖局立项批复，11 月 20 日项目开工，2016 年 10 月 20 日项目正式投入生产运行，迁往井冈山经开区南山大道 299 号。厂区占地面积 22.7 公顷，投资总额 15 亿元，生产能力为 30 万箱 / 年，制丝能力按照 30 万箱 / 年的生产规模进行总体规划，卷接包工艺设备一期按照 20 万箱 / 年的生产规模配置，并根据生产情况逐步填平补齐。

企业集成烟草行业先进工艺和先进设备，致力于打造成行业典范，成为展示行业先进工艺的窗口、展示行业技术进步的窗口、展示行业履行社会责任的窗口、展示行业文化的窗口“四大窗口”企业。

企业主要生产“金圣”品牌卷烟及合作品牌卷烟，2016 年以来生产产量约 18 万箱 / 年。自成为中央直属企业以后，企业累计上缴税收近 70 亿元。井冈山卷烟厂 QC 活动一直从未停止，1992—2018 年，企业共召开 22 届 QC 成果发布会，共完成成果 179 个，其中：在江西中烟工业有限责任公司获奖 50 个；在省质量协会获奖 44 个，一等奖 10 个；在烟草行业获奖 3 个，2013 年“YSG600 型洗梗机水温装置的研发”获烟草行业二等奖，2014 年“降低 GDX2 硬包机 2 号剔除点次品率”获烟草行业三等奖；2016 年“空调器等焓加湿器装置的研制”获得中国质量协会优秀课题。至 2020 年底，共获得专利授权 53 项，其中发明专利 2 项。先后获省市“优秀企业”“江西省五一劳动奖状”“全国工人先锋号”企业、“全国‘安康杯’竞赛优胜企业”“全国模范职工之家”“全国厂务公开民主管理先进单位”等荣誉称号。

企业连续4年共投入1.2亿元资金帮助结对帮扶村、新农村建设点进行基础设施建设、产业项目扶持、优化生活环境、村庄整治建设。

2020年12月，企业在岗职工502人，其中研究生学历27人，本科学历134人；技术人才145人，其中高级工程师2人，中级工程师43人，初级工程师100人；技能人才282人，其中高级技师1人，技师21人，高级工109人，中级工89人，初级工62人。

江西牛牛乳业有限责任公司

江西牛牛乳业有限责任公司位于井冈山经开区建设大道329号，2004年入驻，占地面积2.4公顷，注册资本5000万元，法定代表人郑建民。现有员工272人。公司是集牧草种植、奶牛养殖、乳品加工、市场营销于一体的民营企业。

2005年起，公司被江西省外专局确定为江西省“一村一品”省级示范点；2006—2020年，公司被认定为农业产业化省级龙头企业，主营产品获国家A级“绿色食品”认证；2013年，公司经国家认监委评审获得“诚信管理体系证书”。2014年12月，公司被中国奶业协会认证为专业生产“中国学生饮用奶”企业；2015年公司和南昌大学共同合作“西杂牛奶的加工关键技术与应用”课题获江西省科学技术进步二等奖，公司获“全国绿色食品示范企业”称号；2017年，公司被江西省科技厅、财政厅、税务厅等3个部门认定为“高新技术企业”；2019年，获江西省专精特新中小企业荣誉证书；连续多年被吉安市农业银行评为A级信用企业。

2000年，公司在吉安市吉州区兴桥镇井冈山国家农业科技园投资1500万元新建千头奶牛养殖基地，基地占地面积7公顷。公司存栏600头优质高产奶牛，建有秸秆、牧草青贮池5500立方米，年处理玉米秸秆、牧草3000吨；建成日处理牛粪及污水100吨的沼气工程。

2020年末，公司有员工272人。

江西井冈绿宝股份有限公司

江西井冈绿宝股份有限公司位于井冈山经开区青原产业园，2015年6月成立，占地面积3.67公顷，注册资本5600万元，法定代表人刘英。公司是一家集食用植物油加工、储存、销售、物流配送和电子商务于一体的公司，主要从事食用油生产与销售。公司有配套公用工程和厂区工程等，有自动化灌装生产流水线6条，具有年产食用油3万吨能力，拥有生产检测设备、仓储设施及完善的市场营销体系，储油能力达到5000吨，年销量达到2.7万吨。

公司通过国家质检总局的QS生产许可认证，获得省级民营科技企业、吉安市消费者协会诚信单位等称号，所生产的井岗绿宝、燕家香、宝鹿缘系列品牌食用油，获全国消费者信得过品牌、江西省著名商标、江西省粮油行业协会放心粮油、吉安市食用油标志性品牌，其中井岗绿宝品牌获得中国驰名商标，茶油系列通过了中国绿色食品发展中心审核并获得国家绿色食品证书。

益海嘉里（吉安）粮油食品有限公司

益海嘉里（吉安）粮油食品有限公司位于井冈山经开区庐陵大道129号，由益海嘉里金龙鱼粮油食品股份有限公司全额投资，2020年7月成立，公司占地面积约16公顷，总投资约20亿元，注册资金1.6亿元，法定代表人张炜。公司主要从事水稻加工、米糠油压榨、茶油压榨等粮油食品的精深加工，项目达产达标后可年产大米44万吨，食用油15万吨，带动本地农户年度增收1亿元以上，可实现年主营业务收入15亿元以上。

第七章　建材、工艺、包装企业

井冈山经开区20年的发展，涌现出一批建设材料、工艺、包装制造企业。这些企业聚焦世界前沿科技，创新持续发展，创造了良好的经济价值和社会价值。

吉安市永安交通设施有限公司

吉安市永安交通设施有限公司位于井冈山经开区青原产业园，成立于2002年6月17日，占地面积5.33公顷，厂房建筑面积6万平方米，注册资本10000.7771万元，法定代表人徐岩溪。2002年，由原县级吉安市交通局招商，创立吉安市永安标牌工贸有限公司，主营交通标志牌的销售及施工。2005年，由青原区安全监督局招商，落户青原区华能工业园，注册成立吉安市永安交通设施有限公司。是一家研发、生产、销售交通信号灯、电子警察、道路监控等交通科技产品和交通部标准的道路标志牌、标线、护栏等交通安全设施产品，并进行安装、售后服务的企业。有交通安全设施施工一级企业、市政设施施工一级企业、安全防护一级企业、系统集成二级企业、涉密乙级企业资质，通过了质量体系、安全体系、服务体系、系统集成体系、职业健康体系五大体系认证。

2010—2013年，公司全国布局，成立江西、福建、广西、湖南、四川等14家分公司，产品销往全国各地。2010年，产值首次突破亿元大关，实现从传统交通设施产业向高科技产品产业的转型升级。2012年成立中共永安交通设施有限公司支部委员会，2013年被评为吉安市非公有制经济组织先进党组织。成立工会小组，组织员工进行各种技能、文化培训，慰问困难员工家庭，为大病员工举行募捐活动。至2019年，连续6年实现年产值30%以上增长，2019年实现产值6.5亿元。

成立市级工程技术中心，有研发人员50多人，其中高级工程师7人，中级工程师20人；有国家发明专利120件、软件著作权26件；获得中国优秀安防施工企业、江西省知识产权优势企业、江西省守合同重信誉企业等称号，公司生产的交通信号灯、标线涂料、道路标牌被评为江西省名牌产品，自主研发的道路交通信号控制机获得江西省新产品一等奖。

为汶川地震、新冠疫情防控捐款捐物，免费参加台风、洪涝等自然灾害造成的交通设施抢修，参加脱贫攻坚、贫困助学活动。

2018 年创办江西白云湖匠心谷生态农旅发展有限公司，引进高级根雕师傅和制造古建、红木家具、竹编工匠，招收本地人员进行培养，传承工匠技艺。2019 年在井冈山经开区富滩产业园注册成立吉安市永钢热镀锌有限公司，占地面积 14.67 公顷，项目计划总投资 5 亿元，分两期建设。

2020 年 12 月，有员工 1500 余人，其中中专学历以上员工 800 余人。

吉安市钢铁有限责任公司

吉安市钢铁有限责任公司位于井冈山经开区，2003 年 4 月成立，注册资金 38000 万元，法定代表人王文清，取得了国家质检总局颁发的生产许可证，是工信部第三批国家钢铁规范企业。

原有工艺装备 75T 电弧炉 2 座和 80T 精炼炉 1 座，4 机 4 流连铸机 1 台，推钢式连续加热炉 2 座，560 纵列式轧机生产线 2 条，主要生产抗震棒材和线材，年生产能力 110 万吨。2018 年 6 月桂鑫集团重组吉安市钢铁有限责任公司。2019 年 6 月，贯彻国家长江经济带战略，进行布局优化、结构调整和转型升级，实施电弧炉节能环保升级易地改造，淘汰原有的生产设备，依法依规按国家产业政策指引进行产能置换公示、公告、立项备案。主要建设 1 座 130 吨电弧炉，1 座 130 吨精炼炉，两组先进自动化轧钢生产线，1 座 220KV 变电站及供电线路，1 座制氧车间，配套建设生产线环保除尘、污水处理等设施，新建办公大楼、员工宿舍等配套设施。2020 年被列为江西省重点投资项目、江西省大中型项目。项目 2020 年 7 月开工，建设周期为 15 个月，完工达产后，达到国家环保和安全标准，形成年产优特钢、抗震钢材 100 万吨能力。

江西嘉寓门窗幕墙有限公司

江西嘉寓门窗幕墙有限公司位于井冈山经开区京九大道 260 号，2014 年 3 月注册成立，注册资金 2000 万元，占地面积 6 公顷，法定代表人苏文军。公司是一家集研发、生产、施工于一体的建筑节能、智能装备、光热光伏、门窗幕墙系统提供商，门窗年产能 30 万平方米。

2015 年 7 月成立中共江西嘉寓门窗幕墙有限公司支部委员会。2015 年 9 月江西嘉寓被评为江西省高新技术企业。2020 年 12 月，江西嘉寓有员工 23 人，其中大专以上学历 16 人，高级工程师 1 人、中级工程师 3 人，建筑一级注册工程师 1 人、建筑二级注册工程师 2 人，技术研发设计人才 5 人。

吉安市三江超纤无纺有限公司

吉安市三江超纤无纺有限公司位于井冈山经开区京九大道 270 号，成立于 2007 年 7 月，占地面积 12 公顷，注册资金 2288 万元，法定代表人赵孝光。公司是浙江三江企业（集团）旗下的高新技术企业，引进国际先进生产设备建成 3 条生产线，形成年产 6000 吨的能力，具有世界领先水平的亚洲第一条“中空桔瓣超细长纤维纺粘水刺无纺布”生产线及一条进口交叉铺网水刺线。2013 年 12 月获得江西省高新技术企业认证，2016 年通过高新技术企业复评。企业通过 ISO 9001、ISO 14001 认证，获评江西省专精特新中小企业称号，2018 年获“纺织之光”中国纺织工业联合会科学技术一等奖。

企业与天津工业大学合作，开展无纺布技术研究，研发出多款特种面膜产品，并迅速占领市场。2020 年防控新冠疫情期间，扩产 4 条口罩生产线，达到日产 15 万副的生产能力，为社会防疫贡献力量。2020 年 12 月，有员工 182 人，大学以上学历 45 人，年度完成税收 1349.86 万元。

吉安市三菱超细纤维有限公司

吉安市三菱超细纤维有限公司位于井冈山经开区环岛南路 1 号，占地面积 40397 平方米，成立于 2010 年，注册资本为 1000 万元，法定代表人赵奕。公司是一家研发、制造、销售超细纤维人造革类产品的高科技企业。公司将非织造布制造技术、人造革湿法加工和染整后处理等工艺融为一体，整合运用定岛短纤、非织造布、皮革制造技术、超纤皮染整加工技术 4 项产业领域技术，生产出第五代人工皮革——定岛超纤皮革，达到仿天然皮革效果。定岛超纤皮革在内部结构和表面效果接近天然皮革，在物理性能上超越天然皮革，有耐撕裂、耐寒、耐酸、不褪色、质量轻、柔软、透气性好、易剪裁、利用率高、易清洗、无异味等特征，还有抗菌、防霉、防蛀、无有害物质的环保特征，广泛应用于制鞋、箱包、家具、沙发、车饰、服装、包装、电子数码等行业。

2017 年获评江西省高新技术企业称号，有 15 项专利，公司“双组份防粘水刺非制造材料关键技术设备及应用”工艺获得中国纺织工业联合会颁发的工艺制造一等奖。2018 年企业重组，三菱超纤公司成为三江超纤无纺有限公司的子公司（事业部）。2019 年，获得 ISO 14000 环境管理体系认证证书。2020 年 12 月，有员工 105 人，其中博士学位 1 人，硕士学位 1 人，本科 8 人；全年完成税收 603.87 万元。

吉安市盛泰金属制品有限公司

吉安市盛泰金属制品有限公司位于井冈山经开区君山大道 162 号，占地面积 3.33 公顷，有 10000 多平方米的现代化标准厂房，于 2006 年 12 月注册成立，2009 年 7 月正式投产，注册资金 1000 万元，法定代表人罗克森。

公司是一家专业经营水暖、建筑五金、机电类产品的外贸型企业，主要生产开发高档建筑五金、水暖配件、液压管件产品，属于精密加工产品，主要原材料为黄铜，年产值数千万美元。主要贸易方式为进料加工贸易方式。公司以工厂为主体，在上海设立销售服务点。

产品有上千种规格，客户遍及美国、法国、加拿大、澳大利亚、西班牙等国家，与国内多家采购商建立合作关系。2020 年，有员工 200 余人，固定资产 1800 万元，完成税收 326.10 万元。

江西省坤达科技有限公司

江西省坤达科技有限公司位于井冈山经开区拓展大道，于 2012 年 5 月 18 日挂牌成立，2013 年 3

月6日正式投产，占地面积3.33公顷，建筑面积36000多平方米，由浙江温州坤达包装有限公司投资，注册资金1980万元，投资总额1亿元，法定代表人林永昶。

坤达科技公司有3条生产流水线，配备圆织机160台、拉丝机3台、7色组合式凹版彩色印刷机2台、光电纠偏高速复合机1台、对中折边机1台、高速数控普通印刷机4台、电脑数控自动打边裁袋一体机11台、融溶塑化吹膜机6台设备，形成一条龙生产体系。公司生产的各种规格PP编织袋、彩印复合袋，广泛应用在食品、化工、饲料包装行业中。

2013年，公司与天津科技大学合作，共建研发中心和产学研基地，成功研发透明增韧改性新产品，成功申报国家发明专利。2015年与井冈山大学合作，将人工投料改为自动投料，生产全程实行电脑数字化管控，解决原材料分级问题，获得国家发明专利。2017年5月，公司申报的项目—“透明增韧改性聚丙烯材料的研制与产业化”获得验收，并获得100万元专项扶持资金。

公司有7个实用型新产品专利、3项发明专利，有2个省级重点新产品，2013获中国工业优秀单位称号。2018年度，在全国塑编行业中排名第十。2020年12月，有员工260人，其中研发团队30人，全年完成税收113.84万元。

吉安市巨峰纸品有限公司

吉安市巨峰纸品有限公司位于井冈山经开区建设大道327号，于2003年5月注册落户，2004年5月竣工投产，占地面积22660平方米，建筑面积1万平方米，注册资本1000万元，法定代表人戴文炬。公司属于其他纸制品制造行业，主要生产单瓦楞、双瓦楞、三瓦楞纸板、纸箱等纸质外包装产品。已通过ISO 9001 ：2015质量体系认证和ISO 14001 ：2015环境体系认证，2018年12月被认证为江西省高新技术企业。

公司有全自动生产纸板流水线1条、全自动印刷机4台、电脑激光雕刻及纸箱、纸板检测仪器，配套设备齐全，日产纸板12万平方米。2020年，有固定资产1300多万元，年产值7000万元，全年完成税收88.73万元，有员工100人。

井冈山北新建材有限公司

井冈山北新建材有限公司是北新建材旗下的全资子公司，位于井冈山经开区青原产业园，成立于2015年11月19日，占地面积12.87公顷，一期总投资1.8亿元，法定代表人邱洪。

公司一期项目于2016年投产，有年产3000万平方米纸面石膏板生产线及5000吨轻钢龙骨生产线。二期项目2020年开工建设，主要产品为低碳建筑粉料和防水材料，投资额3000万元。2020年12月，有员工120人。

江西明盛实业有限公司

江西明盛实业有限公司位于井冈山经开区富滩产业园A区，于2003年11月成立，占地5.33公顷，注册资金 5000 万，法定代表人王楼伟。

公司拥有 4 条有色卡纸生产线，是生产环保特种纸的民营企业。2004 年 9 月，1 号车间首条 2640 型白板纸生产线正式投产。2007 年 9 月，新建 2 号生产线，2008 年 5 月投产。2011 年 3 月，公司进行技术改造和生产工艺调整。2011 年 10 月，转型生产有色卡纸。2013 年扩建 3 号车间、2015 年扩建 4 号车间，生产有色卡纸。2019 年投入 3500 万元资金，对 1 号、2 号生产线进行技术改造。

主导产品为 110~500 克的“骑盛”和“明盛”牌高档环保黑卡、红卡、酒红卡、蓝卡、咖啡卡等有色卡纸，广泛用于各种高档服装、奢侈品和各类商品的包装，生产的有色卡纸在全国有色卡纸市场中占据 5% 的销售份额。

2019 年通过安全生产标准化三级评审，严格落实安全生产标准化机制，制定 24 小时安全生产巡查制度，开展岗前、季度、年度安全生产培训，开展消防演练、应急演练。2016 年兴建“员工之家”、篮球场，设立乒乓球桌、台球桌、员工大会议厅投影仪，丰富员工业余生活。2020 年，公司总资产 3 亿元，有员工 200 多人。

第八章　配套设施生产企业

大工业的发展，不可避免地产生一些工业固废废物；城市化的发展，也会产生生活垃圾。井冈山经开区引进配套设施生产企业，坚持最严格的环保标准，无害化、资源化、减量化处理工业固废废物和生活垃圾，变废为宝，切实保护环境。这些配套设施生产企业净化了环境，取得了社会效益和经济效益，为园区的可持续发展提供可靠保证。

吉安创成环保科技有限责任公司

吉安创成环保科技有限责任公司位于吉安市井冈山经开区南塘路 319 号，成立于 2012 年 11 月，占地面积 34.73 公顷，由深圳创成电子有限公司投资；2018 年 9 月，引进雅居乐环保集团共同投资；注册资金 0.2 亿元，总投资 50 亿元，法定代表人胡国良。公司主要建有大宗工业固体废物无害化处置项目和资源化综合利用项目，在经营规模和服务能力上处于行业领先地位，在省内属龙头示范项目。

无害化处置项目　即吉安市危险废物处置中心，分两期建设，1 期固定资产投资 3.5 亿元，建成年可处理工业危险废物 9 万吨设施，其中：焚烧处理 12000 吨 / 年，物化处理 13000 吨 / 年，稳定化固化处理废物 20000 吨 / 年，安全填埋场填埋 45000 吨 / 年（总库容 200 万立方米，服务年限 66 年）。项目于 2018 年 8 月开工，2019 年 10 月投产运营，服务企业 1000 余家，吉安市辖区内企业占比 70%，实现收储危险废物近 6 万吨，平均年营收额 8000 万元。2 期拟再投资 5 亿元，建设 20 万立方米的刚性填埋场和 70 吨 / 年焚烧线，2020 年 12 月处于环评编制中。

资源综合利用项目　国家发改委办公厅、财政部办公厅下发《关于同意丽水经济技术开发区等 25 个园区循环化改造实施方案的通知》（发改办环资〔2015〕1468 号）中，批复循环化改造实施方案承担“电子废物综合利用项目、废蚀刻液综合回收利用项目、含重金属污泥处理利用项目及高浓度工业废液处理利用项目”的建设任务，下拨建设扶持资金4600万元，项目分2期建设。1期项目是国家发改委批准的电子废物综合利用利用项目，总投资2.15亿元，采用世界先进处理工艺和设备，年可处理废旧电脑主机、笔计本电脑、手机、PCB及线路板（含覆铜板边角料）等共50000吨，回收有利用价格的电子元器件，及铜、铝、铁、塑料等可再生资源。二期项目：废蚀刻液综合回收利用项目、含重金属污泥和工业高浓度废液回收利用，总投资5亿元，年处理利用含铜蚀刻废液和酸碱废液利用2.24万吨/年、含重金属污泥处理利用19.5万吨/年、高浓度工业废液处理利用1万吨/年的处理规模，产生硫酸铜、黑铜和硫酸镍、硫酸锡等产品和再生资源。2020年12月，1期项目建成投产，2期项目正在建设中。

2020年，完成税收326.12万元，年营业收入1亿元；有员工128人，其中本科及以上学历占30%，大专学历占35%，高中及中专学历占35%。

光大环保能源（吉安）有限公司

光大环保能源（吉安）有限公司位于井冈山经开区105国道南侧，占地面积7.73公顷，是由社会资本方中国光大国际有限公司和政府出资方代表吉安市吉泰走廊投资发展有限公司共同出资建成的项目公司，总投资6.37亿元，法定代表人吴永新。

项目于2018年4月16日开工，2019年12月3日发电机发电并网成功，2019年12月9日完成“72+24小时”满负荷运行，完成项目建设和试运行。项目规划每年处理吉安市吉州区、青原区、井冈山经开区、庐陵新区、吉安县、吉水县、泰和县“四区三县”的生活垃圾43.8万吨，提供绿色电力1.29亿千瓦时，节约标准煤7万余吨，减少二氧化碳排放量近20吨。

配置2条600吨/日焚烧线、2台中温中压余热锅炉、1台25兆瓦中温中压凝汽式汽轮机组及1台25兆瓦发电机组；焚烧系统采用国内技术最成熟、运行最稳定的机械排炉垃圾焚烧工艺；烟气净化系统采用“SNCR炉内脱硝+半干法+干法+活性炭喷射+布袋除尘”组合工艺；烟气排放数据满足欧盟2010标准排放；渗滤液处理工艺采用“预处理+调节池+IOC厌氧罐+A/O系统+外置式超滤膜+TUF化学软化+反渗透系统+DTRO系统”组合工艺，出水达到《城市污水再利用—工业用水水质标准（19923-2005））》，全部回用于循环冷却水系统，实现厂内回用，确保对周边水体无影响。

生活垃圾焚烧产生的烟气排放数据通过设置与环保部门联网的烟气在线监测系统实时向社会公布；渗滤液处理后回用作为循环冷却水充水，实现“零排放”；采用密封、负压方式，有效防止臭气外逸；焚烧后产生的炉渣可作为建材企业的生产原料，飞灰经螯合稳定化处理后进行安全填埋。2020年12月，公司有员工67人。

吉安市创业经济开发有限公司

吉安市创业经济开发有限公司位于井冈山经开区建设大道306号，成立于2003年3月27日，占地面积49023平方米，厂房建筑面积53945.16平方米，法定代表人张文生。

公司是以出租工业标准厂房为主并配套相关物业管理的服务型企业，有带电梯A型厂房一栋，面积 5441.41 平方米；带电梯 B 型厂房 3 栋，面积共 14827.2 平方米；C 型厂房 2 栋，面积共 7356 平方米；宿舍综合楼 2 栋，面积共 14827.2 平方米，配套建有食堂、超市、网吧、篮球场，绿化面积 19000 平方米，绿化率达到 40%。

先后接纳吉安市优特利科技有限公司、富尔泰纺织工业有限公司、吉安市天益光通信技术有限公司、华林玻璃厂、吉安昌企汽车配件厂等 20 余家实体企业进入公司孵化壮大，然后这些企业自购土地，自建厂房，自创发展空间，成为井冈山经开区骨干企业。这些企业在孵化期相互包容、共图发展，生产、生活秩序井然。2020 年 12 月，公司内仍有螃蟹王国、合力泰 2 家企业上千人留驻。

吉安港务发展有限公司

吉安港务发展有限公司（吉安陆地港）地处井冈山经开区拓展大道 276 号，由厦门港务发展股份有限公司于 2011 年 6 月出资组建，注册资本 7000 万元；吉安陆地港 2011 年 9 月购地 16.68 公顷，分为配送中心区（面积 78918.5 平方米）、保税物流区（面积 48493.9 平方米）、铁路货场区（面积 39420.6 平方米）三大功能区，累计投入资本 7078.70 万元；其中，一期工程占地面积 4.2 公顷，建筑面积 12182.33 平方米，主体于 2014 年 7 月 1 日建成投产。进口商品直销中心项目于 2016 年 1 月正式营业，进驻陆地港一期。法定代表人朱学军。

吉安港务发展有限公司（吉安陆地港）于 2014 年 7 月投资成立全资子公司——吉安港务物流有限公司。

吉安陆地港的市场目标是：立足吉安市，服务当地产业物流需求。辐射江西中部地区，打造区域性综合物流园区，建设成为链接中国东西部的重要货运中转基地。计划建成集联检、报关、保税、仓储、物流配送、商贸办公于一体的国内一流的内陆口岸作业区，预计总投资 3 亿。

公司属物流行业，经营范围主要有国际、国内货运代理服务（不含运输），包括仓储服务、包装加工、物流配送服务（不含运输）、物流信息咨询服务、集装箱装卸服务、进出口拼箱服务、空箱堆存及维修服务、冷藏箱检测服务，主要货物有保健食品、预包装食品兼散装食品、乳制品（含婴儿配方乳粉）、农畜产品、日用品等。

吉安陆地港是厦门港务控股集团在江西区域布局“一带一路”、对接厦门自贸区拓展腹地的战略布局，服务吉安外向型经济的口岸窗口和物流平台，为吉安及周边企业提供国际物流服务。货物经海铁联运，通过四大洋运到五大洲，使江西内陆进出口企业物流成本降低，业务辐射吉安周边的新余、萍乡、抚州、宜春、赣州等城市，是赣中地区最大的国际物流集散地。

第十二篇 人 物

井冈山经开区开发建设的成果是一代代井冈山经开区人干出来的。建区伊始，人员来自四面八方，工作千头万绪，首批建设者克服交通不便、条件艰苦等困难，沉下一条心，鼓足百倍劲，迈开了开发区建设的坚定步伐。在无数个“白加黑”“五加二”的苦战中，在牺牲无数次“朋友欢聚”“亲情相乐”的辛劳中，大显身手，建功立业，他们成为井冈山经开区的建设功臣。

伴随着井冈山经开区的成长，越来越多有识之士投入到井冈山经开区如火如荼的建设大潮中。历任领导班子践行新发展理念，在改革大潮中行稳致远，在产业结构调整中转型升级，在科技创新中勇立潮头，在实施国际国内双循环经济发展中争当先锋。

一批批境内外企业家，钟情这片热土，扎根于此投资兴业，做大做强，实现自己的人生梦想。

20 年的发展，涌现了一支成熟的产业工人队伍。他们中不乏技能创新能手、劳动模范、五一劳动奖章获得者，有的被选举为全国人大代表，成为井冈山经开区建设发展的主力军。

第一章 井冈山经开区人物简介

按照“生不立传”的原则，本章对井冈山经开区发展建设有重要影响的人物用“简介”方式进行记述。人物类型分为：历任市政府分管领导；历任党工委书记；历任管委会主任；历任党工委副书记；历任党工委委员；历任管委会副主任、主任助理、调研员；部分企业家；全国人大代表、劳动模范、五一劳动奖章获得者等。入志人物共 65 人。

第一节 历任市政府分管领导简介

历任市政府分管领导有：邓扬辉、贺宗鑫、杨群宝、余阳春、刘贤清、邓淑斌。以任职时间为序。

邓扬辉　男，1948年10月出生，江西石城人。省委党校大专学历，1970年12月参加工作，1972年6月加入中国共产党。

1970年12月至1973年8月任石城县琴江小学教师、长乐小学副校长；1973年8月至1977年9月任石城革委会纪检组干事；1977年9月至1981年1月任石城县岩岭公社党委副书记、书记、革委会主任；1981年1月至1982年5月任石城县委常委、办公室主任；1982年5月至1986年9月任石城县委副书记（其间，1984年9月至1986年7月，在江西省委党校大专班脱产学习）；1986年9月至1988年12月任宁都县委书记；1988年12月至1990年9月任赣州地委委员、组织部长；1990年9月至1992年4月任赣州地委政研室副主任（正县级）；1992年4月至1994年7月任宁冈县委副书记、县政府县长；1994年7月至2000年7月任吉安地区行署副专员、党组成员；2000年7月至2002年1月任吉安市政府副市长、党组成员；2002年1月至2008年，任赣州市政府副市长、党组成员。

2001年5月至9月分管吉安市高新技术产业开发区。

贺宗鑫　男，1947年5月出生，江西永新县人，江西工学院化工系本科毕业，工学学士，1968年8月参加工作，1982年6月加入中国共产党。

1985年7月至1991年11月任吉安地区体改委副主任；1991年11月至1993年9月任吉安地区体改委主任；1993年9月至1994年8月任吉安行署副秘书长兼体改委主任；1994年8月至1995年9月任吉安行署秘书长；1995年9月至1996年2月任吉安地委秘书长；1996年2月至2000年8月任吉安行署副专员；2000年8月至2008年5月，先后任吉安市政府副市长，吉安市委常委、市政府常务副市长。

2001年9月至2005年8月分管吉安市高新技术产业开发区。

2007年4月至2008年5月兼任吉安深圳产业园推进领导小组副组长。

杨群宝　男，1953年1月出生，江西井冈山人。江西师范学院数学系大普毕业，1977年12月参加工作，1979年5月加入中国共产党。

1984年1月至1986年7月任井冈山市委常委、宣传部长兼文化广播电视局长；1986年7月至1987年9月任井冈山市委常委、副市长；1987年9月至1988年10月任井冈山市委副书记；1988年10月至1992年11月任永丰县委副书记、县长；1992年11月至2000年9月任万安县委书记；2000年9月至2002年4月，任吉安市委秘书长、办公室主任；2002年4月至2005年8月任吉安市政府副市长、党组成员；2005年8月至2006年11月，任江西省吉安市政府副市长、党组成员、市高新技术产业开发区党工委书记（兼）。

2007年9月任吉安市委常委、副市长，2011年10月任吉安市委副巡视员，2012年4月至退休前任吉安市委巡视员。

余阳春 男，1956年10月出生，江西丰城人。1974年8月参加工作，1982年6月加入中国共产党。

1979年4月至1985年8月在丰城县湖塘公社工作，任团委书记、管委会副主任等职（其间在江西行政学院农业经济管理系学习并毕业）；1985年8月至1987年12月任丰城县委办公室副主任；1987年12月至1992年9月任丰城县（市）河州乡党委副书记、乡长；1992年9月至1995年10月任丰城市洛市镇党委书记、人大主席；1995年10月至1997年1月任丰城市副市长；1997年1月至2000年9月任丰城市委常委、常务副市长（其间参加中央党校函授本科党政专业学习并毕业）；2000年9月至2003年11月任上高县县委副书记，县长（其间参加中国政法大学成人教育学院民商法研究生学习并毕业）；2003年11月至2006年11月任 上高县委书记、县长；2006年11月至2009年6月任吉安市人民政府副市长、党组成员、市高新技术产业开发区党工委书记（兼）；2009年6月至2011年10月任吉安市人民政府副市长、党组成员、井冈山经开区党工委书记（兼）。

2011年10月至2016年11月任吉安市委常委、市政府副市长、党组成员。

刘贤清 男，1962年9月出生，江西泰和人。江西省委党校研究生学历。1981年10月参加工作，1986年5月加入中国共产党。

1981年10月至1990年2月，先后任井冈山下七粮管所会计、井冈山市粮食局副股长、井冈山市粮贸公司承包经理、井冈山市粮食局副局长等职；1990年3月至1991年9月任井冈山市政府办公室副主任；1991年9月至1995年5月任井冈山市政府办公室主任；1995年5月至1997年12月任井冈山市政府副市长；1997年12月至2002年3月任井冈山市委常委、市政府副市长（其间：1998年9月至2000年12月在江西省“二沟通”师资培训政教专业学习，1999年3月至2001年3月在江西农业大学经贸学院农业经济管理专业硕士研究生课程班学习并结业）；2002年3月至2002年11月任吉安市吉州区委副书记、区政府区长；2002年11月至2003年1月任新干县委副书记、县政府副县长、代县长；2003年1月至2005年7月任新干县委副书记、县政府县长；2005年7月至2010年11月任新干县委书记（其间：2004年9月至2006年12月在江西省委党校研究生班党建专业学习）；2010年11月至2010年12月任吉安市人民政府党组成员、新干县委书记；2010年12月至2011年2月任吉安市人民政府党组成员、副市长、新干县委书记；2011年2月至2015年11月任吉安市人民政府党组成员、副市长；2011年10月至2016年11月任吉安市人民政府党组成员、副市长、井冈山经济技术开发区党工委第一书记。2015年11月至2015年12月任吉安市委常委、市政府副市长、市政府党组成员；2015年12月至2016年2月任吉安市委常委、市总工会党组书记；2016年2月至2016年10月任吉安市委常委，市总工会党组书记、主席；2016年10月至2019年3月任吉安市委常委、政法委书记；2019年3月至2019年7月任吉安市委常委、政法委书记，吉安市政协主席；2019年7月任吉安市委常委 、吉安市政协主席。

邓淑斌　男，汉族，1963 年 9 月出生，江西萍乡人。中央党校经济学在职研究生毕业，林学学士，工程师。1984 年 8 月参加工作。

2000 年 11 月至 2002 年 11 月任万安县政府副县长（其间：1999 年 9 月至 2002 年 7 月在中央党校经济学专业在职研究生学习）；2002 年 11 月至 2005 年 8 月任万安县委常委、县政府常务副县长；2005 年 8 月至 2010 年 2 月任吉安市对外经贸局党组书记、局长；2010 年 2 月至 2011 年 10 月任吉安市商务局党组书记、局长（其间：2009 年 6 月至 2010 年 6 月在商务部挂职副处长、司长助理）。

2011 年 10 月至 2016 年 11 月任井冈山经济技术开发区管委会主任（副厅级）；2016 年 11 月至 2019 年 12 月任吉安市人民政府副市长、井冈山经济技术开发区党工委第一书记、吉安高新技术产业开发区党工委第一书记；2019 年 12 月至 2020 年 3 月任吉安市人民政府副市长、一级巡视员、井冈山经济技术开发区党工委第一书记、吉安高新技术产业开发区党工委第一书记；2020 年 3 月任吉安市人民政府一级巡视员、吉安市工业和开放发展领导小组常务副组长、井冈山经济技术开发区党工委第一书记、吉安高新技术产业开发区党工委第一书记。

第二节　历任党工委书记简介

历任党工委书记有：刘志坚、杨群宝、余阳春、彭学凯。以任职时间为序。

刘志坚　男，汉族，1959 年 7 月出生，江西吉水人。本科毕业，1983 年 8 月加入中国共产党，1980 年 9 月参加工作。

1980 年 9 月至 1993 年 1 月，在吉水县工作，先后任团县委副书记、富滩乡党委副书记、丁江乡乡长、八都镇党委书记等职；1993 年 1 月至 1996 年 10 月任吉水县政府副县长；1996 年 10 月至 2001 年 5 月任吉水县委常委、副县长（其间：1996 年 9 月至 1998 年 12 月在中央党校函授经济管理专业本科学习）。

2001 年 5 月至 2002 年 6 月任吉安市高新技术产业开发区管委会主任；2002 年 6 月至 2005 年 8 月任吉安市政府副秘书长、市高新技术产业开发区党工委书记、管委会主任；2005 年 8 月至 2009 年 2 月任吉安市政府副秘书长、市高新技术产业开发区党工委副书记、管委会主任；2009 年 2 月至 2011 年 10 月任吉安市政府副秘书长、井冈山经济技术开发区党工委副书记、管委会主任；2011 年 10 月至 2012 年 12 月任吉安市政府副秘书长、井冈山经开区党工委书记（副厅级）；2012 年 12 月至 2016 年 10 月任井冈山经济技术开发区党工委书记（副厅级）。

2016 年 10 月至 2019 年 7 月任吉安市政府党组成员。

杨群宝　见本章第一节。

余阳春 见本章第一节。

彭学凯 男，1966年4月出生，江西安福人。吉林工业大学机械制造专业毕业，中央党校研究生学历，1989年7月参加工作，1995年6月加入中国共产党。

1989年7月至2001年1月，在吉安机床厂工作，先后任技术员、车间副主任、质检科长、厂长助理、副厂长、厂长等职；2001年1月至2002年8月任吉安市乡镇企业管理局副局长；2002年8月至2002年11月任吉安市中小企业管理局副局长；2002年11月至2006年6月任吉安市吉州区委常委、副书记（其间：2004年3月至2004年7月在江西省委党校第24期中青班学习）；2006年6月至2009年7月任吉安市吉州区委常委、副区长（2004年9月至2007年7月在中央党校经济管理专业学习）；2009年7月至2011年12月任吉安市城投公司董事长、总经理；2011年12月至2012年8月任吉安市政府副秘书长（兼）、市城投公司董事长、总经理；2012年8月至2013年8月任吉安市政府副秘书长（兼）、市工信委党组书记、主任；2013年8月至2016年9月任吉安市发改委党组副书记、主任，市中央苏区振兴办（吉泰走廊办）主任（兼）。

2016年10月任井冈山经济技术开发区党工委书记。

第三节　历任管委会主任简介

历任管委会主任有：刘志坚、邓淑斌（已在本章第一节记述），汤文仙、陈庆寿。以任职时间为序。

汤文仙 男，汉族，1960年2月出生，江西吉安人。中央党校函授经管专业本科毕业，1984年7月参加工作，1985年11月加入中国共产党。

1984年7月至2000年2月，在吉安县工作，先后任东固镇党委副书记、新圩镇镇长、党委书记等职；2000年2月至2000年10月任吉安县经贸委主任、党委书记；2000年10月至2001年3月任吉安市青原区筹委会农口组组长；2001年3月至2002年11月任吉安市青原区政府办公室主任；2002年11月至2006年6月任吉安市吉州区委常委、统战部长、工业园区管委会主任（2000年8月至2002年12月在中央党校函授学院行政管理专业学习）；2006年6月至2011年7月任吉安市吉州区委常委、副区长；2011年7月至2012年8月任井冈山经济技术开发区党工委副书记（副县级）；2012年8月至2014年3月任井冈山经济技术开发区党工委副书记、管委会副主任；2014年3月至2016年11月任井冈山经济技术开发区党工委副书记、管委会常务副主任；2016年11月至2020年4月任井冈山经济技术开发区党工委副书记、管委会主任。2020年5月退休。

陈庆寿 男，1974年9月出生，江西赣州人。大学本科学历，1996年7月参加工作，1999年4月加入中国共产党。

1992年9月至1996年7月在江西师范大学中文系汉语言文学教育专业学习；1996年7月至2003年4月任赣南医学院教师；2003年4月至2009年5月在江西省外经贸厅工作，任办公室副主任科员、口岸促进处副主任科员、口岸促进处主任科员、发展处主任科员（其间：2005年4月至2008年7月在南开大学公共管理专业学习，获公共管理硕士学位）等职；2009年5月至2010年5月任江西省商务厅对外贸易处主任科员；2010年5月至2012年7月任江西省商务厅对外贸易处副处长（2012年4月至2012年7月主持工作）；2012年7月至2015年6月任江西省商务厅对外贸易处处长；2015年6月至2019年9月任江西省商务厅对外贸易发展处处长；2019年9月至2020年3月任江西省商务厅开放开发处（省开放型经济工作领导小组办公室）处长；2020年3月至2020年10月任江西省商务厅开放开发处（省开放型经济工作领导小组办公室）处长、一级调研员；2020年10月任井冈山经开区党工委副书记、管委会主任（试用期一年）。

第四节 历任党工委副书记简介

历任党工委副书记有：刘志坚、邓淑斌、汤文仙、陈庆寿（已在本章第一、二、三节记述），曾大平、贺云生、张爱如、曾亮、陈敏、舒海波、刘达绪、龙小明、张鹏华、罗忠华、甘益烽。以任职时间为序。

曾大平 男，1951年6日出生，江西泰和人。高级经济师，1968年10月参加工作，1971年1月加入中国共产党。

1992年任江西井冈山区四县一市科技扶贫办公室主任；1997年任吉安地区科委副主任，地区科技情报所所长；2000年9月任吉安市科委副主任、市政协经科委副主任、市科协副主席、吉安市人民政府咨询委员会委员；2002年5月任吉安市高新技术开发区党工委副书记。

2002年12月，任江西省技术监督局处长。

贺云生 男，1955年4月出生，江西永新人。中央党校大学学历，1981年6月参加工作，1983年10月加入中国共产党。

1981年6月至1981年8月在樟树农校任教；1981年8月至1989年4月，在永新县工作，先后任高溪乡副乡长、龙门乡党委副书记、乡长等职；1989年4月至1993年2月任吉安地区政协联络处办公室科长；1993年2月至1998年2月任吉安县政协副主席、统战部长；1998年2月至2002年11月任吉安县委常委、开发区主任（其间：2000年12月中央党校函授学院本科毕业，2002年5月至2002年8月在浙江绍兴市诸暨挂职锻炼）；2002年11月至2002年11月任吉安市高新技术产业开发区党工委副书记；2002年11月至2012年8月任吉安市高新技术产业开发区党工委副书记、调研员；2012年8月至2013年5月任井冈山经济技术开发区党工委副书记。

张爱如 男，1957年7月出生，江西新干人。江西师范大学中文系毕业。

先后在吉水师范学校、新干县委办公室和吉安地委组织部工作。2002年至2011年7月任吉安县委副书记（其间：2008年11月至2011年7月兼任井冈山经济技术开发区党工委副书记、调研员）。

2011年7月至2013年5月任吉安市林业局党委书记；2013年5月起任吉安市教育局长，后转任调研员；2017年8月退休。

曾　亮 男，1974年12月出生，江西泰和人。江西省委党校研究生学历，1994年12月参加工作，1999年6月加入中国共产党。

1992年9月至1994年7月在江西省政法干部学校法律专业学习；1994年12月至1997年6月任吉安地区司法局律师事务所律师（其间：1995年7月参加全国律师资格考试获取律师资格；1996年10月自学考试获南昌大学本科学历）；1997年6月至2000年8月任吉安地区纪委廉政室、案审室干部；2000年8月至2009年11月任吉安市纪委案审室、干部室干部、副科级纪检员、副主任、纪委常委等职（其间：2001年9月至2004年3月在江西省委党校经济法专业学习）；2009年11月至2012年8月任共青团吉安市委书记、党组书记；2012年8月至2013年9月任井冈山经济技术开发区党工委副书记。

2013年9月至2016年8月，任江西省遂川县委副书记（正县级）（其间：2015年3月至2016年2月，挂职中国交通银行总行投资银行部副总裁）；2016年8月至2019年3月，任新干县委副书记、县长；2019年3月，任江西省吉安市商务局党组书记、局长。

陈　敏 男，1979年8月出生，江西抚州人。博士研究生学历，2000年7月参加工作，2000年1月加入中国共产党。

2000年7月至2001年12月任新建县璜溪乡政府乡长助理（副科级）；2001年12月至2012年9月任江西省政府办公厅（机管局办公室、商金处、市场流通处、秘书四处）主任科员、副调研员、副处长、调研员等职；2012年9月至2016年2月任江西省教育厅国际合作与交流处（厅港澳台办）处长。其中，2014年8月至2016年2月任井冈山经济技术开发区党工委副书记、管委会副主任（挂职）。

2016年3月，任中共弋阳县委副书记、县长。

舒海波 男，1965年10月出生，江西南昌人。中央党校大学学历，1984年12月参加工作，1992年8月加入中国共产党。

1984年12月至2004年2月，在峡江县工作，任政府办公室秘书、福民乡副乡长、沙坊乡乡长、水边镇党委书记（其间：1997年9月至1999年12月在中央党校函授学院党政管理专业本科学习）、县计委主任（其间：2000

年9月至2002年6月在中国社科院研究生院经济法专业研究生课程进修班学习）、发展计划委员会主任、副县长等职；2004年2月至2006年7月任吉水县人民政府副县长；2006年7月至2010年3月任吉安中小企业局党组成员、副局长；2010年3月至2012年8月任吉安市工信委党组成员、副主任；2012年8月至2016年10月任井冈山经济技术开发区党工委委员、管委会副主任；2016年10月至2019年1月任井冈山经济技术开发区党工委副书记（专职）。

2019年1月，任吉安市残疾人联合会党组书记、理事长。

刘达绪　男，1962年4月出生，江西吉安人。中央党校大学学历，1979年12月参加工作，1987年3月加入中国共产党。

1979年12月至2007年6月，在吉安县工作，任县职工教育管委会办主任、县劳动监察大队大队长、县职业介绍所所长、机关社保局局长、县政府办公室副主任、梅塘乡党委书记、永和镇党委书记（其间：2004年3月至2004年6月在北京朝阳区挂职学习，2004年8月至2006年12月在中央党校函授本科班法律专业学习）等职；2007年6月至2008年12月任吉安市高新技术产业开发区管委会副主任；2008年12月至2012年8月任吉安市高新技术产业开发区党工委委员、管委会副主任；2012年8月至2016年12月任井冈山经济技术开发区党工委委员、纪工委书记；2016年12月至2019年1月任井冈山经济技术开发区党工委副书记。

2019年1月，任吉安市人大监察和司法委员会主任委员。

龙小明　男，1964年6月出生，江西吉水人。中央党校大学学历，1985年8月参加工作，1989年3月加入中国共产党。

1983年9月至2003年1月在吉水县工作，任八都镇党委副书记、醪桥乡乡长、富滩乡党委书记、醪桥镇党委书记（其间：1999年8月至2001年12月在中央党校法律专业本科函授学习）等职；2003年1月至2011年7月任新干县政府县长助理、副县长；2011年7月至2016年8月任新干县委常委、副县长、常务副县长；2016年8月至2016年12月任井冈山经济技术开发区党工委委员、管委会副主任；2016年12月至2019年1月任井冈山经济技术开发区党工委委员、管委会常务副主任；2019年1月至2019年12月任井冈山经济技术开发区党工委副书记、管委会常务副主任。

2019年12月，任吉安市庐陵新区党工委书记。

张鹏华　男，1969年8月出生，江西金溪人。省委党校研究生学历，1988年12月参加工作，1994年6月加入中国共产党。

1988年12月至2004年11月在江西省金溪县工作，任县委组织部科员（其间：1996年8月至1998年12月在中央党校函授学院本科班政法专业本科学习）、副科级组织员、县委办公室副主任、县委政策研究室主任等职；2004

年11月至2016年8月，在中国井冈山干部学院工作，任培训部学员工作处正科级干部、副调研员（其间：2006年9月至2008年12月在中共江西省委党校中共党史专业研究生学习）、副处长、副处长（调研员）、处长、一处处长（其间：2013年9月至2015年10月挂职任吉安市青原区委常委、区政府副区长）；2016年8月至2019年5月任遂川县委常委、纪委书记（正县级）、监委主任（2018年2月至2019年5月）；2019年5月至2020年11月任井冈山经济技术开发区党工委副书记。

2020年11月，任中共吉安市委统战部副部长，市工商联党组书记、常务副主席，市总商会常务副会长。

罗忠华 男，1969年7月出生，湖南茶陵人。在职大学学历，1988年8月参加工作，1994年9月加入中国共产党。

1988年8月至1992年12月在湖南省茶陵县工作，任龙下灌区管理局铁合金厂办公室副主任、县印刷厂办公室副主任（其间：1990年7月至1992年2月在湖南电大文秘专业学习）；1992年12月至1995年3月任吉安地区行署外资办科员；1995年3月至2002年12月，在吉安地（市）委组织部工作，任副科级组织员、干部二科科长；2002年12月至2010年3月任吉安市委副县级组织员（其间：2001年10月至2004年11月在湖南大学工商管理专业本科学习）；2010年3月至2011年7月，任永丰县委常委、组织部长；2011年7月至2016年8月，任永丰县委常委、县政府常务副县长；2016年8月至2017年11月任吉安市审计局副局长；2017年11月至2018年3月任井冈山经济技术开发区党工委委员、管委会副主任；2018年3月至2019年12月任井冈山经济技术开发区党工委委员、管委会副主任，河东经济开发区（井冈山经济技术开发区青原产业园）党工委书记，青原区委副书记（挂职）；2019年12月任井冈山经济技术开发区党工委副书记、管委会常务副主任。

甘益烽 男，1968年11月出生，江西永新人。省委党校研究生学历，1991年8月参加工作，1995年8月加入中国共产党。

1991年8月至2000年8月任吉安地区农业开发办干部（其间：1993年11月至1995年8月在遂川县堆子前镇挂职任镇长助理）；2000年8月至2009年8月，在吉安市农业开发办工作，任计划财务科科长、秘书科科长、党组成员、副主任等职；2009年8月至2012年8月任井冈山经济技术开发区管委会副主任；2012年8月至2017年1月任井冈山经济技术开发区党工委委员、管委会副主任（副县级）；2017年1月至2020年11月任井冈山经济技术开发区党工委委员、管委会副主任；2020年11月任井冈山经济技术开发区党工委副书记。

第五节　党工委委员简介

党工委委员有：刘志坚、邓淑斌、彭学凯、汤文仙、陈庆寿、曾大平、贺云生、张爱如、曾亮、陈敏、舒海波、刘达绪、龙小明、张鹏华、罗忠华、甘益烽（已在本章第一、二、三、四节记述），孙伏生、周智、丁克宁、罗厥宏、胡红英（女）、杨峰、吴磊、肖小武、刘小勇、刘茶香（女）、龙井松、傅卫东、张志福、孙英剑、戴志敏、伍有君、卢愉、刘亚东。以任职时间为序。

孙伏生　男，1962 年 6 月出生，江西吉水人。中央党校大学学历，1982 年 9 月参加工作，1983 年 11 月加入中国共产党。

1982 年 9 月至 2002 年 3 月，在吉水县工作，任县委办公室秘书、八都镇党委副书记、水南镇党委书记（其间：1998 年 8 月至 2000 年 12 月在中央党校函授学院本科班国民经济管理专业学习）、阜田镇党委书记等职；2002 年 3 月至 2002 年 12 月任吉安市高新技术产业开发区管委会主任助理（正科级）；2002 年 12 月至 2009 年 3 月任吉安市高新技术产业开发区党工委委员、管委会副主任；2009 年 3 月至 2012 年 8 月任井冈山经济技术开发区党工委委员、管委会副主任。

2012 年 8 月，任吉安市房管局副局长，调研员。

周　智　男，1958 年 7 月出生，江西吉安人。中央党校大学学历，1975 年 10 月参加工作，1986 年 8 月加入中国共产党。

1975 年 10 月至 1978 年 1 月下放吉安县油田乡；1981 年 12 月至 2000 年 8 月，在原县级吉安市工作，任劳动人事局副局长、体改委主任、计委主任等职；2000 年 8 月至 2002 年 3 月任吉州区计委主任；2002 年 3 月至 2002 年 12 月任吉安市高新技术产业开发区管委会主任助理（正科级）；2002 年 12 月至 2012 年 8 月任吉安市高新技术产业开发区党工委委员、管委会副主任（其间：2004 年 8 月至 2006 年 12 月在中央党校函授学院经济管理专业本科学习）；2012 年 8 月至 2016 年 10 月任井冈山经济技术开发区党工委委员、管委会副主任、井冈山出口加工区管理局局长。2018 年 7 月退休。

丁克宁　男，1957 年 9 月出生，江西新建人。中央党校大学学历，1976 年 2 月参加工作，1985 年 3 月加入中国共产党。

1976 年 2 月至 1979 年 11 月，遂川县粮食局职工；1979 年 11 月至 1989 年 8 月在江西电视机厂工作（1983 年 9 月至 1986 年 6 月在江西广播电视大学脱产学习）；1989 年 8 月至 1995 年 3 月在吉安地方铁路局工作，任工程管理科副科长等职；1995 年 3 月至 2002 年 3 月在吉安地、市散装水泥办公室工作，任副主任、主任等职；2002 年 3 月至 2002 年 12 月任吉安市高新技术产业开发区管委会主任助理（正科级）；2002 年 12 月至 2012 年 8 月任吉安市高新技术产业开发区党工委委员、管委会副主任；2012 年 8 月，任吉安市庐陵新区管委会副主任、调研员；2016 年 4 月，任井冈山经开区调研员。2017 年 9 月退休。

罗厥宏　男，1965年7月出生，江西吉安人。省委党校大专学历，1986年9月参加工作，1993年11月加入中国共产党。

1986年9月至1998年5月在吉安县城乡建设局工作，任人秘股股长、城市规划设计室主任等职；1998年5月至2001年7月任吉安县敦厚开发区办公室副主任；2001年7月至2008年11月任吉安市高新技术产业开发区管委会规划建设局副科级干部、规划建设局局长；2008年11月至2012年8月任吉安市高新区（井冈山经开区）党工委委员、纪工委书记；2012年8月至2014年2月任井冈山经济技术开发区党工委委员、管委会副主任（副县级）；2014年2月至2019年1月任井冈山经济技术开发区党工委委员、管委会副主任。

2019年1月，调任中共吉安市委巡查组正县级巡察专员。

胡红英　女，1970年4月出生，江西吉安人。在职大学学历，1989年9月参加工作，1992年11月加入中国共产党。

1989年9月至1996年10月在吉安农业学校工作，任团委干事、副书记、书记；1996年10月至2002年12月，在吉安地、市希望工程办公室工作，任副主任、主任等职；2002年12月至2007年11月在共青团吉安市委工作，任组织部长兼青联秘书长、办公室主任等职；2007年11月至2008年12月任吉安市高新区管委会副主任（试用期一年）；2008年12月至2011年12月任吉安市高新区党工委委员、管委会副主任；2011年12月至2012年8月任吉安市招商局副局长，兼井冈山经开区党工委委员、管委会副主任；2012年8月至2014年11月任吉安市招商局局长，兼井冈山经开区党工委委员、管委会副主任。

2014年11月至2016年9月，任吉安市交通运输局党委书记；2016年9月任吉安市归国华侨联合会党组书记、主席。

杨　峰　男，1969年12月出生，江西宁都人。中央党校大学学历，1986年5月参加工作，1987年8月加入中国共产党。

1986年5月至2003年1月，在永丰县工作，任富溪乡党委委员、副乡长，乡企局局长，工业园管委会主任等职；2003年1月至2011年7月任永新县人民政府县长助理、副县长；2011年7月至2012年8月任遂川县人民政府副县长；2012年8月至2013年4月任井冈山经济技术开发区党工委委员、管委会副主任（副县级）；2013年4月至2017年3月任井冈山经济技术开发区党工委委员、管委会副主任（其间：2016年3月至2017年1月挂任中国华能集团公司规划发展部主任助理）。

2017年3月，任吉安市红十字会党组书记、常务副会长。

吴　磊　男，1967年11月出生，江西吉安人。大学学历，1989年7月参加工作，1996年5月加

入中国共产党。

1989年7月至1996年7月为江西冶金矿山建设公司德兴工程指挥部员工；1996年7月至2009年8月，在遂川县建设局工作，任城建规划股干部、副股长、股长，副局长，主任科员兼县房管局局长等职；2009年8月至2012年8月任井冈山经济技术开发区管委会副主任；2012年8月至2017年1月任井冈山经济技术开发区党工委委员、管委会副主任（副县级）；2017年1月至2020年7月任井冈山经济技术开发区党工委委员、井冈山出口加工区管理局局长；2020年7月任井冈山经济技术开发区党工委委员、管委会副主任。

肖小武　男，1973年9月出生，江西永新人。省委党校研究生学历，1992年9月参加工作，1996年6月加入中国共产党。

1992年7月至2014年9月，在永新县工作，任蚕种场干部、技术员，垦殖场办公室主任，县委对台办干部，信访局副局长，沙市镇镇长，怀忠镇镇长、党委书记等职；2014年9月至2016年8月任井冈山经济技术开发区党工委委员、管委会副主任。

2016年8月，任吉安市城管局副局长。

刘小勇　男，1968年10月出生，江西吉安人。中央党校大学学历，1987年9月参加工作，1989年12月加入中国共产党。

1987年9月至2013年2月，在吉安县工作，任富田乡党委宣传委员，北源乡党委副书记、乡长，横江镇党委书记；2013年2月至2016年8月任井冈山经济技术开发区经济发展和科技管理局局长（其间：2014年4月至2015年4月挂任福建省福清融侨开发区党工委委员、管委会副主任）；2016年8月至2016年12月任井冈山经济技术开发区党工委委员、管委会副主任（副县级）；2016年12月至2017年11月任井冈山经济技术开发区党工委委员、经济发展和科技管理局局长；2017年11月至2018年4月任吉安河东经济开发区管委会主任；2018年4月至2018年8月任吉安河东经济开发区（井冈山经开区青原产业园）管委会主任；2018年8月至2020年1月任青原产业园党工委副书记、吉安河东经济开发区（井冈山经开区青原产业园）管委会主任；2020年1月任井冈山经开区城市建设管理局局长。

刘茶香　女，1964年6月出生，江西井冈山人。中央党校大学学历，1982年9月参加工作，1986年6月加入中国共产党。

1982年9月至1984年11月为吉安地区保育院教师；1984年11月至2006年6月，在吉安地区妇联、市妇联工作，任儿童部副部长、部长，办公室主任，副主席等职；2006年6月至2010年10月，在峡江县委工作，任常委、组织部长、统战部长等职；2010年10月至2014年9月任泰和县委常委、组织部长；2014 年 9 月至 2016 年 12 月任井冈山管理局党工委委员、副局长，接待办主任；2016 年 12 月至 2018 年 7 月任井冈山经济技术开发区党工委委员、纪工委书记；2018 年 7 月至 2019 年 7 月任井冈山经济技术开发区党工委委员、纪工委书记、监察组组长；2019 年 7 月任井冈山经济技术开发区党工委委员、纪检监察工委书记。

龙井松 男，1969 年 7 月出生，江西永新人，大学学历，1991 年 8 月参加工作，1991 年 3 月加入中国共产党。

1987 年 9 月至 1991 年 6 月，南京大学政治系学生；1991 年 8 月至 2010 年 8 月，在吉安地区、市人事局工作，任专业技术人员管理科科员、副科长、职称科科长等职；2010 年 8 月至 2013 年 4 月，在吉安市人力资源和社会保障局工作，任专业技术人员管理科科长、公务员科科长等职；2013 年 4 月至 2017 年 3 月任井冈山经济技术开发区人力资源和社会保障局局长（2012 年 5 月至 2013 年 7 月在新干县七琴镇挂职任党委副书记）；2017 年 3 月至 2020 年 1 月任井冈山经济技术开发区党工委委员、组织部部长（兼）、人力资源和社会保障局局长；2020 年 1 月至 2020 年 12 月任井冈山经济技术开发区党工委委员、组织部部长、编办主任、人力资源和社会保障局局长；2020 年 12 月任井冈山经开区党工委委员、组织部部长、编办主任、人力资源和社会保障局局长、党工委二级调研员。

傅卫东 男，1968 年 11 月出生，江西泰和人。在职大学学历，1986 年 11 月参加工作，1989 年 10 月加入中国共产党。

1986 年 11 月至 1990 年 12 月为武警长沙市支队战士；1991 年 4 月至 2000 年 12 月，在原县级吉安市公安局工作，任三科民警，刑侦大队民警（其间：1994 年 4 月经江西省人事厅批准吸收录用为国家干部）、科员、重案中队副中队长，井华派出所副所长等职；2000 年 12 月至 2004 年 2 月任吉安市青原区公安局井华派出所负责人、所长； 2004 年 2 月至 2005 年 4 月任吉安市青原区公安局（吉安市公安局青原分局）党委委员、副局长、井华派出所所长；2005 年 4 月至 2013 年 5 月任吉安市公安局青原分局党委委员、副局长；2013 年 5 月至 2017 年 8 月任吉安市公安局井冈山经济技术开发区分局局长； 2017 年 9 月至 2020 年 10 月任井冈山经济技术开发区党工委委员、吉安市公安局井冈山经济技术开发区分局局长。

2020 年 10 月，任吉安市公安局治安支队政治委员。

张志福 男，1974 年 9 月出生，江西吉水人。省委党校研究生学历，1992 年 7 月参加工作，1997 年 11 月加入中国共产党。

1992 年 7 月至 1994 年 8 月，任吉水县八都袁湖小学教师；1994 年 8 月至 1998 年 8 月任吉水县八都小学教师（其间：1992 年 10 月至 1999 年 12 月南昌大学汉语言文学专业大专和本科自学考试）；1998 年 8 月至 2001 年 7 月任吉水县实验小学教师；2001年7月至2002年1月任吉水县委办公室干部；2002年1月至2002年11月任吉安市政府办公室农业科干部；2002年11月至2007年4月任吉安市政府办公室农业科副科长（其间：2003年9月至2005年12月在江西省委党校研究生班区域经济学专业学习）；2007年4月至2011年8月任吉安市政府办公室农业科科长；2011年8月至2014年8月任吉安县政府副县长；2014年8月至2016年8月任吉安县政府副县长，峡江县委常委、副县长（挂职两年）；2016年8月至2019年1月任峡江县委常委、常务副县长；2019年1月至2020年7月任井冈山经济技术开发区党工委委员、管委会副主任；2020年7月，任井冈山经济技术开发区党工委委员、管委会副主任、井冈山综合保税区管理局局长（兼）。

孙英剑　男，1970年11月出生，江西永新人。中央党校大学学历，1993年7月参加工作，1992年5月加入中国共产党。

1993年7月至1997年7月任吉安地区煤气公司干部；1997年7月至2000年8月任吉安地区行署办公室干部（1996年8月至1998年12月在中央党校函授涉外经济专业本科学习）、调研科副科长；2000年8月至2009年7月，在吉安市政府办公室工作，任调研科副科长，秘书科副科长、科长，调研科科长等职；2009年7月至2012年8月任吉安市统计局党组成员、副局长；2012年8月至2016年8月任吉安市庐陵新区党工委委员、管委会副主任；2016年8月至2016年12月任遂川县委常委、农工部长；2016年12月至2019年12月任吉安市政府副秘书长；2019年12月任井冈山经济技术开发区党工委委员、管委会副主任。

戴志敏　男，1980年5月出生，江西泰和人。博士研究生学历，2006年7月参加工作，2005年10月加入中国共产党。

1998年9月至2002年7月在吉林大学经济学院金融学专业学习；2002年7月至2003年9月待业；2003年9月至2006年7月在吉林大学管理学院技术经济及管理专业硕士研究生学习；2006年7月，任南昌大学经济管理学院教师（其间：2008年12月评为讲师，2011年12月评为副教授，2017年12月评为教授；2007年9月至2015年3月在同济大学经济管理学院管理科学与工程专业博士研究生学习；2016年12月至2017年12月为美国奥多明尼昂大学商业与公共政策学院国家公派访问学者；2015年7月至2018年6月在复旦大学应用经济学博士后科研流动站工作；2020年7月，任井冈山经济技术开发区党工委委员、管委会副主任（挂职一年）。

伍有君　男，1972年9月出生，江西吉安人。中央党校大学学历，1993年8月参加工作，1999年8月加入中国共产党。

1993年8月至2017年11月，在吉安县公安局工作，任民警，永和派出所副所长、所长，敦厚派出所所长，党委委员，副局长，交警大队大队长等职；

2017 年 11 月至 2020 年 10 月任安福县公安局政委；2020 年 10 月任井冈山经济技术开发区党工委委员、吉安市公安局井冈山经济技术开发区分局局长。

卢　愉　男，1977 年 1 月出生，江西井冈山人。南昌大学法律系法学学士，1996 年 8 月参加工作，1999 年 10 月加入中国共产党。

1996 年 8 月至 2001 年 1 月任井冈山市检察院书记员、助理检察员；2001 年 1 月至 2011 年 4 月，在吉安市青原区工作，任检察院助理检察员、纪委干部、城管大队大队长、建设局副局长、拆迁办主任、富滩镇镇长、建设局局长、河东街道党工委书记等职；2011 年 4 月至 2012 年 5 月任吉安市商务局党组成员、副局长；2012 年 5 月至 2014 年 2 月，任吉安市城乡规划建设局副局长；2014 年 2 月至 2016 年 8 月，任吉安市政府副秘书长、办公室党组成员；2016 年 8 月至 2019 年 2 月，任永新县委常委、常务副县长；2019 年 2 月至 2020 年 11 月，任永新县委副书记；2020 年 11 月，任井冈山经开区党工委委员、管委会副主任。

刘亚东　男，1969 年 9 月出生，江西永丰人。省委党校研究生学历，1988 年 8 月参加工作，1994 年 12 月加入中国共产党。

1988 年 8 月至 2001 年 12 月，在江西省永丰县工作，先后任永丰卫校教师、县委办公室干部、县委政研室副主任等职；2001 年 12 月至 2002 年 2 月，为吉安市委党校副主任科员；2002 年 2 月至 2010 年 5 月，在吉安市政府办公室工作，任副科级干部、副主任科员、涉外科副科长、涉外科科长、科教科科长等职；2010 年 6 月至 2020 年 11 月，在吉安市政府驻深圳办事处工作，任副主任（主持工作）、主任；2020 年 12 月任吉安市政府驻深圳办事处主任、井冈山经开区党工委委员（兼）、二级调研员。

第六节　管委会副主任、主任助理简介

管委会副主任、主任助理有：曾亮、陈敏、舒海波、刘达绪、龙小明、罗忠华、甘益烽、孙伏生、周智、丁克宁、罗厥宏、胡红英、杨峰、吴磊、肖小武、刘小勇、张志福、孙英剑、卢愉（已在本章第二、三、四节记述），于光文（女）、杨江、程吉生、朱荣兰、刘力峰，以任职时间为序。

于光文　女，1973 年 3 月出生。硕士研究生学历。

1998 年至 2000 年，在南京大学生态学专业学习，获硕士学位后就职于中国科学院上海生命科学研究院；2000 年至 2002 年在德国亚琛工业大学做访问学者；2007 年移民加拿大，获多伦多大学环境科学硕士学位，从事环境工作。2014 年回国，任职中国化学工程集团化学工业岩土工程有限公司环保技术总监。

2002 年 10 月至 2003 年 10 月，作为中组部团中央组织的“第三届博士服务

团”成员，由中国科学院上海生命科学研究院委派，挂职任吉安市高新技术产业开发区副主任、吉安市科技局副局长（兼）。

杨 江 男，1964 年 12 月出生，江西进贤人。管理学博士，高级国际商务师。1986 年 7 月参加工作，1985 年 1 月加入中国共产党。

曾任中国江西国际经济技术合作公司科长、监察室主任助理、机关党委专职副书记、办公室主任、总经理助理、副总经理，2017 年 5 月任江西省省属国有企业经营（控股）有限公司党委委员、副总经理。

2009 年 4 月至 2011 年 4 月，任井冈山经济技术开发管委会副主任（挂职）。

程吉生 男，1969 年 11 月 6 日出生，江西新建人，中共党员，法学博士、教授。

1992 年 7 月参加工作，曾任江西师范大学政法学院团总支书记、副院长；2010 年至 2013 年 6 月任中国井冈山干部学院学报编辑部副主编、图书馆（信息中心）馆长（主任）、国情研究中心主任；2013 年 7 月至 9 月，任中国井冈山干部学院教学科研部主任；2013 年 10 月，任中国井冈山干部学院办公厅主任。

2010 年 7 月至 12 月，任井冈山经开区管委会副主任（挂职）。

朱荣兰 男，江西吉安人，1970 年 1 月出生。法学硕士，先后毕业于江西省吉安师专化学系、南京师范大学思想政治教育专业。

2014 年 12 月任中国井冈山干部学院培训部副主任。参加中国井冈山干部学院筹建，是党性教育“井冈培训模式”的主要设计者之一，是中组部推荐的全国干部教育培训好课程教师。曾任中学教师、江西省赣州市委组织部副部长（挂职）、瑞金干部学院副院长（挂职）等。

2011 年 3 月至 9 月，任井冈山经开区管委会副主任（挂职）。

刘力峰 男，1967 年 7 月出生，江西新余人。在职大专学历，1987 年 7 月参加工作。

1987 年 7 月至 2009 年 10 月，在中国工商银行江西分行工作，任南昌洪都大道支行会计、计财、信贷、计划科副科长、营业部办公室秘书科科长、信贷管理部业务组织科负责人、授信审批分部经理；2009 年 10 月，在中信银行南昌分行公司工作，任银行部经理、总经理助理，小企业金融中心负责人、副总经理（主持工作），办公室副主任（主持工作），零售信贷部总经理，个人信贷部总经理，群工保卫部总经理。

2018 年 10 月至 2019 年 12 月，任井冈山经济技术开发区管委会副主任（挂职）。

第七节　管委会调研员简介

管委会调研员有：刘亚东（已在本章第五节介绍），彭仁才、詹军庆、任润藩、龙昔南、王秋萍（女）、吴健河。排名不分先后。

彭仁才　男，1967 年 4 月出生，江西吉安人。在职大学学历，1986 年 8 月参加工作，民建会员。

1986 年 8 月至 1991 年 6 月，在吉安市（县）长塘乡庙下小学、路口小学任教；1991 年 6 月至 2000 年 8 月，为原县级吉安市国土局干部；2000 年 8 月至 2001 年 12 月，为吉安市吉州区国土局干部；2001 年 12 月至 2008 年 9 月，任吉安市高新区国土局干部、副局长；2008 年 9 月至 2012 年 11 月，任井冈山经开区国土资源局局长（正科）；2012 年 11 月至 2016 年 5 月，任井冈山经开区国土资源局局长；2016 年 5 月至 2017 年 7 月，任井冈山经开区国土资源局局长兼不动产登记局局长；2017 年 7 月至 2019 年 6 月，任井冈山经开区国土资源局局长兼不动产登记局局长、井冈山经开区管委会调研员；2019 年 6 月至 2019 年 10 月，任井冈山经开区国土资源局局长兼不动产登记局局长、井冈山经开区管委会二级调研员；2019 年 10 月，任井冈山经开区原国土资源局局长兼不动产登记局局长、井冈山经开区管委会二级调研员；2020 年 1 月，任井冈山经开区管委会二级调研员。

2020 年 12 月，调任民建吉安市委主委。

詹军庆　男，1971 年 10 月出生，江西吉安人。大学学历，1994 年 10 月参加工作，2001 年 8 月加入中国共产党。

1994 年 8 月至 2009 年 11 月，在吉安县工作，任县市政工程管理所干部，建设局规划股干部，建设局招标办主任、建管股股长、造价站站长，规划建设局党组成员、纪检组组长、副局长等职；2009 年 11 月至 2013 年 2 月，任井冈山经开区规划建设环保局局长；2013 年 2 月至 2018 年 1 月，任井冈山经开区规划建设环保局局长（副县级）；2018 年 1 月至 2019 年 6 月，任井冈山经开区规划建设环保局局长，井冈山经开区管委会调研员；2019 年 6 月至 2019 年 10 月，任井冈山经开区规划建设环保局局长，井冈山经开区管委会二级调研员；2019 年 10 月至 2020 年 3 月，任井冈山经开区原规划建设环保局局长，井冈山经开区管委会二级调研员；2020 年 3 月，任井冈山经开区自然资源局局长、管委会二级调研员。

任润藩　男，1957 年 9 月出生，江西丰城人。在职大专学历，1975 年 11 月参加工作，1993 年 1 月加入中国共产党。

1975 年 11 月至 1976 年 9 月，下放吉安县兴桥公社沙口大队，知青；1976 年 9 月至 1977 年 12 月，担任吉安县兴桥公社沙口小学民办教师；1977 年 12 月至 1979 年 3 月，在吉安地区燃料公司知青队工作；1979 年 3 月至 1981 年 6 月，在江西樟树农业学校学习；1981 年 6 月至 1983 年 9 月，吉安地区煤炭公司人秘科职工；1983 年 9 月至 1986 年 7 月，在江西省电大学习；1986 年 7 月至 1993 年 5 月，任吉安地区煤炭公司财会科科长；1993 年 5 月至 2002 年 7 月，任吉安地区燃料公司经营部主任、经理助理、副经理等职；2002 年 7 月至 2003 年 11 月，吉安市高新区管委会经济发展局干部；2003 年 11 月至 2009 年 9 月，任吉安市高新区管委会经济发展局局长；2009 年 9 月至 2012 年 8 月，任井冈山经开区经济发展和科技管理局局长；2012 年 8 月至 2013 年 2 月，井冈山经开区原经济发展和科技管理局局长；2013 年 4 月至 2017 年 10 月，任井冈山经开区管委会副调研员，兼井冈山经开区总工会主席。2017 年 10 月退休。

龙昔南　男，1960 年 9 月出生，江西永新人。在职大专学历，1978 年 9 月参加工作，1999 年 5 月加入中国共产党。

1982 年 9 月至 1984 年 7 月，在江西省永新师范学习；1984 年 8 月至 2013 年 4 月，在永新县工作，历任永新在中中学、城南中学教师，教体委财会股长，教委人武部部长，教育督导室主任，教体委人武部部长，教委副主任，教体局副局长，教体局副局长（正科级），卫生局党委书记等职；2013 年 4 月至 2016 年 8 月，任井冈山经开区管委会副调研员。2016 年 8 月至 2020 年 10 月任永新县政府党组成员、副调研员（2020 年 7 月晋升为二级调研员），2020 年 10 月退休。

王秋萍　女，1963 年 7 月出生，江西吉安人。中央党校大学学历，1983 年 8 月参加工作，1986 年 10 月加入中国共产党。

1983 年 8 月至 2016 年 8 月，在吉安县工作，历任城关小学教师，团县委干部、副书记，县委信访办副主任，信访办主任（信访局局长），县委办公室副主任、县信访局局长，物价局局长，发改委副主任、物价局局长（正科级），扶贫和移民办公室主任、老建办主任等职；2016 年 8 月至 2019 年 6 月，任井冈山经开区管委会副调研员；2019 年 6 月，任井冈山经开区管委会四级调研员；2020 年，兼任井冈山经开区总工会主席。

吴健河　男，1965 年 4 月出生，江西遂川人。中央党校大学学历，1984 年 10 月参加工作，1993 年 2 月加入中国共产党。

1984 年 10 月至 2017 年 11 月，在遂川县工作，历任上坑乡人民政府营林员、保险员，上坑乡政府团委书记，上坑乡政府副乡长，七岭乡党委委员、副乡长，七岭乡党委副书记、乡长，营盘圩乡党委书记、

人大主席团主席，汤湖镇党委书记、人大主席团主席，县发改委主任等职；2017 年 11 月至 2019 年 6 月，任井冈山经开区管委会副调研员；2018 年 7 月任吉安市井冈山开发区金庐陵经济发展有限公司董事长（兼）；2019 年 6 月，任井冈山经开区管委会四级调研员。

第八节　部分企业家简介

本节记述企业家共 15 人，排名不分先后。

孙清焕　男，1973 年出生，江西高安人。大专学历，毕业于江西工程学院。木林森股份有限公司董事长。

曾任职于中山市朗玛光电器材有限公司。1997 年 3 月在广东创办中山市木林森电子有限公司，担任公司执行董事、经理等职；2010 年 6 月起担任公司董事长、总经理；2010 年 8 月公司更名为木林森股份有限公司。2003 年 5 月在吉安市高新区投资创立吉安市木林森电子科技有限公司，2014 年 9 月在井冈山经开区投资创立吉安市木林森实业有限公司。

叶森然　男，1949 年出生，香港人。台湾海洋学院毕业，电子工程理学学士学位。红板（江西）有限公司董事长，红板有限公司和原香港上市公司森泰集团创始人。

1982 年在香港创立香港森泰集团有限公司，生产电子钟表和表芯；1987 年在东莞市凤岗镇成立东莞森泰电子有限公司，主营终端电子产品的生产和销售；1988 年在东莞长安涌头成立东莞红板多层线路板有限公司，为原香港森泰集团红板有限公司的全资子公司，专业生产双面、多层、HDI 线路板；1992 年，森泰集团公司在香港上市；2005 年，在江西吉安成立红板（江西）有限公司，为红板有限公司的全资子公司，专业生产高密度线路板、软板、软硬结合板等；2014 年在井冈山经开区成立吉安市浚图科技有限公司，专业生产多层高密度线路板、软板，年产 240 万平方米多层高密度印制电路板（HDI）和软板。获得“全市首届感动吉安十大教育人物”等荣誉称号，当选为吉安市光彩事业促进会第三届理事会“常务理事”，2008 年获世界杰出华人奖暨美国西阿拉巴马政府州立大学荣誉博士学位。

文开福　男，1966 年出生，江西泰和人。硕士学历，江西合力泰科技有限公司董事长。

1985 年，在泰和县乡镇中学任教；1994 年，在广东汕尾加入亚洲最大的液晶显示器生产企业信利国际集团，从普通员工做到品质部主管、经理，创立完善品质控制和管理体系，首创“品质前移法”，企业获得了 ISO 9001 ： 2000 国际质量管理体系认证，被列为“国内 100 名认证企业”之一，文开福也因此入列 LCD 行业人才库名录。1998—2004 年，先后在多家国内外知名企业担任高层管理人员，在

LCD行业积累了丰富经验。2004年，在深圳创建合力泰微电子（深圳）有限公司，任董事长兼总经理。2004年8月，回到家乡吉安成立江西合力泰微电子有限公司，2006年正式投产，是江西省首条全自动液晶显示生产线，填补了江西省在这一领域的空白，公司也被评为“国家级高新技术企业”。2007年自主研发的彩色液晶显示器中两项指标处于国内领先地位，获江西省科技成果进步奖。2012年12月，江西合力泰微电子有限公司更名江西合力泰科技股份有限公司，2014年3月更名江西合力泰科技有限公司。2013年1月，在井冈山经开区投资创办江西合力泰科技股份有限公司井开分公司，2014年4月更名江西合力泰科技有限公司井开分公司。2013年在深圳举办的第六届触摸屏行业最具影响力企业评选活动中，江西合力泰科技股份有限公司被组委会评为“十大最具影响力企业”，文开福被评为触摸屏行业“十大风云人物”。是江西省人大代表，吉安市政协委员。

杨 洪 男，1963年出生，江西永丰人。中共党员，研究员级高级工程师，享受国务院特殊津贴专家，江西航盛电子科技有限公司董事长。

1990年6月至1993年2月，任深圳西万工贸公司总经理助理、副总经理（其间：1999年1月至2002年6月，在清华大学经济管理学院MBA学习）；1993年2月至1993年6月，任深圳南航电子工业总公司总经理助理；1993年6月，任深圳市航盛电子股份有限公司总经理。为推动江西电子信息产业乃至新型工业化的发展，2002年9月成立永丰航盛电子有限公司，注册资金2000万元；2012年12月投资井冈山经开区，成立江西航盛电子科技有限公司，生产制造车载影音娱乐系统和车载导航系统产品。

1993年参加设计的LP92-26千伏安变频调速器获1993年共青团中央、国家计委、国家科委、中国科协、中国发明家协会联合颁发的“第二届中国青年科技博览会金奖”；2002年主持设计的HS-720全逻辑车载视听系统被国家经贸委评为2002年度国家重点新产品。发表汽车电子行业的多篇论文。主导或参与了多项汽车电子产品行业标准的制定和国家汽车电子产业发展战略规划的编制。

杨洪是深圳市第四届、第五届人大代表，深圳市党代表，中国人民大学公共管理学院客座教授。先后获评第三届中国改革十大最具影响力新锐人物、深圳经济特区40年行业领军人物、中国汽车电子领军人物、中国推动汽车信息化领军人物、创新中国十大年度人物、江西省十大经济人物、航空报国突出贡献奖。

刘仁芳 男，1963年出生，江西万安人。本科学历，中共党员，江西瑞声电子有限公司、江西迈诺科电子有限公司、深圳迈诺科电子有限公司、印度尼西亚瑞声电子总经理。

1984年在江西红声器材厂参加工作，先后为普通员工、供应处处长、销售部部长、总经理助理。2002年下海自主创业；2003年创办吉安瑞声电子有限公司；2006年在井冈山经开区创立江西瑞声电子有限公司，主要生产中高端耳机、蓝牙耳机及智能穿戴产品；2012年后，在深圳、安福、印度尼西亚等地也创办了同类企业。企业稳步发展，至2019年上缴税收3568万元。

刘仁芳热衷公益事业，多次为老年人健康、精准扶贫事业等捐款，其中2020年向井冈山经开区捐赠10万元抗击新冠肺炎疫情。同时，担任井冈山经开区新的社会阶层代表人士联谊会会长、井冈山经开区企业家协会常务副会长，2019年获江西省第二届“优秀赣商”荣誉称号。

肖军平　男，1971年出生，江西樟树人。北京大学国家发展研究院工商管理硕士，江西普正制药股份有限公司董事长。

1991年至1993年在江西省樟树市张家山中学任教；1993年至1996年在海南省海高集团总裁办公室工作；1996年至2002年任江西省樟树医药公司经理；2003年创办江西普正制药有限公司，任董事长；2009年在井冈山经开区创办江西普正药业集团股份有限公司，任董事长。

肖军平入选江西省2009年度优秀企业家；2010年12月入选“赣鄱英才555工程”首批领军人才；2012年1月获首届中国十大杰出公益赣商贡献奖；2013年主持研制的全杜仲胶囊（0.48克/粒）获江西省优秀新产品一等奖；2015年主持制定的全杜仲胶囊质量标准，载入2015年版《中国药典》；2015年3月入选科技部科技创新创业领军人才；2018年9月入选国务院特殊津贴专家；2019年9月，《裸花紫珠胶囊、颗粒创制及质量创新关键技术与应用》项目，获得江西省科技进步奖二等奖（排名第4）；2019年12月公司获批设立国家企业技术中心，并担任中心主任。

肖军平是中国中药协会杜仲专业委员会副主任委员、中国医促会中药学分会副主任委员、中国中药协会中药追溯专业委员会、世界中联中医药抗病毒研究专业委员会副会长、吉安市药学会理事长，吉安市政协常委。

洪俊城　男，1962年出生。广东汕头人。吉安满坤科技股份有限公司董事长兼总经理。

洪俊城注重企业科技创新，领导研发团队积极开展各项技术研发活动，推动全面技术转型升级。至2020年已完成自主开发且成功转化各类研发成果34项，已取得自主知识产权98项，其中，专利发明46项，注册商标18项，软件著作权34项。满坤科技公司被评为“省级企业技术中心”“市级工程技术研究中心”和“高新技术企业”。

重视企业规模化发展，主导满坤科技在井冈山经开区一、二期项目建设，新建厂房面积80555平方米，形成年产2400万平方英尺线路板能力，资产总规模达9.3亿元，并继续增资扩产。

张建军　男，1962年生，江西遂川人。研究生学历，中共党员，总工程师，吉安市木林森实业有限公司董事长。

1978年至1998年先后担任江西井冈山半导体厂销售员、销售经理、事业部经理、厂长助理；1998

年至2003年任吉安市赣虹光电有限公司董事兼总经理。2003年，任吉安市木林森电子科技有限公司董事兼总经理；2007年当选江西省工商联常委、吉安市工商联副主席。2014年，木林森集团成立吉安市木林森实业有限公司，任执行董事、总经理。公司先后获"江西省电子信息制造业十强企业""井冈山经开区纳税大户""中国LED封装十强企业""科技创新先进企业"等荣誉称号。2018年任江西省政协委员，多次获得"优秀企业家""优秀党员""优秀党务工作者"等荣誉称号。

徐岩溪　男，1970年9月出生，浙江永康人。江西永安交通设施集团创始人兼董事长。

2002年，只身来到吉安，创立吉安市永安标牌工贸有限公司；2005年，创办吉安市永安交通设施有限公司，落户河东经济开发区新工业园；2013年，创办江浙园林有限公司；2018年，创办白云湖匠心谷生态农旅发展有限公司；2019年，创建江西永钢热镀锌厂。

徐岩溪有社会责任感，热心公益慈善事业；热爱国学，坚持学习阳明心学，践行知行合一思想，追求工匠精神，推动企业发展。2019年，被聘为江西财经大学深圳研究院研究员；2020年，当选江西省工艺美术协会常务理事。

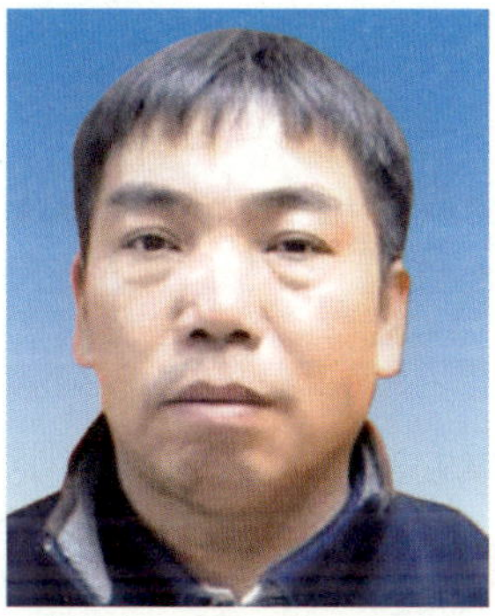

赖泽锋　男，1969年9月出生，江西瑞金人。机械专业高级工程师，鹏飞集团董事长。

1997年，发起创立深圳市瑞鹏飞五金模具厂；2010年在井冈山经开区创建吉安市瑞鹏飞精密科技有限公司，主营业务为汽车模具研发和制造；2012年，在井冈山经开区投产5万吨精密铸造项目及年产1000台套智能数控机床研发和制造项目。经过20年不懈努力，逐步建立了以五金模具和五金制品为核心业务的产业集团，至2020年末，集团旗下共有14家研发和制造机构，遍布珠三角、长三角、中部地区和欧洲、东南亚，年产值近10亿元。当选为深圳市模具协会副理事长，吉安商会副会长，2019年江西省优秀企业家。

邱声富　男，1975年出生，江西吉安人。吉安米田科技有限公司总经理。担任井冈山经济技术开发区新的社会阶层代表人士联谊会常务副会长、山东省江西商会常务副会长。

2005年3月，在山东烟台创办富山电子科技有限公司，经营包装装潢印刷品印刷，开发、生产、销售PE保护膜、电子产品等；2009年8月，创办烟台富帝塑胶制品有限公司，从事塑胶、五金制品的生产、销售和货物、技术进出口业务；2012年11月，在深圳市创办丰和泰硅橡胶制品有限公司，从事硅橡胶制品、模具的生产销售等；2016年，创办烟台富真电子科技有限公司，同年9月，创办烟台富林铝业有限责任公司；2017年4月，创办烟台米田电子科技有限公司；2019年8月，在井冈山经开区创立吉安米田科技有限公司，从事塑胶制品、电子产品、五金制品、硅橡胶制品、模具、自动化设备、智能家电、医疗器械的研发、制造、销售及以上产品的进出口业务。

邓春华 男，1971年出生，广东东莞人。中共党员，生益电子股份有限公司董事长，吉安生益电子有限公司董事，中共东莞市国弘投资有限公司委员会（原中共东莞市电子工业总公司委员会）书记，东莞市国弘投资有限公司董事长，广东生益科技股份有限公司董事，广东南方宏明电子科技股份有限公司董事长，苏州生益科技有限公司董事，陕西生益科技有限公司董事，东莞生益房地产开发有限公司董事等职。

领导生益电子股份有限公司建立了“产、学、研、用”紧密结合的研发创新体系，搭建“广东省高端通讯印制电路板工程技术研究开发中心”“东莞市高速印制电路板重点实验室”等研发创新平台。2018年11月，生益电子有限公司落户井冈山经开区。

包秀银 男，1962年出生，浙江温州人。南亚新材料科技股份有限公司董事长。

2000年6月至2017年8月，任上海南亚覆铜箔板有限公司董事长；2004年至2017年12月，任江西长江玻璃纤维有限公司董事；2000年，任上海南亚科技集团有限公司董事长、上海银惠电子电器有限公司监事；2004年，任德阳天府电子材料有限公司董事；2008年，任上海嘉定银丰小额贷款股份有限公司副董事长；2017年8月，在井冈山经开区投资成立南亚新材料科技股份有限公司，任董事长。

王继生 男，1971年6月出生，江西安福县人。吉安市优特利科技有限公司董事长。

1997年，中国科学院长春应用物理化学研究所电化学专业毕业，获锂离子电池负极材料专业硕士学位，后一直从事锂离子电池的研究开发及商业化工作。2000年，参与制定《中国三项电池标准总规范》，并由国家质监局正式行文公布；2002年，在锂电企业中率先导入三元材料批量产业化应用；2002年，在国内率先导入celgard隔膜批量产业化应用；2003年，和Valence合作，在国内率先导入磷酸铁锂材料批量产业化应用。

2005年创办深圳优特利电源有限公司，担任董事长兼总经理；2007年创办吉安市优特利科技有限公司，担任董事长兼技术总工程师。2019年获“2018年度江西省优秀企业家”称号。

王继生是中国最早从事锂离子电池研究和商业化工作者之一，对锂离子电池负极及隔膜等有着深厚的学术造诣。在锂电技术领域总共拥有72项专利技术，其中发明专利8项、实用新型专利32项。2010年，被评选为“中国锂电行业十大风云人物”。

曾　珣　男，1987 年出生，江西吉安人。吉安螃蟹王国科技有限公司董事长。

2010 年至 2012 年在浙江三元集团担任运营总监；2012 年，创建深圳螃蟹王国科技有限公司，成立 DIY 手工文化创意创业团队，开发玩具小车、建筑沙盘模为主的 DIY 手工模型材料。螃蟹王国的手工创意产品交易平台，是在国家掀起“大众创业、万众创新”的时代背景下，为创新 2.0 时代孕育出更多的小微创新企业而服务的平台，是一个低成本、全要素、开放式的一站式创业服务平台。

2014 年 5 月回江西创建吉安螃蟹王国科技有限公司，2016 年 6 月落户井冈山经开区，设立了产业孵化基地。基地以电商创业项目孵化为主，兼营创客教育及 DIY 手工领域。

第九节　全国人大代表、劳动模范、五一劳动奖章获得者简介

全国人大代表 1 人：郭达文；全国劳动模范 2 人：吴永忠、胡建诚；五一劳动奖章获得者 1 人：郭达文。排名不分先后。

郭达文　男，1985 年 3 月，江西泰和人。中共党员，红板（江西）有限公司总经理助理、共青团吉安市委副书记（兼职）。

2006 年 7 月至 2009 年 5 月，在东莞红板多层线路板有限公司工作，历任工序工程部技术员、助理工程师；2009 年 6 月，在红板（江西）有限公司工作，历任技术工艺工程部助理工程师、工程师，制造设计工程部高级工程师、经理，行政部总经理助理。

2014 年获“江西省五一劳动奖章”，2016 年获“全国五一劳动奖章”，并被评为“江西省劳动模范”。2018 年当选为第十三届全国人大代表。

吴永忠　男，1964 年出生，福建沙县人。研究员，执业中药师，大学本科学历，普正药业集团股份有限公司副总经理。

1980 年 7 月至 1984 年 7 月为吉林农业大学中药材学院药用植物专业学生；1984 年 8 月至 1988 年 2 月任江西天师康中药股份有限公司技术员；1988 年 3 月至 2001 年 7 月任江西省药物研究所副研究员、所长助理（其间：2000 年兼任中药工程技术中心常务副主任、2001 年兼任医药分析测试中心主任）；2001 年 7 月至 2003 年 12 月任汇仁集团中药研究院院长；2004 年 1 月至 2008 年 8 月江西神农汉方生物科技有限公司董事长、总经理，江西中灵医药生物科技有限公司董事长、总经理；2008 年 9 月至 2010 年 3 月任江西东方膳食文化有限公司总经理；2010 年 4 月任普正药业集团股份有限公司副总经理。是江西中医学院客座教授、硕士生导师，中国自然资

源学会中药与天然药物学术委员会委员，中国中医学会中药炮制学术委员会委员，中华中医药学会中药鉴定专业委员会委员。

2014 年获“全国五一劳动奖章”，2015 年获“全国劳动模范”等荣誉称号。

胡建诚 男，1973 年 8 月出生，江西泰和人。红板（江西）有限公司电镀维修区域工程师。

1992 年 7 月，新余市电子技术学校电子维修专业学习；1993 年 6 月，泰和县纺织厂机器维修技术员；2003 年，广东珠海一家电路板厂机修师傅；2008 年入职井冈山经开区红板（江西）有限公司，担任线路板维修工程师，主要负责电镀区域的维修工作。每天坚持巡查设备线路，减少机器的故障发生率。在技能操作上下功夫，做好设备维护工作，成功解决了生产设备的温度一直偏离正常范围、传动轴弯曲经常性出现升降系统崩溃导致停机等多个技术难题。2020 年，被评为“全国劳动模范”。

第二章　人物表、录

本章以名录的方式，记述井冈山经开区历届党代表、人大代表、政协委员的选举、任用情况；记述历届劳动模范、五一劳动奖章获得者以及其他先进模范人物；以表的形式记述高级专业技术人员。

第一节　历任党代表、人大代表、政协委员名录

中国共产党代表名录

省代表：中共江西省第十二次代表大会代表

刘达绪　吉安市高新区管委会副主任

中共江西省第十三次代表大会代表

刘志坚　市政府副秘书长、井冈山经开区管委会主任

刘沪明　井冈山卷烟厂厂长、党委副书记

梁小文　江西天人生态股份有限公司董事长

中共江西省第十四次代表大会代表

彭学凯　井冈山经开区党工委书记

艾如开　井冈山卷烟厂卷包车间班长

邹正平　江西航盛电子科技有限公司总经理

市代表：中共吉安市第二次代表大会代表

贺云生　吉安市高新区党工委副书记、正县级调研员

刘一华　井冈山卷烟厂党委书记、厂长

中共吉安市第三次代表大会代表

余阳春　市政府副市长、井冈山经开区党工委书记

刘志坚　市政府副秘书长、井冈山经开区管委会主任

刘沪明　井冈山卷烟厂厂长、党委副书记

刘　娟（女）　井冈山经开区街道办事处主任

刘小勇　井冈山经开区管委会副主任

中共吉安市第四次代表大会代表

刘志坚　井冈山经开区党工委书记

邓淑斌　井冈山经开区党工委副书记、管委会主任

廖小芸　井冈山卷烟厂动力车间水处理工

邹正平　江西航盛电子科技有限公司党支部书记

人大代表名录

全国人大代表：第十三届 全国人民代表大会代表

郭达文　红板（江西）有限公司总经理助理

江西省人大代表：江西省第十届人民代表大会代表

刘一华　井冈山卷烟厂厂长、党委副书记

江西省第十二届人民代表大会代表

文开福　江西合力泰科技有限公司井开分公司

江西省第十三届 人民代表大会代表

文开福　江西合力泰科技有限公司井开分公司

吉安市人大代表：吉安市第一届人民代表大会代表

周　智　吉安市高新技术开发区副主任

刘志坚　吉安市政府副秘书长、市高新技术开发区主任

吉安市第二届人民代表大会代表

刘一华　井冈山卷烟厂党委书记

刘志坚　市政府副秘书长、井冈山经济技术开发区管委会主任

文开福　江西合力泰微电子有限公司总经理

吉安市第三届人民代表大会代表

刘沪明　井冈山卷烟厂厂长、党委副书记

刘贤清　吉安市政府副市长、井冈山经开区党工委第一书记

邓淑斌　井冈山经开区党工委副书记、管委会主任

邹正平　江西航盛电子科技有限公司总经理

吉安市第四届人民代表大会代表

邓淑斌　吉安市副市长、井冈山经开区党工委第一书记

彭学凯　井冈山经开区党工委书记
刘沪明　井冈山卷烟厂厂长、党委副书记
肖智贵　井冈山经开区高新街道下村社区党支部书记
文开福　江西合力泰科技有限公司董事长
华　刚　井冈山卷烟厂厂长、党委副书记
卢　愉　井冈山经开区管委会副主任

吉安县人大代表：吉安县第十三届人民代表大会代表
肖智贵　吉安市高新区高新街道长岭社区党支部书记
吉安县第十四届人民代表大会代表
刘达绪　吉安市高新区管委会副主任
刘一华　井冈山卷烟厂党委书记、厂长
庄声桃　吉安市高新区高新街道办事处主任
肖智贵　吉安市高新区高新街道长岭社区党支部书记
吉安县第十五届人民代表大会代表
刘沪明　井冈山卷烟厂党委副书记、厂长
肖智贵　井冈山经开区高新街道长岭社区党支部书记
吉安县第十六届人民代表大会代表
李　忠　井冈山经开区金鸡湖街道五级主办、岭上村委会党支部书记
刘秋华　井冈山经开区高新街道长岭社区居委会主任

政协委员名录

省政协委员：政协江西省第十届委员会委员
肖军平　江西普正药业董事长兼总经理
政协江西省第十一届委员会委员
尹志明　吉安御美丽健康产业有限公司董事长
梁小文　江西天人生态股份有限公司董事长、总裁
政协江西省第十二届委员会委员
张建军　吉安市木林森电子科技有限公司董事长、江西省木林森照明有限公司董事长
彭仁才　井冈山经开区管委会调研员、国土资源局局长、不动产登记局局长

吉安市政协委员：政协吉安市第二届委员会委员
朱小林　江西天元电机制造有限公司董事长兼总经理
尹归园　江西金顶药业公司总经理
张建军　吉安市木林森电子有限公司总经理
文军勇　江西航盛电子有限公司工会主席
郑建民　江西牛牛乳业（吉安）有限公司总经理

肖军平　江西普正药业集团总经理

政协吉安市第三届委员会委员

文伟峰　红板（江西）有限公司行政总经理

张建军　吉安市木林森电子科技有限公司总经理

赵孝龙　吉安市三江超纤无纺有限公司董事长

黄郁彬　六星集团（香港）有限公司总裁

王小强　吉安新琪安科技有限公司董事长、总经理

郑建民　江西牛牛乳业公司总经理

洪俊城　吉安市满坤科技有限公司董事长

黄剑飞　江西华文光电科技有限公司执行董事

彭仁才　井冈山经开区国土资源局局长

王丽萍（女）　江西绿洲人造板有限公司副总经理

尹志明　江西吉安御美丽健康产业有限公司董事长

肖军平　江西普正药业有限公司董事长

方　游　银图实业（吉安）有限公司董事长　特聘港澳台委员

叶德然　红板（江西）有限公司总经理　特聘港澳台委员

江美东　吉安市钢铁有限公司总经理　特聘港澳台委员

蔡镇滨　香港盈烨发展有限公司、深圳盈烨创新通讯技术有限公司、江西井冈山盛泰通讯技术有限公司董事长　特聘港澳台委员

政协吉安市第四届委员会委员

文伟峰　红板（江西）有限公司总经理

吴泽昆　江西国大药业有限公司董事长

周志刚　江西永安交通设施集团总裁

周志强　江西志诚药业有限公司董事长

王丽萍（女）　江西绿丰新材料股份有限公司董事长

卢志宽　吉安市综合物流中心有限公司董事长

刘光林　江西万佶物流有限公司董事长

肖军平　普正药业股份有限公司董事长

张建军　江西木林森照明有限公司董事长

彭仁才　井冈山经开区管委会调研员、国土资源局局长

罗　琼（女）　井冈山经开区财政金融局副局长

李小平　九三学社市委会副主委，井冈山经开区经济发展局副局长

吉安县政协委员：政协吉安县第十届委员

彭仁才　吉安市高新区国土局副局长

王福权　江西绿洲股份有限公司总经理

政协吉安县第十一届委员

邓云鹏　高新街道马甫村党支部书记

政协吉安县第十二届委员

王秋萍（女）　井冈山经开区管委会副调研员

罗　琼（女）　井冈山经开区财政局副局长

邓云鹏　高新街道马甫村党支部书记

彭小平　金鸡湖街道西坑村党支部书记

第二节　历届工人先锋号、劳动模范、三八红旗手、优秀企业家名录

全国工人先锋号

2013 年：红板（江西）有限公司

2014 年：普正药业集团股份有限公司

2016 年：江西航盛电子科技有限公司

2017 年：吉安市瑞鹏飞精密科技有限公司

江西省工人先锋号

2015 年：江西航盛电子科技有限公司

2016 年：吉安市瑞鹏飞精密科技有限公司

2019 年：江西生物制品研究所股份有限公司

全国劳动模范

2015 年：吴永忠　普正药业集团股份有限公司技术中心研发总监、副研究员

2020 年：胡建诚　红板（江西）有限公司电镀维修区域工程师

江西省劳动模范

2010 年：肖菊香（女）　雅绅（吉安）轻工实业有限公司生产组长

杨名全　吉安市新琪安科技有限公司主管

丁文彬　江西中烟工业有限责任公司井冈山卷烟厂生产（设备）管理科副科长

黄见民　红板（江西）有限公司技术员

2012 年：丛　森　江西华文光电股份有限公司工程师

2015 年：张胜荣（土家族）　吉安市瑞鹏飞精密科技有限公司技术主管

曾文有　江西联创电缆科技有限公司技术研发部经理

刘沪明　江西中烟工业有限责任公司井冈山卷烟厂厂长、党委副书记

任红艳（女）　鸿丰（吉安）制衣有限公司行政部长

易建武　吉安市木林森电子科技有限公司车间主任

胡建诚　红板（江西）有限公司设备工程师

2016 年：郭达文　红板（江西）有限公司 PPE 高级工程师

李红平（女）　江西省深安电子工业有限公司生产部主管

李桂喜　吉安市凯迪绿色能源开发有限公司班长

2017 年：刘明生　吉安市优特利科技有限公司聚合物一车间主任

2019 年：康兴东　普正药业集团股份有限公司技术中心主任

2020 年：龚王忠　吉安市木林森实业有限公司模具研磨车间生产组长

肖中华　江西合力泰科技有限公司井开分公司 TFT2 事业部高级经理

康兴东　江西普正制药股份有限公司新药研究室主任

郑朝辉　摩比通讯技术（吉安）有限公司技术员

孔祥谦　江西中烟工业有限责任公司井冈山卷烟厂副主任技师

王丽萍（女）　江西绿洲环保新材料有限公司董事长

杨　铭（女）　红板（江西）有限公司人力资源部招聘主管

李红平（女）　江西省深安电子工业有限公司生产部主管

刘明生　吉安市优特利科技有限公司聚合物一车间主任

全国五一劳动奖章

2012 年：丛　森　江西华文光电股份有限公司工程师

2013 年：黄亮文　江西天人生态股份有限公司计划发展部经理

2014 年：吴永忠　普正药业集团股份有限公司技术中心研发总监

2016 年：郭达文　红板（江西）有限公司 PPE 高级工程师

2018 年：康海滨　江西合力泰科技有限公司井开分公司 CTP3 事业部副总经理

江西省五一劳动奖章

2011 年：王顺虎　江西联创电缆科技有限公司技术中心特种电缆研究室主任

2013 年：李红平（女）　江西省深安电子工业有限公司生产部主管

刘沪明　江西中烟工业有限责任公司井冈山卷烟厂厂长、党委副书记

2014 年：郭达文　红板（江西）有限公司 PPE 高级工程师

王敏华　江西联创电缆科技有限公司技术中心 CATV 电缆研究室主任

李桂喜　吉安市凯迪绿色能源开发有限公司班长

2016 年：刘明生　吉安市优特利科技有限公司生产组长

毛晓光　江西中烟工业有限责任公司井冈山卷烟厂常务副厂长、工会主席

2017 年：康海滨　江西合力泰科技有限公司井开分公司 CTP3 事业部副总经理

2018 年：孔祥谦　江西中烟工业有限责任公司井冈山卷烟厂维修工

杨　铭　红板（江西）有限公司人力资源主管

2019 年：胡平通　吉安市木林森实业有限公司

康兴东　江西普正制药股份有限公司新药研究室主任

2020 年：高　磊　红板（江西）有限公司

龚王忠　吉安市木林森实业有限公司

江西省三八红旗手

2014 年：袁建平　江西益佰年药业股份有限公司总经理；江西蜂之屋蜂业有限公司董事长、总经理

江西省三八红旗集体

2018 年：井冈山经开区党群服务中心

江西省优秀企业家

2009 年度：吴伟銮　江西井冈山盛泰通讯技术有限责任公司总经理

梁小文　江西天人生态股份有限公司董事长

肖军平　江西普正制药股份有限公司董事长

第三节　高级专业技术人员表

井冈山经开区硕士学历、副高职称以上人员一览表

表 12-1

序　号	姓　名	工作单位	入职时间	学历 / 职称
1	杨　洪	江西航盛电子科技有限公司	2010.7	硕士 / 正高级工程师
2	朱小安	吉安砺芯半导体有限责任公司	2020.8	硕士 / 高级工程师
3	肖志军	江西联创电缆科技股份有限公司	1992.8	硕士 / 正高级工程师
4	陈国佺	江西联创电缆科技股份有限公司	2020.5	硕士 / 高级会计师
5	曾文有	江西联创电缆科技股份有限公司	2002.8	硕士 / 高级工程师
6	王顺虎	江西联创电缆科技股份有限公司	1987.8	高级工程师
7	陈　磊	江西联创电缆科技股份有限公司	1993.7	高级工程师
8	钱　琳	江西联创电缆科技股份有限公司	1982.12	高级工程师
9	彭开华	江西联创电缆科技股份有限公司	1990.10	高级工程师
10	肖军平	江西普正制药股份有限公司	2002.5	硕士、正高级工程师
11	吴永忠	江西普正制药股份有限公司	2010.5	本科、研究员
12	涂水才	江西普正制药股份有限公司	2005.5	高级经济师

续表 12-1

序　号	姓　名	工作单位	入职时间	学历 / 职称
13	李小锋	江西普正制药股份有限公司	2017.1	硕士、高级工程师
14	康兴东	江西普正制药股份有限公司	2010.5	硕士、高级工程师
15	贾天亮	江西普正制药股份有限公司	2015.12	高级工程师
16	周玉春	江西普正制药股份有限公司	2020.7	硕士、高级工程师
17	王福权	江西绿洲环保新材料有限公司	2002.10	硕士 / 高级经济师
18	刘援越	江西绿洲环保新材料有限公司	2020.3	本科 / 高级工程师
19	陈志光	吉安市优特利科技有限公司	2020.6	博士
20	孙业政	吉安创成环保科技有限责任公司	2020.5	硕士 / 高级工程师
21	文伟峰	红板（江西）有限公司	2006.12	硕士 / 正高级工程师
22	查红平	红板（江西）有限公司	2008.3	硕士 / 高级工程师
23	刘　绚	红板（江西）有限公司	2005.7	高级工程师、经济师
24	刘长松	红板（江西）有限公司	2011.3	高级工程师
25	郭达文	红板（江西）有限公司	2009.6	高级工程师
26	黄英海	吉安满坤科技股份有限公司	2019.5	硕士 / 高级技师
27	张孝斌	吉安满坤科技股份有限公司	2014.12	大专 / 高级工程师
28	陈吉林	吉安市木林森实业有限公司	2018.3	硕士 / 高级工程师
29	吴贵岚	江西威科油脂化学有限公司	2004.7	本科 / 正高级工程师
30	陈建平	江西威科油脂化学有限公司	2004.7	本科 / 高级工程师
31	聂海平	江西威科油脂化学有限公司	2009.7	本科 / 高级工程师
32	吴　剑	江西威科油脂化学有限公司	201907	硕士 / 高级工程师
33	朱冬秀	江西威科油脂化学有限公司	200407	中专 / 高级技师
34	王小亮	江西中络电子有限公司	2020.7	大专 / 高级工程师
35	闫小龙	江西金匠铸造有限公司	2019.7	硕士 / 高级工程师
36	王守平	江西金匠铸造有限公司	2020.6	博士
37	闫新飞	江西金匠铸造有限公司	2019.11	硕士 / 高级工程师
38	潘凤英	江西金匠铸造有限公司	2019.9	硕士 / 高级工程师
39	罗　强	区金庐陵公司	2019.3	本科 / 高级工程师
40	万春波	区自然资源局	2020.5	本科 / 正高级工程师
41	肖　恺	区城市建设管理局	2018.5	本科 / 高级工程师

续表 12-1

序号	姓名	工作单位	入职时间	学历/职称
42	郭　晶	区招商服务局	2018.5	博士
43	柴文强	吉安市三江超纤无纺有限公司	2019.3	博士
44	张赢超	江西欧凯科技有限公司	2018.12	博士
45	汪　平	江西创成微电子有限公司	2017.1	博士
46	陈盛博	江西盛梦科技有限公司	2020.3	博士
47	阎圣刚	江西开源香料有限公司	2019.6	博士/教授
48	檀　文	新琪安科技股份有限公司	2015.3	博士
49	李汉国	新琪安科技股份有限公司	2015.3	博士/教授
50	沈光夫	江西生物制品研究所股份有限公司	2019.3	博士
51	曾宪仕	高新街道办事处	2016.3	博士
52	李洪瑛	江西生物制品研究所股份有限公司	2020.1	博士
53	魏　戌	普正药业股份有限公司	2019.1	博士/副研究员
54	郭　锋	普正药业股份有限公司	2018.3	博士
55	柏　冬	普正药业股份有限公司	2018.6	博士
56	佟　琳	普正药业股份有限公司	2020.3	博士
57	许自平	井冈山经开区同心中学	2014.6	中小学高级教师
58	彭春林	井冈山经开区同心中学	2016.8	中小学高级教师
59	刘玉贤	井冈山经开区同心中学	2016.8	中小学高级教师
60	王　盛	井冈山经开区同心中学	2015.8	中小学高级教师
61	欧阳灿	井冈山经开区实验学校	2016.9	中小学高级教师
62	曾学慧	井冈山经开区实验学校	2014.5	中小学高级教师
63	陈金华	井冈山经开区实验学校	2013.7	中小学高级教师
64	刘忠民	井冈山经开区实验学校	2013.7	中小学高级教师
65	刘正文	井冈山经开区实验学校	2014.9	中小学高级教师
66	彭冬香	井冈山经开区同心中学	2017.1	中小学高级教师
67	许淑云	井冈山经开区同心中学	2019.9	中小学高级教师

附 录

一、部分国家、省、市、区文件

吉安市人民政府
关于成立吉安市高新技术产业开发区的通知

吉府字〔2001〕100 号

各县（市、区）人民政府，市直各单位：

为了节约用地，充分利用工业集聚效益，更好地实施规划，结合我市的实际，在符合土地利用总体规划和城市规划的前提下经研究决定，成立吉安市高新技术产业开发区。开发区四至范围为东至京九铁路，西至 105 国道，南至南环路，北至禾河南山田、山水分界处；至 2010 年规划面积为 1270 公顷。

二〇〇一年五月八日

吉安市人民政府
关于设立吉安市高新技术产业开发区管理委员会的通知

吉府字〔2001〕1002 号

各县（市、区）人民政府，市政府各部门：

经市政府第七次常务会议研究决定，设立市高新技术产业开发区管理委员会，为市政府正县级派出机构，暂定事业编制30名。

二〇〇一年五月三十一日

中共吉安市委
关于设立吉安市高新技术产业开发区工作委员会的通知

吉字〔2002〕4号

市高新技术产业开发区管委会：

经研究决定，成立中共吉安市高新技术产业开发区工作委员会。

中共吉安市委

2002年1月17日

江西省人民政府
关于设立江西吉州工业园区等12个省级开发区的批复

赣府字〔2006〕19号

省发展和改革委：

你委《关于设立江西吉州工业园区等12个省级开发区的请示》（赣发改工业字〔2006〕129号）收悉。经省政府研究同意，现批复如下：

一、吉安市政府批准设立的吉安市吉州工业园、吉安市高新技术产业开发区、吉安县工业园、吉水县工业园、峡江县工业园、新干县工业园、永丰县工业园、泰和县工业园、遂川县工业园、万安县工业园、安福县工业园、永新县工业园等12个省级以下开发区，经过国家土地市场秩序和开发区清理整顿后，符合规划要求，已形成一定经济规模和产业集聚优势，经国家发展和改革委审核认定，基本符合国务院批准的《清理整顿开发区的审核原则和标准》，现批准设立为省级开发区。同时，根据国家发展和改革委规范开发区名称的要求，将上述开发区名称依次更改为江西吉州工业园区、江西吉安高新技术产业园区、江西吉安工业园区、江西吉水工业园区、江西峡江工业园区、江西新干工业园区、江西永丰工业园区、江西泰和工业园区、江西遂川工业园区、江西万安工业园区、江西安福工业园区、江西永新工业园区。

二、批准设立的江西吉州工业园区等12个省级开发区的规范名称、产业定位、面积和四至范围详见附件。

三、开发区的四至范围、界址点坐标和面积以国土资源部最终核定公布的数据为准。

四、开发区最终审核结果以国家发展和改革委审核公告为准。

附件：江西吉州工业园区等12个省级开发区基本情况表

二〇〇六年三月八日

附件

江西吉州工业园区等12个省级开发区基本情况表

序号	开发区名称	产业定位	面积（公顷）	四至范围			
				东 至	西 至	南 至	北 至
1	江西吉州工业园区	电子、机械	366.67	塔山油库	花园大道	庐陵文化园	真君路
2	江西吉安高新技术产业园区	生物制药、电子信息、食品	1066.67	京九铁路	105国道	南环路	禾河南山男、山水分界
3	江西吉安工业园区	食品、电子、建材	266.67	105国道	赣粤高速入口处	京九大道	庐陵大道
4	江西吉水工业园区	林化工、食品、皮革	233.33	上陇路	沿山路	葛山敬老院	105国道
				赣江	金滩镇古堂村	金滩镇南岸村	金滩镇曾家岭村
				105国道	八都兰花村	八都实验小学	八都文明路
5	江西峡江工业园区	医药、针织、建材	200	105国道	工业四路以西	郁木路南60米	梅福路
6	江西新干工业园区	化工、机械、建材	333.33	京九线	赣江	沂江河	赣粤高速公路
				京九线	赣江	金川灌溪村	兴国塑编厂
7	江西永丰工业园区	医药、服装、林产品加工	253.33	永宁公路	恩江河	外环路官山村场	恩江镇山地
8	江西泰和工业园区	医药、建材、纺织	500	京九铁路	窑下路	古家乡村	桂花村
				狮前路	泰印公路	沿溪大道	狮前村和泰垦地
9	江西遂川工业园区	药品、林化工、食品	220	旧飞机场	县油化厂以西200米	北澳陂水渠	人造板厂以北300米
10	江西万安工业园区	有色金属加工、电子、化工	233.33	云洲坪	遂川江	河西中心大道	上村村小组
11	江西安福工业园区	建材、食品、化工	246.7	小北领机耕道瓜畲乡新安村	安吉公路	枫田镇小陂岭村	安福—瓜畲老乡公路
12	江西永新工业园区	机械、纺织、有色金属	220	永新—高桥楼乡公路	红旗村委、龙家村	燕溪村	永新—吉安市公路

江西省人民政府
《关于江西吉安高新技术产业开发区更名为江西井冈山经济技术开发区的批复》

赣府字〔2009〕18号

吉安市人民政府：

你市《关于请求将江西吉安高新技术产业开发区更名为江西井冈山经济技术开发区的请示》（吉府字〔2009〕9号）收悉。经省政府研究，同意江西吉安高新技术产业开发区更名为江西井冈山经济技术开发区。希望你市继续加强园区建设和管理，加大招商引资力度，加快发展开放型经济，为推动我省经济社会平稳较快发展做出新的更大贡献。

二〇〇九年二月十三日

国务院办公厅关于井冈山经济技术开发区升级为国家级经济技术开发区的复函

国办函〔2010〕59号

江西省人民政府：

你省关于井冈山经济技术开发区升级为国家级经济技术开发区的请示收悉。经国务院批准，现函复如下：

一、国务院同意井冈山经济技术开发区升级为国家级经济技术开发区，定名为井冈山经济技术开发区，实行现行国家级经济技术开发区的政策。

二、井冈山经济技术开发区升级后不增加规划面积，仍为10.67平方千米，区域范图为国务院有关部门公布的开发审核公告确定的四至范围。

三、井冈山经济技术开发区升级后，要以科学发展观为指导，创新利用外资方式，优化利用外资结构，致力于发展高新技术产业和高附加值服务业，着力提高开放水平，完善体制机制，提高创新能力，充分发挥辐射、示范和带动作用。

四、井冈山经济技术开发区升级后，必须严格实施土地利用总体规划和城市总体规划，必须按规定程序履行具体用地报批手续；必须依法供地，以产业用地为主，严禁房地产开发，合理、集约、高效利用土地资源。

五、要加强指导和服务，促进井冈山经济技术开发区健康发展。

二〇一〇年三月二十一日

国务院办公厅关于同意设立江西井冈山出口加工区的复函

国办函〔2011〕23号

江西省人民政府、海关总署：

你们关于设立江西出口加工区的请示收悉。经国务院批准，现函复如下：

一、国务院同意在江西井冈山经济技术开发区内设立江西井冈山出口加工区，规划面积2.25平方千米，共分为两个区块。区块一规划面积1.16平方千米，四至范围为：东至火炬大道、南至城南大道以北200米、西至创新大道、北至京九大道；区块二规划面积1.09平方千米，四至范围为：东至拓展大道、南至城南大道以北200米、西至火炬大道、北至京九大道。（具体以界址点坐标控制、详见附件）

二、为切实提高土地利用效率和财政资金使用效益，江西井冈山出口加工区实行分期开发，一期开发建设面积控制在1.16平方千米以内。待确认无发展空间后再进行二期开发建设。

三、江西省人民政府要严格实施土地利用总体规划和城市总体规划，根据出口加工区建设的有关规定，按照批准的四至范围和规划用途对江西井冈山出口加工区进行建设，待条件具备后，由海关总署会同有关部门验收。

四、海关总署要会同有关部门切实加强指导，支持江西井冈山出口加工区建设。

附件：江西井冈山出口加工区界址点坐标表

二〇一一年三月十四日

附件

江西井冈山出口加工区界址点坐标表

区 块	界址点号	X坐标	Y坐标
区块一	J01	2990249.118	38592919.022
	J02	2990244.416	38594239.576
	J03	2989360.794	38594236.437
	J04	2989365.474	38592921.490
区块二	J01	2990244.134	38594319.575
	J02	2990239.761	38595548.193
	J03	2989356.138	38595544.520
	J04	2989360.509	38594316.435

注：1. 本表采用1954年北京坐标系

2. 规划面积2.25平方千米

中共吉安市委吉安市人民政府
关于举全市之力加快市高新技术产业开发区建设的通知

吉字〔2002〕14号

各县（市、区）委、政府，市委各部门，市直各单位：

为切实落实今年全市经济工作会议提出的广泛深入开展“工业发展年”活动，以工业园区为依托，以招商引资为总抓手，全力加快工业化进程的总体思路，根据市政府吉府发〔2001〕14号、吉府发〔2001〕40号、吉府发〔2001〕41号和市委、市政府吉字〔2002〕9号文件精神，经市委、市政府研究决定，要进一步举全市之力加快市高新技术产业开发区（以下简称市高新区）的开发建设，现就有关问题通知如下：

一、扶持原则和任务

加快市高新区的开发建设，既是“工业发展年”活动的主攻目标之一，也是全市经济发展的着力点和落脚点，还是市、县两级财政增收的主要增长点。为此，市四套班子、各县（市、区）、市直各单位都有责任和义务共同扶持市高新区建设，力争通过工业园区的迅速扩张，形成全市经济增长的新亮点和工业发展的集聚场。

本着上述扶持原则，今年市直各单位和各县（市、区）要采取到市高新区购地筹资的办法，千方百计完成下达的园区用地预购任务（具体任务见附表），确保全市各单位、各县（市、区）在市高新区总共完成购地1500亩，筹集资金4503.4万元；力争今年市高新区进区项目达到30个以上，基础设施和配套工程投资规模突破1亿元.

二、购地筹资办法

1. 以地抵资。从市高新区庐陵工业园中集中安排土地，不确定地块统一预售给市直各单位（包括市级条管单位）和各县（市、区）。对市直单位（包括市级条管单位），根据其经济实力，确定为重点责任单位、一般责任单位、市级条管单位和由市委办、市政府办牵头落实的单位等几个不同的档次，分配以地抵资任务；对县（市、区），则根据其财政总收入情况，凡2002年财政总收入计划超过1亿元的为第1个档次，低于1亿元的为第2个档次，以此确定任务。各县（市、区）和市直各单位（包括市级条管单位）自行筹措购地款，可采取向银行贷款或向干部职工借款等多种办法筹资，市直有关单位还可动用财政专户中本单位的预算外收入净结余款（具体数额凭市财政局决算审批通知单认定）。购地款分三期支付到位，今年3月底前先到位三分之一， 6月底前再到位三分之一，剩余三分之一在9月底前到位。县（市、区）的款项由县（市、区）财政直接转入市高新区专户（市工行红办，账号：1509210309026439584）；市直单位的款项可通过市财政转入该专户，也可由单位直接转入该专户。市高新区管委会要主动搞好款项转入的衔接工作。

2. 统一用地。市直各单位和各县（市、区）在市高新区购地后，务必千方百计帮助市高新区引进项目和资金。引进的项目以工业项目为主，力求有较高的技术含量、有较大的投资规模和较好的产出效益。今年内市党政领导班子成员每人要引进1个投资200万元以上的项目进入市高新区，市人大、市政协领导班子成员集体引进1个以上投资超过200万元的项目进区；每个县（市、区）要引进1个投资300万元以上的项目进入市高新区；经济实力较强的市直单位也要引进1个投资300万元以上的项目进入市高新区落户建设。市领导和各单位负责引进的项目，达成投资意向后，即会同市高新区管委会共同与投资者进一步洽谈进区用地和优惠政策落实问题。在服从市高新区产业分区整体规划的前提下，由投资者、开发区和引进项目单位三方共司确定用地面积和选择地段，并可根据产业、投资规模、项目的不同，确定土地出让价。

3. 用后结算。购地筹资单位引进项目到市高新区落户用地后，由市高新区管委会与购地筹资单位进行用地结算。凡超过用地面积任务的适当给予奖励，未完成用地面积任务的按实际面积结算，没有完成的用地面积可继续招商使用。

4. 完成还款。用地结算后，由市高新区在结算后10天内，按购地时资金转入的渠道退还预购地资金。还款的手续办理，在简便、快捷的前提下，由市高新区管委会与各单位商定。完成和超额完成购地面积任务的全额还款，完成部分面积的按实际面积结算还款。

三、考核和奖罚措施

1. 市高新区管委会要制作购地单位资金转入单据和购地单位土地出让结算单据，按一式三份认真填写，其中一份返回购地单位，一份由市高新区管委会留存，另一份汇总后每季度向市政府报送一次。市政府每季度通报一次，年终依据以上两个单据、《项目进区协议书》和项目建设进展情况组织考核。对引进项目贡献大的市直单位将给予重奖，凡引进的工业项目产生了税收的，按上交税收地方所得部分当年30%、第二年20%、第三年10%的比例奖励给单位；引进的房地产开发项目，则按上交税收地方所得部分的20%一次性奖励给单位。

2. 各县（市、区）必须按时按量交付购地款，凡到今年9月底仍未付清购地款的，由市财政负责从财政预算往来款项中相应扣除，直至扣清为止。

3. 市直单位未按时完成任务的，由市财政从下半年开始按月停拨每人每月170元生活补助中财政拨补部分。如到今年9月底前全面或超额完成了全年任务，则由市财政在完成任务的下个月予以一次性补拨；如到9月底仍未付清购地款的，市财政只核拨该单位人员基本工资，其他所有经费一律停拨。

4. 各县（市、区）政府和市直各单位的主要负责人为购地筹资和引资还款的第一责任人，全体领导班子成员也都有责任落实相关筹资和招商任务，对未完成任务的将按市委、市政府吉字〔2002〕9号文件的有关规定对责任人予以处罚。

5. 今年对县（市、区）重点工作目标考核的招商引资项目所占分值的30分中，利用内、外资共为20分，切出其中5分为向市高新区购地筹资和引进项目的考核内容。各县（市、区）要高度重视，努力完成任务。凡县（市、区）负责向市高新区引进的项目，将按照市政府吉府发〔2001〕40号文件规定，继续执行“异地办厂、原地纳税”政策．

6. 市高新区管委会要把资金用在刀刃上，花小钱、办大事，坚持高标准、高起点、高品位建园，千方百计引进项目，提高投入与产出效益。市政府将对市高新区管委会另行下达考核和奖罚办法，并严格兑现。

附件：一、市直重点责任单位引项目进区和购地任务分配表

二、市直一般责任单位引项目进区和购地任务分配表

三、市委办牵头落实单位引项目进区和购地任务分配表

四、市政府办牵头落实单位引项目进区和购地任务分配表

五、市级条管单位引项目进区和购地任务分配表

六、各县（市、区）政府引项目进区和购地任务分配表

中共吉安市委

吉安市人民政府

2002 年 3 月 6 日

表一

市直重点责任单位引项目进区和购地任务分配表

单位名称	进区项目规模（万元）	购地面积（亩）	购地款（万元）			
			合　计	3 月底前	6 月底前	9 月底前
土管局	500	20	60	20	20	20
建设局	500	20	60	20	20	20
交通局	500	20	60	20	20	20
水电局	500	20	60	20	20	20
财政局	500	20	60	20	20	20
审计局	500	20	60	20	20	20
物价局	500	20	60	20	20	20
林业局	500	20	60	20	20	20
农业局	500	20	60	20	20	20
民政局	500	20	60	20	20	20
老建办	500	20	60	20	20	20
广电局	500	20	60	20	20	20
粮食局	500	20	60	20	20	20
经贸委	500	20	60	20	20	20
计委	500	20	60	20	20	20
高新区	500	20	60	20	20	20
教委	500	20	60	20	20	20
人事局	500	20	60	20	20	20
劳动局	500	20	60	20	20	20
卫生局	500	20	60	20	20	20
合计	10000	400	1200	400	400	400

说明：经贸委任务中含化建、机电、轻工、煤冶等 4 个局及下属单位的任务

表二

市直一般责任单位引项目进区和购地任务分配表

单位名称	进区项目规模（万元）	购地面积（亩）	购地款（万元）			
			合　计	3 月底前	6 月底前	9 月底前
计生委	300	10	30	10	10	10
商业局	300	10	30	10	10	10
供销社	300	10	30	10	10	10
外贸局	300	10	30	10	10	10
物资局	300	10	30	10	10	10
科委	300	10	30	10	10	10
乡企局	300	10	30	10	10	10
合作办	300	10	30	10	10	10
外资办	300	10	30	10	10	10
农办	300	10	30	10	10	10
体改委	300	10	30	10	10	10
体委	300	10	30	10	10	10
统计局	300	10	30	10	10	10
地矿局	300	10	30	10	10	10
文化局	300	10	30	10	10	10
纪委监察局	300	10	30	10	10	10
司法局	300	10	30	10	10	10
师院	—	10	30	10	10	10
职大	—	10	30	10	10	10
人防办	300	10	30	10	10	10
合计	5100	200	600	200	200	200

表三

市委办牵头落实单位引项目进区和购地任务分配表

单位名称	进区项目规模（万元）	购地款（万元）			
		合　计	3 月底前	6 月底前	9 月底前
市委办	—	16.4	5.50	5.50	5.40
台办	—	1.60	0.50	0.50	0.60
人大机关	—	8.00	2.60	2.60	2.80
政协机关	—	5.20	1.70	1.70	1.80

续表三

单位名称	进区项目规模（万元）	购地款（万元）			
		合　计	3 月底前	6 月底前	9 月底前
组织部	—	7.60	2.50	2.50	2.60
宣传部	—	5.00	1.60	1.60	1.80
统战部	—	2.40	0.80	0.80	0.80
政研室	—	2.40	0.80	0.80	0.80
科协	—	1.80	0.60	0.60	0.60
工会	—	3.40	1.10	1.10	1.20
团市委	—	1.60	0.50	0.50	0.60
妇联	—	2.20	0.70	0.70	0.80
接待处	—	2.20	0.70	0.70	0.80
老干局	—	2.00	0.70	0.70	0.60
党校	—	17.00	5.60	5.60	5.80
信访办	—	1.60	0.50	0.50	0.60
堂史办	—	1.80	0.60	0.60	0.60
文明办	—	1.20	0.40	0.40	0.40
机关工委	—	2.40	0.80	0.80	0.80
政法委	—	3.60	1.20	1.20	1.20
合计	900	89.40	29.40	29.40	30.60

表四

市政府办牵头落实单位引项目进区和购地任务分配表

单位名称	进区项目规模（万元）	购地款（万元）			
		合　计	3 月底前	6 月底前	9 月底前
市府办	—	20.80	7.00	7.00	6.80
旅游局	—	3.00	1.00	1.00	1.00
北京办	—	0.80	0.30	0.30	0.20
上海办	—	1.00	0.30	0.30	0.40
南昌办	—	1.00	0.30	0.30	0.40
深圳办	—	1.00	0.30	0.30	0.40
厦门办	—	1.00	0.30	0.30	0.40
工商联	—	1.00	0.30	0.30	0.40
档案局	—	2.80	0.90	0.90	1.00
地方志办	—	1.60	0.50	0.50	0.60
合计	900	34.00	11.20	11.20	11.60

表五

市级条管单位引项目进区和购地任务分配表

单位名称	进区项目规模（万元）	购地面积（亩）	购地款（万元）			
			合 计	3月底前	6月底前	9月底前
国税局	500	20	60	20	20	20
地税局	500	20	60	20	20	20
工商局	500	20	60	20	20	20
人行	500	20	60	20	20	20
工行	500	20	60	20	20	20
农行	500	20	60	20	20	20
建行	500	20	60	20	20	20
中行	500	20	60	20	20	20
信用联社	500	20	60	20	20	20
供电局	500	20	60	20	20	20
稽征局	500	20	60	20	20	20
公路分局	500	20	60	20	20	20
技监局	500	20	60	20	20	20
邮政局	500	20	60	20	20	20
电信局	500	20	60	20	20	20
盐务局	500	20	60	20	20	20
烟草局	500	20	60	20	20	20
石油公司	500	20	60	20	20	20
财保公司	500	20	60	20	20	20
人寿公司	500	20	60	20	20	20
新华书店	500	20	60	20	20	20
移动公司	500	20	60	20	20	20
联通公司	300	10	30	10	10	10
农发行	300	10	30	10	10	10
航务公司	300	10	30	10	10	10
气象局	300	10	30	10	10	10
水文局	300	10	30	10	10	10
海关	300	10	30	10	10	10
检验检疫局	300	10	30	10	10	10
药监局	300	10	30	10	10	10
太平洋财保公司	300	10	30	10	10	10
合计	13700	530	1590	530	530	530

表六

各县（市、区）引进项目进区和购地任务分配表

单位名称	进区项目规模（万元）	购地面积（亩）	购地款（万元）			
			合　计	3月底前	6月底前	9月底前
井冈山	300	20	60	20	20	20
吉州区	300	30	90	30	30	30
青原区	300	20	60	20	20	20
吉安县	300	30	90	30	30	30
新干县	300	30	90	30	30	30
永丰县	300	30	90	30	30	30
峡江县	300	20	60	20	20	20
吉水县	300	30	90	30	30	30
泰和县	300	30	90	30	30	30
万安县	300	20	60	20	20	20
遂川县	300	20	60	20	20	20
安福县	300	30	90	30	30	30
永新县	300	20	60	20	20	20
合计	3900	330	990	330	330	330

中共吉安市委吉安市人民政府
关于井冈山经济技术开发区加快体制机制改革创新的意见

（2013年12月31日）

吉字〔2013〕12号

为贯彻落实党的十八届三中全会和省委十三届八次全会精神，充分发挥井冈山经开区作为全市改革创新试验、对外开放重要窗口的引领示范作用，为“昂起发展龙头，决战千亿园区”创造新优势，解放思想，先行先试，充分释放改革创新最大“红利”，建设产业集聚、功能现代、多业并兴、生态宜居的工业新城。按照全面深化改革创新的有关要求，结合井冈山经开区实际，特制定本实施意见。

一、总体目标

全方位推进井冈山经开区体制机制改革创新，在机构改革、人事管理和收入分配机制、投融资、科技创新、产业培植和招商引资机制、公共服务领域开放以及城乡一体化等方面先行先试，着力消除制约发展的体制机制障碍，基本建立充满活力的创新创业体制、公平有序的社会管理体制、精简高效

的行政管理体制，实现井冈山经开区全面升级。

二、主要任务

（一）深化机构改革

坚持“小政府、大社会，小机构、大服务”理念，注重发挥市场在资源配置中的决定性作用，并发挥好政府的作用。

1. 强化服务发展和监管职能，强化和优化经济发展、商务、财政、国土资源、规划建设、工商等服务发展职能；强化安监环保、质监、审计、公安、交警等监管职能。

2. 创新拓展保障类机构。创新拓展人才市场、供电、供水、供气、保洁、园林、职业教育、卫生、金融、中介机构等保障类机构，营造良好的投资创业环境。

3. 强化机构运行机制改革。简化审批，扩大授权范围和权限，通过制度化、网络化，建立新的服务平台和服务模式，使运行机制实现扁平化管理。建立和完善岗位责任制，建立机关高效运转机制，提高办事效率和服务水平。

（二）改革人事管理和收入分配制度

4. 推行全员竞争竞聘制度。打破身份编制限制，全面推行机关工作人员聘用制管理制度。试行身份档案制、竞聘上岗制，定岗定责，同岗同酬。

5. 探索人才引进激励机制。加大高层次人才引进力度，对特殊专业技术岗位试行聘任制公务员。建立高层次人才、特殊专门人才“绿色通道”引进制度。

6. 推行绩效考核管理。完善绩效考核方案，建立基本工资和绩效工资相结合的收入分配制度，将招商引资、项目建设、企业服务等岗位职责进行量化细化，重点向一线倾斜，向业绩倾斜，拉开收入分配档次。充分发挥收入分配的杠杆和导向作用，打破平均分配的固有思维。对重点岗位的特殊人才和紧缺人才实行协议工资制度。

（三）深化科技创新体制改革

7. 以创新属地化推进企业植根化。建立企业主体、政府引导、市场运作的科技创新体系，建立课题引领机制、人才机制和资金奖励补偿机制，对成功申报省级、国家级重大科研课题的企业由井冈山经开区财政给予奖励。鼓励企业组建创新团队，以创新属地化，推进企业植根化。鼓励企业建设创新平台，建立省级或国家级工程中心、技术中心、研发中心、重点实验室。鼓励企业吸引留住高端人才，硬性引进和柔性引进科技人才，构建人才施展才华的平台。鼓励企业加大自主创新，构建成果转化机制，实现科技成果产业化。

8. 建立产学研协同创新机制。以企业为载体，推进吉安与省内外知名高校、科研院所在科技、人才等方面开展全方位合作，重点在触控显示、计算机及周边产品、动力电池、半导体照明、新材料、生物和新医药、数控自动化等产业领域突破和掌握一批核心关键技术，催生一批具有较强竞争力的创新型领军企业，形成一批拥有自主知识产权和自主品牌的高端产品，加快专利技术的转化应用。推动校企合作、产学研基地建设，鼓励企业与科研院所、大专院校结成创新战略联盟。

（四）深化投融资体制改革

9. 创新政府投融资新模式。根据井冈山出口加工区和东区基础设施市场化运作要求，在现有金庐陵经济开发公司基础上，整合重组政府经营性资产，组建发展公司和开发公司，分别承担出口加工区和东区开发建设、投融资职能。以政府注入的国有资产、资本和资金为种子资本，通过市场化运作，融通和引导社会资金投向基础设施、公共服务和新兴产业等领域，发展混合所有制经济。大量吸收社会资本和民间资本，重点引进投资性战略合作伙伴参股，组建多元结构混合所有制公司，引导非国有资本参与开发建设，完善政府投融资公司法人治理机制，探索试行市场化、专业化职业经理制。

10. 探索多渠道融资模式，积极探索设立政府引导基金、风险引导基金和主题产业投资基金新模式，实现政府资本、产业资本、金融资本和民营资本的有效互补。积极开展金融生态服务区建设，大力扶持设立和吸引 PE（私募股权投资基金）、VC（风险投资公司）进驻开发区。建立融资担保体系，探索和完善企业担保、“助保贷”、“财园信贷通”模式，组建工业担保公司和探索组建农村担保公司新模式。

11. 扶持企业上市。建立扶持企业上市推进帮扶机制，推动符合条件的企业到主板、中小板、创业板上市融资，或到“新三板”上柜交易。聘请和组建专业团队，为拟上市公司提供规划、引导、协调等服务，加快企业上市步伐。建立基金推动机制，引进风险投资、私募基金和证券公司，推动企业上市。建立和完善政府奖励推动机制，帮助企业做大资产、做大业绩，对上市或“新三板”上柜企业给予奖励。

（五）深化产业培植和招商引资机制改革

12. 培植战略性新业产业。坚持战略性新兴产业培植导向，通过完善产业链、技术升级改造、强强联合等方式，实现产业做强做大。引进全国有影响力的电子信息产业龙头企业、品牌企业。培育壮大现有电子信息企业，按照产业细分原则，打造触控显示器、通讯终端及传输、电子线路板、LED、计算机及外部设备龙头企业，培育壮大手机电话机、平板电脑、数字音响、汽车信息系统、节能照明灯具等系列终端产品，加速产业集群发展。建立健全电子信息产业发展的协调对接机制、帮扶机制、人才对接机制。

13. 创新开放平台建设。探索出口加工区市场化运作，争取升级为综合保税区，并向自贸园区迈进。健全吉安“无水港”异地报关、“五定”班列、“海铁”联运运行机制，充分发挥“无水港”服务全市开放型经济作用。依托吉安电子专业市场，同现有企业建立生产、市场联动机制，建立信息发布、产品展示交易、采购配送、产业链传动机制。发展电子商务，通过引进电商“龙头”企业，建立电子商务平台，建设电子商务聚集区，打造中部地区网上“自由贸易区”。依托行业协会打造电子信息行业信息发布平台，积极寻求与电子信息产业协会和科研机构合作，成立电子信息产业研究院，研究产业规划和补链招商。建立电子信息技术股权交易中心，推进电子信息技术产业化、市场化。

14. 创新招商引资模式。导入“名企、名牌、名企业家” “三名”理念，大力推进专业招商，组建电子信息、生物医药、绿色食品、先进制造 4 个专业招商队集中突破，实行专业招商与社会招商相结合，大九推进产业园招商，建立把商体系：一是政府主导，直接投资建设标准厂房，筑巢引凤，招引龙头项目快速进驻；二是政府引导，企业自主开发，政企联合实施工业地产招商，吸引项目集群抱团落户；三是政府牵线，推动企业强强联合、相互入股、要素“联姻”，促进项目做大做强；四是政府推动，创新企业商务平台，驱动新型业态招商。加强与国内知名电子商务运营商的合作，结合物流平台信息共享，做大做强井冈山经开区物流企业和电子商务平台，打造电子商务聚集区。

15. 创新招商引资机制。探索招商机制市场化，设立招商中心，实现社会化管理，打破招商人员的身份、职务、既定待遇界限，实行报酬与实绩挂钩。成立招商顾问组织，面向行业协会、商会组织、大型企业聘请一批招商顾问，实行报酬与引进项目挂钩。

（六）探索推进城乡一体化改革

16. 创新园区农村管理机制。实行扁平化、网格化管理，将辖区 10 个村（居）委会改革为 10 个管理处，作为街道办派出机构，负责所在村（社区）的经济发展和社会管理。

17. 创新农村集体经济发展模式。发展壮大村级集体经济，以村委会为单位，设立开发建设公司，实行公司化构架、企业化管理、市场化运作，将村民变为股民。试行工业用地租让结合的多元化供地方式。探索进城农民宅基地和农村土地承包经营权有偿退出机制；发展农村集体预留地经济，预留土地 40% 用于商贸业，60% 用于工业地产。

18. 创新城乡民生保障机制。健全城乡一体社会保障体系，完善城乡低保、医疗保障、养老保险、失地农民保障等一系列保障机制。健全教育、医疗、卫生保障机制，探索免费就读职业院校机制。完善就业创业体系，探索建立免费保障城乡居民就业培训、给予小额贴息贷款扶助机制，扶持辖区农民就业创业。加大保障性住房建设力度，健全住房保障体系。

19. 探索新型职业教育发展模式。对接吉泰走廊职业教育体系，发展职业教育。依托井冈山经开区各类产业园，由产业园企业领办职校专业，实现校企合作。探索政府向企业采购教育资源模式，形成政府、企业、学校三方联动，合办职业教育的经营管理模式。鼓励发展大型职业教育机构，引进建设 1 ~ 2 所民办高职院校。

20. 推进产业孵化园建设。建立高技术人才创业平台，引进省内外知名高校合作共建产业孵化园，加快科技成果产业化，支持大学生创业。吸引和扶持吉安籍在外创业人士带高技术、新产品和资本返乡创业，推动全民创业。

（七）扩大公共服务领域对外开放

21. 推进购买事务性管理服务。加大政府购买公共服务力度，引入竞争机制，将公共服务推向市场，提高行政效率，降低行政成本。加快市政管理市场化进程，引进民营资本成立市政工程运营公司，承担园区道路、桥梁、绿化、亮化、雨污管网等市政设施维护管理。由政府购买服务，公交企业托管，优先发展公共交通，实现园区公交全覆盖。

22. 扩大开放文化教育卫生事业。鼓励社会资本投资教育领域，引进国内知名教育集团建设民办教育产业园，集学前教育、基础教育、职业技术教育为一体。在土地征用、水电配套、师资培训、税收减免等方面给予政策优惠。鼓励社会资本投资医疗卫生、康复性养老事业，优先支持社会资本开办非营利性医疗、保健、养老机构。创新公共文化服务机制，对重要公共文化产品和公益性文化活动，实行政府购买、项目补贴、定向资助等市场化运作。

三、保障措施

23. 解放思想，合力共为。在全面深化改革创新中，必须进一步解放思想，牢固树立主体意识、机遇意识、责任意识和担当意识，强化要素整合，先行先试，敢担改革风险。市直各有关部门要大力支持井冈山经开区全面深化改革创新，并加强与上级有关部门的沟通协调，积极向上争取重大改革政策，共同推动井冈山经开区改革创新先行先试，取得实效。

24. 加强领导，成立机构。成立由市委、市政府分管领导任组长，井冈山经开区、市直有关部门主要负责人为副组长的井冈山经济技术开发区体制机制改革创新工作领导小组，协调解决重大问题，审定专项改革方案，研究制定相关政策。领导小组办公室设在井冈山经开区管委会，管委会主任兼任办公室主任，具体负责综合配套改革试点推进和协调工作。

25. 明确合工，落实责任。在市委、市政府及井冈山经开区体制机制改革创新工作领导小组的领导下，明确职责分工，落实责任单位。制定具体实施方案，明确目标和任务。建立联动推进机制，将综合配套改革列入对市直有关部门考核的重要内容。

本意见由井冈山经开区负责解释，并负责牵头组织实施；市工信委、市发改委、市商务局、市财政局、市人社局、市编办、市招商局、市国土局、市工商局、市教育局、市科技局、市金融办等部门负责配合协同推进。

中共吉安市委吉安市人民政府
关于支持井冈山经开区和吉州青原工业园一体化发展的实施意见

（2018 年 3 月 12 日）

吉发〔2018〕8 号

为推动井冈山经开区和吉州、青原工业园区一体化发展，打造吉安经济重要增长板块，根据《国务院办公厅关于促进开发区改革和创新发展的若干意见》（国办发〔2017〕7 号）和《中共江西省委、江西省人民政府关于促进开发区改革和创新发展的实施意见》（赣发〔2017〕30 号）精神，提出如下意见。

一、总体要求

（一）指导思想

全面贯彻落实党的十九大精神，以习近平新时代中国特色社会主义思想为指引，贯彻落实新发展理念，坚持向改革开放要动力，向创新创业要活力，向特色优势要竞争力，抢抓全省开发区改革机遇，通过园区力量大整合，实现体制机制大变革、服务效能上台阶；通过发挥品牌辐射效应，推进空间布局再优化、产业发展上能级，积蓄高质量发展强大动能，把开发区建设成为改革开放的先行区和新型工业化信息化城镇化融合发展的引领区、高水平营商环境的示范区、区域经济发展的增长极，为全市实现“三个走在前列”“两大战略任务”，创建“中国制造 2025”国家级示范区做出积极贡献。

（二）基本思路

以井冈山经开区为主体，整合吉州工业园区、吉安河东经济开发区（含富滩工业园）（注：以下简称“一区四园”），推进空间整合和体制融合，形成“一个主体、一套班子、多块牌子、双重管理”的管理体制和“统一规划布局、统一开发建设、统一政策招商、分级推进落实、实施利益共享”的运行机制，加快建设实体经济、科技创新、现代金融、人力资源协同发展的产业体系，以“一区四园”的转型升级带动区域发展升级。

（三）发展目标

围绕打造全省战略性新兴产业集聚区、中部地区创新发展新高地、国家新型工业化电子信息产业示范基地的发展定位，按照“一年理顺体制、两年完善配套、三年上新台阶”的要求，形成空间规划更加合理、产业布局更加科学、要素配置更加优化、体制机制更加顺畅、质量效益更加明显的发展格局。到2020年，发展质量明显提升。产业结构得到优化，主导产业特别是电子信息首位产业根植性和竞争力进一步增强，智能制造水平进一步提升，高新技术企业产值比重加大，国家级技术创新平台取得突破，创新驱动成为“一区四园”转型升级的更强动力。发展效益持续提升。制造体系绿色化、生产过程清洁化、能源结构低碳化、能源利用高效化水平进一步提高，制造业加快向产业链、价值链中高端攀升，单位投入产出效益进入全国园区第一方阵。发展总量大幅提升。主要经济指标实现持续增长，主营业务收入突破1000亿元，质量效益位居全省第一方阵，国家综合考评进入前100名。

二、重点任务

突出“一区四园”精简高效的管理特色，创新“一区四园”管理制度和运营模式，以改革创新激发新时期开发区发展的动力和活力。重点推进以下五项改革任务。

（一）创新体制机制。在市级层面成立以市政府分管负责同志为组长，井冈山经开区、吉州区、青原区主要负责同志为副组长，市直相关部门主要负责同志为成员的“一区四园”一体化发展协调小组，统筹推进“一区四园”规划布局、政策出台、项目落户、检查考评、成效评估等协调管理工作，协调小组下设“一区四园”改革推进办公室，办公室设在井冈山经开区管委会，具体负责“一区四园”日常管理协调和推进落实工作。对吉州工业园区实行双重领导和管理体制，保留吉州工业园区管委会牌子，增挂“中共井冈山经济技术开发区吉州产业园工作委员会”“井冈山经济技术开发区吉州产业园管理委员会”牌子，使用“国家井冈山经济技术开发区”的品牌，享受国家井冈山经济技术开发区的有关政策规定，根据统一政策和产业定位要求招引项目落户。对吉安河东经济开发区，其党工委、管委会成建制按程序划归井冈山经开区党工委、管委会，机构、编制、人员、资产统一划归井冈山经开区管理，包括新工业园（规划用地面积6.57平方千米，含西南角地块控规1.38平方千米，四至为：东至梅林大道，南至科教路，西至大桥东路，北至京九铁路；控规修编4.34平方千米，四至为：东至博新路，南至永昌大道、文翔路，西至梅林大道，北至京九铁路；扩区调规0.85平方千米，四至为：东至105国道，南至平安大道，西至梅林大道，北至文翔路）和富滩工业园（规划用地面积9.5平方千米，四至为：东至泷江河，西起富滩镇镇区，北部与南部背靠群山），改挂“中共井冈山经济技术开发区青原产业园工作委员会”“井冈山经济技术开发区青原产业园管理委员会”牌子，保留吉安河东经济开发区管委会牌子。井冈山经开区党工委班子成员兼任青原产业园党工委书记并挂职青原区委班子成员；青原产业园管委会主任挂职青原区政府班子成员。青原产业园管理委员会受井冈山经开区管委会委托，管理新工业园和富滩产业园，主要职责是推进园区的开发建设、投资促进、企业服务，其它的征地拆迁、司法、社会管理（含村组社区管理、综治信访等）、民生事业（含民政、社保、卫生计生、文化教育等）仍由青原区负责。与开发区企业落户发展关联度较大的行政审批和公共服务职能，如市场和质量监督管理、税收征管、国土资源、建设规划、财政、环保、安监等职能统一移交井冈山经开区相应部门管理，其他的仍由青原区负责。对富滩产业园，在现富滩工业园规划用地面积9.5平方千米的基础上，按照工业用地约40平方千米的总量要求，根据全市开发区发展规划，划定相应行政区划归井冈山经开区管辖，组建街（道）园（区）一体化管理机构。重新确定井冈山经开区“三定”方案，核定青原产业园和富滩产业园机构编制，并深化干部人事制度改革和薪酬体系改革，激发内生动力。

（二）优化空间布局。统筹“一区四园”和土地利用总体规划，结合吉安市城市总体规划修编，合理确定用地四至范围，推进多规合一。一是统筹考虑全市经济基础、产业特点、资源环境条件，重新编制我市开发区发展规划，在富滩镇、凤凰镇等地预留市本级工业发展空间。以市中心城区总体规划为依据，组织编制“一区四园”总体规划和控制性详细规划。二是以市中心城区总规修编为契机，按照综合发展、产城融合的理念，统筹市中心城区工业用地，优化现井冈山经开区总体规划，按城市功能的要求将君山大道、庐陵大道、京九大道等部分工业用地调整为商住用地，适当增加商住用地比例，增强经开区持续发展能力。同时按照“退二优二、退二进三”的原则，优化调整吉州产业园、青原产业园的分区规划。三是按照一次规划到位、分步实施的原则，科学规划功能分区，突出生产功能，统筹核心区与生活区、商务区、办公区等城市功能建设。推进基础设施互通互联，加快绕城高速公路及通往富滩跨赣江大桥建设，构建快速交通走廊。

（三）明晰产业定位。结合“一区四园”交通区位、产业基础和现实条件，井冈山经开区重点发展电子信息首位产业和先进装备制造主攻产业，聚焦重大项目、龙头企业和品牌产品，在电子材料、显示面板，半导体芯片、智能传感器、高端应用，LED 封装测试设备、数控机床等领域培育一批品牌产品，打造一批优势企业，发挥好示范引领和支撑带动作用，打造全省先进制造业示范区。吉州产业园重点发展电子信息首位产业、机械制造业、绿色食品及新兴服务产业，重点围绕产业配套、服务提升打造产城融合新区。青原产业园重点依托井冈山大学重点发展电子信息等都市型工业和先进制造业，建设创新与创业、孵化与投资相结合的创新示范区。富滩产业园重点发展生物医药大健康产业和新能源新材料产业。通过优化产业布局，着力构建“四园一体、创新引领、产城融合、错位发展”的发展格局，实现生产空间、生活空间和生态空间的有机统一，以产业园区的抱团发展支撑中心城市的发展，带动吉泰走廊的崛起。

（四）推进统一招商。发挥“国家井冈山经济技术开发区”品牌辐射效应，“一区四园”在招引项目、争取资金、科技创新、人才引进等方面共同享受国家井冈山经济技术开发区的有关政策，统一对外招商，统一宣传口径，降低招商成本，提高招商效率。“一区四园”在项目准入、土地供应、税费优惠、产业基金扶持、融资服务等方面制订统一政策，在项目洽谈、项目评估、合同评审、项目落户、推进服务和实施评价等方面制订统一程序，由市“一区四园”一体化发展协调小组按照“一区四园”产业布局推动项目入园。完善项目入园办法，简化审批程序，引入第三方尽职调查、专家评审、法律顾问全程参与以及企业兑现投资合同诚信预警机制，提高项目集聚集群效应。对符合首位产业和龙头企业扶持条件的项目以及特殊重大项目实行“一企一策”“一事一议”。

（五）推动利益共享。推进数据并表。争取省统计局、省商务厅等省直部门支持，推动吉州产业园、青原产业园和富滩产业园的数据按原口径纳入所在地行政区统计，指导井冈山经开区建立“一区四园”数据统计平台并计入井冈山经开区国家统计盘子。确定财力划转。对吉安河东经济开发区，按照老企业老办法、新企业新办法的原则划转，并入前落户的企业所产生的税收全部划转给青原区，并入后落户的企业所产生的税收形成的新增可用财力，按 5：5 的比例分成，期限暂定五年。合理分摊债务。吉安河东经济开发区管委会并入前发生的政府性债务仍由青原区政府承担，并入前承诺给予吉安河东经济开发区区内企业的优惠政策仍由青原区政府负责兑现，园区开发建设形成的债务及并入后新发生的债务由井冈山经开区管委会负责。

三、保障措施

（一）加强组织领导。成立由市委书记任组长，市政府市长任第一副组长，市委、市政府相关领导任副组长，井冈山经开区、吉州区、青原区以及市委办公室、市政府办公室、市委组织部、市编办、市发改委、市工信委、市商务局、市规建局、市国土资源局、市安监局、市环保局、市统计局、市财政局、市人社局、市交通运输局、市科技局、市国税局、市地税局等市直相关单位主要负责同志为成员的“一区四园”一体化发展领导小组，领导小组办公室设在市工信委，统筹协调“一区四园”一体化的优化整合等重大事项。

（二）强化政策支持。统筹全市优势资源，聚焦“一区四园”开发建设。市本级或通过市本级注资到金庐陵公司的方式，成立100亿元以上的工业产业发展基金，用于支持“一区四园”的基础设施建设、产业发展和还本付息。统筹整合发改、财政、工信等部门各项资金，支持“一区四园”基础设施和公共服务平台建设。鼓励“一区四园”以政府和社会资本合作模式（PPP）进行公共服务、基础设施类项目建设，鼓励社会资本投资建设、运营特色产业园。建立“一区四园”与县（市、区）、市直机关干部交流机制，推进干部纵向横向交流。加大干部培训力度，有计划安排“一区四园”干部到沿海发达地区培训和挂职。对招商引资和专业岗位急需的高层次管理人才、特殊人才，“一区四园”可实行特岗特薪、特职特聘。

（三）严格落实责任。井冈山经开区要强化大局意识，加大招商引资、项目建设、企业服务和开发建设力度，提升经开区对全市工业的贡献度；青原区要积极履行社会管理、行政执法、公共服务、征地拆迁等职责；吉州区要利用好品牌，按要求推动项目落户。“一区四园”发展考核办法由市委、市政府另行制定。市直相关单位要增强服务意识，根据职责分工，细化任务举措，落实工作责任，明确时间节点，切实解决“一区四园”在规划建设、土地利用、产业布局、体制改革、机构整合、财税创新、数据并表、职能并转等方面的困难与问题，形成强大合力。严肃财经纪律，对被整合机构资产情况进行审计，并做好移接交工作，严防国有资产流失。“一区四园”改革3月初启动，3月底前完成人财物移接交并正式运转。各区、市直相关单位要根据本意见制定具体实施细则，最大限度推进“一区四园”一体化创新发展。市“一区四园”一体化发展领导小组办公室要发挥综合协调作用，加快研究落实重点任务，进一步分解细化目标，明确时间节点，强化督查督办，确保各项改革措施落到实处。

附件：推进井冈山经开区和吉州青原工业园一体化发展领导小组成员名单

附件

推进井冈山经开区和吉州青原工业园一体化发展领导小组成员名单

为加强组织领导，推动各项工作顺利开展、落到实处，市委、市政府决定成立推进井冈山经开区和吉州青原工业园一体化发展领导小组，成员名单如下：

组　　长：胡世忠　市委书记

第一副组长：王少玄　市委副书记、市长

副 组 长：杨　丹　市委常委、常务副市长

李镇发　市委常委、组织部部长

邓淑斌　副市长

成　　员：彭学凯　井冈山经开区党工委书记

汤文仙　井冈山经开区管委会主任

廖东生　市委副秘书长、办公室主任

何新春　市政府副秘书长、办公室主任

孙英剑　市政府副秘书长

肖　敏　市政府法制办主任

朱谋俊　吉州区委书记

黄国栋　吉州区委副书记、区长

李　军　青原区委书记

邹卫梅　青原区委副书记、区长

谭　华　市工信委主任

曹秋根　市委组织部常务副部长

彭金平　市编办主任

刘晓彬　市发改委主任

李金花　市民政局党组书记

傅正华　市财政局局长

黄廉传　市审计局局长

吴　斌　市统计局局长

袁荣明　市人社局副局长

曾建军　市国税局副局长

董国珍　市地税局局长

谢海泉　市交通运输局局长

宋春生　市公路局局长

杨小勇　市安监局局长

聂桑影　市市场和质量监管局党组书记

罗军红　市国土资源局局长

王华程　市城乡规划建设局局长

李金荣　市环保局局长

徐小腾　市商务局局长

谢氏乐　市科技局局长

李发芽　市卫计委党委书记

张万安　市教育局局长

陈寿庆　市公安局常务副局长

何　骏　市消防支队政委

领导小组主要职责：落实省委、省政府关于促进开发区改革和创新发展的决策部署，研究推进井冈山经开区和吉州青原工业园一体化发展的重大事项，协调、解决一体化推进过程中的重大问题。

领导小组办公室设在市工信委，由谭华同志兼任办公室主任，龙小明、曾广炆、刘勇、陈卓生同志为副主任，相关工作人员从市工信委、井冈山经开区、吉州区、青原区抽调。领导小组办公室主要负责制定一体化发展工作推进方案；负责统筹协调一体化发展涉及相关单位的重大事项，收集各专项工作组需领导协调解决的重要问题并及时提请解决；负责一体化发展各项工作的跟踪、督查、考核评价；承办领导小组交办的其他工作。

领导小组下设 5 个专项工作组：

1. 组织人事工作组。由市委常委、组织部李镇发部长牵头，曹秋根任组长，袁忠、袁荣明、刘达绪任副组长，龙井松担任联络员，市委组织部、市人社局、市编办，井冈山经开区党工委、管委会，吉州、青原区党委、政府相关人员参加。主要负责研究确定井冈山经开区“三定”方案和人员调配方案；负责井冈山经开区及河东经济开发区（含富滩工业园）在编在岗干部职工清理审核登记、公文人事档案移交等工作。

2. 财产财务工作组。由市委常委、常务副市长杨丹牵头，傅正华任组长，曹智远、何相信、江朝生、胡小勇、曾广炆、刘勇、龙小明任副组长，肖章珞担任联络员，市财政局、市审计局、市国税局、市地税局、市市场和质量监管局，井冈山经开区管委会，吉州、青原区政府相关人员参加。主要负责摸清整合前的财产财务情况（含政府投资的公建项目）；负责对被整合机构资产情况进行全面清理清查和审计；负责研究确定财政收支范围、界定债权债务；负责财产、财务移交；负责界定新老企业；负责对公益性项目建成后的运行管理模式提出意见；负责研究提出工业产业发展基金设立方案等工作。

3. 辖区调整工作组。由市委常委、常务副市长杨丹牵头，刘晓彬任组长，胡炳辉、孙玉民、石义生、夏诚、曾广炆、涂乐、罗厥宏任副组长，詹军庆担任联络员，市发改委、市统计局、市城乡规划建设局、市国土资源局、市民政局，井冈山经开区管委会，吉州、青原区政府相关人员参加。主要负责研究确定井冈山经开区管辖区域；负责明确“一区四园”四至范围，提出调整工业用地和商服用地区块意见；负责统筹井冈山经开区总体规划和土地利用总体规划；负责井冈山经开区管辖范围乡镇、街道、社区的移交托管；负责数据并表，合并计入经开区国家统计盘子等工作。

4. 产业指导工作组。由副市长邓淑斌牵头，谭华任组长，肖开玉、王洲嫔、肖敏、刘锡锋、刘小勇、龙小明任副组长，李真担任联络员，市工信委、市政府法制办、市发改委、市商务局、市安监局、市环保局、市市场和质量监管局、市城乡规划建设局、市国土资源局、市国税局、市地税局，井冈山经开区管委会，吉州、青原区政府相关人员参加。主要负责指导做好产业发展规划，提出优化产业布局、结构调整的政策建议；负责研究提出吉州产业园招商项目落户会商机制；负责市直专业招商队的整合优化，帮助招引符合井冈山经开区产业发展方向的项目；研究提出涉企行政审批和重要公共服务职能划转承接办法。

5. 社会事务工作组。由副市长邓淑斌牵头，孙英剑任组长，康宽生、张志刚、匡德喜、王勇、曾志武、尹方、袁荣明、刘锡锋、刘勇、罗忠华、戴安桂任副组长，毛建发担任联络员，市人社局、市民政局、市教育局、市卫计委、市公安局、市消防支队、市交通局、市公路局、市安监局、市环保局、市市场和质量监管局、市科技局，井冈山经开区管委会，吉州、青原区政府相关人员参加。主要负责研究提出经开区社会保障、教育卫生、治安治理等社会公共服务、交通路网等基础设施服务和安全生产、环境保护、科技创新等专业服务的管理意见。

中共吉安市委吉安市人民政府
关于促进全市开发区改革和创新发展的实施意见

（2018 年 5 月 21 日）

吉发〔2018〕12 号

为贯彻落实《国务院办公厅关于促进开发区改革和创新发展的若干意见》（国办发〔2017〕7 号）和《中共江西省委、江西省人民政府关于促进开发区改革和创新发展的实施意见》（赣发〔2017〕30 号），加快推进全市开发区（含经开区、高新区、各工业园区和产业功能区）改革创新，增强开发区发展动力，促进开发区转型升级，结合吉安实际，制定本实施意见。

一、总体要求

（一）指导思想

以习近平新时代中国特色社会主义思想为指引，牢固树立创新、协调、绿色、开放、共享发展理念，加快开发区转型升级，促进开发区体制机制创新，优化开发区规划布局，促进产业集聚、人才汇集、资源集约，努力把全市开发区建设成为开放型经济和体制创新的先行区，高水平营商环境的示范区，新型工业化、信息化、城镇化融合发展的引领区，区域经济发展的增长极，为实现“三个走在前列”“两大战略任务”做出积极贡献。

（二）发展目标

井冈山经开区打造全省战略性新兴产业集聚区、中部地区创新发展新高地、国家新型工业化电子信息产业示范基地；吉安高新区打造全省创新型科技园区、高新技术产业的集聚区、高层次人才创新创业的首选地；省级开发区依托区域资源优势，推动产业要素集聚，提升营商环境国际化水平，向主导产业明确、延伸产业链条、综合配套完善的方向发展，成为区域经济增长极，带动区域经济结构优化升级。到 2020 年，全市开发区主营业务收入达 4000 亿元，井冈山经开区主营业务收入突破 1000 亿元，国家级经开区综合考评进入前 100 名；吉安高新区主营业务收入超 700 亿元，跻身全省开发区二十强；泰和县、永丰县、新干县、吉州区、吉水县、安福县工业园区进入全省五十强；青原区、峡江县、万安县、遂川县、永新县、井冈山市工业园区在全省位次前移。

二、重点任务

（一）优化开发区规划布局

1. 强化开发区产业规划。组织编制全市开发区发展规划，编制各开发区总体规划和控制性详细规划，统筹核心区与生活区、商务区、办公区等城市功能建设，其中产业核心区面积不低于 70%。编制各开发区产业发展规划，科学确定全市开发区的空间布局和产业定位。井冈山经开区发展电子信息首位产业，先进装备制造、生物医药大健康、新能源新材料三大主攻产业；吉州工业园、青原产业园首位产业与井冈山经开区保持一致，同时错位发展生物医药大健康、新能源新材料等主攻产业；吉安高新区发展电子信息首位产业，绿色食品、新能源新材料两大主攻产业；永丰县工业园区发展非金属矿深加工首位产业，新干县工业园区发展盐卤药化首位产业，峡江县工业园区发展生物医药首位产业，永新县工业园区发展新材料首位产业，其余省级工业园区均发展电子信息首位产业，省级工业园区同时选择1～2个产业基础好、发展潜力大的主攻产业重点发展。对明确同一种首位产业的开发区要找准不同的发展方向和细分领域，注重产业链互补，避免同质化竞争。〔责任单位：市发改委、市工信委、市科技局、市商务局按照职责分工负责，市城乡规划建设局、市国土资源局、井冈山经开区管委会、吉安高新区管委会、各县（市、区）政府等配合〕

2.推动开发区整合优化。推动井冈山经开区和吉州青原工业园一体化发展，以井冈山经开区为主体，整合吉州工业园区、吉安河东经济开发区（含富滩工业园），推进空间整合和体制融合，形成“一个主体、一套班子、多块牌子、双重管理”的管理体制和“统一规划布局、统一开发建设、统一政策招商、分级推进落实、实施利益共享”的运行机制。支持吉安高新区、泰和县工业园借助临空经济港资源优势，与泰和临空经济区融合发展。支持泰和工业园、吉水工业园以高铁经济带为基础，创新理念思维，打造高铁产业融合新区。所有县（市、区）实行“一区多园”，对辖区内的多个产业园进行统一规划、统一招商、统一管理。位于中心城区、工业比重低、人口集聚度较高的工业园区要向城市综合功能区转型。被整合开发区地区生产总值、财政收入、固定资产投资、规模工业增加值等经济统计数据，按属地原则分别计入。〔责任单位：市发改委、市工信委、市科技局、市商务局按照职责分工负责，市统计局、井冈山经开区管委会、吉安高新区管委会、各县（市、区）政府等配合〕

3.加快开发区升级发展。推动井冈山经开区、吉安高新区两个国家级开发区扩区调区，其中井冈山经开区要以“一区四园”为主体开展扩区调区工作。加快省级工业园区扩区调区升级步伐，到2018年底，除井冈山市工业园外，所有省级开发区均要完成扩区调区工作。各县（市、区）不再新设立省级开发区，限制开发区域和禁止开发区域不得新建工业项目。泰和县、永丰县、新干县、安福县、吉水县等工业园争创国家和省级高新技术产业开发区。〔责任单位：井冈山经开区管委会、吉安高新区管委会、各县（市、区）政府负责，市工信委、市发改委、市科技局、市商务局等配合〕

（二）推动开发区行政体制改革

4.理顺开发区与行政区关系。全市各级开发区管理机构作为所在地党委和政府的派出机关。井冈山经开区管理机构由市委、市政府派出，为副厅级管理级别，由市委常委或市政府分管领导兼任党工委第一书记；吉安高新区管理机构由市委、市政府委托吉安县委、县政府管理，为正县级管理级别，由市委常委或市政府分管领导兼任党工委第一书记，吉安县委书记兼任党工委书记、吉安县政府县长兼任第一副书记；其余省级开发区管理机构由县（市、区）党委、政府派出，由县（市、区）党委或政府分管领导兼任党工委第一书记。〔责任单位：市委组织部负责，市编办、井冈山经开区管委会、吉安高新区管委会、各县（市、区）政府等配合〕

5.强化开发区经济管理职能。按照省编制的国家级开发区全链审批赋权清单，依法赋予国家级开发区享受设区市及以下经济管理权限。制定并公布省级开发区全链审批赋权清单，依法有序向省级开发区下放县级经济管理权限。修订完善开发区机构编制管理办法，指导开发区进一步整合归并内设机构，集中精力抓好经济管理和投资服务。将发改、工信、商务、安监、国土、建设、环保、综合执法等部门涉及的开发区项目行政审批和管理职能全部委托给开发区管委会行使。税务、公安、食药监等部门报同级政府审批后向开发区派驻机构，直接履行有关审批职能和管理权限，并实行管理以派出机构为主、考核以开发区为主的制度。供水、供电、供气、交通、通讯、林业、水利等部门指派工作人员入驻开发区履行职能。国家级开发区和符合条件的省级开发区，采取代管辖区内的乡镇（街道），开展民政、社保、卫生计生、文化教育等社会事业工作。其他省级开发区剥离社会管理职能，由所在行政区域乡镇（街道）提供社会事业服务。〔责任单位：市编办、市行政服务中心管委会按照职责分工负责，井冈山经开区管委会、吉安高新区管委会、各县（市、区）政府、市直相关部门等配合〕

6. 提高行政服务效能。按照“园区事园区办结”的目标，设立开发区企业服务中心。改革工业投资项目建设审批流程，从工程立项、用地审批、规划报建、工程建设、工程验收 5 个环节开展并联审批，将全市范围内开发区工业投资项目从项目备案到施工许可证办理时间压缩至 50 个工作日完成。推进“一次不跑”“只跑一次”等改革，简化审批和转报环节，提高涉企服务效率，凡已通过开发区管委会或派驻机构审核的涉企事项，需上级审批的，相关职能部门“即收即办、见章盖章”，及时履行上报手续。〔责任单位：市行政服务中心管委会负责，市编办，市政府法制办、市发改委、市工信委、市城乡规划建设局、市国土资源局、市安监局、市消防支队、井冈山经开区管委会、吉安高新区管委会、各县（市、区）政府等配合〕

7. 强化开发区重大事项管理职能。开发区总体规划由市人民政府审批，控制性详细规划由所在地政府审批。入园项目的选址意见书、用地预审、施工许可和工程验收管理由所在地政府依法委托开发区自行负责。开发区四至范围内有关农用地转用、土地征收等由省政府审批的事项，市政府依法委托国家级开发区直报省国土资源部门审查。开发区开展水土保持、矿产压覆、文化保护、地质灾害、地震安全、气候可行性等统一评价，对符合条件的入园项目不再单独进行评价。开发区开展区域规划环评工作，对于区域规划环评产业准入清单内主导产业的单个项目环评，直接引用规划环评结论、减少环评文件内容和章节、降低评价等级进行简化。〔责任单位：市城乡规划建设局、市国土资源局、市环保局、市发改委、市安监局按照责任分工负责，市直相关部门，井冈山经开区管委会、吉安高新区管委会、各县（市、区）政府等配合〕

（三）推进人事和薪酬制度改革

8. 实行岗位聘任制。赋予开发区中层干部任免权，开发区的中层干部除组织人事、纪委监察干部外实行岗位聘任制，由开发区党工委决定任免，按照干部管理权限报组织人事部门备案。对聘任人员实行目标绩效管理和岗位绩效薪酬制度，年度考核由开发区组织实施，根据考核结果由开发区研究决定是否续聘，兑现岗位绩效薪酬。井冈山经开区副县级及以下在编在岗人员、聘用制人员在岗位设置的范围内实行全员竞聘上岗，按照老人老办法、新人新办法的原则，经市委任命的副县级领导干部在竞聘中落岗的，由井冈山经开区另行安排工作，保留副县级非领导职务基本待遇，按新岗位享受绩效薪酬，或者交流到其他市直单位任同级非领导职务。新竞聘提任的副县级岗位干部不胜任本职工作或者在重新竞聘中落岗的，由井冈山经开区解除聘任职务，恢复聘任前职务或身份。井冈山经开区、吉安高新区和省级开发区科级及以下在编在岗人员在岗位设置的范围内实行全员竞聘上岗，实行末位淘汰，原聘用制人员按一定比例竞聘上岗。工作人员按照聘任岗位享受相应政治和经济待遇，其待遇在开发区内部有效。部门正职可视情况采取直接聘任、竞岗聘任和公开招聘的方式竞职聘任；部门副职及一级至五级主办岗位，采取竞岗聘任、双向选择或公开招聘的方式竞岗聘用。〔责任单位：市委组织部、市人社局按照职责分工负责，井冈山经开区党工委和管委会、吉安高新区党工委和管委会、各县（市、区）党委和政府等配合〕

9. 实行绩效工资制。根据开发区的经济总量、财政收入、社会发展水平等因素，建立以绩效工资为核心的企事业单位薪酬管理制度。按照不超过 2017 年度同级政府公务员年人均收入的 2 倍（国家级开发区可略高于省级开发区）的标准，确定开发区工作人员年人均收入标准，并经同级政府批准后执行。开发区在核定的绩效工资总额内，自主确定内部各岗位的基础性绩效和奖励性绩效的比例和标准；允许实施年薪制、项目工资包干制和协议工资制等新型分配制度。开发区工作人员年绩效工资总额实行两年一调整的动态管理，在开发区上两年度财政收入平均增幅略高于同级财政两年收入平均增幅的基础上，按开发区两年财政收入平均增长（下降）幅度的 50% 来确定开发区工作人员绩效工资总额增长（下降）比例。〔责任单位：市人社局、市财政局按照职责分工负责，井冈山经开区管委会、吉安高新区管委会、各县（市、区）政府等配合〕

10. 创新人才使用机制。建立开发区与市直、县直机关干部交流机制，推进开发区干部纵向横向交流。对于聘任在开发区的区外行政事业单位人员，实行档案职务与岗位聘职相分离、档案工资与实际薪酬相分离、人事档案管理与合同聘用管理相分离的“双轨运行”管理模式。原身份“封存管理”，保留原编制、身份、级别不变，工龄连续计算，并按规定办理晋级、晋职手续。在调动、退休时按档案身份办理。其聘用在相应岗位的级别和任职年限，在全市干部调配、提拔任用、参加相关竞争性选拔时视同为相应级别和任职年限。新进人员全部实行“编外聘用”，采取“逢进必考”、面向社会公开招聘的方式聘用。对于招商引资和专业岗位急需的高层次管理人才、特殊人才，采取直接上编、直接考核的方式聘用。〔责任单位：市委组织部、市人社局按照职责分工负责，井冈山经开区党工委和管委会、吉安高新区党工委和管委会、各县（市、区）党委和政府等配合〕

（四）推动财税分配制度改革

11. 加快理顺财税体制。开发区财政实行独立核算，纳入本级预算管理，成立独立的财税管理机构，履行财政收支管理职责。国家级开发区按照有关规定实行一级财政预算管理，设立一级金库；赋予省级开发区独立核算权限。财政预算草案经开发区管委会研究同意后，随同地方政府预算草案一并提请同级人大审查批准。〔责任单位：市财政局负责，市国税局、市地税局、井冈山经开区管委会、吉安高新区管委会、各县（市、区）政府等配合〕

12. 科学划分收支范围。按多留少取的原则，确定开发区财税分成比例，对开发区辖区范围内各项税收收入，实行核定基数、超收多返，由所在地政府与开发区共同分享。完善土地收益分配，开发区用地指标按不高于 10% 的比例安排商住用地，土地出让收益中的各级财政留成部分，扣除应计提基金的剩余部分，全部返还给开发区统筹用于开发区基础设施建设和土地开发整理。开发区在不改变资金用途、不打乱资金渠道并按程序报批后，将支持方向相同、扶持领域相关的专项资金整合使用。开发区承担本区运转所需经费以及经济、社会事业发展所需支出，含开发区行政管理费、建设发展支出、土地成本支出、债务还本付息支出、扶持企业发展支出以及开发区事权范围内的其他各项支出。〔责任单位：市财政局负责，市国税局、市地税局、井冈山经开区管委会、吉安高新区管委会、各县（市、区）政府等配合〕

13. 加强开发区债务管理。厘清开发区历史债务总量，综合考虑开发区实际，合理划分偿债主体，明确偿债责任。在开发区财政实行独立核算前，所在地政府为建设开发区所举借的债务包括但不限于基础设施建设形成的债务，由所在地政府和开发区共同负担；开发区财政独立后，开发区举借的债务按照“谁借款、谁使用、谁受益、谁偿还”的原则，逐步建立“借、用、还”相统一的债务管理机制，由开发区自行承担偿债义务。开发区要切实加强地方政府债务管理，严格执行各项政策规定，严控地方政府债务增量，有效防范重大债务风险，确保开发区经济安全稳健运行。〔责任单位：市财政局负责，井冈山经开区管委会、吉安高新区管委会、各县（市、区）政府等配合〕

（五）推动运营管理模式变革

14. 提升开发区对外开放水平。积极融入“一带一路”、长江经济带发展战略，加快复制推广自由贸易区改革试点经验和国际贸易“单一”窗口建设，提高投资和贸易便利化水平，加大走出去力度，推动国际经贸合作和区域经济合作。完善出口加工区功能，支持开发区申报和创建外贸转型升级示范基地、出口加工基地，启动井冈山经开区国家级电子信息产品出口质量安全示范区和吉安高新区省级出口电子信息产品质量安全示范区建设。畅通对外开放通道，稳定运行吉安至深圳、厦门铁海联运快速班列。〔责任单位：市商务局负责，井冈山经开区管委会、吉安高新区管委会、各县（市、区）政府、吉安海关等配合〕

15. 加快基础设施及服务配套建设。高标准整体规划基础设施建设，加快水、电、路、气、通讯、消防等基础设施建设，配套建设污水、垃圾集中处理、信息技术、物流等设施。开发区率先推进城市地下综合管廊和海绵开发区建设，加快实施既有路面城市路网、通信网络架空线入地工程。完善公共服务配套，所有开发区启动“六个一”规划建设，即一所公办幼儿园和小学、一个医疗机构、一个公共大食堂、一个商业综合体、一批人才公寓、一个规模地下停车场。建立多元化的开发区公共服务体系，大力培育发展网络信息、法律服务、会计审计、资产评估、信用评级、施工图审、融资担保、投资咨询、保险中介、人力资源、外贸服务、货运物流等中介服务。〔责任单位：井冈山经开区管委会、吉安高新区管委会、各县（市、区）政府负责，市城乡规划建设局、市发改委、市工信委、市商务局、市科技局等配合〕

16. 推动合作产业园建设。深化与“一带一路”沿线国家合作交流，遵循共商共建原则，探索建立吉安与国外境外合作产业园。继续深化与深圳、厦门、福州等区域交流合作，加快深圳南山产业园建设，探索采取飞地经济、联合共建、委托管理等形式，建设跨区域合作产业园区。支持在外吉安籍人员返乡创业，引进组团式返乡投资商，规划建设一批各具特色的返乡创业产业园。鼓励市域内首位产业相似的开发区采取合作共建、产业共育和利益共享的方式共建合作产业园，共建产业园引进项目投产后形成的生产总值、财政收入等经济指标由双方共享。〔责任单位：市发改委负责，井冈山经开区管委会、吉安高新区管委会、各县（市、区）政府、市商务局、市工信委、市科技局、市统计局等配合〕

17. 推进市场化运营改革。强化开发区向社会购买服务手段，逐步把开发区的投资、建设、运营、服务等事务，委托给专业公司和团队管理。推广“区中园”公司化管理模式，设立公司企业法人，直接向开发区管委会负责，承担基础设施、资金筹集、土地开发、招商引资等工作。积极引进国内外战略投资者、专业化园区运营商，以“整体外包”“特许经营”等方式开展合作，确定收益回报和风险分担机制。支持以政府和社会资本合作模式（PPP）进行开发区公共服务、基础设施类项目建设，参与开发区运营管理。〔责任单位：市发改委、市财政局、市工信委、市商务局、市科技局按照职责分工负责，井冈山经开区管委会、吉安高新区管委会、各县（市、区）政府等配合〕

18. 创新投融资体制机制。设立具备独立法人资格的开发区投融资平台，由同级财政注资，或整合开发区优质资产，通过划转和授权经营方式依法合规注入开发区投融资平台，其中国家级开发区投融资平台注册资本不低于 5 亿元，省级开发区不低于 2 亿元。创新融资模式，综合运用股权、债权、产业基金等新型融资工具，进一步拓宽资金渠道。加快设立产业引导资金、产业投资基金和产业技改智能制造扶持资金“三金”，其中市本级成立 100 亿以上的工业产业发展基金，各县（市、区）要设立 10 亿元以上规模的产业引导基金，重点扶持本地开发区首位产业和主攻产业发展。推进井冈山经开区金融产业园建设，发挥国家贫困县上市绿色通道作用，推动吉安县、井冈山市、遂川县等县级 IPO 总部经济产业园建设。〔责任单位：市财政局、市工信委、市政府金融办按照职责分工负责，井冈山经开区管委会、吉安高新区管委会、各县（市、区）政府等配合〕

（六）推动开发区创新高效发展

19. 优化土地利用管理。井冈山经开区、青原产业园（含富滩工业园区）的土地管理审批权限委托给井冈山经开区管委会。吉州工业园区土地出让审批权限委托给吉州区政府，网上交易由市土地开发储备交易中心组织实施。其他县（市）开发区土地纳入所在县（市）用地统一管理。合理确定用地规模和结构，开展开发区土地集约利用评价工作，采取差别化的土地供给制度，优先保障土地集约利用程度高的开发区用地需求。加强地上地下综合利用，制定开发区地下空间开发规范性标准，继续加大工业和生产性服务业标准厂房建设力度。提高开发区工业用地投资强度，其中国家级、省级开发区亩均投资强度分别不低于 350 万元、300 万元。开展开发区低效用地退出与再开发利用专项行动，对于僵尸企业、落后产能企业、低效用地企业的闲置用地，采取政府依法收回、企业兼并重组、等量置换、法院判决等措施，推进无市场、应淘汰、已过剩的低效产业用地平稳退出。充分利用存量工业房产发展生产性服务业以及众创空间，允许工业用地使用权人按照有关规定经批准后对土地进行再开发，涉及原划拨土地使用权转让需补办出让手续的，按照有关规定并按照市场价缴纳土地出让价款。〔责任单位：市国土资源局负责，市城乡规划建设局、市工信委、井冈山经开区管委会、吉安高新区管委会、各县（市、区）政府等配合〕

20. 健全投资促进体系。科学编制产业指导目录、产业链图谱、产业链重点企业名录、产业招商地图等，针对产业发展薄弱环节和产业链缺失环节谋划包装产业招商项目，瞄准世界 500 强、民企 500 强和跨国公司、大型央企、上市公司、行业龙头企业，组织专业化小分队驻点、脱岗开展延链、补链招商。立足专业化招商，识商选商引产业，推广“轻资产、重资本”的招商模式，建立“招商小组专业谈判—专家小组科学评审—开放型会议快速决策—项目服务组全程服务”的决策机制。对招商项目实行全程的跟进服务，建立“一个项目、一名领导、一个责任人、一套工作班子”的服务机制，加快项目推进。允许各开发区制定相应的招商引资优惠政策，实行“一企一策”。〔责任单位：市商务局负责，井冈山经开区管委会、吉安高新区管委会、各县（市、区）政府等配合〕

21. 提升产业集聚水平。以发展新经济培育新动能为核心，集中资源、要素、力量，全力培育壮大首位产业、主攻产业，到 2020 年，国家级、省级开发区首位产业要分别新增 100 亿元、50 亿元主营业务收入。要围绕首位产业、主攻产业，每个开发区每年培育新增 1 至 2 家达产后主营业务收入超 30 亿元的龙头企业，和 5 家超 10 亿元的骨干企业。推动关联产业、上下游配套企业和资源要素向开发区集聚，提高产业集聚能力和水平。打造一批全省具有较强影响力的开发区产业品牌。〔责任单位：市工信委负责，井冈山经开区管委会、吉安高新区管委会、各县（市、区）政府、市发改委、市商务局、市科技局等配合〕

22. 加快创新驱动发展。大力实施创新驱动战略，建立政府引导、园区承载、企业主体的技术创新机制。依托吉安电子信息研究院和生产力促进中心，加快建设一批企业技术中心、国家地方联合工程研究中心、工程（技术）研究中心、重点（工程）实验室、科技企业孵化器，引导支持落户企业的研发中心转入开发区。围绕开发区首位产业，加强与科研院所、高校结对合作，每个开发区都要建成1个创新战略联盟。井冈山经开区要加快井冈山经开区软件产业园、互联网＋金融产业园、井冈山大学科技园等建设，提升创新平台服务水平，争创国家双创示范基地。吉安高新区加强合作对接，与省内各高新区联合申报鄱阳湖国家自主创新示范区。〔责任单位：市科技局、市发改委、市工信委、市人社局按照职责分工负责，井冈山经开区管委会、吉安高新区管委会、各县（市、区）政府等配合〕

23. 推进集约绿色发展。大力建设绿色生态园区，井冈山经开区创建国家级生态示范园区和国家级绿色工业园区。加快开发区内废弃物综合处理和循环化利用，吉安高新区创建国家园区循环化改造试点，加快建设永丰、安福、吉州等一批省级园区循环化改造示范试点。充分利用华能井冈山电厂余热，实现井冈山经开区、吉安高新区、吉州工业园区、青原产业园集中供热。加强开发区污染防治，所有工业园区建成污水集中处理设施并实现在线联网、实时监测。严格“两高一资”类项目审批，所有开发区严禁引入危险废物再生利用、印染、制浆造纸、皮革制品、铅蓄电池制造及废渣（泥、灰）提取贵重金属等高环境污染和高环境风险项目。除新干县工业园外，严禁引入重化工企业。〔责任单位：市发改委、市工信委、市市监局、市环保局按照职责分工负责，井冈山经开区管委会、吉安高新区管委会、各县（市、区）政府等配合〕

三、保障措施

（一）加强组织领导。成立由市长担任组长的全市开发区改革创新工作领导小组，统筹协调全市开发区规划布局、体制改革、考核评价等重大事项，领导小组办公室设在市发改委，负责领导小组具体事务和日常工作。市商务局、市科技局、市工信委继续履行对经开区、高新区和省级工业园的指导职能。各县（市、区）也成立相应领导协调机构，确保上下协同、齐抓共管，并在本《意见》下发后3个月内，出台具体操作办法。市直有关部门要根据职责，在本《意见》下发后2个月内制定支持开发区改革创新发展的政策措施。〔责任单位：市开发区改革创新工作领导小组办公室负责，井冈山经开区党工委和管委会、吉安高新区党工委和管委会、各县（市、区）政府党委和政府、市直相关部门等配合〕

（二）强化考核评价。对于考评靠前的开发区给予表彰和奖励，在扩区调区升级、土地指标、试点示范等方面给予倾斜支持，并对连续3年考评结果排位前三、规模达到一定标准的开发区党政主要负责人予以优先提拔重用。对于考评靠后的开发区，限制土地指标、禁止扩区调区、约谈开发区党政主要领导和所在地党委政府主要负责人。对连续3年考评结果排位后三的开发区，责令限期整改，并对开发区党政主要领导和所在地党委政府主要负责人进行问责。〔责任单位：市开发区改革创新工作领导小组办公室负责，井冈山经开区管委会、吉安高新区管委会、各县（市、区）政府等配合〕

（三）落实政策支持。完善土地保障。优先保障工业项目用地需求，对于开发区中符合省级重大项目条件的，优先支持申报列入省重大项目，争取使用省级预留新增建设用地指标；加大财政支持。统筹整合发改、财政、工信、科技、商务等部门各项资金，明确用于开发区改革和创新发展工作，重点支持开发区基础设施和公共服务平台建设。各地各单位在安排产业转型、科技创新、生态环保等专项资金时要向开发区倾斜，同等条件下优先支持开发区建设发展。强化招才引智。研究出台开发区高层次人才引进政策，采取资金扶持、配套资助、发展激励、用房保障、家属安置等多种途径，优化开发区人才的引进、培养和使用机制。〔责任单位：市发改委、市国土资源局、市财政局、市人社局按照职责分工负责，井冈山经开区管委会、吉安高新区管委会、各县（市、区）政府、市直相关部门等配合〕

附件：全市开发区产业发展定位

附件

全市开发区产业发展定位

序号	开发区名称	首位产业	第一主攻产业	第二主攻产业	第三主攻产业
1	井冈山经济技术开发区	电子信息	先进装备制造	生物医药大健康	新能源新材料
2	吉安高新区	电子信息	绿色食品	新能源新材料	
3	吉州工业园	电子信息	机械制造	绿色食品	
4	青原产业园	电子信息	生物医药大健康	新能源新材料	
5	井冈山市工业园	电子信息	陶瓷创意	绿色食品	
6	新干县工业园	盐卤药化	箱包皮具	机构机电	
7	永丰县工业园	非金属矿深加工	循环经济	医药食品	
8	峡江县工业园	生物医药	装备制造	绿色食品	
9	吉水县工业园	电子信息	军民融合	装配式建筑	
10	泰和县工业园	电子信息	装备制造	绿色食品	
11	万安县工业园	电子信息	装备制造	富硒食品	
12	遂川县工业园	电子信息	硅晶新材料	绿色食品及大健康	
13	安福县工业园	电子信息	新能源新材料	绿色食品及大健康	
14	永新县工业园	新材料	电子信息	铜精深加工	

二、部分国家、省、市媒体报道

红土地上“增长极”

——走笔市高新技术产业开发区

这是一片神奇的土地，大约一千年前，吉安的先人们在这里把一件件精美的吉州窑古瓷装上车船，销往海外。今天，“剪纸贴花盘”“木叶天目盏”这些中华陶瓷艺术中的瑰宝还依然在海外博物馆里，默默地向世人诉说着古庐陵的辉煌。这里也曾是一片沉寂的土地，直到四年前，吉安人才再度把她唤醒，同时也唤醒了她的梦，一个重拾辉煌的工业梦。

吉安人说，这片土地注定和工业有缘，这是因为，千百年来，吉州窑的熊熊炉火在吉安人心中，从来就没有熄灭过。今天，这片土地上正在发生的一切可以作证：电子信息、生物制药、现代食品三大主导产业风头正劲，大企业、大集团纷纷进驻，他们看好这里的区位，看好这里的环境，看好这里的诚信与服务。这片土地从来没有这么热闹、这么繁忙……

荒山坡上的“追梦人”

人们常说，世事如棋局局新。

四年前，在这片方圆 12.7 平方千米的荒山坡上，稀稀疏疏地点缀着一些老态龙钟的马尾松，千年前曾经辉煌的工业文明萌芽早已凋零。吉安人似乎深深地把那个“梦”藏了起来，很长一段时间，没有人去想这片土地上还会发生什么。是新世纪国际、国内产业格局的调整，敲醒了吉安沉睡的心灵，从而使这片土地峰回路转。

2001 年 11 月 29 日，吉安市高新技术产业开发区正式挂牌；2002 年 3 月 7 日破土动工建设；同年，设立市高新技术产业开发区管理委员会。从成立那天起，市高新区便和“三个基地、一个后花园”、“三新”目标、“实力吉安、效率吉安、和谐吉安”这些关键词紧紧连在一起，承载了 470 万吉安人太多的渴望和新世纪的梦想。市委、市政府作出的战略决策坚决、干脆、清晰：举全市之力加快高新区建设，高新区要成为吉安经济的“增长极”。

为了打造这个“增长极”，市委、市政府到底倾注了多少心血，市高新区管委会的工作人员恐怕已难以备述。几年来，市高新区的建设每年都被列为“市委、市政府 20 件大事”的头件大事。光说 2005 年，为研究解决高新区的用地、建设、环保、供水、供电等问题，市里就先后召开了 3 次市委常委会、5 次市政府常务会、8 次现场办公会、12 次协调会。市委书记弘强到吉安上任的第二天，就深入高新区调研。开展保持共产党员先进性教育活动时，她又把高新区列为自己的教育活动联系点，时刻督导高新区各方面的建设。市长胡长林除了日常处理高新区有关事务之外，节假日“暗访”高新区已成为他的一人习惯。他常常轻车简从先深入企业了解生产情况、具体困难，然后再到高新区管委会办公楼里“查岗”。市里分管领导更是坚持每周用一至两天到高新区办公，帮助企业现场解决问题。市四套班子的其他领导也率先垂范，主动牵线搭桥，千方百计引项目进高新区，积极主动服务进区项目，各县（市、区）、市直各单位有钱出钱、有政策给政策，为高新区发展营造了浓厚的“亲商、安商、富商”氛围。许多客商在来来往往的投资洽谈过程中，不仅被吉安的真诚服务与良好的投资环境打动，而且和许多市领导结下了深厚的友谊。对此，市高新区管委会工作人员有许多津津乐道的故事，引进森泰集团的过程就是一个精彩的故事。

去年 6 月份，在获悉香港森泰集团有意将线路板基地迁往内陆的消息后，市委、市政府领导研究后，迅速主动联系。6 月中旬，市长胡长林率领有关部门前往东莞走访考察该集团在当地的企业，详细向对方介绍吉安的投资环境，力邀对方来吉考察。7 月底，市委书记弘强亲赴香港，与集团高层洽谈，并确定该集团领导来吉考察事宜。7 月 12 日，该集团董事局主席叶森然先生率领企业高层领导来到我市实地考察，副市长杨群宝带领相关部门负责人到昌北机场迎接。由于天气原因，飞机晚点近 12 个小时，于次日凌晨 1 点多才抵达机场。在机场出口处，看到略显倦意却满面笑容的杨群宝一行，客人们激动得说不出话来，只是一个劲地和主人拥抱。回到吉安已是凌晨 4 点，为了让客人们得到充分休息，吉安方决定推后洽谈时间，但客人们为吉安人的真诚所感动，坚持所有活动按原计划进行。上午 8 点，项目洽谈会如期召开，市领导和市里 20 多个相关部门的负责同志就客人提出的问题和疑虑一一作答，并作出帮扶的明确承诺。看到这一幕幕感人至深的情景，原本只是想来看看的叶森然先生主动提出当天中午举行签约仪式，决定将总投资 15 亿港元的红板项目落在吉安。

创新创优的“主战场”

有一位学者在对吉安的历史文化进行深入研究之后，感慨道：在这片红土地上，自古就孕育了一种创新的基因。或许是这种基因的浸淫渗透，自建区之日起，创新便成为市高新区的灵魂。四年来，建设者们借鉴先进经验，结合自身实际，创造性地开展工作，使高新区成为红土地上创新创优的“主战场”。

高新区成立之时，面临的第一个问题便是“钱从哪里来”。完全依靠捉襟见肘的财政是不现实的。于是，创新投资体制和融资机制成为高新区做的第一篇文章。一开始，高新区就实行建设与管理职能相分离，成立具有独立法人资格的开发公司，作为市场主体，负责区内的土地开发、基础设施建设和市场融资。为突破基础设施投入不足的“瓶颈”，建设者们采用“四轮驱动”的办法：引凤筑巢筹一块，将园区内部分基础设施工程整体给外商，由外商带资建设，工程验收合格后，只支付 60% 工程款，另外 40% 以地抵资，由外商负责引进项目；银行贷款融一块，拿出最好的地块作抵押，由市财政每年贴息，从银行取得授信；让出市场引一块，将园区内的供水、供电、通信、有线电视，按照“谁投资、谁受益”的原则，统一建设，同步到位；公益设施建设市场化运作一块，将园区内的绿化、保洁、市政设施等建设进行公开招标，中标单位带资建设，并负责维护，市高新区每年向其支付一定的有偿使用费。“四轮驱动”的马力非常强劲，4 年下来，建设者们筹集基础设施建设资金 4 亿多元，一个充分展示吉安人大气魄、大手笔的现代化工业区在一片荒山坡上奇迹般拔地而起。

作为吉安承接发达地区产业转移的主阵地，市高新区“高新”二字体现在哪？这或许是广大干部群众特别关注的焦点。市高新区用自己积聚数年的实力告诉世人：“高新”就是集聚高新技术产业，张扬自主创新能力。高新区的建设者们铭记着一个道理：一个国家、一个民族的竞争能力的强弱，最终就看这个国家和民族的自主创新能力。如今，在市高新区里，梦幻般地集聚了新加坡食品医药科技园、定安科技、华禹光谷、国诺电子、红板电子等一批投资规模大、科技含量高、产业带动力强的项目。同时，在高新区里，还“隐藏”着一大批“成长型”企业，他们具备了长成“参天大树”的潜质。江西天人集团是全球最大的真菌杀虫剂生产基地，集团的“气相双动固态发酵新技术”被列入国家“863”计划项目；江西生物制品研究所是中国规模最大的专一从事抗毒素及免疫血清类生物制品研究、生产的机构；汇西威科油脂化学有限公司获省科技进步奖两项、省优秀新产品一等奖三项、国家重点新产品奖两项，被列为国家星火计划重点项目；江西联创光电获省优秀新产品奖一等奖两项，被列为国家星火计划重点项目，这些项目一改老区工业“粗、笨、小”的形象，正在使吉安工业以焕然一新的面貌，登上了与时代同步的“高速列车”。

财富涌流的“聚宝盆”

在今年二月召开的市人大一届七次会议上，通过了《吉安市国民经济和社会发展第十一个五年规划纲要》，提出市高新区 2010 年要实现销售收入 180 亿元，财政收入 6 亿元，争取进入国家级工业园行列。这个目标能实现吗？

要回答上述问题，我们不妨先看一下市高新区现在的成绩：到去年底，累计完成基础设施投入4.42亿元，开发面积6平方千米，共引进项目134个，总投资95.9亿元，实际到位资金31.2亿元，其中外资2006.91万美元，开工项目105个，其中竣工投产项目82个。去年1至12月实现工业总产值20.56亿元，产品销售收入20.78亿元。税金总额2.15亿元，财政总收入1893万元，创造就业岗位2.29万个。比较去年的经济数据和2010年的发展指标，会发现两者之间还有很大的差距。但是，再看看下列几个特大项目的进展情况，或许会打消心中许多疑虑。

新加坡食品医药科技园是由名列“亚太地区高科技高成长500强”企业排名榜的新加坡新达科技集团投资的高科技项目。该项目以生物、医药、绿色食品产业为中心，总投资20亿元，分三期完成投资，首期投资5亿元，销售收入5.5亿元，税收2000万元。三期投资完成后，预计销售总收入100亿元，税收6亿元。项目主体工程已动工，预计今年11月正式投产。

吉安市定安科技发展有限公司只读类光盘生产项目，是我省第二家生产只读光盘的企业。项目估算总投资6.5亿元。目前，该项目已经国家新闻出版署先后正式批复了7条生产线，总投资1亿元，年销售收入1.5亿元，利税3000万元。

红板（江西）有限公司高密度多层线路板生产项目为香港上市公司森泰集团投资，产品广泛用于通信、电脑、仪表、汽车、家电及数控机床等领域，产品远销新加坡、日本、欧美等国家和中国香港地区。项目建设期为三年，总投资15亿港元，一期工程投资7亿港元，建成后，预计年出口额10亿港元，年创税5000万元，项目预计在今年9月底全面投产。

井冈山华禹通讯科技发展有限公司，项目总投资3亿元，建设3条移动电话生产流水线，年产移动电话400万台，可实现产值60亿元，税金3.21亿元，提供就业岗位5000余个。目前，项目已经国家核准，动工在建。

以上这些项目对吉安经济发展来说，堪称“擎天柱”，它们将共同支撑起吉安未来的工业大厦，也支撑起吉安大步走向未来的信心。而高新区则是一个“聚宝盆”，财富将在这里充分涌流，一代又一代的吉安人也将在这里实现梦想。

（本文原载于2006年3月17日《井冈山报》第01版，作者刘云鸿）

弄潮儿向潮头立

——来自市高新区跨越式发展报道

渤海湾畔听潮声，井冈热土已沸腾。9月19日，我省赴天津学习考察取发展“真经”的脚步刚刚打住，那边，作为市本级唯一的工业园——市高新区已是按捺不住，一个“百亿元项目的嘉年华”——市高新区重点项目投产开工签约活动正在紧张筹措，与全国潮起潮涌的大开放热潮共舞：

总投资20亿元的新丰生物科技（吉安）发展有限公司投产。

总投资30亿元的吉安市三江超纤无纺有限公司开工。

一期总投资25570万元的吉安市凯迪绿色能源开发有限公司生物质能热电厂项目奠基。

总投资 12 亿元的中国华兴集团年产 10 万吨电解铜等六个项目签约。

一个个超亿元重大项目像喜讯中崛起奋进的鼓翼声在高新区这个现代新型工业城频频响起。

立赶超之志，鼓奋进之气，创崛起之业锁定“双翻”目标不放松

和市高新区管委会采访之约，反复落空了几次，理由是“忙”。也难怪，管委会负责人每人牵头挂一个重大项目，大部分时间在企业，招商部门常年在外跑项目，国土、工商、税务等部门把工作地点从办公室延伸到了企业一线。尽管辛苦，但大家觉得值，每个人胸中都洋溢着一股自豪的激情：市高新区，不是一般性的工业园，而是全市工业经济发展的龙头，是全市各工业园区的综合示范区。

思路决定出路，观念就是财富。从 2001 年 5 月设立伊始，矢志坚持着“高”、“新”发展方向的市高新区发展定位是执着的：“主导产业非常明确、功能配套完善、产业布局合理的现代新型工业城”。随着国内外产业、技术、资本转移的加剧，新一届市委、市政府跳出吉安看吉安，把市高新区的发展摆在更加突出的位置进行再认识、再定位、再发力。

元旦过后第一天，市委书记黄建盛，市委副书记、市长周萌和其他市领导一同来到市高新区现场办公，明确提出：把高新区建设成为吉安工业经济的增长极；市本级财政增收的涵养源；体制和机制创新的示范区；中心城市的新组团；中国井冈山干部学院的社会实践基地。今年要实现主营业务收入和财政收入“翻番”，具体为：完成基础设施投入 1 亿元，人园企业完成固定资产投入 12 亿元，引进内资 16 亿元，外资 3000 万美元，实现主营业务收入 66 亿元，实现工业增加值 16 亿元，实现税收 3.25 亿元，财政总收入 6300 万元，出口创汇 3000 万美元，新增就业岗位 3000 个。

速度不可谓不快，任务不可谓不重，尤其是财政总收入翻番，去年 3149 万元，今年就是 6300 万元，在财政收入几乎等同于税收收入的市高新区，这不是神话！吉安的建设者居安思危，清醒地认识到，市高新区成立五年来，发展速度和成绩可圈可点，但与周边先进开发区相比，还存在着一定差距。可以说，要实现主营业务收入和财政收入两个翻番，难度很大。

然而，大家更清楚地知道：这一目标定位不是放卫星说大话，而是审时度势后建立在可行性基础上的。这一目标切合了当前吉安经济发展的实际，综合把握了吉安面临的各种机遇。这目标，是需要“跳起来”摘的“桃子”。

敢有作为，善有所为，奋发向上，执着实践招大客商、项目建设两大战役

对于“双翻”目标，如果说今年头几个月大家心里还有点打鼓，那半年过后，大家就已是成竹在胸了。在一批超亿元项目跃跃欲试、尚未上马投产的前提下，1 至 6 月两项指标距离阶段目标指数仅有 4 个多百分点。

这份自信，源于高新区以实施产业经济“十百千亿工程”和招商安商“百日行动”为契机，招商特别是招大客商和项目建设两大战役的执着实践。据高新区招商人员介绍，今年接待来高新区考察的客商比往年同期至少要增加一倍以上。

以红板电子为龙头，高新区已聚集了 32 家电子信息企业，以新加坡食品医药科技园项目为龙头，聚集了 23 家生物制药企业，初步形成的产业集群成为吸引大项目落户的“磁场”，为园区引进科技含量高、投资规模大、产业带动能力强的项目奠定了坚实的产业基础。1 至 8 月，在全市引进的总投资达 66 亿元的 20 余个项目中，超亿元项目就有 8 个，其中无纺织造布项目总投资达 30 亿元、电解铜项目总投资达 12 亿元，另有在谈的投资超亿元项自 3 个。

与此同时，在“四个一”行动，即每个重大项目确定一个工作小组，每个工作小组一如既往地履行好帮扶职责，每半个月书面汇报一次项目进展情况，每个项目确定一个试产时间的强力推动下，已落户重点项目建设进度加快，一批超亿元重大项目蓄势投产。华禹手机年产400万台移动电话项目主体厂房和办公楼已竣工正式投产，并计划扩大生产规模，拟与新加坡合作伙伴组建手机外壳注塑厂和4条SMT贴片生产线，做大做强手机配套产业；新加坡食品医药科技园一期项目预计10月试产，二期燃料乙醇项目正在积极争取国家发改委立项批复；红板（江西）有限公司主体厂房已竣工，预计11月进行试产。大家心里都有一本明白账：只要这些“大个头”项目能如期顺利投产或完成生产任务，双翻番的压力并不大。

春华秋实，金秋时节，高新区逐鹿“双翻”目标的声音越来越清晰。1至9月，市高新区实现工业总产值39.09亿元，同比增长55%；实现销售收入38.26亿元，同比增长55%；实现主营业务收入39.3870亿元，同比增长57%；实现税金24394万元，同比增长27%；创造就业岗位25285个，同比增长6%。

搭平台，建载体，优服务，倾力打造海内外企业落户之家

环境不好，项目难招；环境不优，客商难留。将市高新区建设成为人文、科技、生态皆宜的企业栖息地，成为海内外企业落户之家，市高新区在行动。

素有吉安情结的三江集团董事长赵海鹰对吉安、对高新区一日千里的变化最有感触。在吉安投资数年、拥有几家企业实体的他亲眼目睹了新一届市委、市政府干事创业，改造、提升、完善吉安的力度，而高新区日益提升的工业环境、配套环境，尤其是交通物流条件的改善，让他终于决定将“双组份中空桔瓣超细纤维纺粘水刺非织造布”这个总投资30亿元的项目敲定在吉安。

高层接待交流、重视推动是投资环境的第一印象和重要保证。“重要客商亲自接待，重大项目亲自洽谈，重点问题亲自解决”，这是市委、市政府主要领导的一贯作风。“新丰能顺利在10月份试产，离不开市委、市政府的支持和帮助”，让新丰生物科技（吉安）发展有限公司总经理林永彬印象最深的莫过于吉安市委、市政府的诚信。电价优惠、供热供气项目的扶持，专门服务组的贴心服务，吉安市委、市政府总是有诺必践。建设中的拆迁问题、七通一平、人事施工用房、临时供电供水、招工等方面的协调，高新区总是不遗余力，这让准备在吉安创业的他更有了一番大展拳脚的豪情。

完善的基础设施是企业落户的先决平台。市高新区全年将投入1亿元，完成庐陵大道、赣江大道、环岛南路东端，修建赣江大道、环岛北路及居民点道路等路政设施，配合市污水处理厂建设，铺设雨、污水管道3.9千米。同时启动生活配套设施建设，集宾招、娱乐、超市功能于一体的永宏商厦主体工程已经开工，华厦商务中心即将动工建设，园区中心公园完成初步规划设计。

绿色园区、科学发展的理念让高新区有了更加迷人的魅力。作为我省第一家进行环境评估的工业园区，高新区根据产业发展规划，对入园项目除规定其投资规模、项目用地、税收贡献等标准外；严格入园项目环保准入制度，坚决杜绝严重污染企业，大力发展无污染的高新技术产业。近年来累计拒绝各类污染项目50多个，总投资20多亿元。“敢于拒绝”，高新区没有让客商吓跑，而让更多的客商看到了这里的璀璨未来。1至8月，新引进项目24个，总投资66.13亿元，实际进资8.04亿元，新增投产项目14个。

“企业的发展就是高新区的发展、吉安的发展”，这是高新区人始终的共识。从项目洽谈到竣工投产，市高新区都要安排专人全程跟踪问效，帮助企业解决各种困难问题，促进项目快开工、快建设、早投产。针对企业招工难的问题，高新区不遗余力地投入大量人力、财力、物力，倾心帮助企业破解，招工区域扩展至贵州、四川、新疆等地，今年上半年帮助企业新招人员达3000人次，基本满足了投产企业的用工需求。

弄潮儿向潮头立，手把红旗旗不湿。2007年，新一届市委、市政府的开局之年，吉安发展的关键之年。汹涌浩荡的开放潮中，市高新区正尽情劈波斩浪、驰骋弄潮！

（本文原载于2007年9月28日《井冈山报》第01版，作者张晶）

井冈山经开区发展步入快车道

10月初，井冈山经济技术开发区被命名为国家科技兴贸创新基地；深圳产业园南山示范园区的开发建设快马加鞭，吉安与深圳南山区的对接积极而富有成效；区内无水港等配套设施建设厉兵秣马；体制机制的改革创新更加坚决。一系列的利好昭示着井冈山经开区的发展已经步入快车道，已成为吉泰工业走廊名副其实的龙头。

自成立以来，井冈山经开区非常注重区内产业的自主创新和知识产权保护，经过几年的经营，初步建立了布局合理、装备先进、流动开放、共建共享、高效运行，并在局部领域具有特色优势和竞争力的电子信息产业技术自主创新体系。目前，区内有国家“863”计划项目1个，博士后工作流动站2个，国家级工程或企业技术中心2个，省级工程技术研究中心1个，省级重点实验室2个，省级企业技术中心2个。一大批国内外知名的IT企业相继落户吉安，其中上市公司32家，且不乏世界500强企业。出现了诸如江西红声器材厂、博硕科技、联创电缆等大型骨干企业，其中高密度多层线路板、终端通信设备、手机、液晶显示器、动力电池、无绳电话、微波天线等产品的技术水平都处于国际、国内先进行列。因此，在今年10月被国家命名为国家科技兴贸创新基地。

这是继赢得全国加工贸易梯度转移重点承接地、全国台资企业转移承接地、江西电子信息产业基地等优势后，井冈山经开区获得的又一个发展大平台。

今年7月，深圳市南山区高层抵吉考察，两地签署了合作建设吉安深圳产业园南山示范区协议。接下来短短的几十天里，南山区多次组织辖区内各个行业的企业尤其是需要在国内拓展生产、销售基地的企业进行座谈和推介。先后有40多位南山区的企业家到吉安考察，寻求合作。南山区还帮助吉安深圳产业园在南山区组织了两场产业对接招商会，走访区内企业60多家，有一批企业已达成投资意向。南山区委区政府还成立南山示范园建设领导工作小组办公室，作为常设性的处理示范园区相关事宜的工作机构。双方还安排干部异地挂职工作。

在完善园区配套功能上，井冈山经开区今年要完成1亿元的基础设施投入，10万平方米标准厂房已开工建设，“无水港”物流园进入实质性建设阶段，永宏国际大酒店、华厦商务中心等生活配套设施正在加快建设，年底投入运营。深圳产业园主要道路建设年底完成城南大道、火炬大道硬化，庐陵大道形成路基。此外，园区还将建设梨山公园、2座110千伏变电站、一个电子产品专业市场，学校、社区医院、垃圾中转站等配套设施也将在明年开建。

为了使井冈山经开区拥有自己的“造血机器”，激发内在活力，市决策层强力推动井冈山经开区创新体制机制，内部机构调整方案、内部人事制度和分配机制、全面推行企业化管理都将使井冈山经开区进一步焕发出新的生命力。吉安市金庐陵经济开发有限公司作为井冈山经开区发展的融资平台，目前注册资金已由1000万元增加到8000万元，今年还将继续注入新鲜血液，年底将使金庐陵公司总资产达到10亿元，从而形成“自我发展、自我盈利、市场运作、企业化经营”的模式。

（本文原载于2009年10月25日《井冈山报》第01版，作者黄顿、罗朝晖）

希望的沃土

——来自国家级井冈山经济技术开发区系列报道之一

春染千畴绿，井冈万象新。

2010年3月21日，一个载入吉安发展史册的日子：经国务院批准，井冈山经济技术开发区升格为国家级开发区，老区吉安从此有了“国字号”开发区。

十载艰苦创业，十载血汗拼搏。承载着吉安“工业兴市”的梦想，井冈山经开区这个从荒山坡上崛起的工业园区，在全市人民的精心呵护下迅速崛起，成为各地客商争相抢滩的“黄金地”、产业发展的“集聚地”和高素质人才的“汇集地”，更成为全市经济的重要增长极。

图为红板（江西）有限公司现代化厂房（毛建发　摄）

升腾激情：红土地上追逐工业梦想

依托城区建园区，促使工业园区化，这是我市遵循经济发展规律的科学选择，也是欠发达地区经济发展的必然阶段。

时光回溯，曾经浸透了自然经济思想的吉安人，也曾经习惯于构建传统的农业大厦，多少年的鼓与呼，“主攻工业”仍如海市蜃楼。新世纪的钟声敲响了吉安发展工业沉寂已久的心灵。在井冈山会议独具意义的解放思想号角中，在全省大开放、大发展的洪流中，吉安着眼跨越发展作出战略选择：坚持适度集中、合理集聚原则，办好工业园区，走规模化、集群化、产业化发展之路。井冈山经开区前身“吉安市高新技术产业开发区”应运而生。

2001年11月29日，这是让吉安人可以大书特写的日子：这天市高新区正式挂牌，而后动工建设。轰鸣的机器声敲响了吉安“工业兴市”的激越鼓点，吉安人埋藏多年的工业梦想终于有了放飞的舞台。

老区吉安、农业大市吉安真的能搞好工业吗？迎着一些人置疑的目光，市委、市政府的态度坚决而干脆：举全市之力加快开发区建设，开发区要成为吉安经济的增长极！招商引资压倒一切、全民皆言招商引资；所有单位、县（市、区）在开发区购地，为开发区建设筹资……成立之初，市委、市政府一个个破釜沉舟的举措，为开发区带来了难能可贵的资金流、项目流。

10.5 亿元！这是井冈山经开区基础设施建设近年来已投入的资金总额。

从中央到市、县（市、区），大家合力共建开发区的力度空前："怎么样支持革命老区都不为过！"秉承这种理念，中央及各部委，省委省政府领导频频光临井冈山经开区，为井冈山经开区排忧解难；"只要有需要，我们愿意为开发区'打工'！"市领导以实际行动书写开发区"服务员"风采：市委、市政府主要领导特别"偏爱"这个坚强创业的"孩子"，不定期现场办会、定期项目督查推进、接待客商、洽谈项目，不辞劳苦。分管市领导殚精竭虑，一直主持着园区的工作，事无巨细，亲力亲为。

如何在荒坡上崛起一座工业新城？吉安人用后发先至、高起点作答。从开发区命名到定位，"高""新"方向如影随形，井冈山经开区始终站在令人仰视的高度。

高起点规划。斥资请专家编制包括总规和详规在内的土地利用规划，为集约用地"导航"；聘请北京大思潮顾问有限公司，在全省设区市开发区中率先进行产业规划，确定了电子信息、生物医药两大主导产业，为园区发展方向"定位"；编制园区环境影响评价报告、园区地质灾害危险性评估报告和水土保持规划，为园区把好环境关。

高标准建设。道路的绿化、美化、亮化，井冈山经开区坚持以城市新区标准打造。特别是从一开始就做到雨污分流，这在当时连城区里都很难做到。

"开发区空气质量保持在二级标准，地表水质不低于二类水标准，噪声达标覆盖率达到 100%，工业固体废弃物综合利用率 80%，生活垃圾清运率 100%……"一系列硬性规定，彰显出开发区自始至终的发展高度。

十年奋进，园区嬗变。井冈山经开区开发面积达 667.1 公顷，园区规划面积扩展至 46.5 平方千米，昔日寂静的荒坡地成为国内外企业"龙腾虎跃"之地。"国家级经济技术开发区""国家加工贸易梯度转移重点承接地""国家台资企业转移承接基地""国家科技兴贸创新基地（电子信息）""国家风电设备高新技术产业化基地""江西省电子信息产业基地"、省政府和深圳市政府共创共建的"深圳产业园"所在地，园区七大"金字招牌"闪亮耀眼。

荒坡逐梦：205 亿元项目抢滩工业新城

做事情需要毅力，做大事更需要毅力。在一片荒芜中白手起家，吃苦，几乎是每个创业者最深切的体会。

"我们是一群拓荒者。"井冈山经开区管委会主任刘志坚说。他清楚地记得，2001 年 6 月，他是带着"一顶帽子、一个章子、一块牌子和 60 万元起家费用"开始筹建工作的。当时，办公地点在离城区 6 千米外，办公用房是租来的，周围全是荒坡山地。就是在这样的环境下，开发区人用 10 年时间证明了一个道理：能吃苦，是一种事不避难、不畏艰险的信念，更是一种敢于进取、勇于担当的能力。

全市人民用实际行动，负重拼搏，把开发区办成吉安的经济特区：启动资金没有，市直单位一块凑；人员缺位，各部门把最能干的人才抽调过来。凡事特事特办，手续上先上车后补票，资金上先举债后算账，政策上先让利后平衡，收费上先减免后补偿……开拓性的创举，为吉安新时期的跨越发展奠定了基石。

创新，始终是引导开发区发展、创业的灵魂。

成立初始，钱从哪里来？完全依靠捉襟见肘的财政，不现实。于是，创新投资体制和融资机制成为开发区做的第一篇文章。一开始，开发区就实行建设和管理职能相分离，成立具有独立法人资格的开发公司，负责区内土地开发、基础设施建设和市场融资。为突破基础设施投入不足的瓶颈制约，建设者们采用了“四轮驱动”的办法：引凤筑巢筹一块，银行贷款融一块，让出市场引一块，公益设施建设市场运作一块。几年下来，一个充分展示吉安人大气魄大手笔的现代化工业区在一片荒山坡上奇迹般地拔地而起。

“没想到老区有特区的速度。”在井冈山经开区，经常可以听到客商的这种感触。他们也许不知道，“速度”这两个字已融入每个开发区人的血液中。

创新管理体制、服务机制，市委、市政府对开发区简政放权，在开发区设立国土局、规建环保局、财政局、经济发展局等8个局，具有独立行政权力。光一个开发区经济发展局，对应市里工信委、科委、统计局等10多个部门职能。别的地方要跑许多部门才可以办成的事，井冈山经开区一个部门搞定；别的地方一两个月办不下来的证，井冈山经开区一两天就可以办成。工商、国税、地税、公安、消防等管理部门也在开发区设立分支机构，金融保险部门中介机构随即跟进。一切，为井冈山经开区的“速度”和“效率”作出最佳注解。

人们常说世事如棋局局新。就是在前几年，当吉安人漫步青山绿水之间，流连于老宅深巷之中，细细品味庐陵文化时，即使神思泉涌，或许也无法想像到红板电子、三江无纺布、麦德风能这些动辄投资数10亿元的高新企业会和吉安结缘，落户到“黄土高坡”上。如今，井冈山经开区已引进项目222个，签约资金205亿元。已开工项目166个，其中132个竣工投产。

2006年至2008年，井冈山经开区主营业务收入从25亿元发展到50亿元、100亿元，连续3年实现翻番，2009年实现150亿元。如此快的节奏，在很多人看来，只能用一个“赶”字形容。

为什么要这么赶？井冈山经开区人认为，开发区的竞争日益激烈，走得快一步，看得快一步，想得也快一步，就能一快快三步；而慢一慢，就会一慢慢三拍。

10年来，井冈山经开区不断地向更高的目标发起冲击，如今，又确立了2010年园区主营业务收入迈上200亿元台阶，税收过7亿元大关，固定资产投资达40亿元，3至5年内打造一批主营业务收入过10亿元、30亿元、50亿元和100亿元的企业和产业的崭新目标。

承载希望：二次升级振翅欲飞

2001年11月29日，江西天人生态股份有限公司落户，这是井冈山经开区进驻的第一个项目。

据公司主要负责人梁小文介绍，决定将这个国内唯一定点生产生物源农药的项目落户吉安，回报家乡是一个因素，市委、市政府对工业的重视程度和迫切愿望，加之吉安先天的生态环境，成为吸引他落户的大优势。

公司的每一步发展，市委、市政府休戚与共。让梁小文记忆深刻的是，2009年金融危机来袭，帮扶单位市委办、市农业局专门组织了市里10多个部门组成特别帮扶小组，针对企业研发生产的5个新产品和即将登记生产的7个新产品，确定在全市20个粮食高产创建万亩示范片中进行大范围试验和展示，为企业的新产品抢占本地市场打基础、作宣传，并对公司提出的13项具体问题逐一落实专门单位和人员协调解决。在深切感受到我市环境留人的魅力后，公司扎根更深，正增加投资建设二期工程。2009年，公司实现销售收入4.2亿元，上交税收5100万元，成为全球最大的真菌杀虫剂生产基地。

香港上市公司森泰集团也“瞄”上了井冈山经开区，在园区建立了红板（江西）有限公司，总投资30亿港元建设8条HDI生产线和电子数码产品生产线。整个项目分三期建设，第一条生产线2009年3月投产。2009年，公司实现产值5亿元，出口3000多万美元。

中泰电子、木林森电子、满坤电子……40多家电子信息企业在井冈山经开区相依相生，集聚成链。“我们企业主要给索尼公司提供配套”，“我们公司主要给诺基亚、佳能、三星等品牌产品提供线路板”……听着这些耳熟能详的全球知名企业的名字，可以触摸到这里与全球经济一体化一起跳动的脉搏。不仅如此，在井冈山经开区，您还可以看到“吉安造”的盛泰手机、紫光迷你笔记本电脑、中泰电话等终端产品。在国际化分工中，吉安已占有一席之地。

井冈山经开区招商局负责人无不自豪地对记者说，经过10年发展，现在，他们引进的企业，基本上都是电子信息、生物医药产业化龙头企业或产业链条中的企业。“不再是胡子眉毛一把抓。环评不达标的项目，不管投资规模多大、附加值多高，都进不了园区。据统计，目前，井冈山经开区电子信息、生物医药及微生物农药两大主导产业重点企业年产值、销售收入、上缴税金、出口创汇等主要经济指标已占园区总量的四分之三以上。

在艰难中起步，在实践中跨越，在全球金融危机中逆势上扬，始终保持高速的增长态势，其成功的秘诀是什么？井冈山经开区人用三句话作答：“客商是上帝，服务是生命，创新是灵魂。”这三句话贯穿到整个井冈山经开区招商、安商、亲商、富商全过程。

每一个项目，都有一连串感人的故事：企业缺工，井冈山经开区自己掏钱为企业刊登用工信息；企业缺资金，井冈山经开区作担保抵押，帮助解决资金链问题。不仅是在生产上，每个客商在吉安的生活井冈山经开区也悉心照料。

请得来，扶得好，留得住，长得大，做得强，井冈山经开区良好的投资氛围犹如春风化雨，感动了许多外来客商。许多客商表示，到井冈山经开区发展，真正感受到了企业的发展适逢“天时、地利、人和”。

“升级为国家级开发区，对我们来说，既是机遇也是挑战，更是实现开发区‘二次创业’的历史新起点。”站在全新的起点，开发区人信心满怀。

春天，播种希望的季节。对接国家级开发区的体制机制、对接国家级开发区的政策支持、对接国家级开发区的运作机制，井冈山经开区全面升级的步伐正迈得急。把开发区打造成“承接沿海地区产业转移重要基地，高新技术产业、现代服务业和高素质人才的聚集区；促进经济增长方式转变的先行区；推进城市化和新型工业化进程的主平台，体制改革、科技创新、发展循环经济和吉泰工业走廊建设的排头兵”，新使命催促井冈山经开区衔枚疾进……

（本文原载于2010年5月18日《井冈山报》第01版，作者张晶）

井冈山出口加工区晋升国家级

4月6日，从井冈山经济技术开发区传来喜讯，国务院办公厅正式批复同意在该园区设立江西井冈山出口加工区，标志着井冈山经济技术开发区在承接产业转移中又添一块“国字号”招牌。这是我省继九江、南昌、赣州之后设立的第四个国家级出口加工区。据了解，江西井冈山出口加工区规划面积2.25平方千米，将分两期建设。

作为吉安工业化进程和承接沿海地区产业转移的标杆园区，近年来井冈山经济技术开发区的基础设施日渐完善，先后开通了国际集装箱办理和吉安至厦门港、吉安至深圳盐田港的铁海联运，并拥有全省唯一的机电产品进出口安全检测实验室（中心）等。借助有利环境，园区对外贸易日益活跃，涌现出红板电子、盛泰通讯、满坤电子、优特利科技等一批外贸出口大户，出口产品主要以手机、高端印制线路板、锂电池等为主。

2010年，井冈山经济技术开发区实现外贸出口1.53亿美元，其中机电类产品占出口总量的85%。

据了解，江西井冈山出口加工区建成后，将大幅提高外贸产品的通关效率，有利于降低企业的物流成本，吸引更多国内外产业转移，同时带动全市电子信息产业、生物食品医药产业、制造加工业和进出口加工贸易企业和项目的建设。

（本文原载于2011年4月7日《江西日报》第A01版，作者刘之沛、郭欢）

十年辉煌路

——来自国家井冈山经济技术开发区的报道之一

宽敞的沥青马路，两侧厂房林立，绿树成荫。走进国家井冈山经济技术开发区你会发现，电子信息、生物医药、先进制造为主导的三大产业，明晰的产业布局，让人一目了然。

10年前，这里还只是一块荒山坡。10年后，这里崛起的工业园区，成为各地客商争相抢滩的“黄金地”、产业发展的“集聚地”和高素质人才的“汇集地”，更成为全市经济的重要增长极。

10年，历史长河中的一卷浪花。

10年，只是辉煌征程的开始。

井冈山经开区探索了什么——传统农业大市向“工业兴市”战略迈进的起点，这里是老区人的“逐梦场”

井冈山经开区的发展是吉安人励精图治，盼发展，渴望发展的最好注脚。

本世纪初，全省上下涌动着一股春潮，在全国各地你追我赶谋发展的时代背景下，老区发展的路怎么走，不只在吉安，整个江西都在思考这样一个问题。井冈山会议吹响了解放思想的号角，在全省大开放、大发展的洪流中，吉安着眼跨越发展作出战略选择：坚持适度集中、合理集聚原则，办好工业园区，走规模化、集群化、产业化发展之路。井冈山经开区前身“吉安市高新技术产业开发区”应运而生。2001年11月29日，市高新区正式挂牌成立，2002年3月动工建设。轰鸣的机器声敲响了吉安“工业兴市”的激越鼓点，吉安人埋藏多年的工业梦想终于有了放飞的舞台。2010年3月21日，经国务院批准，井冈山经开区升格为国家级开发区，老区吉安从此有了“国字号”开发区。

10年，井冈山经开区走过了一条怎样的创业之路？

2001年6月，现任井冈山经开区党工委书记的刘志坚一个人带着一顶帽子、一个章子、一块牌子和60万元钱敲开了井冈山经开区的创业之门。回顾创业之初，办公地点在离城区10千米外，办公用房是租来的，周围全是荒坡山地，创业者感慨良多。从第一家企业江西天人生态股份有限公司落户到世界500强企业纷纷投来关注的目光，这一路，走得踏实。

创新，始终是引导开发区发展、创业的灵魂。

成立初始，钱从哪里来？完全依靠捉襟见肘的财政，不现实。于是，创新投资体制和融资机制成为开发区做的第一篇文章。一开始，开发区就实行建设和管理职能相分离，成立具有独立法人资格的金庐陵开发公司，负责区内土地开发、基础设施建设和市场融资。为突破基础设施投入不足的瓶颈制约，建设者们采用了“四轮驱动”的办法：引凤筑巢筹一块，银行贷款融一块，让出市场引一块，公益设施建设市场运作一块。

创新管理体制、服务机制。按照“精简高效”原则，建立了招商引资、园区建设、项目服务三个“三分之一”的工作机制；改革人事制度，推行干部竞争上岗、人员聘用制的企业化管理模式，实行“干部能上能下，人员能进能出、工资能高能低”的人事制度；推行绩效考核，实行末位淘汰，打破“干好干坏一个样，干与不干一个样”的分配机制。

10年时间，荒山坡上筑起了一座工业新城。

今年1—10月，井冈山经开区完成固定资产投资37.8亿元，增长45%；实现工业总产值192亿元，增长41%；实现工业增加值47.5亿元，增长37%；实现园区主营业务收入251亿元，增长42%；实现税收9.2亿元，增长32%；外贸出口2.3亿美元，增长156%。引进亿元以上项目31个，其中20亿元项目1个，10亿元项目1个，5亿元项目5个；实际引进内资33亿元，增长57%；新批外资项目6个，实际利用外资4396万美元，增长112%。

井冈山经开区实践了什么——奔涌着老区人奋进实干的创业精神，这里是吉安改革开放的最前沿阵地

昔日寂静的荒坡地成为国内外企业的创业福地。“国家级经济技术开发区”“国家井冈山出口加工区”“国家加工贸易梯度转移重点承接地”“国家台资企业转移承接基地”“国家科技兴贸创新基地（电子信息）”“国家风电设备高新技术产业化基地”“江西省电子信息产业基地”、吉安（深圳）产业园，园区一块块“金字”招牌诠释着井冈山经开区的内涵。

这里有吉安走向世界的大门。继九江出口加工区、南昌出口加工区和赣州出口加工区，井冈山出口加工区是我省获国务院批准的第四个出口加工区。加工区建成后，将降低园区内企业的物流成本，提升通关效率，为加快外资向吉安转移创造有利条件。

“吉安制造”在这里与世界接轨。中泰电子、木林森电子、满坤电子……66家电子信息企业在井冈山经开区集聚成链。“我们企业主要给索尼公司提供配套”，“我们公司主要给诺基亚、佳能、三星等品牌产品提供线路板”……听到这些耳熟能详的全球知名企业的名字，可以触摸到这里与全球经济一体化一起跳动的脉搏。不仅如此，在这里，诞生了江西第一部自主品牌手机——“盛泰”手机、江西第一台“迷你型”笔记本电脑，还有国内第一张可读类蓝光母盘。

这里是区域合作的典范。2007 年 4 月，江西省政府与深圳市政府签署合作框架协议，双方商定共同建设的吉安（深圳）产业园是我省实现跨区域合作的重要平台。近年来，在赣粤两地的共同推动下，吉安（深圳）产业园已经成为长珠闽、港台等地区的产业转移基地。3 年来，产业园内已入园项目 36 个，总投资 86 亿元。

市无工业不富，市无工业不强。10 年里，井冈山经开区用行动为吉安的“工业大厦”添砖加瓦。

“客商是上帝，服务是生命，创新是灵魂。”这三句话贯穿到整个井冈山经开区招商、安商、亲商、富商全过程。

在这方土地上，总有一些故事让我们记忆深刻，总有一种精神让我们感动。企业缺工，井冈山经开区自己掏钱为企业刊登用工信息；企业缺资金，井冈山经开区金庐陵开发公司作担保帮助融资，帮助解决资金链问题。不仅是在生产上，每个客商在吉安的生活，井冈山经开区也悉心照料。

一枚小钉子就能说明一个井冈山经开区的故事。满坤电子建设过程中，连一颗钉子都没有丢过，企业老总感叹于井冈山经开区的环境，以此触动他游说上下游企业到井冈山经开区投资落户，形成有效产业链。

井冈山经开区招商局负责人无不自豪地对记者说，经过 10 年发展，现在，他们引进的企业，基本上都是电子信息、生物医药、先进制造产业龙头企业或产业链条中的企业。“不再是捡到篮里都是菜、胡子眉毛一把抓。环评不达标的项目，不管投资规模多大、附加值多高，都进不了园区。”据统计，目前，井冈山经开区电子信息、生物医药、先进制造三大主导产业重点企业年产值、销售收入、上缴税金、出口创汇等主要经济指标已占园区总量的四分之三以上。

井冈山经开区还要干什么——再出发，昂起龙头，在建设开放繁荣秀美幸福新吉安中建功立业

市第三次党代会提出的“要昂起井冈山经开区这一龙头”。

在发展的道路上不进则退，慢进也是退，井冈山经开区不能慢，更不能退，不仅要在全省的工业园区中有位置，在全国，井冈山经开区也要有声音。

“到 2015 年，实现园区主营业务收入 1000 亿元，实现税收 20 亿元，外贸出口 10 亿美元”，这是井冈山经开区未来五年规划，同样也是为下一个辉煌 10 年奏响前奏。

创业无止步。

“打造一流平台、引进一流项目、发展一流产业、配套一流服务”四个“一流”的目标描绘了即将开启的新征程的蓝图。全力打造“121”工程是实施“主攻项目、决战两区，做大总量、加快集聚”战略的具体步骤。

城市配套是第一基础——

把园区当作城区来建设。出口加工区、跨铁路东区基础设施建设、中央商务区、园区专业市场、标准厂房、高档住宅小区、宾招、娱乐等生产生活设施建设将是下一个 10 年井冈山经开区硬件建设的重点。

招商引资是第一抓手——

打好“国家级开发区”和“国家级出口加工区”两张牌，加强产业对接，重点围绕通信终端产业、战略性新兴产业招商，力争在引进世界 500 强、港台 200 大、国内 500 强企业上取得新突破。

项目建设是第一支撑——

每年重点抓好20个重点工业项目建设，加快建设六星通讯终端产业园、航盛车载电子产业园、优特利新能源产业园、台湾精密器材产业园、南山示范园等重点项目，力争每年投产项目10个以上。实施“企业强大计划”，做大投产项目，5年内打造一批主营业务收入过10亿元、30亿元、50亿元和100亿元的企业和产业。

创新是第一动力——

进一步创新井冈山经开区投融资体制，增强自我发展能力；创新园区管理体制，激活内在动力；鼓励科技创新，提升企业竞争力。

服务是第一保障——

“软环境也是生产力”、“服务也是招商”，在落实项目跟踪和帮扶制度，加快项目落地，推进项目加快建设、竣工、投产和见效上，井冈山经开区人将提供更加专业周到的服务。

井冈山经开区创业之路上的第一个10年即将画上圆满的句号。承载着吉安人进位赶超、绿色崛起的集体梦想，在建设开放繁荣秀美幸福新吉安的伟大征程中，井冈山经开区的下一个10年，必将更加辉煌。

（本文原载于2011年11月24日《井冈山报》第01版，作者郭欢）

攻坚克难大干快上

——看井冈山经开区东区开发建设喜人态势

在国家井冈山经济技术开发区东区33.8平方千米的建设工地上，随处可见忙碌穿梭的工人，挖掘机、打桩机、压路机等机械的轰鸣声不绝于耳，一派繁忙、火热的施工场景。

蛇年新春刚过，井冈山经开区东区建设即开足马力，大量工程技术人员和各类工程机械集结于此，呈现如火如荼的大投入、大开发、大建设的火爆场面。整体开发呈现以下四大特点。

建设指挥机构前置。为积极策应“昂起发展龙头、决战千亿园区、提质优强西区、挺进开发东区”的战略部署，2012年初在建设一线设立井冈山经开区东区建设指挥部，表明了井冈山经开区党工委、管委会开发东区的信心和决心，更便于宣传井冈山经开区，强力推动征地拆迁及市政基础设施等城建项目和悉心服务落户东区的工业项目建设。

规划调控措施到位。将井冈山经开区总体规划和控制性详规进行了调整和完善，对中心区域和重点地带进行了城市设计，并提出“258”的建设目标，即两年拉框架，五年出形象，八年成规模，到2020年将东区建设成产城高度融合、四化协调发展、三产共生演进的结晶体。

开发建设成效凸显。2012年，东区开发积极应对了征地难、融资难、天气差等不利因素，完成征地近1.5万亩，投资15亿元的26千米长市政路网、科技创新创业园、公租房、孵化中心、污水处理厂等15个生产和生活配套性重点城建项目大多数将在今年建成并投入使用。

工业项目扎堆落户。井冈山经开区东区在抓好征地、建设、招商三件大事的同时，落户项目多也是一大亮点，并基本是以产业园的模式进驻，如天际光电产业园、德昌台湾经济技术产业园、台湾威力新能源产业园、印刷包装产业园、返乡创业园相继落户，并已陆续开工建设。

“加快发展、负责任发展、统筹发展、节约发展、绿色发展将成为井冈山经开区东区建设永恒的主题。”2月22日，井冈山经开区有关负责人在接受记者采访时如是说。

（本文原载于2013年2月25日《井冈山报》第01版，作者吴广城）

突出“三精”帮扶助力企业发展

今年以来，井冈山经济技术开发区积极适应经济发展新常态，以企业需求为导向，突出精心、精细、精准的“三精”帮扶，切实转交服务理念、创新服务机制、厘清服务重点，营造出合力支持企业发展的良好氛围，促进了园区经济的稳步增长。

突出精心帮扶，实现服务制度化。为了更好地服务企业，井冈山经济技术开发区构建了“分管领导牵头调度、企业服务中心综合协调、12个企业服务组对点帮扶”的服务格局；健全了三项服务机制，包括企业帮扶联系机制、企业运行预警机制和项目推进机制，有效地帮助企业解决在发展过程中遇到的各种问题；建立了三大服务清单，即部门行政清单、企业基本信息清单和企业服务组登门调研日常清单，进一步提升了服务的标准化和规范化水平，有助于准确和动态掌握企业的运行情况。

突出精细帮扶，实现服务多维化。一是提升共性服务。今年1月至4月，集中开展了“企业用工服务行动”“项目用地保障行动”“发展环境整治年”等专项行动，着力解决企业普遍反映的用工、用地、服务环境等共性问题。目前正在着手建设企业服务综合信息平台，以实现涉企服务的在线化、信息化，不断提高服务的效率和质量。二是提供个性服务。坚持“一企一策”的帮扶，在项目立项、供地、建设、生产等方面提供高效服务。三是打造特色服务。强化产业链协作帮扶，纵向解决市场准入、技术研发以及市场拓展等问题，横向把握产业配套、服务配套等关键节点。

突出精准帮扶，实现服务差异化。一是帮助困难企业化解风险。今年春季，井冈山经济技术开发区开展了“企业风险预警专项摸查行动”。根据摸查分析，列出了分类帮扶名单，并提出了分类处置的原则，包括对前景好、资金短期有压力的企业，在管住流向、专款专用的前提下，进一步加大信贷等综合支持力度；对主业经营基本正常、资金链面临压力的企业，协调银行帮助其及时周转，等等。二是协助龙头企业扩产能。筛选了30家龙头企业，对其实施动态管理、重点扶持，以促进其加速发展。三是支持中小企业成长。在全区的投产工业中小企业中，根据其成长性、贡献率、用电量等经济指标和技术参数情况，筛选出若干家企业予以重点帮扶，帮助其快速成长。

（本文原载于2015年6月15日《江西日报》第B03版，作者陈敏）

井冈山脚下的转型升级故事

——十余年打造产业集群革命老区成新兴产业高地

在考察了许多地方之后，台资电子信息企业柏兆电子有限公司总经理陈志诚日前还是决定在井冈山脚下的江西省吉安市投资。他说，吉安长期坚持将电子信息产业作为主导产业打造，给了他们投资信心。

“我们最看重的就是一个地方政策的稳定性”，多年在内地投资办厂的陈志诚说，“很多地方在招商引资时给出很多承诺，但换了领导之后，原来引进的产业就不是发展的重点了，原有的承诺也不能兑现。一个企业投资下去后未来十几年甚至几十年就会在一个地方发展，如果政策不稳定，投资者将面临很大的风险”。

而在吉安市，陈志诚的这些担心被打消了。自本世纪初以来，吉安市将电子信息产业作为主导产业，久久为功，用10余年时间打造出一个在全国占有举足轻重地位的电子信息产业集群，使得以往贫穷落后的革命老区成为国内领先的新兴产业发展高地。

木林森电子科技有限公司是最早一批在吉安市井冈山经济技术开发区落户的电子信息企业，公司总经理张建军说，公司2002年搬到这里时，周边还是一片荒山，零星地分布着几家企业。但在随后的10余年时间里，公司一路见证了吉安电子信息产业的发展壮大。

“企业从最初的几十家发展到现在的350多家，主营业务收入从最初的10多亿元增加到现在的突破500亿元。”张建军说，这10余年来，吉安电子信息产业发展一年一个台阶，规模快速扩张，结构不断优化，集聚日益显现，创造了发展奇迹。

全国第一家通信级塑料光纤产业企业、全球第一块液晶自动消眩汽车后视镜、全国第一张可录类蓝光光盘……2014年，创造了多个全国甚至全球第一的吉安电子信息产业集群，成功晋升国家电子信息高新技术产业化基地，“吉安电子”在全国的影响力日益显现。

当前，在经济发展“新常态”下，吉安电子信息产业也面临着转型升级的问题。

位于井冈山经济技术开发区的全国电子信息百强企业——红板有限公司总经理文伟峰说，经过10年发展，目前公司正经历一个转型期，靠低端线路板搞价格竞争已经没有活路了，当前，公司正着力发展用于通信设备、汽车、医疗器械等方面的高端线路板。

伴随这种转变，企业的需求也发生着变化。过去，企业看重地方廉价的土地、水电和税收优惠，当前他们则需要政府创新服务帮助企业转型升级。而在这方面，吉安又走在前列。

文伟峰告诉记者，技术、人才、资金是企业转型升级中面临的主要瓶颈，而近年来，吉安市帮助他们牵线搭桥和高校合作成立了研发中心，并逐步升格为省级企业技术中心；成立了吉安职业技术学院，为企业订单式培养人才；设立的工业发展专项中，也有一半以上用于支持电子信息企业发展。在政府支持下，2014年红板有限公司提交了40多项专利。

“虽然转型升级困难重重，但在吉安，我们有一个感受，政府在和我们一起转型、一起升级，而且政府的转型有力支撑了我们的升级，给了我们做大做强的信心”，文伟峰说。

“电子信息产业是吉安发展升级的关键所在，必须牢抓不放”，吉安市委书记王萍表示，在“新常态”下，吉安将加快推进政府职能转变，培育电子信息产业发展新优势，力争到2020年电子信息产业年主营业务收入超2000亿元，成为具有全国影响力的“电子谷”。

（本文原载于2015年2月4日新华网，作者郭强）

井冈山经开区非公企业党建蓬勃发展

江西航盛电子科技有限公司体系办3名党员和2名入党积极分子，经过两年的努力，通过了全球统一的质量管理体系、环境管理体系、职业健康安全管理体系和有害物质管理体系“四证合一”体系认证，公司一举获得2015年吉安市“首届市长质量奖”，并成为江西省科技创新示范企业。今年，公司党支部书记邹正平被评为吉安市优秀共产党员，成为省市党代表。这是井冈山经济技术开发区非公企业党组织和党员在企业发展中发挥政治引领作用的一个缩影。

自2012年以来，井冈山经开区结合实际和企业具体需要，不断寻求抓好非公企业党建、促进党建与发展相结合的好点子、好办法，非公企业党的建设取得朝气蓬勃的发展局面。目前，该区非公党委新发展党员60余名，非公党委党员总数达246名。该区党工委建立了班子成员挂点帮扶制度，派遣党建指导员，充实了非公企业党组织力量。坚持抓“大个企业”、树先进典型，推动非公企业党组织建设，每年平均新组建7家非公企业党支部，确保符合条件的规模以上非公企业100%建立党组织。截至目前，全区已有非公党支部60家，党的组织工作覆盖面得到有效拓展。

井冈山经开区非公党委以党建重点项目建设为抓手，通过以点带面，全面提升全区非公企业党建工作质量和内涵。近两年来，通过非公企业支部示范化建设、“四位一体”的党群活动中心、试行党员绩效津贴工作等特色鲜明的重点项目建设，激发了非公党组织抓党建、作示范、促发展的主观能动性，提升了企业生产经营效益。

（本文原载于2016年12月12日《江西日报》第B04版，作者肖春根、肖莉华、王海清）

井冈山经开区连续五年获全省先进工业园区

党的十九大将于金秋十月在北京举行。党的十八大以来，井冈山经开区党工委、管委会以“五大发展理念”为引领，把握“稳中求进”主基调，主动适应新常态，园区经济社会各项事业的发展取得了丰硕的成果：连续五年获全省先进工业园区，连续五年以每年向前推进一位的速度逐步跻身全省十强行列，形成了“一业突出、多业并举”的特色产业优势，“1+3”产业核心增长极的优势日益凸显。既戴好了“龙头”的帽子，又挑起了“龙头”的担子。在新的发展时期，该区围绕“三个定位”“三个坚持”和“四个提升”，向“决战千亿园区、跻身全省十强、建设产业新城”的目标奋进，为喜迎党的十九大胜利召开续写新篇章。

近日，记者喜闻井冈山经开区获“江西省先进工业园区”的荣誉，这已是该区连续第五年获此殊荣了。这是省委、省政府对井冈山经开区在发展园区经济、社会各项事业中所表现出的“规模效益、产业集聚、技术创新、资源能源集约、生态建设、工作服务”六个方面的成绩肯定。

五年来，井冈山经开区以产业集群为主抓手，深入实施完善现有工业产业建设，最大限度地提升了园区发展水平。从2012年到2016年，该区在全省工业园区中排名从第14位上升到第10位，招商引资从70多亿元发展到100多亿元，工业项目建设投资从180多亿元发展到近300亿元，园区主营业务收入从400亿元提升到600多亿元，财政总收入从6亿元增加到17亿多元。

五年来，井冈山经开区坚持以电子信息产业为主体的战略性新兴产业发展蓝图，一任接着一任干，一张蓝图绘到底。不断加速战略性新兴产业聚集集群，园区电子信息类企业达到102家，电子信息产业主营业务收入年平均增速高达30%以上，实现了LED绿色照明、智能通讯等“点、线、面、体”产业链全覆盖，形成了“1+3”产业发展格局，成为全省战略性新兴产业电子信息集聚区。今天的井冈山经开区战略性新兴产业主营业务收入占园区比重达80%，占全市电子信息产业主营业务收入的40%，占全省的20%。该区始终保持以工业、开放型经济为主体的发展态势，这也是其有别于其他园区的独特之处。

五年来，井冈山经开区的发展活力进一步增强，最为抢眼的是全区的科技创新能力和开放型经济发展活力。2012年，该区在全国131个国家级开发区中，科技创新指标排名第36位，列中部地区第10位，高新技术企业有7家，园区企业共获各项专利129项。然而，到2016年，则挺进千件专利园区行列，拥有省级企业技术中心38家，占全市的52%，专利申请量、授权量分别比上年增长102%和330%，增幅均领跑全省、全市所有园区，合力泰、天人生态、御美丽2015年专利申请就过百件，2016年获得省知识产权局的表彰。2016年专利授权590件，其中发明专利17件，比开发区成立以来发明专利的总和16件还多，兑现人才引进资金近百万元，大手笔奖励科技创新600余万元，获全省知识产权示范试点园区和智能制造基地称号。园区高新技术企业达到37家。井冈山经开区开放型经济更是风生水起，从这样一组数字，就可以看到该区开放型经济发展的成果，2012年注册企业385家，2016年已达1021家，而且绝大多数企业都是招进来引进来的。进驻开发区的企业不仅是数量的不断增加，更重要的是质量体量的变化，江西省最大的线路板企业、全球最大的LED封装照明企业、有全球市场话语权的企业、吉安市最大的企业都聚集在开发区，仅电子信息产业企业开发区就有100多家，投资规模从几千万元、几亿元发展到数十亿元、上百亿元。园区工业发展龙头企业的引领作用明显增强，现有企业提质增效的能力不断增强，2016年园区纳税超5000万元的企业达到5家，超千万元的企业达到26家，规模以上企业达到100多家，园区发展的内动力日益增强。

五年来，井冈山经开区服务企业的能力水平不断提升，也正是开发区人不断创新服务理念服务模式，不仅让客商在开发区投资经商放心、安心、顺心、舒心，更重要的是形成了以商招商、政企和谐的良好局面。合力泰公司在该区投资后，帮助开发区引进了多家企业，矩弘公司一家进驻开发区，带动多家相关企业到开发区投资兴业。最能体现服务企业的精彩之处就是帮扶企业招工。近年来，由于人口红利的减弱，进驻开发区的企业与日聚增，用工成为企业发展的一大瓶颈，这两年来，开发区共为企业招工2万多人。谈起招工，平波电子公司总经理李林松告诉记者，企业本来就是外来投资的，人生地不熟，若不是井冈山经开区党工委、管委会保姆式的服务，公司不可能一下子解决招工的难题。进入井冈山经开区的任何一家企业，都可以看到一块这样的牌子，上面写着井冈山经开区党工委、管委会各企业服务组的名单和联系电话，企业有所求，只要一个电话，服务组立马就有回应。所以说用“井冈山经开区人用心诠释‘服务是生命’演绎了许多精彩”来描绘该区服务企业帮扶企业一点也不为过。

既要金山银山，更要绿水青山，绿水青山就是金山银山。五年来，井冈山经开区在发展工业文明的同时，注重保护碧水蓝天，共建绿色园区，不断加强环境保护工作，创新园区环境管理模式，提升环境建设的能力水平，建设智慧环保，构建生态环保体系，成为全省工业园区首家主动运用智慧环保，构建生态环保体系的开发区。2017 年被评为全省环境保护先进单位。

近年来，随着进驻井冈山经开区的企业不断增多，环境保护工作显得越来越重要，开发区对环境保护工作也越来越重视。为了打造园区美丽环境国内一流，开发区创新环境管理模式，向社会购买专业化环境服务和第三方环境咨询服务，不仅填补了园区环境监测能力空白，同时为园区环境监测构建了科学监测网，提升环境管理能力。健全环境管理制度，推进园区污染防治工作。实现对重点污染企业全天候信息化、远程化、精准化监督管理。构建智慧环保平台，建设生态环保综合管理系统。2016 年 12 月完成建设生态环保综合管理平台，集企业污染源管控、环境质量监测、园区环境管理等于一体，为园区提供智能化、可视化的环保信息管理应用。从而使环境信息的价值得到最大程度的利用，最终实现环境监测、监察执法、环境应急和决策分析“一张图”。

百尺竿头，更进一步。井冈山经开区以荣誉作为奋进的动力，以“担当实干、马上就办”的精神，围绕“三个定位”“三个坚持”“四个提升”，大力传承和弘扬跨越时空的井冈山精神，继续谱写新的篇章。

（本文原载于 2017 年 8 月 2 日《井冈山报》第 06 版，作者叶兴桂、刘斌）

井冈山经开区挺进国家级经开区百强

近日， 2017 年度国家级经济技术开发区综合发展水平考核评价结果“出炉"，该区共 24 项指标优于全国国家级经开区平均水平，综合排名挺进全国国家级经开区百强。2017 年，该区聚力夯实产业基础，增强科技创新水平，严守生态环保“红线”，推动园区发展进位。

2017 年，井冈山经开区采取补链延链招商，实现了百亿元项目的突破，引进 12 个超 10 亿元的项目，全区 34 个签约项目引资总额达 369.4 亿元，其中电子信息首位产业项目 16 个。同时，该区深化开展“降成本、优环境”行动，为企业减负 4.2 亿元，新培育规模以上企业 13 家、“规转股”企业 4 家，新增区域性股权交易市场挂牌企业 12 家，"新三板"挂牌企业 1 家，全区纳税超千万元实体企业有 25 家。

井冈山经开区加大科技创新力度，增强企业发展的内生动力。全区累计申请专利 2321 件，获得专利授权 1262 件，其中万人发明拥有量达 10.66 件。该区还拥有博士后工作站 2 个、院士工作站 2 个、省级企业技术中心 30 个。目前，全区高新技术企业有 4 家，高新技术产值占比近五成。

（本文原载于 2018 年 5 月 30 日《江西日报》第 A04 版，作者刘之沛、肖莉华、刘斌）

谋定后动行且坚毅

——井冈山经开区产城融合发展纪实

这里，是吉泰走廊的核心增长极，承载着530万吉安人民工业崛起的光荣与梦想；

这里，先后获国家新型工业化电子信息产业示范基地、全国加工贸易梯度转移重点承接地等11张国字号名片；

这里，是井冈大地首个国家级开发区，也是江西省政府和深圳市政府共创共建的吉安（深圳）产业园。

……

这里，就是井冈山经济技术开发区。谋定后动，行且坚毅。昔日的荒坡地正以崭新面貌呈现在人们眼前。

——上市公司、百亿项目、中国500强企业纷纷落户。

——家家搬进大社区，道路四通八达，生活环境优美宜居。

——在幼有所育、学有所教、病有所医上不断取得新进展。

10多年来，它不断地积累、历练、脱壳，直至上演飞速的蜕变！

碧玉精致婉约动人

这里是集科技、创新为一体的产业新城

2001年，迎着新世纪的曙光，井冈山经济技术开发区在这片红土地上孕育而生。从此，一座规划面积46.5平方千米，集创新引领、产城融合、绿色低碳、便捷有序的产业新城，在赣中大地逐渐形成。

汽车在区内宽阔的公路上行使，窗外碧空如洗，道路两侧翠绿欲滴，规划有序的生活区、生产区、功能区在眼前延伸。摇下车窗，和煦的微风扑面而来，夹杂着淡淡的清香，沁人心脾。难以想象，原本荒芜的坡地会发生这么大的蜕变。

"这几年井冈山经开区对南山示范园的支持特别大。我们的项目推进非常迅速，可以说已经达到'深圳速度'。"说起南山示范园的项目团队，深圳市科汇通投资控股有限公司董事长高原显得无比自豪。他始终认为，这完全得益于吉安、深圳两地领导的高位推动，以及井冈山经开区党政主要领导的谋事、干事、干成事的担当实干精神，让南山示范园真正在特区支持老区、产业转型升级、人才集聚、运营管理方面起到了示范引领作用。

近年来，井冈山经开区坚持新发展理念，围绕打造全省战略性新兴产业集聚区、中部地区创新发展新高地、国家新型工业化电子信息产业示范基地，出台优惠的招商政策和暖心的扶商举措，吸引了数百家企业落户。时至今日，这座正在崛起的产业新城，基本形成了电子信息首位产业和生物医药、先进装备制造、新能源新材料协同发展的"1+3"现代产业体系。其中，电子信息首位产业重点聚焦LED绿色照明和智能终端两大产业集群，推进通讯传输、高端线路板细分产业发展，重点引进了木林森、合力泰、益丰泰、南亚新材料等行业龙头企业，着力打造全球最大的LED封装及应用基地和全国有影响的智能硬件产业基地，力争到2022年电子信息产业主营业务收入突破1000亿元。

2018年，井冈山经开区安排重点项目52个，总投资773.85亿元，比原计划增加17个，比去年增加20个，投资规模和单体工业项目投资创新高，TFT投资规模超过230亿元，投资20亿元以上项目有7个，电子信息产业项目占工业项目的70%以上，为打造“1+3”产业集聚集群注入强劲新动能。

重点项目建设的快速推进，为井冈山经开区走高质量发展之路奠定了扎实基础。目前，井冈山大学科技园、中韩产业园、创客园等一批重点项目，或建成投产，或主体工程完工，其他项目也在顺利推进。今年3月，井冈山经开区整合吉州、青原2家省级开发区，形成“一区四园”发展格局。2017年，“一区四园”实现主营业务收入959亿元，增长18.1%。其中，电子信息首位产业的主营业务收入就达430亿元，占全市电子信息主营业务收入的40%，被评为全省首批战略性新兴产业电子信息集聚区。

碧水蓝天生态优美

这里是“水墨丹青”的美好画卷

为了碧水蓝天的宜居梦，井冈山经开区做出了不懈努力，获得了显著成绩：2018年上半年，该区空气质量优良率为85.08%，整体空气质量稳中向好，园区局部空气质量、企业废气排放以及道路扬尘防治有了明显好转。

梨山湖畔绿草青青，前来唱歌跳舞的人成群结队；湖岸边，散步休闲的市民络绎不绝；宽阔平坦的深圳大道上，不时有洒水车、抑尘车缓缓开过……

家住梨山湖畔小区的王云凤对于梨山公园的变化有着深刻的感受。她说：“几年前，政府就对公园进行了整治，清运了湖两边的垃圾，打捞湖里的漂浮物，还铺设了污水管网。现在没有了垃圾的臭味，生活也变得更舒心了。”

井冈山经开区主要负责人告诉记者，他们在严格执行建设项目环境影响评价和制度的同时，坚持做到“四个不批”，即：对不符合国家产业政策的项目，一律不批；对不符合城市发展总体规划的项目，一律不批；对区域、流域内无环境容量的项目，一律不批；对没有取得总量指标的项目，一律不批。“既要金山银山，又要绿水青山。”

近年来，该区在产业发展上没有一味求快，而是坚持在建设中保护、在保护中发展，严格按照中央和省、市里的部署与要求，狠抓中央环保督察问题整改，相继出台了“大气污染专项整治”“燃煤锅炉淘汰”“城乡环境综合整治”“洗城行动”“三禁 " 等工作方案，加强组织领导，明确责任分工，着力构建“党政同责、一岗双责”“管发展必须管环保，管行业必须管环保”的长效机制。

同时，该区还投入巨额资金，建设功能最全、实践最强的智慧环保平台，24小时实时监控重点企业废气排放、重点区域VOC、恶臭污染物排放、园区环境空气质量状况；开展了全区农村环境综合整治、黑臭水体治理、饮用水源保护、城市污水配套管网建设等工作，解决了多年来想解决而没有解决的问题，区域环境质量明显改善，呈现出一幅“水墨丹青”的美好画卷。

时下，行走在井冈山经开区，你会发现，天更蓝了，水更清了，街道更干净整洁了。放眼井冈山经开区，除了片片生机盎然的绿地，便是那各具特色的企业—合力泰、木林森、瑞鹏飞……个个形象环保而靓丽，这也是该区孜孜以求的结果。

兜住底线普惠民生

这里是百姓幸福生活的好地方

悠悠万事，民生为大。井冈山经开区历经10多年的建设提速，越来越多的百姓从发展中受益，从巨变中获得幸福。在建设进程中，井冈山经开区始终把民生社会事业建设作为有力抓手，坚持重民生、解民难，让区内群众共享发展成果。

民生民生，教育为先。事实上，作为一座正在崛起的产业新城，井冈山经开区有着教育基础先天不足和底子薄的短板。“要办好让人民群众满意的教育，短板必须补齐”，该区主要负责人掷地有声的话语，让全区干部群众备受鼓舞、信心满怀。

如何补齐教育短板，井冈山经开区给出了明确的答案：坚持“社会事业优先城市建设”理念，把教育事业摆在优先发展的地位，按照“一年理顺体制，二年搞好校建，三年步入正轨，五年初见成效”的步骤要求，着力改善办学条件，创新管理模式，整合优质资源，提升教育内涵。

几年下来，该区教育事业一路高歌猛进，满眼硕果——先后投入9000余万元新建了井冈山经开区学校和实验小学，投入近1000万元新建了井冈山经开区保育院，全区新增学生4600余人，其中一半以上为园区企业员工随迁子女；学前三年毛入园率98.5%，公办幼儿园比例33%，公办幼儿园在园幼儿数比例达42.9%，处于全省领先水平；建立健全控辍保学机制，确保全区适龄健康少年儿童入学率和残疾少年儿童入学率均达100%，义务教育巩固率100%，大班额和超大班额现象基本消除。

不仅仅是教育事业的大跨步发展。近年来，井冈山经开区还在提升城市功能、改善人居环境方面做足文章——先后争取项目资金完成了辖内11个社区的农网、有线电视及自来水管网改造；投入资金5000多万元新建或翻建了街道、社区办公楼，推行街道“一站式”服务及社区全程代办制，实现了社区便民服务站的全覆盖；社区道路硬化基本完成，村间小道及自然村安装了路灯、垃圾箱，88路、89路、91路等公交专线开到了区内各生产、生活和办公区域……一个个利民、亲民和惠民项目的快速落成，切实让百姓感觉到幸福。

10多年过去了，一座绿色产业新城已在荒地上崛起。立足新时代、展现新作为。井冈山经开区将坚持以习近平新时代中国特色社会主义思想为指导，深入贯彻落实新发展理念，大力弘扬伟大的井冈山精神，不忘初心，感恩奋进，努力探索一条吉安革命老区更高质量、更有效率、更加公平、更可持续的工业振兴发展之路。

（本文原载于2018年7月10日《井冈山报》第01版，作者吴广城）

打造破题“金钥匙”

——做强做优开发区启示录之四

体制机制创新，对开发区发展意味着什么？2018年2月28日，井冈山经济技术开发区依托国家级开发区的“金字招牌”，形成“一区四园”发展新态势，在产业迈向中高端上形成合力，在单位投入产出效益等关键指标上向全国园区“第一方阵”发起冲击。

前三，又是前三！截至2018年6月，吉安市生产总值增幅已连续21个季度处于全省“第一方阵”——来自工业的强力支撑，坚定了吉安干部群众实现“全面小康”“绿色崛起”两大战略任务的信心，给了这个曾经的农业大市不断跨越追赶的底气。

在由农业大市向工业强市转变的进程中，吉安市的生动实践已经证明：开发区活，则经济活；开发区强，则经济强。吉安拥有13个开发区，工业固定资产投资占全市的80%左右，主营业务收入超过全市的90%。其中，井冈山经济技术开发区（以下简称井冈山经开区）的地位举足轻重：2017年，井冈山经开区完成主营业务收入近600亿元，增速在全省国家级开发区中名列第一。在全国219个国家级经开区中，井冈山经开区综合评价考核列82位，昂首挺进百强。

以全市0.2%的国土面积，贡献了全市18.9%的工业主营业务收入，7.9%的财政总收入，井冈山经开区是吉安当之无愧的“核心增长极”。尤其是电子信息这一首位产业，占据了全市的“半壁江山”。

做强“核心增长极”，也存在隐忧——经过10多年快速发展，井冈山经开区发展空间日益狭窄，功能配套亟待完善，高精尖人才短板日益凸显，产业层次难以紧随全球新一轮技术变革的汹涌浪潮……这些矛盾与问题，在周边县区开发区中，尤显紧迫、尖锐。

既要做大总量，冲击千亿元园区这一阶段性目标，又要主攻质量，做好产业升级转型大文章。路径何在？

2月28日，井冈山经济技术开发区一体化发展授牌揭牌仪式举行——以井冈山经开区为主体，整合吉州区工业园、青原产业园（含富滩工业园）一体化发展，吹响了体制机制大变革、空间布局再优化、产业发展上能级的“冲锋号”。

这场体制机制的变革，不仅在吉安市开发区发展史上是首创，在全省乃至全国开发区加快改革创新的进程中，也因其“步伐快”“出拳重”而为各方关注。

8个月过去，改革进展如何？

井冈山经开区党工委书记彭学凯说：“体制机制改革取得了共识，各方利益得到兼顾，改革效应逐步显现。我们对开发区未来发展充满信心。”

看点一：“1+3>4”的奥妙在于优势互补

关键词：统一规划、优化布局、资源共享

10月23日一早，从位于城南新区的市委出发，一路驱车向南。大约半小时后，我们到达井冈山经开区管委会。

这是一个充满生机与活力的工业集聚区，如今正规划产城融合的新未来——相比省内大多于上世纪90年代挂牌的国家级开发区，2002年挂牌的井冈山经开区成立相对较晚、面积最小，仅46平方千米，且园区生活、教育、医疗、科研等配套相对薄弱。

井冈山经开区管委会办公室主任赖世林介绍，开发区主体分为东西两区。西区是本世纪初拓荒发展的重点区域，空间已基本饱和；近年来，东区建设开始发力，木林森、合力泰等重点企业均在此投入了项目建设。不过，由于东区内拥有大片基本农田、林地、水域，看似空间广阔，实际上可供用地已经寥寥无几。

尽管拥有国家级“金字招牌”，但产业提质延链缺乏成长空间，井冈山经开区正遭遇成长的烦恼。

吉州区、青原区在工业园发展上同样遭遇了“天花板”。

第一，“先天不足”——作为省级工业园区，吉州工业园、吉安河东经济开发区尽管生活、科研、物流、金融等功能性配套较为齐全，但发展空间同样饱和，更突出的是产业层次低，体量小、支撑弱、定位不明晰，在地方经济的发展上牵引动能不足。

第二，“营养不良”——作为青原产业园的一部分，最具发展空间、被视为未来工业发展“主战场”

的富滩工业园，拥有 40 多平方千米的巨大空间，却缺少大产业、大项目滋养、支撑。

一体化发展迸发的改革力量，让“一区四园”各方遭遇的瓶颈和难题迎刃而解。

很快尝到甜头的，并不仅仅是井冈山经开区。

8 月 9 日，2018 井冈山经开区 · 深圳“一区四园”产业招商推介会，在深圳成功举行。这是一次一体化发展各方的首次集体亮相，现场签约项目 12 个，签约金额 100.7 亿元。其中，电子信息首位产业签约金额达 79 亿元。

“我们正在跟踪谈判广东一个国内著名品牌，力争将他们的事业部引进来，主要从事手机应用软件和整机方案设计业务。因为这一项目侧重于研发，一批高端人才要过来，所以我们打算放在靠近中心城区的青原产业园。项目投资 100 亿元，用地 300 亩左右。”23 日，井冈山经开区管委会主任汤文仙介绍。

“如果没有井冈山经开区这块国家级开发区的招牌，像这样投资大且处于产业链中高端的项目，原先的青原区想都不敢想；同样，如果没有青原区较为完善的生活、科研配套，井冈山经开区也无法签下这一项目。”

“井冈山经济技术开发区一体化发展，并不是空间上的简单相加，而是通过规划布局的合理优化、资源要素的相互共享，在招大引强、强链补链、提质增效等方面，取得‘1+3>4’效应。”

根据统一规划，青原产业园重点依托井冈山大学发展电子信息等先进制造业，建设创新与创业、孵化与投资相结合的创新示范区。围绕这一定位，最近，青原产业园连续放弃了多个原先跟踪的医药、化工产业项目，甚至一个投资 10 亿元的循环经济产业项目，也被忍痛割爱。

经过前期整合、磨合，从今年 6 月份开始，井冈山经开区“一区四园”招商引资开始发力。截至 10 月末，仅青原产业园签约项目就有 20 多亿元，4 个月签约额基本与上年持平。

青原产业园管委会主任刘小勇高兴地告诉记者：“现在，企业不用请，自己都会来，每周都有客商来考察。”

看点二：统筹“利益”聚合力

关键词：合并报表、财税分成、债权明晰

短短两个多月，井冈山经开区接待前来取经的兄弟开发区就有 10 多批，有省内的，也有省外的。在井冈山经开区采访的 10 月 23 日，他们正在为即将来访的安徽省工业园区准备接待工作。

彭学凯告诉记者，“整合园区发展，在国内不鲜见，省内我们也并不是率先尝鲜。我们之所以引起了各方关注，就在于兼顾了各方利益，真正形成了改革合力。”

根据文件精神，园区融合后，吉州工业园、青原产业园的数据，按原口径纳入所在地行政区统计。青原产业园并入前落户企业税收，全部划转青原区，并入后落户企业税收形成的新增可用财力，按 5 ∶ 5 的比例分成（暂定五年）。青原产业园并入前的政府性债务，仍由青原区政府承担；并入前承诺给予区内企业的优惠政策，仍由青原区政府负责兑现，并入后新发生的园区开发建设性债务，由井冈山经开区管委会负责。

谋划推进“一区四园”改革工作，吉安市委、市政府明确一条基本原则，就是“坚持资源共享、优势互补、互利共赢、共同发展”。其中，互利共赢最为关键——这一条落实了，才谈得上“合理布局、错位发展、功能协调、集聚集约”，“坚持工作的创新性和连续性相结合”才有坚实的基础。

启动一体化发展，井冈山经开区求之若渴，但对于吉州区、青原区来说，下决心却并不容易。

2017年，青原区工业园创税1.49亿元，占全区财政总收入的16.09%，工业增加值36亿元，超过全区90%。将工业园直接成建制划转，对于青原区来说，至少短期内具有切肤之痛。

吉州区工业园虽说实行双重管理，但舆论压力大，一些不了解政策的干部群众议论纷纷，认为“区里管不好园区，才让井冈山经开区来管”。

不过，利益也显而易见。一体化发展使得吉州区工业园、青原产业园得以借力“国家级开发区”这一“金字招牌”，在招引项目、争取资金、科技创新、人才引进等方面共同享受井冈山经开区的有关政策。同时，在基础设施建设、企业融资以及产业扶持资金等方面，井冈山经开区的巨大优势，是吉州、青原产业园无法比拟的。

由于体制机制创新在顶层设计上兼顾了地方利益、园区壮大、企业发展的合理需求，一场涉及2000多家企业、10多万党员干部员工、上百平方千米行政区域的大改革，不到3个月，就得以稳步推进、全面启动。

看点三：激发改革活力，关键在“人”

关键词：编制封存、岗位管理、严格考核、能上能下

体制机制创新要落到实处，关键在人。在井冈山经开区，干部能上能下，不是空话套话，而是工作日常。

“一区四园”一体化发展全面启动后，成建制划转的青原产业园，管委会班子成员的去留，成为引人注目的焦点——在任领导有9人，而划转后设置的岗位只有7个。园区干部职工形象地将这场竞争称为“保位战”。

“保位战”的“残酷”在于——园区副科级干部，同样能和原班子成员中的领导同台竞争。

经过数轮鏖战，“保位战”结果让人吃惊：原班子成员中，3人“保位”失利而转任副科级岗位。更让人震惊的是，一名副科级干部居然通过激烈竞争成功“逆袭”，竞聘成功管委会副主任。

记者了解到，青原产业园成建制划转后，所有干部都封存了原有编制，重新竞争上岗。不过，“上”与“下”，并非一锤定音，而是动态管理。井冈山经开区党工委组织部副部长王海清告诉记者，井冈山经开区通过建立灵活高效、封闭运行的新型人事制度，严格量化考核，确保岗薪统一、干部能上能下。记者了解到，在2017年度的考核中，井冈山经开区就有3名正科级干部由于考核不合格，而转任副科级岗位；两名年轻干部因为连续3年考核排在末位，而落聘待岗。

变“相马”为“赛马”，让素质高者有擂台；变“终身”为“聘用”，让干实事者有平台；变“论资”为“竞岗”，让能干事者有舞台。

“井冈山经开区是真正实打实地落实改革措施，”王海清说，“人事制度改革后，看似竞争压力更大了，但实际上大家的精神面貌焕然一新、干事的劲头更足。”

采访中得来的一个细节，让记者印象深刻——今年8月，井冈山经开区面向社会招聘25个工作人员，而青原区富田镇党委班子成员中，报名参加竞聘的竟然有6名，超过班子半数。

该乡镇一个报名竞聘的参与者告诉记者：“工业园是经济发展主战场，是干事创业的好平台。‘一区四园’天地广阔，用人机制公平公正公开，为个人价值的实现提供了平台和保障。”

看点四：最核心的差距表现在体制机制上

关键词：创新引领、改革攻坚、开放提升

“截至 2017 年底，全区注册企业 1700 余家，规模以上企业只有 111 户，主营业务收入 596 亿元，目前没有百亿元企业”，这是井冈山经开区的原有家底。

“这些年来，我省工业发展快，但底子薄、总量小、产业层次相对不高的面貌，还没有获得根本性改变。从这个意义上说，井冈山经开区‘一区四园’一体化发展，从开发区提质增效的全局看，具有体制机制探索的标本性意义。目前，开发区改革创新已经开好了头、起好了步，但后续还有很多工作要做”，省发改委开发区改革发展处处长曾铭认为。

采访中，红板（江西）有限公司总经理文伟峰告诉记者：“目前红板在园区还没有上下游合作的企业，红板的合作伙伴大多在珠三角，江西省内只有江铜和欧菲光，合作量不算大”。

优势产业没有形成专业化集聚，没有形成关联产业的集群，只是企业的空间集中，这种现象并非井冈山经开区存在，红板的期待也并非个例。缺乏具有带动作用的大企业和知名品牌，尤其是缺乏具有龙头带动作用的大型整机企业和具有承担大型信息工程的系统集成服务企业，制约了产业协同效应的发挥，也不利于产业集聚度进一步提高。

省社科院专家认为：“大品牌难引进，整机项目落不下来，实际上和地方相关产业链的完整性关联很大；另一方面，大品牌、整机项目落户，也能促进产业链的补链强链，提升产业创新能力。”

10 月 25 日，在全省开发区改革和创新发展推进大会上，省长易炼红指出：“最核心的差距表现在体制机制上，我省开发区改革创新发展还面临许多制度性短板”。

会后，彭学凯深有体会地说：“表面看，包括井冈山经开区在内的大多数省内开发区，都面临着创新能力不足、生产性服务业不强、亩产不高等瓶颈。但实际上，与发达地区相比，我们最大的差距，还在体制机制上。可以说，开发区一体化发展在产业统一规划、合理布局上开了好头，但在产业补链强链、提高投入产出比、坚持绿色发展、发挥企业创新主体作用等方面，还需要依靠体制机制创新的力量，打造好破题攻坚的‘金钥匙’”。

“创新引领、改革攻坚、开放提升、绿色崛起、担当实干、兴赣富民”，省委在十四届六次全会确定的“二十四字工作方针”，在开发区的实践中，具有鲜明的指导意义。

（本文原载于 2018 年 11 月 2 日《江西日报》第 A04 版，作者何宝庆）

首位之“道”

——井冈山经开区电子信息产业高质量发展透视

木林森自主研发的“户外显示屏 1616 灯珠”专利产品一经上市，强力巨彩、合利来、海佳等显示屏行业巨头订单纷至沓来。

江西瑞声电子研发大楼里，拥抱 5G 时代的智能音箱、智能耳机（穿戴）将从这里走向全球。

……

这些影响国内甚至全球电子信息行业的创新变革，如今正在井冈山经开区精彩上演，成为全省“首位战略”的生动注脚。

井冈山经开区电子信息产业2018年主营业务收入超300亿元，支撑起井冈山经开区工业经济“半壁江山”，成为吉安名副其实的首位产业，挺起江西中部电子信息产业的坚实脊梁。

因何首位？如何首位？近日，本报“壮丽70年奋斗新时代”采访组走进接续奋进的井冈山经开区，探求电子信息产业首位发展之“道”。

铆住“一颗钉”：聚心“首位”，引强扶优，挺起300亿产业支柱

道路千万条，方向第一条。

如今，触摸井冈山经开区电子信息产业，你体味到的是脉动：航盛工业园年产400万台车载导航影音设备的二期项目正在加紧施工；木林森LED产业园立足打造全球最大LED光源制造基地，每年有1000亿支发光二极管在此诞生并销往全球……

打开井冈山经开区电子信息企业分布图，你感受到的是振奋：木林森LED封装产能规模全球第一、合力泰科技触摸屏出货量全国第一，红板线路板、柏兆电脑主板产能居全省第一……100多家电子信息企业扎堆聚集，闪耀着“之最”光芒。

时间回溯至2001年11月，铲车挖开井冈山经开区荒山荒坡的第一铲土，种下了工业强市、产业兴市的希望种子。然而，前无发展经验可借鉴，旁无既定模式可复制，产业方向之选，成为考验井冈山经开区人的首道大关。

眼光向远，摒弃“捡到篮子都是菜”的观念，井冈山经开区人明确将电子信息作为首位产业来发展培育。“四有”，即有基础、有技术、有人才、有市场，奠定井冈山经开区抉择的底气。

“上世纪八九十年代，我市就构建起了较为完备的工业体系，以赣新彩电为代表的吉安电子，曾经创造了令吉安人民无比自豪的历史荣耀，江西三分天下有其一，为吉安电子信息产业首位战略铸就了优良基因。”回顾当年抉择，往事历历在目。

19载过去，电子信息首位产业发展意识，早已凝聚成每个井冈山经开区人的共识共为，首位产业更趋高端、精细、终端、智能。

“重塑吉安电子辉煌，是新时代赋予我们的光荣使命。对于井冈山经开区而言，发展电子信息首位产业，是我们贯彻落实新发展理念，探索吉安革命老区工业振兴发展的一个重要途径”，井冈山经开区党工委书记彭学凯接受采访时表示。

19载持续发力，“首位”力度，造就首位产业。

招大引强，聚焦首位产业。多年来，无论项目投资多大，无论对方承诺回报多高，只要不符合产业定位、不符合环保要求，井冈山经开区人坚持说“不”，考验出了井冈山经开区人科学发展、久久为功的定力和魄力。

扶优扶强，倾力首位产业。百亿级企业木林森IC封装抢滩进驻，50亿级企业红板电子、满坤科技落子园区，合力泰电子、浚图科技、柏兆电子、生益电子等超10亿级电子信息行业龙头企业纷纷落户。

优化配套，倾斜首位产业。围绕打造全省战略性新兴产业集聚区、中部地区创新发展新高地、国家新型工业化电子信息产业示范基地，井冈山经开区在全省率先成立金融产业园、人力资源服务产业园，建设企业孵化中心、电子城等配套设施，设立50亿元产业发展基金破解企业融资难，承接粤港澳大湾区产业转移，与井冈山大学、吉安职业技术学院订单培养实用人才。

鼓励创新，重点还是首位产业。推进“一基地三中心五平台”等创新平台建设，高标准打造吉安（深圳）南山示范园、物联网创客园、循环经济产业园等产业支撑平台。

一项项政策红利倾斜首位，一项项改革推动首位。如今，电子信息首位产业和生物医药大健康、新能源新材料和先进装备制造等“1+3”产业体系已经构建。百亿级电子信息龙头企业、49 家规模以上企业、60 家高新技术企业集聚井冈山经开区，14 家缴税超千万工业企业中，电子信息企业占 8 席，首位产业集聚度达到 57.9%。

建设“生态圈”：聚焦“集群”，强链补链，凝聚强大发展磁场

滴水不成海，独木难成林。没有聚集，没有链条，再好的优惠政策也无济于事。产业集群更需链条“经络相通”，精准补链、强链、扩链。强烈的链式招商需求，一直冲击着井冈山经开区人的心。

今年底，投资 30 亿元的南亚新材料覆铜箔板项目将投产，这个年可产覆铜箔板 400 万张、粘结片 1800 万米的材料企业，将成为红板电子、浚图科技等电路板企业原料供应商。至此，高精密电路板（PCB）和软板（FPC）的上游产业链——覆铜箔板、药水、包装纸箱、零配件供应在井冈山经开区基本实现无缝对接。红板公司采购部总经理邢春苗至今记得，2008 年前后，公司主要原材料如板材、药水、油墨，大多数从香港购进，包装纸箱依赖广东供应商。仅包装纸箱一项，公司每次都需要大批量采购并专设仓库堆放，成本增加不少。

据井冈山经开区经科局负责人介绍，近年来，井冈山经开区聚焦长三角和珠三角，承接粤港澳大湾区产业转移，聚焦电子信息 LED、智能硬件两大产业，对标对点引进与之配套的电子封装、焊线、点胶、贴片等设备项目。仅 2018 年，全区签约项目 30 个，其中电子信息首位产业延链、补链、强链项目 12 个。

作为全球最大的 LED 光源生产企业，木林森光电吸引了吉晶微电子、蓝微键合线等上游供应商，北极光、蓝田伟光等终端照明企业纷至沓来。至此，上游材料、中游封装测试、下游应用的 LED 产业集群在井冈山经开区形成。这里将被打造为全球最大 LED 封装及应用基地。

随着南亚新材料覆铜箔板即将投产，智能硬件的上、中、下游产品都能在井冈山经开区生产，全区线路板产能突破 5000 万平方英尺。依托不断完善的产业链，井冈山经开区打造全国有影响力智能硬件产业基地的步伐不断加快。

“自红板公司落户井冈山经开区，上下游关联企业纷纷入驻，如今原材料就近采购，需要多少就采购多少，产业链条‘经络相通’了，成本降低了，效率提高了，这就是产业集群带给企业最直接的效益。”刑春苗和她的团队有着深切感受。随着“一灯一板”的龙头企业集聚效应日益凸显，井冈山经开区首位产业链条不断扩展、延伸、完善，形成了良性循环的“生态圈”。

迎接“智时代”：聚力“创新”，升级换挡，由“制造”向“智造”转变

创新才有生命力，创新才有竞争力。

面对传统电子信息产品出货量增速放缓、同质竞争压力加剧、人力成本压力增大等诸多问题，井冈山经开区电子信息制造业这些年“很不容易”。2019 年又面临产业升级换挡期。

如何升级？怎样换挡？因势而谋、因势而进。“推动‘电子信息制造’向‘电子信息智造’的转变，是‘中国制造 2025’战略的主攻方向，更是新时代井冈山经开区推动首位产业高质量发展的着力点”，彭学凯表示。

作为全省“智能制造基地”，井冈山经开区发挥政策的导向作用和乘数效应，陆续出台智能制造发展暂行办法、高质量发展实施办法等系列政策文件，设立专项资金，重点支持企业智能化升级改造和生产过程智能化，重点攻关核心智能化技术装备，将电子信息首位产业与装备制造业深度融合。

瑞鹏飞向 CNC 智能数字机床、绿色铸造汽车模具领域进军，进入世界顶级制造商的一级供应商；思立科的离心膜高速智能化涂布生产线全球领先。合力泰推行“智能制造 + 全程供应链管理”，实现了企业业务流、资金流、信息流的三流统一，供应链成本大幅降低，核心竞争力增强。

“智能化工厂”“两化融合”“机器换人”“互联网 +”等智能升级改造，如今，在井冈山经开区已不罕见。

思立科新材料是井冈山经开区最早实施“机器换人”计划的企业，公司只有 60 余名员工，却贡献了超亿元的销售量，是该区自动化程度最高、人均产值最多、人均贡献率最大的企业。江西瑞声电子有限公司投入了 1000 万元实施智能制造计划，减少用工 500 人，生产效率却大幅提高，“智能制造”为这些企业带来的效能在数字上显而易见。

战鼓催征急，昂首阔步行。抢抓江西中部崛起、粤港澳大湾区产业转移等黄金发展机遇，如今吉安电子信息又将在全省布局 5000 亿元“京九电子信息产业带”中担当重任，井冈山经开区首位产业又将迎来一个发展的春天。

（本文原载于 2019 年 7 月 22 日《井冈山报》第 01 版，作者张晶、严爱群、任洪广、潘虹莉）

“创”出老区工业新境界

——解读井冈山经济技术开发区的“创新密码”

一个位于革命老区的国家级经济技术开发区，怎样才能发挥后发优势，特色崛起？

井冈山经济技术开发区用生动实践作出了响亮回答：通过主动融入国家粤港澳大湾区发展战略，强力推进科技升级、人事改革等一系列创新举措，这个在老区成长起来的国家级开发区一路跨越，在最近三年全国国家级经开区综合发展水平考核评价中，排名持续大步跃升，从 2016 年的第 142 位跃居 2018 年的第 71 位。

老区不老！井冈山经开区以创新为第一驱动力，引领制造业变革潮流，“创”出了老区工业发展的全新境界。

对接粤港澳，园区“创”出新动能

8 月 22 日，粤港澳大湾区赣商联盟投资考察团专程来到井冈山经开区考察，让他们倍感亲切的是，在这个位于老区的园区里，来自粤港澳地区的企业占了 70%。更让他们感到意外的是，以井冈山经开区为主阵地，2018 年吉安全市电子信息产业总收入超过 1112.8 亿元，约占江西电子信息产业总收入的 40%。

井冈山经开区之所以能在短短三年里，在强手如林的全国国家级经开区考核中大步跃升，粤港澳地区先进制造企业的纷至沓来是“原动力”。而这，得益于近年来井冈山经开区在招商引资领域所坚持的创新发展战略，即坚定执着地对接粤港澳大湾区。

“我们产业园有三分之二企业来自粤港澳大湾区。”说起园内企业的“娘家”，位于井冈山经开区南山示范园内的红米谷创新产业园负责人黄琴如数家珍。作为深圳南山区异地建设的工业园区，南山示范园引进的粤港澳地区产业转移项目投资额已超过25亿元，在经开区内发挥着强大的示范作用。

井冈山经开区管委会副主任张志福告诉记者：“未来，借道京九高铁，井冈山经开区通达深圳的时间仅3小时左右，可以说我们抢抓粤港澳地区先进制造业转移正迎来历史性‘窗口期’，与深圳南山区合办南山示范园，正是我们积极对接粤港澳的一个创新之作。”不仅如此，今年5月，井冈山经开区还与深圳高新企业认证中心签订合作协议，以全球最大的LED光源生产企业吉安木林森实业有限公司为龙头，开展补链招商，携手打造LED全产业集群。

粤港澳地区先进动能的不断输入，推动着井冈山经开区在更高境界上持续快速发展。今年1至6月，井冈山经开区“一区四园”实现主营业务收入360.3亿元，同比增长10.1%，园区发展打开了一片崭新天地。

科技大引领，企业“创”出新势能

在井冈山经开区采访，公司负责人们谈得最多的就是技术革新。

普正药业是吉安本土成长起来的生物医药龙头企业，公司负责人告诉记者，早在2014年，公司便建立了院士工作站，还建立了省重点实验室、省工程技术中心，主持完成了60余项国家与省级重点课题，完成了80余项行业标准的制定，通过持续的技术革新，企业年收入保持了30%的增长率。

为助推企业技术创新，井冈山经开区倾全力为入园企业搭建技术创新平台。仅2018年便提供技术创新资金751万元。同时，聚焦电子信息产业，引导、扶持重点企业申报国家、省、市重大项目基金，集中力量突破新旧动能转换的关键技术。

吉安木林森实业有限公司负责人张建军告诉记者，单是今年上半年该公司的技术研发经费就达到6000万元，而井冈山经开区管委会对企业智能化改造提供的各项精准帮扶政策，更让企业的技术创新能力得到了很大提升。

为解决企业在转型升级过程中的后顾之忧，井冈山经开区创建了金融产业园，设立了50亿元的产业发展基金、创业投资基金、智能制造及技术改造扶持资金，为企业技术革新、转型升级提供条件。

在管委会的大力推动下，井冈山经开区已拥有国家级高新技术企业66家，获得各类专利授权1842件，高新技术产值占比达48%，园区企业新产能集优成势。2018年，单是木林森实业、红板电子、航盛电子等12家完成智能化改造的企业，新增的主营业务收入便超过30亿元。

人事大调整，制度“创”出新潜能

如何在经历10多年快速发展后，不陷入僵化保守，园区发展继续保持强大的内生动力？在国内不少开发区后继乏力的背景下，井冈山经开区给自己开出的“药方”是：刀刃向内，以“去行政化”为核心，开展以“企业化”为特点的管委会人事制度改革。

这无疑是一场需要勇气的“自我革命”——在改革中，机构重新整合设置，工作流程重新梳理，考核机制重新制定，收入分配方案重新调整。最重要的是“全员起立”，所有部门副职及以下岗位的在职人员，须全部重新竞聘上岗，人事任用真正实现了能上能下。

在2014年的首次竞聘中，6名市场化聘用制人员脱颖而出，与在编在岗正式人员享受着同样的待遇，一名原正科级实职干部在竞聘落选，被低聘使用。这样的结果，当年曾在管委会中引起很大震动，而如今，所有人已习以为常。干事创业的激情，也由此被“打破平均主义，让有才华者有舞台”的灵活机制点燃。

“刀刃向内”搞改革，“一致对外”谋发展。在啃下人事任用制度改革这块“硬骨头”后，井冈山经开区管委会对企业行政审批流程实施了一次“大手术”，全面推行“一口受理、并联审查、一章审批、限时办结、全程监督、统一出件”的不见面审批模式；对项目从签约落户到投产，实行全程“领导领衔领办、全程全科代办”服务，建立起全过程、精细化的服务体系。“手术”之后，园区企业注册时间由法定的15天内减至1天办结，企业项目投资审批时间减至30个工作日内，服务型园区的属性大大加强。

以创新为第一驱动力，如今的井冈山经开区正以一流的发展思维，踏上一条老区工业特色化、跨越式发展的铿锵之路，在推动老区经济高质量发展的征程上阔步前行！

（本文原载于2019年10月7日《江西日报》第01版，作者杨建智、李歆）

创新驱动高质量发展

——井冈山经开区创新发展之路透视

一个国家级经济技术开发区，地处革命老区，如何走出一条创新驱动、充分激发内生发展活力的新路子？

井冈山经开区用自身实践给出了这样的回答：以创新的战略眼光对接沿海发达地区，持续招大引强，积聚发展“势能”；通过加快引进人才、积极搭建平台，为园区企业技术革新“赋能”；进行“刀刃向内”的体制机制改革，向着更高效的服务体系和更广阔的发展空间挖掘“潜能”。

日前，记者走进井冈山经开区，实地感受吉安工业主战场奔涌着的创新动能。

紧盯沿海集聚“势能”

9月24日，粤港澳大湾区半导体行业协会会长陈卫和多位集成电路“大佬”们组成的考察团实地到访井冈山经开区。作为革命老区的吉安，在基础条件相对薄弱的条件下，却发展出产值突破千亿的电子信息产业，给考察团成员留下了深刻印象。

井冈山经开区建区18年来，以电子信息为首位产业，以先进装备制造、新能源新材料、生物医药大健康为主攻产业的“1+3”产业体系茁壮成长，展现蓬勃生机。尤其是电子信息产业首位度日益提升，占全区主营业务收入的54%以上。数据显示，在全国219家国家级经济技术开发区综合发展水平考核中，井冈山经开区排名连续三年大步前进，2018年已跃居第71位，较上年度上升了11位。

快速发展的背后，是井冈山经开区以战略眼光，紧盯科技前沿，张开双臂拥抱粤港澳大湾区、长三角等沿海发达地区，走上产业集聚发展之路的不懈努力。

“我们红米谷创新产业园有三分之二的企业及项目来自粤港澳大湾区”，位于井冈山经开区南山示范园内的红米谷创新产业园负责人黄琴告诉记者，企业入驻以来，先后吸引了粤港澳大湾区近200个中小微企业及项目落户创新产业园，整个南山示范园承接的粤港澳大湾区产业转移项目投资已达25亿元。

“现在，我们正充分发挥区位政策优势，抢抓发达地区产业转移‘窗口期’”，井冈山经开区管委会副主任张志福表示。2019 年 5 月，井冈山经开区同深圳高新企业认证中心等机构签订合作协议，以全球最大的 LED 光源生产企业吉安木林森实业为龙头，大力开展补链招商，全力打造上游材料，中游封装测试，下游照明、显示、背光等应用的 LED 产业集群。

来自沿海地区的产业势能，正不断涌动着这块红土地上的发展春潮。今年前三季度，井冈山经开区与吉州工业园、青原产业园和富滩工业园一体化深度融合发展，成效明显。“一区四园”签约落户重大项目 24 个、投资金额达 110 亿元；新增 4 家企业在“新四板”挂牌，1 家企业在境外塞舌尔证券交易所上市，1 家企业获批院士工作站。

企业技改园区“赋能”

“井冈山经开区一直为我们大力搭建校企合作平台。前不久，赣南师范大学校领导两度专程来我们公司洽谈校企合作事宜。”走进吉安螃蟹王国科技公司，公司联合创始人兼总经理刘亮热情地向记者介绍。

作为一家以文化创意为核心产品的企业，人才是螃蟹王国的生命线。而地处老区、高端人才紧俏，一直以来，成为了制约企业发展的瓶颈。为此，井冈山经开区对接“庐陵英才”计划，大力开展招才引智行动，加快推进吉安市人力资源服务产业园建设，为像螃蟹王国一类的企业提供了人才引进的“源头活水”。

创新是发展之本。在多个领域上，井冈山经开区倾全力为企业“赋能”，助力园区企业走好自主创新之路。围绕电子信息首位产业，井冈山经开区重点聚焦 LED 和智能终端细分领域，选择一批重点企业进行重点培育，积极鼓励企业加大创新研发投入，申报国家、省、市重大项目、重大专项，集中力量突破一批新旧动能转换关键技术。园区重点为这些企业做好全方位科技项目申报指导，并对科技创新成果进行奖励。

“今年上半年，我们企业的研发经费已经达到 6000 万元”，吉安木林森实业负责人张建军表示，近几年，井冈山经开区以“一企一策”方式对其智能化改造进行精准帮扶，企业技术创新水平得到很大提升。

为消除企业的后顾之忧，井冈山经开区建立了金融产业园，组建产业投资、担保增信、企业转贷及信息服务四大功能性平台，并设立了 50 亿元的产业发展基金、TMT 创业投资基金和智能制造及技术改造扶持资金，让企业“轻装上阵”开展技术革新升级。

如今，一批龙头企业呈现出了智能化技术改造加快的良好局面。数据显示，2018 年以来，木林森实业、红板公司、航盛电子等 12 家企业实施了智能化技术改造，新增主营业务收入 30 亿元以上。全区高新技术企业已达 66 家，目前已获得专利授权 1842 件，高新技术产值占比达 48% 以上。2017 年，井冈山经开区获评为国家级知识产权试点园区。

人事变革深挖“潜能”

开发区如何保持核心竞争力，不陷入僵化保守？井冈山经开区人给出的答案是：以“去行政化”为核心，以“企业化”为鲜明特点的人事制度改革。

这是一项刀刃向内的改革：机构重新整合设置，理顺部门职责，以对岗对责提高工作质量；工作流程重新梳理，以规范有序的部门工作流转提高行政服务效率；绩效考核制度重新制定，以全面量化考核指标倒逼工作效能；收入分配方案重新调整，以拉开收入差距激励工作业绩——最重要的是“全员起立”：全区所有部门副职及以下岗位，全部重新竞聘上岗。

在2014年12月的首次竞聘中，6位原有聘用制人员通过竞聘，脱颖而出，与在编在岗人员享受同样的待遇。一位原正科级实职干部没有竞聘成功，被低聘使用。这样的结果，在井冈山经开区干部当中引起了不小的震动。干事创业的激情，被“打破平均主义，让有才华者有舞台”充分点燃。

“刀刃向内”搞改革，“一致对外”谋发展。依靠这支全新的干部队伍，井冈山经开区对企业各类行政审批（许可）事项的办理流程进行了大刀阔斧的规范、优化与精简，全面实施“一口受理、并联审查、一章审批、限时办结、全程监督、统一出件”的“不见面”审批模式。

同时，对项目签约、落户到投产，实行全程“领导领衔领办、全程全科代办”服务，建立起了一套可复制推广的全过程、精细化的“保姆式”服务体系。区内企业注册时间由法定15天压缩至1天即可办结，企业投资项目压减至30个工作日以内，服务型园区属性进一步加强。

近日，井冈山经开区管委会办公室主任赖世林告诉记者，目前，该区正在研究推动管委会机关与青原产业园管委会机关深度融合，实行一体化管理，推进新一轮机构和人事制度改革，为这套“干部能上能下、收入能高能低、人员能进能出”的管理机制写下新的篇章。

改革无穷期，创新无止境。如今，井冈山经开区正在向着打造全省战略性新兴产业集聚区、中部地区创新发展新高地、国家新型工业示范基地战略目标，实现可持续跨越式高质量发展阔步前进。

（本文原载于2019年10月11日《井冈山报》第01版，作者吴龙海、任洪广）

老区崛起的“工业传奇”

——探寻国家井冈山经济技术开发区高质量发展的独特路径

18年前，这里是一片少人问津的荒地。18年后，这里成为吉安市最具发展潜力的投资热土。走进国家井冈山经济技术开发区（以下简称“井冈山经开区”），强劲的发展势头，让人感受到勃勃生机。

——以井冈山经开区为主战场，电子信息产业在吉安市快速崛起，2018年总收入达1112.8亿元，占全省电子信息产业总收入的近40%。今年12月，吉安实施工业强省战略工作获全省第三批及时奖励集体三等奖。

——在近三年全国国家级经开区综合发展水平考核评价中，井冈山经开区排名从2016年的第142位跃居2018年的第71位，连续三年保持进位态势。

——从2018年开始的“一区四园”改革，将吉州工业园区、吉安河东经济开发区和富滩工业园进行一体化整合发展。空间和体制的双重融合，让园区焕发出全新的活力。

……

在各项条件都相对滞后的革命老区，却成长起一个快速进步的国家级经济技术开发区。人们不禁要问，是什么，让这块红土地上谱写出一部高质量发展的工业传奇？

随着了解的深入，一条条清晰而坚定的产业发展路径，也在我们面前呈现出来。

路径一：锚定首位产业，引发“裂变效应”

2008年，一份建设“吉泰工业走廊”的战略构想，摆在了时任吉安决策者的案头。

彼时的吉安，基础设施薄弱，产业发展滞后，如何迅速扭转不利局面，实现“弯道超车”？吉安走出了一条“非均衡发展”的破局之道：集中全市力量，打造“吉泰工业走廊”，看准电子信息消费上升的世界性大趋势，将电子信息产业作为全市战略性、支柱性、先导性产业予以重点培育。

于是，以井冈山经开区为核心，吉安全市锚定电子信息首位产业，迈开了大踏步向前的新步伐。令人惊异的裂变，开始在这里上演。

数据显示，10年前，吉安全市的电子信息产业主营业务收入仅为96亿元。10年后，吉安已拥有电子信息及配套企业400多家，主营业务收入突破千亿元大关。今年以来，全市电子信息产业以25.5%的幅度高速增长。

作为该产业最重要的主战场，今年1至10月，井冈山经开区电子信息产业主营业务收入达到252.96亿元，产业集中度超过50%。

集中优势资源，扶持首位产业发展，是这场“裂变”的深层次动力。

以木林森实业有限公司、合力泰科技等企业为龙头，多家主营业务收入超100亿元的大体量电子信息企业在区内落户生根。围绕企业发展需求，井冈山经开区整合优势资源，在全省率先成立金融产业园、人力资源服务产业园，并专门为首位产业高规格建设企业孵化中心、电子城等配套平台，为首位产业壮大发展“保驾护航”。

一批行业龙头，在井冈山经开区内诞生：木林森实业有限公司在国内LED发光二极管领域占到70%的市场份额、LED中小功率封装能力全球第一；合力泰触摸屏出货量全国第一；南亚新材料适用于无铅制程的材料以及无卤素材料的生产量全国排名第二……

不仅如此，上下游产业链的快速集聚，让这里生产的电子信息产品由单纯元器件、零部件、来料加工向能生产手机整机、电脑主板等100多个品种的“点线面体网”发展格局进军。

如今，以电子信息首位产业为引领，包括先进装备制造、新型材料、生物医药三大主导产业的“1+3”现代产业体系在这里已经形成。

持续不断的“裂变”，正朝着更深更广的维度延伸。

路径二：丰富招商形态，写好“精准文章”

2018年5月29日，投资50亿元的木林森半导体封装项目正式开工；2019年10月21日，投资50亿元的巴斯巴新能源汽车电子核心零部件项目成功奠基……这些年来，越来越多的“重磅”企业落户井冈山经开区。这座国家级经开区，正依靠着自己精准、独特的招商之道，破浪前行。

“瞄准”首位产业链招商，打造产业集群。今年5月，以全球最大的LED光源生产企业吉安木林森实业为龙头，一座全球最大LED封装及应用基地正在全速建设中。未来，这里将打造成集上游材料，中游封装测试，下游照明、显示、背光等应用于一体的LED产业集群。围绕电子信息首位产业，井冈山经开区正着眼于全产业链的增强、扩大、补全，全方位打造产业集群，开展精准强链、延链、补链招商。

“瞄准”重点产业区域招商，承接先进制造业转移浪潮。如今，整个井冈山经开区内，来自粤港澳地区的企业占比70%。近年来，该区充分利用区位优势，和长珠闽、粤港澳大湾区等重点区域的地方政府、企业保持紧密联系，在多个层级上开展广泛合作。仅在与深圳市南山区合办的南山示范园中，就先后引进粤港澳地区产业转移项目投资额超过25亿元。

“瞄准”企业需求，开启多重招商新思路。和南山区工信局联手举办专题招商推介会、与吉安市直部门组建联合招商队、抓住江苏省半导体行业协会在吉安开年会的时机进行“敲门招商”、与上海东方龙、深圳高新技术企业认证中心等中介单位合作招商……在一系列“精准投放”的招商行动和良好的产业氛围感召下，越来越多的企业落户井冈山经开区。该区更借鉴“重资本、轻资产”的招商模式，新建了标准厂房95万平方米，让企业放心“拎包入住”。

“三请三回”“三企入吉”，集群式项目“满园扩园”行动……今年以来，井冈山经开区紧盯龙头企业和强链延链补链项目，先后组织外出招商40余批次，共签约项目30个，其中50亿元项目2个、20亿元项目3个，取得了辉煌“战果”。

一篇以“精准”为特色的招商文章，正在这里大笔写下。

路径三：坚持创新驱动，打造“科技引擎”

2019年11月20日，全省开发区改革和创新发展现场推进大会在吉安召开，与会代表走进井冈山经开区，参观木林森LED产业园和IC封装产业园、工业互联网产业园。一个活力、创新、开放的井冈山经开区，给人们留下了深刻的印象。

创新基础能力不强、投入不足、凝聚创新型人才能力较弱，是当下许多开发区面临的难题。而作为老区工业的“先行者”，井冈山经开区将科技创新作为主阵地，从创新资源的物理集聚，延伸到创新效能的有机释放，让核心竞争力在这里迸发、喷涌。

“这座集产业研究、工业设计、软件开发、检验检测、智慧管理等多功能于一体的工业互联网产业园，是我们为企业搭建的创新‘舞台’”，井冈山经开区经济发展和科技管理局局长李真介绍。产业园内设省物联网工业云平台运营中心、通讯终端产业技术研究院、苏州太谷能源大数据中心、5G实验室等平台载体，引领着全区先进制造业与现代服务业加速融合。

为破解“创新投入不足”短板，井冈山经开区出台了《创新强园行动方案》等一系列“实招”，鼓励企业加大研发投入，设立了50亿元的产业发展基金、创业投资基金、智能制造及技术改造扶持资金，解除企业的后顾之忧。今年1至10月，全区企业研发投入经费达4.3亿元。

同时，按照“湖光山色、春意盎然、现代新颖”的定位，井冈山经开区打造了集研发基地、人才高地、交流中心“三位一体”的金鸡湖创新小镇。并为区内企业与全国各大高校、科研院所“牵线搭桥”，充分借力“外脑”，组建起多个产业技术创新联盟。木林森实业有限公司与中山大学协同创新共建发光二极管（LED）芯片技术研究中心，开发出拥有自主知识产权的LED芯片技术，企业规模快速增长。

如今，企业是“出题人”，各方联合“解题”，在井冈山经开区已形成常态。区内拥有院士工作站2个、博士后科研工作站2个、国家级众创空间1个、国家企业技术中心1个、国家地方联合工程研究中心1个、省级工程（技术）研究中心（重点实验室）或企业技术中心35个、高新技术企业65家，高新技术产业增加值占比达48%。今年1至10月，全区专利申请量达443件，其中发明专利28件。1家企业获得国家科学进步奖二等奖，2家企业获得省科学技术进步奖二等奖。

科技创新，成为助推老区工业转型升级的最强“引擎”。

路径四：深化体制改革，注入“源头活水”

新开办企业，一天可领执照；公章刻制、银行开户、涉税办理，两天全办好。走进井冈山经开区行政审批服务中心，“快速”“高效”的氛围，洋溢其间。

这样的氛围，来自该区下决心进行的深度“自我革命”。从旨在优化营商环境、激发企业活力的“放管服”改革，到以“去行政化”为核心的管委会人事制度改革，再到“一区四园”的工业园区体制融合改革，井冈山经开区从多角度、多层级“刀刃向内”开展革新，为园区不断保持内生动力注入了“源头活水”。

优化各涉企事项审批流程、为企业提供“领导领衔领办、全程全科代办”全程跑腿服务、建立起“快速响应、快办快结”机制，在井冈山经开区，浙江、上海等地的各项先进经验被施以“拿来主义”，引进到对企业的服务中来。今年2月，该区深入155家非公企业开展“送服务上门、问需于企业”春风行动专题调研，并就企业在电力供应、融资需求、风险规避、产品推介等方面的诉求开展“定制化”服务，无微不至的服务让企业纷纷竖起大拇指。

服务高效，源自机制合理。从2014年起，井冈山经开区即开展了以“企业化”为特点的管委会人事制度改革。改革中，机构重新整合设置，工作流程重新梳理，考核机制重新制定，收入分配方案重新调整。最重要的是“全员起立”，所有部门正职及以下岗位的在职人员，须全部重新竞聘上岗。“让有才华者有舞台”，干事创业的蓬勃激情，由此被充分点燃。

在这里，改革的勇气不仅落实在细处，更体现于全局。今年以来，井冈山经开区持续深化“一区四园”改革，撤销青原产业园党工委、管委会，将原机构职能、人员编制等整体划入经开区，并对区管委会及其部分事业单位机构进行重新整合撤并，优化职能配置，强化关键职能，提升服务效能，推动“一区四园”改革从“物理变化”演变为“化学反应”，全力打造“四最”营商环境。

“一块牌子、单一管理、统一推进落实”的青原产业园管理体制和“统一规划建设、统一政策招商、分区推进落实、实施利益共享”的“一区四园”运行机制，让融合成效大为显现，预计2019年“一区四园”主营业务收入突破千亿大关。

改革带来的“源头活水”，激荡着发展的春潮。

结语

围绕首位产业，开展精准招商，以科技创新提升产业核心竞争力，通过体制改革让园区保持生命力，这是井冈山经开区在高质量发展之路上，作出的独特路径选择。

进入新时代，作为我省开放创新的重要平台和载体，井冈山经开区将继续坚持新发展理念，以改革创新作为重要抓手，以高质量发展为核心目标，加快推动环境“软实力”转化为发展硬动力，在实现经济可持续高质量跨越式发展的新征程中砥砺前行。

（本文原载于2019年12月27日《江西日报》第5版）

井冈山经开区跻身全国五十强

近日，在商务部公布的2019年全国219家国家级经开区综合排名榜单上，井冈山经开区列第45位，连续三年实现进位赶超，首次跻身全国五十强。这是井冈山经开区升格国家级经开区十周年之际传来的喜讯，也是吉安笃定工业强市战略的实践。

招大引强是产业集聚的基础。井冈山经开区深化驻点招商、专业招商和产业链招商，创新运用中介招商、股权招商、基金招商等方式，去年共签约项目54个，签约总额316亿元，引进了巴斯巴科技等2个50亿元项目，以及光学产业园等3个20亿元项目，尤其是签约了益海嘉里金龙鱼食品项目，实现了引进世界500强企业“零”的突破。扶优扶强做大总量。实施了中小企业成长工程，新增规模以上工业企业29家；一批骨干企业上了能级，木林森实业跻身百亿企业，7家企业主营业务收入过20亿元，3家企业税收上亿元。

项目建设是发展后劲的支撑。列入今年全市“三看”项目、总投资38亿元的南亚新材覆铜板产业园项目，二期即将开工新增两条国际先进的生产线。该项目全部竣工投产后，预计可年产覆铜箔板6000万平方米，年产值约80亿元。去年，该区创新了重点项目建设调度机制，南亚覆铜板一期、威尔高电子等10余个项目建成并投产，生益电子、航盛全球制造总部、中络电子等项目主体工程即将竣工，创成环保、污水处理厂二期等生产性配套项目投入运营。

今年年初，国家发展改革委官网公示，普正药业中药消炎药技术创新中心获批国家级认定，是井冈山经开区首个国家企业技术中心。去年，该区突出创新驱动，区财政安排了科技专项经费1.2亿元，帮扶企业申报技术创新资金近千万元；全区新增高新技术企业23家，获批国家级科创平台3个、省级科创平台8个；获批省数字经济创新发展试验基地，以及电子信息产业省级服务支持人才创新创业示范基地；全省智慧园区工业云平台运营总部也落户该区工业互联网产业园。

总投资50亿元的巴斯巴科技项目去年签约入驻并开工建设，是该区提升行政效能优化营商环境的写照。围绕项目落地，该区推行了“领导领衔领办、全程全科代办”“保姆式”的服务机制，区内企业注册时间由法定15天压缩至1天即可办结，企业投资项目压减至30个工作日以内。行政审批（许可）事项办理流程优化，全面实施了“一口受理、并联审查、一章审批、限时办结、全程监督、统一出件”的“不见面”审批模式。

（本文原载于2020年3月16日《井冈山报》第01版，作者康信煜、刘斌）

扬帆破浪奋楫时

——井冈山经开区深化改革和创新工作纪实

在全国219家国家级经开区综合考评中跻身前50强；在全省纳入统计范围的99个开发区中排名全省前八；今年一季度，共签约引进项目18个，签约金额164.2亿元，列全省国家级开发区第一；实际利用外资5888万美元，全市排名第一……

一连串瞩目成绩的取得，与近年来井冈山经开区致力推进深化改革和创新工作密不可分。从统筹推进“1+2+10”改革到向“运营、管理、招商、服务”链式集成改革转变，开发区的改革创新工作不断涉险滩、啃硬骨头，向“深海区”进发，获评全市2019年度全面深化改革工作优秀县（市、区），改革工作在全省全市有位置、有影响。

聚焦重点：“1+2+10”组合拳激活“一池春水”

初夏时节，生机勃勃。位于井冈山经开区西区的总投资额30亿元的生益电子高端印制电路板生产项目主体工程竣工。该项目用地“盘活”的是原闲置的麦德风能项目。

“僵尸企业清退、低效闲置用地盘活、地下空间利用、标准地供应、亩产论英雄”，系列措施实施的背后是井冈山经开区下的一步关键性的改革“棋子”——西区提质改造转型升级。这项改革举措源自2019年始，井冈山经开区打出的“1+2+10”一揽子改革“组合拳”。

何谓“1+2+10”改革？“1”即按照现代城市经济综合体发展要求，推进西区提质改造转型升级，着力打造全市有特色影响力的改革项目；“2”是深化拓展“一区四园”改革和服务效能改革；“10”是稳步推进第三方服务监管、教育体制、融资担保体制、建设工程领域招标投标监督管理、城市应急管理、出口退税管理、投融资管理、打造柔性引才示范基地等10项改革项目。这是井冈山经开区聚焦改革重点领域、关键环节，推动改革工作以点带面、纵深推进而实施的纲领性举措。

去年以来，该区扎实推进西区提质改造转型升级，持续深化“一区四园”改革和服务效能改革，稳步推进10项专项改革。西区完成20宗共计1900余亩土地收储，园区节地水平和产出效益大幅提升，按照城市经济综合体要求，对吉安大道、深圳大道、井冈山卷烟厂周边进行了雨污管网改造和环境提升，并集中规划建设了生益电子配套服务等一批城市配套项目；“一区四园”改革进一步深化，精简青原产业园管理层级，青原产业园资产、人员整体并入井冈山经开区本部，优化机构设置和职能配置，推动中层竞聘上岗；成立行政审批局，行政审批服务大厅和“赣服通”分厅运行，建立“领导领衔领办、全程全科代办”和“快速响应，快办快结”服务机制；完成推进建设工程招标投标监管、第三方服务监管、教育体制等改革项目，搭建了一批新的改革发展平台，提升了治理能力和治理水平。在全省开发区改革和创新发展现场推进大会上受到高度赞扬。

全面深化：15项任务构筑链式集成改革

今年4月份，该区出台了《井冈山经开区党工委2020年深化改革工作要点》。明确通过开发区提质改造、亩产论英雄、第三方服务机构监管、循环化试点改革，破解开发区运营机制不活的难题；通过深化人事制度改革、推动出口加工区管理体制改革、改革城市应急管理体制、改革基层审批服务执法力量、优化社区布局来破解管理体制不优的难题；通过推动开发区招商体制改革来破解招商引资活力能级不够的难题；通过相对集中行政许可改革、工业标准地改革、规划环评与项目环评联动、水电气报装联动、融资担保体制改革来破解服务效能不高的难题。

“今年的改革是在去年改革基础上的深化和拓展，我们将突出‘一区四园’治理能力提升和开发区制度建设主轴，推动全区深化改革工作由重点领域、关键环节的点式改革向‘运营、管理、招商、服务’链式集成改革转变，用务实管用的集成举措，创造新的改革亮点”，该区党工委管委会办公室有关负责人介绍说。

随着改革的持续深化，迸发的红利效应更加明显。出口加工区管理体制改革取得新突破。日前，国务院正式批复同意井冈山出口加工区整合优化为综合保税区，并充分发挥区位优势和政策优势，发展保税加工、保税物流、保税服务等业务。井冈山综保区将成为我市又一个承接产业转移的重要平台，招商引资的“金字招牌”。人事制度改革持续深化，今年该区首次面向全市范围公开选拔3名副县级领导干部工作，引起社会广泛关注。吉安市钢铁有限责任公司成功竞得一块国有建设用地使用权，系我市首宗工业“标准地”，包含亩均税收、固定资产投资强度、单位工业增加值能耗、单位工业增加值排放指标等“标准”出让，以尽可能少的资源消耗产生最大的效益。深化服务效能改革，扩建行政审批中心面积400多平方米，增设窗口22个，依申请政务服务事项1192项全部入驻大厅，开展相对集中行政许可权改革，争取全省试点。针对城市化进程加快和受疫情影响情况，推动优化城市社区布局，计划新设立3个城市社区，拆分调整2个社区，目前正对接批复设立事宜。

改革无穷期，创新无止境。井冈山经开区将继续扬改革之帆，奋楫争先，不断用务实管用的集成举措，创造新的改革亮点，努力交出以改革筑牢开发区制度防线、赋能高质量跨越式可持续发展的合格答卷。

（本文原载于2020年5月25日《井冈山报》第01版，作者吴龙海、林益民）

进位赶超创佳绩感恩奋进谱新篇

——写在井冈山经开区升格国家级经开区十周年之际

井冈山经济技术开发区成立于2001年11月，2010年3月升格为国家级经济技术开发区。2018年3月，整合吉州工业园、河东开发区2家省级开发区，形成“一区四园”发展格局；2020年5月，井冈山出口加工区升级为综合保税区，成为全省第4个综合保税区；拥有国家级经济技术开发区、国家级出口加工区等14张国字号名片。

今年是井冈山经开区升格国家级经开区10周年。升格10年来，井冈山经开区人艰苦奋斗、砥砺奋进、开拓创新，取得了令人瞩目的经济社会发展成就。园区主营业务收入从2010年的202亿元增加到2019年的1037亿元，十年间增长了5倍。在全国219家国家级经开区综合考评中，连续4年进位赶超，从2016年的第142位跃居到2019年的第45位，跻身全国经开区50强。在全省开发区考评中位列第8名，实现了“决战千亿园区、跻身全省十强”目标。在2019年全市“三看”流动现场会上，总分居全市第一名；今年一季度，项目签约金额列全省国家级开发区第一。

这一系列成绩的取得，得益于全体井冈山经开区人始终秉承“开放、创新、拼搏、奋进”的开发区精神，锚定“三个定位”，做到“三个坚持”，凝心聚力，感恩奋进，大力践行井冈山精神，书写出高质量跨越式可持续发展的“时代答卷”。

凝聚产业优势构筑集聚格局

问渠哪得清如许，为有源头活水来。产业项目就是经济发展的“源头活水”。

——井冈山经开区锚定“国家新型工业化（电子信息产业）示范基地、中部地区创新发展新高地、全省战略性新兴产业集聚区”的发展定位，坚持“产业技术国际水平、服务效能全国领先、美丽环境国内一流”标准，培育壮大电子信息、生物医药、先进制造、新能源新材料“1+3”产业集群，打造全球最大的半导体照明基地和全国有影响的智能硬件产业基地，高标定位、科学规划、久久为功。

——主动承接发达国家和沿海地区的产业转移，与深圳市共建吉安（深圳）产业园，建设南山示范园，成为深圳市企业入驻该区的窗口。

——不断推进产业集聚、提升产业能级，建立起以电子信息为首位产业，以生物医药、先进制造、新能源新材料为主导产业的“1+3”现代产业体系。

升格10年来，一批重大电子信息产业项目在井冈山经开区这片沃土上落地生根、发展壮大，涌现出木林森实业、合力泰科技、红板公司、航盛电子、瑞声电子等一批行业龙头企业。据吉安市木林森实业有限公司总经理张建军介绍，10年来，公司年产值从2010年的5000万元快速突破到现在的100亿元，成为全区首家产值破百亿企业，产品在国内LED发光二极管领域占到70%的市场份额，LED中小功率封装能力全球第一，正向着打造全球最大的半导体照明基地目标迈进。

一批行业巨头在井冈山经开区快速成长起来，实现了裂变式、跨越式发展：合力泰触摸屏出货量全国第一，航盛电子车载视听娱乐系统和智能导航设备国内市场占有率第一，红板（江西）有限公司实现主板产品从硬板到柔性板全覆盖……经过持续不断培育，全区电子信息首位产业实现“点线面体网”全链发展，主营业务收入占全省约20%份额，带动全市电子信息产业快速发展，占据全省电子信息产业近“半壁江山”。

同时，井冈山经开区还着眼于全产业链的发展，全方位打造产业集群，开展精准强链、延链、补链招商，形成“龙头企业+骨干企业+配套企业”的上下游产业链快速集聚的发展格局。近年来，全区招商引资成果显著，“5020”项目接踵而至，生益电子、巴斯巴新能源、米田电子、南亚新材料、威尔高电子等一批重大项目纷纷落户。特别是在今年全球新冠肺炎疫情的大背景下，一季度，全区仍然签约引进项目18个，签约金额164.2亿元。其中，50亿元项目2个，20亿元项目2个，10亿元项目1个，项目签约金额列全省国家级开发区第一。

深化改革创新激发内生动力

改革与开放共鸣，创新与创业交响。

井冈山经开区坚持改革创新第一动力，突出抓改革、求创新，推动改革创新全面发力、多点突破。率先在全省启动开发区体制机制改革，整合吉州区工业园、吉安河东经济开发区（含富滩工业园）2家省级开发区，形成“一区四园”发展格局，推进体制机制融合、要素空间整合。深化人事制度改革，以“去行政化”为核心，以“企业化”为特点，实行双线管理，“全员起立、竞聘上岗、绩效考核、动态管理”，打破身份限制，点燃干事创业热情。

不断深化“放管服”改革，强化事中事后监管，建立相对集中行政许可、“工业标准地+承诺制”、规划环评与建设项目环评联动、亩产论英雄等制度体系。推进行政审批制度改革，设立行政审批局，按照“一次不跑”“只跑一次”要求，推进流程再造、程序精简、材料简化，承接市级管理权限，整合各部门审批职能，全面推行集中受理和代办服务，加快集中办理速度，实现“一个部门集中审批，一枚公章盖到底”。

近年来，井冈山经开区把科技创新平台建设摆在突出位置，为经济发展提供了强有力的支撑。在全省率先成立金融产业园、人力资源服务产业园，建设企业孵化中心、井冈山大学科技园、工业互联网产业园等配套设施；成立吉安市电子信息产业研究院，与井冈山大学、吉安职业技术学院合作，培养电子信息产业人才。

注重科技创新，开展柔性引才，为企业搭建技术创新平台。设立50亿元的产业发展基金、6亿元的技术改造扶持资金；成立1亿元人才创新创业引导基金，投入科技创新专项经费1.2亿元。全区拥有院士工作站2个、博士后科研工作站4个、国家级众创空间2个、国家企业技术中心1个、国家地方联合工程研究中心1个、省级工程（技术）研究中心（重点实验室）或企业技术中心39个，有高新技术企业121家，占全市27%。

优化营商环境用心用情服务

一直以来，井冈山经开区人把“客商是上帝、服务是生命、创新是灵魂”的理念贯穿到整个招商、安商、富商全过程。他们把企业的事当成自己的事，想客商之所想，急企业之所急。不仅帮助企业解决用水、用电、用工、用地、融资等生产问题，还帮助企业解决吃、住、行、就医、就学、社保等生活问题，将具体工作落实到优化营商环境和提升服务水平之中。

构建“降成本优环境”长效机制，持续巩固“降成本优环境”专项行动成效，落实减税降费政策，仅 2019 年为企业减税降费近 2 亿元，出口退税近 1.5 亿元，助力企业“降本增效”。深入推进政务服务事项“一网通办”，实行首问负责、一站式服务和限时办结制度，推行延时错时服务，提升政务服务效能。坚持和完善企业帮扶责任组帮扶制度和“领导领衔领办、全程全科代办”服务机制，完善“快速响应、快办快结”服务制度，跑出了企业服务和项目建设“加速度”。

想方设法、竭尽全力为企业解决各种难题。通过“腾笼换鸟”方式帮助思立科（江西）新材料有限公司解决了二期多功能离型膜项目用地问题；普正药业股份有限公司通过异地搬迁和技术改造，实现产品升级，成为江西省十强医药企业并获批国家级企业技术中心；为吉安市螃蟹王国科技有限公司提供创业扶持政策，助力其从一家小型电商企业成长为国家级众创空间，公司创业团队入选首批江西省“双千计划”。

注重产城融合增进民生福祉

按照“精心规划、精致建设、精细管理、精美呈现”要求，把握好美感要义，突出质量效益标准，切实补齐短板，加快绿色生态园区建设。这是井冈山经开区践行“产城融合、配套完善、功能提升、生态宜居”发展理念的“有效路径”。

装点此关山，今朝更好看。从 2012 年开始，井冈山经开区积极拓展开发金鸡湖新区，完善提升西区。金鸡湖新区围绕行政办公、总部经济、教育科研、商业居住等多种业态进行开发，建成产业集聚、功能现代、多业并兴、生态宜居的城市新区，以完善的配套功能吸引高端产业集聚，以完整的配套服务留住企业员工。

金鸡湖创新小镇建设加速推进，环湖路网、滨水驳岸完成建设，创新大厦拔地而起；陆地港、物流园、金融产业园、工业互联网产业园、电子信息研究院等工业配套项目投入运营；污水处理厂二期完工，华能供热管网开始供热，全市危险废弃物处置中心投入使用，垃圾焚烧发电厂稳定运行，绿色生态园区迈出坚实步伐；井冈山经开区学校二期主体完工，吉安外国语实验学校全面投用，仁安医院基本建成，邻里中心开业运营，梨山公园二期竣工，农贸市场改造升级，生活配套设施一应俱全。

全区产城融合进程进一步加快，生态宜居愿景逐步实现，发展成果惠及辖区群众和企业员工。

一篇篇动人心弦的改革乐章，一幅幅锦绣壮美的创新画卷，正在托起一座环境优美、宜居宜业的现代化产业新城。

（本文原载于 2020 年 6 月 6 日《井冈山报》第 01 版，作者康信煜、彭健明）

江西井冈山经开区：壮大产业工人队伍提供优秀人才保障

12月3日，江西井冈山经开区“工匠杯”职工职业技能竞赛在该区木林森、红板、普正药业、创成微电子等4家企业开赛。这是井冈山经开区总工会组织开展的第107场职工职业技能竞赛，也是该区为培养壮大产业工人队伍，为开发区发展强筋健骨，根据行业特点，积极组织开展职工岗位练兵和职业技能竞赛所采取的创新举措。

据了解，近年来，该区总工会先后在合力泰、北极光、航盛等重点企业开展各种劳动和技能竞赛106场次，参赛人数达到2.2万余人。此外，还开展各类职工技能培训120场次，培训职工近2万人，培养了一大批建功标兵岗和创业带头人。

当天，开发区再传喜讯，2019年在全市率先评选区级人才99名的基础上，今年开始评选第二批100名区级人才。

井冈山经开区总工会主席王秋萍告诉笔者，近年来，井冈山经开区高度重视产业工人队伍的发展壮大，不断推进新时代产业工人队伍建设改革，制定政策，建设打造宜工宜居的产业新城，采取各种办法招、育、留产业工人，不断为企业输送新鲜血液，并且注重产业工人的教育培训，提升产业工人的文化素质和技能。

据统计，“十三五”期间，全区产业工人由3万余人增至4.8万余人，产业工人中大学生占比由8%提高到13%，技术人员占比由9%增加至15%，累计培养国家级人才7人、省级人才33人，获评“庐陵英才”39人，高技能人才7300多人。

郭达文大学毕业后，就进入红板（江西）有限公司，从事线路板制作行业工作，从基层员工干起，致力于线路板制作技术研发及提升，成为公司的技术骨干。多次获公司青年先锋号、先进工作者等称号，曾获得吉安市群众性经济技术创新竞赛先进个人称号，2014年获江西省“五一劳动奖章”，2016年获得全国“五一劳动奖章”，2018年当选为十三届全国人大代表。郭达文成为井冈山经开区产业工人队伍中的典型代表。

（本文原载于2020年12月4日人民日报客户端江西频道，作者彭娟、叶兴桂）

三、井冈山经开区历年获得的重要荣誉表彰

井冈山经开区各年度所获奖项一览表

年度	奖项名称	颁奖单位	备注（颁发文件名称及字号、时间）
2003	2002 年度市直部门目标管理考核先进单位	市政府	《关于表彰 2002 年度先进单位和先进人个的决定》（吉发〔2003〕3 号），2003 年 2 月 27 日
2004	2003 年度市直目标考核先进单位	市委	《关于表彰 2003 年度先进单位和先进个人的决定》（吉发〔2004〕6 号），2004 年 2 月 19 日
	2003 年度落实 20 件大事先进单位	市委	《关于表彰 2003 年度先进单位和先进个人的决定》（吉发〔2004〕6 号），2004 年 2 月 19 日
	2003 年度市直实际利用外资先进单位	市委	《关于表彰 2003 年度先进单位和先进个人的决定》（吉发〔2004〕6 号），2004 年 2 月 19 日
2005	2004 年度招商引资工作先进单位	市委	《关于表彰 2004 年度开放型经济工作先进单位的决定》（吉发〔2005〕11 号），2005 年 3 月 21 日
	2004 年度市直目标考核先进单位	市委	《关于表彰 2004 年度目标管理考核先进单位和非公有制经济诚信纳税大户的决定》（吉发〔2005〕15 号），2005 年 4 月 28 日
2007	2006 年度工业年度贡献奖	市政府	《关于表彰 2006 年度项目建设及立项争资等先进单位的通报》（吉府办字〔2007〕48 号），2007 年 3 月 15 日
	2006 年度工业园区发展专项一等奖	市政府	《关于表彰 2006 年度项目建设及立项争资等先进单位的通报》（吉府办字〔2007〕48 号），2007 年 3 月 15 日
2008	2007 年度全省先进工业园区	省政府	《关于表彰 2007 年全省开放型经济及工业园区先进单位和个人的通报》（赣府字〔2008〕19 号），2008 年 2 月 14 日
	2007 年度开放型经济工作先进县（市、区）综合奖特别奖	市政府	《关于表彰 2007 年度全市开放型经济工作先进单位和个人的通报》（吉府字〔2008〕42 号），2008 年 3 月 27 日
	2007 年度服务开放型经济工作市直先进单位奖	市政府	《关于表彰 2007 年度全市开放型经济工作先进单位和个人的通报》（吉府字〔2008〕42 号），2008 年 3 月 27 日
	工业年度贡献奖	市委 市政府	《关于表彰 2007 年工业年度贡献奖和工业园区发展专项先进单位的决定》（吉发〔2008〕7 号），2008 年 4 月 4 日
	工业园区发展专项一等奖	市委 市政府	《关于表彰 2007 年工业年度贡献奖和工业园区发展专项先进单位的决定》（吉发〔2008〕7 号），2008 年 4 月 4 日
2009	2008 年度全省先进工业园区	省政府	《关于表彰 2008 年度全省开放型经济及工业园区先进单位的通报》（赣府字〔2009〕11 号），2009 年 2 月 5 日
	2007—2008 年度全省服务非公有制经济发展先进单位	省政府	《江西省人民政府关于表彰 2007—2008 年度全省发展非公有制经济先进单位和先进个人的决定》（赣府字〔2009〕9 号），2009 年 2 月 3 日
	2008 年度江西省重点工业园区	省经贸委	—
	2008 年度开放型经济综合先进县（市、区）	市政府	《关于表彰 2008 年度全市开放型经济工业经济及工业园区先进单位和个人的通报》（吉府字〔2009〕30 号），2009 年 2 月 19 日

续表

年度	奖项名称	颁奖单位	备注（颁发文件名称及字号、时间）
2009	2008年度全市工业园区发展特别奖	市政府	《关于表彰2008年度全市开放型经济工业经济及工业园区先进单位和个人的通报》（吉府字〔2009〕30号），2009年2月19日
	2008年度服务开放型经济工作市直先进单位	市政府	《关于表彰2008年度全市开放型经济工业经济及工业园区先进单位和个人的通报》（吉府字〔2009〕30号），2009年2月19日
	2008年度工业年度贡献奖一等奖	市政府	《关于表彰2008年度全市开放型经济工业经济及工业园区先进单位和个人的通报》（吉府字〔2009〕30号），2009年2月19日
	2008年度全市重点项目建设先进单位	市委 市政府	—
	2008年度消防工作先进政府	市政府	—
	2008年度全市经贸系统重大工业项目推进先进单位	市经贸委	—
2010	国家风电设备高新技术产业化基地	—	—
	全省先进工业园区	省政府	《关于表彰2009年度全省开放型经济及工业园区先进单位的通报》（赣府字〔2010〕13号），2010年1月30日
	国家科技兴贸创新基地（电子信息产业）	商务部 科技部	2010年1月21日商务部、科技部联合召开的第三批国家科技兴贸创新基地授牌大会上确定
	全市开放型经济工作综合奖一等奖	—	—
	全市工业园区综合先进一等奖	—	—
	全省外贸出口预警监测一等奖	—	—
	全省节约集约用地先进开发区	—	—
	全省安全生产本质工业园	—	—
2011	国家生物源农药高新技术产业化基地	—	—
	2010年度全省先进工业园区	省政府	《关于表彰2010年度全省开放型经济及工业园区先进单位的通报》（赣府字〔2011〕8号），2011年1月20日
	省级生态园区服务平台建设单位	—	—
	全市经济社会发展先进县（市、区）二等奖	市政府	《关于表彰2010年度全市开放型经济工业经济及工业园区先进单位的通报》（吉府字〔2011〕25号），2011年2月20日
	全市开放型经济工作先进县（市、区）二等奖	市政府	《关于表彰2010年度全市开放型经济工业经济及工业园区先进单位的通报》（吉府字〔2011〕25号），2011年2月20日
	全市固定资产投资先进县（市、区）一等奖	市政府	《关于表彰2010年度全市开放型经济工业经济及工业园区先进单位的通报》（吉府字〔2011〕25号），2011年2月20日

续表

年度	奖项名称	颁奖单位	备注（颁发文件名称及字号、时间）
2011	全市工业发展先进县（市、区）第一名	市政府	《关于表彰2010年度全市开放型经济工业经济及工业园区先进单位的通报》（吉府字〔2011〕25号），2011年2月20日
	全市县（市、区）财政上台阶奖三等奖	—	—
	全市消防宣传工作先进县（市、区）	市政府	《关于表彰2010年度全市消防工作先进单位和先进个人的通报》（吉府字〔2011〕24号），2011年2月17日
	全市县（市、区）综治目标管理先进单位	—	—
	服务开放型经济工作先进市直单位	—	—
2012	2011年度全省开放平台先进单位——先进国家级开发区	省政府	《关于表彰2011年度全省开放型经济先进单位的通报》，2012年3月12日
	2011年度全省先进工业园区	省政府	《关于表彰2011年度全省先进工业园区的通报》，2012年1月9日
	全市开放型经济工作和工业发展特别奖	市政府	《关于表彰2011年度全市工业和开放型经济先进单位的通报》（吉府字〔2012〕21号），2012年2月10日
	吉泰走廊产业集聚先进县（市、区）第一名	市政府	《关于表彰2011年度全市工业和开放型经济先进单位的通报》（吉府字〔2012〕21号），2012年2月10日
	全市工业发展先进县（市、区）第三名	市政府	《关于表彰2011年度全市工业和开放型经济先进单位的通报》（吉府字〔2012〕21号），2012年2月10日
	全市财政支出保障能力先进县（市、区）第二名	市财政局	—
2013	国家吉安电子信息高新技术产业化基地	科技部	《江西省3家高新技术产业化基地获国家级称号》，2013年10月16日
	全省先进工业园区	省政府	—
	全省先进国家级开发区	省政府	—
	招商引资和外贸出口进位赶超先进单位	省商务厅	—
2014	国家电子信息产业新型工业化产业示范基地	工业和信息化部	工业和信息化部《关于公布第五批"国家新型工业化产业示范基地"名单的通知》，认定范围"电子信息·江西吉安"，2014年1月28日
	2013年度全省开放平台先进单位——全省先进国家级开发区	省政府	《中共江西省委江西省人民政府关于表彰2013年度全省开放型经济先进单位的通报》（赣字〔2014〕6号）
	全省文化和科技融合示范园区	省政府	—
	全省电子商务示范基地	省商务厅	《关于做好第二批江西省电子商务示范基地、示范企业评选认定工作的通知》（赣商务办电商字〔2014〕90号），2014年9月20日
	全市先进工业园区第一名	市委 市政府	《关于表彰2013年度全市综合考核评价先进县（市、区）和先进乡镇的决定》（吉字〔2014〕10号），2014年2月18日
	全市工业和外向型经济先进县（市、区）	市委 市政府	《关于表彰2013年度全市综合考核评价先进县（市、区）和先进乡镇的决定》（吉字〔2014〕10号），2014年2月18日

续表

年度	奖项名称	颁奖单位	备注（颁发文件名称及字号、时间）
2014	吉泰走廊发展先进县（市、区）第二名	市委 市政府	《关于表彰2013年度全市综合考核评价先进县（市、区）和先进乡镇的决定》（吉字〔2014〕10号），2014年2月18日
2015 2015	国家循环化改造示范试点园区	发改委 财政部	发改委、财政部联合公布了第四批国家园区循环化改造示范试点备选园区名单，井冈山经济技术开发区入选，2015年6月25日
	全省先进国家级开发区	省政府	—
	2014年度全市工业和外向型经济优秀先进县(市、区)	市委 市政府	《关于2014年度全市经济社会发展目标管理考核结果的通报》（吉字〔2015〕15号），2015年3月9日
	2014年度吉泰走廊贡献奖第一名	市委 市政府	《关于2014年度全市经济社会发展目标管理考核结果的通报》（吉字〔2015〕15号），2015年3月9日
	工业园区体制机制创新优秀奖	市委 市政府	《关于2014年度全市经济社会发展目标管理考核结果的通报》（吉字〔2015〕15号），2015年3月9日
	2014年度工业园区建设考核第一名	市委 市政府	《关于2014年度全市经济社会发展目标管理考核结果的通报》（吉字〔2015〕15号），2015年3月9日
2016	全省先进国家级开发区	省政府	—
	2015年度全市工业和外向型经济优秀先进县（市、区）	市委 市政府	《关于2015年度全市经济社会发展目标管理考核结果的通报》（吉字〔2016〕5号），2016年3月5日
	2015年度全市工业园区建设考核第一名	市委 市政府	《关于2015年度全市经济社会发展目标管理考核结果的通报》（吉字〔2016〕5号），2016年3月5日
	2015年度全市社会治安综合治理目标管理良好县（市、区）	市委 政法委	《关于表彰2015年度全市社会治安综合治理目标管理先进集体和先进个人的决定》（吉综治发〔2016〕1号），2016年2月25日
2017	国家知识产权试点示范园区	国家知识产权局	《关于确定国家知识产权试点园区的通知》（国知发管函字〔2017〕271号），2017年12月7日
	2013—2015年度江西工业“三年强攻”突出贡献奖	省政府	2017年2月13日
	全省先进国家级开发区	省政府	—
	全省二十佳园区工会	省总工会	2017年2月17日召开的江西省总工会十三届七次委员（扩大）会议上
	2016年度吉泰走廊贡献奖第一名	市委 市政府	《关于2016年度全市经济社会发展目标管理考核结果的通报》（吉字〔2017〕7号），2017年2月27日
	2016年度全市工业园区建设考评第一名	市委 市政府	《关于2016年度全市经济社会发展目标管理考核结果的通报》（吉字〔2017〕7号），2017年2月27日
	2016年度全市工业和外向型经济工作先进县（市区）	市委 市政府	《关于2016年度全市经济社会发展目标管理考核结果的通报》（吉字〔2017〕7号），2017年2月27日
	2016年度全市社会治安综合治理目标管理达标县（市、区）	市委 政法委	《关于表彰2016年度全市社会治安综合治理目标管理先进集体的决定》
	2016年度全市公共机构节能优秀市直单位	市政府	《关于2016年度全市公共机构节能考核结果的通报》（吉府办字〔2017〕33号），2017年3月6日

续表

年度	奖项名称	颁奖单位	备注（颁发文件名称及字号、时间）
2018	江西省建设项目环评与园区规划环评联动试点园区	省环境保护厅	《江西省环境保护厅关于井冈山经济技术开发区开展建设项目环评与园区规划环评联动试点的复函》（赣环评函〔2018〕40号），2018年11月16日
	全省第二批大众创业万众创新示范基地	省发改委	《关于江西省第二批大众创业万众创新示范基地拟认定名单的公示》，2018年2月18日
	服务非公有制经济发展先进单位	省委 省政府	《关于表彰2015—2017年度全省发展非公有制经济先进单位和先进个人的通报》（赣发电〔2018〕13号），2018年6月28日
	获评2017年度全省“两率一度”先进工业园区	省工业强省建设领导小组办	《关于表扬全省2017年度“两率一度”先进工业园区的通报》（赣工强省小组办字〔2018〕1号），2018年6月25日
	井冈山经济技术开发区获省级出口电子信息产品质量安全示范区	省商务厅	井冈山经开区省级出口电子信息产品质量安全示范区授牌暨国家级质量安全示范区创建启动仪式，2018年4月4日
	全市工业和外向型经济优秀县（市、区）	市委 市政府	《关于2017年度全市经济社会发展目标管理考核结果的通报》（吉字〔2018〕14号），2018年2月28日
	2017年度安全生产工作优秀市直单位	市委 市政府	《关于2017年度全市经济社会发展目标管理考核结果的通报》（吉字〔2018〕14号），2018年2月28日
	帮扶农村、社区工作优秀单位	市委 市政府	《关于2017年度全市经济社会发展目标管理考核结果的通报》（吉字〔2018〕14号），2018年2月28日
	吉安市第九届文明单位	市委 市政府	《关于表彰吉安市第三届文明城市（城区）、第四届文明村镇、第九届文明单位、第二届文明校园和第一届文明家庭的决定》（吉字〔2018〕23号），2018年5月14日
	全市全领域社会矛盾纠纷排查化解攻坚年活动先进县（市、区）	市政法委	《关于表彰2017年度全市社会治安综合治理目标管理先进集体的决定》（吉综吉综治发〔2018〕1号），2018年2月13日
	全市社会治安综合治理目标管理先进县（市、区）	市政法委	《关于表彰2017年度全市社会治安综合治理目标管理先进集体的决定》（吉综吉综治发〔2018〕1号），2018年2月13日
	2017年度全市公共机构节能优秀市直单位	市公共机构节能领导小组	《关于2017年度全市公共机构节能工作考核结果的通报》（吉公节字〔2018〕1号），2018年2月12日
2019	2016—2018年度江西工业崛起园区发展专项奖“六大指标综合先进单位”	省政府	2019年8月28日全省工业强省推进大会上，表彰了2016—2018年度全省加快工业发展加速工业崛起先进单位，井冈山经开区获2016—2018年度江西工业崛起园区发展专项奖“六大指标综合先进单位”。
	第十五届江西省文明单位	省委 省政府	《关于表彰第六届江西省文明城市江西省文明村镇和第十五届江西省文明单位的通报》（赣字〔2019〕31号），2019年4月30日
	全国第三批绿色园区	工信部	《工业和信息化部办公厅关于公布第三批绿色制造名单的通知》，2019年1月3日
	海峡两岸青年就业创业基地	中央台办	《关于同意设立海峡两岸青年就业创业基地的函》，2019年5月8日
	区党群服务中心获2018年度江西省三八红旗集体荣誉称号	省妇联	《关于开展2018年度江西省三八红旗手（集体）评选表彰活动的通知》（赣妇字〔2018〕70号），2019年1月31日

续表

年度	奖项名称	颁奖单位	备注（颁发文件名称及字号、时间）
2019	全面深化改革工作中，推进“一区四园”一体化改革获特色奖	市委 市政府	《关于2018年度全市经济社会发展目标管理考核结果的通报》（吉字〔2019〕23号），2019年3月6日
	帮扶农村、社区工作合格单位	市委 市政府	《关于2018年度全市经济社会发展目标管理考核结果的通报》（吉字〔2019〕23号），2019年3月6日
	2018年度全市工业和开放型经济工作优秀县（市、区）	市委 市政府	《关于2018年度全市经济社会发展目标管理考核结果的通报》（吉字〔2019〕23号），2019年3月6日
	全市工业和开放型经济单项考评奖	市委 市政府	2019年2月15日，全市2018年度工作总结表彰大会上宣布
	2018年度全市安全生产工作优秀市直单位	市委 市政府	《关于2018年度全市经济社会发展目标管理考核结果的通报》（吉字〔2019〕23号），2019年3月6日
	2018年度全市公共机构节能优秀市直单位	吉安市公共机构节能领导小组	《吉安市公共机构节能领导小组关于2018年度全市公共机构节能工作考核结果的通报》（吉公节字〔2019〕1号），2019年2月28日
	2018年度全市社会治安综合治理目标管理先进县（市、区）	吉安市委政法委	《关于表彰2018年度全市政法综治维稳工作先进集体的决定》（吉政法发〔2019〕26号），2019年2月26日
2020	全国文明单位	中央 文明委	《中央文明委关于表彰第六届全国文明城市、文明村镇、文明单位和第二届全国文明家庭、文明校园及新一届全国未成年人思想道德建设工作先进的决定》（文明委〔2020〕8号），2020年11月20日
	第一届优十佳优化营商环境工业园区	省民营经济研究会	《关于召开“第四届十佳优化营商环境县（市、区）”、“第一届十佳优化营商环境工业园区”新闻发布会的通知》（赣民研〔2020〕09号），2020年11月4日
	2017—2019年度全省开放平台先进单位	省委 省政府	《中共江西省委 江西省人民政府关于表彰2017—2019年全省开放型经济先进单位的通报》（赣字〔2020〕41号），2020年8月14日
	通讯终端产业集群列入全省优秀重点产业集群	省工信厅	2020年11月16日，井冈山经开区通讯终端产业集群评价在省工信厅评估中得分79.76分，被列入为优秀全省重点产业集群
	江西省第一批数字经济创新发展试验基地	省贯彻新理念培育新动能领导小组办公室	《江西省贯彻新理念培育新动能领导小组办公室关于公布第一批江西省数字经济创新发展试验区（基地）名单的通知》（赣新动能办〔2020〕1号），2020年2月25日
	第一批江西省先进制造业和现代服务先融合发展试点区域	省发改委	《江西省发展改革委关于公布先进制造业和现代服务业融合发展试点名单（第一批）的通知》，2020年8月17日
	全省首批深化体制机制改革省级试点开发区	省发改委	《江西省促进开发区改革和创新发展领导小组办公室关于同意深化开发区体制机制改革第一批省级试点示范项目实施方案的复函》，2020年10月15日
	2019年度全市工业和开放型经济工作优秀县（市、区）	市委 市政府	《2019年度全市经济社会发展目标管理考核结果的通报》（吉字〔2020〕23号），2020年3月5日
	2019年度全面深化改革工作优秀县（市、区）	市委 市政府	《2019年度全市经济社会发展目标管理考核结果的通报》（吉字〔2020〕23号），2020年3月5日

续表

年度	奖项名称	颁奖单位	备注（颁发文件名称及字号、时间）
2020	2019年度安全生产工作优秀市直单位	市委 市政府	《2019年度全市经济社会发展目标管理考核结果的通报》（吉字〔2020〕23号），2020年3月5日
	2019年度市直单位帮扶农村工作、社区工作优秀单位	市委 市政府	《2019年度全市经济社会发展目标管理考核结果的通报》（吉字〔2020〕23号），2020年3月5日
	第五届吉安市文明村镇（金鸡湖街道彭家村委会）	市委 市政府	《关于表彰吉安市第五届文明村镇、第十届吉安市文明单位、第二届吉安市文明家庭和第二届文明校园的决定》（吉字〔2020〕38号），2020年5月11日
	第十届吉安市文明单位（高新街道、金鸡湖街道）	市委 市政府	《关于表彰吉安市第五届文明村镇、第十届吉安市文明单位、第二届吉安市文明家庭和第二届文明校园的决定》（吉字〔2020〕38号），2020年5月11日
	2019年度全市政务信息工作优秀单位	市政府	《2019年度全市政务信息工作考核结果的通报》，2020年3月5日
	2019年度全市公共机构节能优秀市直单位	市公共节能领导小组办公室	《关于2019年2019年度全市公共机构节能考核结果的通报》（吉公节字〔2020〕1号），2020年3月1日
	2019年度市中心城区重点项目建设工作优秀单位	市中心城区城建重点项目建设推进领导小组	《2019年度市中心城区重点项目建设工作的表彰通报》（吉市城建项目组字〔2020〕2号），2020年2月24日
	2019年度全市平安建设（综治工作）先进集体优秀单位	市平安建设领导小组	《关于表彰2019年度全市平安建设（综治工作）先进集体的通报》（吉安平安组发〔2020〕4号），2020年4月30日
	2019年度全市政府系统“五型”政府建设先进集体	市“五型”政府建设领导小组	—
	2020年全市“三看”流动现场会评分第一名	市委 市政府	—
	2019年度全市开放型经济综合先进县（市、区）	市开放发展领导小组办公室	—
	2019年度污染防治攻坚战考核第三名	市生态环境保护委员会	—

后　记

盛世修志，志载盛世。经过全体编纂人员的共同努力，首部《井冈山经济技术开发区志》（以下简称《区志》）终于定稿付印。《区志》真实记录了井冈山经济技术开发区2001—2020年的发展历程，全面展示了井冈山经济技术开发区各项事业发展的骄人业绩，充分体现了井冈山经开区人艰苦创业、励精图治的精神风貌。

井冈山经开区党工委、管委会十分重视《区志》的编纂工作，成立了以吉安市人民政府副市长、井冈山经开区党工委第一书记邓淑斌为顾问，党工委书记彭学凯为第一主任，党工委副书记、管委会主任汤文仙（2020年4—11月）、陈庆寿为主任，党工委副书记张鹏华（2020年4—11月）、甘益烽为常务副主任，区领导罗忠华、刘茶香、吴磊、张志福、孙英剑、卢愉、龙井松、刘亚东、傅卫东、伍有君、戴志敏为副主任，区直各单位主要负责人为成员的区志编纂委员会。编纂委员会下设办公室，由区党工委管委会办公室主任赖世林任主任，管委会原副调研员任润藩和聘请的地方志专家刘庆华为副主任，抽调黄何林和聘请的三位专业人员为区志办专职工作人员，正式着手筹备修志的相关工作。

2020年4月，组织人员到吉安市地方志办公室学习区志编纂的基本要求、方法步骤，起草了《井冈山经济开发区志编纂纲目》《凡例》；5月14日，区党工委副书记、编委会副主任张鹏华主持召开了《编纂纲目》讨论会，各部门、单位负责人，区志办全体工作人员参加了会议，与会人员提出了许多宝贵的修改意见，经过认真讨论，集思广益，进一步完善了纲目；5月27日，在井冈山经开区党工委会议上，审议通过了《编纂工作方案》，正式决定编纂《区志》；经区党工委、管委会研究决定，6月2日，召开了区志编纂工作动员大会，大会由张鹏华主持，党工委书记彭学凯作动员讲话，采取以会代训的方式进行修志业务培训，会议同时印发了《井冈山经济技术开发区志编纂实施方案》，明确了修志的指导思想、任务和要求。区志办随即编写了《区志》篇目大纲及编修计划，进一步明确了区内各单位在修志工作中应承担的任务和资料收集、整理等方面的要求。此后，《区志》正式按《编纂纲目》组织编修。

各方协同，众手成书。在资料收集方面，编辑人员对建区以来的各类报告、报表、总结、报刊进行了收集、整理、分类，到宣传、新闻出版、档案等部门查找、借阅、抄录、整理资料；在资料长篇的撰写方面，各街道、区直各单位、市直驻区各单位、直属企事业单位、园区主要企业均按要求成立了《区志》编纂工作领导小组，主要领导担任组长，分管领导担任副组长，安排一名以上工作人员为专职编辑；在调访咨询方面，采用了电话、网络等现代通信手段进行联络、沟通、访问，采用了座谈会、登门采访等传统方式进行了解、补充、完善。在上述人员的积极配合和大力支持下，修志工作进展比较顺利，至2020年12月底，初稿基本形成。在此基础上，区志办又深入各单位逐篇、逐章、逐节进行反复核对修改，然后进行总纂。2021年2月初，将70万字的总纂稿报送区党工委、管委会、区志编委会领导。

认真落实“三审”责任，确保贯彻《地方志工作条例》规定。按照《地方志工作条例》要求，在出版前完成初审、复审、终审三个环节。2021年2月底，在对总纂稿修改完善后，形成了《区志》初审稿。3月底，将初稿打印60多套，分发至编委会全体成员、各街道、区直各部门、市直驻区各单位、部分老领导及调离井冈山经开区的领导审核修改。将审核意见收集后，进行了补充完善。6月3日，召开《区志》编委会评审会，编委会领导和各部门单位主要负责人等参加了会议，出具了《初审意见》。6月28日，吉安市委党史和地方志研究中心召开了复审工作会，中心副主任刘后魁等参加了复审会，出具了《复审意见》。

《区志》的编修得到了吉安市委党史和地方志研究中心领导的精心指导，得到了井冈山经开区各部门、各单位的大力支持，特别是在总纂稿审稿过程中，党工委、管委会领导同志，刘志坚等老领导老同志，市委党史和地方志研究中心副主任刘后魁等领导、专家更是付出了辛勤的劳动，在此表示衷心感谢！

井冈山经开区修志尚属首次，且时间跨度较大，尽管编审人员全身心地投入，但由于时间较紧，任务较重，编者水平有限，错误、疏漏在所难免，敬请读者谅解、指正。

编者

2021年6月